D1751653

25 jaar Awb
In eenheid en verscheidenheid

Redactie:
Bert Marseille
Hans Peters

Tom Barkhuysen
Willemien den Ouden
Raymond Schlössels

25 jaar Awb
In eenheid en verscheidenheid

Wolters Kluwer

Deventer – 2019

Grafisch ontwerp: Hans Peters
Lay-out en fotografie: Sander Peters

© 2019 Wolters Kluwer / C.L.G.F.H. Albers, D. Allewijn, J.R. van Angeren, T. Barkhuysen, H. Battjes, L. van den Berge, H.J.M. Besselink, C.M. Bitter, T.C. Borman, K. van den Bos, A.F.M. Brenninkmeijer, J.E. van den Brink, J.L.W. Broeksteeg, H.E. Bröring, C.W.C.A. Bruggeman, F. Çapkurt, A. Collignon, E.J. Daalder, J.C.A. van Dam, L.J.A. Damen, N. Doornbos, A. Drahmann, M.L. van Emmerik, B.J. van Ettekoven, M.W.C. Feteris, K.J. de Graaf, J.H.A. van der Grinten, H.A.M. Grootelaar, J.H.M. Huijts, P.J. Huisman, M.J. Jacobs, N. Jak, A.M.L. Jansen, O.J.D.M.L. Jansen, G.T.J.M. Jurgens, A.P. Klap, L.M. Koenraad, W. Konijnenbelt, C.N.J. Kortmann, P. van Lochem, E. Mak, A.T. Marseille, B.M.J. van der Meulen, A.J.C. de Moor-van Vugt, A.R. Neerhof, A.G.A. Nijmeijer, F.J. van Ommeren, R. Ortlep, W. den Ouden, A. Outhuijse, J.A.F. Peters, J.E.M. Polak, J.C.A. de Poorter, T.J. Poppema, S.H. Ranchordás, B.P.M. van Ravels, A.M. Reneman, J.M.J. van Rijn van Alkemade, D.G.J. Sanderink, T.N. Sanders, M.W. Scheltema, R.J.N. Schlössels, A.M. Schmidt, B.J. Schueler, R.J.B. Schutgens, Y.E. Schuurmans, H.G. Sevenster, J.A.M.A. Sluysmans, R. Stijnen, P. Stolk, A.Q.C. Tak, M.K.G. Tjepkema, A. Tollenaar, H.D. Tolsma, R. Uylenburg, A. ten Veen, G.A. van der Veen, D.A. Verburg, M.J.M. Verhoeven, M.F. Vermaat, P.J. Wattel, M. Wever, R.J.G.M. Widdershoven, J. Wijmans, H.B. Winter, C.J. Wolswinkel en R.F.B. van Zutphen.

ISBN 978 901 315 294 4
E-book 978 901 315 295 1
NUR/NUGI 823-302

Onze klantenservice kunt u bereiken via: www.wolterskluwer.nl/klantenservice. Auteur(s) en uitgever houden zich aanbevolen voor inhoudelijke opmerkingen en suggesties. Deze kunt u sturen naar:boeken-NL@wolterskluwer.com. Alle rechten in deze uitgave zijn voorbehouden aan Wolters Kluwer Nederland B.V. Niets uit deze uitgave mag worden verveelvoudigd, opgeslagen in een geautomatiseerd gegevensbestand, of openbaar gemaakt, in enige vorm of op enige wijze, hetzij elektronisch, mechanisch, door fotokopieën, opnamen, of enige andere manier, zonder voorafgaande schriftelijke toestemming van Wolters Kluwer Nederland B.V. Voor zover het maken van kopieën uit deze uitgave is toegestaan op grond van art. 16h t/m 16m Auteurswet jo. Besluit van 27 november 2002, Stb. 575, dient men de daarvoor wettelijk verschuldigde vergoeding te voldoen aan de Stichting Reprorecht (www.reprorecht.nl). Hoewel aan de totstandkoming van deze uitgave de uiterste zorg is besteed, aanvaarden de auteur(s), redacteur(en) en Wolters Kluwer Nederland B.V. geen aansprakelijkheid voor eventuele fouten en onvolkomenheden, noch voor gevolgen hiervan. Op alle aanbiedingen en overeenkomsten van Wolters Kluwer Nederland B.V. zijn van toepassing de Algemene Voorwaarden van Wolters Kluwer Nederland B.V. U kunt deze raadplegen via: www.wolterskluwer.nl/algemene-voorwaarden. Indien Wolters Kluwer Nederland B.V. persoonsgegevens verkrijgt, is daarop het privacybeleid van Wolters Kluwer Nederland B.V. van toepassing. Dit is raadpleegbaar via www.wolterskluwer.nl/privacy-cookies.

Zie inhoud van deze uitgave ook op:
www.kluwernavigator.nl

Kluwer NAVIGATOR

Als ik vijfentwintig jaar geleden zou hebben geweten dat het zo zou gaan, zou ik buitengewoon tevreden zijn geweest! Het allerbelangrijkste is in mijn ogen dat we vinden dat de eenheid er is en dat zij moet worden bewaakt. Dat inzicht ligt aan de Awb ten grondslag. Toch moet er nog van alles gebeuren. Hoewel ik graag wil uitleggen dat de doelstellingen van de Awb allemaal heel goed bereikt zijn, heb ik mij af en toe afgevraagd of we ze niet te kleintjes of te bescheiden hebben geformuleerd.

Michiel Scheltema
Rondetafelgesprek 25 jaar Awb
Utrecht, 30 augustus 2017

Tom Barkhuysen, Bert Marseille, Willemien den Ouden,
Hans Peters & Raymond Schlössels*

Vooraf

1. Eenheid en verscheidenheid bij 25 jaar Awb

De op 1 januari 1994 in werking getreden[1] Algemene wet bestuursrecht is toe aan haar zilveren jubileum. Dat wordt gevierd, zoals eerder het vijf-, tien- en vijftienjarig bestaan werden gevierd.[2] Die uitzonderlijke aandacht verbaast niet: de betekenis van de Awb op de ontwikkeling van het bestuursrecht in Nederland valt moeilijk te overschatten. Niet alleen is met de invoering van de Awb het algemeen deel van het bestuursrecht samengebracht en verder gecodificeerd, de invoering leidde ook tot een systematisering van belangrijke delen van het bestuursrecht. Bovendien werd eenheid in de rechtsgang naar de bestuursrechter gecreëerd. Het bestuursrecht werd in een klap een stuk volwassener. '25 jaar Awb' rechtvaardigt daarom alleszins een moment van viering en beschouwing en vormt een goede aanleiding voor bezinning op de plaats en functie van deze systeemwet, nu en voor de toekomst.

Zoals blijkt uit het citaat van Michiel Scheltema, de regeringscommissaris voor de algemene regels van bestuursrecht,[3] dat een van de beginpagina's van deze bundel siert,[4] valt de betekenis van de Awb het best te duiden met het begrip 'eenheid'. Dat vormt nog steeds een adequate karakterisering van de Awb, ook al staat die eenheid vaak onder druk. Dat heeft niet alleen van doen met veranderende maatschappelijke verhoudingen en technologische revoluties, maar evenzeer met ontwikkelingen in het bestuursrecht zelf. Het eenheidsstreven van de Awb doet er niet aan af dat dat de bijzondere delen van het bestuursrecht hun eigen ontwikkeling doormaken. Wordt gekeken naar de verhouding tussen het algemeen deel en de bijzondere delen van het bestuursrecht,

---

* Prof. mr. T. Barkhuysen, prof. mr. drs. W. den Ouden (beiden Universiteit Leiden), prof. mr. dr. A.T. Marseille (Rijksuniversiteit Groningen), mr. dr. J.A.F. Peters en prof. mr. R.J.N. Schlössels (beiden Radboud Universiteit) hebben begin 2017 het initiatief genomen voor deze viering van 25 jaar Awb en vormen de redactie van deze bundel.
[1] Besluit van 23 december 1993, *Stb.* 1993, 693.
[2] Zie over het vijfjarig bestaan: F.A.M. Stroink e.a. (red.), *Vijf jaar JB en Awb*, Den Haag: Sdu 1999 (met een symposium op 30 oktober 1998); voor het tienjarig bestaan zie het themanummer van het *NTB* 2004, nr. 5 (symposium op 11 maart 2004) en voor het vijftienjarig bestaan: T. Barkhuysen e.a. (red.), *Bestuursrecht harmoniseren: 15 jaar Awb*, Den Haag: Boom Juridische uitgevers 2010 (met een symposium op 23 april 2010).
[3] Zie Besluit van 23 augustus 1983, houdende instelling van de Commissie wetgeving algemene regels van bestuursrecht, *Stb.* 1983, 471.
[4] Zie p. V van deze bundel.

dan rijst de vraag in hoeverre de Awb nog steeds (mede)bepalend is voor de inhoud van de bijzondere delen. Maar niet alleen om die reden is de verhouding tussen eenheid en verscheidenheid – de ondertitel van deze jubileumbundel – een centraal thema. De vorming van een algemeen deel in het bestuursrecht heeft er ook voor gezorgd dat de verhouding tot andere rechtsgebieden tot verdere ontwikkeling kon komen. Daarin valt groei naar eenheid te bespeuren, maar ook explicitering van de verscheidenheid en onderstreping van het eigen karakter van het bestuursrecht.

2. Van 15 jaar Awb en daar voorbij

Zoals gezegd, zijn ook in het verleden jubilea van de Awb gevierd. Het vijftienjarig bestaan resulteerde in een kloek boekwerk en een groots symposium.[5] Een decennium later kan worden geconstateerd dat zowel de Awb als haar omgeving zich verder hebben ontwikkeld. De stand van de ontwikkeling van het bestuursrecht laat zich puntsgewijs als volgt karakteriseren:
- de doelstellingen van de Awb als systeemwet vragen onverkort aandacht;
- de bijzondere gebieden van het bestuursrecht herorganiseren zich;
- de verhouding tussen bestuursrecht en andere rechtsgebieden verandert;
- het systeem van bestuurs(proces)recht staat ter discussie;
- nieuwe sturingsconcepten leiden tot de vraag of de Awb voldoende bij de tijd is;
- digitalisering trekt sporen in het overheidsbestuur;
- internationalisering en Europeanisering blijven onverkort invloed houden.

Dit palet van ontwikkelingen vraagt om een andere aanpak dan die bij de viering van vijftien jaar Awb. Waar eerder – getuige ook de titel van die bundel – de nadruk lag op de harmoniserende werking van de Awb, gaat de aandacht nu meer uit naar de vraag hoe die wet een uniformerende basis kan bieden voor ontwikkelingen van differentiatie in het bestuursrecht.

3. Eenheid en verscheidenheid in aanpak

De Awb is, als systeemwet over het algemeen deel van het bestuursrecht, een gemeenschappelijk bestuursrechtelijk bezit. Dat hebben we terug willen laten komen in de aanpak van het jubileum. Dat er een bundel met bijdragen zou moeten komen van bestuursrechtjuristen uit wetenschap en praktijk, stond buiten kijf. Om hen inspiratie te bieden is een zestal bestuursrechtjuristen uit verschillende generaties benaderd om deel te nemen aan een rondetafelgesprek over de stand van zaken in het bestuursrecht. Het betrof (naar generatie gerangschikt) Michiel Scheltema (wetenschap/wetgeving), Leo Damen (wetenschap), Addie Stehouwer (rechtspraak/ombudsman), André Verburg (rechtspraak), Barbera Veltkamp (openbaar bestuur/wetgeving) en Machteld Claessens (ad-

---
[5] Zie hiervoor noot 2.

vocatuur). Op 30 augustus 2017 hebben zij in Utrecht, onder voorzitterschap van Willemien den Ouden, vier uur lang met elkaar gesproken.[6] Het verslag van het gesprek is als inspiratiedocument aan de auteurs van de jubileumbundel gestuurd. In deze bundel ziet de lezer directe sporen van dit rondetafelgesprek terug in de deeltitelpagina's, die de verschillende delen van deze bundel van elkaar scheiden.

Bij de opzet van de jubileumbundel en het op 8 februari 2019 te houden symposium *'25 jaar Awb. Verschillende generaties over een jarige wet'*, waarbij de bundel wordt gepresenteerd, is eenzelfde verscheidenheid nagestreefd.[7] Daarmee willen we uitdragen dat de Awb 'van ons allemaal' is. Dat is ook de drijfveer geweest voor de wijze waarop de bundel is opgebouwd: kleinere kernachtige bijdragen opdat zoveel mogelijk auteurs kunnen participeren. Bijna alle auteurs zijn er in geslaagd – nagenoeg – binnen de gestelde grens van 3000 woorden te blijven. Het heeft ons verrast hoezeer dat de leesbaarheid van de bijdragen ten goede is gekomen. Daarbij hebben we de bijdragen een 'moderne twist' willen meegeven, door iedere auteur te vragen de bijdrage te karakteriseren in een (gefingeerde) tweet, daarmee aansluitend op de wijze waarop anno 2019 gebruik wordt gemaakt van sociale media.

Ten slotte wijzen we erop dat deze bundel in open access beschikbaar is. Deze is in digitale vorm onder meer te vinden op de website van de VAR – Vereniging voor bestuursrecht.[8]

4. Deelthema's van eenheid en verscheidenheid

De redactie heeft een zestal deelthema's vastgesteld, waarmee de in paragraaf 2 genoemde ontwikkelingen aan de orde komen. Het gaat om de deelthema's:

I   Ambities en doelstellingen van de Awb
II Grondslagen en basiskeuzes in de Awb
III Coherentie en concurrentie met de Awb
IV Internationale invloed op de rol van de Awb
V   Gebruikersperspectieven op de Awb
VI Invloed van innovatie en digitalisering op de Awb

Hieronder lichten we de keuze voor en inhoud van deze deelthema's nader toe.

---

[6] Daarvan is op verschillende plaatsen verslag gedaan. Zie Michiel Knapen, '25 jaar Algemene wet bestuursrecht. Te weinig oog voor de burger', *Mr.* 2017/10, p. 40 e.v. Voorts een selectie van het letterlijke verslag: 'Op naar 25 jaar Awb: een verslag van een rondetafelgesprek', *NTB* 2018/64, p. 402 e.v. Het volledige integrale verslag is te vinden op de website van de VAR Vereniging voor bestuursrecht, www.verenigingbestuursrecht.nl.
[7] Zie daarover de bijlage bij deze bundel.
[8] Zie hiervoor noot 6.

Ambities en doelstellingen van de Awb
Een bundel die in het teken staat van het zilveren jubileum van een grote systeemwet, kan niet om de ambities van deze wet heen. Voor een wet die meer eenheid en systematiek wil brengen in het uitgestrekte bestuursrechtelijke domein ligt de lat onvermijdelijk hoog. Hierbij komt dat het codificeren van ongeschreven bestuursrecht en het vereenvoudigen van het geschreven recht ook als doelstellingen werden omarmd. Dit alles betekende een enorme klus voor de wetgever. Het domein waarop de Awb ziet, omvatte (en omvat) immers honderden bijzondere bestuurswetten (vaak met een eigen cultuur), een forse hoeveelheid ongeschreven bestuursrecht – dat bovendien voortdurend in beweging is – en talrijke rechtsnormen van internationale en Unierechtelijke oorsprong.

Om te voorkomen dat het project al bij aanvang onbeheersbaar zou worden, werd gekozen voor een aanpak in 'tranches'. De Awb zou een aanbouwwet worden die stap voor stap tot stand zou worden gebracht. In de periode na de millenniumwisseling evolueerde deze aanpak en werd steeds vaker gekozen voor afzonderlijke wetten. Deze leiden tot vele aanpassingen, aanvullingen en verbeteringen van de basiswet. Vanaf dat moment kwamen de oorspronkelijke doelstellingen en ambities sterk in het teken te staan van het bevorderen van tijdigheid en finaliteit van bestuursrechtelijke procedures. Nog een fase later kwam daar de aandacht voor het sterk in opkomst zijnde elektronisch bestuurlijk verkeer ('de digitale overheid') bij.

De ambities van de Awb bleven niet beperkt tot het bestuursrecht in enge zin. Ook andere rechtsgebieden kwamen in beeld. De Awb wist bijvoorbeeld belangrijke verbindingen te leggen met de andere hoofdgebieden van het recht. Op het grensvlak van het bestuursrecht en het privaatrecht en het strafrecht hebben zich de afgelopen kwart eeuw belangrijke ontwikkelingen voorgedaan. De Awb heeft op het overheidsprivaatrecht en het bestuursstrafrecht een duidelijk stempel weten te drukken, zoals blijkt uit het omarmen van de 'gemengde rechtsleer' (vergelijk artikel 3:1 lid 2) en de regeling van de bestuurlijke boete (Titel 5.4). Een derde functioneel rechtsgebied – deels van een geheel andere orde – dat onmiskenbaar verweven raakte met de Awb, is het Europees bestuursrecht. Bij de toelichting van het thema 'internationale invloed' wordt hier nog kort bij stilgestaan.

In het licht van het voorafgaande ligt het voor de hand dat het *eerste thema* van deze jubileumbundel de ambities en doelstelling van de Awb betreft.[9] In dit verband rijst een aantal belangrijke vragen. Heeft de Awb haar oorspronkelijke vier hoofddoelstellingen (uniformeren, systematiseren, vereenvoudigen en codificeren) weten waar te maken? Hoe heeft de aandacht voor deze doelstellingen zich in een kwart eeuw ontwikkeld? En, last but not least: heeft de Awb haar ambities waargemaakt?

---

[9] Zie daarover R.J.N. Schlössels, 'Er waren eens vier doelstellingen', *NTB* 2010/9, p. 49-50.

Deze vragen lopen als een rode draad door de bijdragen aan deze bundel. Ook al zijn eenduidige en volledige antwoorden niet mogelijk, we durven wel de conclusie te trekken dat de Awb in het licht van haar doelstellingen een geslaagde wet is. De Awb stond aan de wieg van de 'groei en bloei' van het algemeen deel van het bestuursrecht,[10] heeft het bestuursrecht weten te binden en de autonomie van dit rechtsgebied sterk bevorderd. De aandacht voor het algemeen deel is in een kwart eeuw tijd tot volle wasdom gekomen.

Grondslagen en basiskeuzes in de Awb
Een *tweede thema* in deze bundel betreft de grondslagen en basiskenmerken van de Awb. Een algemene wet die de ambitie heeft als spil van een rechtsgebied te fungeren ontkomt er niet aan principiële keuzen te maken. Sommige raken het hart van het bestuursrecht. De vraag of die gelukkig hebben uitgepakt, mag in een bundel als deze niet ontbreken.

Op het niveau van de grondslagen gaat het om fundamentele keuzen, waarbij de gemiddelde gebruiker van de Awb niet dagelijks zal stilstaan. Zo is er de vraag welke actoren tot het 'bestuur' moeten worden gerekend en waarom. Een vervolgvraag is in hoeverre het handelen van deze actoren dient te worden genormeerd door de bestuursrechtelijke wet. Daarnaast is er nog de vraag hoe de bestuursrechtelijke rechtsbescherming moet worden georganiseerd.

Naast het *organisatorische perspectief* en het *handelingsperspectief* – die in deze vragen liggen besloten – is er onvermijdelijk een derde invalshoek, die van de wederpartij van het bestuur, de burger (het *burgerperspectief*). Hoe en in welke gevallen is de burger in beeld met het oog op het bestuursrechtelijke proces van besturen en hoe is diens toegang tot de bestuursrechtelijke rechtsbescherming geregeld? De Awb heeft hierin keuzen gemaakt die zijn terug te vinden in de definities van de begrippen bestuursorgaan, belanghebbende en besluit.

De afgelopen kwart eeuw is gebleken dat deze drie dragende begrippen[11] geen rustig bezit zijn. De hoeveelheid rechtspraak over de *'drie b's'* was groot en de begrippen bleken een onuitputtelijke bron voor wetenschappelijke discussie. Daaruit blijkt dat, ook al is de Awb een systeemwet, dit niet betekent dat de grondslagen van deze wet onomstreden keuzen vertegenwoordigen. Met name de aanhoudende discussies over het besluitbegrip en de gevolgen van dit begrip voor de toegang tot de bestuursrechter laten dat zien.[12]

Wie kijkt naar de basiskeuzen van de Awb kan ook niet om de in de jaren negentig veelbesproken basisfilosofie van de wet heen: de idee van de *weder-*

---

[10] Zie F.A.M. Stroink, *De groei en bloei van het bestuursrecht*, Den Haag: Sdu 2006.
[11] Zie over de begripsmatige definities van de Awb bijv. P.J.J. van Buuren, 'Definities in de Algemene wet bestuursrecht', in: M. Herweijer e.a. (red.), *In wederkerigheid*, Deventer: Kluwer 1997, p. 59 e.v.
[12] Zie uit de talrijke publicaties bijv. de VAR-preadviezen van Van Ommeren & Huisman, Van der Veen en De Graaf in: *Het besluit voorbij* (VAR-reeks 150), Den Haag: Boom Juridische uitgevers 2013.

kerige rechtsbetrekking tussen bestuur en burger. Hoewel de Awb de klassieke bestuursrechtelijke noties van wetmatigheid, bestuursbevoegdheid en specialiteit vóóronderstelt, markeert deze wet op de drempel van de eenentwintigste eeuw een overgang van *klassiek-rechtsstatelijk* denken over bestuursrecht naar een meer *relationele benadering*.[13] Misschien is dit de belangrijkste verworvenheid van de Awb. Het denken in termen van wederkerigheid en medeverantwoordelijkheid van de burger voor de uitoefening van de bestuurstaak heeft zijn weg weten te vinden naar de bijzondere delen. Een recent voorbeeld bieden de discussies in het kader van de Wet maatschappelijke ondersteuning. Al met al heeft de basisfilosofie van de Awb – hoe men deze ook waardeert – de laatste decennia een stempel weten te de drukken op de ontwikkeling van het Nederlandse bestuursrecht.

Coherentie en concurrentie met de Awb
De Awb is hiervoor geduid als een 'spil' in het bestuursrecht. Van een wet met een spilfunctie mag worden verwacht dat zij de cohesie van dit rechtsgebied bewaakt en bevordert. De Awb zou op dit punt niet volgend moeten zijn maar initiërend. Dit is geen eenvoudige opgave. Naast de Awb staat immers het versnipperde bijzonder bestuursrecht met vaak een eigen rechtscultuur. Omdat de Awb geen omvattend wetboek van bestuursrecht is, blijft de relatie tussen de systeemwet en de andere bestuursrechtelijke wettenfamilies ingewikkeld en gevoelig.[14] De Awb moet als wet in formele zin – zoals vele andere – voortdurend haar regiefunctie verdedigen en waar maken.

De wetgeving op de deelgebieden van het bestuursrecht kan concurreren met het algemeenheidsstreven van de Awb. Zo genereert de fiscale wetgeving, het omgevingsrecht, het sociale domein en het vreemdelingenrecht zijn eigen dynamiek. Soms ziet de wetgever de bijzondere delen als een proeftuin voor de Awb. Voordat bepaalde procedurele vernieuwingen in de Awb worden opgenomen, worden ze eerst beproefd in een bijzondere regeling. Dit is begrijpelijk, maar kan wel interfereren met de idee dat de Awb 'leidend' behoort te zijn. De thematiek van cohesie versus concurrentie vormt als afzonderlijk *derde deelthema* ook een rode draad in deze bundel.

Het gaat in dit kader niet alleen om de inherente spanning tussen de algemene bestuursrechtelijke wet en talrijke bijzondere bestuurswetten, maar ook om de wisselwerking tussen het (nationale) bestuursrecht enerzijds en de andere hoofdgebieden van het recht en het Unierecht anderzijds. Te wijzen valt op het strafrecht in ruime zin, waarin inmiddels op zijn minst twee hoofdculturen zijn ontstaan (het bestuursstrafrecht en het 'klassieke' strafrecht). Ook

---

[13] L. van den Berge, *Bestuursrecht tussen autonomie en verhouding. Naar een relationeel bestuursrecht*, Den Haag: Boom Juridische uitgevers 2016.
[14] Vgl. bijv. C.A.J.M. Kortmann, 'Wie van de drie: de algemene wet, de algemene wet of de bijzondere wet?', in: *De Awb en de bijzondere wetgeving* (VAR-reeks 124), Den Haag: Boom Juridische uitgevers 2000, p. 7 e.v.

bij het Unierecht (en in zekere zin ook bij het EVRM-recht) is te zien dat zich een spanning aftekent tussen cohesie en concurrentie. Europeanisering van bestuursrecht kan men natuurlijk zien als een verschijnsel dat juist uitdrukking geeft aan eenheid en cohesie, maar er dienen zich tevens verschijnselen aan, die duidelijk maken dat de Awb – en in ruimere zin het nationale bestuursrecht – in een concurrerende verhouding staat tot het Unierecht en het verdragenrecht.

Zo worden bijvoorbeeld (bestuurs)procesrechtelijke keuzen van de Awb aanhoudend geconfronteerd met de fundamentele eisen van artikel 6 EVRM en artikel 47 van het Europees Grondrechtenhandvest. En nationale rechtsbeginselen kennen inmiddels Europeesrechtelijke varianten (bijvoorbeeld het vertrouwensbeginsel) terwijl vertrouwde nationale praktijken, zoals terughoudende of marginale toetsing van bestuurlijke discretie Europeesrechtelijk worden geijkt. Ten slotte kan het Europese recht fungeren als een belangrijke aanjager van vernieuwing (vergelijk bijvoorbeeld de opkomst van het transparantiebeginsel).

Internationale invloed op de rol van de Awb
Bij het toelichten van de deelthema's is al enkele keren gewezen op het belang van de internationale invloed op het algemeen bestuursrecht in het algemeen en de Awb in het bijzonder. Het behoeft geen betoog dat 'internationalisering' daarom als thema in deze bundel niet mag ontbreken.

Dit *vierde thema* is beduidend ruimer dan de aandacht die vanzelfsprekend uitgaat naar de verwevenheid van het algemeen bestuursrecht – waaronder het rechtsbeschermingsrecht – met leerstukken van Unierecht en EVRM-recht. Deze verwevenheid krijgt terecht veel aandacht. Eenheid en coherentie moeten voortdurend worden bewaakt.[15] In het verlengde van het deelthema 'coherentie en concurrentie' dient zich echter ook onvermijdelijk de vraag aan wat de positie van de Awb op de langere termijn zal zijn. Is er binnen de Europese rechtsorde en een Europeaniserend algemeen bestuursrecht[16] wel een toekomst voor een nationale algemene bestuurswet? Of is te verwachten dat de komende kwart eeuw een Unierechtelijke codificatie ontstaat die de maat zal zijn voor de nationale bestuursrechtelijke rechtsorden?

Wie verder opschaalt, wordt geconfronteerd met een opkomend denken over 'internationaal bestuursrecht' dat zich niet alleen los van de nationale staten, maar ook los van het Unierecht ontwikkelt.[17] Dit is een buitengewoon belangrijke ontwikkeling waarop ook de Awb zal moeten reageren.

---

[15] T. Barkhuysen, *Eenheid en coherentie van rechtsbescherming in de veellagige Europese rechtsorde*, Deventer: Kluwer 2006.
[16] Zie bijv. de bijdragen in de bundel die verscheen ter gelegenheid van 75 jaar Vereniging voor Bestuursrecht: B. Schueler & R. Widdershoven (red.), *Europeanisering van het algemeen bestuursrecht*, Den Haag: Boom Juridische uitgevers 2014.
[17] M. Scheltema, 'Global administrative law', *NTB* 2013/1, p. 1.

Gebruikersperspectieven op de Awb
De Awb is voor alles een wet die de dynamische praktijk van het besturen probeert te normeren. Zij doet dit niet alleen vanuit een dogmatisch perspectief, maar tevens vanuit de invalshoek van de bestuurspraktijk. Zo bezien ligt het méér dan voor de hand om te kijken naar de Awb vanuit het perspectief van de gebruikers van de wet. Hier dient het *vijfde deelthema* zich aan.

Maar wie zijn eigenlijk deze gebruikers van de Awb? Dit lijkt een eenvoudig te beantwoorden vraag: burgers en bestuur. Wie echter verder kijkt, zal nog verschillende andere gebruikers kunnen identificeren, waaronder – uiteraard – de (bestuurs)rechter en de bijzondere wetgever (die zich immers volgens de spelregels rekenschap moet geven van de algemene wet).

De praktijk is intussen weerbarstig. Feit is dat 'de burger' en 'het bestuur' abstracties zijn. Wie iets zinnigs wil zeggen over de Awb vanuit het perspectief van haar gebruikers moet zich realiseren dat deze nogal divers zijn. Aan de zijde van het bestuur loopt het spectrum van de traditionele decentrale bestuursorganen (bijvoorbeeld het college van burgemeester en wethouders) tot allerlei tamelijk complexe en soms ook exotische zelfstandige bestuursorganen.

Ook 'de burger' is geen eenheid, al was het maar omdat kennis en kunde – alsmede financiële middelen – ongelijk in de maatschappij zijn verdeeld. Onder de groep 'burgers' treft men bijstandsgerechtigden, belangenorganisaties en multinationals. Juist vanwege die diversiteit ligt het voor de hand dat 'gebruikersperspectieven' een deelthema vormen.

Ooit werd de vraag opgeworpen: bestaat de 'Awb-mens'?[18] Deze vraag werd ingegeven door de veronderstelling dat de (nieuwe) Awb een tamelijk hoog abstractieniveau kent en dat slechts burgers met bijzondere vaardigheden met deze wet uit de voeten zouden kunnen. Een kwart eeuw 'Awb en praktijk' biedt een uitgelezen moment om terug te blikken op deze veronderstelling.

Invloed van innovatie en digitalisering op de Awb
Het *zesde deelthema* van deze bundel betreft de invloed van innovatie en digitalisering. Een wet die een kwart eeuw oud is heeft het maatschappelijke en technologische landschap ingrijpend zien veranderen. Dit geldt ook voor de Awb. Ten tijde van het tot stand komen van deze wet stond de digitalisering nog in de kinderschoenen. Papier was in het verkeer tussen bestuur en burger de standaard. Door de sterke opkomst van de automatisering en de informatietechnologie wordt het verkeer tussen overheid en burger steeds vaker digitaal vormgegeven.[19] De mogelijkheden hiertoe werden niet alleen ruimer maar kregen

---

[18] L.J.A. Damen, 'Bestaat de Awbmens?', in: J.L. Boxum (red.), *Aantrekkelijke gedachten. Beschouwingen over de Algemene wet bestuursrecht*, Deventer: Kluwer 1993, p. 109 e.v. Zie ook de bijdragen in: R.L. Vucsán (red.), *De Awb-mens: boeman of underdog?*, Nijmegen: Ars Aequi Libri 1996.
[19] Vgl. bijv. de VAR-preadviezen van Groothuis, Prins en Schuyt in: *De digitale overheid* (VAR-reeks 146), Den Haag: Boom Juridische uitgevers 2011.

geleidelijk ook – op bijzondere deelterrcinen – een meer verplichtend karakter. Dit roept nieuwe en indringende vragen op over de rechtspositie van de burger.[20]

Een algemene bestuursrechtelijke systeemwet moet hierop reageren en bij voorkeur ook op anticiperen. Een eerste belangrijke aanzet hiertoe werd gegeven met de komst van Afdeling 2.3 Awb, waarin normen zijn te vinden voor 'verkeer langs elektronische weg'. Duidelijk is dat dit slechts een eerste tussenhalte was en dat de turbulente ontwikkelingen vragen om veel meer. De Awb zal de komende jaren meer 'digiproof' moeten worden gemaakt, zowel wat betreft het besluitvormingsrecht als wat betreft het rechtsbeschermingsrecht.

Naast de digitale vernieuwingen stond het Awb-project de afgelopen vijftien jaar ook bol van de andere innovaties, vooral op procesrechtelijk vlak. De discussie over onwenselijke 'juridisering' van het openbaar bestuur (eind jaren negentig van de vorige eeuw) vormde de opmaat voor een veel bredere wens om te komen tot meer tijdigheid en finaliteit in het bestuursrecht, alsmede tot het keren van 'oneigenlijk gebruik' van procesrecht. Dit leidde tot een verhoogde wetgevingsactiviteit aan het Awb-front.

Te wijzen valt op nieuwe voorzieningen in verband met niet tijdig beslissen, de introductie van de bestuurlijke lus, een verruiming van de mogelijkheid om gebreken te passen en de komst van het incidenteel appel. Een verdere innovatie betrof de komst van de zogenaamde zelfstandige verzoekschriftprocedure ter verkrijgen van schadevergoeding bij de bestuursrechter (artikel 8:88 e.v.). Andere noemenswaardige procesrechtelijke innovaties, die in het teken staan van het bevorderen van de rechtseenheid en de rechtsontwikkeling, zijn de conclusie en de amicus curiae. Al deze wijzingen en vernieuwingen hebben het Awb-project in een kwart eeuw meer dan levend weten te houden en kunnen het vertrekpunt vormen voor verdere ontwikkelingen op het vlak van besluitvorming en rechtsbescherming. Dit alles illustreert dat de Awb een dynamische en levende wet is.

5. Tot besluit

Aan het eind van deze voorbeschouwing zijn enkele dankzeggingen op hun plaats.

Die betreffen allereerst de 87 auteurs, die de 75 bijdragen in deze jubileumbundel hebben geschreven. Die dank ligt eenvoudig: zonder schrijvers, geen bundel! Welnu, niet eerder was er binnen het bestuursrechtelijk domein zo'n grote groep auteurs verenigd in een bundel. Dat maakt dit werk bijzonder en zet luister bij aan de viering van het vijfentwintig bestaan van 'onze' Algemene wet bestuursrecht. Natuurlijk heeft het schrijven, samenstellen en verschijnen

---

[20] Vgl. G-J. Zwenne & A. Schmidt, 'Wordt de homo digitalis bestuursrechtelijk beschermd?', in: *Homo digitalis* (Handelingen NJV 2016-1), Deventer: Wolters Kluwer 2016, p. 307 e.v.

van deze bundel flink wat tijd in beslag genomen. Het is daarom van belang om te melden dat de meeste bijdragen per 1 november 2018 zijn afgerond.

Dat de noeste arbeid van de auteurs heeft geresulteerd in een fraaie bundel, is te danken aan verschillende mensen. Dat betreft uitgeverij Wolters Kluwer en met name uitgever Peter van der Jagt en bureauredacteur Sezgin Degirmenci, die zich – in deze tijd van elektronisch uitgeven – bijzonder hebben ingespannen om 'gewoon' een mooi boek te laten verschijnen. Dank ook aan Sander Peters (Tu/E) voor de grafische lay-out, het fotowerk en de technische opmaak. Veel redactie- en correctiewerk is verricht door Eline van Slijpe (Universiteit Leiden) en Barbara Beijen (Radboud Universiteit), opdat een foutloos boek opgeleverd kan worden.

Het symposium '25 *jaar Awb. Verschillende generaties over een jarige wet*' vormt het decor waarin deze bundel wordt gepresenteerd op 8 februari 2019. Dank gaat uit naar hen die medewerking hebben verleend aan dit symposium, waarvan een aantal – degenen voor de schermen – in het programma staan vermeld, dat als bijlage aan deze bundel is toegevoegd.

Alle medewerking en inzet ten spijt, kan een project als dit slechts worden gerealiseerd met (extra) financiële ondersteuning. Het Ministerie van Justitie en Veiligheid en het Ministerie van Binnenlandse Zaken en Koninkrijksrelaties hebben onmiddellijk positief gereageerd op ons verzoek daartoe. Daarmee hebben zij het gehele project '25 jaar Awb' daadwerkelijk mogelijk gemaakt, waarvoor grote waardering op zijn plaats is.

Met deze bundel staan wij stil bij het zilveren jubileum van een belangrijke bestuursrechtelijke systeemwet. In het besef dat de ontwikkelingen binnen het bestuursrecht en de Awb onverdroten doorgaan, is het perspectief nadrukkelijk op de toekomst gericht. Tegelijkertijd is dit jubileum en deze jubileumbundel een vluchtig markeerpunt op de lijn van een alsmaar doorgaande rechtsontwikkeling. Dat wij niettemin 'onze' Awb mogen (blijven) herkennen als in het aforisme van Jules Deelder:[21]

'Alles blijft
Alles gaat voorbij
Alles blijft voorbijgaan'

Intussen vieren wij 25 jaar Awb en wensen wij de lezer veel leesplezier!

Leiden/Groningen/Nijmegen
december 2018

---

[21] Dit is zogeheten 'straatpoëzie': het prijkt op de gevel van A&M Recycling aan de Montrealweg in Botlek Rotterdam langs de A15.

Inhoud

Tom Barkhuysen, Bert Marseille, Willemien den Ouden,
Hans Peters & Raymond Schlössels VII
Vooraf

I Ambities en doelstellingen van de Awb

1 Lukas van den Berge 3
Macht en tegenmacht in de netwerksamenleving
Drie uitdagingen voor het bestuursrecht van de toekomst

2 Tim Borman 13
De Awb als ordenende kracht: ook voor Caribisch Nederland?

3 Dick Allewijn 29
Op zoek naar het passende procesmodel

4 Alex Brenninkmeijer 39
De burger tussen de ambities en doelstellingen van de Awb

5 Cécile Bitter & Hans Besselink 49
25 jaar Awb-bezwaarschriftprocedure: tijd voor Heroverweging

6 Jaap Polak 57
Rechtseenheid en rechtsontwikkeling in het algemeen Bestuursrecht, in bestuursrechtspraak en wetgeving

7 Ben Schueler 69
Van besluit naar geschil

8 Peter van Lochem 81
Codificatie en andere doelstellingen
Over de houdbaarheid van de Awb

9 Twan Tak 93
Rechtspraak onder de Awb

II Grondslagen en basiskeuzes in de Awb

10 Niels Jak — 101
Semipublieke instellingen en de Algemene wet bestuursrecht
De afnemende betekenis van het bestuursorgaanbegrip als Sleutel tot rechtsstatelijkheid bij ontstatelijking

11 Leo Damen — 113
Van Awbmens naar responsieve burger?

12 Hanna Tolsma — 123
Belanghebbendebegrip: de jurisprudentie

13 Raymond Schlössels — 133
Het besluit voorbij... maar via welke route?

14 Pim Huisman — 143
Groeirichtingen voor de ontwikkeling van de bestuursrechtelijke rechtsbetrekking

15 Kars de Graaf — 157
Over uitspraakbevoegdheden. Codificeer en systematiseer verscheidenheid!

16 Herman Bröring — 167
Bestuursrechtelijke soft law: tien opmerkingen

17 Bruno van Ravels — 181
Over de onafhankelijke deskundige in procedures over overheidsaansprakelijkheid

18 Michiel Tjepkema & Jonathan Huijts — 193
Nadeelcompensatie in het schemergebied tussen rechtmatige en onrechtmatige overheidsdaad

19 Roel Schutgens — 203
Lekker shoppen
Over de keuze tussen de civiele of de bestuursrechtelijke schadevergoedingsrechter

| 20 | Jacobine van den Brink & Willemien den Ouden
Van regel naar uitzondering
Over hoe de Algemene wet bestuursrecht veel 'subsidierelaties' niet of nauwelijks normeert | 213 |

| 21 | Rianne Jacobs
Experimenten met algemene regels van bestuursrecht: een verkenning | 225 |

| 22 | Rens Koenraad
Op zoek naar algemene beginselen van behoorlijk Burgerschap in het Nederlands bestuursrecht | 233 |

| 23 | Tom Barkhuysen & Michiel van Emmerik
Equality of arms en de Algemene wet bestuursrecht | 245 |

| 24 | Fatma Çapkurt & Ymre Schuurmans
Blinde vlek in de Awb: data | 253 |

III | Coherentie en concurrentie met de Awb

| 25 | Hans Peters
Verbonden begrippen
Over de verhouding tussen de subjectbegrippen bestuursorgaan en rechtspersoon | 269 |

| 26 | Frank van Ommeren
Artikel 2:1 BW hoort in de Awb
Over publiekrechtelijke rechtspersonen en hun bestuursorganen | 281 |

| 27 | Gerdy Jurgens
De rol van de wetgever in de concurrentie van publiekrechtelijke en privaatrechtelijke bevoegdheden | 289 |

| 28 | Rogier Stijnen
De Algemene wet bestuursrecht en het strafrecht | 297 |

| 29 | Karianne Albers
Primitief strafrecht?
Over decriminalisering, bestuursstrafrecht en rechtbescherming | 309 |

30 Jacques Sluysmans 321
   Onteigeningsrecht en bestuursrecht

31 Maarten Feteris 331
   Het belastingrecht: coherentie en divergentie na 25 jaar Awb

32 Peter Wattel 339
   Alles went

33 Anna Collignon, Aaldert ten Veen & Bram Schmidt 349
   Het complexe omgevingsprocesrecht: laat de Awb het eenvoudiger maken

34 Hemme Battjes & Marcelle Reneman 361
   Het vreemdelingenrecht en de Awb

35 Bernd van der Meulen 371
   Levensmiddelenrecht: coherentie en concurrentie in codificatie van bestuursrechtelijke handhaving

36 Arnout Klap 385
   Beleidsregels: een terecht verguisde rechtsfiguur?

37 Adriënne de Moor-van Vugt 393
   Fair play – een vergeten beginsel

38 Hansko Broeksteeg 405
   Awb en Gemeentewet: living apart together?

39 Matthijs Vermaat 413
   Besluitvorming op z'n kop: omgekeerd toetsen
   Worden we daar beter van?

IV | Internationale invloed op de rol van de Awb

40 Oswald Jansen 425
   Internationaal bestuursrecht weer voor het voetlicht

41 Hanna Sevenster 441
   Europeanisering in drie generaties: you ain't seen nothing yet?

42	Dirk Sanderink **De raakvlakken tussen het EVRM en de Awb**	449
43	Rob Widdershoven **De Awb binnen het Unierecht: geen rustig bezit**	459
44	Annalies Outhuijse **Top-down en bottom-up bevraging van de Awb in het handhavingsrecht**	469
45	Rolf Ortlep **Het meest bedrieglijke Awb-artikel en de heroverwegingsplicht naar het Unierecht**	479
46	Annemarie Drahmann **Een klachtplicht in het kielzog van de transparantieverplichting**	489
47	Willem Konijnenbelt **De Franse Awb-II** *De Code des relations entre le public et l'administration*	499
48	Elaine Mak **Rechtsvergelijking en Awb**	511
49	Maartje Verhoeven **Bestuursorganen in spagaat tussen nationaal recht en Unierecht**	523
50	Clara van Dam **Guidance documenten van de Europese Commissie en de Algemene wet bestuursrecht**	531

V | Gebruikersperspectieven op de Awb

51	Heinrich Winter **Kwaliteitsverbetering door de bestuurlijke heroverweging?** *Een beschouwing naar aanleiding van ervaringen met 25 jaar voorprocedures in bezwaar*	549

52 Bert Marseille & Marc Wever — 557
**De strijd over speelruimte, garanties en *incentives*
in de bezwaarprocedure**

53 Nienke Doornbos — 567
Naar een meer responsief bestuursrecht?
Verder bouwen aan het huis van de rechtsstaat

54 Hilke Grootelaar & Kees van den Bos — 579
**De Awb vanuit een procedurele rechtvaardigheids-
perspectief: hulpmiddel, hinderpaal of handvat?**

55 André Verburg — 589
I've got an Awb in my pocket and I'm not afraid to use it!
Gebruikersperspectief van een bestuursrechter

56 Jan Reinier van Angeren — 597
Het belanghebbendebegrip vanuit de advocaat
*Bevordert dit begrip een slagvaardige en efficiënte procedure om
te bepalen wie toegang heeft tot de bestuursrechter?*

57 Kees-Willem Bruggeman & Timo Poppema — 613
**Buitenbehandelingstelling en bijstand: bezint eer
ge begint!**

58 Jaap van Rijn van Alkemade — 623
**Rechtsbescherming tegen de private uitvoering van
publieke taken: bestuursrechter of geschilleninstantie?**

59 Jurgen de Poorter — 633
**De rechtsvormende taak van de hoogste bestuursrechter
en hoe het 'bovenindividuele perspectief' een plaats te
geven in de procedure**

60 Thomas Sanders — 643
**Reparatoir met een licht punitieve geur: de last onder
dwangsom en invordering**

61 Jan van der Grinten & Jutta Wijmans — 653
Toezicht onder de Awb

62 Peter Stolk — 665
De Awb voor decentrale bestuursorganen
Het spontane vernietigingsrecht: instrument voor de toekomst?

63 Reinier van Zutphen 675
    Leidt de Awb tot behoorlijk bestuur?

64 Tijn Kortmann 683
    Codificatie van het vertrouwensbeginsel

VI | Invloed van innovatie en digitalisering op de Awb

65 Eric Daalder 697
    Misbruik van recht in de relatie tussen burgers onderling

66 Sander Jansen 705
    Versnelling van procedures: van nepversnelling naar geschiloplossing

67 Albertjan Tollenaar 717
    'Do it yourself' bestuursrecht en de Awb

68 Bart Jan van Ettekoven 727
    Digitaal procederen bij de bestuursrechter

69 Gerrit van der Veen 739
    Digitalisering in het omgevingsrecht en mogelijke invloed op de Awb

70 Tonny Nijmeijer 749
    Elektronisch besluiten in het ruimtelijke domein

71 Rosa Uylenburg 759
    Rechterlijke toetsing van digitale besluiten in het omgevingsrecht

72 Martijn Scheltema 771
    Artificial Intelligence en transnationale private regulering: een nuttige combinatie?

73 Richard Neerhof 787
    Schaduwwerking van het legaliteitsbeginsel en beginselen van behoorlijk bestuur op normalisatie

74 Johan Wolswinkel 805
   Verdelingsrecht en algemeen bestuursrecht.
   Naar een Algemeen Deel Verdelingsrecht?

75 Sofia Ranchordás 815
   De Awb, de deeleconomie en de platformsamenleving

Bijlage 825
   25 jaar Awb. Verschillende generaties over een jarige wet
   Symposium bij het verschijnen van de jubileumbundel '25 jaar Awb.
   In eenheid en verscheidenheid'

Ambities en doelstellingen van de Awb

Er is in ons land een groot vertrouwen in bestuur en rechtspraak, maar ik zou wensen dat de Awb een bijdrage blijft leveren aan het actief verwerven van vertrouwen in de overheid.

Addie Stehouwer
Rondetafelgesprek 25 jaar Awb
Utrecht, 30 augustus 2017

I

Lukas van den Berge*

1 | Macht en tegenmacht in de netwerksamenleving
Drie uitdagingen voor het bestuursrecht van de toekomst

@L_vandenBerge – Het klassieke besluitenprocesrecht beschermt tegen het bestuur in zijn rol als centrale beslisser, maar tegen moderne vormen van publieke machtsuitoefening staat het betrekkelijk machteloos. Alleen een radicale breuk met de idee van het besluit als de kern van bestuurlijk handelen biedt het juiste tegenwicht *#besluit#governance#netwerksamenleving*

1. Inleiding

Bij het uitvoeren van beleid vertrouwen overheden veelal niet langer op een verticaal en centralistisch model van 'command and control', maar op 'publiek-private samenwerking', 'netwerkbestuur' en 'regulering op afstand' als meer horizontaal georiënteerde strategieën om hun doelen te verwezenlijken.[1] Met de verschuiving van 'government' naar 'governance' is een netwerksamenleving ontstaan waarin publieke machtsuitoefening in toenemende mate in handen is komen te liggen van ingewikkelde bestuurlijke netwerken van publieke en private actoren waarin een duidelijke hiërarchie ontbreekt.[2] Voor een adequaat functioneren van het bestuursrecht als stelsel van macht en tegenmacht levert de opkomst van de moderne netwerksamenleving verschillende uitdagingen op. Het klassieke besluitenprocesrecht zoals dat kort na de oorlog het licht zag en bij de invoering van de Algemene wet bestuursrecht in wezen onaangetast bleef komt aan die uitdagingen onvoldoende tegemoet. In plaats daarvan is het tijd voor een stelsel dat fundamenteel breekt met de centrale positie van het besluit als de spil van het bestuursrechtelijk geding.[3]

---

* Mr. dr. L. van den Berge is universitair docent rechtstheorie aan de Universiteit Utrecht.
[1] Zie voor een handzame overzichtsartikelen onder meer D. Levi-Faur, 'From Big Government to Big Governance?', in: D. Levi-Faur (red.), *Oxford Handbook of Governance*, Oxford: Oxford University Press 2012, p. 3-18; D. Levi-Faur, 'Regulation and regulatory governance', in: D. Levi-Faur (red.), *Handbook on the Politics of Regulation*, Cheltenham: Edward Elgar 2011, p. 3-21.
[2] Vgl. o.a. M. Castells, *The Rise of the Network Society*, Londen: Blackwell 2000. Zie voor een helder essay over de relevantie van Castells ideeën voor het recht onder meer H.C.G. Spoormans, 'De netwerkstaat en het recht', in: A.H. Lamers en C.M. Zoethout (red.), *De netwerkstaat en het recht*, Zutphen: Paris 2017, p. 17-35.
[3] Zie ook L. van den Berge, 'Bestuursrecht in de netwerksamenleving. Waarom de rechtsmacht van de bestuursrechter een materiële grondslag beehoeft', *RM Themis* 2018, afl. 4 (hierna: Van den Berge 2018a).

2. Privatisering

Een eerste uitdaging waartegen het klassieke besluitenprocesrecht onvoldoende is opgewassen is de uitbesteding van publieke taken aan private actoren. Vooral in de jaren negentig van de vorige eeuw nam de privatisering van overheidstaken een hoge vlucht, voortgedreven door een managementfilosofie van 'new public management' die een sterk vertrouwen stelt in de 'entrepreneurial spirit' en de tucht van de markt als de sleutels tot de betere, snellere en goedkopere uitvoering van overheidsbeleid.[4] Inmiddels is de theorie van 'new public management' alweer doodverklaard en begraven onder het inzicht dat een al te eenzijdige nadruk op marktwerking afbreuk kan doen aan belangrijke publieke standaarden van transparantie, inclusiviteit, democratische verantwoording en de bescherming van grondrechten.[5] In 2000 concludeerde de Wetenschappelijke Raad voor het Regeringsbeleid (WRR) bijvoorbeeld al dat ongebreidelde marktwerking een risico inhoudt voor de borging van publieke belangen – een stelling die zeker na de kredietcrisis in 2008 breed wordt onderschreven en inmiddels in tal van studies nader is uitgewerkt.[6]

De figuurlijke dood van 'new public management' betekent echter geenszins dat het oude bureaucratische model nu weer herleeft en de overheid opnieuw een centrale positie inneemt als 'spin in het web' van een geleide economie en verzorgingsstaat. In een recent rapport bepleit de WRR bijvoorbeeld een transitie van een 'marktwerkingsbeleid' naar 'een bredere visie op maatschappelijke ordeningsvraagstukken' waarin 'de overheid, marktpartijen en de samenleving' samen zorg dragen voor de behartiging van publieke belangen.[7] In soortgelijke zin bepleit de Raad voor openbaar bestuur een 'vitale samenleving' waarin 'burgers en bedrijven meer verantwoordelijkheid nemen voor de publieke zaak'. In tijden van een globaliserende economie, zo signaleert de Raad, is 'de rek uit de overheidsfinanciën', zodat een terugkeer naar de bureaucratische verzorgingsstaat alleen om financiële redenen al onmogelijk is. Daarnaast signaleert de Raad dat veel maatschappelijke vraagstukken te ingewikkeld zijn voor de overheid om ze te kunnen oplossen. Daarom pleit de Raad voor coöperatief bestuur en een 'voorwaardenscheppende overheid' die zich beperkt tot het creëren van rand-

---

[4] D. Osborne en T. Gaebler, *Reinventing Government: How the Entrepreneurial Spirit is Transforming the Public Sector*, New York: Addison-Wesley 1992.
[5] P. Dunleavy e.a., 'New Public Management Is Dead—Long Live Digital-Era Governance', *Journal of Public Administration Research and Theory* 2006, afl. 3, p. 467–494.
[6] Wetenschappelijke Raad voor het Regeringsbeleid, *Het borgen van publiek belang*, Den Haag: Sdu 2000; id., *Het gezicht van de publieke zaak - Openbaar bestuur onder ogen*, Amsterdam: Amsterdam University Press 2010; id., *Publieke zaken in de marktsamenleving*, Amsterdam: Amsterdam University Press 2012; Parlementaire Onderzoekscommissie Privatisering/Verzelfstandiging Overheidsdiensten, *Verbinding verbroken? Onderzoek naar de parlementaire besluitvorming over de privatisering en verzelfstandiging van overheidsdiensten*, Den Haag 2012 (= *Kamerstukken I* 2012-2013, C, A).
[7] Wetenschappelijke Raad voor het Regeringsbeleid 2012, p. 13.

voorwaarden en 'de invulling en uitvoering van de eigen en gedeelde belangen' voortaan overlaat aan burgers, bedrijven en maatschappelijke organisaties.[8]

Het Nederlandse stelsel van bestuursrechtelijke rechtsbescherming is notoir slecht tegen trends van privatisering en coöperatief bestuur opgewassen.[9] De problemen openbaren zich onder meer met betrekking tot het b-orgaanbegrip, al sinds jaar en dag een dogmatisch zorgenkind en recent het voorwerp van een serie uitspraken van de Afdeling bestuursrechtspraak en een conclusie van staatsraad advocaat-generaal Widdershoven die opnieuw tot veel discussie leiden.[10] De nieuwe koers die de Afdeling conform de conclusie uitzet komt erop neer dat het publieke karakter van een bepaalde taak op zichzelf geen reden meer kan zijn een niet-statelijke actor aan te merken als bestuursorgaan. Een zelfstandig materieel publieketaakcriterium zou voor de rechtspraktijk niet goed hanteerbaar zijn. Beter is het volgens de Afdeling het publieketaakcriterium de resultante te laten zijn van het 'betalen en bepalen' door de overheid, waarbij het bestaan van een financiële en inhoudelijke band grotendeels afhankelijk is gemaakt van een aantal formele criteria die inzake het b-orgaanbegrip meer houvast zouden kunnen bieden.[11]

Op de formele aanscherping van het b-orgaanbegrip is overwegend met instemming gereageerd. 'Deze jurisprudentie brengt rust', concludeert Schreuder-Vlasblom bijvoorbeeld in haar omvangrijke handboek over het bestuursprocesrecht.[12] Maar zoals Den Ouden onlangs al signaleerde heeft de 'nieuwe duidelijkheid' met betrekking tot het b-orgaanbegrip ook een keerzijde. Zij functioneert niet alleen als welkom houvast voor de rechtspraktijk, maar biedt het bestuur bovendien een handige 'routekaart' om bestuursrechtelijke rechtsbescherming en vanzelfsprekende publiekrechtelijke normering te vermijden.[13] Neem nu de GoudApot, een door de gemeente aan particulier beheer toevertrouwde 'pot met geld voor grote en kleine initiatieven in Gouda' waarvoor de initiatiefnemers financiële ondersteuning kunnen gebruiken.[14] Van vooraf van overheidswege vastgestelde criteria aan de hand waarvan het geld moet worden verdeeld is geen sprake. Aldus kwalificeert de stichting niet als b-orgaan en blijft zij handig onder de radar van het bestuursrecht als een juridisch regime met eigen normen en pro-

---

[8] Raad voor het openbaar bestuur, *Loslaten in vertrouwen. Naar een nieuwe verhouding tussen overheid, markt én samenleving*, Den Haag 2012, p. 9-11.
[9] Zie ook L. van den Berge, 'Van government naar governance: besturen onder de radar van het bestuursrecht', *NTB* 2018/40 (hierna: Van den Berge 2018b).
[10] ABRvS 17 september 2014, ECLI:NL:RVS:2014:3379, *AB* 2015/129, m.nt. H. Peters (*Schipholregio*); ABRvS 17 september 2014, ECLI:NL:RVS:2014:3394, *AB* 2015/130, m.nt. H. Peters (*Platform 31*); conclusie A-G Widdershoven van 23 juni 2014, ECLI:NL:RVS:2014:2260.
[11] Zie verder o.a. J.A.F. Peters, 'De publieke taakjurisprudentie geijkt', *NTB* 2015/23.
[12] M. Schreuder-Vlasblom, *Rechtsbescherming en bestuurlijke voorprocedure*, Deventer: Kluwer 2016, p. 223.
[13] W. den Ouden, 'Het coöperatieve bestuursorgaan', *NTB* 2016/52, p. 390.
[14] Zie www.goudapot.nl.

cedures. Op die manier kan zij bij afwijzingen volstaan met een een- of tweeregelig briefje. Bezwaar tegen beslissingen is uitgesloten; de uiteindelijk beoordeling van de subsidieaanvraag, zo bepaalt een van de belangrijkste 'spelregels' van de stichting, is definitief.[15]

3. Managerialisme

Ten tweede wordt het bestuursrecht als rechtsstatelijk stelsel van macht en tegenmacht uitgedaagd door een toenemend 'managerialisme' van publieke actoren zelf. Onder druk van een globaliserende economie hebben overheden zich de laatste decennia sterk genoodzaakt gezien hun handelen af te stemmen op kwantitatieve standaarden van output en efficiency, aldus opererend vanuit een bedrijfsmatige rationaliteit die het belang van adequate rechtsbescherming en democratische controle aanzienlijk naar de achtergrond heeft gedrongen.[16] Juist door zich ten opzichte van zijn subjecten als 'partner' op te werpen is het moderne manageriële bestuur in staat de klassieke juridische grenslijnen tussen staat en maatschappij te passeren en dringt het uiterst diep en dwingend door in de private ruimte van burgers.[17] Door zich te bedienen van diffuse sturingstechnieken onttrekt het moderne bestuur zich vrij gemakkelijk aan bestuursrechtelijke procedures die recht doen aan de slechts ogenschijnlijk zo horizontale en consensuele, maar in feite toch eenzijdig dwingende wijze waarop het zijn subjecten zijn wil oplegt.[18] Hoe kan vorm worden gegeven aan een stelsel van publiekrechtelijke rechtsbescherming dat aan het moderne bestuur het juiste weerwerk biedt?

De machteloosheid van het klassieke, op bestuursbesluiten en andere formele figuren gefixeerde bestuursrecht tegen het moderne manageriële bestuur blijkt onder meer uit recente ontwikkelingen in het 'sociaal domein' zoals dat wordt bestreken door, onder meer, de Wet maatschappelijke ondersteuning 2015

---

[15] Zie voor kritische analyses over vormen van publiek-private samenwerking bij de besteding van publieke middelen verder o.a. J. van den Brink, *Realistisch revolveren: Het revolverend fonds met een Europese touch*, Maastricht: Maastricht University Press 2018; J. van den Brink en W. den Ouden, 'De subsidie nieuwe stijl. Publiek geld verplicht?', *NJB* 2016/2000; J. van den Brink en W. den Ouden, 'Invest-NL: bankieren met € 2,5 miljard publiek geld, welke regels gelden er eigenlijk?', *NJB* 2018/1100.
[16] J. Clarke en J. Newman, *The Managerial State*, Londen: Sage 1997; C. Crouch, *Post-Democracy*, Cambridge: Polity Press 2004.
[17] W. Brown, *Undoing the Demos: Neoliberalism's Stealth Revolution*, New York: Zone Books 2015; Y. Papadopoulos, *Democracy in Crisis? Politics, Governance and Policy*, New York: Palgrave Macmillan 2013, met een kritische analyse van de moderne mode van coöperatief bestuur en collaboratief beleid in hoofdstuk 4; J.S. Davies, *Challenging Governance Theory: From Networks to Hegemony*, Cambridge: The Policy Press 2011.
[18] Zie ook L. van den Berge, 'Gouvernementaliteit en rechtsbescherming: Groninger gas, sociaal domein en de ongrijpbare overheid', *NJB* 2018/820 (hierna: Van den Berge 2018c).

(hierna: Wmo 2015). Die wet past in een bredere ontwikkeling waarbij de klassieke verzorgingsstaat wordt ingewisseld voor een 'participatiesamenleving' waarin 'iedereen die dat kan, wordt gevraagd verantwoordelijkheid te nemen voor zijn of haar eigen leven en omgeving'.[19] Als stip aan de horizon schetst de wetgever ons een paradijselijk oord waar burgers onderling elkaar belangeloos bijstaan en publieke en private actoren zich gezamenlijk scharen achter het 'gezamenlijk doel' van een 'zo integraal mogelijke dienstverlening' aan hulpbehoevenden.[20] Een minder hoogverheven doel dat met de Wmo 2015 wordt nagestreefd is kostenbeheersing. Door de zorg beter toe te snijden op particuliere mogelijkheden en behoeften acht de wetgever het mogelijk de zorg vooraan niet alleen beter maar ook fors goedkoper te maken.[21]

Een manageriële bestuurstechniek die daarbij wordt ingezet behelst onder meer de figuur van de resultaatverplichting. Waar burgers met een chronische beperking voorheen *in abstracto* aanspraak konden maken op een bepaald zorgaanbod, geldt onder de Wmo 2015 nog slechts dat de overheid zich verbindt aan een uiteindelijk te bereiken resultaat, zoals, bijvoorbeeld, het kunnen beschikken over 'een schoon en leefbaar huis' en 'schone en draagbare kleding'.[22] Het nieuwe sociaal domein bevat tal van financiële prikkels waarmee wordt beoogd die resultaten op voor de staatskas zo voordelig mogelijke wijze te realiseren. Sowieso confronteert de Wmo 2015 de gemeenten met een 'forse financiële opgave' en worden die aldus door de centrale overheid ertoe aangezet om 'een groter beroep te doen op de eigen mogelijkheden van mensen en hun sociale netwerken'. Gedwongen door budgettaire beperkingen gingen de gemeenten er op hun beurt toe over aanbestedingen te organiseren waarbij private zorgaanbieders werden aangemoedigd de te behalen 'zorgresultaten' tegen zo laag mogelijke kosten op zich te nemen.[23] Meer in morele zin bevat het nieuwe stelsel bovendien prikkels waarmee wordt beoogd hulpbehoevenden en hun sociale omgeving zelf tot een actievere houding te bewegen. Schermend met een nieuw burgerschapsideaal dat 'rechten en plichten meer met elkaar in evenwicht brengt' beoogt de Wmo 2015 dezelfde eindresultaten te bewerkstelligen voor beduidend minder geld.[24]

Een cruciaal en inmiddels nogal berucht element in deze resultaatgerichte aanpak is het 'keukentafelgesprek' als zinnebeeld bij uitstek van de moderne 'stealthtechnologie' waarmee het bestuur diep binnendringt in het private do-

---

[19] Troonrede 2013, beschikbaar via www.rijksoverheid.nl.
[20] *Kamerstukken II* 2013/14, 33841, 3, p. 22-24.
[21] *Kamerstukken II* 2013/14, 33841, 3, p. 3: '[D]e decentralisatie van verantwoordelijkheden [kan] niet los worden gezien van de financiële opgave waarvoor de regering zich gesteld ziet.'
[22] Zie onder andere de VNG-brochure 'Kantelen in de Wmo. Handreiking voor visieontwikkeling en organisatievorming', september 2010, p. 5: 'Centraal [bij de Kanteling] staat een omslag van claim- en aanbodgericht werken (voorzieningen en hulpmiddelen) naar vraag- en resultaatgericht werken (participatie en zelfredzaamheid).'
[23] *Kamerstukken II* 2013/14, 33841, 3, p. 3-4.
[24] Wmo 2015, aanhef.

mein van burgers, maar onder de radar blijft van het bestuursrecht als bijzonder materieel en procedureel juridisch regime.[25] Het keukentafelgesprek, zo vertellen talloze kleurrijke folders ons, is een 'gesprek van mens tot mens', een persoonlijk onderhoud met een zorgconsulent van de gemeente met wie 'je (sic) samen kijkt wat je persoonlijke situatie is, waar je (sic) ondersteuning bij nodig hebt, en wat oplossingen zouden kunnen zijn. Jij (sic) mag zeggen waar je (sic) behoefte aan hebt'. Van de uitkomst van het gesprek heeft de hulpbehoevende zogenaamd niets te vrezen; daarom is het zaak 'je (sic) verhaal zo eerlijk mogelijk te vertellen', zodat 'je (sic) samen met je (sic) gesprekspartner het beste kunt afspreken welke oplossingen bij jouw (sic) situatie passen'. De consequente tutoyering in zo'n folder is veel meer dan alleen vorm; het representeert een veel breder opgehouden schijn van horizontaliteit en consensualisme die het moderne bestuur bij uitstek in staat stelt klassieke grenzen tussen staat en samenleving te passeren en het leven van burgers tot in de haarvaten van het private domein te micromanagen.[26]

Aan lastige juridische procedures heeft het moderne manageriële bestuur weinig behoefte. De uitkomst van het keukentafelgesprek is door de wetgever uitdrukkelijk uitgesloten als appellabel besluit; alleen tegen de beslissing op een aanvraag tot een 'maatwerkvoorziening' die door de hulpbehoevende pas met die uitkomst in handen kan worden aangevraagd staat bezwaar en beroep bij de bestuursrechter open.[27] Probleem was daarbij tot voor kort dat beslissingen tot het verlenen van maatwerkvoorzieningen niet veel meer inhielden dan de toekenning van het recht op een bepaald eindresultaat, zoals bijvoorbeeld 'een schoon en leefbaar huis'. Inmiddels heeft de Centrale Raad van Beroep geoordeeld dat dergelijke algemene resultaatverplichtingen 'een duidelijke maatstaf missen' en aldus strijd opleveren met beginselen van zorgvuldigheid, motivering en rechtszekerheid.[28] Maar zoals ook Marseille terecht signaleert zijn daarmee de problemen nog lang niet opgelost. Voorlopig zal het nog wel even duren totdat het met de beperkte middelen van het besluitenprocesrecht geleverde verzet van de bestuursrechter tegen het rechtsbeschermingstekort in het sociaal domein nader

---

[25] B.J. van Ettekoven, 'Herrie rond de keukentafel', NTB 2016/52, p. 374. Zie voor het beeld van een bestuurlijke 'stealthtechnologie' o.a. Brown 2015, hoofdstuk 4; L. van den Berge, 'Van government naar governance: besturen onder de radar van het bestuursrecht', NTB 2018/40.
[26] Vgl. o.a. Van den Berge 2018a, par. 6.
[27] Zie voor duidelijke uitleg verder o.a. A.T. Marseille, 'Huishoudelijke hulp in de Wmo 2015: bureaucratic rationality versus rechtszekerheid', AA 2016/9, p. 637-642.
[28] CRvB 18 mei 2016, ECLI:NL:CRVB:2016:1491, AB 2016/263, m.nt. A. Tollenaar; CRvB 18 mei 2016, AB 2016/202 m.nt. C.W.C.A. Bruggeman; CRvB 18 mei 2016, ECLI:NL:CRVB:2016:1402, AB 2016/203. m. nt. C.W.C.A. Bruggeman; CRvB 18 mei 2016, ECLI:NL:CRVB:2016:1404, AB 2016/204, m.nt. C.W.C.A. Bruggeman.

is uitgekristalliseerd.[29] Uiteindelijk is het hopen op een snel politiek vervolg aan een door regeringscommissaris Scheltema op hoofdlijnen geschetst wetsontwerp waarmee de knellende mal van het bestuursbesluit als centraal object van het bestuursrechtelijke geding geheel wordt opengebroken.[30]

4. Gebroken verantwoordelijkheid

Een derde uitdaging waarmee de netwerksamenleving het bestuursrecht confronteert is het probleem van de gebroken verantwoordelijkheid. Publieke verantwoordelijkheden raken maar al te vaak zoek in de talrijke structuren van 'multilevel governance' en publiek-private samenwerking waarbinnen publieke machtsuitoefening vandaag de dag veelal is ingebed.

De situatie rondom de Groninger gaswinning biedt daarvan een uitstekend voorbeeld. Na de vondst van de Groninger gasbel vertrouwde de overheid de regie over de winning ervan al snel toe aan een onontwarbare kluwen van publieke en private actoren die bekendheid heeft verworven als het Groninger gasgebouw, dat valt te beschouwen als een vroege manifestatie van publiek-privaat netwerkbestuur zoals dat in de jaren tachtig en negentig zou uitgroeien tot dominante bestuursvorm. Aanvankelijk leek het Gasgebouw een 'win-win-situatie'; de private partijen verdienden een hoop geld en de staat profiteerde mee door een groot deel van de winst op te strijken. Maar uiteindelijk bleek dat de gaswinning ook verliezers kent. Terwijl de boerderijen en woningen op hun grondvesten schudden, bleven de 'partners' in het Gasgebouw aanvankelijk alle even bewegingsloos zitten, afwachtend totdat een ander zijn verantwoordelijkheid zou nemen.[31]

Ook bij de afhandeling van de schade stonden de in het Gasgebouw verenigde partijen niet direct vooraan om hun verantwoordelijkheid te nemen. De staat verwees gedupeerden tot voor kort naar de NAM als enige juridisch aanspreekbare partij en kwam zelf niet verder dan het instellen van een 'coördinator' en een 'dialoogtafel' als constructies die elke publieke eindverantwoordelijkheid voor de

---

[29] A.T. Marseille, 'Weg van het besluit en het bestuur in het sociaal domein: gevolgen voor de rechtsbescherming', in: R.J.N. Schlössels e.a., *In het nu... Over toekomstig bestuursrecht*, Deventer: Wolters Kluwer 2018, p. 45-60.

[30] M. Scheltema, 'Advies integrale geschilbeslechting in het sociaal domein', *NTB* 2018/3 (ook beschikbaar via www.rijksoverheid.nl). In 2018 verscheen een bijzonder nummer van het NTB waarin verschillende experts uit wetenschap en praktijk Scheltema's advies van nader commentaar voorzien.

[31] Het gebrek aan verantwoordelijkheidsgevoel bij de in het gasgebouw verenigde partijen (de publieke niet minder dan de private) wordt genadeloos blootgelegd in Onderzoeksraad voor de Veiligheid, *Aardbevingsrisico's in Groningen*, Den Haag 2015 (beschikbaar via www.onderzoeksraad.nl), hoofdstuk 3. Zie verder ook Van den Berge 2018c, met verdere verwijzingen.

ontstane situatie reeds door zo te heten uit de weg gaan.[32] En dat terwijl het toch weinig twijfel lijdt dat de bescherming van lijf en goed van de Groningers een publieke verantwoordelijkheid is die de overheid op geen enkele wijze van zich zou moeten kunnen vervreemden – zeker niet wanneer het de overheid zelf is die vergunningen uitdeelt, convenanten sluit en uiteindelijk het merendeel van de winst opstrijkt. Pas na aanhoudende maatschappelijke en politieke druk stelde de regering onlangs een onafhankelijk opererend bestuursorgaan in waarbij gedupeerden met hun schadeverzoeken rechtstreeks terecht kunnen en tegen wiens beslissingen bezwaar en beroep bij de bestuursrechter openstaat.[33]

5. Radicale breuk

Hoe zou nu vorm kunnen worden gegeven aan een stelsel van bestuursrechtelijke rechtsbescherming dat optimaal aan deze drie uitdagingen tegemoetkomt? Het Nederlandse bestuursrecht gaat van oudsher uit van de gedachte dat 'typisch overheidshandelen' bestaat uit het bestuursbesluit als 'de wilsverklaring van een bestuursorgaan voor een bijzonder geval, gericht op het scheppen van een nieuwe, het wijzigen of het opheffen van een bestaande rechtsverhouding'.[34] Ook in het 'groeimodel' zoals dat onlangs is voorgesteld door Van Ommeren en Huisman blijft die gedachte onaangetast. Ter afbakening van de competentie van de bestuursrechter houdt dat model vast aan het besluit als de 'harde kern' van het besturen, geleidelijk uit te breiden met een omringende 'schil' die zou bestaan uit handelingen ter voorbereiding en uitvoering ervan.[35] Maar waarom geldt het bestuursbesluit eigenlijk als de 'kern' van publieke machtsuitoefening en zouden andere overheidshandelingen hooguit tot een omringende 'schil' behoren?[36] Waarom zou laagdrempelige bestuursrechtelijke rechtsbescherming slechts open hoeven staan voor burgers die wensen op te komen tegen handelingen die

---

[32] Zie verder o.a. H. Winter & M. Wever, *De governance van de afhandeling van mijnbouwschade*, Groningen: RUG 2016, beschikbaar via www.provinciegroningen.nl; J. Stoker e.a., *Dialoogtafel: woorden én daden*, Groningen: RUG 2015, beschikbaar via www.rug.nl.

[33] Zie o.a. J. van de Bunt & M. Tjepkema, 'Een nieuw schadeprotocol voor de mijnbouwschade in Groningen', *NJB* 2018/587, met verdere verwijzingen.

[34] C.W. van der Pot, 'De vormen van het besturen', in: C.W. van der Pot e.a. (red.), *Nederlandsch bestuursrecht*, Alphen aan den Rijn: Samsom 1932, p. 204.

[35] F.J. van Ommeren & P.J. Huisman, 'Van besluit naar rechtsbetrekking: een groeimodel', in: *Het besluit voorbij* (VAR-reeks 150), Den Haag: Boom Juridische uitgevers 2013, p. 12-15.

[36] Vgl. o.a. Ch. Backes, *Suum cuique. Enkele opmerkingen over de rechtsmachtverdeling tussen bestuursrechter en burgerlijke rechter*, Den Haag: Boom Juridische uitgevers 2009, p. 21; J.A.F. Peters, 'In de ban van het besluit. Over de verhouding tussen de bestuursrechtelijke rechtsbetrekking, het besluit en de rechtsmachtverdeling', in: R.J.N. Schlössels e.a. (red.), *In het nu... Over toekomstig bestuursrecht*, Deventer: Wolters Kluwer 2018, p. 33-38.

kunnen worden gerelateerd aan een besluit, terwijl burgers met klachten over meer diffuse, schijnbaar horizontale maar in feite op zijn minst even dwingende manieren waarop de overheid burgers haar wil oplegt alleen terecht kunnen bij de burgerlijke rechter?

Een bestuursrechtelijke theorie die het wezen van het bestuursrecht blijft zoeken in de eenzijdige, op een duidelijke wettelijke bevoegdheid steunende vaststelling van andermans rechtspositie is niet in overeenstemming te brengen met de praktijk van indirecte sturing waarin de macht van het bestuur zich veelal op meer verhulde wijze laat gelden. Bestuurlijke machtsuitoefening bestaat allang niet meer in de kern uit 'het vormen en vaststellen van nieuw objectief recht door besluiten',[37] maar veeleer uit een breed palet aan indirecte sturingstechnieken die de schijn wekken van horizontaliteit en consensualisme maar in feite diep en uiterst dwingend ingrijpen in de private leefwereld van burgers. In de 'managerial state' waarin wij leven kneedt het bestuur zich tot de vorm die het voor de gelegenheid het meest passend acht, als het nodig is terugvallend op zijn klassieke rol als centrale beslisser, maar zich bij voorkeur presenterend als 'partner' die 'samen met burgers' maatschappelijke problemen te lijf gaat. Alleen een materieel criterium van rechterlijke compententieafbakening dat de kern van het besturen zoekt in feitelijke publieke machtsuitoefening en niet in het nemen van besluiten is tegen het moderne veelvormige, gemakkelijk over formele grenslijnen heenstappende bestuur voldoende opgewassen.[38]

Het is typerend voor het Nederlandse bestuursrecht dat het disfunctioneren van het bestuursbesluit als centraal object van het bestuursrechtelijk geding tot op de dag van vandaag geen reden is geweest het stelsel op dit punt in fundamentele zin te herzien. Stelselwijzigingen in het Nederlandse bestuursrecht komen al sinds jaar en dag uit de koker van verdeelde commissies waarvan de leden hun verschillen van inzicht plegen te maskeren in dikke rapporten die moeizame compromissen bevatten of controversiële kwesties geheel uit de weg gaan. Niet voor niets benadrukt de memorie van toelichting bij de eerste tranche van de Algemene wet bestuursrecht het 'in hoofdzaak [...] codificerend en harmoniserend karakter' van de wet; een op 'fundamentele en dogmatische beschouwingen' berustende visie zou toekomstige ontwikkelingen slechts 'nodeloos in de weg' staan en werd daarom gezien als een olifant die het uitzicht belemmert.[39] Met de opkomst van de netwerksamenleving in de laatste decennia werd steeds duide-

---

[37] Van Ommeren en Huisman 2013, p. 80.
[38] Vgl. o.a. Van den Berge 2018a voor het beeld van de 'proteïsche overheid', even ongrijpbaar als de Griekse zeegod Proteus door voortdurend van gedaante te veranderen.
[39] *Kamerstukken II* 1988/89, 21221, 3, p. 11. Vgl. M. Rutte, 'Nederland bij de tijd brengen: verandering én zekerheid', H.J. Schoolezing 2013, beschikbaar via www.rijksoverheid.nl: 'Laat ik [...] allereerst de olifant die daar in de hoek staat een hand geven. U hebt hem vast ook zien staan. 'VISIE', staat er in hoofdletters op. [...] Een land, een samenleving past niet in een mal. Waar ik wel in geloof is visie als perspectief voor mensen.'

lijker dat aan de Nederlandse traditie van besluitenprocesrecht tal van bezwaren kleven. Om tot oplossingen te komen is meer nodig dan een ad-hoc-oplossing hier en een doekje voor het bloeden daar: alleen een radicale breuk met de idee van het besluit als de kern van het besturen zal voldoende soelaas kunnen bieden.

6. Conclusie

Publieke machtsuitoefening wordt traditioneel wel voorgesteld aan de hand van het klassieke panopticon: Benthams ideale koepelgevangenis waarin een bewaker vanuit het centrum alziend toezicht houdt op de gevangenen.[40] Maar in de moderne netwerksamenleving heeft de bewaker zijn centrale positie verlaten en is publieke machtsuitoefening veelal ingebed in onoverzichtelijke bestuursnetwerken en andere structuren waarin een duidelijk centrum ontbreekt.[41] Ons publiekrecht is er van oudsher op toegesneden om ons te beschermen tegen de overheid als de centraal opgestelde bewaker in Benthams gevangenis, maar tegen de diffuse en moeilijk te lokaliseren machtsuitoefening zoals die kenmerkend is voor de moderne netwerksamenleving staat het betrekkelijk machteloos. Een oplossing voor de mismatch tussen moderne publieke machtsuitoefening enerzijds en het klassieke besluitenprocesrecht anderzijds vereist meer dan alleen gelegenheidsoplossingen op bestuursrechtelijke deelterreinen of de voorzichtige uitbreiding van de competentie van de bestuursrechter met aan besluiten gelieerde handelingen. Alleen een stelsel dat fundamenteel breekt met de conceptie van het besluit als 'typisch overheidshandelen' zal het moderne bestuur het juiste weerwerk kunnen bieden.

---

[40] M. Foucault, *Surveiller et punir. Naissance de la prison*, Paris: Gallimard 1975, p. 197 e.v.; J. Bentham, *The Panopticon Writings* (bezorgd door M. Bozovic), London: Verso 1995.
[41] Vgl. P. Westerman, *Outsourcing the Law. A Philosophical Perspective on Regulation*, Cheltenham: Edward Elgar 2018, hoofdstuk 9.

Tim Borman*

2 | De Awb als ordenende kracht: ook voor Caribisch Nederland?

> @T_Borman – Het wordt tijd voor een 'Awb-BES', zodat Awb-bepalingen ook gelding krijgen in Caribisch Nederland. Voor goed bestuur en rechten van de burger behoren in Caribisch Nederland geen lagere standaarden te gelden dan in Europees Nederland. Bovendien geldt de codificatieopdracht in 107 Grondwet voor heel Nederland #Caribisch Nederland #codificatie #harmonisatie

1. Inleiding

Zoals 1 januari 1994 voor het bestuursrecht een magische datum was, zo was 10 oktober 2010 dat voor het staatsrecht. Op '10-10-10' werd er in ons Koninkrijk een land opgeheven, kwamen er twee nieuwe landen bij en werd het grondgebied van Nederland uitgebreid met drie Caribische eilanden: Bonaire, Sint Eustatius en Saba. Deze eilanden, destijds aangeduid als 'de BES', tegenwoordig als 'Caribisch Nederland',[1] kregen de status van 'openbaar lichaam'. In artikel 1, tweede lid, Statuut voor het Koninkrijk werd een zogeheten differentiatiebepaling opgenomen, die per 17 november 2017 is overgeheveld naar de Grondwet, waar zij staatsrechtelijk thuishoort.[2] Artikel 132a Grondwet biedt sindsdien een grondwettelijke basis om bij wet in het Caribische deel van Nederland andere territoriale openbare lichamen dan provincies en gemeenten in te stellen. Het vierde lid, de differentiatiebepaling, luidt:

> 4. Voor deze openbare lichamen kunnen regels worden gesteld en andere specifieke maatregelen worden getroffen met het oog op bijzondere omstandigheden waardoor deze openbare lichamen zich wezenlijk onderscheiden van het Europese deel van Nederland.

Het belang van deze differentiatiebepaling ligt in de uitdrukkelijke erkenning door de Grondwetgever van de fundamentele verschillen tussen het Caribische en het Europese deel van Nederland, leidend tot 'gescheiden rechtsordes'.[3]

---

* Mr. T.C. Borman is werkzaam bij de directie Wetgeving en Juridische Zaken van het Ministerie van Justitie en Veiligheid.
[1] Vgl. T.C. Borman, 'Territoriale aanduidingen in het Koninkrijk na 10-10-10', *RegelMaat* 2015, afl. 3, p. 221-230.
[2] Zie voor de eerste en tweede lezing van deze Grondwetswijziging: *Stb.* 2016, 458 en 426 (Kamerstukkendossiers 33131 en 34341) en *Stb.* 2017, 426 (Kamerstukkendossier 34702).
[3] Aldus de MvT bij het eerstelezingsvoorstel: *Kamerstukken II* 2011/12, 33131, 3, p. 5.

De eigen rechtsorde van Caribisch Nederland krijgt gestalte doordat daar alleen de als zodanig van toepassing verklaarde wetten, algemene maatregelen van bestuur en ministeriële regelingen gelden[4] en de wettelijke regelingen waarbij dit uitdrukkelijk bij wettelijk voorschrift is bepaald of anderszins onmiskenbaar uit een wettelijk voorschrift volgt dat zij in Caribisch Nederland van toepassing zijn.[5] Overigens zijn in Caribisch Nederland ook de Europees-Nederlandse regelingen van toepassing 'die buiten het Europese deel van Nederland werking kunnen hebben' (extraterritoriale werking).[6]

Hieronder bespreek ik de gevolgen van de gescheiden rechtsordes voor de toepassing van de Awb in Caribisch Nederland. Ter sprake komen achtereenvolgens de betekenis van de codificatieopdracht in de Grondwet (par. 2), de juridische constructie van de (niet-)toepasselijkheid van de Awb in Caribisch Nederland (par. 3), opvattingen over de vraag of de Awb daar van toepassing moet zijn (par. 4) en de redenen waarom dit nog niet het geval is (par. 5 en 6). Daarna volgen relativeringen (par. 7): het blijkt dat er wel degelijk al veel Awb-recht voor Caribisch Nederland geldt. Dit mondt uit in een agenda voor de totstandbrenging van een 'Awb BES' (par. 8).

2. Artikel 107, tweede lid, van de Grondwet

De gescheiden rechtsordes gelden niet voor de Grondwet. Door de toetreding van Bonaire, Sint Eustatius en Saba tot het Nederlandse staatsbestel werd de Grondwet op 10-10-10 automatisch volledig van toepassing op deze eilanden.[7] De Grondwet was in Caribisch Nederland dus ook al van toepassing voordat de staatkundige positie van de openbare lichamen aldaar per 17 november 2017 in de Grondwet werd verankerd.

---

[4] Zie art. 2, eerste lid, Invoeringswet openbare lichamen Bonaire, Sint Eustatius en Saba (IBES). Dit zijn voormalige Nederlands-Antilliaanse regelingen die op 10-10-10 via de IBES uitdrukkelijk tot "BES-regeling" zijn getransformeerd. Een voorbeeld op bestuursrechtelijk terrein is de Wet openbaarheid van bestuur BES, die nu de openbaarheid regelt van documenten onder de bestuursorganen van de openbare lichamen en onder de Rijksvertegenwoordiger.

[5] Zie art. 2, tweede lid, IBES. Dit zijn van oorsprong Europees-Nederlandse regelingen die geheel of gedeeltelijk ook voor de BES zijn gaan gelden (zie bijv. art. 10b Bekendmakingswet) en geheel nieuwe BES-regelingen (bijv. de Wet elektriciteit en drinkwater BES).

[6] Zie art. 2, derde lid, IBES. Het gaat hier om wettelijke voorschriften die overal ter wereld en dus ook in Caribisch Nederland van toepassing zijn (vgl. *Kamerstukken II* 2008/09, 31957, 3, p. 18, en *Kamerstukken II* 2009/10, 31957, 7, p. 7). Voorbeeld is de Wet openbaarheid van bestuur, op grond waarvan een ieder, ongeacht waar ter wereld, een verzoek om informatie kan richten tot een (Europees-)Nederlands bestuursorgaan.

[7] Expliciet in deze zin: *Kamerstukken II* 2009/10, 32213 (R 1903), 3, p. 4; *Kamerstukken II* 2011/12, 33131, 3, p. 1.

Ook artikel 107 Grondwet, het codificatieartikel, geldt dus sinds 10-10-10 voor Caribisch Nederland. Aan het eerste lid van dat artikel – de opdracht om het burgerlijk recht, het strafrecht en het burgerlijk en strafprocesrecht in algemene wetboeken te regelen – werd aanstonds voldaan doordat via de IBES (zie noot 4) de Nederlands-Antilliaanse wetboeken werden getransformeerd tot wetboeken voor Caribisch Nederland.[8] Het tweede lid – de opdracht aan de wetgever om algemene regels van bestuursrecht vast te stellen – is een ander verhaal. In de Nederlandse Antillen was alleen het bestuursprocesrecht (deels) geregeld in een algemene wet: de Landsverordening administratieve rechtspraak. Deze landsverordening is op 10-10-10 voor Caribisch Nederland getransformeerd tot de Wet administratieve rechtspraak BES. Voor het materiële algemene bestuursrecht bestond op de Nederlandse Antillen geen algemene wettelijke regeling. Strikt genomen moesten er, gelet op artikel 107, tweede lid, Grondwet, voor Caribisch Nederland dus nog algemene regels van bestuursrecht worden vastgesteld. Uit de geschiedenis van deze grondwetsbepaling – en ook uit de feitelijke gang van zaken – blijkt dat deze er destijds niet toe dwong om bij het van kracht worden van de grondwetsbepaling (17 februari 1983) in één wet een alomvattende algemene regeling van het bestuursrecht te creëren. De aanleiding voor deze bundel laat zien dat het bijna elf jaar duurde tot er een eerste tranche van algemene regels in werking trad. Voor Caribisch Nederland lag dat dus niet anders: er hoefde niet op 10-10-10 een 'Awb BES' te zijn.

Verder is van belang dat (de toenmalige afdeling I van) de Raad van State van het Koninkrijk in 2006 had laten weten:

> 'Op de terreinen die worden bestreken door de algemene wetboeken, alsmede de algemene regels van bestuursrecht zal de rechtseenheid in het Caribische gebied moeten prevaleren boven de Nederlandse rechtseenheid. Gelet op de aard van de relatie van de eilanden met Nederland is het naar het oordeel van de afdeling verenigbaar met artikel 107 van de Grondwet, de daar genoemde onderwerpen in afzonderlijke wetten te regelen, maar naar de eis van artikel 39 van het Statuut wel 'zoveel mogelijk op overeenkomstige wijze'.'

Dit stond in een voorlichtingsadvies over de hervorming van de staatkundige verhoudingen van de Antilliaanse eilanden binnen het Koninkrijk, dat richtinggevend werd voor de inrichting van de nieuwe staatkundige structuur.[9] Het advies moet niet worden verstaan als vrijbrief om de in artikel 107 Grondwet genoemde onderwerpen in Caribisch Nederland te regelen in allerlei verschillende wetten en voor het bestuursrecht de verscheidenheid uit de Nederlands-Antilliaanse wetgeving voort te laten bestaan. De Raad lijkt te hebben bedoeld dat er voor Caribisch Nederland 'eigen' algemene wetboeken en algemene

---

[8] Burgerlijk Wetboek BES, Wetboek van Strafrecht BES, Wetboek van Burgerlijke Rechtsvordering BES en Wetboek van Strafvordering BES.
[9] Advies van 18 september 2006, no. W04.06.0204/I/K/A, p. 23-24 (bijlage bij *Kamerstukken II* 2006/07, 30800 IV, 3). Ook gepubliceerd op www.raadvanstate.nl.

regels van bestuursrecht konden komen, met een inhoud die kon afwijken van de Nederlandse wetboeken en de Nederlandse Awb, maar daarbij wel zoveel mogelijk moest aansluiten. Ter voorkoming van misverstand had de Raad van State misschien beter kunnen kiezen voor de formulering 'alleen voor de eilanden geldende wetten' in plaats van 'afzonderlijke wetten'. Met name voor het materiële bestuursrecht is dit cruciaal, omdat daar, anders dan bij het burgerlijk (proces)recht en het straf(proces)recht, in de Nederlandse Antillen juist geen sprake was van algemene wetgeving. Overigens mist de verwijzing van de Raad van State naar artikel 39 Statuut voor het bestuurs(proces)recht directe betekenis, omdat het daarin geregelde concordantiebeginsel daarvoor niet geldt.[10]

3. Artikel 3 van de IBES

Het advies van de Raad van State heeft ertoe geleid dat de Awb niet integraal van toepassing is verklaard in Caribisch Nederland. Dit heeft een helaas nogal ingewikkelde regeling opgeleverd, vervat in artikel 3 IBES.[11] Zij houdt het volgende in:

1. Het Awb-procesrecht (hoofdstukken 6, 7 en 8) is nooit van toepassing op bezwaar en beroep tegen een besluit dat is gericht tot een ingezetene van of rechtspersoon in Caribisch Nederland. In plaats daarvan geldt voor bezwaar en beroep tegen beschikkingen het procesrecht uit de Wet administratieve rechtspraak BES (WarBES), op grond waarvan de procedure voor de belanghebbende 'dicht bij huis' kan plaatsvinden: bij het Gerecht in eerste aanleg van Bonaire, Sint Eustatius en Saba en in hoger beroep bij het Gemeenschappelijk Hof van Justitie van Aruba, Curaçao, Sint Maarten en van Bonaire, Sint Eusta-

---

[10] Rogier wijst er overigens terecht op dat als art. 39 Statuut nu zou worden geformuleerd, het in de rede ligt te veronderstellen dat het bestuursrecht daarin tevens zou worden genoemd en dat concordantie in bestuursrechtelijke zaken in het Caribisch deel van het Koninkrijk gestalte krijgt doordat leden van de Afdeling bestuursrechtspraak van de Raad van State participeren als plaatsvervangers in het Gemeenschappelijk Hof van Justitie van Aruba, Curaçao, Sint Maarten en van Bonaire, Sint Eustatius en Saba: zie L.J.J. Rogier, 'Het einde van het concordantiebeginsel?', *RM Themis* 2016, afl. 3, p. 125 en 135.

[11] De complexiteit geldt ook enigszins voor de totstandkomingsgeschiedenis van art. 3: in eerste instantie vervat in het wetsvoorstel IBES (zie toelichting in *Kamerstukken II* 2008/09, 31957, 3, p. 10-12), in werking getreden op 10 oktober 2010 (*Stb.* 2010, 346 en 389), en kort daarna integraal herschreven via het wetsvoorstel Tweede Aanpassingswet openbare lichamen Bonaire Sint Eustatius en Saba - A (zie toelichting in *Kamerstukken II* 2009/10, 32368, 3, p. 9-11), in werking getreden op 1 januari 2011 (*Stb.* 2010, 829 en 831). Er heeft dus tussen 10 oktober 2010 en 1 januari 2011 kortstondig een andersluidende regeling gegolden. In de nota n.a.v. het verslag aan de Tweede Kamer bij laatstgenoemd wetsvoorstel erkende de regering dat 'de toepasselijkheid van verschillende delen van de Awb niet eenvoudig oogt in artikel 3' en heeft zij de opbouw van het artikel uiteengezet: zie *Kamerstukken II* 2009/10, 32368, 7, p. 9.

tius en Saba (dus niet bij Nederlandse rechtbanken, de ABRvS, de CRvB of het CBb). Dat geldt voor alle beschikkingen, ongeacht of het bestuursorgaan in Caribisch of in Europees Nederland zetelt.

2. Hoofdstuk 9 (intern en extern klachtrecht, inclusief bevoegdheid ombudsman) is vrijwel altijd juist wél van toepassing op gedragingen jegens een ingezetene van Caribisch Nederland, ongeacht of het een gedraging betreft van een bestuursorgaan in Caribisch of in Europees Nederland.

3. De materiële regels in de Awb (hoofdstukken 2 t/m 5 en 10) zijn niet van toepassing: niet op bestuursorganen in Caribisch Nederland en ook niet op bestuursorganen in Europees Nederland die handelen jegens een ingezetene van of rechtspersoon in Caribisch Nederland. Dit laatste met één uitzondering: als een bestuursorgaan in Europees Nederland handelt ter uitvoering van een wettelijk voorschrift met extraterritoriale werking (bijvoorbeeld een besluit op grond van de Wob), zijn de materiële regels van de Awb wél van toepassing.[12]

4. Opvattingen vóór 10-10-10

Uit artikel 3 IBES volgt dus dat de Awb voor ingezetenen en bestuursorganen van Caribisch Nederland zelden betekenis heeft. Hoewel het genoemde voorlichtingsadvies van de Raad van State uit 2006 al ten grondslag lag aan deze keuze, werd daar destijds ook wel anders over gedacht. In 2007 schreef Ten Berge:

> 'Het is voor mij vanzelfsprekend dat de Awb ook op de BES zal gelden. De Awb waarborgt rechtmatigheid en behoorlijkheid van bestuur en daar zal op de BES ook zeker behoefte aan bestaan.'[13]

Ten Berge zag de waarde van de Awb voor de BES vooral gelegen in de hoofdstukken 2 tot en met 7, 9 en 10 Awb. Rogier daarentegen meende dat toepassing daarvan niet zou aansluiten 'op de rechtscultuur in de West':

---

[12] Voor rechtseenheidsjagers levert dit nog wat extra munitie op. Zoals beschreven in punt 1, geldt voor besluiten ter uitvoering van een wettelijk voorschrift met extraterritoriale werking niet het Awb-bestuursprocesrecht, maar de WarBES. Dat heeft het wat merkwaardige gevolg heeft dat er in ons Koninkrijk sinds 10-10-10 twee hoogste rechters zijn die oordelen over bijv. de Wob, namelijk de ABRvS en het Gemeenschappelijk Hof. Dit nadeel is destijds wel door de regering onderkend, maar leverde naar haar oordeel geen gevaar op voor de rechtseenheid dankzij de mogelijkheid om leden van de Nederlandse hoogste rechtscolleges te benoemen tot plaatsvervangend lid van het Gemeenschappelijk Hof (zie *Kamerstukken II* 2009/10, 32368, 3, p. 10).
[13] J.B.J.M. ten Berge, 'Een warm welkom voor Bonaire, Sint Eustatius en Saba', in: H.R.B.M. Kummeling en J Saleh (red.), *Nieuwe verhoudingen in het Koninkrijk der Nederlanden*, Utrecht: Universiteit Utrecht 2007, p. 21. Idem p. 39.

'Ziet u bijvoorbeeld de uitgebreide uniforme voorbereidingsprocedure worden gevolgd op Saba? Om maar te zwijgen van de klachtenregeling (...). En dat zijn maar twee voorbeelden.'[14]

In 2009 noemden Ling Ket On en Verheij, destijds wetgevingsambtenaren op Justitie en in dit opzicht dus in zekere zin keurders van eigen vlees, de beslissing om de Awb voorlopig nog niet in te voeren op de BES-eilanden 'een verstandige'.[15] Wel meenden zij dat het wenselijk zou kunnen zijn om enkele onderdelen van de Awb 'al in een vroeg stadium in te voeren', namelijk de bepalingen over het verkeer tussen burgers en bestuursorganen,[16] de algemene bepalingen over besluiten en de bepalingen over beschikkingen en de beslistermijn. Dit leek dus een pleidooi om niet heel lang te wachten met de invoering van de hoofdstukken 2 en 3 en titel 4.1 van de Awb.

5. Legislatieve terughoudendheid I (2010-2015)

Het door Ling Ket On en Verheij geschetste perspectief is (nog) niet bewaarheid geworden. Caribisch Nederland moet het nog steeds doen zonder algemene regels van bestuursrecht.[17] Een belangrijke verklaring hiervoor is de in oktober 2009 aangekondigde 'legislatieve terughoudendheid': gedurende vijf jaar vanaf de transitiedatum (10-10-10) zouden er geen wetgevingsoperaties mogen plaatsvinden met ingrijpende effecten voor het bestuur of de burger in Caribisch Nederland.[18] In deze periode zou er voor Caribisch Nederland alleen regelgeving mogen worden ingevoerd 'als daar een duidelijke noodzaak toe is'.

---

[14] L.J.J. Rogier, 'De nieuwe structuur, in het bijzonder de BES', in: Kummeling en Saleh 2007, p. 34-35.
[15] L.J.M. Ling Ket On en N. Verheij, 'Bestuursrecht op de BES', *RegelMaat* 2009, afl. 1, p. 42. Hetzelfde artikel is in oktober 2010 gepubliceerd in: A.L.C. Roos en L.F.M. Verhey (red.), *Wetten voor de West. Over de wetgeving in het vernieuwde Koninkrijk der Nederlanden*, Den Haag: Ministerie van Veiligheid en Justitie 2010, p. 117-123.
[16] In plaats van de bepalingen over het Fries die toen nog in afdeling 2.2 Awb waren opgenomen, zouden er dan soortgelijke bepalingen moeten komen over het Papiaments en het Engels. Die bepalingen zijn er ook gekomen, echter niet in een aparte wet, maar als hoofdstuk 2b van de IBES (De taal in het bestuurlijk verkeer). De bepalingen in dat hoofdstuk zijn mutatis mutandis gekopieerd uit afdeling 2.2 Awb zoals die destijds gold.
[17] Afgezien van de algemene procesrechtelijke regels in de Wet administratieve rechtspraak BES. Verder zijn ook de Wet openbaarheid van bestuur BES en de regels in hoofdstuk 2b IBES over de taal in het bestuurlijk verkeer te kwalificeren als algemene regels van bestuursrecht, ook al staan zij in afzonderlijke wetten.
[18] Zie de op 13 oktober 2009 uitgebrachte nota's n.a.v. het verslag bij de wetsvoorstellen IBES en WolBES: *Kamerstukken II* 2009/10, 31957, 6, p. 7, en *Kamerstukken II* 2009/10, 31954, 7, p. 12-13. Later in dezelfde zin bijv.: *Kamerstukken I* 2011/12, 33000 VII, C.

Dat criterium geldt op zichzelf altijd voor nieuwe wetgeving,[19] maar de bedoeling was kennelijk dat er nog een extra bewijslast gold. Als voorbeelden van 'duidelijke noodzaak' noemde de regering herstel van omissies, verdragsimplementatie en ontwikkelingen in Curaçao en Sint Maarten met het oog op concordantie van regelgeving. Later zijn nog genoemd de gevallen waarin de Grondwet regeling vereist.[20] Hiermee werd enige concretisering gegeven van de nogal vage afspraak die in de zogeheten Slotverklaring in oktober 2006 met de BES-eilanden was gemaakt dat de Nederlands-Antilliaanse regelgeving 'geleidelijk' zou worden vervangen door Nederlandse wetgeving.[21] Ook maakte de regering duidelijk dat deze afspraak *niet* betekende dat *alle* Nederlandse regelgeving op den duur op de BES-eilanden zou worden ingevoerd.

Het doel van de legislatieve terughoudendheid was om rekening te houden met de absorptiecapaciteit op de BES-eilanden en ontwrichting van de samenleving daar te voorkomen.[22] Tegelijkertijd werd hiermee de oorspronkelijke gedachte dat na een niet al te lange overgangsperiode voor Caribisch Nederland de gewone Nederlandse wetgeving zou gaan gelden, gerelativeerd.

Als reden voor de beslissing om de Awb 'voorlopig nog niet in te voeren' gaf de regering destijds als reden dat invoering 'een onevenredige belasting zou vormen voor de bestuursorganen, de rechtspleging en de burgers'.[23] Wat het materiële bestuursrecht betreft, wees de regering erop dat zich, net als voorheen in Nederland, in de Nederlandse Antillen in de loop van de tijd materiële bestuursrechtelijke normen hadden ontwikkeld in de rechtspraak, die in de praktijk het ongeschreven bestuursrecht vormen. Op de vraag of de regering bereid was alsnog over te gaan tot invoering van de Awb, antwoordde zij:

'Door de gerechtelijke toets zijn de rechtzoekenden ervan verzekerd dat het ongeschreven materiële bestuursrecht stevig is verankerd in het bestuursrecht.

---

[19] Vgl. aanwijzing 2.2 van de Aanwijzingen voor de regelgeving: 'Tot het tot stand brengen van een regeling wordt alleen besloten indien de noodzaak daarvan is komen vast te staan.'
[20] *Kamerstukken I* 2009/10, 31954, C, p. 14.
[21] Onderdeel A.5 van de Slotverklaring van de Miniconferentie over de toekomstige staatkundige positie van Bonaire, Sint Eustatius en Saba van 10 en 11 oktober 2006 (opgenomen als bijlage bij *Kamerstukken II* 2006/07, 30800 IV, 5). In de in noot 17 genoemde nota's n.a.v. het verslag wordt abusievelijk gesproken over het geleidelijk invoeren van Nederlands-Antilliaanse regelgeving.
[22] Vgl. *Kamerstukken II* 2009/10, 31957, 6, p. 7; *Kamerstukken II* 2009/10, 31954, 7, p. 12-13; *Kamerstukken I* 2009/10, 31954, C, p. 12-13.
[23] Nota n.a.v. het verslag aan de Tweede Kamer d.d. 13 oktober 2009 bij het wetsvoorstel IBES (*Kamerstukken II* 2008/09, 31957, 6, p. 9) n.a.v. vragen VVD en SGP. In dezelfde zin: *Kamerstukken II* 2008/09, 31956, 3, p. 13, waarin er voorts op werd gewezen dat bestuursorganen op de eilanden en lokaal overheidspersoneel 'gewend is aan het Antilliaans bestuursrecht'.

Bovendien staat dit ongeschreven recht niet in de weg aan Awb conform handelen. Een en ander vormt een goede basis om op termijn de Awb in te voeren.'[24]

6. Legislatieve terughoudendheid II (2015-heden)

De termijn van vijf jaar voor legislatieve terughoudendheid was niet toevallig gekozen. In de eerdergenoemde Slotverklaring was afgesproken dat de uitwerking van de nieuwe staatkundige structuur voor Caribisch Nederland na vijf jaar zou worden geëvalueerd door Nederland en de drie eilanden gezamenlijk. Deze evaluatie, door een commissie onder voorzitterschap van oud-BZK-minister Spies, verscheen op 12 oktober 2015.[25] De commissie constateerde dat de legislatieve terughoudendheid in het algemeen leek te zijn nageleefd (met de aantekening dat er ook een hoeveelheid aan lagere wetgeving tot stand was gekomen). Zonder concrete voorbeelden te noemen, bestond volgens de commissie tegelijkertijd 'het beeld dat met een beroep op de legislatieve terughoudendheid ontwerpen van wetgeving op de plank worden gehouden, ook in gevallen waarin het ongewenst zou kunnen worden geacht met nieuwe wetgeving te wachten'. Een van de slotconclusies was dat het gegeven de kleine schaal van de eilanden en de beperkte aanwezige capaciteit moeilijk blijft om de kwaliteit van het bestuur en de daarmee samenhangende ambtelijke organisatie duurzaam te waarborgen. 'Voor het bevorderen van goed bestuur is het wettelijk kader een belangrijke randvoorwaarde.' Maar 'meer bepalend' noemde de commissie 'de wijze waarop door personen invulling wordt gegeven aan hun verantwoordelijkheden en de instrumenten die hen ter beschikking staan'. Beantwoording van de vraag welke aanpassingen van de wetgeving nodig zijn, behoorde niet tot de opdracht van de commissie.

In het in mei 2016 uitgebrachte kabinetsstandpunt over het evaluatierapport maakte het kabinet Rutte II duidelijk dat ook 'in de komende jaren' nog sprake zou zijn van legislatieve terughoudendheid.[26] Bij de invoering van nieuwe wetgeving voor Caribisch Nederland wilde het kabinet naast enkele specifiek genoemde maatregelen prioriteit geven aan 'wetgeving die voorziet in een basisbehoefte van de eilanden dan wel knelpunten wegneemt in de uitvoeringspraktijk' en 'het wegnemen van ongerechtvaardigde verschillen'. Zonder dit verder concreet te maken stelde het kabinet verder dat de inwoners van de eilanden 'zijn gebaat bij goed functionerend openbaar bestuur en bijpassende dienstverlening, zowel op het niveau van lokaal bestuur als ook waar het de rijksoverheid betreft.'

---

[24] Nota n.a.v. het verslag aan de Eerste Kamer d.d. 6 mei 2010 bij de wetsvoorstellen WolBES c.a. (*Kamerstukken I* 2009/10, 31954, C, p. 24-25) n.a.v. vragen D66.
[25] Commissie evaluatie uitwerking van de nieuwe staatkundige structuur Caribisch Nederland, *Vijf jaar verbonden: Bonaire, Sint Eustatius, Saba en Europees Nederland*, Den Haag, 12 oktober 2015 (bijlage bij *Kamerstukken II* 2015/16, 34300 IV, 23).
[26] *Kamerstukken II* 2015/16, 34300 IV, 59.

Blijkens een brief van 22 juni 2018 van staatssecretaris Knops (BZK) aan de Eerste Kamer geldt het voorgaande ook nog steeds onder het kabinet Rutte III.[27]

7. Relativering

Rogier wijst er op dat de materiële regels van de Awb door analoge toepassing als ongeschreven recht grote invloed uitoefenen op het bestuursrecht op de BES-eilanden (en in de Caribische landen).[28] Ook merkt hij op dat naarmate er meer en ingrijpender Nederlandse bestuurswetten in Caribisch Nederland worden ingevoerd, de invoering van de Awb daar op den duur onvermijdelijk wordt: 'Al die Nederlandse wetten veronderstellen immers de gelding van de Awb en vertonen dus leemten als de Awb niet geldt.'[29]

Hier slaat Rogier de spijker op zijn kop. In talrijke wetten die op 10-10-10 (mede) van toepassing werden in Caribisch Nederland, zijn, juist om deze leemten te voorkomen, meteen al allerlei bepalingen uit de Awb van toepassing verklaard of overgenomen. Exemplarisch is de Wet openbare lichamen Bonaire, Sint Eustatius en Saba (WolBES). Daarin zijn onder meer de titels 5.1 en 5.3 Awb van toepassing verklaard op bestuursdwang- en dwangsombesluiten van de eilandsbesturen en titel 10.2 Awb op goedkeuring, schorsing en vernietiging van besluiten van de eilandsbesturen. In de Wet toelating en uitzetting BES werd titel 5.2 Awb (nalevingstoezicht) van toepassing verklaard. Hetzelfde gebeurde in de nieuwe 'BES-afdeling' van de Sanctiewet 1977. Grote delen van hoofdstuk 5 Awb (bestuursrechtelijke handhaving) werden aanstonds overgenomen in onder meer de Wet overeenkomsten langs elektronische weg BES, de Wet voorschriften bestrijdingsmiddelen BES en artikel 18.4.11 IBES (jeugdzorg).

In BES-onderwijswetten werden de titels 4.1 en 4.2 Awb volledig van toepassing verklaard op door de minister van OCW te verstrekken subsidies.[30]

In nog sterkere mate geldt het voorgaande voor op Europees-Nederlandse leest geschoeide BES-wetten die, ondanks de legislatieve terughoudendheid, na 10-10-10 tot stand kwamen. Zo bevatten de Wet maritiem beheer BES, de Wet grondslagen natuurbeheer en- bescherming BES en de Wet Inspectie Biociden BES aan de Awb identieke bepalingen over nalevingstoezicht, bestuursdwang en dwangsom. Hetzelfde geldt voor de Wet financiële markten BES, die bovendien nog met de Awb overeenkomende bepalingen bevat over de bestuurlijke

---

[27] *Kamerstukken I* 2017/18, 31568, F.
[28] L.J.J. Rogier, *Beginselen van Caribisch Bestuursrecht*, Den Haag: Boom Juridische uitgevers 2012, p. 18-19. Hij noemt hier overigens ook hoofdstuk 9 Awb (intern en extern klachtrecht), daarbij kennelijk over het hoofd ziende dat dit hoofdstuk ingevolge art. 3, eerste lid, aanhef, en derde lid, IBES reeds rechtstreeks van toepassing is in Caribisch Nederland.
[29] Rogier 2012, p. 21-22.
[30] Zie bijv. art. 69, derde lid, Wet primair onderwijs BES en art. 127e Wet voortgezet onderwijs BES.

boete. Delen van hoofdstuk 5 Awb (met name titel 5.2) zijn van toepassing verklaard in de Luchtvaartwet BES, de Pensioenwet BES, de Wet bescherming persoonsgegevens BES, de Wet grondslagen ruimtelijke ontwikkelingsplannen BES, de Wet kinderbijslagvoorziening BES, en de Wet volkshuisvesting, ruimtelijke ordening en milieubeheer BES. Laatstgenoemde voor Caribisch Nederland zeer belangrijke wet bevat verder bepalingen die zijn ontleend aan de hoofdstukken 2 en 4 Awb, zoals de doorzendplicht, gegevensverstrekking bij een aanvraag, handelwijze bij een onvolledige aanvraag en de hoorplicht bij de voorbereiding van een beschikking. Illustratief is de bij deze wet gegeven toelichting:[31]

> 'Artikel 3 van de Invoeringswet BES, bepaalt dat de Algemene wet bestuursrecht niet van toepassing is op de BES-eilanden. De WarBES regelt alleen het bestuursprocesrecht op de BES-eilanden en niet het materiële bestuursrecht. Aangezien echter op basis van deze wet een groot aantal beschikkingen en vergunningen worden genomen, is het van belang toch een zekere mate van rechtszekerheid te bieden. Daarom worden enkele noodzakelijke bepalingen van materieel bestuursrecht in deze wet opgenomen.'

Een recent voorbeeld ten slotte is de Verzamelwet SZW 2019, waarmee in diverse voor Caribisch Nederland geldende sociale zekerheidswetten en de Wet studiefinanciering BES voor bepaalde beschikkingen paragraaf 3.3 Awb (advisering) van toepassing wordt verklaard en bepalingen worden opgenomen analoog aan artikel 3:41 Awb (bekendmaking besluiten).[32]

In alle genoemde gevallen leek het overschrijven of overnemen van Awb-bepalingen ook steeds de instemming te hebben van de Afdeling advisering van de Raad van State. De Afdeling maakte er in ieder geval in geen van haar over deze wetten uitgebrachte adviezen opmerkingen over. Curieus was het daarom dat de Afdeling zich in 2014 in één incidenteel geval opeens sterk keerde tegen het van toepassing verklaren van Awb-bepalingen. Dat advies ging over de ont-

---

[31] *Kamerstukken II* 2009/10, 32473, 3, p. 78.
[32] Zie hierover *Kamerstukken II* 2017/18, 34977, 3, p. 4-6. Hiermee worden omissies uit een eerdere wetswijziging hersteld waarbij 'ten onrechte is uitgegaan van de toepasselijkheid van bepalingen van de Awb'. Deze gang van zaken laat zien dat op ministeries art. 3 IBES soms over het hoofd wordt gezien en men dan ten onrechte uitgaat van toepasselijkheid van de Awb in Caribisch Nederland. Dit lijkt ook het geval te zijn geweest bij de Onteigeningswet BES (art. 94, derde lid), waarin een Awb-bepaling (art. 10:4) uitdrukkelijk *niet* van toepassing is verklaard. Hier had juist het omgekeerde moeten gebeuren: de relevante bepalingen uit titel 10.1 Awb minus art. 10:4 uitdrukkelijk van toepassing verklaren. Een ander voorbeeld biedt onderdeel 3 van het advies van de Afdeling advisering van de Raad van State van 21 januari 2016, no. W.14.15.0423/IV (*Stcrt.* 2016, 31838) over het ontwerp-Besluit elektriciteit en drinkwater BES, waarin aanvankelijk de regels over de dwangsom bij niet-tijdig beslissen en de lex silencio positivo (afdelingen 4.1.3.2 en 4.1.3.3 Awb) uitdrukkelijk buiten toepassing waren verklaard en de Afdeling de minister er op moest wijzen dat dit overbodig was.

werp-Wet elektriciteit en drinkwater BES, waarin aanvankelijk artikel 2:3 (doorzendplicht), hoofdstuk 5 (handhaving) en afdeling 4.2.8 (per boekjaar verstrekte subsidies aan rechtspersonen) van toepassing waren verklaard.[33] Onder verwijzing naar (de wetsgeschiedenis van) artikel 3 IBES stelde de Afdeling:

'Het uitgangspunt van de Invoeringswet openbare lichamen BES is echter, in lijn met de afspraak dat Nederlands-Antilliaanse wetgeving van kracht blijft, dat de Awb niet van toepassing is op besluiten aangaande de BES-eilanden van bestuursorganen met een zetel in het Europese deel van Nederland. Dat uitgangspunt geldt ook voor het onderhavige voorstel. Meer in het bijzonder is de reden voor de niet-toepasselijkheid van de Awb gelegen in de noodzaak tot behoud van de overzichtelijkheid van het bestuursrecht op de BES-eilanden. De voorgestelde artikelen (...) wijken af van dit uitgangspunt. Hierdoor ontstaat het risico dat aan die overzichtelijkheid afbreuk wordt gedaan.

Dat risico wordt verder vergroot door de Awb slechts gedeeltelijk van toepassing te verklaren. Afdeling 4.2.8 en hoofdstuk 5 van de Awb zijn ingebed in de Awb. Zo wordt in verschillende artikelen van afdeling 4.2.8 en hoofdstuk 5 verwezen naar artikelen van andere titels, afdelingen en hoofdstukken van de Awb. Door alleen afdeling 4.2.8 en hoofdstuk 5 van de Awb van toepassing te verklaren, worden die titel en dat hoofdstuk uit hun verband gehaald en wordt de wetssystematiek van de Awb doorbroken. Bovendien wordt in hoofdstuk 5 van de Awb verwezen naar artikelen uit het Nederlandse Wetboek van Strafrecht, het Burgerlijk Wetboek en de Algemene wet op het binnentreden. Die wetten zijn niet van toepassing op de BES-eilanden. Hierdoor ontstaan onduidelijkheden omtrent de verhouding tussen diverse wetten. Dat gaat ten koste van de overzichtelijkheid van het bestuursrecht op de BES-eilanden. (....)

Gelet op het voorgaande adviseert de Afdeling af te zien van het van overeenkomstige toepassing verklaren van onderdelen van de Awb en het voorstel zo nodig aan te vullen met specifiek op de BES-eilanden toegesneden bestuursrechtelijke bepalingen.'

Ondanks de wat zware bewoordingen moet het advies wellicht zo worden verstaan dat de Afdeling vindt dat Awb-bepalingen in BES-wetten beter opnieuw kunnen worden uitgeschreven dan van (overeenkomstige) toepassing worden verklaard. Heel wezenlijk lijkt me dit overigens niet. De keuze tussen overschrijven en van (overeenkomstige) toepassing verklaren heeft hetzelfde juridische effect.[34] De wetssystematische bezwaren van de Afdeling doen verder nogal geforceerd aan.

De opsomming in deze paragraaf, die bepaald niet volledig is, laat zien dat op velerlei terreinen de behoefte is gebleken om onderdelen van de Awb in voor

---

[33] Advies van de Afdeling advisering van de Raad van State van 22 augustus 2014, no. W15.14.0174/IV (*Kamerstukken II* 2014/15, 34089, 4).

[34] Kennelijk enigszins geschrokken van de harde toon die de Afdeling aansloeg, heeft de regering de vantoepassingverklaringen van Awb-bepalingen geschrapt en de relevante bepalingen over bestuursrechtelijke handhaving uitgeschreven.

Caribisch Nederland geldende wetten over te nemen of van toepassing te verklaren. Dit is een belangrijke relativering van de betekenis van artikel 3 IBES.

8. Naar een Awb BES?

Het voorgaande levert diverse argumenten op om nu ook voor Caribisch Nederland uitvoering te geven aan artikel 107, tweede lid, Grondwet. Daarbij is het belangrijk te onderkennen dat de algemene regels van bestuursrecht dan gaan gelden voor zowel de bestuursorganen in Caribisch Nederland zelf als de bestuursorganen in Europees Nederland (met name ministeries en zelfstandige bestuursorganen) in hun handelen jegens ingezetenen van en rechtspersonen in Caribisch Nederland.

Het belangrijkste argument is dat voor goed bestuur en rechten van de burger in bepaalde delen van Nederland geen lagere standaarden behoren te gelden dan elders. In de aanloop naar de grondwetsherziening 1983 werd het oogmerk van de op grond van artikel 107, tweede lid, Grondwet vast te stellen wet als volgt omschreven: 'Een zodanige wet zou de rechtsgelijkheid en rechtszekerheid dienen en in het algemeen een goede bestuurspraktijk bevorderen.'[35] We zouden in 1994 daarom vreemd hebben opgekeken als was besloten om de Awb maar niet in werking te laten treden voor de Waddeneilanden, omdat dat 'een onevenredige belasting zou vormen voor de bestuursorganen, de rechtspleging en de burgers' aldaar. De commissie-Spies noemde het wettelijk kader een belangrijke randvoorwaarde voor goed bestuur in Caribisch Nederland, al maakte zij daarbij wel de terechte kanttekening dat het uiteindelijk aankomt op de invulling daarvan (zie par. 5).[36]

Het doorslaggevende juridische argument is dat de Grondwet, en dus ook artikel 107, tweede lid, evenzeer geldt voor Caribisch Nederland. Zoals vermeld in par. 4 bestempelde de regering het geval dat de Grondwet noodzaakt tot regeling als een reden om een uitzondering te maken op de legislatieve terughoudendheid. Een praktisch argument is dat er voor Caribisch Nederland feitelijk al veel Awb-recht geldt: via ongeschreven recht (zoals beginselen van behoorlijk bestuur en analoge toepassing van Awb-bepalingen uit de hoofdstukken 3 en 4 over besluiten) en via geschreven recht doordat Awb-bepalingen in BES-wetten zijn overgeschreven of van toepassing zijn verklaard. Het ongeschreven recht noemde de regering in 2010 'een goede basis om op termijn de Awb in te voeren' (zie slot par. 4).

De ervaringen met de toepassing van het enige hoofdstuk uit de Awb dat al wél integraal van toepassing is in Caribisch Nederland (hoofdstuk 9, klachtbehandeling) zijn bovendien positief ondanks aanvankelijke twijfels of dit wel

---

[35] *Kamerstukken II* 1977/78, 15046, 3, p. 6.
[36] Wie nog niet overtuigd mocht zijn van de juistheid van deze kanttekening leze de onderdelen 1 en 2 van de memorie van toelichting bij de Tijdelijke wet taakverwaarlozing Sint Eustatius (*Kamerstukken II* 2017/18, 34877, 3).

zou werken. Toen in opdracht van de evaluatiecommissie-Spies de werking van wetgeving in Caribisch Nederland is onderzocht, was de conclusie:

> 'Het op de eilanden van toepassing zijnde hoofdstuk 9 Awb, over klachtvoorzieningen, blijkt in Caribisch Nederland in een behoefte te voorzien.'[37]

Moet de 'Awb BES' dan een kopie worden van de Nederlandse Awb? Dat zeker niet. Er moet natuurlijk goed gekeken worden naar wat voor de schaal van de BES-eilanden op dit moment uitvoerbaar is. Aannemelijk lijkt dat regels over elektronisch bestuurlijk verkeer, de uniforme openbare voorbereidingsprocedure, de coördinatieregeling, de dwangsom bij niet tijdig beslissen, de lex silencio positivo en bestuursrechtelijke geldschulden geen deel moeten uitmaken van een eerste tranche en wellicht moeten sommige regels worden vereenvoudigd tot een 'Awb light'. Verder hoeft het, net als bij de Awb, niet allemaal in één keer. In Europees Nederland heeft het principe van aanbouwwetgeving goed gewerkt.

Een goed startpunt vormt het overnemen van hoofdstuk 5 Awb. Dat heeft niet alleen een belangrijke harmoniserende werking, maar neemt ook leemtes weg op het belangrijke punt van de bestuursrechtelijke handhaving. In een onderzoek uit 2013 naar mogelijkheden voor deregulering en taakverlichting voor Caribisch Nederland werd voorzichtig geconcludeerd dat voor toezichtsbepalingen 'enige mate van harmonisering wellicht mogelijk' is en dat daartoe de Awb van overeenkomstige toepassing kan worden verklaard.[38] Voor die

---

[37] H. Winter e.a., *Vijf jaar Caribisch Nederland. De werking van wetgeving*, Groningen: Pro Facto / Rijksuniversiteit Groningen 2015, p. 127 (bijlage bij *Kamerstukken II* 2015/16, 34300 IV, 23). Ingevolge art. 3, eerste en derde lid, IBES geldt zowel het intern als het extern klachtrecht (titels 9.1 en 9.2 Awb) in Caribisch Nederland, zowel voor klachten tegen bestuursorganen van Caribisch Nederland als tegen bestuursorganen van Europees Nederland (in deze zin ook de MvT bij de IBES: *Kamerstukken II* 2008/09, 31957, 3, p. 11). Merkwaardigerwijze is zowel in de toelichting bij de WolBES (gelijktijdig ingediend met de IBES) als bij de latere Goedkeuringswet- en reparatiewet BES beweerd dat het intern klachtrecht voor Caribisch Nederlandse bestuursorganen niet geldt: zie *Kamerstukken II* 2008/09, 31954, 3, p. 45 en *Kamerstukken II* 2010/11, 32825, 3, p. 2. In eerstgenoemde toelichting werd zelfs gesteld dat invoering van het interne klachtrecht 'een nieuw element in de werkwijze van de openbare lichamen (zou) betekenen, hetgeen ongewenst is'. Al even merkwaardig is het dat art. 106 WolBES titel 9.2 Awb van overeenkomstige toepassing verklaart op schriftelijke klachten tegen Caribisch Nederlandse bestuursorganen (is overbodig gelet op art. 3, derde lid, IBES), waarbij bovendien de toepasselijkheid van art. 9:20 en 9:21 Awb wordt uitgezonderd (is strijdig met art. 3, derde lid, IBES).

[38] E. van de Mortel & H. Heijnes, *Mogelijkheden voor deregulering en taakverlichting Caribisch Nederland*, Rotterdam: IdeeVersa 2013, p. 41 (bijlage bij *Kamerstukken II* 2012/13 33400 IV, 39). De onderzoekers meenden overigens dat dit een omvangrijke operatie zou zijn en dat het daarom de vraag is of dit op korte termijn opweegt tegen de voordelen van harmonisering. Zelf denk ik dat het een tamelijk overzichtelijke en niet

voorzichtigheid is weinig reden. Bepalingen uit hoofdstuk 5 Awb zijn al veelvuldig overgenomen of van toepassing verklaard in BES-wetten. Deze bepalingen hebben bovendien alleen betekenis als de bijzondere wetgever voorziet in een bevoegdheid tot het houden van toezicht of oplegging van een bestuurlijke sanctie. Overneming van deze bepalingen creëert dus geen nieuwe bevoegdheden.[39]

Verder kunnen probleemloos algemene bepalingen over verkeer tussen burgers en bestuursorganen (afdeling 2.1 Awb), algemene beginselen van behoorlijk bestuur (afdeling 3.2 Awb), regels over advisering (afdeling 3.3 Awb) en regels over mandaat, delegatie, attributie, goedkeuring, schorsing en vernietiging (hoofdstuk 10 Awb) worden overgenomen. Iets meer aanpassingswerk, maar evenmin ondenkbaar voor een eerste tranche, vergen wellicht algemene regels over bekendmaking en motivering van besluiten en voorbereiden en aanvragen van beschikkingen (titels 3.6 en 3.7 en afdelingen 4.1.1 en 4.1.2 Awb).

Aandacht verdient ten slotte de concordantie met Awb-achtige initiatieven in de Caribische landen. Zijlstra heeft in een fraai artikel perspectieven geschetst voor een 'Landsverordening algemene regels van bestuursrecht' voor Aruba, Curaçao en Sint Maarten.[40] De staatsregelingen van die landen bevatten een codificatieopdracht gelijk aan die in onze Grondwet. Voor de Caribische landen trekt Zijlstra dezelfde conclusie als ik voor Caribisch Nederland: algemene regels over bestuursrechtelijke handhaving verdienen prioriteit. In grote trekken komt hij ook overigens tot dezelfde regels voor een 'Larb' als die welke ik heb opgesomd voor een eerste tranche van een 'Awb BES'. Intussen zijn er in Aruba en Sint Maarten al enige initiatieven ontplooid. In Aruba is een ontwerp opgesteld voor een Landsverordening algemene bepalingen bestuursrecht, waarover de Raad van Advies begin 2016 advies uitbracht.[41] In Sint Maar-

---

heel omvangrijke operatie is. Op dit onderdeel van het rapport is in het kabinetsstandpunt (*Kamerstukken II* 2013/14, 33750 IV, 7) niet expliciet gereageerd.

[39] Dat dit niet altijd wordt onderkend, blijkt uit een advies van de Raad voor de rechtshandhaving over het vreemdelingenbeleid in Caribisch Nederland, waarin het ontbreken van de mogelijkheid voor de Arbeidsinspectie Caribisch Nederland om bestuurlijke boetes op te leggen, werd geweten aan het feit dat de Awb niet geldt voor Caribisch Nederland (Raad voor de rechtshandhaving, *Vreemdelingenbeleid Caribisch Nederland. Toezicht en handhaving*, juli 2017, p. 32, noot 25 (bijlage bij *Kamerstukken II* 2016/17, 31568, 195). Toepasselijkheid van titel 5.4 Awb zou dit echter niet anders maken: het is immers steeds de bijzondere wetgever die de bevoegdheid moet toekennen; pas dan is de Awb-regeling van toepassing (art. 5:4, eerste lid, Awb).

[40] S.E. Zijlstra, 'Naar een landsverordening algemene regels van bestuursrecht? Beschouwingen over nut en noodzaak van een Awb voor Caribisch Nederland', *Caribisch Juristenblad* 2015, afl. 4, p. 257-275. Anders dan de ondertitel doet vermoeden, gaat het artikel niet over Caribisch Nederland maar over de drie Caribische landen.

[41] Zie http://www.rva.aw/pages/wp-content/uploads/PDF/Samenvattingen/RvA-114-15-Sa.pdf. Het advies was negatief ('terug naar de tekentafel'). Tot op heden (november 2018) is er geen ontwerp bij de Staten ingediend.

ten kwam in juni 2018 een Landsverordening bestuurlijke handhaving tot stand, vooruitlopend op een alomvattende Algemene landsverordening bestuursrecht.[42]

Het zou een goede zaak zijn als de verdere initiatieven in de drie landen en voor Caribisch Nederland inhoudelijk op elkaar worden afgestemd.

---

[42] Landsverordening van 12 juni 2018, *AB* 2018 no. 22. Zie over de toekomstige Algemene landsverordening bestuursrecht p. 102-103 van de daarbij gevoegde memorie van toelichting.

Dick Allewijn*

3 | Op zoek naar het passende procesmodel

@D_Allewijn – Wat is het verband tussen procesmodel en conflictescalatie? Leidt het toernooimodel tot escalatie of juist andersom en vraagt de verhouding overheid/burger om een toernooimodel? Hoe passen het schadeprotocol mijnbouwschade en geschilbeslechting in het sociaal domein hierin? #procesmodel#conflict-en-geschil#toernooimodel

1. Inleiding: 'Ze hebben ruzie'

'Bij het lezen van de geschilbeschrijvingen dient voor ogen te worden gehouden dat partijen 'ruzie hebben''.[1] Een citaat uit het proefschrift van Ben Schueler, gepubliceerd in het jaar 1994, het jaar waarin de Algemene wet bestuursrecht van kracht werd. Schueler was met mensen gaan praten die een bestuursrechtelijke rechtszaak hadden gevoerd tegen de overheid. Wat hij aantrof was een reeks venijnige, langlopende conflicten, waarin niet alleen de burger de strijdbijl tegen zijn overheid had opgenomen, maar waarin de overheid ook terugvocht.

De vraag of de deelnemers aan een bestuursrechtelijke procedure al dan niet ruzie met elkaar hebben, had, in de tijd waarin de Awb tot stand kwam, geen relevantie. De overheid had tot taak besluiten te nemen, burgers hadden het recht die besluiten ter toetsing voor te leggen aan de bestuursrechter, de bestuursrechter had tot taak de rechtmatigheid van die besluiten te toetsen. Hoe burgers en (ambtenaren van) de overheid over elkaar dachten en hoe zij zich jegens elkaar gedroegen, dat deed er niet toe. Het was de tijd van het autonome recht.[2] Het feit dat overheid en burger zich in aparte sferen bevonden werd als een grote waarde beschouwd. Degene die suggereerde dat burger en overheid los van de formele besluitvorming tot elkaar in een relatie stonden die je een rechtsbetrekking zou kunnen noemen, stuitte op heftige tegenstand, eens temeer als hij die rechtsbetrekking ook nog eens als een wederkerige aanmerkte.[3]

---

* Prof. mr. D. Allewijn is MfN-registermediator/trainer en bijzonder hoogleraar mediation aan de Vrije Universiteit Amsterdam.
[1] B.J. Schueler, *Vernietigen en opnieuw voorzien*, Zwolle: W.E.J. Tjeenk Willink 1994, p. 72.
[2] Zie voor de begrippen repressief recht, autonoom recht en responsief recht: Philippe Nonet & Philip Selznick, *Law and society in transition*, New Brunswick: Transaction Publishers 2009, met een voorwoord van A. Kagan. Zie ook D. Allewijn, 'Het rapport 'De praktijk van de nieuwe zaaksbehandeling', een stap in de richting van responsieve bestuursrechtspraak?', *NTB* 2016/29, p. 222 e.v.
[3] E.C.H.J. Van der Linden & A.Q.C.Tak (red.), *Eenzijdig en wederkerig, Beschouwingen over de wederkerige rechtsbetrekking als basisconcept in het bestuursrecht*, Deventer: Kluwer 1995.

Toch is dat juist wat de Awb-wetgever deed: 'Weliswaar is in geval van besluiten formeel nog steeds sprake van eenzijdige rechtsvaststelling door het bestuur, materieel is, ook door de veranderende verhouding tussen burger en bestuur, een onmiskenbare tendens naar een meer wederkerige wijze van rechtsvaststelling ontstaan'.[4] In overeenstemming met deze nieuwe visie zou het bestuursprocesrecht voortaan enkel nog een adequaat kader bieden voor het bindend beslechten van een rechtsgeschil in de *verhouding* tussen burger en bestuursorgaan.[5] De gedachte dat de bestuursrechter ook een soort van juridisch toezicht op het openbaar bestuur hield, werd verlaten.[6] De indieners van het wetsontwerp achtten het denkbaar om het procesmodel (dat nog uitging van de toetsing van het eenzijdig genomen bestuursbesluit) daarbij aan te passen, en over te stappen van het *toetsingsmodel* naar een *geschilbeslechtingsmodel*. De indieners van de Awb hebben die stap niet willen zetten.[7] De procedure werd gericht op geschilbeslechting, het procesmodel bleef het toetsingsmodel. Moet dat zo blijven? Over deze vraag gaat deze bijdrage.

In een procedure die gericht is op geschilbeslechting is het makkelijker om relevantie te verlenen aan het feit dat partijen ruzie hebben dan in een procedure waarin een bestuursbesluit aan het recht wordt getoetst. Het nemen van een besluit is een eenzijdige handeling, het elkaar bevechten in een geschil is een spel voor twee. Ten minste, als we onder een geschil mogen verstaan een gejuridiseerd conflict. Die wijze van zien wint veld.[8] Daarom zal ik in het navolgende allereerst aandacht besteden aan de verhouding tussen het geschil en het onderliggende conflict, en enkele hoofdlijnen van een conflictenleer voor bestuursrechtjuristen schetsen. Daarna kom ik terug bij de vraag welk procesmodel het meest wenselijke procesmodel is voor het bindend beslechten van rechtsgeschillen tussen burger en overheid. In dat kader besteed ik ook aandacht aan voor- en nadelen van het recentelijk verguisde zogenaamde toernooimodel.[9]

2. Het geschil als gejuridiseerd conflict

Wie 25 jaar geleden de woorden 'het onderliggende conflict' in het juridisch domein zou hebben gebezigd, zou louter onbegrip hebben geoogst. De begrippen 'onderliggend conflict', 'onderliggende belangen' of 'achterliggende belangen'

---

[4] *PG Awb II*, p. 170 e.v.
[5] *Kamerstukken II*, 1991/92, 22495, 3, p. 30.
[6] N. Verheij, 'Een klantvriendelijke rechter', in: J.B.J.M. ten Berge e.a. (red.) *Nieuw bestuursprocesrecht,* Deventer: Kluwer 1992, p. 131 e.v.
[7] Zie voor deze geschiedenis mijn dissertatie D. Allewijn, *Tussen partijen is in geschil, de bestuursrechter als geschilbeslechter*, Den Haag: Sdu 2011, p. 48 e.v.
[8] Zie bijv. B.J. van Ettekoven & A.T. Marseille, *Afscheid van de klassieke procedure in het bestuursrecht?* (Handelingen Nederlandse Juristen-Vereniging, deel 2017-I), Deventer: Wolters Kluwer 2017, p. 231.
[9] Zie 'Rechtsstaat is er vooral voor juristen', samenvatting van het HIIL-rapport 'menselijk en rechtvaardig', *NJB* 2017/1069, p. 1370 e.v.

hebben inmiddels, ongetwijfeld dankzij de opmars van mediation in de afgelopen 25 jaar, een plaats gekregen in het juridisch discours.[10] De gedachte is als volgt: twee partijen hebben een meningsverschil, bijvoorbeeld over de vraag of een bestuursbesluit al dan niet rechtmatig is. Of zij hebben tegengestelde belangen, bijvoorbeeld bij het al dan niet verlenen van een omgevingsvergunning. Dit enkele meningsverschil of deze enkele belangentegenstelling vormt geen reden om een rechtszaak te beginnen. Partijen kunnen het meningsverschil oplossen, bijvoorbeeld door samen een expert te raadplegen, of zij kunnen hun belangentegenstelling overbruggen, bijvoorbeeld door te onderhandelen. Een conflict ontstaat, wanneer ten minste een van beiden het gevoel krijgt, dat de ander hem dwarsboomt. Het gevoel te worden gedwarsboomd leidt tot een defensieve reactie, die leidt ook weer tot een reactie, en zo ontstaat een patroon van actie- en reactie, dat we conflictescalatie noemen. Een conflict bestaat dus (vrijwel) altijd uit een meningsverschil of belangentegenstelling, gecombineerd met emotionele uitingen of emotie-gestuurde gedragingen. Dat kunnen uitbundige uitingen of gedragingen zijn (warm conflictgedrag), maar ook ingehouden uitingen of gedragingen (koud conflictgedrag).

Tot het conflictgedrag behoort het positie innemen, het zich op standpunten stellen, en het, alsmaar, beargumenteren van die standpunten. Er ontstaat een geschil. De strijd gaat zich meer en meer concentreren op de vraag wie daarin het gelijk aan zijn zijde heeft. Inhoudelijk adviseurs en juridisch adviseurs worden ten tonele gevoerd. Niet zozeer om uit te zoeken hoe het zit, maar om te helpen 'winnen'. In dit juridiseringsproces van conflict naar geschil wordt de emotionele laag er weer uit gefilterd. Voor de vraag wie inhoudelijk gelijk heeft, doen de onderliggende emoties er immers niet toe: alleen zakelijke argumenten tellen. En zo komt het, dat een gejuridiseerd geschil eerder lijkt op een meningsverschil dan op het onderliggende conflict. Veel juristen reageren aanvankelijk dan ook ongelovig op de stelling dat aan de meeste rechtszaken een conflict met emotionele lading ten grondslag ligt.[11] Totdat zij partijen uitnodigen hun geschil bij te leggen of door onderhandelingen te overbruggen. Dan blijkt, bij een hoge escalatiegraad, dat het partijen al lang niet meer om de inhoud te doen is, maar om 'het principe'. Van de ander winnen (althans: niet van hem verliezen) is in hoog geëscaleerde geschillen letterlijk van het grootste belang geworden. Het is een erekwestie. Gezichtsbehoud is het voornaamste belang.

Over het onderscheid tussen conflict en geschil is nog het volgende te vermelden: een conflict is vloeiend, het meandert, verandert van gedaante en van kracht.[12] Het geschil daarentegen is statisch. De vraag naar de houdbaarheid van

---

[10] Zie mijn oratie D. Allewijn, *Tussen recht en vrede, mediation in de responsieve rechtsstaat*, Den Haag: Sdu 2018.
[11] Tenzij ze partijen thuis opzoeken zoals Schueler deed. Dan zie je: 'Ze hebben ruzie'.
[12] M. Pel, 'Belangen in de strijd en in de tijd, belangenbehartiging in de dagelijkse praktijk', in: M. Pel & J.H. Emaus (red.): *Het belang van belangen*, Den Haag: Sdu 2007, p. 95 e.v.

een bestreden besluit blijft, zeker bij een ex nunc toetsing, door de jaren heen dezelfde vraag. Een geschil wordt beëindigd door een gezaghebbend woord over de vraag wie het gelijk aan zijn zijde heeft. Een conflict wordt niet beëindigd door het aanwijzen van een winnaar en een verliezer, maar door de erkenning en waardering van de onderlinge verschillen.[13]

3. Conflictescalatie en juridisering

In Nederland zijn we gewend het proces van conflictescalatie te beschouwen volgens de escalatietrap van Glasl.[14] Glasl onderscheidt drie hoofdfasen van conflictescalatie:
- De win/win-fase (nerveuze fase, meningsverschil) partijen kunnen zichzelf nog uit het conflict bevrijden.
- De win/lose-fase (neurotische fase, tegenstanders) partijen hebben hulp van derde(n) nodig om te de-escaleren.
- De lose/lose-fase (pathologische fase, vijanden) alleen een ingreep vanuit macht kan een einde aan de strijd maken.

Het zijn altijd betekenisvolle gebeurtenissen die ervoor zorgen dat partijen in een volgende fase van conflictescalatie terechtkomen: fysiek geweld bijvoorbeeld, een artikel in de krant, een diffamerende tweet, maar ook juridische middelen, zoals een advocatenbrief, een dagvaarding, of, in de verhouding tussen overheid en burger, een verzoek om handhaving of een handhavingsbesluit.[15]

Juist in de verhouding overheid/burger gaat de conflictescalatie gepaard met een pijlsnelle juridisering. Het conflict transformeert in een oogwenk naar een geschil. In die transformatie van conflict naar geschil spelen juristen aan beide zijden een belangrijke rol.[16] Deze juridisering heeft voordelen. Zij maakt het mogelijk de kwestie voor een beslissing aan een derde voor te leggen. Er komt dan in elk geval een einde aan de (rechts-)strijd. Maar het heeft ook nadelen. Het vragen van juridisch advies, het laten schrijven van brieven door juristen, en het (laten) beargumenteren van standpunten door juristen, het zijn allemaal gedragingen die door de ander als 'dwarsbomen' kunnen worden beschouwd, en die dus bijdragen aan de conflictescalatie. Eens temeer geldt dat voor het opstellen van procesdocumenten. Kunnen we dat de juridische discipline aanrekenen? Dat is een lastige vraag. Bij een bepaalde mate van conflictescalatie beleven

---

[13] D.H.D. Mac Gillavry, *Handboek Mediation*, Den Haag: Sdu 2009, p. 19.
[14] Zie bijv. F. Glasl, *Help! Conflicten, heb ik een conflict of heeft het conflict mij?*, Zeist: Christofoor 2001, p. 82 e.v.
[15] Zie voor dit alles uitgebreid mijn proefschrift, Allewijn 2011, p. 131 e.v.
[16] Juristen, maar ook het recht. Bijv. de verplichte beroepsclausule.

mensen[17] het belang om van de ander te winnen als het grootste belang. En een rechtsbijstandverlener heeft het belang van zijn cliënt te dienen.[18]

Voor een jurist is het dus een begrijpelijke beroepsvatting dat hij zijn cliënt helpt om zijn zaak te winnen. Dat geldt ook voor overheidsjuristen. Bij een bepaalde mate van conflictescalatie wordt het conflict altijd tweezijdig: indien iemand de overheid met alle middelen bestrijdt, is het voor (ambtenaren van) de overheid psychologisch onmogelijk om niet te gaan terugvechten. Bij een hoge escalatiegraad wil de overheid van de burger winnen, en beschouwt de overheidsjurist het als zijn taak om dat voor elkaar te krijgen.

Echter, maatschappelijk wordt deze beroepsopvatting op sommige domeinen niet meer aanvaard. Vooral natuurlijk in het familierecht. Advocaten die de vader helpen van de moeder te winnen, en de moeder helpen om van de vader te winnen, werken eraan mee dat kinderen in de knel komen en blijven. In dat domein wordt dan ook gezocht naar meer verbindende alternatieven voor de splitsende en escalerende juridische procedures volgens het toernooimodel.[19]

4. Procesmodel

In de tijd voor de invoering van de Awb onderscheidde Brenninkmeijer drie procesmodellen: het verificatiemodel, het arbitragemodel en het strijdmodel.[20] In het verificatiemodel toetst de rechter, ongeacht de opstelling van partijen, of een besluit of gedraging door de beugel kan. In het arbitragemodel formuleren partijen hun verschil van inzicht en dragen dat aan de rechter voor met het verzoek de knoop door te hakken. In het strijdmodel gaan partijen binnen de regels van het spel voluit voor de winst.

Het is niet moeilijk de verschillende escalatiefasen naast deze drie procesmodellen te leggen. De verificatiefase past bij het eenzijdige conflict en bij het laag geëscaleerde meningsverschil. De inhoud staat nog voorop, partijen zijn constructief. In bestuursrechtelijke kwesties is de overheid nauwelijks een conflictpartner, zij werkt sportief mee aan de verificatie van haar besluiten. Het arbitragemodel past bij de tweede fase van conflictescalatie. Partijen zijn elkaars tegenstanders, maar weten desondanks het oog op de bal te houden. Brenninkmeijer beschouwde de civiele verzoekschriftprocedure als het voorbeeld hiervan. Het strijdmodel (we zouden nu zeggen: het toernooimodel) past bij de derde escalatiefase, die van vijandschap. Partijen bestrijden elkaar en elkaars

---

[17] Waaronder de mensen die als ambtenaren de overheid vormen.
[18] Regel 2, lid 2 van de Gedragsregels Advocatuur 2018: Het belang van de cliënt, geen enkel ander belang, bepaalt de wijze waarop de advocaat zijn zaken behandelt. In de aanhef heet dit het gebod van partijdigheid.
[19] Platform 'Scheiden zonder schade'(Rouvoet), *Scheiden... en de kinderen dan? Agenda voor actie*, Den Haag: Xerox OBT, februari 2018.
[20] A.F.M. Brenninkmeijer, 'Het procesrecht als proces', in: *Harmonisatie van procesrecht bij integratie van rechtspraak* (Handelingen Nederlandse Juristen-Vereniging 1991-I), Zwolle: W.E.J Tjeenk Willink 1991, p. 22-23.

standpunten waar en zolang zij maar kunnen. Als ze een slag verliezen gaan zij 'ongezien' in hoger beroep. Brenninkmeijer zag de civiele dagvaardingsprocedure als het voorbeeld bij uitstek van een procedure volgens het strijdmodel. Partijen willen vooral van elkaar winnen. De rechter positioneert zich in deze strijd als scheidsrechter, die bewaakt dat partijen zich binnen de regels van het spel blijven gedragen.

Het gedrag van partijen varieert in deze modellen, en zo ook het meest wenselijke gedrag van de rechter. In het verificatiemodel onderwerpt de rechter degene wiens besluit of gedraging wordt beoordeeld, aan een scherpe, vaak socratische ondervraging. In het arbitragemodel is de rechter zowel empathisch als kritisch naar beide partijen, hij vraagt bij hen beiden door. Bij het strijdmodel past de sfinx, die partijen uit laat razen. Hij doet pas bij vonnis of uitspraak inhoudelijke uitspraken. Partijen staan op scherp ('Wie niet voor mij is is tegen mij'), en een rechter die zich voortijdig laat verleiden tot inhoudelijke uitspraken, loopt het risico als partijdig te worden gezien en te worden gewraakt.

In het strijdmodel maken partijen maximaal gebruik van hun recht op hoor en wederhoor. Het is letterlijk een procedure op tegenspraak. Partijen hebben het recht op elke uitlating van de wederpartij te reageren, en bij een onderstroom van vijandigheid zullen zij steeds van die gelegenheid gebruik maken. Het alsmaar reageren op elkaars uitlatingen werkt escalerend. Het is dus riskant om conflicten die niet in de hoogste escalatiefase verkeren, in het strijdmodel te behandelen. Als partijen bij aanvang van het proces nog geen vijanden waren, dan zijn ze het aan het eind wel. Is het strijdmodel dan een disfunctioneel model? Neen. Voor partijen die bij aanvang van de procedure al als vijanden tegenover elkaar staan, werkt het model juist de-escalerend. Dat komt door de duidelijke regels, de equality of arms, en de aanwezigheid van een onpartijdige scheidsrechter die opereert op basis van institutioneel vertrouwen.

5. Ontwikkelingen rond het procesmodel van de Awb

De Awb-wetgever heeft het verificatie-model dat tot 1 januari 1994 voor alle bestuursrechtelijke procedures gold, in stand gelaten. Kort na invoering van de Awb ontstond echter de roep om een strijdmodel. In het juridisch domein werd bijvoorbeeld gevraagd om invoering van een geschreven bewijsrecht en van het recht om tegenvorderingen in te stellen. Typisch instrumenten uit de procedure op tegenspraak. Onderliggend waren twee tendensen te bespeuren. In de eerste plaats verhardde de verhouding tussen overheid en burger. Niet alleen werd het vertrouwen van de burger in de overheid minder, maar op steeds meer domeinen ging de overheid meer en meer haar burgers wantrouwen. In de tweede plaats vond er, daarmee samenhangend, een toenemende juridisering plaats. Juridisering is berusten in vertrouwensverlies. In een procedure op tegenspraak volgens het strijdmodel hebben juristen optimaal de ruimte om zich te laten gelden. Naar later bleek zat de burger helemaal niet op procedures volgens het strijdmodel te wachten. Die wilde gezien en gehoord worden door een betrouwbare beslisser in een eenvoudige en begrijpelijke procedure.[21] Het strijdmodel voorziet maar matig in die behoefte aangezien het daarin niet gaat om horen en gehoord worden, maar om winnen of verliezen. En zoals bekend wint de overheid veruit de meeste bestuursrechtelijke rechtszaken. De meeste burgers hebben wel een punt, maar geen gelijk. Het is dus belangrijk om procedures zo in te richten, dat het punt dat de burger wil maken, niet verdwijnt achter de strijd om het juridisch gelijk. Het punt dat de burger wil maken heeft vaak betrekking op 'de manier waarop…'. De mogelijkheid voor burgers om op dit vlak succes te boeken (formele vernietiging na toetsing aan formele voorschriften en beginselen) is juist verminderd door het streven naar finale geschilbeslechting. Bij finale, materiële geschilbeslechting gaat het om de knikkers, niet om het spel.

Deze toenemende vlucht in het strijdmodel lijkt echter op haar retour te zijn. Neem de inrichting van de procedure inzake de mijnbouwschade door de Groningse gaswinning. In het verleden werden deze schadeclaims behandeld in een bindend adviesprocedure of in civiele dagvaardingsprocedures, met gedupeerde burgers en de Nederlandse Aardoliemaatschappij als partijen.[22] Het arbitrage- of het strijdmodel dus. Op zichzelf passend, want partijen stonden tegenover elkaar: het onderliggende wantrouwen en de vijandschap waren groot. Zo groot, dat de uitspraken van de civiele rechter wel de rechtsstrijd konden beëindigen, maar niet leidden tot het beëindigen van het onderliggende conflict. Als stap in de richting van vertrouwensherstel en van uitkomsten die als rechtvaardig worden aanvaard, is nu het strijdmodel verruild voor het verificatiemodel, het model derhalve voor eenzijdige of licht geëscaleerde conflicten.[23] Vanuit de conflictenleer zal het interessant zijn om te volgen in hoeverre de overheid, op wie ongetwijfeld scherpe uitingen van escalatie en juridisering blijven afkomen, erin slaagt niet mee te gaan in die strijd, en een 'sportieve' wederpartij te blijven die haar gedupeerde burgers het volle pond gunt.[24] Een belangrijke rol zal hier zijn weggelegd voor de zaakbegeleiders, die uitleg over

---

[21] M.T.A.B Laemers, L.E. de Groot-Van Leeuwen en R. Fredriks, *Awb-procedures vanuit het gezichtspunt van de burger, stand van zaken in theorie en eerder onderzoek*, Den Haag: Boom Juridische uitgevers 2007.

[22] J.M. van Dunné, 'Gaswinning in Groningen', een drama in vele bedrijven', *NJB* 2018/821, p. 1191 e.v.

[23] Zie voor dit alles Georgina Kuipers & Michiel Tjepkema, "Publieke regie' in Groningen, publiekrechtelijke schade afhandeling en het vertrouwen in de overheid', *NJB* 2017/1576, p. 2059, en Janet van de Bunt & Michiel Tjepkema, 'Een nieuw schadeprotocol voor de mijnbouwschade in Groningen', *NJB* 2018/587, p. 792 e.v. Deze bijdrage is afgesloten voor het verschijnen van Bert Marseille, Herman Bröring & Kars de Graaf, 'Een gebruikersperpectief op aardbevingsschadevergoedingsprocedures', *NJB* 2018/1948, p. 2810 e.v.

[24] Ruimhartigheid is een officiële doelstelling in het schadeprotocol mijnbouwschade, zie Van de Bunt & Tjepkema 2018, p. 793.

de procedure geven en als taak hebben 'om de bewoners te ontzorgen en hen proactief en ruimhartig bij te staan'.[25]

Een tweede experiment op dit vlak is ingeluid in het advies van regeringscommisaris Scheltema genaamd: 'Integrale geschilbeslechting in het sociaal domein'.[26] Scheltema stelt vast dat sinds de invoering van de WMO een aantal grenzen rond de maatschappelijke ondersteuning is weggevallen. Bijvoorbeeld de grens tussen de verantwoordelijkheid van de overheid en die van de door haar ingeschakelde private partijen. Evenals de grens tussen klachten (over gedragingen) en bezwaren (over besluiten). Hij stelt voor om die grenzen ook in de geschilbeslechtingskolom te laten vervallen. Een gevolg daarvan zal zijn, dat 'spel' en 'knikkers' weer in één procedure worden verenigd. Ook hier weer interessant studiemateriaal voor degene die geïnteresseerd is in conflictdynamiek: de operatie is alleen kansrijk bij een overheid die – ook hier – kans ziet niet defensief te reageren op de verontwaardiging die ongetwijfeld ook in deze geschillen op haar afkomt. Op haar vermogen, derhalve, ook hier, om een 'sportieve' tegenpartij te zijn. Ook hier zien we een institutionele bruggenbouwer, de onafhankelijke cliëntondersteuner.

Heeft de overheid het vermogen om niet mee te gaan in de strijd, om in positie te blijven, ook als de gemoederen hoog oplopen? De uitdaging staat in elk geval, anders dan 25 jaar geleden, 'op de kaart'. Experimenten met mediation en met een de-escalerende behandeling van bezwaarschriften[27] hebben tot bewustwording geleid. Geen bestuursorgaan kan meer ontkennen dat het eigen gedrag, het gedrag van ambtenaren, en juist ook van overheidsjuristen, een essentiële factor is bij de toe- of afname van de vechtlust van burgers. Wie weet, heeft de toegenomen aandacht voor het leerstuk van procedurele rechtvaardigheid tot gevolg dat de overheid haar neiging om terug te vechten als de burger zich op verontwaardigde toon tot haar wendt, meer en meer gaat onderdrukken, al dan niet door het ontwerpen van verbindende en op vertrouwensherstel gerichte procedures.

6. Maatwerk en proeftuinen

Het ene conflict is het andere niet. Zoals we zagen, zijn er eenzijdige conflicten, licht geëscaleerde conflicten, matig geëscaleerde conflicten en hoog geëscaleerde conflicten. Het gedrag van partijen is in al die soorten conflicten verschillend. Het gedrag van de beslisser zou idealiter daarbij moeten aansluiten. Sluit het

---

[25] Van de Bunt en Tjepkema 2018, p. 794.
[26] Advies van de Regeringscommissaris aan de Minister van BZK d.d. 30 mei 2017 (internetconsultatie). Deze bijdrage is afgesloten voor het verschijnen van Lidy F. Wiggers-Rust, 'Rechtsbescherming in het sociaal domein, verdelen of verbinden?', *NJB* 2018/2050, p. 2950 e.v.
[27] Gebundeld in het programma 'Prettig contact met de overheid' www.prettigcontact-metdeoverheid.nl.

gedrag van de beslisser niet aan bij de mate van conflictescalatie, dan is de kans groot dat de conflictescalatie in de loop van de procedure eerder toe- dan afneemt. Ideaal is dan ook een flexibele procedure die erop gericht is om maatwerk te leveren. Eerst wordt het conflict gediagnostiseerd, daarna wordt de meest geëigende procedure in gang gezet, met het bijbehorende meest geëigende gedrag van de beslisser. Dat is de inzet van het conflicthanteringspalet van Prettig contact met de overheid (PCMO): op een signaal van onvrede van de burger wordt allereerst gereageerd door telefonisch het gesprek met die burger aan te gaan. Samen met die burger wordt in dat gesprek onderzocht wat de beste aanpak is. Het was oorspronkelijk ook de inzet van de Nieuwe zaaksbehandeling van de bestuursrechter. Op een regiezitting zou met partijen worden gezocht naar de beste aanpak. De ontwikkeling in de richting van dit procesmodel is nog volop gaande. En een nieuwe invalshoek dient zich aan, want de nog altijd toenemende digitalisering van het maatschappelijk verkeer biedt nieuwe kansen om, tegen geringe kosten, nieuwe, de-escalerende procedures te bedenken. Zo fantaseren Van Ettekoven en Marseille over een digitale toegang tot de bestuursrechtprocedure, waarin partijen onder andere kunnen kiezen voor een 'ODR-track', die niet gericht is op de 'juiste' juridische oplossing (en dus op het aanwijzen van een winnaar en een verliezer), maar op het vinden van een legale minnelijke oplossing onder leiding van een expert in dispute resolution.[28]

De roep om maatschappelijk effectievere rechtspraak beperkt zich niet tot het bestuursrecht. Vooral in het familierecht, maar ook in andere deelgebieden van het recht, zoals het burenrecht, bestaat een groot verlangen naar experimenten met nieuwe, oplossingsgerichte procedures. Inmiddels heeft een concept-wetsvoorstel Experimentenwet rechtspleging het licht gezien, maar helaas wordt daarbij een experimenteerbepaling alleen ingevoerd in het Wetboek van Burgerlijke Rechtsvordering. De bestuursrechter zal dus nog niet al te veel buiten de kaders mogen denken. Dat ligt anders bij de bezwaarprocedure. De inrichting daarvan is immers niet tot in detail geregeld, en dat maakt de ruimte voor experimenten daar groot. Mijn aanbeveling zou zijn om die experimenteerruimte optimaal te benutten en de experimenten goed te monitoren.[29] Op zoek naar verbindende procedures in het bestuursrecht.

7. Slotsom

Bij de invoering van de Awb is 'nog' vastgehouden aan het toetsingsmodel, alhoewel werd ingezien dat het verzoekschriftmodel en/of het toernooimodel beter paste bij de verhouding burger/overheid als rechtsbetrekking. Het verlan-

---

[28] Van Ettekoven & Marseille 2017.
[29] Er gebeurt op dit gebied natuurlijk al een hoop in het kader van PCMO, maar een structurele opzet en wetenschappelijke monitoring van experimenten zou een nieuwe impuls kunnen geven.

gen naar een toernooimodel heeft een opleving gekend, maar is op haar retour, nu het besef doordringt dat overheid en burger hierin nodeloos tegenover elkaar komen te staan, en dat in een strijd om de winst de overheid meestal de langste adem heeft dan wel aan het langste eind trekt. De zoektocht naar procedures die meer gericht zijn op vertrouwensherstel, op erkenning van het punt dat de burger wil maken, op genoegdoening na ondervonden onrecht, kortom, niet slechts op (objectieve) rechtmatigheid maar op (subjectieve) rechtvaardigheid, is begonnen. We gaan het meemaken, de komende 25 jaar!

Alex Brenninkmeijer*

4 | De burger tussen de ambities en doelstellingen van de Awb

@A_Brenninkmeijer – De op burgers gerichte ambities van de Awb zijn niet te vinden in de letter van de wet, maar zijn gebaseerd op inzicht in de werking van effectieve communicatie, waarbij rechtvaardigheidsbeleving en vertrouwen van cruciaal belang zijn voor goed bestuur #burger #rechtvaardigheid #vertrouwen

1. Introductie

Bij vijftien jaar Awb verscheen eveneens een dikke bundel opstellen die ik terugkijkend zou willen kenschetsen als introspectief: er waren zoveel nieuwe onderwerpen van belang voor de goede werking van het 'nieuwe bestuursrecht', dat veel aandacht uitging naar de juiste interpretatie en beschrijving ervan. Het besluitbegrip en het begrip belanghebbende bij voorbeeld. Wellicht dat het de belangrijkste ambitie was om een betrouwbaar en degelijk bestuursrecht te creëren dat éénduidig door de verschillende rechters zou worden toegepast.[1] Bij de presentie van deze bundel in 2010 in Leiden heb ik van die introspectie een beeld geschapen door via Wordle de woordenschat uit de hele bundel te scoren op hun frequentie en daarmee belangrijkheid voor het bestuursrechtelijke discours. Inderdaad kwamen technische onderwerpen ruim aan bod, maar het woord burger was nauwelijks terug te vinden in de bundel. Dat zal nu waarschijnlijk anders zijn en niet alleen in deze bundel. De VAR-studiedag over responsief bestuursrecht en het bijbehorende special van NTB stonden in het teken van de burger. Schueler zegt in zijn afrondende bijdragen voor dit special: '*In een responsieve rechtsstaat heeft het bestuur uitdrukkelijk aandacht voor het perspectief van de burgers en is in staat om daarop te antwoorden.*' Dat laatste valt nog te bezien. De VAR preadviezen hadden voor 2018 *Vertrouwen in de overheid* als thema. Er is een trend in het bestuursrecht – en wellicht breder dan het bestuursrecht alleen – waarin de verbinding tussen overheid en burger die ten grondslag ligt aan responsiviteit meer aandacht krijgt.

De maatschappelijke en politieke context is ruwer als het gaat om de waardering voor traditioneel hoog gewaardeerde juridische instituties, zoals rechtspraak en organisaties als het UWV en de Belastingdienst. Traditionele autori-

---

* Prof. dr. A.F.M. Brenninkmeijer is Nederlands lid van de Europese Rekenkamer en hoogleraar Institutionele aspecten van de rechtsstaat aan de Universiteit Utrecht. Hij bekleedde van 2005 tot 2014 het ambt van Nationale Ombudsman.
[1] T. Barkhuysen e.a.(red.), *Bestuursrecht harmoniseren: 15 jaar Awb*, Den Haag: Boom Juridische uitgevers 2010. Zie ook T. Barkhuysen, W. den Ouden en J.E.M. Polak, 'Bestuursrecht harmoniseren: 15 jaar Awb. Over een bestuursrechtelijke biografie en een levendig congres', *NTB* 2010/26, p. 154 e.v.

teiten liggen eerder onder vuur en wellicht worden in deze tijd ook andere eisen aan de instituties van de rechtsstaat gesteld dan tien of twintig jaar geleden. Gezag moet verdiend worden. Daar staat tegenover dat vanuit de politiek en het openbaar bestuur ook anders tegen burgers aangekeken wordt. Lubbers stelde dat Nederland 'ziek is', vanwege de almaar uitdijende verzorgingsstaat en de destijds opgeblazen WAO. Verzorging van wieg tot graf is niet meer de ambitie van de overheid. De troonrede van 2013 introduceerde participatie als nieuw paradigma.

Minister-president Rutte heeft mij als Nationale ombudsman indringend voorgehouden dat hij niets met het woord 'burger' kan. Misschien is een burger een 'inwoner' of 'klant' van het UWV of de Belastingdienst. Daar stel ik tegenover dat de overheid maar met één soort 'klanten' te maken heeft en dat zijn 'bajesklanten'. De burger heeft als het om veel overheid gerelateerde onderwerpen gaat geen keuzevrijheid, zoals een klant in een commerciële verhouding veelal wel heeft. Wat betreft het begrip burger en burgerschap zou ik liever inspiratie putten uit bij voorbeeld de Franse traditie van 'citoyen', waarin de rechten van burgers centraal staan of het Europeesrechtelijke discours over Europees burgerschap. Naar zijn aard is de rechtsverhouding tussen overheid en burger in veel opzichten een asymmetrische: verschillende rollen, bevoegdheden en identiteiten. Aan die asymmetrie valt daarom niet te tornen. Wel probeert de overheid de burger – onder meer in de 'participatiesamenleving' – in een andere positie te brengen, te dringen. Inmiddels wordt meer en meer duidelijk dat die andere rol van burgers wel bedacht kan worden op de politiek/bestuurlijke tekentafel, maar niet zonder meer afgedwongen kan worden. Dit al overziende is er blijkbaar veel te doen rondom de verhouding tussen overheid en burger en die verhouding vraagt om nadere bestudering en analyse.

Als het gaat om de ambities van het bestuursrecht speelt wat mij betreft een meer principiële vraag. Het is evident dat een simpele onderwerping van de burger aan de overheid, langs de lijnen van overheid-en- onderdaan niet meer in de huidige tijd past. Ondanks de asymmetrie in de verhouding burger-overheid en de verschillen in rollen die zij vervullen, kunnen bestuursrechtelijke verhoudingen meer horizontaal en gelijkwaardig ingevuld worden. De vraag is echter waarom? Waarom zouden we daar energie in steken?

Nederland heeft volgens de indeling van Hofstede als cultuurkenmerk dat er een geringe machtsafstand is, anders gezegd, autoriteit is niet vanzelfsprekend en kan op weerstand rekenen. In een samenleving met steeds beter opgeleide en geïnformeerde burgers zal de druk om de machtsafstand te verkleinen alleen maar groter worden[2]. Toch zijn er grote verschillen met de bestuurscultuur in bij voorbeeld Frankrijk en Duitsland. In Luxemburg waar ik woon, is gehoorzame eerbied voor de politie noodzakelijk om problemen in contacten met de politie te voorkomen. In een organisatie als de Europese Rekenkamer geldt een

---

[2] G.J. Hofstede, P.B. Pedersen & G. Hofstede, *Werken met cultuurverschillen*, Amsterdam: Business Contact 2010.

veel strakkere hiërarchie dan wij in Nederland gewend zijn. In de Turkse en Marokkaanse cultuur – ook voor onze samenleving niet onbelangrijk – geldt een grotere machtsafstand. Die andere cultuur blijkt bij voorbeeld uit de invloed van de Turkse en Marokkaanse overheid op de Turkse en Marokkaanse gemeenschap in Nederland.

In een globaliserende wereld en bij Europese samenwerking kan Nederland zich wel aandienen als minder autoritair georganiseerd, maar de vraag is: wat is beter? Functioneert het bestuursrecht beter wanneer de machtsafstand tussen bestuur en burgers verkleind wordt? Wanneer de burger een actievere rol krijgt bij de toepassing van het bestuursrecht? Mijn antwoord op die meer principiële vraag is bevestigend. Het bestuursrecht functioneert beter wanneer de burger niet alleen als rechtssubject wordt benaderd, maar als mens. De betekenis van het verschil tussen 'rechtssubject' en mens bij de vormgeving en toepassing van het bestuursrecht zal ik in dit essay verkennen.

2. Leefwereld en systeemwereld

In mijn acht jaar als Nationale ombudsman heb ik de duizenden klachten van burgers over verschillende overheidsorganisaties zo goed mogelijk proberen te begrijpen. Wat valt te leren van al deze klachten? De eerste les leerde ik vanaf het begin. De Awb schrijft een klachtenprocedure voor die gelijkenis vertoont met de bezwaarprocedure, zij het dat klachten over handelingen gaan en bezwaren over bestuursbesluiten. Het bureau van de Nationale ombudsman had als toegangspoort een afdeling waar bevoegdheid en ontvankelijkheid beoordeeld werd. Ook aan de telefoon luisterden medewerkers van de ombudsman met het oor 'gaan wij erover of niet?' Vanuit de organisatie klonk de klacht dat er teveel zaken binnen kwamen die niet bij de ombudsman thuis hoorden. Ik ben zelf aan de telefoon gaan zitten en heb vele malen meegeluisterd met gesprekken en ik heb vele klachtbrieven gelezen. Mijn indruk was dat bij deze op zich zorgvuldige toepassing van de Awb 'De Nationale ombudsman' als instituut een afwerende houding had. Mij verplaatsend in de bellende of schrijvende burger kwam bij mij het gevoel van 'afhouden' of misschien wel 'afpoeieren' over. Misschien moet ik zeggen, 'ondanks de zorgvuldige toepassing van de Awb'.

Dit fenomeen, waarbij een op zich zorgvuldig werkende organisatie in zijn functioneren niet goed aansluit bij wat voor burgers speelt, vormt wat mij betreft één van de belangrijkste spanningsvelden voor ons rechtssysteem en in het bijzonder het bestuursrecht, maar ook in de rechtspleging met inzet van traditionele advocatuur en rechtspraak. Het gaat om de spanning tussen de leefwereld van mensen en de systeemwereld van op zich goed georganiseerde bureaucratische organisaties. De 'Awb-vraag' – de systeemvraag luidt: 'tegen welk besluit of welke handeling van welk bestuursorgaan komt u op?' De leefwereldvraag luidt: 'waar zit u mee?' De eerste vraag is voor veel burgers moeilijk te beantwoorden, terwijl de tweede vraag naar mijn ervaring als ombudsman vrijwel steeds tot een directe en herkenbare reactie leidt. Eventueel na enig doorvragen. Laatst zat ik met mijn vrouw op de bank een brief te lezen van de zorgverzekering (geen overheid) over de vergoeding van kosten. De brief was op zich duidelijk geschreven en juridisch – waarschijnlijk – correct, maar toch snapten wij samen niets van wat deze zorgbureaucratie wilde melden. Het was een perfecte systeembrief, maar vanuit menselijk oogpunt een waardeloze vorm van communiceren, zelfs voor een hoogopgeleid en maatschappelijk goed ingevoerd echtpaar. Herman Tjeenk Willink heeft in zijn brief aan de informateur bij de kabinetsformatie 2017 ook aandacht gevraagd voor de vaak onbegrijpelijkheid en ondoordringbaarheid van de systeemwereld van de overheid.[3]

Bestudering aan de hand van duizenden klachten van burgers over de overheid van de spanning tussen leefwereld en systeemwereld bracht mij bij het onderwerp '*interface*' uit de informatiseringswereld. De moderne computer – tablet of smartphone – zijn onwaarschijnlijk complexe systemen. Zelfs zo complex dat geen enkele expert op deze aarde snapt hoe deze computers in al hun onderdelen werken. Toch bedienen brede lagen van de bevolking deze uiterst complexe systemen veelal probleemloos. De grote populariteit en bruikbaarheid van computers vloeit voort uit de ontwikkeling van effectieve interfaces tussen mens en systeem. Aanvankelijk toetsenbord, beeldscherm en muis, later via apps en eventueel spraakbediening en nog intelligentere assistentie. Deze interface tussen mens en computer – die steeds verder ontwikkeld wordt – verbindt op effectieve wijze mens en systeem. De computer wordt niet eenvoudiger – in tegendeel – maar de verbinding met gebruikers en tussen gebruikers worden steeds eenvoudiger, steeds intuïtiever, steeds meer deel van de leefwereld van mensen. Dit realiseren vereist een bepaalde manier van denken, een manier van denken die de effectiviteit van de toepassing van ons bestuursrecht kan versterken.

Eenzelfde ervaring deed ik op als rapporteur bij de Europese Rekenkamer voor onderzoek en innovatie (FP7 en Horizon 2020). Het wettelijke kader als zodanig is vrij ontoegankelijk. In de praktijk worden bij de toepassing van de financieringsprogramma's voor onderzoek rond de 5% fouten (onrechtmatigheden) gemaakt in de kostendeclaraties, slechts heel soms is er sprake van fraude. Het foutpercentage is relatief hoger dan bij landbouw en cohesie programma's. De Europese Rekenkamer rekent het primair tot zijn taak om over deze foutpercentages te rapporteren in het kader van de verdragsrechtelijke verplichting om jaarlijks een zekerheidsverklaring (accountantsverklaring) af te geven. Bij mij kwam echter de vraag op waarom universiteiten, onderzoeksinstellingen en grote en kleine ondernemingen dergelijke fouten maken. Fouten die verstrekkende gevolgen hebben in verband met latere terugvorderingen. De financieel verantwoordelijke voor een groot Europees onderzoeksinstituut zei hierover tijdens een conferentie: 'Ik ben een professional en wil mijn werk goed

---

[3] https://www.kabinetsformatie2017.nl/documenten/publicaties/2017/06/27/bijlage-bij-eindverslag-informateur-tjeenk-willink---over-de-uitvoerbaarheid-en-uitvoering-van-nieuw-beleid-regeerakkoord (september 2018).

doen en het frustreert mij dat fouten ontstaan waar ik geen greep op kan krijgen.'

Al luisterend kwam ik erachter dat de complexiteit van de onderliggende regelgeving en de interpretatieverschillen bij de toepassing ervan en bij de audits achteraf de evidente oorzaken waren. De Europese Commissie is zich bewust van het probleem van de complexiteit van de regelgeving en programma's en heeft vele middelen – interfaces – ontwikkeld, zoals een digitaal portal en een geannoteerde subsidieovereenkomst, om de toepassing van de subsidieprogramma's beter te laten verlopen. Beter aan te laten sluiten bij de leefwereld van onderzoekers, zou ik willen zeggen. Ook hier zien we op zich een redelijk goed juridisch systeem, dat echter in de uitvoering onvoldoende aansluit bij de dagelijkse praktijk in de samenleving. Bij onze audit naar methoden om Horizon 2020 en het opkomende Horizon Europa programma te vereenvoudigen is daarom veel aandacht uitgegaan naar het verbeteren van de interfaces.[4]

3. Een interface tussen overheid en burger

Als Nationale ombudsman heb ik mij de vraag gesteld hoe een effectieve interface tussen overheid en burger, tussen juridisch systeem en de 'rechtssubjecten' eruit zou kunnen zien. Ik ben in de loop van mijn jaren als Nationale ombudsman tot de volgende vier elementen gekomen die corresponderen met wat burgers belangrijk vinden in hun contact met de overheid:[5]
- persoonlijk contact;
- mensen serieus nemen;
- hen met respect behandelen, en
- vanuit vertrouwen.

Een korte toelichting op deze elementen.

Persoonlijk contact
Niet altijd is persoonlijk contact noodzakelijk, maar als iets niet goed loopt, dan werkt dat goed. Michiel Scheltema heeft bij zijn presentatie van het concept responsief bestuur als voorbeeld genoemd het even bellen bij een bezwaar.[6] Bij de presentatie van dit element van de interface aan bestuurders en ambtenaren

---

[4] A contribution to simplification of EU research programme beyond Horizon 2020, Briefing Paper March 2018, https://www.eca.europa.eu/Lists/ECADocuments/ Briefing_paper_H2020/Briefing_paper_H2020_EN.pdf (september 2018). Speciaal Rapport 2018, 28, www.eca.europa.eu/Lists/ECADocuments/SR18_28/ SR_HORIZON_2020_NL.pdf.
[5] Jaarverslag Nationale ombudsman 2013, *Kamerstukken II* 2013/14, 33876, 2, p. 10. Onderzoek van TNS Nipo leerde dat burgers de volgende onderwerpen belangrijk vinden en tegelijkertijd hoog waarderen: serieus behandelen, luisteren, juiste informatie, behoeftegericht en verantwoordelijkheid.
[6] M. Scheltema, 'Bureaucratische rechtsstaat of responsieve rechtsstaat?', *NTB* 2015/37, p. 287 e.v.

kreeg ik veel verhalen over langlopende en complexe problemen en conflicten, die met een goed gesprek opgelost dan wel in goede banen geleid waren. Bij dossiers die bij de Nationale ombudsman mis waren gegaan – een klacht over de klachtbehandeling – greep ik regelmatig naar de telefoon of nodigde ik mensen uit om te bespreken wat er al dan niet mis was gegaan.

Serieus nemen
Mensen hebben emoties, systemen niet (wel de mensen die in systemen als ambtenaar of bestuurder functioneren). Het is een elementaire vorm van menselijkheid om die emoties te erkennen – niet te bevestigen – en ruimte te laten voor een redelijkere emotionaliteit. Iemand die naar zijn gevoel van het kastje naar de muur gestuurd is, zal gefrustreerd zijn en die frustratie eventueel willen tonen. Daarmee is iemand niet zomaar een 'boze burger' waarop een geweldsprotocol moet worden toegepast, dat is slechts nodig bij disproportioneel optreden van burgers. Emoties horen bij de leefwereld van mensen. Het is niet voor niets dat wij op ons beeldscherm ook emoticons kunnen oproepen en mensen dat veelvuldig doen in hun digitale communicatie.

Mensen met respect behandelen
Dit houdt in dat door een behoorlijke behandeling mensen in hun waarde gelaten worden. Het woord respect is besmet geraakt door het 'respect eisen'. Respect tonen is meer dan alleen de algemene beginselen van behoorlijk bestuur toepassen. Er is een verschil tussen een juridisch correcte motivering van een besluit en een motivering geven die mensen redelijkerwijs kunnen begrijpen, ondanks het feit dat juristen plegen te spreken over een 'kenbare motivering'. Dat 'kenbare' is vaak niet begrijpelijk. Formeel conform de Awb voldoen aan de hoorplicht is iets anders dan goed luisteren. Alle algemene beginselen van behoorlijk bestuur kunnen op deze wijze beter doordacht en toegepast worden. Iets wat ik als Nationale ombudsman duidelijk heb proberen te maken door de behoorlijkheid niet primair te benaderen als juridische normen, maar als relationele normen. Vanuit de traditionele – meer dogmatische – juridische benadering kwam daar kritiek op.[7] Liever zag men dit als behoorlijkheid 'plus', dan als een andere – relationele – dimensie van behoorlijkheid.

Vertrouwen
Vertrouwen vormt een complex onderwerp. Ons bestuursrecht is mede onder politieke druk naar aanleiding van incidenten veelal negatief vormgegeven vanuit wantrouwen: veel regels, verantwoordingsverplichtingen en controles. De meeste mensen blijken echter te vertrouwen. Het vormgeven van het bestuursrecht vanuit wantrouwen in ons openbaar bestuur – naar aanleiding van incidenten rond enkelingen die uit zijn op misbruik – kost veel. Bovendien

---

[7] L.J.A. Damen, 'Behoorlijk, en ook rechtmatig, of juist eerlijk?', *NTB* 2008/6. Zie echter ook M. Scheltema, 'De burger in de rechtsstaat: Alice in Wonderland?', *NTB* 2016/33.

schept dit wantrouwen geen goede band tussen overheid en burgers. Het bestuurlijk sanctierecht waarbij sancties staan op niet betalen – ook als mensen niet kunnen betalen – vormt een voorbeeld. De kosten van de maatschappelijke problemen die ontstaan bij hoog oplopende schulden door deze sancties zijn vele malen groter dan de oorspronkelijke schuld. Het verschil tussen het 'niet willen' en het 'niet kunnen' aan de kant van burgers zou veel meer aandacht moeten krijgen, omdat de bejegening door de overheid in beide gevallen verschillend zou moeten zijn. Bij 'niet willen' passen sancties, bij 'niet kunnen' vormt de vraag 'waarom?' een goed beginpunt. Destijds heb ik als Nationale ombudsman het ministerie van [Veiligheid en] Justitie en het CJIB meer op dat spoor proberen te krijgen, doch vond naar mijn mening te weinig begrip. De politieke opportuniteit van '*law and order*' had de overhand.

Er valt wellicht nog op andere manieren inhoud te geven aan interfaces tussen overheid en burger en het vormt een uitdagend studieobject. Voor mij is duidelijk geworden dat het concept van de interface iets zichtbaar maakt wat vanuit een juridische blik veelal onzichtbaar blijft. Het goed functioneren van het bestuursrecht is afhankelijk van een optimale interactie tussen bestuursorganen en 'rechtssubjecten'. Juiste besluiten zijn gebaseerd op juiste informatie. Daarom is het belangrijk dat die informatie effectief vergaard wordt. Via informatieplichten kan daarover wel iets vastgelegd worden, maar dat is maar een deel van het verhaal. Maatwerk vereist maatwerkinformatie. Veel besluitvorming wordt geacht aan te sluiten bij wat er speelt en leeft in de samenleving, bij voorbeeld op buurtniveau. Dan is het essentieel dat de overheid in staat is om te weten en te begrijpen wat belangrijk is. Een goede inhoudelijke verbinding met burgers is dan een kwaliteitseis voor goed bestuur en dat is iets anders dan een Awb-proof zienswijze ronde in de besluitvormingsprocedure in te lassen. Dus als het gaat om de ambities van het bestuursrecht dan zou ik hier een eerste punt willen maken: we moeten meer onderzoek verrichten naar een effectieve aansluiting tussen de wereld van het bestuur en het bestuursrecht en de leefwereld van burgers.

Op basis van deze inzichten is destijds het bureau van de Nationale ombudsman omgevormd van een geolied werkende Awb-klachtenfabriek (de toenmalige directeur zei bij mijn aankomst: 'wij zijn een koekjesfabriek') naar een instituut dat via een open oor aan de telefoon en via digitale middelen inzette op een 'directe aanpak'. De vraag 'waar zit u mee?' vormde wat mij betreft het begin daarvan. Het heeft de juridisch ingestoken 'Awb-organisatie' heel wat tijd en moeite gekost om deze omslag te maken. De belangrijkste drempel voor juristen bleek om bij het begin van het gesprek onbevangen de vraag te stellen 'waar zit u mee?' Dat leidt tot een gesprek over wat het bestuurlijk handelen betekent voor de leefwereld van burgers en het vraagt veel van klachtbehandelaars om daarop goed in te spelen. Ik heb het zelf ook gedaan en het vraagt veel inzet, maar ook kundigheid en vaardigheden om dit goed te doen. Naar mijn waardering is het werk van de Nationale ombudsman met deze directe aanpak effectiever en kostenefficiënter geworden. In plaats van ingewikkelde rapporten over te late klachtbehandeling die meer dan een jaar na dato verschijnen, een directe versnelling van de klachtbehandeling, met op de achtergrond interventies bij bepaalde bestuursorganen om hun klachtbehandeling structureel op orde te krijgen.

Maar afgezien van deze benadering van de kwaliteit van het bestuurlijk handelen, speelt nog een andere ambitie, die verbonden is met vertrouwen.

4. Vertrouwen in de overheid

Wat hiervoor beschreven is over de relatie overheid-burger, kan ook gebracht worden onder de noemer van ervaren procedurele rechtvaardigheid zoals die in de sociale psychologie onderzocht is.[8] Naast de juridische Awb-dimensie is voor een goede verbinding tussen overheid en burger noodzakelijk dat de inzet van juridische instrumenten als het horen of een besluit op schrift stellen en toesturen op een zodanige wijze gebeurt dat de burger dat als rechtvaardig beschouwt. De burger hoeft daarbij niet meteen 'zijn zin te krijgen', maar moet zodanig behandeld worden dat de procedure en het besluit 'aanvaardbaar' zijn. Het effect van procedurele rechtvaardigheid is tweeledig. Enerzijds wordt het resultaat van een eerlijke procedure eerder aanvaard, geaccepteerd, zelfs als het een negatief besluit is. Anderzijds legitimeert deze procedurele rechtvaardigheid de besluitnemer, of eventueel de betrokken ambtenaar in zijn functie. Een agent die een bon uitschrijft en zich daarbij correct opstelt, krijgt in de regel als commentaar 'vervelend die boete, maar het is hun werk'. Slechts incidenteel overreageren mensen, maar dat zegt vaak iets over de psychische constitutie van die mensen.

Deze vanuit de sociale psychologie bestudeerde procedurele rechtvaardigheid houdt direct verband met het ontstaan van vertrouwen.[9] Anders gezegd, er is een positieve correlatie tussen de ervaren procedurele rechtvaardigheid en het ontstaan en versterken van vertrouwen. In mijn visie zou de inrichting en toepassing van de Awb zodanig moeten zijn dat dit vertrouwenseffect zo optimaal mogelijk functioneert. Belangrijk daarvoor is dat men bij de vormgeving en toepassing van de Awb niet alleen vanuit juridisch perspectief (vanuit de juridische discipline) naar het bestuursrecht kijkt, maar ook vanuit onder meer de sociale psychologie (en op empirische wetenschap gebaseerd). Die benadering

---

[8] Zie hierover onder meer Hilke Grootelaar en Kees van den Bos in hun bijdrage aan deze bundel.
[9] K. van den Bos, *Vertrouwen in de overheid: wanneer hebben burgers het, wanneer hebben ze het niet, en wanneer weten ze niet of de overheid te vertrouwen is? Een essay over de sociaal-psychologische werking van vertrouwen en de mens als informatievergarend individu*, Den Haag: Ministerie van BZK 2012, https://prettigcontactmetdeoverheid.nl/sites/default/files/Bijlage%206%20Van%20den%20Bos%20Essay.pdf en Kees van den Bos en Alex F.M. Brenninkmeijer, 'Vertrouwen in wetgeving, de overheid en de rechtspraak, De mens als informatieverwerkend individu', *NJB* 2012/1216.

krijgt meer en meer aandacht in het bestuursrecht. Met de discussies over de inrichting van 'keukentafelgesprekken' en met de invoering van de Omgevingswet in het verschiet is deze bredere blik op het bestuursrecht geen overbodige toevoeging. Toegegeven kan worden dat het extra intellectuele inspanning vraagt om de rechtswetenschap te verbinden met empirische wetenschap zoals de sociale psychologie en eventueel ook de economische wetenschap. Maar dat neemt niet weg dat juristen open moeten staan voor deze verbinding met andere disciplines.

Afrondend werp ik een blik op de preadviezen voor de VAR 2018 die vertrouwen in de overheid als onderwerp hadden.[10] Dit daargelaten het feit dat aan de preadviezen geen vraagstelling ten grondslag ligt en de drie preadviseurs hun geheel eigen invulling geven aan 'vertrouwen'. Damen gaat in op de al dan niet terechte teleurstelling van burgers in hun vertrouwen op en in bestuursorganen en ontwikkelt vuistregels om die contacten zodanig te verbeteren dat en daarmee die teleurstelling beperken. Kortmann bespreekt het vertrouwensdilemma en stelt een radicale ingreep voor die 'tot een scherper en eerlijker beeld leidt van wat een overheidsbelofte vermag.' Hij wil antwoord geven op de vraag hoe het recht kan bijdragen aan een betrouwbare overheid. De kern is volgens Kortmann: 'doe (waar enigszins mogelijk) wat je belooft, voorkom (althans beperk) teleurstelling en herstel geschonden vertrouwen.' Kortmann stelt dat de wetgever een overheidscontract regelt dat orde schept tussen het formele overheidscontract en de informele toezegging en de burger een ervaring van gerechtigheid kan geven.[11]

In zijn bespreking van deze preadviezen stelt Verheij de vraag: 'Is het bestuursrecht te vertrouwen?'[12] Hij vangt zijn bespreking aan met de volgende zin: 'Het jaarlijkse dorpsfeest van bestuursrechtelijk Nederland – de jaarvergadering van de VAR – gaat dit jaar over het vertrouwensbeginsel.' Verheij reduceert zonder nadere onderbouwing het onderwerp 'vertrouwen in de overheid' tot 'het vertrouwensbeginsel'. Deze reductie is illustratief voor de te beperkte juridische tunnelvisie op vertrouwen, wat de beoefening van het bestuursrecht inderdaad dorps doet lijken.

De huidige Nationale ombudsman Van Zutphen problematiseert de visie van de Nationale ombudsman uit 2012 dat 'herstel van vertrouwen tussen overheid en burger het dagelijks werk van de Nationale ombudsman is.' De ombudsvisie die nog in ontwikkeling is, kiest niet voor deze benadering, maar stelt dat herstel van vertrouwen niet behoort tot de hoofddoelstellingen van het werk van de ombudsman. Uiteindelijk stelt ombudsman Van Zutphen als het gaat om

---

[10] L.J.A. Damen, C.N.J. Kortman en R.F.B. van Zutphen, *Vertrouwen in de overheid* (VAR-reeks 160), Den Haag: Boom Juridische uitgevers 2018.
[11] C.N.J. Kortman, 'Het vertrouwensdilemma', in: Damen e.a. 2018, p. 116 e.v.
[12] Nico Verheij, 'Is het bestuursrecht te vertrouwen? Bespreking VAR-preadviezen 'Het vertrouwensdilemma' en 'Is de burger triple A: alert, argwanend, assertief of raakt hij lost in translation?'', *NTB* 2018/24, p. 154 e.v.

vertrouwen: 'Eerlijk gezegd weet ik het niet'.[13] Hertogh stelt in zijn bespreking van dit preadvies: 'Volgens Van Zutphen heeft de Nationale ombudsman 'een moeizame relatie' (paragraaf 1) met het (herstel van) vertrouwen in de overheid. Dit komt echter vooral omdat hij zelf nog steeds de nadruk legt op klachtbehandeling en de ombudsman primair presenteert als een 'geschilbeslechter'. Vanuit het perspectief van de 'toezichthouder' speelt, daarentegen, de Nationale ombudsman geen bijrol maar een hoofdrol bij het herstel van het vertrouwen in de overheid.'[14]

Wat bij de preadviezen van de VAR opvalt is dat het onderwerp 'vertrouwen in de overheid' hoofdzakelijk gejuridiseerd wordt met 'vuistregels' die vertrouwen juridisch afdwingbaar moeten maken (Damen) en een afdwingbaar overheidscontract (Kortmann) en dat Van Zutphen met zijn 'ik weet het niet' de taak van de Nationale ombudsman verengt tot Awb-geschilbeslechter en geen oog heeft voor de bredere rol van de Nationale ombudsman als toezichthouder.

5. Conclusie

De Awb kan op verschillende manieren gelezen en toegepast worden. Scheltema bepleit een overgang van een bureaucratische naar een responsieve rechtsstaat. De Awb kan daarbij een zinvolle rol vervullen, omdat het wettelijke kader voor beide benaderingen goede aanknopingspunten biedt. 25 jaar Awb met 25 jaar jurisprudentie en bestuurlijke organisaties die inmiddels redelijk tot goed vertrouwd zijn met deze wet dragen ertoe bij dat deze wet de juridische kern vormt van onze – goed georganiseerde – bureaucratie. Daar staat tegenover dat deze krachtig vormgegeven juridisch/bureaucratische systeemwereld tot spanning kan leiden in contacten met de leefwereld van burgers. Die spanning betreft niet alleen het al dan niet juridisch rechten kunnen ontlenen aan het vertrouwensbeginsel als algemeen beginsel van behoorlijk bestuur, maar ook legitimatie van ons bestuur en aanvaarding van de besluiten ervan en ten slotte ook vertrouwen in een bredere zin. Deze drie laatste onderwerpen – legitimatie, aanvaarding en vertrouwen – zijn als zodanig niet terug te vinden in de Awb, de jurisprudentie en de bestuursrechtelijke dogmatiek. Toch zouden legitimatie, aanvaarding en vertrouwen de belangrijkste ambities van het bestuursrecht moeten vormen. Om die ambitie te realiseren is niet alleen bestuursrechtelijke vakkennis vereist, maar ook kennis van de wijze waarop juridische procedures toegepast kunnen worden zodanig dat burgers zoveel als redelijkerwijs mogelijk procedurele rechtvaardigheid ervaren. Op dit terrein zou meer onderzoek noodzakelijk zijn en ervaring opgedaan moeten worden.

---

[13] R.F.B. van Zutphen, 'Zoals de waard is vertrouwt hij zijn gasten', in: Damen e.a. 2018, p. 225-236.
[14] Marc Hertogh, 'Daniel Blake, de Nationale ombudsman en herstel van vertrouwen in de overheid. Bespreking VAR-preadvies 'Zoals de waard is vertrouwt hij zijn gasten'', *NTB* 2018/25.

Cécile Bitter & Hans Besselink[*]

5 | 25 jaar Awb-bezwaarschriftprocedure: tijd voor heroverweging

@C_Bitter/H_Besselink – De bezwaarschriftprocedure is te veel een dubbeling geworden met de procedure bij de bestuursrechter. Terug naar verlengde besluitvorming door een ruimere toepassing van de procedure van titel 3.4!#*verlengde besluitvorming*#*rechtsbescherming*#*bezwaarschriftprocedure*

1. Inleiding

In Nederland kennen wij in het burgerlijk recht en het strafrecht afzonderlijke wetboeken voor het materiële recht en het formele (proces)recht. Bij de totstandkoming van de Awb heeft de wetgever echter bewust gekozen voor één, ongedeelde codificatie. Dat is in feite al terug te voeren op artikel 107 Grondwet, het codificatie-artikel. Volgens artikel 107, eerste lid, Grondwet regelt de wet 'het burgerlijk recht, het strafrecht en het burgerlijk en strafprocesrecht in algemene wetboeken' (behoudens de bevoegdheid tot regeling van bepaalde onderwerpen in afzonderlijke wetten). Met de herziening van de Grondwet in 1983 is een tweede lid toegevoegd: 'De wet stelt algemene regels van bestuursrecht vast.' Wat opvalt als de leden 1 en 2 van artikel 107 worden vergeleken is dat in lid 1 uitdrukkelijk wordt gesproken van het burgerlijk recht, het strafrecht en het burgerlijk en strafprocesrecht, terwijl in lid 2 wordt gesproken van algemene regels van bestuursrecht, zonder onderscheid naar materieel recht en procesrecht. Achtergrond daarvan was dat het niet wenselijk werd geacht voor het bestuursprocesrecht een opdracht in de Grondwet vast te leggen. Codificatie werd als belemmering gezien voor de nog prille rechtsontwikkeling van het bestuursprocesrecht, zeker in vergelijking met het burgerlijk en strafprocesrecht.[1] Overigens werd overwogen dat de opdracht tot het vaststellen van algemene regels van bestuursrecht een algemene regeling van (onderdelen van) het bestuursprocesrecht niet uitsluit.

2. Codificatie van materieel recht en procesrecht in één algemene wet bestuursrecht

Al in 1982 werd door de ministers van Justitie en Binnenlandse Zaken een startwerkgroep ingesteld. De startwerkgroep heeft vier doelstellingen geformuleerd: 1) het bevorderen van eenheid binnen de bestuursrechtelijke wetge-

---

[*] Mr. C.M. Bitter en mr. H.J.M. Besselink zijn beiden advocaat bij Pels Rijcken & Droogleever Fortuijn Advocaten en Notarissen.
[1] *Kamerstukken II*, 1979/80, 15046, 7, p. 9 e.v.

ving, 2) het systematiseren en waar mogelijk vereenvoudigen van de bestuursrechtelijke wetgeving, 3) het codificeren van ontwikkelingen, die zich in de bestuursrechtelijke jurisprudentie hebben afgetekend en 4) het treffen van voorzieningen ten aanzien van onderwerpen die zich naar hun aard niet voor regeling in een bijzondere wet lenen. In het jaar van de grondwetsherziening, 1983, is de Commissie wetgeving algemene regels van bestuursrecht, de commissie Scheltema, ingesteld. In het instellingsbesluit werd de commissie opgedragen bij haar werkzaamheden de voorstellen en gedachten neergelegd in het rapport d.d. 28 oktober 1982 van de startwerkgroep tot uitgangspunt te nemen. De commissie heeft de doelstellingen van de startwerkgroep overgenomen, net als later de Awb-wetgever. Hoofddoelstelling van de wetgever was allereerst uitvoering te geven aan de opdracht in artikel 107 Grondwet, met het (gefaseerd) geven van algemene regels van bestuursrecht. Als tweede – voor het overgrote deel in een latere fase te verwezenlijken – hoofddoelstelling noemt de memorie van toelichting het geven van een algemene regeling van het bestuursprocesrecht.

Het voorontwerp bevatte, in de paragrafen 6.1 en 6.2, al enkele algemene regels van bestuursprocesrecht, namelijk die bepalingen die behalve op het beroep op een administratieve rechter ook van toepassing zijn op het maken van bezwaar of het instellen van administratief beroep. In het uiteindelijke wetsvoorstel is het aantal bepalingen in afdeling 6.2 aanzienlijk vergroot. Het kabinet had op 17 maart 1989 een principebesluit genomen over de toekomstige vormgeving van de rechterlijke organisatie, onder meer inhoudende dat op termijn alle administratieve rechtspraak in eerste aanleg bij de arrondissementsrechtbanken zou plaatsvinden en dat één rechterlijk college zou worden belast met de administratieve rechtspraak in tweede en laatste instantie. Toen zag het ook geen beletselen meer om op diezelfde termijn tot unificatie van het bestuursprocesrecht te komen door middel van het tot stand brengen van een algemene regeling van het bestuursprocesrecht, als onderdeel van een algemene wet bestuursrecht. Dat de grondwetgever codificatie van het bestuursprocesrecht als belemmering van de nog prille rechtsontwikkeling zag, zien wij op dat moment in de overwegingen niet terug. In de wetsgeschiedenis van de tweede tranche is er wel iets over te vinden. Daarin wordt er vooral op gewezen dat de wenselijkheid van de totstandkoming van een uniform bestuursprocesrecht alom wordt erkend.[2]

De wetsgeschiedenis van de eerste tranche van de Awb besteedt nadrukkelijk aandacht aan het voornemen om tot een ongedeelde codificatie te komen. Volgens de memorie van toelichting is in het burgerlijk recht en het strafrecht de grens tussen de beide deelcodificaties getrokken langs het onderscheid tussen materieel en formeel recht. In het algemeen wordt onder materieel recht verstaan dat gedeelte van de voor een bepaald rechtsgebied geldende regels dat betrekking heeft op (het tot stand komen en het teniet gaan van) rechten en verplichtingen van rechtssubjecten. Onder formeel recht wordt doorgaans ver-

---

[2] *PG Awb II*, p. 162 e.v.

staan het geheel van procedurele regels dat ertoe dient in geval van geschillen de uit het materiële recht voortvloeiende rechten en verplichtingen te effectueren. Anders dan volgens de wetgever in het burgerlijk recht en het strafrecht het geval is, vallen in het bestuursrecht het begrip formeel recht en het begrip procesrecht (dat betrekking heeft op rechterlijke procedures) niet samen. Dat komt volgens de wetgever, doordat in het bestuursrecht sprake is van een categorie van rechtsregels die tegelijkertijd materieel- en formeelrechtelijk van aard zijn.[3] Daarmee wordt gedoeld op de regels voor bezwaar en administratief beroep. Enerzijds hebben deze betrekking op het tot stand komen en het teniet gaan van rechten en verplichtingen van rechtssubjecten, anderzijds zijn het regels die ertoe dienen in geval van geschillen de uit het materiële recht voortvloeiende rechten en verplichtingen te effectueren. Dit door de wetgever als 'hybridisch' aangeduide karakter wordt veroorzaakt door het gegeven dat in het bestuursrecht – ondanks alle accentverschuivingen – de wijze waarop rechten en verplichtingen tot stand komen en teniet gaan nog steeds wordt gekenmerkt door een zekere eenzijdigheid. Aldus zag de wetgever geen mogelijkheid twee deelcodificaties tot stand te brengen, gebaseerd op het onderscheid tussen materieel recht en formeel recht.[4]

Daar kwam nog bij, dat de regels voor bezwaar en administratief beroep op veel punten gelijkluidend konden zijn aan en voor het overige ook nauw zouden samenhangen met het bestuursprocesrecht. De opzet van afdeling 6.2 van het wetsvoorstel illustreert het eerste; het in ontwerpartikel 6.3.1a vervatte systeem van bezwaar voorafgaand aan beroep op een administratieve rechter, het tweede. De wetgever vond het daarom minder wenselijk de regels voor bezwaar en administratief beroep te scheiden van het bestuursprocesrecht.

3. De bezwaarschriftprocedure

De bezwaarschriftprocedure moest in elk geval twee functies krijgen, de functie van rechtsbescherming en die van verlengde besluitvorming. Verder worden nog wel de verduidelijkingsfunctie genoemd[5] en de filterfunctie.[6] Doordat het bestuursorgaan een beslissing moet nemen over het bezwaarschrift dat tegen zijn eigen besluit wordt ingediend, zou de procedure er volgens de wetgever toe kunnen dienen de bestuurlijke besluitvorming bevredigend af te ronden. Daardoor zou een mogelijkheid bestaan om aspecten die bij de eerdere besluitvorming onvoldoende aandacht hadden gekregen, alsnog in de overwegingen te

---

[3] Bij het in dit opzicht vermeende onderscheid tussen met name het strafprocesrecht en het bestuursprocesrecht vallen wel vraagtekens te plaatsen, maar daar kunnen wij in deze bijdrage niet op ingaan.
[4] *PG Awb I*, p. 15 e.v.
[5] K.H. Sanders, *De heroverweging getoetst: een onderzoek naar het functioneren van bezwaarschriftprocedures*, Deventer: Kluwer 1998, p. 253.
[6] Sanders 1998, p. 252.

betrekken. De wetgever wees erop dat bij de heroverweging van het oorspronkelijke besluit vaak anderen betrokken zouden zijn dan degenen die bij de besluitvorming in eerste instantie een rol hebben gespeeld (zowel binnen het bestuursorgaan als wanneer het advies van een adviescommissie wordt ingewonnen) en dat zou een belangrijke bijdrage kunnen leveren aan een evenwichtige besluitvorming.[7] Bij verlengde besluitvorming denken wij natuurlijk ook aan de reikwijdte van de beoordeling, die zich niet beperkt tot rechtmatigheidsaspecten, maar ook de invulling van beleids- en beoordelingsruimte betreft. Zo nodig leidt de heroverweging tot een nieuw besluit.[8] Verlengde besluitvorming betreft aldus meer de materieelrechtelijke functie van de bezwaarschriftprocedure.

Met verwijzing naar onderzoek waaruit was gebleken dat in de bezwaarschriftprocedure het geschil in veel gevallen tot een goed einde was gebracht, overwoog de wetgever: 'Doordat de beoordeling van het geschil door een rechter op andere wijze zou plaatsvinden, valt aan te nemen dat een beroep op de rechter in lang niet al deze gevallen tot een evenzeer bevredigende oplossing zou hebben geleid.'[9]

De – in principe verplichte – bezwaarschriftprocedure is echter al snel onderwerp van veel discussie geworden.[10] En ondanks aanpassingen in de Awb, zoals de mogelijkheid van rechtstreeks beroep, is er nog veel kritiek.[11]

Maar die kritiek ziet vooral op het verloop van de bezwaarschriftprocedure zelf, en niet zozeer op de vraag of de beslissing op bezwaar nu werkelijk een integrale heroverweging is, en dus of de door de wetgever beoogde materieelrechtelijke verlengde besluitvorming in de praktijk wordt verwezenlijkt.

4. Bedoeling wetgever niet uitgekomen

Nu, 25 jaar later, kunnen wij vaststellen dat juist van dat materieelrechtelijke aspect van de bezwaarschriftprocedure weinig terecht is gekomen.

De bezwaarschriftprocedure kent in de praktijk vele varianten, met name wat betreft het horen en de onafhankelijkheid van een eventuele commissie.[12] Het bestuursorgaan kan zelf horen, er kan ambtelijk worden gehoord en er kan ten behoeve van het horen een externe commissie worden ingesteld. Geregeld

---

[7] *PG Awb I*, p. 277-281.
[8] L.J.A. Damen, *Bestuursrecht deel II, rechtsbescherming tegen de overheid*, Den Haag: Boom Juridische uitgevers 2016, p. 174.
[9] *PG Awb I*, p. 277-281.
[10] Zie D. Wenders, *Doorwerking van de beginselen van behoorlijke rechtspleging in de bestuurlijke voorprocedures*, Deventer: Kluwer 2010, p. 165 en de verwijzingen in noot 37.
[11] Zie bijv. nog B.W.N. de Waard, *Ervaringen met bezwaar. Onderzoek naar de ervaringen van burgers met de bezwaarschriftprocedure uit de Algemene wet bestuursrecht*, Den Haag: Boom Juridische uitgevers 2011.
[12] Zie voor de verschillende varianten en de ervaringen van betrokkenen: A.T. Marseille, B.W.N. de Waard & M. Wever, 'Horen in bezwaar: intern of extern?', *NTB* 2017/35.

is er in die hoorzitting ruimte voor discussie met het bestuursorgaan, maar vaak wordt ook alleen de bezwaarmaker (aan)gehoord. Ook komt het voor dat het bestuursorgaan of een vertegenwoordiger daarvan in het geheel niet aanwezig is bij de hoorzitting. En in veel gevallen, vooral bij gemeenten, wordt een externe bezwaarschriftadviescommissie ingeschakeld, die niet alleen hoort maar ook advies geeft aan het bestuursorgaan over de afdoening van het bezwaarschrift.[13]

Daarmee gebeurt wat de wetgever nu juist niet had beoogd, nl. dat door een formele, bestuursprocesrechtelijke, aanpak wordt afgedaan aan het oogmerk van een informele procedure voor geschilbeslechting en verlengde besluitvorming, ofwel het materiële karakter van de bezwaarschriftprocedure. Dat dat komt doordat het bestuursprocesrecht en het materiële recht in één wetboek zijn opgenomen is natuurlijk niet te zeggen; feit is wel dat de bezwaarschriftprocedure in een aantal gevallen te veel het karakter heeft gekregen van de procedure bij de bestuursrechter.

Welke variant ook is gekozen, onze ervaring met 25 jaar bezwaarschriftprocedures onder de Awb geeft weinig aanleiding voor de conclusie dat de bezwaarschriftprocedure (in de woorden van de wetgever) 'een belangrijke bijdrage' vormt tot een 'evenwichtige besluitvorming'.

Belangrijkste oorzaak daarvan ligt naar onze mening in het feit dat in de bezwaarschriftprocedure een definitief besluit voorligt. Het bestuursorgaan wordt geacht goed te hebben nagedacht over zijn besluiten en als daartegen een bezwaarschrift wordt ingediend, is in de praktijk de natuurlijke reflex om vast te houden aan dat eenmaal genomen besluit. Niets menselijks is ook bestuursorganen vreemd; een bezwaarschrift wordt als een aanval op het genomen besluit gezien en *dus* wordt dat besluit verdedigd. Van een open gedachtenwisseling over de rechtmatigheid en doelmatigheid van het besluit is meestal geen sprake en van een complete heroverweging al evenmin.

De gang van zaken bij veel hoorzittingen maakt dat ook duidelijk. In de gevallen waarin een ambtelijke hoorcommissie wordt ingeschakeld, wordt er veelal ook uitsluitend gehoord. De bezwaarmaker kan het bezwaarschrift toelichten, maar daarna reageert het bestuursorgaan niet en vindt er geen discussie over het bezwaarschrift plaats. De hoorcommissie volstaat met de mededeling dat de beslissing op het bezwaarschrift op enige termijn zal volgen. Daarna gaat veelal de oorspronkelijke opsteller van het besluit aan het werk met het afwijzen van de bezwaren.

In de gevallen waarin een onafhankelijke bezwaarschriftcommissie wordt ingeschakeld, is de situatie meestal niet veel beter. De setting waarin dan een hoorzitting plaatsvindt, heeft in de praktijk veel weg van een zitting bij een rechtbank. De commissie zetelt achter een grote tafel en de vertegenwoordigers van het bestuursorgaan en de bezwaarmaker zitten daar tegenover, ver verwij-

---

[13] Zie ook M. Wever, 'Bezwaarbehandeling door de overheid anno 2016', *NTB* 2016/2289: 'De externe bezwaaradviescommissie heeft nauwelijks aan populariteit ingeboet.'

derd van elkaar. Ook het verloop van de hoorzitting lijkt erg op die van een rechtszitting. De bezwaarmaker mag het bezwaarschrift toelichten, doet dat vaak aan de hand van een pleitnota, vervolgens komt de vertegenwoordiger van het bestuursorgaan aan het woord, die ook geregeld een pleitnota voordraagt. En die vertegenwoordiger staat meestal niet erg open voor suggesties; hij of zij is op pad gestuurd met de opdracht het genomen besluit te verdedigen. Ook uit de door De Waard c.s. aangehaalde interviews onstond het beeld van ambtenaren die als terriërs een genomen besluit verdedigen, vaak door met een beroep op juridische regels de argumentatie van de bezwaarmakers onderuit te halen.[14] Na die toelichtingen, stelt de commissie, tegenwoordig meestal uitsluitend juristen, eventueel nog vragen en vindt nog een re- en dupliek plaats.

De commissie stelt zich in onze ervaringen daarbij als een rechtbank op, en in de praktijk komt die rechterlijke attitude ook terug in de adviezen. Vaak, te vaak, zien wij adviezen waarin zinnen voorkomen als: 'het bestuursorgaan heeft naar het oordeel van de commissie in redelijkheid tot de conclusie kunnen komen' of 'het is de commissie niet gebleken dat het beleid kennelijk onredelijk of anderszins onjuist is'. Dat is geen verlengde besluitvorming, en niet de wettelijk voorgeschreven integrale heroverweging, maar louter een rechtmatigheidsbeoordeling. En het advies vormt daarna feitelijk de beslissing op bezwaar, zodat ook dat besluit geen werkelijke herbeoordeling behelst.

Hoewel dit bepaald geen uitzonderingen zijn, wordt daar in de rechtspraak zelden een probleem van gemaakt. Alleen in uitzonderlijke situaties pleegt de rechter een besluit te vernietigen omdat er geen volledige heroverweging had plaatsgevonden.[15]

5. Alternatief voor bezwaarschriftprocedure

Is er een alternatief, dat meer recht doet aan de materiële heroverwegingsfunctie?

Vanzelfsprekend kan de behandeling van bezwaarschriften worden verbeterd, door in die procedure werkelijk open te staan voor een heroverweging, niet marginaal te toetsen en geen rechtersrol te spelen, maar de Awb zelf kent ook een echt alternatief: op grond van artikel 7:1 Awb is de bezwaarschriftprocedure niet van toepassing als het besluit is voorbereid met toepassing van de in afdeling 3.4 geregelde uniforme openbare voorbereidingsprocedure. In sommige bijzondere wetten is die procedure voorgeschreven, maar bestuurs-

---

[14] De Waard 2011, p. 174.
[15] Zie CRvB 3 juli 2003, ECLI:NL:CRVB:2003:AH9595, waarin de commissie zich bij advisering uitdrukkelijk had beperkt tot de vraag of bij het nemen van de indicatiebeschikking de procedure goed is verlopen en ABRvS 30 mei 2007, ECLI:NL:RVS:2007:BA6020, waarin de commissie zich had beperkt tot het antwoord op de vraag of het dagelijks bestuur in redelijkheid en op grond van de motivering en onderliggende stukken tot het besluit heeft kunnen komen.

organen kunnen er ook altijd voor kiezen om die procedure te volgen bij categorieën van besluiten of in individuele gevallen.

Naar onze mening verdient het aanbeveling om vaker die procedure te volgen en dus vaker een ontwerpbesluit op te stellen, in plaats van in één keer een definitief besluit. Een ontwerp kan worden beschouwd als een concept voor het besluit, dat het bestuursorgaan ambtelijk heeft laten opstellen op basis van de beschikbare gegevens. Vervolgens kunnen belanghebbenden daarop een reactie geven. Een concept heeft veel meer dan een definitief besluit het karakter van een uitnodiging om het bestuursorgaan te wijzen op feiten en omstandigheden waarmee het in eerste instantie geen rekening heeft gehouden. Het bestuursorgaan kan die feiten en omstandigheden dan betrekken bij het definitieve besluit. De zienswijzefase heeft ook veel minder het karakter van een procedure op tegenspraak en kan de kwaliteit van de besluitvorming bevorderen, omdat het bestuursorgaan dan immers voordat het een besluit neemt, op de hoogte is van alle relevante gezichtspunten. Het terugkomen van een definitief oordeel gaat iedereen, en dus ook bestuursorganen, minder gemakkelijk af dan een concept oordeel aanpassen. In de gevallen waarin er dan toch nog een rechterlijke procedure moet volgen, is daarmee in elk geval ook tegemoet gekomen aan de verduidelijkingsfunctie die de wetgever aan de bezwaarschriftprocedure had toegedacht. Ook wat betreft de filterfunctie doet de 3:4-procedure niet onder voor de bezwaarschriftprocedure. Naar het zich laat aanzien zal een goed gemotiveerd besluit waarin wordt gereageerd op de inbreng van belanghebbenden in elk geval niet tot meer beroepschriften leiden dan thans het geval is bij beslissingen op bezwaar.

Vanzelfsprekend heeft het standaard volgen van de afdeling 3.4-procedure ook nadelen. In de eerste plaats zal het meer tijd kosten om een besluit te nemen. Dat kan leiden tot vertraging, maar die vertraging zal veelal niet groter zijn dan in het geval een bezwaarschriftprocedure moet worden doorlopen, zeker niet als daarvoor een externe commissie wordt ingeschakeld. Het tijdverlies kan bovendien nog worden beperkt door bijvoorbeeld in de wet te kiezen voor een meer flexibele termijn voor het indienen van zienswijzen. Niet meer standaard zes weken, maar bijvoorbeeld twee weken met de mogelijkheid om die op verzoek te verlengen.

Ook zou het openbare karakter van de 3.4-procedure kunnen worden beperkt tot besluiten waarbij mogelijk derde-belanghebbenden zijn betrokken. In andere gevallen zou de openbare kennisgeving achterwege kunnen worden gelaten. Daardoor zou deze procedure ook geschikt kunnen zijn voor handhavingsbesluiten, in het sociaal verzekeringsrecht en bijvoorbeeld bij besluiten over toeslagen. Ook daar kan het eerst toezenden van een conceptbesluit nuttig zijn om tot betere besluiten te komen. Door dat standaard te doen, kan aan inbreng van de aanvrager of geadresseerde van een besluit meer betekenis worden toegekend dan nu het geval is met toepassing van de artikelen 4:7 en 4:8 Awb, die beide slechts een beperkt toepassingsbereik kennen, en bovendien vaak niet worden toegepast omdat het niet-naleven daarvan toch in bezwaar kan worden hersteld. Maar in bezwaar ligt er dan al een definitief besluit, en blijkt er in de praktijk minder ruimte te zijn voor een echte heroverweging.

6. Slot

In 1994 is in de Awb de op dat moment in veel wetten al bestaande bezwaarschriftprocedure als de standaardprocedure aangemerkt, die moet worden doorlopen voordat er beroep bij de rechter kan worden ingesteld. Die bezwaarprocedure moest twee gelijkwaardige (hoofd)doelen dienen: verlengde besluitvorming en rechtsbescherming. De ervaringen van de laatste 25 jaar wijzen uit dat die doelstellingen vaak niet worden gehaald. Er is te weinig sprake van een echte verlengde besluitvorming, er is geen open heroverweging, en er is te vaak sprake van een 'dubbeling' van de procedure bij de bestuursrechter. Doordat niet werkelijk sprake is van verlengde besluitvorming is in feite ook geen sprake van echte rechtsbescherming.

Tijd voor bezinning dus, en daarvoor is het niet nodig dat er net als in het burgerlijk recht en het strafrecht alsnog twee wetboeken komen: een met het materiële recht en een met het formele recht. Dat kan al met een kleine wetswijziging: bestuursorganen zouden er vaker voor moeten kunnen kiezen om de 3.4-procedure te volgen. Niet alleen voor grote besluiten waar veel zienswijzen zijn te verwachten, maar juist ook voor de kleinere besluiten, waar wellicht alleen de aanvrager bij betrokken is. Door een concept van het besluit toe te sturen wordt – voordat een definitief standpunt is ingenomen – echte ruimte voor inbreng van de aanvrager gegeven, zonder de onnodige juridisering die de bezwaarschriftprocedure langzamerhand is gaan kenmerken.

Dat kan leiden tot betere besluiten, in elk geval tot meer inzicht in de afweging van het bestuursorgaan. En het kan bijdragen aan herstel van het vertrouwen van de burger in de overheid, doordat hij meer het gevoel krijgt dat zijn inbreng er nog werkelijk toe doet. Als er daarna dan toch nog rechtsbescherming nodig is, kan de rechter daar wel voor zorgen

Jaap Polak*

6 | Rechtseenheid en rechtsontwikkeling in het algemeen bestuursrecht, in bestuursrechtspraak en wetgeving

@J_Polak – Door samenwerking hebben de hoogste bestuursrechters veel bereikt in rechtseenheid. Zij komen in een volgende fase waarin zij de rechtsontwikkeling gezamenlijk vorm geven. De kenbaarheid van ons algemeen bestuursrecht vraagt nu om aanpassing van de Awb#rechtseenheid#harmonisatie#rechtsontwikkeling

1. Inleiding

Een van de belangrijkste doelstellingen van de Awb was het harmoniseren van het algemeen bestuursrecht. De vele bijzondere delen van het bestuursrecht, zoals het belastingrecht, het sociaal verzekeringsrecht, het ambtenarenrecht, de publiekrechtelijke bedrijfsorganisatie, het milieurecht en het ruimtelijk ordeningsrecht kenden ieder hun eigen procesrecht met van elkaar afwijkende regels. Hiermee is nog geen uitputtende opsomming gegeven. Daarnaast was op een grote restcategorie tussen 1976 en 1994 de Wet Arob van toepassing, met rechtspraak in één instantie. Met het uniforme procesrecht van hoofdstuk 8 van de Awb werd dat, met ingang van 1 januari 1994, allemaal in één klap anders.

Maar iedere rechtspraakkolom had zijn eigen geschiedenis en daarmee zijn eigen gevestigde rechtspraak. Dat bracht met zich dat er aan het uniforme Awb-procesrecht in de eerste 15 jaar van het bestaan van de Awb niet altijd een uniforme toepassing werd gegeven, al was er in de periode 1994-2009 wel convergentie. Daarover ging mijn bijdrage aan het boek 'Bestuursrecht harmoniseren', dat ter gelegenheid van 15 jaar Awb na 16 jaar en vier maanden Awb in april 2010 verscheen.[1] In de periode daarna is daaraan in de rechtspraak van de hoogste (bestuurs)rechters, dankzij de wil om tot verbetering te komen, veel gedaan en veel ten goede veranderd. Ik ga eerst daarop in, om vervolgens de vraag te stellen: waar staan we nu en hoe nu verder met de rechtseenheid en rechtsontwikkeling op het terrein van het algemeen bestuursrecht? Er zijn daarbij ook kwesties die de aandacht van de wetgever vragen. Een aantal daarvan komt vervolgens aan bod.

---

* Prof. mr. J.E.M. Polak is staatsraad bij de Afdeling bestuursrechtspraak van de Raad van State – in de periode 1 mei 2010 - 1 mei 2017 was hij voorzitter – en onbezoldigd hoogleraar bestuursrecht aan de Universiteit Leiden.

[1] 'Veranderende perspectieven van de bestuursrechter', in: T. Barkhuysen e.a. (red.), *Bestuursrecht harmoniseren: 15 jaar Awb*, Den Haag: Boom Juridische uitgevers 2010, p. 97-114.

2. De rechtseenheidsoperatie in het bestuursrecht vanaf 2010[2]

Het is nuttig om als Awb-gemeenschap van tijd tot tijd stil te staan bij de vraag waar we nu staan. Op 23 april 2010 organiseerde de afdeling staats- en bestuursrecht van de Universiteit Leiden het congres '15 jaar Awb' waarop 'Bestuursrecht harmoniseren' werd gepresenteerd. In een theepauze maakte ik kennis met Maarten Feteris, die twee jaar daarvoor raadsheer in de belastingkamer van de Hoge Raad was geworden. Wij kwamen te spreken over de verschillen die nog bestonden bij de toepassing van vooral de Awb tussen de hoogste bestuursrechters. Wij waren het er snel over eens dat burgers en rechtshulpverleners, bestuursorganen en rechtbanken niet met deze verschillen zouden moeten worden geconfronteerd: waarom zouden we niet een lijst van verschillen maken en die vervolgens stelstelmatig in goed overleg gaan wegwerken? Daarbij moest naar goed hanteerbare, praktische oplossingen worden gezocht en partijen de gelegenheid worden geboden op de mogelijke harmonisatie en het wegwerken van die verschillen in te gaan. Wij deelden het uitgangspunt dat uniforme duidelijke lijnen op het terrein van het Awb-procesrecht voor burgers, bestuursorganen en eerstelijnsrechtspraak vaak beter zijn dan dat iedere hoogste bestuursrechter voor zich de in zijn ogen beste lijn voor zijn kolom hanteert.

Die ontmoeting legde de basis voor de sindsdien tot stand gekomen intensieve inhoudelijke samenwerking tussen de hoogste rechters. Maarten en ik zijn direct na dat congres in Leiden een aantal malen bij elkaar gekomen om te inventariseren welke verschillen er bestonden en in welke richting deze konden worden opgelost. Daarbij werd aan deskundigen, werkzaam bij de bestuurs-en belastingsectoren van de rechtbanken,[3] gevraagd een lijst op te stellen van verschillen in de toepassing van de Awb tussen de verschillende bestuursrechtkolommen. Al met al ontstond een tamelijk omvangrijke lijst.

De Commissie rechtseenheid bestuursrecht werd ingesteld om te bevorderen dat de verschillen in de rechtspraak zouden worden weggewerkt. Dat was en is, anders dan voor 2010, geen jaarlijkse bijeenkomst van de presidenten van de Centrale Raad van Beroep, het College van Beroep voor het bedrijfsleven, de voorzitter van de Afdeling bestuursrechtspraak en de voorzitters van de belastingkamer en de civiele kamer van de Hoge Raad (het zogenoemde extern voorzittersoverleg), maar een commissie van enkele leden van ieder van die

---

[2] Zie meer uitgebreid hierover mijn lezing op 27 maart 2015 in Tilburg: J.E.M. Polak, *Samenwerking van hoogste rechters aan rechtseenheid*, Tilburg: Juridische Hogeschool Avans-Fontys 2015, en J.E.M. Polak, 'De menselijke factor bij de rechtsontwikkeling door rechters', *NJB* 2016/298. Het eerste deel van deze bijdrage is een sterk verkorte versie van wat ik ook in die publicaties naar voren heb gebracht.

[3] Waaronder de huidige voorzitter van de Afdeling bestuursrechtspraak van de Raad van State Bart Jan van Ettekoven die toen nog als vice-president aan de Rechtbank Utrecht verbonden was.

colleges, vergezeld van ambtelijke ondersteuning die eens in de twee maanden bijeenkomt.[4] Vanaf dat moment zijn er veel uitspraken gedaan waarin die verschillen in belangrijke mate zijn weggewerkt.[5] Vanzelfsprekend blijft de zittingskamer die de zaak en de feiten kent, geheel verantwoordelijk, maar over de lijnen van de rechtspraak kon en kan vrijwel steeds overeenstemming worden bereikt.[6] Ook leidt dit overleg vaak tot een verdieping en verbreding en daardoor tot kwaliteitsverbetering: dikwijls wordt gewezen op parallelle vragen bij de andere colleges en kan dus van de gezichtspunten, die daarbij zijn ontwikkeld, worden geprofiteerd.

Het overleg van de Commissie rechtseenheid bestuursrecht ziet veelal op afstemming van rechtspraak op het terrein van het Awb-procesrecht: dat is immers voor de vier hoogste bestuursrechters hetzelfde. Een zoveel mogelijk uniforme toepassing is uit oogpunt van consistentie van de rechtsorde als geheel van groot belang, al kan de aard van de rechtsverhouding soms een andere benadering rechtvaardigen. Maar het overleg heeft daarnaast ook betrekking op vragen van toepassing van het EVRM of EU-recht en kan ook gaan over afstemming van materieel recht. Dat laatste leidt dan vaak tot bilateraal overleg buiten de Commissie rechtseenheid bestuursrecht. Het gaat dan bijvoorbeeld om afstemming tussen de strafkamer van de Hoge Raad en de Afdeling bestuursrechtspraak over – bij wijze van voorbeeld – de rechtspraak over alcoholslotprogramma's[7] of tussen de Centrale Raad van Beroep en de Afdeling bestuursrechtspraak over de bed-bad-en-broodproblematiek.[8] Ook bij dergelijke inhoudelijke rechtsvragen is consistentie van het rechtssysteem als geheel van belang. Ook op het terrein van het overheidsaansprakelijkheidsrecht op de grens van privaatrecht en bestuursrecht zijn de contacten geïntensiveerd, om onlogische verschillen in benadering weg te nemen en te vermijden.[9]

---

[4] Deze heeft tot zijn pensionering bij de Afdeling bestuursrechtspraak in 2017 onder leiding gestaan van Peter van Buuren en staat sindsdien onder het voorzitterschap van Robert Jan Koopman, vice-president van de Hoge Raad.
[5] Zie de waslijst aan uitspraken genoemd in noot 5 van de in noot 2 genoemde lezing op 27 maart 2015 in Tilburg.
[6] Dat deze vorm van samenwerken kritiek ontmoet uit oogpunt van gebrek aan transparantie is mij bekend. Ik kan daarop in het korte bestek van deze bijdrage niet ingaan. Ik ben daarop overigens wel ingegaan in de in noot 2 vermelde publicaties. Verder hoop ik ook met deze bijdrage naar vermogen weer wat aan de transparantie bij te dragen.
[7] Zie de uitspraken van de Hoge Raad en de Afdeling bestuursrechtspraak van 3 maart 2015, ECLI:NL:HR:2015:434, (14/04940) en 4 maart 2015, ECLI:NL:RvS:2015:622, (201400944/1/A1).
[8] Zie de uitspraken op dezelfde dag van de Centrale Raad van Beroep en de Afdeling bestuursrechtspraak van 26 november 2015, ECLI:NL:CRVB:2015:3803 en 3834 en ECLI:NL:RVS:2015:3415.
[9] Zie bijv. ABRvS 28 december 2016, ECLI: NL: RVS:3462, Biolicious/Stadsdeel Oost Amsterdam, *AB* 2017/88, m.nt. C.N.J. Kortmann, waarin de Afdeling haar

3. De nieuwe fase: naar het gezamenlijk vorm geven aan de rechtsontwikkeling, zodat nieuwe verschillen worden voorkomen

Met de beschreven rechtseenheidsoperatie zijn grote stappen gemaakt en daarmee zal verder worden gegaan. Maar nog niet alle verschillen zijn weggewerkt.[10] Zo is er, zoals iedere ingevoerde bestuursrechtjurist weet, nog altijd een verschil tussen de Afdeling bestuursrechtspraak enerzijds en de andere hoogste bestuursrechters anderzijds bij de vraag of in hoger beroep vooral de controle en rechtseenheidsfunctie voorop moet staan, dan wel het bieden van herkansing aan partijen. In praktische zin vertaalt zich dat in een verschillende benadering van de vraag of in hoger beroep nieuwe gronden mogen worden aangevoerd. Hier was in het eerste decennium van deze eeuw al wel convergentie aan de orde, maar er bestaan nog steeds verschillen. Dat kan deels wel, maar deels ook niet worden verklaard door het type zaken dat aan de verschillende rechtspraakkolommen wordt voorgelegd. Het praktisch belang van dit onderscheid moet overigens, zeker na de convergentie, niet worden overschat. Bij drie van de vier hoogste bestuursrechters kunnen in hoger beroep nog geheel nieuwe beroepsgronden worden aangevoerd. Bij de Afdeling is dat meestal niet zo (in boetezaken kan dat bijvoorbeeld wel), maar ook bij haar kunnen nieuwe argumenten ter onderbouwing van beroepsgronden, waarover de rechtbank al een oordeel heeft gegeven, in ieder geval wel met succes worden aangevoerd. De lijn van de Afdeling beoogt vooral een echte frontverandering in hoger beroep te ontmoedigen. Dat neemt niet weg dat het in de rede ligt dat de hoogste rechters die problematiek in de komende periode verder ter hand nemen, waarbij mogelijk al naar gelang de aard van het geschil onderscheid wordt gemaakt. De ontwikkelingen in het procesrecht van de andere grote rechtsgebieden zouden daarbij kunnen worden betrokken.

Ook overigens moet er natuurlijk aan nog bestaande verschillen worden gewerkt,[11] maar we zijn door de rechtseenheidsoperatie wel in een nieuwe fase

---

causaliteitscriterium bij verlengde besluitvorming aanpaste en aansloot bij HR 3 juni 2016, ECLI: NL: HR:2016:1112.

[10] Vooral Rolf Ortlep heeft de gedachte levend gehouden dat er nog geen rechtseenheid is bereikt en veel werk verzet moet worden: zie bijv. 'Het "feestje" van de rechtseenheid bij de hoogste bestuursrechter', *NJB* 2013, 2408 en meer uitgebreid zijn preadvies voor de VAR in 2015, 'Optimaliseren rechtseenheid tussen de hoogste bestuursrechters', in: *Rechtsontwikkeling door de bestuursrechter* (VAR-reeks 154), Den Haag: Boom Juridische uitgevers 2015, al ligt het accent in het preadvies meer op een pleidooi om uitspraken op een meer onverhullende wijze, uitgebreider te motiveren.

[11] Zie bijv. recent de uitspraak van de Afdeling bestuursrechtspraak van 4 april 2018, ECLI:NL:RVS:2018:1106, waarin zij omwille van de rechtseenheid aansluit bij de rechtspraak van de andere hoogste bestuursrechters, als het gaat om de veroordeling in de proceskosten van een bestuursorgaan in een situatie dat het geen onrechtmatig besluit heeft genomen, maar de burger extra proceskosten heeft door een onjuiste uitspraak van een rechtbank.

gekomen. Daarin staat niet zozeer het harmoniseren van verschillende rechtspraaklijnen centraal, maar meer het gezamenlijk vorm geven aan de rechtsontwikkeling. Daarmee worden nieuwe rechtseenheidsproblemen zoveel mogelijk voorkomen. Het sinds 1 januari 2013 bestaande instrument van de conclusie in het bestuursrecht en de instelling per dezelfde datum van een grote kamer vervullen hierbij een goede rol. Om een voorbeeld te geven: als het gaat om de vraag hoe ver de exceptieve toetsing van algemeen verbindende voorschriften door de bestuursrechter moet gaan (in Awb-termen: hoe moet artikel 3:1, lid 1 onder a Awb worden toegepast?), doen zich niet zozeer tegenstellingen tussen de verschillende rechtspraakkolommen voor. Wel is dit een vraag die in de verschillende rechtspraakkolommen in toenemende mate aan de orde is. Daarvoor zijn verschillende redenen. Het bespreken daarvan zou het bestek van deze bijdrage te buiten gaan, maar daarbij speelt in ieder geval de europeanisering van de rechtsorde (en daarmee de mindere vanzelfsprekendheid van de geldigheid van nationale voorschriften) een rol. A-G Widdershoven bracht hierover[12] op verzoek van de voorzitter van de Afdeling bestuursrechtspraak een uitgebreide conclusie uit ten behoeve van een grote kamer, waarin de vier hoogste bestuursrechters zitting hadden. Deze conclusie heeft een verstrekkende betekenis en zal vermoedelijk van invloed zijn op de ontwikkeling van de rechtspraak van alle hoogste rechters, ook als de beschouwingen daarin maar van geringe betekenis zouden zijn voor de concreet voorliggende zaak. De problematiek van de exceptieve toetsing van algemeen verbindende voorschriften doet zich immers over de hele breedte van het bestuursrecht voor. En die aanduiding is nog te smal, want zij speelt uiteraard ook in het strafrecht. En wordt daarnaast, zoals uit de conclusie van Widdershoven blijkt, sterk beïnvloed door de rechtstreekse toetsing, die mogelijk is als in een civiele zaak op basis van onrechtmatige daad de rechtmatigheid van een algemeen verbindend voorschrift aan de orde wordt gesteld. Die conclusie over een probleem, waar niet zozeer verschillen tussen de kolommen aan de orde zijn, maar waarbij het veeleer de vraag is op welke wijze de rechtsontwikkeling in eenheid over de volle breedte vorm moet worden gegeven, laat goed zien dat we deels in een nieuwe fase gekomen zijn. En ook de conclusie, die de Centrale Raad van Beroep heeft gevraagd ten behoeve van een grote kamer over het belanghebbendebegrip en de invulling van het begrip 'afgeleid belang', gaat niet zozeer over een problematiek van verschillende rechtspraaklijnen, maar veeleer om het gezamenlijk vormgeven van de verdere rechtsontwikkeling door de hoogste rechters. En bij de conclusie over het beginsel van gelijke kansen bij schaarse rechten was, voor wat betreft in het bijzonder de rechtspraak van het College van Beroep voor het bedrijfsleven en de Afdeling bestuursrechtspraak, hetzelfde aan de hand.[13]

---

[12] Conclusie staatsraad advocaat-generaal Widdershoven bij de ABRvS 22 december 2017, ECLI:RVS: 2017:3557.
[13] Conclusie staatsraad advocaat-generaal Widdershoven bij de ABRvS 25 mei 2016, ECLI:NL:RVS: 2016:1421, waarna volgde ABRvS 2 november 2016, ECLI:NL:RVS:

In de Commissie rechtseenheid bestuursrecht leggen de verschillende colleges soms concept-uitspraken voor om op die manier gezamenlijk gestalte te geven aan de rechtsontwikkeling en vooral ook om duidelijk te krijgen of, wanneer een meer algemene uitspraak wordt gedaan, daarbij eventuele problemen op de bijzondere rechtsgebieden waar een andere hoogste rechter bevoegd is wel voldoende worden onderkend.[14]

Zo ontstaan er bij de geleidelijke overgang naar digitaal procederen in iedere kolom ontvankelijkheidsvragen, die net even anders zijn dan die we uit het papieren tijdperk kennen.[15] Uit dat papieren tijdperk weten we dat die vragen in de eerste 15 jaar van de Awb in de verschillende kolommen niet allemaal op dezelfde wijze beantwoord werden en dat de rechtseenheidsoperatie vanaf 2010 op het wegwerken van veel van deze verschillen betrekking had. Het zou jammer zijn als bij de overgang naar digitaal procederen wederom ongewenste verschillen in ontvankelijkheidsbeleid zouden ontstaan en dat heeft dus bijzondere aandacht. Overigens is wel denkbaar dat sommige vraagstukken, afhankelijk van de aard van het geschil, door de ene hoogste rechter toch net anders worden benaderd dan door de andere. Ook dat moet mogelijk zijn, als die gedifferentieerde aanpak dan maar bewust wordt vorm gegeven en zoveel mogelijk ook in de uitspraak wordt gemotiveerd.

4. Verdere codificatie van algemeen bestuursrecht in de Awb?

We zien hier weer een horizonverschuiving die de Awb teweegbrengt.[16] Heeft de komst van de Awb eerst bevorderd dat de verschillen op het terrein van vooral het bestuursprocesrecht, de kernbegrippen van de Awb en de beginselen van behoorlijk bestuur geleidelijk aan zijn opgelost, thans verschuift de horizon mede door haar harmoniserende werking naar preventie en een gezamenlijk vorm geven aan antwoorden op nieuwe vragen op dat terrein van algemeen bestuurs(proces)recht, waarvoor we ons gesteld zien en waar de Awb de antwoor-

---

2016:2927, *AB* 2016/426, m.nt. C.J. Wolswinkel. Zie daarover verder o.m. C.J. Wolswinkel, 'Volwassen verdelingsrecht? Rechtsontwikkeling en rechtseenheid bij de verdeling van schaarse vergunningen', *JBplus* 2017/1 en Frank van Ommeren, 'Schaarse vergunningen: het beginsel van gelijke kansen als rechtsgrondslag voor de verplichting tot het bieden van mededingingsruimte', in: M. Bosma e.a. (red.), *De conclusie voorbij*, Nijmegen: Ars Aequi Libri 2017, p.191-208 en in diezelfde bundel Rob Widdershoven zelf: 'Een ervaring als staatsraad advocaat-generaal: op zoek naar een rechtsbeginsel', p. 87-102.
[14] Zie bijv. recent over 8:42 Awb: HR 6 juli 2018, ECLI:NL:HR:2018:1113.
[15] Zie bijv. ABRvS 21 maart 2018, *JB* 2018/79, m.nt. C.L.G.F.H. Albers en 20 april 2018, *JB* 2018/92, m.nt. C.L.G.F.H. Albers. Zie verder ook de bijdrage van Bart Jan van Ettekoven aan deze bundel.
[16] Vgl. J.E.M. Polak & W. den Ouden, *Harmonisatie van bestuursrecht. De verschuivende horizon van het algemeen bestuursrecht en het subsidierecht in Nederland*, Deventer: Kluwer 2004.

den niet geeft. Voorbeelden hiervan, die in de rechtspraak al aan de orde zijn geweest, zijn het vraagstuk van de schadevergoeding bij overschrijding van de redelijke termijn door de rechter en de vraag of er bij schaarse rechten een beginsel van gelijke kansen geldt. Als de rechtspraak op dergelijke vragen eenmaal – in de goede geest van de rechtseenheid – antwoorden heeft gegeven, lijkt niet meer echt in beeld te komen of die rechtspraak in de Awb zou moeten worden gecodificeerd.

Wat betekenen deze ontwikkelingen meer algemeen voor de vraag hoe het verder zou moeten met de codificatie in de Awb?

Die vraag is wat mij betreft wel gerechtvaardigd, want wie kennis wil nemen van de stand van de rechtsontwikkeling heeft er voor dit soort vraagstukken weinig aan om de Awb te raadplegen. En het is dan wel mooi dat de hoogste bestuursrechters in eenheid antwoorden op die vragen geven, maar voor de kenbaarheid van het recht is het minder mooi dat die antwoorden niet uit de Awb blijken. Zelf vind ik het leerstuk van de schadevergoeding bij overschrijding van de redelijke termijn een voorbeeld van een kwestie die beter door de wetgever geregeld had kunnen zijn. Het gaat immers om een stelsel van regels, voor het opstellen waarvan de wetgever naar zijn aard beter is toegerust en dat bovendien in belangrijke mate is gebaseerd op basis van een interpretatie van artikel 8:73 Awb (oud), dat daarvoor naar zijn tekst eigenlijk geen basis bood. Maar bij het uitblijven van wetgeving, had de bestuursrechter geen keus, want de rechtspraak uit Straatsburg kon niet zonder gevolg blijven. Nu er feitelijk een hele regeling door de rechtspraak is ontwikkeld die functioneert, is er kennelijk geen prikkel meer voor de wetgever om deze te codificeren.

In de Memorie van Toelichting bij de wet Nadeelcompensatie en schadevergoeding bij onrechtmatige besluiten, die op 1 juli 2013 deels in werking trad, is volstaan met de opmerking dat ervan wordt uitgegaan dat de rechtspraak op basis van artikel 8:73 Awb (oud) over overschrijding van de redelijke termijn in de bestuursrechtelijke procedure onder de verzoekschriftprocedure van artikel 8:88 Awb e.v. door de bestuursrechter wordt gecontinueerd. Dat is wat merkwaardig, want de regeling in de wet die ziet op schadevergoeding voor onrechtmatige besluiten van *bestuursorganen*, is niet geschreven voor schadevergoeding vanwege *rechterlijke* traagheid. Als men wil volhouden dat je in het bestuursrecht zonder rechtshulpverlener kan procederen, zou men deze rechtspraak toch eigenlijk op een behoorlijke wijze moeten codificeren, zodat burgers en rechtshulpverleners in de wet zelf kunnen zien wanneer na een (te) lange procedure aanspraak bestaat op welke vergoeding.

Andere al genoemde voorbeelden zijn de ontwikkeling in de jurisprudentie met betrekking tot schaarse rechten en met betrekking tot het beginsel van gelijke kansen. Het gaat hier om rechtersrecht, waarbij vooral de rechtspraak van het College van Beroep voor het bedrijfsleven en de Afdeling bestuursrechtspraak om een geharmoniseerde rechtsontwikkeling vroegen en vragen. Ook hier kan men zich de vraag stellen of het een gebrek aan de Awb is, dat wie wil weten hoe het zit, niet echt wijzer wordt wanneer hij de Awb raadpleegt.

Aan de andere kant lijkt het mij dat de rechtspraak hier nog te weinig precies is omlijnd om die ontwikkeling nu al in de Awb vast te leggen.

Deze twee voorbeelden laten zien dat de vraag, in hoeverre onze nationale Awb de door Europese ontwikkelingen in gang gezette vernieuwingen van het algemeen bestuursrecht moet codificeren, wat voor de toegankelijkheid en kenbaarheid van het bestuursrecht toe te juichen zou zijn, niet over de hele linie eenduidig kan worden beantwoord. Maar het zou goed zijn als diepgaand beraad zou plaats vinden over de principiële vraag welke plaats de Awb moet hebben in de toegankelijkheid en kenbaarheid van het algemeen bestuursrecht, niet zijnde het vele materiële recht van de bijzondere delen van bestuursrecht, dat altijd in de bijzondere wettelijke regelingen te vinden zal blijven. Mij lijkt het in ieder geval niet raadzaam om daarvan af te zien in verband met de mogelijke komst van een Europese Awb. Het Europees bestuursrecht kan in de komende decennia niet zonder een sterk autonoom bestuursrecht van de lidstaten, zeker waar het het bestuursprocesrecht betreft.[17] Het bevorderen van rechtseenheid en de kenbaarheid van het algemeen bestuursrecht door de Awb blijven wat mij betreft als doelstellingen in onze tijd, als tegenhanger tegen alsmaar complexer wordend overheidsbestuur, onverminderd van groot belang.

Bij dat beraad over de verdere ontwikkeling van de Awb door de wetgever zouden ook andere knopen moeten worden doorgehakt. De discussie over de uitbreiding van de instrumenten van de bestuursrechter en de uitbreiding van zijn competentie over het besluit-gerelateerde overheidshandelen wordt door bestuursrechtbeoefenaren al jaren gevoerd, maar er lijkt niet veel perspectief dat zij ook werkelijk verder wordt gebracht.[18] Regeringscommissaris Scheltema doet – wat mij betreft begrijpelijk en terecht – pogingen een beperkt experiment van de grond te krijgen met een verzoekschriftprocedure in het sociaal domein,[19] maar zelfs dat experiment is al omstreden. Er lijkt als het gaat om meer integrale geschilbeslechting in het bestuursrecht, niet echt een sense of urgency aanwezig. Ik kan mij daarbij niet aan de indruk onttrekken dat verbeteringen aan de Awb die in de richting gaan van meer rechtsbescherming voor de burger, het tij niet zo erg mee hebben en daardoor het laatste decennium maar moeilijk

---

[17] In dezelfde zin M. Scheltema, 'Een Europese Awb? Ja, maar beperkt: het is geen nationale Awb', *NTB* 2014/36 en Rolf Ortlep & Rob Widdershoven, 'De goede voornemens van een Europese wet bestuursrecht', *AA* 2018, p. 411-417.

[18] Zie onder meer het Rapport van de werkgroep Rechtsbescherming van de VAR, *De toekomst van de rechtsbescherming tegen de overheid: van toetsing naar geschilbeslechting*, Den Haag: Boom juridische uitgevers 2004 en het VAR preadvies van F.J. van Ommeren en P.J. Huisman, 'Van besluit naar rechtsbetrekking', in: *Het besluit voorbij* (VAR-reeks 150), Den Haag: Boom Juridische uitgevers 2013.

[19] Zie zijn advies op www.internetconsultatie.nl/geschilbeslechtingin sociaaldomein/ reacties; zie over het nogal gemengde beeld dat dat advies oproept met verdere literatuurverwijzingen: Tom Barkhuysen & Willemien den Ouden, 'Kroniek van het algemeen bestuursrecht; over integrale geschilbeslechting, de opmars van het evenredigheidsbeginsel en voortschrijdende Europeanisering', *NJB* 2018/70.

van de grond komen. De Awb-wetgever is er daarentegen in de afgelopen periode wel in geslaagd om het bestuursprocesrecht effectiever en slagvaardiger te maken, waar het ging om zaken waarmee de overheid zeker zo gebaat is als de burger: zo werden de bestuurlijke lus en het relativiteitsvereiste ingevoerd en werd de werking van artikel 6:22 Awb (het passeren van gebreken) verruimd. Maar gaat het om kwesties waarmee de rechtsbescherming van de burger groter wordt of die de overheid geld kunnen gaan kosten, dan wordt nogal eens op de rem getrapt. Zo kennen wij, anders dan vrijwel alle andere West-Europese landen, nog steeds geen beroep tegen algemeen verbindende voorschriften bij de bestuursrechter[20] en kunnen tal van overheidshandelingen die geen besluiten zijn in de zin van de Awb nog steeds niet aan de bestuursrechter worden voorgelegd. Het ziet er niet naar uit dat dat in het komende decennium anders wordt.

Als er dan een verruiming van de aanspraken van de burger op stapel staat, zoals het geval zal zijn bij de invoering van het onderdeel Nadeelcompensatie (titel 4.5 van de Awb), gaat dat gepaard met andere wetgeving die het effect van de algemene invoering van het recht op nadeelcompensatie voor een deel ongedaan maakt. Dit vraagt om enige toelichting. Als titel 4.5 van de Awb wordt ingevoerd, wordt daarmee bepaald dat iedere burger die onevenredig door overheidshandelen wordt benadeeld, daarvoor een vergoeding kan vragen van het daarvoor verantwoordelijke bestuursorgaan. Tegen de weigering daarvan staat de laagdrempelige bestuursrechtelijke rechtsgang open. Daarmee zal een einde komen aan een al jaren bestaande rechtsongelijkheid waarmee de bestuursrechter regelmatig wordt geconfronteerd: zo moet een winkelier die door wegwerkzaamheden een tijd onbereikbaar is in de ene gemeente naar de civiele rechter als hij een vergoeding wil claimen voor eventuele onevenredige schade, waar zijn collega een dorp verderop in zo'n situatie vanwege het bestaan van een nadeelcompensatieverordening of een beleidsregeling wel naar de bestuursrechter kan. Goed dus dat titel 4.5 daar een eind aan zal maken en dat de bestuursrechtelijke weg dan algemeen bewandeld kan worden. Maar die veralgemenisering van het bestuursrechtelijke recht op nadeelcompensatie wordt ondermijnd, nu in de concept-Invoeringswet wordt bepaald dat de nieuwe algemene regeling in de Awb niet geldt in het omgevingsrecht, het terrein waarop nadeelcompensatie in de vorm van planschade het meest voorkomt![21] En in de nieuwe Omgevingswet wordt, als de huidige plannen doorgaan, dan ook nog eens geregeld dat burgers minder snel planschade kunnen claimen. Zoals het er

---

[20] Hoewel ook daarvoor veelvuldig en beargumenteerd is gepleit, zie bijv. recent de preadviezen voor de VAR in 2017 over *Algemene regels in het bestuursrecht* van W.J.M. Voermans, R.J.B. Schutgens en A.C.M. Meuwesse (VAR-reeks 158), Den Haag: Boom Juridische uitgevers 2017.
[21] Zie vergelijkbaar, maar minder uitgesproken de recente brief van 18 mei 2018 van de voorzitter van de Afdeling bestuursrechtspraak van de Raad van State in het kader van de consultatie over de invoeringswet Nadeelcompensatie.

nu naar uitziet moeten burgers, indien de bestemmingen in hun omgeving wijzigen in het nieuwe Omgevingsplan, voor het indienen van hun claim wachten totdat daarvoor een vergunning wordt verleend. Dat kan jaren later zijn. Dat doet afbreuk aan wat de Awb-wetgever nu juist beoogt: het algemeen maken van het recht op nadeelcompensatie. Dit zal in een aantal gevallen ook tot onrechtvaardige uitkomsten leiden, die dan toch weer via een claim bij de burgerlijke rechter, mogelijk met een beroep op van artikel 1 van het eerste Protocol van het EVRM, moeten worden geredresseerd. Dat staat haaks op de aan de Awb ten grondslag gelegde gedachte van een uniforme en algemeen geldende bestuursrechtelijke regeling van nadeelcompensatie. Dit voorbeeld geeft aan dat aan de basisgedachte van de Awb van een over de hele linie geldende uniforme regeling van de rechtsbescherming nog steeds niet vanzelfsprekend is.

5. Afsluiting

De beschreven ontwikkelingen in de rechtspraak om gezamenlijk de rechtsontwikkeling op terreinen van algemeen bestuursrecht in eenheid verder te helpen zijn positief. De wetgever heeft daaraan zeker mee geholpen, vooral door de hoogste bestuursrechters met ingang van 1 januari 2013 van nieuwe instrumenten te voorzien: de mogelijkheid van het vragen van een conclusie en de instelling van een grote kamer. Zoals bekend heeft dezelfde wetgever het wetsvoorstel, waardoor we van vier naar twee hoogste bestuursrechters zouden gaan, afgeblazen. Daaraan ben ik in deze bijdrage bewust voorbij gegaan, alleen al omdat daaraan al veel nutteloze energie is besteed.[22] Op andere mogelijke institutionele veranderingen ben ik eveneens niet ingegaan.[23] Ook zonder institutionele veranderingen door wetswijziging kunnen rechters heel goed aan rechtseenheid werken, zo is in de afgelopen periode gebleken. Sterker nog: ik ben er in de afgelopen periode van doordrongen geraakt dat het werken aan inhoudelijke rechtseenheid door samenwerking vruchtbaarder is dan energie te steken in institutionele veranderingen, die reorganisaties en dus een hoop ellende met zich brengen.[24]

---

[22] Zoals bekend hebben de Raad voor de Rechtspraak en de vier hoogste rechters regering en parlement gevraagd hen voorlopig wat institutionele veranderingen betreft met rust te laten.
[23] Wat betreft de toekomst van de bestuursrechtelijke conclusie deed ik dat recent wel in mijn bijdrage 'De conclusie voorbij. Hoe nu verder?', *NTB* 2018/26.
[24] Dat sluit goed aan bij A.J.C. de Moor-van Vugt, 'Rechtseenheid als kwaliteitsvraagstuk', in: T. Barhuysen e.a. (red.), *Bestuursrecht harmoniseren: 15 jaar Awb,* Den Haag: Boom Juridische uitgevers 2010, p. 299-31. Zij benadrukte dat rechtseenheid geen institutioneel vraagstuk is, maar een vraagstuk van kwaliteitszorg van alle betrokkenen. Wel zou het wat mij betreft goed zijn om zoveel mogelijk gevolg te geven aan de voorstellen van de andere Commissie rechtseenheid bestuursrecht onder leiding van M. Scheltema in haar advies *Rechtseenheid tussen de Hoge Raad en de Afdeling bestuursrechtspraak van de Raad van State*, Bijlage bij *Kamerstukken II* 2015/16, 34389, 9 en deels opgenomen in *BA*

Waar de hoogste rechters de rechtsontwikkeling samen vorm geven en de stand van de rechtsontwikkeling op een aantal belangrijke onderdelen waarvan voorbeelden werden gegeven, niet meer in de Awb is te vinden, komt de vraag op of de Awb-wetgever in de komende periode aan het werk moet om de ambitie waar te maken dat wie de Awb leest, de stand van ons algemeen bestuursrecht kent. Wat mij betreft zou hij de rechtsontwikkeling in ieder geval een dienst bewijzen door, na alles wat daarover gezegd en geschreven is, ons systeem van bestuursrechtelijke rechtsbescherming aan te passen en uit te bouwen.

2016/212; Kabinet neemt voorstellen Commissie rechtseenheid over/T.C. Borman. Dat advies deed voorstellen voor de situatie dat genoemd wetsvoorstel zou worden ingevoerd, maar die deels ook bruikbaar zijn voor een situatie met vier hoogste bestuursrechters. Met de amicus curiae waarvoor de commissie voorstellen deed, wordt inmiddels al zonder echte wettelijke basis geëxperimenteerd, maar daar zal ook wetgeving voor moeten komen. Zie over het advies van de commissie: R. Ortlep, 'Tussen droom en daad: advies van de Commissie rechtseenheid bestuursrecht', *JBplus* 2016/4 en A.J.C. de Moor-van Vugt, 'Rechtseenheid in het bestuursrecht: een gestrande missie?', *O&A* 2017/4.

Ben Schueler*

7 | Van besluit naar geschil

> @B_Schueler – De exclusieve rol van het besluit lijkt uitgespeeld. Het geschil tussen partijen is centraal komen te staan. Dat gaat wel vaak, maar niet alleen over een besluit. De beoordeling van het geschil wordt steeds meer gericht op de concrete belangen van partijen #besluit #belang #geschilbeslechting

1. Inleiding

De Awb is opgebouwd rond het besluit. Als het besluit eruit zou worden gehaald, zou het bouwwerk instorten. De hoofdstukken 3 en 4 zouden nergens meer over gaan en de hoofdstukken 6, 7 en 8 zouden rechtsbescherming bieden tegen niets. Het besluit is aanknopingspunt voor de bestuursrechtelijke normering, voor de toegang tot de bestuursrechter en voor de rechterlijke toetsing. Het belang dat eraan wordt toegekend is goed beschouwd nog groter dan dat van een aanknopingspunt: rechtmatigheid van besluiten wordt gezien als een waarborg voor rechtmatig bestuur. De verst strekkende consequentie hiervan was vroeger de actio popularis: het beroepsrecht van een ieder om tegen een besluit op te komen. Dat werd gecombineerd met de opdracht aan de rechter om ambtshalve dat besluit te toetsen aan alle toepasselijke normen. Tel daarbij op dat de rechter volgens de memorie van toelichting bij hoofdstuk 8 van de Awb geacht werd ambtshalve op zoek te gaan naar de materiële waarheid omtrent de feiten en het beeld is helder: bijna alle zeilen werden bijgezet om de rechter te laten controleren of besluiten wel rechtmatig waren.

In de bestuursrechtspraak van de eerste vijfentwintig Awb-jaren heeft zich een aantal ontwikkelingen voorgedaan waardoor minder het controleren van besluiten en meer de beslechting van geschillen centraal gaat staan.

2. De centrale positie van het besluit

De normen van de Awb gaan vrijwel steeds over besluiten en voor zover ze over andere handelingen gaan, zijn dat handelingen die zelf op besluiten betrekking hebben, bijvoorbeeld de voorbereiding of bekendmaking ervan. Het besluit is het aanknopingspunt voor de bestuursrechtelijke normering en de rechterlijke toetsing.

Deze centrale en fundamentele positie is te verklaren uit het feit dat het besluit als de publiekrechtelijke rechtshandeling bij uitstek werd beschouwd in de tijd waarin de Awb gemaakt werd. En voor velen is het dat nog steeds en terecht, want op de meeste deelterreinen van het bestuursrecht is het besluit de hande-

---

* Prof. mr. B.J. Schueler is staatsraad in de Afdeling bestuursrechtspraak van de Raad van State en hoogleraar bestuursrecht aan de Universiteit Utrecht.

ling waarmee bestuurlijke intenties worden omgezet in rechtsgevolgen. Voor zover het gaat om de juistheid van rechten en plichten die het bestuur aan burgers adresseert, is het besluit dus een goed moment voor normering en beoordeling. Tot zover is de keuze voor het besluit als centrale handeling in het bestuursrecht goed te verdedigen.

Maar er vloeit ook een belangrijke beperking uit voort. Andere handelingen dan besluiten worden veel minder genormeerd door de Awb en kunnen ook veel moeilijker aan de rechter ter beoordeling worden voorgelegd. Denk aan mededelingen over de vraag of een burger iets wel of niet mag doen, of hij een vergunning nodig heeft, of ergens handhavend tegen opgetreden zal worden, of een benodigde toestemming zal worden verleend, wat de voorwaarden voor verkrijging van een bepaalde status zijn, onder welke voorwaarden iemand aanspraak kan maken op een uitkering enzovoort. Deze handelingen worden door de kern-hoofdstukken van de Awb bijna alleen genormeerd voor zover zij direct verband houden met een besluit.[1] En zij kunnen alleen aan de bestuursrechter worden voorgelegd voor zover zij van belang zijn voor de rechtmatigheid van een besluit.

Hoewel de keuze voor het besluit als aanknopingspunt voor de normering en de rechtsbescherming wel te begrijpen valt, is het niet vanzelfsprekend dat de daaruit voortvloeiende beperking gerechtvaardigd is. Waarom kan ik wel procederen over de intrekking van mijn vergunning, maar niet tegen de dreigbrief waarin staat dat de vergunning zal worden ingetrokken als ik niet binnen een jaar mijn bedrijfsvoering aanpas aan de wensen van het bestuursorgaan? Als ik de brief negeer, wordt mijn vergunning ingetrokken. Daar kan ik dan wel tegen in bezwaar en beroep, maar in de tussentijd zit ik dan wel zonder vergunning. Als de brief niet aan mij gericht had mogen worden, is het moment waarop dat toch gebeurde het moment waarop onrechtmatig bestuur onheil aanricht.

In 2013 is de verzoekschriftprocedure voor vergoeding van schade door (kort gezegd) onrechtmatige besluiten in de Awb opgenomen. Ook de aansprakelijkheid voor schade die wordt veroorzaakt door onrechtmatig handelen is in de Awb opgehangen aan het centrale besluitbegrip. Weliswaar is in artikel 8:88 Awb de mogelijkheid geopend om te procederen over schade ten gevolge van onrechtmatige voorbereidingshandelingen, maar dan moet het wel gaan om handelingen ter voorbereiding van een onrechtmatig besluit. Wat betekent dat in het zojuist gegeven voorbeeld van de dreigbrief? Stel dat mijn vergunning niet wordt ingetrokken omdat het bestuursorgaan ontdekt heeft dat het op het verkeerde spoor zat. Als ik intussen wel mijn bedrijfsvoering heb aangepast, heb ik schade geleden door die dreigbrief, maar daarover kan ik niet bij de bestuursrechter procederen. Ik kan wel een onrechtmatige handeling aanwijzen

---

[1] Hoofdstuk 2 Awb bevat wel algemene normen met een breder toepassingsbereik en hoofdstuk 9 (klachtbehandeling) is ook niet beperkt tot besluiten, maar daar vloeit geen toegang tot de bestuursrechter uit voort.

(de dreigbrief), maar geen onrechtmatig besluit (er is geen besluit genomen).² Dit voorbeeld maakt duidelijk dat ook in de verzoekschriftprocedure voor schadevergoeding bij onrechtmatige daad het besluit centraal staat en wat dit betekent voor de rechtsbescherming. Met schade waar de bestuursrechter niet over mag oordelen, kan ik alleen nog naar de burgerlijke rechter.

Bij wijze van uitzondering heeft de wet op een paar deelterreinen van het bestuursrecht de mogelijkheid geopend om bij de bestuursrechter te procederen over andere handelingen dan besluiten (en de daardoor veroorzaakte schade). Dat ziet men met name in het ambtenarenrecht en het vreemdelingenrecht.

Inmiddels is de vraag gerezen of de verzoekschriftprocedure ook voor andere doelen dan schade kan worden ingezet. Een belangrijke aanleiding daartoe was de verandering van wetgeving in het sociale domein (met name de Wet maatschappelijke ondersteuning WMO 2015). Die heeft tot gevolg dat een verzoek om zorg vaak niet of slechts ten dele wordt beantwoord met een besluit. In de behoefte aan rechtsbescherming kan daarom volgens velen niet zonder meer worden voorzien door de mogelijkheid van beroep tegen besluiten. Daarom wordt gezocht naar andere aanknopingspunten voor toegang tot de rechter op dit deelterrein.³ Dit past in het al langer gevoerde debat over het besluitmodel, waarin door verschillende auteurs is gepleit voor een verruiming van de toegang tot de bestuursrechter, zodat ook andere handelingen dan besluiten kunnen worden aangevochten.⁴ Vaak wordt daarvoor aansluiting gezocht bij de figuur van de bestuursrechtelijke rechtsbetrekking. Hoewel er

---

² Tenzij de bestuursrechter ertoe over zou gaan om artikel 8:88, eerste lid, onder b, van de Awb zo te lezen dat het ook betrekking heeft op onrechtmatige handelingen ter voorbereiding van een onrechtmatig besluit dat nooit is genomen.
³ Daarover o.a. A.T. Marseille, 'Weg van het besluit en het bestuur in het sociaal domein: gevolgen voor de rechtsbescherming', in: R.J.N. Schlössels e.a.(red.), *In het nu ... Over toekomstig bestuursrecht*, Deventer: Wolters Kluwer 2018, p. 45-60; M. Scheltema, 'Uitbesteding van overheidstaken: wegbestemmen van rechtsbescherming', *NTB* 2016/49; H.B. Winter, *Bestuurlijke organisatie en geschilbeslechting in het sociaal domein*, Groningen: Rijksuniversiteit Groningen 2015; E. Klein Egelink & L. Lunenburg, 'Biedt de Wmo 2015 voldoende rechtsbescherming?', *JBplus* 2015/1, p. 42-70; B.J. van Ettekoven, 'Herrie rond de keukentafel? Over Wmo 2015 en maatschappelijk adequate rechtsbescherming', *NTB* 2016/50; B.J. van Ettekoven, A.T. Marseille, 'Afscheid van de klassieke procedure in het bestuursrecht?', in: *Handelingen NJV* 2017-1, p. 139-263.
⁴ Zie o.a. F.J. van Ommeren, P.J. Huisman, G.A. van der Veen en K.J. de Graaf, *Het besluit voorbij* (VAR-reeks 150), Den Haag: Boom Juridische uitgevers 2013; R.J.N. Schlössels, *Het besluitbegrip en de de draad van Ariadne*, Den Haag: Boom Juridische uitgevers 2003 ; VAR-commissie Rechtsbescherming (Commissie-Polak), *De toekomst van de rechtsbescherming tegen de overheid. Van toetsing naar geschilbeslechting*, Den Haag: Boom Juridische uitgevers 2004; J.A.F. Peters, 'In de ban van het besluit', in: R.J.N. Schlössels e.a. (red.), *In het nu... Over toekomstig bestuursrecht*, Deventer: Wolters Kluwer 2018, p. 27-44; Ch. W. Backes, *Suum cuique*, Den Haag: Boom Juridische uitgevers 2009.

goede argumenten zijn om de uitbreiding van de rechtsmacht van de bestuursrechter geleidelijk te laten verlopen,[5] via trial and error, laat deze ontwikkeling in de gedachten over het bestuursrecht wel zien dat de exclusieve rol van het besluit is uitgespeeld. Dat betekent nog niet dat het besluit zijn centrale positie als meest kenmerkende bestuursrechtelijke handeling verliest. Maar duidelijk is wel dat de oude gedachte, dat de bestuursrechter moet volstaan met het toetsen van besluiten, tot het verleden gaat behoren.

3. Rechtmatigheidstoetsing als rechtsstatelijke waarborg maar niet als oplossing van geschillen

In de periode die aan de Awb voorafging werd het als de belangrijkste taak van de bestuursrechter gezien er zoveel mogelijk aan bij te dragen dat besluiten rechtmatig waren.[6] Door de aan hem voorgelegde besluiten te toetsen aan alle toepasselijke normen, kon hij zoveel mogelijk onrechtmatige besluiten uit de weg ruimen. Elk vernietigd onrechtmatig besluit was een winstpunt voor de rechtsstaat. Het was daarom de taak van de rechter besluiten ambtshalve, dus onafhankelijk van wat er in de beroepsgronden tegen werd aangevoerd, te toetsen aan het recht. En om die rechtmatigheidstoetsing te kunnen verrichten, moest hij ook ambtshalve toetsen of het besluit op een juiste feitelijke grondslag was gebaseerd, want een besluit met een gebrekkige feitelijke onderbouwing is in strijd met het recht. Besluiten moesten rechtmatig zijn in alle opzichten, los van wat er door de concreet betrokken partijen tegen aangevoerd werd. De bestuursrechter oordeelde dus niet over standpunten van in een geschil betrokken partijen, maar over de abstractere, boven de partijen uitstijgende vraag of een besluit wel rechtmatig was.

Pas in het Awb-tijdperk begon het besef goed door te dringen dat de enkele waarborg van normconformiteit van besluiten nog geen geschillen oplost. Het oude, objectieve model veronderstelde dat met het ecarteren van onrechtmatige besluiten ook de juridische geschillen tussen burger en bestuur werden opgelost. Maar dat gebeurde maar zeer ten dele, juist als gevolg van het objectieve model.

---

[5] F.J. van Ommeren, 'Incrementeel bestuursrecht: een groeimodel voor de rechtsbetrekking', *NTB* 2018/37; N. Jak, 'Bestuursrechtelijke rechtsbescherming jegens private aanbieders. Het sociaal domein als proeftuin', *NTB* 2018/49; M. Scheltema, *Advies integrale geschilbeslechting in het sociale domein*, www.internetconsultatie.nl/ geschilbeslechtingsociaaldomein; B. Assink & A.M.M.M. Bots, 'Het besluit voorbij, of toch niet?', in: R.J.N. Schlössels e.a. (red.), *In het nu... Over toekomstig bestuursrecht*, Deventer: Wolters Kluwer 2018, p. 61-78.
[6] Deze toenmalige visie op de bestuursrechtspraak is goed geanalyseerd en beschreven in J.B.J.M. ten Berge & A.Q.C. Tak, *Nederlands administratief procesrecht*, Deel 1 en 2, Zwolle: W.E.J. Tjeenk Willink 1983. Zie ook P. Banda, *Administratief procesrecht in vergelijkend perspectief*, Zwolle: W.E.J. Tjeenk Willink 1989.

Als besluiten werden vernietigd om andere redenen dan die waar het de rechtzoekende echt om te doen was, ging de rechterlijke uitspraak aan het geschil voorbij. Want na de vernietiging kon het voor de rechtzoekende onbelangrijke gebrek in een nieuw besluit door het bestuursorgaan worden hersteld, waarna de rechtzoekende voor een antwoord op zijn eigen vraag opnieuw in beroep moest gaan bij de rechter. In zulke gevallen stond de traditionele rechtsstatelijke waarborg (absoluut rechtmatige besluiten) de geschilbeslechting in de weg. Theoretisch zag de oude waarborg er mooi uit: als de rechter het besluit aan *alle* toepasselijke rechtsnormen heeft getoetst en goed bevonden, is er geen ruimte meer voor een juridisch geschil over de rechtmatigheid van het besluit. Maar praktisch werkte het niet omdat de ambitie alle aangevochten besluiten aan alle toepasselijke rechtsnormen te toetsen niet kon worden waargemaakt.[7] Dat is op grote delen van het bestuursrecht ook onmogelijk, alleen al omdat de toepasselijke normen daarvoor te talrijk, vaak te complex, deels te vaag en te onoverzichtelijk zijn. Daarom is het begrijpelijk dat vanaf 1994 de bestuursrechters zich gingen beperken tot een beoordeling van waar het in de aangevoerde beroepsgronden om gaat. Voor die beperking van de omvang van het geding, die al snel uitmondde in een verbod om ultra petitum te gaan, werd een aanknopingspunt gevonden in artikel 8:69, eerste lid, van de Awb.

Er was nog een andere oorzaak waardoor de geschilbeslechting in de tijd waarin de Awb werd ingevoerd niet goed werkte. Het procesrecht van de Awb is gebaseerd op het stelsel van vernietigen en opnieuw voorzien. Dat houdt in dat de rechter een besluit, als dat een rechtmatigheidsgebrek bevat, vernietigt, waarna het bestuursorgaan het gebrek herstelt zodat een rechtmatig besluit het resultaat is. Maar er is een reeks van factoren die maken dat dit stelsel niet goed werkt als instrument van geschilbeslechting. Die hebben onder meer te maken met het feit dat het nieuwe besluit vaak wordt genomen onder invloed van andere feitelijke en normatieve omstandigheden dan waar het rechterlijk oordeel van uitging. Maar er is meer.

In veel uitspraken van de bestuursrechter wordt een besluit vernietigd wegens strijd met een beginsel van behoorlijk bestuur (of een codificatie daarvan in de Awb). Uit zo'n vernietiging kun je wel afleiden wat er is misgegaan, maar vaak niet wat er precies moet gebeuren om het goed te doen. Deze beginselen zijn daarvoor niet alleen te onbepaald van inhoud, zij zijn ook grotendeels

---

[7] B. J. Schueler, 'Tussen te veel en te weinig. Subjectivering en finaliteit in de bestuursrechtspraak', in: B.J. Schueler, B.J. van Ettekoven, J. Hoekstra, *Rechtsbescherming in het omgevingsrecht* (Publicatie van de Vereniging voor Bouwrecht nr. 37), Den Haag: IBR 2009. Kritisch over deze subjectivering was J. Jans, *Doorgeschoten? Enkele opmerkingen over de gevolgen van de Europeanisering van het bestuursrecht voor de grondslagen van de bestuursrechtspraak*, Groningen: ELP 2005 en (in combinatie met de vermindering van het bestuurlijk toezicht) ook S. E. Zijlstra, 'Rechtsbescherming en de kwaliteit van het overheidsbestuur', in: F.J. van Ommeren e.a. (red.), *De rechtsstaat als toetsingskader*, Den Haag: Boom Juridische uitgevers 2003, p. 269-282.

evaluatief van aard.⁸ Voor veel wettelijke normen geldt hetzelfde. Daarom hangt over het na een vernietiging genomen nieuwe besluit al snel een nieuwe waas van juridische twijfel: is dit nu wel rechtmatig?

Een andere factor is dat het voor de rechter lang niet altijd mogelijk is alle juridische vragen te beantwoorden die rijzen rond een besluit. Dat komt niet alleen door de zojuist al genoemde praktische problemen van de omvang en complexiteit van het recht, maar vooral ook door het meer principiële gegeven dat veel juridische vragen pas kunnen worden beantwoord nadat andere, prealabele vragen zijn beantwoord. En een bestuursrechter kan – als gevolg van de machtenscheiding tussen hem en het bestuur – lang niet alle vragen zelf beantwoorden. Als een vergunning is verleend in strijd met het bestemmingsplan, betekent dat nog niet dat de vergunning moet worden geweigerd, want er kan misschien een besluit tot afwijking van het bestemmingsplan worden genomen. Daarvoor geldt vaak een andere procedure, waar ook andere bestuursorganen bij betrokken kunnen zijn. Uiteraard mag de bestuursrechter niet zelf op eigen gezag beslissen dat van het bestemmingsplan mag worden afgeweken, want daar staat de beleidsvrijheid van het bestuur aan in de weg. In zo'n geval kan de rechter dus geen uitspraak doen die klip en klaar duidelijk maakt wat er moet gebeuren om een rechtmatig besluit als resultaat te krijgen.

Meer in het algemeen kan uit de afgelopen tweeënveertig jaren AROB en Awb de conclusie worden getrokken dat de toetsing van rechtmatigheid van besluiten een wezenlijk andere activiteit is dan het beslechten van juridische geschillen. Met een oordeel dat een besluit niet mocht worden genomen is nog niet gezegd welk besluit wel mag worden genomen. Anders gezegd: achterom kijken is iets anders dan vooruit kijken. En omdat er maar weinig geschillen zijn waarin partijen uitsluitend achterom kijken, was het stelsel van vernietigen en opnieuw voorzien gebrekkig.

In de loop van de eerste twintig Awb-jaren werd duidelijk dat er iets moest gebeuren. In de literatuur werden methoden bedacht om het geschilbeslechtend vermogen van de bestuursrechter te vergroten.⁹ Aanvankelijk los daarvan werd in politiek-bestuurlijke kring geklaagd over ineffectiviteit van de bestuursrechtspraak, onder meer in het rapport *Bestuur in geding* van de Commissie-Van Kemenade uit 1997. In dat rapport viel voor het eerst de term bestuurlijke lus voor de al eerder bedachte processuele constructie waarin de bestuursrechter de zaak bij tussenuitspraak terugleidt naar het bestuursorgaan opdat dit de door de rechter geconstateerde fout in het besluit herstelt alvorens de rechter eind-

---

⁸ Taco Groenewegen, *Wetsinterpretatie en rechtsvorming*, Den Haag: Boom Juridische uitgevers 2006.
⁹ Deze literatuur is te omvangrijk om hier volledig te vermelden. In het Awb-evaluatierapport *Definitieve geschilbeslechting door de bestuursrechter* (Den Haag: Boom Juridische uitgevers 2006) van B.J. Schueler, J.K. Drewes, F.T. Groenewegen, W.G.A. Hazewindus, A.P. Klap, V.M.Y. van 't Lam, B.K. Olivier en E.M. Vogelezang-Stoute is de literatuur en de rechtsontwikkeling naar definitieve geschilbeslechting beschreven.

uitspraak doet. In 2010 is dit instrument aan de Awb toegevoegd. De eerste voorstellen voor deze procedurele verandering waren mede bedoeld om de rechtsbescherming van de burger tegen de overheid te verbeteren,[10] maar in de politiek kwam de nadruk meer te liggen op het versnellen van projecten die de overheid graag gerealiseerd ziet worden. De regeling van de bestuurlijke lus in de Awb draagt hiervan de sporen. Zij is geheel opgezet als een manier om het bestuursorgaan de gelegenheid te geven zijn fout te herstellen. De verdenking van 'bestuurtje helpen' kleeft daardoor aan het instrument.[11] Maar als het goed gebruikt wordt, kan dit instrument net zo goed resulteren in einduitspraken waarin de bestuursrechter een voor de burger gunstige uitkomst neerlegt en het bestuursorgaan bakzeil haalt. Daarvoor is nodig dat de rechter het instrument niet alleen gebruikt om gemakkelijk te herstellen gebreken in een besluit te herstellen, maar ook om het bestuur aan te zetten tot een nodige koerswijziging.[12]

4. Een door partijen begrensd geding

Om een geschil goed te kunnen beslechten is een toespitsing op waar het partijen om gaat noodzakelijk. Dat is moeilijk in een geding dat alle kanten op waaiert omdat alles even belangrijk is. Meteen in de eerste jaren na de invoering van de Awb werd het geding door de bestuursrechters beperkt met een beroep op artikel 8:69, eerste lid, van de Awb. Deze bepaling heeft een cruciale betekenis gekregen voor de taak van de bestuursrechter. Geïnspireerd door de memorie van toelichting bij deze bepalingen maakten de bestuursrechters binnen een paar jaar duidelijk dat zij alleen uitspraak doen over de door de indiener van het beroepschrift tegen het besluit aangevoerde gronden. Niet langer werden besluiten getoetst aan rechtsnormen die, hoewel zij wel van toepassing waren op het besluit, geen betrekking hadden op wat de indiener ertegen aanvoerde. Dit was het einde van de ambtshalve toetsing van besluiten aan alle toepasselijke rechtsnormen. Zoals De Jong heeft beschreven, vloeide deze beperking niet voort uit artikel 8:69 zelf, en eigenlijk ook niet helemaal uit de memorie van toelichting. In de bepaling zelf staat niet meer dan dat de bestuursrechter zijn uitspraak moet baseren op wat er in de procedure schriftelijk

---

[10] Zie B.J. Schueler, *Vernietigen en opnieuw voorzien. Over het vernietigen van besluiten en beslechten van geschillen*, Zwolle: W.E.J. Tjeenk Willink 1994; J.E.M. Polak, *Effectieve bestuursrechtspraak. Enkele beschouwingen over het vermogen van de bestuursrechter geschillen materieel te beslechten*, Deventer: Kluwer 2000; B.J. van Ettekoven, 'Alternatieven van de bestuursrechter', in: *Alternatieven van en voor de bestuursrechter* (VAR-reeks 126), Den Haag: Boom Juridische uitgevers 2001.
[11] Backes, Ch.W., Hardy, E.M.J., Jansen, A.M.L., Polleunis, S., Timmers, R., Poortinga, M.A., Versluis, E., *Evaluatie bestuurlijke lus en internationale rechtsvergelijking*, te vinden op www.wodc.nl/onderzoeksdatabase (2013/2014).
[12] Vgl. A.T. Marseille, *Voor- en nazorg door de bestuursrechter*, Tilburg: Tilburg University 2012.

en mondeling naar voren is gekomen. En de memorie van toelichting voegde daaraan toe dat de primaire taak van de bestuursrechter werd gezocht in het bieden van rechtsbescherming. Van de rechterlijke taak van objectieve rechtmatigheidscontrole werd afstand genomen, maar niet op zo'n manier dat de bestuursrechter een toetsingsverbod zou moeten worden opgelegd om ambtshalve rechtmatigheidsgebreken in besluiten te signaleren en op die grond te vernietigen.[13] Dat deze beperking van het geding zich zo gemakkelijk kon voltrekken, is niet te verklaren uit de daarbij uitgesproken wens om 'de rechtsbescherming tot primaire functie van de bestuursrechtspraak' te verheffen. Rechtsbescherming kan immers ook zonder zo'n toetsingsverbod worden geboden, soms zelfs beter.[14] De wens om geschillen te kunnen toespitsen op waar het partijen om gaat, lijkt meer te zijn voortgekomen uit een streven naar praktische uitvoerbaarheid van de rechterlijke toetsing.

5. Het belang centraal

De verst strekkende consequentie van het objectieve toetsingsmodel van vóór de Awb was de *actio popularis*: het beroepsrecht van een ieder om tegen een besluit op te komen. Op belangrijke onderdelen van het bestuursrecht (met name bij bestemmingsplannen en milieuvergunningen) was dat de situatie toen de Awb in werking trad. Deze volksactie werd niet geregeld in de Awb maar in de bijzondere wetten (WRO, Wet milieubeheer). Toen de Awb al in werking was getreden, kwam deze ruime toegang tot de rechter ter discussie te staan.[15] Politici zagen er een oorzaak van stroperige en overbodige procedures in. Daarbij werd de Awb, waarin de beroepsmogelijkheid was beperkt tot belanghebbenden, als een argument gebruikt om de volksactie overal af te schaffen. Dat deed de wetgever in 2005. Dit is een voorbeeld van een situatie waarin de Awb gebruikt wordt als argument om de toegang tot de rechter in te perken onder het motto 'dat is het systeem van de Awb'. Dat zag men ook gebeuren in de discussies in het kader van de nieuwe Omgevingswet, toen een argument werd gezocht om geen beroep te hoeven openstellen tegen algemene regels. Dat was geen sterk argument want aan de Awb lag in 1994 juist de bedoeling ten grondslag zo'n beroepsmogelijkheid wel te gaan bieden in 1999 (maar dat

---

[13] K.A.W.M. de Jong, *Snel, eenvoudig en onkostbaar. Over continuïteit en verandering in de aard en de inrichting van het bestuursprocesrecht in de periode 1815 tot 2015*, Den Haag: Boom Juridische uitgevers 2015 (hoofdstuk 7).
[14] B.W.N. de Waard, *Voortgaande heroverweging van uitgangspunten van bestuursprocesrecht*, Deventer: Wolters Kluwer 2015.
[15] Zie P.J.J. van Buuren, 'Zin en onzin over de actio popularis', in: B.P.M. van Ravels & M.A. van Voorst van Beest (red.), *Natuurlijk van belang. Opstellen aangeboden aan prof. mr. P.C.E. van Wijmen*, Deventer: Kluwer 2003, p. 161-170.

ging niet door).[16] Wat de beperking tot belanghebbenden betreft is 'het systeem van de Awb' een sterker argument, want die beperking ligt besloten in de kernbepalingen van de Awb.

Wel was de vraag gerechtvaardigd of de keuze voor deze beperking consequent is doorgetrokken.[17] Als alleen belanghebbenden appellant kunnen zijn, waarom zou dan de rechter een besluit vernietigen om redenen die niets met de belangen van de appellant te maken hebben? Zo kwam het relativiteitsvereiste in beeld, dat uiteindelijk in 2013 belandde in artikel 8:69a van de Awb.

Relativiteit creëert een bestuursprocesrecht waarin de rechtzoekende bij de rechter alleen nog op zijn eigen, persoonlijke belang een beroep kan doen. Als zodanig wordt aangemerkt het belang waaraan hij zijn beroepsrecht ontleent. Hij kan zich dus beroepen op belangen waaraan hij de status van belanghebbende ontleent.[18] Daarnaast stelt relativiteit de eis dat de geschonden norm strekt tot bescherming van zijn belang. Bovendien is voor vernietiging van een besluit nodig dat de appellant feitelijk wordt benadeeld in dit belang. Vroeger was het voor een vernietiging van het bestreden besluit niet nodig dat kwam vast te staan dat de appellant feitelijk in zijn belang was benadeeld. Hij was belanghebbende indien hij enig belang had dat bij het besluit was *betrokken* en het besluit werd vernietigd in geval van een *normschending* (dat is iets anders dan een benadeling). Maar aan de hand van het relativiteitsvereiste is nu een benadeling van de appellant een voorwaarde voor vernietiging van het besluit. Zo ontstaat een bestuursrecht waarin de rechter oordeelt in concrete belangenconflicten tussen individuen en niet over de geabstraheerde normconformiteit van besluiten.[19]

6. Bewijsrecht in een partijengeding

In het bestuursprocesrecht werd ten tijde van de invoering van de Awb uitgegaan van de zogenaamde 'vrij-bewijsleer'. Daarin komt de rechter grote vrijheid toe, zodat hij zelf achter de materiële waarheid omtrent de feiten kan komen, zonder dat hij daarin wordt beperkt door regels over de bewijsomvang,

---

[16] Daarover B.J. Schueler, 'Toegang tot de rechter in het omgevingsrecht', in: Ch.W. Backes e.a., *Naar een nieuw omgevingsrecht* (preadviezen voor de Vereniging voor Bouwrecht nr. 40), Den Haag: IBR 2012, p. 143-162.

[17] M. Schreuder-Vlasblom, 'Tweepolig procesrecht: over de invulling van rechtsgronden en feiten in het geding volgens het procesrecht van de Awb', in: T. Barkhuysen e.a. (red.), *Bestuursrecht harmoniseren: 15 jaar Awb*, Den Haag: Boom Juridische uitgevers 2010, p. 411-430; over de discussie o.a.: J.C.A. de Poorter, G.T.J.M. Jurgens, H.J.M. Besselink, *De toegang tot de rechter beperkt* (VAR-reeks 144), Den Haag: Boom Juridische uitgevers 2010.

[18] B.J. Schueler, 'Waarheen leidt de weg van de relativiteit?', in: M. Bosma e.a. (red.), *De conclusie voorbij*, Nijmegen: Ars Aequi Libri 2017.

[19] L. van den Berge, *Bestuursrecht tussen autonomie en verhouding. Naar een relationeel bestuursrecht*, Den Haag: Boom Juridische uitgevers 2016.

bewijslast of bewijswaardering. In de memorie van toelichting bij hoofdstuk 8 van de Awb werd de *materiële waarheidsvinding* genoemd als een van de vier karakteristieken van het bestuursprocesrecht. Dit paste goed in het toenmalige model van objectieve rechtmatigheidscontrole. Het paste ook goed in het bij de Awb in 1994 naar voren geschoven rechtsbeschermingsdoel. Van de burger kan niet worden verlangd dat hij bewijsregels kent en kan toepassen. Daarom zocht de rechter zelf naar de materiële waarheid, zodat optimale rechtsbescherming kon worden geboden. Naar mate men meer de nadruk legde op ongelijkheidscompensatie was er voor de rechter meer reden om bij het zoeken naar de materiële waarheid de burger te helpen.[20]

Hoe anders is de Awb uitgepakt. De door de wet geboden vrijheid in de omgang met bewijs en feiten heeft vooral als effect gehad dat de rechter de feitenvaststelling zoveel mogelijk tot een verantwoordelijkheid van partijen heeft gemaakt.[21] De rechter heeft de vrijheid gekregen om de feiten zelf te onderzoeken, maar ook om dat niet te doen en te volstaan met een beoordeling van de door partijen naar voren gebrachte stellingen en overgelegde bewijsmiddelen.[22] De onderzoeksplicht van het bestuursorgaan (artikel 3:2 Awb en de informatieplichten van burgerpartijen (met name artikel 4:2 Awb) zijn opgevat als kapstokken voor een bewijslastverdeling tussen partijen.[23] In de bestuurlijke fase is er dus al een taakverdeling en die vormde voor de bestuursrechter het uitgangspunt bij de verdeling van bewijsvoering en bewijslast over partijen. Zo is het bestuursproces omgebouwd tot een partijenproces waarin de verantwoordelijkheid van partijen centraal staat en niet de onderzoeksplicht van de rechter.

---

[20] N. Verheij, 'Een klantvriendelijke rechter?' in: J.B.J.M. ten Berge e.a. (red.), *Nieuw bestuursprocesrecht*, Deventer: Kluwer 1992, p. 131-149; R.J.N. Schlössels, 'Ongelijkheidscompensatie in het bestuursproces. Mythe of vergeten rechtsbeginsel', in: P.P.T. Bovend'Eert, L.E. de Groot-van Leeuwen, Th.J.M. Mertens (red.), *De rechter bewaakt. Over toezicht en rechters*, Deventer: Kluwer 2003.
[21] T. Barkhuysen, L.J.A. Damen, K.J. de Graaf, A.T. Marseille, W. den Ouden, Y.E. Schuurmans, A. Tollenaar, *Feitenvaststelling in beroep. Derde evaluatie van de Awb 2006*, Den Haag: Boom Juridische uitgevers 2007; A.T. Marseille, 'De bestuursrechter en diens vrijheid: van actief naar lijdelijk (en weer terug?)', *Trema* 2007, nr. 10, p. 423-431; R.H. de Bock, 'Waarheidsvinding in het bestuursrecht', in: *Het procesrecht en de waarheidsvinding* (NVvP-reeks 13), Den Haag: BJu 2001, p. 33-46; B.W.N. de Waard, 'Het verdwenen beginsel. Over feitenvaststelling in het bestuursrecht', in: A.W. Heringa e.a. (red.), *Het bestuursrecht beschermd*, Den Haag: Sdu 2006, p. 113-124.
[22] R.J.N. Schlössels, 'Een vrije en kenbare bewijsleer?', en Y.E. Schuurmans, 'De eigen aard van het bestuursrechtelijk bewijsrecht', beide in: *Bestuursrechtelijk bewijsrecht: wetgever of rechter?* (VAR-reeks 142), Den Haag: Boom Juridische uitgevers 2009.
[23] Y.E. Schuurmans, *Bewijslastverdeling in het bestuursrecht*, Deventer: Kluwer 2005; E.J. Daalder en M. Schreuder-Vlasblom, 'Balanceren boven nul. De vaststelling van feiten in het bestuursprocesrecht,' *NTB* 2000, afl. 7, p. 214-221; VAR-Commissie Rechtsbescherming 2004, p. 110; R.J.G.M. Widdershoven e.a., *Hoger beroep*, Den Haag: Boom Juridische uitgevers 2001, p. 69 e.v.

Deze ontwikkeling heeft ertoe geleid dat de rechter zich niet gehouden acht om zelf de materiële waarheid te achterhalen door gebruik te maken van zijn onderzoeksbevoegdheden. Maar de rechter acht zich ook niet gehouden om de verdeling van bewijslast en de bewijsomvang aan partijen tevoren duidelijk te maken in een tussenbeslissing of anderszins. Partijen moeten zelf op de een of andere manier, zonder houvast in de wet, zien te ontdekken welke feitelijke stellingen zij met bewijs moeten schragen.

Het is de vraag of het wenselijk is om een uitgewerkt systeem van bewijsregels in de wet op te nemen dat gemakkelijk ontaardt in een abstract en complex geheel. Dat past niet bij de laagdrempelige toegang die de bestuursrechtspraak wil bieden: ook een leek moet een bestuursrechtelijke procedure kunnen voeren. Veel belangrijker dan het opnemen van materiële regels over bewijs is het garanderen dat partijen tijdens de procedures van besluitvorming, bezwaar en beroep duidelijkheid wordt verschaft over hun verantwoordelijkheid voor het verstrekken van gegevens en het leveren van bewijs. In de afgelopen circa tien jaren is er op grote schaal gewerkt aan een verbetering in deze richting. Met name de rechtbanken hebben daar een rol in gespeeld onder de vlag van de 'nieuwe zaaksbehandeling'.[24]

7. Tot slot

De beschreven ontwikkelingen leiden ertoe dat het bestuursprocesrecht een gedaantewisseling ondergaat van objectieve controle op de rechtmatigheid van besluiten naar een partijenproces waarin de belangen van partijen centraal staan. Maar de ontwikkeling van besluit naar geschil is nog in volle gang.

Het lijkt goed mogelijk dat de procedure bij de bestuursrechter ook open zal staan voor geschillen over andere handelingen dan besluiten. De verzoekschriftprocedure komt dan meer in beeld. Ik verwacht niet dat die procedure wijd opengezet zal worden voor een onbepaalde grote groep overheidshandelingen. De gevolgen daarvan zouden met wat wij nu weten en kunnen niet te overzien zijn. Maar gedoseerde uitbreidingen zijn wel mogelijk en wellicht zelfs onvermijdelijk. De discussie over rechtsbescherming onder de Wmo 2015 laat dat zien. Men kan ook denken aan de gevolgen van de Omgevingswet, die volgens voorspellingen in 2021 in werking treedt. Daarin wordt meer dan in het huidige omgevingsrecht gebruik gemaakt van algemene regels met vage, open normen en veel afwegingsruimte in plaats van beschikkingen met concreet vastgestelde rechten en plichten. Dat zal ongetwijfeld de wens oproepen om van de

---

[24] Zie onder veel anderen: D.A. Verburg & Y. Schuurmans, 'Bestuursrechtelijk bewijsrecht in de jaren '10: opklaringen in het hele land', *JBplus* 2012/5, p. 117-139; K.A.W.M. de Jong, 'Geen sfinx te zien. Een onderzoek naar de zaaksbehandeling bij de Amsterdamse bestuursrechter', *NTB* 2018/16; A.T. Marseille, *Comparitie en regie in de bestuursrechtspraak*, Groningen: Rijksuniversiteit Groningen 2010 en Van Ettekoven & Marseille 2018, p. 194 e.v.

bestuursrechter declaratoire uitspraken te kunnen vragen over uitleg en toepassing van algemene normen in het concrete geval. Een 'waar-ben-ik-aan-toe' geschil. De tijd waarin de bestuursrechter alleen over een vernietigingsberoep tegen een besluit oordeelde, zal naar verwachting langzaam naar de geschiedenis verdwijnen. Dat wil niet zeggen dat het beroep tegen besluiten verdwijnt. Het verliest alleen zijn exclusieve status.

De verandering naar een partijenproces, als gevolg van de toespitsing op aangevoerde beroepsgronden, relativiteit en bewijsrecht, heeft voordelen voor juridische geschilbeslechting. Het geding kan zich meer toespitsen op waar het partijen om gaat en ook de finaliteit wordt bevorderd. Er zitten ook risico's aan. Onlangs werd er op gewezen dat 'de setting voor hoor en wederhoor en stellen en betwisten' escalerend kan werken waardoor een geschil kan polariseren.[25] Met een contradictoir partijenproces staat weliswaar het geschil meer centraal, maar dat wil nog niet zeggen dat het de beste manier is om dat geschil op te lossen. Wellicht komt in de toekomst de de-escalerende bestuursrechter.

---

[25] D. Allewijn, *Tussen recht en vrede. Mediation in de responsieve rechtsstaat*, Den Haag: Sdu 2018; eerder dez. *Tussen partijen is in geschil ...*, Den Haag: Sdu 2011. Zie ook Jacques de Waart, 'Er ligt een aanvullende, de-escalerende rol voor de rechter', *NJB* 2018/1298.

Peter van Lochem[*]

8 | Codificatie en andere doelstellingen
Over de houdbaarheid van de Awb

@P_vanLochem – Door drie ontwikkelingen is de vraag of de Awb nog lang houdbaar is actueel: de toenemende betekenis van privaat en hybride bestuur, nieuwe vormen van overheidssturing (en regulering) en de ontwikkeling van het EU-bestuursrecht. Het perspectief is een Europees wetboek bestuursrecht *#Awb#houdbaarheid#Ewb*

1. Codificaties: eervol en feestelijk

Aan codificaties is steeds grote betekenis toegekend. Ze strekken de makers ervan tot eer. Aanvankelijk kwam die eer vooral toe aan de machthebber, wiens naam dan aan de codificatie verbonden werd. De Codex Justinianus is daarvan een voorbeeld, evenals de Code Napoleon die wel wordt beschouwd als zijn waardige opvolger.[1] Napoleon meende zelfs dat zijn rol bij de totstandkoming van het wetboek langer in het collectieve geheugen gegrift zou blijven, dan al zijn veldslagen bij elkaar.[2] Codificaties zouden ook aanleiding tot feestelijkheden moeten zijn, meende de Amsterdamse hoogleraar Van Hamel, toen driekwart eeuw na het begin van ons koninkrijk eindelijk een eigen Wetboek van Strafrecht in werking trad. Hij had zich kunnen voorstellen dat op 1 september 1886 bij de gerechten en de universiteiten de vlaggen zouden uithangen en het feestgedruis zou losbarsten, maar het bleef goeddeels bij de bloemen die de juristenvereniging had gelegd op de graven van de gestorven leden van de staatscommissie.[3]

De codificatie van ons bestuursrecht in de Awb is zowel eervol[4] als feestelijk. Geen lustrum wordt overgeslagen, zo blijkt ook uit dit boek. Het onder-

---

[*] Mr. dr. P. van Lochem is Associate senior onderzoeker bij Crisislab en fellow van het Meijers Instituut van de Universiteit Leiden. Eerder was hij rector en directeur van de Academie voor Wetgeving en de Academie voor Overheidsjuristen.
[1] Zie in die termen: J.P. Fockema Andreae, *De visie van groote wetgevers*, Alphen aan den Rijn: Samsom 1945, p. 14. Niet alleen keizers, ook ministers en juristen maakten naam door codificatie. Voorbeelden in ons land zijn Van Hogendorp (Grondwet), Thorbecke (Grondwet en organieke wetten), Modderman (Wetboek van Strafrecht) en Meijers (Nieuw Burgerlijke Wetboek). Scheltema is als bewindspersoon (staatssecretaris) en als jurist verbonden aan de totstandkoming van de Awb.
[2] Zie J. Presser, *Napoleon. Historie en legende*, Amsterdam/Brussel: Elsevier 1978.
[3] G.A. van Hamel, 'Toespraak bij de invoering van het Wetboek van Strafrecht op 1 September 1886', in: G.A. van Hamel, *Verspreide opstellen, Deel I*, Leiden: Brill 1912, p. 335-351.
[4] Een voorbeeld daarvan is het eredoctoraat dat de Universiteit Leiden verleende aan regeringscommissaris Scheltema.

werp 'Codificatie en andere doelstellingen' geeft echter ook aanleiding tot de vraag of er voldoende aanleiding is om een 'lang leve de Awb' uit te roepen. Zijn de doelen wel bereikt en kunnen we rekenen op een lang leven?

2. Het bereiken van de Awb-doelstellingen

De doelen waarover regering en Kamer het eens waren – blijkens de memorie van toelichting[5] en de motie waarin de Kamer vraagt om voortvarendheid met deze wetgeving – zijn algemeen en evident. De Awb zou moeten bijdragen aan de rechtseenheid en aan systematisering en vereenvoudiging, naast het codificeren van jurisprudentie en het regelen van algemene voorzieningen. De omvangrijke bijzondere wetgeving waarin van de Awb mag worden afgeweken, heeft vanzelfsprekend vragen opgeroepen of die bijdrage toch nog wel zo substantieel is dat het de moeite loont. Een relevante afweging, maar wel een afweging die – bij gebrek aan een gedeeld criterium – niet definitief kan worden gemaakt.[6]

Een tweede vraagteken bij de betekenis van de Awb-doelstellingen betreft de bewuste vaagheid ervan. Allereerst bestond bij de ambtelijke makers van de Awb de uitdrukkelijke behoefte om de doelstellingen impliciet te houden. Dat hield niet zozeer verband met hun politiek neutrale positie, maar vooral ook met hun streven om niet meer tegenstand op te roepen dan er interdepartementaal al was. Aan menig departement meende men dat de beoogde algemene regels van bestuursrecht minder toepasselijk zouden zijn op het eigen, specifieke beleidsterrein.[7] Om onwillige ministeries mee te krijgen, helpt het niet al te ambitieuze doelen te formuleren.

---

[5] Zie voor de doelstellingen het regeringsontwerp en de reactie van de Raad van State daarop: https://pgawb.nl/pg-awb-digitaal/eerste-tranche-awb/i-doelstellingen/. In de motie Korte-van Hemel, waarin de Kamer aan de regering vroeg om spoed te betrachten met de in (het huidige) art. 107, tweede lid van de Grondwet voorgeschreven codificatie van algemene regels van administratief recht, werd gesproken over een behoefte aan 'rechtsgelijkheid en rechtszekerheid (…) en een goede bestuurspraktijk in het algemeen'. Zie *Kamerstukken II* 1979/80, 15046, 11.

[6] De vraag bij hoeveel afwijkingen van de Awb in bijzondere wetgeving de doelstellingen van rechtseenheid, systematisering en vereenvoudiging niet meer worden gehaald, is niet te bepalen aan de hand van het aantal afwijkingen, ook al is het evident dat het halen van deze doelstellingen vermindert, naarmate er meer afwijkingen zijn. Zo wordt bijv. in de Algemene wet inzake rijksbelastingen (Awr) 37 keer verwezen naar de Awb, waarvan 25 afwijkingen. In de Omgevingswet wordt 42 maal verwezen naar de Awb, waarvan 15 afwijkingen.

[7] Zie hierover T.C. Borman, 'Van Warb tot Awb: de invloed van de commissie-Scheltema op de Awb', in: T. Barkhuysen e.a. (red.), *Bestuursrecht harmoniseren: 15 jaar Awb*, Den Haag: Boom Juridische uitgevers 2010, p. 23-40. Naast wetgeving op fiscaal terrein is ook de 'ongemakkelijke relatie' tussen de onderwijswetgeving en de Awb herhaaldelijk aan de orde gesteld. Zie bijv. J.A. de Boer e.a., 'De onderwijswetgeving en de Awb: een ongemakkelijke relatie die aan vernieuwing toe is', *NTB* 2014/15, p. 114-123.

Er waren ook politiek-strategische argumenten die het expliciteren van doelstellingen temperden. Was de Awb vooral een middel om het besturen te bevorderen – onder meer door bevoegdheden te legitimeren – of ging het in de eerste plaats om rechtsbescherming tegen het bestuur? Vanaf de eerste Awb-jaren verzetten bestuurders zich tegen teveel nadruk op de rechtsbescherming van burgers tegen de overheid. Daardoor zou effectief besturen onmogelijk worden, zo redeneerden ook de opstellers van 'Bestuur in geding'.[8] Anderen drongen daarentegen juist aan op een expliciter burgerperspectief.[9] Voor de wetgever alle reden om niet duidelijk partij te kiezen. Ook bij latere wetgeving die aan een aantal rechtsbeschermende (algemene) bepalingen een einde maakt, blijft de doelstelling onduidelijk. Gaat het om de economische noodzaak, om de stroomlijning van de besluitvorming of om de (bestuurlijke) hinderlijkheid van rechtsbescherming?[10]

Een duidelijke relativering van de betekenis van Awb-doelstellingen is gegeven in het kader van de evaluatie van de Awb. Voor toetsing van de Awb-werkelijkheid aan de oorspronkelijke doelstellingen van de wetgever was opvallend weinig gehoor. Die doelstellingen deden er minder toe, zo oordeelden de commissies Boukema (tweede evaluatie) en Ilsink (derde). Voor hen waren de actuele behoeften de belangrijkste toetssteen om een oordeel over het functioneren van de Awb uit te spreken. Daarbij toonden de beide commissies zich weinig ambitieus waar het de invalshoek van de burger betreft.[11]

Voor een beoordeling van de Awb-effecten zijn de door de wetgever – regering, parlement en ambtelijke makers – aangegeven doelstellingen niet geschikt en overigens in het kader van opeenvolgende evaluaties niet gebruikt. De doelstellingen zijn diffuus – om tal van redenen ook bewust diffuus gelaten – en moeilijk meetbaar.[12] Dat geeft ook ruimte voor zeer uiteenlopende kritiek die dan ook moeilijk te weerleggen is, zoals de constatering dat er sprake is van een

---

Voor een pleidooi voor dit eigenstandige karakter van de onderwijswetgeving: B.P. Vermeulen en P.J.J. Zoontjens, *Het 'algemene' bestuursrecht en het 'bijzondere' onderwijsrecht* (VAR-reeks 124), Den Haag: Boom Juridische uitgevers 2000.

[8] Zie *Kamerstukken II*, 1998/99, 26360, I.

[9] Vooral Tak en Damen hebben dat gedaan in een veelheid van publicaties.

[10] Denk aan de Crisis- en herstelwet, de bestuurlijke lus (en niet de 'burgerlus'), de relativiteitseis en de mogelijkheid voor de rechter om gebreken te passeren. Zie voor de wijziging van Awb-doelen in de loop der tijd: Jaap Polak, 'De ontwikkeling van het algemeen bestuursrecht van 1900 tot heden. Welke kansen zijn er nu?', in: M.N. Boeve en R. Uylenburg (red.), *Kansen in het Omgevingsrecht*, Amsterdam: Europa Law Publishing 2010, p. 371-383.

[11] Zie hierover Daalder e.a. in de bijzondere uitgave van het *NTB* 2007/23.

[12] Zie in deze zin ook de conclusie van Damen 'dat het beoogde doel en de effecten van de Awb diffuus en moeilijk meetbaar zijn.' Zie L.J.A. Damen, 'De 'huidige behoeften': waar blijven de ervaringen en behoeften van de burger?', *NTB* 2007/23.

juridisering die het besturen onmogelijk maakt[13] en dat je zou kunnen zeggen dat de burger weinig met de Awb is opgeschoten.[14] Vaagheid van doelstellingen en van 'voordelen'[15] leiden ook al gauw naar een vage beoordeling over het behalen ervan.[16]

3. Lang leve de Awb?

Er is één, vaak impliciete, codificatiedoelstelling waarover iedereen het wél eens zal zijn, namelijk die van duurzaamheid. Het gaat bij codificatie om het conserveren van (bestaande) normen voor de langere termijn.[17] Dat rechtvaardigt immers een codificatie als een decennialange 'gigaklus'.[18] Niettemin lijken er meerdere aanleidingen te bestaan voor de vraag naar de houdbaarheidsdatum van de Awb, waaraan zo'n drie decennia lang gewerkt is[19]. Deze bijdrage is beperkt tot drie houdbaarheidsvragen, die ik gelet op de mij toebemeten omvang slechts tentatief zal kunnen beantwoorden.

---

[13] Met altijd een verwijzing naar de 'Kemenadianen': J.A. van Kemenade e.a., *Bestuur in geding*. Rapport van de werkgroep inzake terugdringing van de juridisering van het bestuur, Haarlem: Provinciehuis 1997.
[14] Aldus Michiels, die er overigens bij zegt dat je daarvoor wel een 'sombere bui' moet hebben. Zie F.C.M.A. Michiels, 'Het gaat beter met de Awb, maar nog niet goed (genoeg). Enige opmerkingen over het rapport van de Commissie Evaluatie Awb III', *NTB* 2007/23.
[15] Scheltema 1996 gebruikt de term 'voordelen' in plaats van 'doelstellingen'. Voor het betoog hier maakt dat onderscheid niet zoveel uit. Ook bij voordelen laat zich de vraag stellen of ze behaald zijn.
[16] Zo bestaat de beoordeling van Ortlep e.a. over de doelstellingen en voordelen van de Awb als codificatie vrijwel geheel uit enerzijds-anderzijds antwoorden. Zie Rolf Ortlep, Willemien den Ouden, Ymre Schuurmans e.a., 'Nut en noodzaak van een algemene codificatie van bestuursrecht', *NALL* februari 2014, DOI:10.5553/NALL/.000020.
[17] De definitie van codificatie als vastlegging van bestaande normen is van Koopmans. Zie T. Koopmans, 'De rol van de wetgever', in: H.C.F. Schoordijk e.a., *Honderd jaar rechtsleven*, Zwolle: Tjeenk Willink, 1970, p. 151-165. Van der Velden preciseerde dat het niet zozeer gaat om het al bestaan van de normen maar om het willen conserveren van de bestaande situatie. Zie W.G. van der Velden, *De ontwikkeling van de wetgevingswetenschap*, Lelystad: Koninklijke Vermande 1988, p. 138 e.v.
[18] Onlangs typeerde Hirsch Ballin de totstandkoming van het Nieuwe Burgerlijke Wetboek als 'gigaklus', die gewoonlijk decennialang voortduurt. Zie Ernst Hirsch Ballin, 'De betekenis van het Nieuw BW in de Nederlandse rechtsstaat', *NJB* 2018/1238, p. 1779-1782.
[19] Gerekend vanaf het jaar waarin de Commissie Algemene regels van bestuursrecht werd ingesteld (1983) tot aan de totstandkoming van het nieuwe bestuursprocesrecht dertig jaar later. Het duurde (vanaf 1983) 25 jaar alvorens de vierde tranche van de Awb in werking trad.

3.1 Houdt de Awb voldoende rekening met de groeiende rol van 'privaat en hybride bestuur'?

Een eerste ontwikkeling waarbij de vraag opkomt of de Awb nog wel voldoet, betreft de organen die besturen. Andere organisaties dan de bestuursorganen waarop de Awb zich richt, hebben een groeiend aandeel in de besluitvorming over publieke belangen, met als gevolg dat het bestuursrecht wordt geconfronteerd met een toenemende 'ontstatelijking'.[20] Private organisaties nemen subsidiebesluiten,[21] stellen gedragscodes op[22] en publiek-private samenwerkingsorganen voeren op basis van convenanten regelgeving uit.[23]

Ook de normen waarop het handelen wordt gebaseerd zijn meer en meer afkomstig van niet-statelijke organen. Besluitvorming door deze organen is niet nieuw en niet beperkt tot ons eigen land, maar is zonder twijfel in een versnelling gekomen. Naast een beeld van een toenemende 'irrelevantie van de overheid'[24] is vooral zorg uitgesproken over de gebrekkige legitimiteit, omdat besluitvorming in handen komt te liggen van organisaties die daarvoor niet langs democratische weg zijn gelegitimeerd.[25] Het tegenargument dat ook buiten de formele route die via verkiezingen verloopt, andere democratische

---

[20] In die woorden: M.W. Scheltema, 'Bestuursrecht van de toekomst en 'ontstatelijking': nieuwe perspectieven?', *NTB* 2014/29.
[21] Zie het voorbeeld bij Van den Berge van de Stichting Impuls die in plaats van het Stadsdeel Nieuw-West in Amsterdam, subsidies toekent. Lukas van den Berge, 'Van *government* naar *governance*: besturen onder de radar van het bestuursrecht', *NTB* 2018/40.
[22] Niet alleen voor zichzelf, als vorm van zelfregulering, maar private regelgeving voor een ruimere kring van deelnemers, klanten e.d. Zie voor uiteenlopende voorbeelden, onder meer: Paul Verbruggen, 'Private regulation in EU better regulation: Past performance and future promises', *European Journal of Law Reform* 2017 (19), 1-2, p. 121-140. Scheltema wijst nog op een tweede categorie van regelgeving buiten de staten om, namelijk die door publieke autoriteiten buiten hun bevoegdheid, zoals de gedragsregels Bazel I, II en III van de presidenten van Europese banken. Zie M. Scheltema, 'Internationale regelgeving buiten de staten om: de behoefte aan bestuursrechtelijke beginselen over regelgeving', *NTB* 2014/28.
[23] Zie voor de kluwen aan samenwerkende private en publieke autoriteiten bij de uitvoering van de Europese Kaderrichtlijn Water: Ellen Hey, 'Multi-dimensional public governance arrangements for the protection of the transboundary aquatic environment in the European Union. The changing interplay between European and public international law', *International Organizations Law Review* 2009, afl. 1, p. 1-22.
[24] B. de Winter, 'De informatiemaatschappij en de noodzaak tot sturing', *NTB* 2014/32.
[25] Zie onder meer Christian Joerges, Harm Schepel and Ellen Vos, *The Law's Problems with the Involvement of Non-Governmental Actors in Europe's Legislative Processes*, working paper, Florence: European University Institute 1999.

wegen zijn te bewandelen,[26] stelt lang niet iedereen gerust. Bij nader inzien wordt op het terrein van de private regulering zelden voldaan aan een bevredigende representatie van de normadressaten.[27] Wat daarvan ook zei: de Awb lijkt ten aanzien van deze ontwikkeling nauwelijks enig houvast te bieden.[28] Aan privaat bestuur worden overigens de nodige voordelen toegedacht, zoals de deskundigheid van de besluitvormers, het commitment van de stakeholders en minder bureaucratische hindernissen. Nationaal en internationaal heeft private naast publieke regulering zo'n omvang aangenomen, dat het steeds vreemder wordt dat de Awb deze ontwikkeling nagenoeg volkomen lijkt te negeren en de rechtsontwikkeling volledig aan de (rechterlijke) praktijk overlaat.

---

[26] Zoals bepleit door Keane, die de 'monitory democracy' in termen van legitimiteit min of meer gelijkwaardig acht met de verkiezingendemocratie. Zie John Kean, *Life and death of democracy*, London/Sydney, New York/Toronto: Pocket Books 2009.

[27] Zoals de Algemene Rekenkamer concludeert op basis van eigen onderzoek: 'Small and medium-sized businesses, government bodies and consumer organisations are underrepresented in this standardisation process.' Zie *Products sold on the European market: unravelling the system of CE marking*, Den Haag: Algemene Rekenkamer 2017. Eerder al, trok Stamhuis een dergelijke conclusie (over onvoldoende participatie) met betrekking tot de totstandkoming van de Code Tabaksblatt. Zie J.N. Stamhuis, *Conflicting interests in corporate regulation: an exploration of the limits of the interactionist approach to legislation in employee participation and corporate governance*, Groningen: Rijksuniversiteit Groningen 2006.

[28] Zie voor uiteenlopende benaderingen van deze ontwikkelingen: de VAR-preadviezen van 2008 (over private besturen) en 2016 (over hybride bestuursvormen). Zijlstra pleitte er in 2008 nog voor om de ontwikkeling tegen te gaan door private organen die overheidstaken uitoefenen terug te dringen en makkelijker over te gaan tot het instellen van publieke organen. Zie S.E. Zijlstra, 'De grenzen van de overheid', in: *Privaat bestuur?* (VAR-reeks 140), Den Haag: Boom Juridische uitgevers 2008, p. 9-93. *De grenzen van de overheid* (preadvies VAR), Den Haag: Boom Juridische uitgevers 2008. Van Gestel stelde daarentegen voor om de werkelijkheid te accepteren en de wetgeving daarop aan te passen, bijv. door eisen van representativiteit van belanghebbende partijen in de Awb op te nemen. Zie R.A.J. van Gestel, 'In de schaduw van het bestuursrecht', in: *Privaat bestuur?* (VAR-reeks 140), Den Haag: Boom Juridische uitgevers 2008, p. 95-161. In de preadviezen van Gerards (over niet-bindende oordelen van internationale verdragsorganen) en Scheltema (over transnationale private regelgeving) ging het niet om vragen van wetgeving, maar die van rechtskracht (Gerards) en legitimiteit en effectiviteit (N.W. Scheltema).Het preadvies van Neerhof was wel gericht op wetgeving, in het bijzonder de vraag of algemene voorwaarden voor het gebruik van normalisatie en certificatie in de wet zouden moeten worden opgenomen, waarbij legitimiteit, participatie, kenbaarheid, doeltreffendheid en doelmatigheid de ijkpunten zijn. Zie A.R. Neerhof, Alternatief bestuursrecht: normalisatie en conformiteitsbeoordeling in het publieke belang', in: *Hybride bestuursrecht* (VAR-reeks 156), Den Haag: Boom Juridische uitgevers 2016, p. 185-312, Den Haag: Boom Juridische uitgevers 2016.

3.2 Focust de Awb niet teveel op individuele besluiten met voorbijgaan aan andere vormen van overheidssturing en regulering?

Een ontwikkeling die vaak ook onder de noemer 'ontstatelijking' aan de orde wordt gesteld, maar toch wezenlijk anders is dan het voorgaande punt, betreft een andere wijze van sturen door de overheid. Het gaat hier niet om de opkomst van niet-statelijke organen maar om het door de overheid inschakelen daarvan. De schijn die daarbij wordt gewekt dat het hier gaat om private initiatieven roept al gauw verontwaardiging op.

Buijze verwoordde die verontwaardiging op geestige wijze aldus: 'Ik dacht ooit dat het begrip 'participatiemaatschappij' iets te maken had met directe democratie en participatie in besluitvormingsprocedures. U kunt zich mijn onthutsing voorstellen toen ik mij realiseerde dat we mogen participeren in de uitvoering van wat voorheen een publieke taak was. Ouderenzorg bijvoorbeeld. Maar dat we zelf direct invloed uitoefenen op besluiten over de uitvoering van die publieke taak, dat bedoelde het kabinet niet te zeggen.'[29]

Op basis van zijn promotieonderzoek concludeert Van den Berge dat in de plaats van de overheidsbesluiten waaraan de Awb eisen stelt en waartegen de Awb mogelijkheden tot bestuurlijke en rechterlijke toetsing biedt, tal van diffuse sturingstechnieken zijn gekomen. De overheid neemt, ten behoeve van de uitvoering van haar beleid, verschillende gedaanten aan. Die van informele partner in het maatschappelijke of bestuurlijk netwerk,[30] die van informele helper aan de keukentafel[31] of die van deelnemer in een bewust gekozen diffuus verband.[32] Het moderne bestuur kneedt zich tot de juridische vorm die het voor de desbetreffende gelegenheid het beste past – aldus Van den Berge – en ontloopt daarmee de bestuursrechtelijke aansprakelijkheid als geregeld in de Awb en eventuele andere wetgeving.[33]

De Awb is niet toegesneden op besluitvorming waarin overheden op verschillende niveaus en private partijen een aandeel hebben. Dat rechtsbescherming in die gevallen al gauw illusoir is, bleek bijvoorbeeld uit de besluitvorming over de aanleg van een windmolenpark in het Drentse Mondengebied. Uit het onderzoek dat Bröring en Tollenaar hiernaar deden bleek dat niet alleen belanghebbende inwoners maar ook de gemeentebesturen en het provinciebestuur het zicht op de besluitvorming en mogelijke inspraak en rechtsbescher-

---

[29] A. Buijze, 'De toekomst van het bestuursrecht: is er nog een rol voor het bestuur?', *NTB* 2015/4, p. 19.
[30] Zoals bij de uitvoering van de Kaderrichtlijn Water. Zie noot 21.
[31] De keukentafelgesprekken bij de uitvoering van de Wmo zijn hiervan een voorbeeld.
[32] Van den Berge noemt als voorbeeld het 'Gasgebouw', waarin publieke en private actoren 'op een weergaloos ingewikkelde wijze zijn vervlochten.' Zie Lukas van den Berge, 'Gouvernementaliteit en rechtsbescherming. Groninger gas, sociaal domein en de ongrijpbare overheid', *NJB* 2018/820, p. 1187.
[33] Lukas van den Berge, 'Van government naar governance: besturen onder de radar van het bestuursrecht', *NTB* 2018/40.

ming daartegen, volkomen kwijt waren. Door een eerder besluit op rijksniveau was de 'besluitvormingsfuik' al opengegaan. De enige instantie die in staat bleek om regie te voeren was de projectontwikkelaar (initiatiefnemer). Bröring en Tollenaar wijzen ook op de diffuusheid van overheidsoptreden onder de noemer van interactief bestuur, burgerparticipatie, public mediation en procedurele rechtvaardigheid, waarbij toetsing van genomen besluiten langs bestuursrechtelijke weg vrijwel onmogelijk blijkt.[34] Een vergelijkbaar voorbeeld bood de besluitvorming over het onderbrengen van asielzoekers in gemeenten. Van Gestel wees op die besluitvorming waarbij burgers zich tevergeefs wenden tot een machteloos gemeentebestuur, waarbij de besluitvorming het resultaat is van een samenspel tussen de staatssecretaris van Veiligheid en Justitie en het Centraal Orgaan Asielzoekers (COA).[35]

Uit beide voorbeelden blijkt dat alle inspraak en (individuele) rechtsbeschermingsmogelijkheden te laat komen zodra het desbetreffende (collectieve) besluit al genomen is. In haar oratie heeft Schuurmans dit verschijnsel helder uiteengezet. Het Nederlandse bestuursrecht is 'uitvoeringsrecht voor concrete gevallen' en heeft de burger weinig tot niets te bieden bij de (toenemende) gevallen van bovenindividuele problemen en bovenindividueel bestuursoptreden in de vorm van regels en beleid. Schuurmans concludeert dat we het 'dogma van de individuele geschilbeslechting' zullen moeten loslaten. Alle reden, meent zij, om de Europeanisering van het bestuursrecht te bevorderen.[36]

3.3 Houdt de Awb wel voldoende rekening met de ontwikkeling van het EU bestuursrecht?

Wanneer men, in navolging van Ortlep e.a., de Awb beschouwt als onderdeel van de derde codificatiegolf, dan dient zich inmiddels de vierde golf aan, in de vorm van een ontwerp voor een Europese wet bestuursrecht (Ewb).[37] Het Europese Parlement heeft door de ontwikkeling van een eigen voorstel daartoe laten zien dat hiervoor ook politieke belangstelling bestaat.[38] Veel omvangrijker nog dan dit parlementaire voorstel is dat van het *Research Network on EU*

---

[34] H.E. Bröring en Albertjan Tollenaar, 'Vechten tegen windmolens: falende inspraak', in: A.T. Marseille e.a. (red.), *Behoorlijk bestuursprocesrecht*, Den Haag: Boom Juridische uitgevers 2015, p. 293-311.
[35] Rob van Gestel, 'Vluchten voor het AZC'. Over lokale democratie, referendumperikelen en trechterwerking in het bestuursrecht', *Regelmaat* 2016, afl. 2, p. 128-141.
[36] Y.E. Schuurmans, *Van bestuursrechtelijke detailhandel naar maakindustrie*, Leiden: Universiteit Leiden 2015.
[37] Ortlep, Den Ouden, Schuurmans e.a. 2014.
[38] *Proposal for a Regulation on the Administrative Procedure of the European Union's institutions, bodies, offices and agencies*. Zie http://www.europarl.europa.eu/meetdocs/2014_2019/plmrep/COMMITTEES/JURI/DV/2016/01-28/1081253EN.pdf

Administrative Law (ReNEUAL).³⁹ Het beoogde toepassingsbereik is goeddeels⁴⁰ beperkt tot de bestuursorganen van de EU. Dat neemt niet weg dat doorwerking op den duur in het bestuursrecht van de lidstaten aannemelijk is.

Nu ieder het erover eens lijkt te zijn dat vooral het ReNEUAL-voorstel aanmerkelijk meer te bieden heeft dan de Awb⁴¹, komt de vraag op of vervanging van de Awb door een Ewb, die dan dus rechtstreeks van toepassing is op nationale bestuursorganen, een te verkiezen perspectief zou zijn. Die keuze is vanzelfsprekend pas aan de orde op het moment dat duidelijk is dat zo'n Ewb er ook gaat komen. Daarover wordt verschillend gedacht. Van Ommeren en Wolswinkel vinden de veronderstelling dat het ReNEUAL-voorstel – hoe inspirerend ook – werkelijkheid wordt, ronduit naïef. Het parlement en de Europese Ombudsman kunnen dit wel willen, maar de commissie zal, zo verwachten zij, een spaak in het wiel steken.⁴² Addink meent daarentegen dat de tijd juist rijp is voor de totstandkoming van een Ewb.⁴³

Er bestaat de nodige terughoudendheid ten opzichte van een vervanging van onze Awb door een algemeen deel van het bestuursrecht op Europees niveau. Gelet op de inhoudelijke meerwaarde ervan, zoals die vooral in het ReNEUAL-voorstel tot uiting komen, lijkt het zinvol om de gronden voor die terughoudendheid tegen het licht te houden. In aansluiting op de bezwaren van Scheltema⁴⁴ tegen deze ontwikkeling van bestuursrechtelijke regels voor de gehele EU, hebben Ortlep en Widdershoven de gronden voor terughoudendheid nog eens op een rijtje gezet. Naast het bezwaar dat de EU geen formele, verdragsrechtelijke bevoegdheid heeft om nationaal bestuursrecht te regelen en het gebrek aan een *sense of urgency* daartoe, volgen de drie bezwaren van Scheltema. De overtuigingskracht van de genoemde bezwaren is bij nader inzien niet

---

39 *Model Rules on EU Administrative Procedures*. Zie http://www.reneual.eu/images/Home/ReNEUAL-Model_Rules-Compilation_BooksI_VI_2014-09-03.pdf
40 De boeken V en VI van de ReNEUAL Model Rules hebben ook betrekking op bestuursorganen van lidstaten voor de gevallen waarin zij EU-beleid uitvoeren.
41 Dat geldt voor onderwerpen op het terrein van de bestuursregelgeving (2ᵉ boek van de ReNEUAL Model Rules), overheidscontracten (3ᵉ boek), wederzijdse bijstand (5ᵉ boek) en het informatiemanagement (6ᵉ boek). Zie uitgebreider hierover: F.J. van Ommeren en C.J. Wolswinkel, 'Naar een Algemene wet bestuursrecht voor de EU', *NTB* 2014/23, p. 189-196 en G.H. Addink, 'Europees bestuursrecht in ontwikkeling: op weg naar een Europese Awb', *NTB* 2014/24, p. 197-206. Addink is lid van ReNEUAL. Ook Scheltema ziet de meerwaarde van het ReNEUAL-voorstel, in het bijzonder ook waar het de aan regelgeving te stellen eisen betreft. Op dat punt moet ons land, in de woorden van Scheltema, tot de ontwikkelingslanden worden gerekend. Zie M. Scheltema, 'Internationale regelgeving buiten de staten om: de behoefte aan bestuursrechtelijke beginselen over regelgeving', *NTB* 2014/28, p. 236-241.
42 Van Ommeren en Wolswinkel 2014, p. 196.
43 Addink 2014, p. 200.
44 Scheltema is overigens sterk overtuigd van de betekenis van de Ewb-voorstellen, maar dan vooral voor de wetenschappelijke betekenis ervan. Zie Michiel Scheltema, 'Een Europese Awb? Ja, maar beperkt: het is geen nationale Awb', *NTB* 2014/36.

erg groot. Dat artikel 298 VWEU geen grondslag zou bieden omdat dit artikel (slechts) slaat op gedragsregels voor ambtenaren, lijkt mij voldoende weerlegd door de constatering dat onder het in dit artikel genoemde 'administration' niet de ambtenaren maar het bestuur begrepen moet worden. Overigens is de vraag of sprake is van een *sense of urgency* per definitie op uiteenlopende wijzen te beantwoorden, al naar gelang men voor- of tegenstander is.[45]

Het eerste bezwaar van Scheltema, dat onze rechtscultuur aanleiding geeft om het bestuursrecht niet op Europees niveau te regelen, is een curieus argument. Hij noemt de Nederlandse bezwaarschriftprocedure als voorbeeld. In andere landen beschouwt men dit verplicht teruggaan naar dezelfde instantie die het nadelige c.q. onrechtmatige besluit heeft genomen, als een onvoldoende rechtsbescherming. De burger mag daar voor zijn rechten opkomen bij een hogere bestuurlijke instantie of bij de rechter. Die bescherming heeft, volgens Scheltema[46], de Nederlandse burger niet nodig omdat deze de overheid nu eenmaal meer vertrouwt dan burgers in andere landen dat doen. Op grond van dergelijke argumentatie kan in ons land flink wat rechtsstatelijke verworvenheden worden ingeleverd.[47] Ook zijn tweede contra-argument, dat zich richt op mogelijke overbelasting van het Europese Hof, overtuigt allerminst. Het is zeker een punt dat (organisatorische) aandacht behoeft, maar geen argument om een belangrijke ontwikkeling van het bestuursrecht tegen te houden.

Ten slotte is het derde tegenargument dat een Ewb onvoldoende flexibiliteit zou laten aan zowel de wetgevings- als de uitvoeringspraktijk. Op nationaal niveau, zo stelt Scheltema, kan de wettekst makkelijker worden aangepast naar aanleiding van regelmatige evaluaties en kan ook zonder wetswijziging ruimte worden gegeven aan veranderingen in de uitvoeringspraktijk. Moeilijk valt in te zien waarom een regeling op EU-niveau een verandering van de praktijk, bijvoorbeeld een directer contact met de burger ('bellen bij bezwaar' e.d.) in de

---

[45] Het criterium laat zich vergelijken met criteria als 'voldoende rijpheid' en 'een dringende noodzaak', die de Nederlandse regering vaak gebruikt bij de vraag of aanleiding bestaat om wijzigingen in onze Grondwet door te voeren. Terecht merkt Stremler op dat dergelijke criteria 'weinig zeggen over wat er wel of niet in onze Grondwet hoort'. Zie M. Stremler, 'De voorgestelde algemene bepaling als fundamentele constitutionele norm', *Tijdschrift voor Constitutioneel Recht* 2018/3, p. 208.

[46] En dus ook volgens Ortlep en Widdershoven. Zij pleiten er ook voor dat de Nederlandse inbreng bij de verdere ontwikkeling van een Ewb – die in hun opvatting zich dus niet moet uitstrekken over het bestuur van de lidstaten – gericht moet zijn op de opneming van een bezwaarprocedure in de Ewb. Geestig is dat dit het tweede argument van Scheltema, waarbij zij zich aansluiten, juist wegneemt. Als namelijk cultuurverschillen tussen landen impliceren dat Nederland zijn bezwaarschriftprocedure niet moet inleveren, dan impliceren die verschillen nu juist ook dat die elders niet moet worden ingevoerd.

[47] Onze cultuur brengt met zich mee dat Nederlanders van nogal wat zaken geen punt maken. Zie hierover bijv. Herman Pleij, *Moet kunnen. Op zoek naar een Nederlandse identiteit*, Amsterdam: Prometheus – Bert Bakker 2014.

weg zou staan. In zekere zin is zelfs het tegendeel het geval, met name waar in de Ewb-voorstellen een direct contact met een beslissingsbevoegde ambtenaar wordt voorgeschreven.[48] Over de soepele aanpassing van onze Awb op basis van evaluaties is overigens wel de nodige twijfel uitgesproken.[49] Daarbij is natuurlijk ook nog de vraag aan de orde wie die behoefte aan flexibiliteit heeft. Scheltema omzeilt deze vraag door te stellen dat 'de Nederlandse Awb hecht aan flexibiliteit'.

4. Conclusie

Naast overeenkomsten met andere codificaties, zoals het NBW, onderscheidt de Awb zich door het grote aantal wetten waarin ook regels van bestuursrecht zijn opgenomen en die bovendien kunnen afwijken van die in de Awb. Hierdoor worden doelen van rechtseenheid en rechtszekerheid maar in beperkte mate bereikt. Of deze en andere Awb-doelen zijn gehaald is overigens moeilijk vast te stellen door enerzijds de evidentie en anderzijds de vaagheid van die doelen. De vraag naar het behalen van de Awb-doelen is bovendien achterhaald nu de belangstelling voor de bedoeling van de wetgever op dit punt bij eerdere evaluaties van de Awb al uitermate gering bleek.

Eén doelstelling die niet zozeer door de desbetreffende wetgever wordt gekoesterd maar die inherent is aan het verschijnsel codificatie, is die van duurzaamheid. De conclusie hier is dat de duurzaamheid van de Awb in het geding is, nu deze wet gericht blijft op individuele uitvoeringsbesluiten van statelijke bestuursorganen. Burgers en organisaties zullen daardoor steeds meer verstoken blijven van invloed op en rechtsbescherming tegen besluitvorming die steeds meer legitimiteitsgebreken vertoont. Private stichtingen die subsidiebesluiten nemen en overheidsorganen die door middel van informele samenwerking, convenanten en keukentafelgesprekken hun doelen bereiken passen slecht in het Awb-kader. Dat geldt ook voor de burgers die collectieve, bovenindividuele belangen hebben of die worden geconfronteerd met (vermeende) onrechtmatigheid van de bestuurlijke regelgeving en beleidsvoering.

Natuurlijk kan door aanpassing van de Awb de houdbaarheid worden verlengd, maar dan zal het om meer dan marginale aanpassingen moeten gaan.[50]

---

[48] ReNEUAL-voorstel, boek III, art. III-7.
[49] Zie de eerdergenoemde publicaties van Daalder 2007 en Damen 2007.
[50] Als marginale aanpassingen aan de geschetste werkelijkheid zijn te beschouwen de mogelijkheid om niet statelijke organen gelijk te stellen met bestuursorganen in de zin van de Awb (conform art. 1:1 lid 1 onder b) of deze beschouwen als bestuursorgaan omdat zij een publieke taak uitoefenen. Met deze laatste benadering beperkt de bestuursrechter zich tot de gevallen waarin het niet-statelijke orgaan als 'doorgeefluik' kan worden beschouwd. Zie hierover, in het kader van het zoeken naar een verruiming van het Awb-besluit naar de figuur van de bestuursrechtelijke rechtsbetrekking; F.J. van Ommeren en P.J. Huisman, 'Van besluit naar rechtsbetrekking: een groei-model', in: *Het besluit voorbij* (VAR-reeks 150), Den Haag: Boom Juridische uitgevers 2013, p. 7-103.

Die aanpassingen zijn denkbaar en voorstellen daartoe zijn ook gedaan,[51] maar de vraag hier is of niet beter kan worden ingezet op de totstandkoming van een Europees wetboek bestuursrecht, waarin de beoogde aanpassingen en nog meer vernieuwingen al in concept gereed liggen. De bezwaren tegen vervanging van de Awb door een (ook voor lidstaten geldende) Ewb zijn in elk geval niet sterk genoeg om dit Europese perspectief op te geven, ook al omdat een ontwikkeling langs de weg van geleidelijke doorwerking, schaduwwerking of spontane convergentie intussen al haast evident is.

---

[51] Zoals bijv. in het 'Advies integrale geschilbeslechting in het sociaal domein' van regeringscommissaris Scheltema aan de minister van Binnenlandse Zaken en Koninkrijksrelaties, van oktober 2017. De voorgestelde integrale geschilbeslechting biedt een oplossing voor de bestuursrechtelijke 'ongrijpbaarheid' van integrale en informele besluitvorming op gemeentelijk niveau, die ook nog voor een deel door private partijen kan zijn gedaan. Zie https://www.rijksoverheid.nl/documenten/brieven/2017/10/03/advies-scheltema-over-integrale-geschilbeslechting-sociaal-domein

Twan Tak[*]

9 | Rechtspraak onder de Awb

@T_Tak - Awb-rechters na kwart eeuw nationale overheidsautomaten, met abstract-formele toetsing van overheidsbelangen, naar EVRM-beschermers van concreet-individuele rechtsbelangen? Wijze eigenzinnige integere rechters, in collegiaal koor, met auditie van eigen rechtsgevoelen aan gemeenschap in plaats van overheid?*#individualisering#rechtsgevoelen#democratisering*

1. Recht is rechtvaardigheid

Om na een kwart eeuw bestaan waarde en betekenis van de Algemene wet bestuursrecht te beoordelen, lijkt de Awb-rechtspraak de betrouwbaarste maatstaf. Alle recht vindt immers zijn ultieme concretisering uiteindelijk in de rechtspraak. Dankzij de automatisering zijn bovendien de meeste rechterlijke uitspraken inmiddels vrij eenvoudig toegankelijk. TE toegankelijk wellicht, en delen zij het daaraan verbonden lot van regel- en normstelling in deze eeuw van de digitalisering. Het lot van verschraling van kennis tot pockettablet en van ontmenselijking van wat nu nog rechtstoepassing heet.

Recht is rechtvaardigheid. Het is het '*suum cuique tribuere*', het ongrijpbare 'ieder het zijne geven'. Hoezeer de opvattingen daarover echter kunnen verschillen blijkt wel het duidelijkst uit het schrijnende opschrift boven de poort van de Nazi-executieplaats in Buchenwald: het afgrijselijke '*Jedem das Seine*'.

Duivelser kon de waarschuwing niet zijn. De waarschuwing tegen het uit handen geven van de sanctionering van deze rechtvaardigheid aan een politieke overheid. Een waarschuwing niet alleen voor het gevaar van 'rechts' of van 'links', maar voor iedere vorm van dictatuur, zelfs al berust die op een democratische rechtsvorm als wet of referendum.

Slechts in handen van rechters die volstrekt onafhankelijk zijn van de politieke overheid kan rechtvaardigheid worden betracht; kan *rechtvaardig* ieder het zijne worden gegeven. Dat komt, omdat rechters (anders dan politieke leiders), dienen vast te stellen wat *in een concreet geval* te gelden heeft als rechtvaardigheid, en dus als recht. Politieke leiders, wetgevers en bestuurders dienen recht*zekerheid* te geven; zij dienen *in abstracto* de burger voor te houden waar deze (naar democratisch gelegitimeerde opvatting) op mag vertrouwen als (in principe) *leidend tot* recht, tot rechtvaardigheid: wet en bestuursbesluit. Maar dat dit zelf ook recht *is*; dat wet en bestuursbesluit recht *zijn*, is het misverstand van het rechtspositivisme onder Kelsen, dat leidde tot Buchenwald.[1] Het rechts-

---

[*] Prof. mr. A.Q.C. Tak is emeritus hoogleraar staats- en bestuursrecht aan de Universiteit Maastricht.
[1] Hans Kelsen, *Reine Rechtslehre: Einleitung in die rechtswissenschaftliche Problematik*, Leipzig/Wien: Deuticke 1934; 2ᵉ vollständige neu bearbeitete und erweiterte Auflage,

positivisme, dat vorm en procedure verwart en vereenzelvigt met inhoud; dat zich niet inlaat met de vraag, wat die inhoud eigenlijk *is*. Het is de Verlichte erfenis van Aristoteles, die enkel het rationeel logische en tastbare kent, kán kennen, en daarom in wezen geen grotere tegenpool en vijand ziet dan de begrippenwereld van zijn leermeester Plato.[2]

2. Op zoek naar de inhoud

Toch kan alleen die begrippenwereld ons helpen bij het zoeken naar *inhoud*. Wat is de inhoud van begrippen als 'het goede', 'het mooie', 'het verwerpelijke', 'de zorgvuldigheid', 'de goede trouw', 'de billijkheid' of 'de rechtvaardigheid'? En dus de inhoudelijkheid van 'recht'? Alle positivisme, en dus ook het rechtspositivisme, laat ons hier volledig in de steek. En dat is nota bene waar de universitaire opleiding haar predicaat 'wetenschappelijk' op baseert: waarom een notie van deze begrippen voor iedere jurist het wetenschappelijke kader vormt van zijn studie van wet en rechtspraak.

Het was vanuit dit besef dat ik in september 2015 in *Ars Aequi* de fiolen van mijn toorn uitstrooide over de (pas) afgestudeerden met de harde veroordeling van *'Toga's aan de kapstok!'* Tegemoet komend aan een bijdrageverzoek van de eigen redactie kwam ik daarin tot een revisie van mijn doctoraalverlening aan al die rechtenstudenten die na hun afstuderen in hun rechtspraktijk, als rechter of als advocaat, alsnog blijk geven van hun volstrekte miskenning van recht en rechtvaardigheid in een eng rechtspositivistische vakuitoefening. De helaas heersende vakuitoefening, zo moet ik vaststellen, die enkel berust op vorm, formaliteit en procedure, maar die geen enkele inhoudelijke notie kent van recht of rechtvaardigheid. Een beroepsattitude die eerder leidde tot Buchenwald, en waartegen de Maastrichtse Zevensprong een schild poogt te bieden in stap zeven: Bevredigt het resultaat van ratio en logica wel mijn rechtsgevoel?[3] Zo neen, ga dan terug naar AF. Het is de noodzakelijke, laatste maar beslissende, stap in het proces van rechtsvinding, van rechtvaardigheid als recht *in concreto*, die als grenswacht waakt tegen alle aantasting van 'het zijne' door wet, referendum of andere overheidsgezagsuitoefening; tegen een dictatuur van wat gepresenteerd wordt als 'recht' door een politiek bewind.

Wien: Deuticke 1960 (zie m.n. p. 42, en p. 13 over *das Gesetz über Massnahmen der Staatsnotwehr vom 03.07.1934, RGBl. 1934, I, S. 529*). De leer van Kelsen ondervond reeds felle kritiek in eigen huis van Rudolf von Laun in diens Rektoratsrede *Recht und Sittlichkeit* uit 1924, waarover Rainer Biskup, *Launs Kampf gegen den Postivismus im Recht: seine Lehre von der Autonomie des Rechts*; Launlezing 2011, Geert Grote Universiteit 2011.
[2] Hierover mijn *Demokratie in relatie tot Recht en Politiek*; Deventer: Wolters Kluwer 2017, hfst. 3.
[3] Hierover mijn afscheidsrede op 19 december 2008, *De Maastrichtse School*, Nijmegen: WLP 2008.

Maar hoe moet dat 'recht in concreto' dan worden gevonden? De Platoonse begrippenwereld faalt als het gaat om werelds houvast: zij biedt ook van 'recht' geen inhoud die omschrijvingen mogelijk maakt met de gangbare logica en vormen van deze wereld. 'Het recht' is daarom even ongrijpbaar als 'het goede' of 'het schone'. Slechts bij vaststelling *in concreto*, de confrontatie van de fysieke wereld met de begrippenwereld van Plato, doen deze begrippen zich *gevoelen*: beslissen wij of iets 'goed', 'schoon', of 'rechtvaardig' *is*. Bij rechtsvaststelling duiden wij dit 'gevoelen' aan als ons *rechtsgevoel*. En zoals bij alle Platoonse begrippen bezitten wij dat gevoelen allen, ook al kan niemand het onder woorden brengen. Maar het spreekt voor zich als men aan Buchenwald denkt.

En wat erger is: het kan blijkbaar verschillen van persoon tot persoon: wat de een 'goed' of 'schoon' vindt, hoeft dat voor de ander nog niet te zijn: niet alleen in andere tijden of culturen, maar ook vandaag in de eigen cultuur. Hetzelfde geldt voor recht, en daarmee staan we voor het dilemma van de rechtsvaststelling *in concreto*. Het zal duidelijk zijn, dat die vaststelling noodzakelijk is, wil een samenleving leefbaar zijn en blijven. Het zal even duidelijk zijn, dat die vaststelling niet aan ieder individu zelf kan worden overgelaten, omdat gevoelens, of althans de waardering daarvan bij confrontatie met het fysische, niet identiek zijn.

Daarmee dringt zich de noodzaak op van rechtsvaststelling door wijze en deskundige mensen, die bij die vaststelling geheel ontdaan zijn van eigen belang en vooringenomenheid. Zij moeten dus het recht kunnen vaststellen met een gezag, dat wel van overheidswege wordt gehandhaafd, maar zonder dat zij zelf bij hun rechtsvaststelling ook maar het minste of geringste onder invloed staan van diezelfde overheid, of van anderen die macht uitoefenen. Zij moeten daarvan blijk geven middels de motivering van wat zij doen; van hun rechtsvaststellingen.

Hier dient zich onder de Algemene wet bestuursrecht een ogenschijnlijk onoplosbaar dilemma aan. Hoe kunnen bestuursrechters – want daar doel ik uiteraard op – zich immers verantwoorden met motiveringen, die uiting moeten geven aan een rechtsgevoel dat niet in vormen of procedures gevat kan worden? Vallen hiermee niet alle rechterlijke motiveringen die berusten op wet en voorschrift weg? Wordt rechtspraak hierdoor niet tot een puur subjectief oordeel van een rechter: '*Dit is mijn oordeel en daar moet u het mee doen*'? Is zo'n rechterlijke 'dictatuur' verenigbaar met de democratische rechtsstaat? Wat zijn dan nog de waarborgen voor een objectieve en voorspelbare rechtspraak?

Het is wegens dit soort problemen, dat ook de wijste en oudste rechters die voorheen nog fungeerden als kadi's en Solomons, onder de formaliserende werking van de Algemene wet bestuursrecht ondergedoken zijn in dit schuilhok van het rechtspositivisme, waar zij uiteindelijk komen tot een rechtsbedeling die beter aan een computer of andere robot kan worden overgelaten, en een oud-hoogleraar brengt tot de hartekreet: '*Toga's aan de kapstok*'.

Had de bestuursrechter aan deze vreselijke lotsbestemming kunnen ontkomen? Het is toch de wetgever, die hem voorschrijft wat hij moet doen? Recht dient de rechtszekerheid, zeker in een samenleving die steeds omvangrijker en complexer wordt. Dat vraagt toch om regelstelling, om kenbare en vaste procedures en om gestandaardiseerde rechterlijke uitspraken? Om coördinatie, voorspelbaarheid, gelijkheid, efficiency, effectiviteit en beheersbaarheid van de rechtsbedeling? Valt er wel aan te ontkomen? Is niet alles op dit ondermaanse imperfect; noodwendig gebrekkig?

Zeker. De onderkenning hiervan voerde Nederlands grootste filosoof, Jeroen Buve, tot zijn leer van de 'dubbele werkelijkheid':[4] iedere menselijke beslissing moet recht doen aan *beide* werelden, de Platoonse ideeënwereld, maar ook de Aristotelisch rationele; dus naast de ideale, ook de haalbare van de fysieke werkelijkheid van Moeder Aarde. Terecht vereiste de Maastrichtse Zevensprong voor de oplossing van ieder wetenschappelijk en maatschappelijk probleem, dus ook voor uitspraken van rechters, dat iedere casus werd opgelost in zes uiterst rationele, fysieke stappen, alvorens de zevende stap van het ideale rechtsgevoelen mocht en MOEST worden gezet. En als deze tot een andere uitkomst voerde, diende de student dus een streep te zetten door zijn werk en van voren af aan te beginnen, totdat zijn uitkomst zowel zijn verstand als zijn (rechts)gevoel bevredigde.

3. De rechtspraak onder de Awb

Wat heeft de Algemene wet bestuursrecht ons gebracht; tot wat voor soort rechtspraak heeft zij geleid?

Kijk om u heen en zie naar de resultaten; de rechterlijke uitspraken; hoe zij onderbouwd worden en geformuleerd zijn; brengen zij waarvoor zij gevraagd zijn: een partijen bevredigend einde van hun geschil en invulling van hun juiste rechtspositie?[5]

Waren de effecten van de verkeerde keuze voor de huls, het besluit, in plaats van de inhoud, de rechtspositie, niet al vanaf acquit te voorzien én voorzien?[6] Moeten we staan te juichen als de invoerders van dit verkeerde systeem nu zelf staan te prediken dat we meer naar een systeem toe moeten dat recht doet aan de rechtsbetrekking en weg met het besluit als inhoudsloze huls? Waren er werkelijk vijfentwintig jaar voor nodig – met alle daarin veroorzaakte indivi-

---

[4] J.D.J. Buve, zie onder meer zijn *Metafysisch Manifest. Nieuw zicht op wetenschap, godsdienst en moraal*, Eindhoven: Uitgeverij Damon 1996, en *Liber Universitatis. Aan de slapende intellectuelen van de lage landen* (m.m.v. G.F.J. Kruijtzer), Deventer: Universitaire Pers 2014.

[5] Men moge begrijpen dat ik hier na vijf drukken en vier volumes thans volsta met verwijzing naar mijn *Het Nederlands bestuursprocesrecht, in theorie en praktijk*, Nijmegen: WLP 2015.

[6] Vide mijn 'De ongewenste discussie', in: J.B.J.M. ten Berge e.a. (red.), *Nieuw bestuursprocesrecht*, Deventer: Kluwer 1992, p. 67-84. Van verdere verwijzingen zie ik af. Men dient immers bij het begin te beginnen.

duele ellende – voordat ook de verantwoordelijke leiders zelf met dit inzicht kwamen – alsof het het hunne is?

Het besluit in de Awb was een verkeerd kader voor bestuursrechtspraak. Een goed rechtsstatelijk systeem wordt anders in elkaar gezet. Daarbij geeft men eerst vanuit de constitutionele grondslagen van scheiding van de staatsmachten, van rechterlijke onaantastbaarheid en van de 'trias'-vereisten van de Wet Algemene Bepalingen vorm aan rechterlijke onafhankelijkheid en onpartijdigheid, vrijwaring van vooringenomenheid en eigenbelang. Maar ook van democratische kwaliteit; en die wordt nu bij alle rechtspraak in dit land verwaarloosd.[7] En vooral: hoe 'borgen' we de rechtvaardigheid van het 'ieder het zijne geven' in de zin van individualisering van de rechtsbedeling, met anderzijds de steeds dwingender verlangens naar voorspelbaarheid en objectiviteit? Is dat wel mogelijk?

Het antwoord is: neen. Het is nu eenmaal onmogelijk de eisen van de ideale wereld fysiek te waarborgen (zoals ook de huidige generatie ervaart, die het statelijke voor het mondiale wil wisselen). Maximaal mogelijk zijn wereldse garanties ter waarborging van kwaliteit, zowel wat betreft wijsheid als wat betreft kennis, van hen die tot het rechterschap geroepen worden. Daarbij kunnen de Platoonse deugden[8] tot aanbeveling dienen, zonder dat deze ooit fysiek haalbaar zullen blijken.

Het resultaat zal onvermijdelijk een omslag zijn in onze rechtspraak. Subjectiviteit van rechters dient niet langer een verwerpelijke kwaliteit te zijn, doch juist een ultieme waarborg. Eigenwijze rechters zijn de enige ware. (Het zal even slikken zijn dit te horen van de oud-docent van de huidige rechters die hen nu opdraagt hun toga's aan de kapstok te hangen!)

Waarborgen zullen derhalve gezocht dienen te worden in al die zaken die bij de huidige rechtspraak nu juist onder vuur liggen. Zo is meervoudige rechtspraak duidelijk verkieslijker dan enkelvoudige: enkel in het rechtsgevoelen van de mederechter vindt de rechterlijke subjectiviteit een fysieke én metafysische grens. Enkel het overeenstemmende rechtsgevoelen van de leden kan bepalend zijn voor de rechtsvaststelling; niet het getal van het aantal stemmen, noch de positivistische onderbouwing door wet of ander voorschrift. Zij vormt ook onderdeel van de democratische verantwoording van rechtspraak, een verantwoording, die moet blijken uit (naast de verdragsrechtelijke en grondwettelijke motiveringsplicht) openbaarheid van behandeling en openbaarheid van uitspraak, en die zich ook verzet tegen geheim van raadkamer en het verbod van '*dissenting opinion*'.[9] Enkel omdat de rechtsvaststelling pas mag geschieden nadat ook de eerste zes rechtspositieve stappen zijn gezet, mag in de verantwoording, de rechterlijke motivering, dan ook gewag worden gemaakt van feitenvaststelling en toetsing aan wet en jurisprudentie. Maar dit alles mag de

---

[7] Hierover Tak 2017, hfst. 10, par. 10.5.3-10.5.3.4, en hfst. 14, par. 14.8.
[8] Plato, *Politeia*, 412-421 en 472-542.
[9] Zie noot 7.

uiteindelijke verantwoordelijkheid vanuit het eigen subjectieve rechtsgevoelen van de rechter nimmer overstemmen. Een verantwoordelijkheid die voortvloeit uit een besef van ware democratie, waarvan ook, en zelfs in de eerste plaats, iedere rechter doordrongen dient te zijn en waar hij in een democratische rechtsstaat publiekelijk rekenschap van dient af te leggen.[10]

4. Hernieuwde aandacht, steeds weer....

Juist bij de zoveelste viering van de Awb leek het mij geraden hiervoor hernieuwde aandacht te vragen. Is die wet in haar huidige opzet en vormgeving daar wel op ingericht? Is de richting die de Raad van State zoekt om met formele vorm en controle van besluiten *inhoud* te geven aan de rechtsposities van burgers op het domein van de vertegenwoordiger van de samenleving daarmee in overeenstemming? Of is die vorm ook aan te treffen in totalitaire staten? Moeten we dan de vorm nemen van de civielrechtelijke rechtsbedeling, met haar veel duidelijker individualisering (al zijn ook daar de eerste symptomen van globalisering en abstractie onmiskenbaar)?

Mijn antwoord is nog altijd, dat dit twee volstrekt onvergelijkbare rechtsgebieden betreft, die ieder hun eigen vormgeving vereisen, op straffe van weeffouten als mediation, bestuurlijke lus, relativiteit en andere roofschatten van de buren.

Het MOET toch mogelijk zijn een behoorlijk rechtssysteem te construeren dat recht doet zowel aan de belangen van de gemeenschap als aan de rechtspositie van de individuele burger daarin, te bewaken door bestuursrechters die de eisen en vormen van de democratische rechtsstaat kennen en in staat zijn daar gestalte aan te geven bij hun tot individuele uitspraken beperkte vaststellingen van wat 'recht' dient te zijn naar verstand EN (rechts)gevoel?[11]

---

[10] Ibidem.
[11] Wie in deze bijdrage verwijzingen naar anderen onderbelicht acht, behoort zich eerst aan het omgekeerde te spiegelen.

Grondslagen en basiskeuzes in de Awb

Tegen de achtergrond van harmonisatie en helderheid van centrale begrippen schrik ik er nog steeds van dat er zo veel jurisprudentie over het besluitbegrip en het belanghebbendebegrip is. Je zou denken dat er op een gegeven ogenblik helderheid zou moeten zijn.

Leo Damen
Rondetafelgesprek 25 jaar Awb
Utrecht, 30 augustus 2017

II

Niels Jak*

10 | Semipublieke instellingen en de Algemene wet bestuursrecht
De afnemende betekenis van het bestuursorgaanbegrip als sleutel tot rechtsstatelijkheid bij ontstatelijking

@N_Jak – Semipublieke instellingen en de Algemene wet bestuursrecht. Publieke taken worden voortdurend uitbesteed aan private rechtspersonen. In de toekomst zal de betekenis van het bestuursorgaanbegrip als sleutel tot rechtsstatelijkheid bij ontstatelijking steeds meer afnemen#*semipublieke-instellingen*#*bestuursorgaanbegrip*#*ontstatelijking*

1. Inleiding

1.1 Ontstatelijking en verstatelijking: een slingerbeweging

Tegenwoordig worden publieke belangen niet alleen door de traditionele overheidsinstellingen behartigd. In toenemende mate zijn daarbij ook private rechtspersonen door de overheid ingeschakeld. De verwezenlijking van publieke belangen wordt aldus *ontstatelijkt*. Private rechtspersonen worden speciaal door de overheid opgericht. Te denken valt aan een privaat afvalbeheerbedrijf waarvan diverse gemeenten aandeelhouder zijn. Ook wordt openbaar gezag toegekend aan private rechtspersonen. Een bekend voorbeeld is het garagebedrijf belast met het verrichten van APK-keuringen. Een onderwerp dat momenteel volop in de belangstelling staat, is de uitbesteding aan private aanbieders van de feitelijke uitvoering van besluiten in het sociaal domein, zoals de feitelijke uitvoering van een indicatiebesluit op grond van de Wet maatschappelijke ondersteuning (Wmo).[1] Daarnaast heeft het gebruik van de overheid van privaatrechtelijke rechtspersonen voor het verstrekken van publiek geld hernieuwde aandacht gekregen. Het gaat hier veelal om fondsen ter financiering van maatschappelijke initiatieven van burgers en bedrijven.[2] De ontstatelijking van publieke-belangenbehartiging, heeft erin geresulteerd dat een bijzondere

---

* Mr. dr. N. Jak is Senior Professional Support Lawyer bij de praktijkgroep bestuursrecht van Stibbe en verbonden aan de afdeling Staats- en bestuursrecht van de Vrije Universiteit Amsterdam.
[1] Zie N. Jak, 'Bestuursrechtelijke rechtsbescherming jegens private aanbieders. Het sociaal domein als proeftuin', *NTB* 2018/49.
[2] J. van den Brink & W. den Ouden, 'De subsidie nieuwe stijl. Publiek geld verplicht?', *NJB* 2016/2000; W. den Ouden, 'Het coöperatieve bestuursorgaan', *NTB* 2016/52; J. van den Brink & W. den Ouden, 'Invest-NL. Bankieren met € 2,5 miljard publiek geld; welke regels gelden er eigenlijk?', *NJB* 2018/1100.

categorie van private rechtspersonen is ontstaan, die in deze bijdrage worden aangeduid als *semipublieke instellingen*.[3]

Tegelijkertijd is een andere, omgekeerde, ontwikkeling te zien, waarbij publieke-belangenbehartiging door private rechtspersonen wordt *verstatelijkt*. Zo is de regering voornemens om ProRail BV, een 100% staatsdeelneming die verantwoordelijk is voor het spoorwegnet, om te vormen tot een publiekrechtelijk zelfstandig bestuursorgaan (zbo) met eigen rechtspersoonlijkheid.[4] De publieke financiering en monopoliepositie van ProRail vereisen publieke sturing en verantwoording. De huidige bv-vorm wordt daarvoor minder geschikt geacht. Ook zien we dat de wetgever de toepasselijkheid van diverse publiekrechtelijke wetgeving tracht uit te breiden naar de semipublieke sector. Te denken valt aan regulering middels de Wet normering topinkomens[5] en het wetsvoorstel Wet open overheid.[6]

De ontwikkeling van ontstatelijking enerzijds en verstatelijking anderzijds kan worden gekarakteriseerd als een *slingerbeweging*. Een recent voorbeeld hiervan is de nationalisatie van financiële instellingen zoals ABN AMRO, waartoe de staat gedurende de economische crisis ontstaan eind 2008 genoodzaakt was. In 2015 is weer gestart met de geleidelijke privatisering van de genationaliseerde financiële instellingen.[7] Evengoed geven incidenten rondom financiële instellingen, bijvoorbeeld inzake het beloningsbeleid, voor de politiek weer aanleiding om maatregelen te bepleiten waarmee meer grip kan worden verkregen op dergelijke instellingen.[8]

---

[3] Onder semipublieke instellingen versta ik privaatrechtelijke rechtspersonen die een publiek belang behartigen of institutioneel verbonden zijn met traditionele overheidsinstellingen als de Staat, gemeenten en provincies. Die verbinding vindt doorgaans haar grondslag in verschillende institutionele beïnvloedingsmogelijkheden die de overheid ter beschikking staan, zoals het gebruik van wettelijke dan wel statutaire aanwijzingsbevoegdheden, goedkeuringsbevoegdheden en benoemingsrechten. Daarnaast kan de institutionele verbondenheid voortvloeien uit een financiële relatie met de overheid.

[4] Concept wetsvoorstel Wet Publiekrechtelijke omvorming ProRail *(https://www.internetconsultatie.nl)*. Een ander voorbeeld is de omvorming van Stichting Airport Coordination Netherlands (SACN), die verantwoordelijk is voor het toewijzen van slots aan de luchtvaartmaatschappijen op drie slotgecoördineerde luchthavens in Nederland, van een privaatrechtelijk zbo naar een publiekrechtelijk zbo. Achtergrond hiervan is het kabinetsbeleid voor zbo's, dat publiekrechtelijke vormgeving tot uitgangspunt neemt. *Kamerstukken II* 2018/19, 35060, 1-4. Zie over het kabinetsbeleid inzake zbo's S.E. Zijlstra, 'De maakbare overheid. Nieuw beleid inzake zelfstandige bestuursorganen', *NTB* 2014/37.

[5] N.H. van Amerongen, 'De semipublieke sector in de Wet normering topinkomens, inzichten voor het algemeen bestuursrecht', *NTB* 2018/59.

[6] N. Jak, 'Semipublieke instellingen en de Wet open overheid', *NJB* 2016/1475.

[7] *Kamerstukken II* 2015/16, 31789, 80 e.v.

[8] Zie de moties die zijn ingediend bij het debat over de verhoging van de beloning van de bestuursvoorzitter van ING in 2018. *Kamerstukken II* 2017/18, 32013, 175-188.

1.2 De toekomst van het bestuursrecht: ontstatelijking en de eisen van de rechtsstaat

Door de voortdurende verschuiving van de uitvoering van publieke taken naar semipublieke instellingen, rijst de vraag in hoeverre daarbij de eisen van de democratische rechtsstaat (nog) geborgd zijn. Het gaat hier om de klassieke pijlers als legaliteit, machtsverdeling, normering en rechtsbescherming.[9] Dienen de uitgangspunten van de democratische rechtsstaat, die de relatie tussen burger en overheid bepalen, niet met de verschuiving van overheidstaken naar private organisaties mee te verschuiven?[10] De urgentie van die vraag blijkt mede uit de in 2016 door de Commissie van Venetië opgestelde *checklist* aan de hand waarvan de mate van rechtsstatelijkheid van een staat bepaald kan worden. Eén van de ijkpunten die de commissie daarbij namelijk heeft geformuleerd, is de mate waarin semipublieke actoren aan de eisen van de rechtsstaat voldoen.[11] Het verbaast dan ook niet dat ontstatelijking van bestuur en de borging van rechtsstatelijke waarden één van de kernthema's is die de agenda voor de toekomst van het bestuursrecht[12] en in het bijzonder de Algemene wet bestuursrecht (Awb)[13] bepaalt.

1.3 Rechtsbescherming, publiekrechtelijke normering en het bestuursorgaanbegrip

In deze bijdrage wordt ingegaan op twee van de hiervoor genoemde rechtsstatelijke pijlers, namelijk (1) de bestuursrechtelijke rechtsbescherming jegens het handelen van semipublieke instellingen en (2) de publiekrechtelijke norme-

---

[9] Vgl. M.L. van Emmerik, 'Rechtsstatelijke inbedding van hybride bestuursrecht. Bespreking VAR-preadviezen 2016', *NTB* 2016/24, p. 178.
[10] M. Scheltema, 'De Hoge Raad en het algemeen belang', in: R.J.N. Schlössels e.a. (red.), *De burgerlijke rechter in het publiekrecht*, Deventer: Wolters Kluwer 2015, p. 815.
[11] Venice Commission, *Rule of Law Checklist* (CDL-AD(2016)007). Zie ook de aangenomen motie van het lid Özütok c.s. waarin de regering, onder verwijzing naar de *checklist* van de Commissie van Venetië, wordt verzocht bij de overdracht van publieke taken aan semipublieke instellingen expliciet aandacht te besteden aan de bescherming van burgerrechten. *Kamerstukken II* 2017/18, 34775 VII, 17.
[12] Zie het themanummer over het bestuursrecht van de toekomst, *NTB* 2014, afl. 8; het themanummer naar aanleiding van de afscheidsrede van Schreuder-Vlasblom, *NTB* 2016, afl. 10; S.E. Zijlstra, R.A.J. van Gestel & A.A. Freriks, *Privaat bestuur?* (VAR-reeks 140), Den Haag: Boom Juridische uitgevers 2008; J.H. Gerards, M.W. Scheltema & A.R. Neerhof, *Hybride bestuursrecht* (VAR-reeks 156), Den Haag: Boom Juridische uitgevers 2016; R.J.N. Schlössels e.a. (red.), *In het nu... Over toekomstig bestuursrecht*, Deventer: Wolters Kluwer 2018, p. 508-512; S.E. Zijlstra, 'De toekomst van het bestuursrecht: ontstatelijking?', *NTB* 2018/54.
[13] M. Scheltema, 'Rechtseenheid of rechtsstaat als doelstelling van de Awb?', *NJB* 2015/814; B.J. Schueler, 'De verschuivende functies van de Awb', *RegelMaat* 2015, afl. 6, p. 422-436.

ring van semipublieke instellingen.[14] Het begrip bestuursorgaan in de zin van artikel 1:1 lid 1 Awb speelt hierbij tot op de dag van vandaag een cruciale rol. Immers, alleen tegen besluiten (art. 1:3 lid 1 Awb) van bestuursorganen staat bestuursrechtelijke rechtsbescherming open. Daarnaast zijn publiekrechtelijke normen, zoals de geschreven en ongeschreven algemene beginselen van behoorlijk bestuur, alleen van toepassing op bestuursorganen in de zin van artikel 1:1 lid 1 Awb.[15]

Deze bijdrage richt zich specifiek op de betekenis die het bestuursorgaanbegrip in de toekomst nog heeft als aanknopingspunt voor de rechtsbescherming jegens (par. 2) en normering van (par. 3) semipublieke instellingen. Voldoet aansluiting bij het bestuursorgaanbegrip nog wel vanuit een oogpunt van rechtsstatelijkheid? Betoogd wordt dat het bestuursorgaanbegrip op een enkel punt nog aan kracht kan winnen, maar dat tegelijk de betekenis van het bestuursorgaanbegrip als sleutel tot rechtsstatelijkheid in toenemende mate zal afnemen.[16]

2. Bestuursrechtelijke rechtsbescherming

2.1 Publieke-taakjurisprudentie: de wetgever aan zet

Voor de toegang tot de bestuursrechter is het van belang vast te stellen in hoeverre een semipublieke instelling de hoedanigheid heeft van bestuursorgaan als bedoeld in artikel 1:1 lid 1 Awb. Alleen een besluit in de zin van artikel 1:3 lid 1 Awb genomen door een bestuursorgaan is immers in beginsel appellabel bij de bestuursrechter. Semipublieke instellingen worden als bestuursorgaan aangemerkt voor zover zij zijn bekleed met openbaar gezag in de zin van artikel 1:1 lid 1 aanhef en onder b Awb. Openbaar gezag kan bij of krachtens de wet worden verkregen. Te denken valt aan de examencommissie van de Stichting Flora- en Faunawetexamens die krachtens de Flora- en faunawet[17] de publiekrechtelijke bevoegdheid toekomt tot het vaststellen van de uitslag van een jachtexamen ten behoeve van het verkrijgen van een valkeniersakte.[18]

Het komt al heel lang voor dat privaatrechtelijke rechtspersonen door de overheid met publiekrechtelijke taken worden belast, zonder dat daarvoor een

---

[14] De vragen naar de toepasselijke rechtsnormen en bestuursrechtelijke rechtsbescherming vormen de klassieke invalshoeken voor de beantwoording van de vraag naar de identiteit en de reikwijdte van het bestuursrecht (of: de vraag naar de verhouding tussen publiek- en privaatrecht). Zie G.T.J.M. Jurgens, 'Positiebepaling van het bestuursrecht: verovering of zending?', *NTB* 2016/48.
[15] HR 4 april 2003, ECLI:NL:HR:2003:AF2830, *AB* 2003/365, m.nt. F.J. van Ommeren (*RZG/Comformed*).
[16] Ten behoeve van de verantwoording zij opgemerkt dat deze bijdrage deels gebaseerd is op inzichten die ik al in eerdere publicaties heb uiteengezet.
[17] Thans Wet natuurbescherming.
[18] ABRvS 4 februari 2015, ECLI:NL:RVS:2015:267.

wettelijke grondslag bestaat. Dit is vooral het geval op het terrein van het presterend bestuur, waarbij private rechtspersonen, met name stichtingen, als doorgeefluik van financiële middelen tussen overheid en burger fungeren; een onderwerp dat momenteel in de doctrine opnieuw in de belangstelling staat.[19] Om te voorkomen dat de burger als gevolg van een dergelijke constructie verstoken is van bestuursrechtelijke rechtsbescherming jegens de beslissingen van dergelijke stichtingen, acht de bestuursrechter zich al enkele decennia bevoegd over zulke beslissingen te oordelen, ook al is geen sprake van de uitoefening van openbaar gezag op grond van de wet. Deze jurisprudentielijn, ook wel 'publieke-taakjurisprudentie' genoemd, is door de Arob-rechter geïntroduceerd[20] en voortgezet onder de Awb.[21]

In de inmiddels klassiek geworden uitspraken van 17 september 2014 heeft de Afdeling bestuursrechtspraak van de Raad van State de publieke-taakjurisprudentie verduidelijkt.[22] Deze uitspraken zijn gedaan door een grote kamer[23] en voorafgegaan door één van de eerste conclusies van staatsraad advocaat-generaal Widdershoven.[24] Volgens deze uitspraken zijn privaatrechtelijke rechtspersonen die zonder wettelijke grondslag geldelijke uitkeringen of op geld waardeerbare voorzieningen aan derden verstrekken, bij wijze van uitzondering, een bestuursorgaan, wanneer aan twee cumulatieve eisen is voldaan. Ten eerste moeten de inhoudelijke criteria voor het verstrekken van geldelijke

---

[19] Zie par. 1.1 van deze bijdrage.
[20] ARRvS 13 juni 1978, tB/S I, 8 (*Stichting Ontwikkelings- en Saneringsfonds voor de Landbouw*).
[21] PG Awb I, p. 133 r.k. Het bekendste voorbeeld is de klassieke uitspraak over Stichting Silicose Oud-mijnwerkers (ABRvS 30 november 1995, ECLI:NL:RVS:1995:ZF1850, AB 1996/136, m.nt. S.E. Zijlstra). De publieke-taakjurisprudentie heeft ook betekenis voor de afbakening van het bestuursorgaanbegrip in andere wetten, zoals de Wet openbaarheid van bestuur. Zie ABRvS 13 juli 2016, ECLI:NL:RVS:2016:1928, AB 2016/299, m.nt. Peters (*Stichting Afwikkeling Maror-gelden*). Zie over de betekenis van het bestuursorgaanbegrip buiten de Awb ook J.A.F. Peters, 'Het klassieke b-orgaan in de nieuwe tijd', JBplus 2016/3, p. 177-195.
[22] ABRvS 17 september 2014, ECLI:NL:RVS:2014:3379, AB Klassiek 2016/42, m.nt. J.A.F. Peters (*Stichting bevordering kwaliteit leefomgeving Schipholregio*); ABRvS 17 september 2014, ECLI:NL:RVS:2014:3394 (*Stichting Platform31*). Zie hierover N. Jak, 'De publieke-taakjurisprudentie verduidelijkt. Over privaatrechtelijke rechtspersonen en het bestuursorgaanbegrip', JBplus 2015/2, p. 75-95; J.A.F. Peters, 'De publieke-taakjurisprudentie geijkt', NTB 2015/23; W. den Ouden & H. van Amerongen, 'Het bestuursorgaanbegrip voorbij?', in: M. Bosma e.a. (red.), *De conclusie voorbij*, Nijmegen: Ars Aequi Libri 2017, p. 137-152.
[23] Nu de uitspraken zijn gedaan door een grote kamer, waarvan ook de presidenten van de CRvB en het CBb deel uitmaken, zijn die uitspraken ook van betekenis voor de rechtspraak van de andere hoogste bestuursrechtcolleges. De CRvB heeft zich inmiddels expliciet bij de grote-kameruitspraken aangesloten. CRvB 15 augustus 2018, ECLI:NL:CRVB:2018:2554, Gst. 2018/142, m.nt. N. Jak (*FMMU*).
[24] Conclusie van 23 juni 2014, ECLI:NL:RVS:2014:2260.

uitkeringen of voorzieningen in beslissende mate worden bepaald door een of meer bestuursorganen als bedoeld in artikel 1:1 lid 1 aanhef en onder a Awb (inhoudelijke vereiste). Ten tweede dienen de verstrekkingen van deze uitkeringen of voorzieningen in overwegende mate, dat wil zeggen in beginsel voor twee derden of meer, gefinancierd te worden door een of meer bestuursorganen als bedoeld in artikel 1:1 lid 1 aanhef en onder a Awb (financiële vereiste). In het oog springt dat de Afdeling het criterium van de 'publieke taak' niet (meer) als cumulatief vereiste aanmerkt, waarmee tegemoet wordt gekomen aan één van de belangrijkste kritiekpunten in de literatuur.[25]

Het belang van de uitspraken moet niet overtrokken worden. Het gaat niet om een koerswijziging, maar alleen om een verduidelijking van de bestaande jurisprudentie. De uitspraken hebben trouwens niet op alle punten duidelijkheid verschaft en hebben bovendien ook weer nieuwe vragen opgeroepen.[26] Zo blijft de vraag welke betekenis aan eventuele 'institutionele invloed' – dat wil zeggen: de invloed van de overheid op de organisatie van de private rechtspersoon, zoals de samenstelling van het bestuur – moet worden toegekend in het kader van het inhoudelijke vereiste. Ook rijst de vraag onder welke omstandigheden semipublieke instellingen die voor minder dan twee derden door de overheid worden gefinancierd toch als bestuursorgaan kunnen worden aangemerkt. Nadere rechtspraak zal hierover meer duidelijkheid moeten geven, al betreft het vooral verfijning in de marge, die overigens voor de rechtspraktijk wel van groot belang is.

Verder heeft de Afdeling de criteria een wat formelere invulling gegeven. Dit komt weliswaar de rechtszekerheid ten goede, maar maakt ook dat overheden mogelijk gemakkelijker bestuursrechtelijke rechtsbescherming kunnen omzeilen door de relatie met de private rechtspersoon zo vorm te geven dat niet aan de cumulatieve eisen wordt voldaan. Den Ouden & Van Amerongen bepleiten daarom een meer *materiële* invulling van de criteria. De daarbij komende onzekerheid nemen zij voor lief.[27] Het is altijd schipperen tussen enerzijds een formelere benadering die meer rechtszekerheid biedt en anderzijds een soepelere, meer materiële, benadering die zoveel mogelijk 'doorgeefluikconstructies' onder het bereik van de bestuursrechter brengt.[28] De duidelijkheid van een goed hanteerbaar criterium heeft in de uitspraken van 17 september 2014 de overhand gekregen.[29] Welk criterium ook wordt gekozen, uiteindelijk zullen er altijd rafelranden rondom het bestuursorgaanbegrip bestaan. Een deel van de problemen zou kunnen worden opgelost wanneer de overheid zijn

---

[25] Zie over die kritiek Jak 2015, p. 89-91.
[26] Zie Jak 2015; Peters 2015.
[27] Den Ouden & Van Amerongen 2017, p. 145-150. Zie ook L. van den Berge, 'Van government naar governance: besturen onder de radar van het bestuursrecht', *NTB* 2018/40, p. 222, l.k.
[28] Vgl. ook overweging 4.12 van de conclusie van staatsraad A-G Widdershoven.
[29] Zie ook J.E.M. Polak, 'De conclusie voorbij; hoe nu verder?', *NTB* 2018/26, p. 167.

verantwoordelijkheid neemt en een einde maakt aan het gebruik van buitenwettelijke 'doorgeefluikconstructies'. Het verdient aanbeveling dat de (bijzondere) wetgever in de toekomst de koninklijke weg bewandelt, door te voorzien in een adequate wettelijke grondslag en attributie- of delegatiebepalingen.[30] Op die manier zijn democratisch-rechtsstatelijke waarden beter geborgd dan nu het geval is.

2.2 Rechtsbescherming in het sociaal domein: voorbij het bestuursorgaanbegrip

Zoals gezegd, is een belangrijk oogmerk van het bestuursorgaanbegrip om de toegang tot de bestuursrechter af te bakenen. De vraag dringt zich op of deze benadering vandaag de dag nog wel toereikend is. De bestuursrechter legt het bestuursorgaanbegrip dan wel extensief uit, zo blijkt uit de publieke-taakjurisprudentie, maar het is de vraag of bestuursrechtelijke rechtsbescherming jegens semipublieke instellingen daarmee afdoende is gegarandeerd. De huidige discussie over de rechtsbescherming in het sociaal domein, waarbij de feitelijke uitvoering doorgaans wordt uitbesteed aan private zorgaanbieders,[31] die *geen* bestuursorgaan zijn,[32] biedt aanknopingspunten voor de gedachte om het bestuursorgaanbegrip als aangrijpingspunt voor bestuursrechtelijke rechtsbescherming los te laten.

Op dit moment is binnen het sociaal domein sprake van fragmentatie van bestuursrechtelijke rechtsbescherming. De procedure bij de bestuursrechter is nu tegen één besluit gericht (het indicatiebesluit), de feitelijke uitvoering daarvan (door de private zorgaanbieder) blijft buiten beschouwing; daarvoor moet men bij de burgerlijke rechter terecht. Gelet hierop heeft de regeringscommissaris voor de algemene regels van bestuursrecht Scheltema, in een advies aan de Minister van Binnenlandse Zaken en Koninkrijksrelaties (BZK) een wijziging van de Awb voorgesteld die het mogelijk maakt om een geschil integraal bij de bestuursrechter aan de orde te stellen.[33] Niet alleen het indicatiebesluit, maar ook feitelijke uitvoeringshandelingen, zelfs die van de private aanbieder, kunnen aan de bestuursrechter ter toetsing worden voorgelegd. Op die manier wordt het systeem van rechtsbescherming voor de burger meer toegankelijk. De vraag rijst welke rol hierbij is weggelegd voor de Awb. Voorstelbaar is dat in de Awb een regeling voor integrale geschilbeslechting met een facul-

---

[30] Jak 2015, p. 91. Vgl. W. den Ouden, M.K.G. Tjepkema & S.E. Zijlstra, 'De tegemoetkoming geregeld', *NTB* 2015/13.
[31] Zie Jak 2018.
[32] Vgl. ABRvS 6 december 2017, ECLI:NL:RVS:2017:3318, *AB* 2018/98, m.nt. G.E. Greijghton-Sluyk & W.S. Zorg (*Stek Jeugdhulp*).
[33] M. Scheltema, *Advies integrale geschilbeslechting in het sociaal domein 2017*. Over dit advies heeft een internetconsultatie plaatsgevonden. Te raadplegen via https://www.internetconsultatie.nl.

tatief karakter wordt neergelegd die, indien gewenst, kan worden toegepast door de bijzondere wetgever.[34]

Het sociaal domein vraagt dus om een andere benadering van de afbakening van bestuursrechtelijke rechtsbescherming teneinde de rechtsstatelijke waarden voor de burger te kunnen verwezenlijken.[35] Dit gaat zelfs zover dat mogelijk ook het bestuursorgaanbegrip als aanknopingspunt voor bestuursrechtelijke rechtsbescherming jegens private zorgaanbieders wordt losgelaten. Het handelen van de private zorgaanbieders valt in het voorstel van de regeringscommissaris immers onder de bevoegdheid van de bestuursrechter terwijl die aanbieders geen bestuursorgaan zijn. Daarmee verschuift de betekenis van het bestuursorgaanbegrip als 'rechtsstatelijke sluitsteen'[36] naar de achtergrond. Het valt niet uit te sluiten dat deze ontwikkeling zich in de toekomst uitbreidt naar andere terreinen binnen het bestuursrecht waarbij de overheid de uitvoering van besluiten aan private partijen uitbesteedt. Te denken valt aan de inzet van private rechtspersonen bij nalevingstoezicht,[37] of bij de feitelijke uitoefening van bestuursdwang, zoals het wegslepen van illegale woonwagens door een door het gemeentebestuur ingeschakeld aannemingsbedrijf.

3. Publiekrechtelijke normering

3.1 Uitbreiding van het bestuursorgaanbegrip: overwegende overheidsinvloed

Het bestuursorgaanbegrip in artikel 1:1 lid 1 aanhef en onder b Awb wordt afgebakend aan de hand van het criterium 'openbaar gezag'. Vanuit de functie van het bestuursorgaanbegrip om de toegang tot de bestuursrechter af te bakenen, valt dat goed te begrijpen. De toegang tot de bestuursrechter is in de Awb beperkt tot publiekrechtelijke rechtshandelingen (besluiten) en de uitoefening van openbaar gezag loopt in de meeste gevallen een op een met het nemen van besluiten.[38]

Het bestuursorgaanbegrip is ook bepalend voor de afbakening van het toepasselijke recht. De vraag dringt zich op waarom ook voor de toepasselijkheid van publiekrechtelijke rechtsnormen, zoals de algemene beginselen van be-

---

[34] P.J. Huisman & F.J. van Ommeren, 'De bestuursrechtelijke rechtsbetrekking in het sociaal domein', *NTB* 2018/7, p. 21.
[35] Schueler 2015, p. 434.
[36] Zie voor deze terminologie Peters 2016, p. 185.
[37] Een aspect dat op het terrein van de sociale zekerheid aan de orde van de dag is. Zie Y.E. Schuurmans & S.H. Ranchordás, 'The mystery guests in het bestuursrecht: fraudeonderzoek door particuliere recherchebureaus', *NTB* 2016/51.
[38] Het criterium 'openbaar gezag' is overgenomen uit de voorgangers van Awb – de Wet Bab en de Wet Arob – waar het primair diende ter afbakening van de toegang tot de bestuursrechter. *PG Awb I*, p. 132. Juist in geval van de uitoefening van openbaar gezag – of: publiekrechtelijke bevoegdheidsuitoefening – is rechtsbescherming door de bestuursrechter aangewezen.

hoorlijk bestuur, het (enge) criterium van openbaar gezag bepalend zou moeten zijn. De parlementaire geschiedenis bij de Awb laat die vraag onbeantwoord.[39] Zou een bredere uitleg van het bestuursorgaanbegrip niet zijn aangewezen als het gaat om de afbakening van de toepasselijke rechtsnormen? Wellicht kan het criterium van 'overwegende overheidsinvloed' als aanvullend criterium uitkomst bieden.

Semipublieke instellingen die onder overwegende invloed staan van de overheid, bijvoorbeeld omdat de overheid de meerderheid van de aandelen houdt of de meerderheid van het bestuur kan benoemen of ontslaan, worden naar positief recht niet aangemerkt als bestuursorgaan. Het criterium van overwegende overheidsinvloed is namelijk niet bepalend voor de afbakening van het bestuursorgaanbegrip.[40] Als gevolg daarvan zijn de algemene beginselen van behoorlijk bestuur niet van toepassing op private rechtspersonen die onder overwegende overheidsinvloed staan, zoals een staatsbedrijf als netbeheerder TenneT BV. Dit wringt, omdat het de overheid zou kunnen aanmoedigen publiekrechtelijke normering te omzeilen door zich te hullen in een privaatrechtelijke organisatievorm. Het is dan ook geen toeval dat het criterium van overwegende overheidsinvloed wel een rol speelt in het EU-recht en het EVRM,[41] maar ook in sommige buitenlandse rechtsstelsels, zoals Zuid-Afrika.[42] Gelet hierop zou kunnen worden overwogen om het bestuursorgaanbegrip in artikel 1:1 lid 1 Awb uit te breiden met het criterium van overwegende overheidsinvloed. Dit criterium vormt dan een extra criterium naast het bestaande criterium van openbaar gezag.[43] Zodoende kunnen private instellingen waarbij sprake is van overwegende overheidsinvloed, anders dan nu het geval is, publiekrechtelijk

---

[39] N. Jak, *Semipublieke instellingen. De juridische positie van instellingen op het snijvlak van overheid en samenleving*, Den Haag: Boom Juridische uitgevers 2014, p. 58-59, p. 356.
[40] ABRvS 3 oktober 1996, ECLI:NL:RVS:1996:AA6767, *AB* 1996/474, m.nt. A.F.M. Brenninkmeijer. Dit is alleen anders in ambtenaarrechtelijke verhoudingen. Wanneer sprake is van overwegende overheidsinvloed op het beheer van een privaatrechtelijke rechtspersoon en bij die rechtspersoon ambtenaren zijn aangesteld, is die rechtspersoon met openbaar gezag bekleed en dus een bestuursorgaan voor zover het gaat om handelingen jegens die ambtenaren. In CBb 31 maart 2009, ECLI:NL:CBB:2009:BI0337, *AB* 2009/257, m.nt. N. Jak & E. Steyger (*Friesch Paarden-Stamboek*) lijkt het College het criterium van overwegende overheidsinvloed ook buiten het ambtenarenrecht toe te passen bij de afbakening van het bestuursorgaanbegrip.
[41] Jak 2014, p. 231 e.v.; N. Jak, 'Semipublieke instellingen als normadressaat en drager van de grondrechten uit het EU-Grondrechtenhandvest', *TvCR* 2017, afl. 4, p. 291-296 resp. N. Jak, 'Publiekrechtelijke normering van semipublieke instellingen. De verticale werking van de algemene beginselen van behoorlijk bestuur, de grondrechten en het EVRM', *JBplus* 2012/2, p. 242-247.
[42] Niels Jak & Frank van Ommeren, 'Semi-Public Entities and the Public/Private-Law Divide in South African and Dutch Law', *The South African Law Journal* (133) 2016, p. 102-132.
[43] Jak 2014, p. 385-389.

genormeerd worden. De betekenis van het bestuursorgaanbegrip kan op deze manier nog aan kracht winnen.

3.2 Verdergaande verticalisering?

Het uitbreiden van het overheidsbegrip om zodoende semipublieke instellingen onder de reikwijdte van publiekrechtelijke normen te brengen, is een methode die kan worden aangeduid als *verticalisering*.[44] Het is de vraag of verdergaande verticalisering een vruchtbare route is. Zij kan voor een deel zeker uitkomst bieden, zoals de in de vorige paragraaf bepleite uitbreiding van het bestuursorgaanbegrip met het criterium overwegende overheidsinvloed laat zien, maar de benadering is binair en laat weinig ruimte voor maatwerk. Bovendien zullen er genoeg gevallen denkbaar zijn waarbij een semipublieke instelling redelijkerwijs niet meer tot de overheid kan worden gerekend terwijl wel een zekere mate van publiekrechtelijke normering aangewezen is.

In de literatuur wordt wel verdedigd dat voor de toepasselijkheid van publiekrechtelijke normen niet zozeer gekeken moet worden naar de status van de handelende instelling (behoort zij al dan niet tot de overheid) maar naar de aard en strekking van de handelingen, waarbij bepalend is of die handelingen worden verricht met het oog op de behartiging van een *publieke taak*.[45] Het publieke-taakcriterium is evenwel een vaag en daardoor weinig onderscheidend criterium en om die reden mijns inziens minder geschikt om het toepassingsbereik van publiekrechtelijke normen af te bakenen.

Mogelijk kan het criterium van de publieke taak wel anderszins van dienst zijn. Het kan zo zijn dat de burgerlijke rechter de open normen van het Burgerlijk Wetboek (BW) zo invult dat die normen vergelijkbaar zijn met bepaalde publiekrechtelijke normen, zoals de algemene beginselen van behoorlijk bestuur, terwijl de rechter niet expliciet aan die publiekrechtelijke normen refereert. In dat geval is sprake van congruentie tussen privaatrechtelijke en publiekrechtelijke normen. Privaatrechtelijke rechtsvinding leidt aldus tot bescherming van waarden die ook in publiekrechtelijke normen tot uitdrukking komen.[46] De mate van inkleuring van de open normen van het BW kan worden beschouwd als een glijdende schaal, waarbij gedifferentieerd kan worden naar de mate waarin een publieke taak wordt verricht of sprake is van een machtspositie. Op die manier krijgt de normering een minder binair karakter waarbij

---

[44] Vgl. J.H. Gerards, *Grondrechten onder spanning. Bescherming van fundamentele rechten in een complexe samenleving*, Utrecht: Universiteit Utrecht 2017, p. 14.
[45] F.J. van Ommeren, 'Het onderscheid tussen publiek- en privaatrecht: multifunctioneel en contextafhankelijk. De betekenis van het publieke taakcriterium', *NTB* 2014/30, p. 250-252. Vgl. S. Lierman, *Besturen zonder grenzen. Over grijze zones en blinde vlekken*, Antwerpen/Cambridge: Intersentia 2015, p. 39-45.
[46] Zie Jak 2014, p. 94-97, p. 204-207.

beter recht kan worden gedaan aan het individuele geval en dus meer maatwerk mogelijk is.[47]

De behartiging van een publieke taak rechtvaardigt voorts *regulering* door de overheid om zodoende publiekrechtelijke normering te realiseren.[48] De overheid kan in een concreet geval publiekrechtelijke normering opleggen door middel van het privaatrechtelijk rechtspersonenrecht, bijvoorbeeld door gebruikmaking van aandeelhouders- of bestuursbevoegdheden, vastlegging in de statuten, of een overeenkomst met de betrokken semipublieke instelling.[49] Daarbij kan evenwel de kanttekening worden geplaatst dat het niet mogelijk is om zonder wettelijke grondslag op deze wijzen hetzelfde beschermingsniveau van publiekrechtelijke normen te bewerkstelligen als bij bestuursorganen geldt. Zo kunnen burgers bijvoorbeeld geen beroep doen op normen neergelegd in de statuten, omdat de statuten geen externe werking hebben.[50] Voor een verdergaande publiekrechtelijke normering is derhalve ingrijpen van de wetgever nodig.

De wetgever kan ervoor kiezen publiekrechtelijke normering te bewerkstelligen via algemene wetgeving, waarin de wetgever een algemeen stelsel ontwerpt waarmee publiekrechtelijke normering van semipublieke instellingen wordt verzekerd. Zo wordt in de literatuur wel een 'Awb voor maatschappelijke organisaties' bepleit.[51] Het probleem van een dergelijke algemene wettelijke regeling, die geldt voor alle semipublieke instellingen, is dat zij voor sommige instellingen te ver gaat en derhalve disproportioneel is, en voor andere niet ver genoeg gaat. Dit bezwaar dringt zich ook op wanneer semipublieke instellingen door de (sectorspecifieke) wetgever als *bestuursorgaan* zouden worden aangemerkt. Dit brengt namelijk een algemene toepasselijkheid van bestuursrechtelijke normen met zich waarvan men zich kan afvragen of dat wel zonder meer gepast is.[52] Daarom ben ik van mening dat regulering bij voorkeur plaatsvindt in de bijzondere wet, waarbij een gedifferentieerde benadering is aangewezen die inhoudt dat de normering wordt toegesneden op de betrokken semipublieke instelling (of de sector waarin zij zich bevindt), de aard van de

---

[47] N. Jak, 'Semipublieke instellingen en aansprakelijkheid uit onrechtmatige daad: een verkenning', *NTB* 2016/8, p. 58-60 en in dezelfde zin Den Ouden & Van Amerongen 2017, p. 150-152.

[48] Jak 2014, p. 393, p. 396-397. Zie ook S.E. Zijlstra, 'De grenzen van de overheid', in: S.E. Zijlstra, R.A.J. van Gestel & A.A. Freriks, *Privaat bestuur?* (VAR-reeks 140), Den Haag: Boom Juridische uitgevers 2008, p. 60, p. 89; M.A. Heldeweg, 'Een klare lijn: hybriditeit de anomalie voorbij?', *Bestuurswetenschappen* 2010, afl. 6, p. 64, p. 68.

[49] Jak 2014, p. 396-397; Zijlstra 2008, p. 58-60, p. 81-82, p. 89; Heldeweg 2010, p. 69.

[50] Zijlstra 2008, p. 55, p. 59.

[51] C. Raat, *Mensen met macht. Rechtsstatelijkheid als organisatiedeugd voor maatschappelijke organisaties*, Den Haag: Boom Juridische uitgevers 2007, p. 291.

[52] Zie ook M.W. Scheltema, 'Bestuursrecht van de toekomst en 'ontstatelijking': nieuwe perspectieven?', *NTB* 2014/29, p. 247.

rechtsverhouding en niet verder gaat dan noodzakelijk is.[53] Dat neemt niet weg dat het wenselijk kan zijn om voor bepaalde typen semipublieke instellingen te voorzien in een zekere mate van uniformering wanneer de bijzondere regels onnodig versnipperd zijn. Zo pleit Van Ommeren voor een algemene wettelijke regeling voor toegelaten of erkende maatschappelijke instellingen, waarvan de mate van toepasselijkheid wordt overgelaten aan de bijzondere wetgever.[54]

4. De toekomst van de Awb: absorberen en differentiëren

In deze bijdrage is ingegaan op de betekenis die het bestuursorgaanbegrip in de Awb in de toekomst nog heeft als aanknopingspunt voor de rechtsbescherming jegens en normering van semipublieke instellingen. Duidelijk is geworden dat het bestuursorgaanbegrip op een enkel punt weliswaar nog aan kracht kan winnen – te denken valt aan het criterium van 'overwegende overheidsinvloed' – maar dat de betekenis van het bestuursorgaanbegrip als rechtsstatelijk antwoord op ontstatelijking naar alle waarschijnlijkheid zal afnemen.

De vraag is wat dit in meer algemene zin betekent voor de toekomst van de Awb, waarbij de borging van rechtsstatelijke waarden meer op de voorgrond is komen te staan. Wat betreft de toegang tot de bestuursrechter ziet het er naar uit dat de betekenis van de Awb zal toenemen. Daarbij zij verwezen naar de besproken ontwikkelingen in het sociaal domein waarbij de rechtsmacht van de bestuursrechter mogelijk wordt uitgebreid tot entiteiten die traditioneel buiten zijn competentie vallen.

Een andere benadering is evenwel te zien bij de normering van semipublieke instellingen. Schueler constateerde in de bundel over 15 jaar Awb al dat de verdergaande ontwikkeling van het algemene bestuursrecht door middel van de Awb gepaard gaat met de roep om differentiatie, bijvoorbeeld voor wat betreft het bijzonder onderwijs dat is ondergebracht in een privaatrechtelijke rechtspersoon.[55] In deze bijdrage is uiteengezet dat een gedifferentieerde aanpak door de bijzondere (sector)wetgever in beginsel is aangewezen voor de normering van semipublieke instellingen. De betekenis van de Awb verschuift daarmee naar de achtergrond ten faveure van een toenemende verscheidenheid in het bestuursrecht.

---

[53] Jak 2014, p. 397. Zie ook Zijlstra 2008, p. 89-91.
[54] F.J. van Ommeren, 'Toegelaten of erkende maatschappelijke instellingen. Een andere visie op de maatschappelijke onderneming', *NTB* 2018/48.
[55] B.J. Schueler, 'De Awb en de bijzondere delen van het bestuursrecht', in: T. Barkhuysen e.a. (red.), *Bestuursrecht harmoniseren: 15 jaar Awb*, Den Haag: Boom Juridische uitgevers 2010, p. 189-191 onder verwijzing naar B.P. Vermeulen & P.J.J. Zoontjens, 'Het 'algemene' bestuursrecht en het 'bijzondere' onderwijsrecht', in: C.A.J.M. Kortmann, B.P. Vermeulen & P.J.J. Zoontjens, *De Awb en de bijzondere wetgeving* (VAR-reeks 124), Den Haag: Boom Juridische uitgevers 2000, p. 181-183.

Leo Damen*

11 | Van Awbmens naar responsieve burger?

@L_Damen – Na 25 jaar Awb moet het burgerbeeld van wetgever, beleidsmakers, bestuursorganen en bestuursrechters realistischer worden, rekening houdend met het 'doenvermogen' van de gewone burger. Een door Scheltema ontworpen artikel 3:4a Awb met een maatwerkbevoegdheid kan daaraan bijdragen#burgerbeeld#bestuursbeeld#responsiviteit

1. Inleiding en vraagstelling

Gedurende 25 jaar Awb heb ik geschreven over *burgerbeelden*. Lang voelde ik mij een roepende in de woestijn. Al schrijvende heb ik mij zelf uitgeput, letterlijk en figuurlijk. Veel nieuws over burgerbeelden heb ik dus niet meer te melden.[1]

Het draait om een feitelijk en een normatief burgerbeeld, dus in de werkelijkheid en als ambitie. Daarbij versta ik onder een *burgerbeeld* de perceptie door wetgever, openbaar bestuur, bestuursrechter en anderen van wat redelijkerwijs van een gewone burger verwacht mag worden in zijn relatie met het openbaar bestuur.

Tegenover een burgerbeeld staat een bestuursbeeld. Onder een *bestuursbeeld* versta ik de perceptie door wetgever, openbaar bestuur, bestuursrechter en gewone burger van wat redelijkerwijs van het openbaar bestuur verwacht mag worden in zijn relatie met die burger. Niet alleen burgers, maar ook wetgever, beleidsmakers, bestuursorganen en bestuursrechters hebben daarover bepaalde verwachtingen.

In mijn VAR-preadvies 'Is de burger triple A: alert, argwanend, assertief, of raakt hij *lost in translation*?' heb ik verdedigd dat wetgevers, beleidsmakers, bestuursorganen en bestuursrechters uitgaan van het burgerbeeld van de *triple A burger: alert, argwanend, assertief*.[2] Verder heb ik verdedigd dat dit burgerbeeld niet realistisch is en dat het zou moeten worden gekanteld. Een stelling met deze strekking is op de VAR-jaarvergadering op 18 mei 2018 met 67% van de stemmen aangenomen (n>100).

Doordat wetgevers, beleidsmakers, bestuursorganen en bestuursrechters niet uitgaan van een realistisch burgerbeeld, komen burgers regelmatig in ernstige problemen. Dit brengt ons bij de centrale vraag. Van welk burgerbeeld

---

* Prof. mr. L.J.A. Damen is emeritus hoogleraar bestuursrecht aan de Rijksuniversiteit Groningen.
[1] Zie mijn hierna vermelde publicaties.
[2] L.J.A. Damen, 'Is de burger triple A: alert, argwanend, assertief, of raakt hij *lost in translation*?', in: L.J.A. Damen e.a., *Vertrouwen in de overheid* (VAR-reeks 160), Den Haag: Boom Juridische uitgevers 2018, p. 7-103 (Damen 2018b).

gaan wetgever, beleidsmakers, bestuursorganen en bestuursrechters uit? Moet er niet een nieuw, realistischer burgerbeeld voor de Awb komen?

Vaak gaat het om een impliciet burgerbeeld. Soms worden de impliciet gehanteerde burgerbeelden in de literatuur benoemd. Ik bespreek hierna enkele opvallende burgerbeelden, zoals de Awbmens en de Wmo-mens.

2. De beleidstheorie van de Awbwetgever

De Algemene wet bestuursrecht (Awb) gaat er sinds 1994 van uit dat de verhouding tussen burger en openbaar bestuur[3] een *wederkerige* en liefst ook een *horizontale rechtsbetrekking* is. Het bestaan van die wederkerige en horizontale rechtsbetrekking is de beleidstheorie van de Awb.

De Wet maatschappelijke ondersteuning 2015 (Wmo) en enkele andere decentralisatiewetten in het sociale domein (jeugdzorg, participatie) gaan volgens Tollenaar uit van de beleidstheorie van de *humane rechtsbetrekking* tussen burger en bestuur.[4] De relatie tussen bestuur en burger wordt daarbij herijkt, met begrippen als maatwerk, stimuleren van eigen verantwoordelijkheid, zelfredzaamheid enzovoort. Het gaat om een nieuw *burgerbeeld* en ook een nieuw *bestuursbeeld*.

3. De homo juridicus

Eind 2016 schrijft Michiel Scheltema dat de wetgever bij het maken van regels uitgaat van een bepaald soort burgers:

> 'Het beeld dat daarbij domineert is dat van een rationeel handelende burger die over alle informatie beschikt die nodig is om de juiste beslissingen te nemen. Ieder wordt ook geacht de wet te kennen. Dit beeld is vergelijkbaar met het mensbeeld waarop economen vroeger hun modellen en theorieën baseerden. De *homo economicus* was goed geïnformeerd en maakte economische afwegingen op een rationele manier. Inmiddels is duidelijk dat dit beeld niet klopt, en dat economische modellen die daarop zijn gebaseerd, de werkelijkheid onvoldoende benaderen. De *homo juridicus,* het mensbeeld waarvan de wetgever uitgaat, voldoet op dezelfde manier niet meer. De burger denkt en handelt heel anders. Hij reageert niet alleen maar rationeel, en beschikt meestal over veel te weinig informatie om goed geïnformeerd te kunnen beslissen. De vormgeving van de rechtsstaat zou moeten uitgaan van bescherming tegen de overheid die de burger echt nodig heeft. Dat is ook het burgerperspectief waarop de Nationale ombudsman wijst.'

---

[3] Hierna doorgaans kortweg: bestuur.
[4] A. Tollenaar, 'Humane rechtsbetrekking in de lokale verzorgingsstaat', in: G.J. Vonk (red.), *Rechtsstatelijke aspecten van de decentralisaties in het sociale domein*, Groningen: RUG 2016, p. 27-61 (Tollenaar 2016).

Scheltema concludeert:

> 'Kortom, de rechtsstaat is [door de wetgever, LD] te veel ingericht naar een verkeerd beeld van de burger. Daardoor heeft de burger ervaringen met de rechtsstaat die tegengesteld zijn aan zijn verwachtingen, en daardoor wordt ook de overheid teleurgesteld in reacties van de burger op het overheidsoptreden.'[5]

Het is mooi dat de *founding father* van de Awb er nu ook nadruk op legt dat het van cruciaal belang is van welk *burgerbeeld* de wetgever uitgaat bij de vorming van het bestuursrecht, en waar vervolgens het bestuur van uitgaat bij de uitvoering van het bestuursrecht. Daarbij is ook het burgerbeeld van de bestuursrechter van groot belang.

4. Responsief bestuur?

Sinds enige tijd duikt het begrip *responsieve rechtsstaat* op.[6] Allewijn plaatst de herkomst hiervan bij Nonet en Selznick.[7] Volgens Scheltema is een responsieve rechtsstaat een 'rechtsstaat, waarin de burger ervaart dat het bij de rechtsstaat om hem te doen is. In de rechtsstaat is de overheid een dienende overheid.'[8] In 2018 schrijft Scheltema dat een responsieve rechtsstaat zich richt 'op de burger zoals die echt bestaat'.[9] Scheltema houdt een pleidooi voor minder bureaucratie en minder werken volgens de regels, voor het centraal stellen van de burger, voor meer procedurele rechtvaardigheid, voor meer differentiatie/maatwerk in de benadering van de individuele burger. Die burger moet ook ervaren dat niet het systeem, maar de burger centraal staat.

Dit responsieve bestuursbeeld komt overeen met het al lang bestaande bestuursbeeld van de *dienende/dienstbare overheid*.[10] Als responsieve rechtsstaat moderner klinkt en in Den Haag meer handen op elkaar krijgt, ga ik er maar even aan voorbij dat responsief een nieuw *juichwoord* is, misschien nog net geen *plastic woord* als 'governance'. Zolang we maar niet de *responsieve burger* ontdekken?[11]

---

[5] M. Scheltema, 'De burger in de rechtsstaat: Alice in Wonderland?', *NTB* 2016/33, p. 267-270, geciteerd zonder noten; M. Scheltema, 'Wetgeving in de responsieve rechtsstaat', *RegelMaat* 2018/3, p. 121-132 (Scheltema 2018).
[6] Zie ook *NTB*-special 2018/5.
[7] D. Allewijn, 'Het rapport "De praktijk van de nieuwe zaaksbehandeling in het bestuursrecht"', *NTB* 2016/29, p. 222.
[8] M. Scheltema, 'Bureaucratische rechtsstaat of responsieve rechtsstaat?', *NTB* 2015/37, p. 287-289.
[9] Scheltema 2018, p. 122.
[10] M. Scheltema, 'De rechtsstaat', in: J.W.M. Engels e.a., *De rechtsstaat herdacht*, Zwolle: W.E.J. Tjeenk Willink 1989, p. 11-25, hier p. 20-22. Ook herhaaldelijk bepleit door Raymond Schlössels en mij zelf.
[11] Inmiddels is het al mogelijk om een driedaagse 'course' te volgen in 'responsief beleidsonderzoek': 'dat wil zeggen dat onderzoekers beleid niet slechts controleren, maar input

Van groot belang is dus van welk *bestuursbeeld* wordt uitgegaan. Zo wordt tegenwoordig regelmatig de loftrompet gestoken van de informele aanpak in de bezwaarprocedure: eerst bellen, 'prettig contact' enzovoort. Ik vraag mij regelmatig af: wat wordt er in dat telefonisch contact precies besproken? Wordt een bezwaarmaker door een werkelijk dienende, 'responsieve' functionaris altijd benaderd als de burger om wie 'het te doen is', wiens bedoelingen en belangen centraal staan, of wordt ook wel geprobeerd de bezwaarde af te praten van het doorzetten van zijn bezwaar? Is dit 'even bellen' niet een groot zwart gat, zeker als adequate verslaglegging ontbreekt?

In hun NJV-preadvies komen Van Ettekoven en Marseille met het succesverhaal van het 'oplossingsgerichte maatwerk in Gouda', maar zij vragen zich terecht af of dit niet een witte raaf is. De werkelijkheid blijkt weerbarstig, de juridische kwaliteit loopt sterk uiteen.[12] Wordt al met al bij het enthousiasme over 'prettig contact' niet uitgegaan van een te zonnig, te responsief bestuursbeeld?

5. Het mensbeeld van de Awb: de Awbmens?

Bij de totstandkoming van de Algemene wet bestuursrecht is uitgegaan van een openbaar bestuur dat in een *wederkerige* en bij voorkeur ook een *horizontale rechtsbetrekking* met de burgers staat. In 1993 schreef ik al, mede op basis van veel *stories*:

> 'Al vanaf de eerste tranche gaat de Awb uit van (toenemend) *wederkerig* bestuur, van *wederkerige* rechtsbetrekkingen. Het bestuur moet "rekening houden met de belangen van de bij de besluitvorming betrokken burger zoals die burger deze zelf ziet." Ook in de tweede tranche wordt daarvan uitgegaan. Volgens de regering is "weliswaar in geval van besluiten nog steeds sprake van eenzijdige rechtsvaststelling door het bestuur, materieel is, ook door de veranderde verhouding tussen burger en bestuur, een onmiskenbare tendens naar een meer wederkerige wijze van rechtsvaststelling ontstaan." Ook in de derde tranche wordt daarvan uitgegaan.
> Met *horizontalisering* wordt mijns inziens een stap verder gezet dan met wederkerigheid: bestuursorganen gaan op voet van gelijkwaardigheid om met burgers, via samenwerking en afspraken. Het gaat al snel in de richting van instemming.'[13]

---

leveren gedurende de gehele beleidscyclus en actief de dialoog aangaan met beleidsmakers'. U vraagt, wij draaien?

[12] B.J. van Ettekoven & A.T. Marseille, *Afscheid van de klassieke procedure in het bestuursrecht?* (Handelingen NJV, 2017-1), Deventer: Wolters Kluwer 2017, p. 139-263, hier p. 179-187.

[13] L.J.A. Damen, 'Bestaat de Awbmens?', in: J.L. Boxum e.a. (red.), *Aantrekkelijke gedachten*, Deventer: Kluwer 1993, p. 109-129 (Damen 1993), hier p. 111-112 [noten in citaat zijn weggelaten].

11 Van Awbmens naar responsieve burger? | 117

Inzake de *wederkerigheid* was in 1993 mijn conclusie:

> 'Eigenlijk blijft alleen als harde eis over dat partijen met elkaars belangen en positie rekening moeten houden en voldoende informatie verschaffen.'[14]

Inzake de *horizontalisering* was in 1993 mijn conclusie:

> 'in de praktijk treedt horizontalisering op waar je haar het minste zou verwachten en omgekeerd. Waar (veel) derde-belangen een rol spelen, zoals op het terrein van het milieu, de ruimtelijke ordening, de luchtverkeersveiligheid en de informatieverstrekking over voetbalvandalen, en waar horizontalisering voor sommige belangen als snel leidt tot een "weghorizontalisering" van andere belangen, komt nu juist veel horizontalisering voor. Daar waar geen derde-belangen spelen, zoals bij het vreemdelingenrecht, de studiefinanciering of de bijstand, wordt juist niet gehorizontaliseerd. (…) Opvallend is verder dat er vooral wordt gehorizontaliseerd met organisaties, met rechtspersonen, en doorgaans niet met natuurlijke personen. Kennelijk zijn die minder interessant in dit do-ut-des-spel.'

Ten slotte was mijn indruk in 1993:

> 'Misschien bestaat hier en daar al wel de *Awbmens* als een burger met wie bestuursorganen wederkerige en zelfs horizontale rechtsbetrekkingen onderhouden. (…) De *echte Awbmens*, met wie ook horizontale rechtsbetrekkingen worden onderhouden, is doorgaans een machtige rechtspersoon, niet zo maar een natuurlijke persoon. Tegenover de laatste, de niet-Awbmens, domineert in het algemeen de administratie en overheerst de instrumentaliteit van het bestuursoptreden.'

De opstellers van de memorie van toelichting bij de Awb hadden in de jaren 80 een veel te hoog grijpende beleidstheorie, veel te hoog gestemde verwachtingen over hoe wederkerig en horizontaal de rechtsbetrekkingen tussen bestuur en modale burger al waren, en zich zouden gaan ontwikkelen.

De echte *Awbmens* is niet zo zeer een *homo juridicus*, maar veeleer een machtige rechtspersoon om wie het openbaar bestuur niet zomaar heen kan en waarvan het soms ook afhankelijk is.[15]

---

[14] Damen 1993, achtereenvolgens p. 120, 125, 126 en 128. Zie ook L.J.A. Damen, 'De geheime directe van het bestuur: mensbeeld, bestuursbeeld en legaliteitsbeginsel', in: M. Herweijer e.a. (red.), *In wederkerigheid*, Deventer: Kluwer 1997, p. 35-46; idem, 'Met de Awb op weg naar een nieuwe relatie tussen bestuur en burger?', in: J.M. Polak e.a., *Congresbundel Evaluaties Awb*, 's-Gravenhage: Boom Juridische uitgevers 1998, p. 11-21.
[15] Op mijn verhaal over de *Awbmens* reflecteerden verschillende auteurs in de afscheidsbundel: R.L. Vucsán (red.), *De Awb-mens: boeman of underdog?*, Nijmegen: Ars Aequi Libri 1996. Zij gingen daarbij soms wel met 'mijn' Awbmens aan de haal.

Na 25 jaar Awb heb ik twee actuele *stories* met elkaar geconfronteerd ter illustratie van de uiteenlopende burger- en bestuursbeelden.[16] Enerzijds de story van een Amsterdamse vrouw die een urgentieverklaring voor een woning wil, maar die uiterst verticaal wordt afgeserveerd.[17] Anderzijds de story van een bedrijf, Swedish Match, dat een innovatiesubsidie wil en met behulp van een consultant langdurig horizontaal mag onderhandelen met functionarissen van het Agentschap Nederland (namens de Minister van EZ; tegenwoordig RVO).[18]

Het bijzondere aan de zaak Swedish Match is dat in de wereld van de innovatiesubsidies sprake kan zijn van zeer ver gaand horizontaal bestuur: er wordt hier wél gezocht naar *maatwerk*. De vraag is voor wie dat horizontaal bestuur openstaat: voor alle burgers in hun relaties met de overheid, of alleen voor de *echte Awbmensen*? Deze *echte Awbmensen* zijn die burgers met wie bestuursorganen graag wederkerige en zelfs horizontale rechtsbetrekkingen onderhouden, zoals 'innoverende' bedrijven en PNO Consultants, maar niet de Amsterdamse urgentiezoekster. Maar zelfs de *echte Awbmens* Swedish Match moest ervaren dat een horizontale rechtsbetrekking kan omslaan in een verticale.

Zijn deze *stories* representatief voor al het rechtsverkeer tussen burgers en bestuur? Nee, maar het is wel aannemelijk dat beide soorten rechtsverhoudingen veel vaker voorkomen. Op basis van de voor mij beschikbare bronnen, zoals veel jurisprudentie, wetenschappelijke juridische en empirische studies (zoals het rapport '*Weten is nog geen doen*' van de WRR[19]), berichten in de media, verhalen van advocaten en ervaringen van burgers die mij om advies vragen, zou ik talloze vergelijkbare *stories* kunnen vertellen. Veel van die stories zijn ook te vinden in mijn publicaties.

Volgens Nico Verheij is de 'triple A burger' van 2018 'in ieder geval beter dan de eerder door Damen verzonnen uitdrukking "Awb-mens", want die suggereerde ten onrechte dat een bepaald mensbeeld was verzonnen door de Awbwetgever in plaats van door Damen zelf.'[20] Ik was er juist reuze trots op dat ik de (echte) Awbmens zelf had verzonnen als een *verbeelding van de perceptie* van de Awbwetgever van wat redelijkerwijs van een gewone burger verwacht mag worden in zijn relatie met het openbaar bestuur.

---

[16] L.J.A. Damen, 'Van Awbmens naar Wmo-mens?', in: A. Tollenaar & M. Duchateau (red.), *Vertrouwen in de lokale rechtsstaat*, Den Haag: Boom juridische uitgevers 2018, p. 21-42 (Damen 2018), hier p. 28-33.
[17] ABRvS 30 juli 2014, ECLI:NL:RVS:2014:2908, *AB* 2015/58 m.nt. Damen (solidariteit?).
[18] CBb 4 augustus 2016, ECLI:NL:CBB:2016:240, *AB* 2016/433 m.nt. Damen (Swedish Match).
[19] Wetenschappelijke Raad voor het Regeringsbeleid, *Weten is nog geen doen*, Den Haag: WRR 2017.
[20] N. Verheij, 'Is het bestuursrecht te vertrouwen?', *NTB* 2018/24 (Verheij 2018), p. 154.

6. Ongelijkheidscompensatie verkommerd

Op een bijeenkomst in 1999 over vijf jaar Awb ben ik ingegaan op het thema ongelijkheidscompensatie dan wel gelijkwaardigheid tussen behartigers van het algemene en van het individuele belang.[21]

Het concept van de ongelijkheidscompensatie is veel ouder dan dat van de wederkerige en horizontale rechtsbetrekking. In hun klassieke preadvies voor de VAR uit 1978 hebben Van Galen en Van Maarseveen daarover geschreven:

> 'Het beginsel van ongelijkheidscompensatie is een tere plant in de tuin van het administratief procesrecht. Hoezeer ook allerlei wettelijke voorschriften het plantje ondersteunen, het sterft gauw af in een maatschappelijke omgeving die sterk door ongelijkheden wordt beheerst. Er is als het ware een ingebouwde stimulans om het maar te laten verkommeren. De tuinman van het administratief procesrecht blijkt het bij zijn drukke bezigheden nog wel eens over het hoofd te zien. Dat is jammer. Want het is wel zo ongeveer het mooiste dat het administratief procesrecht heeft opgeleverd.'[22]

Het plantje van de ongelijkheidscompensatie is in de eenentwintigste eeuw verder verkommerd.[23] Dominant werd de beleidstheorie van het bestuursproces niet als een objectief geding waarin de bestuursrechter Jan Splinter door de winter en aan zijn recht helpt, maar als een subjectief partijengeding waarin de gewone burger wordt geacht tijdig zijn eigen boontjes te kunnen doppen.

In de afgelopen 25 jaar, met – achteraf gezien – als kantelpunt in 1997 het rapport van de werkgroep Van Kemenade,[24] is onder de Awb het bestuurs(proces)recht extreem formalistisch, bestuursvriendelijk en burgervijandig geworden.[25]

---

[21] L.J.A. Damen, 'Rechtsvorming door de bestuursrechter onder de Awb', in: F.A.M. Stroink e.a. (red.), *Vijf jaar JB en Awb*, Den Haag: Sdu 1999, p. 9-37.
[22] A.G. van Galen, H.Th.J.F. van Maarseveen, *Beginselen van administratief procesrecht*, (VAR-geschrift LXXXII), Alphen aan den Rijn: Samsom H.D. Tjeenk Willink 1978, p. 35.
[23] Zie A. Mallan, *Lekenbescherming in het bestuursprocesrecht*, Nijmegen: WLP 2014.
[24] *Bestuur in geding*, rapport van de werkgroep inzake de juridisering van het openbaar bestuur, Haarlem november 1997, kritisch besproken in L.J.A. Damen, 'Van rechtsstaat naar rechtersstaat? De bestuursrechter onder vuur', *Trema* 1998, p. 241-249.
[25] Zie L.J.A. Damen, 'Helpt de Centrale Raad van Beroep Jan Splinter door de bestuursrechtelijke winter?', in: R.M. van Male e.a. (red.), *Centrale Raad van Beroep 1903-2003*, Den Haag: Sdu 2003, p. 243-260; idem, 'Juridische kwaliteit: de burger centraal', in: M. Herweijer e.a. (red.), *Alles in één keer goed*, Deventer: Kluwer 2005, p. 13-32; idem, 'The long and winding road', in: A.W. Heringa e.a. (red.), *Het bestuursrecht beschermd*, Den Haag: Sdu 2006, p. 85-97; idem, 'Is de burger beter af onder het socialezekerheidsrecht van 2006 dan onder dat van 1993?', in: M. Herweijer e.a. (red.), *Sociale zekerheid voor het oog van de meester*, Deventer: Kluwer 2006, p. 261-278; idem, 'Public administration: "At your service!"', in: K.J. de Graaf e.a.. (red.), *Quality of Decision-Making in Public Law*, Groningen: ELP 2007, p. 151-167; idem, 'Interventie over digitaal burgerbeeld', in: *De*

Er worden steeds hogere juridische eisen gesteld aan het (proces)gedrag van de gewone burger, en steeds lagere eisen aan de juridische kwaliteit van de besluitvorming en het procesgedrag van het openbaar bestuur. Het openbaar bestuur mag ook bijna eindeloos herkansen. Dat is bepaald geen incentive voor meer (juridische) kwaliteit.

7. Het mensbeeld van de Wet maatschappelijke ondersteuning: de Wmo-mens

De Wet maatschappelijke ondersteuning 2015 gaat volgens Albertjan Tollenaar uit van de beleidstheorie van de humane rechtsbetrekking: 'Door de burger centraal te stellen ontstaat iets wat men zou kunnen definiëren als de humane rechtsbetrekking: de rechtsbetrekking waarin het bestuur zich niet laat leiden door regels, maar door de problematiek van de burger die zich tot het bestuur wendt met een hulpvraag.'

Inmiddels is het nodige bekend over de wijze waarop gemeentelijke bestuursorganen hun nieuwe taken en bevoegdheden hebben ingevuld, en hoe de bestuursrechters daarop hebben gereageerd. Ongetwijfeld is in een aantal gevallen op basis van een serieuze individuele indicatie een geïndividualiseerd pakket aan voorzieningen, dus maatwerk aangeboden. Het beeld is echter dat er vaak niet veel terecht is gekomen van de humane rechtsbetrekking doordat wordt gewerkt met generiek beleid en met veel slecht onderbouwde indicaties. Volgens Tollenaar staat – mede als gevolg van bezuinigingsdoelstellingen – dan niet de burger met al zijn noden centraal. Verder wordt regelmatig de doelstelling van het keukentafelgesprek vertroebeld; van een humane rechtsbetrekking komt dan niets terecht.[26]

De Wmo-mens, de zelfredzame burger, is al snel als niet realistisch ontmaskerd. Zie ook het rapport 'Weten is nog geen doen' van de WRR over het bij veel burgers ontbreken van 'doenvermogen'.

---

digitale overheid (VAR-reeks 147), Den Haag: Boom Juridische uitgevers 2012, p. 65-66; idem, 'Hoe staat de burger er voor in het bestuurs(proces)recht van 2014?', in: R.J.N. Schlössels & C.L.G.F.H. Albers (red.), *Symposium 20 jaar "JB"*, Den Haag: Sdu 2014, p. 31-52; idem, 'Een informatieplicht voor dienende bestuursorganen, een hintplicht voor dienende bestuursrechters?', in: A.T. Marseille e.a. (red.), *Behoorlijk bestuursprocesrecht*, Den Haag: Boom Juridische uitgevers 2015, p. 421-446; idem, 'Welke rol speelt het vertrouwensbeginsel bij de handhaving van het bestuursrecht?', in: H.D. Tolsma & P. de Winter (red.), *De wisselwerking tussen recht en vertrouwen bij toezicht en handhaving*, Den Haag: Boom Juridische uitgevers 2017, p. 19-38 ; idem, 'De autonome Awbmens?', *AA* 20170628; idem, 'Het menselijk tekort tegenover de (gedigitaliseerde) overheidsbureaucratie', in: R.J.N. Schlössels e.a. (red.), *In het nu…. Over toekomstig bestuursrecht*, Deventer: Wolters Kluwer 2018.
[26] Tollenaar 2016, p. 27, 47, 51; A. Tollenaar, 'Empathie in het sociaal domein', *RegelMaat* 2018/3, p. 133-143.

8. Naar een gedifferentieerd burgerbeeld

De ambitie, het resultaat van een goed verwachtingenmanagement, van wetgevers, beleidsmakers, bestuursorganen en bestuursrechters moet een realistischer burgerbeeld zijn. Regels moeten niet alleen rekening houden met de uitvoerbaarheid voor de overheid, maar ook met de uitvoerbaarheid voor de burgers. Dat zal dus een gedifferentieerd burgerbeeld moeten zijn, met maatwerk.

Nico Verheij heeft terecht vraag opgeworpen hoe we al dat maatwerk kunnen rijmen met het gelijkheidsbeginsel en hoe we kunnen voorkomen dat 'een burgervriendelijk bestuur omslaat in een bevoogdend en betuttelend bestuur.'[27]

Nu wordt in de jurisprudentie al een categorie via differentiatie anders, strenger behandeld: de professionele marktpartij. Bij professionele marktdeelnemers wordt veel waarde gehecht aan hun deskundigheid en professionaliteit. Van den Brink blijft het 'een rare constructie vinden dat een [professionele] subsidieontvanger beter op de hoogte moet zijn van de geldende regelgeving dan het subsidieverstrekkende bestuursorgaan'.[28] Verheij signaleert de impliciete stelling van de Afdeling bestuursrechtspraak dat een professionele instelling kan weten dat gemeenteambtenaren hun vak niet verstaan.[29] Daarbij wordt door bestuursrechters soms weinig rekening gehouden met het type professionaliteit: een ingenieur kan wel windmolens bouwen, maar is nog geen professional in subsidieaanvragen.[30] Die ingenieur heeft ook aanspraak op een dienende overheid, op ondeskundigheidscompensatie.

9. Naar een differentiërende wetsbepaling

Een meer realistisch burgerbeeld met maatwerk mag een mooi idee zijn, maar hoe zet je dat om in hanteerbaar recht?

Scheltema wil differentiatie bij de toepassing van wettelijke regels mogelijk maken 'in situaties waarin het tekortschietende doenvermogen van de burger dit vereist. Het gaat dus niet om een hardheidsclausule, maar om een voorziening die het burgerperspectief voldoende recht doet.'[31] Als geboren codificator stelt hij in het verlengde van het in artikel 3:4, tweede lid, Awb gecodificeerde evenredigheidsbeginsel een nieuw artikel 3:4a Awb voor:

---

[27] Verheij 2018, p. 157.
[28] Annotatie van J.E. van den Brink onder CBB 13 oktober 2016, ECLI:NL:CBB: 2016:296, *AB* 2016/460 (Prins & Dingemanse).
[29] Annotatie van N. Verheij onder ABRvS 20 juli 2005, ECLI:NL:RVS:2005:AT9641, *AB* 2006/149 (Lieven de Key).
[30] Bijv. CBB 22 februari 2016, ECLI:NL:CBB:2016:52, *AB* 2016/188 m.nt. Dieperink (windpark Papemeer).
[31] Scheltema 2018, p. 128-129.

'Indien de toepassing van een wettelijke regel leidt tot nadelige gevolgen die onevenredig zijn in verhouding tot de met die regel te dienen doelen, en de belanghebbende hiervan geen verwijt kan worden gemaakt, kan van de regel worden afgeweken voor zover dat nodig is om tot een meer evenwichtige regeltoepassing te komen.'

Tegen deze maatwerkbevoegdheid kunnen ongetwijfeld bezwaren worden aangevoerd zoals juridisering, spanning met het gelijkheidsbeginsel, mogelijke bevoogding en betutteling, en extra kosten.

Het gaat daarbij echter om een juridisering de goede kant op, met een rechtsregel die zich richt 'op de burger zoals die echt bestaat'. Zo kan afstand worden genomen van burgeronvriendelijke adagia zoals *lex dura*, regel = regel etc., en wordt juridische ruimte geschapen voor werkelijk maatwerk op basis van een realistisch burgerbeeld. Als de *nieuwe burger* dan wordt aangeduid als *responsieve burger*, breng ik graag het offer van een nieuw *juichwoord*.

Hanna Tolsma*

12 | Belanghebbendebegrip: de jurisprudentie

@H_Tolsma – Hoe het belanghebbendebegrip toepassen in de toekomst? Kunnen we artikel 1:2 Awb niet af en toe gewoon passeren? Moeten niet veel strengere eisen gesteld worden aan bovenindividuele belangenbehartigers? Kan de bestuursrechter niet gewoon soepel omgaan met partijstellingsfouten? #belanghebbende #gevolgen-van-enige-betekenis #bovenindividuele-belangenbehartigers

1. Inleiding

Het belanghebbendebegrip fungeert als toegangspoort tot besluitvorming en rechtsbescherming en vormt daarmee een van de belangrijkste kernbegrippen uit de Awb. Hoe het vereiste in de jurisprudentie wordt ingevuld door de bestuursrechter en hoe het vereiste zou moeten worden ingevuld, is al jaren onderwerp van debat.[1] De wetgever laat met de definitie – belanghebbende is 'degene wiens belang rechtstreeks bij een besluit is betrokken' – dan ook behoorlijk wat ruimte aan de rechtspraak. Na 25 jaar Awb is in de jurisprudentie op hoofdlijnen wel uitgekristalliseerd hoe in een concreet geval beoordeeld moet worden of iemand behoort tot de kring van belanghebbenden. Bekend zijn de OPERA-criteria: van een rechtstreeks bij het besluit betrokken belang is sprake indien iemand beschikt over een objectief bepaalbaar, persoonlijk, eigen, rechtstreeks en actueel belang.[2] Ook de beoordeling van de belanghebbendheid van een bestuursorgaan (artikel 1:2 lid 2 Awb) of rechtspersoon ten aanzien van toevertrouwde belangen (artikel 1:2 lid 3 Awb) is in essentie helder.

Hoewel de jurisprudentie in grote lijnen stabiel is, blijft de toepassing in het concrete geval soms lastig. Eveneens duiken er nog regelmatig uitspraken op die dwingen tot reflectie op de betekenis van artikel 1:2 Awb in ons huidige bestuursrecht. De bestuursrechter lijkt enerzijds in sommige gevallen behoefte te hebben aan een soepele hantering van het vereiste, terwijl anderzijds de beoordeling van de belanghebbendheid ten aanzien van bepaalde type besluiten juist wordt aangescherpt. Hoe moet het verder met het belanghebbendebegrip?

---

* Mr. dr. H.D. Tolsma is universitair docent bij de Vakgroep Staatsrecht, Bestuursrecht en Bestuurskunde van de Rijksuniversiteit Groningen.
[1] Zo is de belanghebbende een populair onderwerp voor proefschriften (o.a. J. Wieland, *De bescherming van concurrentiebelangen in het bestuursrecht*, Den Haag: Boom Juridische uitgevers 2017; L.F. Wiggers-Rust, *Belang, belanghebbende en relativiteit in bestuursrecht en privaatrecht*, Boom Juridische uitgevers 2011; J.C.A. de Poorter, *De belanghebbende*, Boom Juridische uitgevers 2003), preadviezen en legio wetenschappelijke bijdragen en annotaties.
[2] Elk bestuursrechtelijk handboek bevat een uitwerking van deze vereisten (die onder andere in Groningen ook wel bekend staan als de EOPAD-criteria).

Voor deze bijdrage selecteer ik een aantal kwesties die aandacht verdienen bij een vooruitblik naar de jurisprudentie van de toekomst. Het zwaartepunt ligt bij het afbakenen van de grens bij besluiten met effecten voor velen (paragraaf 2). Vervolgens wordt aandacht besteed aan de representativiteit van bovenindividuele belangenbehartigers (paragraaf 3) en de omgang met evidente partijstellingsfouten (paragraaf 4). In de conclusie worden de gesignaleerde ontwikkelingen in verband gebracht met het systeem van de Awb (paragraaf 5).

2. Het afbakenen van de grens bij besluiten met effecten voor velen

2.1 Persoonlijk belang

Waar grenzen worden getrokken, ontstaan afbakeningsproblemen. Wie krijgt toegang tot de bestuursrechter en wie niet? Dit speelt met name een rol bij besluiten waarbij toestemming wordt gegeven voor activiteiten met (potentiële) effecten op de fysieke leefomgeving (zoals een omgevingsvergunning voor een mestverwerkingsinstallatie, een evenementenvergunning voor een festival of een gaswinningsbesluit). Bij besluiten met (potentiële) effecten voor velen draait de beoordeling van de belanghebbendheid doorgaans om het vereiste van een persoonlijk belang.

Het uitgangspunt is dat als iemand (mogelijk) feitelijke gevolgen ondervindt van de activiteit die het besluit toestaat, diegene in beginsel ook aangemerkt wordt als belanghebbende.[3] Het enkele feit dat een besluit naar zijn aard vele anderen raakt, betekent niet dat iemand die opkomt voor een individueel belang, is uitgesloten van rechtsbescherming.[4] Wel moet iemand zich voldoende onderscheiden van de positie waarin een grote groep mensen zich bevindt, de zogenoemde 'amorfe massa' of 'willekeurige anderen'. Het is niet de bedoeling van de wetgever om beroep open te stellen voor een ieder.[5] Willekeurige anderen zijn bijvoorbeeld bezoekers van de omgeving waar het besluit betrekking op heeft. Als het gaat om een verkeersbesluit, evenementenvergunning of aanwijzingsbesluit voor een hondenverbod is enkel het (regelmatig) bezoeken

---

[3] ABRvS 23 augustus 2017, ECLI:NL:RVS:2017:2271, *AB* 2017/348 m.nt. Tolsma, *TBR* 2017/160 m.nt. Nijmeijer, *M en R* 2017/138 m.nt Van 't Lam en Van der Woerd, *JB* 2017/143 m.nt. Benhadi, *JM* 2017/110 m.nt. Blokvoort (Mestbassin te Mechelen).
[4] ABRvS 23 november 2016, ECLI:NL:RVS:2016:3100 (Rozenkwekerij met lichthinder).
[5] In de memorie van toelichting bij de Awb is het als volgt verwoord: 'ook een persoon van wie misschien nog gezegd kan worden dat hij enig belang heeft, doch zich op dat punt niet onderscheidt van grote aantallen anderen, kan niet beschouwd worden als een persoon met een rechtstreeks bij een besluit betrokken belang'. Zie *PG Awb I*, p. 148.

van het gebied waar het besluit betrekking op heeft, onvoldoende voor het aannemen van een persoonlijk belang.[6]

2.2 Correctie persoonlijk belang 'gevolgen van enige betekenis'

In de jurisprudentie is in 2016 het criterium 'gevolgen van enige betekenis' geïntroduceerd om de kring van belanghebbenden af te bakenen bij besluiten met effecten op de fysieke leefomgeving. Het criterium dient als correctie op het uitgangspunt dat iemand die (mogelijk) feitelijke effecten ondervindt, aangemerkt wordt als belanghebbende bij een besluit.[7] Bij verwaarloosbare gevolgen komt iemand niet over de drempel van het persoonlijk belang.[8] Voor activiteiten met ruimtelijke effecten draait het dan om de mate van zicht op, afstand tot en ruimtelijke uitstraling. Voor activiteiten met milieueffecten draait het dan om de mate van geluid, stank, trilling etc. Met name voor deze laatste categorie betreft de introductie van het criterium een aanscherping van de kring van belanghebbenden. Voor 2016 waren potentiële feitelijke effecten voldoende om toegang te krijgen tot de rechter. Thans worden eisen gesteld aan de mate van feitelijke effecten. Voor toegang is vereist een belangenschending van enige betekenis.[9] Opvallend is het 'Butterfly-effect': de op het oog geringe bijschaving

---

[6] Zie o.a. Rb. Overijssel 28 oktober 2015, ECLI:NL:RBOVE:2015:4794 (Monstertruck Haaksbergen), ABRvS 3 oktober 2012, ECLI:NL:RVS:2012:BX8937 (Aanwijzingsbesluit hondenverbod). Voor de aanwijzing van een veiligheidsrisicogebied geldt een iets ruimere kring van belanghebbende die verklaard kan worden door de aard van het besluit. Degene die woont, werkt of daar onroerend goed bezit dan wel daar een bedrijf exploiteert, alsook degene die daar anderszins om een specifieke reden op gezette tijden moet verblijven, kan een persoonlijk belang hebben dat zich voldoende onderscheidt van andere burgers (ABRvS 9 maart 2005, ECLI:NL:RVS:2005: AS9248 (Veiligheidsrisicogebied Den Helder)).
[7] ABRvS 16 maart 2016, ECLI:NL:RVS:2016:737, *AB* 2016/256 m.nt. Tolsma, *Gst.* 2016/96 m.nt. Hillegers, *M en R* 2016/94 m.nt. Claassen-Dales, *JM* 2016/48 m.nt. Haakmeester (Omgevingsvergunning Walibi).
[8] Een vergelijkbare ontwikkeling is zichtbaar in de jurisprudentie over de belanghebbendheid van concurrenten. Af en toe beoordeeld de bestuursrechter niet alleen of ondernemingen actief zijn in hetzelfde marktsegment en verzorgingsgebied, maar wordt tevens nagegaan of het bestreden besluit daadwerkelijk van invloed is op de concurrentieverhoudingen. Zie de noot van Wieland onder ABRvS 20 juni 2018, ECLI:NL:RVS:2018:2001, *AB* 2018/287.
[9] Conform advies van Van Ettekoven; zie B.J. van Ettekoven, 'Bestuursrechtspraak voor Jan & Alleman? Op weg naar een stelsel van subjectieve rechtsbescherming', in: B.J. Schueler, B.J. van Ettekoven & J. Hoekstra, *Rechtsbescherming in het omgevingsrecht* (Preadviezen voor de Vereniging voor Bouwrecht Nr. 37), Den Haag: IBR 2009, p. 79-81.

van de jurisprudentie heeft grote gevolgen voor de praktijk. Praktijkvragen vormen voor de Afdeling zelfs een reden voor een nadere toelichting.[10]

Hoewel op de theorie achter deze nieuwe lijn weinig valt af te dingen (uniformering en geen toegang bij verwaarloosbaar belang), valt er in de toepassing in de toekomst mijns inziens nog wel wat te verbeteren. Het belangrijkste verbeterpunt is naar mijn oordeel dat de ontvankelijkheidstoets niet wordt gebruikt voor uitgebreide inhoudelijke discussies over de (mogelijke) feitelijke effecten van een activiteit, al dan niet aan de hand van deskundigenrapporten. Als je te gedetailleerd de kring van belanghebbenden gaat vaststellen, is het risico dat je in het kader van de voortoets een beoordeling gaat verrichten die in feite thuishoort bij de inhoudelijke beoordeling. Wat is daar erg aan? Schueler verwoordt het als volgt:

> 'Procedures die alleen over de ontvankelijkheid gaan hebben extreem negatieve gevolgen voor het draagvlak van de bestuursrechtspraak in de samenleving. Want òf de niet-ontvankelijkheid wordt tot in hoogste instantie volgehouden en dan gaat de procedure inhoudelijk helemaal nergens over, òf de rechter oordeelt dat het bestuursorgaan iemand ten onrechte niet-ontvankelijk heeft verklaard en dan moet de hele procedure van voor af aan opnieuw beginnen.'[11]

Verder is de formulering 'gevolgen van enige betekenis', mijns inziens ongelukkig gekozen. Dit normatieve en elastische begrip biedt partijen een uitstekende mogelijkheid om mee aan de haal te gaan waardoor je in dergelijke gedetailleerde discussies over feitelijke effecten belandt. Uit de jurisprudentie zou duidelijk moeten worden dat je aan toepassing van de correctie enkel toekomt als op voorhand evident is dat sprake is van 'verwaarloosbare gevolgen'.

In de toekomst zouden het bestuursorgaan en de bestuursrechter naar mijn oordeel bij het vaststellen van de kring van belanghebbenden meer 'door de oogharen' moeten kijken. Uiteraard moeten onnodige procedures worden voorkomen en dient bestuursrechtspraak enkel ter beschikking te staan voor hen die rechtsbescherming nodig hebben. Besluiten met effecten op de fysieke leefomgeving hebben echter niet zelden een grote impact op omwonenden en dat pleit voor een soepel deurbeleid.

2.3 Het persoonlijk belang voorbij

Uit de jurisprudentie blijkt dat de bestuursrechter bij besluiten met effecten voor velen in een twee situaties behoefte heeft aan het passeren van artikel 1:2

---

[10] ABRvS 23 augustus 2017, ECLI:NL:RVS:2017:2271, *AB* 2017/348, m.nt. Tolsma, *M en R* 2017/138, m.nt. Van 't Lam en Van der Woerd, *TBR* 2017/160, m.nt. Nijmeijer, *JB* 2017/143, m.nt. Benhadi, *JM* 2017/110, m.nt. Blokvoort (Mestbassin Mechelen).
[11] B.J. Schueler, *Het zand in de machine. Over de noodzaak tot beperking van de rechtsbescherming*, Deventer: Kluwer 2003. Vgl. ook J.C.A. de Poorter, 'Van actio popularis naar kringen van belanghebbenden', *BR* 2006/64.

Awb.[12] Iemand is niet belanghebbende, maar krijgt toch toegang tot de bestuursrechter of de bestuursrechter slaat de beoordeling van de belanghebbendheid helemaal over. Deze soepele benadering is verdedigbaar omdat het a) een geschil betreft met een zaakoverstijgend maatschappelijk juridisch belang of b) om proceseconomische redenen. Bekende voorbeelden waar de bestuursrechter voorbij gaat aan het vereiste dat sprake moet zijn van een persoonlijk belang omdat het geschil een zaakoverstijgend maatschappelijk juridisch belang betreft, zijn de zogenoemde Zwarte-Piet-uitspraak van de Afdeling van 12 november 2014 en de uitspraak van de rechtbank Overijssel van 28 oktober 2015 over een evenementenvergunning in Haaksbergen.[13] Bekende voorbeelden waar de bestuursrechter af ziet van de beoordeling van de ontvankelijkheid om reden van proceseconomie, zijn de uitspraak van de Afdeling van 19 februari 2014 over de Kerncentrale in Borsele en de uitspraak van de Afdeling van 16 september 2015 over het Tracébesluit van de Zuidelijke Ringweg Groningen.[14] De beoordeling van de ontvankelijkheid vergt diepgaand onderzoek wat niets oplevert omdat anderen aangemerkt zijn als belanghebbenden en de beroepsgronden overeenkomen.

Het betreft hier situaties waarin het bestuursprocesrecht dat steeds meer is geënt op individuele rechtsbescherming, knelt met de behoefte om maatschappelijke, bovenindividuele geschillen aan de bestuursrechter voor te leggen.[15] Het ene geschil is het andere niet en dat vraagt om een genuanceerde toepassing van het bestuursrecht. Op dit moment biedt de Awb echter geen ruimte voor een dergelijke soepele omgang met artikel 1:2 Awb. Uit artikel 7:1 juncto artikel 8:1 Awb volgt dat enkel bezwaar en beroep openstaat voor de belanghebbende. Of iemand belanghebbende is, wordt door de bestuursrechter ambtshalve getoetst (dit in verband met de rechtsmachtverdeling tussen de bestuursrechter en de civiele rechter). Tot op heden bewaart de bestuursrechter deze soepele benadering slechts voor uitzonderlijke situaties.[16] De ruimte die de bestuurs-

---

[12] Zie meer uitgebreid H.D. Tolsma, 'De belanghebbende: koerswijzigingen belicht', *JBPlus* 2017/1, p. 27-40.
[13] ABRvS 12 november 2014, ECLI:NL:RVS:2014:4117 (Zwarte-Piet-uitspraak), Rb. Overijssel 28 oktober 2015, ECLI:NL:RBOV:2015:4794 (Monstertruck Haaksbergen).
[14] ABRvS 19 februari 2014, ECLI:NL:RVS:2014:517 (r.o. 32); ABRvS 16 september 2015, ECLI:NL:RVS:2015:2938 (r.o. 5).
[15] Y.E. Schuurmans, *Van bestuursrechtelijke detailhandel naar maakindustrie*, Leiden: Universiteit Leiden 2015.
[16] Zie bijv. ABRvS 25 april 2018, ECLI:NL:RVS:2018:1376, r.o. 6 en Rb. Den Haag 5 april 2018, ECLI:NL:RBDHA:2018:3874, r.o. 7.6, waarin een beroep op deze uitzondering niet wordt gehonoreerd. Noemenswaardig in dit verband zijn twee uitspraken van de Afdeling van 14 maart 2018 waarin via deze redenering een rechtens te beschermen *procesbelang* bij een inhoudelijke beoordeling van het hoger beroep wordt geconstrueerd, zie ABRvS 14 maart 2018, ECLI:NL:RVS:2018:835, r.o. 9 en 10; ABRvS 14 maart 2018, ECLI:NL:RVS:2018:738, 6.1. In beide gevallen concludeert de Afdeling dat het geschil een zaaksoverstijgend maatschappelijk en juridisch belang heeft, waaronder het

rechter ziet, zie ik niet binnen het huidige stelsel. Mijns inziens moeten daarom in de toekomst andere oplossingsrichtingen worden verkend. Instrumenten waarbij de handhaving van het objectieve recht centraal staat, zijn denkbaar, maar vereisen een uitdrukkelijke keuze van de Awb-wetgever.

3. Certificering van bovenindividuele belangenbehartigers?

Over het beroepsrecht van bovenindividuele belangenbehartigers is in het verleden intensief gediscussieerd. Mijlpaal in de jurisprudentie waren de zogenoemde 1-oktober uitspraken uit 2008 waarin de Afdeling de beoordeling van de beroepsbevoegdheid aanscherpte door eisen te stellen aan de feitelijke werkzaamheden die de organisatie verricht ter behartiging van het belang waar zij volgens de statuten voor opkomt.[17] Zuivere procedeerclubs verdienen geen toegang tot de rechter. Nu tien jaar later blijkt het in de praktijk met die verhoging van de drempel voor toegang tot de rechter behoorlijk mee te vallen. Inmiddels is wel duidelijk dat een organisatie die bijvoorbeeld een actieve website heeft, nieuwsbrieven verspreidt en bijeenkomsten organiseert voldoende feitelijke werkzaamheden verricht.[18] Bovendien speelt het vereiste van feitelijke werkzaamheden in het geheel geen rol als de boveninidividuele belangenbehartiger (wat ook een stichting kan zijn die opkomt voor een algemeen belang) een bundeling van belangen tot stand brengt.[19]

In de literatuur wordt ervoor gepleit om de touwtjes van het beroepsrecht voor belangenbehartigers steviger aan te trekken. De Poorter & Van Heusden beredeneren dat de toegang tot de procedure slechts open zou mogen staan voor belangenorganisaties die daadwerkelijk voldoende massa en representativiteit bezitten.[20] De auteurs zien zeker het nut van algemene belangenbeharti-

---

belang van eenduidige toepassing van wet- en regelgeving door bestuur en rechter. De burgemeester heeft derhalve een rechtens te beschermen belang, ook is het beroep tegen zijn besluit door de rechtbank ongegrond verklaard.

[17] Zie ABRvS 1 oktober 2008, ECLI:NL:RVS:2008:BF3913, ECLI:NL:RVS:2008: BF3912, ECLI:NL:RVS:2008:BF3911 met annotaties in *AB* 2008/348, m.nt. Michiels, *JB* 2008/239, m.nt. Schlössels, *M en R* 2008/105, afl. 10, m.nt. Jans & De Graaf, *JM* 2008/130, m.nt. Tolsma, *AA* 2009/1, m.nt. Damen ('Beroepsklagers' verjaagd uit de heilige tempel van het bestuursrecht aan het Lange Voorhout?').

[18] Hoewel de grens tussen wel en niet voldoende feitelijke werkzaamheden schimmig kan zijn, zie bijv. ABRvS 29 juni 2016, ECLI:NL:RVS:2016:1813, *AB* 2016/407, m.nt. Tolsma.

[19] ABRvS 24 juni 2009, ECLI:NL:RVS:2009:BI9672, *AB* 2009/336, m.nt. Marseille. Een mooi voorbeeld van de toepassing van deze lijn biedt ABRvS 24 januari 2018, ECLI: NL:RVS:2018:217, *AB* 2018/80, m.nt. Tolsma.

[20] J.C.A. de Poorter & L.A. van Heusden, 'Bovenindividuele belangenbehartiging. Naar een aanscherping van het beroepsrecht voor belangenorganisaties door een vereiste van representativiteit', *JBplus* 2017/0 (special Lex Michiels). Zie ook J.C.A. de Poorter & K.J. de Graaf, *Doel en functie van de bestuursrechtspraak: een blik op de toekomst*, Den Haag: Raad van State 2011, p. 221 en Van Ettekoven 2009, p. 95-96.

gers die immers een belangrijke rol vervullen bij rechterlijke controle als 'stemloze' belangen in geding zijn, zoals milieu en natuur. Plus de mogelijkheid van het aankaarten van het bovenindividuele perspectief in individuele geschillen, wat bijdraagt aan de rechtsvormende functie van bestuursrechtspraak (zie paragraaf 2.3). Het beroepsrecht zou naar hun oordeel evenwel beperkt moeten worden tot voldoende representatieve belangenorganisaties. Alleen toegang bieden als het ingestelde beroep daadwerkelijk steunt op de belangen van een voldoende grote groep burgers.

Ten aanzien van collectieve belangenbehartigers kan dat door de jurisprudentie aan te scherpen door te eisen dat de rechtspersoon haar relatie met haar achterban met bewijsstukken onderbouwt en tenminste een substantieel deel van de achterban ook door het bestreden besluit wordt geraakt. Met betrekking tot de algemene belangenbehartigers komen zij – geïnspireerd door het Duitse recht – uit bij een zelfstandige verzoekschriftprocedure waarbij de belangenorganisatie de hoogste bestuursrechter kan vragen haar procesbevoegdheid te erkennen. Dat zou de bestuursrechter kunnen doen als aan vier vereisten is voldaan: de omvang van de achterban moet voldoende groot zijn (50.000 mensen voor een nationale organisatie), een duidelijk plan van aanpak om het statutaire doel te bereiken, een overtuigende track record (minstens 3 jaar actief) en voldoende expertise in huis om het doel te bereiken.

Is dit nu de weg die we in de toekomst in moeten slaan? Een aanscherping in de rechtspraak van de toets of een rechtspersoon daadwerkelijk opkomt voor een collectief belang, lijkt mij een relatief kleine moeite. Maar of het ook leidt tot een groot plezier?[21] Een gedetailleerde benadering leidt ongetwijfeld tot meer procedures alleen maar over de ontvankelijkheid en rechtsonzekerheid over toegang tot de bestuursrechter (wanneer is een organisatie 'voldoende representatief'?). Zoals uit het voorgaande blijkt, ligt mijn persoonlijke voorkeur dan bij een meer robuuste beoordeling van de belanghebbendheid. De zelfstandige verzoekschriftprocedure voor de algemene belangbehartigers vereist een wijziging van de Awb. Dat kan de wetgever natuurlijk allemaal mooi juridisch optuigen, maar waarom zouden we deze richting op willen? Is er nu echt een (empirisch onderbouwd) probleem in de praktijk dat vraagt om al deze juridische toeters en bellen? Of gaat het puur om een mogelijke verdere verfijning van ons huidige bestuursprocesrecht richting individuele geschilbeslechting?

---

[21] Sinds 2006 gaat de Afdeling juist uit van een voor de praktijk hanteerbaar criterium inhoudende dat een belangenorganisatie die voor het belang van haar leden opkomt, daarmee opkomt voor een collectief belang, tenzij het tegendeel blijkt: ABRvS 23 augustus 2006, ECLI:NL:RVS:2006:AY6762, *AB* 2006/365, m.nt. Van Hall (LTO Noord).

4. Partijstellingsfouten herstellen

Om procedurele fouten van de indiener van het rechtsmiddel glad te strijken erkent de bestuursrechter al geruime tijd dat een bezwaar of beroep van een directeur/enig aandeelhouder onder omstandigheden kan worden toegerekend aan de onderneming.[22] Deze vereenzelviging van de natuurlijke persoon met de rechtspersoon betreft een uitzondering op het leerstuk van het afgeleid belang. Maar er worden ook wel eens procedurele fouten gemaakt die niet middels deze vereenzelvigingsjurisprudentie kunnen worden opgelost.[23] Moet deze fout van de vaak niet kwaadwillende burger direct afgestraft worden met het dictum niet-ontvankelijk? Of rechtvaardigt een realistisch beeld van zelfredzaamheid van de burger een coulantere opstelling bij fouten?[24] Met De Waard ben ik het eens dat in geval van een partijstellingsfout de bestuursrechter gelegenheid moet bieden tot herstel van een onjuiste partijstelling.[25] Deformalisering en ongelijkheidscompensatie rechtvaardigen een uitzondering op het uitgangspunt in de jurisprudentie dat voor het einde van de beroepstermijn de identiteit van de indiener moet vaststaan. Een wijziging van de wet lijkt mij niet noodzakelijk.

5. Conclusie

In de toekomst zou uit jurisprudentie duidelijk moeten blijken dat de correctie op het persoonlijk belang enkel wordt toegepast als evident sprake is van verwaarloosbare hinder. Als via het criterium 'gevolgen van enige betekenis' te hoge eisen worden gesteld aan de feitelijke effecten, is de vraag of nog goed wordt aangesloten bij de huidige invulling van het belanghebbendebegrip, waarin nog steeds het doel van rechtmatigheidscontrole van besluiten (recours objectif) tot uitdrukking komt. Aantasting van (fundamentele) rechten is niet vereist. Weliswaar heeft de Awb-wetgever gekozen voor individuele rechtsbescherming (recours subjectif) als primaire functie van het bestuursprocesrecht, maar daarmee is niet beoogd om ook het belanghebbendebegrip te subjectiveren.[26] Ook past een uitgebreide beoordeling van feitelijke effecten bij de afbakening van de kring van belanghebbenden niet goed bij een stelsel van bestuursprocesrecht dat zich kenmerkt door laagdrempeligheid en relatief lage kosten (beginsel van toegankelijke rechtsbescherming, artikel 6 EVRM).

In de toekomst zou in de jurisprudentie het belanghebbendebegrip niet gepasseerd moeten worden vanwege een zaakoverstijgend maatschappelijk juridisch belang dat in het geschil aan de orde is of om proceseconomische redenen.

---

[22] CBb 20 juli 2017, ECLI:NL:CBB:2017:293, *AB* 2017/417 m.nt. Tolsma en Ypinga.
[23] ABRvS 21 maart 2018, ECLI:NL:RVS:2018:951, *AB* 2018/193, m.nt. Tolsma en Ypinga.
[24] Jaarverslag Raad van State 2017, p. 36.
[25] B.W.N. de Waard, 'Afgeleid belang', *JBplus* 2010/1, p. 79.
[26] R.J.N. Schlössels, *De belanghebbende*, Deventer: Kluwer 2004, p. 20-24.

De Awb biedt die ruimte eenvoudigweg niet. Om de spanning van de behandeling van bovenindividuele geschillen binnen het op individuele rechtsbescherming geënte bestuursprocesrecht op te lossen, zullen andere wegen verkend moeten worden. Ook certificering van bovenindividuele belangenbehartigers zou daarbij een rol kunnen spelen, maar vereist naar mijn oordeel wel een empirische onderbouwing van het probleem dat daarmee wordt opgelost. Tot slot zou in geval van een partijstellingsfout de bestuursrechter in de toekomst de indiener van het rechtsmiddel de gelegenheid moeten geven om de fout te herstellen. Dat sluit aan bij het huidige bestuursprocesrecht waarbij het steeds meer gaat om individuele geschilbeslechting.

Raymond Schlössels*

13 | Het besluit voorbij...maar via welke route?

@R_Schlössels – Uitbreiding van de rechtsmacht van de bestuursrechter en doorbreking van het 'besluitcentrisme'. Dat kan door opheffing van de bestuursrechter en integratie van civiele en bestuursrechtelijke procedures via geharmoniseerd procesrecht. Wat is realiteit bij 50 jaar Awb? *#besluit#bestuursrechter#rechtsmacht*

1. Inleiding

Publicaties over het besluitbegrip (artikel 1:3 lid 1 Awb) – en dat zijn er sinds 1994 veel – gaan vaak over de rechtsmacht van de bestuursrechter. Denk aan beschouwingen over bestuurlijke rechtsoordelen, meldingen, bestuurlijke waarschuwingen en over concretiserende besluiten van algemene strekking.

Wie alle boekbijdragen, artikelen, oraties en preadviezen leest vraagt zich misschien af hoe dit onderwerp een vakgebied zo lang in zijn greep weet te houden. Ondanks doordachte voorstellen is een substantieel ruimere bevoegdheid van de bestuursrechter niet binnen handbereik. Voorstellen zijn er genoeg. Het gaat om voorstellen om rechtstreeks beroep open te stellen tegen algemeen verbindende voorschriften,[1] om de rechtsmacht van de bestuursrechter (al dan niet) via het raamwerk van de bestuursrechtelijke rechtsbetrekking geleidelijk te verruimen en de verzoekschriftprocedure breder toe te passen,[2] om de op vernietiging van besluiten gerichte rechtsgang te verenigen met andere procedures bij de bestuursrechter[3] en om de bestuursrechter bevoegd te maken in geschillen

---

* Prof. mr. R.J.N. Schlössels is hoogleraar staats- en bestuursrecht aan de Radboud Universiteit.
[1] Zie bijv. R.J.B. Schutgens, 'Rechtsbescherming tegen algemene regels: tijd om de Awb te voltooien', in: *Algemene regels in het bestuursrecht* (VAR-reeks 158), Den Haag: Boom Juridische uitgevers 2017, p. 95 e.v.
[2] Zie bijv. uitvoerig het VAR-preadvies van Van Ommeren & Huisman 'Van besluit naar rechtsbetrekking: een groeimodel', in: *Het besluit voorbij* (VAR-reeks 150), Den Haag: Boom Juridische uitgevers 2013, p. 7 e.v. en Ch.W. Backes, *Suum Cuique? Enkele opmerkingen over de rechtsmachtverdeling tussen bestuursrechter en burgerlijke rechter*, Den Haag: Boom Juridische uitgevers 2009. Zie verder: J.A.F. Peters, 'In de ban van het besluit. Over de verhouding tussen de bestuursrechtelijke rechtsbetrekking, het besluit en de rechtsmachtverdeling', in: R.J.N. Schlössels e.a (red.), *In het nu...Over toekomstig bestuursrecht*, Deventer: Wolters Kluwer 2018, p. 27 e.v. en in dezelfde bundel B. Assink & A.M.M.M. Bots, 'Het besluit voorbij, of toch niet?', p. 61 e.v.
[3] Vgl. R.J.N. Schlössels, *Het besluitbegrip en de draad van Ariadne. Enige beschouwingen over de rechtsmacht van de bestuursrechter*, Den Haag: Boom Juridische uitgevers 2003.

die zien op 'omringend bestuursrecht'[4] (dat wil zeggen handelingen die nauw met een besluit samenhangen). Op deelterreinen, zoals het sociaal domein, wordt in dit kader geprobeerd een doorbraak te forceren.[5]

De bestuursrechter beheerst als instituut het centrum van de problematiek. Hij is een 'iudex specialis'; een rechter die in het leven is geroepen om een bepaald soort bestuursrechtelijke geschillen te beslechten. Dit legt veel nadruk op de vraag welke geschillen onder zijn rechtsmacht *behoren* te vallen. Veel minder vaak gaat het om de vraag hoe de toegang tot de rechter in geschillen met de overheid kan worden verbeterd door de *eenheid van rechtsbescherming* en de *harmonisatie van procesrecht* centraal te stellen. In deze bijdrage ga ik tegen deze achtergrond kort in op de vraag hoe vanzelfsprekend de bestuursrechter en bestuursprocesrecht eigenlijk zijn.

2. Is de bestuursrechter vanzelfsprekend?

2.1. *Bestuursrechter en eenheid van geschilbeslechting*

Ons land kent, zoals omringende landen (bijvoorbeeld Frankrijk, Duitsland, België), een bestuursrechter.[6] We hebben er zelfs ongeveer een eeuw[7] over gedaan om een *algemene* bestuursrechter in het leven te roepen. Dit doet vermoeden dat het om een principiële kwestie gaat.

Een bestuursrechter is een in (bepaalde) bestuursrechtelijke geschillen gespecialiseerde rechter. Hij spreekt recht op basis van bijzonder procesrecht, het bestuursprocesrecht. In ons land gaat het om geschillen over besluiten, althans voor zover die niet van beroep zijn uitgezonderd (artikel 8:1 Awb e.v.). Enkele andere handelingen zijn hiermee gelijkgesteld. Sporadisch is de bestuursrechter rechtstreeks bevoegd om geschillen te beslechten met betrekking tot een handeling die geen besluit is. Een voorbeeld betreft het toekennen van schadevergoeding in verband met een onrechtmatige handeling ter voorbereiding van een onrechtmatig besluit (artikel 8:88 lid 1 onder b Awb).

Een bijzondere rechtsgang kent zeker pluspunten. In dit verband is gewezen op de noodzaak van specialisatie (er zijn heel veel soorten complexe besluiten),

---

[4] Dit begrip kreeg vooral aandacht in het Rapport van de VAR-Commissie Rechtsbescherming *De toekomst van de rechtsbescherming tegen de overheid. Van toetsing naar geschilbeslechting*, Den Haag: Boom Juridische uitgevers 2004, p. 25 e.v.
[5] Ik volsta met één verwijzing: A.T. Marseille, 'Weg van het besluit en het bestuur in het sociaal domein: gevolgen voor de rechtsbescherming', in: R.J.N. Schlössels e.a. (red.), *In het nu…Over toekomstig bestuursrecht*, Deventer: Wolters Kluwer 2018 p. 45 e.v.
[6] Het feit dat er verschillende bestuursrechters zijn, waaronder gespecialiseerde colleges en een algemene bestuursrechter, alsmede de diverse 'rechtsgangen' laat ik verder buiten beschouwing.
[7] Een magistrale historische beschouwing is en blijft: J. van der Hoeven, *De drie dimensies van het bestuursrecht* (VAR-reeks 100), Alphen aan den Rijn: Samsom H.D. Tjeenk Willink 1989.

de cultuur van een goede toegang tot de rechter, de wenselijkheid van laagdrempelig procesrecht met het oog op de ongelijke verhouding tussen bestuur en burger en het argument van de autonome ontwikkeling van het bestuursrecht (de eigen rechtscultuur). Deze argumenten en verwante zijn regelmatig, óók door mij,[8] aangevoerd om het bestaan van de bestuursrechter te verdedigen én om te betogen dat zijn rechtsmacht ook buiten de sfeer van de appellabele besluiten moet worden uitgebreid.

De eenheid van geschilbeslechting is een belangrijke drijfveer. Voorkomen moet worden dat slechts een deel van een bestuursrechtelijk geschil door de bestuursrechter wordt beoordeeld, terwijl de rechtszoekende voor het 'restant' is aangewezen op de burgerlijke rechter.

Hier doet zich iets vreemds voor. *Juist* het bestaan van de gespecialiseerde bestuursrechter met een beperkte rechtsmacht, doet de eenheid van het bestuursrecht en de integraliteit van de bestuursrechtelijke geschilbeslechting geen goed. De burgerlijke rechter moet in ons land immers op rechtsstatelijke en verdragsrechtelijke gronden optreden als 'bestuursrechter-plaatsvervanger'.[9]

2.2. Bestuursrechtelijke competentie: niet principieel

Het bestaan van de bestuursrechter is geen halszaak. De Nederlandse bestuursrechter heeft weinig tot geen *constitutionele dekking*. De Grondwet verlangt geen bestuursrechtspraak. Zij opent daartoe slechts een mogelijkheid (artikel 112 lid 2 GW). Ook uit het Unierecht of uit het EVRM kan geen verplichting tot bestuursrechtspraak worden afgeleid. Het instellen van een bestuursrechter is een vrije keuze van de wetgever: één van de domeinen in de gelaagde rechtsorde waar dit nog mogelijk is!

Het bestaan van de bestuursrechter steunt vooral op rechtspolitieke keuzen. Specialisatie is bijvoorbeeld een groot goed, maar uiteindelijk gebonden aan personen. Gespecialiseerde rechters kunnen ook binnen een algemene rechterlijke organisatie hun werk uitstekend doen. De organisatorische keuzen die de wetgever heeft gemaakt zijn bovendien halfslachtig. Ik laat de slepende discussie over de organisatie van de bestuursrechtspraak rusten. Feit is echter dat alleen aan de top van ons stelsel herkenbare instanties fungeren als bestuursrechter. De bestuursrechter in de eerste lijn is minder herkenbaar, maar niet minder belangrijk. Juist op dit niveau zijn er goede mogelijkheden om de discussie over (geïntegreerde) rechtsmacht verder te brengen.

Met de komst van de Algemene wet bestuursrecht werd gelijktijdig de bestuursrechtspraak in eerste aanleg geïntegreerd in de reguliere rechterlijke organisatie. De organisatorische context ondersteunt hierdoor kruisbestuiving, rou-

---

[8] Schlössels 2003, p. 35 e.v.
[9] Zie de bijdragen in R.J.N. Schlössels e.a. (red.), *De burgerlijke rechter in het publiekrecht*, Deventer: Wolters Kluwer 2015.

latie van rechters en uitwisseling van expertise. Aan de top is integratie door bekende oorzaken echter uitgebleven.

Het bestaan van de bestuursrechter in de eerste lijn is vooral opgehangen aan het procesrecht. Een tot de rechterlijke macht behorend gerecht is namelijk bestuursrechter *omdat* recht wordt gesproken op grond van het *bestuursprocesrecht* (artikel 1:4 lid 3 Awb). Leidend is de vraag in welke geschillen de rechtbank *moet* uitgaan van specifieke procedurele regels. Tot een principiële (constitutionele) onderbouwing van het instituut bestuursrechter als zodanig is de wetgever niet gekomen.

2.3. Noorse variant en eenheid van procesrecht

Het bestaan van de bestuursrechter (met name in eerste aanleg) steunt dus in belangrijke mate op een *procesrechtelijke* afweging. In civiele en bestuursrechtelijke zaken zouden we daarom prima kunnen volstaan met één type rechter – laten we dat dan maar gemakshalve de burgerlijke rechter noemen – die in bepaalde geschillen in aanvulling op, of in afwijking van het 'algemene procesrecht' *bijzonder procesrecht* toepast. De aard van een geschil is dan bepalend voor het toepasselijke procesrecht, maar niet voor de bevoegdheid van de rechter of het bestaan van een bijzonder type rechter.

Dit is geen fictief stelsel. In sommige landen is het realiteit. Noorwegen kent bijvoorbeeld geen afzonderlijke bestuursrechtspraak.[10] Het Noorse 'piramidale' stelsel van rechtspraak voorziet, net als het Nederlandse, in rechtbanken, gerechtshoven en een Hoge Raad. De 'gewone' rechter biedt in Noorwegen tevens rechtsbescherming in bestuursrechtelijke geschillen. Deze geschillen kunnen betrekking hebben op beschikkingen, andere besluiten – waaronder algemeen verbindende voorschriften – feitelijke bestuurshandelingen en privaatrechtelijke handelingen.

Alle geschillen worden beslecht op basis van algemeen procesrecht, waarbij slechts op zeer beperkte schaal is voorzien in specifieke regels voor (bepaalde) bestuursrechtelijke geschillen. De rechter beschikt over een algemene competentie die uitgaat van de *gestelde* rechtsvordering. De uitspraakbevoegdheden van de Noorse rechter zijn divers. Te denken valt aan de ongeldigverklaring, de verklaring voor recht (declaratoir), toekenning van schadevergoeding en verbod en gebod. Ongelijkheidscompensatie en rechterlijke activiteit (niet-lijdelijkheid) zijn algemene procesrechtelijke uitgangspunten waar de rechter rekening mee moet houden. Zo tekent zich een transparant stelsel af dat flexibel, geïntegreerd, gevarieerd én compleet kan opereren.

---

[10] Hierover uitvoerig: L.A. Kjellevold-Hoegee, *Rechtsbescherming tegen bestuurshandelen in Nederland, Noorwegen en Zweden*, Deventer: Kluwer 2011, i.h.b. p. 225 e.v. Ook het Deense recht biedt inspiratie. Vgl. Backes 2009, p. 45.

Nog niet zo lang geleden hebben De Graaf en Marseille[11] in ons land de aandacht opnieuw gevestigd op de mogelijkheid van één procedure voor alle bestuursrechtelijke en civielrechtelijke geschillen. Een rechterlijke competentiescheiding tussen de burgerlijke rechter en de bestuursrechter zou dan tot het verleden behoren.[12] Zij wezen op het NJV-preadvies van Brenninkmeijer uit 1991. De Graaf en Marseille wezen verder op het document *'Startnotitie Naar een uniform procesrecht, Versie 1.0'* uit 2012.[13] Dit document (opgesteld naar aanleiding van de zgn. 'Goede Vrijdag Conferentie') wilde de wetgever eveneens in de richting dirigeren van één samenhangende proceswet. De gedachte maakte echter geen indruk op de wetgever die vooral oog had voor de digitalisering van procesrecht en vereenvoudiging van de civiele procedure. Rode draad van het document: één algemene (verzoekschrift)procedure waarin het huidige beroepsmodel opgaat en een aantal specifieke bepalingen voor bijzondere (bestuursrechtelijke) procedures. Zo zou het verzoek dat inhoudt de (gedeeltelijke) vernietiging van een besluit moeten worden ingesteld binnen zes weken na het bekend maken van het besluit.[14]

3. Een alternatieve benadering die waardevol is

3.1 Voordeel ten opzichte van het verruimen van bestuursrechtelijke rechtsmacht

Het uitblijven van integratie van de hoogste bestuursrechtspraak in de gewone rechterlijke organisatie is geen goede voedingsbodem voor een geïntegreerd procesrecht. Maar de gedachte is te waardevol om er geen aandacht aan te blijven besteden. De – wat ik hierna maar noem – 'Noorse route'[15] heeft duidelijk voordelen ten opzichte van een geleidelijke uitbreiding van de rechtsmacht van de bestuursrechter. In dit laatste geval blijft het beroepsmodel voorlopig in stand, maar wordt dit omgeven door verzoekschriftprocedures. Deze kunnen mede betrekking hebben op het besluit omringend handelen ('duaal stelsel'). Uitbreiding van de rechtsmacht van de bestuursrechter kan vervolgens verlopen via de niet eenvoudig te operationaliseren 'bestuursrechtelijke rechtsbetrekking'

---

[11] K.J. de Graaf & A.T. Marseille, 'Meer bestuursrechtelijke geschillen voor de bestuursrechter?', in: A.T. Marseille e.a. (red.), *Behoorlijk bestuursprocesrecht*, Den Haag: Boom Juridische uitgevers 2015, p. 471 e.v. Zie reeds eerder: B. Marseille, 'Triomf van het bestuursprocesrecht', *NJB* 2014/2210, p. 3067 e.v.
[12] Aan het begin van de jaren negentig, ten tijde van de komst van de Awb, was wel meer aandacht voor 'afschaffing' van de bestuursrechtelijke rechtsbescherming. Vgl. Backes 2009, p. 44 onder verwijzing naar N. Verheij, *Bevoegdheidsverdeling tussen burgerlijke rechter en bestuursrechter*, Deventer: Kluwer 1994, p. 50.
[13] https://www.rechtspraak.nl/Site Collection Documents/Startnotitie-naar-een-uniform-procesrecht.pdf. Deze notitie was medio oktober 2018 nog via internet beschikbaar.
[14] Startnotitie 2012, p. 17.
[15] Of 'Skandinavische route'.

waarbij het beroepsmodel wellicht uiteindelijk opgaat in een algemene verzoekschriftprocedure. In dit scenario zal sprake blijven van een afzonderlijke competentie van de bestuursrechter en van (soms lastige) competentievraagstukken.

3.2 *De rechtsbescherming wint*

De eerste winst van procedurele integratie betreft de bevoegdheid van de rechter. Er wordt afscheid genomen van het *fundamentum petendi*. In het huidige systeem is de inhoudelijke aard van een geschil bepalend voor de bevoegdheid van de bestuursrechter. Bij geleidelijke verruiming zal dit zo blijven. Of men de bevoegdheid van de bestuursrechter nu koppelt aan het besluitbegrip, aan de veel ruimere bestuursrechtelijke rechtsbetrekking of aan het subjectum litis (is er sprake van een geschil met het bestuur of bestuursorgaan?), steeds wordt de rechterlijke competentie belast met inhoudelijke vragen over de aard van het publiekrecht. Wanneer is een rechtshandeling publiekrechtelijk van aard? Wanneer is er sprake van openbaar gezag of van een publieke taak? De energie die hierin gaat zitten kan een stelsel van rechtsbescherming beter benutten.

In een geïntegreerd systeem wordt volstaan met de objectum litis-benadering die nu al bepalend is voor de bevoegdheid van de burgerlijke rechter. Een vordering die verband houdt met een gestelde rechtsschending of met een schuldvordering voldoet. De vordering is vervolgens ontvankelijk bij voldoende procesbelang. Eenvoudiger kan niet.

Een tweede winstpunt betreft de geïntegreerde behandeling van (bestuursrechtelijke) geschillen. Een laagdrempelig verzoekschrift leidt de procedure in. Hierin geeft de rechtzoekende aan met welk handelen of nalaten van de wederpartij (bestuursorgaan, overheidsrechtspersoon) hij problemen heeft en waarom. Tevens geeft hij aan wat hij van de rechter verwacht. Bij voldoende procesbelang neemt de rechter het verzoekschrift inhoudelijk in behandeling en beoordeelt of er reden is om (een deel van) het geschil te behandelen aan de hand van bijzonder procesrecht. Dat het geschil *ongeacht* de aard van het handelen (besluit of niet, soort besluit etc.) behandeld *kan* worden staat op voorhand vast. En dat is winst. Samenhangende geschillen hoeven niet langer over twee rechters te worden verdeeld. Er is immers eenheid van competentie en procedure.

De vraag of de wederpartij (van de burger) wel of niet tot het bestuur behoort blijft gelet op de *normering* vanzelfsprekend van belang. Maar de rechter krijgt meer manoeuvreerruimte in de 'grijze gebieden'; een derde winstpunt. Vaak is duidelijk wanneer een verzoek ziet op een 'hardcore' bestuursrechtelijk geschil met een bestuursorgaan. Dit doet zich voor bij geschillen over 'echte' besluiten. In andere geschillen – of dat nu met het bestuur is, met een private uitvoeringsorganisatie of met een overheidsrechtspersoon – wordt in beginsel algemeen procesrecht toegepast. De rechter kan hier procedurele accenten leggen met het oog op de inhoudelijke aard van het geschil. Te denken valt aan accenten die de ambtshalve rechterlijke activiteit (bijvoorbeeld waarheidsvinding) en het bewijsrecht raken. Het betreft hier echter geen zwart-wit materie die is gekoppeld aan een starre competentievraag. Maatwerk en flexibiliteit brengen hier winst voor bestuur en burger. Vanzelfsprekend zal een nieuw stelsel aanvaardbare griffierechten moeten hanteren.

Ten slotte kan één geïntegreerd procesrecht met één type rechter een positieve invloed hebben op ingewikkelde leerstukken als formele en oneigenlijke formele rechtskracht. Dit behoeft geen betoog. Deze leerstukken bewaken nu vooral de taakverdeling tussen de burgerlijke rechter en de bestuursrechter. Als er sprake is van één procedure die voor dezelfde rechterlijke instantie wordt gevoerd blijft rechtszekerheid een belangrijk gegeven, maar er ontstaat per saldo meer flexibiliteit.[16] Zo is goed denkbaar dat een besluit formele rechtskracht krijgt in die zin dat het niet meer kan worden vernietigd, maar dat een verzoek dat uitsluitend ziet op het verkrijgen van schadevergoeding in verband met dat besluit toch inhoudelijk door de rechter kan worden behandeld zonder star uit te gaan van de objectieve rechtmatigheid (in de zin van geldigheid) van het besluit.[17]

3.3. Procesrechtelijke contouren

De geïntegreerde procedure vraagt om hervormingen van het procesrecht. Maar het is geen brug te ver. Het huidige bestuursprocesrecht kent al veel gemeenschappelijke elementen met burgerlijke rechtsvordering; het civiele procesrecht deformaliseert. Uitgangspunt is een universele, relatief laagdrempelige verzoekschriftprocedure waarbinnen de rechter kan beschikken over een breed palet aan uitspraakbevoegdheden. Ook de beroepsprocedure voor besluiten gaat hierin op (zie hiervoor). Vervolgens vallen geschillen – gelet op de differentiatie in procesrecht – uiteen in twee hoofdgroepen: de geschillen over 'echte' besluiten en alle overige geschillen met het bestuur. Alleen voor de eerste categorie geschillen dient op beperkte schaal te worden voorzien in afwijkende procedureregels.

Belangrijke punten betreffen bijvoorbeeld de termijn voor het indienen van een verzoekschrift dat (mede) ziet op de vernietiging of ongeldigverklaring van een besluit en de toepasselijkheid van voorprocedures.[18] Een korte beroepstermijn van zes weken is hier met het oog op de rechtszekerheid gerechtvaardigd. Het 'vernietigingsverzoek' kan desgewenst worden uitgesloten voor besluiten die algemeen verbindende voorschriften inhouden. Een verzoekschrift dat ziet op deze besluiten kan dan bijvoorbeeld wel betrekking hebben op schadevergoeding of op een verbod om een verordening in een concreet geval toe te passen.[19] Hier-

---

[16] Peters werpt, overigens met het oog op een brede competentie van de bestuursrechter, de vraag op naar de verhouding tussen deelaspecten van een geïntegreerd verzoek. Hij geeft tevens het antwoord door erop te wijzen dat de toetsing van verschillende (rechts)handelingen meer 'dynamisch' kan worden benaderd dan in een stelsel met versnipperde rechtsmacht. Peters 2018, p. 40.
[17] Een bekende suggestie. Vgl. ook Van Ommeren & Huisman 2013, p. 89 met verdere verwijzingen in voetnoot 248.
[18] Zie in dit kader Van Ommeren & Huisman 2013, p. 83.
[19] Onverminderd de rechterlijke bevoegdheid om een avv onverbindend te verklaren.

door verdwijnt misschien ook de angel uit deze discussie. Ook ten aanzien van vernietigbare besluiten blijft na de termijn van zes weken het verzoek tot schadevergoeding mogelijk ook al heeft het besluit formele rechtskracht.

Verder geldt voor alle geschillen in beginsel eenvormig procesrecht.[20] De rechter kan (en moet) dit procesrecht gelet op de aard van het geschil inkleuren aan de hand van algemene en bijzondere procesrechtelijk uitgangspunten en rechtsbeginselen. Deze procesrechtelijke beginselnormen zouden in een aantal afzonderlijke procesrechtelijke bepalingen kunnen worden benoemd. Het procesrecht krijgt hierdoor ook wat meer 'body'.

3.4. Een knelpunt

Ten slotte resteert er een knelpunt: wat te doen met het hoger beroep? Door de organisatorische realiteit kunnen de voordelen van één geïntegreerde rechtsgang in appel niet (volledig) worden benut. Bij afwezigheid van integratie van de hoogste bestuursrechtspraak in de rechterlijke macht moet (voorlopig?) worden aanvaard dat na de eerste aanleg een scheiding van (bestuursrechtelijke) geschillen volgt. Niet handig, maar ook niet onwerkbaar. Eigenlijk blijft de huidige competentiescheiding in appel bestaan. Hoger beroep tegen vernietigbare besluiten en een beperkt aantal verzoeken die daarmee nauw verband houden (bijv. schadevergoeding, uitblijven besluit) zouden onder de rechtsmacht van de bestuursrechtelijke hogerberoepsrechters vallen. Overige geschillen worden dan in hoger beroep verder behandeld door de burgerlijke rechter. Dat is nu ook al zo. In beide rechtsgangen kan mijns inziens het geharmoniseerde procesrecht toepassing vinden. Door de procesrechtelijke harmonisatie zullen de rechtsgangen verder naar elkaar groeien, waardoor integratie op termijn toch nog kans van slagen heeft.

4. Tot slot: *exit* besluitcentrisme,[21] maar dan anders

Eén geharmoniseerde procedure in civiele en bestuursrechtelijke geschillen maakt een einde aan de ingewikkelde verwevenheid van de bevoegdheid van de bestuursrechter met het besluitbegrip. Het is naar mijn mening een goed alternatief voor het model waarbij het vernietigingsberoep wordt ingebed in het raamwerk van de bestuursrechtelijke rechtsbetrekking, een en ander onder de rechtsmacht van de bestuursrechter. Dit 'kapstok- of groeimodel' vormde indertijd het vertrekpunt van mijn oratie en het staat ook centraal in bijvoorbeeld het VAR-preadvies van Van Ommeren en Huisman.

---

[20] Een specifiek punt van aandacht is de hoogte van het griffierecht in de verschillende (delen van) geschillen.
[21] K.J. de Graaf, P.J. Huisman, F.J. van Ommeren, G.A. van der Veen, 'Tot besluit', in: *Het besluit voorbij* (VAR-reeks 150), Den Haag: Boom Juridische uitgevers 2013, p. 309.

Ik denk nu dat het 'Noorse model' (in eerste aanleg) meer dan een ideetje is. Misschien sluit dit alternatief zelfs beter aan bij de Nederlandse rechtstraditie. Deze heeft buiten de sfeer van besluiten nooit een al te scherpe scheiding gekend tussen bestuursrechtelijke en privaatrechtelijke geschillen en is vertrouwd met een 'algemene' rechter die lang voor de komst van de Algemene wet bestuursrecht bestuursrechtelijke geschillen beslechtte. Ik ben ervan overtuigd dat het materiële bestuursrecht[22] niet slechter af is met een geïntegreerde rechtsgang. In de komende kwart eeuw kunnen keuzen worden gemaakt. Het besluitmodel heeft onder de Algemene wet bestuursrecht goed voldaan. Maar nu we echt verder willen moeten we er niet ten koste van alles aan willen vasthouden. Laten we kiezen voor eenvoud en samenhang.

---

[22] Ook de gedachte dat een geïntegreerde bevoegdheid 'lood om oud ijzer' is omdat de problematiek van het onderscheid tussen bestuursrecht en privaatrecht toch terugkeert bij de normering (vgl. bijv. Backes 2009, p. 44) deel ik niet. Dit laatste is zo, maar dat doet niet af aan het feit dat het *competentielabyrint* exit is.

Pim Huisman[*]

14 | Groeirichtingen voor de ontwikkeling van de bestuursrechtelijke rechtsbetrekking

@P_Huisman – De idee van de bestuursrechtelijke rechtsbetrekking is het wenselijke denkkader voor de verruiming van de toegang tot de bestuursrechter. Twee groeirichtingen worden uitgewerkt: het besluitgerelateerd handelen en algemeen verbindende voorschriften #bestuursrechtelijke-rechtsbetrekking #groeirichtingen #bestuursrechter

1. Inleiding

Het besluitbegrip is sinds de inwerkingtreding van de Awb in 1994 bepalend voor de toegang tot de bestuursrechtelijke rechtsbescherming. Als sprake is van een appellabel besluit dan staat daartegen immers na bezwaar beroep bij de bestuursrechter open (artikel 8:1 jo. 7:1 Awb). De bevoegdheden van de bestuursrechter zijn toegesneden op het vernietigingsberoep, zij het dat de Awb sinds 2013 ook een verzoekschriftprocedure kent voor schadevergoeding wegens onrechtmatige besluitvorming.

De huidige toegang tot de bestuursrechter is naar mijn mening te beperkt. Zo wordt in het bijzonder een rechtstreekse mogelijkheid om op te komen tegen besluitgerelateerde feitelijke handelingen en besluitgerelateerde overheidsovereenkomsten gemist.[1] Bovendien zijn niet alle besluiten vatbaar voor beroep bij de bestuursrechter, waarbij in het bijzonder valt te denken aan algemeen verbindende voorschriften.[2] Daar komt bij dat de afgrenzing met de competentie van de burgerlijke rechter soms heel complex kan zijn en in bepaalde gevallen leidt tot een onwenselijke fragmentatie van de rechtsbescherming over twee verschillende soorten rechters. Soms is het zelfs simpelweg niet mogelijk om tegen een bestuurshandeling in rechte op te komen.

In ons preadvies voor de Vereniging voor bestuursrecht, de VAR, uit 2013 hebben Van Ommeren en ik voorgesteld om de bestuursrechtelijke rechtsbetrekking tot uitgangspunt te nemen voor de uitbreiding van de toegang tot de bestuursrechter, waardoor de hiervoor genoemde knelpunten kunnen worden weggenomen.[3] In deze bijdrage komt aan de orde hoe dit voorstel kan bijdragen aan de

---

[*] Mr. dr. P.J. Huisman is universitair hoofddocent bij de afdeling Staats- en bestuursrecht van de Vrije Universiteit Amsterdam.
[1] Zie nader par. 3.
[2] Zie nader par. 4.
[3] F.J. van Ommeren & P.J. Huisman, 'Van besluit naar rechtsbetrekking: een groeimodel', in: *Het besluit voorbij*, VAR-reeks 150, Den Haag: Boom Juridische uitgevers 2013, p. 7 e.v. Er zijn ook anderen die in deze richting denken. Zie uit velen: N. Verheij, 'Een eigen recht(er). Recente verschuivingen in de bevoegdheidsverdeling tussen

stapsgewijze groei van het stelsel van bestuursrechtelijke rechtsbescherming in de Awb en wordt in het bijzonder aandacht besteed aan de verhouding tussen het besluitmodel en deze rechtsbetrekkingbenadering. Ik wil in deze bijdrage niet zozeer herhalen wat reeds in ons preadvies is gezegd (hoewel dat ten dele onvermijdelijk is), maar vooral ingaan op de groeirichtingen voor de ontwikkeling van de bestuursrechtelijke rechtsbetrekking.

2. Bestuursrechtelijke rechtsbetrekking als kader voor groei

Bij de totstandkoming van de tweede tranche van de Awb heeft de wetgever reeds uitdrukkelijk een rechtsbetrekkingbenadering onder ogen gezien.[4] De wetgever achtte het toen nog niet het geschikte moment daarvoor, maar hieruit kan wel worden opgemaakt dat hij grote waarde hecht aan een voortgaande rechtsontwikkeling. Het besluit als de toegangspoort tot de bestuursrechter is klaarblijkelijk niet het eindstation. De wetgever schetst in de memorie van toelichting bij de tweede tranche Awb een aantal toekomstscenario's waarvan de minst vergaande variant is dat de bestuursrechter bevoegd wordt te oordelen over al het publiekrechtelijke handelen van bestuursorganen.[5]

Het voorstel dat Van Ommeren en ik hebben gedaan ter verruiming van de rechtsmacht van de bestuursrechter sluit goed aan bij dit toekomstscenario van de wetgever. Wij zien de bestuursrechtelijke rechtsbetrekking als het dynamische en voortgaande geheel van met elkaar verband houdende handelingen van het bestuursorgaan en de burger die gericht zijn op of voortvloeien uit de besluitvorming door een bestuursorgaan.[6] In deze benadering wordt de kern gevormd door Awb-besluiten. Maar niet alleen besluiten vallen binnen de bestuursrechtelijke rechtsbetrekking, ook besluitgerelateerde handelingen vallen daaronder. In dit verband kan worden gedacht aan eenzijdige en meerzijdige voorbereidings- en uitvoeringshandelingen. Uitgangspunt in deze benadering is dat het hele geschil met betrekking tot een appellabel besluit en het daaraan gelieerde handelen aan de bestuursrechter kan worden voorgelegd.[7] Voor het beroep tegen besluiten

---

burgerlijke rechter en bestuursrechter', in: *Verschuiving van de magische lijn* (VAR-reeks 122), Den Haag: Boom Juridische uitgevers 1999, p. 67 e.v., VAR-commissie rechtsbescherming, *De toekomst van de rechtsbescherming tegen de overheid. Van toetsing naar geschilbeslechting*, Den Haag: Boom Juridische uitgevers 2004, p. 19, p. 84 en Ch.W. Backes & A.M.L. Jansen, 'De wederkerige rechtsbetrekking als panacee voor de gebreken van de 'besluiten-Awb'?', in: T. Barkhuysen e.a. (red.), *Bestuursrecht harmoniseren: 15 jaar Awb*, Den Haag: Boom Juridische uitgevers 2010, p. 75 e.v.
[4] PG Awb II, p. 174.
[5] PG Awb II, p. 174. Zie nader over de toekomstscenario's van de wetgever: Van Ommeren & Huisman 2013, p. 99-101.
[6] Deze omschrijving is ontleend aan P.J. Huisman & F.J. van Ommeren, 'De bestuursrechtelijke rechtsbetrekking in het sociaal domein', *NTB* 2018/7, p. 19.
[7] Ten tijde van het verschijnen van ons preadvies werd de maatschappelijke relevantie van dit voorstel ter discussie gesteld: zie N. Verheij, 'De VAR-preadviezen 2013: op

ligt het voor de hand het vernietigingsberoep te blijven hanteren, terwijl het voor het opkomen tegen andere handelingen in de rede ligt daarvoor verzoekschriftprocedures open te stellen. De idee van de bestuursrechtelijke rechtsbetrekking kan worden gebruikt als het denkkader om de groei van de bestuursrechtelijke rechtsbescherming stapsgewijs vorm te geven.[8] Dit hebben wij eerder aangeduid als het groeimodel.[9] Wij staan een geleidelijke ontwikkeling voor van een bestuursprocesrecht dat gericht is op het 'besluit' naar een model dat gericht is op het 'besluit mét rechtsbetrekking'.

Er tekenen zich binnen dit denkkader twee groeirichtingen af, die in de volgende paragrafen worden besproken. In de eerste plaats valt te denken aan het uitbreiden van de rechtsmacht van de bestuursrechter met aan het appellabele besluit gerelateerd handelen, zoals feitelijke handelingen en bepaalde overheidsovereenkomsten. In de tweede plaats valt te denken aan een verruiming van de toegang tot deze rechter met betrekking tot besluiten die nu niet appellabel zijn.[10]

3. Groeirichting: besluitgerelateerd handelen

3.1 Besluitgerelateerd feitelijk handelen

Besluitgerelateerde feitelijke handelingen – dat wil zeggen feitelijke bestuurshandelingen ter voorbereiding en ter uitvoering van besluiten – vallen thans niet of slechts deels onder de competentie van de bestuursrechter. Dit leidt onder meer tot een geforceerde en ongelukkige fragmentatie van met elkaar samenhangende geschillen over de bestuursrechter en de burgerlijke rechter. Door besluitgerelateerd feitelijk handelen bij de bestuursrechter onder te brengen kan hij beter ken-

---

avontuur voorbij het besluit', *NTB* 2013/16, p. 77. Daar staat tegenover dat de 'sense of urgency' ook uitdrukkelijk werd onderstreept: zie bijv. J.E.M. Polak, *Het besluit voorbij*, (VAR-reeks 151), Den Haag: Boom Juridische uitgevers 2014, p. 25. Inmiddels wordt de urgentie tot verruiming van de rechtsmacht van de bestuursrechter in ieder geval op het terrein van het sociaal domein door vrijwel niemand meer betwijfeld. Zie bijv. B.J. van Ettekoven & A.T. Marseille, 'Afscheid van de klassieke procedure in het bestuursrecht?', in: L.M. Coenraad e.a., *Afscheid van de klassieke procedure?*, Deventer: Wolters Kluwer 2017, p. 164 e.v. en het 'Advies integrale geschilbeslechting in het sociaal domein' van regeringscommissaris Scheltema dat ter internetconsultatie is gelegd (raadpleegbaar via www.internetconsultatie.nl/geschilbeslechtingsociaaldomein).
[8] Evenzo J.A.F. Peters, 'In de ban van het besluit. Over de verhouding tussen de bestuursrechtelijke rechtsbetrekking, besluit en de rechtsmachtverdeling', in: R.J.N. Schlössels e.a. (red.), *In het nu… Over toekomstig bestuursrecht*, Deventer: Wolters Kluwer 2018, p. 35.
[9] Zie recentelijk uitvoeriger ter zake F.J. van Ommeren, 'Incrementeel bestuursrecht: een groeimodel voor de rechtsbetrekking', *NTB* 2018/37, p. 210 e.v.
[10] Deze groeirichtingen hangen overigens niet zodanig met elkaar samen dat acceptatie van de ene groeirichting automatisch acceptatie van de andere met zich brengt. Vgl. Van Ettekoven & Marseille 2017, p. 151.

nis nemen van het hele geschil en kan deze ongewenste versnippering van het geschil worden tegengegaan.[11]

Met name op het terrein van overheidscommunicatie die samenhangt met het nemen van appellabele besluiten valt winst te boeken. Onder de communicatie van de overheid vallen overheidsinlichtingen, -mededelingen en -toezeggingen. De competentieverdeling tussen de burgerlijke rechter en de bestuursrechter pakt bij de besluitgerelateerde overheidscommunicatie tamelijk complex en onbevredigend uit, zoals hierna kort wordt geïllustreerd.[12] Overheids*inlichtingen* die samenhangen met de besluitvorming en daarop vooruitlopen kunnen soms via de toetsing van een besluit aan de bestuursrechter worden voorgelegd,[13] maar soms ook niet.[14] Wordt nadat het besluit onherroepelijk is geworden duidelijk dat er sprake is van onjuiste inlichtingen dan kan het zo zijn dat de inlichtingen worden gedekt door de formele rechtskracht van het besluit, waardoor eigenlijk geen enkele rechter zich daarover kan buigen.[15] Inlichtingen van na de besluitvorming kunnen alleen worden voorgelegd aan de burgerlijke rechter. Een *mededeling* over de toepasselijkheid van publiekrechtelijke voorschriften op basis waarvan een bestuursorgaan bevoegdheden heeft (een bestuurlijk rechtsoordeel) wordt in uitzonderingssituaties door de bestuursrechter 'strategisch' als besluit aangemerkt.[16] Hierdoor kan men soms bij de bestuursrechter terecht, maar moet men opmerkelijk genoeg vaak bij de burgerlijke rechter zijn. Voor *toezeggingen* geldt dat zij door de bestuursrechter via de band van het vertrouwensbeginsel worden betrokken bij de beoordeling van een besluit. De toezegging zelf staat echter niet direct ter beoordeling van de bestuursrechter. Schadevergoedingskwesties, die

---

[11] Zie uitvoerig: P.J. Huisman & F.J. van Ommeren, 'Van besluit naar rechtsbetrekking: op zoek naar een scherp criterium. Feitelijk handelen bij de bestuursrechter', *NTB* 2014/6, p. 50 e.v. Zie ook recentelijk Peters 2018, p. 38 e.v. en B. Assink & A.M.M.M. Bots, 'Het besluit voorbij, of toch niet?', in: R.J.N. Schlössels e.a. (red.), *In het nu... Over toekomstig bestuursrecht*, Deventer: Wolters Kluwer 2018, p. 77.
[12] De illustratie met betrekking tot de besluitgerelateerde overheidscommunicatie is gebaseerd op Huisman & Van Ommeren 2014, p. 52-54.
[13] Vgl. HR 9 september 2006, ECLI:NL:HR:2005:AT7774, *AB* 2006/286 m.nt. F.J. van Ommeren (Kuijpers/Valkenswaard).
[14] Zie bijv. HR 20 april 2012, ECLI:NL:HR:2012:BV5552, *AB* 2012/215 m.nt. W. den Ouden & G.A. van der Veen (Fabricom Nederland/Staat). Zie eerder HR 2 februari 1990, ECLI:NL:HR:1990:AB7898, *AB* 1990/223 m.nt. G.P. Kleijn (Staat/Bolsius).
[15] HR 9 september 2006, ECLI:NL:HR:2005:AT7774, *AB* 2006/286 m.nt. F.J. van Ommeren (Kuijpers/Valkenswaard). Dit is niet opgelost door wijziging van de Awb door de Wet nadeelcompensatie en schadevergoeding bij onrechtmatige besluiten. Zie *Kamerstukken II* 2010/11, 32621, 3, p. 45. Art. 8:88 lid 1 onderdeel b Awb bepaalt weliswaar dat de bestuursrechter ook bevoegd is zich uit te laten over schadevergoeding als gevolg van een onrechtmatige handeling ter voorbereiding van een onrechtmatig besluit, maar vereist is dan wel dat de onrechtmatigheid van het besluit dat op de voorbereidingshandeling is gevolgd vast is komen te staan. Dit is nu juist het probleem in situaties zoals die in het arrest Kuijpers/Valkenswaard.
[16] ABRvS 8 juli 2009, ECLI:NL:RVS:2009:BJ1862, *AB* 2009/363 m.nt. R. Ortlep.

zien op het niet-nakomen van de toezegging, kunnen alleen aan de burgerlijke rechter worden voorgelegd.[17] Uit dit overzicht in vogelvlucht blijkt dat het er bij besluitgerelateerde communicatie maar net vanaf hangt bij welke rechter men terecht kan en of men nog bij een rechter terecht kan. Het is juist bij een geschil over de communicatie wenselijk dat het op een eenvoudige en eenduidige manier bij dezelfde rechter aan de orde kan komen als het geschil over het daarmee corresponderende besluit. Door de bevoegdheid van de bestuursrechter te verruimen tot besluitgerelateerd feitelijk bestuurshandelen kan dit gerealiseerd worden.

Maar, daarbij blijft het niet. Ook op het terrein van de toezicht en handhaving doet zich rondom het besluit en het daaraan gerelateerde feitelijke handelen een onwenselijke fragmentatie van geschillen over de bestuursrechter en de burgerlijke rechter voor.[18] Het moge duidelijk zijn dat het concept van de bestuursrechtelijke rechtsbetrekking ook hier zijn diensten kan bewijzen.

Geschillen over feitelijk bestuurshandelen zouden via een verzoekschriftprocedure onder de rechtsmacht van de bestuursrechter kunnen worden gebracht. Om over feitelijk bestuurshandelen te kunnen oordelen zal de bestuursrechter ook met geschikte uitspraakbevoegdheden moeten worden toegerust, waarbij te denken valt aan het onrechtmatig verklaren van de aangevochten handeling, het opleggen van een verbod of gebod of het doen van een declaratoire uitspraak.[19] Met betrekking tot schadevergoeding valt te denken aan een aanpassing van de regeling in titel 8.4 Awb, waardoor het ruimer dan nu mogelijk wordt om schadevergoeding bij de bestuursrechter te verkrijgen `van schade die men lijdt door besluitgerelateerd feitelijk handelen.[20]

---

[17] Zie bijv. HR 19 juni 2015, ECLI:NL:HR:2015:1683, *AB* 2016/58 m.nt. G.A. van der Veen & A.H.J. Hofman (Overzee/Zoeterwoude).
[18] Zie aan de hand van voorbeelden Huisman & Van Ommeren 2014, p. 51-52.
[19] Zie in dit verband onder meer G.A. van der Veen, 'Bestuursrechtelijke rechtsbescherming voorbij het besluit', in: *Het besluit voorbij* (VAR-reeks 150), Den Haag: Boom Juridische uitgevers, 2013, p. 202 e.v., K.J. de Graaf, 'Verzoek naast beroep? Een rechtsvergelijkend perspectief', in: *Het besluit voorbij* (VAR-reeks 150), Den Haag: Boom Juridische uitgevers, 2013, p. 296 e.v., p. 307 en Huisman & Van Ommeren 2014, p. 56.
[20] Dat zou voor een deel al betrekkelijk eenvoudig kunnen worden gerealiseerd door de cumulatieve eis in art. 8:88 lid 1 Awb dat het moet gaan om een onrechtmatige voorbereidingshandeling én een onrechtmatig besluit te laten vervallen. Zie J.E.M. Polak, 'De verzoekschriftprocedure bij onrechtmatige besluiten als begin van tweede weg in het bestuursprocesrecht?', in: T.W. Franssen e.a. (red.), *Op het grensvlak*, Den Haag: IBR 2014, p. 172. Naar mijn mening is in dit verband ook een aanpassing van de regel van de formele rechtskracht gewenst: zie paragraaf 5.

3.2 Publiekrechtelijke overeenkomsten

Overheidsovereenkomsten die op de besluitvorming vooruitlopen (bevoegdhedenovereenkomsten) of erop volgen (uitvoeringsovereenkomsten) zijn besluitgerelateerd en maken deel uit van de bestuursrechtelijke rechtsbetrekking. Bevoegdhedenovereenkomsten en uitvoeringsovereenkomsten zijn, omdat zij besluitgerelateerd zijn, aan te merken als publiekrechtelijke overeenkomsten.[21] Het is, zoals hierna nader aan de orde komt, vanwege de zeer nauwe samenhang met appellabele besluiten wenselijk dat de bestuursrechter kennis kan nemen van geschillen over deze overeenkomsten.[22]

Bevoegdhedenovereenkomsten
Bevoegdhedenovereenkomsten zijn overeenkomsten waarbij bestuursorganen zich binden met betrekking tot de uitoefening van aan hen toekomende publiekrechtelijke bevoegdheden, zoals het nemen van Awb-besluiten.[23] De overeenkomst wordt gesloten voor de besluitvorming plaatsvindt en de uitvoering van het contract bestaat uit het nemen van het toegezegde besluit.

Uit een eenvoudig voorbeeld blijkt reeds dat een uitvoeringsgeschil aanleiding kan geven tot diverse procedures bij twee verschillende soorten rechters. Wanneer het besluit ter uitvoering van de bevoegdhedenovereenkomst afwijkt van het overeengekomene kan de wederpartij van de overheid, als het een appellabel besluit betreft, daartegen na bezwaar beroep bij de bestuursrechter instellen. Schadevergoeding wegens onrechtmatige besluitvorming kan – dan wel moet – men in bepaalde – maar niet in alle – gevallen bij de bestuursrechter verzoeken (zie artikel 8:88 jo. 8:89 Awb), maar schadevergoeding op grond van wanprestatie

---

[21] Zie voor een nadere uitwerking van de verschillende soorten overheidsovereenkomsten, en de publiekrechtelijke overeenkomsten in het bijzonder: P.J. Huisman & F.J. van Ommeren, 'De bijzondere positie van de overheid in het Nederlandse privaatrecht. De tweewegenleer en het overheidsovereenkomstenrecht', in: D. Asser (red.), *Overheidscontracten. Verdedigingsrechten van rechtspersonen in het strafproces. De rechter en de rechtsgronden*, Den Haag: Boom Juridische uitgevers 2015, p. 108 e.v.
[22] Een vrij ruime meerderheid van de aanwezigen op de VAR-jaarvergadering stemde in 2013 in met een stelling bij ons preadvies met deze strekking. Zie *Het besluit voorbij*, (VAR-reeks 151), Den Haag: Boom Juridische uitgevers 2014, p. 90. Niet iedereen is hier voorstander van. Zie bijv. A.A. van Rossum, 'Overeenkomsten tussen overheden en de bevoegde rechter', in: R.J.N. Schlössels e.a. (red.), *De burgerlijke rechter in het publiekrecht*, Deventer: Wolters Kluwer 2015, p. 227-228, p. 230. Zij is van mening dat argumenten om via de aard van de rechtsverhouding de bestuursrechter bevoegd te maken te oordelen over (bepaalde) overheidsovereenkomsten het afleggen tegen het argument van de inhoudelijke beoordeling bij de burgerlijke rechter.
[23] Vgl. de omschrijving van de Hoge Raad in HR 24 maart 2017, ECLI:NL:HR:2017:483, *AB* 2017/339 m.nt. F.J. van Ommeren & G.A. van der Veen ('Ruimte voor Ruimte'-Overeenkomst II), r.o. 3.5.2.

kan men alleen bij de burgerlijke rechter vorderen.[24] Om deze ongewenste fragmentatie van het geschil tegen te gaan is het wenselijk om de competentie van de bestuursrechter uit te breiden. Een eerste stap op dit terrein zou gezet kunnen worden door titel 8.4 Awb uit te breiden met een verzoekschriftprocedure bij de bestuursrechter met betrekking tot schadevergoeding wegens een toerekenbare tekortkoming in de nakoming ('wanprestatie') van een bevoegdhedenovereenkomst waarin is gecontracteerd over een appellabel besluit.[25] In aansluiting hierop zouden de bestaande mogelijkheden om schadevergoeding wegens onrechtmatige besluitvorming bij de bestuursrechter te verzoeken verruimd kunnen worden, zodat de bestuursrechter over alle schadevergoedingsvorderingen kan oordelen in geval van het niet-nakomen van een bevoegdhedenovereenkomst met betrekking tot een appellabel besluit.[26]

Wanneer de bevoegdhedenovereenkomst zelf onder de rechtsmacht van de bestuursrechter wordt gebracht ligt een nadere verruiming van zijn uitspraakbevoegdheden in de rede. Het is van belang dat hij dan beschikt over de bevoegdheid tot vernietiging, ontbinding en wellicht ook wijziging van de overeenkomst.[27] Een verdergaande (vervolg)stap is om ook het bestuur een rechtsingang bij de bestuursrechter te geven om bijvoorbeeld nakoming, vernietiging, ontbinding en wijziging te vorderen.[28] Door deze stap te nemen is het mogelijk het hele geschil voor te leggen aan één rechter.

Uitvoeringsovereenkomsten
Uitvoeringsovereenkomsten volgen op de besluitvorming en zijn daaraan gekoppeld. Dat bij dit type overeenkomsten ook een uitbreiding van de rechtsmacht van de bestuursrechter wenselijk is, vergelijkbaar met het hiervoor besprokene bij de bevoegdhedenovereenkomst, zal hierna worden geïllustreerd aan de hand van de subsidie-uitvoeringsovereenkomst.

---

[24] HR 8 juli 2011, ECLI:NL:HR:2011:BP3057, *AB* 2011/298 m.nt. F.J. van Ommeren & G.A. van der Veen, *TBR* 2011/202 m.nt. P.J. Huisman (Etam/Zoetermeer).
[25] Dat de bestuursrechter prima uit de voeten zou moeten kunnen met een vordering tot schadevergoeding op grond van wanprestatie en het daarbij behorende art. 6:74 BW laat Kortmann zien. Zie C.N.J. Kortmann, 'Het vertrouwensdilemma. Hoe het recht kan bijdragen aan een betrouwbare overheid', in: *Vertrouwen in de overheid* (VAR-reeks 160), Den Haag: Boom Juridische uitgevers 2018, p. 145.
[26] P.J. Huisman, 'Competentieverdeling bij bevoegdhedenovereenkomsten', in: R.J.N. Schlössels e.a. (red.), *De burgerlijke rechter in het publiekrecht*, Deventer: Wolters Kluwer 2015, p. 248.
[27] De ruimte voor de bevoegdheid tot wijziging verdient, gezien het feit dat over een publiekrechtelijke bevoegdheid is gecontracteerd, nadere overdenking. Bij het wijzigen van de contractuele verplichting voor het bestuur om een discretionaire publiekrechtelijke bevoegdheid op een bepaalde wijze uit te oefenen past een terughoudende rechterlijke opstelling. Zie bijv. reeds R. Kluin, *Overeenkomsten tussen overheden*, Deventer: Kluwer 1994, p. 103, p. 105.
[28] Zie daarover Van Ommeren & Huisman 2013, p. 59-60.

De Awb bepaalt uitdrukkelijk dat ter uitvoering van de beschikking tot subsidieverlening een overeenkomst kan worden gesloten (artikel 4:36 lid 1 Awb). In deze overeenkomst kan in beginsel worden bepaald dat de subsidie-ontvanger verplicht is de activiteiten te verrichten waarvoor de subsidie is verleend (artikel 4:36 lid 2 Awb). Uit de jurisprudentie blijkt dat niet-nakoming van de uitvoeringsovereenkomst tot een besluit kan leiden waarbij de subsidie lager wordt vastgesteld en tot een terugvorderingsbesluit met betrekking tot onverschuldigd betaalde subsidie; tegen deze besluiten staat na bezwaar beroep bij de bestuursrechter open.[29] Dit staat er evenwel niet aan in de weg dat geschillen over de overeenkomst (ook) aan de burgerlijke rechter kunnen worden voorgelegd; te denken valt aan nakomings- en schadevergoedingsvorderingen. Ook hier is het om fragmentatie van het geschil tegen te gaan wenselijk om de gehele rechtsbetrekking, dus inclusief de uitvoeringsovereenkomst, onder de rechtsmacht van de bestuursrechter te scharen.[30] Dit brengt uiteraard met zich dat de bestuursrechter toegerust dient te zijn met adequate uitspraakbevoegdheden, waarbij ook hier valt te denken aan de mogelijkheid de overeenkomst te wijzingen, te ontbinden of te vernietigen en schadevergoeding toe te kennen. Voorts ligt een vordering tot nakoming van de overheid bij de bestuursrechter in de rede.[31] Dat de subsidie bij besluit lager kan worden vastgesteld bij niet-nakoming door de wederpartij van de overheid, betekent immers niet dat daarmee ook nakoming van de activiteit kan worden bewerkstelligd. Thans moet de overheid daarvoor nog bij de burgerlijke rechter zijn.

4. Groeirichting: algemeen verbindende voorschriften

Uitgangspunt in het denkmodel van de bestuursrechtelijke rechtsbetrekking blijft dat tegen *appellabele* besluiten beroep bij de bestuursrechter openstaat. Dat verandert niet. In de huidige situatie zijn niet alle besluiten vatbaar voor beroep, hetgeen met zich brengt dat – mits daar goede redenen voor zijn uiteraard – ook hier groei van de competentie van de bestuursrechter mogelijk is. Vooral ten

---

[29] ABRvS 3 oktober 2012, ECLI:NL:RVS:2012:BX8975, *AB* 2013/157 m.nt. J.R. van Angeren en ABRvS 23 september 2015, ECLI:NL:RVS:2015:2984, *AB* 2016/287 m.nt. J.R. van Angeren & W. den Ouden. Vgl. CBb 6 oktober 2016, ECLI:NL:CBB:2016:317, *AB* 2018/17 m.nt. J.R. van Angeren. Het kan zijn dat de bestuursrechter de uitvoeringsovereenkomst betrekt bij de beoordeling van het vaststellingsbesluit. Zie W. den Ouden, M.J. Jacobs & N. Verheij, *Subsidierecht*, Deventer: Kluwer 2011, p. 165 onder verwijzing naar CBb 24 februari 2005, ECLI:NL:CBB:2005:AT1735, *AB* 2005/165 m.nt. J.H. van der Veen.
[30] Zie in deze zin reeds M.J. Jacobs, *Subsidieovereenkomsten. Een onderzoek naar de rechtsvormen van subsidies, in het bijzonder overeenkomsten*, 's-Gravenhage: Elsevier 1999, p. 240-242. Vgl. recentelijk Peters 2018, p. 40.
[31] Vgl. M.J. Jacobs & W. den Ouden, 'Hoedt u voor artikel 4:36 Awb. Problemen rond het gebruik van uitvoeringsovereenkomsten bij subsidie-verstrekking', *NTB* 1997/7, p. 265.

aanzien van algemeen verbindende voorschriften is het, zoals hierna nader aan de orde zal komen, naar mijn mening wenselijk om daartegen rechtstreeks beroep bij de bestuursrechter open te stellen.[32]

Dat tegen besluiten inhoudende algemeen verbindende voorschriften thans geen rechtstreeks beroep bij de bestuursrechter openstaat (zie artikel 8:3 lid 1 Awb) neemt niet weg dat er wel indirect beroep mogelijk is. In het kader van de toetsing door de bestuursrechter van een beschikking kan de verbindendheid van een algemeen verbindend voorschrift aan de orde komen (exceptieve toetsing). De huidige situatie leidt ertoe dat deze algemene besluiten in bepaalde gevallen zowel ter toetsing kunnen voorliggen aan de bestuursrechter als de burgerlijke rechter, hetgeen uiteraard problematisch kan zijn.[33] Problematisch is voorts dat belangenorganisaties in bepaalde gevallen helemaal geen toegang tot de rechter hebben en daarmee niet tegen deze besluiten kunnen opkomen.[34] Daar komt bij dat er vanuit de systematiek van de Awb, waarin het bieden van rechtsbescherming door de bestuursrechter tegen besluiten voorop staat, geen goede reden is om de uitsluiting van artikel 8:3 lid 1 Awb te handhaven;[35] zeker niet nu meer en meer het accent komt te liggen op algemene regels die van het bestuur

---

[32] In de Awb zijn in de artikelen 8:4 en 8:5 tal van andere besluiten van beroep bij de bestuursrechter uitgezonderd. Ook daarvan kan de vraag gesteld worden of deze uitzonderingen houdbaar zijn. Zie ter zake S.E. Zijlstra, 'Uitgezonderde besluiten: bestuursrechter of burgerlijke rechter', in: R.J.N. Schlössels e.a. (red.), *De burgerlijke rechter in het publiekrecht*, Deventer: Wolters Kluwer 2015, p. 267 e.v.

[33] Dit is mogelijk bij rechtstreeks werkende algemeen verbindende voorschriften, zo volgt uit het arrest Leenders/Ubbergen (HR 11 oktober 1996, ECLI:NL:HR:1996: ZC2169, *AB* 1997/1 m.nt. Th.G. Drupsteen) dat betrekkelijk recent op dit punt is bevestigd door het arrest SCAU (HR 3 juni 2016, *AB* 2016/268 m.nt. F.J. van Ommeren & C.N.J. Kortmann). Zie daarover R.J.B. Schutgens, 'Rechtsbescherming tegen algemene regels: tijd om de Awb te voltooien', in: *Algemene regels in het bestuursrecht* (VAR-reeks 158), Den Haag: Boom Juridische uitgevers 2017, p. 105 e.v.

[34] Uit de jurisprudentie volgt dat belangenorganisaties tegen indirect werkende algemeen verbindende voorschriften noch bij de bestuursrechter noch bij de burgerlijke rechter als procespartij kunnen procederen. Dit volgt uit een analyse naar aanleiding van HR 22 mei 2015, ECLI:NL:HR:2015:1296, *AB* 2016/267 m.nt. G.A. van der Veen & C.N.J. Kortmann (Staat/Stichting Privacy First) en HR 3 juni 2016, ECLI:NL:HR:2016: 1049, *AB* 2016/268 m.nt. F.J. van Ommeren & C.N.J. Kortmann (SCAU). Zie Schutgens 2017, p. 102-103. Zie in gelijke zin: P.J. Huisman & G.A. van der Veen, 'Bestuursproces(recht) als partijengeding. De beperkte toegang voor belangenorganisaties en enige overwegingen ter verruiming daarvan', in: R.J.N. Schlössels e.a. (red.), *In het nu… Over toekomstig bestuursrecht*, Deventer: Wolters Kluwer 2018, p. 86-87, p. 88-89.

[35] Y.E. Schuurmans & W.J.M. Voermans, 'Artikel 8:2 Awb: weg ermee!', in: T. Barkhuysen e.a. (red.), *Bestuursrecht harmoniseren: 15 jaar Awb*, Den Haag: Boom Juridische uitgevers 2010, p. 812 en W.J.M. Voermans, 'Besturen met regels, volgens de regels', in: *Algemene regels in het bestuursrecht* (VAR-reeks 158), Den Haag: Boom Juridische uitgevers 2017, p. 23-24, p. 27-28.

afkomstig zijn.[36] Vanuit dit oogpunt is het wenselijk om rechtstreeks beroep open te stellen bij de bestuursrechter tegen besluiten inhoudende algemeen verbindende voorschriften.[37]

Het is natuurlijk de vraag hoe dit vormgegeven kan worden. Zou worden volstaan met het schrappen van artikel 8:3 lid 1 Awb, dan is het gevolg daarvan dat bestuurswetgeving in het normale stramien van bezwaar en beroep van de Awb komt te vallen. Naar mijn mening is het zeer de vraag of dit zomaar kan. Het huidige bestuursprocesrecht is namelijk vooral ingericht op rechtsbescherming tegen beschikkingen en niet zozeer tegen algemene besluiten. Zo is het de vraag of bezwaar nodig is als bestuurswetgeving via een zware totstandkomingsprocedure is voorbereid. Bovendien zou ook goed de relatie tussen het rechtstreekse beroep en het openhouden van de mogelijkheid van exceptieve toetsing moeten worden doordacht. Voorts zou onder ogen moeten worden gezien of enige nadere eisen worden gesteld aan de representativiteit van algemene en collectieve belangenbehartigers die rechtstreeks willen opkomen tegen bestuurswetgeving.

Ook wanneer rechtstreeks beroep tegen bestuurswetgeving wordt opengesteld zou de groei van de competentie van de bestuursrechter geleidelijk ruimer vorm kunnen krijgen. Openstelling daarvan hoeft, indien de wetgever dit wenselijk acht, niet in een keer gerealiseerd te worden. Het zou gradueel kunnen plaatsvinden, door bijvoorbeeld het beroep alleen open te stellen voor belangenorganisaties en/of te kiezen voor openstelling in bepaalde typen zaken via enumeratie.[38]

5. Verhouding beroepschrift- en verzoekschriftprocedure

Wanneer het model van de bestuursrechtelijke rechtsbetrekking zoals hiervoor geschetst als denkkader wordt gehanteerd blijft het vernietigingsberoep tegen besluiten – de beroepschriftprocedure – behouden. Dit betekent dat er voor de rechterlijke toetsing van besluiten niets hoeft te veranderen. Voor het besluitgerelateerde handelen dat onder de bestuursrechter wordt gebracht ligt het voor de hand een andere procedure te gebruiken, namelijk een verzoekschriftprocedure. Op enige bijzonderheden van de nadere vormgeving van en de verhouding tussen deze twee procedures wordt kort ingegaan.[39]

---

[36] Zie ter zake Y.E. Schuurmans, *Van bestuursrechtelijke detailhandel naar maakindustrie*, Leiden: Universiteit Leiden 2015.
[37] Dit wordt breed gedragen. Zie uit velen: Schuurmans & Voermans 2010, p. 809 e.v., J.E.M. Polak, 'Het wetgevingskortgeding', in: R.J.N. Schlössels e.a. (red), *De burgerlijke rechter in het publiekrecht*, Deventer: Wolters Kluwer 2015, p. 432, Schutgens 2017, p. 95 e.v., Voermans 2017, p. 73-75, Huisman & Van der Veen 2018, p. 94-97 en Assink & Bots 2018, p. 77.
[38] Schuurmans & Voermans 2010, p. 830, Schutgens 2017, p. 139 en Huisman & Van der Veen 2018, p. 97.
[39] Zie uitvoeriger Van Ommeren & Huisman 2013, p. 78 e.v.

De beroepschrift- en de verzoekschriftprocedure kunnen los van elkaar worden gevoerd, maar kunnen ook gevoegd worden behandeld.[40] Het is voor een verzoekschriftprocedure over besluitgerelateerd handelen mijns inziens niet noodzakelijk dat altijd daadwerkelijk een appellabel besluit is of wordt genomen. Het is voldoende dat de bestuurshandeling een verband heeft met een potentieel te nemen appellabel besluit.[41] Is een feitelijke bestuurshandeling verricht in het kader van het nemen van een appellabel besluit en is het daadwerkelijk genomen, dan staat buiten kijf dat zij deel uitmaakt van de bestuursrechtelijke rechtsbetrekking. Waarom zou dit anders zijn als het gaat om eenzelfde feitelijke handeling en het besluit uiteindelijk veel later of zelfs niet wordt genomen? Het is logisch dat men tegen deze handeling ook dan bij de bestuursrechter via een verzoekschriftprocedure zou kunnen procederen.[42]

Het hanteren van de bestuursrechtelijke rechtsbetrekking hoeft op zichzelf geen aanpassing van de huidige termijnen van bezwaar en beroep met zich te brengen, maar daarvoor is binnen deze benadering wel ruimte.[43] Voor zover bepaalde verzoeken met betrekking tot feitelijk handelen en publiekrechtelijke overeenkomsten onder de bestuursrechter komen, ligt het voor de hand aansluiting te zoeken bij de verjaringstermijnen die in het BW worden gehanteerd.[44]

Het ligt in de rede ook de huidige invulling van de regel van de formele rechtskracht te heroverwegen. Nu brengt deze regel met zich dat, na het ongebruikt verstrijken van de bezwaar- of beroepstermijn dan wel een ongegrond beroep, het besluit voor rechtsgeldig én rechtmatig moet worden gehouden.[45] Dit kan in de weg staan aan de rechtmatigheidsbeoordeling van besluitgerelateerd feitelijk voorbereidingshandelen, als dit onder de reikwijdte van de formele rechtskracht van het besluit valt.[46] Door de regel van de formele rechtskracht alleen betrekking te laten hebben op de rechtsgeldigheid van het besluit, en niet op de rechtmatig-

---

[40] Vgl. de reeds bestaande verhouding tussen de beroepschrift- en de verzoekschriftprocedure op basis van titel 8.4 Awb.
[41] Vgl. Van Ommeren & Huisman 2013, p. 84, nader uitgewerkt in Huisman & Van Ommeren 2014, p. 55.
[42] Anders dan wel kritisch: Peters 2018, p. 32-33.
[43] Er is – terecht – discussie over de vraag of de korte termijnen van bezwaar en beroep van de Awb wel gehanteerd moeten blijven bij zuiver financiële besluiten. Zie bijv. N. Verheij, *Relatief onaantastbaar*, Maastricht: Universiteit Maastricht 2005, par. 4. Recentelijk is in het sociaal domein de vraag opgeworpen of de bezwaartermijn op zes maanden zou moeten worden gesteld; zie het 'Advies integrale geschilbeslechting in het sociaal domein', p. 7, van regeringscommissaris Scheltema. Een eventuele aanpassing van deze termijn past binnen de rechtsbetrekkingbenadering, zie Huisman & Van Ommeren 2018, p. 20.
[44] Vgl. art. 8:93 Awb waarin art. 3:310 BW van overeenkomstige toepassing wordt verklaard op het verzoek tot schadevergoeding wegens onrechtmatige besluitvorming.
[45] HR 16 mei 1986, ECLI:NL:PHR:1986:AC9347, *AB* 1986/573 m.nt. F.H. van der Burg, *AB Klassiek* 2016/9 m.nt. J.E.M. Polak (Heesch/Van de Akker).
[46] Zie HR 9 september 2006, ECLI:NL:HR:2005:AT7774, *AB* 2006/286 m.nt. F.J. van Ommeren (Kuijpers/Valkenswaard).

heid daarvan, ontstaat ruimte voor de bestuursrechter om op een later moment te oordelen over de rechtmatigheid van dergelijk feitelijk handelen.[47] Dat het besluit voor rechtsgeldig moet worden gehouden – dat wil zeggen dat de met het besluit beoogde rechtsgevolgen blijven gelden – kan namelijk heel goed losgezien worden van het feit dat bepaalde gevolgen van dit besluit dan wel het daaraan gerelateerde handelen jegens bepaalde gedupeerden onrechtmatig zijn. Het is wenselijk als de Awb(-wetgever) zich hierover in deze zin uitlaat bij de verdere verruiming van de competentie van de bestuursrechter.[48]

Staat er beroep bij de bestuursrechter open tegen een besluit, dan is deze procedure exclusief in de zin dat de weg naar de burgerlijke rechter is afgesneden. Het is naar mijn mening wenselijk dit uitgangspunt door te trekken naar de verzoekschriftprocedures bij de bestuursrechter.[49] Voor besluitgerelateerd feitelijk handelen en uitvoeringsovereenkomsten is dit goed te realiseren. Het is de vraag of dit ook gerealiseerd kan worden bij bevoegdhedenovereenkomsten. Het komt namelijk geregeld voor dat een overheidsovereenkomst zowel trekken heeft van een bevoegdhedenovereenkomst als van een reguliere vermogensrechtelijke overeenkomst (men spreekt dan van een zogenoemde 'gemengde overeenkomst'). Te denken valt aan een overeenkomst waarin een gemeente(bestuur) toezegt zich in te spannen het bestemmingsplan op een bepaalde manier te wijzigen (bevoegdhedenbeding) en tevens grond verkoopt ('gewoon' vermogensrechtelijk beding). Het kan zijn dat beide soorten bedingen zodanig verknoopt zijn, dat zij niet goed los van elkaar te beschouwen zijn. In dergelijke gevallen valt te overwegen een uitzondering te maken op het hiervoor voorgestelde uitgangspunt van exclusiviteit. Het betekent in ieder geval naar mijn mening niet, dat dit een rem zou moeten zijn op een ontwikkeling waarbij de bestuursrechter bevoegd zou worden om in geval van niet-nakoming van een bevoegdhedenovereenkomst kennis te nemen van een schadevergoedingsvordering wegens wanprestatie.

6. Slot: verdergaande groeiontwikkelingen?

Het hanteren van het model van de bestuursrechtelijke rechtsbetrekking als het denkkader voor de groei van de rechtsmacht van de bestuursrechter sluit aan bij het huidige systeem en de toekomstvisie van de wetgever in de memorie van toelichting bij de tweede tranche van de Awb.

---

[47] Van Ommeren & Huisman 2013, p. 90-91. Zie in gelijke zin B.J. Schueler, 'Welke rechter oordeelt over schade ten gevolge van onrechtmatige voorbereidingshandelingen', in: T.W. Franssen e.a. (red.), *Op het grensvlak*, Den Haag: IBR 2014, p. 217.
[48] Daarmee zou de wetgever naar mijn mening dus terug moeten komen op het in de memorie van toelichting bij de Wet nadeelcompensatie en schadevergoeding bij onrechtmatige besluiten ingenomen standpunt ter zake. Zie voor dit standpunt: *Kamerstukken II*, 2010/11, 32621, 3, p. 45.
[49] Anders: Van der Veen 2013, p. 208 en De Graaf 2013, p. 305.

Uiteraard is ook een verdergaande groei dan hiervoor beschreven mogelijk in de toekomst. Een vervolgstap is om de relatie met het besluit geheel los te laten, maar nog wel te vereisen dat het gaat om publiekrechtelijk bestuurshandelen, waardoor al het feitelijke bestuurshandelen onder de bestuursrechter kan komen.[50] Wat nóg verdergaat is om het gehele bestuurlijke handelen, inclusief privaatrechtelijk overheidshandelen, onder de competentie van de bestuursrechter te brengen.[51] Omdat niet goed te overzien is wat binnengehaald wordt met deze verdergaande groei en het een grote breuk betekent met het huidige stelsel van rechtsbescherming is het niet wenselijk hiertoe (op korte termijn) over te gaan.

Qua vormgeving van het procesrecht – of beter gezegd de procesingang – zijn ook andere groeistappen voorstelbaar. Zo zou de verzoekschriftprocedure op den duur over kunnen blijven als de procedure waarin belanghebbenden en het bestuur zich tot de bestuursrechter kunnen wenden.[52] Wat nu het traditionele vernietigingsberoep is, zou dan een verzoek tot vernietiging kunnen worden met eigen karakteristieken. Ook dit betekent naar mijn mening op dit moment een te grote sprong.

Vooralsnog is het mijns inziens wenselijk om de komende jaren met het besluit én de rechtsbetrekkingbenadering toe te groeien naar een volwaardige wijze van integrale geschilbeslechting bij de bestuursrechter.

---

[50] Van Ommeren & Huisman 2013, p 54-55.
[51] Van Ommeren & Huisman 2013, p. 55-57.
[52] Van Ommeren & Huisman 2013, p. 100-101. Vgl. R.M. van Male, 'Onderweg naar een volwaardige verzoekschriftprocedure', *NTB* 2017/5, p. 43-44.

Kars de Graaf*

15 | Over uitspraakbevoegdheden. Codificeer en systematiseer verscheidenheid!

@KarsdeGraaf – Toekomstbestendig bestuursprocesrecht kent naast de beroepschriftprocedure een algemene verzoekschriftprocedure waarin de bestuursrechter de bevoegdheid heeft om declaratoire uitspraken te doen en aan partijen geboden en verboden op te leggen. *#uitspraakbevoegdheden#verzoekschriftprocedure#feitelijke handelingen*

1. Inleiding

Kern van deze bijdrage zijn de in de Awb neergelegde uitspraakbevoegdheden van de bestuursrechter.[1] Die zijn in hoge mate bepaald door de (beperkte) aard van het in de Awb neergelegde uniforme bestuursprocesrecht, waaruit blijkt dat bestuursrechtspraak primair draait om het verkrijgen van een rechtmatigheidsoordeel over een appellabel besluit. Het vernietigen van een in rechte bestreden besluit is nog altijd de voornaamste uitspraakbevoegdheid van de bestuursrechter is. Deze bijdrage bepleit niet daar afscheid van te nemen. Wel wil ik een lans breken voor het (verder) introduceren van andere, algemene uitspraakbevoegdheden voor de bestuursrechter, onder meer ten behoeve van de rechtsontwikkeling.

Uit de parlementaire geschiedenis van de Awb volgt dat de regering onvoldoende reden heeft gezien de bestuursrechter de bevoegdheid te geven een declaratoire uitspraak te doen.[2] Evenmin is er – gelet op de beperkte reikwijdte van het uniforme bestuursprocesrecht – de algemene bevoegdheid om een bestuursorgaan te ge- of verbieden een feitelijke handeling te verrichten. Nu zijn de in hoofdstuk 8 Awb neergelegde uitspraakbevoegdheden in de afgelopen 25 jaren weliswaar gewijzigd en uitgebreid, maar zij zijn nog altijd uitdrukking van het idee dat bestuursrechtspraak primair een besluitenprocesrecht is. Door maatschappelijke wensen als effectieve, finale geschilbeslechting

---

* Prof. mr. K.J. de Graaf is adjunct hoogleraar bestuursrecht en duurzaamheid aan de Rijksuniversiteit Groningen.
[1] Uitspraakbevoegdheden: afd. 8.2.7 Awb (tussenuitspraak), art. 8:55d Awb (in het beroep bij niet tijdig handelen), art. 8:70, 8:72, 8:72a en art. 8:95 Awb (einduitspraak) en art. 8:74 en 8:75 Awb (nevendicta). Ik ga in deze bijdrage voorbij aan de voorlopigevoorzieningprocedure.
[2] Zoals het vaststellen welke bestuursrechtelijke rechtsbetrekking geldt (maar ook de onverbindendverklaring van een besluit van algemene strekking), zie o.a. *PG Awb II*, p. 469-473 (nader rapport).

binnen een redelijke termijn,[3] efficiënte rechtsmachtverdeling en adequate rechtsbescherming, maar ook door de geleidelijke uitbreiding van de rechtsmacht van de bestuursrechter door wetswijzigingen en jurisprudentie,[4] is het perspectief op de reikwijdte van de bestuursrechtspraak gewijzigd. De bij het uniforme bestuursprocesrecht behorende uitspraakbevoegdheden volstaan daarom niet langer voor de beslechting van de diversiteit van de aan de bestuursrechter voorgelegde geschillen.[5] Al te rigide pogingen om alle bestuursrechtelijke geschillen in de mal van het besluitmodel te drukken, bemoeilijken bovendien de verdere rechtsontwikkeling. Inzicht in de verschillende kenmerken van de geschillen waarover de bestuursrechter oordeelt, leidt tot het besef dat een volwassen bestuursrechtspraak niet enkel over de rechtmatigheid van besluiten gaat, maar dat in daaraan nauw verwante geschillen ook behoefte bestaat aan declaratoire uitspraken en ge- en verboden.[6] Differentiatie van rechts(in)gangen en uitspraakbevoegdheden is daarbij het toverwoord.[7] Wil de Awb ook de komende 25 jaar een kader bieden voor rechtsontwikkeling op het terrein van de rechtsbescherming tegen de overheid door de bijzondere bestuursrechter, dan moet worden nagedacht over codificatie en systematisering van uitspraakbevoegdheden die uitdrukking geven aan de verscheidenheid van bestuursrechtelijke geschillen.

In het vervolg betoog ik dat wetgever en bestuursrechter voor specifieke bestuursrechtelijke geschillen reeds gekozen hebben voor andere uitspraakbevoegdheden (paragraaf 2). Er zijn redenen om aan te nemen dat daaraan in de

---

[3] In het afgelopen decennium viel met name op de in 2010 geïntroduceerde mogelijkheid een tussenuitspraak te doen over de rechtmatigheid van het bestreden besluit zonder (direct) een vernietiging uit te spreken (*Stb.* 2009, 570) en kan gewezen worden op de meer symbolische invoering van art. 8:41a Awb (de bestuursrechter beslecht het geschil zo mogelijk definitief) en de daaraan verbonden verandering van de volgorde van uitspraakbevoegdheden in art. 8:72 Awb in 2013 (*Stb.* 2012, 682).

[4] Zie par. 3 voor voorbeelden. Uitbreiding van de rechtsmacht van de bestuursrechter betrof steeds geschillen die nauw verband hebben met een appellabel besluit, hetzij geschillen die het zogenaamde omringende bestuursrecht betreffen, zoals feitelijke voorbereidings- en uitvoeringshandelingen, hetzij besluiten die accessoir zijn aan eerdere besluiten, met over de (vermogensrechtelijke) afwikkeling van eerdere besluiten.

[5] Dat is in de afgelopen 25 jaar ook door velen geconstateerd, zie o.a. VAR Commissie Rechtsbescherming, *De toekomst van de rechtsbescherming tegen de overheid. Van toetsing naar beslechting*, Den Haag: Boom Juridische uitgevers 2004.

[6] Zoals ik – en/met anderen – ook al eerder heb gesteld, zie K.J. de Graaf, 'Verzoek naast beroep? Een rechtsvergelijkend perspectief', in: F.J. van Ommeren, P.J. Huisman, G.A. van der Veen & K.J. de Graaf, *Het besluit voorbij* (VAR-reeks 150), Den Haag: Boom Juridische uitgevers 2013, p. 217-307; J.C.A. de Poorter & K.J. de Graaf, *Doel en functie van de bestuursrechtspraak. Een blik op de toekomst*, Den Haag: Raad van State 2011, p. 187 e.v.

[7] R.J.N. Schlössels, 'Van een *'toolbox'-approach* naar doorwrocht procesrecht?', *NTB* 2012, 2; R.J.N. Schlössels, 'Het bestuursproces: een agenda voor de 21ste eeuw', *Trema* 2011/9, p. 315-16.

toekomst meer behoefte zal bestaan, waardoor het voor de hand ligt dat systematische codificatie van dergelijke uitspraakbevoegdheden de rechtsontwikkeling in de bestuursrechtspraak de komende 25 jaar kan bevorderen (paragraaf 3). Ik sluit af met een korte uitleiding (paragraaf 4).

2. Geschillen en bijpassende uitspraakbevoegdheden in de Awb

Het klassieke Awb-bestuursprocesrecht kent de bestuursrechter niet de bevoegdheid toe om een declaratoire uitspraak te doen en biedt de bestuursrechter evenmin de bevoegdheid om het bestuursorgaan te verplichten tot het verrichten van een feitelijke handeling of daarvan juist af te zien.

Dat in 1994 gecreëerde beeld behoeft enige nuancering waar het declaratoire uitspraken betreft. Geruime tijd aanvaardt de bestuursrechter immers al dat onder (strenge) voorwaarden kan worden geprocedeerd tegen een buitenwettelijk bestuurlijk rechtsoordeel (een zelfstandig en als definitief bedoeld oordeel van een bestuursorgaan over de toepasselijkheid van een wettelijk voorschrift aangaande de toepassing waarvan dat orgaan bevoegdheden heeft).[8] Het bestuurlijk rechtsoordeel is geen besluit, zodat de bestuursrechter niet bevoegd is daarover te oordelen. Wordt beroep daartegen – vanuit rechtsbeschermingsoverwegingen – toch toegestaan, dan is 'vernietiging' op grond van een rechtmatigheidsoordeel niet een passende uitspraak. Partijen wensen een declaratoire uitspraak en verkrijgen die in de praktijk ook, geperst in de mal van het besluitenprocesrecht. Codificatie van deze praktijk wordt ten onrechte niet overwogen. Is codificatie wellicht lastig? In mijn ogen niet: de in het Duitse bestuursprocesrecht neergelegde *Feststellungsklage* kan, inclusief de daarbij behorende ontvankelijkheidsbeperkingen, als voorbeeld dienen.[9] Naast uiteraard de Nederlandse jurisprudentie.

Ook moet worden erkend dat de bestuursrechter toch de bevoegdheid kent om geboden uit te spreken. Uiteraard kan het bestuursorgaan worden verplicht opnieuw te beslissen na een vernietiging van een besluit,[10] maar er is meer. Wat is de door de belanghebbende gewenste en passende uitspraak indien hij wordt geconfronteerd met een bestuursorgaan dat niet tijdig beslist op zijn aanvraag of niet tijdig een van rechtswege gegeven beschikking bekendmaakt? Het antwoord is eenvoudig: een aan het bestuursorgaan gericht bevel om een bepaalde handeling te verrichten (maak een besluit bekend). De bestuursrechter is –

---

[8] Indien de alternatieve weg om daarover een rechterlijke uitspraak te krijgen in het concrete geval 'onevenredig bezwarend (of belastend)' wordt geacht, zie daarover A-G ABRvS 12 november 2014, ECLI:NL:RVS:2014:4116 r.o. 3.6 en ook A-G ABRvS 24 januari 2018, ECLI:NL:RVS:2018:249.
[9] Zie daarover ook: De Graaf 2013, p. 284 e.v. en par. 4.2.2. Eventueel kan ook gedacht worden aan codificatie op specifieke rechtsgebieden.
[10] Terzijde: ten onrechte kennen de hoogste bestuursrechters niet de bevoegdheid om aan een in een tussenuitspraak neergelegd gebod om een geconstateerd gebrek te herstellen een dwangsom te verbinden.

onomstreden – bevoegd daarover te oordelen (artikel 6:2 onder b en artikel 8:55f Awb), maar pas nadat het bestuursorgaan in gebreke is gesteld en daarna 2 weken zijn verstreken (artikel 6:12 Awb). Omdat ook hier de rechtsbescherming geforceerd is ingepast in de mal van het besluitenprocesrecht, heeft de Awb-wetgever de noodzaak gevoeld om (bezwaar uit te sluiten en) een passende, bijzondere uitspraakbevoegdheid te creëren. We zijn eraan gewend, maar het is toch opmerkelijk dat bestuursrechters soms uitspreken dat het 'niet tijdig beslissen' wordt vernietigd. Artikel 8:55d Awb biedt een belangrijke uitspraakbevoegdheid in de vorm van een (verplicht aan het bestuursorgaan op straffe van een dwangsom te geven) bevel om alsnog in actie te komen. De Awb-wetgever heeft de bestuursrechter met andere woorden verplicht een gebod uit te spreken op verzoek van een belanghebbende. De combinatie van deze uitspraakbevoegdheid en het feit dat sinds 1998 in een procedure tegen niet tijdig handelen louter de procedurele vraag aan de orde is of het bestuursorgaan inderdaad niet tijdig handelde,[11] is deze beroepschriftprocedure in hoge mate verworden tot een verzoekschriftprocedure. En dat is ook passend.

In het geval van het niet tijdig handelen heeft de wetgever dus een zodanig nauw verband aangenomen tussen appellabele besluiten en andersoortige (voorbereidings)handelingen dat specifieke uitspraakbevoegdheden zijn gecodificeerd in de Awb. Dat is naar mijn oordeel ten onrechte niet gebeurd toen met de Vierde Tranche de Awb is uitgebreid met de mogelijkheid om het bestuursorgaan te verzoeken om (feitelijk) uitvoering te geven aan een aangezegde last onder bestuursdwang (artikel 5:31a Awb).[12] Het betreft hier de situatie dat een last is opgelegd, de overtreder niet aan de last heeft voldaan en het bestuursorgaan niet optreedt om een einde te maken aan de overtreding noch de last intrekt. Wat is de door de (derde)belanghebbende gewenste en passende uitspraak indien hij met die situatie wordt geconfronteerd? Het antwoord is simpel: een aan het bestuursorgaan gericht bevel om een bepaalde (uitvoerings)handeling te verrichten (pas feitelijk bestuursdwang toe). Dat de door het voortbestaan van de overtreding benadeelde derde-belanghebbende zich eerst moet richten tot het bestuursorgaan met een verzoek om op te treden (vergelijk een ingebrekestelling), is nog te begrijpen. De door de wetgever voorziene rechtsbeschermingsmogelijkheden tegen een afwijzende reactie, door de Awb aangeduid als een (effectuerings)beschikking, zijn eigenlijk onbegrijpelijk.[13] Van de derde-belanghebbende wordt gevergd dat hij daartegen bezwaar maakt

---

[11] Zie ABRvS 3 december 1998, ECLI:NL:RVS:1998:ZF3644, *AB* 1999/107 m.nt. Michiels.

[12] De min of meer vergelijkbare bepaling voor de last onder dwangsom is art. 5:37 lid 2 Awb.

[13] Zie daarover ook F.C.M.A. Michiels, A.B. Blomberg & G.T.J.M. Jurgens, *Handhavingsrecht*, Deventer: Wolters Kluwer 2016, p. 325; A.B. Blomberg, 'Herstelsancties en hun effectuering onder de Awb', in: T. Barkhuysen e.a. (red.), *Bestuursrecht harmoniseren: 15 jaar Awb*, Den Haag: Boom Juridische uitgevers 2010, p. 487 e.v.

en de beslissing op bezwaar, doorgaans te nemen 12 weken na afloop van de bezwaartermijn van 6 weken, afwacht. Dat hij zich pas daarna kan richten tot de bestuursrechter en dan nog slechts met een beroep tegen het besluit op bezwaar, komt op generlei wijze tegemoet aan zijn wens om af te dwingen dat het bestuursorgaan uitvoering geeft aan het besluit en feitelijk bestuursdwang toepast, laat staan dat het tegemoet komt aan het zwaarwegende algemene belang dat is gediend met de (uitvoering van de) handhaving. Indien de wetgever de bevoegdheid om het bestuur te gebieden om een feitelijke handeling te verrichten aan de civiele rechter heeft willen laten, is dat in het licht van de rechtsmachtverdeling zeker te rechtvaardigen. Er zijn echter goede redenen om de bestuursrechter hier het voortouw te laten nemen. Het heeft er alle schijn van dat dit ook overeenkomt met het doel dat de wetgever voor ogen had met de invoering van artikel 5:31a Awb. De mal van het besluitenprocesrecht werkt voor dat doel echter verstikkend. Hier zou moeten worden voorzien in een andere, bijzondere procedure (ingebrekestelling en verzoekschrift) met bijpassende uitspraakbevoegdheid: een gebod om op te treden.

In gevallen waarin van de bestuursrechter wordt gevraagd het bestuursorgaan te verplichten tot het verrichten van een (feitelijke) handeling, verdient ook artikel 8:72 lid 4 onder b Awb aandacht. In de in deze bepaling toegekende bevoegdheid, die kan worden gebruikt als *alternatief* voor de opdracht om opnieuw te besluiten en dus op het eerste gezicht enkel geschikt lijkt voor bestuursrechtelijke procedures waarin wordt geprocedeerd tegen een feitelijke handeling van het bestuur, zou veel ingelezen kunnen worden. Om op grond van deze bepaling het bestuursorgaan te gebieden een nieuw besluit te nemen *en tevens* een feitelijke handeling te verrichten (bijvoorbeeld het feitelijk toepassen van bestuursdwang) is een aantrekkelijke gedachte, maar zou toch neerkomen op oneigenlijk gebruik, tenzij de wetgever optreedt en duidelijkheid verschaft.[14]

Met de invoering van de (zelfstandige) schadeverzoekschriftprocedure per 1 juli 2013 heeft de wetgever bewust gekozen voor een andere rechts(in)gang dan die van het beroep tegen een besluit; nadat het bestuur schriftelijke aansprakelijk is gesteld en 8 weken verstreken zijn, kan een gelaedeerde een verzoekschrift rechtstreeks aan de bestuursrechter richten. Een daarbij passende uitspraakbevoegdheid is dat het bestuursorgaan wordt opgedragen de schade te vergoeden en dat die uitspraak een executoriale titel oplevert.[15] Hoewel uiter-

---

[14] A.M.L. Jansen, 'Een oneigenlijk gebruikt nevendictum: de opdracht tot een 'andere handeling'', *JBplus* 2008/2, p. 188 e.v. wijst op het ontbreken van enige aanwijzing van de wetgever over de reikwijdte van deze bepaling. Zie ook De Poorter & De Graaf 2011, p. 152 e.v.

[15] Zie art. 8:76 Awb, waarin overigens – mijns inziens ten onrechte – niet is geregeld dat het zelf in de zaak voorzien in een geschil over schadevergoeding (bijv. in het geval van een besluit over de vergoeding van mijnbouwschade in Groningen) of nadeelcompensatie (bijv. o.g.v. art. 4:126 Awb) een executoriale titel oplevert.

aard om schadevergoeding kan worden verzocht die is geleden ten gevolge van een onrechtmatig besluit, kan dat ook voor een (andere) onrechtmatige voorbereidingshandeling voor een onrechtmatig besluit (artikel 8:88 lid 1 onder b Awb). Opmerkelijk is evenwel dat de bestuursrechter nooit bevoegd is om een verbod (of: een oordeel) uit te spreken op het moment dat de onrechtmatige, feitelijke (voorbereidings)handeling door het bestuursorgaan wordt verricht. Uitbreiding van artikel 6:3 Awb, zodat die bepaling niet enkel ziet op beslissingen (lees: besluiten) maar in elk geval ook op feitelijke (voorbereidings)handelingen, ligt voor de hand, maar is (nog) niet gebeurd.[16]

Uit het voorgaande volgt dat de bestuursrechtspraak in specifieke geschillen kiest voor andere rechtsingangen (ingebrekestelling en verzoekschrift) en uitspraakbevoegdheden (declaratoir en gebod) indien die passend zijn voor de aard van het geschil. Uit dat summiere overzicht blijkt dat in geschillen over de voorbereiding en uitvoering van besluiten behoefte bestaat aan een bestuursrechter die er adequaat en efficiënt in kan voorzien dat het bestuursorgaan wordt gehouden aan de door het bestuursrecht opgelegde verplichtingen, met name als het gaat om (feitelijke voorbereidings- en uitvoerings)handelingen die nauw zijn verweven met besluitvorming. Hoewel de in het Duitse bestuursprocesrecht bekende *allgemeine Leistungsklage* (en/of *Unterlassungsklage*) als voorbeeld kan dienen,[17] zijn de contouren van een algemene regeling ook in het Nederlandse bestuursprocesrecht al zichtbaar (ingebrekestelling – nakomingstermijn – verzoekschrift – gebod/verbod op straffe van een dwangsom). Het zou de Awb-wetgever sieren indien hieraan in de komende jaren nadrukkelijker en systematischer uitdrukking zou worden gegeven door te erkennen dat de mal van het klassieke besluitenprocesrecht in de bestuursrechtspraak niet langer volstaat en door een algemene regeling voor de verzoekschriftprocedure met bijpassende uitspraakbevoegdheden te introduceren voor daartoe aangewezen geschillen. Niet in de laatste plaats omdat een dergelijke regeling ook voor een eventuele toekomstige uitbreiding van de rechtsmacht van de bestuursrechter, een beter passend kader kan bieden dan de beroepschriftprocedure met de klassieke uitspraakbevoegdheden.

3. Naar verruiming van de bevoegdheden van de bestuursrechter?

Een betoog als in paragraaf 3 is niet nieuw. Doorgaans wordt ook vanuit de beredeneerde overtuiging dat de bestuursrechter bevoegd zou moeten worden om alle geschillen over bestuursrechtelijke rechtsbetrekkingen te beslechten, de noodzaak van de introductie van nieuwe, andere uitspraakbevoegdheden gevoeld.[18] Dat zou dan onder meer nopen tot het codificeren van een heldere

---

[16] Zie De Poorter & De Graaf 2011, p.126.
[17] Vgl. De Graaf 2013, p. 279 e.v.
[18] Vgl. o.a. F.J. van Ommeren & P.J. Huisman, 'Van besluit naar rechtsbetrekking: een groeimodel', in: Van Ommeren e.a. 2013, p. 7 e.v.

rechtsingang voor het verkrijgen van een declaratoire uitspraak. Ook moet nagedacht worden over een rechtsingang en uitspraakbevoegdheden voor geschillen over nauw met een appellabel besluit verbonden (voorbereidings- en uitvoerings)handelingen. De behoefte daaraan zou in de toekomst weleens kunnen groeien. Waarom? Ik licht dat kort toe. Ik wijs daarbij op ontwikkelingen in het omgevingsrecht en het sociaal domein, maar vergelijkbare ontwikkelingen doen zich voor op andere bijzondere delen van het bestuursrecht.

In het omgevingsrecht is reeds lange tijd een ontwikkeling gaande waarin afstand wordt genomen van het vastleggen van de bestuursrechtelijke rechtsbetrekking in een vergunning of een ontheffing. Vergunningenstelsels worden vervangen door algemeen verbindende voorschriften (en beleidsregels), waartegen – anders dan tegen een vergunning – in beginsel geen beroep open staat. Die ontwikkeling zet ook door in het grootschalige wetgevingsproject dat moet leiden tot de inwerkingtreding van de Omgevingswet in 2021. Een van de belangrijkste reguleringsinstrumenten op grond van die wet zal het gemeentelijke omgevingsplan zijn. De verwachting is dat daarin zo mogelijk wordt uitgegaan van uitnodigingsplanologie en dat de globale, algemene regels in omgevingsplannen noodzakelijkerwijs aangevuld zullen (moeten) worden met beleidsregels ter interpretatie van die regels. Een eerste gevolg hiervan is dat meer aandacht nodig is voor de (exceptieve) toetsing van algemeen verbindende voorschriften en de daarbij passende – tot op heden niet gecodificeerde – uitspraakbevoegdheden, waarbij gedacht kan worden aan declaratoire uitspraken. Een tweede gevolg is dat burgers en ondernemingen in hogere mate onzekerheid kunnen ervaren over de vraag of een bepaald project op een bepaalde locatie uitgevoerd kan worden (zonder dat daarvoor een vergunningplicht geldt). Het klassieke besluitenprocesrecht kan die zekerheid alleen verschaffen in een procedure tegen een handhavingsbesluit. Het is duidelijk dat deze ontwikkeling de behoefte aan een declaratoire uitspraakbevoegdheid zal doen groeien (vergelijk het bestuurlijk rechtsoordeel). Met codificatie van die bevoegdheid is de rechtszekerheid gediend.

Bekend is dat er binnen het sociaal domein belangrijke ontwikkelingen gaande zijn in de wijze waarop enerzijds de bestuursrechtelijke rechtsbetrekking vorm krijgt (eventueel zonder besluit) en anderzijds feitelijk uitvoering wordt gegeven aan de publieke taak (evt. uitbesteed/geprivatiseerd). In een in 2017 in consultatie gebracht advies van Scheltema,[19] de regeringscommissaris voor de algemene regels van bestuursrecht, wordt gesteld dat het onderscheid tussen het moment van vaststelling van rechten en plichten en de – mogelijk uitbestede – feitelijke uitvoering van de publieke taak, de bestuursrechtelijke rechtsbescherming onder druk zet. Sterker, het in de Awb geregelde bestuurs-

---

[19] Zie www.internetconsultatie.nl/geschilbeslechtingsociaaldomein, waarover o.a. M. Scheltema, 'Advies integrale geschilbeslechting sociale domein', *NTB* 2018/3 en A.T. Marseille, 'Aanpassing Awb ten behoeve van integrale geschilbeslechting in het sociaal domein?', *NTB* 2018/12.

procesrecht en de daarbij passende uitspraakbevoegdheden staan haaks op de ontwikkelingen in het sociaal domein, aldus Scheltema. Een oplossing[20] zou gevonden kunnen worden in het introduceren van integrale geschilbeslechting, waarin de bestuursrechter dus zowel zou oordelen over de vaststelling van rechten en plichten (evt. een besluit), maar ook over de vraag of de feitelijke (voorbereiding en) uitvoering daarvan voldoet. Het advies leidt expliciet tot het idee dat de bestuursrechter behalve over besluiten ook over feitelijke handelingen zou moeten kunnen oordelen. Die analyse snijdt hout en sluit bovendien aan bij een ontwikkeling die al langer gaande en zichtbaar is in het bestuurs(proces)recht.

4. Einduitspraak

Met hetgeen hierboven is gesteld, is niet beoogd een volledig overzicht te geven van mogelijk toekomstige knel- en verbeterpunten ten aanzien van de bestuursrechtelijke uitspraakbevoegdheden. Wel was aan de orde dat codificatie in de Awb van de mogelijkheden om rechtsbescherming te zoeken tegen een bestuurlijk rechtsoordeel tot meer rechtszekerheid zou leiden en bovendien zou moeten voorzien in een passende bevoegdheid van de bestuursrechter: het doen van een declaratoire uitspraak. Een passende procedurevorm zou een verzoekschrift zijn. Daarnaast is in deze bijdrage betoogd dat de huidige rechtsmacht van de bestuursrechter al noopt tot het systematisch differentiëren tussen geschillen over besluiten (klassieke beroepschriftprocedure) en de bestuursrechtelijke geschillen waarin de bestuursrechter wordt verzocht het bestuursorgaan te gebieden een nauw met een appellabel besluit verbonden (feitelijke) handeling te verrichten (verzoekschriftprocedure).

In hoofdstuk 8 van de Awb zou naar mijn oordeel een aparte afdeling over een algemene verzoekschriftprocedure en daarbij behorende uitspraakbevoegdheden moeten worden opgenomen voor – door de wetgever aangewezen – categorieën van bestuursrechtelijke geschillen, zoals die over niet tijdig handelen, over nauw met een appellabel besluit verbonden feitelijke handelingen en over schadevergoeding. In die geschillen is niet altijd een voorafgaand oordeel van het bestuursorgaan vereist, maar ligt wel steeds voor de hand dat het daartoe de gelegenheid krijgt (ingebrekestelling en termijn). Die verzoekschriftprocedure kan uiteraard gecombineerd worden met een beroepschriftprocedure (vergelijk artikel 8:91 Awb). Een vraagpunt is of de (nieuw verkregen) rechtsmacht van de bestuursrechter in de verzoekschriftprocedure exclusief zou moeten zijn. Ik denk het eigenlijk niet. Introductie van een aparte afdeling in hoofdstuk 8 van de Awb voor een algemene verzoekschriftprocedure zal ook gevolgen hebben voor de bevoegdheden van de bestuursrechter

---

[20] Een ander, gedeeltelijk antwoord op de geconstateerde problemen biedt CRvB 18 mei 2016, ECLI:NL:CRVB:2016:1491. Zie ook CRvB 8 oktober 2018, ECLI:NL:RVS: 2018:3241.

in beroepschriftprocedures. Met name omdat de bestuursrechter in die procedure – onder voorwaarden ook ambtshalve – de bevoegdheid zou moeten hebben om aan partijen op te dragen feitelijk uitvoering te geven aan zijn uitspraak.[21]

De noodzaak voor dit alles zie ik niet alleen vanwege de ontwikkelingen in het bestuurs(proces)recht (paragraaf 2 en 3), maar ook in verband met de maatschappelijke wens om in dit soort geschillen in laagdrempelige, efficiënte en adequate rechtsbescherming tegen de overheid te voorzien. Welke rechtsontwikkeling in de komende jaren ook plaatsvindt, die kan het beste worden opgevangen door een procesrecht dat procedures en uitspraakbevoegdheden kent die passend zijn voor de verscheidenheid van de bestuursrechtelijke geschillen.

---

[21] Eventueel door verruiming van het toepassingsbereik van art. 8:72 lid 4 onder b Awb, zie daarover ook De Poorter & De Graaf 2011, p. 152 e.v. en 185 e.v.

Herman Bröring[*]

16 | Bestuursrechtelijke soft law: tien opmerkingen

@H_Bröring – Beleidsregels blijven aandacht vragen, m.n. van de rechter. Dit betreft de digitalisering, dynamische en interactieve normstelling, de juridische beoordeling van plannen, en beleidsregels en artikel 8:69, tweede lid, Awb #*beleidsregels*#*soft-law*#*gelijkheidsbeginsel*

1. Inleiding

De regeling in de Awb van beleidsregels – de 'hoogste' soort beleid – werd bij de eerste tranche (1994) in het vooruitzicht gesteld, en in de derde tranche (1998) gerealiseerd. In 1987 vonden in de boezem van de Commissie algemene regels van bestuursrecht (Cie. Scheltema) al de eerste beschouwingen over de wettelijke regeling van beleidsregels plaats. Beleidsregels staan intussen niet op zichzelf, maar moeten in relatie tot andere soorten beleid worden beschouwd. Daarom gaat deze bijdrage meer in het algemeen over (bestuursrechtelijke) soft law, zij het met een sterke nadruk op beleidsregels. Weliswaar is deze bundel gericht op de toekomst, maar zoals we allemaal weten: geen toekomst zonder geschiedenis. Daarom volgt allereerst een terugblik. In dat kader wordt onder meer gekeken naar de oorsprong van beleidsregels en naar de ideeën die in haar aanvangsperiode bij de Cie. Scheltema over deze regels leefden (par. 2).[1] Daarna volgt aan de hand van een specificatie van de huidige stand van zaken een vooruitblik in de vorm van negen opmerkingen en een tiende die tevens de conclusie weergeeft (par. 3).

2. Terugblik

2.1 *Oorsprong en verdere ontwikkeling*

Beleidsregels hebben hun oorsprong in (interne) instructies. Die oorsprong kan worden gesitueerd in de vroegste publiekrechtelijke organisaties:[2] over-

---

[*] Prof. mr. H.E. Bröring is hoogleraar bestuursrecht aan de Rijksuniversiteit Groningen. Hij dankt Hanna Tolsma voor haar commentaar bij een eerdere versie van deze bijdrage.
[1] De informatie uit deze aanvangsperiode is ontleend aan een archief van de Cie. Scheltema. Bij dit archief moet worden gedacht aan een verzameling dozen vol ordners met o.a. verslagen van vergaderingen, overzichten van literatuur en jurisprudentie, en ontwerpen van regelingen. Voor de 'officiële' wetsgeschiedenis – met name de parlementaire behandeling – wordt naar elders verwezen, waaronder de uitgave *PG Awb III* (Alphen aan den Rijn: Samsom H.D. Tjeenk Willink 1998).
[2] Aan allerlei (theoretische) complicaties rond het onderscheid in het verre verleden tussen publiek- en privaatrecht wordt hier voorbijgegaan.

heidsverbanden van meerdere actoren, waarbij sprake is van taakverdeling en hiërarchie. Binnen een dergelijk verband is het de vorst (of een andere baas) die op grond van zijn 'Weisungskompetenz' ondergeschikten aanwijzingen (instructies) geeft voor de uitoefening van een hem toekomende (namens hem uitgeoefende) bevoegdheid. Hoewel kan worden aangenomen dat zij van veel oudere datum zijn, kan voor het bestaan van zulke instructies in elk geval worden verwezen naar de Romeinse tijd. Toen bestonden de zgn. mandata principis:[3] keizerlijke instructies, van praktische en morele aard, die hoge ambtenaren werden meegegeven wanneer zij de regio in werden gezonden.[4] Opmerkelijk is dat het rechtskarakter van de mandata (opdrachten, lastgevingen), net als lange tijd – en eigenlijk nog steeds – dat van beleidsregels,[5] omstreden is: behoorden zij wel of niet tot het (keizerlijke) recht?[6]

Hoe dan ook staat vast dat de benadering van onze huidige beleidsregels als instructies – en daarom als een intern-organisatorisch fenomeen – vele eeuwen de standaard is geweest.[7] In een publicatie aan de vooravond van de inwerkingtreding van de eerste twee tranches van de Awb heb ik drie stappen in de ontwikkeling van deze beleidsregels onderscheiden:[8]

1) in aansluiting op de mandata principis, de stap van interne dienstaanwijzingen en ambtelijke werkregels (grondslag bevoegdheid en gebondenheid: hiërarchische positie);

2) de stap waarin recht werd gedaan aan de externe werking van zulke aanwijzingen en regels (in beschikkingsbevoegdheid geïmpliceerde regelgevingsbevoegdheid, indirecte gebondenheid jegens de burger, nl. via beginselen van behoorlijk bestuur);[9]

3) de stap van beleidsregels als een besluit, dus een publiekrechtelijke rechtshandeling (bevoegdheid: artikel 4:81 Awb, gebondenheid: artikel 4:84 Awb).

---

[3] Jan Lokin, 'Mandata principis' (bijdrage rode draad 'Historische wortels van het recht'), *AA* 2013/12, p. 957-964 (AA20130957).

[4] Die instructies konden ad hoc zijn, maar volgens Lokin 2013, p. 959, is het 'waarschijnlijk dat er inderdaad boekjes met richtlijnen hebben bestaan waarin vaste bestanddelen voorkwamen maar ook wisselende, aan de nieuwe omstandigheden aangepaste instructies.' Zij kwamen onder meer voor het terrein van het vreemdelingenrecht en belastingrecht.

[5] Denk vooral aan beleidsregels in het licht van art. 79 RO resp. 8:96, tweede lid, Awb.

[6] 'Wellicht hebben zij niet dadelijk maar pas in de loop der tijd rechtskracht gekregen', aldus Lokin 2013, p. 959.

[7] Voorbij wordt gegaan aan de vraag in hoeverre dat expliciet het geval was en op theorievorming berustte.

[8] Zie mijn 'Beleidsregels, een beknopte biografie', in: J.L. Boxum e.a. (red.), *Aantrekkelijke gedachten. Beschouwingen over de Algemene wet bestuursrecht*, Deventer: Kluwer 1983, p. 387-402.

[9] Deze stap wordt weerspiegeld in het proefschrift van J.H. van Kreveld, *Beleidsregels in het recht*, Deventer: Kluwer 1983.

Vervolgens constateerde ik dat met de derde stap het onderscheid met algemeen verbindende of wettelijke voorschriften nog maar dun is, en dat het daarom een kleine (vierde) stap is om beleidsregels met wettelijke voorschriften te vereenzelvigen.

2.2 Discussies in de boezem van de Cie. Scheltema en nadere gedachtenvorming

Wat stond de Cie. Scheltema bij de Awb-regeling van beleidsregels voor ogen? In een eerste (discussie)notitie voor deze commissie over beleidsregels – het is dan voorjaar 1987 – wordt geconstateerd dat blijkens de rechtsontwikkeling het *verschil met wettelijke voorschriften* afneemt. Tegen deze achtergrond wordt in de notitie uitgegaan van de wenselijkheid om onnodige verschillen met wettelijke voorschriften te voorkomen.[10] Zouden de normen van hoofdstuk 3 voor de besluitvorming in het algemeen daarom niet ook voor wettelijke voorschriften moeten gelden? Aangetekend werd dat voor beleidsregels wellicht – en daarom mogelijk ook voor wettelijke voorschriften – extra voorbereidingseisen zouden moeten worden gesteld, met name waar het gaat om de hoorplicht. Verder werd de vraag aangesneden of ook wettelijke voorschriften van een inherente afwijkingsbevoegdheid vergezeld zouden moeten gaan. Daarbij werd vastgesteld dat een adequate redactie van de afwijkingsbevoegdheid of -plicht lastig is.[11]

Bovenstaande opmerkingen, en in het bijzonder het uitgangspunt dat nodeloze verschillen tussen beleidsregels en wettelijke voorschriften moeten worden voorkomen,[12] werden door de Cie. Scheltema gedeeld.[13] Opvallend is verder haar voorkeur voor 'een sterkere concreet geformuleerde binding aan de beleidsregel maar dit in combinatie met een stimulans om beleidsregels op te stellen.' Bij dit laatste werd, naast een beleidsregelplicht in geval van een vaste gedragslijn, gedacht aan de bepaling dat ter motivering van een beschikking alleen naar een vaste gedragslijn mag worden verwezen wanneer deze in een beleidsregel is neergelegd. Opvallend is bovendien de (positieve) correlatie die werd gesignaleerd tussen de mate van zorgvuldigheid van de voorbereiding van beleidsregels en de mate van gebondenheid aan deze regels. Wanneer voor beschikkingen die op beleidsregels zijn gebaseerd geen hoorplicht geldt, zou daarom bij de voorbereiding van die beleidsregels een hoorplicht op zijn plaats kunnen zijn ('beginsel van communicerende vaten').

---

[10] Voor het begrip beleidsregels wordt in de notitie voortgeborduurd op het proefschrift van Van Kreveld en het Eindrapport van de Commissie Wetgevingsvraagstukken, *Orde in de regelgeving*, Den Haag: Staatsuitgeverij 1986.
[11] Voorgesteld werd ten voordele van de belanghebbende af te wijken als daartoe concrete aanleiding bestaat en alleen in geval van onvoorziene omstandigheden en onder aanbieding van nadeelcompensatie ten nadele af te wijken.
[12] Verslag van de vergadering van de Cie. Scheltema van 11 mei 1987.
[13] HR 16 mei 1986, ECLI:NL:PHR:1986:AC9354, *AB* 1986/574, m.nt. Van Buuren, *NJ* 1987/251, m.nt. Scheltema.

Voorts werd uitdrukkelijk opgemerkt dat beleidsregels naast publiekrechtelijke rechtshandelingen en feitelijke handelingen ook betrekking kunnen hebben op *privaatrechtelijke* rechtshandelingen. Bovendien werd benadrukt dat een wettelijke regeling van beleidsregels aan '*informele beleidsregels*' zoals interne regels (instructies) of impliciete regels (vaste gedragslijnen) niet alle juridische betekenis kan ontnemen.

Als bekend, is er vervolgens een voorontwerp gekomen waarop kritiek is geleverd op het punt van:
- de definitiebepaling en de drieslag *belangenafweging, feitenvaststelling of wetsuitleg*;[14]
- de verhouding tot *wetsinterpreterende* regels;[15]
- de *verplichting* om in geval van een vaste gedragslijn een beleidsregel vast te stellen;
- de *motiveringsbepaling* over vaste gedragslijn en beleidsregel;[16]
- de verhouding tot *plannen*;
- de *inherente afwijkingsbevoegdheid*.

Met het oog op het laatste punt, dat van diverse kanten onduidelijk en weerbarstig werd gevonden,[17] werd gepleit voor 'differentiatie […] in de mate, waarin van beleidsregels kan worden afgeweken.'[18]

Eveneens is bekend dat de wettekst ondanks deze kritiek grotendeels gelijk is aan het voorontwerp:[19] alleen artikel 4.4.2 voorontwerp, over de beleidsregelplicht in geval van een vaste gedragslijn, heeft het niet tot wet gebracht.[20]

---

[14] Zo o.a. de minister van Justitie, in zijn commentaar van 10 april 1992, p. 1 en 23.

[15] Advies Studiekring Administratieve Rechtspraak van de NVvR inzake Voorontwerp Algemene wet bestuursrecht, derde tranche, 21 mei 1992, p. 9-10 (idem, mede ter voorbereiding van dat advies, het advies van de voorzitter van het CBB van 12 maart 1992).

[16] O.a. de Raad voor het Binnenlands Bestuur, *Advies over het voorontwerp van de derde tranche Algemene Wet Bestuursrecht*, mei 1992, p. 17: waarom bijv. niet ook naar een interne nota verwijzen?

[17] De Raad van State stelde voor het element bijzondere omstandigheden te schrappen en de eventuele afwijking enkel te laten afhangen van het evenredigheidsbeginsel. Zie verder mijn noot onder ABRvS 26 oktober 2016, ECLI:NL:RVS:2016:2840, *AB* 2016/447.

[18] Raad van Advies voor de ruimtelijke ordening, *Advies over de juridische status van beleidsregels*, april 1992, p. 7.

[19] In art. 4.4.1 voorontwerp ontbrak vergeleken met het huidige art. 4:81 de bevoegdheid voor de delegans om beleidsregels vast te stellen (eerste lid) en hetgeen tegenwoordig in het tweede lid is geregeld (eis van wettelijke bevoegdheidsgrondslag waar het eerste lid niet van toepassing is). Het huidige art. 4:82 is conform art. 4.4.3 voorontwerp. De artikelen 4.4.4 en 4.4.5 voorontwerp hebben ten opzichte van de huidige artikelen 4:83 en 4:84 alleen redactionele wijzigingen ondergaan.

[20] Deze bepaling luidde: 'Indien een bestuursorgaan bij het gebruik van een bevoegdheid tot het nemen van besluiten of het verrichten van privaatrechtelijke rechtshandelingen een vaste gedragslijn volgt ter zake van het afwegen van belangen, het vaststellen van feiten of het uitleggen van wettelijke voorschriften, wordt deze in een beleidsregel

3. Vooruitblik

Na decennia van 'juridische verharding' van beleid(sregels) is de laatste jaren, waar het gaat om de verhouding tot wettelijke voorschriften en om de inherente afwijkingsbevoegdheid, een kentering opgetreden. In zoverre is sprake van een slingerbeweging. In de rechtsontwikkeling pleegt een slinger echter nooit naar het vorige uitslagpunt terug te keren.[21] Ook niet waar het gaat om beleidsregels. Hieronder licht ik dit toe, in een vooruitblik in de vorm van tien opmerkingen.

I Verhouding tot wettelijke voorschriften: convergentie en divergentie
De Cie. Scheltema was overtuigd voorstander van convergentie van beleidsregels en wettelijke voorschriften. Deze convergentie heeft in belangrijke mate plaatsgevonden. Zo zijn de meeste beleidsregels door hun (artikelsgewijze) structuur, formulering en bevoegdheidsgerichtheid meer dan voorheen op wettelijke voorschriften gaan lijken, evenals door de wijze waarop de rechter in veel gevallen aan beleidsregels toetst. Ook de Conclusie van A-G Widdershoven over de exceptieve toetsing – op alle rechtmatigheidsaspecten – van wettelijke voorschriften kan als een uiting van convergentie worden beschouwd.[22] Maar de verschillen zijn groot gebleven. Denk naast diverse andere verschillen aan artikel 8:69, tweede lid, Awb: een beleidsregel is in tegenstelling tot een wettelijk voorschrift geen rechtsgrond in de zin van dit voorschrift.[23] En de verschillen lijken juist groter te worden.

Illustratief is de verruiming van de aan beleidsregels inherente afwijkingsbevoegdheid, waar anderzijds van de gedachte dat ook wettelijke voorschriften met een inherente afwijkingsbevoegdheid gepaard zouden moeten gaan weinig meer is vernomen. Illustratief is voorts het verschil waar het gaat om de grondslag voor een waarschuwing: in geval van een beleidsregel vormt die waarschu-

---

neergelegd, tenzij redelijkerwijs kan worden aangenomen dat daaraan geen behoefte bestaat.' In zijn commentaar van 10 april 1992, p. 1 en 24, bestempelde de minister van Justitie dit voorschrift als 'onaanvaardbaar'. Met de formulering van art. 4.4.2 voorontwerp wordt overigens bevestigd dat beleidsregels volgens de Cie. Scheltema ook betrekking konden hebben op het verrichten van privaatrechtelijke rechtshandelingen.

[21] Slingerbewegingen bestaan in vele soorten en maten: continue en niet-continue; lineaire en niet-lineaire; al dan niet gebaseerd op zwaartekracht, of op magnetische velden; met variatie naar periode en amplitude; etc. Essentie is een bepaalde regelmaat m.b.t. een beweging-heen-en-weer. Een slingerbeweging in een historische ontwikkeling betekent normaliter dat een verschijnsel, eigenschap of waardering uit het verleden in een nieuwe tijd herleeft. Dit laatste impliceert een veranderde context, wat meebrengt dat de slinger normaliter niet volledig terug beweegt: men pleegt anders uit te komen dan in de oude situatie.

[22] Conclusie van 22 december 2017, ECLI:NL:RVS:2017:3357.

[23] Zie o.a. ABRvS 27 oktober 2008, ECLI:NL:RVS:2008:BG7991, *AB* 2009/193, m.nt. Ortlep.

wing, volgens de Afdeling bestuursrechtspraak in navolging van de Conclusie van A-G Widdershoven, in beginsel geen, in geval van een wettelijk voorschrift wel een appellabel besluit.[24] Hoe dan ook is mijn opmerking van ruim 25 jaar geleden dat de vereenzelviging van beleidsregels met wettelijke voorschriften nog maar een kleine stap is bezijden de waarheid gebleken.[25]

Of de verdere ontwikkeling er een van divergentie of toch verdergaande convergentie zal zijn, is in hoge mate speculatief. Zo kan van invloed zijn dat meer gehecht gaat worden aan de mate van zorgvuldigheid van de voorbereiding van de regels, met in begrip van het democratisch gehalte van hun totstandkoming. Dit laatste brengt mee dat in geval van regels afkomstig van een vertegenwoordigend orgaan, bijvoorbeeld een gemeenteraad, aan de motivering niet altijd dezelfde eisen kunnen worden gesteld als aan besluiten in het algemeen. Immers, zulke regels kunnen de neerslag zijn van een politiek compromis, en in zoverre kan de motivering dan vaak niet verder gaan dan de enkele constatering dát sprake is van een compromis. Voor een ministeriële regeling geldt dat niet, reden waarom aan haar motivering en aan de eisen gesteld aan haar toepassing dezelfde eisen gesteld zouden kunnen worden als in geval van beleidsregels die evenmin door een vertegenwoordigend orgaan zijn vastgesteld. Divergentie of convergentie slaat met andere woorden niet alleen op de verhouding tussen wettelijke voorschriften en beleidsregels, maar ook op die tussen categorieën wettelijke voorschriften, en mogelijk ook tussen categorieën beleidsregels.

Bij dit laatste valt te overwegen om beleidsregels die door hun artikelsgewijze redactie als beslisregel scherp herkenbaar zijn net als wettelijke voorschriften als rechtsgronden in de zin van artikel 8:69, tweede lid, Awb te behandelen (conform een aanzienlijk deel van de rechtspraktijk); dit in tegenstelling tot beleidsregels die deel uitmaken van een betoog (en daarin min of meer verborgen kunnen zitten), zoals bijvoorbeeld bij gemeentelijke beleidsnota's het geval kan zijn.[26]

---

[24] ABRvS 2 mei 2018, ECLI:NL:RVS:2018:1449, AB 2018/224, AB 2018/243, m.nt. Ortlep; Conclusie van 24 januari 2018, ECLI: NL:RVS:2018:249.
[25] De jurisprudentie die zegt dat concretiserende besluiten van algemene strekking alleen kunnen bestaan m.b.t. wettelijke voorschriften, dus niet ook m.b.t. beleidsregels (ABRvS 26 november 2014, ECLI:NL:RVS:2014:4278, AB 2015/75, en ABRvS 12 november 2014, ECLI:NL:RVS:2014:4023, AB 2015/76, beide m.nt. dzz.), valt mij niet tegen te werpen. Dit verschil is namelijk alleen een gevolg van het niet (expliciet) in een wettelijk voorschrift opnemen van een bevoegdheid om m.b.t een beleidsregel een concretiserend besluit te (mogen) nemen. Een reep chocola voor wie een wettelijk voorschrift kent die een dergelijke bevoegdheid wel bevat.
[26] Omdat beleidsregels om in werking te kunnen treden net als wettelijke voorschriften moeten worden gepubliceerd, is onvindbaarheid van beleidsregels geen sterk argument om beleidsregels buiten de deur van art. 8:69, tweede lid, Awb te houden (in het verleden werd dit argument uitdrukkelijk gehanteerd; vgl. voor het strafrecht annotator 't

Dat laatste noodzaakt niet tot de invoering of aanname van een inherente afwijkingsbevoegdheid voor bepaalde categorieën wettelijke voorschriften. Wel kan het betekenen dat in individuele situaties vaker dan tot dusverre op grond van het evenredigheidsbeginsel contra legem wordt gegaan, waarmee de resultaten vergelijkbaar zijn met die onder de verruimde inherente afwijkingsbevoegdheid voor beleidsregels.

II Inherente afwijkingsbevoegdheid: beperkte betekenis

De verruiming van de inherente afwijkingsbevoegdheid zal naar mijn inschatting alleen al om redenen van doelmatigheid geen afbreuk doen aan het gebruik van beleidsregels. Wel brengt deze verruiming mee dat de lat voor het bestuur hoger wordt gelegd.[27] Beleidsregels bevinden zich in een spanning tussen het algemene (regel, gelijke gevallen) en het bijzondere (beschikking, ongelijke gevallen), en het 'beginsel van communicerende vaten' keert zich ertegen dat bestuursorganen te lichtvaardig op algemene regels koersen waar een maatwerkbeschikking (beschikkingsbevoegdheid) het uitgangspunt is. Hiermee is mijn verwachting dat de rechter de toepassing van beleidsregels kritisch blijft bejegenen en dat daarom extra inspanningen van bestuursorganen worden verlangd.[28] Met de verruiming van de inherente afwijkingsbevoegdheid is de stap naar afwijking van beleidsregels ten nadele van de burger niet gezet en deze zal de komende tijd ook niet worden gezet.[29]

Dit laatste wordt bevorderd door de aandacht voor zgn. responsief bestuur. In het bestuursrecht krijgt het streven naar responsief bestuur, dat sterk onder invloed staat van andere disciplines dan de juridische,[30] gestalte in de vorm van een accentuering en verfijning van beginselen van behoorlijk bestuur.

De toegenomen betekenis van deze andere disciplines – en van een benadering als die van responsief bestuur – voor de overheid en haar taakvervulling lijkt het gevaar te vergroten dat het (bestuurs)recht in plaats van als randvoorwaarde als 'ook maar een mening' wordt beschouwd. Ongetwijfeld is ook binnen het openbaar bestuur sprake van rechtsrelativisme. Maar een groter knelpunt kan blijken te zijn dat het moeten werken met verhoogde eisen, verder-

---

Hart, in zijn noot onder HR 13 september 1994, ECLI:NL:HR:1994:ZC9796, NJ 1995, 31).

[27] Ik verwijs naar mijn uitgebreide noot onder AB 2016/447.

[28] Evenzo M. Feenstra & A. Tollenaar, 'Bijzondere omstandigheden bij de toepassing van beleidsregels', JBplus 2018/1, 3-12.

[29] Maar deze stap is naar mijn mening wel dichterbij gekomen. Overeind blijft dat het vertrouwensbeginsel zich in algemene zin tegen een afwijking ten nadele verzet. Het is een kwestie van redigeren van de beleidsregels om aan dit beginsel recht te doen en tegelijkertijd een dergelijke 'afwijking' mogelijk te maken (in wezen gaat het dan niet meer om afwijking, maar om toepassing van een voor betrokkene nadelige regel, c.q. afwijkingsclausule).

[30] Vooral van de (sociale) psychologie en economie.

gaande verfijningen en – meer in het algemeen – extra complexiteit in de uitvoeringspraktijk lang niet altijd haalbaar is.[31]

III Verhouding tot andere beleidssoorten: geen knelpunten
Geconstateerd kan worden dat de Awb-regeling geen wezenlijke consequenties heeft gehad voor wat 'informele beleidsregels' werden genoemd. Andere soorten beleid dan beleidsregels worden nog steeds erkend, en dankzij de Awb-regeling van beleidsregels bovendien scherper herkend.[32] Zo nemen vaste gedragslijnen, raadsrichtlijnen, NEN-normen en andere richtlijnen in het huidige recht een duidelijke positie in.

Anderzijds impliceert de verruiming van de inherente afwijkingsbevoegdheid een – beperkte – relativering van het verschil met andere beleidssoorten, met name de vaste gedragslijn (waar het aspect van de verdisconteerde omstandigheden altijd al niet zo eenvoudig lag).[33] Dit zal echter geen verandering brengen in hiërarchie – en verschil in bewijsfunctie – tussen beleidsregels en andere beleidssoorten. In geval van tegenstrijdigheid met een andere vorm van beleid blijft een beleidsregel daarom in beginsel prevaleren.

In het door de Cie. Scheltema gebruikte beeld van de 'communicerende vaten' staan de beginselen van behoorlijk bestuur en met name de rechtsbeginselen van gelijke behandeling, rechtszekerheid en evenredigheid centraal. In de verhouding tussen beleidsregels en andere beleidssoorten is het niet anders: het gaat om het voldoen aan die (rechts)beginselen, en dat is allesbepalend voor de onderlinge verhouding tussen verschillende beleidssoorten.[34]

IV Plannen
Voor beleidsregels en plannen had de Cie. Scheltema van meet af aan verschillende regelingen in gedachten. Voor deze keuze pleit ten eerste dat niet alle

---

[31] Illustratief voor de toenemende complexiteit zijn, naast de verhoogde aandacht voor evenredigheid in het kader van de inherente afwijkingsbevoegdheid, de verhoogde eisen m.b.t. art. 4:6 Awb (o.a. ABRvS 23 november 2016, ECLI:NL:RVS:2016:3131, *AB* 2017/101, m.nt. dzz, *JB* 2017/7, m.nt. Timmermans), de betekenis van de Dienstenrichtlijn voor besluiten op het terrein van het ruimtelijkeordeningsrecht (HvJ EU 30 januari 2018, ECLI:EU:C:2018:44, *AB* 2018/181, m.nt. A.G.A. Nijmeijer, *JB* 2018/60, m.nt. D.G.J. Sanderink, ABRvS 20 juni 2018, ECLI:NL:RVS:2018:2062, *AB* 2018/246, m.nt. A.G.A. Nijmeijer), en de problematiek van schaarse vergunningen op dit rechtsgebied (Conclusie A-G Widdershoven van 6 juni 2018, ECLI:NL:RVS:2018:1847).
[32] Ik verwijs naar mijn 'Bestuursrechtelijke 'soft law'. Of: lang leve de beleidsregel, maar niet de beleidsregel alleen', in: R.J.N. Schlössels e.a. (red.), *In de regel*, Deventer: Kluwer 2012, p. 167-183, waarin het onderscheid wordt besproken tussen beleidsregels, interne instructies (eigen intern beleid), vaste gedragslijnen (eveneens eigen beleid) en richtlijnen ('vreemd' beleid).
[33] Bij deze relativering valt ook aan art. 4:82 Awb te denken.
[34] Dit illustreert hoezeer het algemene bestuursrecht beginselgedreven is.

plannen een gebondenheid als die aan beleidsregels toekomt, en ten tweede dat plannen zich niet altijd voor een herhaalde toepassing lenen. Aan de andere kant lijkt juist met betrekking tot plannen het 'beginsel van communicerende vaten' te worden uitgehold. Zo zijn er plannen waarin essentiële keuzes worden gemaakt maar die niet onderworpen plegen te zijn aan een beoordeling door de bestuursrechter,[35] en in zoverre in een rechtsvrije ruimte lijken te verkeren. Het wordt tijd dat hier in de context van exceptieve toetsing nader aandacht aan wordt geschonken.[36]

V Digitale vormen van beleid: algoritmen, blockchain

Wanneer 'beleid' – niet bestuurskundig, maar bestuursrechtelijk – wordt omschreven als een niet-wettelijke regel over het gebruik van een bestuursbevoegdheid, moet in deze bijdrage tevens iets worden gezegd over gebruik van algoritmen.

Het gebruik van algoritmen staat haaks op de door de Cie. Scheltema zo belangrijk gevonden kenbaarheid en controleerbaarheid. In de jurisprudentie is op dit punt inmiddels de juiste toon gezet.[37] Vooral waar in algoritmen meerdere beslisbomen zijn verwerkt, zal het een hele toer blijken te zijn om voldoende transparantie over de besluitvorming te verschaffen, laat staan waar zgn. slimme algoritmen worden toegepast. Validatie en certificatie zullen hier maar in beperkte mate uitkomst kunnen bieden.[38] Met de verruiming van de inherente afwijkingsbevoegdheid zullen extra voorzieningen in de digitale besluitvorming moeten worden ingebouwd, die het mogelijk maken om tijdig te intervenieren teneinde recht te kunnen doen aan de omstandigheden van het geval (contextinformatie). Vanwege problemen met transparantie – en (on)gelijke behandeling – kan worden verwacht dat algoritmen niet in de plaats treden van beleidsregels (en andere vormen van kenbaar beleid), maar daarop in toenemende mate een aanvulling gaan vormen.[39]

---

[35] En niet of slechts summier voorwerp van bemoeienis door een vertegenwoordigend lichaam zoals het parlement zijn geweest.
[36] En vanzelfsprekend ook in het kader van de totstandkoming van de Omgevingswet.
[37] ABRvS 17 mei 2017, ECLI:NL:RVS:2017:1259, *AB* 2017/313, m.nt. Mendelts (Aerius), en ABRvS 18 juli 2018, ECLI:NL:RVS:2018:2454 (Blankenburgtunnel). Zie ook Marlies van Eck, *Geautomatiseerde ketenbesluiten & rechtsbescherming*, https://pure.uvt.nl/portal/en/publications/ geautomatiseerde-ketenbesluiten--rechtsbescherming(cb4d7ca3-57fb-4ca0-b639-59530620d5a0).html. Voorts Anna Gerbrandy & Bart Custers, 'Algoritmische besluitvorming en het kartelverbod', *M&M* 2018-3, doi: 10.5553/MenM/138762362018021003002.
[38] Beide zijn extra belangrijk wanneer de algoritmes zijn ontworpen door externe deskundigen. Het klakkeloos navolgen van algoritmen kan in dat geval neerkomen op strijd met art. 3:4, eerste lid, Awb ('Ermessensunterschreitung').
[39] Verschillende uitdrukkingsvormen van beleid (beleidsregel, instructies, voorlichtingsmateriaal, etc.), die vaak tot verschillende soorten actoren gericht zijn, plegen naast elkaar voor te komen. Evenzo zijn algoritmen geen alternatieve, maar een

Zullen beleidsregels, en meer nog de – in het licht van het gelijkheidsbeginsel belangrijkere – vaste gedragslijnen in de zin van verzamelingen individuele beslissingen, worden vervangen door blockchain? In elk geval niet in de nabije toekomst, want de vragen zijn vooralsnog teveel en te groot. Blockchain kan de mogelijkheid tot maximale participatie betekenen. Hoe verhoudt zich dit tot het legaliteitsbeginsel en exclusiviteit van publiekrechtelijke bevoegdheid? Wat in geval een door te voeren beleidswijziging? Wat als een individuele beslissing moet worden geredresseerd (indachtig dat fouten maken erbij hoort)? Wie controleert wie en wat is daarbij de rol van de rechter? Hoe de privacyvoorschriften na te leven? Wat zijn de uitvoeringskosten bij gebruik van blockchain? Enzovoorts. Kortom, blockchain is (valse?) toekomstmuziek.

VI Geen verplichte beleidsregels, wel verplicht beleid
Dat het draait om het voldoen aan (rechts)beginselen, geldt speciaal voor de geschrapte bepaling uit het voorontwerp dat een vaste gedragslijn in beleidsregels moeten worden neergelegd (artikel 4.4.2). Gelet op de beginselen van behoorlijk bestuur, rechtsbeginselen en het 'beginsel van communicerende vaten' zullen bestuursorganen bij afwezigheid van een beleidsregel extra werk moeten blijven maken van het geven van tekst en uitleg over de inbedding van beschikkingen in een vaste gedragslijn.

Naar mijn mening wordt in de jurisprudentie, onder invloed van de wetsgeschiedenis, op overdreven wijze en te krampachtig het bestaan van een verplichting tot het vaststellen van beleidsregels ontkend. In een aantal gevallen zou de rechter een dergelijke verplichting best, ronduit, mogen aannemen.

Te denken valt aan situaties waarin een bestuursorgaan zijn (ongeschreven) vaste gedragslijn wil bijstellen. Als hoofdregel dient een dergelijke beleidswijziging te gebeuren op het niveau van een (algemene) beleidsregel, niet op dat van een (individuele) beschikking. Ook zgn. nuloptie-beleid dient in het algemeen in een beleidsregel in plaats van alleen in (de motivering van) een of meer beschikkingen te zijn neergelegd. Verder mag van bepaalde bestuursorganen worden verlangd dat zij vaker dan tot dusverre in het kader van open normen en zorgplichten beleidsregels vaststellen. Mijn verwachting is dat de jurisprudentie op dit punt duidelijker – en eerlijker – zal worden.

VII Privaatrechtelijke rechtshandelingen: geen knelpunten
Het is klip en klaar dat het op dit punt anders is gelopen dan de Cie. Scheltema – en de wetgever – voor ogen had.[40] De vraag of in de jurisprudentie terecht de

---

additionele categorie. Zie voor een dergelijke relativering m.b.t. rechtspraak Henry Prakken, 'Komt de robotrechter er aan?', *NJB* 2018/207, p. 269-274.

[40] De Cie. Scheltema was goed op de hoogte van – en het principieel oneens met – HR 10 januari 1992, ECLI:NL:HR:1992:ZC0466, *AB* 1992/282, m.nt. Van der Burg, waarin was uitgemaakt dat gemeentelijke erfpachtvoorwaarden geen beleidsregels zijn. Een mogelijkheid was geweest – zo is in augustus 1992 ook in de Cie. Scheltema aan de orde

mogelijkheid van beleidsregels over het verrichten van privaatrechtelijke rechtshandelingen is uitgesloten, is echter een volkomen posterioriteit. Want deze vraag, die draait om verschillen tussen beleidsregels en standaardvoorwaarden, heeft amper theoretische, laat staan praktische relevantie.[41] Voor zover die relevantie er wel is, gaat het met name om de beoordeling in cassatie (beleidsregels: toetsing aan het recht; standaardvoorwaarden: uitleg van de overeenkomst, een feitelijke kwestie).[42]

VIII *Driedeling en wetsinterpretatie: geen knelpunten*
In de definitiebepaling staat nog altijd de driedeling belangenafweging, feitenvaststelling en wetsinterpretatie,[43] maar er is geen jurisprudentie die zegt dat als gevolg van die opsomming bepaalde regels buiten het begrip beleidsregels vallen. Evenmin kan worden gezegd dat het meenemen van wetsinterpreterende regels in het begrip beleidsregels tot problemen heeft geleid. In de rechtspraak worden waar het gaat om de indringendheid van de toetsing aan dit onderscheid duidelijk consequenties verbonden.

IX *Open normen en zorgplichten: dynamiek en interactie*
De definitiebepaling van artikel 1:3, vierde lid, Awb kan het goed stellen zonder de driedeling belangenafweging, feitenvaststelling en wetsinterpretatie, maar het is evident dat een wetswijziging op dit punt geen prioriteit heeft. Van veel groter gewicht is dat niet is tegemoet gekomen aan de wens om wetsinterpreterende regels buiten het begrip beleidsregels te houden. Een verstandige keuze. In de eerste plaats omdat dit onderscheid voor bestuursorganen van ondergeschikt belang is. In de tweede plaats omdat in een aantal gevallen het onder-

---

geweest – om met de definitiebepaling (het huidige art. 1:3, vierde lid, Awb) rechtstreeks tegen dit arrest in te gaan dan wel om de bepalingen over beleidsregels (de huidige titel 4.3 Awb) op dergelijke standaardvoorwaarden van overeenkomstige toepassing te verklaren. Uiteindelijk heeft men er geen punt van gemaakt, omdat men de Hoge Raad niet wilde bruuskeren. Later heeft de Afdeling bestuursrecht zich bij de opvatting van de Hoge Raad aangesloten; bij mijn weten voor het eerst in ABRvS 20 december 2006, *JB* 2007/25, m.nt. R.J.N. Schlössels. Zie verder L.J.M. Timmermans, 'De juridische status van door de overheid gehanteerde algemene voorwaarden', in: R.J.N. Schlössels e.a. (red.), *In de regel*, Deventer: Kluwer 2012, p. 185-204.
[41] Een reep chocola voor wie een concrete casus weet waarin het onderscheid tussen beleidsregels en standaardvoorwaarden beslissende betekenis heeft (los van onhandig procederen).
[42] In theorie gaat het om toepasselijkheid van de normen van hoofdstuk 3 en titel 4.3 Awb (beleidsregels: volledig; standaardvoorwaarden: deels). De belangrijkere rechtsbeginselen van rechtsgelijkheid en rechtszekerheid gelden ook voor privaatrechtelijk rechtshandelen.
[43] De kwestie stond ook in het kader van de tweede Awb-evaluatie ter discussie. Zie J.E. Valenteijn & H.E. Bröring, *Algemeen bestuursrecht 2001: beleidsregels*, Den Haag: Boom Juridische uitgevers 2001, p. 188 en 190. Maar ook dit onderzoek gaf de wetgever geen aanleiding tot het (alsnog) schrappen van de drieslag.

scheid tussen beoordelingsruimte en beoordelingsvrijheid relatief (glijdende schaal) is en bovendien dynamisch. Zo kan een vage norm die vlak na de inwerkingtreding van een wettelijk voorschrift als een aspect van beoordelingsvrijheid is te kwalificeren na verloop van tijd soms beter in termen van beoordelingsruimte worden uitgedrukt (objectiverende invulling). Dat is met name het geval waar de vaagheid van de norm voortkomt uit beschrijvingsmoeilijkheden.[44] Een dergelijke concretisering kan tevens onder invloed staan van Europese soft law.[45]

Deze dynamische rechtsvorming doet zich in het bijzonder voor waar sprake is van zorgplichten waarbij het primair aan de normadressaten is om de norm in te vullen (zelfregulering), maar waarbij ook het bestuursorgaan, vaak een toezichthouder, verantwoordelijkheid draagt voor de concretisering van de norm. Bij dit laatste moet worden gedacht aan het vaststellen van beleidsregels, in reactie op zelfregulering. Van zulke interactieve normstelling zijn al voorbeelden te vinden,[46] maar ik verwacht dat bestuur en rechter er in de toekomst meer aandacht voor krijgen. De aangesneden materie betreft ook de verhouding tussen bestuursrecht en privaatrecht, namelijk waar overeenkomstige vage normen een rol spelen bij zowel de bestuursrechtelijke handhaving als in civielrechtelijke procedures. Voorbeelden zijn onder andere te vinden in het financieel recht[47] en het gezondheidsrecht.[48]

X Conclusie: Niet de wetgever, maar de rechter aan zet

Uit het voorgaande komt naar voren dat de komende tijd voor het in deze bijdrage behandelde onderwerp geen wettelijke maatregelen hoeven te worden getroffen. Een enkel aspect (III) is onomstreden en vraagt de komende tijd geen

---

[44] Als bekend, heeft de Afdeling bestuursrechtspraak in dit verband haar terminologie aangepast: 'De termen 'beleidsvrijheid' en 'beoordelingsvrijheid' zijn vervangen door 'beleidsruimte' en 'beoordelingsruimte', met als overkoepelende term 'beslissingsruimte'' (Jaarverslag 2017, p. 61). Conform in ABRvS 11 april 2018, ECLI:NL:RVS: 2018:1200, AB 2018/171, m.nt. Ortlep. Het is nog de vraag of deze nieuwe terminologie de standaard wordt. Wel kan worden gezegd dat zij beter dan de 'oude' recht doet aan wat in hier over dynamische en interactieve normstelling wordt gezegd (maar dit type normstelling is lang niet altijd aan de orde).

[45] Zie bijv. V.P.G. de Serière & B.C.G. Jennen, 'De betekenis van 'soft law' in de financiële toezichtswetgeving', Ondernemingsrecht 2017/143, p. 796-808.

[46] Zie ABRvS 14 januari 2015, AB 2015/314, m.nt. dzz.

[47] Zie Herman E. Bröring & Olha O. Cherednychenko, 'Principle-Based Regulation and Public Trust in the Post-Crisis World: The Dutch Case of Financial Services', in: Suzanne Comtois & Kars de Graaf (eds.), On lawmaking and Public Trust. Den Haag: Eleven International Publishing 2016; p. 55-71.

[48] Waarbij verschillen kunnen bestaan tussen hoe verschillende civielrechtelijke actoren met dezelfde soft law omgaan. Hierover André den Exter, 'Stand van de wetenschap en praktijk verschillend beoordeeld. Rechtsbescherming Geschillencommissie Zorgverzekeringen een wassen neus', NJB 2018/1101, p. 1579-1583.

bijzondere aandacht. Twee aspecten (VII en VIII) zijn nog altijd omstreden, maar niet zodanig relevant en urgent dat de wetgever moet ingrijpen. Andere aspecten vragen wel nader aandacht, maar evenmin van de wetgever. Dan gaat het eigenlijk om alle andere aspecten. Voor de digitalisering van besluitvorming ligt dit voor de hand (V). Iets dergelijks gaat ook nog op voor dynamische en interactieve normstelling (IX). Van de resterende aspecten zou ik de juridische betekenis en rechtmatigheid van plannen willen prioriteren (IV). De traditioneel belangrijke aspecten I, II en VI zullen 'onderhoudsaandacht' blijven vragen, met de aantekening dat de rechter zijn jurisprudentie over beleidsregels en artikel 8:69, tweede lid, Awb zou dienen aan te passen (I).[49]

Uiteindelijk gaat het, zoals de Cie. Scheltema al benadrukte, om beginselen van rechtsgelijkheid en rechtszekerheid, van consistentie, transparantie en controleerbaarheid[50] (het essentiële verschil, als gevolg van de ontwikkeling van de rechtsstaat, met de tijd van de mandata principis),[51] en de laatste tijd vooral ook evenredigheid.[52] Hiermee is gezegd dat het behandelde onderwerp beginselgedreven is. Ook daarom is de verdere rechtsontwikkeling van bestuursrechtelijke soft law, in een op belangrijke onderdelen sterk veranderende context, eerder een zaak voor de rechter dan voor de wetgever. De komende tijd zal daarbij bijzondere aandacht blijven uitgaan naar het burgerperspectief,[53] waarbij in verband met oplopende eisen en verwachtingen het bestuursperspectief echter niet uit het zicht dient te raken.

---

[49] Waarbij de komende tijd het meest interessant de vraag is, ook in de vergelijking met wettelijke voorschriften (I), of de verruiming van de inherente afwijkingsbevoegdheid een omwenteling betekent of slechts marginale bijstelling t.o.v. het oude recht m.b.t. art. 4:84 Awb (II).
[50] Zie naast III ook VI.
[51] Het gebruik van mandata vooral was gericht op het voorkomen van corruptie. 'Uit de voortdurende herhaling van de morele en praktische instructies kan men opmaken dat ze in werkelijkheid niet of in ieder geval niet voldoende werden nageleefd. Wat dat betreft geldt de les die men er uit kan trekken tot op de dag van vandaag', aldus Lokin 2013, p. 964.
[52] Zie ook Rolf Ortlep & Wouter Zorg, 'Van marginale rechterlijke toetsing naar toetsing op maat: einde van een geconditioneerde respons?', *AA* 2018, p. 20-25 (AA20180020), en Tom Barkhuysen, 'De opmars van evenredigheid in het bestuursrecht', *NJB* 2018/445, p. 603.
[53] In lijn met o.a. het WRR-rapport *Weten is nog geen doen. Een realistisch perspectief op redzaamheid*, Den Haag: WRR, 2017.

Bruno van Ravels[*]

17 | Over de onafhankelijke deskundige in procedures over overheidsaansprakelijkheid

@B_vanRavels – Opmerkelijke verschillen op het punt van de inschakeling van onafhankelijke deskundigen tussen procedures via welke schade op de overheid verhaald kan worden #*overheidsaansprakelijkheid* #*onafhankelijke-deskundige*

1. Inleiding

De Algemene wet bestuursrecht, zoals deze vijfentwintig jaar geleden in werking trad, bevatte maar weinig bruikbaars over schadevergoeding. Een regeling van nadeelcompensatie ontbrak. Er was wel een regeling van schadevergoeding wegens onrechtmatige besluiten, maar deze gebrekkige regeling heeft eigenlijk nooit goed gefunctioneerd.[1] Thans, we schrijven 2019, kent de Awb nog steeds geen nadeelcompensatieregeling. Weliswaar is titel 4.5 van de Awb ('Nadeelcompensatie') in 2013 in het Staatsblad gepubliceerd,[2] maar deze – niet geheel vlekkeloze[3] – titel is nog steeds niet in werking getreden. Naar het zich laat aanzien kan het nog wel even duren voordat dit wel het geval is.

De oude regeling in de Awb van schadevergoeding wegens onrechtmatige, appellabele besluiten is in 2013 ingetrokken en vervangen door een nieuwe. De nieuwe regeling – titel 8.4 van de Awb ('Schadevergoeding') – biedt zeker een vooruitgang in vergelijking met de oude, maar dat betekent niet dat er geen

---

[*] Prof. mr. drs. B.P.M. van Ravels is staatsraad in de Afdeling bestuursrechtspraak van de Raad van State en hoogleraar overheid en onderneming aan de Radboud Universiteit. Ten tijde van het schrijven van deze bijdrage was hij (tijdelijk) voorzitter van de Tijdelijke Commissie Mijnbouwschade Groningen.

[1] R.M. van Male & B.P.M. van Ravels, 'Tot schade van allen – De onvolkomen schadevergoedingsregeling van de Awb', *BR* 1993, p. 669-685; B.P.M. van Ravels, 'Schadevergoeding', in: J.B.J.M. ten Berge e.a. (red.), *Nieuw bestuursrecht*, Nijmegen: Ars Aequi Libri 1994, p. 382-423; B.P.M. van Ravels, 'Wederom: Tot schade van allen, Enige nadere opmerkingen over schadevergoeding wegens onrechtmatige, voor beroep vatbare besluiten', *BR* 2005/6, p. 518-524.

[2] *Stb.* 2013, 50.

[3] Artikel I, onder Ca van de wet van 31 januari 2013 (Wet nadeelcompensatie en schadevergoeding bij onrechtmatig besluiten) dat voorziet in een wijziging van art. 8:6 Awb, die er op neerkomt dat het vereiste van processuele connexiteit in zoverre gehandhaafd blijft dat wanneer de gestelde schadeoorzaak een besluit is waartegen (bijv.) beroep in eerste en enige aanleg bij Afdeling bestuursrechtspraak van de Raad van State kan worden ingesteld, ook tegen het besluit omtrent toekenning van nadeelcompensatie slechts beroep in eerste en enige aanleg bij deze bestuursrechter open staat. Zie: B.P.M. van Ravels, 'De Wet nadeelcompensatie en de bijzondere wettelijke regeling van tegemoetkoming in planschade', *O&A* 2013/2.

redenen zouden zijn voor verbetering daarvan. Ook deze nieuwe regeling kent een wat moeizame regeling van de competentieverdeling.[4] Er moeten nogal wat procedurele klemmen en voetangels gepasseerd worden voordat kan worden toegekomen aan de vraag waarover het in bestuursrechtelijke schadevergoedingskwesties eigenlijk zou moeten gaan: kan deze persoon jegens het betrokken bestuursorgaan aanspraak maken op schadevergoeding en zo ja, in hoeverre?

Ik ga in deze bijdrage niet nader in op de competentieverdeling. Daar wordt in deze bundel door anderen aandacht aan besteed. Daarbij komt dat er over de competentieverdeling al heel veel gezegd en geschreven is en dat het niet eenvoudig is er nog wat nieuws over te vertellen. Een opmerkelijk verschijnsel in dit debat is overigens dat daarin wordt teruggegrepen op 'idées reçues',[5] die soms nog maar in een betrekkelijk los verband met de werkelijkheid staan. Ik noem slechts een recent voorbeeld van een betoog waarin naar voren wordt gebracht dat het 'een feit van algemene bekendheid (is) dat de schadevergoedingen toegekend door de civiele rechter hoger zijn dan die door de bestuursrechter doorgaans worden toegekend.'[6] Het is maar goed dat Schutgens in zijn bijdrage aan deze bundel enige krachtige argumenten ter weerlegging van deze stelling biedt.

In deze bijdrage besteed ik aandacht aan enige opmerkelijke verschillen tussen procedures via welke schade op de overheid verhaald kan worden: verschillen op het punt van de inschakeling van onafhankelijke deskundigen die adviseren over de vraag of, en zo ja, in hoeverre de overheid gehouden is tot vergoeding van de schade waarvan vergoeding wordt gevraagd. Mijn opmerkingen daarover resulteren niet in pasklare antwoorden, maar in enige vragen waarover de komende vijfentwintig jaren nagedacht zou kunnen worden.

2. Procedure bij de burgerlijke rechter

Ik begin met de gevallen waarin de mogelijkheid openstaat om door de overheid veroorzaakte schade te verhalen via een procedure bij de burgerlijke rechter. In deze zaken rust er op de overheid geen geschreven of ongeschreven verplichting om een onafhankelijke deskundige in te schakelen die moet adviseren over de beantwoording van de vraag, of en zo ja in hoeverre de overheid in het betref-

---

[4] Zie bijv. het aansprekende betoog van J.E.M. Polak, 'De verzoekschriftprocedure bij onrechtmatige besluiten als begin van een tweede weg in het bestuursprocesrecht', in: T. Franssen e.a. (red.), *Op het grensvlak*, Den Haag: IBR 2014, p. 167-177.

[5] Liefhebbers van beschouwingen daarover verwijs ik graag naar: Karel van het Reve, 'Uren met Henk Broekhuis', in: K. van het Reve, *Verzameld werk, deel 4*, Amsterdam: Van Oorschot 2010, p. 7-140. Van het Reve verwees op zijn beurt naar een onuitgegeven werk van de Franse schrijver Gustave Flaubert: *Dictionnaire des idées reçues* of *Catalogue des opinions chics*.

[6] Brief van het College voor de rechten van de mens van 14 februari 2018 https://publicaties.mensenrechten.nl/ file/77a6fbfd-1dc1-444f-8929-a1215e427855.pdf.

fende geval gehouden is tot schadevergoeding. Het is in beginsel aan de eisende partij om zijn vordering deugdelijk te onderbouwen, zo nodig met behulp van een advies van een (partij)deskundige waarvan de kosten in beginsel voor zijn rekening komen. Of hij de kosten daarvan (ten dele) vergoed krijgt is onder meer afhankelijk van de uitkomst van de procedure en of deze kosten kunnen worden aangemerkt als proceskosten, waarvoor voorzien is in een forfaitaire vergoeding, of dat deze kunnen worden gekwalificeerd als op grond van artikel 6:96 BW voor vergoeding in aanmerking komende kosten.[7]

Er bestaat wel een mogelijkheid om een onafhankelijke deskundige in te schakelen, maar dat is aan de rechter, na overleg met partijen. De rechter is vrij om al dan niet een deskundigenbericht te bevelen.[8] Hij bepaalt onder meer of een deskundige wordt ingeschakeld, welke deskundige wordt ingeschakeld, hoe de opdracht van de deskundige luidt en de vorm waarin de rechter wordt voorgelicht.[9] De kosten van een door de (burgerlijke) rechter ingewonnen deskundigenadvies komen in beginsel voor rekening van de procespartij die in het ongelijk wordt gesteld.[10] In een procedure voor de burgerlijke rechter loopt de burger die schadevergoeding vordert dus niet alleen het risico dat hij de kosten van zijn eigen – verplichte – rechtsbijstand moet betalen, dat hij de kosten van zijn eventuele eigen partijdeskundige moet betalen, dat hij in de – forfaitair vast te stellen – proceskosten van de wederpartij worden veroordeeld, maar dat hij ook nog wordt veroordeeld in de kosten van de door de rechter ingeschakelde onafhankelijke deskundige.

3. Verzoekschriftprocedure bij de bestuursrechter

Hoe is de situatie indien de benadeelde burger via een bestuursrechtelijke procedure poogt zijn door een fout van de overheid veroorzaakte schade te verhalen? In titel 8.4 van de Awb is geregeld dat een belanghebbende de bestuursrechter kan verzoeken een bestuursorgaan te veroordelen tot vergoeding van schade die de belanghebbende lijdt als gevolg van een onrechtmatig besluit, of van enige andere handelingen. Deze wettelijke regeling bevat geen bijzondere regeling voor het inschakelen van een onafhankelijke deskundige door de bestuursrechter, of door het bestuursorgaan.

Artikel 8:90 lid 2 Awb schrijft voor dat de belanghebbende, voordat hij zich met een verzoek tot de bestuursrechter wendt, het betrokken bestuursorgaan schriftelijk om vergoeding van schade moet vragen. Er is niets geregeld over de voorbereiding van de door het bestuursorgaan op deze vraag te nemen beslissing. Meer in het bijzonder is niet geregeld dat het bestuursorgaan voordat het beslist advies moet inwinnen van een onafhankelijke deskundige die voor

---

[7] Art. 241 Rv.
[8] HR 14 december 2001, ECLI:NL:HR:2001:AD3993, *NJ* 2002/73.
[9] Art. 194 Rv.
[10] Art. 237 lid 1 Rv., art. 244 Rv., en de art. 195 en 199 Rv.

rekening van het bestuur, in beginsel een integraal advies dient te geven over de beantwoording van de vraag, of en zo ja in hoeverre de aanvrager recht heeft op schadevergoeding.

Het is in deze verzoekschriftprocedure, evenals in het burgerlijk procesrecht, aan de rechter om zo nodig een onafhankelijke deskundige in te schakelen.

Wat de kosten van advisering betreft is er een opmerkelijk verschil met de procedure bij de burgerlijke rechter. De kosten van een door de bestuursrechter opgeroepen deskundige en die van deskundigen die een onderzoek als bedoeld in artikel 8:47 lid 1 Awb hebben ingesteld en daarvan schriftelijk verslag hebben uitgebracht komen ten laste van het Rijk (en dus niet ten laste van een of meer partijen).[11] De wet bevat geen regeling die voorziet in de mogelijkheid van verhaal van deze kosten op het verwerend bestuursorgaan, of op een van de andere partijen. Artikel 8:75 Awb voorziet immers, voor zover hier van belang, enkel in een exclusieve bevoegdheid van de bestuursrechter om een partij te veroordelen in de kosten die een andere partij in verband met de behandeling van het beroep bij de bestuursrechter redelijkerwijs heeft moeten maken. De bestuursrechter is geen 'andere partij' als bedoeld in artikel 8:75 Awb.

4. Nadeelcompensatieprocedures: huidig recht

Dan nu de situatie waarin iemand nadeelcompensatie verlangt. Onder nadeelcompensatie begrijp ik in dit verband ook tegemoetkoming in planschade en andere op algemeen verbindende voorschriften gebaseerde tegemoetkomingen in schade die is veroorzaakt door op zichzelf rechtmatig overheidshandelen.

Vóór het in werking treden van de Wet ruimtelijke ordening in 2008 was het vaste rechtspraak dat, ook in gevallen waarin geen wettelijk voorschrift daartoe verplicht, uit oogpunt van zorgvuldige voorbereiding van een beslissing op een aanvraag om vergoeding in planschade, mede gelet op de belangen van de verzoeker hierbij, advisering door een onafhankelijke deskundige in het algemeen noodzakelijk moet worden geacht.[12] Beslissen op een aanvraag zonder

---

[11] Art. 8:36, eerste lid Awb.
[12] ABRvS 26 juni 2013, ECLI:NL:RVS:2013:51; ABRvS 26 juni 2013, ECLI:NL:RVS:2013: 37; ABRvS 3 oktober 2007, ECLI:NL:RVS:2007:BB4693; ABRvS 15 januari 1996, ECLI:NL:RVS:1996:AS5701, BR 1996, p. 918; ABRvS 12 oktober 1995, ECLI:NL: RVS:1995:AS5724, BR 1996, p. 831; ABRvS 25 september 1995, ECLI:NL:RVS:1995: AS5736, BR 1996, p. 592; ABRvS 6 juli 1995, ECLI:NL:RVS:1995:AS5887, BR 1996, p. 661; ABRvS 21 maart 1995, ECLI:NL:RVS:1995:AS5925, BR 1996, p. 504; ABRvS 17 oktober 1994, ECLI:NL:RVS:1994:AS6059, BR 1995, p. 784; ABRvS 26 september 1994, ECLI:NL:RVS:1994:AS6065, BR 1995, p. 859; AGRvS 22 maart 1993, ECLI:NL :RVS:1993:AS6448, BR 1994, p. 66; AGRvS 22 februari 1993, ECLI:NL:RVS:1993: AQ1167, BR 1993, p. 990; AGRvS 29 december 1992, ECLI:NL:RVS:1992:AQ1323, BR 1993, p. 909; AGRvS 21 november 1992, ECLI:NL:RVS:1992:AN3910, BR 1993, p. 543; AGRvS 27 juli 1992, ECLI:NL:RVS:1992:AS6618, BR 1993, p. 538.

advies van een onafhankelijke deskundige mocht alleen in kennelijk niet voor toewijzing in aanmerking komende gevallen.[13] Bijvoorbeeld indien het verzoek om planschadevergoeding kennelijk ongegrond of kennelijk niet-ontvankelijk is, dan wel indien op eenvoudige wijze, zonder diepgaand onderzoek, kan worden vastgesteld dat het verzoek dient te worden afgewezen.[14] Aan het bestuur kwam de beleidsvrijheid toe te bepalen wie als onafhankelijk adviseur ter zake zal optreden.[15] De kosten van advisering komen ten laste van het bestuursorgaan.

Sinds 2008 is deze ongeschreven verplichting, omgezet in een geschreven verplichting.[16] Opmerkelijk is dat het bestuursorgaan gehouden is een integraal advies te vragen en dat het de opdracht tot advisering niet mag beperken tot bijvoorbeeld enkel het antwoord op de vraag, of en zo ja in hoeverre een planologische verslechtering tot schade heeft geleid.[17] Op deze beginselplicht gelden uitzonderingen die vergelijkbaar zijn met de uitzonderingen die voorheen reeds onder het ongeschreven recht werden aangenomen.[18]

Bij de toepassing van de meeste anderen wettelijke regelingen[19] en beleidsregels[20] die voorzien in nadeelcompensatie, en bij nadeelcompensatie die niet berust op een geschreven grondslag,[21] wordt doorgaans dezelfde benadering gevolgd als in het planschaderecht.[22]

In nadeelcompensatiekwesties bestaat ook nog de bevoegdheid voor de bestuursrechter om een onafhankelijke deskundige in te schakelen. Wanneer, op basis van de door een partij aangevoerde concrete aanknopingspunten voor twijfel, gegronde twijfel bestaat over de juistheid van het advies dat het be-

---

[13] ABRvS 19 juli 2006, ECLI:NL:RVS:2006:AY4259; ABRvS 9 januari 2002, ECLI:NL:RVS:2002:AL2378; ABRvS 19 april 1999, ECLI:NL:RVS:1999:AP6036, *BR* 2000, p. 238.
[14] ABRvS 5 maart 1996, ECLI:NL:RVS:1996:AN5056, *AB* 1996/251.
[15] ABRvS 6 juli 1995, ECLI:NL:RVS:1995:AS5887, *BR* 1996, p. 661.
[16] Art. 6.1.3.2. van het Besluit ruimtelijke ordening.
[17] Art. 6.1.3.4 van het Besluit ruimtelijke ordening. Voor 2008 gold min of meer eenzelfde verplichting: ABRvS 26 augustus 1996, *BR* 1997, p. 847.
[18] Art. 6.1.3.1, eerste lid, van het Besluit ruimtelijke ordening.
[19] Bijv. art. 7.14 van de Waterwet, verordeningen van verschillende waterschappen en gemeenten.
[20] Bijv. de Beleidsregel nadeelcompensatie Infrastructuur en Milieu 2014 (*Stcrt.* 2014/16584) en de voorgangers daarvan.
[21] ABRvS 10 december 2014, ECLI:NL:RVS:2014:4496; ABRvS 17 september 2014, ECLI:NL:RVS:2014:3378; ABRvS 17 juni 2009, ECLI:NL:RVS:2009:BI8464; ABRvS 18 juni 2008, ECLI:NL:RVS:2008:BD4485; ABRvS 18 juni 2008, ECLI:NL:RVS:2008:BD4484.
[22] Terzijde zij opgemerkt dat bij mijn weten in de rechtspraak betreffende nadeelcompensatie, niet zijnde tegemoetkoming in planschade, nooit expliciet is overwogen dat dit uit oogpunt van zorgvuldigheid geboden is. Meestal was dat ook niet nodig, omdat het bestuursorgaan op grond van de toepasselijke regeling, of uit eigen beweging reeds een onafhankelijke deskundige had ingeschakeld.

stuursorgaan aan zijn besluit ten grondslag heeft gelegd, mag de rechter met toepassing van artikel 8:47 van de Awb een deskundige benoemen voor het instellen van een onderzoek.[23] De kosten van deze deskundige komen, zoals hiervoor is uiteengezet, ten laste van het Rijk, zonder dat de huidige regeling een grondslag lijkt te bieden deze kosten voor rekening van een of meer van de partijen te laten komen.

Op dit punt is er bijvoorbeeld een belangrijk verschil tussen het nadeelcompensatierecht en het onteigeningsrecht; in het onteigeningsrecht kunnen de kosten van de rechtbankdeskundigen immers in de proceskostenveroordeling worden begrepen en worden die kosten normaliter voor rekening van de onteigenaar gebracht.

5. Nadeelcompensatieprocedures: titel 4.5 Awb

In de toekomstige wettelijke regeling van nadeelcompensatie, althans in titel 4.5 van de Awb, is niet gekozen voor een verzoekschriftprocedure, maar is er voor gekozen om vast te houden aan het besluitmodel. In deze titel is niets geregeld over de verplichte inschakeling van een onafhankelijke deskundige. Evenmin is daarin een verplichting opgenomen om een procedureverordening vast te stellen. In memorie van toelichting bij titel 4.5 Awb wordt slechts kort op dit onderwerp ingegaan: 'Bij het nemen van de beslissing op de aanvraag kan het bestuursorgaan zich vanzelfsprekend laten bijstaan door een adviescommissie, eventueel met toepassing van afdeling 3.3'.[24] Daarnaast wordt gesteld dat 'de praktijk leert dat het in veel gevallen noodzakelijk is een adviescommissie in te schakelen, zeker als de beoordeling van de aanvraag expertise vereist waarover het bestuursorgaan niet beschikt'.[25]

Zo bezien lijkt titel 4.5 Awb weinig aanknopingspunten te bieden voor een radicale breuk met het verleden op het punt van de inschakeling van onafhankelijke deskundigen, al lijkt er wel enige ruimte te zijn voor nuancering.[26]

6. Ratio van de plicht om advies van onafhankelijke deskundige in te winnen

Aangenomen wordt dat het inschakelen van een deskundige soms nodig is ten behoeve van de zorgvuldige voorbereiding van een besluit.[27] Indien daarvoor

---

[23] Overzichtsuitspraak planschade: ABRvS 28 september 2016, ECLI:NL:RVS:2016:2582 onder 8.12.
[24] *Kamerstukken II* 2010/11, 32621, 3, p. 21.
[25] *Kamerstukken II* 2010/11, 32621, 3, p. 28.
[26] Zie ook: G.M. van den Broek & M.K.G. Tjepkema, *De reikwijdte en rechtsgrondslag van nadeelcompensatie in het omgevingsrecht*, Den Haag: IBR 2015, par. 4.4.2.
[27] Overeenkomstig art. 3:2 Awb. M. Schreuder-Vlasblom, *Rechtsbescherming en bestuurlijke voorprocedure*, Deventer: Kluwer 2017, par. 4.2.3.2 ; K.J. de Graaf & A.T. Marseille,

specifieke deskundigheid nodig is waarover het bestuursorgaan zelf niet beschikt zal externe deskundigheid moeten worden ingeschakeld.

Verplichte advisering door een onafhankelijk deskundige wordt echter niet enkel nodig geacht uit oogpunt van een zorgvuldige voorbereiding van een beslissing op een aanvraag om nadeelcompensatie of tegemoetkoming in planschade. Redengevend zijn ook 'de belangen van verzoeker hierbij'.[28] Het ligt in de rede te veronderstellen dat het in het belang van verzoeker wordt geacht dat hij zonder kosten,[29] of tegen betrekkelijk lage kosten,[30] toegang heeft tot een 'laagdrempelige' procedure door middel van indiening van een aanvraag waarvoor geen verplichte rechtsbijstand nodig is. In deze procedure wordt vervolgens, voor rekening van het bestuursorgaan, een onafhankelijke deskundige ingeschakeld die het bestuursorgaan adviseert over de op de aanvraag te nemen beslissing. Het vereiste van een onafhankelijke en onpartijdige deskundige strekt er mede toe te voorkomen dat, ten nadele van verzoeker, een situatie ontstaat die vergelijkbaar is met die waarin de slager zijn eigen vlees keurt. De adviseur mag daarom geen persoonlijk belang hebben bij de op de aanvraag te nemen beslissing; hij moet onbevangen zijn. In diens advies beschrijft en ordent de adviseur de relevante feiten en beoordeelt hij of aan verschillende criteria voor toekenning van nadeelcompensatie is voldaan. Dat is niet zelden een complexe beoordeling. Ook taxeert de deskundige de eventuele schade. Vervolgens wordt de aanvrager in de gelegenheid gesteld zijn gemotiveerde standpunt over het advies te geven, voordat het bestuursorgaan een beslissing op de aanvraag neemt. Het advies biedt de aanvrager, ook wanneer hij of die het er niet (geheel) mee eens is, goede mogelijkheden om zijn positie te bepalen en keuzes te maken. Het advies kan er aan bijdragen dat het verschil in kennis en middelen tussen de aanvrager en het bestuur in nadeelcompensatiekwesties in belangrijke mate gecompenseerd wordt.

Dat het inschakelen van een onafhankelijke deskundige mede in het belang van de aanvrager geschiedt, ligt ook besloten in de rechtspraak betreffende de vergoeding van de kosten van deskundige bijstand. In het nadeelcompensatierecht wordt er in het algemeen van uitgegaan dat indien compensatie wordt toegekend, aan de aanvrager, op diens verzoek, de kosten van rechtsbijstand en andere deskundige bijstand vergoed, voor zover die kosten redelijkerwijs zijn gemaakt. In de regel komen de kosten die de aanvrager met betrekking tot de indiening van de aanvraag heeft gemaakt niet voor vergoeding in aanmerking,

---

'Over onafhankelijk en deskundig voorbereide overheidsbesluiten', in: H.B. Krans e.a. (red.), *De deskundige in het recht*, Zutphen: Paris 2011, p. 21.
[28] Onder meer ABRvS 26 juni 2013, ECLI:NL:RVS:2013:51; ABRvS 26 juni 2013, ECLI: NL:RVS:2013:37; ABRvS 3 oktober 2007, ECLI:NL:RVS:2007:BB4693.
[29] Thans bij vrijwel alle wettelijke – bijv. art. 7.14 Waterwet – en buitenwettelijke vormen van nadeelcompensatie, met als belangrijke uitzondering art.6.1. Wro en volgende.
[30] Van ten hoogste € 500 (art. 4:128 Awb na in werking treden van titel 4.5 Awb, en thans reeds op grond van art. 6.4, leden 1 en 2, van de Wet ruimtelijke ordening)

omdat de aanvrager kan weten dat het bestuursorgaan gehouden is advies te vragen aan een onafhankelijke deskundige en het in de hiervoor vermelde zin niet redelijk is, zonder dat advies af te wachten, een eigen adviseur in te schakelen. Kosten die de aanvrager heeft gemaakt vanaf het moment dat de door het bestuursorgaan ingeschakelde deskundige een conceptadvies dan wel advies over de aanvraag aan het bestuursorgaan heeft uitgebracht tot het moment dat het bestuursorgaan op de aanvraag een besluit heeft genomen waartegen rechtsmiddelen kunnen worden ingesteld, kunnen voor vergoeding in aanmerking komen, indien het inroepen van bijstand redelijk was en de kosten van het opstellen van een zienswijze redelijk zijn.[31]

Inschakeling van een onafhankelijke deskundige door het bestuursorgaan, voordat het een standpunt inneemt over de eigen schadevergoedingsverplichting, kan ook een effectieve bijdrage leveren aan een spoedige beëindiging van de rechtsstrijd waarin bestuur en burger tegenover elkaar staan, zonder dat een beroep hoeft te worden gedaan op de rechter.[32] Het behoeft weinig toelichting dat dit ook met het oog op de beheersing van de (transactie-)kosten van belang is.[33]

In de nadeelcompensatierechtspraak wordt er van uitgegaan dat indien in een advies van een door een bestuursorgaan benoemde onafhankelijke en onpartijdige deskundige op objectieve wijze verslag is gedaan van het door deze deskundige verrichte onderzoek en daarin op inzichtelijke wijze is aangegeven welke feiten en omstandigheden aan de conclusies ervan ten grondslag zijn gelegd en deze conclusies niet onbegrijpelijk zijn, dat het bestuursorgaan bij het nemen van een besluit op een verzoek om tegemoetkoming in planschade van dat advies mag uitgaan, tenzij concrete aanknopingspunten voor twijfel aan de juistheid of volledigheid ervan naar voren zijn gebracht.[34] Vanzelfsprekend is het, mede in het licht van de eisen van onpartijdigheid en onafhankelijkheid die in artikel 6 EVRM worden gesteld aan de rechter, bij hantering van deze jurisprudentie van groot belang dat de eisen van onafhankelijkheid en onpartijdigheid serieus worden genomen.[35]

---

[31] Overzichtsuitspraak planschade: ABRvS 28 september 2016, ECLI:NL:RVS:2016:2582 onder 6.4- 6.6.
[32] Vgl. D.A. Lubach, 'Advisering inzake nadeelcompensatie; wisselwerking tussen adviescommissie, bestuur en verzoeker', in: Franssen e.a. (red.) 2014 , p. 73-74; D.A. Lubach, 'Advisory committees on damage compensation in zoning and infrastructural planning. A quest for independence', in: S. Comtois & K.J. de Graaf (red.), *On judicial and quasi judicial independence*, Den Haag: Boom Juridische uitgevers 2013, p. 195-203.
[33] Zie M.K.G. Tjepkema & L. van der Velden (red.), *Handleiding nadeelcompensatie bij infrastructurele werken*, Den Haag: Ministerie van BZK 2018, p. 12: 'minder kosten' is een van de doelstellingen van deze handleiding.
[34] Overzichtsuitspraak planschade: ABRvS 28 september 2016, ECLI:NL:RVS:2016:2582 onder 8.3.
[35] B.P.M. van Ravels, 'Deskundigenadvisering bij nadeelcompensatie en tegemoetkoming in planschade', *O&A* 2015/88.

7. Vragen

Er zijn verschillende vragen die zich hier opdringen, naast vragen over de opmerkelijke verschillen in de draagplicht van de kosten van deskundigen:
- Waarom kennen we in het nadeelcompensatierecht wél de verplichting voor het bestuur om mede in het belang van de verzoeker, in beginsel een onafhankelijke deskundige in te schakelen om te adviseren over de op de aanvraag te nemen beslissing, voordat het bestuur een standpunt inneemt over zijn schadevergoedingsverplichting, en kennen we die verplichting niet wanneer de verzoeker aanspraak maakt op vergoeding van schade die door een fout van het bestuur is veroorzaakt?[36]
- Gaan de redenen voor inschakeling van zo'n onafhankelijke deskundige in nadeelcompensatiekwesties niet eveneens – of zelfs: veeleer – op indien de overheid schade veroorzaakt door een fout?[37]
- Is hier wellicht doorslaggevend dat het burgerlijk procesrecht, dat in een deel van de overheidsaansprakelijkheidsprocedures de procedure bepaalt, zo'n verplichting niet kent?
- En is wellicht ook van belang dat de bestuursrechtelijke regeling van de afhandeling van aanspraken op schadevergoeding wegens onrechtmatige besluiten ook in procedureel opzicht zoveel mogelijk zou moeten aansluiten bij hetgeen in het burgerlijk recht gebruikelijk is?
- Moet daarvoor de bestuursprocesrechtelijke cultuur van de goede toegang en ongelijkheidscompensatie wijken?[38]
- Zou dit probleem – op termijn – opgelost kunnen worden indien het oordeel over de aansprakelijkheid voor typisch bestuursrechtelijk handelen exclusief wordt toebedeeld aan de bestuursrechter?
- Of zitten we ook dan met het probleem dat de verzoekschriftprocedure zich niet goed leent voor verplichte inschakeling van een onafhankelijke deskundige? In de verzoekschriftprocedure is het vaststellen van de schadevergoe-

---

[36] Ik vraag me dat overigens als jaren af. Zie A.T. Marseille, 'Nadeelcompensatieprocedures als lichtend voorbeeld voor schadeprocedures', in: Franssen e.a. (red.) 2014, p. 197-210: p. 85-93, alsmede A.T. Marseille & G.J. Harryvan, 'Afwikkeling van schadegeschillen over overheidshandelen in de praktijk', in: T. Barkhuysen e.a. (red.), *Coulant compenseren? Over overheidsaansprakelijkheid en rechtspolitiek*, Deventer: Kluwer 2012, p. 49-69.

[37] Bij de toetsing van een zuivere schadebesluiten over vergoeding van schade als gevolg van een onrechtmatig besluit werd destijds overigens geen verplichting aangenomen om een onafhankelijke deskundige in te schakelen. Een zeldzame uitzondering biedt Rb. Arnhem 15 maart 2006, ECLI:NL:RBARN:2006:AV8393: 'Van verweerder had in het kader van een zorgvuldige voorbereiding immers mogen worden verwacht dat het advies van een financieel deskundige zou zijn gevraagd'.

[38] Zie daarover: VAR-Commissie Rechtsbescherming, *De toekomst van de rechtsbescherming tegen de overheid. Van toetsing naar geschilbeslechting*, Den Haag: Boom Juridische uitgevers 2004, p. 34-35.

ding en daarmee ook de eventuele inschakeling van de onafhankelijke deskundige aan de rechter. De wettelijke regeling van de verzoekschriftprocedure zoals thans geregeld in titel 8.4 Awb lijkt geen mogelijkheden voor de rechter te bieden om het bestuursorgaan te verplichten alsnog een onafhankelijke deskundige opdracht te geven het bestuursorgaan daarover te adviseren.[39] De rechter toetst immers in een verzoekschrift niet het – niet voor beroep openstaande[40] – schadebesluit van het betrokken bestuursorgaan en ook niet de wijze van voorbereiding daarvan. Hij beoordeelt of en zo ja in hoeverre de aanvrager recht heeft op de door hem gevraagde schadevergoeding. De zorgvuldigheid van de voorbereiding van het schadebesluit van het betrokken bestuursorgaan doet daar niet aan toe of af.

- Is het mogelijk de bestuursrechtelijke verzoekschriftprocedure alsnog zo te modelleren dat daarin de inschakeling van een onafhankelijke deskundige door het bestuursorgaan wordt ingepast?
- Of moeten we het misschien omkeren? Is het aangewezen om in nadeelcompensatiekwesties afstand te nemen van de beginselplicht voor het bestuur om een onafhankelijke deskundige te raadplegen en dezelfde procedurele weg te bewandelen als bij schade veroorzaakt door fouten van het bestuur?
- Zou ook in nadeelcompensatiegeschillen het besluitmodel niet moeten worden vervangen door de verzoekschriftprocedure?[41]

---

[39] Dat het in deze fase behulpzaam is een advies te vragen betogen Van den Broek & Tjepkema 2015, p. 116-117.
[40] Art. 8:4, eerste lid, aanhef en onder f Awb.
[41] Zie daarover: *Kamerstukken II* 2010/11, 32621, 4, p. 4-5. Volgens de Afdeling advisering van de Raad van State zou een dergelijke verzoekschriftprocedure nog hangende de procedure tegen een schadeveroorzakend besluit toepassing kunnen vinden, voor het geval geen vernietiging volgt, zodat de benadeelde zijn schadeclaim op een snelle en eenvoudige wijze beoordeeld kan krijgen. Zie voor een nadere uitwerking van deze gedachte J.E.M. Polak, 'De verzoekschriftprocedure bij onrechtmatige besluiten als begin van een tweede weg in het bestuursprocesrecht', in: Franssen e.a. (red.) 2014, p. 167-177. Zie voorts: G.T.J.M. Jurgens, 'Schadevergoeding als pilot voor differentiatie in het bestuursrecht', *NTB* 2007/35; M.K.G. Tjepkema, *Nadeelcompensatie op basis van het égalitébeginsel – Een onderzoek naar nationaal, Frans en Europees recht*, Deventer: Kluwer 2010, p. 599; R.J.N. Schlössels, 'Discretionair aansprakelijkheidsrecht? Overheidsaansprakelijkheid en trias, in het bijzonder bij rechtmatige overheidsdaad', in: Barkhuysen e.a. (red.) 2012, p. 38-39; F.J. van Ommeren, P.J. Huisman, G.A. van der Veen & K.J. de Graaf, *Het besluit voorbij* (VAR-reeks 151), Den Haag: Boom Juridische uitgevers 2014; Van den Broek & Tjepkema 2015, p. 116-117; I.M. van der Heijden, J.S. Procee, K. Winterink, 'Nadeelcompensatie in ontwikkeling – van besluit naar verzoekschrift?', *JBplus* 2016/1.

8. Slot

Ik besluit met enkele opmerkingen naar aanleiding van deze laatste vraag. Voor de beantwoording van deze vraag is wat mij betreft niet doorslaggevend dat aan het bestuur in nadeelcompensatiekwesties, anders dan bij kwesties van schadevergoeding wegens onrechtmatig overheidshandelen, enige door de rechter te respecteren beoordelingsruimte toekomt. Zo is bijvoorbeeld de vaststelling van de omvang van het normaal maatschappelijk risico, op grond van de rechtspraak en op grond van de parlementaire geschiedenis van titel 4.5 van de Awb, in de eerste plaats aan het bestuursorgaan, dat daarbij beoordelingsruimte toekomt.[42] Doorslaggevend hoeft dat niet te zijn: in een verzoekschriftprocedure kan het betrokken bestuursorgaan een gemotiveerd standpunt over de vaststelling van de omvang van het normaal maatschappelijk risico inbrengen en daarmee kan de rechter op passende wijze rekening houden.

Belangrijker is naar mijn mening hetgeen ik hiervoor heb aangevoerd over het belang van advisering van een onafhankelijke deskundige voordat het bestuursorgaan een standpunt over zijn schadevergoedingsverplichting inneemt.

Daarnaast lijkt mij ook nog het volgende van belang. Slechts in een betrekkelijk gering aantal gevallen staan verzoeken om nadeelcompensatie die in Nederland worden ingediend geheel op zichzelf. Veruit de meeste verzoeken om nadeelcompensatie die in Nederland bij het bestuur worden ingediend maken deel uit van een grotere groep van aanvragen die als gemeenschappelijk kenmerk hebben dat ze zien op dezelfde oorzaak, bij hetzelfde bestuursorgaan worden ingediend, en vaak min of meer tegelijkertijd worden ingediend en afgehandeld dienen te worden. Ik noem enige voorbeelden.[43] Met toepassing van de nadeelcompensatieregeling die betrekking had op besluiten die de uitbreiding van de luchthaven Schiphol en de wijziging van het daarvoor geldende geluidregime mogelijk maakten, zijn meer dan tienduizend besluiten op aanvragen om nadeelcompensatie genomen. Met toepassing van de nadeelcompensatieregeling voor de Betuweroute en de HSL-Zuid zijn respectievelijk enige honderden en rond de duizend schadebesluiten genomen. Ook op gemeentelijk niveau komen betrekkelijk grote groepen van nadeelcompensatiekwesties voor. De nadeelcompensatieregeling Noord-Zuidlijn Amsterdam heeft tot honderden nadeelcompensatiebesluiten geleid. Ook in kleinere gemeenten komt dit verschijnsel voor; denk aan het project Fonteyne van de gemeente Vlissingen.[44] Over de daardoor veroorzaakte schade zijn tientallen nadeelcompensatiebesluiten en, alleen al in hoger beroep, rond de twintig rechter-

---

[42] Overzichtsuitspraak planschade: ABRvS 28 september 2016, ECLI:NL:RVS:2016:2582 onder 8.8., alsmede *Kamerstukken II* 2010/11, 32621, 6, p. 13.
[43] Zie voor meer gegevens B.P.M. van Ravels, 'Afwikkeling van massaschade en bestuursrecht', in: W.J.J. Los e.a. *Collectieve acties in het algemeen en de WCAM in het bijzonder*, Den Haag: Boom Juridische uitgevers 2013, p. 39-48.
[44] Zie onder meer: ABRvS 3 juli 2013, ECLI:NL:RVS:2013:122.

lijke uitspraken gedaan. Op het gebied van de waterschappen kan worden gedacht aan de nadeelcompensatiekwesties betreffende versterkingsprojecten langs de kust van de Noordzee.

Het is de vraag of met een verzoekschriftprocedure bij de bestuursrechter het hoofd kan worden geboden aan onder meer de organisatorische problemen die de afhandeling van grote aantallen verzoeken om nadeelcompensatie binnen betrekkelijk korte tijd met zich mee brengt. De wetgever is ervan uitgegaan dat het een voordeel is van het besluitmodel dat het bestuursorgaan aanvragen in onderlinge samenhang kan beoordelen indien er in korte tijd veel aanvragen worden ingediend.[45] In het licht van het vorenstaande is het interessant te constateren dat, zoals het er nu uitziet,[46] bij de afhandeling van het buitengewoon grote aantal aanspraken op vergoeding van mijnbouwschade als gevolg van de gaswinning in Groningen wordt gekozen voor een bestuursrechtelijke procedurele weg volgens het besluitmodel; het bestuursorgaan dat de schade afhandelt zal ter voorbereiding van de schadebesluiten in beginsel advies van een onafhankelijke deskundige dienen in te winnen.[47]

---

[45] *Kamerstukken II* 2010/11, 32621, 3, p. 20.
[46] Zie het Besluit van de Minister van Economische Zaken en Klimaat van 31 januari 2018 (zie: *Stcrt*. 2018, 6398), zoals nadien gewijzigd bij besluit van 30 maart 2018 (zie: *Stcrt*. 2018, 19813). Bij besluit van de minister van rechtsbescherming van 9 maart 2018 zijn de voorzitters en de leden van de TCMG benoemd (zie: *Stcrt*. 2018, 14912), alsmede de conceptregeling van het Wetsvoorstel Instituut Mijnbouwschade Groningen (https://www.internetconsultatie.nl/instituutmijnbouwschadegroningen).
[47] H.E. Bröring, 'Schadeafhandeling te Groningen: van privaat naar publiek', *NTE* 2018/4 ; A.T. Marseille & K.J. de Graaf, 'Aardbevingsschadevergoedingsprocedures van privaat naar publiek', *O&A* 2018/2; A.T. Marseille, H.E. Bröring & K.J. de Graaf, *Laagdrempelige procedure aardbevingszaken Groningen*, Den Haag: Raad voor de rechtspraak, Research memoranda nr. 2018/2; Georgina Kuipers & Michiel Tjepkema, ''Publieke regie" in Groningen. Publiekrechtelijke schadeafhandeling en het vertrouwen in de overheid', *NJB* 2017/1576, p. 2064-2066; Janet van de Bunt & Michiel Tjepkema, 'Een nieuw schadeprotocol voor de mijnbouwschade in Groningen', *NJB* 2018/587.

Michiel Tjepkema & Jonathan Huijts[*]

18 | Nadeelcompensatie in het schemergebied tussen rechtmatige en onrechtmatige overheidsdaad

@M_Tjepkema/J_Huijts – Titel 4.5 Awb bevestigt de status van de bestuursrechter als dé nadeelcompensatierechter. Maar is de competentieverdeling tussen civiele rechter en bestuursrechter wel zo helder? Auteurs wijzen de weg in het schemergebied tussen rechtmatige en onrechtmatige overheidsdaad #nadeelcompensatie#evenredigheid#competentieverdeling

1. Inleiding

Op 31 januari 2013 verscheen in het Staatsblad de tekst van de Wet nadeelcompensatie en schadevergoeding bij onrechtmatige besluiten.[1] Na inwerkingtreding[2] van titel 4.5 Awb (het deel van de wet dat op nadeelcompensatie ziet) zal een aanzienlijke competentieverschuiving plaatsvinden, waardoor de bestuursrechter in de meeste gevallen bevoegd zal zijn over nadeelcompensatiegeschillen te oordelen. Veel gehoorde argumenten voor die concentratie van nadeelcompensatiegeschillen bij de bestuursrechter zijn het streven naar het voorkomen van onnodige juridisering, rechtsongelijkheid en een gebrek aan rechtseenheid[3] én de ruime expertise van de bestuursrechter op het terrein van nadeelcompensatie. Ook is relevant dat de bestuursrechter, anders dan de civiele rechter, zich niet op artikel 6:162 BW hoeft te baseren als 'toegangspoort' tot het recht op nadeelcompensatie. Hij kan een 'zuivere' aanspraak op nadeelcompensatie uit *rechtmatige* daad aanvaarden en hoeft zich van het gesloten stelsel van verbintenissen niets aan te trekken.

Dat het recht op nadeelcompensatie zich in de toekomst vooral binnen het bestuursrecht zal afspelen, staat buiten kijf. Titel 4.5 Awb bevestigt de status van de bestuursrechter als *de* nadeelcompensatierechter, zodat conform de wil van de

---

[*] Mr. dr. M.K.G. Tjepkema is hoofd van de kennisunit van de Afdeling bestuursrechtspraak van de Raad van State, universitair hoofddocent staats- en bestuursrecht aan de Universiteit Leiden en rechter-plaatsvervanger in de Rechtbank Den Haag. Mr. J.H.M. Huijts is docent staats- en bestuursrecht aan de Universiteit Leiden en bereidt een aan de Universiteit Maastricht te verdedigen proefschrift voor over planschade en nadeelcompensatie.
[1] *Stb.* 2013, 50.
[2] Het leek er lange tijd op dat de inwerkingtreding van deze titel zou worden uitgesteld tot de inwerkingtreding van de Omgevingswet in 2021. Op 17 januari 2018 is echter een voorstel voor de Wet wijziging Awb stroomlijning omgevingsrecht ter consultatie gelegd, die eerdere inwerkingtreding van titel 4.5 Awb mogelijk zou moeten maken.
[3] *Kamerstukken II* 2011/12, 32621, 11.

wetgever de rol van de civiele rechter als restrechter zal afnemen.[4] Toch past hierbij ook een kanttekening. Want net zoals bij de aansprakelijkheid voor onrechtmatige besluiten tot op enige hoogte keuzevrijheid bestaat, zo hebben justitiabelen ook bij nadeelcompensatie meerdere wegen waarlangs zij het recht op nadeelcompensatie kunnen trachten te effectueren. Naast de route van artikel 4:126 Awb kunnen zij namelijk ook een beroep doen op het evenredigheidsbeginsel van artikel 3:4, tweede lid, Awb of het eigendomsrecht van artikel 1 Eerste Protocol EVRM (hierna: artikel 1 EP). De aanstaande inwerkingtreding van titel 4.5 Awb is voor ons aanleiding om in deze korte verkennende bijdrage nog eens stil te staan bij de vraag naar de verhouding tussen deze alternatieve grondslagen en titel 4.5 Awb, en daarmee ook bij de resterende bevoegdheid van de civiele rechter in nadeelcompensatiezaken.

2. Eerste akte: het onzuiver schadebesluit bij de bestuursrechter

De inwerkingtreding van titel 4.5 Awb zal, om te beginnen, niets veranderen aan de bevoegdheid van de bestuursrechter om kennis te nemen van beroepen tegen appellabele schadeoorzaken. Heeft deze inwerkingtreding wel gevolgen voor de inhoudelijke behandeling van beroepen op grond van artikel 3:4, tweede lid, Awb? Deze vraag lijkt in ieder geval ontkennend te moeten beantwoord ten aanzien van beroepen waarin 'kennelijke onevenredigheid' wordt aangevoerd. De strekking van het betoog is dan dat de voor een of meer belanghebbenden nadelige gevolgen van een besluit – ongeacht het al dan niet toekennen van schadevergoeding – onevenredig zijn in verhouding tot de met het besluit te dienen doelen.[5]

Een beroep op artikel 3:4, tweede lid, Awb kan echter ook worden ingestoken volgens de constructie van het zogenoemde 'onzuiver schadebesluit'. De burger voert dan aan dat de onrechtmatigheid van het bestreden besluit is gelegen in de belangenafweging, waarin geen of onvoldoende belang is toegekend aan (de vergoeding van) zijn schade. Zeker wanneer titel 4.5 Awb in werking treedt, zullen bestuursorganen genegen zijn om betogen in het kader van een zorgvuldige en evenredige belangenafweging die strekken tot de vergoeding van schade, door te schuiven naar de in deze titel vervatte nadeelcompensatieregeling. Doorschuiven behoort echter niet altijd tot de mogelijkheden. Wij menen dat de lijnen in de jurisprudentie als volgt kunnen worden samengevat.

1. Elk besluit is pas rechtmatig als daaraan een rechtmatige afweging van belangen vooraf is gegaan. Deze afweging heeft een formele component: de betrokken belangen moeten krachtens artikel 3:2 jo. artikel 3:4, eerste lid, Awb in kaart

---

[4] *Kamerstukken II* 2010/11, 32621, 3, p. 12 (MvT).
[5] Zie bijv. ABRvS 17 augustus 2016, ECLI:NL:RVS:2016:2256, r.o. 3 en 7.2 waarin het bestuur slechts rekening had gehouden met natuur- en milieubelangen en daarmee onvoldoende aandacht aan bedrijfsmatige belangen had geschonken.

worden gebracht. De materiële component is erin gelegen dat het evenredigheidsbeginsel van artikel 3:4, tweede lid, Awb eist dat het besluit ook noodzakelijk en geschikt moet zijn om het beoogde doel te bereiken. Bovendien moet er een redelijk evenwicht zijn tussen de belangen die het besluit beoogt te dienen en de daardoor geschade belangen (evenredigheid in concreto).
2. Betoogt appellant met succes dat het besluit niet noodzakelijk of geschikt is, dan is het besluit zonder meer onrechtmatig en vernietigbaar.
3. De enkele stelling dat de evenredigheid in concreto is geschonden doordat het besluit schade heeft veroorzaakt, is niet voldoende om het bestuursorgaan te verplichten om in een herziene versie van het bestreden besluit eveneens schadevergoeding toe te kennen. Wel zal het bestuur, als het betoog van appellant daartoe voldoende aanleiding geeft, moeten onderzoeken of er sprake is van een zogenaamd 'twijfelgeval', waarin het bestreden besluit niet in overeenstemming met artikel 3:4, tweede lid, Awb kan worden geacht zonder de toekenning van schadevergoeding. Daarvan is blijkens de jurisprudentie sprake als een besluit tot 'ernstige schade' leidt.[6] Verder neemt de bestuursrechter soms zijn toevlucht tot het onzuiver schadebesluit wanneer schade ontstaat doordat de burger heeft gehandeld naar aanleiding van door de overheid gewekt vertrouwen, dat er bijvoorbeeld toe heeft geleid dat de fidens omvangrijke investeringen heeft gedaan. Ook dan is de juridische redenering dat materieel gezien slechts rechtmatig hetzelfde besluit kan worden genomen als (meer) aandacht wordt besteed aan de schade van appellant.[7]
4. Vervolgens zijn er twee opties:
a. Het bestuursorgaan kan concluderen dat sprake is van een twijfelgeval. In dat geval kan het bestuur het bestreden besluit niet rechtmatig nemen zonder ofwel de schade te vergoeden, dan wel zich ertoe te verbinden dat de (door deskundigen vast te stellen) schade zal worden vergoed.
b. Het bestuursorgaan concludeert – uiteraard voldoende gemotiveerd – dat geen sprake is van een twijfelgeval.[8] Het kan het bezwaar tegen het bestreden besluit dan ongegrond verklaren onder verwijzing naar een zelfstandige

---

[6] Zie het meest recent ABRvS 15 november 2017, ECLI:NL:RVS:2017:3097, r.o. 5.1. Zie ook ABRvS 9 juni 2003, ECLI:NL:RVS:2003:AS3528, r.o. 2.4.2.1; ABRvS 8 december 2004, ECLI:NL:RVS:2004:AR7061 (evenals AR7064 en AR7059), r.o. 2.4.2; ABRvS 21 februari 2007, ECLI:NL:RVS:2007:AZ9047, r.o. 2.5.2; ABRvS 29 april 2008, ECLI:NL:RVS:2008:BD0757, r.o. 2.7.
[7] Zie ABRvS 28 november 2012, ECLI:NL:RVS:2012:BY4425, *AB* 2013/46, m.nt. M.K.G. Tjepkema & F.R. Vermeer, en de verwijzingen in de noot van Tjepkema bij ABRvS 2 december 2015, ECLI:NL:RVS:2015:3683, *AB* 2016/415. Zie ook M.K.G. Tjepkema, 'Het normaal maatschappelijk risico: de allesreiniger van het nadeelcompensatierecht?', in: T.W. Franssen e.a. (red.), *Op het grensvlak*, Den Haag: IBR 2014, p. 125-129.
[8] Is de conclusie dat de schade niet door *gerechtvaardigd* vertrouwen is gewekt (bijv. omdat de toezegging niet bevoegd is gedaan of niet kan worden bewezen), dan is aannemelijk dat die schade in beginsel (in zijn geheel) niet vergoedbaar is. Zie bijv. ABRvS 24 juli 2013, ECLI:NL:RVS:2013:470, r.o. 4.

nadeelcompensatieprocedure op grond van het ongeschreven égalitébeginsel of een nadeelcompensatieregeling (het zogenoemde 'doorschuiven').[9]

5. Naar huidig recht overweegt de Afdeling in uitspraken waarin wordt doorgeschoven naar een nadeelcompensatieregeling dat voor de benadeelde belanghebbende een reële mogelijkheid moet bestaan om nadeelcompensatie te krijgen. Die 'reële mogelijkheid' staat niet gelijk aan de zekerheid dat de gestelde schade ook daadwerkelijk zal worden vergoed, aldus de Afdeling.[10] Een reële mogelijkheid bestaat ook indien de betrokken regeling geen volledige vergoedingsmogelijkheid biedt, nu in dit soort égalitégevallen een normaal maatschappelijk risico geldt. Het bestuursorgaan hoeft zich in het kader van de overweging waarbij wordt doorgeschoven geen rekenschap te geven van de vraag of de invulling van het normaal maatschappelijk risico redelijk is. Die vraag kan de gelaedeerde zelf in de separate nadeelcompensatieprocedure – zo nodig bij wege van exceptieve toetsing van de nadeelcompensatieregeling – aan de orde stellen.[11] Gelet op deze jurisprudentie zal naar onze verwachting in beroepsprocedures tegen appellabele besluiten waarin geen sprake is van een twijfelgeval steeds kunnen worden doorgeschoven naar titel 4.5 Awb, omdat deze regeling een reële kans op nadeelcompensatie biedt.

Wanneer de bestuursrechter een besluit vernietigt omdat met het schadeaspect onvoldoende rekening is gehouden, is dat besluit vanzelfsprekend onrechtmatig. Kan de gelaedeerde daardoor ook via de verzoekschriftprocedure van artikel 8:88 Awb trachten schadevergoeding te verkrijgen? Eén van de voorwaarden die deze bepaling aan de toekenning van schadevergoeding stelt, is immers dat er sprake is van een onrechtmatig besluit (door vernietiging of erkenning van onrechtmatigheid). Wij menen dat dit doorgaans slechts een theoretische optie zal zijn.[12] Immers zal de vraag of, en zo ja, hoeveel schade zal worden geleden namelijk veelal slechts kunnen worden beantwoord op het moment dat het bestuur een nieuw besluit op bezwaar heeft genomen. Omdat de onrechtmatigheid 'slechts' wordt veroorzaakt door het niet toekennen van schadevergoeding, kan het bestuur drie rechtmatige besluiten nemen:

---

[9] Zie voor doorschuiven naar ongeschreven égalité: ABRvS 17 september 2008, ECLI:NL:RVS:2008:BF0973, r.o. 2.3.
[10] ABRvS 6 augustus 2014, ECLI:NL:RVS:2014:2943, r.o. 16; ABRvS 16 mei 2018, ECLI:NL:RVS:2018:1620, r.o. 8.2 en 8.4; ABRvS 20 december 2017, ECLI:NL:RVS: 2017:3516, r.o. 6.2.
[11] ABRvS 20 december 2017, ECLI:NL:RVS:2017:3516, r.o. 6.2. Zie voor een vreemde eend in de bijt: ABRvS 5 december 2012, ECLI:NL:RVS:2012:BY5135, 9.1. In deze zaak conflicteerde gerechtvaardigd vertrouwen met de inhoud van de nadeelcompensatieregeling waarnaar werd verwezen.
[12] Een uitzonderingssituatie zou zich bijv. kunnen voordoen als reeds voorafgaand aan het moment van onherroepelijkheid uitvoering aan een besluit is gegeven en na de vernietiging van het besluit wegens strijd met art. 3:4, tweede lid, Awb alsnog van het besluit wordt afgezien zonder gelijktijdige toekenning van schadevergoeding.

(1) Het ziet geheel af van de desbetreffende maatregel waardoor geen schade ontstaat.
(2) Het ziet deels af van de desbetreffende maatregel en gaat na of de resterende maatregel noopt tot nadeelcompensatie.
(3) Het zet de desbetreffende maatregel door, maar kent een passende hoeveelheid nadeelcompensatie toe.

In situatie (1) is er geen vergoedbare schade, terwijl de schadevraag zich in de situaties (2) en (3) oplost binnen de kaders van het nadeelcompensatierecht. En er rijst nog een probleem. Het onder titel 8.4 Awb gehanteerde causaliteitscriterium leent zich niet voor toepassing op de (vernietigde) onzuivere schadebesluiten. Dit criterium houdt immers in dat geen causaal verband bestaat indien aannemelijk is dat het algemeen bestuur een rechtmatig besluit zou hebben genomen dat naar aard en omvang dezelfde schade tot gevolg zou hebben gehad.[13] Problematisch daaraan is dat slechts een rechtmatig besluit kan worden genomen door de strijd met artikel 3:4, tweede lid, Awb op te heffen. Uit het voorafgaande volgde echter dat de onrechtmatigheid van het besluit op bezwaar slechts kan worden weggenomen door een besluit te nemen dat geen schade veroorzaakt of schade veroorzaakt waarvoor tegelijkertijd compensatie wordt toegekend. De facto is dan ook geen besluit denkbaar dat én rechtmatig is én naar aard en omvang dezelfde schade tot gevolg zou hebben gehad.

3 Tweede akte: toch nadeelcompensatie bij de burgerlijke rechter bij niet-appellabele besluiten en handelingen?

Is het na inwerkingtreding van titel 4.5 Awb nog mogelijk om nadeelcompensatie bij de burgerlijke rechter te verkrijgen? Zal het na inwerkingtreding van titel 4.5 Awb nog steeds mogelijk zijn om bij de civiele rechter een beroep te doen op de 'Harrida-formule'? Met die formule wordt artikel 6:162 BW ingekleurd met het égalitébeginsel door te stellen dat de niet appellabele schadeoorzaak 'op zichzelf rechtmatig' is, maar onrechtmatig jegens de getroffen aangezien hem onevenredige schade wordt toegebracht. Uit het *Asha*-arrest volgt dat de taakverdeling tussen de burgerlijke rechter en de bestuursrechter meebrengt dat de burgerlijke rechter het oordeel of een belanghebbende op grond van het égalitébeginsel recht heeft op vergoeding van de schade die hij heeft geleden als gevolg van een of meer *appellabele* besluiten, dient over te laten aan de bestuursrechter. Daarbij lijkt doorslaggevend te zijn dat – vanwege het voldaan zijn van de eisen van materiële en processuele connexiteit – een met voldoende waarborgen omklede bestuursrechtelijke rechtsgang, namelijk het uitlokken en eventueel aanvechten van een zelfstandig schadebesluit, openstaat om nadeelcompensatie op grond van het

---

[13] ABRvS 28 december 2016, ECLI:NL:RVS:2016:3462, r.o. 8.1, O&A 2017/6, m.nt. L. Di Bella & J.H.A. van der Grinten (*Biolicious*).

égalitébeginsel te verkrijgen.[14] Opmerkelijk genoeg is nergens in de parlementaire stukken bij de Wet nadeelcompensatie, noch in de wet zelf, bepaald dat de bestuursrechtelijke route exclusief is. Het is echter te verwachten dat de Hoge Raad deze jurisprudentielijn zal doorzetten door titel 4.5 Awb als een met voldoende waarborgen omklede bestuursrechtelijke rechtsgang aan te merken en daarom burgers die de Harrida-formule inroepen onder doorverwijzing naar deze titel niet-ontvankelijk te verklaren.[15]

Nu een andere situatie. Wat is rechtens wanneer burgers in een civiel geding – dus in beroep tegen een niet-appellabele overheidshandeling – betogen dat in de afweging die aan de betreffende handeling voorafgaat[16] ten onrechte geen schadevergoeding is toegekend, zodat het besluit in strijd is met artikel 3:4, tweede lid, Awb?[17] De stelling is dan dus niet dat er sprake is van een 'op zichzelf rechtmatige' handeling die op grond van het égalitébeginsel niettemin tot nadeelcompensatie noopt, maar van een onrechtmatige handeling omdat er geen redelijk evenwicht bestaat tussen het algemeen belang en de geschade belangen.[18] Kan de burgerlijke rechter ook een dergelijk betoog pareren met de stelling dat de burger de mogelijkheid heeft een beroep op titel 4.5 Awb te doen?

In dergelijke gevallen kan de eiser vanwege artikel 8:3 Awb in ieder geval niet niet-ontvankelijk worden verklaard omdat hij het desbetreffende overheidshandelen bij de bestuursrechter had kunnen aanvechten.[19] De civiele rechter zal dus een inhoudelijk oordeel moeten vellen over de vordering. Wij pleiten ervoor dat de burgerlijke rechter daarbij aansluit op de onder 2 besproken bestuursrechtelijke doorschuifjurisprudentie. Dat zou betekenen dat hij de beantwoording van de schadevergoedingsvraag doorschuift naar een zelfstandig op titel 4.5 Awb gebaseerde nadeelcompensatieprocedure, tenzij hij tot de conclusie komt dat er sprake is van een geval waarin de rechtmatigheid van het overheidshandelen niet

---

[14] HR 28 maart 2008, ECLI:NL:HR:2008:BC0256, r.o. 3.4.2 (*Asha*).
[15] Zie in andere zin B.P.M. van Ravels, 'Het nadeelcompensatiedoolhof', *JBplus* 2009, afl. 3, p. 148-149 en 155-156.
[16] Vanwege art. 3:1, eerste lid, aanhef en onder a, Awb dient aan feitelijke handelingen in beginsel ook een belangenafweging ten grondslag te liggen.
[17] Dat de burgerlijke rechter feitelijk handelen aan art. 3:4, tweede lid, Awb kan toetsen wordt geïllustreerd door Rb. Leeuwarden 21 maart 2001, ECLI:NL:RBLEE:2001: AB0916, r.o. 5.3.2. Zie HR 18 mei 2018, ECLI:NL:HR:2018:729, r.o. 3.9.1 e.v. voor een voorbeeld van toetsing van een a.v.v. aan art. 3:4, tweede lid, Awb.
[18] Hof Leeuwarden 15 september 2004, ECLI:GHLEE:2004:AT6858, r.o. 11-16 laat goed zien dat een schending van art. 3:4, tweede lid, Awb, mede gelet op de aan het bestuur toekomende beleidsvrijheid, niet snel wordt aangenomen. Zie voor andere voorbeelden van een toets aan 3:4 Awb Rb. Leeuwarden 21 maart 2001, ECLI:NL:RBLEE:2001: AB0916, r.o. 5.3.2 en HR 18 mei 2018, ECLI:NL:HR:2018:729, r.o. 3.9.1.
[19] Vgl. art. 70 Rv, HR 28 februari 1992, ECLI:NL:HR:1992:ZC0527, r.o. 3.2-3.3 (*Changoe/Staat*) en HR 3 juni 2016, ECLI:NL:HR:2016:1049, r.o. 4.1.5 (*Universiteiten/SCAU*).

los kan worden gezien van het al dan niet toekennen van schadevergoeding. Er is dan dus sprake van een echt 'twijfelgeval': denk aan een algemeen verbindend voorschrift dat ernstige bedrijfseconomische gevolgen heeft voor een onderneming, of een beleidswijziging die een inbreuk maakt op gerechtvaardigde verwachtingen. Een andere uitkomst zou strijdig zijn met de wens van de wetgever naar meer overzichtelijkheid en zou de betekenis van de civiele rechter als restrechter niet doen afnemen, terwijl de wetgever dat wel beoogt.[20]

4 Derde akte: artikel 1 EP als verkapte grondslag voor nadeelcompensatie?

Ten slotte zullen wij ingaan op een derde grondslag voor aansprakelijkheid, namelijk artikel 1 EP. De jurisprudentie laat vrij geregeld gevallen zien waarin burgers een beroep doen op artikel 1 EP, ook wanneer zij zich op het égalitébeginsel hadden kunnen beroepen. Hoewel er nogal wat licht schijnt tussen beide grondslagen,[21] zijn er onmiskenbaar gevallen waarin zowel langs de weg van het égalitébeginsel als die van artikel 1 EP tot eenzelfde resultaat kan worden gekomen. In bestuursrechtelijke nadeelcompensatiezaken baseren appellanten zich soms op artikel 1 EP,[22] en ook in civielrechtelijke zaken, met name waarin het gaat om onrechtmatige wetgeving, wordt met enige regelmaat een beroep op artikel 1 EP gedaan. Bij de toets aan artikel 1 EP wordt in dat verband onder de noemer van de *fair balance*-toets veelal aan min of meer dezelfde criteria getoetst als wanneer rechtstreeks een beroep op het égalitébeginsel zou zijn gedaan.[23] Wij sluiten niet uit dat die overlap, naast het toetsingsverbod van artikel 120 GW, aanleiding vormde voor de Hoge Raad om – in navolging van AG Spier – te oordelen dat bij schade door rechtmatige formele wetgeving niet aan het égalitébeginsel mag worden getoetst.[24]

Hoe verhoudt een toets aan artikel 1 EP zich tot de mogelijkheid om een beroep op titel 4.5 Awb te doen? Daarbij is het allereerst van belang om te weten of er sprake is van een inbreuk op eigendom en, ten tweede, of die inbreuk als ontneming of als regulering moet worden gekwalificeerd. Alleen als er sprake is van ontneming van eigendom is het bestuursorgaan *verplicht* om in het kader van de voorafgaande belangenafweging een schadevergoeding toe te kennen. Het EHRM vereist dan bovendien dat er sprake is van een procedure die waarborgt

---

[20] *Kamerstukken II* 2010/11, 32621, nr. 3, p. 12 (MvT).
[21] Zie uitvoerig M.K.G. Tjepkema, *Nadeelcompensatie op basis van het égalitébeginsel: een onderzoek naar nationaal, Frans en Europees recht*, Deventer: Kluwer 2010, p. 627 e.v.
[22] Zie bijv. Rb. Utrecht 11 oktober 2012, ECLI:NL:RBUTR:2012:BY0420, ABRvS 28 mei 2014, ECLI:NL:RVS:2014:1976, *AB* 2015/282, m.nt. M.K.G. Tjepkema.
[23] Zie Tjepkema 2010, p. 609, 617-618, 649-650 en 703-705; T. Barkhuysen & M.L. van Emmerik, 'De betekenis van art. 1 van het Eerste Protocol bij het EVRM voor het Nederlandse recht inzake overheidsaansprakelijkheid', *O&A* 2002, afl. 4, p. 106.
[24] HR 20 maart 2009, ECLI:NL:HR:2009:BG9951, r.o. 3.4.1-3.5.2, *AB* 2011/224, m.nt. Van Ommeren. Zie ook ECLI:NL:PHR:2009:BG9951, sub 5.8.2.

dat een volledige beoordeling van de gevolgen van de ontneming plaatsvindt, waaronder de toekenning van bovengenoemde vergoeding.[25] Doorschuiven naar titel 4.5 Awb zal dan ook niet tot de mogelijkheden behoren. Gaat het echter om regulering, dan is de rechtspraak van het EHRM minder streng. De wetgeving die het gebruik van eigendom reguleert, hoeft niet noodzakelijkerwijs een recht op compensatie te bevatten, maar mag dat wel doen. In het kader van de onder artikel 1 EP te verrichten *fair balance*-toets zal het relevant zijn of compensatie 'beschikbaar' is maar een noodzakelijke voorwaarde is dit niet.[26] Het is dan ook aannemelijk dat een bestuursorgaan dat een op artikel 1 EP gebaseerd bezwaarschrift ongegrond verklaart onder verwijzing naar de mogelijkheid om een beroep op titel 4.5 Awb te doen, niet in strijd handelt met artikel 1 EP.[27] Ook bij niet-appellabele schadeoorzaken, niet zijnde formele wetgeving of strafvorderlijk overheidsoptreden,[28] zal naar titel 4.5 Awb kunnen worden doorverwezen.

In gevallen van regulering van eigendom door appellabele besluitvorming zal de bestuursrechter het toestaan als het bestuur de schadevergoedingsvraag doorschuift naar een zelfstandige, op titel 4.5 Awb geënte procedure. Doorkruist de civiele rechter de bevoegdheid van de bestuursrechter wanneer hij in een beroep tegen een niet-appellabele handeling[29] van een bestuursorgaan inhoudelijk over een beroep op artikel 1 EP oordeelt? Er zijn enkele argumenten te bedenken om aan te nemen dat dan inderdaad sprake is van doorkruising. Zoals bij artikel 3:4, tweede lid, Awb moet worden onderscheiden tussen zuivere nadeelcompensatiegevallen en twijfelgevallen, zo kunnen bij een beroep op artikel 1 EP ook rechtsvragen aan de orde zijn die in een nadeelcompensatieprocedure op grond van titel 4.5 Awb niet kunnen worden beantwoord. Wanneer het geschil zich bijvoorbeeld toespitst op de vraag of er sprake is van een inbreuk op eigendom, of op de vraag naar het toepasselijke beschermingsregime (ontneming/regulering/genotsregel)[30] en of de inbreuk bij wet is voorzien, moet de civiele rechter die vragen ook kunnen beantwoorden, nu titel 4.5 Awb op dergelijke vragen geen antwoord geeft. Ook geschillen over – bijvoorbeeld – de vraag of een gegunde overgangstermijn ruim genoeg is om de gestelde schade te beperken zou de civiele rechter moeten kunnen beantwoorden.[31] Wanneer het geschil niet over dergelijke vragen

---

[25] Zie EHRM 25 oktober 2012, ECLI:CE:ECHR:2012:1025JUD007124301, r.o. 111 (*Vistiņš en Perepjolkins t. Letland*).
[26] Vgl. EHRM 30 augustus 2007, ECLI:CE:ECHR:2007:0830JUD004430202, r.o. 79 (*Pye Land Ltd t. Verenigd Koninkrijk*) alsook ECieRM 9 maart 1989, ECLI:CE:ECHR:1989:0309DEC001176385 (*Banér t. Zweden*).
[27] Zie uitvoerig Tjepkema 2010, p. 591-594. Zie voor een voorbeeld CBb 29 februari 2016, ECLI:NL:CBB:2016:49.
[28] Vgl. art. 4:126 Awb (schade moet worden veroorzaakt door een bestuursorgaan) resp. art. 1:6 Awb.
[29] Wederom niet zijnde formele wetgeving of een strafvorderlijke handeling.
[30] Zie Tjepkema 2010, p. 618-622.
[31] Zie bijv. HR 9 september 2016, ECLI:NL:HR:2016:2888 (*Wet verbod pelsdierhouderij*) en de daaraan voorafgaande procedures in feitelijke instantie.

gaat maar in essentie ziet op de verkrijging van schadevergoeding voor onevenredige ('individual and excessive') schade, kan worden betoogd dat de civiele rechter de beantwoording van die vragen aan de bestuursrechter moet laten. Doet hij dat niet, dan zou dat geen recht doen aan de wil van de wetgever om de betekenis van de civiele rechter als nadeelcompensatierechter te doen afnemen. Ook ten einde rechtsongelijkheid en forumshopping te voorkomen, is verdedigbaar dat de civiele rechter dit onderdeel van de artikel 1 EP-toets niet moet (willen) beantwoorden. De civiele rechter moet derhalve nagaan of het de eiser in essentie om schadevergoeding te doen is en of de vergoeding van die schade ook via een beroep op titel 4.5 Awb kan worden verkregen.

Naast deze rechtssystematische argumenten, die pleiten voor concentratie van het geschil bij de bestuursrechter, zijn ook argumenten te bedenken waarom de civiele rechter de *fair balance*-vraag wél moet kunnen beantwoorden. Zo leidt doorschuiven tot het opknippen van een geschil in deelprocedures, waarbij de gelaedeerde na het doorlopen van een civiel traject van voren af aan moet beginnen met een verzoek om nadeelcompensatie bij het bestuursorgaan. Burgervriendelijk is anders; de vraag is of het belang bij een strikte handhaving van competentiesferen tegen dit nadeel opweegt. Ook is denkbaar dat een gelaedeerde met een beroep op artikel 1 EP rechterlijke uitspraken wil bereiken die hij bij de bestuursrechter niet kan verkrijgen, zoals een verbod, een gebod of een verklaring voor recht. Daarin voorziet de Awb niet en titel 4.5 Awb evenmin. Tot slot kan meewegen dat de civiele rechter, getuige zijn ruime ervaring met beroepen op artikel 1 EP, goed thuis is in deze schadevergoedingsmaterie. Genoeg voer dus voor interessante civiele jurisprudentie; wij zijn benieuwd hoe strikt de civiele rechter na de inwerkingtreding van titel 4.5 Awb zijn bevoegdheid zal afbakenen.

5 Slotakte

Uit het voorafgaande volgt dat ook (en misschien zelfs wel, juist) na inwerkingtreding van titel 4.5 Awb regelmatig reden zal bestaan voor zowel de civiele rechter als de bestuursrechter om een op artikel 3:4, tweede lid, Awb of artikel 1 EP (via de band van artikel 6:162 BW ingestoken) procedure af te doen met een verwijzing naar een onder titel 4.5 Awb te voeren zelfstandige nadeelcompensatieprocedure. Voor de burger heeft dit tot gevolg dat hij de door hem gemaakte proceskosten niet vergoed krijgt én in geval van een civiele procedure kan worden veroordeeld in de proceskosten van het bestuursorgaan. Zeker in het regelmatig als laagdrempelig gekarakteriseerde bestuursrecht, waarin de burger zonder advocaat kan procederen, lijkt het niet per definitie redelijk dat een burger die een op zichzelf bestaande en bovendien niet al te ver gezochte grondslag voor schadevergoeding heeft ingeroepen, extra kosten maakt omdat een beroep op titel 4.5 Awb wenselijker wordt geacht, bijvoorbeeld omdat daarmee het schadeveroorzakende besluit niet 'onnodig' wordt gefrustreerd.[32] Hoewel dat naar huidig recht

---

[32] Zie in dat kader ook ABRvS 31 oktober 2007, ECLI:NL:RVS:2007:BB6805, r.o. 2.3.1.

nog niet gebeurt, zou het onzes inziens redelijk zijn als hiervoor een oplossing zou worden geboden door de wetgever, het bestuur of de rechter. Zo zou ervoor kunnen worden gekozen deze kosten te vergoeden als in de procedure inzake het zelfstandig schadebesluit blijkt dat er inderdaad een recht op nadeelcompensatie bestond.

Ook vanuit rechterlijk en bestuurlijk perspectief is het niet ideaal dat een hele procedure wordt gevoerd, maar vanwege het doorschuiven geen definitieve inhoudelijke beslissing wordt gegeven omtrent de vraag of nu uiteindelijk wel of geen nadeelcompensatie moet worden toegekend. Wij realiseren ons dat dit probleem breder is dan enkel de gevallen waarin wordt doorgeschoven en kan spelen in alle zaken waarin de rechter oordeelt dat een aangevochten besluit niet onrechtmatig is en de burger vervolgens nadeelcompensatie wenst.[33] Wanneer de beroepsgronden daartoe aanleiding geven (omdat daarin melding is gemaakt van geleden schade) of ter zitting van schade is gebleken, valt er onzes inziens daarom zeker bij appellabele schadeoorzaken – ten aanzien waarvan de bestuursrechter bevoegd is zowel de rechtmatigheidsvraag als de nadeelcompensatievraag te beantwoorden – veel voor te zeggen dat de bestuursrechter de mogelijkheid krijgt om 'door te pakken' door het bestuursorgaan uit te nodigen om – eventueel onder inwinning van deskundigenadvies – in te gaan op de aspecten van titel 4.5 Awb ten aanzien waarvan het een zekere mate van beoordelingsruimte toekomt. Daarbij kan bijvoorbeeld worden gedacht aan de vereisten van abnormale en speciale last en de vraag of de schade anders dan in geld zou moeten worden gecompenseerd.[34] De huidige regeling van de bestuurlijke lus volstaat daartoe niet, omdat die veronderstelt dat een gebrek in een besluit bestaat.[35] Een argument te meer voor een dergelijke regeling is dat titel 4.5 Awb beoogt bestuurslasten te verminderen, onder andere door de vereenvoudiging van werkprocessen en procedures die de uniformering van het nadeelcompensatierecht door deze titel zou moeten meebrengen.[36] Daarmee is lastig te verenigen dat een rechter die reeds inhoudelijke kennis van het dossier heeft, geen antwoord geeft op de vraag waar het veelal om te doen zal zijn geweest, namelijk of er nadeelcompensatie dient te worden toegekend. Ook doet die oplossing recht aan een belangrijke boodschap die wij de lezer hebben willen meegeven, namelijk dat schadeveroorzakend overheidshandelen niet naar zijn aard rechtmatig of onrechtmatig is, maar zich geregeld in een schemergebied afspeelt.

---

[33] Zie voor een recent voorbeeld ABRvS 20 juni 2018, ECLI:NL:RVS:2018:2040.
[34] Vgl. Tjepkema 2010, p. 599-601, p. 877-878 en de bespreking van dit voorstel in R.J.N. Schlössels, 'M.K.G. Tjepkema, Nadeelcompensatie op basis van het égalitébeginsel. Een onderzoek naar nationaal, Frans en Europees recht', *RMThemis* 2011, afl. 5, p. 250.
[35] Zie daarover meer uitgebreid R.J.N. Schlössels, 'Het voorontwerp Nadeelcompensatie en schadevergoeding wegens onrechtmatige besluiten', *Gst.* 2007/113, p. 508-509.
[36] *Kamerstukken II* 2010/11, 32621, 3, p. 6 (MvT); *Handelingen I* 2012/13, 32621, 15, item 6, p. 53.

Roel Schutgens[*]

19 | Lekker shoppen
Over de keuze tussen de civiele of de bestuursrechtelijke schadevergoedingsrechter

@R_Schutgens – Voor schadevergoeding bij onrechtmatig 8:89 lid 2-besluit is benadeelde in verzoekschriftprocedure het beste uit. Ook boven € 25000 waar bestuursrechtelijke uitspraak kan fungeren als declaratoir. Komende 25 jaar blijft de bestuursrechter belangrijke schaderechter *#verzoekschriftprocedure#knip-uitspraak# forumkeuze*

1. Inleiding

In alle geschillen waarvoor de wet een bestuursrechtelijke rechtsgang openstelt, is – als gevolg van *Guldemond/Noordwijkerhout*[1] – ook de burgerlijke rechter parallel bevoegd. Om de bestuursrechter te geven wat des bestuursrechters is, schaaft de burgerlijke rechter al decennia aan een stelsel van ontvankelijkheidsregels. Als zijn bestuursrechtelijke collega voldoende rechtsbescherming biedt, treedt de civiele rechter hoffelijk terug. Hoewel dit stelsel in zijn uitwerking inmiddels érg complex is geworden, wordt de basisgedachte daarvan alom onderschreven: voorkomen moet worden dat de rechtzoekende gaat 'forumshoppen'. Die mogelijkheid zou immers de rechtsmacht van de gespecialiseerde bestuursrechter ondergraven, en bovendien zou de eiser kunnen proberen om door een strategische forumkeuze de uitkomst van het geschil te beïnvloeden. Terecht gaan de ontvankelijkheidsregels dit forumshoppen tegen.

Bij de inwerkingtreding van de Awb heeft de wetgever echter één mogelijkheid tot forumshoppen bewust *gecreëerd*. Onder de Awb werden de mogelijkheden van de bestuursrechter om bestuursorganen te veroordelen tot vergoeding van de door een vernietigd besluit veroorzaakte schade verruimd (artikel 8:73 Awb oud).[2] Anders dan gebruikelijk verleende de wetgever de bestuursrechter hier géén exclusieve taak. De schadevergoedingsbevoegdheid van de bestuursrechter kwam náást die van de burgerlijke rechter en de keuze was aan de gelaedeerde.

---

[*] Prof. mr. R.J.B. Schutgens is hoogleraar Algemene rechtswetenschap aan de Radboud Universiteit. De auteur dankt Bruno van Ravels, Jan van der Grinten en Tom Barkhuysen voor hun zinvolle suggesties.
[1] HR 31 december 1915, ECLI:NL:HR:1915:AG1773, *NJ* 1916, p. 407.
[2] De bestuursrechter breidde deze bevoegdheid uit door zelfstandige schadebesluiten buiten de wetgever om als appellabel aan te merken, ABRvS 6 mei 1997, ECLI:NL: RVS:1997:AA6762, *AB* 1997/229 (Van Vlodrop), waardoor ook 'los' van het vernietigingsberoep bij de bestuursrechter over besluitenschade kon worden geprocedeerd.

Artikel 8:73 Awb oud heeft de eerste 25 jaar Awb niet overleefd. Al op 1 juli 2013 werd de bepaling vervangen door een gloednieuwe schadetitel met een laagdrempelige verzoekschriftprocedure. De nieuwe bevoegdheidsregeling knoopt aan bij het type schadeveroorzakend besluit. Krachtens artikel 8:89 lid 1 Awb is de bestuursrechter voortaan de exclusief bevoegde schadevergoedingsrechter voor onrechtmatige besluiten waarover de Hoge Raad of de Centrale Raad van Beroep (in enige of hoogste aanleg) oordeelt, alsmede, op basis van artikel 71a en 72a Vreemdelingenwet, in het vreemdelingenrecht. Op deze terreinen is de rol van de civiele schadevergoedingsrechter uitgespeeld. Krachtens artikel 8:89 lid 2 Awb daarentegen is bij de overige besluiten de civiele rechter juist de algemeen bevoegde schadevergoedingsrechter. Bij deze '8:89 lid 2-besluiten' is er, mogelijk ingegeven door het oude artikel 8:73 Awb, voor de benadeelde een beperkte mogelijkheid tot forumkeuze behouden. (1) Veroorzaakt een onrechtmatig 8:89 lid 2-besluit een schade van ten hoogste € 25.000, dan mag de benadeelde deze 'kleine schadezaak' naar keuze aan de bestuursrechter of de burgerlijke rechter voorleggen. (2) Ook als het schadebedrag de € 25.000 overstijgt is er een keuze. Desgewenst mag de gelaedeerde éérst de bestuursrechter om € 25.000 schadevergoeding verzoeken, om daarna[3] het restant te vorderen bij de burgerlijke rechter. Volgens de Afdeling mag de gelaedeerde zelfs in alle openheid zijn vordering 'opknippen', ook als hij van meet af aan te kennen geeft dat hij uit is op een totale schadevergoeding van meer € 25.000.[4] De gelaedeerde kan dus bij *alle* schadezaken wegens 8:89 lid 2-besluiten, zijn schade ten minste gedeeltelijk aan de bestuursrechter voorleggen in plaats van uitsluitend de civielrechtelijke route te bewandelen. De benadeelde kan, zo gezegd, lekker shoppen.[5]

Dat roept de vraag op, bij welke schadevergoedingsrechter de door een 8:89 lid 2- besluit benadeelde voortaan het beste kan aankloppen. Ik probeer die vraag hierna te beantwoorden voor (1) kleine schadezaken en vervolgens voor (2) de grote. Deze beschouwingen monden uit in (3) de stelling dat Afdeling en CBb de komende 25 jaar als schadevergoedingsrechter nog lang niet zijn uitgespeeld.

---

[3] Art. 8:89 lid 3 Awb. Start de benadeelde daarentegen bij de civiele rechter, dan vervalt deze keuzemogelijkheid, zie art. 8:89 lid 4 Awb.
[4] ABRvS 2 augustus 2017, ECLI:NL:RVS:2017:2081, *JB* 2017/152 (Knip). Het is dus niet zo, dat alleen degene die pas *na* indiening van zijn schadeverzoek ontdekt dat zijn schade de € 25.000 overstijgt, naar de burgerlijke rechter mag stappen.
[5] Shoppen was ook onder art. 8:73 Awb al mogelijk, vooral na de erkenning van het appellabel zuiver schadebesluit. Het ging daar echter in feite om een buitenwettelijke en daardoor mogelijk niet steeds even rechtszekere procesvorm. De toegankelijke, goed gereguleerde verzoekschriftprocedure biedt een (nog) serieuzer alternatief voor de dagvaardingsprocedure.

2. Kleine schadezaken

Wie voor maximaal € 25.000 wordt benadeeld door een onrechtmatig 8:89 lid 2-besluit, kan zijn volledige schade hetzij aan de burgerlijke rechter, hetzij aan de bestuursrechter voorleggen. Bij wie is hij het beste uit?

Om te beginnen is het griffierecht in het bestuursrecht substantieel lager dan in het civiele recht. Al naar gelang de hoogte van de vordering scheelt dat tientjes tot enige honderden euro's. Zelfs bij schades tot € 25.000 – waar *in civilibus* de kantonrechter bevoegd is – is de benadeelde bij de bestuursrechter goedkoper uit vanaf vorderingen van € 500. Bovendien spaart de verzoeker de kosten van het uitbrengen van een dagvaarding uit. De bestuursrechter is daarom voor 'kleine' vorderingen goedkoper.

Minstens zo belangrijk is het risico op een proceskostenveroordeling. Bij de bestuursrechter is dat risico voor de benadeelde verwaarloosbaar, althans als hij een natuurlijke persoon is. Natuurlijke personen worden slechts in de proceskosten van de wederpartij veroordeeld als zij kennelijk onredelijk gebruik hebben gemaakt van het procesrecht, zie artikel 8:75 lid 1 Awb.[6] Ingevolge artikel 237 Rv daarentegen is bij de civiele rechter de hoofdregel dat de verliezer de proceskosten van de wederpartij draagt.

Spannender nog is de vraag, of er bij inhoudelijke beoordeling door de twee schadevergoedingsrechters verschillen zijn. Is de kans op toewijzing van de claim bij een van beiden groter?

Vooropgesteld: groot kunnen de verschillen niet zijn. De bestuursrechter past immers hetzelfde materiële recht toe als de burgerlijke rechter (in talloze uitspraken geeft de bestuursrechter terecht aan zich zoveel mogelijk bij de civielrechtelijke leerstukken aan te sluiten) en bovendien stemmen de Hoge Raad en de hoogste bestuursrechters de laatste jaren hun schadevergoedingsuitspraken vaak inhoudelijk af. Toch zijn er – met enige voorzichtigheid – drie kwesties te noemen waarbij de bestuursrechter, althans de Afdeling, tegenwoordig een ietsje 'burgervriendelijkere' schadevergoedingsrechter lijkt dan de burgerlijke rechter.

Dat geldt om te beginnen bij de beoordeling van de rechtmatigheid van het primaire besluit na rechterlijke vernietiging van het besluit op bezwaar (bob). De burgerlijke rechter houdt nog altijd vast aan zijn – bekritiseerde – jurisprudentie dat een primair besluit slechts dan onrechtmatig (en dus aansprakelijkheidsscheppend) is, als dat primaire besluit op rechtmatigheidsgronden is herroepen. Ingeval de bestuursrechter een bob vernietigt, staat bij de civiele rechter dus slechts de onrechtmatigheid van dat bob vast; pas als opnieuw op het bezwaar is beslist én uit 'bob II' de onrechtmatigheid van het primaire besluit blijkt, kan de benadeelde zich voor de burgerlijke rechter op de onrechtmatigheid van dat pri-

---

[6] Deze bepaling is ingevolge de schakelbepaling van art. 8:94 Awb van overeenkomstige toepassing in de verzoekschriftprocedure.

maire besluit beroepen.⁷ De Afdeling is op dit punt soepeler. Zij houdt voorlopig vast aan de lijn dat als aan het primaire besluit hetzelfde gebrek kleefde als aan het vernietigde bob, daarmee ook de onrechtmatigheid van het primaire besluit voldoende is gebleken.⁸ Wellicht durft de bestuursrechter wat gemakkelijker zonder tussenkomst van het bestuursorgaan het primaire besluit te beoordelen – voor hem is dat een thuiswedstrijd. Hoe het ook zij; als het na een vernietiging door de bestuursrechter van een bob (nog) niet tot verlengde besluitvorming komt, dan zal de benadeelde via artikel 8:88 Awb soms toch al schadevergoeding kunnen lospeuteren bij de bestuursrechter. Dat komt vooral van pas bij schadeverzoeken die al gedurende het vernietigingsberoep worden gedaan (artikel 8:91 Awb); als de bestuursrechter het bob vernietigt, zal hij onder omstandigheden meteen schadevergoeding kunnen toekennen voor het primaire besluit, zonder dat verlengde besluitvorming nodig is.

De beoordeling van het causaal verband tussen vernietigd besluit en schade heeft de nodige complexe jurisprudentie van beide schadevergoedingsrechters opgeleverd. In 2016 leken zij tot overeenstemming te zijn gekomen: kort na elkaar deden zij elk een uitspraak waarin een genuanceerde versie van de 'leer van het hypothetisch rechtmatig besluit' werd aanvaard. Kort gezegd moet het causaal verband tussen een vernietigd besluit en de geleden schade worden beoordeeld door de vraag te beantwoorden of het bestuursorgaan een rechtmatig besluit had kunnen nemen dat dezelfde schade zou hebben veroorzaakt én aannemelijk is dat het zo'n besluit ook zou hebben genomen.⁹ In 2017 wees de Hoge Raad echter een arrest dat – als het althans niet op een misslag berust – tot gevolg heeft dat zijn causaliteitsbeoordeling toch strenger is dan zij aanvankelijk leek, en vooral ook: strenger is dan die van de Afdeling.¹⁰ Kort gezegd maakt de Hoge Raad in *UWV/X* onderscheid tussen schade die voortvloeit uit het dictum van een besluit en de overige schade. Voor de overige schade geldt de leer van het hypothetisch rechtmatig besluit, maar voor de 'dictumschade' geldt dat causaal verband ontbreekt als 'het nieuwe besluit rechtmatig is en een beslissing volgt die tot hetzelfde rechtsgevolg leidt als het eerdere besluit'. Dit zou betekenen dat ingeval het bestuursorgaan pas later (en niet ten tijde van het oorspronkelijke, vernietigde besluit) bevoegd werd dat het rechtmatige schadeveroorzakende besluit te nemen, de in de tussentijd (wel degelijk onrechtmatig) toegebrachte schade niet voor

---

⁷ HR 13 oktober 2006, ECLI:NL:HR:2006:AW2087, *AB* 2007/270 (Enschede/Gerridzen), HR 19 december 2008, ECLI:NL:HR:2008:BF3257, *AB* 2010/147 (Verpleeghuis Rotterdam). Zie voor een recente verwijzing naar deze jurisprudentie HR 6 januari 2017, ECLI:NL:HR:2017:18, *AB* 2017/407 (UWV/X).
⁸ ABRvS 15 december 2004, ECLI:NL:RVS:2004:AR7586, *AB* 2005/54 (Meerssen), r.o. 2.3; ABRvS 21 februari 2018, ECLI:NL:RVS:2018:593, *AB* 2018/215 (Jachtakte), r.o. 10.
⁹ Vgl. HR 3 juni 2016, ECLI:NL:HR:2016:1112, *AB* 2017/232 (Stoeterij Wevers) en ABRvS 28 december 2016, ECLI:NL:RVS:2016:3462, *AB* 2017/88 (Biolicious).
¹⁰ HR 6 januari 2017, ECLI:NL:HR:2017:18, *AB* 2017/407 (UWV/X).

vergoeding in aanmerking komt.[11] De bestuursrechter lijkt op dit punt vooralsnog[12] soepeler: de schade die wordt geleden vanaf het moment van het onrechtmatige besluit tot aan het moment dat een rechtmatig, schadeveroorzakend besluit genomen had kunnen worden, komt wél voor vergoeding in aanmerking.[13]

Ook op het leerstuk van de relativiteit lijkt de bestuursrechter soms iets soepeler dan zijn civiele collega. Di Bella wijst er terecht op dat de 'strenge' relativiteitsuitspraken in het overheidsaansprakelijkheidsrecht de afgelopen jaren van de Hoge Raad kwamen – denk vooral aan het veel bekritiseerde *Duwbak Linda* en *Iraanse vluchtelinge*.[14] Weliswaar sloot de Afdeling zich aan bij de *conclusie* die de Hoge Raad in dat laatste arrest trok over het beperkte beschermingsbereik van het asielrecht,[15] maar de Afdeling heeft voor de relativiteitstoets (in andere gevallen) nooit de strenge methodiek van de Hoge Raad overgenomen, waarbij een zwaar gewicht toekomt aan de vraag of de wetsgeschiedenis positieve aanwijzingen biedt dat de geschonden regeling strekt tot bescherming van precies het concrete, individuele belang dat door onrechtmatig overheidsoptreden is geschonden. De Afdeling is soms bereid de grenzen van de relativiteit wat ruimer te trekken, door overwegingen van de strekking dat bepaalde milieu- en ruimtelijke ordeningsnormen ook de bedrijfseconomische belangen beschermen van degene die op toepassing en handhaving van die normen vertrouwt.[16] Bij een besluit dat wettelijke normen schendt waarover de hoogste rechter nog geen relativiteitsoordeel heeft gegeven, zou ik als eiser mijn vordering eerst aan de bestuursrechter voorleggen.

In kleine schadezaken wegens 8:89 lid 2-besluiten lijkt de keuze voor de bestuursrechter dus de beste papieren te hebben. De bestuursrechtelijke verzoekschriftprocedure is minder kostbaar en kent een geringer risico op proceskostenveroordeling, zij is laagdrempeliger en bovendien lijkt de bestuursrechter bij de invulling van onrechtmatigheid, causaliteit en relativiteit soms ietsje burgervriendelijker dan zijn civiele collega.

---

[11] Vgl. de m.i. terechte kritiek van C.N.J. Kortmann op dit arrest in *AB* 2017/407.
[12] Ik hoop dat het mijns inziens onjuiste arrest UWV/X niet met de Afdeling is afgestemd.
[13] Zie ABRvS 24 december 2008, *JB* 2009/42 (Amelandse benzinepomp) dat m.i. op dit punt niet achterhaald is; vgl. de kroniek *O&A* 2018/23, p. 48 en Kortmann in *AB* 2017/407, nr. 11.
[14] L. Di Bella, 'Vragen over de toepassing van het relativiteitsvereiste in het licht van de interactie tussen de burgerlijke rechter, de bestuursrechter en het Hof van Justitie', *O&A* 2015/32, HR 7 mei 2004, ECLI:NL:HR:2004:AO6012, *NJ* 2006/281 en HR 13 april 2007, ECLI:NL:HR:2007:AZ8751, *NJ* 2008/576.
[15] ABRvS 20 juni 2007, ECLI:NL:RVS:2008:BG8294, *AB* 2008/336.
[16] ABRvS 24 december 2008, ECLI:NL:RVS:2008:BG8294, *JB* 2009/42 (Amelandse benzinepomp). ABRvS 28 juli 2010, ECLI:NL:RVS:2010:BN2670, *AB* 2011/240 (Geluidsnormen Nuth). Zie uitgebreid Di Bella 2015.

3. Grote schadezaken

Schades boven de € 25.000 mag de benadeelde opknippen door de eerste € 25.000 aan de bestuursrechter voor te leggen en het restant aan de civiele rechter. Het is omslachtig om twee procedures na elkaar te voeren, maar vermoedelijk zal dat vaak niet nodig zijn. Dat leg ik uit. De wetsgeschiedenis van artikel 8:89 lid 2 Awb leert dat de burgerlijke rechter 'aan het oordeel van de bestuursrechter over de bij hem gevorderde *schade* [is] gebonden' (cursivering toegevoegd).[17] Kennelijk hoeft de burgerlijke rechter strikt genomen slechts het *dictum* van de bestuursrechter te respecteren, maar niet diens dragende overwegingen.[18] Enkel *over de door de bestuursrechter al beoordeelde € 25.000*[19] mag de burgerlijke rechter dus niet opnieuw oordelen; de toekenning of afwijzing van het door de bestuursrechter beoordeelde bedrag blijft in stand.[20] Laten wij twee situaties bezien: het geval dat benadeelde één welomlijnde schadepost heeft van meer dan € 25.000 en het geval dat meerdere schadeposten samen de € 25.000 overschrijden.

Stel dat de benadeelde door een onrechtmatig 8:89 lid 2-besluit één welomlijnde schadepost heeft, waarvan hij de 'eerste' € 25.000 al aan de bestuursrechter heeft voorgelegd. Als het restant vervolgens aan de burgerlijke rechter wordt voorgelegd, moet die dezelfde feitelijke vragen en rechtsvragen beantwoorden als de bestuursrechter. Strikt juridisch staat het hem daarbij vrij om een of meer van die vragen anders te beantwoorden zodat hij over het tweede deel van dezelfde schadepost tot een ander oordeel kan komen. In werkelijkheid is het zodanig uiteenlopen van de dragende overwegingen van beide rechters echter zo vreemd en zo lastig uit te leggen dat de burgerlijke rechter weinig anders zal kunnen dan de inhoudelijke overwegingen van de bestuursrechter marginaal te toetsen. Ik verwacht dat hij slechts inhoudelijk anders zal oordelen als hij de overwegingen van de bestuursrechter *onaanvaardbaar* acht. Zulks zal zelden het geval zijn, mede omdat voor de hand ligt dat als er van een onaanvaardbaar schadeoordeel van de bestuursrechter sprake lijkt, de verzoeker of het verwerende bestuursorgaan hoger beroep zal instellen. Onaanvaardbare schadeoverwegingen van de lagere bestuursrechter zullen dus grotendeels bij de Afdeling of het CBb worden 'uitgezuiverd'. Bij een schaduitspraak van de hoogste bestuursrechter zal de burgerlijke rechter er weinig trek in hebben daar inhoudelijk anders over te oordelen, nog daargelaten dat die uitspraken niet zelden zijn afgestemd met de Hoge Raad. Kortom, als de gelaedeerde een grote schade 'opknipt' en pas in tweede instantie civiel gaat procederen, zal de burgerlijke rechter de inhoudelijke overwegingen

---

[17] *Kamerstukken II* 2010/11, 32621, 3, p. 49.
[18] Vgl. ABRvS 2 augustus 2017, ECLI:NL:RVS:2017:2081, *JB* 2017/152 (Knip), r.o. 9.12.
[19] Het verzoek kan ook een geringer bedrag betreffen. Ik vermeld dat hierna niet meer.
[20] Is het verzoek aan de bestuursrechter geëindigd in een niet-ontvankelijkverklaring, bijv. vanwege niet-betaling van het griffierecht, dan kan de gehele schade dus alsnog aan de burgerlijke rechter worden voorgelegd.

van de bestuursrechter meestal gewoon overnemen.[21] Bestuursorganen zullen zich dit realiseren.[22] Daarom verwacht ik dat in zaken met één welomlijnde schadepost van meer dan € 25.000, de verzoekschriftprocedure een rol kan blijven spelen die lijkt op die van het civielrechtelijke declaratoir: de benadeelde kan daar de vestiging van de aansprakelijkheid laten vaststellen, waarna hij kan proberen om over het schadebedrag tot een minnelijke oplossing te komen.

Stel nu, dat de benadeelde twee of meer schadeposten heeft, elk daarvan op zich al meer dan € 25.000. Als hij er daarvan één aan de bestuursrechter voorlegt, geldt voor die schadepost wat hiervoor al werd betoogd: realiter heeft de burgerlijke rechter weinig speelruimte meer. Ten aanzien van de overige, niet door de bestuursrechter beoordeelde schadeposten heeft hij echter veel meer vrijheid. Immers, ten aanzien van wezenlijk andere schadeposten kan een nieuwe beoordeling van bewijs, causaliteit, relativiteit (die immers ook ziet op de specifiek geleden schade(posten)) en schadebeperkingsplicht veel gemakkelijker anders uitvallen. In deze situatie lijkt het voor de benadeelde op het eerste gezicht dus minder aantrekkelijk om de verzoekschriftprocedure te volgen als laagdrempelig alternatief voor een declaratoire uitspraak. Toch dringt zich hier de volgende kwestie op. Ingevolge de 'Knip-uitspraak' is de benadeelde bevoegd om voor € 25.000 van zijn totale vordering 'af te knippen' en dit deel aan de bestuursrechter voor te leggen. Stel nu, dat de benadeelde door een onrechtmatige last onder bestuursdwang drie schadeposten meent te hebben: € 5.000 fysieke waardedaling van zijn bedrijfsmiddelen, € 20.000 vertragingsschade en € 25.000 reputatieschade. Moet hij dan zijn verzoek zo inrichten dat hij de bestuursrechter zo min mogelijk schadeposten voorlegt? In dat geval zou hij alleen om vergoeding van de reputatieschade mogen verzoeken. Ik zie echter niet waarop een dergelijke verplichting zou berusten. Mijns inziens mag hij dan ook best de waardedaling én de vertragingsschade (totaal € 25.000) aan de bestuursrechter voorleggen. Maar als dat mag, dan mag hij waarschijnlijk ook de waardedaling aan de bestuursrechter voorleggen en de reputatieschade voor 20/25 deel (totaal € 25.000)… en dan mag hij vast ook voor elk van de drie schadeposten om vergoeding van de helft verzoeken (totaal € 25.000). Dat laatste verzoek heeft evident de strekking de schade-

---

[21] Dat verwacht ik óók in die (paar) gevallen waarin de bestuursrechter wat soepeler lijkt dan de burgerlijke rechter (onrechtmatigheid primair besluit, soms causaliteit en relativiteit). Ik verwacht niet dat de burgerlijke rechter daarbij 'tegen de stroom in' aan zijn striktere invulling zal vasthouden in een concrete schadezaak waarover de bestuursrechter zich al heeft uitgesproken, te meer daar de genoemde wat moeizame civiele leerstukken (in ieder geval de rechtmatigheid van het primaire besluit) lijken samen te hangen met het ongemak van de burgerlijke rechter om zich in te laten met de inhoud en strekking van besluiten. Dat ongemak zal minder zijn als de bestuursrechter – zij het als schaderechter – zich al over het besluit heeft uitgelaten.

[22] Hetzelfde geldt overigens voor een inhoudelijk gemotiveerde afwijzing van het schadeverzoek; het lijkt weinig zinvol om ten aanzien daarvan nog bij de burgerlijke rechter te gaan procederen, al zal dat bij heel grote schadebedragen toch verleidelijk kunnen zijn.

zaak bij de burgerlijke rechter weg te houden, maar uit wet noch wetsgeschiedenis kan ik afleiden dat dit rechtsmisbruik zou opleveren.[23] Anders gezegd: door slim te 'knippen' kan de benadeelde *al* zijn schadeposten aan de bestuursrechter voorleggen. Omdat de burgerlijke rechter in beginsel geneigd zal zijn, zich bij de bestuursrechtelijke uitspraak op het schadeverzoek aan te sluiten, zal de reeds beschreven 'declaratoir-functie' van de verzoekschriftprocedure dus zelfs vervuld kunnen worden in omvangrijke schadezaken met uiteenlopende schadeposten. Juist vanwege de reeds beschreven voordelen van de verzoekschriftprocedure (laagdrempeliger, goedkoper, minder riskant, inhoudelijk soms wat soepeler) zal het voor benadeelden ook in grote schadezaken een serieuze optie zijn om bij de bestuursrechter te beginnen.

Overigens zij opgemerkt dat een en ander ook een keerzijde heeft. Als de burgerlijke rechter zich inderdaad waar mogelijk zal aansluiten bij de inhoudelijke beoordeling door de bestuursrechtelijke schadevergoedingsrechter, dan is de keuze voor de verzoekschriftprocedure voor de eerste € 25.000 geen vrijblijvende vingeroefening. Als de bestuursrechter het schadeverzoek afwijst, zal het voor de benadeelde in een grote schadezaak ongetwijfeld verleidelijk zijn om het voor het resterende bedrag bij de burgerlijke rechter opnieuw te proberen, maar nu met verder uitgediepte argumenten. Ik verwacht echter dat de burgerlijke rechter – om de reeds genoemde redenen van rechtseenheid en 'uitlegbaarheid' – er evenmin veel trek zal hebben om alsnog tot een *toewijzing* te komen op inhoudelijke gronden die haaks staan op die van zijn bestuursrechtelijke collega. *Als* de benadeelde de keuze maakt om eerst een verzoekschrift in te dienen, moet hij dus goed beslagen ten ijs komen en de zaak zo goed mogelijk uitprocederen.

4. De komende 25 jaar Awb

Te verwachten valt, dat niet alleen de CRvB en de (fiscale) Hoge Raad, maar ook de Afdeling en het CBb de kómende '25 jaar Awb' een serieuze rol zullen blijven spelen als schadevergoedingsrechter – ook in grote schadezaken.[24] Deze auteur acht dat ook *wenselijk*. Gedurende de eerste 25 jaar Awb hebben alle bestuursrechters de nodige ervaring opgedaan als schadevergoedingsrechter – ook de Afdeling en het CBb. Vooralsnog zie ik geen aanwijzingen dat deze bestuursrechters het als schadevergoedingsrechter niet goed zouden hebben gedaan, eerder het tegendeel. Echter, de nieuwe bevoegdheidsregeling berust op de gedachte dat de bestuursrechter alleen voldoende gekwalificeerd zou zijn als schadevergoedings-

---

[23] In de commentaren op titel 8.4 Awb is m.i. terecht betoogd dat de benadeelde de schade, veroorzaakt door hetzelfde 8:89 lid 2-besluit, niet verschillende malen in delen van € 25.000 aan de bestuursrechter mag voorleggen (zie bijv. B.J. Schueler & B.J. van Ettekoven, 'De 'losse eindjes' van Titel 8.4 Awb', *NTB* 2013/34). Dát is wetsontduiking, maar het in de hoofdtekst besprokene lijkt mij een ander geval.

[24] In vreemdelingenzaken is dat gelet op art. 71a en 72a Vreemdelingenwet natuurlijk sowieso het geval.

rechter bij fiscale besluiten en 'CRvB-besluiten', omdat die relatief overzichtelijke tweepartijenrelaties scheppen. Inderdaad leveren de besluiten waarbij derdenbelangen zijn betrokken al snel complexere schadezaken op. De wetgever acht de burgerlijke rechter beter gekwalificeerd om in zulke complexe schadezaken te oordelen. Daarom wijst artikel 8:89 lid 2 Awb de burgerlijke rechter aan als algemeen bevoegde schaderechter voor zulke besluiten, zij het met de (schijnbaar) beperkte uitzondering voor kleine schadezaken.

Op zich is het juist dat hun meerpartijenkarakter de 'artikel 8:89 lid 2-besluiten' complex maakt. Echter, *juist* de specifieke problemen die worden veroorzaakt door de betrokkenheid van derdenbelangen, zijn bij uitstek dagelijkse kost voor de bestuursrechter. De burgerlijke rechter moge de meest ervaren schadevergoedingsrechter zijn, maar voor zover schadezaken complex zijn doordat *daarbij derdenbelangen meespelen* kan evengoed, zo niet beter worden betoogd dat op dat punt de bestuursrechter bij uitstek over de beste papieren beschikt. Het overheidsaansprakelijkheidsrecht kent de nodige moeilijke leerstukken die niet onomstreden zijn – men denke aan de leer van de formele rechtskracht, het als rechtmatig beschouwen van een primair besluit zolang dat niet door een tweede bob is herroepen, het experimenteren met verschillende causaliteitsleren en de soms moeilijk voorspelbare relativiteitstoetsing. Deze leerstukken zijn niet alleen moeilijk maar vaak ook wat moeizaam, en naar mijn indruk komt dat niet zelden doordat de burgerlijke rechter worstelt met complexiteit van de bestuursrechtelijke rechtsbeschermingsprocedure en het algemeenbelangkarakter van het publiekrecht. Voor de bestuursrechter is dit gesneden koek. Weliswaar beschikken wij nu over een gloednieuwe schadetitel, maar ik sluit dan ook niet uit dat over nog 25 jaar Awb (eindelijk) de conclusie zal zijn dat het oordeel over de aansprakelijkheid voor typisch bestuursrechtelijk handelen thuishoort bij de rechter die van dat handelen zelf het meeste verstand heeft: de bestuursrechter.

Jacobine van den Brink & Willemien den Ouden*

20 | Van regel naar uitzondering
Over hoe de Algemene wet bestuursrecht veel 'subsidierelaties' niet of nauwelijks normeert

@Jacobine_Brink/W_denOuden – Steeds meer 'subsidies' worden buiten Awb-bereik geplaatst door de wetgever en (vooral) bestuursorganen. De rechter corrigeert nauwelijks. Toepassing van subsidietitel 4.2 Awb op subsidierelaties dreigt van regel uitzondering te worden. Hoe reageert de Awb-wetgever? #subsidierecht #subsidie-nieuwe-stijl #Awb-kernbegrippen #Awb-ambities

1. Inleiding

In deze bijdrage vertellen wij het verhaal van het algemene Nederlandse subsidierecht dat twintig jaar geleden werd opgenomen in titel 4.2 van de Awb om de subsidiëring van wenselijk geachte maatschappelijke activiteiten beter te reguleren. Ondanks het feit dat sommigen de regeling 'topzwaar' vonden,[1] deed de subsidietitel aanvankelijk waarvoor zij was bedoeld; zij uniformeerde en normeerde op grote schaal de subsidierelaties tussen bestuursorganen en burgers, bedrijven en maatschappelijke organisaties. Nu, twee decennia later, zien wij de omgekeerde beweging: steeds meer 'subsidies' worden buiten Awb-bereik geplaatst, door de wetgever, bestuursorganen én de bestuursrechter. Daardoor dreigt de toepasselijkheid van subsidietitel 4.2 van de Awb op subsidierelaties van regel, uitzondering te worden. Dat geeft te denken. Wat heeft deze tendens veroorzaakt en hoe reageert de Awb-wetgever? Doet zij niets en geeft zij daarmee haar subsidie-ambities op? Accepteert zij dat de subsidietitel van de Awb slechts daar geldt waar bijzondere wetgever en het bestuur dat wenselijk, of bestuursrechters dat noodzakelijk achten? Of reageert zij op de huidige ontwikkelingen met een wetgevingsoffensief?

2. De subsidietitel van de Awb

De subsidietitel van de Awb werd in 1998 in de Algemene wet bestuursrecht opgenomen en dat mag best bijzonder worden genoemd. Onder andere omdat in veel andere landen de overkoepelende bestuurs(proces)rechtelijke wetgeving geen algemene regels over subsidies bevat.[2] Subsidierecht kan ook gemak-

---

* Prof. mr. dr. J.E. van den Brink is hoogleraar bestuursrecht aan de Universiteit van Amsterdam. Prof. mr. drs. W. den Ouden is hoogleraar staats- en bestuursrecht aan de Universiteit Leiden.
[1] *Kamerstukken II* 1993/94, 23700, A, p. 23 (punt. 6.3).
[2] Dit geldt bijv. voor Duitsland (Verwaltungsverfahrensgesetz) en Frankrijk (Code des relations entre le public et l'administration). Ook het voorstel voor de Europese Awb

kelijk als een bijzonder deelterrein van het bestuursrecht worden beschouwd, dat het best kan worden overgelaten aan de bijzondere wetgever. Die discussie daarover is in Nederland wel gevoerd,[3] maar in de derde tranche van de Awb, die in 1998 in werking trad, is toch gekozen voor een algemene subsidieregeling. Dat was niet in de laatste plaats omdat een paar grote affaires en financiële debacles hadden laten zien dat de grootschalige publieke financiering van wenselijk geachte projecten en activiteiten de nodige risico's met zich mee brengt.[4] Een algemene regeling moest in het bijzonder[5] zorgen voor een wettelijke grondslag voor en dus democratische legitimatie van de (omvangrijke) Nederlandse subsidiepraktijk. Verder diende de rechtszekerheid binnen subsidierelaties te worden versterkt en daarmee (ook) de doelmatigheid en doeltreffendheid van het subsidie-instrument. Tot slot zou een wettelijke regeling een belangrijke bijdrage moeten leveren aan de beheersing van de overheidsuitgaven aan subsidieregelingen en het tegengaan van misbruik van subsidiegelden. Ambitieuze doelstellingen dus, voor een regeling met een zeer breed bereik; zij is van toepassing op alle subsidies verstrekt door alle Nederlandse bestuursorganen die voldoen aan de subsidiedefinitie van artikel 4:21 Awb. Dat brede bereik reflecteert in de (flexibele) opzet en omvang van titel 4.2 Awb. Enerzijds geeft de subsidietitel een dwingend, eenduidig begrippenkader voor subsidierelaties en bevat zij een grote hoeveelheid bepalingen over veel onderwerpen die in een subsidierelatie van belang (kunnen) zijn. Anderzijds betreft het vaak semi-dwingende bepalingen (waarvan bij wettelijk voorschrift kan worden afgeweken) en facultatieve bepalingen (die door de bijzondere wetgever of het subsidiërende bestuursorgaan desgewenst van toepassing kunnen worden verklaard).

---

van het Europees Parlement bevat geen regels voor subsidies (zie http://www.europarl.europa.eu/meetdocs/2014_2019/plmrep/COMMITTEES/JURI/DV/2016/01-28/1081253NL.pdf). De Unierechtelijke regels voor subsidiëring zijn te vinden in de Verordening nr. 966/2012 van het Europees Parlement en de Raad van 25 oktober 2012 tot vaststelling van de financiële regels van toepassing op de algemene begroting van de Unie.

[3] Daarover bijv. C.A.J.M. Kortmann, 'Wie van de drie: de algemene wet, de algemene wet of de bijzondere wet?', in: C.A.J.M. Kortmann e.a., *De Awb en de bijzondere wetgeving* (VAR-reeks 124), Den Haag: Boom Juridische uitgevers 2000.

[4] Zie de parlementaire enquête inzake het RSV-concern (*Kamerstukken II* 1984/85, 17817, 16-21) en de parlementaire enquête inzake de subsidiëring van de volkshuisvesting (*Kamerstukken II* 1987/88, 19623).

[5] Vanzelfsprekend golden bij de totstandkoming van titel 4.2 Awb ook de algemene uitgangspunten van de Awb-wetgever; de subsidietitel moest dus in het algemeen zorgen voor meer eenheid binnen het subsidierecht, het systematiseren en zo mogelijk vereenvoudigen daarvan en de codificatie van in de jurisprudentie ontwikkelde leerstukken.

3. Wat er vervolgens gebeurde...

Uit evaluatieonderzoek is gebleken dat de invoering van de subsidietitel vrij vlot en probleemloos is verlopen.[6] Zeker wanneer men bedenkt dat de subsidietitel van de Awb zelf niet de gewenste wettelijke grondslag voor subsidieverstrekking vormt. In artikel 4:23 Awb is immers bepaald dat een bestuursorgaan slechts subsidie verstrekt op grond van een wettelijk voorschrift, dat regelt voor welke activiteiten subsidie kan worden verstrekt. Subsidie wordt vervolgens steeds per beschikking verstrekt.[7] De Awb vraagt dus om een bijzondere wettelijke regeling voor concrete subsidiebeschikkingen en die zijn de afgelopen twintig jaar dan ook op grote schaal opgesteld. Zo ontstonden meer kaders voor het subsidieverstrekkende bestuursorgaan en ook meer rechtszekerheid voor subsidieontvangers. Bovendien vormden deze bijzondere subsidieregelingen, in combinatie met de subsidietitel van de Awb, een veel steviger en uitgebreider houvast voor de bestuursrechter om subsidiebeschikkingen aan te toetsen dan hij in het pre Awb-tijdperk voor handen had.[8] Wij hebben sterk de indruk dat deze wettelijke kaders niet alleen hebben geleid tot de professionalisering van de subsidiepraktijk, maar ook tot de juridisering van subsidieverhoudingen.

Om dit te illustreren kan worden gewezen op de enorme jurisprudentiestroom die op gang is gekomen rond de toepassing van artikel 4:51 Awb, dat ziet op de beëindiging van langdurige subsidierelaties. Ook voordat de subsidietitel van de Awb in werking trad gold dat dergelijke subsidierelaties niet 'rauwelijks' mochten worden stopgezet,[9] maar deze 'Sint Bavo-lijn' werd slechts ingeroepen c.q. toegepast in enkele, uitzonderlijke gevallen. Sinds 1998 is in de Awb expliciet geregeld dat – kort gezegd – subsidies die voor meer dan drie jaar werden verstrekt voor dezelfde, voortdurende activiteiten slechts met inachtneming van een redelijke termijn mogen worden beëindigd. In de jaren van crisis en bezuiniging die achter ons liggen is op grote schaal geprocedeerd tegen subsidiebeëindigingen met een beroep op deze bepaling. Zo is een gedetailleerde jurisprudentielijn tot stand gekomen, waarin onder andere is vastgelegd wanneer dit artikel van toepassing is, wanneer er precies sprake is van een zogenaamd beëindigingsbesluit, wat de rechtsgevolgen zijn van dat besluit en vooral welke elementen een rol spelen bij het bepalen van een redelijke termijn voor beëindiging. In de uitvoeringspraktijk heeft dit er o.a. toe geleid dat bestuursorganen ver van tevoren bij subsidieontvangers aankondigen dat er aan de sub-

---

[6] Zie K.M. Westra & W. den Ouden, *Algemeen bestuursrecht 2001: Subsidies*, Den Haag: Boom Juridische uitgevers 2001.
[7] Een beschikkingsvervangende (civielrechtelijke) overeenkomst is niet toegestaan, wel kan eventueel een uitvoeringsovereenkomst worden gesloten (zie art. 4:36 Awb).
[8] Vgl. L.J.A. Damen, *Ongeregeld en ondoorzichtig bestuur*, Deventer: Kluwer 1987, p. 784.
[9] Zie ABRvS 23 oktober 1979, ECLI:NL:RVS:1979:AM4907, *AB* 1980/198 (Sint Bavokerk), m.nt. JHvdV.

sidierelatie 'waarschijnlijk in de toekomst wat gaat veranderen',[10] om zo de redelijke termijn uiteindelijk zo kort mogelijk te houden. Het komt zelfs voor dat subsidieverstrekkers al in de verleningsbeschikking opnemen dat artikel 4:51 Awb in casu niet van toepassing is,[11] of dat zij over de toepassing van artikel 4:51 Awb vooraf een bevoegdhedenovereenkomst sluiten.[12]

Een tweede voorbeeld van juridisering en toenemende complexiteit in de uitvoeringspraktijk biedt de jurisprudentie over subsidietenders. In de subsidietitel werden bepalingen opgenomen over het gebruik van een subsidieplafond (afdeling 4.2.2). Daarmee wordt een subsidie al snel een schaars publiek recht, dat eerlijk onder gegadigden moet worden verdeeld. Dan moet worden gekozen voor een verdeelsystematiek en in de praktijk gaat de voorkeur uit naar een tenderprocedure. Al dan niet met behulp van externe adviseurs worden alle subsidieaanvragen op een rij gezet op basis van vooraf vastgestelde criteria. Zo worden de beste voorstellen geselecteerd voor publieke financiering (althans, dat is de bedoeling). Vanzelfsprekend werd deze methode ook al gebruikt voordat de Awb regels van verdelingsrecht opnam. Echter, doordat in artikel 4:26 van de Awb is bepaald dat bij of krachtens wettelijk voorschrift wordt bepaald hoe het beschikbare bedrag wordt verdeeld, zijn ook op dit vlak veel (meer) gedetailleerde wettelijke voorschriften ontstaan waarop aanvragers een beroep kunnen doen en die rechters een toetsingskader bieden. Deze ontwikkeling heeft – ongetwijfeld verder aangejaagd door de toenemende aandacht van bestuursrechtjuristen voor vraagstukken van verdelingsrecht en eerlijke concurrentie[13] – gezorgd voor een stroom aan jurisprudentie over de verdeling van schaarse subsidies. Met name de eisen die in de jurisprudentie worden gesteld aan de vormgeving van subsidietenders zijn in de afgelopen jaren steeds scherper geformuleerd. Zo zijn er veel uitspraken gedaan over de eisen waaraan de (onafhankelijke) adviseurs en adviezen waarop rangschikkingen worden gebaseerd moeten voldoen en wordt de motivering van afwijzingsbeschikkingen diepgaand(er) getoetst. Verder heeft de ABRvS in 2015 in de spraakmakende uitspraak *Holland Opera*[14] bepaald dat het voor de effectieve rechtsbescherming van afgewezen subsidieaanvragers wenselijk is dat zij zoveel als mogelijk is inzage kunnen krijgen in de stukken die betrekking hebben op de hoger in de

---

[10] Zie bijv. ABRvS 13 februari 2013, ECLI:NL:RVS:2013:BZ1237, *AB* 2014/16, m.nt. N. van Tamelen en F. Spijker.
[11] Zie bijv. ABRvS 24 juli 2013, ECLI:NL:RVS:2013:442, *AB* 2014/41, m.nt. N. van Tamelen en F. Spijker.
[12] Zie bijv. Rb. Oost-Brabant 10 november 2017, ECLI:NL:RBOBR:2017:5889, *AB* 2018/282, m.nt. W. den Ouden.
[13] Zie bijv. J.M.J. van Rijn van Alkemade, *Effectieve rechtsbescherming bij de verdeling van schaarse publieke rechten*, Den Haag: Boom Juridische uitgevers 2016 en C.J. Wolswinkel, *De verdeling van schaarse publiekrechtelijke rechten. Op zoek naar algemene regels van verdelingsrecht*, Den Haag: Boom Juridische uitgevers 2013.
[14] ABRvS 15 juli 2015, ECLI:NL:RVS:2015:2258 (Holland Opera), *AB* 2016, 453, m.nt. W. den Ouden.

rangorde geëindigde aanvragen, om zo de beoordelingen van de hoger in de rangorde geëindigde aanvragen te kunnen controleren. Daarom worden deze stukken aangemerkt als op de zaak betrekking hebbende stukken in de zin van artikel 7:4 Awb, die ter inzage moeten worden gelegd. Dat betekent niet alleen een forse extra werklast voor bestuursorganen, maar vaak ook ingewikkelder procedures omdat niet alleen het afwijzingsbesluit ter discussie staat, maar (indirect) ook alle toewijzingsbesluiten. En heel recent heeft de Afdeling in de uitspraak van 11 juli 2018 uitgemaakt dat ook voor de verdeling van schaarse subsidies de rechtsnorm geldt die ertoe strekt dat bij de verdeling van schaarse subsidies door het bestuur op enigerlei wijze aan (potentiële) gegadigden ruimte moet worden geboden om naar de beschikbare subsidie(s) mee te dingen.[15] Dit betekent dat de verdeling van schaarse subsidies wordt beheerst door de transparantieverplichting; hetgeen naar verwachting voor nog meer rechtsgelijkheid maar ook complexiteit zal zorgen.

Deze twee voorbeelden[16] maken, zo hopen wij, duidelijk dat de inwerkingtreding van de subsidietitel en de vele bijzondere subsidieregelingen die daarop vervolgden, tezamen met de jurisprudentiële ontwikkelingen, het dagelijks leven van subsidieverstrekkers niet direct eenvoudiger hebben gemaakt. Dat is kennelijk de prijs die moet worden betaald voor meer rechtszekerheid, rechtsgelijkheid, transparantie en rechtsbescherming.

4. Nieuwe vormen van subsidies

Kortom: het verstrekken van subsidies werd in de afgelopen decennia een ingewikkelde(re) en daardoor ook een meer tijd vragende aangelegenheid, zeker als wordt gekozen voor een tenderprocedure. Daarnaast sloeg de economische crisis toe, waardoor publieke middelen schaarser werden. Daarbij kwam een nieuwe trend om overheidsbeleid samen met burgers, bedrijven en maatschappelijke organisaties vorm te geven en uit te voeren.[17] Begrippen als doe-democratie, participatiemaatschappij en netwerksamenleving raakten snel ingeburgerd. Van den Berge spreekt in zijn bijdrage aan deze bundel[18] over een verschuiving van 'government' naar 'governance' en die had ook invloed op de subsidiepraktijk. In de visie van velen past een eenzijdige subsidiebeschikking van een bestuursorgaan slecht bij moderne vormen van besturen. Bovendien heeft het woord subsidie in de afgelopen jaren in het politieke debat een nare

---

[15] ABRvS 11 juli 2018, ECLI:NL:RVS:2018:2310.
[16] We hadden meer voorbeelden kunnen noemen van Awb-bepalingen die –naast uniformering en rechtszekerheid - hebben geleid tot juridisering en complexiteit zoals art. 4:23 van de Awb (de eis van de wettelijke grondslag) en afdeling 4.2.4 inzake subsidieverplichtingen.
[17] Zie voor literatuurverwijzingen o.a. W. den Ouden, 'Het coöperatieve bestuursorgaan', *NTB* 2016/52 en L. van den Berge, 'Gouvernementaliteit en rechtsbescherming. Groninger Gas, sociaal domein en de ongrijpbare overheid', *NJB* 2018/820.
[18] Zie de bijdrage van Lukas van den Berge elders in deze bundel.

bijsmaak gekregen. Het woord subsidie lijkt welhaast afhankelijkheid, ongelijkwaardigheid, tijdelijkheid en zelfs verspilling te veronderstellen.[19] Niet verwonderlijk dus dat in de afgelopen jaren in een rap tempo allerlei nieuwe verschijningsvormen van de subsidie opkwamen. Nieuwe manieren voor het uitgeven van publiek geld,[20] waarbij de overheid zich meer opstelt als partner, facilitator, als één van de onderhandelaars of initiatiefnemers, dan als eenzijdig sturende overheid.

Concreet hebben deze vernieuwingen geresulteerd in een brede inzet van andere vormen van aanspraken op financiële middelen dan de klassieke subsidie à fonds perdu (die niet hoeft te worden terugbetaald). Vaak krijgen de aanspraken nu de vorm van leningen, garanties of deelnemingen. Deze financieringsvormen vallen in beginsel gewoon onder de werking van de subsidietitel van de Awb[21] (al zien partijen dat soms anders[22]) en onder de rechtsmacht van de bestuursrechter. Lastiger wordt het wanneer de overheid private partners inzet[23] bij het uitgeven van publiek geld, zoals een groep burgers, een stichting of een revolverend fonds. In dat geval is alleen sprake van een subsidie voor zover deze entiteiten kwalificeren als een bestuursorgaan. Omdat in veel gevallen geen wettelijke grondslag voor deze praktijken wordt vastgelegd, moet aan de hand van de door de Afdeling bestuursrechtspraak van de Raad van State in 2014 opnieuw geformuleerde financieel en inhoudelijk criterium worden bepaald of sprake is van een buitenwettelijk b-orgaan dat subsidies verstrekt. Deze vernieuwde b-bestuursorganen jurisprudentie brengt mee dat voormelde entiteiten met een beetje slim rekenen en regelen buiten de Awb en het subsidiebegrip kunnen worden gehouden. En bestuursorganen maken daar in de praktijk ook handig gebruik van.[24] Dit heeft tot gevolg dat de verstrekking van tientallen miljarden aan publiek geld buiten de reikwijdte van de Awb en het zicht van de bestuursrechter raakt.

---

[19] https://taalstrategie.nl/werkende-woorden-subsidie/.
[20] J.E. van den Brink & W. den Ouden, 'De subsidie nieuwe stijl. Publiek geld verplicht?', *NJB* 2016/2000.
[21] Daarover Van den Brink & Den Ouden 2016.
[22] En (h)erkent de civiele rechter ook niet altijd het subsidiekarakter van dat soort verstrekkingen in geschillen daarover. Zie bijv. Rb. Amsterdam 11 september 2013, ECLI:NL:RBAMS:2013:6780 (MusiQ! I), Rb. Amsterdam 29 april 2015, ECLI:NL:RBAMS:2015:2388 (MusiQ! II) en Rb. Den Haag 30 december 2015, ECLI:NL:RBDHA:2015:15812 (De Stolp).
[23] Of zichzelf in een privaatrechtelijk jasje kleedt.
[24] Daarover J.E. van den Brink in haar Maastrichtse oratie *Realistisch revolveren. Het revolverend fonds met een Europese touch*, Maastricht: Maastricht University 2018, http://maastrichtuniversity.bbvms.com/view/default_videoteam/2953248.html.

5. Invest-NL als apotheose

Niet alleen bestuursorganen maken dankbaar gebruik van de mogelijkheden om privaatrechtelijke entiteiten die publiek geld verstrekken buiten het subsidiebegrip te houden. Ook de bijzondere wetgever zoekt aansluiting bij deze trend. Een recent aansprekend voorbeeld is het nieuwe wetsvoorstel op grond waarvan te zijner tijd Invest-NL zal worden opgericht.[25] Deze naamloze vennootschap ontvangt – als alles doorgaat – 2,5 miljard euro van de Staat om vanaf 2019 – onder aanvoering van Wouter Bos – financiering te verstrekken aan ondernemingen op het gebied van energie, verduurzaming, voedsel en innovatie. De voorziene oprichting van de investeringsbank Invest-NL heeft tot resultaat dat Nederland over een nationale stimuleringsinstelling beschikt zodat gemakkelijker een beroep kan worden gedaan op de Europese Junckergelden.

In het wetsvoorstel is in artikel 5 lid 1 onder b aan Invest-NL de bevoegdheid toegekend om voor eigen rekening en risico risicodragend vermogen en overig kapitaal te verschaffen aan ondernemingen. In de formele wet wordt zodoende een publiekrechtelijke bevoegdheid om een overheidstaak uit te oefenen vastgelegd. De overheidstaak bestaat in het met publiek geld financieren van ondernemingen die voor hun financiering niet door de markt worden bediend. De bevoegdheid tot kapitaalverschaffing wordt bovendien niet aan een ieder toegekend, maar op grond van de wet specifiek aan Invest-NL. Dit betekent dat Invest-NL voldoet aan de definitie van een b-bestuursorgaan, zoals opgenomen in artikel 1:1, eerste lid, aanhef en onder b, van de Awb. Uit de toelichting op het wetsvoorstel blijkt echter dat dat helemaal niet de bedoeling is: in een bijzin wordt gesteld dat Invest-NL geen bestuursorgaan is.[26]

Dit illustreert dat ook de bijzondere wetgever zich van de Awb en de daarin opgenomen subsidietitel steeds minder lijkt aan te trekken. Er wordt niet eens meer de moeite genomen om in het wetsvoorstel expliciet te bepalen dat de Awb niet van toepassing is.[27]

6. De subsidietitel van de Awb verliest relevantie

De conclusie moet dus zijn dat door allerlei juridische en maatschappelijke ontwikkelingen veel verstrekkingen van publiek geld niet (langer) door de Awb en in het bijzonder subsidietitel 4.2 Awb worden genormeerd. Daarbij verdient de aandacht dat – voor zover die financiële verstrekkingen wél vallen onder de

---

[25] Zie over Invest-NL J.E. van den Brink & W. den Ouden, 'Bankieren met € 2,5 miljard publiek geld; welke regels gelden er eigenlijk?', *NJB* 2018/1100.

[26] Zie de consultatieversie van de memorie van toelichting, p. 30 en 46, te raadplegen via https://www.internetconsultatie.nl/oprichtinginvestnl.

[27] Waarbij het overigens de vraag is of de bestuursrechter slechts op grond van een dergelijke opmerking in de toelichting op het wetsvoorstel uiteindelijk zal meegaan in die gedachte.

reikwijdte van de subsidietitel – bestuursorganen op grote schaal gebruik maken van de zogenaamde incidentele subsidie.[28] Voor dergelijke subsidies hoeft, zo blijkt uit artikel 4:23 Awb, geen bijzondere wettelijke regeling te worden vastgesteld; alles kan in een 'op maat gesneden beschikking' voor het incidentele geval worden geregeld. In de subsidietitel-systematiek gaat het hier om een (weinig transparante) uitzondering,[29] die in de praktijk echter soms de regel lijkt te zijn geworden.

Zowel bestuursorganen als (bijzondere) wetgevers lijken (de subsidietitel van) de Awb dus te willen ontwijken. De bestuursrechter is momenteel – zo blijkt uit de toepassing van het inhoudelijk en financieel criterium in bijvoorbeeld de Impuls-zaak[30] – niet erg geneigd corrigerend op te treden. Wat is daarvan de oorzaak? Het lijkt verstandig die oorzaken eerst duidelijker in beeld te brengen, alvorens over deze trend een oordeel te geven.

Wij vermoeden dat de afnemende relevantie van de subsidietitel van de Awb in een breder perspectief moet worden geplaatst. Bestuursorganen en de wetgever lijken zich in de uitvoeringspraktijk zich niet alleen gehinderd te voelen door de regels van de subsidietitel van de Awb, maar ook door de laagdrempelige bestuursrechtelijke rechtsbescherming die tegen (subsidie)besluiten open staat, door de algemene beginselen van behoorlijk bestuur die van toepassing zijn op subsidieverstrekking (en die bijvoorbeeld vragen om gelijke behandeling van alle potentiële aanvragers, om transparantie en om onafhankelijkheid van adviseurs) en door de Wet Openbaarheid van bestuur (die tot gevolg heeft dat subsidiebesluiten en achterliggende documentatie indien gevraagd in beginsel openbaar moeten worden gemaakt). Kort gezegd heeft men in de uitvoeringspraktijk last van dergelijke klassieke publiekrechtelijke normen die de vertaling vormen van rechtsstatelijke waarborgen. Daarvan zien de overheid, haar ambtenaren en haar private partners de meerwaarde sowieso maar lastig in voor de moderne netwerksamenleving, die, zoals Jak dat noemt in zijn bijdrage aan deze bundel, 'ontstatelijkt'.[31] Klassieke rechtsstatelijke concepten zoals rechtsgelijkheid, rechtszekerheid, transparantie en effectieve rechtsbescherming leggen het tegenwoordig al snel af tegen de wens om flexibel en snel, 'op maat', 'efficiënt', 'professioneel' en 'slagvaardig' te kunnen opereren en reageren als moderne overheid. Die wensen zijn in de praktijk kennelijk lastig te

---

[28] Zie Rekenkamer Den Haag, *Eerlijk delen, bestuurlijk rapport en feiten rapport. Opvolgingsonderzoek naar de verstrekking van subsidies door de gemeente Den Haag*, 24 augustus 2017, p. 97 en Johanna Pex, *Hoe gelijk en transparant is het in subsidieland?*, Topscriptie NJB 2018, te raadplegen via http://www.njb.nl/blog/hoe-gelijk-en-transparant-is-het-in-subsidieland.28580.lynkx.

[29] W. den Ouden, M.J. Jacobs & N. Verheij, *Subsidierecht*, Deventer: Kluwer 2011, p. 39-40.

[30] Daarover W. den Ouden & N.H. van Amerongen, 'Het bestuursorgaan-begrip voorbij?', in: M. Bosma e.a. (red.), *De conclusie voorbij*, Nijmegen: Ars Aequi Libri 2017, p. 137 e.v.

[31] Zie de bijdrage van Niels Jak elders in deze bundel.

vervullen als bestuursorgaan dat (voornamelijk) moet handelen in de vorm van besluiten.

Dit geldt zeker niet alleen op het terrein van de publieke financiering van door de overheid wenselijk geachte activiteiten. In het sociaal domein zien we een zeer vergelijkbare worsteling en pogingen van overheden om zich aan het in hun ogen verlammende besluitbegrip te ontworstelen.[32] De toenemende behoefte aan flexibiliteit en maatwerk leidt er zelfs toe dat het concept van wetgeven 'uit' is, zo concludeerde het Montesquieu Instituut eind juni.[33] Het kabinet geeft de voorkeur aan actieplannen, initiatieven, investeringsimpulsen en akkoorden.

7. Hoe dient de Awb-wetgever daarop te reageren?

Gezien de bredere problematiek achter de 'subsidies nieuwe stijl' lijkt een focus op het actualiseren van titel 4.2 Awb op symptoombestrijding. Het echte probleem ligt (op zijn minst voor een deel) elders, dieper verankerd in de Awb. Natuurlijk kan er nog het een en ander worden gesleuteld aan het bestuursorgaanbegrip (waarbij wij het pleidooi van Jak om 'overwegende overheidsinvloed' als aanvullend criterium te hanteren graag ondersteunen). Maar, ook als op die manier de reikwijdte van het bestuursorgaanbegrip wordt uitgebreid, wordt het probleem van de 'passende publiekrechtelijke' normering niet opgelost.

De Awb kent namelijk slechts twee smaken: een instelling die publieke gelden alloceert is óf een bestuursorgaan en valt dus qua normering en rechtsbescherming onder de Awb (en daarmee onder veel andere publiekrechtelijke normen die zijn gekoppeld aan het besluitbegrip), óf zij is dat niet en valt daar dus buiten. Dan blijft slechts controle door de burgerlijke rechter over. De laatste kan uiteraard de open normen van het BW publiekrechtelijk georiënteerd invullen, maar wij stellen vast dat de burgerlijke rechter tot op heden weinig lijkt te voelen voor deze rolverdeling.[34] Hoe mooi het woord 'congruentie' ook klinkt en hoe aanlokkelijk het beeld van een glijdende schaal van semi-publiekrechtelijke normering over de band van het BW ook is, hiervan is in de praktijk nog weinig terecht gekomen. Naar onze smaak niet geheel ten onrechte overigens: die weg zal al snel leiden tot een enorme rechtsonzekerheid voor de

---

[32] Zie hierover bijv. B.J. van Ettekoven, ''Herrie rond de keukentafel'. Over de Wmo 2015 en maatschappelijke adequate rechtsbescherming', *NTB* 2016/50, M. Scheltema, 'Advies integrale geschilbeslechting in het sociaal domein', *NTB* 2018/3, G. Vonk, 'Privatisering en decentralisatie in het sociale domein en de menselijke maat', *NTB* 2018/43 en N. Jak, 'Bestuursrechtelijke rechtsbescherming jegens private aanbieders', *NTB* 2018/49.
[33] https://www.montesquieu-instituut.nl/id/vkp8dbto6tvy/nieuws/wetgeving_is_uit.
[34] HR 4 april 2003, ECLI:NL:HR:2003:AF2830 (RZG/Conformed), *JB* 2003/121 m.nt. J.A.F. Peters, *AB* 2003/365 m.nt. F.J. van Ommeren, *NJ* 2004/35 m.nt. M.A.M.C. van den Berg.

desbetreffende semi-publieke instellingen en particulieren die met hen te maken krijgen. Per geval zal immers aan de hand van de glijdende schaal een passend normenkader moeten worden vastgesteld via een gerechtelijke procedure. Zeker in de financiële wereld doet rechtsonzekerheid de zaken doorgaans geen goed.

Is de bijzondere wetgever dus aan zet? Wij onderschrijven graag de stelling dat de bijzondere wetgever de handschoen moet oppakken en een publiekrechtelijk normenkader op maat zou moeten vaststellen. Groot probleem is echter dat die wetgever in de praktijk regelmatig niet thuis geeft, zoals de casus Invest-NL laat zien. Kortom: van zowel de burgerlijke rechter als de bijzondere wetgever valt wat betreft publiekrechtelijke normering van een privaatrechtelijke entiteit die publieke gelden alloceert (te) weinig te verwachten.

Daarom geven wij de voorkeur aan de gespiegelde benadering. In een algemene, formeel wettelijke regeling zou moeten worden vastgelegd welke publiekrechtelijke normen in beginsel van toepassing zijn, daar waar publieke gelden worden ingezet om door de overheid wenselijk geachte activiteiten te stimuleren c.q. te ondersteunen. Voorstelbaar is dat – net als nu in de subsidietitel is geregeld – sommige normen dwingend recht bevatten, zodat alleen de bijzondere formele wetgever daarvan kan afwijken en andere normen ook per algemeen verbindend voorschrift anders kunnen worden ingevuld. In dat laatste geval krijgt ook de lagere bijzondere regelgever de mogelijkheid daarvan af te wijken, waardoor ook op decentraal niveau een 'normenpakket op maat' kan worden samengesteld. Zo wordt dus alle ruimte geboden voor een gedifferentieerde benadering door de sectorale wet- c.q. regelgever. Maar… die aanpak op maat zal dan wel moeten worden neergelegd in een andere (meer bijzondere) formele wet c.q. een expliciet wettelijk voorschrift. Die eis dwingt welhaast automatisch tot weloverwogen keuzes en de motivering daarvan jegens volksvertegenwoordiging en maatschappij.

Een dergelijke regeling past, als algemene regeling met een vangnetkarakter, prima in de Awb,[35] maar alleen als het bestuursorgaan- en besluitbegrip daarin niet langer een allesoverheersende rol spelen. In ons voorstel staat immers niet de kwalificatie van de instelling die het publieke geld verstrekt centraal, maar de herkomst van de gelden die worden gealloceerd. Het enkele feit dat het gaat om geld uit publieke kassen (dat slechts mag worden ingezet ten behoeve van het algemeen belang) is in dat geval voldoende om publiekrechtelijke normen te activeren. Zo kunnen belangrijke publiekrechtelijke waarborgen zoals (globale) democratische legitimatie, rechtsgelijkheid en transparantie, onafhankelijke controle en effectieve rechtsbescherming in algemene zin worden geregeld. Uiteraard kan het voorkomen dat dit pakket niet passend is en dus afwijkingen noodzakelijk zijn. In dat geval is de bijzondere wet- c.q. regelgever aan zet. Het verhaal van het algemene Nederlandse subsidierecht is daarmee niet afgelopen, maar blijft gereserveerd voor de klassieke subsidie à fonds perdu.

---

[35] Zie ook de oratie van Van den Brink 2018.

Voor meer innovatieve vormen wordt een nieuwe algemene regeling geschapen. Met deze modernisering blijft de Awb relevant voor de normering van het stimuleren van wenselijke activiteiten met publiek geld, zij het dat de bijzondere regelgever de mogelijkheid heeft om goed gefundeerde differentiatie aan te brengen.

Rianne Jacobs*

21 | Experimenten met algemene regels van bestuursrecht: een verkenning

@R_Jacobs – Experimenteren is in. Ook de wetgever doet eraan mee. Laat de Awb eigenlijk genoeg ruimte voor experimenten en, zo niet, hoe zouden de mogelijkheden kunnen worden verruimd? *#Awb-experimenten #experimentele-wetgeving*

1. Inleiding

Experimenteerwetgeving mag zich op dit moment in een warme belangstelling verheugen. Hoewel er al decennialang zo nu en dan experimenteerwetgeving tot stand wordt gebracht, was de heersende opinie onder (wetgevings)juristen dat er terughoudendheid moest worden betracht met dit type wetgeving.[1] Recent lijkt het tij echter te zijn gekeerd. Het regeerakkoord van het kabinet Rutte III heeft daarbij wellicht als katalysator gediend, al waren er ook eerder al tekenen van een grotere behoefte aan experimenteerwetgeving.[2]

Deze toegenomen belangstelling voor experimenteerwetgeving doet zich inmiddels ook gevoelen met betrekking tot de algemene regels van bestuursrecht zoals die in de Awb te vinden zijn. In hun consultatiereacties op het concept van de Experimentenwet rechtspleging betogen zowel de Afdeling bestuursrechtspraak van de Raad van State, als de Nederlandse Vereniging voor Rechtspraak dat de werkingssfeer van dit wetsvoorstel zou moeten worden uitgebreid naar de Awb.[3] Ook Koenraad pleitte hiervoor in de Gemeentestem.[4] Ook wordt er inmiddels gedacht aan experimenteerwetgeving met betrekking tot de geschilbeslechting in het sociaal domein.[5]

---

* Prof. mr. M.J. Jacobs is wnd. coördinerend raadadviseur bij het Ministerie van Justitie en Veiligheid en bijzonder hoogleraar Wetgeving en reguleringsvraagstukken aan de Vrije Universiteit Amsterdam.
[1] G.J. Veerman en S. Bulut, *Over experimenteer- en horizonbepalingen*, Den Haag: Ministerie van Justitie 2010. Zie F.J. van Ommeren in: S.E. Zijlstra e.a., *Wetgeven*, Kluwer 2012, p. 165-166. Maar zie zeker ook de Aanwijzingen voor de regelgeving: nr. 2.41 en 2.42.
[2] M.J. Jacobs, *Experimentele wetgeving*, Deventer: Kluwer 2018, p. 8-9 en hoofdstuk 2 en 3; E.S. Cnossen en L.L. van der Laan, *Structurele experimenteergrondslagen: een blik op de wetgevingspraktijk* (preadviezen voor de Nederlandse Vereniging voor Wetgeving), Den Haag: NVvW 2018, hoofdstuk 1.
[3] Zie hierna noot 22.
[4] L.M. Koenraad, 'Experimenteren met het bestuursprocesrecht', *Gst.* 2018/88.
[5] N. Jak, 'Bestuursrechtelijke rechtsbescherming jegens private aanbieders. Het sociaal domein als proeftuin', *NTB* 2018/49.

In deze bijdrage zal worden verkend welke ruimte de Awb nu reeds biedt voor experimenten en of er behoefte bestaat aan een of meer experimenteerbepalingen in de Awb of daarbuiten. Over experimenteerwetgeving valt veel te zeggen en de afgelopen jaren is er ook het nodige over gepubliceerd. Gelet op het thema van deze bundel en omwille van de lengte van deze bijdrage wordt in deze bijdrage uitsluitend ingegaan op experimenteren in en met de Awb.[6]

2. Experimenteren onder de Awb: dat gebeurt toch al?

In politiek en bestuur valt een tendens waar te nemen om nieuw beleid, maar zeker ook nieuwe regels, eerst op kleine schaal te testen voordat het definitief wordt ingevoerd. Dit heeft als voordeel dat er , voordat een maatregel definitief wordt verankerd in een wet, zaken kunnen worden bijgesteld (bijvoorbeeld omdat uit de evaluatie bleek dat er verbeteringen mogelijk of nodig zijn) of dat besloten kan worden om de maatregel maar helemaal niet in te voeren (bijvoorbeeld bij tegenvallende resultaten). Er valt hier een parallel te trekken met het testen van nieuwe technologieën: marktpartijen die nieuwe technologieën hebben ontwikkeld of nieuwe manieren om technologie te gebruiken hebben bedacht, testen ook eerst in de praktijk of en hoe een en ander werkt, voordat zij met hun product de markt op gaan.[7] Het nadeel van het uittesten van regels is echter dat er gedurende een zekere periode verschillende regels naast elkaar gelden. Bezien vanuit de doelstellingen van de Awb die meer dan vijfentwintig jaar geleden zijn geformuleerd, weegt dit nadeel zwaar. Het algemeen deel van het bestuursrecht was ooit verspreid over een zeer groot aantal bijzondere wetten. De Awb moest hierin verandering brengen door de eenheid binnen de bestuursrechtelijke wetgeving te bevorderen, deze te systematiseren en zo mogelijk te vereenvoudigen.[8] Deze aard van de Awb wringt dus met de variëteit aan regels die experimenteerbepalingen welhaast automatisch met zich brengen.

Toch hoeft experimenteren met algemeen bestuursrecht niet bezwaarlijk te zijn en is er in de afgelopen vijfentwintig jaar ook wel geëxperimenteerd binnen de grenzen van de Awb. Wanneer bestaande wet- en regelgeving voldoende ruimte biedt is er immers geen speciale experimenteerwetgeving nodig. Zo worden er binnen de grenzen van veel wetten allerhande experimenten, meestal pilots geheten, opgezet om nieuw beleid te testen. Binnen de kaders die de Awb reeds bood zijn in het verleden ook pilots gedaan. Een voorbeeld hiervan zijn

---

[6] Zie bijv. de preadviezen voor de Nederlandse Vereniging voor Wetgeving van 2018; Jacobs 2018; V.I. Daskalova & M. Heldeweg, *Constitutionele mogelijkheden en beperkingen voor experimenteel handelen en experimentele wetgeving* (Staatsrechtconferentie 2016), Oisterwijk: Wolf legal publishers 2017 en S. Ranchordas, *Sunset clauses and experimental legislation: blessing or curse for innovation?*, Cheltenham: Edward Elgar Publishing 2014.
[7] Bijv. de zelfrijdende auto.
[8] *PG Awb I*, 18-21.

de pilots die hebben plaatsgevonden in het kader van de Nieuwe zaaksbehandeling.[9] Van zeer recente datum is het experiment dat de Afdeling bestuursrechtspraak heeft gedaan met de figuur van de amicus curiae. De Afdeling deed dit op grond van artikel 8:45, lid 1, Awb, dat de rechter de mogelijkheid biedt anderen dan partijen om schriftelijke inlichtingen te vragen.[10]

In dit kader zou ook een geheel ander fenomeen kunnen worden genoemd. Dat zijn de onderwerpen waarvan in de loop van de afgelopen vijfentwintig jaar de vraag is gesteld of het niet eens tijd werd deze in de Awb te regelen omdat het onderwerp inmiddels in de praktijk behoorlijk was uitgekristalliseerd. Dit deed zich bijvoorbeeld voor met betrekking tot het onderwerp 'verdeling van schaarse subsidiegelden'.[11] Het tot ontwikkeling laten komen van bepaalde leerstukken buiten de Awb, alvorens een algemene regeling te treffen in de Awb, heeft zeker wel verband met uitproberen en testen, maar is toch niet helemaal hetzelfde als experimenteren en experimenteerwetgeving omdat er bij experimenteren welbewust voor wordt gekozen om te bezien of en hoe een nieuwe regel werkt. Bij een leerstuk dat buiten de Awb tot ontwikkeling is gekomen hoeft daarvan geen sprake te zijn.

3. Experimenteren onder de Awb: dat kan toch al?

In de memorie van toelichting zijn destijds vier doelstellingen van een Algemene wet bestuursrecht geformuleerd: 1. het bevorderen van eenheid binnen de bestuursrechtelijke wetgeving, 2. het systematiseren en, waar mogelijk, vereenvoudigen van de bestuursrechtelijke wetgeving, 3. het codificeren van ontwikkelingen, die zich in de bestuursrechtelijke jurisprudentie hebben afgetekend en 4. het treffen van voorzieningen ten aanzien van onderwerpen die zich naar hun aard niet voor regeling in een bijzondere wet lenen.[12] Met het oog op de eerste doelstelling, hebben de ontwerpers van de Awb vier harmonisatietechnieken

---

[9] Zie hierover Jaarverslag Rechtspraak 2009 (bijlage bij *Kamerstuk II* 2009/10, 32123-VK, 103) en A.T. Marseille, *Comparitie en regie in de bestuursrechtspraak*, Groningen: Rijksuniversiteit Groningen 2010.
[10] J.C.A. de Poorter, I.A. van Heusden, C.J. de Lange, *De amicus curiae geëvalueerd*, Den Haag: Afdeling bestuursrechtspraak Raad van State 2018, p. 13. Deze experimenten leidden overigens tot de aanbeveling om in de Awb een bepaling op te nemen waarin de hoogste bestuursrechters de bevoegdheid wordt toegekend om de amicus curiae in te zetten, omdat art. 8:45 Awb oorspronkelijk niet was bedoeld om hiervoor als grondslag te dienen en om bepaalde processuele aspecten te regelen (zie p. 78 en 134).
[11] Rianne Jacobs & Willemien den Ouden, 'Wat was, werd en wordt belangrijk in het algemene subsidierecht', *Netherlands Administrative Law Library*, januari 2014, DOI: 10.5553/NALL/.000017. Naar de verdeling van schaarse publieke rechten in het algemeen is onderzoek gedaan door Wolswinkel. Hij concludeerde dat de tijd nog niet rijp is voor algemene regels van verdelingsrecht in de Awb. Zie: C.J. Wolswinkel, 'Schaarse publieke rechten. Een algemeen leerstuk gerelativeerd', *NTB* 2014/7.
[12] *PG Awb I*, p. 19.

gebruikt met een afnemende mate van dwingendheid voor de bijzondere regelgever: dwingend recht, regelend recht, aanvullend recht en facultatief recht.[13]

Deze vier vormen van harmonisatie die de Awb kent, kunnen aanknopingspunten bieden voor het bepalen of experimenten reeds mogelijk zijn dan wel regeling behoeven. Voor zover Awb-regels regelend, aanvullend of facultatief zijn, zijn er over het algemeen voldoende mogelijkheden om de regels van de Awb niet te volgen en dus ook om te experimenteren met andere regels. Met andere woorden: als het nodig is te experimenteren, dan kan dat gewoon. Voor dwingendrechtelijke bepalingen ligt het anders. Daar bepaalt de Awb de regel en is dus een wet in formele zin nodig om ervan te kunnen afwijken. Wie in het kader van een experiment wil kunnen afwijken van een dwingendrechtelijke bepaling, heeft dus een expliciete experimenteergrondslag nodig.

4. Meer experimenteren onder de Awb: hoe?

In sommige gevallen is het echter niet mogelijk om te experimenteren zonder in strijd te komen met een of meer bestaande (dwingendrechtelijke) bepalingen. In een dergelijk geval zou experimenteerregelgeving nuttig kunnen zijn. Daarin zijn verschillende varianten denkbaar. Ten eerste kan de variant worden gekozen die in de Aanwijzingen voor de regelgeving is beschreven: een experimenteergrondslag in een wet in formele zin op basis waarvan bij algemene maatregel van bestuur een experimenteerregeling voor een concreet experiment kan worden vastgesteld.[14] Een andere bekende variant is de experimenteerwet. Bij deze variant wordt een wet in formele zin vervaardigd die niet alleen experimenten mogelijk maakt, maar die ook de kaders bepaalt waarbinnen die experimenten moeten plaatsvinden en zo nodig ge- en verboden geeft. Er komt dus geen algemene maatregel van bestuur aan te pas. Een experimenteerwet is in wezen een experimenteergrondslag en een experimenteerregeling ineen.[15] Met betrekking tot de Awb zijn deze beide varianten bij mijn weten tot nu toe nog nooit overwogen.

Ten derde kan worden gekozen voor de variant van het 'ingroeimodel'. Bij deze variant wordt vooruitlopend op de totstandkoming of inwerkingtreding van nieuwe regelgeving alvast op kleine schaal ervaring opgedaan met de nieuwe regelgeving met als doel om zo nodig hetzij de regels, hetzij de uitvoering te kunnen bijstellen.[16] Bij de inwerkingtreding van afdeling 8.1.6a Awb, over verkeer langs elektronische weg met de bestuursrechter, is gekozen voor dit 'ingroeimodel'. Ten vierde zou ook nog denkbaar zijn om 'regelluwte' te

---

[13] N. Verheij, *Het systeem van de Algemene wet bestuursrecht*, Nijmegen: Ars Aequi Libri 1993, p. 11.
[14] Zie Aanwijzing 2.41 en 2.42 van de Aanwijzingen voor de regelgeving.
[15] In paragraaf 2.3.6 van mijn oratie (Jacobs 2018) ben ik uitvoeriger ingegaan op deze variant.
[16] Uitvoeriger: Jacobs 2018, paragraaf 3.2.1.

creëren door alle regels waarmee een gewenst experiment in strijd zou kunnen zijn, tijdelijk en voor een beperkte groep buiten werking te stellen. Dit kan alleen bij wet in formele zin. Ook deze variant is bij mijn weten nog nooit overwogen met betrekking tot de Awb.

Zonder een concreet experiment in gedachten te hebben is het echter lastig om te bepalen of een wet al dan niet voldoende ruimte biedt en ook welke van de hierboven genoemde varianten het meest geschikt is voor de juridische vormgeving. Op het eerste gezicht lijkt het 'ingroeimodel' alleen geschikt als er al concrete plannen voor wetswijziging zijn; zonder die plannen kan er immers nog niets ingroeien. Ook voor de experimenteerwet en voor het scheppen van 'regelluwte' geldt dat er concrete gedachten moeten zijn over de te regelen experimenten. Een wettelijke experimenteergrondslag kan wel in een wet worden opgenomen, zonder dat er nog sprake is van een concreet experiment. Dit gebeurt in de praktijk ook geregeld en dergelijke grondslagen bieden vaak zeer veel ruimte om af te wijken van bestaande wet- en regelgeving. Als argument daarvoor wordt aangevoerd dat nu eenmaal nog niet bekend is wat de toekomstige experimenten zullen behelzen.[17]

5. Een experimenteergrondslag in de Awb?

Om meteen maar met de deur in huis te vallen: één algemene experimenteergrondslag die geldt voor de hele Awb lijkt mij geen goed idee! Naar mijn mening staat het grote aantal verschillende onderwerpen dat in de Awb geregeld is in de weg aan het opnemen van één experimenteerbepaling die het mogelijk maakt dat bij algemene maatregel van bestuur van ieder Awb-artikel kan worden afgeweken. In ieder geval zou nimmer kunnen worden voldaan aan het uit de Aanwijzingen voor de regelgeving voortvloeiende vereiste dat in de experimenteergrondslag het doel en de functie van de experimenten wordt aangeduid.[18] De consequentie van een dergelijke bepaling zou immers zijn dat werkelijk elke Awb-bepaling vatbaar wordt voor experimenten, ook bijvoorbeeld de kernbegrippen besluit en bestuursorgaan en de algemene beginselen van behoorlijk bestuur. Wat betreft die beginselen lijkt het me evident dat daarmee niet geëxperimenteerd wordt.[19] Wat de kernbegrippen betreft staat de grote samenhang tussen de Awb en bijzondere wetgeving naar mijn mening in de weg aan het opnemen van één algemene experimenteerbepaling in de Awb.

---

[17] Zie bijv. art. 2.4 Chw, maar ook de art. 7a Elektriciteitswet en 1i Gaswet. De laatste twee artikelen zijn bij amendement in de wet beland. In de toelichting schreven de indieners van het amendement: 'De experimenten kunnen een breed scala aan onderwerpen uit de Elektriciteitswet 1998 of de Gaswet betreffen en zeer verstrekkend zijn. Binnen de kaders die in het artikel zijn neergelegd is niets uitgesloten.' (*Kamerstukken II* 2011/12, 32814, 19, p. 3).
[18] Zie toelichting op Ar 2.42.
[19] Evenmin met Europeesrechtelijke en internationale verplichtingen overigens.

Hierboven schreef ik al dat experimenteren met de Awb wringt met sommige doelstellingen van de Awb (bevorderen rechtseenheid, systematiseren en waar mogelijk vereenvoudigen). Daarnaast zou een experimenteerbepaling die ruimte biedt voor afwijken van alle Awb-bepalingen grote consequenties kunnen hebben voor bijzondere wet- en regelgeving. De systematiek en terminologie van de Awb werkt immers door in het bijzonder bestuursrecht.[20] De suggestie van Koenraad om artikel 1 van de voorgestelde Experimentenwet rechtspleging zodanig aan te vullen dat ook van de Awb kan worden afgeweken, zou wat mij betreft dan ook niet moeten worden opgevolgd. Dit conceptwetsvoorstel voor een Experimentenwet rechtspleging biedt een wettelijke grondslag voor experimenten met innovatieve gerechtelijke procedures.[21] Het voorstel, waarvan de internetconsultatie in het voorjaar van 2018 plaatsvond, maakte afwijking nodig van het Wetboek van Burgerlijke Rechtsvordering, de Wet op de rechterlijke organisatie, de Faillissementswet, de Wet griffierechten burgerlijke zaken en de Wet op de rechtsbijstand. In diverse consultatiereacties werd gepleit voor verruiming van het wetsvoorstel tot het bestuursrecht.[22] Gelet op het onderwerp van de voorgestelde wet – rechtspleging – zou een verruiming naar mijn mening dan ook een beperking moeten inhouden tot het bestuursprocesrecht (hoofdstuk 8 Awb).[23]

Als er behoefte bestaat aan experimenteermogelijkheden in de Awb, zou het wat mij betreft dan ook de voorkeur verdienen om dit op een meer gecontroleerde manier aan te pakken: niet één algemene experimenteergrondslag voor de hele wet, maar in bepaalde hoofdstukken of afdelingen een experimenteerbepaling die betrekking heeft op het aldaar geregelde specifieke terrein. Ik noemde hierboven al een bepaling die specifiek betrekking heeft op het bestuursprocesrecht, maar ik zou mij bijvoorbeeld ook een experimenteerbepa-

---

[20] Vgl. ook Ar 2.46 en 2.47 waaruit volgt dat in bijzondere wetten zoveel mogelijk moet worden aangesloten bij de systematiek van algemene wetten als de Awb en de terminologie van de Awb.

[21] Zie voor een bespreking van het consultatievoorstel: P. Ingelse, 'Experimentenwet: Carte blanche verdient nadere overweging', *TCR* 2018, p. 55-64.

[22] Zie bijv. de consultatiereacties van de Afdeling bestuursrechtspraak van de Raad van State (https://www.raadvanstate.nl/assets/publications/consultaties/Experimentenwet_rechtspleging_31_mei_2018.pdf), de Raad voor de rechtspraak http://rechtspraak.nl/ SiteCollectionDocuments/2018-22-advies-experimentenwet-rechtspleging.pdf) en HiiL (https://www. Internetconsultatie.nl/experimenten/reactie/ 87ad10b6-22c0-449f-84f7-6aa733925370).

[23] Zie L.M. Koenraad, 'Experimenteren met het bestuursprocesrecht', *Gst.* 2018/88 en het concept voor de Experimentenwet rechtspleging (https://www.internetconsultatie.nl/experimenten). Denkbaar is dat aan artikel 1 van dit voorstel hoofdstuk 8 Awb wordt toegevoegd, maar mogelijk ook (onderdelen van) de Wet op de Raad van State, de Beroepswet, de Wet bestuursrechtspraak bedrijfsorganisatie en de Algemene wet inzake rijksbelastingen.

ling kunnen voorstellen in afdeling 2.3 Awb over 'Verkeer langs elektronische weg'.

Betekent het voorgaande dat er nimmer experimenten mogelijk zouden moeten zijn waarbij bij wege van experiment een kernbegrip geheel of gedeeltelijk los zou worden gelaten? Nee, dat zou ik niet willen betogen. Maar gelet op de consequenties die dergelijke experimenten zouden kunnen hebben, lijkt het mij beter als dan wordt gekozen voor een experiment dat wordt vormgegeven bij wet in formele zin. Denkbaar is dat een dergelijk experiment eerst op kleine schaal wordt gedaan binnen een bijzonder rechtsgebied. Met een algemene experimenteerbepaling in de Awb zou het lastig kunnen zijn om het experiment tot een rechtsgebied te beperken. Met een wet in formele zin die specifiek met het oog op een dergelijk experiment tot stand komt, kan het experiment veel preciezer worden vormgegeven (men zou ook kunnen zeggen: een algemene experimenteerbepaling zou ertoe kunnen leiden dat bij de uitwerking van het experiment moet worden geconcludeerd dat de amvb toch te weinig mogelijkheden biedt vanwege de relatie tussen de Awb en het bijzonder bestuursrecht). Een idee voor een dergelijk experiment zou het uitbreiden van de bevoegdheden van de bestuursrechter tot feitelijk handelen ter voorbereiding en uitvoering van een appellabel besluit kunnen zijn. Van Ommeren en Huisman pleiten hiervoor al in hun VAR-preadvies in 2013.[24] Ook de consultatiereactie van de Afdeling bestuursrechtspraak van de Raad van State, naar aanleiding van de Experimentenwet rechtspleging maakt hier melding van.[25]

6. Tot besluit

In de vorige paragrafen heb ik verkend welke ruimte de Awb nu reeds biedt voor experimenten en of er behoefte bestaat aan een of meer experimenteerbepalingen in de Awb. Naar mijn idee biedt de Awb van het begin af aan al veel ruimte voor experimenten, doordat de wetgever gebruik heeft gemaakt van harmonisatietechnieken met een afnemende mate van dwingendheid voor de bijzondere regelgever: dwingend recht, regelend recht, aanvullend recht en facultatief recht. Desalniettemin kan er in bepaalde gevallen behoefte zijn aan experimenten die op dit moment niet mogelijk zijn binnen de kaders van de Awb, of kan er bijvoorbeeld behoefte zijn aan het rustig laten 'ingroeien' van nieuwe regels. Afhankelijk van de mate van ingrijpendheid van het experiment voor het algemeen én het bijzonder bestuursrecht, moet naar mijn mening een keus worden gemaakt voor hetzij regeling van het experiment in een wet in formele zin, hetzij een of enkele experimenteerbepalingen in afdelingen van de wet

---

[24] F.J. van Ommeren & P.J. Huisman, 'Van besluit naar rechtsbetrekking: een groeimodel', in F.J. van Ommeren e.a., *Het besluit voorbij* (VAR-reeks 150), Den Haag: Boom Juridische uitgevers 2013.

[25] Zie p. 3 van de consultatiereactie (https://www.raadvanstate.nl/assets/publications/consultaties/Experimentenwet_rechtspleging_31_mei_2018.pdf).

die zich daarvoor lenen. Zoals ik hierboven heb laten zien lijkt mij een 'one-size-fits-all'-benadering niet geschikt binnen het algemeen bestuursrecht.

Rens Koenraad[*]

22 | Op zoek naar algemene beginselen van behoorlijk burgerschap in het Nederlands bestuursrecht

@R_Koenraad – Het bestuur moet rekening houden met gerechtvaardigde belangen van burgers. Het omgekeerde is ook waar. Daarom wordt het tijd om na te denken over het formuleren van algemene beginselen van behoorlijk burgerschap #wederkerige-rechtsbetrekking #algemene-beginselen-van-behoorlijk-bestuur #burgerschap

1. Inleiding

De relaties tussen Nederlandse bestuursorganen en 'hun' burgers worden beheerst door het recht. Zij hebben jegens elkaar dus juridisch afdwingbare aanspraken en daarmee corresponderende verplichtingen. De relaties met 'de overheid' zijn onderhevig aan een voortgaand proces van individualisering en horizontalisering, waarbij burgers op veel terreinen steeds meer aanspraken krijgen en mogelijkheden om die aanspraken te effectueren. Mede daardoor zijn de uitgangspunten van het klassieke Nederlands bestuursrecht – die van oudsher sterk zijn geënt op de noties van een ondeelbaar algemeen belang en verticale publiekrechtelijke verhoudingen – onder druk komen te staan.[1] Zo kon het begrip 'wederkerige rechtsbetrekking' eind jaren '80 van de vorige eeuw voet aan de grond krijgen: wie een aanspraak wil effectueren, moet rekening houden met belangen van anderen die de gevolgen daarvan zullen of kunnen ondervinden.[2]

Inmiddels concretiseert deze gedachte zich in het bestuursprocesrecht.[3] Ga maar na:

---

[*] Mr. dr. L.M. Koenraad is bestuursrechter in de Rechtbank Gelderland en voorzitter van de bezwaaradviescommissie van de gemeente Breda.
[1] Aldus L. van den Berge, *Bestuursrecht tussen autonomie en verhouding. Naar een relationeel bestuursrecht*, Den Haag: Boom Juridisch 2016, bijv. p. 53-55.
[2] *Kamerstukken II* 1988/89, 21221, 3, p. 11-13. Nader bijv. J.A.F. Peters, 'In de ban van het besluit', in: R.J.N. Schlössels e.a. (red.), *In het nu… Over toekomstig bestuursrecht*, Deventer: Wolters Kluwer 2018, p. 27-43; M. Harmsen, *Ambtshalve toetsing: gerechtvaardigde uitzondering of uitgeholde regel?*, Den Haag: Boom Juridische uitgevers 2013, p. 127-130; K.J. de Graaf, *Schikken in het bestuursrecht*, Den Haag: Boom Juridische uitgevers 2004, p. 16-24; S. Pront - van Bommel, *Bestuursrechtspraak. Voorstellen voor modernisering van bestuursrechtspraak*, Den Haag: Boom Juridische uitgevers 2002, p. 75-93.
[3] Men leze in dit verband bijv. mijn artikel 'Groeipijn van het bestuursprocesrecht' in de bundel ter gelegenheid van het 15-jarig bestaan van de Awb: T. Barkhuysen e.a. (red.), *Bestuursrecht harmoniseren: 15 jaar Awb*, Den Haag: Boom Juridische uitgevers 2010, p. 241-260. Zie ook mijn recensie van het proefschrift van Lukas van den Berge (Van den Berge 2016) in *RM Themis* 2017, afl. 6, p. 353-357.

- het is – sinds 1994 – de bedoeling dat de bestuursrechter slechts fungeert als beslechter van geschillen over aspecten waarover de rechtzoekende burger klaagt (en niet langer tevens als controleur van het openbaar bestuur en handhaver van het objectieve recht);
- de procedure bij de bestuursrechter ontwikkelt zich meer en meer tot een partijengeding (waarbij materiële waarheidsvinding door de bestuursrechter naar de achtergrond lijkt te verschuiven);
- een gebrek leidt tegenwoordig slechts tot vernietiging van het bestreden besluit als a. de geschonden norm mede strekt tot bescherming van de partij die zich op de bescherming ervan beroept (artikel 8:69a Awb); en b. de eisende partij daardoor daadwerkelijk dreigt te worden benadeeld (artikel 6:22 Awb);
- er woedt een discussie over de vraag of de hogerberoepsrechter een oordeel mag vellen over gronden die niet al aan de eerstelijnsrechter zijn gepresenteerd (kortom: de aanvaardbaarheid van de grondenfuik).[4]

Blijkens deze opsomming beseffen zowel de Awb-wetgever als de bestuursrechter dat het benutten van mogelijkheden van belanghebbenden om de rechtmatigheid van overheidshandelen te betwisten, gevolgen voor anderen – niet alleen bestuursorganen maar ook derde-belanghebbenden – kan hebben, en dat die gevolgen moeten worden betrokken bij de beoordeling van beroepen en de daaruit voortvloeiende toetsing van appellabele besluiten. Daarom is het zaak om na te denken – en te discussiëren – over een stelsel van bestuursrechtelijke rechtsbescherming als een responsief model dat tegemoetkomt aan de gehorizontaliseerde en gefragmentariseerde sociale werkelijkheid van het publieke recht en tevens voldoende oog houdt voor de klassiek-rechtsstatelijke waarden waarop het bestuursrecht van oudsher is gefundeerd.[5] Met zijn proefschrift heeft Lukas van den Berge een principiële en waardevolle bijdrage aan deze discussie geleverd.[6]

Naar mijn overtuiging behoort een soortgelijke discussie op gang te komen over gedragsregels die bestuursorganen en burgers tijdens hun onderlinge contacten in de besluitvormingsfase moeten naleven. Voor bestuursorganen liggen deze regels mede besloten in de algemene beginselen van behoorlijk bestuur, die kaders bieden om te bewerkstelligen dat zij bij de uitoefening van hun bevoegdheden rekening houden met gerechtvaardigde belangen van burgers die de gevolgen daarvan (kunnen) ondervinden.[7]

Gegeven de wederkerigheidsgedachte van Scheltema rechtvaardigt dit alles de vraag of er ook algemene beginselen van behoorlijk burgerschap bestaan. Naar het antwoord op die vraag ga ik op zoek, aan de hand van een vergelijking

---

[4] Zie Koenraad 2017: in deze recensie wordt verwezen naar relevante literatuur.
[5] Van den Berge 2016, bijv. p. 305.
[6] Ibidem.
[7] Nader bijv. R.J.N. Schlössels & S.J. Zijlstra, *Bestuursrecht in de sociale rechtsstaat*, Deventer: Wolters Kluwer 2017, p. 329-409. Zij verwijzen daar uitbundig naar andere – ook oude – literatuur.

met enige algemene beginselen van behoorlijk bestuur. Daarbij kijk ik naar achtereenvolgens het zorgvuldigheidsbeginsel, het verbod om een bevoegdheid te misbruiken, het evenredigheidsbeginsel, het rechtszekerheidsbeginsel, het motiveringsbeginsel en het vertrouwensbeginsel.[8] Een vergelijking met onder meer het Belgisch bestuursrecht is buitengewoon interessant, maar blijft hier achterwege, gezien de beperkte ruimte voor het uiteenzetten van mijn gedachten in deze bundel.[9] In dit kader wil ik opmerken dat mijn zoektocht niet meer dan een beperkte verkenning van – en een aanzet tot een principiële discussie over – de hier besproken materie kan zijn.

2. Algemene beginselen van behoorlijk burgerschap

2.1 *Zorgvuldigheidsbeginsel*

Bestuursorgaan
Het bestuursorgaan moet als regel zelf op zoek naar kennis over feiten en omstandigheden die nodig zijn voor het nemen van een correct besluit (artikel 3:2 Awb), desnoods met behulp van externe deskundigen.[10] Het bestuursorgaan is verantwoordelijk voor de juistheid van de door hem gevonden gegevens. Dit leidt onder meer tot de beginselplicht om de burger voorafgaand aan de beoogde beschikking met deze gegevens te confronteren, zeker als die voor de burger nadelige consequenties hebben (afd. 4.1.2 Awb).[11]

Burger
De burger op zijn beurt is gehouden tot het verschaffen van relevante informatie die het bestuursorgaan redelijkerwijs niet – althans veel moeilijker dan de burger – kan achterhalen (artikel 4:2 lid 2 Awb). De burger is verantwoordelijk voor de juistheid van de door hem verstrekte informatie, wat onder meer leidt tot de verplichting om deze informatie – desgevraagd – te begeleiden met controleerbare bewijsstukken. Hij heeft ten opzichte van het bestuursorgaan dus een *informatieplicht*.[12]

---

[8] Die volgorde wordt ook gehanteerd in Schlössels & Zijlstra 2017, p. 337.
[9] Lees bijv. A. Mast e.a., *Overzicht van het Belgisch administratief recht*, Mechelen: Wolters Kluwer Belgium 2014, p. 73-76, met veel verwijzingen naar andere literatuur.
[10] In deze zin bijv. L.M. Koenraad, 'Deskundig besturen. Beschouwingen over de plaats van deskundigenadvisering in het bestuursrecht', *JBplus* 2006, afl. 1, p. 15-33. Deze analyse leunt overigens sterk op Y.E. Schuurmans, *Bewijslastverdeling in het bestuursrecht. Zorgvuldigheid en bewijsvoering bij beschikkingen*, Deventer: Kluwer 2005.
[11] Uitdrukkelijk in deze zin bijv. HvJEU 3 juli 2014, ECLI:EU:C:2014:2041 *(Kamino & Datema vs Nederland)*, BNB 2014/231, m.nt. M.J.W. van Casteren. Men leze ook de beschouwingen van R.J.N. Schlössels over het arrest in T. Barkhuysen e.a. (red.), *AB Klassiek*, Deventer: Wolters Kluwer 2016, nr. 41.
[12] De informatieplicht moet worden onderscheiden van de algemene inlichtingenplicht in het sociaal zekerheidsrecht (bijv. art. 17 lid 1 Participatiewet): de belanghebbende

Daarnaast behoort de burger medewerking te verlenen aan de pogingen van het bestuur om voldoende gegevens boven tafel te krijgen. Die plicht krijgt concreet gestalte tijdens het toezicht van het bestuur op de naleving van wettelijke voorschriften (artikel 5:20 Awb) en tijdens het onderzoek van een deskundige die door het bestuur is ingeschakeld.[13] Nota bene: de *medewerkingsplicht* van de burger eindigt in ieder geval waar zijn zwijgrecht (artikel 5:10a Awb) begint.[14] Ook de medewerkingsplicht vormt een concrete vertaling van het beginsel dat de burger zich zorgvuldig jegens het bestuur behoort te gedragen.

Inmiddels hebben de onderzoeksplicht van het bestuur en de informatieplicht van burger zich ontwikkeld tot een zelfstandig bestuursrechtelijk bewijsrecht, dat overigens tegelijkertijd veel verwantschap vertoont met de regels voor het vaststellen van feiten in het burgerlijk recht (met name als de burger vraagt om toekenning van een aanspraak) en inspiratie put uit het strafprocesrecht (zeker als het gaat om het opleggen van sancties).[15]

Consequenties
Wie niet voldoet aan zijn informatieplicht – lees: de door hem aan te leveren gegevens niet aan het bestuursorgaan verstrekt – moet er rekening mee houden dat het bestuursorgaan en de bestuursrechter de gestelde feiten niet zullen betrekken bij respectievelijk de vaststelling van de rechtsbetrekking en de beoordeling van het beroep. Bedenk in dit verband dat de informatieplicht zich tijdens de rechterlijke fase vertaalt tot bewijslast van de burger.[16] De bestuursrechter beschouwt het niet voldoen aan de informatieplicht dan ook als het niet slagen in de opdracht van de burger om het benodigde bewijs te leveren.

---

doet aan het bevoegd gezag uit eigen beweging onverwijld mededeling van alle feiten en omstandigheden waarvan hem redelijkerwijs duidelijk moeten zijn dat zij van invloed kunnen zijn op zijn arbeidsinschakeling of zijn recht op bijstand.

[13] Het niet verlenen van medewerking is in ieder geval een feit (als bedoeld in art. 184 Sr) dat kan leiden tot vervolging door het openbaar ministerie (zie bijv. HR 17 oktober 2017, ECLI:NL:HR:2017:2634, *AB* 2018/61, m.nt. J.G. Brouwer). Onder omstandigheden is het bevoegd gezag ook bevoegd tot handhavend optreden in de vorm van een last onder dwangsom en/of een bestuurlijke boete.

[14] Lees bijv. CRvB 26 september 2017, ECLI:NL:CRVB:2017:3338, *Gst.* 2018/48, m.nt. L.M. Koenraad & K.I.M. Lever. In de noot wordt verwezen naar andere – ook oude – relevante jurisprudentie en literatuur.

[15] Men leze in dit verband vooral het baanbrekende proefschrift van Schuurmans (Schuurmans 2015). Zie verder bijv. de preadviezen van R.J.N. Schlössels, Y.E. Schuurmans, R.J. Koopman en D.A. Verburg in *Bestuursrechtelijk bewijsrecht: wetgever of rechter?* (VAR-reeks 142), Den Haag: Boom Juridische uitgevers 2009.

[16] Zie bijv. CRvB 1 juni 2005, ECLI:NL:CRVB:2005:AT7174, *JB* 2005/ 237, m.nt. D.W.M. Wenders, *AB Klassiek* 2016, nr. 32, m.nt. Y.E. Schuurmans.

2.2. Verbod om een bevoegdheid te misbruiken

Bestuursorgaan
Het bestuursorgaan mag een bevoegdheid niet gebruiken voor een ander doel dan waarvoor deze is bedoeld, zo leren de beschouwingen over 'fair play' en het verbod van 'détournement de pouvoir' (artikel 3:3 Awb).[17]

Burger
Inmiddels staat buiten twijfel dat ook de burger zich jegens het bestuursorgaan integer moet gedragen (vgl. artikel 3:15 BW juncto artikel 3:13 BW en artikel 3:14 BW). De *integriteitsplicht* van de burger impliceert onder meer het verbod tot het uitsluitend procederen om a. er zelf financieel beter van te worden; b. anderen financieel te benadelen; en c. voorrang te krijgen ten opzichte van andere rechtzoekenden.[18]

Ad a. De burger stelt geen vraag om een antwoord te krijgen, maar in de hoop dat het bestuursorgaan zich in de vraag 'verslikt' en vervolgens proceskosten en/of dwangsommen moet vergoeden. Dit verschijnsel is (wellicht beter: was) vooral zichtbaar bij verzoeken om verstrekking van documenten.[19]

Ad b. De burger kiest niet voor een standpunt omdat hij denkt dat dit juridisch houdbaar is, maar slechts omdat hij daarmee een procedure kan traineren teneinde aldus een ander op kosten te jagen ('tegen beter weten in').[20] Denk onder meer aan de situatie waarin de ene burger slechts verzoekt om handhavend optreden om een andere burger dwars te zitten ('burenruzie over de rug van het bestuursorgaan'). Dit voorbeeld laat zien dat de integriteitsplicht ook een horizontale component heeft.

Ad c. De burger verzoekt niet om een voorlopige voorziening omdat hij daadwerkelijk een spoedeisend belang heeft, maar slechts omdat hij een snelle einduitspraak van de rechter wil forceren (artikel 8:86 lid 1 Awb).[21]

---

[17] Enige voorbeelden: ABRvS 25 juni 2014, ECLI:NL:RVS:2014:2348, *AB* 2014/326, m.nt. W. den Ouden; CRvB 26 juli 2012, ECLI:NL:CRVB:2012:BX2797; HR 3 april 1998, ECLI:NL:HR:1998:AN5655, *AB* 1998/241, m.nt. Th.G. Drupsteen.
[18] Zie *PG Awb II*, p. 496-497: met het begrip 'kennelijk onredelijk gebruik van procesrecht' (art. 8:75 lid 1 Awb) wordt hetzelfde bedoeld als misbruik van procesrecht. Nader bijv. M. Schreuder-Vlasblom, *Rechtsbescherming en bestuurlijke voorprocedure*, Deventer: Wolters Kluwer 2017, p. 1075-1076, met enige aansprekende voorbeelden.
[19] Zie ABRvS 19 november 2014, ECLI:NL:RVS:2014:4129, *AB* 2015/93, m.nt. E.C. Pietermaat, *Gst.* 2015/33, m.nt. T. Barkhuysen & L.M. Koenraad, *JB* 2014/246, m.nt. J. Korzelius & Y.E. Schuurmans. Daarna heeft de jurisprudentie over misbruik van procesrecht door de burger een grote vlucht genomen.
[20] Zie bijv. ABRvS 20 juli 2011, ECLI:NL:RVS:2011:BR2299; CRvB 29 november 2006, ECLI:NL:CRVB:2006:AZ3951. Vgl. ook bijv. CBb 30 maart 2017, ECLI:NL:CBB: 2017:114, *AB* 2017/176, m.nt. T. Barkhuysen & L.M. Koenraad.
[21] T. Damsteegt, *De voorzieningenrechter bestuursrecht*, Nijmegen: Ars Aequi Libri 2017, p. 144-145.

Consequenties

Wie niet voldoet aan zijn integriteitsplicht – lees: misbruik maakt van het recht om bij de bestuursrechter te procederen – moet er rekening mee houden dat de bestuursrechter zijn beroep niet-ontvankelijk verklaart en hem veroordeelt tot vergoeding van de proceskosten die het bestuursorgaan heeft gemaakt (artikel 8:75 lid 1 Awb).

2.3. Evenredigheidsbeginsel

Bestuursorgaan

Het bestuursorgaan moet voorkomen dat de burger onevenredig wordt belast. Hieruit zou men kunnen afleiden dat het bestuursorgaan moet kiezen voor een maatregel die de burger zo min mogelijk pijn doet (tenzij het gaat om het opleggen van een bestraffende sanctie).[22] De bestuursrechter deinst niet er tegenwoordig niet voor terug om de keuzen van het bestuursorgaan op dit punt indringend te toetsen.[23]

Burger

Omgekeerd behoort de burger te kiezen voor communicatie die de werkprocessen bij (de ambtelijke ondersteuning van) het bestuursorgaan zo min mogelijk belemmert. Die *terughoudendheidsplicht* is aan de oppervlakte gekomen door recente jurisprudentie van de Afdeling bestuursrechtspraak over verzoeken om verstrekking van documenten. Zij schroomt tegenwoordig namelijk – ondanks de wettelijk verankerde regel dat de burger geen eigen belang hoeft te stellen bij zijn verzoek om openbaarmaking van stukken (artikel 3 lid 3 Wob) – niet om uitdrukkelijk te vragen welke motieven ten grondslag liggen aan de keuze om het verzoek te gieten in de vorm van een 'Wob-aanvraag', en om consequenties aan het antwoord op die vraag te verbinden.

Het gebeurt tegenwoordig namelijk meer dan incidenteel dat de Afdeling bestuursrechtspraak een brief waarin de burger verwijst naar de Wob, slechts kwalificeert als een 'los' verzoek om verstrekking van documenten.[24] Die kwalificatie leidt haar vervolgens tot de conclusie dat een afwijzende beslissing

---

[22] Lees bijv. de uitvoerig gedocumenteerde conclusie van A-G Wattel van 4 april 2018 (ECLI:NL:RVS:2018:1152) over de samenloop van sancties – bij het opleggen en/of effectueren – wegens één overtreding.

[23] Men leze in dit verband E.M.H. Hirsch Ballin, 'Dynamiek in de bestuursrechtspraak', in: *Rechtsontwikkeling door de bestuursrechter* (VAR-reeks 154), Den Haag: Boom Juridische uitgevers 2015, p. 7-58. Over de noodzaak tot opvulling – door de bestuursrechter – van het 'gat' dat ontstaat indien zowel de wetgever en het openbaat bestuur terugtreden bij het uitoefenen van controle op concrete beschikkingen. Lees verder het jaarverslag van de Raad van State over 2017 (http://jaarverslag.raadvanstate.nl/2017/visueel/uploads/2018/03/Webversie-jaarverslag-2017-Raad-van-State.pdf), p. 60-61.

[24] Bijv. ABRvS 18 juli 2018, ECLI:NL:RVS:2018:2431; ABRvS 10 mei 2017, ECLI:RVS:2017:1233, *AB* 2017/235, m.nt. P.J. Stolk. Deze uitspraken staan bepaald niet op zichzelf.

op zo'n verzoek geen appellabel besluit oplevert (vgl. artikel 1:3 lid 2 Awb) en dat het bestuursorgaan wegens het uitblijven van zo'n beslissing geen dwangsommen kan verbeuren (vgl. artikel 4:17 lid 1 Awb).

Consequenties
Wie niet voldoet aan zijn terughoudendheidsplicht – lees: (de ambtelijke ondersteuning van) het bestuursorgaan meer belast dan nodig – loopt het risico dat de bestuursrechter zijn brief kwalificeert als een 'los' verzoek en daarmee de afwijzende reactie op die brief als een beslissing of mededeling waartegen geen bestuursrechtelijk rechtsmiddel openstaat (vgl. artikel 1:3 lid 3 Awb). Die kwalificatie leidt hem tot het oordeel dat het bezwaar niet-ontvankelijk is, wat maakt dat hij hoe dan ook niet toekomt aan de inhoudelijke toetsing van de in geding zijnde beslissing annex mededeling.

2.4 Rechtszekerheidsbeginsel

Bestuursorgaan
Het (formele) rechtszekerheidsbeginsel stipuleert onder meer dat het bestuursorgaan geen misverstand mag laten ont- of bestaan over de rechten en plichten van een burger die voortvloeien uit rechtshandelingen.[25] Dit stelt eisen aan de formulering van brieven die bestuursorganen aan burgers versturen. Zo behoort het voor de aangeschreven burger volstrekt duidelijk te zijn of het gaat om een beslissing (dan wel een voornemen of iets dergelijks), en wat hij moet doen of nalaten voor a. het verkrijgen van een aanspraak; dan wel b. het vermijden van handhavingsmaatregelen.

Ad a. De verplichting om duidelijk te maken wat een burger moet doen of nalaten voor het verkrijgen van een aanspraak, wordt vaak in verband gebracht met het (formele) zorgvuldigheidsbeginsel. Het bestuursorgaan – dat immers sowieso verantwoordelijk is voor de beschikbaarheid van voldoende materiaal voor het nemen van een rechtmatig besluit – moet de burger namelijk begeleiden bij het voldoen aan diens informatieplicht. In dit verband valt onder meer te wijzen op jurisprudentie over de wijze waarop bestuursorganen moeten omgaan met de bevoegdheid tot het buiten behandeling laten van aanvragen (artikel 4:5 Awb).[26]

---

[25] Lees bijv. de jurisprudentie over de vraag – in het kader van de Wet maatschappelijke ondersteuning – wat moet worden verstaan onder 'een schoon huis'; CRvB 18 mei 2016, ECLI:NL:CRVB:2016:1402, *AB* 2016/202, m.nt. C.W.C.A. Bruggeman, *Gst.* 2016/99, m.nt. H.F. van Rooij. Nader bijv. A.T. Marseille, 'Weg van het besluit in het sociaal domein: gevolgen voor de rechtsbescherming', in: R.J.N. Schlössels e.a. (red.), *In het nu... Over toekomstig bestuursrecht*, Deventer: Wolters Kluwer 2018, p. 45-60.
[26] Nader bijv. H.E. Bröring & K.J. de Graaf (red.), *Bestuursrecht 1: systeem, bevoegdheid, bevoegdheidsuitoefening en handhaving*, Den Haag: Boom Juridisch 2016, p. 308-312.

Ad b. De verplichting om duidelijk te maken wat een burger moet doen of nalaten voor het vermijden van handhavingsmaatregelen, krijgt concreet gestalte in rechterlijke uitspraken over lasten die leiden tot verbeurte van dwangsommen – of toepassing van bestuursdwang – als aan die lasten niet (tijdig en/of geheel) wordt voldaan.[27]

Burger
Ook de burger dient klare wijn te schenken. Zo ligt het primair op zijn weg om duidelijk te maken hoe zijn brief juridisch moet worden gekwalificeerd (met de kanttekening dat het bestuursorgaan moet vragen om opheldering over de status van brieven waarmee het niet goed raad weet).[28] Het maakt namelijk veel uit of het bestuursorgaan van doen heeft met een 'principe-verzoek' dan wel een officiële aanvraag als bedoeld in artikel 1:3 lid 3 Awb voor: a. het nemen van een allereerste beslissing (die strekt tot toekenning van een uitkering of subsidie, of verlening van een vergunning of ontheffing); b. het terugkomen van een besluit dat in rechte onaantastbaar is geworden (artikel 4:6 Awb); c. het volledig heroverwegen van een besluit dat nog niet in rechte onaantastbaar is geworden (een bezwaar of administratief beroep als bedoeld in artikel 6:4 Awb); d. een klacht (artikel 9:1 lid 1 Awb); of e. schadevergoeding (vgl. artikel 8:4 lid 1 sub f Awb).

Elk verzoek moet volgens een specifieke procedure en conform 'eigen' wettelijke voorschriften en beleidsregels worden voorbereid, terwijl bestuurlijke beslissingen op verzoeken vatbaar kunnen zijn voor bezwaar (bijvoorbeeld een '4:6-besluit'), beroep (bijvoorbeeld een beslissing op bezwaar), een zelfstandig verzoek bij de bestuursrechter (een beslissing op een verzoek om schadevergoeding), een klacht bij de Nationale ombudsman (een beslissing op een klacht) of een civiele procedure. Dit alles verklaart de *duidingsplicht* van de burger.

Consequenties
Wie niet voldoet aan zijn duidingsplicht – lees: verwarring zaait over de juridische status van zijn brief aan het bestuursorgaan – loopt het risico dat de bestuursrechter zijn brief kwalificeert als een 'los' verzoek. De gevolgen van die kwalificatie worden in paragraaf 2.3 beschreven.

---

[27] Nader bijv. F.C.M.A. Michiels e.a., *Handhavingsrecht*, Deventer: Wolters Kluwer 2016, p. 69-71.
[28] Enige willekeurige voorbeelden: ABRvS 25 juli 2018, ECLI:NL:RVS:2018:2486; ABRvS 7 maart 2018, ECLI:NL:RVS:2018:754, *Gst.* 2018/103, m.nt. W.S. Zorg. In beide gevallen ging het om een brief met een plan voor een project dat in strijd was met het ter plaatse geldende bestemmingsplan, maar zonder concreet verzoek om verlening van een omgevingsvergunning voor afwijking van het betreffende plan.

2.5 Motiveringsbeginsel

Bestuursorgaan
Het bestuursorgaan moet aan de burger in ieder geval duidelijk maken a. welke feiten en omstandigheden het bij het nemen van het besluit heeft betrokken; b. hoe het deze informatie heeft achterhaald; c. welke belangen tegen elkaar zijn afgewogen; en d. waarom aan bepaalde belangen meer gewicht is toegekend dan aan andere belangen (of waarom bepaalde belangen geen rol van betekenis kunnen spelen). Met behulp van de motivering die aan het genomen besluit ten grondslag wordt gelegd, kunnen derden nagaan of het genomen besluit voldoet aan de eisen die de andere algemene algemene beginselen aan dit besluit stellen.

Burger
Als uitgangspunt geldt dat de burger niet is gehouden om aan te geven welke redenen ten grondslag liggen aan zijn keuze om zijn aanspraak te benutten. Zo hoeft hij niet aan te geven waarom hij wil dat het bestuur hem een uitkering verstrekt, wettelijke voorschriften handhaaft of documenten openbaar maakt (artikel 3 lid 3 Wob).

Dit uitgangspunt wordt echter stevig genuanceerd als het gaat om inspraak en rechtsbescherming. Een reactie op een ontwerpbesluit behoort te zijn gemotiveerd om als zienswijze (in de zin van artikel 3:15 Awb) door het leven te gaan, terwijl een rechtsmiddel tegen een definitief besluit buiten behandeling kan blijven als dit niet tijdig van gronden (in de zin van artikel 6:5 lid 1 sub d Awb) is voorzien.[29]

Het vorenstaande rechtvaardigt de vraag of de burger bij het effectueren van zijn aanspraak op beïnvloeding van overheidsoptreden – door middel van inspraak of rechtsbescherming – een *stelplicht* heeft. Die vraag wordt prangender als men beseft dat de burger tijdens de bezwaarfase uitdrukkelijk moet verzoeken om vergoeding van de door hem gemaakte proceskosten (artikel 7:15 lid 2 Awb) en van de door het bestuur verbeurde dwangsommen wegens het niet tijdig beslissen (par. 4.1.3.2 Awb).

Consequenties
Wie niet voldoet aan zijn stelplicht – lees: verzuimt om een rechtsmiddel tijdig van gronden te voorzien – loopt het risico dat dit rechtsmiddel buiten behandeling blijft (zienswijze) of niet-ontvankelijk wordt verklaard (bezwaar of administratief beroep).

---

[29] Motivering van zienswijze: zie bijv. L.M. Koenraad, *De uniforme openbare voorbereidingsprocedure*, Deventer: Wolters Kluwer 2016, p. 33-34 en de daar aangehaalde jurisprudentie. Motivering van bezwaar- en beroepschriften: zie bijv. Schreuder-Vlasblom 2017, p. 340-343.

2.6 Vertrouwensbeginsel

Bestuursorgaan
Het vertrouwensbeginsel – dat is verknoopt met het (materieel) rechtszekerheidsbeginsel – impliceert dat het bestuursorgaan gerechtvaardigde verwachtingen van de burger als regel moet honoreren, tenzij dwingend geformuleerde wettelijke voorschriften en/of onvoorziene omstandigheden daaraan in de weg staan. Dit leidt met grote regelmaat tot discussies in bezwaar- en beroepsprocedures, en uiteindelijk vaak tot teleurstelling en frustratie van burgers.[30] Dergelijke discussies verzanden namelijk vaak in vruchteloze debatten over de vraag of a. sprake is van uitdrukkelijke en ondubbelzinnige toezeggingen die aan het bestuursorgaan kunnen worden toegerekend; b. de burger aan langdurig stilzitten van het bestuursorgaan een vertrouwen mag ontlenen; c. het bestuursorgaan een eerdere vergissing – waardoor bij burgers verwachtingen zijn gewekt – moet herhalen; en d. onvoorziene omstandigheden in de weg staan aan het honoreren van gerechtvaardigde verwachtingen.

Ad a. Meningsverschillen over – wel of niet (bevoegdelijk) gedane – toezeggingen spelen vooral een rol tijdens procedures over het weigeren van gevraagde subsidies, vergunningen en ontheffingen.

Ad b. Langdurig stilzitten is een onderwerp dat steeds weer opduikt in geschillen over de rechtmatigheid van sancties zoals lasten onder dwangsom (of bestuursdwang) en bestuurlijke boetes, en ten grondslag ligt aan de regel dat de bevoegdheid tot uitoefening van bepaalde bevoegdheden na verloop van tijd verjaart (bijv. artikel 5:35 Awb).[31] Algemeen geformuleerd: het bestuursorgaan kan het recht op effectuering van zijn rechten verwerken.[32]

Ad c en d. Stellingen over de onwenselijkheid om gemaakte vergissingen te herhalen en over onvoorziene omstandigheden komen pas aan de orde als het vertrouwen van de burger is gerechtvaardigd, en die situatie doet zich – in ieder geval volgens bestuursrechters – niet heel vaak voor.

Burger
Ook de burger mag het bij het bestuursorgaan gewekt vertrouwen slechts in uitzonderlijke gevallen beschamen. Die notie ligt ten grondslag aan onder meer de regel dat een belanghebbende zes weken de tijd heeft voor het maken van bezwaar of instellen van beroep tegen een hem onwelgevallig besluit (artikel 6:7

---

[30] Uitgebreid (met veel verwijzingen naar jurisprudentie) L.J.A. Damen, 'Is de burger triple A: alert, argwanend, assertief, of raakt hij lost in transition', in: *Vertrouwen in de overheid* (VAR-reeks 160), Den Haag: Boom Juridisch 2018, p. 7-103.
[31] Nader bijv. T.N. Sanders, *Invordering door de overheid. De invordering van geldschulden uit herstelsancties onder de Awb*, Den Haag: Boom Juridisch 2018, p. 319-338.
[32] Bijv. M. Scheltema, 'Gebondenheid van overheid en burger aan eigen voorafgaand handelen', in: *De rechtsverwerking in het administratieve recht* (VAR-reeks LXXIV), Groningen: H.D. Tjeenk Willink 1975, p. 3-56.

Awb), en aan het principe dat hij niet onredelijk lang mag wachten met het ageren tegen uitblijven van een gevraagd besluit (artikel 6:12 lid 4 Awb).[33] Hieruit kan worden geconcludeerd dat de burger een *ageerplicht* heeft.

Verder wordt duidelijk dat ook de burger het recht op effectuering van zijn rechten kan verwerken.[34] Daarom mag het bestuursorgaan na verloop van tijd – net als een derde-belanghebbende zoals een vergunninghouder – erop vertrouwen dat niemand problemen heeft met het genomen besluit of het feit dat geen beslissing op de aanvraag is genomen, en overigens dat dit besluit wat betreft wijze van totstandkoming en inhoud geen gebreken kent.[35]

Consequenties
Wie niet voldoet aan de ageerplicht – lees: niet tijdig opkomt tegen een besluit of het uitblijven daarvan – verwerkt zijn recht om de gewraakte bestuurlijke handelwijze aan het bestuursorgaan voor te leggen.

3. Vervolg

We hebben gezien dat bestuursorganen en burgers over en weer rechten en plichten hebben, alsook dat die rechten en verplichtingen met elkaar corresponderen. Daarom is het niet gewaagd om te stellen dat de relaties tussen bestuursorganen en 'hun' burgers niet alleen wordt beheerst door geschreven regels en algemene beginselen van behoorlijk bestuur, maar ook door algemene beginselen van behoorlijk burgerschap.

Sommige beginselen van behoorlijk burgerschap hebben bij beoefenaren van het Nederlands bestuursrecht al ingang gevonden, zoals de informatieplicht (paragraaf 2.1) en de stelplicht (paragraaf 2.5). Die plichten zijn – zij het niet heel uitdrukkelijk – gecodificeerd; zie respectievelijk artikel 4:2 lid 2 Awb en artikel 6:5 lid 1 sub d Awb.

Andere algemene beginselen van behoorlijk burgerschap worden nog niet in brede kring herkend, zoals de beginselen die ik – wellicht niet heel trefzeker – heb omschreven als de integriteitsplicht (paragraaf 2.2), de terughoudendheidsplicht (paragraaf 2.3), de duidingsplicht (paragraaf 2.4) en de ageerplicht (paragraaf 2.6).

Wat mij betreft verdienen die beginselen om twee redenen codificatie.[36] Ten eerste: bestuursrechters kunnen aan het niet naleven van beginselen van be-

---

[33] Zie bijv. De Graaf 2004, p. 41: hij merkt hier op dat de verjaringstermijn in het bestuursrecht geen vijf jaren (vgl. art. 8:93 Awb) maar slechts zes weken bedraagt.
[34] In deze zin reeds Scheltema 1975, p. 18 en 51-53.
[35] Voor een recent en helder overzicht van dit leerstuk – van de formele rechtskracht – verwijs ik naar Sanders 2018, p. 95-132, en de daar aangehaalde literatuur.
[36] Men leze in dit verband overigens R.J.N. Schlössels, 'Inleiding', in: R.J.N. Schlössels e.a. (red.), *In beginsel. Over aard, inhoud en samenhang van rechtsbeginselen in het bestuursrecht*, Deventer: Kluwer 2004, p. 13-45. Aan het eind van dit artikel (p. 37-38) roept hij op tot het betrachten van terughoudendheid bij het codificeren van rechtsbeginselen.

hoorlijk burgerschap serieuze consequenties verbinden, wat een wettelijke verankering rechtvaardigt, zeker als het recht op procederen als zodanig onder druk staat (zoals bij misbruik van procesrecht). Ten tweede: het uitdrukkelijk benoemen van beginselen kan bijdragen aan belangrijke rechtsvorming (zoals de ontwikkeling van het bestuursrechtelijk bewijsrecht, naar aanleiding van artikel 3:2 Awb en artikel 4:2 lid 2 Awb).

Tom Barkhuysen & Michiel van Emmerik[*]

23 | Equality of arms en de Algemene wet bestuursrecht

@T_Barkhuysen/M_vanEmmerik – Awb is in het algemeen in balans met eisen van equality of arms, gegarandeerd door 6 EVRM of ongeschreven rechtsbeginselen. Vereist wel een actieve rechter en ook de introductie van de 'burgerlijke lus' #procesrecht #equality-of-arms #burgerlijke-lus

1. Inleiding

Het bestuursprocesrecht, zoals dat is neergelegd in de Algemene wet bestuursrecht (Awb), is – vergeleken met veel andere onderwerpen die deze jubilerende wet regelt – de afgelopen 25 jaar niet bepaald een rustig bezit geweest. Dit betreft zowel de wettekst als de jurisprudentie. Afgezien van de nodige detailwijzigingen in het kader van *fine tuning* valt toch wel het meest op dat het bestuursprocesrecht steeds meer gericht is geraakt op effectieve geschilbeslechting en dat mede in dat verband een verschuiving heeft plaatsgevonden van een *recours objectif* naar een *recours subjectif*.[1] Qua wetswijzigingen springen in het oog de invoering van de bestuurlijke lus, het verruimen van de mogelijkheden om gebreken in besluiten te passeren en de introductie van het relativiteitsvereiste. Maar ook vers in het geheugen liggen de fuikendiscussie, het al dan niet balanceren boven nul als de rechter een besluit toetst (de rechter als scheids- of als grensrechter), het aanscherpen van de eisen voor belanghebbendheid van algemeen belang organisaties en ga zo maar door. Grosso modo kan worden vastgesteld dat van een bestuursprocesrecht dat de burger in een procedure tegen de overheid bij de hand neemt in het kader van ongelijkheidscompensatie, we nu terecht zijn gekomen in een veel zakelijker procesrechtelijk speelveld waarop de burger de nodige risico's loopt wanneer hij niet uit zichzelf de goede stappen zet. Voor dat nieuwe evenwicht valt vanuit doelmatigheidsperspectief en ook vanuit de belangen van andere betrokken partijen het nodige te zeggen, zij het dat het gebrek aan verplichte rechtsbijstand steeds meer gaat wringen.

Tegelijk roept deze ontwikkeling de vraag op of er gegeven dit nieuwe speelveld wel in alle gevallen wordt voldaan aan de eisen die voortvloeien uit de

---

[*] Prof. mr. T. Barkhuysen is advocaat-partner bij Stibbe en hoogleraar staats- en bestuursrecht aan de Universiteit Leiden. Mr. dr. M.L. van Emmerik is universitair hoofddocent staats- en bestuursrecht aan de Universiteit Leiden en rechter-plaatsvervanger in de afdeling bestuursrecht van de Rechtbank Midden-Nederland. Omwille van de omvang van deze bijdrage is afgezien van uitvoerige verwijzingen naar jurisprudentie en literatuur.
[1] Vgl. B.W.N. de Waard (m.m.v. J.B.J.M. ten Berge), *Leerstukken van bestuursprocesrecht*, Deventer: Wolters Kluwer 2015.

equality of arms regel van artikel 6 EVRM (ook neergelegd in artikel 47 EU Grondrechtenhandvest). Zou er op onderdelen of in ieder geval in concrete gevallen niet een correctie van de huidige balans nodig zijn om daarmee een gelijk speelveld tussen in een procedure betrokken partijen te garanderen? En is het daarbij niet noodzakelijk het idee van ongelijkheidscompensatie weer iets meer op de voorgrond te plaatsen? Een en ander natuurlijk zoveel mogelijk met behoud van de vele efficiencyvoordelen van het huidige procesrecht.

In deze korte bijdrage proberen wij daarvoor op hoofdlijnen een voorzet te doen, zodat de Awb ook de komende jaren qua procesrecht vooruit kan en op voldoende legitimatie kan rekenen. Daartoe schetsen we eerst heel kort om welke equality eisen het gaat (onder 2). Dan bezien we welke knelpunten er bestaan als het gaat om het via de Awb accommoderen van deze eisen en hoe deze mogelijk weg te nemen (onder 3). Onder 4 volgt een kort slotwoord.

2. Welke eisen vloeien voort uit het equality of arms vereiste onder artikel 6 EVRM?

In het kader van deze bijdrage voert het te ver uitgebreid in te gaan op de equality of arms eisen die voortvloeien uit het recht op een eerlijk proces, zoals beschermd door artikel 6 EVRM.[2] Uit dit recht op een eerlijk proces leidt het Europese Hof voor de Rechten van de Mens (verder EHRM of Hof) diverse procedurele garanties af die samenhangen met het beginsel van equality of arms, het recht voor de in de (bestuurs)rechtelijke procedure betrokken burger om met 'dezelfde wapenen' als de overheid te kunnen procederen, bijvoorbeeld als het gaat om de verstrekking van processtukken of de gelijke toegang tot geheime informatie.[3] Verder volgt uit het recht op een eerlijk proces dat de (bestuurs)rechter afdoende motiveert waarom er geen aanleiding bestaat getuigen te horen. Ook moeten (bestuurs)rechters zich actief opstellen als het gaat om het oproepen van getuigen die mogelijk licht kunnen doen schijnen op voor de beslechting van het geschil in kwestie cruciale feiten. De bestuursrechter kan zich dan niet alleen verschuilen achter de vraag of partijen zelf getuigen hebben opgeroepen of meegebracht naar de zitting.[4] Daarnaast heeft het EHRM uitgemaakt dat in geval van door een bestuursorgaan of door een rechter ingewonnen deskundigenadvies dat een overwegende invloed heeft op de uitkomst van een rechterlijke procedure, de betreffende deskundigen voldoende neutraal moeten zijn, wil de rechter daarop

---

[2] Zie o.m. T. Barkhuysen & M.L. van Emmerik, *Europese grondrechten en het Nederlandse bestuursrecht. De betekenis van het EVRM en het EU-Grondrechtenhandvest*, Deventer: Wolters Kluwer 2017, met nadere verwijzingen.
[3] EHRM 19 juli 1995, ECLI:CE:ECHR:1995:0719JUD001750690, Series A vol. 322 (*Kerojärvi/Finland*); vgl. EHRM 20 juli 2011, ECLI:CE:ECHR:2010:0720JUD 000490006, *AB* 2011/132, m.nt. Barkhuysen & Van Emmerik (*A./Nederland*).
[4] EHRM 15 maart 2016, ECLI:CE:ECHR:2016:0315JUD003996609, *AB* 2016/132, m.nt. Barkhuysen & Van Emmerik, *JB* 2016/86, m.nt. Timmermans (*Gillissen/Nederland*).

– in beslissende mate – mogen varen. Bij een gebrek aan neutraliteit van een door het bestuursorgaan ingeschakelde deskundige kan de rechter daarop niet zonder meer afgaan. Hij moet dan op andere wijze proberen het evenwicht tussen partijen te herstellen. Dit kan, bijvoorbeeld, door de betrokkene in staat te stellen zelf met deskundig tegenbewijs te komen of – wanneer dat (om financiële redenen) niet mogelijk blijkt door zelf een deskundige in te schakelen. Gebeurt dat niet, dan wordt in strijd met het vereiste van equality of arms gehandeld. Wanneer een door de rechter ingeschakelde deskundige onder deze omstandigheden onvoldoende neutraal is, is er eveneens sprake van een schending van dit vereiste en wordt bovendien aangenomen dat daarmee ook de rechter zelf 'besmet' raakt en niet meer wordt voldaan aan het vereiste van onpartijdigheid van artikel 6 EVRM.[5] Ten slotte kan het niet voorzien in kosteloze rechtsbijstand onder omstandigheden ook in strijd komen met het beginsel van equality of arms.[6]

Nu artikel 6 EVRM niet op alle geschillen van toepassing is, is het van belang dat de Afdeling bestuursrechtspraak het beginsel van equality of arms tot algemeen aan artikel 6 EVRM ten grondslag liggend rechtsbeginsel heeft bestempeld. Daardoor zijn de desbetreffende eisen over de hele linie van het bestuursrecht van toepassing, zij het dat daarmee strijdige formele wetgeving niet op basis van dat beginsel opzij kan worden gezet.[7]

3. Knelpunten en mogelijke oplossingen

In grote lijnen kan worden vastgesteld dat de procesrechtelijke regels van de Awb voldoende tegemoetkomen aan de eisen van equality of arms. In ieder geval zijn er geen bepalingen aan te wijzen die hieraan in de weg staan. Knelpunten doen zich vooral voor als het gaat om de praktijk van de bestuursrechter bij het al dan niet benutten van procesrechtelijke mogelijkheden die de Awb biedt.

In onze bijdrage aan de bundel *15 jaar Awb*[8] lieten wij zien dat er met een beroep op de eisen van equality of arms destijds vergeefs is geprobeerd de rege-

---

[5] EHRM 8 oktober 2015, ECLI:CE:ECHR:2015:1008JUD00772121, *AB* 2016/167, m.nt. Barkhuysen & Van Emmerik, *RSV* 2016/27, m.nt. Faas (*Korošec/Slovenië*). Zie nader B.J. van Ettekoven, 'De betekenis van de uitspraak Korošec tegen Slovenië voor het Nederlandse bestuursrecht', *O&A* 2016/29; zie eerder o.m. EHRM 18 maart 1997, ECLI:CE:ECHR:1997:0318JUD002149793, *NJ* 1998/278, m.nt. Snijders (*Mantovanelli/Frankrijk*) en EHRM 5 juli 2007, ECLI:CE:ECHR:2007:0705JUD003193004, *AB* 2009/319, m.nt. Barkhuysen & Van Emmerik (*Sara Lind/IJsland*).
[6] EHRM 15 februari 2005, ECLI:CE:ECHR:2005:0215JUD006841601, *EHRC* 2005/37, m.nt. Gerards (*Steel & Morris/Verenigd Koninkrijk*).
[7] ABRvS 1 oktober 2014, ECLI:NL:RVS:2014:3547, *AB* 2015/69, m.nt. Barkhuysen & Van Emmerik. Daarbij valt op dat de Afdeling ambtshalve onderzoekt of de gewraakte procesbeslissing van de rechtbank het beginsel van equality of arms schendt.
[8] T. Barkhuysen & M.L. van Emmerik, 'Het EVRM als inspiratiebron en correctiemechanisme voor de Awb', in: T. Barkhuysen e.a. (red.), *15 jaar Awb*, Den Haag: Boom Juridische uitgevers 2010, p. 557-587.

ling van artikel 8:29 Awb ter discussie te stellen: vertrouwelijke kennisname van stukken door de rechter terwijl een van de partijen deze stukken niet kent, kan door de beugel.⁹ Ook de regeling van artikel 8:32 Awb (vertrouwelijke kennisname van stukken door een gemachtigde advocaat of arts zonder dat hun cliënt deze mag inzien) is volgens de Centrale Raad niet problematisch.¹⁰ Evenmin is de regeling van artikel 8:47 Awb volgens de Afdeling in strijd met deze eisen, ook niet omdat partijen pas na het uitbrengen van een deskundigenrapport aan de rechter daarop kunnen reageren.¹¹ Wel in strijd met deze eisen van equality of arms is het ongegrond verklaren van een verzet zonder de verzoekende partij in de gelegenheid te stellen te worden gehoord.¹²

De beperkingsmogelijkheid van artikel 8:29 Awb op het beginsel van openbaarheid en van equality of arms is dus op een zodanige wijze vormgegeven dat deze volgens de Afdeling met voldoende waarborgen is omkleed. Het recht op een eerlijke procesvoering wordt daarmee niet in zijn essentie beperkt.¹³ In aanvulling daarop maakt de Afdeling echter wel uit dat wanneer een voor betrokkene belastend besluit in belangrijke mate is gebaseerd op vertrouwelijke informatie, de minister niet het laatste woord mag hebben over het al dan niet vertrouwelijk kennisnemen van relevante stukken door de rechter. In het bijzonder acht de Afdeling de regeling in de Wet op de inlichtingen- en veiligheidsdiensten (Wiv), op grond waarvan het eindoordeel over de beperkte kennisname van stukken niet aan de rechter maar aan de minister van BZK is voorbehouden, in strijd met artikel 6 EVRM.¹⁴ Bovendien heeft de Afdeling – als gezegd – het beginsel van equality of arms als algemeen aan artikel 6 EVRM ten grondslag liggend rechtsbeginsel toegepast in een WOB-zaak. Op basis van dit beginsel maakt de Afdeling korte metten met de procesbeslissing van de rechtbank om zonder wettelijke grondslag, zij het met toestemming van de wederpartij van de gemeente, de zitting buiten aanwezigheid van deze wederpartij voort te zetten. De rechtbank deed dit teneinde aan de gemeente nadere vragen te kunnen stellen over op basis van de regeling van artikel 8:29 Awb voorliggende geheime (voor de wederpartij niet kenbare) stukken.¹⁵

Op dit ogenblik staat de omgang met deskundigen en getuigen in de volle aandacht in het kader van de eisen van equality of arms. Dit naar aanleiding van de al aangehaalde uitspraken in de zaken Korosec en Gillissen. In die eerste zaak

---

⁹ ABRvS 8 april 2009, ECLI:NL:RVS:2009:BI0419, *JB* 2009/133.
¹⁰ CRvB 12 mei 2005, ECLI:NL:CRVB:2005:AT5740, *JB* 2005/222, m.nt. Overkleeft-Verburg.
¹¹ ABRvS 9 mei 2007, ECLI:NL:RVS:2007:BA471, *AB* 2007/359, m.nt. Van den Broek en recent nog bevestigd in ABRvS 21 februari 2018, ECLI:NL:RVS:2018:616.
¹² CRvB 27 mei 2004, ECLI:NL:CRVB:2004:AP0468, *AB* 2004/297, m.nt. De Waard.
¹³ Zo ook CBB 21 juli 2015, *AB* 2015/323, m.nt. Sauter.
¹⁴ ABRvS 30 november 2011, ECLI:NL:RVS:2011:BU6382, *AB* 2012/142, m.nt. Barkhuysen & Van Emmerik.
¹⁵ ABRvS 1 oktober 2014, ECLI:NL:RVS:2014:3547, *AB* 2015/69, m.nt. Barkhuysen & Van Emmerik.

constateert het Hof een schending van het vereiste van equality of arms, omdat de rechter een advies van een onder de verantwoordelijkheid van een bestuursorgaan werkzame medische deskundige volgt en het verzoek van betrokkene om een onafhankelijke deskundige te benoemen afwijst. In de zaak Gillissen liep Nederland zelfs tegen een Straatsburgse veroordeling aan. Deze uitspraak betreft getuigenbewijs. Daaruit volgt een aansporing voor een actieve opstelling van rechters als het gaat om het oproepen van getuigen (maar ook deskundigen) die licht kunnen doen schijnen op voor de beslechting van het geschil cruciale feiten. Het louter verwijzen door de rechter naar de mogelijkheid van partijen om zelf met getuigen en deskundigen te komen lijkt onder omstandigheden onvoldoende in het licht van artikel 6 lid 1 EVRM. In ieder geval geldt hier een serieuze motiveringsplicht. De regeling van de inzet van getuigen (artikel 8:46 en 8:60 e.v.) en deskundigen (onder meer artikel 8:34) in onze Awb voldoet aan de hiervoor geschetste eisen, maar toch dienen zich in de praktische toepassing daarvan knelpunten aan. De bestuursrechter maakt de laatste jaren fors minder gebruik van zijn bevoegdheid om zelf een deskundige te benoemen voor een contra-expertise. Datzelfde geldt bij het doorhakken van de knoop in gevallen waarin de overheid en betrokkene beide met een – tegengesteld – deskundigenadvies komen. Kostenoverwegingen lijken daarbij een rol te spelen, maar ook het feit dat inzet van deskundigen zorgt voor een verlenging van de procesduur. Tel daarbij op dat partijen vanwege de te hoge kosten of vanwege het feit dat alle beschikbare deskundigen al door de wederpartij(en) zijn ingezet vaak ook niet in staat zijn om zelf met deskundig onderbouwd tegenbewijs te komen en de spanning met de vereisten van een eerlijk proces is gegeven.[16] Dit lijkt niet echt te zijn veranderd na de implementatie van het Korosec-kader in de jurisprudentie van Afdeling en Centrale Raad.[17] Voor getuigen lijkt een vergelijkbaar beeld te bestaan. De Afdeling oordeelde mede in het licht van de uitspraak inzake Gillissen dat het recht op 'fair trial' voor een partij niet met zich brengt het recht om in alle gevallen door de rechter getuigen te laten oproepen. Het is daarvoor in ieder geval noodzakelijk dat het horen van een getuige dient ter ondersteuning van de zaak ('support of their case'). De rechter heeft bij de toepassing van artikel 8:60 lid 1 Awb beoordelingsruimte en mag afzien van het oproepen van getuigen ingeval de verklaring van de op te roepen getuige niet noodzakelijk is voor de vaststelling van de relevante en in geschil zijnde feiten.[18]

Dit knelpunt vergt aandacht van bestuur en rechter. De bestuursrechter zal extra alert moeten zijn als het gaat om deskundigenbewijs dat afkomstig is van een aan de overheid verbonden adviseur. Bij beslissend bewijs zal hij de betrok-

---

[16] Vgl. Y.E. Schuurmans & M.F. Vermaat, 'Gebrekkige regelingen en andere pijnpunten bij medisch bewijs', *NTB* 2013/30.
[17] ABRvS 30 juni 2017, ECLI:NL:RVS:2017:1674, *AB* 2017/365; CRvB 30 juni 2017, ECLI:NL:CRVB:2017:2226, *AB* 2017/366, m.nt. Koenraad en ABRvS 30 juni 2017, *AB* 2017/367, m.nt. A.M.L. Jansen.
[18] ABRvS 11 april 2018, ECLI:NL:RVS:2018:1200, *AB* 2018/171, m.nt. Ortlep.

kene dan of in de gelegenheid moeten stellen zelf met deskundig tegenbewijs te komen of als rechter zelf een deskundige dienen te benoemen. Daarbij moet hij ook oog hebben voor de financiële mogelijkheden en onmogelijkheden van een partij om zelf een deskundige in te schakelen. Dat betekent dat de bestuursrechter meer dan nu het geval is zelf deskundigen moet gaan inschakelen en daarbij partijen de mogelijkheid moet bieden te reageren op het concept-rapport.[19] Dit impliceert dat hij anders dan nu meestal gebeurt al in de beginfase van een procedure kennisneemt van het dossier om tijdig bewijsinstructies te kunnen geven. Weliswaar duurt een procedure daarmee langer, maar die prijs is een eerlijk proces waard. Temeer omdat daarmee ook de effectieve geschilbeslechting wordt gediend, nu de rechter na ontvangst van het tegendeskundigenrapport waarschijnlijk vaker zelf in de zaak kan voorzien en de zaak niet hoeft terug te verwijzen naar het bestuur. Ook bij het oproepen van getuigen zou de bestuursrechter actiever van zijn bevoegdheden gebruik moeten maken.

Als laatste knelpunt kan worden gewezen op de bestuurlijke lus (artikel 8:51a Awb) waarmee de bestuursrechter het bestuursorgaan in de gelegenheid kan stellen een gebrek te herstellen.[20] Te gedetailleerde aanwijzingen aan het bestuursorgaan, kunnen leiden tot de terechte conclusie dat de rechter de schijn van vooringenomenheid heeft die op gespannen voet staat met artikel 6 EVRM en waarmee de burger in een ongelijke positie ten opzichte van het bestuur wordt geplaatst.[21] Aanbevelingen op basis van evaluatieonderzoek[22] om dit in de Awb te borgen zijn door de verantwoordelijke minister afgewezen omdat dit niet nodig zou zijn. Datzelfde geldt voor de aanbeveling om partijen na een reparatiepoging door het bestuur altijd het recht op en tweede zitting te geven.[23]

In bredere zin geldt voor de bestuurlijke lus dat het bestuursorgaan een herkansingsmogelijkheid wordt geboden waar de burger die niet krijgt en deze streng wordt afgerekend op bijvoorbeeld het niet tijdig inbrengen van bewijs. Het is de vraag of deze gang van zaken uiteindelijk niet wringt met het beginsel van equality of arms. Teneinde de 'wapens' aan beide kanten weer gelijk te trekken, is het dan ook passend om hier een zogenaamde 'burgerlijke lus' te introduceren

---

[19] Zoals nu al gebruikelijk is bij de rechtbanken en de Centrale Raad van Beroep maar in de recent vastgestelde gedragscode voor deskundigen van de ABRvS uitdrukkelijk wordt verboden, zie voor terechte kritiek hierop vanuit het perspectief van artikel 6 EVRM: H.J.M. Besselink, 'Gedragscode deskundigen bij de Afdeling bestuursrechtspraak: onnodig en onverstandig verbod op concept-rapportage', JBplus 2018/2. p. 30-35.
[20] Vgl. Ch.W. Backes e.a., 'Vier jaar bestuurlijke lus – success story of teleurstelling?', JBplus 2014/4.
[21] CRvB 16 april 2013, ECLI:NL:CRVB:2013:BZ7385, JB 2013/119, m.nt. Kaya & Timmermans; vgl. ook CRvB 29 januari 2016, ECLI:NL:CRVB:2016:375, JB 2016/73, m.nt. Timmermans.
[22] Ch.W. Backes e.a., Evaluatie bestuurlijke lus Awb en internationale rechtsvergelijking, Den Haag: WODC 2014.
[23] Kamerstukken II 2017/18, 34107, 2; Kamerstukken II 2017/18, 29279, 407.

waarbij de burger ook de mogelijkheid krijgt bepaalde gebreken (bijvoorbeeld om bepaalde bewijsmiddelen aan te dragen) te herstellen.[24] Dit zou nu al op informele wijze kunnen maar ter vergroting van de rechtszekerheid zou hiervoor ook een basis in de Awb kunnen worden gelegd.

4. Tot slot

Al met al kan worden geconcludeerd dat de Algemene wet bestuursrecht in het algemeen in balans is als het gaat om het accommoderen van de eisen van equality of arms, zoals gegarandeerd door art. 6 EVRM dan wel op basis van ongeschreven rechtsbeginselen. De bestuursrechter dient daarbij daadwerkelijk gebruik te maken van bestaande bevoegdheden, bijvoorbeeld het horen van getuigen en inschakelen van deskundigen, als dat nodig is om het evenwicht tussen beide partijen te herstellen. Daarbij past ook de introductie van de hiervoor besproken (informele dan wel formele) 'burgerlijke lus'. Ten slotte blijft adequate rechtsbijstand in het bestuursrecht een cruciaal punt om te kunnen blijven spreken over daadwerkelijke equality of arms. Over 25 jaar spreken we u graag weer.

---

[24] Zie reeds L.M. Koenraad, 'De toekomst van de bestuurlijke lus', *Ars Aequi* 2010, p. 235-244.

Fatma Çapkurt & Ymre Schuurmans*

24 | Blinde vlek in de Awb: data

@F_Çapkurt/Y_Schuurmans – De ontwikkeling waarin de overheid digitaliseert en datagedreven bestuurt, vraagt om algemene regels voor dataverwerking in het publieke domein. De Awb doet dat niet. Bestuursrecht en gegevensbeschermingsrecht sluiten nog niet goed aan en dat vraagt om meer visie en sturing#persoonsgegevens#data#digitale-overheid

1. Inleiding

De blinde vlek is de plaats in je oog waar zintuigcellen ontbreken, omdat de oogzenuw daar het oog verlaat. Van die blinde vlek ben je je in het dagelijks leven niet bewust, omdat je hersenen dit compenseren. Je hersenen vullen de informatie aan met omringende zintuigcellen en zien wat zij verwachten te zien. Er zijn proefjes waardoor je deze manipulatie bloot kan leggen.[1] Onze opdracht is om op zoek te gaan naar de blinde vlek in de Awb. De proef die we daarvoor hebben gedaan, is om te bezien welke vragen we uit de praktijk voorgelegd krijgen waarop we zelf het antwoord niet weten, terwijl we tegelijk vermoeden dat we toch een van de meest aangewezen personen zouden zijn om die vraag wél te kunnen beantwoorden. Die vlek bleek de omgang met data te zijn. De vraag hoe data, los van besluitvorming, bestuursrechtelijk genormeerd en gereguleerd moet worden, daar hebben bestuursrechtjuristen zich tot nu toe weinig mee bezig gehouden – en dus de Awb ook niet. Enerzijds is het logisch dat de Awb een blinde vlek voor de regulering van data heeft, omdat zij primair de rechtshandeling normeert die direct ingrijpt in de rechtspositie van de burger. Anderzijds dreigt de Awb zo haar normerende waarde in het publieke domein te verliezen in de huidige datagedreven samenleving. In deze bijdrage onderzoeken we de mate waarin de Awb in staat is om de datagedreven overheid te normeren. Paragraaf 2 omschrijft de ontwikkeling van een papieren overheid naar een digitale, datagedreven overheid. Onder data verstaan we zowel persoons- als niet-persoonsgegevens.[2] In paragraaf 3 analyseren we op welke plaats

---

* F. Çapkurt LLM en prof. mr. Y.E. Schuurmans zijn beiden verbonden aan de Afdeling staats- en bestuursrecht van de Universiteit Leiden. Fatma Çapkurt verricht promotieonderzoek naar de opslag, verwerking en uitwisseling van persoonsgegevens in het publieke domein. De bijdrage is mede tot stand gekomen dankzij de ondersteuning van student-assistent Joyce Esser.

[1] Zie https://www.sciencespace.nl/leven-en-natuur/artikelen/2942/ontdek-je-blinde-vlek.

[2] Onder persoonsgegevens verstaan wij alle informatie over een geïdentificeerde of identificeerbare natuurlijke persoon (hiermee sluiten wij aan bij de definitie van persoonsgegevens uit hoofde van art. 4 lid 1 AVG). Onder niet-persoonsgegevens verstaan wij data die niet tot een natuurlijke persoon te herleiden zijn. In dit stuk zullen wij door

de Awb de omgang met data regelt en of die regeling toekomstbestendig is. In paragraaf 4 plaatsen we de Awb naast enkele andere wetten die de omgang met data in het publieke domein reguleren en bezien we waarom deze regelingen buiten de Awb zijn gebleven en wat daarvan de gevolgen zijn. Daarbij hebben we algemene wettelijke kaders gekozen op het terrein van het overheidsinformatierecht, het gegevensbeschermingsrecht en de digitale overheid. We sluiten af met een conclusie.

2. Digitaliserende en datagedreven overheid

De overheid verzamelt en verwerkt van oudsher al veel data.[3] De hoeveelheid, variëteit en snelheid waarmee data uit verschillende type databronnen kunnen worden verzameld en geanalyseerd is echter revolutionair, zeker in combinatie met de sterke groei in opslag-, reken- en analyseercapaciteit.[4] Data zijn niet langer enkel geïsoleerde en geadministreerde gegevens; zij vormen een 'grondstof' die kan worden geëxploiteerd, vernetwerkt en hergebruikt.[5] De wetgever creëert registers, registratieplichten en wettelijke grondslagen om data uit te wisselen. Bestuursorganen verzamelen en registreren allerhande persoons- en niet-persoons gegevens. Zij laten software ontwikkelen door private partijen die deze data koppelen en analyseren, bouwen systemen die ketenbesluitvorming mogelijk maken[6] en stellen profielen op naar aanleiding waarvan algoritmes data analyseren.[7] De publieke meerwaarde van deze datagedreven beleids- en besluitvorming is dat het handelen van het bestuur zo veel als mogelijk op de feitelijke situatie is gebaseerd, waardoor beleids- en besluitvorming

---

de beperkte omvang van het stuk uitsluitend stilstaan bij de regulering van persoonsgegevens. Zie voor meer informatie over de regulering van niet-persoonlijke data O.F.A.W. van Haperen en R.P. Santifort, 'De verordening vrij verkeer van niet-persoonlijke data en blijvende onmogelijkheden van data. Een juiste prioritering van de Europese Commissie in haar DSM-strategie?', *Tijdschrift voor Internetrecht* 2017, nr. 5/6, p. 216- 221.

[3] J. Ambrose & M. Leta, 'Lessons from the avalanche of numbers: Big Data in historical context' *A Journal of Law and Policy in the Information Society,* (11) 2015, p. 201 – 277.

[4] B. Custers, 'Big data en big data technologie' in: P.H. Blok e.a., *Big data in het recht: een overzicht van het juridisch kader voor big-data toepassingen in de private sector*, Den Haag: Sdu 2017.

[5] WRR, *iOverheid*, Amsterdam: Amsterdam University Press 2011.

[6] B.M.A. van Eck, *Geautomatiseerde ketenbesluiten en rechtsbescherming,* Tilburg: 2018, p. 36.

[7] Een voorbeeld vormt het private Totta data lab, dat met data het gedrag van mensen voorspelt, waaronder bijstandsfraude. Zie 'Algoritme voorspelt wie fraude pleegt bij bijstandsuitkering', *NRC* 8 april 2018. Zie ook S. Ranchordás, 'Cities as Corporations? The Privatization of Cities and the Automation of Local Law', *Oxford Law and Autonomous Systems Series* 2018 en WRR, *Big Data in een vrije en veilige samenleving,* Amsterdam: AUP 2016.

worden gerationaliseerd.⁸ Dat is 'slim' en sluit aan op een bredere wens binnen de wetgevingsleer en het bestuursrecht om over te gaan op meer *evidence-based* regulering.⁹

Deze ontwikkeling zet het denken over het juridische belang van feiten en rechtshandelingen onder druk. De Awb ziet het nemen van een besluit als het ware moment van machtsuitoefening door het bestuur. Het gros van de rechtsbeschermingsmogelijkheden is dan ook aan het besluitbegrip gekoppeld. De vraag is hoe lang dat blijft.¹⁰ Vele rechtshandelingen hebben een temporele werking, een eenduidig rechtsgevolg en kunnen ook weer worden teruggedraaid. Verzamelde data daarentegen kunnen voor de eeuwigheid zijn vastgelegd in digitale systemen en vormen de basis voor toekomstige, voor de burger nog onvoorziene rechtshandelingen.¹¹ Dit komt mede doordat data worden verzameld op basis van zeer vage of meervoudige doelen, waarna ze later voor een ander doel worden hergebruikt.¹² De impact van dataopslag, verwerking, verrijking en uitwisseling is enorm en zal, menen wij, de nieuwe wijze van machtsuitoefening vormen.¹³

---

⁸ J. Kwakkel & A. Verbraeck, 'Big data kwaliteit voor beleid', *Bestuurskunde* 2016/1, p. 9-15 en S. Giest, 'Big data for policymaking: fad or fasttrack?', *Policy Sciences* 2017, p 367.

⁹ Y.E. Schuurmans, *Van bestuursrechtelijke detailhandel naar maakindustrie*, Leiden: Universiteit Leiden 2015, p. 19-20, J.C.A. de Poorter & F. Capkurt, 'Rechterlijke toetsing van algemeen verbindende voorschriften. Over de indringendheid van de rechterlijke toetsing in een toekomstig direct beroep tegen algemeen verbindende voorschriften', *NTB* 2017/10, p. 92 en R.A.J. van Gestel & J.C.A. de Poorter, 'Putting evidence-based law making to the test: judicial review of legislative rationality', *The Theory and Practice of Legislation* (4) 2016, p. 162-168.

¹⁰ A.C.M. Meuwese, 'Grip op normstelling in het datatijdperk', in: *Algemene regels in het bestuursrecht* (VAR reeks 158), Den Haag: Boom Juridische uitgevers 2017, p. 145-186 en G.J. Zwenne & A.H.J. Schmidt, 'Wordt de homo digitalis bestuursrechtelijk beschermd?' in: *Homo digitalis* (Handelingen NJV, deel 2016/1), Deventer: Wolters Kluwer 2016, p. 307-385; B.J. van Ettekoven & B. Marseille, 'Afscheid van de klassieke procedure in het bestuursrecht' in: *Afscheid van de klassieke procedure?* (Handelingen NJV 2017/1), Deventer: Wolters Kluwer 2017, p. 139-164.

¹¹ M. Hildebrandt, *Smart technologies and the (ends) of Law. Novel entanglements of law and technology*, Cheltenham: Edward Elgar Publishing 2015, A.J. Meijer, *Bestuur in de datapolis. Slimme stad, blije burger?*, Den Haag: Boom Bestuurskunde 2015, p. 10 en S. Ranchordás & A. Klop, 'Data-Driven Regulation and Governance in Smart Cities' in V. Mak, A. Berlee en E. Tjong Tjin Tai (red.), *Research Handbook on Data Science and Law*, Cheltenham: Edward Elgar 2018.

¹² Door persoonsgegevens te verzamelen zonder een vooraf vastgesteld doel komen gegevensbeschermingsrechtelijke principes die neergelegd zijn in de AVG, zoals doelbinding en dataminimalisatie, onder druk te staan. J.E.J. Prins en E.M.L. Moerel, 'Privacy voor de homo digitalis', in: *Homo digitalis* (Handelingen NJV, deel 2016-I), Deventer: Kluwer 2016/1, p. 65.

¹³ WRR, *iOverheid*, Amsterdam: AUP 2011, p. 13.

3. Regulering van data in de Awb

Het woord 'data' komt noch in de Awb, noch in de bijbehorende parlementaire geschiedenis voor.[14] Dat de Awb ook zwijgt over 'persoonsgegevens' is minder voor de hand liggend, omdat daarvoor van aanvang af al een bijzonder rechtsregime gold. De Awb heeft het ouderwets over '(zakelijke) gegevens' (vaak zonder te specificeren of het gaat om persoonsgegevens of niet-persoonsgegevens), 'bescheiden', 'informatie' en 'inlichtingen'.

Het juridische kader dat van toepassing is op gegevensverzameling en verwerking binnen de Awb is vooral gekoppeld aan het besluitbegrip. Zo schrijft het zorgvuldigheidsbeginsel van artikel 3:2 Awb voor dat het bestuursorgaan kennis vergaart over feiten om tot een juist besluit te kunnen komen. Die kennis zal het ontlenen aan informatie, gegevens, data, of hoe je het ook wil noemen. Maakt het voor de bevoegdheden van het bestuur en het verzamelen en verwerken van gegevens uit of het persoonsgegevens of gewone niet-persoonsgegevens betreft? Daar zegt de Awb niets over. De Awb is geschreven vanuit het traditionele uitgangspunt waarin een burger, de aanvrager uit artikel 4:2, lid 2 Awb, zelf de nodige gegevens en bescheiden verstrekt aan het bestuursorgaan. Bestuursorganen beschikken echter (ook zonder die aanvrager) over een schat aan informatie: zij verzamelen aan de lopende band grote hoeveelheden data, koppelen databestanden en hebben toegang tot diverse basisregistraties. De toekomstbestendige Awb geeft, wat ons betreft, ook aan hoe bestuursorganen met verstrekte gegevens en zelf vergaarde data naar aanleiding van *andere* besluit- of beleidsvormingstrajecten om zou moeten gaan.

Artikel 5:17 Awb is illustratief voor de beperkte grip die de Awb heeft op de omgang met data. Dat artikel stelt de toezichthouder in staat inzage te vorderen van 'zakelijke gegevens'. Die gegevens kunnen ook op de elektronische weg zijn vastgelegd, zo expliciteert de memorie van toelichting.[15] Zij licht verder toe dat 'zakelijke gegevens' gegevens betreft die ten dienste van het maatschappelijk verkeer worden gebruikt. *'Gegevens en bescheiden van persoonlijke aard vallen daar dus buiten. Dergelijke gegevens en bescheiden kunnen in het kader van een opsporingsonderzoek slechts worden ingezien volgens de daarvoor geldende algemene regels van het Wetboek van Strafvordering. Ter voorkoming van misverstand zij overigens opgemerkt dat ook gegevens die zijn opgenomen in persoonsregistraties een zakelijk karakter kunnen hebben.'*[16] Dat levert hoofdbrekers op. Het blijft gissen of met 'gegevens van persoonlijke aard' aansluiting is gezocht bij de Wet Bescherming Persoonsgegevens (WBP) en de destijds geldende Wet Persoonsre-

---

[14] Het woord 'data' komt welgeteld tweemaal voor in de digitale versie van de parlementaire geschiedenis, eenmaal als typefout (eerste tranche – verhouding tot andere wetgeving) en eenmaal 'data' als datum (tijd) (tweede tranche – algemene beschouwingen en vierde tranche (invoeringsdata).

[15] *PG Awb III*, p. 345-346.

[16] *PG Awb III*, p. 345-346.

gistratie,[17] of dat de wetgever wat anders beoogde. Die hoofdbrekers nemen in de gedigitaliseerde, datagedreven overheid toe.

Laten we eerst stilstaan bij het begrip 'maatschappelijke verkeer' uit de memorie van toelichting. Als gevolg van de ontwikkelingen in de technologie is het maar de vraag of nog gesproken kan worden over gegevens die *niet* ten dienste van het maatschappelijk verkeer worden gebruikt. Zo oordeelde de Centrale Raad van Beroep recentelijk dat de reisbewegingen van studenten die worden opgeslagen op een ov-chipkaart (geregistreerd door Translink in een private rechtsverhouding), kunnen worden gecategoriseerd als zakelijke gegevens.[18] Onder die categorie vallen dus vele door private partijen verzamelde persoonsgegevens in het kader van hun zakelijke dienstverlening. Dat geeft bestuursorganen een ongelofelijk brede grondslag om van private partijen gegevens te vorderen. Ook het begrip 'gegevens van persoonlijke aard' levert problemen op. De techniek om 'gegevens' te herleiden tot het individu (en daarmee tot persoonsgegevens in de zin van de AVG)[19] is door koppeling en verrijking van data zodanig sterk ontwikkeld, dat data vrijwel steeds tot de persoon te herleiden zijn.[20]

De 'losse' terminologie met betrekking tot data in de Awb, zoals gegevens en informatie, maakt dat de Awb weinig sturing geeft aan datagebruik door het bestuur. Het bevreemdt dat de Awb-wetgever zo weinig aansluiting heeft gezocht bij het destijds geldende gegevensbeschermingsrecht, nu de memorie van toelichting bij de Wbp al signaleerde dat het gegevensbeschermingsrecht en bestuursrecht geïsoleerde levens leidden.[21] Voor bestuursorganen is problematisch dat zij onvoldoende weten welke (persoons)gegevens van burgers zij

---

[17] M. Overkleeft-Verburg, *De Wet persoonsregistraties. Norm, toepassing en evaluatie* (diss. Tilburg), Zwolle: Tjeenk Willink 1995.
[18] CRvB 8 februari 2018, ECLI:NL:CRVB:2018:269, r.o. 5.6.2 en 5.6.3. Daarin staat o.a. 'De verwerking van reisgegevens door TLS geschiedt voor een substantieel deel ten dienste van het maatschappelijk verkeer, zoals het faciliteren van betalingen van de betrokkene aan de vervoerder en het verlenen van klantenservice. Dit betekent dat de door TLS verwerkte reisgegevens, ook al hebben deze betrekking op personen, kunnen worden aangemerkt als zakelijke gegevens als bedoeld in artikel 5:17 van de Awb.'
[19] Zie voor een aansprekend voorbeeld uit de rechtspraak ABRvS 1 februari 2017, ECLI:RVS:2017:224, *AB* 2017/294 m.nt. Julicher en *JB* 2017/80 m.nt. Overkleeft-Verburg, r.o. 4.2: 'Met de voormelde gegevens waarom [appellant] heeft verzocht - in combinatie met elkaar dan wel met gebruikmaking van middelen waarvan mag worden aangenomen dat zij redelijkerwijs door een persoon zijn in te zetten - kunnen personen worden geïdentificeerd.'
[20] WRR, *Big Data in een vrije en veilige samenleving*, Amsterdam: AUP 2016, p. 114; M.R. Koot, *Measuring and predicting anonymity*, Amsterdam: AUP 2012 en P. Ohm, 'Broken Promises of Privacy: Responding to the Surprise of Failure of Anonymization', *UCLA Law Review* 2010 (57), p. 1701-1777.
[21] *Kamerstukken II* 1997/98, 25892, 3, p. 25

mogen verzamelen en analyseren.[22] Deze rechtsonzekerheid én voortschrijdende technologische ontwikkelingen zullen naar onze inschatting tot een dringend beroep op de wetgever leiden om het recht met betrekking tot data in het publieke domein te vereenvoudigen, systematiseren en harmoniseren.

4. Regulering van data en gegevens buiten de Awb

De Awb beoogt een algemene regeling te treffen voor onderwerpen die op veel terreinen van bestuursrechtelijke wetgeving een rol spelen.[23] Vóór codificatie pleit bovendien dat de Awb door haar algemene gelding een groter bereik heeft dan andere wetgeving en zo tot grote verspreiding van kennis leidt.[24] De omgang met data vormt een thema dat zich voor een dergelijke algemene codificatie leent. Toch zijn regelingen buiten de Awb tot stand gekomen. Wij duiden kort waarom dat is gebeurd en wat daarvan de gevolgen zijn binnen de datagedreven overheid.

4.1 De Wob

Lange tijd bestond het voornemen de Wet openbaarheid van bestuur (Wob) in de Awb te integreren,[25] waarvoor in hoofdstuk 2 een plaats was ingericht.[26] De grootte van de wetgevingsoperatie leidde evenwel tot uitstel naar de Vierde tranche,[27] en later tot afstel. De toelichting bij het Voorontwerp van de Commissie Scheltema spreekt nog een voorkeur uit voor integratie omdat er een sterke verwevenheid bestaat tussen de regels in de Wob en die in de Awb, zoals de begrippen 'besluit', 'bestuursorgaan' en 'belanghebbende'. Een goed zicht op het openbaarheidsregime is daarom niet mogelijk zonder beide wetten in

---

[22] Dit probleem doet zich bijv. voor in het sociaal domein. Uit onderzoek van de Autoriteit Persoonsgegevens, uit 2016 blijkt dat de onderzochte 41 gemeenten onvoldoende weten welke persoonsgegevens zij voor welke doeleinden kunnen verwerken en welke wetgeving hierop van toepassing is. Zie Autoriteit Persoonsgegevens, *Verwerking van persoonsgegevens in het sociaal domein. De rol van toestemming*, Den Haag: 2016, p. 4-5 en A. Klingenberg, 'Gegevensbescherming in het gemeentelijk sociale domein', in G. Vonk (red.), *Rechtstatelijke aspecten van de decentralisaties in het sociale domein*, Groningen: Rijksuniversiteit Groningen 2016, p. 99-118.
[23] *PG Awb I*, p. 19.
[24] *PG Awb III*, Nader Rapport, onder 1.
[25] *Wettelijke Regeling Algemene Regels van Bestuursrecht* (Rapport van de startwerkgroep, ingesteld bij gezamenlijk besluit van de ministers van Justitie en van Binnenlandse Zaken dd. 19 mei 1982), Den Haag: Ministerie van Justitie 1982, p. 12 en *Kamerstukken II*, 1990/91, 22061, 3, p. 41.
[26] *Kamerstukken II* 1988/89, 21221, 3, p. 13 en 46.
[27] *Kamerstukken II* 1995/96, 24400 VI, 49, p. 3.

onderlinge samenhang te bezien.[28] Toch loopt het anders. De regering wil eerst de evaluatie van de Wob afwachten[29] en maakt vervolgens een draai.[30]

Het wetsvoorstel 'Wet open overheid' (Woo) lijkt definitief afstel te bevestigen. De bepalingen in de Woo zijn van staatsrechtelijke aard en garanderen een belangrijk democratisch recht van de burger. Het zou volgens de indieners misstaan om deze bepalingen op te nemen in de Awb. Bovendien heeft het voorstel betrekking op ook andere organen en instellingen dan die vallen onder de Awb.[31]

Zo zien we dat vanuit het doel van de Awb het niet meer dan logisch is dat de omgang met overheidsinformatie in de Awb een plaats vindt. Waar de behoefte aan systematiseren en vereenvoudigen vraagt om het toepassingsbereik van Awb en Wob *juist* op elkaar af te stemmen, fungeert nu het afwijkende toepassingsbereik als contra-argument.[32]

Op het gebied van techniekonafhankelijkheid lijken de Wob en Woo overigens behoorlijk goed te scoren. Hoewel de Wob een 'gematigd documentenstelsel' kent,[33] lijkt dit voor de bestuursrechter flexibel genoeg om informatie uit allerhande digitale gegevensdragers onder het openbaarheidsregime te scharen. Zo oordeelde de rechtbank Midden-Nederland dat sms- en WhatsApp-berichten onder de document-definitie vallen, omdat de techniek van opslaan niet het toepassingsbereik van de Wob mag bepalen.[34] De Woo is nog iets progressiever, benoemt het toenemende belang van informatie in het digitale tijdperk[35]

---

[28] Aanbiedingsbrief voorontwerp Vierde Tranche Awb van 7 september 1999, p. 1 en 25-32. Zie voor kritiek op het voorstel L.J.A. Damen, 'Integreren gaat van au. Moet de voorgestelde integratie van de Wob in de Awb niet een 'technische integratie plus' zijn?' in: M. Lurks e.a. (red.), *De grootste gemene deler*, Deventer: Kluwer 2002, p. 149-161.
[29] *Kamerstukken II* 2003/04, 29702, 3, p. 6.
[30] Vanwege het staatsrechtelijke karakter van de bepalingen betreffende openbaarheid van bestuur zouden deze zich minder goed lenen voor opneming in de Awb, aldus E. Daalder, 'Kroniek van het algemeen deel van het bestuursrecht: Ontwikkelingen op het terrein van rechtsbescherming tegen de overheid', *NJB* 2003, afl. 31, p. 1601-1606. Dat bezwaar is er mede in gelegen dat de Awb haar grondslag vindt in art. 107, tweede lid, Grondwet en de Wob in art. 110 Grondwet. Zie ook T. Brandsen e.a., *Over wetten en praktische bezwaren; Een evaluatie en toekomstvisie op de Wet Openbaarheid Bestuur*, Tilburg: Universiteit van Tilburg 2004.
[31] *Kamerstukken II* 2011/12, 33328, 3, p. 18.
[32] Dat is verwarrend. Zo luidt het voorgestelde art. 2.3, eerste lid Woo: 'Een orgaan dat op grond van de Algemene wet bestuursrecht geen bestuursorgaan is, is voor de toepassing van deze wet een bestuursorgaan'.
[33] Art. 3 Wob bepaalt dat een ieder een verzoek 'om informatie neergelegd in documenten' kan doen.
[34] Rb. Midden-Nederland 28 november 2017, ECLI:NL:RBMNE:2017:5979.
[35] *Kamerstukken II* 2011/12, 33328, 3, p. 16. 'Steeds meer overheidsorganen en semi-publieke instellingen hebben beschikking tot grote hoeveelheden persoonlijke informatie over alle burgers. Dit biedt allerlei mogelijkheden voor versterking van het openbaar

en gaat in beginsel van elektronische ontsluiting van informatie uit. Wel blijft een gevoelig en onduidelijk punt in welke mate het bestuursorgaan informatie over geautomatiseerde, op algoritmes gebaseerde besluitvorming moet ontsluiten. Soms bestaat daar politieke weerstand tegen vanuit het oogpunt van fraudepreventie,[36] soms lijkt het technisch vrijwel onmogelijk om daar vat op te krijgen.[37]

4.2 De AVG

Sinds 1983 is gegevensbescherming als grondrecht opgenomen in de Grondwet. Artikel 10 GW verplicht de wetgever tot het formuleren van nadere regels inzake de 'bescherming van de persoonlijke levenssfeer in verband met het vastleggen en verstrekken van persoonsgegevens' (artikel 10, lid 2 GW) en inzake 'de aanspraken van personen op kennisneming van over hen vastgelegde gegevens en van het gebruik dat daarvan wordt gemaakt, alsmede op verbetering van zodanige gegevens' (artikel 10, lid 3 GW).

De Nederlandse wetgever heeft aan deze opdracht voldaan door in 1988 de Wet Persoonsregistraties aan te nemen.[38] De Wet Persoonsregistraties was geen ongekend succes. Uit de wetsevaluatie bleek dat de wet als ingewikkeld en moeilijk bruikbaar werd ervaren. De wet leidde een tamelijk geïsoleerd bestaan, mede omdat rechtszaken met een gegevensbeschermingsrechtelijke vraag veelal los van de Wet Persoonsregistraties werden beoordeeld.[39] Ook problematisch was dat de Wet Persoonsregistraties enkel voorzag in een civiele verzoekschriftprocedure, terwijl de rechtmatigheid van gegevensverwerking in de publieke sector ook door de bestuursrechter zou moeten worden beoordeeld. Mede daarom is met de invoering van de Wet bescherming persoonsgegevens[40]

---

bestuur, maar draagt met zich ook de mogelijkheid tot misbruik. Openbaarheid en transparantie zijn dan extra waarborgen om te controleren dat overheden en semi-overheden geen misbruik maken van hun informatie-positie' (p. 16).

[36] Besluit van 1 september 2014 tot wijziging van het Besluit SUWI in verband met regels voor fraudeaanpak door gegevensuitwisseling en het effectief gebruik van binnen de overheid bekend zijnde gegevens met inzet van SyRI, *Stb.* 2014, 320.

[37] Zie Van Eck 2018, p. 401 en 428. Deze problematiek speelt ook in ABRvS 17 mei 2017, ECLI:NL:RVS:2017:1259 (en vergelijkbare uitspraken van die datum over de PAS), zie R. Kegge & G. Boogaard, 'De programmatische aanpak getoetst', *Milieu en Recht* 2018, afl. 2, p. 101. Zie ook ABRvS 18 juli 2018, ECLI:NL:RVS:2018:2454 (*Blankenburgverbinding*).

[38] *Stb.* 1988, 665.

[39] J.E.J. Prins e.a., *In het licht van de Wet persoonsregistraties: zon, maan of ster? Verslag van een sociaalwetenschappelijke evaluatie van de Wet Persoonsregistraties*, Alphen aan den Rijn: Samsom 1995.

[40] De implementatie van de Privacyrichtlijn uit 1995, Richtlijn 95/46/EG van het Europees Parlement en de Raad van 24 oktober 1995 betreffende de bescherming van natuurlijke personen in verband met de verwerking van persoonsgegevens en betreffende het vrije verkeer van die gegevens.

ook de rechtsgang naar de bestuursrechter opengesteld. Met deze benadering werd tevens beoogd om meer aansluiting te vinden bij de bestuursrechtelijke rechtsbescherming in het kader van de WOB.[41]

Hoewel in de memorie van toelichting expliciet rekening werd gehouden met de inbedding van het gegevensbeschermingsrecht in het bestuursrecht, laten ook de evaluaties van de WBP een teleurstellend beeld zien. Zo blijkt uit zowel empirisch alsook literatuuronderzoek dat het gelaagde en gecompartimenteerde systeem van bescherming van persoonsgegevens als zeer complex en onduidelijk wordt ervaren, waardoor het begrippenapparaat van de WBP niet gebruikt wordt voor nadere rechtsvorming. Door het gebrek aan nadere invulling van materiële normen via zelfregulering kunnen de rechten en plichten die uit de WBP voortvloeien niet worden gerealiseerd.[42]

De komst van de Algemene Verordening Gegevensbescherming (AVG)[43] neemt deze problemen voor gegevensverzameling en -verwerking in de publieke sector niet weg.[44] Artikel 6 lid 1 van de AVG formuleert de gronden waarop gegevensverwerking gelegitimeerd is. Voor bestuursorganen zijn met name artikel 6 lid 1 sub a, c en e van belang. Voor bestuursorganen geldt dat verwerking plaats kan vinden als de burger toestemming heeft gegeven (sub a), de verwerking noodzakelijk is om te voldoen aan een wettelijke verplichting (sub c) of de verwerking noodzakelijk is voor de vervulling van een taak van algemeen belang of een taak in het kader van de uitoefening van openbaar gezag (sub e).

Deze grondslagen voor gegevensverwerking blijven lastig toe te passen in het publieke domein. Het toestemmingsvereiste (sub a) kan vanwege de afhankelijkheidsrelatie tussen de burger en overheid, veelal geen grond zijn voor de rechtmatige verwerking van persoonsgegeven in de publieke sector.[45] Een burger die afhankelijk is van noodzakelijke publieke diensten, zoals zorg of een sociale voorziening als laatste vangnet, kan immers niet weigeren om persoonsgegevens aan de overheid te verstrekken of over te stappen naar een 'meer pri-

---

[41] *Kamerstukken II* 1997/98, 25892, 3, p. 25.
[42] G-J. Zwenne, A-W Duthler & M. Groothuis, *Eerste fase evaluatie Wet bescherming persoonsgegevens. Literatuuronderzoek en knelpuntenanalyse*, Leiden: eLaw Leiden 2007, p. 13 en H.B. Winter e.a., *Wat niet weet wat niet deert. Een evaluatieonderzoek naar de werking van de Wet bescherming persoonsgegevens in de praktijk*, Den Haag: WODC 2008, p. 10.
[43] Verordening (EU) 2016/679 van het Europees Parlement en de Raad van 27 april 2016 betreffende de bescherming van natuurlijke personen in verband met de verwerking van persoonsgegevens en betreffende het vrije verkeer van die gegevens en tot intrekking van Richtlijn 95/46/EG (AVG) (PbEU 2016, L 119).
[44] E.J. Koops, 'The trouble with European data protection law', *International Data Privacy Law* 2014 (4), nr. 4, p. 252-253.
[45] E.J. Koops, 'The trouble with European data protection law', *International Data Privacy Law* 2014 (4), nr. 4, p. 251.

vacyvriendelijke' overheid.[46] Het probleem met de publieke taak en wettelijke grondslag (sub c en e) is dat deze grondslagen veelal een wettelijke verplichting tot het verzamelen van persoonsgegevens in materiële wetgeving vereisen. Die ontbreken vaak. Dit resulteert erin dat bestuursorganen, ook onder de AVG, nog steeds rechtsonzekerheid ervaren ten aanzien van de vraag welke persoonlijke data van burgers zij kunnen verwerken. Ook blijft onduidelijk hoe het begrippenapparaat van de Awb zich verhoudt tot het begrippenkader van de AVG.[47]

Zo zien we dat het gegevensbeschermingsrecht, dat is geschreven voor zowel de private als de publieke context, al vanaf het begin lastig doorwerkt in het publieke domein. Die doorwerking is problematisch omdat het begrippenkader niet goed aansluit op de Awb en grondslagen voor gegevensverwerking niet stelselmatig bij materiële wetgeving worden doordacht.[48]

4.3 Wet Digitale Overheid

De wetgever is zich er wel van bewust dat de digitale overheid om nadere regulering vraagt. Die digitalisering wordt omarmd, nu zij 'kansen biedt voor het verbeteren van het gebruiksgemak, de verhoging van de doelmatigheid van de verwerking van gegevens, de vermindering van administratieve lasten en de besparing van kosten'.[49] Regulering vindt plaats binnen de Awb in afdeling 2.3 en buiten de Awb in het wetsvoorstel Wet Digitale overheid.

Het voorontwerp[50] van afdeling 2.3 geeft burgers het *recht* op elektronische communicatie met de overheid.[51] Daarnaast krijgt de overheid ruimere mogelijkheden om voor enkel digitale bekendmaking te kiezen, namelijk in het geval een besluit niet tot een of meer belanghebbenden is gericht.[52] Afdeling 2.3 Awb concentreert zich volledig op de individuele communicatie tussen belangheb-

---

[46] Zie overwegingen 41 en 42 van de AVG en S. Barocas & H. Nissenbaum, 'Big Data's End Run Around Consent and Anonymity', in: J. Lane e.a. (red.), *Privacy, Big Data, and the Public Good*, New York: Cambridge University Press 2014, p. 47. Zie ook de preambule (nr. 42) bij de AVG waarin wordt bevestigd dat toestemming vrijelijk dient te zijn verleend

[47] L. von Meijenfeldt, 'De AVG en Awb: vragen om Babylonische spraakverwarring', P&I 2017, afl. 3, p. 129.

[48] Von Meijenfeldt 2017, p. 129 en Studiegroep Informatiesamenleving en Overheid, *Maak Waar,* Den Haag: 2017, p. 43.

[49] Consultatieversie Wet modernisering elektronisch verkeer, p. 8 (MvT).

[50] Het voorontwerp voor een wijziging van afdeling 2.3 is in 2016 in internetconsultatie gegaan, zie https://www.internetconsultatie.nl/wet_modernisering_elektronisch_bestuurlijk_verkeer/details. In 2017 is de Raad van State om advies gevraagd; het wetsvoorstel is op moment van schrijven nog niet bij de Tweede Kamer ingediend.

[51] Art. 2:15 Awb Consultatieversie Wet modernisering elektronisch verkeer.

[52] Art. 2:14, lid 2 Awb Consultatieversie Wet modernisering elektronisch verkeer.

bende en bestuursorgaan. Juist daar zien wij een substantieel knelpunt.[53] Binnen de digitale en datagedreven overheid verwachten wij dat generieke informatievoorziening via websites[54] en andersoortige applicaties aan belang zal winnen, wat individuele communicatie tussen ambtenaar en burger per email of berichtenbox minder nodig maakt. Die generieke digitale infrastructuur blijft buiten de Awb.

Het wetsvoorstel 'Wet Digitale Overheid'[55] (WDO) richt zich niet tot burgers en bedrijven, maar tot bestuursorganen die verplicht worden met bepaalde open standaarden te werken en identificatiemiddelen te accepteren. De wet is niet van toepassing op al het elektronisch berichtenverkeer van afdeling 2.3 Awb, maar meer specifiek op elektronische dienstverlening waarvoor een betrouwbaarheidsniveau substantieel of hoog geldt.[56] Lastig is dat wederom het toepassingsbereik afwijkt van de Awb; de WDO geldt in beginsel alleen voor a-bestuursorganen.[57] Zo ontstaat een gedifferentieerd kader voor de regulering van data in het publieke domein. Doordat de WDO zich primair tot bestuursorganen richt, wordt weinig doordacht in welke mate burgers aanspraak kunnen maken op bepaalde digitale diensten en wat daarbij belangrijke randvoor-

---

[53] Zie voor bespreking en andersoortige kritiek o.a. P.E.M. Franssen, 'De Wet modernisering elektronisch bestuurlijk verkeer', *Praktisch Bestuursrecht* 2016, afl. 4; A.M. Klingenberg, 'De Wet modernisering elektronisch bestuurlijk verkeer; op weg naar moderne overheidscommunicatie?', *Computerrecht* 2017/99, afl. 3, p. 145-151; en het verslag van de VAR studiemiddag van Marga Groothuis & Rianne Jacobs, 'Modernisering van het elektronisch bestuurlijk verkeer', *NTB* 2016/30, p. 228-234.

[54] Aardig is om eens te kijken in het voorstel tot een Europese Awb, waarin het belang van behoorlijk functionerende websites meer is doordacht. Zie art. 28, neergelegd in Resolutie 2016/2610(RSP). Bestuursorganen hebben de taak om zoveel als mogelijk op speciaal daarvoor ontworpen websites up-to-date online-informatie over administratieve procedures te verstrekken. In art. 28 wordt verder ingevuld welke online informatie een bestuursorgaan minimaal dient te verstrekken, zoals een korte beschrijving van de belangrijkste wettelijke eisen, juridische stappen, een link naar toepasselijke regelgeving en webformulieren waarvan gebruik kan worden gemaakt. Het artikel laat zien dat bij regeling van de generieke digitale infrastructuur heel goed rechten van de burger kunnen worden opgenomen. Zo bevat het voorstel tot art. 28, lid 3, de regel dat informatie op websites op duidelijke en eenvoudige wijze moet worden gepresenteerd en dat alle informatie zonder vergoeding toegankelijk moet zijn.

[55] *Kamerstukken II*, 2017/18, 34972 (Wet Digitale Overheid, eerder 'Wet Generieke Digitale Infrastructuur' genoemd), ingediend op 19 juni 2018. De Wet zal, net als de Awb, in tranches tot stand komen.

[56] Zie *Kamerstukken II*, 2017/18, 34972, 3, par. 8.1. Die dienstverlening kan het bestuursorgaan dan alleen aanbieden met gebruik van op grond van de WDO toegelaten identificatiemiddelen. 'Het aanwijzen van een betrouwbaarheidsniveau kan worden aangemerkt als een invulling van de bevoegdheid van art. 2:15, tweede lid, Awb om aan het gebruik van een kanaal nadere eisen te stellen.'

[57] En voor bij Besluit aangewezen andere organisaties, *Kamerstukken II*, 2017/18, 34972, 3, par. 3.4.

waarden zijn.[58] Zo geeft artikel 10 WDO aan dat de gebruiker van een toegelaten identificatiemiddel alle nodige maatregelen moet treffen om misbruik te voorkomen, maar hoe hij zijn rechtspositie veilig kan stellen en misbruik moet redresseren, blijft ongeregeld.[59] De beperking van afdeling 2.3 Awb tot individueel berichtenverkeer maakt dat de Awb weinig richtinggevend zal zijn voor de digitale relatie tussen burger en bestuur. Die wordt mede vormgegeven door de WDO, maar in die wet krijgt de positie van de burger weinig aandacht.

5. Conclusie

Data vormen de grondstof van de digitale, gedataficeerde overheid. Dataopslag, verwerking, verrijking en uitwisseling vormen de nieuwe wijze van machtsuitoefening, zo betoogden wij. Hoewel iedereen inmiddels het belang van data onderstreept, schenkt de literatuur nog weinig aandacht aan de normering van data in de publieke sector. In deze bijdrage hebben wij laten zien dat dataregulering in het publieke domein organisch is gegroeid.

De feitelijke vergaring en verwerking van data krijgt in de Awb weinig aandacht en de wisselwerking met het gegevensbeschermingsrecht blijft buiten beeld. Aan de hand van de Wob (en Woo), de AVG (en Wet Persoonsregistraties en WBP) en de WDO hebben we laten zien dat de omgang met data per wet wordt gereguleerd, waarbij het toepassingsbereik van die wetten sterk uiteenloopt. Zowel bestuursorganen als burgers moeten puzzelen om te achterhalen welke regels voor wie gelden.[60]

Dit heeft tot gevolg dat anno 2018 de overheid een sterk gefragmenteerde datahuishouding heeft en de Awb nagenoeg geen rol speelt bij het harmoniseren, vereenvoudigen of systematiseren van datagebruik door bestuursorganen. De Awb die beperkt blijft tot het normeren van (en rechtsbescherming bieden tegen) besluiten en (enkel) elektronisch individueel berichtenverkeer reguleert, verliest betekenis in de digitale en gedataficeerde overheid. De schakelbepaling van artikel 3:1, tweede lid, Awb en de algemene beginselen van behoorlijk bestuur bieden wel flexibiliteit om bepaalde normen ook op datagebruik als feitelijke handeling toe te passen, maar van een sturende rol ten aanzien van data kan (nog) niet worden gesproken. Technologische ontwikkelingen dwingen de wetgever om de blinde vlek van omgang van data onder de loep te nemen en na

---

[58] Die randvoorwaarden volgens deels uit de AVG, waarop de Wet Digitale Overheid is afgestemd. Op basis van art. 15 AVG hebben burgers recht op rectificatie en verwijdering van persoonsgegevens. Hoe dat zijn beslag zal krijgen, moet nog volgen uit uitvoeringsregelgeving, zie *Kamerstukken II*, 2017/18, 34972, 3, par. 4.

[59] Zie ook het Advies van de Raad van State, *Kamerstukken II*, 2017/18, 34972, A, p. 5. Ook Zwenne & Schmidt 2016, p. 307-385 zien dit als een van de meest kwetsbare punten voor de digitaliserende overheid.

[60] De Afdeling advisering heeft zeer recentelijk deze fragmentatie in het (ongevraagd) advies gesignaleerd. Zie W04.18.0230/I, in het bijzonder paragraaf 5.2 (Eenheid van wetgeving).

te denken over hoe bestuursorganen, waaronder toezichthouders, structureel met (persoons)gegevens moeten omgaan.

Wellicht dat de WDO die rol gaat vervullen en naast de Awb een belangrijke poot van het algemene bestuursrecht wordt. Dat valt thans lastig te voorspellen, omdat nog onduidelijk is hoe de WDO in tranches zal worden uitgebouwd. Wordt de WDO dé wet die besturen door de gedataficeerde overheid stuurt, dan verdient de rechtspositie van de burger meer aandacht. Op bestuurlijk, politiek en wetgevingsniveau zou meer moeten worden doordacht hoe data structureel genormeerd en gereguleerd kunnen worden. Dat is een noodzakelijke randvoorwaarde om de potenties van een datagedreven overheid te realiseren.

Coherentie en concurrentie met de Awb

Maar de bijzondere wetgever mag van de Awb afwijken. Dat zie je ook steeds vaker gebeuren, en ik ben ervan overtuigd dat we het alleen nog maar méér zullen zien. Het meest prangende voorbeeld is de verplichte digitale weg bij de belastingen. In steeds meer domeinwetgeving wordt de digitale weg al in afwijking van de Awb verplicht opgelegd.

Barbera Veltkamp
Rondetafelgesprek 25 jaar Awb
Utrecht, 30 augustus 2017

III

Hans Peters[*]

25 | Verbonden begrippen
Over de verhouding tussen de subjectbegrippen bestuursorgaan en rechtspersoon

@H_Peters – Er lijkt een groot verschil tussen subjecten: de privaatrechtelijke rechtspersoon en het publiekrechtelijke bestuursorgaan. Toch hebben zij veel met elkaar van doen. Hoe koppelen we deze subjectbegrippen? #rechtspersoon #bestuursorgaan #subjectbegrip

1. Inleiding

Als er al ooit een scherp onderscheid te maken viel tussen publiekrecht[1] en privaatrecht als rechtsgebieden,[2] is dat door de tijd vervaagd geraakt. De groei en emancipatie van het bestuursrecht is zeker daaraan debet.[3] Konijnenbelt schetst treffend dat het onderscheid beter kan worden gehanteerd door na te gaan welke kenmerken typisch privaatrechtelijk en typisch publiekrechtelijk worden geacht om daarmee – desgewenst – concrete toedelingen te kunnen maken.[4] Daarmee is ook het besef (kunnen) ontstaan dat het onderscheid overlappingen kent: vormen en normen die niet tot een van beide rechtsgebieden behoren, maar universeel ogen. Met het verschijnen van het gelijknamige handboek worden die aangeduid als het 'gemeenschappelijk recht'.[5] Het relativeert in steeds verdergaande mate klassieke onderscheidingen in publiekrecht en privaatrecht als stereotype rechtsgebieden.

Dit moge op het eerste gezicht vooral een wetenschappelijk discours lijken maar ook de rechtspraktijk stuit hierop en kan er last van ondervinden. Hier laat zich dan het adagium gevoelen dat niets zo praktisch is als een goede theorie![6] In het geldende bestuursrechtelijk systeem speelt het diffuse onderscheid op, omdat

---

[*] Mr. dr. J.A.F. Peters is universitair hoofddocent bestuursrecht aan de Radboud Universiteit.
[1] Hier wordt onder publiekrecht steeds het staats- en bestuursrecht begrepen en niet het strafrecht.
[2] Zie H.D. van Wijk/Willem Konijnenbelt & Ron van Male, *Hoofdstukken van bestuursrecht*, Deventer: Kluwer 2014, p. 407 e.v.
[3] Vgl. ook het eerste voorwoord in M.W. Scheltema & M. Scheltema, *Gemeenschappelijk recht*, Deventer: Kluwer 2013, p. VII.
[4] Deze visie wordt de eerste maal uiteengezet in de vijfde druk van het handboek van Van Wijk: Zie H.D. van Wijk/Willem Konijnenbelt, *Hoofdstukken van administratief recht*, Den Haag: Vuga 1984, p. 252.
[5] De eerste uitgave van het invloedrijke handboek *Gemeenschappelijk recht* van vader en zoon Scheltema verscheen (pas) in 2003.
[6] Dit adagium wordt toegeschreven aan Kurt Lewin (1890-1947), een van de grondleggers van de gestaltpsychologie en bekend van de veldtheorie.

daar – zowel materieelrechtelijk als formeelrechtelijk – normatieve keuzes en beslissingen aan de kwalificatie publiekrechtelijk/privaatrechtelijk worden opgehangen. Dat betreft vooreerst de kwalificatie van een besluit als publiekrechtelijke rechtshandeling met onmiddellijk in het kielzog de rechtsmacht van de bestuursrechter. Het verbaast niet dat bij maatschappelijk discussies zoals die over de gang van zaken binnen het sociaal domein dan ook systematische vraagpunten in beeld komen.[7] Voor het maatschappelijk gevoel zitten juridisch dogmatische kwalificaties de rechtsbescherming in de weg en raakt het bestuursrechtelijke systeem oververhit door arbitraire en relatieve kwalificatiekwesties. Dat geeft dan een aanzet tot het doordenken van systematische variaties,[8] waarbij de kwalificatie privaatrechtelijk/publiekrechtelijk als het ware zoveel mogelijk wordt ontweken. Natuurlijk kunnen die variaties zowel op het procesrechtelijk deel als op het materiële recht zien. Mooie voorbeelden hiervan treft de lezer (ook) in deze bundel aan.[9]

Het onderscheid tussen publiekrecht en privaatrecht moge aldus weerbarstig zijn en kan in het rechtssysteem allerlei zaken op scherp of juist op losse schroeven zetten. Opmerkelijk is dat het subjectbegrip zich onttrekt aan die hectiek. Met de invoering van het begrip bestuursorgaan in het bestuursrecht is er van meet af aan een duidelijk ander subjectbegrip gehanteerd: in het bestuursrecht draait het om het *bestuursorgaan* en in het privaatrecht om de *rechtspersoon*. Daaraan is nooit getornd en het verschil is evident. Over het verschil in subjectbenadering valt ook nagenoeg geen literatuur te vinden.[10] Een rustpuntje in de diffuse verhouding tussen publiekrecht en privaatrecht derhalve: strikt gescheiden, eigen persoonsbegrippen, geldend op het eigen terrein en waarmee een helder, strak en hanteerbaar onderscheid wordt gemaakt. Maar is dat geen schone schijn of zelfs een schijn die bedriegt? In deze bijdrage wordt de verhouding van beide subjectbe-

---

[7] Waarbij ik aanteken dat zulks niet wil zeggen dat de concrete knelpunten niet binnen het geldende systeem kunnen worden opgevangen. Zie daarover mijn 'In de ban van het besluit', in: R.J.N. Schlössels e.a. (red.), *In het nu...Over toekomstig bestuursrecht*, Deventer: Wolters Kluwer 2018.

[8] De lotgevallen in het sociaal domein hebben die 'evaluatie' een enorme impuls gegeven (vgl. het themanummer 'Rechtsbescherming in het sociaal domein', *NTB* 2018, nr. 1), waar die na het rapport van de Commissie Rechtsbescherming van de Vereniging voor Bestuursrecht VAR, *De toekomst van de rechtsbescherming tegen de overheid*, Den Haag: Boom Juridische uitgevers 2004, langzaam wat leek te zijn weggezakt, met als uitzondering de studies van Van Ommeren en Huisman naar de bestuursrechtelijke rechtsbetrekking. Zie daarover Peters 2018.

[9] Zie onder meer de bijdragen van Lukas van den Berge, Raymond Schlössels en Pim Huisman.

[10] Uiteraard wel over de onderscheiden subjectbegrippen als zodanig, maar niet over de onderlinge verhouding. Een indirecte uitzondering – ik kom daar nog op terug – vormt N. Jak en C.N.J. Kortmann, 'Procesbevoegdheid van de overheid in een burgerlijk geding', *NTB* 2017/40, maar zij ontkoppelen vroegtijdig (zie p. 359) rechtssubjectiviteit en procesbevoegdheid in hun artikel.

grippen nader beschouwd: in hoeverre hebben zij toch niet met elkaar van doen, zitten zij elkaar in het vaarwater en zou niet een eenduidig subjectbegrip in de toekomst te prefereren zijn en – niet onbelangrijk – ook realiseerbaar zijn?

2. Fundamentele verscheidenheid

De rechtspersoon is een fictie, waarover in rechtstheoretisch perspectief heel wat te doen is geweest,[11] maar die uiteindelijk als juridische realiteit breed is aanvaard. Die aanvaarding heeft wellicht een wettelijke definitie in Boek 2 van het Burgerlijk Wetboek in de weg gestaan. Door Meijers – de ontwerper van Boek 2 BW – zijn wel twee kenmerkende eigenschappen aangegeven, t.w. een afgescheiden vermogen met eigen aansprakelijkheid en een bestaansdoel dat niet gebonden is aan het bestaan en de belangen van individueel bepaalde personen.[12] Vanuit die kenmerkende eigenschappen speelde de vraag op of de gelijkstelling van de rechtspersoon met een natuurlijk persoon voor het vermogensrecht, zoals neergelegd in artikel 2:5 BW, eigenlijk wel nodig was. Die discussie kan niet los worden gezien van het tijdgewricht en de omstandigheden waarin die zich afspeelde: de codificatie van het rechtspersonenrecht in een boek van het (nieuwe) Burgerlijk Wetboek. Thans zou die discussie niet meer worden gevoerd en sterker nog: het subjectbegrip rechtspersoon heeft de vleugels uitgeslagen en is ook buiten het vermogensrecht als zodanig aanvaard, bijvoorbeeld in artikel 51 Sr. Die uitwaaiering kan niet verrassen als de kenmerkende eigenschappen in ogenschouw worden genomen: daar waar vermogensrechtelijke identiteit en aansprakelijkheid speelt, wordt het subjectbegrip van de rechtspersoon aanvaard en gehanteerd, naast de natuurlijke persoon.[13]

Dat ook de overheid aldus past in het profiel van rechtspersoonlijkheid, moge evident zijn.[14] Meijers heeft ook een goede poging gedaan om de overheidsorganisatie als complex van rechtspersonen te definiëren in het eerste artikel van Boek 2 BW.[15] Die poging houdt verband met het door Meijers voorgestane 'gesloten systeem van rechtspersonen' – toekenning van de rechtssubjectiviteit is het mo-

---

[11] Zie de korte uiteenzetting over de verschillende 'leren' in J.A.F. Peters, *Publiekrechtelijke rechtspersonen*, Zwolle: W.E.J. Tjeenk Willink 1997, p. 11-15.
[12] Zie C.J. van Zeben e.a., *Parlementaire geschiedenis van het Nieuwe Burgerlijk Wetboek. Boek 2 Rechtspersonen*, Deventer/Antwerpen: Æ.E. Kluwer 1962, p. 17.
[13] Dat geldt ook voor art. 51 Sr waar het om daderschap gaat, om de eenvoudige reden dat een juridische fictie moeilijk achter de tralies gaat en niet anders kan worden bestraft dan door een vermogensrechtelijke sanctie.
[14] Vgl. C. Asser/P. Scholten, *Vertegenwoordiging en rechtspersoon*, Zwolle: W.E.J. Tjeenk Willink 1940, p. 109-110. Ook bij de totstandkoming van het nieuwe BW vormde dat ook geen punt van discussie en/of toelichting, zie Van Zeben 1962, p. 59.
[15] Dat is niet op alle punten even goed gelukt – zie Peters 1997, hfst.3 – maar dat valt de civilist Meijers – wellicht een van de meest indrukwekkende en eminente rechtsgeleerden van de vorige eeuw – niet euvel te duiden.

nopolie van de wetgever[16] – en de wil om bij (her)codificatie de rechtspersonen op één plek in het nieuwe Burgerlijk Wetboek bijeen te brengen. Naast andere categorieën van rechtspersonen – de kerkgenootschappen en de privaatrechtelijke rechtspersonen – zijn in artikel 2:1 BW de 'publiekrechtelijke rechtspersonen' gedefinieerd. Het is in het bestek van deze bijdrage ondoenlijk en ook onwenselijk om dat artikel hier te analyseren.[17] Wat hier wel relevant is en ook benadrukt moet worden, is dat rechtspersoonlijkheid een eenduidige betekenis heeft. Het gaat in de kern om de twee kenmerkende eigenschappen en het is louter die vermogensrechtelijke subjectivering die met de plaatsing in Boek 2 BW wordt bevestigd, ongeacht welke categorie van rechtspersonen. Dat is de primaire en cruciale betekenis van rechtspersoonlijkheid. Dat het subjectbegrip op andere plaatsen vervolgens wordt gehanteerd – zoals in het strafrecht – laat die betekenis onverlet en voegt daaraan hooguit een (extra) dimensie toe.[18] In mijn ogen staan de publiekrechtelijke rechtspersonen dan ook op de juiste plaats in artikel 2:1 BW. Voor overheveling van deze rechtspersonen naar de Awb[19] bestaat dan ook (nu) geen reden: aan het wezen van de publiekrechtelijke rechtspersoon komt geen andere dan de primaire privaatrechtelijke betekenis toe. Die vermogensrechtelijke ratio van de rechtspersoonlijkheid past niet in de publiekrechtelijke omgeving van de Awb[20] en voegt daar ook niets aan toe – behoudens dat daaraan een symbolische waarde ter zake van de emancipatie van het bestuursrecht kan worden toebedacht. Maar dan wordt de juridische ratio verdrongen door andere motieven en sentimenten.

In het privaatrecht is de rechtspersoon het centrale subjectbegrip – uiteraard naast de natuurlijke persoon – zodra zich vermogensrechtelijke kwesties voordoen. Daarmee is het begrip inherent ongeschikt – of beter gezegd: daarvoor is het niet ontwikkeld – om te worden gehanteerd als subjectbegrip in publiekrech-

---

[16] Zie daarover ook de bijdrage van Frank van Ommeren aan deze bundel.
[17] Ik heb dat al eens uitgebreid gedaan in mijn dissertatie, zie Peters 1997.
[18] De Volkel- en Pikmeer-jurisprudentie plaatst de publiekrechtelijke rechtspersonen in een bijzondere positie in het kader van art. 51 Sr., maar dat heeft geen enkele invloed op de primaire betekenis van rechtspersoonlijkheid in het vermogensrecht. Uiteraard moet men zich welbewust zijn van de extra dimensie die zo'n reflexwerking op een ander rechtsgebied met zich meebrengt.
[19] Zoals elders betoogd in deze bundel door Frank van Ommeren.
[20] Om diezelfde reden heeft Meijers de rechtspersoonlijkheid van de Staat en andere openbare lichamen in art. 2:1, eerste lid, BW neergelegd en niet in de onderscheiden publiekrechtelijke organieke regelingen. Zie Van Zeben 1962, p. 59. Daarover kan nu – achteraf – anders worden gedacht binnen de verhouding van het eerste en tweede lid van art. 2:1 BW – vgl. ook Peters 1997, p. 102 e.v. – maar dan betreft het de toekenning van rechtspersoonlijkheid in de specifieke organieke regeling (zoals al vaak gebeurt op basis van art. 2:1, tweede lid, BW) en niet de overname van de toekenning in een algemene bestuursrechtelijke wet.

telijk perspectief.[21] Het publiekrecht richt zich op verwezenlijking en borging van de democratische rechtsstaat en in dat kader vormt het vermogensrecht niet het richtsnoer voor regulering en normering. Juist vanuit zijn functie volgt het publiekrecht – en hier meer in het bijzonder: het publiek organisatierecht[22] – de lijnen van de macht en de machtsuitoefening. Draaipunt vormt de publiekrechtelijke bevoegdheid, die vervolgens invulling geeft aan de twee relevant(st)e samenhangende begrippen: het subjectbegrip als de bevoegdheidsdrager en het handelingsbegrip als de bevoegdheidsuitoefening. Het maakt in de Awb de begrippen bestuursorgaan (voorheen golden begrippen als 'administratief orgaan' en 'ambt')[23] en besluit (daarvoor gold in de wettelijk systemen van de Wet BAB en de Wet Arob het beschikkingsbegrip) tot de centrale begrippen.

Het vorenstaande impliceert een verband tussen de verschillende subjectbegrippen: zodra de handel en wandel van het publiekrechtelijk subject vermogensrechtelijke consequenties heeft, komt men als vanzelf bij het privaatrechtelijke subject uit.[24] Dat vloeit logischerwijs voort uit het verschillende oogmerk van de ordening op de onderscheiden rechtsgebieden, die ook de verschillen in subjectbegrippen met zich meebrengen. Datzelfde toerekeningspatroon wordt thans – sinds de invoering van de Vierde tranche Awb[25] – bewerkstelligd door de bepaling van artikel 1:1, vierde lid, Awb.[26] Voor de wisselwerking tussen het publiek organisatierecht en het vermogensrecht is die bepaling niet noodzakelijk en bevestigt die slechts wat al uit het systeem voortvloeit. Binnen de gekozen wetstechniek van de Awb was de bepaling echter wel degelijk nodig. Met de Vierde tranche werd titel 4.4 van de Awb ingevoerd, dat handelt over de bestuursrechtelijke geldschulden. Met die titel gelden bijzondere bepalingen bij geldschulden aan de overheid. Dat zijn dus vermogensrechtelijke kwesties, waarbij in titel 4.4 echter als

---

[21] Vanuit een vergelijkende optiek kan een onderscheid opdoemen in 'rechtspersoonlijkheid naar privaatrecht' en 'rechtspersoonlijkheid naar publiekrecht' maar dat sluit niet aan bij ons rechtssysteem, voorziet niet in enige behoefte en werkt slechts verwarring in de hand. Zie in soortgelijke zin: C.P.J. Goorden, *Rechtsbevoegdheid in het bestuursrecht*, Zwolle: W.E.J. Tjeenk Willink 1990, p. 46 e.v.
[22] Zie S.E. Zijlstra, *Bestuurlijk organisatierecht*, Deventer: Kluwer 2009, hfst. 1.
[23] Zie Zijlstra 2009, p. 43.
[24] Dat privaatrechtelijk subject – de rechtspersoon – kan voor verschillende publiekrechtelijke subjecten – bestuursorganen – dezelfde zijn. Dat speelt vooral (maar niet uitsluitend) bij de Staat der Nederlanden. Dan kan blijken dat verschillende organen of onderdelen van de publiekrechtelijke organisatie als één privaatrechtelijk subject beschouwd worden met de vermogensrechtelijke effecten van dien. Zie bijv. ter zake van het pluraliteitsvereiste van schuldeisers bij faillissement HR 26 oktober 2018, ECLI:NL:HR:2018:1988: vorderingen van het ministerie van Sociale Zaken en Werkgelegenheid en van de Belastingdienst behoorden tot een en dezelfde rechtspersoon en het betrof dus maar één crediteur.
[25] Inwerking getreden op 1 juli 2009, zie *Stb.* 2009/266.
[26] De toerekening van bestuursorgaan naar vermogen is overigens niet altijd eenvoudig. Zie J.A.F. Peters, 'Over bestuursorganen en hun rechtspersonen', *NTB* 2005/25. Ik laat dit aspect (mede) wegens ruimtegebrek hier buiten beschouwing.

subject het bestuursorgaan wordt gehanteerd. Binnen de Awb moge dat een gemakkelijke en strakke vormgeving zijn, maar gegeven de verschillende subjectbegrippen moet er dan in de Awb nog een vertaalslag plaatsvinden en daarvoor is het vierde lid van artikel 1:1 Awb ingevoerd.[27] Door deze regel echter in de algemene bepalingen van de Awb te plaatsen, is tegelijkertijd de hoofdregel die voortvloeit uit het systeem gecodificeerd.[28]

3. Wettelijke verbondenheid

De subjectbegrippen uit het bestuursrecht en het vermogensrecht liggen in systematisch perspectief in elkanders verlengde. Met de komst van de Awb zijn ze echter nauwer met elkaar verbonden geraakt. Het begrip bestuursorgaan kent in artikel 1:1 Awb een onderverdeling in de zogenoemde 'a-organen' en 'b-organen'. Op welke wijze hebben die begrippen met rechtspersoonlijkheid van doen?

Men kan vooropstellen dat in beide verschijningsvormen van het bestuursorgaan zich een rechtspersoon kan manifesteren. Bij het b-orgaan doet zich veelvuldig de situatie voor dat het een rechtspersoon is, die met openbaar gezag is bekleed. Bij het a-orgaan gaat het om een orgaan van 'een rechtspersoon die krachtens publiekrecht is ingesteld'. Met deze omschrijving werd in een late fase in de totstandkoming van de Eerste tranche van de Awb[29] een voor het rechtspersonenrecht vreemd begrip geïntroduceerd. In het systeem van de categorieën rechtspersonen in Boek 2 BW kon het echter niet anders dan dat men bij zo'n omschrijving uitkomt op artikel 2:1 BW. Daarin ligt immers een koppeling besloten tussen de publiekrechtelijke organisatie en rechtspersoonlijkheid. Die constatering wordt ook (later) bevestigd in de parlementaire geschiedenis van de Eerste tranche.[30] Met de 'rechtspersoon die krachtens publiekrecht is ingesteld' is een-

---

[27] Zie *Kamerstukken II* 2003/04, 29702, 3, p. 26.
[28] Zie *Kamerstukken II* 2003/04, 29702, 3, p. 27. De vertaalslag geldt ook voor de werking van de schakelbepaling van art. 3:1, tweede lid, Awb zodra de 'andere handeling van een bestuursorgaan dan een besluit' een privaatrechtelijke rechtshandeling betreft. Bij de invoering van deze bepaling – per 1 januari 1994 met de Eerste tranche Awb – kwam het verschil in subjectbegrip niet aan de orde, omdat de schakelbepaling zou zien op de beslissing van een bestuursorgaan, die aan de handeling voorafgaat (en welke bij een privaatrechtelijke rechtshandeling een besluit oplevert, zoals blijkt uit art. 8:3, tweede lid, Awb). Zie *PG Awb I*, p. 191-192. De gekozen formuleringen in de toelichting, waarop de schakeling nu precies ziet – de handeling en/of de beslissing tot die handeling (ook de feitelijke handeling wordt genoemd) – zijn – bewust of onbewust? – niet heel erg duidelijk.
[29] Het betrof hier een nota van wijziging van 17 december 1990. Zie *PG Awb I*, p. 136. De Eerste tranche werd in de wet van 5 juni 1992, *Stb.* 315 vastgelegd.
[30] Zie de toelichting in de Nota naar aanleiding van het eindverslag van 19 augustus 1991, *PG Awb I*, p. 138, waarin klip en klaar staat: 'Het begrip rechtspersonen die krachtens publiekrecht zijn ingesteld, omvat allereerst de openbare lichamen waarvan artikel 1, eerste lid, Boek 2 BW bepaalt dat ze rechtspersoonlijkheid bezitten (....) Daarnaast

voudigweg de publiekrechtelijke rechtspersoon bedoeld. Waarom in de Awb niet de terminologie van Boek 2 BW wordt aangehouden, is volkomen onduidelijk.

In de verhouding van het a-orgaan en b-orgaan – bij de kwalificatie betreft het in volgorde een a-orgaan *'of'* een b-orgaan – betekent dit dat het bij een rechtspersoon als b-orgaan nooit om een publiekrechtelijke rechtspersoon kan gaan. Maar er schuilt in de definities van a- en b-organen nog een belangwekkender verschil als de functie van de rechtspersoon daarbij wordt bezien. Anders dan bij b-organen maakt de rechtspersoon bij a-organen onderdeel uit van de definitie. Meer vanuit het perspectief van het publiek organisatierecht uitgedrukt: bij een b-orgaan kan een rechtspersoon *ambtsdrager* zijn, waar de publiekrechtelijke rechtspersoon bij een a-orgaan onderdeel van (de definitie van) het *ambt*[31] vormt. Dat werpt een fundamentele vraag op: in hoeverre is een vermogensrechtelijk begrip als rechtspersoon geschikt om een centraal publiekrechtelijk subjectbegrip te definiëren?[32]

Het antwoord op die vraag is heel eenvoudig als die vanuit een inhoudelijk normatieve invalshoek wordt benaderd: het begrip is daarvoor ongeschikt. Het begrip rechtspersoon is een vermogensrechtelijke onderscheiding en er bestaat geen inhoudelijk verband met de definiëring van een subject dat vervolgens volledig[33] aan publiekrechtelijke normering wordt onderworpen. De verklaring voor het gebruik van de rechtspersoonlijkheid in het publiekrechtelijk subjectbegrip moet dus niet in een inhoudelijk verband gezocht worden. De reden is echter gelegen in de wil van de Awb-wetgever om de Awb van toepassing te laten zijn zodra er sprake is van *bestuur*.[34] Een streven om de toepasselijkheid van de Awb

---

omvat het de rechtspersonen waarvan de rechtspersoonlijkheid uit een bijzondere publiekrechtelijke wet voortvloeit (artikel 1, tweede lid, Boek 2 BW)'.

[31] Zie over dit klassieke onderscheid van begrippen Zijlstra 2009, p. 44.

[32] Het gebruik van de rechtspersoonlijkheid in de definitie van het a-orgaan is voor Van Ommeren – zie zijn bijdrage in deze bundel – reden om overheveling van art. 2:1 BW naar de Awb te bepleiten.

[33] A-organen zijn – anders dan b-organen – ook bij feitelijk handelen en bij privaatrechtelijke rechtshandelingen onderworpen aan publiekrechtelijke normering, zoals blijkt uit de jurisprudentie van de Hoge Raad (HR Amsterdam/Ikon en HR Conformed) en de toepassing van de schakelbepaling van art. 3:1, tweede lid, Awb. Opgemerkt moet worden dat met de schakelbepaling aansluiting is gezocht bij de Ikon-jurisprudentie maar omdat die jurisprudentie ziet op de *handeling als zodanig* en de toelichting bij de schakelbepaling rept over de *beslissing tot het verrichten* (zie hiervoor noot 28) zou er welbeschouwd een verschil tussen de schakelbepaling en de Ikon-jurisprudentie kunnen bestaan. In de praktijk wordt echter uitgegaan van hetzelfde resultaat. Dat valt ook zeker te verdedigen nu art. 3:1, tweede lid, Awb publiekrechtelijke normen doet gelden ter zake van de 'andere handelingen van bestuursorganen dan besluiten' en die normering wordt opgepikt aan privaatrechtelijke zijde met art. 3:14 BW. Zie daarover J.A.F. Peters & S.E. Zijlstra, 'Onscherp, maar wel ver genoeg? Hybride organisaties en publiekrechtelijke normering', in: G.H. Addink e.a. (red.), *Grensverleggend bestuursrecht*, Alphen aan den Rijn: Kluwer 2008, p. 117-118.

[34] Zie *PG Awb I*, p. 138.

zo ruim mogelijk in te zetten – alvorens die zichzelf beperkt[35] met het handelingsbegrip van het besluit. En daarvoor vormt de rechtspersoonlijkheid zoals gedefinieerd in het eerste artikel van Boek 2 BW een in wezen willekeurig maar uiterst effectief aanknopingspunt.[36] Maar wil men de ratio van de definitie van het a-orgaan uitleggen, dan doet men er goed aan om die te benaderen vanuit het publiekrechtelijk doel en niet vanuit een inhoudelijk verband met de rechtspersoonlijkheid, want dat ontbreekt. De constructie van artikel 2:1 BW biedt het publiekrechtelijk organisatierecht een uniek aanknopingspunt omdat daarin alle verschijningsvormen van publiekrechtelijke organisaties – openbare lichamen, zelfstandige bestuursorganen en wat dies meer zij – gebundeld zitten. Met dank derhalve aan Meijers, die de poging heeft willen wagen om de overheidsorganisatie in een benoemde categorie rechtspersonen in artikel 2:1 BW te definiëren. Daarmee kan op relatief eenvoudige wijze het formeel openbaar bestuur in ruime zin[37] worden geduid. Het 'restant' materieel openbaar bestuur wordt dan vervolgens langs het handelingsbegrip en het b-orgaan benaderd.

Kortom: de rechtspersoonlijkheid van artikel 2:1 BW als kernelement in de definitie van het publiekrechtelijke subjectbegrip bestuursorgaan kent geen normatieve noodzaak ('niet omdat het moet') maar geeft wel een gewenst bereik aan de definitie ('maar omdat het kan'). Geen normatieve verbondenheid van begrippen maar wel een feitelijke effectieve koppeling.

4. Collisie van begrippen

Twee subjectbegrippen met hun eigen betekenis, functie en dynamiek, die in beginsel binnen het juridische systeem in elkaars verlengde liggen. Desalniettemin kunnen ze met elkaar in botsing komen. De toepassing van de verschillende subjectbegrippen in een casus leidt in concreto tot de betrokkenheid van verschillende actoren. In die toepassing kunnen conflicten ontstaan. Opgemerkt moet

---

[35] Die beperkende werking gaandeweg vloeit voort uit de gelaagde opbouw van de Awb.
[36] Deze willekeurige verbinding kan echter wel gevolgen hebben voor de gebruiksmogelijkheden van het subjectbegrip bestuursorgaan. In mijn ogen maakt dit het subjectbegrip bijv. ongeschikt om de definiëring van een bestuursrechtelijke rechtsbetrekking volledig aan op te hangen. Om die reden zal zo'n rechtsbetrekking naar mijn mening vooralsnog nooit los kunnen komen van het besluitbegrip en in het huidige systeem altijd 'besluitgerelateerd' zijn. Zie daarover Peters 2018.
[37] De koppeling van bestuursorgaan aan rechtspersonen zoals genoemd in het eerste lid van art. 2:1 BW valt nog te begrijpen nu deze samenvallen met de openbare lichamen als staatsrechtelijke organisatievorm. Maar de rechtspersonen zoals bedoeld in het tweede lid vormen een bonte verzameling, waarbij niet (steeds) het publiekrechtelijke perspectief of organisatievorm vooropstaat maar juist de subjectiviteit (rechtspersoonlijkheid) in het privaatrecht. Dat maakt die categorie voor dit doel – de koppeling met bestuursorgaan en definiëring van openbaar bestuur – tamelijk willekeurig. In de toelichting op art. 1:1 Awb – zie *PG Awb I*, p. 138 – wordt hierop niet verder ingegaan.

worden dat deze problematiek vooral bij a-organen speelt en niet zozeer bij b-organen omdat daarbij de (privaatrechtelijke) rechtspersoon als ambtsdrager en het bestuursorgaan als ambt samenvallen.

Een klassiek voorbeeld waarbij het verschil in subjectbegrippen en daarmee actoren opspeelt, is de bevoegdhedenovereenkomst. Deze wordt naar huidig recht als een privaatrechtelijke overeenkomst beschouwd[38] – met de rechtspersoon als subject – waarbij het onderwerp van de overeenkomst de uitoefening van een publiekrechtelijke bevoegdheid is, waarover het bestuursorgaan gaat. Dat geeft de overeenkomst een 'gemengd karakter'.[39] Het verschil in subjectbegrippen wil niet altijd zeggen dat men bij verschillende actoren uitkomt. Zo bepaalt binnen de rechtspersoon gemeente (artikel 2:1, eerste lid, BW) het college van burgemeester en wethouders de 'wil' van de rechtspersoon (artikel 160, eerste lid onder e, Gemeentewet) en zal veelal ook het college het bevoegde bestuursorgaan zijn.[40] Maar dat ligt bijvoorbeeld bij gemeentelijke belastingen alweer anders, zodra de heffingsambtenaar het bevoegde bestuursorgaan is. Als de betrokken actoren dan verschillende stellingen innemen, zijn de poppen aan het dansen. De botsing van verschillende betrokken actoren, veroorzaakt door het verschil in subjectbegrippen, leidt uiteraard tot de vraag wiens wil hier dan wet dient te zijn. In de jurisprudentie kiest de burgerlijke rechter voor het primaat van het publiekrecht: er kan in civilbus wel schadevergoeding worden gevorderd bij wanprestatie in het kader van een bevoegdhedenovereenkomst maar geen nakoming.[41] Voor de inhoudelijke nakoming dient men ageren tegen het publiekrechtelijke subject en het publiekrechtelijke traject van bezwaar en beroep volgen. Daarin speelt dan de overeenkomst als een bron van vertrouwen.[42]

Een oplossing voor dit klassieke probleem van de bevoegdhedenovereenkomst is uiteraard om deze overeenkomst te gaan duiden als een publiekrechtelijke overeenkomst, waarbij dan ook het publiekrechtelijke subject optreedt. Dat is denkbaar en verdedigbaar. Zoals in de beginparagraaf van deze bijdrage betoogd, is de grens tussen publiekrecht en privaatrecht niet heel scherp te trekken en is het wellicht handzamer om op basis van kenmerken toe te rekenen aan een der rechtsgebieden. Aldus kan ook een overeenkomst – als gemeenschappelijke

---

[38] Zie ook P.J. Huisman, *De bevoegdhedenovereenkomst*, Den Haag: Boom Juridische uitgevers 2012, p. 98 en 601.
[39] Zie r.o. 3.6.2 in HR 8 juli 2011, ECLI:NL:HR:2011:BP3057 (Etam/Zoetermeer)
[40] Opgemerkt moet worden dat uiteraard de burgemeester bevoegd is om de rechtspersoon gemeente te vertegenwoordigen (art. 171 Gemeentewet) maar dat is 'slechts' vertegenwoordiging: het draaipunt zit eerder bij de bepaling van het standpunt van de rechtspersoon.
[41] Zie HR 8 juli 2011, ECLI:NL:HR:2011:BP3057 (Etam/Zoetermeer).
[42] Bijv. ABRvS 8 september 2004, ECLI:NL:RVS:2004:AQ9924. Opmerkelijk is HR 11 oktober 2013, ECLI:NL:HR:2013:BZ7849 (precariobelasting Baarn), waarin de hoogste belastingrechter (een bestuursrechter!) verder gaat en nakoming van de overeenkomst als normatief uitgangspunt neemt bij de beoordeling van het besluit.

rechtsfiguur[43] – op basis van verschillende kenmerken aan het publiekrecht worden toegerekend.[44] Dat is mogelijk bij een zuivere bevoegdhedenovereenkomst, maar vaak is de overeenkomst een mengeling van publiekrechtelijke en privaatrechtelijke aspecten, al was het alleen al omdat er voor de burger altijd een civiele tegenprestatie aan vastzit – en die daarop aangesproken kan worden in het kader van de overeenkomst – en dat evenzeer aan overheidszijde het geval kan zijn.[45] Anders gezegd: het gemengde karakter van de bevoegdhedenovereenkomst kan al snel op meer zien dan louter de combinatie van 'overeenkomst' en 'publiekrechtelijke bevoegdheid'.

De Hoge Raad heeft laatstelijk de bevoegdhedenovereenkomst omschreven als 'een overeenkomst waarbij een bestuursorgaan, of het overheidslichaam waartoe dat orgaan behoort, zich bindt met betrekking tot de uitoefening van hem toekomende publiekrechtelijke bevoegdheden'.[46] Het springt in het oog dat hier verschillende subjectbegrippen aangehaald worden.[47] Het is echter de vraag welke betekenis daaraan toegekend zou kunnen/moeten worden. De burgerlijke rechter toont zich – opnieuw – welbewust van het gemengde karakter van de overeenkomst maar wikkelt vervolgens 'gewoon' de schadeclaim van de rechtspersoon gemeente in civilibus af. Daarbij valt het ook op dat in de omschrijving gesproken wordt over het 'overheidslichaam', waar juist hier de rechtspersoon – zowel in het perspectief van de burgerlijke rechter als van artikel 1:1 Awb – veeleer voor de hand had gelegen. Daarmee levert dit arrest zeker 'food for thought' op maar welbeschouwd ook niet meer dan dat.

Een ander voorbeeld waarbij het onderscheid van subjectbegrippen opspeelt, biedt de zogeheten 'parallelle-wegenleer' zoals die aan de orde is gekomen in het arrest Amsterdam/Geschiere.[48] Daarin speelde dat een burger pas een standplaats op gemeentegrond in gebruik kon nemen indien hij beschikte over een publiekrechtelijke standplaatsvergunning én een privaatrechtelijke toestemming. Deze casuïstiek wordt al snel geassocieerd met 'laat je linkerhand niet weten wat je rechter doet'[49] maar ook hier kan een betrokkenheid van verschillende actoren opspelen. Evenals bij de bevoegdhedenovereenkomst hoeft dat niet steeds het geval te zijn, maar in de casus van Geschiere ging het college van burgemeester en wethouders van de gemeente Amsterdam over de privaatrechtelijke toestemming en was het bestuur van het Stadsdeel Zuidoost het bevoegde bestuurs-

---

[43] Zie ook Van Wijk/Konijnenbelt & Van Male 2014, p. 241.
[44] Huisman doet dat met behulp van de idee van de bestuursrechtelijke rechtsbetrekking, zie Huisman 2012, p. 602 e.v.
[45] Die vermenging speelt ook binnen de bestuursrechtelijke rechtsbetrekking op, zie Peters 2018, p. 34.
[46] Zie r.o. 3.5.2 in HR 24 maart 2017, ECLI:NL:HR:2017:483 (BMV/Bladel).
[47] Zie de noot van F.J. van Ommeren & G.A. van der Veen in *AB* 2017/339.
[48] HR 5 juni 2009, ECLI:NL:HR:2009:BH7845 (Amsterdam/Geschiere), zie uitgebreid mijn 'Privaatrechtelijke toestemming en publiekrechtelijke vergunning', in: R.J.N. Schlössels e.a. (red.), *JB Select*, Den Haag: Sdu 2014, p. 561 e.v.
[49] Matteüs 6:1-3, maar daar ging het om het geven van aalmoezen.

orgaan ter zake van de standplaatsvergunning. Amsterdam/Geschiere kenmerkt zich door een spagaat ten gevolge van verschillende subjectbegrippen en dientengevolge verschillende actoren. Het is wellicht typerend hoe de Hoge Raad als civiele rechter vervolgens hier overheen stapt en bepaalt onder welke omstandigheden de rechtspersoon gemeente de toestemming mag weigeren. Dat is een hele praktische benadering met ook een gewenste uitkomst in het kader van de rechtsbescherming. Niettemin laat deze aanpak de botsing van de subjectbegrippen links liggen, waar die strikt genomen – ook bij deze uitkomst – een rol had kunnen – of misschien wel: moeten – spelen.[50]

5. Naar één begrip?

De botsing van subjectbegrippen doet de vraag ontstaan of niet in het publiekrecht en privaatrecht met eenzelfde subjectbegrip kan worden gewerkt, waarmee tweespalt vanwege de betrokkenheid van verschillende actoren kan worden voorkomen. Afgaande op de vorenstaande lijkt die kans niet reëel aanwezig: hoezeer verbonden missen de begrippen bestuursorgaan en rechtspersoon ten enenmale normatieve verbinding. Toch wil dat nog niet zeggen dat de verhouding tussen beide begrippen niet kan worden verbeterd. In welk perspectief moet men dan denken?

Een samenval van subjectbegrippen is vanwege de eigen specifieke functie niet haalbaar. Zoals gezegd: er speelt wel verbondenheid maar uiteindelijk dienen de subjectbegrippen hun eigen specifieke doelen en zijn daarop toegesneden. Inwisseling van de subjectbegrippen zou daardoor aan beide zijden normatieve kortsluiting geven. Dat betekent – second best – dat gestreefd zou moeten of kunnen worden naar een zo soepel mogelijke doorschakeling van de begrippen. Anders gezegd: zorgen dat de begrippen in hun toepassing zo min mogelijk conflicteren. De sleutel daarvoor ligt dan op het niveau van de actoren die in concrete situaties ten gevolge van de uiteenlopende subjectbegrippen betrokken zijn. Vraag is dan: hoe kan (zoveel mogelijk) worden voorkomen dat bij gebruik van het eigen subjectbegrip verschillende actoren optreden?

Een mogelijkheid daartoe biedt het vierde lid van artikel 1:1 Awb. Dat bevat een algemene bepaling waarin het vermogensrechtelijke wel en wee van een bestuursorgaan wordt omgezet naar (het vermogen van) de rechtspersoon. Wel nu, die bestuursrechtelijke bepaling kan evenzeer andersom in het privaatrecht worden ingezet. Dan wordt het denkbaar dat in het privaatrecht het bestuursorgaan – het a-orgaan[51] – als actor wordt aangemerkt. Dat hoeft daar niet te leiden

---

[50] Simpelweg de vraag: *waarom* zou de rechtspersoon – wiens wil wordt bepaald door het college van burgemeester en wethouders – bij zijn toestemming rekening moeten houden met wat een (ander) bestuursorgaan in publiekrechtelijk opzicht doet of vindt.
[51] Zoals in par. 4 aangegeven speelt tweespalt van de begrippen niet bij een b-orgaan omdat daar – in het geval van een rechtspersoon – bestuursorgaan en privaatrechtelijke rechtspersoon steeds tezamen vallen.

tot kortsluiting, immers zodra er vermogensrechtelijke consequenties opdoemen, schakelt artikel 1:1, vierde lid, Awb die als vanzelf door naar de rechtspersoon als achterliggend vermogen. Zie het als een herverdeling in de rolbezetting van subjectbegrippen in het privaatrechtelijk verkeer, waarbij beide subjectbegrippen hun eigen functie en betekenis kunnen blijven behouden. Artikel 1:1, vierde lid, Awb werkt dan als een tussenschakel tussen de subjectbegrippen en maakt het mogelijk dat de betrokken actoren dezelfde zijn. Eerder hebben ook Jak en Kortmann deze schakeling in ogenschouw genomen,[52] maar hielden die beperkt tot de procesbevoegdheid in het burgerlijk geding. De schakeling hier gaat een stap verder om het verschil in subjectbegrippen in het rechtsverkeer hanteerbaar(der) te maken. Die vervolgstap lijkt mij een vanzelfsprekende zodra de impact van artikel 1:1, vierde lid, Awb onder ogen wordt gezien: dan gaat de schakeling verder dan de procesbevoegdheid.

Er is – zoals zo vaak – natuurlijk een grote 'maar…'. Deze mogelijkheid tot verbetering van de verhouding tussen de subjectbegrippen ligt in de Awb, maar moet vorm krijgen aan gene zijde van het grensvlak tussen publiekrecht en privaatrecht. Daartoe lijkt de burgerlijke rechter – de jurisprudentie van de Hoge Raad over de procesbevoegdheid van een bestuursorgaan in ogenschouw nemend – niet genegen.[53] Omdat wordt vastgehouden aan uitgangspunten en overwegingen van burgerlijk procesrecht,[54] heeft ook de komst van het vierde lid van artikel 1:1 Awb daarin geen verandering kunnen brengen. Dat moge een bepaling van vermogensrechtelijke aard zijn; klaarblijkelijk speelt de plaatsing in de algemene bestuursrechtelijke wet hier parten. Maar wellicht moet het vereiste privaatrechtelijke 'omdenken' ook niet in eerste instantie van de rechter komen en is veeleer de wetgever hier aan zet.[55] De schakeling is aan publiekrechtelijke zijde ingezet met artikel 1:1, vierde lid, Awb, maar dient aan privaatrechtelijke zijde een pendant te krijgen. Anders gezegd: de schakeling van bestuursorgaan aan rechtspersoon zoals die gestalte krijgt in artikel 1:1, vierde lid, Awb moet worden opgepikt in het privaatrecht en daar worden geformaliseerd in een schakelbepaling in het BW.[56] Die stap is veel minder groot dan wellicht eerder gedacht als men de huidige verbondenheid van de wetgevingscomplexen in de centrale subjectbegrippen goed tot zich door laat dringen. En misschien… heel misschien wordt dan de coherentie van de Awb en het BW gezien en de eeuwige concurrentie tussen publiekrecht en privaatrecht een keer overwonnen.

---

[52] Jak & Kortmann 2017, p. 362 en 368.
[53] Jak & Kortmann 2017 (p. 360) signaleren slechts enkele buitenwettelijke uitzonderingen in de jurisprudentie.
[54] Jak & Kortmann 2017, p. 362.
[55] Zo ook Jak & Kortmann 2017, p. 366.
[56] Net zoals dat is gebeurd met art. 3:1, tweede lid, Awb en art. 3:14 BW, zie eerder daarover in noot 33.

Frank van Ommeren*

26 | Artikel 2:1 BW hoort in de Awb
Over publiekrechtelijke rechtspersonen en hun bestuursorganen

> @F_vanOmmeren – Art. 2:1 BW moet worden overgeheveld naar de Awb. Zonder 2:1 BW komt het eerste artikel van de Awb in de lucht te hangen. In Boek 2 BW heeft art. 2:1 BW niets te zoeken, want Boek 2 BW is niet van toepassing op publiekrechtelijke rechtspersonen#*artikel-2:1-BW#publiekrechtelijke-rechtspersoon#bestuursorgaan*

1. Inleiding

De ontwikkeling van het recht verloopt vaak grillig: zowel in wetgeving als jurisprudentie kiest het recht nogal eens zijpaden, voordat bij een eindpunt wordt uitgekomen. Soms verloopt de ontwikkeling zo grillig dat het zinvol is de afwijking recht te zetten, ofschoon wij er waarschijnlijk al lang aan gewend zijn en het afwijkende karakter mogelijk niet meer helemaal zien. Dat geldt voor artikel 2:1 BW, een artikel dat – achteraf bezien – op de verkeerde plaats is terechtgekomen.

Artikel 2:1 BW kent, direct of indirect, rechtspersoonlijkheid toe aan verschillende overheden, waaronder de Staat, de provincies, de gemeenten, de waterschappen en een groot aantal andere overheidsinstellingen met meer specifieke taken.[1] Dat artikel 2:1 BW op de verkeerde plaats staat, blijkt eigenlijk al vrij snel bij lezing van dit artikel zelf. Uit het derde lid volgt dat de bepalingen van Boek 2 BW – een niet onbelangrijke uitzondering daargelaten – niet gelden voor rechtspersonen die krachtens publiekrecht zijn ingesteld. Dat is natuurlijk opmerkelijk. Welke wetboek begint nu met een voorschrift waarop dat wetboek zelf hoegenaamd niet van toepassing is? Dan is er toch op zijn zachtst gezegd iets vreemds aan de hand. Het heeft niet zoveel zin een artikel in een wet op te nemen als die wet er niet of nauwelijks op van toepassing is. Dan ligt, zo valt te denken, een andere plaats vast meer voor de hand.

Overigens is artikel 2:1 BW niet het enige artikel dat dit lot is beschoren. Voor artikel 2:2 BW, dat betrekking heeft op kerkgenootschappen, geldt hetzelfde.[2]

---

* Prof. mr. F.J. van Ommeren is hoogleraar Staats- en bestuursrecht aan de Vrije Universiteit Amsterdam.
[1] Waarover m.n.: J.A.F. Peters, *Publiekrechtelijke rechtspersonen*, Zwolle: W.E.J. Tjeenk Willink 1997, p. 49 e.v. en J.B.J.M. ten Berge & S.E. Zijlstra, *De publiekrechtelijke rechtspersoon in ontwikkeling*, Deventer: W.E.J. Tjeenk Willink 2000, p. 21 e.v.
[2] Waarover m.n.: T. van Kooten, *Het kerkgenootschap in de neutrale staat*, Den Haag: Boom Juridische uitgevers 2017, p. 165 e.v.

2. Rechtspersoonlijkheid voor de overheid

De eerste twee leden van artikel 2:1 BW luiden als volgt:

> 1. De Staat, de provincies, de gemeenten, de waterschappen, alsmede alle lichamen waaraan krachtens de Grondwet verordenende bevoegdheid is verleend, bezitten rechtspersoonlijkheid.
> 2. Andere lichamen, waaraan een deel van de overheidstaak is opgedragen, bezitten slechts rechtspersoonlijkheid, indien dit uit het bij of krachtens de wet bepaalde volgt.

Het eerste lid bevat twee verschillende wijzen van toekenning. Allereerst wordt aan de Staat, de provincies, de gemeenten en de waterschappen rechtstreeks rechtspersoonlijkheid toegekend. Voorts is tot uitdrukking gebracht dat alle lichamen waaraan krachtens de Grondwet verordenende bevoegdheid is verleend eveneens rechtspersoonlijkheid hebben. Een derde wijze waarop overheidslichamen rechtspersoonlijkheid kunnen verkrijgen blijkt uit het tweede lid: aan lichamen waaraan een deel van de overheidstaak is opgedragen kan bij of krachtens wettelijk voorschrift rechtspersoonlijkheid worden toegekend.

De eerst en laatst genoemde wijze van toekenning zijn heden ten dage veruit de belangrijkste. In aanvulling op de rechtstreekse toekenning van rechtspersoonlijkheid aan de Staat, de provincies, de gemeenten en de waterschappen zijn er tientallen wetten die aan overheidsinstellingen rechtspersoonlijkheid toekennen. Zoals artikel 2:1 lid 2 BW uitdrukkelijk zegt: het gaat om lichamen waaraan een deel van de overheidstaak is opgedragen. Het opdragen van een bepaalde overheidstaak en de toekenning van rechtspersoonlijkheid vindt, als het even kan, plaats in een en dezelfde wet, de zogeheten *instellingswet*. In de praktijk wordt de rechtspersoonlijkheid meestal in hetzelfde artikel toegekend als dat waarin de naam van de rechtspersoon en de plaats van vestiging worden bepaald. Er zijn veel voorbeelden te geven. Te denken valt aan de Sociaal-Economische Raad, kortweg: de SER (art. 1 Wet op de Sociaal-Economische Raad), de Dienst voor het kadaster en de openbare registers, kortweg: het Kadaster (art. 2 Organisatiewet Kadaster), het Commissariaat voor de Media (art. 7.1 Mediawet 2008), de Nederlandse organisatie voor Wetenschappelijk Onderzoek, Nwo (art. 2 Wet op de Nederlandse organisatie voor wetenschappelijk onderzoek) en de politie (art. 26 Politiewet 2012).

De meeste van dit soort rechtspersonen zijn vanaf het eerste moment van hun bestaan in het leven geroepen als publiekrechtelijke rechtspersonen, andere zijn echter oorspronkelijk opgericht als privaatrechtelijke rechtspersonen en later omgezet in een krachtens publiekrecht ingestelde rechtspersoon. Een vrij recent voorbeeld van zo'n omzetting vormt het Centraal Bureau Rijvaardigheidsbewijzen (CBR), dat gedurende vele decennia de rechtsvorm van een stichting had, maar per 2013 krachtens publiekrecht is ingesteld (men zie art. 4z Wegenverkeerswet 1994). Een naar aanleiding van de parlementaire enquête naar de Fyra in de nabije toekomst te verwachten omzetting wordt de transformatie van ProRail B.V. in een zelfstandig bestuursorgaan met eigen publiekrechtelijke rechtspersoonlijkheid.³ Deze jongste 'nationalisatie' is verankerd in het regeerakkoord en een instellingswet is aangekondigd.⁴

3. Bestuursorganen

Voor het bestuursrecht is het vooral van belang dat de organen van publiekrechtelijke rechtspersonen bestuursorganen in de zin van de Awb zijn, in ons bestuursrechtelijke jargon: a-organen. Artikel 1:1 lid 1, aanhef en onderdeel a, Awb moet worden gelezen in verbinding met artikel 2:1 BW. Zonder artikel 2:1 BW is de eerste bepaling van de Awb vrijwel onbegrijpelijk. Ingevolge artikel 1:1 lid 1, aanhef en onderdeel a, Awb wordt onder een bestuursorgaan verstaan: a. een orgaan van een rechtspersoon die krachtens publiekrecht is ingesteld. Opmerkelijk genoeg vertelt de Awb niet wat onder 'een rechtspersoon die krachtens publiekrecht is ingesteld' – in de wandelgang ook wel kortweg aangeduid als een 'publiekrechtelijke rechtspersoon' – moet worden verstaan. Daarvoor moeten we derhalve bij artikel 2:1 BW zijn. Dat blijkt ook uit de parlementaire geschiedenis van de Awb, waarin hiervoor uitdrukkelijk naar artikel 2:1 BW wordt verwezen.⁵

Zoals bekend, bevat artikel 1:1 lid 1 Awb bovendien een onderdeel b, op grond waarvan een ander persoon of college, met enig openbaar gezag bekleed, eveneens als bestuursorgaan wordt aangemerkt. Deze b-organen maken onderdeel uit van privaatrechtelijke rechtspersonen;⁶ niet uitgesloten is overigens dat ook natuurlijke personen de hoedanigheid van b-orgaan bezitten. Zij kunnen hier dus verder buiten beschouwing blijven, zolang maar niet uit het oog wordt verloren dat zij in zoverre fundamenteel verschillen van de a-organen, die immers onderdeel uitmaken van publiekrechtelijke rechtspersonen. Het is overigens juist in deze bundel, waarin het 25-jarig bestaan van de Awb wordt gevierd, wel de moeite nog even terug te komen op het zojuist genoemde Centraal Bureau Rijvaardigheidsbewijzen, nu dat – omdat het tot enige jaren geleden de rechtsvorm had van een *stichting* – in de parlementaire geschiedenis van de Awb uitdrukkelijk wordt genoemd als een voorbeeld van een bestuursorgaan dat onderdeel uitmaakt van een privaatrechtelijke rechtspersoon;⁷ door de ge-

---

3 *Kamerstukken II* 2016/17, 25268, 139.
4 Regeerakkoord 2017-2021 van VVD, CDA, D66 en ChristenUnie, *Vertrouwen in de toekomst*, p. 40 (*Kamerstukken II* 2017/18, 34700, 34). Zie voorts *Kamerstukken II* 2017/18, 25268, 155 en *Kamerstukken II* 2017/18, 29984, 770.
5 *PG Awb I*, p. 138.
6 Zie daarover m.n. N. Jak, 'De publieke-taakjurisprudentie verduidelijkt. Over privaatrechtelijke rechtspersonen en het bestuursorgaanbegrip', *JBplus* 2015/2, p. 75 e.v. en J.A.F. Peters, 'De publieke-taakjurisprudentie geijkt', *NTB* 2015/23, p. 172 e.v.
7 *PG Awb I*, p. 133.

noemde omzetting heeft inmiddels (de directie van)[8] het CBR – als *publiek*rechtelijke rechtspersoon – echter de status van a-orgaan verworven.

De Awb is een wet die primair betrekking heeft op het handelen van bestuursorganen. Zoals de Afdeling bestuursrechtspraak van de Raad van State uitdrukkelijk heeft overwogen, is het begrip 'bestuursorgaan' een centraal begrip in het bestuursrecht.[9] De vraag uit welke organen en onderdelen een publiekrechtelijke rechtspersoon is samengesteld, welke daarvan als bestuursorgaan in de zin van artikel 1:1, lid 1, onderdeel a, Awb moeten worden aangemerkt en hoe deze bestuursorganen zich jegens elkaar en de burger dienen te gedragen, wordt beantwoord aan de hand van de publiekrechtelijke voorschriften die op hen van toepassing zijn. Voor de Staat, de provincies, de gemeenten en de waterschappen moet daarbij uiteraard in het bijzonder worden gedacht aan de organieke wetgeving die op hen van toepassing is. Voor de publiekrechtelijke rechtspersonen die hun rechtspersoonlijkheid aan bijzondere bestuursrechtelijke wetgeving ontlenen, dient daarbij vooral aan hun eigen instellingswetgeving te worden gedacht. Dit geldt ook voor de (weinige) publiekrechtelijke rechtspersonen, zoals de Nederlandse Orde van Advocaten, die hun rechtspersoonlijkheid ontlenen aan de omstandigheid dat hen krachtens de Grondwet verordenende bevoegdheid is verleend. De minister, het college van B&W, de burgemeester, de SER, de Dienst voor het kadaster en de openbare registers, het Commissariaat voor de Media, NWO, de politie, het CBR, de NOvA, zij zijn alle onderworpen aan de regels van de organieke wetgeving dan wel aan de op hen van toepassing zijnde instellingswetgeving en voorts aan de Awb en de bijzondere, op hen van toepassing zijnde sectorspecifieke wetgeving. Wettelijke regels waarmee ze in elk geval *niet* van doen hebben zijn de regels van Boek 2 BW.

4. Enige wetsgeschiedenis

Wat doet artikel 2:1 in het BW? Zijn plaatsing valt weliswaar niet meer goed te rechtvaardigen, verklaarbaar is zij zeker wel.

Van oudsher – dat wil zeggen reeds vanaf de inwerkingtreding in 1838 – bevat het BW enige bepalingen die het mogelijk maken dat ook de overheid privaatrechtelijk kan optreden. Tot op de dag van vandaag kent het BW daarvoor een tweetrapsraket. In de eerste plaats is er een voorschrift dat aan overheden rechtspersoonlijkheid toekent en in de tweede plaats is er een bepaling die tot uitdrukking brengt dat rechtspersonen voor het vermogensrecht in beginsel gelijkstaan met natuurlijke personen.

---

[8] De Wegenverkeerswet 1994 kent een veelheid aan bevoegdheden rechtstreeks toe aan het CBR; ingevolge art. 4ae, lid 2, komen alle bevoegdheden van het CBR die niet bij of krachtens deze wet aan de raad van toezicht zijn opgedragen, toe aan de directie.
[9] ABRvS 17 september 2014, ECLI:NL:RVS:2014:3379, *AB* 2015/129 m.nt. H. Peters.

Destijds liep die tweetrapsraket via de band van de artikelen 1690 en 1691 BW (oud). Artikel 1690 BW (oud) merkte mede verenigde personen aan als 'zedelijke lichamen' indien zij zelf 'op openbaar gezag als zoodanig zijn ingesteld of erkend'. Het voorschrift is nauwgezet geanalyseerd door Prins in een preadvies voor de NJV. Zijns inziens heeft de uitdrukking 'op openbaar gezag als zodanig zijn *ingesteld*' betrekking op de overheid en de uitdrukking 'op openbaar gezag als zodanig zijn *erkend*' betrekking op de kerkgenootschappen. Hij verwerpt de door sommige civilisten, met name Pitlo en Bregstein, opgeworpen gedachte dat dit artikel geen betrekking zou hebben op Staat, de provincies, de gemeenten en de waterschappen.[10] Ik ben dat met hem eens. Van oudsher wordt er in het BW van uitgegaan dat de klassieke overheden over rechtspersoonlijkheid beschikken. De toelichting bij dit voorschrift laat hierover namelijk geen misverstand. Zij zegt uitdrukkelijk dat onder de 'zedelijke lichamen' die 'op openbaar gezag als zoodanig zijn ingesteld of erkend' onder andere moet worden begrepen: 'de Staat, de gewesten, de gemeenten, de dijks- en polderinrigtingen en meerdere van dien aard'.[11] Onmiskenbaar blijkt hieruit dat dit artikel onder meer aan (deze) overheidsinstellingen rechtspersoonlijkheid beoogde toe te kennen.

Artikel 1691 BW (oud) bepaalde dat de wettelijk bestaande 'zedelijke lichamen', evenals 'particuliere personen', bevoegd waren tot 'het aangaan van burgerlijke handelingen', behoudens voor zover 'openbare verordeningen' die bevoegdheid hebben gewijzigd, beperkt of aan bepaalde formaliteiten onderworpen. Door de combinatie van deze twee artikelen konden alle rechtspersonen, met inbegrip van de genoemde overheden, handelingen naar burgerlijk recht verrichten, tenzij uit de wet het tegendeel bleek. Bij dat laatste moest dan vooral aan de publiekrechtelijke wetgeving worden gedacht.

Tegenwoordig volgt dit stramien uit de artikelen 2:1 en 2:5 BW. Artikel 1690 en 1691 BW (oud) zijn hun voorlopers. Deze artikelen stammen uit een tijd dat er nog geen bestuursrecht was, laat staan een Awb. De strekking is nog steeds dezelfde en er is geen reden om daaraan iets te veranderen. Alleen de plaatsing van artikel 2:1 BW ligt in het huidig wettelijk stelsel niet meer voor de hand.

5. En een mogelijke verklaring op grond van de Awb

Het valt overigens ook vanuit het perspectief van de Awb wel enigszins te verklaren dat de wetsgeschiedenis zo is gelopen en de Awb niet zelf tot uitdrukking brengt op welke wijze de overheid aan haar rechtspersoonlijkheid komt. Toen

---

[10] W.F. Prins, *Dient de wet regelen te bevatten inzake het toekennen van rechtspersoonlijkheid aan overheidsinstellingen, -diensten en -bedrijven, en, zo ja, welke?*, Zwolle: W.E.J. Tjeenk Willink 1957, p. 31 e.v.
[11] J.C. Voorduin, *Geschiedenis en beginselen der Nederlandsche wetboeken, Deel V. Burgerlijk Wetboek, art. 1269 – 2030*, Utrecht: Robert Natan, Akademie-Boekhandelaar 1838, p. 313.

de eerste tranche van de Awb in 1994 werd ingevoerd, was dat resultaat al een hele stap, die een stevige voorgeschiedenis kende.[12] Niet iedereen zat, om het eufemistisch te zeggen, op de Awb te wachten. In een dergelijk tijdsgewricht lag het, zo komt mij voor, niet heel erg voor de hand om artikelen uit andere wetboeken te gaan overhevelen. Eerst moest die nieuwe wet zijn bestaansrecht maar eens gaan bewijzen.

Bovendien is van belang dat het element van 'een rechtspersoon die krachtens publiekrecht is ingesteld' op een betrekkelijk laat moment in de eerste tranche van de Awb terecht is gekomen. Het voorontwerp voor de eerste tranche repte daarvan nog niet, maar definieerde een bestuursorgaan als: een persoon of college met enig openbaar gezag bekleed (waarna een aantal bekende uitzonderingen volgde, zie thans het tweede lid van artikel 1:1). Een onderscheid tussen a- en b-organen maakte het voorontwerp evenmin.[13] Ook dat relatief late totstandkomingsmoment zal er, zo veronderstel ik, niet aan hebben bijgedragen dat de verhouding met het BW reeds toen al systematisch werd doordacht. Voor de verhouding met het BW is pas veel later, namelijk bij de vierde tranche van de Awb, de ruimte genomen, in het bijzonder met het oog op het invoegen van de regeling over bestuursrechtelijke geldschulden (titel 4.4).[14]

6. Waarom in de Awb?

De hiervoor geopperde verklaringen nemen niet weg dat we inmiddels 25 jaar verder zijn met de Awb en deze wet zijn waarde al lang heeft bewezen. We zijn thans in een nieuwe fase beland, waarin opnieuw over de aard en functie van het bestuursrecht wordt nagedacht. Dan loont het wel de moeite om verder te kijken, de Awb bij de tijd te brengen en tevens echt bij het begin te beginnen: met de toekenning van rechtspersoonlijkheid aan de overheid, om van daaruit over te stappen naar de organen van die rechtspersonen.

Over de redenen waarom artikel 2:1 BW veel beter in de Awb past, kan ik na het voorafgaande dan ook kort zijn. De Awb is dé wet die in algemene zin het optreden van de overheid en haar bestuursorganen regelt met inbegrip van de rechtsbescherming daartegen. De rechtsfiguur die in de Awb als orgaan voor het nemen van besluiten en het verrichten van andere bestuurshandelingen centraal staat is het bestuursorgaan. Het a-orgaan maakt deel uit van de krachtens publiekrecht ingestelde rechtspersoon. Artikel 1:1 Awb veronderstelt

---

[12] T.C. Borman, 'Van Warb tot Awb: de invloed van de commissie-Scheltema op de Awb', in: T. Barkhuysen e.a. (red.), *Bestuursrecht harmoniseren: 15 jaar Awb*, Deventer: Kluwer 2010, p. 23 e.v.
[13] Commissie wetgeving algemene regels van bestuursrecht, *Voorontwerp Algemene wet bestuursrecht, Eerste deel*, Den Haag: Sdu 1987.
[14] *Kamerstukken II* 2003/04, 29702, 3, p. 14 e.v.

een rechtspersoon die krachtens publiekrecht is ingesteld. Zonder artikel 2:1 BW komt het eerste artikel van de Awb in de lucht te hangen.

Voorts zijn van belang de wettelijke voorschriften die de bestuursorganen in acht moeten nemen. De regels van de interne organisatie van de rechtspersonen die krachtens publiekrecht zijn ingesteld, staan met name in de algemene organieke wetgeving en in de meer specifieke instellingswetgeving. Ze zijn in elk geval niet te vinden in Boek 2 BW. Als er één wet is die een uitgekiend systeem bevat over de verhouding met publiekrechtelijke wettelijke voorschriften dan is het de Awb. Het is het – gelaagde – systeem van het bestuursrecht dat bestuursorganen in acht dienen te nemen wanneer zijn publiekrechtelijke rechtshandelingen verrichten. Met Boek 2 BW hebben zij niets van doen.

7. De gelijkstelling met een natuurlijk persoon

Artikel 2:5 BW verdient eveneens enige aandacht. Dit artikel regelt met betrekking tot het vermogensrecht de gelijkstelling van een rechtspersoon met een natuurlijk persoon.[15] Dit artikel moet uiteraard in het BW blijven staan. In de vierde tranche van de Awb is voor de verhouding tussen het BW en de Awb tot uitgangspunt genomen dat de regels in het BW primair zijn geschreven voor privaatrechtelijke verhoudingen.[16] Ook het derde lid van artikel 2:1 BW, waaruit volgt dat Boek 2 BW met uitzondering van artikel 2:5 niet geldt voor publiekrechtelijke rechtspersonen, behoeft uiteraard niet te worden overgebracht.

Daarmee zijn we er echter nog niet helemaal. De benadering van de vierde tranche Awb voor de verhouding tussen het BW en de Awb brengt met zich dat in de Awb moet worden bepaald dat de rechtspersoon die krachtens publiekrecht is ingesteld wat het vermogensrecht betreft met een natuurlijk persoon gelijkstaat, tenzij uit de wet het tegendeel voortvloeit. Daarmee zou de overheveling van de krachtens publiekrecht ingestelde rechtspersoon compleet zijn. Dat zou mede tot gevolg hebben dat de aansluiting met artikel 1:1 lid 4 Awb – 'De vermogensrechtelijke gevolgen van een handeling van een bestuursorgaan treffen de rechtspersoon waartoe het bestuursorgaan behoort' – helemaal rondloopt. Sterker nog, artikel 1:1 lid 4 Awb zou daardoor minder de vreemde eet in de bijt zijn die het nu (nog) enigszins is.

8. Het gesloten systeem van rechtspersonen

Men zou zich tot slot kunnen afvragen of met het voorafgaande geen inbreuk wordt gemaakt op het zogeheten gesloten systeem van rechtspersonen. Ik denk niet dat zulks het geval is, maar voor een goed begrip is het wellicht zinvol hierbij nog even stil te staan. Het gesloten systeem van rechtspersonen houdt, in de

---

[15] Zie Peters 1997, p. 28-29 die ingaat op het verzet tegen de totstandkoming van dit artikel omdat het tautologisch van aard zou zijn.
[16] *Kamerstukken II* 2003/04, 29702, 3, p. 14.

woorden van Van Schilfgaarde, in dat het systeem 'het niet toelaat dat een door een privaatrechtelijke handeling in het leven geroepen lichaam van eigen vinding als rechtspersoon wordt aangemerkt op de uitsluitende grond dat de oprichter het zo bedoeld heeft'.[17] De gedachte achter het gesloten systeem is dat het alleen aan de wetgever is om te bepalen welk soort lichamen rechtspersoonlijkheid bezit. Het maakt het voor partijen onmogelijk om door een privaatrechtelijke handeling andere soorten rechtspersonen in het leven te roepen dan die door de wetgever zijn erkend. De wetgeving biedt dan ook een (in beginsel) volledig overzicht van de lichamen die rechtspersoonlijkheid hebben. Niet gezegd is dat zulks in het BW dient plaats te vinden. Dit gesloten systeem van rechtspersonen staat overigens al jaren onder druk, onder meer door ontwikkelingen in het Unierecht, maar dat kan hier buiten beschouwing blijven. Hier is vooral van belang dat door het verplaatsen van artikel 2:1 BW naar de Awb het gesloten systeem niet wordt doorbroken: het is nog steeds (slechts) aan de wetgever om te bepalen welke lichamen in ons recht rechtspersoonlijkheid bezitten.

9. Slot

Omdat artikel 2:1 BW maar weinig te zoeken heeft in Boek 2 BW en goed past in de Awb, kan het maar beter worden overgeheveld. Wie de ontwikkelingen in de Nederlandse wetgeving een beetje kent, weet echter dat de kans vrij klein is dat mijn betoog op korte termijn daadwerkelijk gehoor gaat vinden. Dat roept de vraag op hoe het erg is dat artikel 2:1 BW op de verkeerde plaats staat. Door een fout in de wetssystematiek gebeuren maar zelden ongelukken. Is het zinvol er toch iets aan te doen? Ik denk het wel.

Minstens zo belangrijk is de gedachte die achter dit voorstel schuil gaat. Ons recht wordt er iets overzichtelijker en eenvoudiger door. Dat biedt enig tegenwicht tegen het alsmaar gecompliceerder en fijnmaziger worden van ons rechtssysteem. Juist omdat de rechtsontwikkeling de neiging heeft het recht te compliceren en te verfijnen, is het van belang de uitgangspunten van het recht goed in het oog te houden, serieus te nemen en waar mogelijk vast te leggen. Het systeem van ons recht is dat waard. Wetssystematiek is niet allesbepalend, maar wel belangrijk: het bevordert de eenvoud, begrijpelijkheid, toegankelijkheid en consistentie van ons recht. De Awb heeft veel helderheid gebracht in een vóór die tijd te zeer verbrokkeld bestuursrechtelijk rechtsstelsel. Het wordt hoog tijd om de Awb te gaan voltooien. Artikel 2:1 BW hoort daarin thuis. Het inzicht dat artikel 1:1 Awb onbegrijpelijk is zonder artikel 2:1 BW spreekt eigenlijk al boekdelen.

---

[17] P. van Schilfgaarde, J. Winter & J.B. Wezeman, *Van de BV en de NV*, Deventer: Kluwer 2013, p. 33. En uitvoerig: Peters 1997, p. 15 e.v.

Gerdy Jurgens[*]

27 | De rol van de wetgever in de concurrentie tussen publiekrechtelijke en privaatrechtelijke bevoegdheden

@G_Jurgens – De wetgever moet nadenken over het gebruik van het privaatrecht door de overheid en daarover vaker expliciet in de wet een bepaling opnemen #doorkruising#tweewegenleer#overheidsprivaatrecht

1. Inleiding

Heeft de Awb-wetgever een antwoord op de vraag of de overheid voor het realiseren van haar beleidsdoelen het privaatrecht mag inzetten? Op het eerste gezicht zou een reactie kunnen zijn: daar gaat de Awb-wetgever toch niet over? De Awb geeft immers met name algemene regels voor het bestuursrecht die van belang zijn voor de uitoefening van bestuursrechtelijke bevoegdheden.[1] En in de Awb zelf worden in beginsel geen specifieke bestuursrechtelijke bevoegdheden toegekend ten opzichte waarvan de reikwijdte van privaatrechtelijke bevoegdheidsuitoefening wordt afgebakend; het regelen van de verhouding tussen bestuursrechtelijke bevoegdheidsuitoefening en privaatrechtelijke bevoegdheidsuitoefening ligt dan toch meer op de weg van de bijzondere wetgever.

Interessant is echter dat de Awb op dit moment twee bepalingen bevat die zien op de verhouding tussen publiekrechtelijke en privaatrechtelijke bevoegdheidsuitoefening: artikel 4:36 (over subsidie-overeenkomsten) en artikel 4:124 Awb (over de invordering van een bestuursrechtelijke geldschuld). In beide bepalingen is geëxpliciteerd dat er ruimte is voor de inzet van het privaatrecht. Daarnaast heeft de wetgever bij gelegenheid van de Vierde tranche van de Awb een geprononceerd standpunt ingenomen over de verhouding tussen de Awb en het BW. Alles bijeen is er daarmee genoeg aanleiding om in relatie tot de Awb de vraag naar het gebruik van het privaatrecht door de overheid aan de orde te stellen.

---

[*] Prof. mr. G.T.J.M. Jurgens is staatsraad in de Afdeling bestuursrechtspraak van de Raad van State en onbezoldigd hoogleraar bestuursrecht aan de Universiteit Utrecht.
[1] Via art. 3:1 lid 2 Awb is die normering wel op andere handelingen, dus ook privaatrechtelijke handelingen, van toepassing. Maar dat zegt op zichzelf niets over de 'of-vraag' die ik hier stel.

2. De doorkruisingsleer en de rol van de wetgever

Mag de overheid haar beleidsdoelen realiseren door de inzet van het privaatrecht? Deze vraag over de concurrentie tussen publiekrecht en privaatrecht is beduidend ouder dan de Awb. Zij is in de afgelopen 25 jaar sinds de inwerkingtreding van de Awb een aantal keren nadrukkelijk in de rechtspraak en de juridische literatuur aan de orde geweest en in de rechtspraak zijn juist in deze periode over dit onderwerp ook een aantal nieuwe piketpaaltjes geslagen.[2] Met name het bekende Windmill-arrest[3] is hier van belang omdat het voor beantwoording van deze vraag in potentie een grote rol ziet voor de wetgever. Alleen daar waar de wetgever geen antwoord geeft op de vraag naar de toelaatbaarheid van het gebruik van het privaatrecht door de overheid (de voorvraag), moet de rechtspraktijk, roeiend met de riemen die hij heeft en daarbij zo mogelijk toch ook weer steun zoekend bij aanknopingspunten in het wettelijke systeem, een antwoord zien te vinden. Die 'riemen om mee te roeien' zijn door de Hoge Raad geconcretiseerd met de zogenoemde doorkruisingsformule waarin een aantal aanknopingspunten of ijkpunten is geformuleerd om het gebruik van het privaatrecht door de overheid al dan niet als doorkruising van het publiekrecht te kwalificeren.

Het sjabloon van de Hoge Raad in het Windmill-arrest bestaat dus uit een voorvraag en de doorkruisingsformule: aan de doorkruisingsformule hoeft niet te worden toegekomen als de wetgever zich over de toelaatbaarheid van de privaatrechtelijke weg expliciet heeft uitgelaten. Daarbij gaat het in de eerste plaats om wetsbepalingen waarin expliciet is aangegeven dat het gebruik van het privaatrecht is toegestaan (positief over het gebruik van het privaatrecht) of juist niet is toegestaan (negatief over het gebruik van het privaatrecht). Voorbeelden van beide varianten zijn tot nu toe schaars: ik noem artikel 122 Woningwet[4] (negatief) en artikel 4:124 Awb (positief). Ook artikel 4:36 Awb kan als een voorbeeld van een positieve variant worden gezien waar het gaat om de overeenkomst ter uitvoering van een subsidieverleningsbeschikking. Positief is ook artikel 6.24 Wro over de grondexploitatie-overeenkomst. Andere voorbeelden van iets andere orde zijn artikel 10 Wrakkenwet[5] en artikel 1.1a lid 3 Wm (positief over de mogelijkheid van inzet van het aansprakelijkheidsrecht).

De voorvraag ziet ook op de totstandkomingsgeschiedenis van de betrokken wettelijke regeling. Als tijdens de parlementaire behandeling van een wet standpunten zijn ingenomen die direct zien op de vraag of naast of in plaats van

---

[2] Zie voor een overzicht bijv. R.J.N. Schlössels & S.E. Zijlstra, *Bestuursrecht in de sociale rechtsstaat. Band 1*, Deventer: Wolters Kluwer 2017, p. 464 e.v.
[3] HR 26 januari 1990, ECLI:NL:HR:1990:AC0965, *AB* 1990/408 m.nt. G.P. Kleijn.
[4] Zie daarover HR 17 juni 2011, ECLI:NL:HR:2011:BQ1677, *AB* 2011/330 m.nt. F.J. van Ommeren (Breda).
[5] Zie daarover HR 14 oktober 1994, ECLI:NL:HR:1994:1482, *AB* 1995/48 m.nt. G.A. van der Veen (August de Meijer).

het in de wet voorziene publiekrechtelijke instrumentarium het privaatrecht door de overheid zou kunnen worden gebruikt, is daarmee ook de kous af.

Wanneer men de onderdelen van de doorkruisingsformule bekijkt, dan blijkt daar opnieuw vooral betekenis toe te komen aan de inhoud en strekking van de wet en de wetsgeschiedenis. Daar gaat het dan niet om de directe uitlatingen over de toelaatbaarheid van het gebruik van privaatrechtelijke bevoegdheden, maar om meer contextuele aanwijzingen die aanleiding geven voor de conclusie dat er geen plaats is voor het gebruik van het privaatrecht. De jurisprudentie overziend is dit eigenlijk het belangrijkste van de drie ijkpunten. Zo oordeelde de Hoge Raad in het arrest Kunst- en antiekstudio Lelystad[6] dat het gebruik van het privaatrecht toelaatbaar is omdat uit de geschiedenis van de totstandkoming van de Wet op de Ruimtelijke Ordening moet worden afgeleid dat de wetgever niet heeft bedoeld om het reguleren van het grondgebruik via privaatrechtelijke erfpachtvoorwaarden tegen te gaan. Over het gebruik van het privaatrecht als zodanig was in de wetsgeschiedenis niet expliciet gesproken. Toetsing aan het tweede en derde ijkpunt zou in deze casus juist in de richting van het aannemen van een doorkruising wijzen. Ook het arrest inzake de Vlissingse brandweerkosten[7] is een mooie klassieker waarin de bedoeling van de wetgever de doorslag gaf om privaatrechtelijk kostenverhaal niet toelaatbaar te achten. Dat via het publiekrecht geen vergelijkbaar resultaat kon worden behaald, heeft hier als ijkpunt juist helemaal geen zelfstandige betekenis; doorslaggevend is dat de wetgever bewust niet de mogelijkheid heeft willen creëren om bluskosten te verhalen.

Dat de Hoge Raad het antwoord op de vraag of het privaatrecht kan worden ingezet voor het bereiken van doelen en het dienen van belangen die een plaats hebben gekregen in een publiekrechtelijke regeling zo nadrukkelijke zoekt bij de wetgever die de bevoegdheden heeft gecreëerd voor het bereiken van die doelen en het dienen van die belangen, lijkt me zonder meer terecht. Je zou willen dat die wetgever die vraag ook zelf vaker nadrukkelijker onder ogen had gezien. En met het opnemen van een wettelijke bepaling is de kenbaarheid en de rechtszekerheid natuurlijk het meest gediend. Vanuit een neutrale uitgangspositie zou die bepaling dan zowel positief als negatief over de mogelijkheid van privaatrechtelijke instrumenten kunnen zijn. Het loont de moeite om tegen deze achtergrond nog eens te bekijken wat de Awb-wetgever nu over deze materie heeft te zeggen.

---

[6] HR 8 juli 1991, ECLI:NL:HR:1991:ZC0315, *AB* 1991/659 m.nt. F.H. van der Burg.
[7] HR 11 december 1992, ECLI:NL:HR:1992:ZC0788, *AB* 1993/301 m.nt. G.A. van der Veen.

3. De Awb-wetgever: wat is wel en niet geregeld over het gebruik van het privaatrecht?

In de inleiding is al aangegeven dat het gelet op het karakter van hetgeen in de Awb is geregeld niet voor de hand ligt om in die wet een antwoord te zoeken op de vraag of de overheid gebruik mag maken van het privaatrecht. Opvallend is evenwel dat bij de hiervoor genoemde schaarse voorbeelden van wettelijke bepalingen waarin expliciet iets is gezegd over het gebruik van het privaatrecht maar liefst twee bepalingen uit de Awb voorkomen: artikel 4:36 en artikel 4:124. En in beide bepalingen is verankerd dat het gebruik van het privaatrecht[8] is toegelaten.

Subsidies
Met de Derde tranche van de Awb is de subsidietitel in de Awb opgenomen. Deze regeling bevat algemene bepalingen over de wijze waarop subsidiëring plaatsvindt. De subsidietitel harmoniseert de verschillende stappen in het subsidiëringsproces die daarvoor in vele afzonderlijke wettelijke regelingen vaak verschillend waren geregeld. De bepalingen hebben deels een procedureel maar deels ook een inhoudelijk karakter. Zij geven uitdrukking aan de wijze waarop de Awb-wetgever het proces van subsidiëring in het publiekrecht verankerd wil hebben. De specifieke bevoegdheid om subsidie te verstrekken vindt nog steeds zijn grondslag in de bijzondere wet. In zoverre zou de vraag of het proces van subsidiëren ook via het privaatrechtelijke instrument van een overeenkomst zou kunnen plaatsvinden – waarbij dus de subsidie in de overeenkomst wordt toegekend – heel goed in die bijzondere wet kunnen worden beantwoord.

Bij de totstandkoming van de subsidietitel is echter in algemene zin aangegeven dat subsidiëring bij overeenkomst na inwerkingtreding van de subsidietitel niet meer is toegestaan:[9] de bedoeling is om het publiekrechtelijke model met beschikkingen exclusief te maken. Dit is weliswaar niet expliciet in een wettelijke bepaling verankerd, maar in het sjabloon van het Windmill-arrest is daarmee de vraag naar de toelaatbaarheid van de privaatrechtelijke weg al in het stadium van de voorvraag (voorafgaand dus aan de doorkruisingsijkpunten) beantwoord. Waarom dit eenduidige standpunt niet in de wet is opgenomen, is destijds niet aan de orde geweest. Als het zo eenduidig ligt, zou ik denken dat het uit het oogpunt van de kenbaarheid de voorkeur verdient om dan ook een

---

[8] Daarbij kwalificeer ik de figuur van de subsidie-uitvoeringsovereenkomst uit art. 4:36 Awb als een privaatrechtelijke figuur omdat die overeenkomst geen specifieke publiekrechtelijke regeling kent en daarvoor op het burgerlijk recht en de burgerlijke rechter wordt teruggevallen. Ik ben me ervan bewust dat ik dan voorbij ga aan de gedachte dat die overeenkomst als een publiekrechtelijke overeenkomst moet worden gekwalificeerd (aldus bijv. M.W. Scheltema & M. Scheltema, *Gemeenschappelijke recht*, Deventer: Wolters Kluwer 2013, p. 217). De vraag is wat een dergelijke kwalificatie vermag zolang geen sprake is van publiekrechtelijk overeenkomstenrecht.
[9] *Kamerstukken II* 1994/95, 23700, 5, p. 12 en *Handelingen II* 31 januari 1996, p. 3662-3663.

wettelijke bepaling met die inhoud op te nemen. Bij dit alles dient overigens wel bedacht te worden dat ook als in de Awb uitdrukkelijk was opgenomen dat subsidieverlening door middel van een overeenkomst niet is toegestaan, de bijzondere wetgever nog steeds anders zou kunnen bepalen.[10]

Een wettelijke bepaling is er wel over de subsidie-uitvoeringsovereenkomst. De figuur dat een overeenkomst wordt gesloten ter uitvoering van de daarvoor in een beschikking verleende subsidie is opgenomen in artikel 4:36 Awb.

Invordering van bestuursrechtelijke geldschulden
Ook bij gelegenheid van de Vierde tranche van de Awb is de vraag naar de toelaatbaarheid van privaatrechtelijke bevoegdheidsuitoefening onder ogen gezien. In de bij die tranche opgenomen regeling over bestuursrechtelijke geldschulden zijn bepalingen opgenomen over de afwikkeling van geldschulden van en aan de overheid. Het sluitstuk van de invordering door de overheid vormt het dwangbevel. De specifieke bevoegdheid om een geldschuld in te vorderen bij dwangbevel wordt niet in de Awb toegekend maar in de bijzondere wet waarin de materie is geregeld die aanleiding geeft tot de geldschuld. Ook hier zou daarom de vraag naar de toelaatbaarheid van de invordering via het privaatrecht door de bijzondere wetgever kunnen worden beantwoord. De Awb-wetgever heeft er echter in artikel 4:124 Awb voor de hele linie voor gekozen om te bepalen dat het bestuursorgaan voor de invordering ook over de bevoegdheden beschikt die een schuldenaar op grond van het privaatrecht heeft. Ook hier gaat het om een zogeheten positieve variant: het gebruik van het privaatrecht is toegestaan.

Bestuursrechtelijke handhaving
Opvallend is dat over een ander onderwerp waarover de Awb geharmoniseerde regels bevat die een in de bijzondere wet toegekende bevoegdheidsuitoefening betreffen, de Awb zich helemaal niet uitlaat over de verhouding tot het privaatrechtelijke instrumentarium terwijl die vraag zich daar ook uitdrukkelijk aandient. Ik doel dan op de bestuursrechtelijke handhaving.

Sinds de inwerkingtreding van de Derde tranche van de Awb bevat hoofdstuk 5 van de Awb een algemene regeling over bestuursdwang en dwangsom. Ook hier gaat het om harmonisatie van de regels over een bevoegdheidsuitoefening terwijl die bevoegdheid in een bijzondere wet is toegekend. Bijzonder is echter dat hier ook de Awb zelf een bevoegdheid toekent: de Awb kent aan een bestuursorgaan dat op grond van de bijzondere wet over een bestuursdwangbevoegdheid beschikt immers zelf in artikel 5:32 lid 1 een dwangsombevoegdheid toe. De vraag of een bestuursorgaan dat bevoegd is tot het opleggen van een last onder dwangsom ook in een civielrechtelijke procedure de naleving van wettelijke voorschriften kan afdwingen door bij de burgerlijke rechter om

---

[10] Zie hierover ook W. den Ouden, M.J. Jacobs & N. Verheij, *Subsidierecht*, Deventer: Kluwer 2011, p. 159 e.v.

een gebod of verbod versterkt met een dwangsom te vragen, is evenwel door de Hoge Raad voorafgaand aan het moment waarop de regeling in de Awb werd opgenomen al negatief beantwoord.[11] Daarom heeft de Awb-wetgever het waarschijnlijk niet meer nodig gevonden om hierover nog iets te zeggen.

In de Vierde tranche van de Awb zijn vervolgens voor het kostenverhaal bestuursdwang en de invordering van van rechtswege verbeurde dwangsommen beschikkingen geïntroduceerd (artikel 5:25 lid 6 en artikel 5:37 Awb). Het doel van die introductie is dat daardoor de bestuursrechter – anders dan daarvoor het geval was – bevoegd is om over die schuld te oordelen waarbij kwesties aan de orde kunnen zijn die een hoge mate van verwantschap vertonen met kwesties die aan de orde zijn bij het opleggen van de lasten die aan de basis van die geldschulden liggen. Zoals hiervoor is aangegeven, zegt artikel 4:124 Awb dat het bestuursorgaan ten aanzien van de invordering van een geldschuld ook over de bevoegdheden beschikt die een schuldeiser op grond van het privaatrecht heeft. De vraag kan rijzen of die bepaling meebrengt dat voor de invordering van de verbeurde dwangsommen en de gemaakte bestuursdwangkosten ook meteen het civielrechtelijke traject kan worden ingegaan, zoals dat voorafgaand aan de inwerkingtreding van de geldschuldenregeling het geval was. Of moeten die geldschulden nu toch eerst bij beschikking worden vastgesteld waarna vervolgens, als het om de echte invordering gaat, de privaatrechtelijke route kan worden gevolgd? Mijns inziens moet het erop worden gehouden dat ook voorafgaand aan een civielrechtelijk invorderingstraject het in te vorderen bedrag bij beschikking wordt vastgesteld.[12] Evenmin als over de beschikkingsvervangende subsidieovereenkomst is daarover in de Awb een expliciete bepaling opgenomen.

4. De visie van de Awb-wetgever op de verhouding tussen bestuursrecht en privaatrecht

De vraag wat wel en niet in de wet is bepaald over het gebruik van het privaatrecht kan inmiddels niet los worden gezien van de wijze waarop de Awb-wetgever de verhouding tussen de Awb en het BW ziet. In de memorie van toelichting bij de Vierde tranche van de Awb is daarop ingegaan in het licht van de vraag waarom in de Awb regels zijn geformuleerd voor de invordering van bestuursrechtelijke geldschulden terwijl het BW ook bepalingen over de afwikkeling van geldschulden bevat. Het standpunt in de memorie van toelichting is dat de regels uit het BW niet als vanzelf van toepassing zijn in bestuursrechtelijke verhoudingen: 'In beginsel gelden de bepalingen die in het BW en de Awb zijn opgenomen, ieder voor de terreinen die door deze wetten worden bestre-

---

[11] HR 7 oktober 1994, ECLI:NL:HR:1994:ZC1473, AB 1995/47 m.nt. G.A. van der Veen (Zomerhuisje).
[12] Zie aldus ook F.C.M.A. Michiels, A.B. Blomberg & G.T.J.M. Jurgens, *Handhavingsrecht*, Deventer: Wolters Kluwer 2016, p. 287-288.

ken. Evenzeer als de regels in de Awb slechts voor het bestuursrecht zijn bedoeld, zijn die in het BW opgesteld voor het privaatrecht.'[13]

Weliswaar ziet deze passage op een andere vraag dan die in deze bijdrage centraal staat. De toelichting gaat in op de vraag of regels uit het BW van toepassing kunnen zijn in een bestuursrechtelijke rechtsverhouding; dat is een vraag naar het in een rechtsverhouding toepasselijke recht. In deze bijdrage gaat het over de vraag of de overheid voor het bereiken van beleidsdoelen ook gebruik mag maken van privaatrechtelijke bevoegdheden; dat is een vraag naar het beschikbare instrumentarium. Maar de vraag of de overheid aan het privaatrecht een titel kan ontlenen voor een bepaalde bevoegdheidsuitoefening en of die in het privaatrecht gefundeerde bevoegdheidsuitoefening toelaatbaar is in het licht van de bestaande publiekrechtelijke bevoegdheden, hangen nauw met de vraag naar het toepasselijke recht samen. In de kern gaat het immers toch om de vraag of het privaatrecht, de regels uit het BW, van toepassing zijn op de overheid. En dan neemt de Awb-wetgever het fundamentele standpunt in dat het bestuursrecht – waartoe de Awb behoort – en het privaatrecht twee te onderscheiden rechtsgebieden zijn, die weliswaar voortkomen uit gemeenschappelijke noties, maar waarvan niet kan worden gezegd dat het privaatrecht als het algemene recht altijd van toepassing is. In de theorievorming wordt deze benadering aangeduid als 'de gemeenschappelijke rechtsleer', die moet worden onderscheiden van de 'gemene rechtsleer'.[14]

De doorkruisingsleer is een uitdrukking van de gemene rechtsleer: vanuit de veronderstelling dat het privaatrecht als het algemene recht in beginsel van toepassing is, ook als de overheid voor het realiseren van haar beleidsdoelen publiekrechtelijke instrumenten van de wetgever heeft gekregen, worden in de doorkruisingsleer beperkingen gesteld aan de inzet van het privaatrecht. In de opvatting van de Awb-wetgever zoals die voortvloeit uit de Memorie van Toelichting bij de Vierde tranche is de toepasselijkheid van het privaatrecht niet vanzelfsprekend; het privaatrecht wordt niet beschouwd als het algemene recht. Om daar waar dat wenselijk wordt geacht het gebruik van het privaatrecht toelaatbaar te achten, ligt het dan in de rede om dat uitdrukkelijk in de wet te verankeren.[15] Zo bezien zou er vooral reden voor de wetgever zijn om 'positieve' bepalingen (de privaatrechtelijke weg is toegelaten) op te nemen; een negatieve variant (de privaatrechtelijke weg is niet toegelaten) zou in deze visie

---

[13] *Kamerstukken II* 2003/04, 29702, 3, p. 15.
[14] Zie hierover Frank van Ommeren, 'Een andere visie op de verhouding tussen publiek- en privaatrecht. Van de 'gemene rechtsleer' naar de 'gemeenschappelijke rechtsleer'', *AA* 2012/7-8, p. 562 e.v.
[15] Aldus zou de wetgever het 'primaat van het publiekrecht' uitdragen. Zie daarover J.A.F. Peters, 'De burgerlijke rechter en het primaat van het publiekrecht', in: R.J.N. Schlössels e.a. (red.), *De burgerlijke rechter in het publiekrecht*, Deventer: Wolters Kluwer 2015, p. 505 e.v.

slechts een uitdrukking zijn van hetgeen sowieso zou moeten worden aangenomen.

5. Een algemeen uitgangspunt voor de wetgever?

In de doorkruisingsjurisprudentie van de burgerlijke rechter wordt voor beantwoording van de vraag of de overheid het privaatrecht mag gebruiken om doelen te bereiken of belangen te dienen die ook een plaats hebben gekregen in het kader van een publiekrechtelijke bevoegdheid, grote betekenis toegekend aan het standpunt van de wetgever die de desbetreffende regeling maakte. In het licht van deze jurisprudentie moet de wetgever mijns inziens in ieder geval worden aangespoord om bij de totstandkoming of wijziging van wetgeving veel meer over die vraag na te denken en daarover uitdrukkelijk een standpunt in te nemen: positief of negatief.

In de visie van de Awb-wetgever zijn bestuursrecht en privaatrecht in beginsel van elkaar gescheiden gebieden; de toepasselijkheid van het privaatrecht spreekt niet vanzelf in bestuursrechtelijke verhoudingen en bestuursrecht en privaatrecht bestrijken elk een eigen terrein. In deze benadering is de rol van de wetgever nog veel groter dan in de benadering van de burgerlijke rechter: het is aan de wetgever om te bepalen dat het privaatrecht in bestuursrechtelijke verhoudingen kan worden gehanteerd. Als deze visie wordt verbreed, zou dat betekenen dat overal waar de wetgever een publiekrechtelijk instrumentarium introduceert waarmee de overheid haar beleidsdoelen kan realiseren, slechts een privaatrechtelijke route kan worden bewandeld als dat uitdrukkelijk in de wet is voorzien. Terugkijkend zijn het ook precies dat soort bepalingen die in de Awb zelf zijn opgenomen.

De doelstelling van de Awb was destijds met name gelegen in het brengen van meer eenheid in het bestuursrecht. Naast harmonisatie heeft de Awb in de loop der jaren een prominente bijdrage geleverd aan de verdere codificatie van het bestuursrecht. De emancipatie van het bestuursrecht, die mede door de Awb verder is bevorderd, maakt dat de positiebepaling van het bestuursrecht ten opzichte van andere rechtsgebieden om nadere articulatie vraagt. Ook daar speelt de Awb als centrale wet in het bestuursrecht een belangrijke rol: juist de keuze om bepaalde onderwerpen in de Awb te regelen en de wijze waarop die regeling wordt ingericht in het licht van hetgeen in andere deelgebieden van het recht is geregeld, vraagt erom dat de Awb-wetgever reflecteert op het karakter en de positie van het bestuursrecht.[16] Die reflectie kan logischerwijs niet beperkt blijven tot hetgeen in de Awb is of zal worden geregeld. Daarmee overstijgt de Awb de bescheiden ambitie waarmee zij 25 jaar geleden begon. Ik zie juist bij die positiebepaling van het bestuursrecht een mooie toekomst voor de Awb in het verschiet.

---

[16] Zie voor inspiratie over dat denken M. Schreuder-Vlasblom, 'De identiteit van het bestuursrecht', *NTB* 2016/3.

Rogier Stijnen[*]

28 | De Algemene wet bestuursrecht en het strafrecht

@R_Stijnen – In vogelvlucht worden een aantal karakteristieken van het punitieve bestuursrecht en het strafrecht met elkaar vergleken. Met een aan zekerheid grenzende waarschijnlijkheid kan worden gezegd dat de bestuurlijke boete een vaste plek zal behouden naast het strafrecht#*bestuurlijke-boete*#*strafrecht*#*una-via*

1. Inleiding

Ten tijde van het schrijven van mijn proefschrift[1] is de Vierde tranche van de Algemene wet bestuursrecht (Awb) tot stand gekomen, waarmee in het algemene bestuursrecht de figuur van de bestuurlijke boete is gecodificeerd. Dat was vooral een kwestie van geluk, want een voorontwerp daartoe had vele jaren in een la gelegen.[2] Deze codificatie van de bestuurlijke boete in de Awb is zeker geen eindpunt. Zo komen er nog steeds vele nieuwe bestuurswetten tot stand waarin de wetgever voorziet in de mogelijkheid die te handhaven met de bestuurlijke boete.[3] Vaak is daarbij voorts voorzien in de mogelijkheid tot strafvervolging. Verder zijn het bestuurs- en het strafrecht inmiddels in een wedstrijd verzeild geraakt met betrekking tot welk rechtsgebied de hoogte maximumboetes kent.[4] En ten slotte is ook de rechtspraak volop in ontwikkeling, mede onder invloed van het Europese recht.

Juist omdat de wetgever veelal bestraffende handhaving door het bestuursrecht en het strafrecht naast elkaar laat bestaan, waarbij steeds op grond van het zogenoemde *una via*-beginsel een keuze tussen beide trajecten moet worden gemaakt, doet zich indringend de vraag voelen of de rechtsbescherming in het bestuursrecht niet gelijkwaardig moet zijn aan die in het strafrecht, waarbij van oudsher het Europees Verdrag tot bescherming van de rechten van de mens en

---

[*] Mr. dr. R. Stijnen is senior stafjurist bij de Rechtbank Rotterdam, sector bestuursrecht.
[1] R. Stijnen, *Rechtsbescherming tegen bestraffing in het strafrecht en het bestuursrecht*, Deventer: Kluwer 2011.
[2] Het voorontwerp dateert van september 1999, terwijl de Vierde tranche Awb uiteindelijk in juli 2009 in werking is getreden.
[3] Een korte zoekactie op overheid.nl leert dat er bijna 140 wetten zijn die de bestuurlijke boete kennen.
[4] Kritisch daarover Afdeling Advisering Raad van State, *Ongevraagd advies sanctiestelsels, Analyse van enige verschillen in rechtsbescherming en rechtspositie van de justitiabele in het strafrecht en in het bestuursrecht*, 13 juli 2015, Stcrt. 2015, 30280. Zie voorts D.R. Doorenbos, 'Beboeting van rechtspersonen', *Strafblad* 2014/16, p. 97-105.

de fundamentele vrijheden (EVRM) en inmiddels ook het Handvest van de grondrechten van de Europese Unie normerend werken.

Hierna zal ik in vogelvlucht een aantal ontwikkelingen inzake de bestuurlijke boete en het strafrecht schetsen. Ik zal beginnen met de vraag naar de keuze tussen bestuursrecht of strafrecht, waarbij ook enige aandacht uitgaat naar de evenredigheid van de boetetoemeting. Daarna zal ik het bewijsrecht in het bestuurs- en het strafrecht vergelijken en voorts enige aandacht besteden aan bewijsuitsluiting in beide rechtsgebieden. Vervolgens zal ik kort stilstaan bij verschillen en overeenkomsten tussen de bestuursrechtelijke en de strafrechtelijke procedure, met name wat betreft de mogelijkheid tot aanvullend bewijs en grondslagwijziging. Tot slot volgen een paar slotopmerkingen.

2. De keuze tussen bestuursrecht of strafrecht

Het bestuurs- en strafrecht kennen raakvlakken, maar lopen niet door elkaar. Zo worden de opsporing door de politie en vervolging door het openbaar ministerie niet genormeerd door het bestuursrecht (zie artikel 1:6 Awb), maar door het Wetboek van Strafvordering (Sv). Evenwel kunnen andere bestuursorganen dan de officier van justitie worden betrokken bij de strafrechtelijke afdoening. De Wet OM-afdoening voorziet immers in de mogelijkheid dat bestuursorganen strafbeschikkingen uitvaardigen.[5] Verder voorziet de Wet administratieve handhaving verkeersvoorschriften (WAHV) in een bijzonder bestuursrechtelijk boetetraject, waarbij de politieambtenaar als bestuursorgaan een boetebeschikking oplegt, administratief beroep bij de officier van justitie[6] openstaat en vervolgens beroep bij de kantonrechter en hoger beroep bij het gerechtshof Arnhem-Leeuwarden kan worden ingesteld. Wat dit laatste betreft doen bestuurlijke boete-*watchers* er goed aan ook de rechtspraak in Mulderzaken te volgen.[7]

Zoals gezegd voorziet de wetgever in de mogelijkheid om de vele bestuurswetten te handhaven via het strafrecht en het bestuursrecht.[8] In de desbetreffende wet wordt dan in een of meer artikelen vermeld dat ingeval van overtreding van bepaalde wetsartikelen een bestuurlijke boete kan of – zoals in de sociale zekerheid – zelfs moet worden opgelegd. Op verschillende manieren kan de wetgever daarnaast voorzien in de mogelijkheid van bestraffing via het strafrecht. Ten eerste kan worden voorzien in een of meer strafbepalingen in de

---

[5] Zie de art. 257a-257h Sv en het Besluit OM-afdoening.
[6] Indien de officier van justitie zelf de boete oplegt staat bij hem bezwaar open.
[7] Zie bijv. Hof Arnhem-Leeuwarden 2 februari 2018, ECLI:NL:GHARL:2018:1050 over bewijsvoering en Hof Arnhem-Leeuwarden 7 maart 2018, ECLI:NL:GHARL:2018:2186 over handsfree bellen.
[8] Bekende uitzonderingen vormen de Mededingingswet en de WAHV. De eerste wordt uitsluitend via het bestuursrecht gehandhaafd en de laatste kent een duidelijke bevoegdheidsafbakening tussen het bestuurs- en het strafrecht.

desbetreffende bestuurswet zelf.⁹ Ten tweede kunnen de gebods- en verbodsbepalingen worden vermeld in de Wet op de economische delicten (WED), het bestuursrecht is immers vooral ordeningsrecht.¹⁰ Een derde techniek is in het commune strafrecht voorzien in strafbaarstelling van vergelijkbare gedragingen als de gedragingen die beboetbaar worden gesteld in bestuurswetten. Te denken valt aan valsheid met uitkeringen en werkverschaffing aan illegalen. Ten slotte wijs ik op strafbaarstelling van opiumdelicten in de Opiumwet, terwijl voorts is voorzien in de mogelijkheid om bestuurlijke boetes op te leggen wegens woningonttrekking, welk instrument ook kan worden ingezet bij hennepkwekerijen.

De keuze tussen deze technieken kan van invloed zijn op de toepassing van het *una via*-leerstuk (artikel 5:44 Awb en artikel 243 Sv). Bij de eerste twee technieken (dus opname van de strafbaarstelling in de bestuurswet zelf of in de WED), zal het aanstonds duidelijk zijn dat moet worden gekozen tussen strafrechtelijke of bestuursrechtelijke afdoening, want het is dan duidelijk dat het om dezelfde feiten gaat. Bij strafbaarstelling in het commune strafrecht zal dit niet altijd het geval zijn. Zo zal wel duidelijk zijn dat beboeting wegens inlichtingenverzuim in de bijstandssfeer niet samen kan gaan met bestraffing van valsheid in de zin van de artikelen 227a, 227b, 447c of 447d Wetboek van strafrecht (Sr),¹¹ maar samenloop tussen een bestuurlijke boete op grond van de Wet arbeid vreemdelingen en strafvervolging op grond van overtreding van de artikelen 197a en 197b Sr werd door de Hoge Raad wel mogelijk geacht.¹² Evenmin werd door de Afdeling bestuursrechtspraak van de Raad van State (de Afdeling) een verboden samenloop aangenomen bij boeteoplegging op grond van de Huisvestingswet en bestraffing op basis van de Opiumwet, dit vanwege het in gebruik hebben van een hennepkwekerij in een woning.¹³ Voorts is samenloop mogelijk tussen een boete wegens vergunningplichtige of verboden activiteiten, zoals de aantrekking van opvorderbare gelden van het publiek, en vervolging wegens een commuun delict zoals oplichting.¹⁴ Maar de voorkeur zal in een dergelijk geval uit moeten gaan naar de bestraffing van beide samenhangende feiten via het strafrecht.¹⁵

Voor wat betreft de keuze tussen het bestuurs- of het strafrecht ligt, gelet op artikel 5:44 Awb, het primaat bij het openbaar ministerie. Een recente uitspaak

---

⁹ Zie bijv. inmiddels vervallen art. 5:55 Wet op het financieel toezicht.
¹⁰ Zie bijv. art. 32a lid 3 Warenwet.
¹¹ In dit verband is voorzien in een aangifteplicht vanaf € 50.000. Zie de Richtlijn voor strafvordering sociale zekerheidsfraude (2016R002).
¹² HR 9 februari 2016, ECLI:NL:HR:2016:222, *AB* 2016/351, m.nt. C. Saris en L. van Boven.
¹³ ABRvS 9 juli 2014, ECLI:NL:RVS:2014:2561, *AB* 2014/314, m.nt. R. Stijnen.
¹⁴ HR 30 september 2008, ECLI:NL:HR:2008:BE9819, *JOR* 2009/11, m.nt. G.P. Roth.
¹⁵ Het in de vorige noot van toepassing zijnde verbod van art. 82 lid 1 Wet toezicht kredietwezen 1992 was een economisch delict. Zie thans de art. 3:5 lid 1 en 4:3 lid 1 Wft en art. 1, onderdeel 2, WED.

van het College van Beroep voor het bedrijfsleven (het College) wijst uit dat niet met succes kan worden geklaagd dat de voorlegplicht aan de officier van justitie achterwege is gebleven en het bestuur zonder overleg zelf tot beboeting is overgaan. De voorlegplicht is namelijk niet geschreven met het oog op de bescherming van de belangen van de overtreder.[16] De overtreder kan dus wel klagen als hij via twee wegen wordt bestraft, maar niet als hij via een andere weg wordt bestraft dan hij zelf wenst.[17]

Vanuit Europa zien we inmiddels de rechtspraak bewegen naar meer mogelijkheden van samenloop tussen bestraffing via het strafrecht en het bestuursrecht.[18] Met die beweging is een eerdere Europese jurisprudentielijn, waarbij meer de nadruk wordt gelegd op het feitensubstraat dan de juridische inkadering, grotendeels van haar tanden ontdaan.[19] Verder laat de rechtspraak van de Hoge Raad een niet erg consistente benadering zien. De ene keer staart onze hoogste rechtscollege zich vrijwel blind op de kwalificatie[20] en een andere keer – zoals bij het alcoholslotprogramma – kijkt hij juist door juridische constructies heen om dubbele bestraffing te voorkomen.[21] Toch is de teneur dat minder snel van dubbele bestraffing wordt uitgegaan en dat de benadering inzake het alcoholslotprogramma uitzondering is. Op zich is dat laatste ook weer niet zo vreemd, want bij uitzondering was het alcoholslotprogramma gelijkgesteld aan een *criminal charge*.[22]

Bij zo'n ruimere mogelijkheid van samenloop is het van groot belang dat de strafrechter en de bestuursrechter uit een oogpunt van evenredigheid rekening houden met een eerdere bestraffing of eerdere boeteoplegging of andersoortige

---

[16] CBb 26 oktober 2017, ECLI:NL:CBB:2017:343, *AB* 2017/430, m.nt. R. Stijnen. In deze uitspraak van de grote kamer na conclusie van raadsheer A-G Keus (ECLI:NL:CBB:2017:130) werd het beroep op art. 5:44 lid 2 en lid 3 Awb verworpen via het relativiteitsbeginsel (art. 8:69a Awb).
[17] Vgl. HR 6 oktober 2015, ECLI:NL:HR:2015:2978, *NJ* 2016/130, m.nt. J.M. Reijntjes.
[18] EHRM 15 november 2016, ECLI:CE:ECHR:2016:1115JUD002413011, *NJB* 2017/364 (A en B/Noorwegen) en HvJ EU 20 maart 2018, zaak C-524/15; zaak C-537/16, (Garlsson Real Estate; en de gevoegde zaken C-596/16 en C-597/16).
[19] EHRM 10 februari 2009, ECLI:CE:ECHR:2009:0210JUD001493903, *NJ* 2010/36, m.nt. Y. Buruma (Zolotukhin/Rusland) en HvJ EG 9 maart 2006, ECLI:EU:C:2006:165 (Van Esbroeck).
[20] HR 1 februari 2011, ECLI:NL:HR:2011:BM9102, *NJ* 2011/394, m.nt. Y. Buruma.
[21] HR 3 maart 2015, ECLI:NL:HR:2015:434, *AB* 2015/159, m.nt. R. Stijnen.
[22] HR 14 februari 2017, ECLI:NL:HR:2017:241, *NJ* 2017/289, m.nt. J.M. Reijntjes (korting landbouwsubsidie); HR 5 december 2017, ECLI:NL:HR:2017:3062 (huisverbod) en HR 12 december 2017, ECLI:NL:HR:2017:3122, *NJ* 2018/94, m.nt. J.M. Reijntjes (verbeurde last onder dwangsom). Een bestuurlijke boete is wel steeds een *criminal charge*, zo volgt uit EHRM 23 november 2006, ECLI:CE:ECHR:2006:1123 JUD007305301, *AB* 2007/51, m.nt. T. Barkhuysen en M.L. van Emmerik (Jussila/Finland).

maatregel.[23] Dit speelt te meer, omdat het strafrecht en het bestuursrecht wedijveren als het gaat om het omhoogstuwen van de boetemaxima. We zien overigens dat de bestuursrechters (inmiddels meer) werk maken van evenredige boetetoemeting, zowel als het gaat om boetemaxima (artikel 5:46 lid 2 Awb)[24] als om gefixeerde boetes (artikel 5:46 lid 3 Awb).[25] Ook het kabinet is inmiddels doordrongen van de noodzaak om de hoogte van de bestuurlijke boetes en de strafrechtelijke geldboetes meer op elkaar af te stemmen. Zo is in de brief van de minister van Justitie en Veiligheid van 28 april 2018 bij een nader standpunt van het kabinet over sanctiestelsels het volgende te lezen:

> 'Conclusie van het kabinet is dat, om het maatschappelijk en juridisch draagvlak voor de bestuurlijke boete te behouden, bijsturing geboden is met name ten aanzien van onverklaarbare verschillen in de hoogte van boetes. De belangrijkste maatregel in dit kader is om tot een betere wettelijke en beleidsmatige afstemming te komen tussen de boetehoogtes in het bestuursrecht en in het strafrecht. Zo is het bijvoorbeeld niet uit te leggen dat een strafrechter soms gehouden is aan een aanzienlijk lager strafmaximum dan het bestuursorgaan voor dezelfde overtreding. Ook binnen het bestuursrecht moeten de wettelijke boetemaxima zich onderling logisch verhouden.'[26]

Het nadere standpunt bevat diverse voorgenomen maatregelen om de geboden bijsturing handen en voeten te geven via wetgeving en beleidsafspraken.[27]

3. Bewijsrecht en bewijsuitsluiting

Het strafrecht kent een gesloten stelsel van bewijsregels (artikel 339 Sv[28]) en kent voor een bewezenverklaring naast het vereiste van wettig bewijs de eis dat

---

[23] J.H. Crijns en M.L. van Emmerik, 'Samenloop tussen strafrecht en punitief Bestuursrecht. Zoeken naar evenredige bestraffing', *NJB* 2018/749, p. 1094-1103.
[24] Zie HR 28 maart 2014, ECLI:NL:HR:2014:685, *AB* 2014/271; ABRvS 7 oktober 2015, ECLI:NL:RVS:2015:3138, *TBS&H* 2016/2, p. 116-123; CRvB 24 november 2014, ECLI:NL:CRVB:2014:3754, *AB* 2015/8 en CRvB 11 januari 2016, ECLI:NL:CRVB:2016:12, *AB* 2016/152 en CBb 1 augustus 2017, ECLI:NL:CBB:2017:328, alsmede mijn annotaties bij de vier eerstgenoemde uitspraken.
[25] Zie ABRvS 11 mei 2016, ECLI:NL:RVS:2016:1277, *AB* 2016/301, m.nt. O.J.D.M.L. Jansen; ABRvS 12 juli 2017, ECLI:NL:RVS:2017:1845, *AB* 2017/342, m.nt. T.I. Oost; CRvB 25 september 2015, ECLI:NL:CRVB:2015:3134, *AB* 2015/425, m.nt. T. Barkhuysen en M.L. van Emmerik en CBb 16 september 2010, ECLI:NL:CBB:2010:BO5320.
[26] *Kamerstukken II* 2017/18, 34775 VI, 102, p. 2.
[27] *Kamerstukken II* 2017/18, 34775 VI, 102, p. 26-29.
[28] Uit art. 339 lid 1 Sv volgt dat als wettige bewijsmiddelen alleen worden erkend: (1) eigen waarneming van de rechter; (2) verklaringen van de verdachte; (3) verklaringen van een getuige; (4) verklaringen van een deskundige; (5) schriftelijke bescheiden. Waarbij in het tweede lid is bepaald dat feiten of omstandigheden van algemene bekendheid geen bewijs behoeven. Zie over de strafrechtelijke bewijsregels T. Kooij-

de rechter overtuigd is van de schuld van de verdachte (artikel 338 Sv). In het bestuursrecht kennen we ter zake van (ambtshalve te nemen[29]) belastende besluiten alleen een onderzoeksplicht van het bestuursorgaan naar de relevante feiten (artikel 3:2 Awb) en de mogelijkheid van ambtshalve aanvulling van de feiten door de bestuursrechter (artikel 8:69 lid 3 Awb). In dit verband wordt wel gesproken van de vrij-bewijsleer. Is dit een tekortkoming als het gaat om de bewijslastverdeling en bewijsmaatstaf inzake bestuurlijke boetes? Volgens mij niet.[30] Uit de in artikel 6 lid 2 EVRM neergelegde onschuldpresumptie wordt afgeleid dat de bewijslast dat een betrokkene een overtreding heeft begaan bij het boeteopleggende bestuursorgaan ligt en dat bij twijfel het voordeel aan de betrokken natuurlijke of rechtspersoon dient te worden gegund.[31] Dat bij bestraffende sancties aldus een bewijsmaatstaf geldt die vergelijkbaar is met die van de rechterlijke overtuiging in het strafrecht maakt niet dat de straf- en de bestuursrechter aan elkaars oordelen zijn gebonden.[32] Daarvoor worden in beide kolommen de bewijsregels te zeer verschillend geacht, terwijl omtrent de doorwerking ook geen wettelijke bewijsregels, zoals in het Wetboek van burgerlijke rechtsvordering, zijn opgenomen in de Awb of Sv.[33]

Deze bewijslastverdeling laat onverlet dat een wettelijke verplichting op een vergunninghouder kan rusten zijn activiteiten te documenteren en dat een bestuursorgaan een overtreding kan vaststellen op grond van het niet kunnen overleggen van de gevraagde documentatie.[34] Verder kan een documentatieplicht ook met zich brengen dat de onderneming bewijs tegen zich zelf produ-

---

mans, 'Bewijzen door de strafrechter', *AA* 2010/7-8, p. 456-465 en Stijnen 2011, p. 570-584.

[29] Indien een derde belanghebbende om handhaving verzoekt kan gelet op art. 4:2 lid 2 Awb wel worden gevergd dat de aanvrager zijn vermoeden dat sprake is van een overtreding onderbouwt. Zie ABRvS 5 oktober 2016, ECLI:NL:RVS:2016:2649, *AB* 2017/22, m.nt. R. Stijnen.

[30] Zie ook *Kamerstukken II*, 2003/04, 29702, 3, p. 131.

[31] EHRM 23 juli 2002, ECLI:CE:ECHR:2002:0723JUD003461997, *EHRC* 2002/88, m.nt. R.J.G.M. Widdershoven (Janosevic t. Zweden); GvEA 12 september 2007, ECLI:EU:T:2007:268 (Coats Holdings t. Commissie); HR 15 april 2011, ECLI:NL:HR:2011:BN6350, *JB* 2011/129, m.nt. C.L.G.F.H. Albers en ABRvS 10 juli 2013, ECLI:NL:RVS:2013:234, *AB* 2013/274, m.nt. R. Stijnen. Zie daarover meer uitgebreid R. Stijnen, 'De onschuldpresumptie bij de oplegging van bestuurlijke boetes: recente ontwikkelingen inzake bewijskwesties en het nemo-teneturbeginsel', *JBplus* 2017/2 (Stijnen 2017), p. 123-144.

[32] EHRM 12 juli 2013, ECLI:CE:ECHR:2013:0712JUD002542409, *EHRC* 2013/219, m.nt. J.H.B. Bemelmans (Allen t. VK); HR 15 maart 2011, ECLI:NL:HR:2011:BP7628, *JB* 2011/114, m.nt. J.J.J. Sillen en HR 20 maart 2015, ECLI:NL:HR:2015:643, *AB* 2015/187, m.nt. R. Stijnen.

[33] Zie vooral CRvB 14 februari 2006, ECLI:NL:CRVB:2006:AV1956, *RSV* 2006/121.

[34] CBb 28 maart 2013, ECLI:NL:CBB:2013:BZ6866, *JOR* 2013/174, m.nt. M. Van Eersel en CBb 20 februari 2015, ECLI:NL:CBB:2015:49, *JOR* 2015/144, m.nt. V.H. Affourtit.

ceert. Dit speelt zowel in het strafrecht als in het bestuursrecht.[35] Waar de bewijslast ligt bij de overtreder – denk aan excepties en disculpaties – geldt net als in het strafrecht een andere bewijsmaatstaf. Voldoende is dan dat aannemelijk is dat zich een dergelijke bijzonderheid voordoet of dat daarvan juist niet is gebleken.[36]

Analoog aan het strafrechtelijke bewijsrecht wordt in het bestuursrecht grote waarde toegekend aan schriftelijke verslaglegging door een opsporingsambtenaar of toezichthouder van feiten die deze zelf heeft waargenomen en wordt door de rechter doorgaans meer waarde toegekend aan de eerste door een getuige tegenover een opsporingsambtenaar of toezichthouder afgelegde en opgetekende verklaring dan een nadien gewijzigde verklaring.[37] Verder wordt bij betwisting de enkele verklaring van één getuige onvoldoende geacht om het bewijs van overtreding aan te nemen.[38] En bij afgeschermde getuigen worden in het bestuursrecht, net als in het strafrecht, aanvullende eisen gesteld met het oog op de verdedigingsrechten en de waarheidsvinding.[39]

In een arrest van 20 maart 2015[40] maakt de Hoge Raad in navolging van de advocaat-generaal Wattel een vergelijking tussen artikel 359a Sv en de toepassing in het (fiscale) bestuursrecht van het 'zozeer indruist'-criterium dat volgt uit een arrest uit 1992.[41] Anders dan de advocaat-generaal ziet de Hoge Raad in bestuursrechtelijke zaken aanleiding om voor de bruikbaarheid van strafvorderlijk onrechtmatig verkregen bewijs vast te houden aan het 'zozeer indruist'-criterium, met dien verstande dat de Hoge Raad daarnaast als maatstaf hanteert of het bewijs niet reeds op grond van artikel 6 EVRM zou moeten worden uitgesloten. Het verschil met artikel 359a Sv lijkt daarmee flinterdun.[42]

In een bijdrage in Ars Aequi heeft Schuurmans inzake onrechtmatig bewijs uiteengezet dat enerzijds het beeld is dat in het bestuursrecht vrijwel alles kan, omdat bijna nooit aan het 'zozeer indruist'-criterium wordt voldaan en dat anderzijds het beeld van de makkelijke bestuursrechter niet juist is voor bewijsmateriaal dat bestuursrechtelijk onrechtmatig is verkregen.[43] We zien inderdaad dat de Centrale Raad van Beroep al snel meent dat aan het 'zozeer in-

---

[35] HR 19 september 2006, ECLI:NL:HR:2006:AV1141, AB 2007/2, m.nt. M.P. Jongma; HR 24 november 2015, ECLI:NL:HR:2015:3354, NJ 2016/58, m.nt. J.M. Reijntjes en CBb 25 februari 2014, ECLI:NL:CBB:2014:96, RF 2014/48.
[36] HR 13 juni 2006, ECLI:NL:HR:2006:AW4459, NJ 2006/371 en CBb 12 oktober 2017, ECLI:NL:CBB:2017:326, AB 2018/41.
[37] ABRvS 5 juli 2017, ECLI:NL:RVS:2017:1818, AB 2017/386, m.nt. R. Stijnen.
[38] ABRvS 17 december 2014, ECLI:NL:RVS:2014:4579.
[39] Vgl. HR 29 januari 2013, ECLI:NL:HR:2013:BX5539, NJ 2013/145, m.nt. T.M. Schalken en ABRvS 3 juli 2013, ECLI:NL:RVS:2013:111, AB 2013/275, m.nt. R. Stijnen.
[40] HR 20 maart 2015, ECLI:NL:HR:2015:643, AB 2015/187, m.nt. R. Stijnen.
[41] HR 1 juli 1992, BNB 1992/306, m.nt. P. den Boer.
[42] Vgl. HR 19 februari 2013, ECLI:NL:HR:2013:BY5321, AB 2014/27, m.nt. R. Stijnen.
[43] Y.E. Schuurmans, 'Onrechtmatig verkregen bewijsmateriaal in het bestuursrecht', AA 2017/5, p. 388-399.

druist'-criterium is voldaan indien sprake is van een niet noodzakelijk huisbezoek, terwijl niet is voldaan aan *informed consent* of indien observaties plaatsvinden met behulp van technische hulpmiddelen. In die gevallen neemt de Raad een ernstige schending van artikel 8 EVRM aan.[44] Schuurmans wijst er terecht op dat het 'zozeer indruist'-criterium uiteindelijk een zodanig grofmazig regel oplevert dat die gunstig uitvalt voor het belang van effectieve rechtsbescherming en nadelig voor het belang van waarheidsvinding, handhaving van de openbare orde en vergelding.

Met betrekking tot het zwijgrecht zijn er twee lijnen of scenario's die EVRM-proof zijn als het gaat om de informatievordering afgezet tegen het in artikel 5:10a Awb op zeer beperkte wijze neergelegde zwijgrecht en de daarmee samenhangende cautieplicht: (scenario-a) er wordt bij een eerste verdenking direct een cautie verstrekt of (scenario-b) de verhorende toezichthouder laat dit na, maar dan draagt het bestuursorgaan (of de rechter) er zorg voor dat belastende verklaringen niet worden gebruikt voor beboeting of strafvervolging.[45] Verklaringen die onder druk of zonder voorafgaande cautie zijn afgelegd mogen dan wel worden gebruikt voor op herstel gerichte besluiten, maar niet voor de boeteoplegging. In alle kolommen leidt handelen in strijd met artikel 29 Sv of artikel 5:10a Awb tot bewijsuitsluiting.[46] Dat zal (naar verwachting) ook zo zijn waar het gaat om handelen in strijd met scenario b.[47]

4. Procedurele verschillen en overeenkomsten

Duidelijk is aanstonds dat de klassieke strafvervolging een geheel andere procedure behelst dan die inzake de bestuurlijke boete. Waar in het strafrecht de verdachte door de officier van justitie wordt gedagvaard en de strafrechter zich op basis van het beslissingsmodel van de artikelen 348-350 Sv zal moeten buigen over de schuldvraag en de strafoplegging, worden bestuurlijke boetes ingeleid met een besluit tot boeteoplegging. Daar staat dan bezwaar tegen open bij het bestuursorgaan en vervolgens beroep en hoger beroep bij de bestuursrechter. De strafbeschikking kent elementen van beide procedures. Die wordt immers ingeleid met een strafbeschikking door de officier van justitie, een aangewezen opsporingsambtenaar, of een aangewezen bestuursorgaan. Indien de officier van justitie na (tijdig) verzet de zaak alsnog aanbrengt bij de straf-

---

[44] CRvB 11 april 2007, ECLI:NL:CRVB:2007:BA2410, *RSV* 2007/175, m.nt. R. Stijnen en CRvB 15 maart 2016, ECLI:NL:CRVB:2016:947, *Gst.* 2016/86, m.nt. R. Stijnen.
[45] Stijnen 2017.
[46] HR 16 april 2013, ECLI:NL:HR:2013:BY5706, *NJ* 2013/310, m.nt. B.F. Keulen; CRvB 30 augustus 2016, ECLI:NL:CRVB:2016:3288, *AB* 2016/389, m.nt. C.W.C.A. Bruggeman en CBb 26 oktober 2017, ECLI:NL:CBB:2017:343, *AB* 2017/430, m.nt. R. Stijnen.
[47] EHRM 17 december 1996, *NJ* 1997/699, m.nt. G. Knigge (Saunders/VK); EHRM 16 juni 2015, *AB* 2017/286, m.nt. R. Stijnen (Van Weerelt/Nederland); HR 24 april 2015, ECLI:NL:HR:2015:1117, *AB* 2017/287 en CBb 10 januari 2018, ECLI:NL:CBB:2018:3, *RF* 2018/33.

rechter dan wordt de zaak verder als een gewone strafzaak behandeld.[48] De Raad van State toonde zich in een ongevraagd advies kritisch over de omstandigheid dat bij een verzet tegen een strafbeschikking geen griffierecht wordt geheven maar wel bij een beroep tegen een bestuurlijke boete.[49] In navolging van Europese rechtspraak is inmiddels wel duidelijk dat een rechtsgang bij de bestuursrechter na boeteoplegging door het bestuursorgaan voldoet aan de eisen van artikel 6 EVRM.[50] Wel zien we dat soms wordt geworsteld met de vraag of er binnen het bestuursorgaan zelf met de nodige onvooringenomenheid tot boeteoplegging is overgegaan.[51]

Terwijl tijdens het strafproces in eerste aanleg en in hoger beroep nieuwe stukken door partijen kunnen worden overgelegd en nader onderzoek kan plaatshebben,[52] de tenlastelegging kan worden gewijzigd, mits daardoor geen ander feit wordt vervolgd,[53] en ook andere correcties worden toegepast op de strenge grondslagleer,[54] werd in het bestuursrecht soms huiverig gedaan over de mogelijkheid om nieuwe stukken over te leggen, een boetebesluit te wijzigen of aanvullend onderzoek in de beroepsfase mogelijk te maken.[55] Inmiddels zien we dat ook in boetezaken nog in een later stadium nieuwe stukken en argumenten door de bestuursrechter worden geaccepteerd,[56] dat blijkens twee uitspraken van 5 juli 2017 van de grote kamer van de Afdeling de bestuurlijke lus

---

[48] Zie over deze procedures Stijnen 2011, deel II en deel III. Zie voorts R. Stijnen, 'Een vergelijking tussen de rol van de straf- en bestuursrechter bij boeteoplegging', *Sanctierecht & Compliance* 2014/2-3, p. 75-83.

[49] Afdeling Advisering Raad van State, *Ongevraagd advies sanctiestelsels, Analyse van enige verschillen in rechtsbescherming en rechtspositie van de justitiabele in het strafrecht en in het bestuursrecht*, 13 juli 2015, Stcrt. 2015, 30280.

[50] Zie bijv. CRvB 22 januari 2014, ECLI:NL:CRVB:2014:362, *AB* 2014/159, m.nt. R. Stijnen.

[51] Zie mijn noot bij CBb 12 oktober 2017, ECLI:NL:CBB:2017:327, *AB* 2018/42.

[52] Zie de art. 315, 316, 414 Sv. HR 29 juni 2010, ECLI:NL:HR:2010:BL7709, *NJ* 2010/409 en HR 5 januari 2016, ECLI:NL:HR:2016:2, *NJ* 2016/74 m.nt. red. Uit die rechtspraak kan overigens worden afgeleid dat de goede procesorde zich minder snel verzet tegen het in een zeer laat stadium overleggen van ontlastend materiaal dan belastend materiaal.

[53] Zie de art. 312, 313 en 415 Sv; zie voorts L. Stevens e.a., *De tenlastelegging als grondslag voor de rechterlijke beslissing*, WODC: 2016, hoofdstuk 3 en Stijnen 2011, p. 472.

[54] Stijnen 2011, p. 471-472.

[55] Zie met name over de bestuurlijke lus de uitgebreide conclusie van Keus (ECLI:NL:RVS:2017:1034). Zie voor een beperkte opvatting inzake grondslagverlating CBb 22 september 2015, ECLI:NL:CBB:2015:330, *JB* 2015/194.

[56] ABRvS 15 april 2015, ECLI:NL:RVS:2015:1187, *AB* 2015/189, m.nt. O.J.D.M.L. Jansen. Ook hier lijkt te gelden dat aan de veronderstelde overtreder (iets) meer ruimte daartoe wordt geboden. Zie voor het uitbrengen van een aanvullend boeterapport eerder al CBb 17 november 2004, ECLI:NL:CBB:2004:AR6034, *AB* 2005/81, m.nt. G.J.M. Cartigny.

wel (maar terughoudend) kan worden toegepast[57] en dat niet alleen in bezwaar, maar ook – mede onder invloed van artikel 6:22 Awb – in beroep de juridische grondslag kan worden gewijzigd.[58] Uit een oogpunt van de vereiste finaliteit (artikel 8:72a Awb) en effectieve handhaving is die verruiming zeker wenselijk en ook mogelijk (zie de artikelen 6:19, 6:22 en 8:51a Awb).

In een artikel in JBplus heeft Schuurmans niettemin kritiek, omdat noch in de uitspraken van de grote kamer van de Afdeling van 5 juli 2017 noch in de daaraan voorafgaande conclusie van staatsraad advocaat-generaal Keus wordt geëxpliciteerd waarom door de rechter terughoudend met nadere bewijsvoering door het bestuursorgaan in boetezaken moet worden omgegaan.[59] Zij wijst er daarbij op dat in het strafrecht de materiële waarheidsvinding voorop staat en dat daarom de mogelijkheid tot wijziging van de tenlastelegging ook na het requisitoir en in hoger beroep nog mogelijk is. En zij wijst er op dat de mogelijkheid tot nadere stukkenuitwisseling, waaronder belastend bewijsmateriaal, als vanzelfsprekend wordt ervaren, omdat het onderzoek ter zitting traditioneel het centrale moment van waarheidsvinding in het strafproces is. De vraag van Schuurmans naar explicitering van uitgangspunten is terecht.

Laat ik de handschoen oppakken en enkele mogelijke verklaringen noemen. Eén verklaring is dat de wetgever zelf de bestuurlijke lus heeft willen uitsluiten in boetezaken, overigens zonder dit in de wet vast te leggen. Men dacht dat dit verbod reeds volgde uit artikel 8:72a Awb, omdat daarin is neergelegd dat de rechter zelf de zaak afdoet indien het boetebesluit moet worden vernietigd.[60] Indien die lezing onverkort zou worden gevolgd dan zouden teveel boetebesluiten sneuvelen zonder herstelmogelijkheid. Om die reden is door bestuursrechters (zij het dus op terughoudende wijze) gelust in boetezaken. Een andere – en die noemt Schuurmans zelf ook – is dat de bestuurlijke boete wordt ingeleid met een besluit en dat artikel 3:2 Awb vereist dat het bestuursorgaan haar besluiten zorgvuldig voorbereidt. Daar komt bij dat er een herstelkans is in bezwaar. Ik voeg daar aan toe dat met name het College uit een oogpunt van verdedigingsrechten grote waarde hecht aan het boeterapport en dat dit boeterapport daarom in beginsel de buitengrens vormt van de boetebeslissing.[61] Indien het bestuursorgaan er een potje van maakt en niet ingaat op

---

[57] ABRvS 5 juli 2017, ECLI:NL:RVS:2017:1818, *AB* 2017/386, m.nt. R. Stijnen en ABRvS 5 juli 2017, ECLI:NL:RVS:2017:1819, *JB* 2017/151, m.nt. C.L.G.F.H. Albers.
[58] CRvB 27 december 2016, ECLI:NL:CRVB:2016:5064, *RSV* 2017/36 en CBb 12 oktober 2017, ECLI:NL:CBB:2017:327, *AB* 2018/42, m.nt. R. Stijnen.
[59] Y.E. Schuurmans, 'Rechtsvorming bewijsrecht in bestuurlijke boetezaken', *JBplus* 2017/4.
[60] Zie daarover de conclusie van Keus (ECLI:NL:RVS:2017:1034).
[61] Vgl. CBb 2 februari 2010, ECLI:NL:CBB:2010:BL5463, *AB* 2010/317, m.nt. O.J.D.M.L. Jansen en CBb 14 juli 2016, ECLI:NL:CBB:2016:184, *AB* 2016/462, m.nt. A.M.L. Jansen. Soepeler lijkt de Centrale Raad van Beroep (CRvB 23 augustus 2013, ECLI:NL:CRVB: 2013:1588, *ABkort* 2013/337 en CRvB 19 november 2014, ECLI:NL:CRVB:2014:3806, *Gst.* 2015/12, m.nt. M. West), maar de soms strengere lijn van het College kan mede

gemotiveerde verweren, is het niet de bedoeling dat onbeperkt herkansingen aan het bestuur worden geboden. Ook dat kan een goede reden zijn om niet eerst in hoger beroep bewijs toe te laten of te lussen.[62] Een andere reden om terughoudend te zijn met bewijsopdrachten is dat de bestuursrechter wil waken voor zijn onbevangenheid. Zo is het doen van gedetailleerde suggesties aan het bestuursorgaan ter zake van het uitvoeren van aanvullend onderzoek strijdig geacht met artikel 6 EVRM.[63]

Juist omdat het strafrecht zich van oudsher toch veel meer concentreert op de waarheidsvinding ter zitting en daar niet een uitgebreide besluitvorming met een bezwaarfase aan vooraf gaat, vind ik het niet raar dat de herkansing voor het bestuursorgaan bij de bestuursrechter beperkter is dan die voor het openbaar ministerie in strafzaken. Daar komt bij dat in grote strafzaken (zoals levensdelicten) ook wel wat anders op het spel staat dan bij een boetezaak in het ordeningsrecht. Opgemerkt zij ook dat in veel strafzaken na afloop van het vooronderzoek geen nadere bewijsvoering op tafel komt.[64]

5. Slotwoorden

In deze bijdrage heb ik in vogelvlucht een aantal karakteristieken van het punitieve bestuursrecht en het strafrecht met elkaar vergleken. Met de Vierde tranche is de bestuurlijke boete sinds medio 2009 stevig verankerd in de Awb. Is de boeteregeling nu helemaal af voor de komende 25 jaar? Vast niet. Maar met een aan zekerheid grenzende waarschijnlijkheid kan wel worden gezegd dat de bestuurlijke boete populair zal blijven en een vaste plek zal behouden naast het strafrecht. Waar de wetgever duidelijk steken laat vallen – zoals met artikel 5:10a Awb – zien we dat rechtspraak voorziet in een jurisprudentielijn die Straatsburg-proof is. Voorts is het uit een oogpunt van consistentie en evenredigheid goed dat het kabinet heeft aangekondigd dat een aantal maatregelen zal worden getroffen om tot een betere afstemming tussen de hoogte van bestuurlijke boetes en strafrechtelijke geldboetes te komen.

---

worden verklaard doordat in het economisch bestuursrecht vaak ingewikkelde bewijskwesties spelen. In het mededingingsrecht komt daar de oriëntatie op de rechtspraak van de Unierechter bij.
[62] CBb 3 december 2014, ECLI:NL:CBB:2014:438, *JOR* 2015/39, m.nt. V.H. Affourtit en CBb 9 mei 2016, ECLI:NL:CBB:2016:107, *JB* 2016/128, m.nt. C.L.G.F.H. Albers.
[63] CRvB 16 april 2013, ECLI:NL:CRVB:2013:BZ7385, *AB* 2013/256, m.nt A.T. Marseille.
[64] Zie in dit verband ook B.F. Keulen, 'Strafrechter en consensualiteit', *DD* 2014/71. Voorts kan in dit verband worden gewezen op de gewijzigde rol van de rechter-commissaris (art. 170 Sv) en de nadruk op het vooronderzoek. Zie E.T. Luining, *De rol van de strafrechter: van waarheidsvinder naar regisseur van de proceslogistiek*, masterscriptie (Leiden): 2015 (te vinden op njb.nl).

Karianne Albers*

29 | Primitief strafrecht?
Over decriminalisering, bestuursstrafrecht en rechtsbescherming

@K_Albers – Biedt het bestuursprocesrecht voldoende rechtsbescherming bij oplegging van bestuurlijke boetes of is er sprake van een vorm van 'primitief strafrecht' waarbij de rechtsbescherming fors te kort schiet?#*bestuurlijke-boete*#*bestuursstrafrecht*#*primitief-strafrecht*

1. Inleiding

De Awb was pas in werking getreden toen ik, in het najaar van 1995 als einddoctoraalstudent Nederlands recht de trein van Maastricht naar Den Haag nam. Ik had een afspraak bij het Ministerie van Justitie over een mogelijke stage bij de Directie Wetgeving van het ministerie. Tijdens het gesprek op het departement werd mij duidelijk dat mijn stage zou bestaan uit een onderzoek naar de invoering van een algemene regeling in de Awb voor het opleggen van bestuurlijke boetes. Ik had op dat moment nog geen idee wat zo'n 'bestuurlijke boete' precies inhield. Al snel werd mij duidelijk dat de bestuurlijke boete 'in opmars' was.[1] Er was veel actuele literatuur en aan het wetgevingsfront werd op een aantal departementen geëxperimenteerd met bestuurlijke boeteregelingen, ofschoon de boeteregelingen op dat moment nog op de vingers van een hand waren te tellen. Er was vraag naar een efficiënte en effectieve mogelijkheid voor bestuursorganen om zelf – buiten de kaders van het strafrecht en de rechter om – bestraffende sancties op te leggen. De bestuurlijke boete werd daarbij beschouwd als dé bestraffende bestuurlijke sanctie bij uitstek om de door het bestuur ervaren leemte in de mogelijkheid tot handhaving van bestuursrechtelijke wet- en regelgeving op te vullen.

Nu, zo'n vijfentwintig jaar later, anno 2019, is de bestuurlijke boete op grote schaal ingevoerd. Een zoekopdracht in de wet- en regelgevingdatabank van overheid.nl leert dat intussen meer dan 150 bestuursrechtelijke wetten een boeteregeling kennen. In de Awb is intussen voorzien in een algemene regeling voor de oplegging van bestuurlijke boetes. Daarbij heeft de wetgever ook geprobeerd invulling te geven aan de straf(proces)rechtelijke waarborgen uit het EVRM.[2] Dit omdat de bestuurlijke boete moet worden beschouwd als een 'criminal charge' (vorm van strafvervolging) in de zin van artikel 6 EVRM.[3]

---

* Mr. dr. C.L.G.F.H. Albers is universitair hoofddocent staats- en bestuursrecht aan de Open Universiteit en rechter-plaatsvervanger in de Rechtbank Rotterdam.
[1] Vgl. bijv. F.C.M.A. Michiels, *De boete in opmars?*, Zwolle: W.E.J. Tjeenk Willink 1994.
[2] Zie o.a. titel 5.4 Awb.
[3] Zie o.a. EHRM 21 februari 1984, ECLI:NL:XX:1984:AC9954, *NJ* 1988/937 m.nt. E.A. Alkema.

Onlangs werd in de literatuur gesteld dat de bestuurlijke boete een vorm van 'primitief strafrecht' zou zijn, vooral de gebrekkige rechtsbescherming werd in dat kader gehekeld.[4] In deze bijdrage zal ik ingaan op de vraag of de bestuurlijke boete werkelijk een vorm van 'primitief strafrecht' is. De focus ligt daarbij op de rechtsbescherming die de (vermoedelijk) overtreder, aan wie een bestuurlijke boete wordt opgelegd, wordt geboden. Voordat ik daarop inga volgt nog een korte historische beschrijving van de opkomst van de bestuurlijke boete.

2. Het handhavingstekort en de opkomst van de bestuurlijke boete

Het bestraffend bestuursrecht is geen nieuw verschijnsel.[5] Voordat de Code Pénal in 1811 werd ingevoerd beschikte het bestuur ook al op grote schaal over de mogelijkheid om bij overtredingen van bestuurswetgeving bestraffende sancties op te leggen.[6] Het merendeel van deze bestraffende sancties verdween echter na invoering van de Code Pénal. Deze sancties werden vanaf dat moment ondergebracht in het strafrecht en daarmee omgevormd tot strafrechtelijke sancties. Een uitzondering geldt voor het fiscale recht. Daar zijn door de eeuwen heen (in wisselende gedaanten) bestuursrechtelijke voorzieningen tot oplegging van bestraffende sancties blijven bestaan.[7] De laatste decennia is het bestraffend bestuursrecht – zo bleek ook reeds uit de inleiding – weer sterk opgekomen. Deze (hernieuwde) belangstelling voor de bestuurlijke bestraffende sanctie – en dan vooral de bestuurlijke boete – houdt met name verband met het zogenoemde 'handhavingstekort'.

Vanaf de jaren zeventig van de vorige eeuw werd gezocht naar vormen van buitengerechtelijke afdoening van strafrechtelijke overtredingen. Zo stond bijvoorbeeld de handhaving van lichtere verkeersovertredingen binnen de strafrechtketen onder druk en er werd gezocht naar alternatieve vormen van handhaving.[8] Dit resulteerde uiteindelijk eind jaren tachtig van de vorige eeuw in de invoering van de Wet administratiefrechtelijke handhaving verkeersvoorschriften (WAHV, ook wel Wet Mulder genaamd),[9] die het mogelijk maakte om lichtere verkeersovertredingen door middel van een bestuurlijke boete af te doen.

---

[4] J.M.H.F. Teunissen, 'Combineer zorgplichten niet met bestuurlijke boetes', *Gst.* 2018/54, p. 275-276, onder verwijzing naar A. Mulder, 'Ordening en strafrecht', *RM Themis* 1957, p. 5 e.v.

[5] Zie daarover uitvoerig J. van der Poel, *Rondom compositie en compromis. Fiscale studie in bestuurs- en strafrecht*, Utrecht: Kemink en Zn 1942 en verder H.E. Bröring, *De bestuurlijke boete*, Deventer: Kluwer 2005, p. 17.

[6] Zie bijv. Van der Poel 1942, o.m. p. 186 e.v.

[7] Zie o.m. J. van der Poel, 'Een nieuw kleed voor het fiscaal recht', *TvS* 1951, p. 181-210, i.h.b. p. 181 e.v.

[8] Zie bijv. *Kamerstukken II* 1987/88, 20329, 3, p. 1 e.v.

[9] *Stb.* 1989, 300. Zie ook M. Barels, 'De WAHV. Efficiency en rechtsbescherming in evenwicht?', in: E. Hofstee e.a. (red.), *Kringgedachten*, Deventer: Kluwer 2014, p. 3-17.

De invoering van de WAHV vormde de katalysator voor de opkomst van het 'bestraffende bestuur' op grote(re) schaal, vanaf het begin van de jaren negentig van de vorige eeuw. De directe aanleiding voor de opkomst van het 'bestraffende bestuur' en meer in het bijzonder de invoering van bestuurlijke boeteregelingen op grote schaal was gelegen in het op dat moment gesignaleerde 'handhavingstekort'.[10] Daadwerkelijke handhaving van bestuursrechtelijke wet- en regelgeving (b)leek via de strafrechtelijke weg vaak moeilijk te verwezenlijken, onder meer vanwege overbelasting, andere prioriteitsstelling en gebrekkige kennis met betrekking tot de specifieke bestuursrechtelijke regelingen bij het Openbaar Ministerie (OM). De oplossing werd gezocht in het toekennen van eigen en betere handhavingsbevoegdheden aan bestuursorganen.[11] De verantwoordelijkheid voor (adequate) handhaving moest verschuiven van het OM naar de bestuursorganen. Om invulling te geven aan de eigen verantwoordelijkheid van de bestuursorganen werd, eind vorige eeuw en begin deze eeuw, in tientallen bijzondere bestuursrechtelijke wetten een bestuurlijke boetebevoegdheid opgenomen. Het kwam er op neer dat de handhaving van talrijke tot dan toe via het strafrecht afgedane overtredingen van bestuursrechtelijke wet- en regelgeving werd overgeheveld naar het bestuursrecht.[12] Het 'bestuursstrafrecht' was geboren.[13] Intussen werd bij Justitie – zoals gezegd – al vanaf het midden van de jaren negentig van de vorige eeuw gewerkt aan een uniforme boeteregeling. Dit resulteerde in een uniforme procedure voor de oplegging van bestuurlijke boetes die een plaats kreeg in de op 1 juli 2009 inwerking getreden Vierde tranche van de Awb.[14]

---

[10] Commissie Michiels, *Handhaven op niveau*, Deventer: W.E.J. Tjeenk Willink 1998, p. 36 en 57.
[11] Zie: 'Recht in beweging', *Kamerstukken II* 1990/91, 21829, 1-2 en 'Met vaste hand', *Kamerstukken II* 1990/91, 22045, 1-2. Zie voorts: Handhaving door bestuurlijke boeten, Commissie voor de toetsing van wetgevingsprojecten, (CTW 94/1 - 12 januari 1994), p. 7 en bijv. *Kamerstukken II* 2003/04, 29702, 3, p. 73-74.
[12] Aan de hand van specifieke criteria werd bepaald welke overtredingen in aanmerking kwamen voor bestuursstrafrechtelijke afdoening, zie C.L.G.F.H. Albers, *Rechtsbescherming bij bestuurlijke boeten. Balanceren op een magische lijn?*, Den Haag: Sdu 2002, p. 54 e.v.
[13] Zie daarover meer uitvoerig: C.L.G.F.H. Albers, 'Bestraffend bestuur 2014. Naar een volwassen bestraffend bestuurs(proces)recht', in: *Boetes en andere bestraffende sancties: een nieuw perspectief?* (VAR-Reeks 152), Den Haag: Boom Juridische uitgevers 2014, p. 7-109, i.h.b. p. 15 e.v.
[14] *Stb.* 2009, 264. Opgemerkt zij dat de afdoening van lichte verkeersovertredingen niet onder de regeling uit de Awb valt. Daarop is de (afwijkende procedure uit de) WAHV van toepassing gebleven.

3. Inbedding van de boeteregeling in Awb

De bestuurlijke boete is een bestraffende sanctie, zij maakt – zo heb ik eerder betoogd – deel uit van het strafrecht in ruime zin[15], en wordt zoals hiervoor is aangegeven door het Europese Hof voor de Rechten van de Mens aangemerkt als een 'criminal charge' ('strafvervolging').[16] Dat de oplegging van een bestuurlijke boete moet worden aangemerkt als een 'criminal charge' brengt met zich dat de fundamentele straf(proces)rechtelijke waarborgen uit artikel 6 en 7 EVRM in acht genomen moeten worden bij de oplegging van deze bestuursrechtelijke (bestraffende) sanctie. Het gaat dan bijvoorbeeld om het legaliteitsbeginsel (dat zich binnen het strafrecht in diverse vormen manifesteert),[17] de onschuldpresumptie en het verbod op (gedwongen) zelfincriminatie. In de Vierde tranche van de Awb zijn deze waarborgen (tot op zekere hoogte) verankerd.[18]

3.1 Het uniform bestuursprocesrecht, bestuurlijke boetes en rechtsbescherming

In mijn in 2002 verschenen proefschrift – waarin het voorontwerp van de algemene boeteregeling centraal stond – was ik kritisch over de aan de vermoedelijke overtreder geboden rechtsbescherming bij de oplegging van bestuurlijke boetes. Daarbij heb ik destijds aangegeven dat, naast de 'schrale uitleg en invulling' van de verdragsrechtelijke waarborgen uit artikel 6 en 7 EVRM in het voorontwerp van de Vierde tranche Awb, de onverkorte toepassing van het (bestuurs)procesrecht in boeteprocedures debet was aan het rechtsbeschermingsniveau. Dit besluitenprocesrecht bood – althans zo was mijn bevinding op dat moment – de vermoedelijke overtreder onvoldoende rechtsbescherming. Ik vroeg me toen zelfs af of de overtreder niet beter af zou zijn met een procedure binnen de strafrechtketen waarbij het OM de zaak af zou doen.[19] De bestuurlijke boete werd intussen op steeds grote schaal ingevoerd. De Vierde tranche van de Awb (die nauwelijks afweek van het voorontwerp) kwam er en trad in werking. Kwam een vermoedelijke overtreder op tegen een opgelegde bestuurlijke boete, dan vond de rechtsbeschermingsprocedure plaats op basis van het uniforme Awb-procesrecht. Dat leidde regelmatig tot – vanuit rechtsbeschermingsoptiek – merkwaar-

---

[15] Zie Albers 2002, p. 30 e.v en 408 e.v.
[16] Geestelijk vader van de bestuurlijke boete, A. Mulder, had als voorzitter van de Commissie vereenvoudigde afdoening lichte overtredingen van verkeersvoorschriften in zijn rapport aan de Minister van Justitie betoogd dat van een 'criminal charge' geen sprake was (zie *Kamerstukken II* 1987/88, 20329, 3, p. 26-27).
[17] Het gaat onder meer om het nullum crimen sine lege-beginsel, het nulla poena sine lege-beginsel en het lex certa-beginsel. Zie m.b.t. het lex certa-beginsel bijv. ABRvS 25 september 2013, ECLI:NL:RVS:2013:1236.
[18] Zie voor een kritische beschouwing Albers 2002, p. 151 e.v.
[19] Zie Albers 2002, p. 407 e.v.

dige uitspraken.[20] Toen ik in 2014 een VAR-preadvies schreef over de bestuurlijke boete was er dus alle reden om te onderzoeken of de boeteprocedure uit de Awb de (vermoedelijke) overtreder de rechtsbescherming bood die bij de oplegging van een bestraffende sanctie mag worden verwacht. Was er intussen sprake van een 'volwassen bestuursstrafrecht'?[21] Ik concludeerde toen dat er (nog) geen sprake was van een met het strafproces vergelijkbaar niveau van rechtsbescherming. Er was dus nog werk aan de winkel. Een deel van de oplossing kon, zo betoogde ik, worden gevonden in een gedifferentieerde toepassing van het bestuursprocesrecht.[22] Daar ligt mijns inziens de sleutel voor een boeteregeling die voor het bestuur een efficiënte en effectieve handhavingsbevoegdheid biedt en toch leidt tot een acceptabel rechtsbeschermingsniveau. Intussen lijkt ook de rechtsontwikkeling die kant op te gaan. Dit kan geïllustreerd worden aan de hand van de rechtsontwikkeling met betrekking tot het bewijs(recht) in bestuurlijke boetezaken.

3.2 *Bewijs bij bestuurlijke boetes*

In het bestuursprocesrecht is sprake van een 'vrij' bewijsleer.[23] Specifieke (materiële) regels over bewijs ontbreken in de Awb, ook bij procedures over de oplegging van bestraffende sancties. Er is, in tegenstelling tot in het strafrecht, (formeel) niets geregeld over de bewijslastverdeling en er wordt niet gewerkt met wettelijke bewijsmiddelen. Dat neemt niet weg dat de onschuldpresumptie in bestuurlijke boetezaken een belangrijke rol speelt bij beantwoording van de vraag hoe met bewijslast, bewijslastverdeling en bewijsrisico moet worden omgegaan. Sinds de 'opmars van de bestuurlijke boete' werden er in de bestuursrechtspraak, met het oog op een adequate rechtsbescherming bij bestuurlijke boetebesluiten (en andere bestraffende sancties), dan ook al voor en na piketpalen uitgezet ten aanzien van de aan het bewijs te stellen eisen in bestuurlijke boeteprocedures. Al snel werd duidelijk dat bestuursorganen zich, als zij een bestraffende sanctie opleggen, niet kunnen beperken tot het aannemelijk maken van de feiten, hetgeen in het algemeen in bestuursrechtelijke procedures wel aanvaardbaar wordt geacht.[24]

---

[20] Bijv. t.a.v. de grondenfuik in hoger beroep: ABRvS 16 maart 2011, ECLI:NL:RVS: 2011:BP7764, *JB* 2011/105, in het bijzonder r.o. 2.6.1.
[21] Albers 2014, p. 10.
[22] Albers 2014, p. 96 e.v.
[23] Zie over bestuursrechtelijk bewijsrecht in het algemeen o.m.: Y.E. Schuurmans, *Bewijslastverdeling in het bestuursrecht: zorgvuldigheid en bewijsvoering bij beschikkingen*, Deventer: Kluwer 2005 en R.J.N. Schlössels, 'Een vrije en kenbare bewijsleer?', in: *Bestuursrechtelijk bewijsrecht: wetgever of rechter?* (VAR-reeks 142), Den Haag: Boom Juridische uitgevers 2009, p. 39 e.v.
[24] R.J.N. Schlössels, 'Bewijswaardering in het bestuursproces: goochelen met zekerheid?', *AA* 2010/7-8, p. 476-486, i.h.b. p. 477 en p. 484 e.v..

Gaandeweg lijkt de bestuursrechter zich meer en meer bewust te zijn geworden van zijn 'bijzondere' rol als het gaat om de toetsing van bestuurlijke boetebesluiten[25] en de eisen die hij bijgevolg aan het bewijs dient te stellen.[26]

De volgende uitgangspunten werden in de loop van de tijd ontwikkeld in de bestuursrechtspraak:

(1) Bij het nemen van ambtshalve belastende besluiten rust de bewijslast (in essentie) op het bestuursorgaan.[27] Dit geldt in nog sterkere mate voor besluiten tot oplegging van bestraffende sancties. Een bestuursorgaan dat overgaat tot het opleggen van een bestuurlijke boete zal *de overtreding* waar het boetebesluit op ziet moeten stellen en bewijzen. Een omkering van de bewijslast, waarbij de burger moet bewijzen dat de overtreding niet door hem is begaan, is bij bestuurlijke boetes dan ook niet toegestaan.[28]

(2) Bestuursorganen kunnen zich, als zij een bestraffende sanctie opleggen, niet beperken tot het *aannemelijk* maken van de feiten. Dat brengt mee dat de betrokkene bij twijfel het *voordeel van de twijfel* moet worden gegund.[29] Er geldt dus een 'verhoogde bewijsstandaard' bij bestraffende sancties.

(3) In een uitspraak van de Afdeling bestuursrechtspraak van 30 december 2015[30] lijkt naast de twee hiervoor al genoemde uitgangspunten nog een derde criterium geïntroduceerd te worden. Het gaat dan om het uitgangspunt dat een bestuursorgaan bij een bestuurlijk boetebesluit het *dragende bewijs* van een overtreding *bij de voltooiing van de bestuurlijke besluitvorming* dient te leveren. Dit betekent bijvoorbeeld dat het alsnog leveren van *dragend bewijs* in een rechterlijke procedure door middel van toepassing van de bestuurlijke lus niet aan de orde is.

Ten aanzien van dit derde uitgangspunt was echter niet direct duidelijk in hoeverre dit als een vast criterium kon worden gezien. Het College van Beroep voor het bedrijfsleven had intussen in een tweetal uitspraken een afwijkende redenering gehanteerd die nog wel ruimte voor toepassing van de bestuurlijke lus

---

[25] Zie mijn noot onder ABRvS 30 december 2015, ECLI:NL:RVS:2015:4034, *JB* 2016/30.
[26] Ook een (ongevraagd) advies van de Raad van State lijkt hier een steentje aan te hebben bijgedragen; Advies van de Afdeling advisering van de Raad van State aan de Minister van Veiligheid en Justitie inzake sanctiestelsels, *Strct.* 2015, 30280.
[27] Zie r.o. 6.5 van ABRvS 5 juli 2017, ECLI:NL:RVS:2017:1819, *JB* 2017/151 m. nt. C.L.G.F.H. Albers en bijv. reeds ABRvS 15 april 1999, ECLI:NL:RVS:1999:AH6842, *JB* 1999/150 m.nt. Karianne Albers alsmede ABRvS 15 februari 2001, ECLI:NL:RVS:2001: AB1436, *JB* 2001/88 m. nt. C.L.G.F.H. Albers.
[28] Zie HR 15 april 2011, ECLI:NL:HR:2011:BN6350, *JB* 2011/129 m. nt. C.L.G.F.H. Albers.
[29] Zie r.o. 6.5 van ABRvS 5 juli 2017, ECLI:NL:RVS:2017:1819, *JB* 2017/151 m. nt. C.L.G.F.H. Albers, zie verder o.a. ABRvS 10 juli 2013, ECLI:NL:RVS:2013:234, *JB* 2013/169; HR 15 april 2011, ECLI:NL:HR:2011:BN6350, *JB* 2011/129 m. nt. C.L.G.F.H. Albers i.h.b. r.o. 4.11.3 en ABRvS 30 december 2015, ECLI: NL:RVS:2015:4034, *JB* 2016/30 m. nt. C.L.G.F.H. Albers.
[30] ABRvS 30 december 2015, ECLI:NL:RVS:2015:4034, *JB* 2016/30 m. nt. C.L.G.F.H. Albers.

leek te bieden.[31] De goede procesorde leek in die uitspraken leidend bij de vraag of de lus gebruikt kon worden voor het leveren van (nader) bewijs door het bestuursorgaan ter reparatie van een boetebesluit.

Na deze uitspraken is – voor zover ik op basis van een zoekopdracht in Rechtspraak.nl kon vaststellen – in elk geval door de hoogste bestuursrechtelijke rechtscolleges (en dan in het bijzonder de Afdeling bestuursrechtspraak) nauwelijks tot geen toepassing meer gegeven aan deze derde vuistregel.

3.3 Verduidelijking in de conclusie van AG Keus?

Het besef dat de bestuursrechter ten aanzien van bewijs, (waaronder begrepen het moment van) bewijslevering, bewijswaarding, bewijslast(verdeling) en bewijsstandaard) in boetezaken met het oog op de rechtsbescherming van de (vermoedelijke) overtreder een andere positie in moet nemen dan ten aanzien van het bewijs bij niet-bestraffende besluiten, alsmede het feit dat er toch nog wel wat nadere structurering en eenheid in rechtspraak op dit terrein gewenst was[32] lijken mede aanleiding te hebben gegeven tot het verzoek van de Afdeling bestuursrechtspraak aan AG Keus om over deze materie een conclusie te nemen.[33]

Zowel in de conclusie van AG Keus[34] als in de daarop volgende Afdelingsuitspraken van 5 juli 2017[35] is voor wat betreft het bewijsrecht een poging[36] gedaan tot een verdere uitwerking/toelichting met betrekking tot de wijze waarop de rechter invulling moet geven aan het genoemde derde uitgangspunt; het moment van bewijslevering door het bestuursorgaan en de mogelijkheid tot (nadere) bewijslevering door middel van toepassing van de bestuurlijke lus.

Bestudering van de Afdelingsuitspraken leidt tot de conclusie dat deze derde regel inderdaad als vuistregel kan worden beschouwd. De Afdeling bestuursrechtspraak plaatst deze regel, in navolging van AG Keus, in de uitspraken van 5 juli 2017 wel duidelijk mede in de context van een goede procesorde. Uitgangspunt daarbij is, dat, als het bestuursorgaan eerst na de voltooiing van de besluitvorming *nieuw bewijs* inbrengt, terwijl het geen goede reden heeft kunnen geven waarom het dat niet eerder had kunnen doen, dat in strijd is met de goede procesorde. *Dragend bewijs* moet het bestuursorgaan (in redelijkheid) sowieso al in het stadium van de bestuurlijke besluitvorming aan de boeteoplegging ten grondslag

---

[31] Zie CBb 13 december 2014, ECLI:NL:CBB:2014:348 en CBb 9 mei 2016, ECLI:NL:CBB:2016:107, *JB* 2016/128 m.nt. C.L.G.F.H. Albers.
[32] Zie ook de noot dzz. onder CBb 9 mei 2016, ECLI:NL:CBB:2016:107, *JB* 2016/128.
[33] Zie de conclusie van AG Keus van 14 april 2017, ECLI:NL:RVS:2017:1034.
[34] Zie punt 4.7.2 e.v. van zijn conclusie.
[35] ABRvS 5 juli 2017, ECLI:NL:RVS:2017:1819, *JB* 2017/151 m.nt. C.L.G.F.H. Albers en ABRvS 5 juli 2017, ECLI:NL:RVS:2017:1818, *AB* 2017/386 m.nt. R. Stijnen.
[36] N.m.m. niet op alle punten even succesvol en helder (zie mijn noot onder ABRvS 5 juli 2017, ECLI:NL:RVS:2017:1819, *JB* 2017/151). Zie daarover ook Y.E. Schuurmans, 'Rechtsvorming bewijsrecht in bestuurlijke boetezaken', *JBPlus* 2017/4, p. 273-287.

(kunnen) leggen.[37] Voor toepassing van de lus is er geen plaats voor zover het gaat om het alsnog leveren van dragend bewijs. Zo komen de jurisprudentielijn van de Afdeling bestuursrechtspraak en het College van beroep voor het bedrijfsleven weer min of meer bij elkaar en blijft de 'derde vuistregel' inzake bewijs bij bestuurlijke boeteprocedures nagenoeg ongewijzigd in stand.[38]

4 Met de rechtsbescherming is het zo slecht nog niet gesteld....

In deze bijdrage kan – gelet op de beperkte omvang – maar een klein onderdeel van de rechtsbescherming bij bestuurlijke boetes worden besproken. Gekozen is voor het bewijsrecht. Juist bij bestraffende sancties is bewijs(recht) een van de belangrijkste onderdelen waarmee bovendien veel andere (procedurele) waarborgen samenhangen. Ik wijs bijvoorbeeld op de (overkoepelende) onschuldpresumptie, het zwijgrecht, het verbod op zelfincriminatie, het beginsel van hoor en wederhoor en andere verdedigingsrechten. Op het punt van bewijs heeft het bestuursproces de afgelopen decennia een positieve ontwikkeling doorgemaakt. Door de bestuursrechter zijn specifieke bewijsregels geformuleerd voor besluiten waarbij een bestuurlijke boete (of andere bestraffende sanctie) is opgelegd. Dat neemt niet weg dat bestuursrechtelijke rechtsbescherming tegen bestraffende sancties bij de bestuursrechter op punten nog altijd voor verbetering vatbaar is.[39] Vergeleken met sommige andere vormen van buitengerechtelijke afdoening lijkt de bestuurlijke boeteprocedure nog helemaal niet zo slecht te scoren wat rechtsbescherming betreft.[40] In dat opzicht zou ik de algemene bestuurlijke boeteprocedure uit de Awb dan ook niet als een vorm van 'primitief strafrecht' willen bestempelen.

4.1 Foutparkeren in Rotterdam

Dat de Awb-boeteprocedure nog niet zo slecht scoort wat de rechtsbescherming betreft mocht ik aan den lijve ondervinden toen ik werd geconfronteerd met een boetebeschikking inzake foutparkeren. Op een zaterdag in april 2017 zou mijn auto te Rotterdam buiten een daartoe bestemd parkeervak zijn geparkeerd (boete € 90,00). Ik – noch mijn auto – was die dag daar aanwezig en daartoe kon ik ook verschillende bewijsmiddelen aandragen. Ik was dan ook verbaasd toen mijn tegen de beschikking ingestelde (administratief) beroep in oktober 2017 door 'De Officier van Justitie' (zonder naam; lees een (niet nader te traceren) administratief

---

[37] Zie r.o. 5.1. van ABRvS 5 juli 2017, ECLI:NL:RVS:2017:1819, JB 2017/151 m.nt. C.L.G.F.H. Albers. Vgl. AG Keus in punt 4.7.8 en 4.7.10 van de conclusie.
[38] Anders dan Schuurmans (Schuurmans 2017, p. 283) lijkt mij dat de Afdeling bestuursrechtspraak daarmee ook in essentie dezelfde lijn volgt als de strafrechter (vgl. bijv. HR 5 januari 2016, NJ 2016/74).
[39] Zie daarover uitvoeriger Albers 2002 en Albers 2014.
[40] Zie hierna, par 4.1 e.v.

medewerker van het Parket Centrale Verwerking Openbaar Ministerie te Utrecht[41]) – zonder mij daaraan voorafgaand te horen – ongegrond werd verklaard met als motivering (de volgende bouwsteen uit het gestandaardiseerde digitale systeem):

> 'De officier van justitie heeft een afweging gemaakt tussen de argumenten die u in uw beroepschrift heeft vermeld en wat de verbalisant heeft verklaard. De officier van justitie kent doorslaggevende betekenis toe aan de ambtsedige verklaring van de verbalisant. Omtrent de bewijsvoering verwijst de officier van justitie naar de bijlage(n). De officier van justitie heeft verder geen reden te twijfelen aan de juistheid van de beschikking.'

Iedere concrete onderbouwing ontbreekt in deze overweging. Maar dat is nog niet alles. Als bijlage trof ik bij de beschikking het oorspronkelijke rapport van de overtreding, waaruit duidelijk bleek dat de overtreding met een andere auto was begaan. Op de foto stond een auto van hetzelfde merk en type, echter met één ander cijfer in het kenteken (waar bij mij een 8 staat stond bij de auto op de foto een 7). Verbalisant, die naar aanleiding van mijn beroep, gevraagd was te reageren had dit zelf ook gezien. Om die reden had zij de Officier van Justitie in een aanvullend proces-verbaal gevraagd het oorspronkelijke proces-verbaal (en daarmee de daaruit voortvloeiende boetebeschikking) te vernietigen. Wat echter volgde was een ongegrondverklaring van het beroep op basis van de bovenstaand standaardoverweging. Het lijkt erop dat aan het beroepschrift en aanvullende stukken helemaal geen aandacht is geschonken. Van een goede en zorgvuldige rechtspleging was in mijn ogen in elk geval geen sprake.[42]

Uiteraard heb ik daarna beroep ingesteld bij de kantonrechter. Dit beroep is echter niet door de kantonrechter behandeld. Een zitting is niet belegd. Het beroep is eerst nog eens beoordeeld door de Officier en vervolgens werd ik alsnog in het gelijk gesteld. Op mijn beroepsgronden (waarin ik uiteraard ook de fundamentele aspecten van rechtsbescherming nog eens heb benadrukt) werd niet ingegaan. De 'informele gegrondverklaring' bestond uit niet meer dan twee zinnen. Ik werd verzocht mijn beroep in te trekken. Mocht ik dat niet doen, en de

---

[41] Sinds 1 januari 2015 heeft de CVOM de wettelijke status van parket met een eigen hoofdofficier (*Stb* 2014, 225). De hoofdofficier heeft zijn bevoegdheden inzake de beslissing op administratief beroep door middel van ondermandaat aan administratiefjuridisch medewerkers van de CVOM gemandateerd. Zij 'beslissen' dus op het administratief beroep. Terecht kritisch over deze (onder)mandaatpraktijk: A. Dijkstra, 'De Wahv: kritische noten', *VR* 2015/1, p. 2-8, i.h.b. p. 3-4. Ook in de rechtspraak wordt kritiek geuit. Zie bijv. Rb. Zeeland-West-Brabant 13 oktober 2016, ECLI:NL:RBZWB: 2016:7789, r.o. 1.6.
[42] Het wekt dan ook verbazing dat Meerdink en Rijks (beiden werkzaam bij de CVOM) durven te stellen dat 'iedere zaak op zijn eigen merites wordt beoordeeld' en dat 'in elke zaak een zorgvuldige afweging plaats vindt'. 'Efficiency en maatwerk gaan hierbij hand in hand', zo stellen zij (zie J. Meerdink en A.J. Rijks, 'Parket CVOM binnen 25 jaar WAHV', *VR* 2016/3, p. 95-99, i.h.b. p. 97).

zaak laten voorkomen dan zou dat mogelijk nadelig voor mij uitpakken, zo viel impliciet te lezen in de bescheiden. Aangezien ik dat risico niet wilde lopen – je weet ten slotte maar nooit – heb ik mijn beroep ingetrokken. Feitelijk heb ik geen toegang gehad tot een onafhankelijke en onpartijdige rechter ofschoon deze gelet op het van toepassing zijnde procesrecht aan zet was om te oordelen.[43] Hier lijkt de kwalificatie 'primitief strafrecht' meer op zijn plaats.

Dijkstra – raadsheer-plaatsvervanger in het gerechtshof Arnhem-Leeuwarden – laat in een publicatie in *Verkeersrecht* zien dat echte rechtsbescherming bij de beroepsmachine van de CVOM vaak ver te zoeken is.[44] De door mij ervaren wijze van afhandeling van (administratieve) beroepen lijkt eerder regel dan uitzondering te zijn. De procedures zijn gestandaardiseerd. Van maatwerk is geen sprake, de besluitvorming is vaak onzorgvuldig.[45] Van het op de procedure bij de CVOM (beperkt) van toepassing zijnde Awb-procesrecht heeft men in Utrecht ook weinig kaas gegeten.[46] Daar komt nog bij dat de WAHV van de Awb afwijkende procedurele bepalingen kent, waaronder een beperking van de hoorplicht (art. 7 WAHV), een gesloten stelsel van beroepsgronden (art. 9 lid 2 WAHV)[47], appelverboden (zie art. 14 lid 1 WAHV), en de zogenaamde kenteken-(risico-)aansprakelijkheid (art. 5 WAHV), die evenmin bevorderlijk zijn voor de rechtsbescherming van de burger.[48]

---

[43] Zie art. 9 e.v. WAHV. Meerdink en Rijks (Meerdink en Rijks 2016, p. 97) spreken over een 'tussentijdse niet wettelijke geregelde beoordeling' met het oog op een 'mindere werklast voor de rechter'. Zij zien blijkbaar geen rechtsstatelijk bezwaar in deze praktijk. Dijkstra (Dijkstra 2015, p. 5) toont zich wel kritisch. Vgl. Barels 2014, p. 11-12.
[44] Dijkstra 2015.
[45] Zo lijkt de ten aanzien van mijn beroep gebruikte afwijzingsgrond overal te worden toegepast. Zie bijv. Rb. Zeeland-West-Brabant 13 oktober 2016, ECLI:NL:RBZWB: 2016:7789, r.o. 1.4. Zie ook Rb. Breda 13 januari 2011, ECLI:NL:RBBRE:2011:BP1807. Zie verder m.b.t. procedurele onzorgvuldigheid o.a.: Hof Leeuwarden, 21 april 2008, ECLI:NL:GHLEE:2008:BD5658, vanaf r.o. 3.17, Hof Arnhem-Leeuwarden 27 februari 2013, ECLI:NL:GHARL:2013:BZ6788, Hof Arnhem-Leeuwarden 18 juni 2014, ECLI: NL:GHARL:2014:4924, *VR* 2016/69, Rb. Zeeland-West-Brabant, 28 januari 2015, ECLI:NL:RBZWB:2015:548, *Prg.* 2015/83, Hof Arnhem-Leeuwarden 22 februari 2017, ECLI:NL:GHARL:2017:1519.
[46] Zie bijv. Hof Arnhem-Leeuwarden 14 maart 2016, ECLI:NL:GHARL:2016:2040, Hof Arnhem-Leeuwarden 11 november 2015, ECLI:NL:GHARL:2015:8520, Hof Arnhem-Leeuwarden 27 juni 2016, ECLI:NL:GHARL:2016:5210.
[47] De algemene beginselen van behoorlijk bestuur maken hier welbewust geen deel van uit. Zie *Kamerstukken II* 1987/88, 20329, 3, p. 16-17. Dit neemt niet weg dat de rechter deze beginselen soms wel ambtshalve in zijn oordeel betrekt, zie bijv. Rb. Breda 13 januari 2011, ECLI:NL:RBBRE:2011:BP1807.
[48] Barels 2014, p 4-6, Albers 2002, p. 201 e.v. en E.H.A. van Luijk, *Het schuldbeginsel in het Nederlandse strafrecht*, Groningen: 2015, p. 243 e.v.. Volgens het EHRM is deze kentekenaansprakelijkheid echter niet in strijd met de onschuldpresumptie, zie EHRM 19 oktober 2004, ECLI:CE:ECHR:2004:1019DEC006627301.

Dat de procedure inzake Mulder-beschikkingen vanuit rechtsbeschermingsoogpunt te wensen over laat blijkt ook uit de rechtspraak. Daarin is door verschillende rechters en raadsheren aangegeven dat de rechtsbescherming van de betrokken justitiabele in Mulderzaken steeds meer in het gedrang komt ten faveure van efficiency, terwijl bij de totstandkoming van de WAHV toch uitdrukkelijk als voorwaarde werd gesteld 'het waarborgen van een deugdelijke rechtsbescherming'.[49]

5. Slot

Ofschoon ik mij altijd behoorlijk kritisch heb getoond wat betreft de rechtsbescherming bij bestuurlijke boetes en hoewel er vanuit rechtsbeschermingsoogpunt echt nog wel wat haken en ogen aan de bestuurlijke boeteregeling uit de Awb kleven lijkt een genuanceerd oordeel over de rechtsbescherming bij bestuurlijke boetes op zijn plaats. In vergelijking tot bepaalde andere wijzen van buitengerechtelijke afdoening is de Awb-boeteprocedure zo slecht nog niet, van 'primitief strafrecht' kan mijns inziens niet gesproken worden. De rechtsbescherming in het kader van de WAHV lijkt in elk geval slechtere papieren te hebben. Daar komt bij dat de bestuursrechter in bestuurlijke boetezaken zijn positie als bestuursstrafrechter serieus lijkt te nemen en in dat opzicht ook steeds meer oog heeft voor de bijzondere eisen die aan een procedure tot oplegging van een bestuurlijke boete (of andere bestraffende sanctie) gesteld moeten worden. Tegen die achtergrond past hij het algemene Awb-procesrecht op een gedifferentieerde wijze toe. Dit blijkt onder meer uit de wijze waarop de bestuursrechter omgaat met bewijs in bestuurlijke boetezaken. Gelet op het voorgaande verwacht ik dat de bestuursrechter de komende jaren nog verder zal groeien in zijn rol als bestuursstrafrechter, de Awb biedt hem die ruimte.

---

[49] Zie bijv. Rb. Zeeland-West-Brabant 28 maart 2013, ECLI:NL:RBZWB:2013:CA0211, Rb. Zeeland-West-Brabant 13 oktober 2016, ECLI:NL:RBZWB:2016:7789, r.o. 1.9, Rb. Zeeland-West-Brabant, 28 januari 2015, ECLI:NL:RBZWB:2015:548, *Prg.* 2015/83, Rb. Breda 8 maart 2012, ECLI:NL:RBBRE:2012:BV8859, r.o. 1.11 e.v. en *Kamerstukken II* 1987/88, 20329, 3, p.8.

Jacques Sluysmans[*]

30 | Onteigeningsrecht en bestuursrecht

@J_Sluysmans – Bestuursrecht vormt belangrijk onderdeel van onteigeningsrecht, met name waar het gaat om ontneming van eigendom. Dat zal ook onder nieuw recht zo blijven. Huidig recht kent enkele prangende tekortkomingen. Helaas kent nieuw recht er waarschijnlijk nog veel meer. #onteigening #administratieve-fase # rechtsmachtverdeling

1. Inleiding

In een bundel betreffende het bestuursrecht mag aandacht voor het onteigeningsrecht zeker niet ontbreken, maar men hoede zich ervoor het onteigeningsrecht eenvoudigweg te classificeren als bijzonder bestuursrecht. De omstandigheid dat de huidige onteigeningswet uit 1851 naar stellige verwachting binnen enkele jaren zal verdwijnen en de regels rond onteigening zullen worden ondergebracht in de Omgevingswet brengt daarin geen significante verandering. Zowel nu als straks begint de onteigeningsprocedure weliswaar met de tervisielegging van een ontwerpbesluit (afdeling 3.4 Awb), maar eindigt zij met een uitspraak van de burgerlijke rechter, want zowel nu als straks zal het *pièce de résistance* van het merendeel van de onteigeningsprocedures – namelijk het debat over de schadeloosstelling – worden gevoerd ten overstaan van de burgerlijke rechter. Niettegenstaande de verandering in verpakking blijft het onteigeningsrecht dus in wezen een rechtsgebied *sui generis*, met het ene been in het bestuursrecht en het andere in het civiele recht.[1]

Het is dat been dat ferm geplant is binnen het domein van het bestuursrecht waarin ik in deze beknopte bijdrage aandacht wil besteden. Met het oog op de nadering van nieuwe wetgeving[2] kies ik ervoor om die aandacht te verdelen over huidig (en dus bijna: oud) recht en komend (nieuw) recht. Ik schets in beide gevallen kort de bestuursrechtelijke component van de onteigeningsprocedure om vervolgens de naar mijn smaak meest prangende aspecten daarvan voor het voetlicht te halen. Ik rond af met enkele observaties.

---

[*] Prof. mr. J.A.M.A Sluysmans is bijzonder hoogleraar onteigeningsrecht aan de Radboud Universiteit en partner bij Van der Feltz Advocaten.
[1] Zie hierover uitgebreid: J.A.M.A. Sluysmans, *De vitaliteit van het schadeloosstellingsrecht in onteigeningszaken* (diss. Leiden), Den Haag: IBR 2011, p. 35-40.
[2] De verwachting bestaat dat ten tijde van het verschijnen van deze bijdrage een wetsvoorstel bij de Tweede Kamer ligt. Dit wetsvoorstel Aanvullingswet grondeigendom moet ertoe leiden dat de regels van onteigeningsrecht een plaats zullen krijgen in de Omgevingswet.

2. Huidig recht

2.1 Algemeen

Onder huidig recht – onder de wet van 1851 – is de omvang van de bestuursrechtelijke component van de onteigeningsprocedure beperkt. De procedure valt uiteen in twee delen: het deel waarin tot de daadwerkelijke onteigening (in de zin van: eigendomsovergang) wordt gekomen en het deel waarin de schadeloosstelling voor die onteigening wordt vastgesteld. Het tweede deel is exclusief het domein van de burgerlijke rechter, al had de geestelijk vader van de wet, Thorbecke, dat graag anders gezien.[3] Het eerste deel kent een nadere onderverdeling tussen wat in de literatuur wordt aangeduid als de administratieve fase en de gerechtelijke fase. In de gerechtelijke fase spreekt de rechtbank op vordering van de onteigenaar de onteigening uit. Die vordering kan evenwel niet aanhangig worden gemaakt zonder dat een zogenaamd Koninklijk Besluit is gepubliceerd. Dat Koninklijk Besluit is de inzet van de administratieve fase.

Die administratieve fase begint in de meest voorkomende categorie van onteigening, de zogenaamde titel IV- of bestemmingsplanonteigening, met een verzoek van de beoogd onteigenaar (meestal een gemeente) aan de Kroon om te komen tot een Koninklijk Besluit tot aanwijzing ter onteigening van in het verzoek nader aangeduide onroerende zaken. De Kroon, dat is uiteraard de koning die – samen met de verantwoordelijk minister – elk Koninklijk Besluit van zijn handtekening voorziet. De procedure wordt in praktische zin evenwel ter hand genomen door ambtenaren werkzaam bij de corporate dienst van Rijkswaterstaat te Utrecht. Het zijn deze ambtenaren die het verzoek in behandeling nemen en de besluitvorming op dat verzoek voorbereiden met toepassing van afdeling 3.4 Awb. Dit betekent dat enige tijd na ontvangst van het verzoek een ontwerpbesluit met bijbehorende stukken ter visie wordt gelegd. Belanghebbenden krijgen van de Kroon een persoonlijke kennisgeving van die tervisielegging. Gedurende zes weken bestaat voor hen de mogelijkheid om zienswijzen in te dienen. Tevens houdt de Kroon – wanneer daarvoor belangstelling bestaat – een hoorzitting teneinde gelegenheid te geven tot toelichting van zienswijzen. Binnen zes maanden na tervisielegging zal de Kroon tot besluitvorming (moeten) komen, maar niet dan nadat de Raad van State over het voorgenomen besluit is

---

[3] Aldus zijn toelichting op die wet: *'Bij ontstentenis van administratieve rechtbanken, zal in den regel dezelfde besturende magt, welke de onteigening beval, moeten onderzoeken, of deze behoort te worden uitgesproken. Zij zou geroepen worden te beoordeelen of zij zelve alle vormen had in acht genomen en zou dus partij en regter te gelijker tijd wezen. Er blijft derhalve wel niet overige, dan met dat onderzoek den burgerlijken regter te belasten op eene wijze, waardoor de zwarigheden, tot welke zijne tusschenkomst aanleiding geeft, worden verminderd.'* (te vinden bij: W. Thorbecke, *Stelsel en toepassing der Onteigeningswet*, Arnhem: Gouda Quint 1880, p. 35).

gehoord. Het Koninklijk Besluit moet tot slot in de Staatscourant worden gepubliceerd, een handeling waaraan de wet – helaas – geen termijn heeft gesteld.

2.2 *Tekortkomingen van de administratieve procedure*

Deze administratieve procedure kent de nodige gebreken. De Kroon wordt niet aangemerkt als een 'gerecht' als bedoeld in artikel 6 EVRM, dus fundamentele beginselen als hoor en wederhoor zijn in deze procedure niet van toepassing.[4] Dat opent de deur voor een praktijk waarin voorafgaand aan het indienen van een verzoek tussen de beoogd verzoeker en de Kroonambtenaren uitvoerig overleg plaatsvindt erop gericht om de slagingskansen van het verzoek te maximaliseren. Zo beoordeelt de Kroon concepten van door de verzoeker in te dienen stukken en stuurt de Kroon die – zo aan de orde – met commentaar retour ter verbetering. Vanuit het perspectief van de eigenaar wordt aldus buiten zijn blikveld de onteigening in wezen al 'voorgekookt'.[5]

De andere kant van dit verhaal is dat een beoogd onteigenaar weinig keuze heeft dan zich te conformeren aan de wensen van de Kroon, welke wensen in overwegende mate zijn neergelegd in (thans) de zogenaamde 'Handreiking Administratieve Onteigeningsprocedure' (uit 2016).[6] Als de Kroon om welke reden dan ook meent dat het verzoek niet kan worden gehonoreerd, heeft de beoogd verzoeker dat eenvoudigweg te slikken. Er staat immers geen beroep open tegen een Kroonbesluit.[7] Een herhaald verzoek is denkbaar, maar als het eerdere verzoek is gestrand op principiële bezwaren op voorhand kansloos.[8] Dit wringt, omdat het best eens zo kan zijn dat de Kroon het op een principieel rechtspunt niet bij het juiste eind heeft.

Ik kan dan ook van harte onderschrijven de conclusie van waarnemend advocaat-generaal Van Oven voor het bekende arrest betreffende de onteigening van de Hedwigepolder dat de constatering dat de administratieve onteigeningsprocedure volgens de regels der kunst is verlopen onverlet laat dat die procedure als 'eerlijk proces' (kort gezegd) een farce kan zijn.[9] Het in de komende wetgeving – waarover later meer – verdwijnen van de Kroon acht ik dan ook geen groot gemis.

---

[4] Aldus nog recent HR 5 januari 2018, ECLI:NL:HR:2018:7 (*De Cloedt/Staat*).
[5] Zie hierover – kritisch – wnd. A-G Van Oven in zijn conclusie voor *De Cloedt/Staat* (ECLI:NL:PHR:2017:980).
[6] Zie: http://publicaties.minienm.nl/documenten/handreiking-administratieve-onteigeningsprocedure.
[7] Aldus art. 8:5 lid 1 Awb jo. art. 1 Bevoegdheidsregeling bestuursrechtspraak, bijlage 2 Awb.
[8] Als het verzoek is afgewezen, omdat onvoldoende pogingen tot minnelijke verwerving zijn gedaan, is een tweede verzoek bepaald kansrijk. Als het verzoek is afgewezen vanwege een succesvol beroep op zelfrealisatie lijkt de deur definitief gesloten.
[9] Conclusie wnd. A-G Van Oven 29 september 2017, ECLI:NL:PHR:2017:980.

2.3 Derden, belanghebbenden en gerechtigden

Een bron van verwarring in het onteigeningsrecht is de wisselende kwalificatie – en daarmee rechtspositie – van zogenaamde 'derden'. Onder derden wordt in de onteigeningsrechtelijke literatuur verstaan ieder ander dan de eigenaar die een zeker recht kan doen gelden ten opzichte van een te onteigenen zaak.[10]

Als dergelijke derden zich melden in de gerechtelijke procedure dan heeft de wet daarvoor regels gesteld. Die derden kunnen tussenkomen in de procedure via een conclusie tot tussenkomst, maar enkel ingeval zij als derde door de wet zijn aangeduid. Wordt de hoedanigheid van een derde tegengesproken, dan wordt de tussenkomst geweigerd en doet die derde dus toch (formeel) niet mee in de procedure.[11] Sommige derden zijn gerechtigd tot de schadeloosstelling, hetgeen wil zeggen dat zij naast de eigenaar een zelfstandige aanspraak hebben op schadeloosstelling. Een goed voorbeeld is een pachter: die is derde en gerechtigd tot de schadeloosstelling.[12] De hypotheekhouder is evenwel weliswaar derde, maar niet ook gerechtigd tot de schadeloosstelling: een hypotheekhouder lijdt immers geen schade door de eigendomsontneming nu hij zich kan verhalen op de schadeloosstelling die het verhypothekeerde object vervangt.[13]

De vraag is uiteraard opgekomen wat die limitatieve afbakening van derden en gerechtigden betekent voor de vraag welke partijen in de administratieve fase als belanghebbenden in de zin van artikel 1:2 Awb zijn aan te merken en dus op grond van artikel 3:15 Awb een zienswijze kunnen indienen over het ontwerpbesluit. Daarbij kan dan nog een onderscheid worden gemaakt tussen de 'normale' belanghebbenden en de belanghebbenden tot wie het onteigeningsbesluit zal zijn gericht en aan wie (krachtens artikel 78 lid 2 Ow jo. artikel 3:13 lid 1 Awb) voorafgaand aan de terinzagelegging een ontwerpbesluit dient te worden toegezonden.

De wijze waarop het belanghebbendenbegrip binnen de administratieve onteigeningsprocedure wordt gehanteerd, is bepaald niet glashelder. In elk geval ten dele debat aan die onduidelijkheid is de Kroon, de hoofdrolspeler in die administratieve procedure. Leidraad voor het handelen van de Kroon is (thans) de voornoemde Handreiking Administratieve Onteigeningsprocedure, waarin staat te lezen dat volgens bestendig Kroonbeleid tot de belanghebbenden bij een onteigeningsbesluit niet alleen degenen worden gerekend die als zakelijk gerechtigden zijn vermeld in de basisregistratie kadaster,[14] maar ook de derde belanghebbenden die worden genoemd in artikel 3 lid 2 Ow en 'diegenen die om andere redenen

---

[10] G.C.W. van der Feltz e.a., *Schadeloosstelling voor onteigening. Telders, nieuw voor oud*, Deventer: Kluwer 2006, nrs. 601-693.
[11] HR 14 november 2008, ECLI:NL:HR:2008:BF0375, *NJ* 2008/590 (*X/Haarlemmermeer*). Zie recent Rb. Noord-Nederland 7 februari 2018, ECLI:NL:RBNNE:2018:410.
[12] HR 20 april 2018, ECLI:NL:HR:2018:648 (*Overijssel/X*).
[13] HR 12 juli 2013, ECLI:NL:HR:2013:BZ6532 (*X/Staat*).
[14] Zie art. 3 lid 1 Ow.

door de voorgenomen onteigening in hun belangen kunnen worden getroffen'. Dat is een zeer ruime omschrijving, maar vreemd genoeg wordt dan even verderop in de Handreiking vermeld dat hypotheekhouders niet als belanghebbenden worden aangemerkt, omdat de hypotheekhouder geen 'schadevergoedingsgerechtigde' is.

Dit Kroonbeleid roept vragen op. Het begint al met het niet scherp maken van een onderscheid tussen de vraag wie als belanghebbende bij een Kroonbesluit heeft te gelden en de vraag wie een persoonlijke kennisgeving van het ontwerpbesluit dient te ontvangen. In de Handreiking worden die twee situaties over een kam geschoren, terwijl het best zo kan zijn dat iemand wel belanghebbende is, maar geen recht heeft op die toezending (want: niet een partij is tot wie het Kroonbesluit zich richt).

Verder is opmerkelijk dat de Kroon niet uitsluit dat belanghebbend zijn diegenen die niet in artikel 3 Ow worden genoemd maar 'om andere redenen door de voorgenomen onteigening in hun belangen worden getroffen', om vervolgens de hypotheekhouder buiten de deur te zetten met als overweging dat die partij niet in artikel 3 wordt genoemd. Die keuze klemt te meer nu de Hoge Raad nog in 2015 – dus voor de vaststelling van de huidige Handreiking – heeft geoordeeld dat de hypotheekhouder weliswaar niet een belanghebbende is tot wie het onteigeningsbesluit zich richt[15], maar nadrukkelijk de mogelijkheid openhield dat de hypotheekhouder onder omstandigheden wel degelijk als belanghebbende bij het onteigeningsbesluit kan worden beschouwd (en dus ingevolge artikel 3:15 lid 1 Awb een zienswijze over het ontwerpbesluit naar voren kan brengen).

In dit moeras van derden, gerechtigden en belanghebbenden vaart de Kroon dus geen heldere koers. Het is de vraag of het nieuwe recht hierin verbetering zal brengen. In het nieuwe stelsel – waarover hieronder nog nader – zal de rol van de Kroon verdwijnen. Gemeenten, waterschappen, provincies en ministers krijgen zelfstandig de bevoegdheid om te besluiten tot onteigening, waarbij de onteigeningsbeschikking (net als nu het Koninklijk Besluit) met inachtneming van de uniforme openbare voorbereidingsprocedure zal worden voorbereid.[16] Het is dan de vraag of het huidige (kennisgevings)beleid van de Kroon zoals opgenomen in de Handreiking door de diverse bestuursorganen afzonderlijk zal worden voortgezet. Het is zeker niet uitgesloten dat ieder bestuursorgaan een eigen beleid zal gaan ontwikkelen. Het zou dan uiteraard onwenselijk zijn als zulks leidt tot een afwijkende behandeling per bestuursorgaan, maar ondenkbaar lijkt mij dat helaas niet.

---

[15] HR 27 november 2015, ECLI:NL:HR:2015:3422.
[16] Zie de brief van de Minister van I&M van 25 november 2015, *Kamerstukken II*, 2015/16, 27581, 53, p. 10.

3. Komend recht

3.1 Algemeen

De grootste verandering die het nieuwe recht teweeg zal brengen, is gelegen in de procedure die leidt tot de onteigening. De procedure tot vaststelling van de schadeloosstelling lijkt slechts beperkte wijziging te ondergaan. Zij is bovendien van civielrechtelijke aard en valt daarom buiten het bereik van deze bijdrage.

De procedure tot onteigening wordt geheel binnen het bestuursrecht getrokken. Voor de civiele rechter is daarin geen taak meer weggelegd. Ook de Kroon verdwijnt – zoals al opgemerkt – van het toneel. Het zal 'het orgaan dat het aangaat' – de beoogd onteigenaar – zijn die de bevoegdheid krijgt om te besluiten tot onteigening, uiteraard met toepassing van de uniforme openbare voorbereidingsprocedure. De meest pregnante vraag die in het kader van die operatie opkomt, is hoe binnen dat bestuursrechtelijke stramien de rechtsbescherming voor de grondeigenaar zal worden geregeld.

De voortekenen waren niet gunstig.[17] Het in 2015 gepresenteerde conceptwetsvoorstel voorzag erin dat tegen het besluit van de beoogd onteigenaar de gebruikelijke in de Awb te vinden bestuursrechtelijke rechtsbescherming zou openstaan van bezwaar, beroep en hoger beroep. Die route van rechtsbescherming veronderstelt wel dat de onteigende binnen de termijn van zes weken na het nemen van het onteigeningsbesluit actie onderneemt. Zo niet, dan vindt onteigening plaats zonder rechterlijke bemoeienis. De kritiek op deze keuze wees er terecht op dat op deze wijze de rechtsbescherming zou verslechteren.[18] Anders dan de voorbije 175 jaar het geval was geweest, zou eigendomsontneming immers kunnen gaan plaatsvinden zonder dat een rechter naar die (voorgenomen) onteigening had gekeken.

Onder druk van deze kritiek liet de minister in een brief aan de Tweede Kamer weten dat de rechterlijke betrokkenheid bij de onteigening toch behouden blijft.[19] Hoe, dat liet de minister nog in het midden. In een openbaar gemaakt (aanvullend) advies van de Raad voor de rechtspraak over de Aanvullingswet

---

[17] De minister had haar plannen voor (onder meer) de herziening van de Onteigeningswet al op hoofdlijnen aangeduid in een Kamerbrief van 25 november 2015, *Kamerstukken II* 2014/15, 27581, 53. Zie hierover W.J.E. van der Werf, 'Onteigenen met de Omgevingswet', *TvAR* 2016/6 en J.F. de Groot en A. de Snoo, 'Onteigenen onder de Omgevingswet: een (r)evolutie', *TBR* 2016/2. Zie ook J.A.M.A. Sluysmans, 'Onteigening in de Aanvullingswet grondeigendom', *NJB* 2016/1393.

[18] J.A.M.A. Sluysmans, 'De Aanvullingswet grondeigendom: een verkenning in vogelvlucht', *TBR* 2016/148; J.A.M.A. Sluysmans, 'Onteigening in de Aanvullingswet grondeigendom', *NJB* 2016/1393 en J.A.M.A. Sluysmans en R.T. Wiegerink, 'Onteigenen volgens de Omgevingswet: fundamentele kritiek op een fundamentele herziening', *Gst.* 2016/111.

[19] *Kamerstukken II* 2016/17, 33118, 84.

grondeigendom (deel onteigening)[20] blijkt echter in welke richting de minister een oplossing zoekt, namelijk via een zogenaamde bekrachtigingsprocedure. Die zal er aldus uitzien dat een onteigeningsbesluit wordt voorbereid met toepassing van de uniforme openbare voorbereidingsprocedure (afdeling 3.4 Awb). De vastgestelde onteigeningsbeschikking wordt vervolgens bekend gemaakt aan belanghebbenden en samen met de daarop betrekking hebbende stukken ter inzage gelegd. Het is het bestuursorgaan dat de (bestuurs)rechter benadert met het verzoek de onteigeningsbeschikking te bekrachtigen. Belanghebbenden kunnen bij de rechtbank hun bedenkingen tegen de onteigening kenbaar maken. Op basis van de bedenkingen en een wettelijk vastgestelde basistoets die in alle gevallen moet worden uitgevoerd (dus ook als geen bedenkingen/bezwaren zijn aangevoerd), beoordeelt de rechtbank of de onteigeningsbeschikking kan worden bekrachtigd. Pas met de bekrachtiging treedt de onteigeningsbeschikking in werking. Tegen de uitspraak van de bestuursrechter staat hoger beroep open bij de Afdeling bestuursrechtspraak van de Raad van State.

Die bekrachtigingsprocedure is bij mijn weten een novum in het bestuursrecht, waarmee slechts zeer ten dele zal kunnen worden volgehouden dat de onteigeningsprocedure straks het 'normale' bestuursrechtelijke stramien zal volgen. Dat doet de vraag rijzen welke winst er dan met deze operatie wordt geboekt, te meer nu deze procedure naar algemene verwachting een grotere doorlooptijd zal kennen dan de huidige onteigeningsprocedure.[21]

Zoals Marie-Anna Bullens en ik al in 2018 hebben ontvouwd in de Nijmeegse bundel 'In het nu...' lijkt het veel eleganter, effectiever en minder ingrijpend om een nieuwe procedure aldus vorm te geven dat na het nemen van een niet-appellabel besluit door het bestuursorgaan dit besluit (in beginsel) marginaal en ex tunc wordt getoetst door de civiele rechter en deze rechter – als die toetsing niet negatief uitvalt – de onteigening uitspreekt.[22] Op die wijze wordt de procedure zeker meer gestroomlijnd, gemoderniseerd, maar blijft al het bestaande 'goede' – inclusief de gedegen rechtsbescherming – ook voor de toekomst behouden. Ik heb evenwel niet de illusie dat de minister genegen is het thans kennelijk uitgezette spoor (nogmaals) te verleggen.

---

[20] https://www.rechtspraak.nl/SiteCollectionDocuments/2017-27-Wetgevingsadvies-Grondeigendom-onteigening-II.pdf.
[21] Niet alleen wordt er immers een extra rechtsgang gecreëerd, maar nu die rechtsgang bestuursrechtelijk is en dus zonder advocatuurlijke bijstand kan worden doorlopen, wordt de drempel om daarvan gebruik te maken verlaagd en vervalt de poortwachtersfunctie die de onteigeningsadvocaat vervult bij het voorkomen van kansloze expedities.
[22] J.A.M.A. Sluysmans & M.H.P. Bullens, 'Onteigening in Utopia', in: R.J.N. Schlössels e.a. (red.), *In het nu... Over toekomstig bestuursrecht*, Deventer: Wolters Kluwer 2018, p. 129.

3.2 Kosten

Een bijzonder kenmerk van het onteigeningsrecht is dat krachtens artikel 50 Onteigeningswet de kosten van juridische en anderszins deskundige bijstand van de onteigende in beginsel geheel voor rekening van de onteigenaar komen. Voldaan moet dan worden aan de zogenaamde 'dubbele redelijkheidstoets': het moet redelijk zijn dat de onteigende zich van (deze) bijstand heeft voorzien en de kosten van de bijstand moeten binnen de grenzen van het redelijke blijven. Het gaat dan overigens niet alleen om kosten gemaakt in de gerechtelijke procedure, maar ook om kosten uit de administratieve procedure en zelfs al uit het daar weer aan voorafgaande onderhandelingstraject.[23] Gelukkig zijn er geen signalen dat de wetgever die kostenvergoeding wil schrappen, maar de gedachte is wel om het moment van vaststelling daarvan te veranderen.

Nu is dat moment van vaststelling aan het einde van de procedure. De (civiele) rechter stelt de definitieve schadeloosstelling vast en oordeelt tevens over de kostenvergoeding, daarbij terugblikkend op de ontwikkelingen in het dossier. Als de inspanningen van de onteigende hebben geresulteerd in een (veel) beter materieel resultaat dan het aanbod dat door de onteigenaar is gedaan bij dagvaarding, kan dat maken dat sneller de kosten volledig worden vergoed dan wanneer die inspanningen weinig tot niets hebben opgeleverd.[24] Het opmaken van die balans kan (dus) pas adequaat gebeuren in retrospectief.

In het nieuwe stelsel zou de bestuursrechter een oordeel moeten gaan geven over de redelijkheid van de kosten gemaakt in het bestuursrechtelijke deel van de procedure en de burgerlijke rechter over de kosten gemaakt in het schadedeel. Dat lijkt me geen verbetering, maar juist een recept voor problemen. Ik vraag mij met name af hoe die bestuursrechter in staat kan zijn om een verantwoord oordeel te geven over de kosten uit de eerste fase zonder een beeld te hebben van de (latere) uitkomst van het schadedebat en de complexiteit van de vragen die in dat debat een rol spelen. Het meest aannemelijke antwoord is dat hij dit niet kan – en eigenlijk ook niet moet willen – omdat de beoordeling van het schadedebat nu juist buiten zijn domein (en expertise) valt. Daarmee staat wat mij betreft wel vast dat – als het streven is gericht op een zorgvuldige rechtsbedeling – het oordeel over de vergoeding van kosten 'gewoon' daar moet blijven waar het steeds heeft gelegen, namelijk bij de burgerlijke rechter aan de staart van de procedure. De (nieuwe) wet zou dan eenvoudigweg moeten bepalen dat de bestuursrechter in zaken betreffende onteigening niet komt tot een oordeel of beslissing over de kosten. Ik zou dan overigens wel ook willen pleiten voor het opnemen van een bepaling die buiten twijfel stelt dat ingeval de bekrachtiging

---

[23] HR 6 maart 1991, ECLI:NL:PHR:1991:AB9358, *NJ* 1991/818, m.nt. R.A. Mörzer Bruyns (*Person/Amsterdam*). Het onteigeningsrecht gaat aldus een stuk verder dan art. 8:75 Awb en het Besluit proceskosten bestuursrecht.

[24] Zie hierover recent de conclusie van A-G Valk voor het arrest *Vado/Maastricht*, ECLI:NL:PHR:2017:292.

wordt onthouden of de uitspraak houdende de bekrachtiging wordt vernietigd – en er dus geen vervolgprocedure bij de burgerlijke rechter komt – de kosten van bijstand alsnog bij de burgerlijke rechter kunnen worden verhaald in een separate procedure.[25]

4. Afdronk

Het bestuursrecht heeft van stond af aan onderdeel uitgemaakt van het onteigeningsrecht, maar de verhouding tussen die twee disciplines schuurt. Dat is zo onder het huidige recht en dat zal onder het nieuwe recht niet anders zijn. De voornaamste reden voor die wrijving is naar mijn oordeel dat de bijzondere behoeften die het onteigeningsrecht kent – een zo vlot mogelijk procesverloop met verplichte rechterlijke betrokkenheid en gericht op finale geschilbeslechting, alsmede een ambtshalve vaststelling van een volledige schadeloosstelling – zich niet, althans nauwelijks laten verenigen met de systematiek en aard van het Nederlandse bestuursrecht, waarvan procedurele snelheid, finaliteit en een actieve rechter niet de meest in het oog springende kenmerken zijn.

Dat zaken beter en eenvoudiger zouden kunnen worden opgetuigd dan nu het geval is, staat voor mij niet ter discussie. Die slag van verbetering en vereenvoudiging wordt echter – als we op de voortekenen mogen afgaan – niet gemaakt in de komende wetgeving. Dat is een gemiste kans. Zoals ik al aangaf aan het begin van deze bijdrage: het onteigeningsrecht is een rechtsgebied *sui generis*. Het lijkt dan ook verstandig het als zodanig te benaderen: dan volgt het systeem de behoeften en worden die behoeften niet ondergeschikt aan het systeem.

---

[25] Zoals dat bijv. ook kan in een situatie van overschrijding van de redelijke termijn, zie HR 28 maart 2014, ECLI:NL:HR: 2014:736.

Maarten Feteris[*]

31 | Het belastingrecht: coherentie en divergentie na 25 jaar Awb

@M_Feteris – De invoering van de Awb heeft geleid tot een toenadering tussen het fiscale en het overige bestuursrecht. Toch bestaan er nog forse verschillen. Pogingen tot verdere toenadering verdienen steun, bijvoorbeeld via een algemene regeling in de Awb over heffingen #belastingrecht #convergentie #divergentie

1. Inleiding

Toen de Awb tot stand kwam, was de fiscale wereld in Nederland nogal gesloten en op zichzelf gericht. Typerend was de discussie binnen de Vereniging voor belastingwetenschap naar aanleiding van de komst van de Awb. De door die vereniging ingestelde Commissie-van Vucht adviseerde in 1989 om de belastingwetgeving volledig uit te zonderen van toepassing van de Awb.[1] De regeling over het proces van belastingheffing[2] in de Algemene wet inzake rijksbelastingen (AWR) is sterk gericht op toekenning van bevoegdheden aan de inspecteur met het oog op een doelmatige uitvoering van dit het massale proces. In het licht daarvan was de Commissie-van Vucht bevreesd voor de nadruk die in de Awb wordt gelegd op rechtsbescherming van de burger. Zij verwachtte dat de rechterlijke macht als gevolg daarvan 'verstopt raakt door allerlei minder gewenste beroepsmogelijkheden'.[3] Maar de meningen waren verdeeld. Er werd forse kritiek op het rapport van de Commissie geleverd tijdens de bespreking ervan binnen de Vereniging voor belastingwetenschap.[4] Zo hield J. van Soest, advocaat-generaal bij de Hoge Raad, een krachtig pleidooi voor meer openheid ten aanzien van het algemene bestuursrecht.

---

[*] Prof. mr. M.W.C. Feteris is president van de Hoge Raad der Nederlanden en hoogleraar formeel belastingrecht aan de Erasmus Universiteit Rotterdam.
[1] Commissie ter Bestudering van de Betekenis van de Algemene Wet Bestuursrecht voor het Belastingrecht, *De betekenis van de Algemene wet bestuursrecht voor het belastingrecht* (Geschrift nr. 177 Vereniging voor belastingwetenschap), Deventer: Kluwer 1989, p. 48.
[2] De heffing is het proces waarbij de hoogte van de belastingschuld wordt vastgesteld. Dit in tegenstelling tot de invordering, waarbij de betaling van een door de inspecteur vastgestelde belastingschuld wordt gerealiseerd.
[3] Commissie ter Bestudering van de Betekenis van de Algemene Wet Bestuursrecht voor het Belastingrecht 1989, p. 19.
[4] Zie de weergave in Geschrift nr. 179 van de Vereniging voor belastingwetenschap, Deventer: Kluwer 1989.

De weerstand tegen de komst van de Awb heeft niet geleid tot een categorische uitzondering voor de belastingwetgeving. Uiteindelijk is gekozen voor een compromisoplossing. De Awb is wel vanaf het begin, in 1994, gaan gelden voor het belastingrecht, maar in de fiscale wetgeving is een aantal uitzonderingen ten opzichte van de Awb opgenomen. Dat is vooral gebeurd om rekening te houden met de massaliteit van het proces van belastingheffing. Bij de invordering van belastingen is toepassing van de Awb bovendien voor het overgrote deel uitgezonderd.[5]

Terugkijkend op de 25 jaar die sindsdien zijn verstreken, vallen er uiteenlopende ontwikkelingen te constateren. Een gemengd beeld dus. Aan de ene kant zijn er divergerende tendensen, waarbij de fiscale wetgever een eigen weg wil blijven gaan. In een aantal opzichten kiest de fiscale wetgever inmiddels zelfs voor een nog verdere afwijking van het algemene bestuursrecht. Daartoe is een aantal keren een beroep gedaan op het 'bijzondere karakter' van het belastingrecht, zonder dat daarbij overigens altijd wordt toegelicht waarin dat bijzondere is gelegen en waarom dat een afwijking van de Awb rechtvaardigt. Aan de andere kant zijn er in de afgelopen 25 jaar ook ontwikkelingen te constateren waardoor het belastingrecht dichter bij de rest van het bestuursrecht is gekomen, en daartussen dus meer coherentie is ontstaan. Ik denk dat die laatste tendensen de overhand hebben. Dat is ook goed, het draagt ertoe bij dat er geen onderdelen van het bestuursrecht in een geïsoleerde positie blijven. Een beperkte oriëntatie komt de kwaliteit van het recht ook niet ten goede. Bovendien gaat de Grondwet er in artikel 107, tweede lid, van uit dat gestreefd moet worden naar uniformiteit in de bestuursrechtelijke wetgeving. De regering heeft dan ook het – mijns inziens juiste – uitgangspunt gehanteerd dat op bijzondere deelgebieden van het bestuursrecht, zoals het belastingrecht, niet behoort te worden afgeweken van de Awb, tenzij dat vanwege de specifieke aard van de betrokken (fiscale) regeling geboden is.[6]

In deze bijdrage zal ik ingaan op een aantal van die convergerende én divergerende tendensen in het belastingrecht in de afgelopen 25 jaar. De tussenstand na 15 jaar Awb heb ik al beschreven in mijn bijdrage aan de bundel ter gelegenheid van dat jubileum.[7] Ik zal nu opnieuw de balans opmaken, waarbij ik ter vermijding van teveel herhaling zo nu en dan zal verwijzen naar die eerdere beschouwing.

---

[5] Zie art. 1, tweede lid, Invorderingswet 1990. Ook toepassing van de regeling over bestuurlijke geldschulden uit de vierde tranche van de Awb (geldend sinds 1 juli 2009) wordt in deze bepaling voor een groot deel uitgesloten, met inbegrip van de regeling over rentevergoeding in Afdeling 4.4.2 van de Awb.
[6] *Kamerstukken II* 1997/98, 25175, 5, p. 28.
[7] M.W.C. Feteris, '15 jaar Awb en belastingrecht', in: T. Barkhuysen e.a. (red.), *Bestuursrecht harmoniseren: 15 jaar Awb*, Den Haag: Boom Juridische uitgevers 2010, p. 359 e.v.

2. Het gesloten stelsel van rechtsbescherming

Een van de belangrijkste (wettelijke) afwijkingen ten opzichte van de Awb is het zogenoemde gesloten stelsel van rechtsbescherming bij de heffing van belastingen. In de Awb is het uitgangspunt dat bezwaar en beroep openstaan tegen iedere beslissing van een bestuursorgaan dat als beschikking in de zin van artikel 1:3, tweede lid, Awb is aan te merken. In het belastingrecht staan daarentegen op het gebied van de heffing alleen bestuursrechtelijke rechtsmiddelen open als het tegen een besluit van de inspecteur als de wet uitdrukkelijk bepaalt dat zo'n besluit voor bezwaar vatbaar is.[8] De limitatieve omschrijving van appellabele besluiten in artikel 26 AWR is wel zo uitgebreid dat een groot deel van de beslissingen van de inspecteur daaronder valt. Maar toch leidt dit gesloten stelsel ertoe dat bestuursrechtelijke rechtsbescherming is uitgesloten bij de nodige besluiten van de belastinginspecteur en bij alle besluiten van de staatssecretaris.[9] De eerder genoemde angst voor een stortvloed aan procedures is hierbij de achterliggende gedachte. Als de bestuursrechtelijke weg niet openstaat voor een belanghebbende, kan deze wel een procedure voeren voor de civiele rechter als restrechter. Dat is bepaald geen ideale oplossing: de civiele rechter is moeilijker toegankelijk wegens hogere kosten (griffierechten, verplichte rechtsbijstand) en is in het algemeen niet deskundig op fiscaal gebied. Het gesloten stelsel van rechtsbescherming in het belastingrecht heeft in de literatuur dan ook bij herhaling aanleiding gegeven tot kritiek.[10] Desondanks is dit principe in de fiscale wetgeving nog steeds overeind gebleven. Vanuit de Tweede Kamer is er wel op aangedrongen om ook op fiscaal gebied een open stelsel van rechtsbescherming in te voeren. In 2008 kondigde de Staatssecretaris van Financiën aan dat hij die 'lang in uw Kamer gekoesterde wens' zou meenemen in een herziening van de AWR.[11] Maar die herziening is er niet gekomen en over een open stelsel was de Staatssecretaris vervolgens weer heel terughoudend: hij toonde zich in 2011 bevreesd dat een 'zuiver open stelsel' een zware wissel zal trekken op de uitvoeringslast van de belastingdienst.[12] Sindsdien is het op wetgevend gebied stil aan dit front.

Wel zijn er de afgelopen jaren verschillende wetswijzigingen ingevoerd waardoor het aantal voor bezwaar vatbare besluiten van de belastingdienst is

---

[8] Zie thans art. 26 AWR.
[9] Een voorbeeld dat blijkt uit een recent arrest van de HR is de toekenning van een BTW-identificatienummer, zie HR 13 april 2018, ECLI:NL:HR:2018:505, *BNB* 2018/116.
[10] Zie M.W.C. Feteris, *Hoe is het gesteld met de fiscale rechtsbescherming?* (Jan Giele-lezing), Amersfoort: Sdu 2008, p. 29 e.v. met verdere verwijzingen. Zie recenter o.a. J.W. van den Berge, 'Tweehonderd jaar rechtsbescherming in belastingzaken. Een schets van de ontwikkeling van de fiscale rechtsbescherming in hoofdlijnen', in: J.K.T. Postma e.a., *Tweehonderd jaar Rijksbelastingen*, Den Haag: Sdu 2015, p. 149 e.v., en (voorzichtig) R.H. Happé e.a., *Algemeen fiscaal bestuursrecht*, Deventer: Kluwer 2013, p. 67.
[11] *Kamerstukken II* 2007/2008, 30645, 13, p. 2.
[12] *Handelingen EK* 2010/11, nr. 24/6, p. 24.

toegenomen. De beperkingen van het gesloten stelsel zijn daardoor verzacht. Een belangrijke verbetering wordt aangebracht door de Fiscale vereenvoudigingswet 2017:[13] op grond van die wet zullen alle besluiten van de ontvanger op een verzoek tot uitstel van betaling of tot kwijtschelding van belasting voor bezwaar en beroep vatbaar worden. Dit betreft een groot aantal besluiten van de belastingdienst. Het was de bedoeling dat deze regeling in 2019 in werking zou treden, maar of die planning wordt gehaald is niet duidelijk.[14]

Deze verbeteringen nemen echter ten principale niet weg dat moeilijk valt in te zien waarom op fiscaal gebied minder mogelijkheden tot bestuursrechtelijke rechtsbescherming zouden moeten openstaan dan elders in het bestuursrecht. Daar blijken geen verstoppingen en opstoppingen te ontstaan door grote aantallen procedures, ook niet op terreinen waar massale hoeveelheden besluiten door de overheid worden genomen. Daarom verdient het serieus overweging om ook in belastingzaken over te stappen op het open stelsel van rechtsbescherming uit de Awb, en daarmee ook op dit gebied meer coherentie tot stand te brengen met de rest van het bestuursrecht.

3. Overige bestaande fiscale afwijkingen

Er bestaan diverse andere afwijkingen ten opzichte van de Awb in de fiscale wetgeving. Daarbij is wel een proces van afkalving waar te nemen: een deel van die afwijkingen is sinds de invoering van de Awb afgeschaft. Bij een ander deel daarvan heeft de belastingdienst het beleid om – wettelijk onverplicht – Awb-conform te handelen. Maar er blijft toch nog een aanzienlijk aantal afwijkingen.

Op grond van artikel 25 AWR (thans lid 1) hoeft de inspecteur een belanghebbende naar aanleiding van een bezwaarschrift alleen op diens verzoek te horen. Beleidsmatig is de inspecteurs voorgeschreven om niettemin in overeenstemming met de Awb te horen, dat wil zeggen: in beginsel ook zonder dat daarom is verzocht.[15] Als 'omstandigheden daartoe nopen' kan het horen volgens artikel 25, tweede lid, AWR plaatsvinden door een of meer personen die bij de voorbereiding van het bestreden besluit betrokken zijn geweest, in afwijking van artikel 7:5, eerste lid, Awb.

De termijn waarbinnen de inspecteur moet beslissen op een bezwaarschrift was aanvankelijk in de AWR (artikel 25, tweede lid) gesteld op een jaar. Hetzelfde gold voor besluiten van de inspecteur op een aanvraag (artikel 5a AWR). Nadat uit onderzoek was gebleken dat de belastingdienst in nagenoeg alle geval-

---

[13] Wet van 21 december 2016, Stb 546.
[14] Een ander deel van de wijzigingen in de invorderingswetgeving uit het Belastingplan 2017 zal pas na 2021 in werking treden, zie de 21e halfjaarsrapportage van de Belastingdienst, *Kamerstukken II* 2017/18, 31066, 401 (bijlage).
[15] Thans het Besluit Fiscaal Bestuursrecht 2017, onderdeel 9.1.

len de termijnen uit de Awb in acht kon nemen, zijn de langere termijnen uit de AWR met ingang van 2008 afgeschaft.[16]

In 1999 is ook het procesrecht uit Hoofdstuk 8 Awb van toepassing verklaard in belastingzaken. Wel zijn toen enkele afwijkende wettelijke bepalingen in de AWR gehandhaafd. Naast het hiervoor in punt 2 besproken open stelsel betreft dat de regel dat zittingen niet in het openbaar plaatsvinden (artikel 27d AWR), de zgn. omkering van de bewijslast (artikel 27e AWR), en enkele nogal technische detailvoorschriften.

Ook na de invoering van de regels over toezicht in derde tranche van de Awb zijn de bijzondere fiscale regels over feitenonderzoek door de inspecteur (de artikel 47 e.v. AWR) gehandhaafd. Toepassing van de toezichtbepalingen uit de Awb wordt door artikel 1, derde lid, AWR uitgesloten. Het beroep dat de regering daartoe gedaan heeft op het bijzondere karakter van de belastingheffing, vind ik niet erg overtuigend. Ik kan mij goed voorstellen dat de algemene regeling van de Awb ook van toepassing wordt verklaard in belastingzaken, en dat daarnaast in de AWR slechts de noodzakelijke afwijkende of aanvullende regels worden gehandhaafd.[17]

4. Nieuwe algemene regels in de Awb

Bij de vierde tranche van de Awb zijn met ingang van 1 juli 2009 algemene regels ingevoerd over bestuurlijke sancties, in het bijzonder ook over bestuurlijke boetes (Titel 5.4). Het bestuurlijke boeterecht in belastingzaken heeft zich daarbij voor een belangrijk deel aangesloten. In dat kader zijn de procedureregels uit de artikelen 67g e.v. van de AWR voor een groot deel vervallen. Wel bevatten de artikelen 67g e.v. AWR sindsdien nogal wat bijzondere voorschriften over beboeting die niet voorkomen in de Awb. Opmerkelijk is vooral het nadien (per 2014) bij amendement ingevoerde artikel 67o AWR, dat ook beboeting mogelijk maakt van degene die een beboetbaar feit doet plegen, uitlokt of eraan medeplichtig is. De toelichting bij het amendement maakt niet duidelijk waarom deze nieuwe mogelijkheden tot beboeting alleen op hun plaats zouden zijn in belastingzaken.

Verder is per 1 oktober 2009 de Wet dwangsom en beroep bij niet tijdig beslissen in werking getreden, waarin diverse wijzigingen in de Awb zijn aangebracht. Daarbij zijn geen uitzonderingen gemaakt voor de fiscaliteit. Ook op dit gebied zijn er dus algemene regels van bestuursrecht bijgekomen die mede het belastingrecht omvatten, en dus tot meer coherentie leiden tussen fiscaal en overig bestuursrecht.

---

[16] Wet van 27 september 2007, *Stb.* 376 (Wet versterking fiscale rechtshandhaving).
[17] Zie Feteris 2010, p. 369-370.

5. Voorgenomen modernisering van de AWR

Een vergaande afwijking van het stelsel van de Awb lag besloten in plannen van de Staatssecretaris van Financiën voor modernisering van de AWR. Volgens een notitie uit 2009 zou die modernisering ertoe moeten leiden dat het toezenden van een beschikking aan de belastingplichtige niet langer standaard zal zijn.[18] Dat is een gedachte die de belastingheffing ver zou doen afdrijven van de Awb.[19] Aan die gedachte wordt echter niet langer vastgehouden in het wetsvoorstel vereenvoudiging formeel verkeer Belastingdienst, dat de Staatssecretaris in 2013 heeft ingediend.[20] De belastingaanslag blijft in dat voorstel bestaan als beschikking in de zin van de Awb. Een principiële wijziging is wel dat volgens het wetsvoorstel aanslagen voor (onder meer) de inkomstenbelasting niet meer vatbaar zijn voor bezwaar. Als de belastingplichtige het niet met zo'n aanslag eens is, zou hij volgens het voorstel eerst om herziening daarvan moeten vragen. Pas tegen de beschikking die een (gedeeltelijke) afwijzing van zo'n verzoek om herziening inhoudt, zou bezwaar komen open te staan. De achterliggende gedachte is dat een verzoek tot verlaging van een aanslag vaak berust op het verstrekken van nadere gegevens door de belastingplichtige, doorgaans als aanvulling op de eigen belastingaangifte, zonder dat sprake is van een geschil. De bezwaarfase zou in verband daarmee naar het oordeel van de Staatssecretaris alleen moeten gelden als er na zulke aanvullingen wel een geschil blijkt te bestaan. De memorie van toelichting verduidelijkt echter niet waarom de bezwaarfase bij het verstrekken van nadere gegevens niet functioneel zou kunnen zijn. De voorgestelde regeling bemoeilijkt bovendien de toegang tot rechtsbescherming voor de belastingplichtige. Die zou tweemaal in actie moeten komen (een verzoek om herziening en een bezwaarschrift) voordat hij toegang heeft tot de bezwaarfase.[21] Dat zou ook een forse afwijking zijn van het uitgangspunt van de Awb dat tegen iedere beschikking bezwaar openstaat. Zo'n afwijking bestaat trouwens al voor voorlopige aanslagen in de inkomstenbelasting en de vennootschapsbelasting.[22] Maar daar volgt ten minste nog altijd een Awb-conforme, toegankelijke bezwaarfase als de definitieve aanslag is opgelegd.

---

[18] *Kamerstukken II* 2009/10, 32130, 3, p. 86 e.v.
[19] Zie daarover nader Feteris 2010, p. 371-372.
[20] *Kamerstukken II* 2012/13, 33714, 2.
[21] Als de belastingplichtige het niet eens is met een aangekondigde afwijking van de aangifte, zou de inspecteur de voor bezwaar vatbare beschikking echter gelijktijdig met de aanslag moeten nemen, als de belastingplichtige daarmee instemt. In dat geval zou geen verzoek tot herziening nodig zijn.
[22] Zie art. 9:5 Wet inkomstenbelasting 2001 (sinds 2010) en art. 27 Wet op de vennootschapsbelasting 1969 (sinds 2012).

Het wetsvoorstel vereenvoudiging formeel verkeer heeft op dit punt ook forse kritiek ontmoet.[23] Het voorstel is sindsdien een stille dood aan het sterven. De Staatssecretaris van Financiën heeft de Tweede Kamer in 2017 laten weten dat het wetsvoorstel is achterhaald: naar het oordeel van de belastingdienst biedt verdergaande automatisering mogelijkheden om het proces van aanvullingen op de aangifte te stroomlijnen met behoud van rechtsbescherming.[24] Daarmee is deze (dreigende) divergentie tussen Awb en fiscaliteit naar mag worden aangenomen van de baan.

6. Afstemming tussen hoogste bestuursrechters

Sinds ongeveer 2009 is een intensief afstemmingsoverleg tussen hoogste bestuursrechters op gang gekomen met betrekking tot de uitleg van de Awb.[25] Zonder enige wijziging van een wettelijk voorschrift of beleidsregel zijn als gevolg van dit overleg veel verschillen tussen het fiscale en het overige bestuursrecht verdwenen. Dat het gaat om gezamenlijke opvattingen van de hoogste rechters blijkt uit regelmatige verwijzingen naar elkaars uitspraken. Deze afstemming biedt een krachtig tegenwicht tegen eiland-denken op afzonderlijke rechtsgebieden. Rechters en wetenschappers die bezig zijn met zaken of die onderzoek doen op een bepaald deelgebied van het bestuursrecht, worden erdoor gestimuleerd om ook kennis te nemen van de rechtspraak en van de opvattingen in de literatuur in de rest van het bestuursrecht. De juridische horizon wordt daarmee verbreed. Het aanvankelijke gesloten karakter van de fiscale wereld is daardoor ook afgenomen, en degenen die zich bezig houden met de rest van het bestuursrecht zullen zich op hun beurt moeten realiseren dat zij op Awb-gebied niet om de fiscale rechtspraak heen kunnen. Al met al leidt de afstemming tussen de hoogste bestuursrechters hiermee tot meer coherentie tussen het fiscale en het overige bestuursrecht, en ook tot kwalitatief betere rechterlijke beslissingen en wetenschappelijke beschouwingen.

---

[23] Zie de adviezen van de Nederlandse Orde van Advocaten en de Nederlandse Orde van Belastingadviseurs. Zie verder onder andere J.A.R. van Eijsden, 'Vereenvoudiging van het formele verkeer tussen belastingplichtige en Belastingdienst. Quo vadis?', *WFR* 2012/1475; E.B. Pechler, 'Kanttekeningen bij de voorgestelde herzienings- en navorderingsregeling', *FED* 2013/104, en E. Poelmann, 'Van herziening en rechtsbescherming bij herziening', *FED* 2013/105.
[24] *Kamerstukken II* 2016/17, 34550 IX, 24. De minister-president heeft eind 2017 de intrekking van het wetsvoorstel aangekondigd, zie *Kamerstukken II* 2017/18, 34700, 50.
[25] Zie daarover onder meer J.E.M. Polak, *Samenwerking van hoogste rechters aan rechtseenheid*, Tilburg: Juridische Hogeschool Avans-Fontys 2015 en M.W.C. Feteris, 'De samenwerking tussen de Hoge Raad en de Afdeling', in: H.G. Lubberdink e.a. (red.), *De conclusie voorbij*, Nijmegen: Ars Aequi Libri 2017, p. 209 e.v.

7. Slotbeschouwing

Deze beschouwing leidt mij tot het volgende totaalbeeld. Met de invoering van de eerste tranche van de Awb in 1994 heeft al een belangrijke toenadering plaatsgevonden tussen het fiscale en het overige bestuursrecht. Het onheil dat sommige fiscalisten hiervan verwachtten is uitgebleven. In de daarop volgende 25 jaar is de toenadering tussen deze delen van het bestuursrecht per saldo geleidelijk verder gegaan als gevolg van wetswijzigingen en beleidsregels. Bovendien hebben rechters en wetenschappers op fiscaal en ander bestuursrechtelijk gebied een opener blik ontwikkeld voor elkaars opvattingen. Naast deze convergerende tendensen valt echter te constateren dat er nog steeds de nodige, soms forse verschillen bestaan. Met name noem ik het gesloten stelsel van rechtsbescherming en de vrijwel categorische uitzondering van toepassing van de Awb in de Invorderingswet 1990. Verdere toenadering behoort mijns inziens technisch gezien wel tot de mogelijkheden. Pogingen daartoe verdienen ook steun.[26] Op wat langere termijn zou een stimulans hiertoe kunnen uitgaan van een – te ontwerpen – algemene regeling in de Awb over heffingen. De regering heeft dit in 1999 genoemd als een van de mogelijke onderwerpen voor een vijfde tranche van de Awb.[27] Al meer dan 10 jaar geleden meldde de regering echter dat er geen concrete voornemens bestonden om tot een vijfde tranche van de Awb te komen,[28] en sindsdien is het op dit gebied stil gebleven. Maar voor de verdere toekomst zou dit wel een aanleiding en een kader kunnen zijn om in meer algemene, systematische zin te doordenken welke bijzonderheden aan de heffing van overheidsbijdragen zijn verbonden die aparte regels van algemeen bestuursrecht daarvoor rechtvaardigen. Daarmee is dan meteen de vraag aan de orde welke van de overige regels uit de Awb bruikbaar zijn voor toepassing op heffingen, en dus geen aanleiding geven tot bijzondere afwijkende bepalingen in een heffingswet. Daarmee zou een zo groot mogelijke toenadering tussen beide rechtsgebieden bereikt kunnen worden. De toekomst zal moeten leren of het zover komt.

---

[26] Vgl. punt 1.
[27] *Kamerstukken II* 1999/00, 26800, VI, 7, p. 9.
[28] *Kamerstukken I* 2007/08, 29702, C, p. 6.

Peter Wattel*

32 | Alles went

@P_Wattel – Awb en belastingrecht geen liefde op het eerste gezicht, maar het huwelijk lijkt toch te slagen door gewenning en gedragsaanpassing van de echtelieden #behendig/bot-bestuur #formeel-belastingrecht #dwangsom-bij-niet-tijdig-beslissen #favoriete-filosoof

1. If you come to a fork in the road, take it

Het is eigenlijk raar dat in 1991 onder de fiscalisten zoveel weerstand bestond tegen de toen aanstaande invoering van de Algemene wet bestuursrecht (Awb). Naar mijn indruk keken praktijkfiscalisten vrijwel nooit in niet-materiële belastingwetten zoals de Algemene wet inzake rijksbelastingen (AWR) of de Wet administratieve rechtspraak belastingzaken (Warb) en kijken zij ook nu nog zelden in de Awb of de AWR. Zij houden zich liever bezig met de rente-aftrekbeperkingen en de deelnemingsvrijstelling in de vennootschapsbelasting, de aftrek van input-BTW in de omzetbelasting, de werkkostenregeling in de loonheffingen, de aanmerkelijk-belangheffing van directeuren-grootaandeelhouders, of *box hopping* in de inkomstenbelasting. Ter zake van dat door hen geprefereerde materiële belastingrecht zijn fiscalisten bovendien geharde veranderveteranen: in het materiële belastingrecht is het een komen en gaan van elkaar snel opvolgende, vaak ingrijpende wetswijzigingen en -intrekkingen: elk jaar in september weer een nieuwe miljoenennota met creatieve budgettaire koppelingen van fiscaal zoete en fiscaal zure dingen voor de steeds zwevender electoraten van de steeds wankeler regeringscoalities; daartussendoor regelmatig reparatiewetgeving, al dan niet met terugwerkende kracht; en om de zoveel jaar weer een of andere meer of minder majeure belastinghervorming. Dan is zo'n eenmalige Awb-operatie op formeelrechtelijk terrein waar je toch al niet naar omkeek, die je toch al overliet aan de *nerds* van de afdelingen *compliance* en *litigation*, eigenlijk maar een peuleschil.

Maar dat geldt vooral voor de niet-overheidsfiscalisten. Op de belastingdienst, de belastingafdelingen van de decentrale overheden en de belastingrechtspraak zou de Awb wel degelijk een groot effect hebben omdat zij met *bulk*-werk te maken hebben op formeelrechtelijk terrein en zij hun vertrouwde werkprocessen zouden moeten aanpassen aan een ongeschikt denkmodel. Daar bestond irritatie of zelfs verontwaardiging over het feit dat het formele belastingrecht zich zou moeten aanpassen aan het overige bestuursrecht in plaats van andersom, hoewel juist het belastingrecht 90% van alle overheidsbe-

---

* Prof. mr. P.J. Wattel is advocaat-generaal bij de Hoge Raad der Nederlanden, staatsraad advocaat-generaal bij de Afdeling bestuursrechtspraak van de Raad van State en hoogleraar Europees belastingrecht aan de Universiteit van Amsterdam.

schikkingen produceerde (60 miljoen per jaar) en bovendien ondanks die massaliteit prima functioneerde. Waar bemoeien die bestuursrechtologische hobbyisten zich mee met hun volstrekt onpraktische denkmodel gebaseerd op het fiscaal irrelevante uitgangspunt van de incidentele, beleidsvrije en begunstigende beschikking op aanvraag, en hun heilloze terugwijzing van zaken naar het bestuur na constatering van een of ander motiveringsgebrekje? Het kwantitatief als enige relevante bestuursrecht (het formele belastingrecht dus) bestond vrijwel uitsluitend uit massale, jaarlijks of maandelijks terugkerende, belastende en gebonden beschikkingen (aanslagen, navorderingen, restituties, dwangbevelen, etc.) en de belastingrechter wees nooit een zaak terug, maar deed altijd meteen wat de fiscus had moeten doen. Langereis[1] noemde de voorgestelde *cohabitation* tussen de Awb en het belastingrecht 'foeilelijk en burgervijandelijk'. Zuurmond[2] was vriendelijker. Hij kreupeldichtte in 1991:

> 'De fiscalist vraagt zeer verwonderd
> Waarom zijn wij niet uitgezonderd?
> Waarop verbaasd Justitie zegt
> O, ja, dat is ook bestuursrecht.'

Maar er moesten *algemene* regels van bestuursrecht komen (artikel 107, tweede lid, Grondwet). Als 's lands grootste beschikkingenfabriek niet zou meedoen, zou de Awb als *algemene* wet weinig kant of wal raken. De burger zou, als 90% van de overheidsbeschikkingen uitgezonderd zouden worden, nog steeds voortdurend moeten opletten of hij met de ene of de andere (de heffende) overheid te maken heeft, met alle afbakeningsproblemen van dien. De benaming 'algemeen' voor de regeling van de resterende 10% zou licht potsierlijk zijn. De afbakening tussen het terrein van de bestuursrechter en dat van de burgerlijke rechter was trouwens al moeilijk genoeg.

Er kwam dus een compromis voor de verhouding tussen het formele belastingrecht en het algemene bestuursrecht dat geheel het wijze advies volgde van mijn favoriete filosoof Yogi Berra:[3]

> 'if you come to a fork in the road, take it.'

Het ene werd dus gedaan, terwijl het andere niet werd nagelaten. Het belastingrecht werd niet als zodanig uitgezonderd, maar de Aanpassingswet die het bij-

---

[1] Ch.J. Langereis, 'De cohabitation van de Algemene wet bestuursrecht en het belastingrecht', *WFR* 1991/5967, p. 888.
[2] G.J. Zuurmond, 'Grafschrift voor het afschrift (naar het origineel afgegeven, is het afschrift afgeschreven)', in: Ch.J. Langereis e.a. (red.), *Fantasie en Durf, 50 jaar Fed Fiscaal weekblad*, Deventer: Fed 1991, p. 181.
[3] Lawrence Peter (Yogi) Berra (1925 –2015), Amerikaanse *baseball* speler, manager en coach. Diens Yogi-isms zijn gebundeld in onder meer Yogi Berra, *The Yogi Book*, Workman Publishing Company 2010 en Phil Pepe, *The Wit and Wisdom of Yogi Berra*, Diversion Books 2012.

zondere bestuursrecht, waaronder het formele belastingrecht, aanpaste aan de Awb, had voor wat betreft het formele belastingrecht net zo goed de Afwijkingswet kunnen heten.[4] Het curieuze verschijnsel deed zich vervolgens voor dat de fiscus, die evenveel uitzonderingen op de Awb had bedongen als de Britten op de EU-budgetregels, tóch, pseudowettelijk (via beleidsregels), Awb-conform ging werken. Het beeld drong zich daardoor op dat Financiën zich weliswaar door Justitie had laten overhalen om mee te doen met de Awb, maar alleen op eigen voorwaarden (eigen beleidsregels). Pas als zou blijken dat de Awb-regels niet te hinderlijk zouden zijn voor een vlot verloop van het massale proces van heffing, controle en invordering van 's Rijks belastingen, zou Financiën bereid zou zijn om ook wettelijk mee te lopen.

Aldus geschiedde. Diverse uitzonderingen op het Awb-regime zijn sindsdien inderdaad uit de AWR verdwenen. Zo werd bijvoorbeeld (pas) in 2008 de wettelijke termijn voor uitspraak op bezwaar door de fiscus teruggebracht van één jaar naar de Awb-termijn van zes (plus zes) weken (artikel 7:10, eerste lid, Awb), nadat gebleken was dat de fiscus die termijn in bijna alle gevallen kon halen. Maar het gesloten stelsel van rechtsmiddelen (alleen tegen als zodanig in de wet benoemde 'voor bezwaar vatbare beschikkingen'), het eigen toezichtstelsel van de fiscus en diverse andere afwijkingen zijn tot op de dag van vandaag blijven bestaan.

2. **Geldschulden, boeten, dwangsom en bestuursdwang**

Wat de *invordering* van belastingen betreft, werd weliswaar eveneens het ene gedaan en het andere niet nagelaten, maar was de ene tand van de *fork in the road* duidelijk veel breder dan de andere: artikel 1, tweede lid, Invorderingswet 1990 bepaalt nog steeds dat voor de invordering niet gelden de hoofdstukken 6 en 7, de titels 4.1 t/m 4.3 en 5.2, de afdeling 10.2.1 en de artikelen 3:40 en 4:125 van de Awb. Dit – aldus de Awb-(aanpassings)wetgever – vanwege 'het sterk civielrechtelijke karakter' van de (dwang)invordering. Maar ook de Ontvanger ging vervolgens toch, pseudowettelijk, in vergaande mate Awb-conform werken op basis van zijn aan de Awb aangepaste Leidraad Invordering, een beleidsregel die zo belangrijk is dat hij als de uitvoerings(pseudo)wetgeving van de Invorderingswet kan worden beschouwd. Ook hier dus het beeld dat Financiën wel (min of meer) wilde meedoen, maar alleen op eigen voorwaarden.

De verhouding tussen de Awb en de Invorderingswet werd nóg interessanter toen de Awb-gever later het onderdeel 'bestuurlijke geldschulden' ging aanbouwen. Hij moest toen kiezen tussen het burgerlijke recht en het belastingrecht, en hij heeft in de kern gekozen voor het zelf-executerende dwangbevelsysteem van het reeds sinds 1845 bestaande en goed functionerende systeem van de fiscale Invorderingswet, inclusief het daar in 1990 in opgenomen open

---

[4] P.J. Wattel, 'De Algemene wet bestuursrecht en het belastingrecht', *NTB* 1992/4, p. 127.

stelsel, dat uitwijking naar civiele crediteursbevoegdheden mogelijk maakt. Bij de bestuurlijke geldschulden doet zich dus de nog curieuzere situatie voor dat de regeling daarvan afkomstig is uit het fiscale invorderingsrecht (en niet uit het burgerlijke recht), maar dat het fiscale invorderingsrecht zelf *wettelijk* maar zeer beperkt Awb-conform gemaakt is omdat het daarvoor volgens diezelfde Awb-gever teveel beheerst zou worden door … het burgerlijke recht! Yogi Berra zou zeggen:

> 'If you don't know where you're going, you might end up some place else.'

Het belastingrecht was overigens niet alleen ter zake van de invordering en uitbetaling van geldvorderingen hofleverancier aan het algemene bestuursrecht. Dat was het ook bij de aanbouw van de bestuurlijke-boetewetgeving. De Awb-regeling daarvan kwam vooral uit het al sinds mensenheugenis bestaande fiscale boeterecht, dat onder invloed van de nationale en internationale rechtspraak al helemaal herzien en aangepast was om te voldoen aan met name de eisen van artikel 6 EVRM en 14 IVBPR. De rest van handhavingshoofdstuk 5 Awb (toezicht, bestuurlijke dwangsom en last onder bestuursdwang) werd juist niet van toepassing in het belastingrecht. De wetgever achtte de controlebevoegdheden van de inspecteur en de ontvanger in de AWR en de Invorderingswet beter toegesneden op hun *bulk*-controlebehoeften en hij achtte de dwangsom en bestuursdwang in het formele belastingrecht overbodig in verband met de daar vigerende omkering en verzwaring van de bewijslast als sanctie op het niet voldoen aan fiscale informatieverstrekkingsplichten door belastingplichtigen of inhoudingsplichtigen. Werken zij niet mee, dan wordt hen simpel een veilig geschatte aanslag opgelegd en moeten zij in bezwaar of beroep maar overtuigend zien aan te tonen dat en in hoeverre die aanslag onjuist is.

Dat aan een bestuurlijke dwangsom in het belastingrecht geen behoefte zou bestaan, bleek later overigens niet helemaal goed ingeschat. In met name de zaken van de informatieweigerende zwartspaarders[5] zag de Staat zich genoopt om uit te wijken naar de *default mode* van het gemene recht, *i.e.* naar de door de burgerlijke rechter opgelegde civielrechtelijke dwangsom. Bij de invoering van de 'informatiebeschikking' (artikel 52a AWR; vereist om de bewijslast te kunnen omkeren en verzwaren) was overigens wel voorzien dat ook de fiscus in uitzonderlijke gevallen de behoefte aan een dwangsom zou kunnen gevoelen naast bewijslastomkering. De AWR voorziet dan ook in een civielrechtelijke *échappatoire* (artikel 52a, vierde lid, AWR) om de doorkruisingsproblematiek van *Windmill*-verweren tegen civiele dwangsomvorderingen van de heffende Staat te ondervangen. Leuke bijkomstigheid van de civiele in plaats van de Awb-weg was trouwens, zoals bleek in één van die zwartspaarderszaken,[6] dat anders

---

[5] Bijv. HR 8 augustus 2014, ECLI:NL:HR:2014:2144, na conclusie Wattel, *BNB* 2014/206 m.nt. Van Eijsden, *AB* 2015/80 m.nt. Stijnen.
[6] HR 24 februari 2017, ECLI:NL:HR:2017:310, na conclusie Langemeijer, ECLI:NL:PHR:2016:1171, *BNB* 2017/102 m.nt. Van Eijsden, *NJ* 2018/224 m.nt. Van Mierlo.

dan de bestuurlijke dwangsom (zie artikel 5:32b, tweede lid, Awb), een civielrechtelijke dwangsom niet gemaximeerd hoeft te worden. Aldus lijkt de fiscus het juist *door* het ontberen van de Awb-sancties bestuursdwang en dwangsom misschien nog net ietsje beter voor elkaar te hebben dan andere bestuursorganen.

3. Love and marriage; horse and carriage

Is het huwelijk tussen de Awb en het formele belastingrecht een gelukkig huwelijk? Gaat wel, geloof ik. Het lijkt mij in elk geval aanmerkelijk beter dan Het Huwelijk dat Willem Elsschot beschreef. En alles went, ook of juist in een huwelijk. Het heeft denkelijk, zoals elk huwelijk, haar *ups* en *downs*. Zoals Yogi Berra treffend opmerkte:

> 'If the world were perfect, it wouldn't be.'

Mijn andere favoriete filosoof (Frank Sinatra) postuleert dat *love and marriage go together like a horse and carriage*, hetgeen de vraag kan doen rijzen of de Awb nu het paard achter de wagen van het formele belastingrecht is of andersom. Hoe dan ook is de confrontatie tussen de twee denkwijzen leerzaam geweest: het dwong – en dwingt nog steeds – de beoefenaren van beide denkwijzen om zich te beraden op hun vanzelfsprekendheden en zich aan te passen aan het betere inzicht. Waaróm doen we het eigenlijk zo? Momenteel is bijvoorbeeld de toepassing van het veiligheidshalve nooit gecodificeerde vertrouwensbeginsel in het omgevingsrecht en in het belastingrecht voorwerp van vergelijking en bezinning.[7] Misschien moeten de echtelieden elkaar wel vaker vragen: 'schat, is er iets?' De fiscalisten lijken hun echtelijke plichten redelijk te vervullen. Zij hebben veel geleerd van de Awb en volgen de algemene ontwikkelingen vrij goed. Op het vlak van de rechtspraak lijkt zelfs sprake van echte liefde en van een open maar desondanks gelukkig huwelijk: de vier hoogste bestuursrechters (een kwartetje dus, als het ware) doen steeds meer aan partnerruil en realiseren stapje voor stapje wat de politiek maar niet lukte (en wier huwelijkstherapie zij dan ook voorlopig even niet meer believen).

De praktijkbeoefenaren van het niet-fiscale bestuursrecht lijken hun blinde vlek voor de bestuursrechtelijke ontwikkelingen bij de derde kamer van de Hoge Raad nog steeds niet helemaal kwijt te zijn. Een mijner promoti merkte als fiscaal advocaat-stagiaire tijdens de verplichte cursus bestuursrecht na een mooie uiteenzetting van de docent over de Afdelingsrechtspraak op dat ook de Hoge Raad op diverse van de aangesneden terreinen recent interessante uitspraken had gedaan. De docent keek hem tegelijk vertwijfeld en vuil aan en ver-

---

[7] Zie het persbericht van 19 oktober 2018 van de Raad van State over het verzoek van de voorzitter van de Afdeling om een conclusie over de rol van het vertrouwensbeginsel in het omgevingsrecht: https://www.raadvanstate.nl/pers/persberichten/tekst-persbericht.html?id=1188&summary_only=&category_id=8&q=vertrouwensbeginsel.

meed de rest van de cursus zorgvuldig de term 'bestuursrecht' om het nadrukkelijk alleen nog over 'het *algemene* bestuursrecht' te hebben, hoewel die uitspraken van de belastingkamer toch echt over de Awb gingen.

Maar in het algemeen lijken het Awb-recht en het formele belastingrecht goed samen te gaan en soms zelfs, zoals bij de 'op de zaak betrekking hebbende stukken', tot onverwacht welluidende samenzang te leiden, vergelijkbaar met de onverwachte diepte en elegantie waarmee onderstaand *graffito*[8] twee gevestigde doch uiteenlopende denkwijzen harmonieus combineert tot nieuwe inzichten:

To be is to do - Socrates
To do is to be - Sartre
Dobedobedo - Sinatra

4. Beginselen van behendig/bot bestuur

Soms weet de heffende overheid haar geestdrift voor de Awb-regels moeiteloos te onderdrukken en stort zij zich op het formeelrechtelijke vlak bijna net zo enthousiast en creatief op wetsvermijding als belastingplichtigen doen op materieelrechtelijk vlak. Ik geef twee voorbeelden. Dat biedt ook de mogelijkheid om na de vrij abstracte beschouwingen hierboven af te dalen naar de *nitty gritty* van de dagelijkse toepassing van de Awb-regels in het formele belastingrecht.

HR *BNB* 2015/29[9] betrof een gemeente die als beleid had om bezwaren tegen haar onroerende-zaakwaarderingen (die door het Rijk helaas ook beslissend zijn gemaakt voor allerlei andere belastingen dan de gemeentelijke onroerende-zaakbelasting) ongezien af te wijzen, dat wil zeggen zonder horen en met voorgebakken standaardteksten, die niet op de inhoud van individuele bezwaarschriften ingingen. Alles leek gericht op vermijding van de werklast van de wettelijk verplichte heroverweging (art. 7:11 Awb). De gemeente keek, kortom, pas in het dossier als de zaak bij de rechtbank lag, wat voor het gros van de afgewezen bezwaarden vermoedelijk een (te) hoge drempel was, mede omdat de burger bij de belastingrechter – ook niet fraai – vaak niet verder kwam zonder een taxatierapport over te leggen dat niet zelden (veel) duurder zou zijn dan het fiscale belang als het alleen om de gemeentelijke belastingen ging. Toch kwam een grote stroom onrijpe belastingzaken bij de rechter terecht, denkelijk omdat veel bezwaarden een groter fiscaal belang hadden als gevolg van het gebruik van de gemeentelijke waarderingen ook voor andere belastingen. De rechter kreeg

---

[8] Bron onduidelijk. De *Quote Investigator* denkt dat het om een aangroei*graffito* gaat: anderen hebben later de tweede en vervolgens de derde regel onder de oorspronkelijk enige eerste regel gekrast. Het *graffito* wordt aangehaald in Kurt Vonnegut, *Deadeye Dick*, New York: Delacorte Press/Seymour Lawrence 1982, p. 224.
[9] HR 14 november 2014, na conclusie Hammerstein, ECLI:NL:HR:2014:3191, *BNB* 2015/29 m.nt. Monsma, *VN* 2014/59.4.

schoon genoeg van dat beleid en liet dat publiekelijk merken.[10] Ook de gemeentelijke ombudsman wraakte het gemeentelijke anti-heroverwegingsbeleid.[11] De bezwaren van belastingplichtigen die zich wél de taxatiekosten getroostten om hun bezwaren wél serieus beoordeeld te doen krijgen, werden veelal toegewezen (de gemeente had denkelijk weinig keus na een rapport van een beëdigd taxateur), maar de gemeente reageerde pas op hun verzoeken om vergoeding van de taxatiekosten (zie artikel 7:15 Awb) als de beroepstermijn tegen de toewijzende uitspraak op bezwaar was verstreken, zulks in strijd met artikel 7:15, derde lid, laatste volzin, Awb. Zij reageerde (zo zuinig mogelijk) op dat verzoek, zonder rechtsmiddelverwijzing. Als de niet-meer-bezwaarde daartegen (wel) beroep instelde, stelde de gemeente dat dat niet-ontvankelijk was wegens overschrijding van de beroepstermijn. Dit behendige bestuur had geen succes bij de feitenrechters, en bij de Hoge Raad bleek de gemeente zich uiteindelijk in de eigen voet geschoten te hebben. De Hoge Raad paste het *estoppel*-beginsel toe: hij maakte het belastingheffende overheden onmogelijk om bureaucratisch profijt te hebben van eigen tegenwettelijk rechtsmiddelontwijkingsbeleid. Hij stelde een ná de beslissing op bezwaar alsnog afzonderlijk gegeven beslissing op het verzoek om kostenvergoeding op één lijn met een (afzonderlijke) beslissing op bezwaar, waartegen afzonderlijk beroep kan worden ingesteld. Als wel reeds beroep is ingesteld tegen het besluit op bezwaar, wordt dat beroep geacht ook gericht te zijn tegen een later nakomende beslissing op het verzoek om vergoeding van kosten, 'dat de beslissing op het bezwaar completeert'; het is dan niet nodig afzonderlijk beroep in te stellen tegen de te late beslissing over kostenvergoeding.

Behalve in (te) behendig bestuur verliest een (gemeentelijke) heffende overheid zich ook wel eens in bot bestuur. De automatische dwangsom bij niet-tijdig beslissen door het bestuur (artikel 4:17 Awb) is terecht afgeschaft voor WOB-verzoeken omdat er een soms verbijsterend misbruik of zelfs verdienmodel van werd gemaakt door handige jongens of rancuneuze querulanten. Maar uit een geval beoordeeld door de Rechtbank Gelderland[12] blijkt dat die dwangsom soms niet gemist kan worden. De zaak betrof opnieuw een huiseigenaar die bezwaar had tegen de gemeentelijke WOZ-beschikking. De gemeente reageerde niet op zijn bezwaar. Na een klein jaar stelde hij de gemeente in gebreke en vroeg hij om een dwangsom. De heffingsambtenaar stuurde hem weliswaar een 'concept-uitspraak' toe, maar daarna werd niets meer van de ambtenaar vernomen. Enige maanden later stelde de belanghebbende daarom beroep in tegen

---

[10] Rb. Noord-Holland 24 januari 2013, ECLI:NL:RBNHO:2013:BY9583, *V-N* 2013/19.29.19, *Belastingblad* 2013/142.
[11] Rapport Gemeentelijke Ombudsman: 'Wat is het waard? afhandeling WOZ-bezwaren deugt niet', 27 maart 2012, RA120470, https://www.ombudsmanmetropool.nl/uploaded_files/researchdocument/RA120470.pdf.
[12] Rb. Gelderland 1 december 2016, ECLI:NL:RBGEL:2016:6478, *VN* 2017/9.9, *NTFR* 2017/208.

het uitblijven van uitspraak (artikel 6:2 en 6:12 Awb). De heffingsambtenaar diende geen verweer in, legde de op de zaak betrekking hebbende stukken niet over en bleef zonder bericht weg van de zitting. De Rechtbank beval hem binnen zes weken uitspraak te doen en verklaarde de maximale automatische dwangsom verbeurd (€ 1.260). De heffingsambtenaar bleef in karakter: hij reageerde niet. De belanghebbende stelde hem daarop nogmaals in gebreke, waarop hij niet reageerde. De belanghebbende stelde daarop maar opnieuw beroep in bij de Rechtbank tegen het uitblijven van uitspraak. De heffingsambtenaar gaf geen krimp. Ook na rappel door de griffie van de Rechtbank diende hij opnieuw geen verweerschrift in en legde hij opnieuw de op de zaak betrekking hebbende stukken niet over. Toen de griffier hem uiteindelijk maar eens opbelde, verklaarde de ambtenaar, aldus de rechtbank, 'dat hij geen idee heeft hoe het zover heeft kunnen komen en dat hij de meerwaarde van zijn aanwezigheid bij de zitting niet ziet. Ook gaf hij aan dat het bijwonen van de zitting om bedrijfseconomische redenen niet uit kan.' Hij verscheen dan ook opnieuw niet ter zitting. Het is zeker niet uitgesloten dat de Awb vanuit bedrijfseconomisch oogpunt niet uit kan, maar de overheid is geen bedrijf. Dat van die 'bedrijfseconomische redenen' heeft de Rechtbank goed in haar oren geknoopt, want haar tweede uitspraak voorzag de gemeente van een economisch belang om zich wél aan de Awb te houden: zij beval de heffingsambtenaar opnieuw om uitspraak te doen, maar nu binnen twee weken en op straffe van verbeuring van € 200 per dag met een maximum van € 15.000. Vroeger had de belanghebbende in zo'n geval (twee keer) naar de burgerlijke rechter gemoeten.

Die dwangsom wegens niet-tijdig beslissen stelt trouwens ook nieuwe materieelrechtelijke fiscale vragen aan de orde. Bij de belastingkamer van de Hoge Raad zijn drie zaken aanhangig[13] van militairen en politieambtenaren die door hun werkgevers verbeurde dwangsommen hebben ontvangen na niet-tijdig beslissen door die werkgevers op hun verzoeken om, respectievelijk (i) functieherwaardering, (ii) vliegpuntentoekenning en (iii) dienstverbandbekorting. De materieel-fiscaalrechtelijke vraag is: zijn die dwangsommen belast als loon uit dienstbetrekking, gegeven dat 'loon' is 'al hetgeen uit een (vroegere) dienstbetrekking wordt genoten, daaronder mede begrepen hetgeen wordt vergoed of verstrekt in het kader van de dienstbetrekking' (artikel 10, eerste lid, Wet op de loonbelasting)? Heeft de Staat hier als werkgever of als overheid of nog anders verzuimd?

---

[13] Rolnummers 18/01914, 18/01915 en 18/01920. De bestreden uitspraken zijn van het Hof Amsterdam 20 maart 2018, rolnrs. 16/00539 en 16/00543 en 16/00544, ECLI:NL:GHAMS:2018:1334 en ECLI:NL:GHAMS:2018:1151.

5. Alles went

De invoering, aanpassingswetgeving en aanbouwsels van de Awb houden al generaties juristen en (andere) overheidsdienaren van de straat, dus wij juristen hebben iets om dankbaar voor te zijn. En ieder kent het verschijnsel dat je gehecht raakt aan de dingen waar je je aanvankelijk aan ergerde. Zelfs aan de dingen waarvan je overtuigd bent dat je ook er zonder gelukkig was, raak je zodanig gewend dat je ze zou missen als ze er niet meer zouden zijn. Ik eindig daarom met een variatie op een citaat van mijn favoriete filosoof:

> I want to thank everyone who made the Awb necessary.

Anna Collignon, Aaldert ten Veen & Bram Schmidt*

33 | Het complexe omgevingsprocesrecht: laat de Awb het eenvoudiger maken

@A_Collignon/A_tenVeen/B_Schmidt – Het versnipperde stelsel van het omgevingsprocesrecht benut het geharmoniseerde procesrecht in de Awb niet. De Omgevingswet zet een stap naar harmonisatie maar het blijft een advocatengoocheldoos die vereenvoudiging behoeft.*#omgevingsprocesrecht#ongeharmoniseerd#vereenvoudiging*

1. Inleiding

25 jaar Awb biedt de gelegenheid stil te staan bij dé bestuursrechtelijke wet, de Awb. In deze bijdrage reflecteren wij op de (gewenste) rol van de Awb vanuit het perspectief van de advocaat werkzaam in het omgevingsrecht. De betekenis van de Awb voor de omgevingsrechtadvocaat is groot. Hoewel bijna alle materiële normen van het omgevingsrecht in bijzondere wetten staan, speelt het materiële en formele recht uit de Awb ook in de gemiddelde procedure in het omgevingsrecht een grote rol.[1] De kernbegrippen zoals besluit, belanghebbende en bestuursorgaan uit hoofdstuk 1 van de Awb gelden ook onverkort in het omgevingsrecht, en van deze kernbegrippen wordt niet afgeweken in enige bijzondere omgevingsrechtelijke wet.[2] Ook de algemene beginselen van behoorlijk bestuur gelden zonder verdere clausulering of specificering in het omgevingsrecht, en spelen vaak een belangrijke rol in procedures. Denk daarbij bijvoorbeeld aan het zorgvuldigheids- en motiveringsbeginsel (artikel 3:2 respectievelijk 3:46 Awb).[3]

Het belang van de kernbegrippen en de algemene beginselen van behoorlijk bestuur voor de praktijk van het omgevingsrecht blijven in deze bijdrage verder buiten beschouwing. In plaats daarvan richten wij onze aandacht op de beteke-

---

* Mr. A. Collignon, mr. A. ten Veen en mr. A.M. Schmidt zijn advocaat bij Stibbe. De auteurs danken Frédérique ten Hove, juridisch-assistent bij Stibbe, voor haar onderzoek bij de voorbereiding op dit artikel.
[1] P. de Haan, 'Coördinatie en harmonisatie binnen het bijzonder bestuursrecht, dan wel binnen de Awb', in: M. Lurks e.a. (red.), *De grootste gemene deler*, Deventer: Kluwer 2002.
[2] Uiteraard is er wel sprake van specifieke invullingen in de jurisprudentie – we denken daarbij bijvoorbeeld aan de vraag wie belanghebbende is, zoals ongetwijfeld in de andere bijdragen in deze bundel wordt besproken.
[3] Het zorgvuldigheidsbeginsel speelt bijvoorbeeld regelmatig een grote rol in de vaststelling van bestemmingsplannen of andere besluiten die betrekking hebben op grote projecten. Indien er in de voorbereiding belangrijke effecten van bepaalde ontwikkelingen over het hoofd zijn gezien, wordt dit beschouwd als een gebrek in de besluitvorming.

nis van het *procesrecht* van de Awb voor de praktijk van het omgevingsrecht. De Awb is beoogd als algemene regeling van het procesrecht in het bestuursrecht, waar in beginsel zo min mogelijk van dient te worden afgeweken, zoals we hierna uiteenzetten in paragraaf 2. In de verschillende wetten in het omgevingsrecht zijn echter diverse bepalingen en procedures opgenomen, die afwijken van het algemene procesrecht uit de Awb. Niet elke afwijking is even goed te rechtvaardigen of te verklaren. Wij beschrijven de verhouding tussen het huidige omgevingsrecht en het procesrecht uit de Awb in paragraaf 3. Met de Omgevingswet wordt beoogd om het procesrecht in het omgevingsrecht verder te vereenvoudigen en meer af te stemmen op de Awb. Paragraaf 4 beschrijft dan ook hoe de Omgevingswet dit dient te bewerkstelligen, en of deze doelstellingen behaald wordt. Wij sluiten deze bijdrage af in paragraaf 5 met een beoordeling van het huidige en het toekomstige omgevingsprocesrecht in verhouding tot de Awb. Wij menen dat de Omgevingswet op verschillende onderdelen helaas afwijkt van de Awb en dat deze, notabene met de Omgevingswet nieuw geïntroduceerde afwijkingen, onnodig zijn. De Awb heeft onverminderd een belangrijke rol in het omgevingsrecht. Hoewel de complexiteit van het omgevingsrecht natuurlijk niet wordt weggenomen met een betere afstemming op de Awb, is elke vereenvoudiging winst. Wij pleiten dan ook voor minder afwijkingen op de Awb in het omgevingsrecht.

2. De toepassing en betekenis van de Awb in het omgevingsrecht

Het is van meet af aan één van de belangrijkste doelen van de Awb geweest om eenheid te scheppen in het bestuursprocesrecht. Volgens de toenmalige ministers van Justitie en Binnenlandse zaken waren de twee hoofddoelen van de Awb: (1) het geven van algemene regels voor het bestuursrecht, en (2) het geven van een algemene regeling van het bestuursprocesrecht.[4] Voor de Commissie Scheltema was het een belangrijk doel om eenheid van wetgeving in het bestuursrecht te bereiken.[5] In de memorie van toelichting bij de Awb wordt uitdrukkelijk het voorbeeld van éénheid van termijnen genoemd.[6] De gedachte was dat als dezelfde onderwerpen in verschillende wetten op een andere manier geregeld zijn, de wet niet kenbaar is en moeilijker is toe te passen, zelfs voor de rechter die deze wetten zou moeten toepassen.[7] Een belangrijk doel van de regering is dus geweest om een algemene regeling te treffen, waar bij voorkeur zo min mogelijk van wordt afgeweken. Dit ten behoeve van de rechtseenheid, die instrumenteel is voor de rechtszekerheid en rechtsgelijkheid, die als meer

---

[4] *Kamerstukken II* 1988/89, 21221, 3, p. 4.
[5] *Kamerstukken II* 1988/89, 21221, 3, p. 4.
[6] *Kamerstukken II* 1988/89, 21221, 3, p. 4.
[7] *Kamerstukken II* 1988/89, 21221, 3, p. 5, 8.

wezenlijke doelen van de Awb kunnen worden beschouwd.[8] Ook in de literatuur lijkt de opvatting breed gedragen dat er een algemene regeling van procesrecht in de Awb opgenomen wordt, waarvan zo min mogelijk wordt afgeweken.[9] Deze opvatting ligt ook ten grondslag aan aanwijzing 2.46 van de Aanwijzingen voor de regelgeving, een ministeriële circulaire.[10] Deze circulaire bevat aanwijzingen aan wetgevingsjuristen voor het opstellen van wetten. Aanwijzing 2.46 van de Aanwijzingen[11] bepaalt dat alleen van een algemene wet wordt afgeweken in een bijzondere wet indien dit noodzakelijk is. Bovendien dient een afwijking in de memorie van toelichting bij de bijzondere wet te worden gemotiveerd. De Awb wordt in de Aanwijzing expliciet als 'algemene wet' aangeduid.

Het procesrecht uit het omgevingsrecht dient dus in beginsel niet af te wijken van het procesrecht uit de Awb. Het huidige omgevingsrecht is grotendeels in overeenstemming met deze norm, met als belangrijke uitzondering projecten die vallen onder de Tracéwet en de Crisis- en herstelwet. Deze wetten bespreken wij in de volgende paragraaf.

Als wij kijken naar de betekenis van het procesrecht in de Awb dan kunnen wij gerust stellen dat een omgevingsrechtadvocaat bij uitstek ook een Awb-advocaat dient te zijn. Naast kennis van de relevante bijzondere wetten is kennis van bijvoorbeeld de uniforme openbare voorbereidingsprocedure (afdeling 3.4 Awb, van toepassing bij o.a. bestemmingsplannen, grote afwijkingen van een bestemmingsplan en omgevingsvergunningen voor milieu) en de hoofdstukken 6 tot en met 8 van de Awb over bezwaar en beroep (waaronder de termijnen en ontvankelijkheidsvereisten en vergeet niet het relativiteitsvereiste, dat overigens is 'getest' in de omgevingsrechtelijke Crisis- en herstelwet) voor een omgevingsrechtadvocaat onontbeerlijk.

Overigens geldt ook andersom dat de Awb in de huidige vorm veel heeft te danken aan het omgevingsrecht. Veel toegepaste artikelen in de Awb vinden immers hun oorsprong in dit bijzondere recht. Wij wijzen bijvoorbeeld op het

---

[8] M. Scheltema, 'Rechtseenheid of rechtsstaat als doelstelling van de Awb?', *NJB* 2015/814. Zie voor een genuanceerde beschouwing over het doel van rechtseenheid, en andere mogelijke nieuwe functies van de Awb: B.J. Schueler, 'De verschuivende functies van de Awb', *Regelmaat* 2015/30.

[9] Zie onder andere M. Scheltema, 'De Awb en het bijzondere bestuursrecht'; en J.M. Verschuuren, 'Internationaal milieurecht en de Awb', beiden in: Lurks e.a. 2002; E. Alders, 'De Wabo als tegenpool van de Awb – de veelbezongen integratie die eigenlijk helemaal geen integratie is', *BR* 2007/83; K.J. de Graaf, 'De verhouding Awb-Wabo beoordeeld', *NTB* 2010/30; S.E. Zijlstra, 'De Awb en de bijzondere wet. Harmonisatie door de Awb in de wetgevingspraktijk', *NTB* 2017/24; en, over het nut van een algemene regeling van het bestuursrecht: B.J. Schueler, 'De Awb en de bijzondere delen van het bestuursrecht, in: T. Barkhuysen e.a. (red.), *Bestuursrecht harmoniseren: 15 jaar Awb*, Den Haag: Boom Juridische uitgevers 2010.

[10] Zie *Stcrt.* 2017, 69426 voor de meest recente versie.

[11] In voorgaande versies stond dit in aanwijzing 49.

relativiteitsvereiste en het passeren van gebreken, waarmee aanvankelijk als bijzondere bepalingen in de Crisis- en herstelwet is geëxperimenteerd. Inmiddels zijn beide regelingen onderdeel geworden van het algemene bestuursprocesrecht, in respectievelijk artikel 8:69a en artikel 6:22 van de Awb. Ook de vergunning van rechtswege werd al decennia gebruikt bij bouwvergunningen voordat paragraaf 4.1.3.3 inzake de lex silencio positivo in de Awb werd geïntroduceerd. Veel procesrechtelijke bepalingen uit de Awb vinden dus ook toepassing in het omgevingsrecht. Voor een qua omvang weliswaar minder groot, maar toch zeer aanzienlijk deel van het omgevingsrecht gelden echter afwijkende procedurele regels. Hierna beschrijven wij enkele voorbeelden die vaak voorkomen in de praktijk.

3. Afwijkend procesrecht in het huidige omgevingsrecht

Hoewel er een voorkeur bestaat voor één uniform procesrecht, en hoewel hier in beginsel alleen van kan worden afgeweken indien dit 'noodzakelijk' is,[12] zijn er opvallend veel afwijkingen van het algemene bestuursprocesrecht te vinden in het omgevingsrecht. Aangezien de Awb formeel geen hogere status heeft dan wetten in formele zin die na de Awb in werking zijn getreden, kan ook met elke nieuwe formele wet worden afgeweken van de Awb.[13]

Een belangrijk voorbeeld van een wet uit het omgevingsrecht met een eigen procesrecht is de Crisis- en herstelwet. Deze wet is van toepassing op bepaalde projecten die aangewezen zijn als Crisis- en herstelwet-project.[14] Het doel van de Crisis- en herstelwet bij invoering van de wet was om juridische procedures te versnellen zodat in crisistijden belangrijke projecten betrekkelijk snel konden worden uitgevoerd. Het idee was daarbij dat kortere procedures zouden leiden tot snellere uitvoering van projecten. Voorbeelden van regelingen waarmee procedures worden versneld zijn het uitsluiten van pro forma beroep,[15] en het uitsluiten van de mogelijkheid om na de beroepstermijn nieuwe beroepsgronden aan te voeren.[16] Bovendien eist de Crisis- en herstelwet dat de rechter binnen zes maanden na afloop van de beroepstermijn uitspraak doet,[17] overigens zonder dat er een gevolg aan verbonden is als de uitspraak niet binnen zes maanden wordt gedaan.

Bijzondere aandacht verdient de coördinatie van besluiten. In diverse omgevingsrechtelijke wetten zijn coördinatieregelingen opgenomen, elk met hun

---

[12] Aw. 2.46 van de Aanwijzingen voor de regelgeving, zoals hiervoor aangehaald.
[13] C.A.J.M. Kortmann, 'Wie van de drie: de algemene wet, de algemene wet of de bijzondere wet?', in: *De Awb en de bijzondere wetgeving* (VAR-reeks 124), Den Haag: Boom Juridische uitgevers 2000, p. 24-25.
[14] Artikelen 1.1 en 1.2 Crisis- en herstelwet.
[15] Art. 1.6 lid 2 Crisis- en herstelwet.
[16] Art. 1.6a Crisis- en herstelwet.
[17] Art. 1.6 lid 4 Crisis- en herstelwet.

eigen bijzonderheden. En allen afwijkend van de coördinatieregeling uit de Awb,[18] ingevoerd met de Wet samenhangende besluiten.[19] In de bijzondere coördinatieregelingen wordt ondanks het harmonisatiedoel niet verwezen naar de regeling in de Awb. Wij zullen hierna een aantal verschillende coördinatieregelingen kort bespreken.

Ten eerste kent de Wro een eigen regeling, neergelegd in afdeling 3.6. Met toepassing van deze afdeling kan een bestuursorgaan bepalen dat besluiten die zien op verwezenlijking van een bepaald project gecoördineerd worden. Dat betekent onder meer dat besluiten gezamenlijk ter inzage liggen door middel van de uniforme openbare voorbereidingsprocedure, gelijktijdig bekend worden gemaakt en dat tegen de besluiten gezamenlijk beroep kan worden ingesteld. De procedure wijkt op enkele onderdelen af van de algemene coördinatieprocedure uit de Awb. In de Wro-coördinatieprocedure is in alle gevallen de uniforme openbare voorbereidingsprocedure van toepassing (afdeling 3.4 Awb: uov), bij de Awb-procedure alleen als één van de gecoördineerde besluiten met de uov wordt voorbereid. Ook de competentieregeling verschilt. Bij de Wro-coördinatie kan enkel in eerste en enige aanleg beroep worden ingesteld bij de Afdeling. Bij coördinatie conform de Awb kan ook eerst beroep open staan bij de rechtbank.[20] Het grootste verschil tussen coördinatie uit de Wro en de Awb lijkt echter te zitten in de frequentie van toepassing. De coördinatieregeling uit de Awb wordt niet vaak toegepast en die uit de Wro wordt met enige regelmaat toegepast[21] (en in onze praktijk zeer regelmatig). Wij wijzen bijvoorbeeld op de aanleg van windparken met toepassing van de Elektriciteitswet 1998.[22] Een dergelijke procedure kan bestaan uit meerdere fases of 'mandjes'. Met bijvoorbeeld een inpassingsplan en een ontheffing uit de Wet natuurbescherming in het eerste mandje, één of meerdere Wabo-vergunningen in een tweede mandje en een watervergunning en bijvoorbeeld overige aanlegvergunningen in een derde mandje. De in een eerder mandje genomen besluiten kunnen daarbij reeds onherroepelijk zijn voordat de besluiten in de latere mandjes onherroepelijk worden; niet zelden worden de eerder genomen besluiten in een opvolgend mandje gewijzigd. Daarmee is de coördinatie een voor de praktijk wenselijke flexibele coördinatie geworden, maar die wordt door de burger wel als goocheldoos gepercipieerd.

Ook kan gewezen worden op de coördinatieregeling in de Tracéwet, welke wet van toepassing is op grote infrastructurele projecten. Deze wet kent een

---

[18] Paragraaf 3.5.3 Awb.
[19] *Stb.* 2008, 200.
[20] Art. 3:29 Awb. Als beroep in eerste aanleg openstaat bij de Afdeling bestuursrechtspraak tegen één van de besluiten (zoals een door de raad vastgesteld bestemmingsplan) staat tegen alle gecoördineerde besluiten beroep in eerste en enige aanleg open bij de Afdeling bestuursrechtspraak.
[21] L.R.M.A. Beurskens, J.H.N. Ypinga & K.J. de Graaf, 'De Omgevingswet als aanjager voor een nieuwe coördinatieregeling in de Awb', *TO* 2018/2, p. 77.
[22] Hoofstuk 2, paragraaf 2 van de Elektriciteitswet 1998.

inspanningsverplichting voor de minister van Infrastructuur en Waterstaat om de coördinatie van besluiten te bevorderen, en daarvoor de medewerking van andere bestuursorganen te vorderen.[23] Er wordt echter niet aangesloten bij paragraaf 3.5.3 Awb.

Datzelfde geldt voor de coördinatieregeling in de Ontgrondingenwet.[24] Het zeer summiere coördinatieartikel in deze wet heeft in de praktijk ook tot onduidelijkheden geleid zoals onder meer de vraag welke rechter bevoegd is bij een beroep tegen de gecoördineerde besluiten.[25] Een verwijzing naar de algemene regeling in de Awb had dergelijke vragen kunnen voorkomen. En er zijn nog meer bijzondere coördinatieregelingen, zoals die in paragraaf 14.1 van de Wm. Waar deze regeling vóór inwerkingtreding van de Wabo nog wel werd toegepast, is de regeling thans vooral van belang voor de coördinatie tussen omgevingsvergunningen voor milieu en ontgrondingsvergunningen.[26] Dat zou betekenen dat voor deze specifieke situatie twee regelingen bestaan, zowel in de Ontgrondingenwet als in de Wet milieubeheer, náást de algemene regeling in de Awb. Wij begrijpen dan ook de kritiek op het onoverzichtelijke omgevingsrecht.[27] En zien in de praktijk dat het lastig is uit te leggen aan de burger, die de toverdoos en de goochelaars – bestaande uit het bevoegd gezag en de omgevingsrechtadvocaten – niet altijd kan waarderen, anders dan de private partijen die achter de grote projecten staan.

De hiervoor genoemde afwijkingen zijn voorbeelden en geven zeker niet een volledig overzicht van alle afwijkingen van de Awb in het omgevingsrecht. Andere afwijkingen, bijvoorbeeld de automatische schorsing van de kap- en sloopvergunning tot na de bezwaartermijn[28] zijn goed uit te leggen.[29]

Andere afwijkingen lijken minder goed uit te leggen. De afwijkingen in de Crisis- en herstelwet en de Tracéwet zijn vanuit Den Haag ingegeven vanuit andere departementen dan het departement dat verantwoordelijk is voor de Awb met het doel om de besluitvorming rond bepaalde grote projecten sneller en effectiever te doorlopen. Een product van Haags armpje drukken dus. Met als belangrijkste resultaat de Crisis- en herstelwet, waardoor juist het omgevingsrecht zich kenmerkt door afwijkingen: de Crisis- en herstelwet biedt in

---

[23] Art. 20 lid 2 en lid 3 Tracéwet.
[24] Art. 10a Ontgrondingenwet.
[25] Rb. Gelderland 21 januari 2014, ECLI:NL:RBGEL:2014:1121 (onbevoegdverklaring) en vervolgens ABRvS 1 juli 2015, ECLI:NL:RVS:2015:2081, *M en R* 2015/123 m.nt. Collignon.
[26] R. Uylenburg, *T&C Milieurecht*, hoofdstuk 14 (algemene opmerkingen) aant. 2.
[27] Zie bijv. 'Omgevingsrecht: een oerwoud aan regels' d.d. 28 september 2018 (een gesprek met Gerrit van der Veen en Daan Korsse) in mr-online.
[28] Uitzondering op de hoofdregel dat bezwaar en beroep niet schorst in art. 6:16 Awb.
[29] Art. 6:16 lid 2 Awb, waarin ook de mogelijkheid van een afwijking bij of krachtens wettelijk voorschrift wordt benoemd.

feite één grote uitzondering op het overige omgevingsrecht.[30] Bij elke afwijking van het algemene procesrecht moet naar onze mening bezien worden of het doel waarvoor de afwijking is ingegeven, daadwerkelijk wordt bereikt. Uit het meest recente onderzoek naar de zes-maandentermijn uit de Crisis- en herstelwet blijkt dat in het eerste kwartaal van 2017 65% procent van de beroepen binnen zes maanden na de beroepstermijn werd afgehandeld.[31] In een eerdere evaluatie van de Crisis- en herstelwet bleek dat niet kan worden geconcludeerd dat de meeste projecten daadwerkelijk sneller worden uitgevoerd vanwege een versnelde procedure bij de bestuursrechter.[32] De afwijkingen van de Awb lijken dan ook niet tot het beoogde doel te leiden.

4. Het nieuwe procesrecht uit de Omgevingswet

Gerechtvaardigd of niet, er zijn op dit moment veel afwijkingen van het Awb-procesrecht in het omgevingsrecht. Verschillende regelingen worden als problematisch gezien, en daarom is het één van de doelstellingen van de aankomende Omgevingswet om het omgevingsrecht te vereenvoudigen.[33] Het huidige omgevingsrecht wordt als te versnipperd gezien, waardoor de verschillende regels niet kenbaar zijn.[34] Bovendien kennen de verschillende wetten in het huidige omgevingsrecht allemaal hun eigen procedures en termijnen, waardoor het voor de initiatiefnemer onvoldoende duidelijk is welke procedure hij dient te volgen.[35] Om dit tegen te gaan wordt in de Omgevingswet bij de totstandkomingsprocedures zo min mogelijk afgeweken van de generieke regeling in de Awb, aldus de toenmalige minister van Infrastructuur en Milieu.[36] Zo is ook de doelstelling uitgesproken om geen bijzondere afwijkingen van de uniforme openbare voorbereidingsprocedure op te nemen in de Omgevingswet als daarvoor geen rechtvaardiging bestaat.[37]

Wij gaan hierna nader in op enkele maatregelen die worden getroffen om dit doel te bereiken, en beoordelen of het thans voorliggende wetsvoorstel

---

[30] En volgens de regering de mogelijkheid om alvast met de Omgevingswet te experimenteren, zie het wetsvoorstel Wijziging van de Crisis- en herstelwet, *Kamerstukken II* 2017/18, 35013, 3, p. 2.
[31] Ministerie van Binnenlandse Zaken en Koninkrijksrelaties, *Praktijkervaringen Crisis- en Herstelwet. Voortgangsrapportage 2016-2017*, Den Haag: Ministerie van BZK 2018, p. 16.
[32] A.T. Marseille e.a., *Crisis- en herstelwet: tweede evaluatie procesrechtelijke bepalingen*, Den Haag: WODC/Ministerie van Veiligheid en Justitie 2014, p. 82.
[33] *Kamerstukken II* 2013/14, 33962, 3, p. 6, 14-18.
[34] *Kamerstukken II* 2013/14, 33962, 3, p. 6.
[35] *Kamerstukken II* 2013/14, 33962, 3, p. 6, 14.
[36] *Kamerstukken II* 2013/14, 33962, 3, p. 217.
[37] *Kamerstukken II* 2013/14, 33962, 3, p. 326.

hierin slaagt.³⁸ Een algemene beschrijving van de doelstellingen van de Omgevingswet, die naar verwachting per 2021 in werking treedt, en de verschillende juridische instrumenten uit deze wet blijven in deze bijdrage achterwege.

De Omgevingswet leidt inderdaad tot een aanzienlijke versimpeling van het omgevingsrecht. De voorbereidingsprocedure voor vaststelling van een omgevingsplan is vereenvoudigd ten opzichte van de voorbereidingsprocedure voor het bestemmingsplan, doordat deze op een aanzienlijk minder aantal aspecten afwijkt van de standaard uov-procedure uit de Awb.³⁹ Een ander voorbeeld van vereenvoudiging van het procesrecht is de nieuwe regeling van de gedoogplichtbeschikking, waarmee een belanghebbende wordt verplicht een bepaald gebruik van zijn eigendom te gedogen, bijvoorbeeld een hoogspanningsmast op een perceel. Waar thans de Belemmeringenwet privaatrecht nog een geheel eigen procedure kent voor het opleggen van deze gedoogplicht, zal in de Omgevingswet worden aangesloten bij de uniforme openbare voorbereidingsprocedure uit de Awb, zij het met enkele uitzonderingen.⁴⁰

Verder is het de bedoeling om in de Omgevingswet aan te sluiten bij één nieuwe coördinatieregeling in de Awb.⁴¹ Ondanks de kritiek dat een coördinatieregeling in de Omgevingswet zelf zou moeten worden opgenomen,⁴² menen wij dat het aansluiten bij de 'wet der wetten' in het bestuursrecht geen slechte zaak is. Wel dient dan het uitgangspunt te zijn dat er geen of slechts minimale afwijkingen van de standaardprocedure in de Awb zijn. Anders zou een eigen coördinatieregeling in de Omgevingswet voor alle besluiten in het omgevingsrecht meer voor de hand liggen.

Door deze en andere wijzigingen ten opzichte van het huidige omgevingsrecht wordt het procesrecht uit het omgevingsrecht minder uiteenlopend en overzichtelijker. Het verschil in procedures is vergaand teruggebracht, en alle verschillende procedures zijn te vinden in hoofdstuk 16 van de Omgevingswet, hetgeen de kenbaarheid van de verschillende procedures zeker ten goede komt. Al met al verwachten wij dat de Omgevingswet zal leiden tot een eenvoudiger procesrecht van het omgevingsrecht.

Hoewel er aldus sprake is van een aanzienlijke vereenvoudiging van het procesrecht uit het omgevingsrecht, zijn er nog steeds uitzonderingen op de hoofdregels van het procesrecht uit de Awb. Wij noemen hier enkele in het oog springende voorbeelden. Voor de omgevingsvergunning uit de Omgevingswet zal een complexe procedure gelden die op veel punten afwijkt van de Awb. Er

---

38 Waar in dit artikel wordt verwezen naar de Omgevingswet en bepalingen uit de Omgevingswet, wordt bedoeld de wettekst van 23 maart 2016, *Stb.* 2016, 156, inclusief de wijzigingen van het wetsvoorstel Invoeringswet omgevingsrecht, *Kamerstukken II* 2017/18, 34986, 2.
39 Art. 16.30 Omgevingswet en art. 3.8 Wet ruimtelijke ordening.
40 Art. 16.33 Omgevingswet.
41 *Kamerstukken II* 2013/14, 33962, 3, p. 210.
42 H.A.J. Gierveld, 'Een coördinatieregeling voor besluitvorming in het omgevingsrecht hoort thuis in de Omgevingswet en niet in de Awb', *TBR* 2018/102.

geldt, net als onder de Wabo, een reguliere en een uitgebreide procedure. In artikel 16.65 Omgevingswet wordt in afwijking van de Awb bepaald dat de uitgebreide procedure van afdeling 3.4 Awb alleen van toepassing is I) in bij algemene maatregel van bestuur aangewezen gevallen, of II) op verzoek of met instemming van de aanvrager.[43] Artikel 3:10 Awb kent echter ook het uitgangspunt dat het bestuursorgaan kan besluiten tot toepassing van afdeling 3.4 Awb. Deze mogelijkheid wordt in artikel 16.61 lid 3 Omgevingswet uitgesloten. In de toelichting op dit artikel wordt aangegeven dat als het bestuursorgaan alsnog afdeling 3.4 van toepassing kan verklaren, het wettelijke systeem van een uitputtende regeling in de Omgevingswet wordt doorkruist.[44] In de toelichting op de Invoeringswet Omgevingswet, waarin de harde uitsluiting van de mogelijkheid om bij besluit afdeling 3.4 Awb van toepassing te verklaren wat wordt verzacht door op te nemen dat wel op verzoek of met instemming van de aanvrager kan worden besloten tot toepassing van afdeling 3.4 Awb,[45] wordt nader toegelicht dat de wens van de wetgever voor versnelling van procedures de drijver is achter de gekozen wettelijke regeling.[46] Wij zien niet in waarom deze afwijking in de Omgevingswet gerechtvaardigd is.[47] Snellere besluitvorming (voor zover een reguliere procedure sneller tot resultaat leidt dan een uitgebreide procedure: als er een kans is op in te dienen bezwaarschriften zijn de tijdsverschillen in de praktijk verwaarloosbaar) mag volgens ons niet ten koste gaan van zorgvuldige besluitvorming, waar het door het bestuursorgaan besluiten tot het toepassen van een uitgebreide procedure naar onze mening ook toe behoort.

Ook ten aanzien van de inwerkingtreding is er een opvallende regeling in de Omgevingswet opgenomen. De omgevingsvergunning treedt in werking op de dag na die waarop het besluit is bekendgemaakt, of de dag nadat het besluit na toepassing van de uniforme openbare voorbereidingsprocedure ter inzage is gelegd, of, bij bepaalde onomkeerbare activiteiten, vier weken sinds de dag van bekendmaking of terinzagelegging van het besluit.[48] Een omgevingsplan, evenals een projectbesluit, treedt in werking nadat vier weken zijn verstreken nadat het met toepassing van artikel 3:43 Awb ter inzage is gelegd.[49] Al deze regels voor inwerkingtreding wijken af van de standaardregels uit de Awb. Met name de regel dat een besluit vier weken na bekendmaking of terinzagelegging in werking treedt, en niet na afloop van de bezwaar- of beroepstermijn van zes weken,

---

[43] Althans dit is opgenomen in het wetsvoorstel voor de Invoeringswet, *Kamerstukken II* 2017/18, 34986, 2.
[44] *Kamerstukken II* 2013/14, 33962, 3, p. 568.
[45] Art. 16.65 lid 1 onder b Invoeringswet Omgevingsrecht.
[46] *Kamerstukken II* 2017/18, 34986, 3, p. 78-79.
[47] Zie ook V.M.Y. van 't Lam en A.G.A. Nijmeijer, 'Op een beweeglijk standpunt sta je het sterkst. Pleidooi tegen de introductie van de uitgebreide voorbereidingsprocedure 'op aanvraag'', *M en R* 2017/62.
[48] Art. 16.79 Omgevingswet.
[49] Art. 16.78 Omgevingswet.

valt op. Voor projectbesluiten gelden ten slotte ook aanvullende regels voor het beroep. Zo kunnen na de beroepstermijn geen aanvullende gronden meer worden aangevoerd, en is pro forma beroep uitgesloten.[50] Tevens dient de Afdeling binnen zes maanden na ontvangst van het verweerschrift uitspraak te doen.[51] Deze bepalingen stemmen overeen met die uit de Crisis- en herstelwet, en zullen afwijken van de standaardregeling uit de Awb.

Dit zijn slechts enkele voorbeelden uit de talrijke afwijkende regels van procesrecht uit de Omgevingswet, die zonder meer complex mag worden genoemd. Of deze regels ook het beoogde doel bereiken is op voorhand maar de vraag. De ervaringen met de Crisis- en herstelwet zoals hiervoor aangehaald stemmen niet hoopvol. Het is te hopen dat het Haagse armpje drukken de ruimte laat om in de praktijk aan de hand van empirisch onderzoek te bezien, of de doelstellingen ook worden bereikt en/of uit te leggen zijn aan de burger. Bij gebreke waarvan het aanbeveling verdient om de betreffende regels uit de Omgevingswet te schrappen, zodat weer teruggevallen kan worden op de betrekkelijk eenvoudige – en geharmoniseerde – regels van de Awb.

5. Op naar een nog beter procesrecht in het omgevingsrecht?

Het omgevingsrecht is complex en zal dat ook blijven, gezien de vele onderwerpen die er in geregeld moeten worden. Het materiële omgevingsrecht zal daardoor altijd omvangrijk en complex blijven. Het procesrecht uit het omgevingsrecht is thans ook zeer omvangrijk en divers, en niet altijd even goed kenbaar en vindbaar voor de rechtzoekende. Het is vervat in verschillende wetten, waarvan de termijnen voor inwerkingtreding en regelingen voor rechtsbescherming niet altijd even goed te vinden zijn. Wij verwachten dat de Omgevingswet, zodra deze in werking is getreden, het omgevingsrecht eenvoudiger maakt. Het wordt weliswaar een zeer lijvige wet, maar deze zal in beginsel (bijna) alle belangrijke bepalingen uit het omgevingsrecht bevatten. Dat bevordert de kenbaarheid van de normen, doordat deze allemaal in dezelfde wet te vinden zijn. Voor wat betreft de vereenvoudiging en uniformering van het omgevingsprocesrecht zullen er daarom belangrijke vorderingen worden gemaakt. Het procesrecht uit de Omgevingswet wijkt echter nog steeds op onderdelen af van het procesrecht uit de Awb. Advocaten en andere deskundigen zullen ook deze nieuwe regels weer onder de knie moeten krijgen om niet voor verrassingen te komen te staan.

Een geoefend advocaat weet uiteindelijk zijn weg wel te vinden in het omgevings- en milieurecht. Gezien de complexiteit van het omgevingsrecht valt moeilijk te verwachten dat een leek dat ook kan. Eerder onderzoek uit 2005 suggereerde dat een belanghebbende zonder professionele juridische bijstand min-

---

[50] Art. 16.86 Omgevingswet.
[51] Art. 16.87 Omgevingswet.

der goede resultaten haalt dan een belanghebbende met juridische bijstand.[52] Hieruit kan worden afgeleid dat goede bijstand waardevol is, maar het zou er ook op kunnen wijzen dat het recht te moeilijk toe te passen is voor degene die het niet goed kent; een goocheldoos die je alleen beheerst als je goochelaar bent.

Vanuit het oogpunt van bruikbaarheid van het recht zijn wij voorstander van een eenvoudig procesrecht, waarbij alleen in noodzakelijke gevallen wordt afgeweken van de Awb. Een kritische evaluatie van de Omgevingswet, waarbij voor elke aanvullende processuele bepaling wordt beoordeeld of deze daadwerkelijk leidt tot het beoogde doel is aangewezen. Worden projecten daadwerkelijk sneller gerealiseerd? Worden burgers daadwerkelijk beter beschermd in hun belangen doordat besluiten een aantal weken na bekendmaking in werking treden? En is het allemaal nog wel te begrijpen en uit te leggen? Deze vragen zullen relevant blijven voor een omgevingsprocesrecht dat daadwerkelijk zo min mogelijk afwijkt van de Awb, en zijn een volgende wedstrijd Haags armpje drukken meer dan waard.

---

[52] A.T Marseille, 'Dilemma's van alledaagse bestuursrechtspraak', *NJB* 2005/80; A. Mallan, 'Het 'Awb-recht' van de burger op bescherming tegen zijn gebrek aan juridische deskundigheid', in: A.T. Marseille e.a. (red), *Behoorlijk bestuursprocesrecht*, Den Haag: Boom Juridische uitgevers 2015.

Hemme Battjes & Marcelle Reneman*

34 | Het vreemdelingenrecht en de Awb

@H_Battjes/M_Reneman – Het vreemdelingenrecht wijkt vaak af van het algemeen bestuursrecht. Tegelijkertijd hebben door Europees recht ingegeven ontwikkelingen in het vreemdelingenrecht grote gevolgen gehad voor het algemeen bestuursrecht. Wat brengt de toekomst? *#vreemdelingenrecht#Bahaddhar-exceptie#nova*

1. Inleiding

Het vreemdelingenrecht is in een aantal opzichten een vreemde eend in de bestuursrechtelijke bijt. De Vreemdelingenwet kenmerkt zich in de eerste plaats door een groot aantal uitzonderingen op de Awb. Termijnen in de Vreemdelingenwet zijn vaak korter dan die in de Awb. Snelle procedures voorkomen langdurige onzekerheid voor vreemdelingen en hoge opvangkosten voor de staat, zo is de gedachte.[1] Daarnaast mogen (grote aantallen) vreemdelingenzaken de Immigratie- en Naturalisatiedienst (IND) en de rechterlijke macht niet overbelasten.[2] Daarom beperkt de Vreemdelingenwet in veel opzichten de mogelijkheden om rechtsmiddelen in te stellen. In asielprocedures is de bezwaarfase bijvoorbeeld vervangen door een voornemenprocedure.[3] Het hoger beroep voor de Afdeling heeft in alle vreemdelingenzaken een beperkt karakter door het grievenstelsel en de mogelijkheid het hoger beroep zonder inhoudelijke motivering af te doen.[4] Bijzondere typen besluiten beperken bovendien de procedeermogelijkheden van vreemdelingen. De meeromvattende beschikking, die een groot aantal rechtsgevolgen combineert,[5] voorkomt dat asielzoekers apart procederen over de afwijzing van het asielverzoek, het beëindigen van de asielopvang en uitzettingshandelingen. Gelijkstelling van feitelijke handelingen ten aanzien van vreemdelingen aan besluiten, sluit voor vreemdelingen de gang naar de burgerlijke rechter af.[6]

Daarnaast is er in het vreemdelingenrecht sprake van een voortdurende spanning tussen het algemeen bestuursrecht en grondrechten, zoals het abso-

---

* Prof. mr. H. Battjes is hoogleraar Europees asielrecht aan de Vrije Universiteit Amsterdam. Mr. dr. A.M. Reneman is universitair docent migratierecht aan de Vrije Universiteit Amsterdam.
[1] *Kamerstukken II* 1998/99, 26732, 3, p. 2. Zie bijv. de termijn voor het indienen van beroep (art. 69 Vw 2000) en de termijnen waarbinnen de rechtbanken in asielzaken uitspraak moeten doen (art. 83b Vw 2000).
[2] *Kamerstukken II* 1998/99, 26732, 3, p. 11.
[3] Bijlage 1 Awb en art. 39 Vw 2000.
[4] Art. 91 Vw 2000.
[5] Art. 27 en 45 Vw 2000.
[6] Art. 72 lid 3 Vw 2000. *Kamerstukken II* 1998/99, 26732, 3, p. 71.

lute verbod van refoulement (in asielzaken), het recht op gezinsleven (gezinsherenigingszaken) en het recht op vrijheid (vreemdelingendetentiezaken). Soms is het noodzakelijk om van bestuursrechtelijke regels af te wijken om schendingen van grondrechten te voorkomen.

Ten slotte wordt vrijwel het gehele vreemdelingenrecht beheerst door het Unierecht. Met name voor asielzaken geldt dat niet alleen voor het materiële recht, maar ook voor de procedure in de administratieve fase en in beroep. Dit heeft ertoe geleid dat kernbegrippen van de Awb zijn 'vervangen' door Unierechtelijke. Het begrip 'nieuwe feiten en omstandigheden' van artikel 4:6 Awb heeft bijvoorbeeld plaats gemaakt voor het begrip 'nieuwe elementen en bevindingen' in artikel 30a van de Vreemdelingenwet. Daarnaast zijn er nieuwe begrippen in de Vreemdelingenwet geïntroduceerd die de Awb niet kent. Zo kan de IND in navolging van de Procedurerichtlijn[7] asielaanvragen 'niet-ontvankelijk'[8] of 'kennelijk ongegrond'[9] verklaren.

Tegelijkertijd moet worden vastgesteld dat het vreemdelingenrecht een belangrijk onderdeel is van het bestuursrecht. In 2017 maakten vreemdelingenzaken een derde uit van alle ingekomen bestuursrechtzaken bij de rechtbanken[10] en ruim de helft van de uitspraken in hoger beroep bij de Afdeling[11]. Het is dan ook niet verbazingwekkend dat ontwikkelingen in het vreemdelingenrecht soms doordringen in het algemeen bestuursrecht. Vaak zijn deze ontwikkelingen ingegeven door het Unierecht of jurisprudentie van het Europees Hof voor de Rechten van de Mens.

In deze bijdrage gaan wij dieper in op het besluitbegrip in het vreemdelingenrecht en op het (rechterlijk) beoordelingskader in tweede of volgende (hierna: opvolgende) asielaanvragen. Het eerste onderwerp is een voorbeeld van een punt waarop de Vreemdelingenwet afwijkt van de Awb. Het tweede onderwerp is een voorbeeld van een door het Unierecht en jurisprudentie van het Europees Hof voor de Rechten van de Mens (EHRM) ingegeven ontwikkeling in het vreemdelingenrecht, die uiteindelijk gevolgen heeft gehad voor het gehele bestuursrecht: de afschaffing van het 'ne bis in idem beginsel'. Wij sluiten af met een korte blik naar de toekomst.

---

[7] Richtlijn 2013/32/EU van het Europees Parlement en de Raad van 26 juni 2013 betreffende gemeenschappelijke procedures voor de toekenning en intrekking van de internationale bescherming (herschikking) [2013], *PbEU* L 180/60.

[8] Art. 30a Vw 2000.

[9] Art. 30b Vw 2000.

[10] Het ging om 32.000 van de in totaal 98.000 binnengekomen bestuursrechtzaken. Raad voor de Rechtspraak, *Jaarverslag 2017*, p. 20.

[11] In 2017 gingen 8.216 uitspraken (60%) over vreemdelingenrecht. Afdeling bestuursrechtspraak van de Raad van State, *Jaarverslag 2017*, https://jaarverslag.raadvanstate.nl/2017/bestuursrechter/ontwikkelingen-per-kamer/vreemdelingenkamer/.

2. Besluitbegrip

Artikel 72 lid 3 bepaalt, dat 'met een beschikking [wordt] gelijkgesteld een handeling van een bestuursorgaan ten aanzien van een vreemdeling als zodanig'.[12] De wetgever voorzag dat het 'noodzakelijk' kon zijn de rechtmatigheid van feitelijke handelingen jegens vreemdelingen te toetsen; als voorbeeld noemde hij uitzetting.[13] Om te bewerkstelligen dat niet de burgerlijke maar de bestuursrechter, meer in het bijzonder de vreemdelingenrechter zich over de rechtmatigheid van die handelingen zou buigen, werd de bepaling in de Vreemdelingenwet opgenomen.[14]

Daartoe koos de wetgever voor een ruime formulering: elke 'handeling' jegens een 'vreemdeling als zodanig' is immers aan een beschikking gelijkgesteld.[15] In de praktijk is het toepassingsbereik van artikel 72 lid 3 Vw vergaand ingekaderd. Om die inkadering te kunnen duiden, schetsen we kort de plaats van artikel 72 lid 3 Vw binnen het systeem van rechtsbescherming als voorzien door de Vreemdelingenwet. Vervolgens bezien we bij welke 'handelingen' een beroep op artikel 72 lid 3 Vw kan slagen, en in hoeverre bereikt is dat de burgerlijke rechter zich niet bevoegd acht tot het beoordelen van handelingen jegens vreemdelingen als zodanig.

Bij de invoering van de Vreemdelingenwet was één van de doelen stapeling van procedures te voorkomen. Middel daartoe was onder meer de meeromvattende beschikking: aan de afwijzing van de aanvraag voor een verblijfsver-

---

[12] Voluit luidt de bepaling: 'Voor de toepassing van deze afdeling wordt met een beschikking tevens gelijkgesteld een handeling van een bestuursorgaan ten aanzien van een vreemdeling als zodanig, waaronder begrepen het niet verlenen van de verblijfsvergunning overeenkomstig artikel 14, tweede lid'. 'Deze afdeling' ziet op de procedure voor reguliere aanvragen, dus niet-asielaanvragen, maar artikel 72 lid 3 Vw is uitdrukkelijk ook bedoeld voor 'handelingen' jegens (ex-)asielzoekers. Zie wat betreft het laatste zinsdeel hieronder voetnoot 19.
[13] *Kamerstukken II* 1998/99, 26732, 3, p. 71.
[14] *Kamerstukken II* 1998/99, 26732, 3, p. 70-1.
[15] Een zekere afbakening van artikel 72 lid 3 Vw schuilt in de term 'handeling', die blijkens de Memorie van Toelichting 'rechtens relevant' moet zijn (*Kamerstukken II* 1998/99, 26732, 3, p. 71). In de jurisprudentie is echter nauwelijks uitgewerkt wat dit vereiste inhoudt. De aantekening op een verblijfskaart dat het niet toegestaan is arbeid te verrichten is niet op rechtsgevolg gericht, maar houdt 'wel een voor de vreemdeling in het rechtsverkeer relevante mededeling in over zijn positie als vreemdeling op de arbeidsmarkt' (ABRvS 9 december 2011, ECLI:NL:RVS:2011:BU8626, *JV* 2012/58). In een zaak waarin de staatssecretaris een onrechtmatig verblijvende vreemdeling opvang bood op voorwaarde dat deze zou meewerken aan uitzetting, constateerde de Afdeling dat een publiekrechtelijke grondslag voor het bieden van opvang aan personen zonder rechtmatig verblijf ontbrak. Omdat het gebodene de vreemdeling 'in zijn hoedanigheid van vreemdeling raakt', was sprake van een handeling als bedoeld in artikel 72 lid 3 Vw (ABRvS 26 november 2015, ECLI:NL:RVS:2015:3415, *JV* 2016/17). Het lijkt erop dat de handeling rechtens relevant is, als de vreemdeling in zijn belangen wordt geraakt.

gunning regulier (artikel 27 Vw) of asiel (45 Vw) is een aantal rechtsgevolgen verbonden, zoals de beëindiging van het rechtmatig verblijf, de verplichting Nederland vrijwillig te verlaten, de bevoegdheid tot uitzetting alsook (in het geval van asiel) beëindiging van de opvang. Anders dan voorheen het geval kon zijn, zou voortaan de uitzetting of beëindiging van opvang een mededeling of handeling ter uitvoering van de meeromvattende beschikking zijn, en niet meer (als voorheen) als aparte, appellabele beschikking kunnen worden opgevat.

Het is tegen deze achtergrond dat het bereik van artikel 72 lid 3 Vw moet worden bezien. In een uitspraak uit 2013 overwoog de Afdeling dat 'vanuit een oogpunt van concentratie van rechtsmiddelen' hangende (hoger) beroep tegen de afwijzing van een aanvraag de vreemdeling de rechtmatigheid van de uitzetting in dat (hoger) beroep aan de orde moet stellen, en voor toepassing van artikel 72 lid 3 Vw dus geen plaats is.[16] Met de uitbreiding van het besluitbegrip had de wetgever immers slechts beoogd te voorkomen dat bepaalde feitelijke handelingen buiten het systeem van rechtsbescherming van de Awb zouden vallen, waardoor de burgerlijke rechter zich genoodzaakt zou zien aanvullende rechtsbescherming te bieden, aldus de Afdeling. Evenmin kan de vreemdeling bezwaar maken tegen een handeling op grond van artikel 72 lid 3 Vw, als hij of zij de rechtmatigheid van de uitzetting in die gewone procedure aan de orde had kunnen stellen.[17] Blijkens de wetsgeschiedenis is bezwaar tegen de uitzetting op grond van artikel 72 lid 3 Vw alleen mogelijk met betrekking tot de wijze waarop de staatssecretaris van zijn bevoegdheid tot uitzetting gebruik maakt, aldus de Afdeling. De verenigbaarheid van de uitzetting met artikel 3 EVRM kan dus bijvoorbeeld niet aan de orde gesteld worden. Bovendien staat een rechtsgang op de voet van artikel 72 lid 3 Vw alleen open als de situatie zodanig verschilt van die ten tijde van de eerdere toetsing, dat niet meer onverkort van de rechtmatigheid van de handeling mag worden uitgegaan.[18] Dat betekent dat er nieuwe feiten en omstandigheden moeten worden aangevoerd – feiten, die niet eerder hadden kunnen en dus moeten worden aangevoerd (zie daarover nader hieronder, onder het kopje opvolgende aanvragen).

Kortom, voor toepassing van artikel 72 lid 3 Vw is geen plaats als de kwestie in een andere procedure kan, kon of zal kunnen worden aangevoerd.[19] Vervolg-

---

[16] ABRvS 21 februari 2013, ECLI:NL:RVS:2013:BZ2788, JV 2013/167, herhaald in o.m. ABRvS 12 juni 2015, ECLI:NL:RVS:2015:1995.
[17] Vgl. ABRvS 5 februari 2016, ECLI:NL:RVS:2016:353, JV 2016/76 m.nt. Van Riel.
[18] ABRvS 21 februari 2013, ECLI:NL:RVS:2013:BZ2788, JV 2013/167.
[19] Vgl. ABRvS 12 januari 2004, ECLI:NL:RVS:2004:AO1686, JV 2004/82 m.nt. Boeles: de schriftelijke mededeling van de minister dat, indien een aanvraag van een mvv zal worden ingediend, deze zal moeten worden afgewezen, omdat aan één van de terzake gestelde vereisten niet wordt voldaan, is niet op rechtsgevolg gericht (zoals de afwijzing van de aanvraag voor een mvv wel zou zijn) en kan daarom niet met een afwijzend besluit op een mvv-aanvraag worden gelijkgesteld. Daarbij geldt wel als eis dat de andere procedure in een 'adequate rechtsgang' voorziet. Zo konden vreemdelingen opkomen tegen de weigering ambtshalve verblijfsvergunningen toe te kennen in het

vraag is dan, tegen welke handeling de vreemdeling kan opkomen.[20] Precies die kwestie lag voor bij de Hoge Raad in 2008. De afwijzing van een asielaanvraag van een mevrouw uit Togo was onherroepelijk geworden. Nadien verslechterde de situatie in Togo volgens haar, en verder had ze een kind gekregen. In afwachting van de gelegenheid een tweede asielaanvraag in te dienen, vorderde zij in kort geding dat de rechter zou gelasten dat haar uitzetting achterwege zou blijven. Artikel 72 lid 3 Vw bood geen soelaas, omdat onduidelijk was tegen welke handeling in het kader van uitzetting zij nu precies bezwaar kon maken. Bedacht moet worden dat bekendmaking van de datum van uitzetting dikwijls pas zeer kort voor de feitelijke uitzetting geschiedt; de mogelijkheid van bezwaar tegen die handeling en dan een aanvraag voorlopige voorziening lijkt een wankele bescherming bij zoiets onherroepelijks. Anders dan de voorzieningenrechter, het Hof en de Advocaat-Generaal gaat de Hoge Raad niet mee met het betoog van de vreemdeling. Handelingen die de uitzetting voorbereiden vloeien voort uit de meeromvattende beschikking, en de vreemdelingenrechter heeft het beroep daartegen mede in het licht van die gevolgen getoetst. En voor zover nieuwe feiten en omstandigheden daar aanleiding toe geven, staat op grond van artikel 72 lid 3 de mogelijkheid open bezwaar te maken en een voorlopige voorziening aan te vragen tegen 'een uitzettingshandeling'.[21]

De Hoge Raad vindt het stelsel van rechtsbescherming van de Vreemdelingenwet dus voldoende. Is daarmee zeker dat de weg naar de civiele rechter is afgesloten? Zwakke plek blijft de meeromvattende beschikking. Al in 2002 oordeelde de Afdeling dat indien de afwijzing van de aanvraag de toetsing in rechte kan doorstaan, de rechter de meeromvattende beschikking niet mag vernietigen 'omdat de beëindiging van de verstrekkingen onevenredig zou zijn in verhouding tot de met het besluit te dienen doelen'[22] of 'omdat enig aan de afwijzing van rechtswege verbonden gevolg op zichzelf beschouwd de vreemdeling ernstig in zijn belangen treft'.[23] Kortom, de toetsing van de rechtsgevolgen van de afwijzing van de aanvraag lijkt zeer beperkt.[24] Dat roept de vraag op of de burgerlijke rechter niet toch geroepen zal worden zich alsnog over handelingen jegens de vreemdeling als zodanig uit te laten.

---

kader van de Pardonregeling van 2007, (onder meer) omdat bij een beroep op die Regeling middels een aanvraag voor een reguliere verblijfsvergunning de datum van die aanvraag als ingangsdatum zou tellen, en niet de (eerdere) van de weigering tot ambtshalve verlening (ABRvS 3 december 2008, ECLI:NL:RVS:2008:BG5956, JV 2009/30 m.nt. Olivier.

[20] Te denken valt aan (de weigering) opvang verlenen aan onrechtmatig verblijvende vreemdelingen, voor welke opvang geen wettelijke grondslag bestaat, vgl. ABRvS 27 mei 2014, ECLI:NL:RVS:2014:2036, JV 2014/389.
[21] HR 17 oktober 2008, ECLI:NL:HR:2008:BD3135, JV 2008/415, 3.4.1-3.4.4.
[22] ABRvS 2 april 2002, ECLI:NL:RVS:2002:AH9543, JV 2002/169 m.nt. Boeles.
[23] ABRvS 24 juli 2002, ECLI:NL:RVS:2002:AH9548, JV 2002/311.
[24] Zie ook de noot van Spijkerboer bij ABRvS 11 oktober 2011, ECLI:NL:RVS:2011:BT8374, JV 2011/496.

3. Beoordelingskader opvolgende aanvragen[25]

Tot juli 2015 was op het gehele vreemdelingenrecht artikel 4:6 Awb van toepassing. Volgens deze bepaling mag een bestuursorgaan een opvolgende aanvraag onder verwijzing naar de eerdere aanvraag afwijzen, als er geen nieuw gebleken feiten of veranderde omstandigheden zijn. De toepassing van het beoordelingskader van artikel 4:6 Awb op opvolgende asielaanvragen is veel bekritiseerd.[26] Het ging daarbij grofweg over drie problemen.

In de eerste plaats werden veel documenten door de Afdeling niet als 'nieuwe feiten' aangemerkt. Het gaat bijvoorbeeld om kopieën van documenten, documenten waarvan de authenticiteit niet kon worden vastgesteld en onvertaalde en ongedateerde documenten.[27] Veel asielzoekers zijn niet in staat om originele documenten over te leggen ter onderbouwing van hun asielrelaas, bijvoorbeeld omdat zij die hebben moeten afgeven aan een smokkelaar. Asielzoekers worden dus beperkt in hun mogelijkheden in een opvolgende aanvraag aannemelijk te maken dat zij in het land van herkomst gevaar lopen.

Een tweede probleem was dat de Afdeling een strikte verwijtbaarheidstoets toepaste. Wanneer asielzoekers in het kader van de eerdere asielprocedure documenten hadden kunnen overleggen, of verklaringen hadden kunnen afleggen, dan werden deze niet aangemerkt als nieuwe feiten of veranderde omstandigheden.[28] De Afdeling verwachtte bijvoorbeeld van getraumatiseerde asielzoekers dat zij bij hun gehoor tenminste summier aangaven dat zij over bepaalde gebeurtenissen niet konden praten.[29]

Het derde punt van kritiek betrof de toepassing van het 'ne bis in idem' beginsel. Dit beginsel hield in dat de bestuursrechter in het beroep tegen een negatieve beschikking op een opvolgende aanvraag ambtshalve toetste of er een wijziging van het recht of relevante nieuwe feiten en omstandigheden zijn. Als daarvan geen sprake was, kon de bestuursrechter het bestreden besluit in beginsel niet toetsen, ook niet als het bestuursorgaan de zaak volledig had

---

[25] Dit stuk is mede gebaseerd op M. Reneman, 'Ne bis in idem-beginsel dient te worden ingeperkt, Implementatie en toepassing EU-regels over beoordeling en toetsing opvolgende asielaanvragen', A&MR 2015, nr. 9/10, p. 368-381 en de noten van Reneman bij AB 2016/253 en AB 2017/381.

[26] Zie bijv. T.P. Spijkerboer, Het hoger beroep in vreemdelingenzaken, Den Haag: Sdu 2002, p. 69-70; Reneman 2015, p. 368-381.

[27] ABRvS 16 oktober 2001, ECLI:NL:RVS:2001:AD8688, JV 2002/6; ABRvS 2 mei 2005, ECLI:NL:RVS:2005:4, r.o. 2.5; ABRvS 11 september 2013, ECLI:NL:RVS:2013:2725, JV 2013/368, r.o. 4.1.

[28] Zie bijv. ABRvS 6 maart 2008, ECLI:NL:RVS:2008:BC7124, JV 2008/169, m.nt. Olivier.

[29] ABRvS 16 mei 2002, ECLI:NL:RVS:2002:AE4845; ABRvS 17 maart 2009, ECLI:NL:RVS:2009:2941.

(her)beoordeeld.[30] Als de IND bijvoorbeeld op basis van medische rapporten had beoordeeld of de vreemdeling aannemelijk had gemaakt dat hij slachtoffer was van marteling, dan kon de vreemdelingenrecht dit oordeel niet toetsen.[31] Deze op verzoek van de vreemdeling opgestelde rapporten werden namelijk niet aangemerkt als nieuwe feiten.[32]

De Afdeling erkende dat de toepassing van de strikte 4:6 Awb jurisprudentie in asielzaken kon leiden tot een schending van het verbod van foltering en onmenselijke en vernederende behandeling neergelegd in artikel 3 EVRM. Daarom bedacht zij een veiligheidsklep: de zogenaamde *Bahaddar*-exceptie.[33] De IND en de rechter mochten artikel 4:6 Awb respectievelijk het 'ne bis in idem'-beoordelingskader niet toepassen als sprake was van bijzondere feiten en omstandigheden. Deze zijn in asielzaken aan de orde als hetgeen de desbetreffende vreemdeling heeft aangevoerd en overgelegd, onmiskenbaar tot het oordeel leidt dat uitzetting van die vreemdeling leidt tot een schending van artikel 3 EVRM.[34] In de praktijk heeft de vreemdelingenrechter de *Bahaddar*-exceptie niet vaak toegepast.[35]

Het Europese recht heeft ervoor gezorgd dat er verandering is gekomen in het beoordelingskader voor opvolgende asielaanvragen. Naar aanleiding van jurisprudentie van het Hof van Justitie van de EU (HvJ EU)[36] oordeelde de Afdeling bijvoorbeeld dat een opvolgende aanvraag, waarbij een asielzoeker voor het eerst aanvoert dat hij problemen in zijn land van herkomst vreest vanwege zijn homoseksualiteit, altijd inhoudelijk moet worden beoordeeld.[37]

De grootste verandering werd echter veroorzaakt door de implementatie van de Procedurerichtlijn. Hierdoor gold artikel 4:6 Awb niet langer voor veruit de meeste opvolgende asielaanvragen. De richtlijn kent een systeem waarin verschillende soorten beslissingen op een asielaanvraag kunnen worden genomen (deze worden ook wel afdoeningsmodaliteiten genoemd). De wetgever heeft ervoor gekozen dit systeem over te nemen. Opvolgende aanvragen kunnen nu op grond van art. 30a lid 1 aanhef en onder d Vw 2000 niet-ontvankelijk worden

---

[30] Zie voor het vreemdelingenrecht ABRvS 4 april 2003, ECLI:NL:RVS:2003:AF7223, *AB* 2003/215, m.nt. Vermeulen, *JV* 2003/219, m.nt. Spijkerboer.
[31] ABRvS 29 augustus 2014, ECLI:NL:RVS:2014:3306, *JV* 2014/390, m.nt. Zwaan, waarin Rb Middelburg, 12 december 2013, ECLI:NL:RBZWB:2013:9069 werd vernietigd.
[32] ABRvS 11 december 2013, ECLI:NL:RVS:2013:2431.
[33] Naar EHRM 19 februari 1998, ECLI:CE:ECHR:1998:0219JUD002589494 (Bahaddar t. Nederland).
[34] ABRvS 30 juni 2014, ECLI:NL:RVS:2014:2483. De *Bahaddar*-exceptie is gecodificeerd in art. 31 lid 7 en 83.0.a Vw 2000.
[35] Zie bijv. ABRvS 30 juni 2014, ECLI:NL:RVS:2014:2483 en Rb. Amsterdam 8 december 2015, ECLI:NL:RBDHA:2015:14489. Zie ook H. Helmink, 'De omvang van de ex nunc toets in de Nederlandse asielprocedure', *A&MR* 2012, nr. 5/5, p. 302; T.P. Spijkerboer, *De Nederlandse rechter in het Vreemdelingenrecht*, Den Haag: Sdu 2014, p. 304-306.
[36] HvJ EU 7 november 2013, ECLI:EU:C:2013:720 (X, Y en Z), *JV* 2014/31, m.nt. Jansen.
[37] ABRvS 8 juli 2015, ECLI:NL:RVS:2015:2170.

verklaard, wanneer er geen 'nieuwe elementen of bevindingen' aan de orde zijn die relevant zijn voor de asielaanvraag. De IND kan er ook voor kiezen om de asielaanvraag inhoudelijk te beoordelen en vervolgens gegrond of (kennelijk)[38] ongegrond[39] te verklaren. Dit nieuwe systeem was voor de Afdeling aanleiding om het 'ne bis in idem'-beoordelingskader af te schaffen voor asielberoepen.[40] De andere aanleiding was een aantal uitspraken van het EHRM, waarin het vanwege het gebrek aan een inhoudelijke beoordeling van een opvolgende asielaanvraag een schending van artikel 3 EVRM constateerde.[41] Voortaan moest de vreemdelingenrechter het beroep tegen de afwijzing van een asielaanvraag beoordelen op grond van de beroepsgronden, conform artikel 8:69 Awb. De rechter mag (enigszins terughoudend) toetsen of de IND of de staatssecretaris de belangen van de asielzoeker voldoende heeft meegewogen bij de beslissing om het asielverzoek niet-ontvankelijk te verklaren vanwege het ontbreken van 'nieuwe elementen of bevindingen'.

Deze spectaculaire wijziging gold niet alleen voor asielzaken, maar voor het gehele vreemdelingenrecht, vanwege de verwevenheid tussen asiel- en reguliere procedures en de rechtseenheid binnen de vreemdelingenrechtspraak. Niet veel later, voerde de Afdeling de afschaffing van het 'ne bis in idem'- beoordelingskader door voor het gehele bestuursrecht.[42] Zo bracht een richtlijn op een heel specialistisch deelgebied een belangrijke wijziging voor het gehele bestuursrecht teweeg. Inmiddels is ook de Bahaddar-exceptie verder doorgedrongen in het bestuursrecht. Bijzondere omstandigheden kunnen bijvoorbeeld maken dat een de overschrijding van een beroepstermijn door de vingers wordt gezien in het vreemdelingenrecht[43] en in andere bestuursrechtelijke gebieden[44].

Voor het asielrecht zijn nog niet alle problemen opgelost. Het Europees recht heeft niets veranderd aan het beperkte nova-begrip. De Afdeling is van mening dat de Unierechtelijke term 'nieuw element of bevinding' net als het begrip 'nieuw feit' uit artikel 4:6 Awb een verwijtbaarheidstoets omvat.[45] Zij blijft er ook bij dat documenten, waarvan de authenticiteit niet kan worden

---

[38] Art. 30b lid 1 aanhef en onder g Vw 2000.
[39] Art. 31 lid 1 Vw 2000.
[40] ABRvS 22 juni 2016, ECLI:NL:RVS:2016:1759, *AB* 2016/253, m.nt. Reneman.
[41] EHRM 19 januari 2016, ECLI:CE:ECHR:2016:0119JUD005868912 (M.D. en M.A. t België, *AB* 2016/124, m.nt. Reneman; EHRM 23 maart 2016, ECLI:CE:ECHR:2016:0323 (F.G. t Zweden), *JV* 2016/132, m.nt. Spijkerboer.
[42] ABRvS 23 november 2016, ECLI:NL:RVS:2016:3131, *JG* 2016/65 m.nt Claessens en Jak, *JB* 2017/7 m.nt. Timmermans.
[43] ABRvS 11 april 2014, ECLI:NL:RVS:2014:1381.
[44] ABRvS 2 december 2015, ECLI:NL:RVS:2015:3700, r.o. 2.3-2.4 en de noot van Marseille bij *AB* 2016/5 onder punt 5.
[45] ABRvS 6 oktober 2017, ECLI:NL:RVS:2017:2718, *AB* 2017/381, m.nt. Reneman.

vastgesteld geen nieuwe elementen of bevindingen zijn.[46] De Afdeling handhaaft de 4:6 Awb jurisprudentie dus binnen het nieuwe Unierechtelijke kader.

4. Een blik naar de toekomst

Gezien de huidige politieke discussie rond migratie, is de kans groot dat procedurele waarborgen en (toegang tot) rechtsmiddelen voor vreemdelingen verder wordt beperkt. Het kabinet wil de rechtsbijstand in asielzaken beperken en de procedure in opvolgende aanvragen verder uitkleden door asielzoekers niet langer standaard te horen.[47] Het kabinet streeft ernaar om de 'nationale koppen op Europese wet- en regelgeving te schrappen'[48] en zet daarnaast op Europees niveau in op aanpassing van Europese regelgeving aan de Nederlandse wensen[49].

Op Europees niveau werkt men namelijk aan nieuwe regelgeving op het gebied van asiel. De Procedurerichtlijn zal worden omgezet in een Procedureverordening.[50] Deze verordening zou opnieuw kunnen leiden tot wijzigingen in het asielrecht, die mogelijk doorwerken in het algemeen bestuursrecht. Zo mag de beslisautoriteit (in ons geval de IND) volgens het voorstel een asielaanvraag alleen inhoudelijk beoordelen als er sprake is van nieuwe elementen of bevindingen en het niet de schuld van de asielzoeker is dat deze niet in de eerdere asielprocedure naar voren zijn gebracht.[51] Alleen wanneer het onredelijk wordt geacht om niet met deze elementen of bevindingen rekening te houden, kan de beslisautoriteit dan nog afzien van niet-ontvankelijk verklaren. Zal dit ook het einde betekenen van de discretionaire bevoegdheid van het bestuursorgaan onder artikel 4:6 Awb?

Daarnaast zijn er uitspraken van het Hof van Justitie (op komst) die mogelijk grote gevolgen hebben voor de rechterlijke toetsing in asielzaken. De Afdeling stelde in 2017 prejudiciële vragen over de omvang van de *ex nunc* rechterlijke toetsing in asielzaken.[52] Volgens de Afdeling mogen de rechtbanken geen nieuwe asielmotieven (zoals een bekering) meenemen in het beroep.[53] Het is mogelijk dat het HvJ EU oordeelt dat de rechtbanken nieuwe asielmotieven

---

[46] ABRvS 17 juli 2018, ECLI:NL:RVS:2018:2394.
[47] VVD, CDA, D66 en ChristenUnie, Regeerakkoord 2017-2021, *Vertrouwen in de Toekomst*, p. 52.
[48] *Ibidem*.
[49] *Kamerstukken I* 2017/18, 34482, B, p. 6.
[50] Voorstel voor een Verordening van het Europees Parlement en de Raad tot vaststelling van een gemeenschappelijke procedure voor internationale bescherming in de Unie en tot intrekking van Richtlijn 2013/32/EU, 13 juli 2016, COM(2016) 467 final (hierna het voorstel voor een Procedureverordening).
[51] Art. 42 lid 4 van het voorstel voor een Procedureverordening.
[52] ABRvS 4 oktober 2017, ECLI:NL:RVS:2017:2669.
[53] ABRvS 22 november 2007, ECLI:NL:RVS:2007:BC1774; ABRvS 6 september 2011, ECLI:NL:RVS:2011:BS1677 en ABRvS 21 juni 2013, ECLI:NL:RVS:2013:35.

mogen of zelfs moeten beoordelen, met of zonder toepassing van een bestuurlijke lus. Belangrijker nog is dat het HvJ EU in de recente uitspraak in *Alheto* heeft geoordeeld dat asielrechters zelfstandig aspecten van een asielaanvraag moeten beoordelen, aspecten dus waar het bestuursorgaan geen aandacht aan heeft besteed in het besluit.[54] Het is de vraag wat dit betekent voor de Nederlandse praktijk. Het is niet uitgesloten dat de bestuursrechter los van het besluit en de gronden van beroep onderzoek moet doen naar, en een oordeel moet vellen over, bijvoorbeeld, de geloofwaardigheid van het asielrelaas. Hiermee zou de rol van de asielrechter (nog) verder af komen te staan van wat in het algemeen bestuursrecht gebruikelijk is. [55]

---

[54] HvJ EU 25 juli 2018, ECLI:EU:C:2018:584 (Alheto), *AB* 2018/368, m.nt. Reneman.
[55] Er hangen nog diverse zaken over de omvang en intensiteit van de rechterlijke toets in asielzaken van diverse Oost-Europese rechters. Mogelijk nuanceert het HvJ EU zijn overwegingen daarin. Zie HvJEU Zaak C-556/17 (Torubarov), Zaak C-113/17 (*QJ*), Zaak C-652/16, (Ahmedbekova).

Bernd van der Meulen*

35 | Levensmiddelenrecht: coherentie en concurrentie in codificatie van bestuursrechtelijke handhaving

@B_vanderMeulen – De EU breidt de codificatie van handhaving van het levensmiddelenrecht door de lidstaten uit tot een steeds groter terrein van bijzonder agro-food-bestuursrecht. Deze sluipende codificatie concurreert in Nederland met hoofdstuk 5 van de Awb #levensmiddelenrecht #handhaving #codificatie

1. Levensmiddelenrecht

Het levensmiddelenrecht is een functioneel rechtsgebied dat elementen van nationaal, Europees en internationaal recht, constitutioneel recht, strafrecht, privaatrecht en bestuursrecht in zich verenigt.[1] Binnen dit ruim afgebakende terrein valt een terrein van *bijzonder bestuursrecht* te onderscheiden. Dit terrein van bijzonder bestuursrecht omvat normstelling en handhaving ten aanzien van voedselveiligheid en de waarborging van consumentenbelangen.[2] Naar aanleiding van dierziekten- en voedselveiligheidscrises eind vorige eeuw, is de normstelling herzien, gecentraliseerd op Europees niveau en neergelegd in rechtstreeks werkende verordeningen. De handhaving, echter, is voor verantwoordelijkheid van de lidstaten gelaten.[3]

In Nederland zijn de levensmiddelenrechtelijke bevoegdheden verdeeld over de Minister van Landbouw voor wat betreft primaire productie (Wet Die-

---

* Prof. mr. B.M.J. van der Meulen (www.berndvandermeulen.eu) is onder het 'Program of Top-level Foreign Experts of the State Administration of Foreign Experts Affairs People's Republic of China' hoogleraar vergelijkend levensmiddelenrecht aan Renmin School of Law (Renmin University of China Beijing) en directeur van het European Institute for Food Law (www.food-law.nl).

[1] Zie onder meer: Bernd van der Meulen, *Levensmiddelenrecht. Systeem van een gelaagd functioneel rechtsgebied*, Nijmegen: Ars Aequi Libri 2017; Bernd van der Meulen, 'Levensmiddelenrecht: Een functioneel rechtsgebied in opkomst', *Ars Aequi* 2014/12, p. 952-960 en Bernd van der Meulen, *The Functional Field of Food Law. The emergence of a functional discipline in the legal sciences*, European Institute for Food Law working paper 2018/02 < http://www.food-law.nl/Working-papers/ >.

[2] Art. 3 lid 1 van Verordening (EG) 178/2002 ook bekend als de 'General Food Law' ('GFL') of de 'Algemene Levensmiddelenverordening', geeft een definitie van levensmiddelenwetgeving. In andere taalversies is het levensmiddelenrecht (food law): 'de wettelijke en bestuursrechtelijke bepalingen met betrekking tot levensmiddelen in het algemeen en de voedselveiligheid in het bijzonder, zowel op het niveau van de [Unie] als op nationaal niveau; deze term bestrijkt alle stadia van de productie, verwerking en distributie van levensmiddelen, alsmede van diervoeders die voor voedselproducerende dieren worden geproduceerd of daaraan worden vervoederd'.

[3] Art. 17 lid 2 GFL.

ren) en de Minister van VWS voor het overige (Warenwet). Het toezicht is toevertrouwd aan de Nederlandse Voedsel en Waren Autoriteit (NVWA). De NVWA maakt als ambtelijk dienst deel uit van het ministerie van LNV en valt daarmee hiërarchisch onder de minister van LNV. Een onderdeel van de NVWA, het Bureau Risicobeoordelingen en Onderzoek (BuRo) is bij wet aan het gezag van de minister onttrokken[4] en kan daarom worden gezien als een stukje ZBO binnen een ambtelijke dienst. Ingevolge het Besluit Staatstoezicht op de volksgezondheid maakt de NVWA tevens onderdeel uit van het Staatstoezicht op de volksgezondheid. Ingevolge artikel 36 van de Gezondheidswet, ressorteert het Staatstoezicht op de volksgezondheid onder de Minister die over volksgezondheid gaat.

Bij de NVWA doet zich dan ook volop de twee-petten-problematiek voor die voorheen bekend was bij de politie. De NVWA valt onder het beheer en de begroting van LNV en, afhankelijk van de taken die zij uitoefent, onder het gezag van de minister van VWS of onder het gezag van de minister van LNV. Voor zover bijzondere opsporingsambtenaren (BOAs) van de Inlichtingen en Opsporingsdienst (IOD) van de NVWA zich bezighouden met opsporingstaken, vallen zij onder het gezag van het Openbaar Ministerie. Deze complexe verdeling van gezag en beheer vertaalt zich vervolgens in een complexe ministeriële verantwoordelijkheid verdeeld over de ministers van LNV, VWS en Justitie en Veiligheid.

Bij de bestuurlijke uitvoering en handhaving hebben de Nederlandse bevoegde autoriteiten te maken met de regels van algemeen bestuursrecht zoals neergelegd in de Awb en de Wob. Op Europees niveau zijn algemene regels betreffende bestuurlijke procedures niet gecodificeerd.[5] Hoewel de Europese wetgever de handhaving van het levensmiddelenrecht expliciet tot verantwoordelijkheid van de lidstaten verklaart, bemoeit hij zich intensief met vorm en inhoud van de handhaving. Eisen aan de nationale bevoegde autoriteiten zijn neergelegd in Verordening (EG) 882/2004 inzake officiële controles. Hoewel deze verordening nog betrekkelijk jong is, wordt zij alweer vervangen door Verordening (EU) 2017/625.[6] De inhoudelijke wijzigingen die de nieuwe verordening aanbrengt zijn tamelijk beperkt. De verordening voorziet echter wel in een forse uitbreiding van het toepassingsgebied. Door de uitbreiding van de reikwijdte van de officiële controleverordening is op de eerder niet bestreken terreinen opeens een volledige harmonisatie gerealiseerd. Het zou kunnen dat

---

[4] Wet van 26 april 2006 tot regeling van een onafhankelijke uitoefening van risicobeoordeling door de Voedsel en Waren Autoriteit (Wet onafhankelijke risicobeoordeling Voedsel en Waren Autoriteit).
[5] Er ligt wel een wetenschappelijk voorontwerp. ReNEUAL Model Rules on EU Administrative Procedure < http://www.reneual.eu/ >. De VAR wijdde daaraan een bundel ter gelegenheid van haar 75-jarig bestaan.
[6] In deze bijdrage verwijs ik naar deze verordening als de Controleverordening of CoVo.

we hier getuige zijn van een sluipende codificatie op Europees niveau van bestuurlijk handhavingsrecht. Nagenoeg het gehele agro-food-complex wordt inmiddels bestreken (met uitzondering van het Gemeenschappelijk Landbouwbeleid). Voor het levensmiddelenrecht in Nederland is de situatie dat de bevoegde autoriteiten bij de handhaving tegelijk te maken hebben met de Awb en met de Controleverordening.

Tegen deze achtergrond wil ik in deze bijdrage beide codificaties naast elkaar bekijken om te bezien in hoeverre over en weer iets van elkaar te leren valt.

2. Institutionele aspecten

Onder de Awb komen toezichtsbevoegdheden toe aan natuurlijke personen uit hoofde van hun aanstelling als toezichthouder.[7] De bevoegdheid bestuurlijke sancties op te leggen, vergt specifieke wettelijke toekenning en komt toe aan bestuursorganen.[8]

Niettegenstaande het beginsel van institutionele autonomie,[9] kent de Controleverordening rechtstreeks bevoegdheden toe aan de nationale bevoegde autoriteiten. De belangrijkste rol die aan de nationale wetgever is gebleven, is het aanwijzen van de bevoegde autoriteit.[10] In aanvulling daarop bevat de Controleverordening de curieuze verplichting voor bevoegde autoriteiten om te beschikken over (onder meer) 'procedures en/of regelingen om de doeltreffendheid en relevantie van de officiële controles en andere officiële activiteiten te waarborgen'.[11]

In Nederland zijn de ministers van VWS respectievelijk LNV bevoegd inzake het opleggen van herstelsancties en bestraffende sancties. De NVWA is de bevoegde autoriteit voor toezicht.[12] Deze constructie heeft tot gevolg dat de toezichtbevoegdheden ingevolge de Awb toekomen aan de toezichthoudende ambtenaren en toezichthoudende bevoegdheden op grond van de Controleverordening aan de dienst NVWA (die daardoor bestuursorgaan wordt). Naar Nederlands recht is er dan nog een mandaat nodig van de NVWA aan de toezichthoudende ambtenaren.

---

[7] Artt. 5:15 e.v. jo. art. 5:11 Awb.
[8] Art.5:4 lid 1 Awb.
[9] Zie daarover S. Prechal en R.J.G.M. Widdershoven (red.), *Inleiding tot het Europees bestuursrecht*, Nijmegen: Ars Aequi Libri 2017.
[10] Art. 4 CoVo. Voorts bevat de CoVo een regeling voor delegatie, zie art. 30.
[11] Art. 5 lid 1 sub a Covo. Wellicht is deze gewrongen constructie te verklaren uit het gegeven dat de Verordening zich hier in feite gedraagt als richtlijn door zich te richten tot nationale wetgevers.
[12] Art. 3 lid 1 aanhef en onder b Warenwetbesluit Hygiëne van levensmiddelen. Letterlijk staat er 'de diensten waarbij de krachtens de Warenwet aangewezen ambtenaren, belast met het toezicht op de naleving van de bij of krachtens de Warenwet gestelde voorschriften, werkzaam zijn.'

3. Voorafgaand aan toezicht

Wat beweegt een toezichthouder om in een concreet geval op een concrete tijd en plaats toezicht te gaan houden?

Toezichtbeleid
De Controleverordening geeft algemene regels voor officiële controles[13] waaronder dat deze met gepaste frequentie moeten plaatsvinden, bij alle bedrijven en risico-gebaseerd. Meer in het bijzonder moet rekening worden gehouden met vastgestelde risico's in verband met bepaalde activiteiten, producten of materialen, of met informatie die duidt op fraude.

Officiële controles worden zonder voorafgaande kennisgeving uitgevoerd, behalve wanneer die kennisgeving noodzakelijk en naar behoren gerechtvaardigd is om de officiële controle te kunnen uitvoeren.

Er dient derhalve een toezichtbeleid te worden gevoerd waarin deze elementen zijn verwerkt. In het verlengde hiervan eist de CoVo dat de bevoegde autoriteit plannen (artikel 109) en plannen voor noodsituaties (artikel 115) opstelt.

Ingevolge artikel 137 lid 2 CoVo doen de bevoegde autoriteiten wanneer niet-naleving wordt vermoed, onderzoek om dat vermoeden te bevestigen of weg te nemen.

De Awb stelt geen beleids- of planningseisen aan het toezicht.

Klachten
Handhaving – inclusief toezicht – kan worden geïnitieerd door een verzoek of melding. Een verzoek om handhaving wordt vaak 'klacht' genoemd. In de praktijk is de positie van klagers volstrekt onhelder. Onder de theorie van de Awb geldt een klager als een 'aanvrager' wanneer de klager iets verzoekt dat kan worden aangemerkt als een besluit en wanneer de klager tevens kwalificeert als 'belanghebbende' bij dat besluit. In bestuursrechtelijk Nederland kijkt niemand ervan op dat klagende consumenten worden afgeserveerd omdat zij geen belanghebbende zijn (wanneer hun belang zich niet onderscheidt van de belangen van alle andere consumenten die ook worden benadeeld) of dat anderen worden afgeserveerd wanneer zij niet vragen om een concreet omschreven sanctie maar om toezicht of onderzoek. De NVWA is in dit opzicht geen uitzondering. Ook geen uitzondering is dat een verzoek om handhaving opeens wel als aanvraag wordt aangemerkt wanneer de afwijzing ervan aan de burgerlijke rechter wordt voorgelegd.[14] Dan kan immers de formele rechtskracht van

---

[13] Artikel 9 Covo.
[14] Dit was bijvoorbeeld aan de orde in Vzr. Den Haag 29 januari 2008, KG 07/1426 *United Soft Drinks BV tegen de Staat der Nederlanden*.

de afwijzing worden ingeroepen en/of niet-ontvankelijkheid van het beroep op de burgerlijke rechter worden bepleit.[15]

Anders dan de Awb bevat de Controleverordening een regeling voor de melding van inbreuken.[16] Deze regeling heeft vooral het karakter van klokkenluidersregeling. Aan de lidstaten wordt opgedragen ervoor te zorgen 'dat de bevoegde autoriteiten doeltreffende mechanismen opzetten waarmee feitelijke of mogelijke inbreuken op deze verordening kunnen worden gemeld.' Deze mechanismen omvatten tenminste 'procedures voor het in ontvangst nemen en behandelen van meldingen van inbreuken', 'een passende bescherming van personen die een inbreuk melden tegen vergelding, discriminatie of andere soorten onbillijke behandeling' en 'bescherming van de persoonsgegevens van de persoon die een inbreuk meldt'.

Uit het rapport van de Commissie Sorgdrager wordt zichtbaar dat het bij de NVWA ten tijde van het Fipronil-incident heeft ontbroken aan goede procedures voor het in ontvangst nemen en behandelen van meldingen van inbreuken.[17]

Een rechtspositie in de procedure verschaft echter ook de Controleverordening niet aan klagers.

4. Toezicht

Toezichtbevoegdheden
De Controleverordening vermeldt[18] de methoden en technieken voor officiële controles. Deze omvatten onder meer: een inspectie van uitrusting, vervoersmiddelen, gebouwen en andere plaatsen die onder hun [= der toezichtonderworpenen] gezag staan en de omgeving ervan, onderzoek van documenten, gesprekken met exploitanten en hun personeelsleden, bemonstering, en elke andere activiteit die nodig is om gevallen van niet-naleving te constateren.

---

[15] Een dergelijk beroep blijkt zeer kansrijk. Er lijkt weinig veranderd sedert de oratie van Van Vollenhoven in 1901: 'Stelt Salomoos rechterschap, of een sententie van den grooten rade van Mechelen tegen een belastingheffing van keizer Karel, naast de stoelvaste lijdelijkheid van onzen aan nietontvankelijkverklaring smullenden rechter, en ge vat waar de vraag knelt.'. Zie C. van Vollenhoven, *Exacte Rechtswetenschap*, Leiden: E.J. Brill 1901.
[16] Art. 140 CoVo.
[17] Commissie onderzoek fipronil in eieren (commissie Sorgdrager) < https://www.rijksoverheid.nl/actueel/nieuws/2018/06/25/ministers-voedselveiligheid-verder-versterken-urgent >.
[18] Art. 14 CoVo.

Deze bevoegdheden komen redelijk overeen met de Awb bevoegdheden tot binnentreden,[19] inlichtingen te vorderen,[20] inzage te vorderen,[21] zaken te onderzoeken en monsters te nemen[22] en vervoermiddelen te onderzoeken.[23]

Het venijn zit in de staart. Hoe is de Europeesrechtelijke bevoegdheidstoekenning te begrijpen tot 'elke andere activiteit die nodig is om gevallen van niet-naleving te constateren'? Is dit beperkt tot bevoegdheden die naar nationaal recht zijn toegekend? De andere lezing, dat toezichthouders naar behoefte hun eigen bevoegdheden mogen bedenken, is uit rechtsstatelijk oogpunt zeer bedenkelijk – maar zeker niet in de strijd met de tekst van de verordening.

Bemonstering
De bevoegdheid monsters te nemen is nader uitgewerkt in de Controleverordening.[24] Zo wordt onder meer bepaald: 'Monsters moeten zodanig worden genomen, behandeld en geëtiketteerd dat de rechtsgeldigheid en de wetenschappelijke en technische validiteit ervan gewaarborgd is.' Voorts wordt bepaald: 'De bevoegde autoriteiten zorgen ervoor dat exploitanten wier dieren of goederen bij officiële controles worden bemonsterd, geanalyseerd, getest of gediagnosticeerd, het recht hebben te verzoeken om het advies van een tweede deskundige, op kosten van de exploitant.' Met oog op dit recht moet – voor zover mogelijk – een voldoende groot monster worden genomen.

De bescherming die de Awb biedt is beperkter, en ligt eerder in de tijd namelijk bij de monsterneming. Op dat moment kan de belanghebbende de toezichthouder verzoeken een tweede monster te nemen.

Een bepaling in de Awb die in de Controleverordening ontbreekt, is dat de belanghebbende, desgevraagd, zo spoedig mogelijk in kennis gesteld wordt van de resultaten van het onderzoek, de opneming of de monsterneming.[25]

E-commerce
De Controleverordening is beduidend jonger dan de Awb zoals onder meer blijkt uit de aandacht die zij besteedt aan de bijzondere uitdagingen waarvoor de toezichthouder langs de digitale snelweg zich gesteld ziet.[26] De toezichthouder mag zich daar bezighouden met 'mystery shopping'. Dat wil zeggen dat 'voor een officiële controle monsters worden gebruikt die de bevoegde autoriteiten van de exploitanten hebben opgevraagd zonder zichzelf bekend te ma-

---

[19] Art. 5:15 Awb.
[20] Art. 5:16 Awb.
[21] Art. 5:17 Awb.
[22] Art. 5:18 Awb.
[23] Art. 5:19 Awb.
[24] In artt. 34 en 35 CoVo.
[25] Art. 5:18 Awb.
[26] In art. 36 CoVo. Voor de contractuele en aansprakelijkheidsuitdagingen langs de digitale snelweg, zie het proefschrift van Lomme van der Veer, *Food online*, Wageningen: Lexxion 2017.

ken'. Zodra zij de monsters in hun bezit hebben, moeten de toezichthouders zich bekend maken en wijzen op het recht op een tweede monster.

Proportionaliteit
Artikel 5:13 Awb 'Een toezichthouder maakt van zijn bevoegdheden slechts gebruik voor zover dat redelijkerwijs voor de vervulling van zijn taak nodig is' pleegt te worden gezien als een algemene beperking aan de toezichtbevoegdheden overeenkomstig het proportionaliteitsbeginsel.

De Controleverordening kent een soortgelijke beperking,[27] zij het met een meer economische inslag: 'De officiële controles worden zo veel mogelijk zodanig uitgevoerd dat de administratieve lasten en de verstoring van het werk van de exploitanten tot het noodzakelijke minimum worden beperkt, zonder dat dit de doeltreffendheid van die controles nadelig beïnvloedt.'

Medewerkingsplicht
De Awb stelt[28] eenieder verplicht aan een toezichthouder binnen de door hem gestelde redelijke termijn alle medewerking te verlenen die deze redelijkerwijs kan vorderen bij de uitoefening van zijn bevoegdheden.

De Controleverordening geeft een gedetailleerdere regeling.[29] Exploitanten moeten onder meer personeelsleden van de bevoegde autoriteiten desverlangd toegang verlenen tot gebouwen en andere plaatsen die onder hun toezicht staan en de omgeving ervan, hun geautomatiseerde informatiemanagementsystemen, en hun documenten en elke andere relevante informatie.

Daarbovenop legt de Algemene levensmiddelenverordening aan de exploitant van een levensmiddelenbedrijf de verplichting op om het spontaan te melden wanneer deze 'van mening is of redenen heeft om aan te nemen dat een levensmiddel dat hij ingevoerd, geproduceerd, verwerkt, vervaardigd of gedistribueerd heeft niet aan de voedselveiligheidsvoorschriften voldoet'.[30]

Zwijgrecht
De Awb begrenst de medewerkingsplicht in artikel 5:10a. 'Degene die wordt verhoord met het oog op het aan hem opleggen van een bestraffende sanctie, is niet verplicht ten behoeve daarvan verklaringen omtrent de overtreding af te leggen.' Dit wordt bij het verhoor meegedeeld.

In de Controleverordening is een vergelijkbare bepaling niet te vinden. Overigens ook niet in het EU Handvest van de Grondrechten. Deze strijd tussen Awb en Controleverordening, zal over de band van het EVRM in het voordeel van de Awb moeten worden beslecht.

---

[27] Art. 9 lid 5 CoVo.
[28] Art. 5:20 lid 1 Awb.
[29] In art. 15 CoVo.
[30] Art. 19 GFL.

Uitkomst van het toezicht
De Awb zwijgt erover waartoe het toezicht moet leiden, met dien verstande dat artikel 5:48 (in de Afdeling over de procedure betreffende de bestuurlijke boete) bepaalt dat het bestuursorgaan en de voor de overtreding bevoegde toezichthouder van de overtreding een rapport kunnen opmaken. Ingevolge artikel 5:53 is dit verplicht bij boetes van meer dan € 340.

De Controleverordening schrijft verslaglegging voor.[31] Het verslag beschrijft het doel, de toegepaste methoden, de resultaten en in voorkomend geval de acties die zijn opgelegd. De exploitant ontvangt desgevraagd een afschrift, tenzij belangen betreffende gerechtelijke procedures zich daartegen verzetten.

Publicatie van uitkomsten
Steeds vaker maken toezichthouders resultaten van toezicht openbaar.[32] In Nederland wordt een wettelijke grondslag daarvoor gezocht in de Wob of in bijzondere wetgeving. Voor het levensmiddelenrecht wordt een voorziening getroffen in de Gezondheidswet.[33] De desbetreffende wijziging van de Gezondheidswet is door beide kamers der Staten-Generaal aanvaard. De inwerkingtreding wacht op de uitvoeringsAMvB. Op grond van deze regeling kan de openbaarmaking worden aangewezen onder meer van informatie betreffende uitkomsten van controle en onderzoek en de daaraan ten grondslag liggende gegevens; de indeling van ondertoezichtgestelden in nalevingcategorieën; informatie, die door ondertoezichtgestelden is verstrekt; adviezen en maatregelen.

Ingevolge artikel 11 lid 3 CoVo kunnen de bevoegde autoriteiten informatie over de classificatie van individuele exploitanten op basis van de uitkomst van een of meer officiële controles publiceren of anderszins openbaar maken, mits de classificatiecriteria objectief zijn, transparant en openbaar, en er passende regelingen zijn getroffen om te waarborgen dat de classificatieprocedure eerlijk en op consistente en transparante wijze verloopt. De betrokken exploitant wordt voorafgaand aan de openbaarmaking in de gelegenheid gesteld opmerkingen te maken over de informatie die de bevoegde autoriteit voornemens is te publiceren. Met die opmerkingen wordt rekening gehouden.[34]

---

[31] Art. 13 CoVo. De formulering in de huidige controleverordening is duidelijker: art. 9 Verordening 882/2004.
[32] Over naming & shaming zie o.m. J.J. Reuveny, A.C. Beijering-Beck, B.R.J. de Haan en M.C.T.M. Sonderegger, *Genoemd en gedoemd? Over actieve openbaarmaking door bestuursorganen* (Preadviezen Jonge VAR), Den Haag: Boom Juridische uitgevers 2012; F.C.M.A. Michiels, *Te kijk gezet*, Den Haag: Ministerie van Verkeer en Waterstaat 2007; B.M.J. van der Meulen, 'Onthullend bestuur: tafelen met Archimedes, Köpenick en Münchhausen', in: G.H. Addink, e.a. (red.), *Grensverleggend bestuursrecht*, Deventer: Kluwer 2008.
[33] In art. 44. Zie *Stb.* 2016, 448.
[34] Art. 8 lid 5 CoVo.

5. Bestraffende sancties & herstelsancties

In de Nederlandse bestuursrechtelijke doctrine (en in de Awb) wordt groot gewicht toegekend aan het onderscheid tussen punitieve sancties en reparatoire sancties, of moderner gezegd: bestraffende sancties en herstelsancties. Interessant genoeg blijkt dit in andere EU-lidstaten veel minder te leven. In het Duits, bijvoorbeeld, heeft men er zelfs geen termen voor.[35] Van de Nederlandse gedachte dat herstelsancties onttrokken zijn aan de werking van artikel 6 EVRM, werd met verbazing kennisgenomen. Toch onderscheidt ook de Controleverordening 'acties in geval van niet-naleving' (artikel 138 CoVo) en 'sancties' (artikel 139 CoVo).

Ingevolge artikel 137 lid 1 CoVo 'verlenen de bevoegde autoriteiten voorrang aan acties die moeten worden ondernomen om risico's voor de gezondheid van mensen, dieren en planten, voor het dierenwelzijn of, wat ggo's en gewasbeschermingsmiddelen betreft, ook voor het milieu, weg te nemen of in te perken.' Met andere woorden: herstel gaat voor straffen.

Reparatoire handhaving
Wanneer niet-naleving is vastgesteld, nemen de bevoegde autoriteiten, ingevolge artikel 138 CoVo:

> 'a) elke actie die noodzakelijk is om de oorsprong en de omvang van de niet-naleving te bepalen en de verantwoordelijkheid van de exploitant vast te stellen, en
> b) passende maatregelen om te waarborgen dat de betrokken exploitant de niet-naleving verhelpt en vermijdt dat dergelijke niet-naleving zich opnieuw voordoet.
> In hun besluit over de te nemen maatregelen houden de bevoegde autoriteiten rekening met de aard van de niet-naleving en met de antecedenten van de exploitant op het gebied van naleving.'

De beginselplicht tot handhaving die het Nederlandse bestuursrecht alleen als jurisprudentieregel kent, is hier wettelijk vastgelegd.

Het tweede lid van artikel 138 somt de maatregelen op die kunnen worden genomen, waaronder het gelasten van behandelingen van goederen, aanpassing van etiketten of verstrekking van corrigerende informatie aan consumenten; een beperking van of verbod op het in de handel brengen; het gelasten van het terugroepen, uit de handel nemen, verwijderen en vernietigen van goederen en, indien passend, het toestaan dat goederen voor andere doeleinden worden

---

[35] Ines Härtel (Hrsg.), *Wege der Ernährungswirtschaft – global, regional, Europäisch*, Baden Baden: Nomos 2017. In deze congresbundel is een bijdrage van mijn hand te vinden op p. 73-89: Bernd van der Meulen, 'Durchsetzung des EU-Lebensmittelrechts in den Mitgliedstaaten: Die Beispiele 'Medizinische Claims' und 'Pferdefleischskandal' als Aufforderung zur Schaffung eines horizontal vergleichenden EU-Lebensmittelrecht'.

gebruikt dan waarvoor zij oorspronkelijk waren bestemd; het gelasten van de isolatie of sluiting van het geheel of een deel van het bedrijf van de betrokken exploitant; het gelasten van de stopzetting van het geheel of een deel van de activiteiten van de betrokken exploitant en, in voorkomend geval, van de door hem beheerde of gebruikte websites, gedurende een passende periode.

Alle kosten moeten door de exploitant worden gedragen.

Bij gebreke van een algemeen bestuursrecht waaruit dit voortvloeit, schrijft de CoVo voor dat de betrokken exploitant een schriftelijke kennisgeving van de maatregelen ontvangt met de redenen ervan en informatie over de openstaande rechtsmiddelen.

Anders dan de Awb noemt de CoVo geen dwangmiddelen die de bevoegde autoriteit kan inzetten om de naleving af te dwingen zoals bestuursdwang of last onder dwangsom.

Sancties

Over sancties is de CoVo nog korter dan over maatregelen. Ingevolge artikel 139 lid 1 moeten de lidstaten sancties vaststellen die doeltreffend, evenredig en afschrikkend zijn.[36] De openingszin van dit artikellid bevat een opmerkelijke fout. Deze zin luidt: 'De lidstaten stellen regels vast voor de sancties die van toepassing zijn op inbreuken op deze verordening en nemen alle noodzakelijke maatregelen om ervoor te zorgen dat die sancties worden toegepast.' De Controleverordening bevat afgezien van de medewerkingsplicht, vrijwel uitsluitend voorschriften die zijn gericht tot de lidstaten en de bevoegde autoriteiten. Vooral zij kunnen daarom inbreuken plegen *op deze verordening*. Het tweede lid ziet weer wel op 'schendingen van deze verordening *en van de in artikel 1, lid 2, bedoelde regels*'. Artikel 1 lid 2 bakent de rechtsgebieden af waarop de CoVo betrekking heeft. Voor het geval deze schendingen zijn 'begaan door middel van frauduleuze of bedrieglijke praktijken' moeten de lidstaten ervoor zorgen dat de financiële sancties ten minste, ofwel het economisch gewin voor de exploitant weerspiegelen, ofwel, waar passend, een percentage van zijn omzet. Ingeval van voedselfraude moet verzekerd zijn dat het de overtreder geen voordeel oplevert. In Nederland zal vroeg of laat de vraag opkomen of deze eis aan de sanctie zich ertegen verzet dat in het Nederlandse strafrecht (dat in geval van fraude van toepassing kan zijn) het wederrechtelijk verkregen voordeel niet bij wijze van sanctie kan worden ontnomen, maar als maatregel naast de sanctie.

6. Discussie

Bovenstaande observaties lenen zich meer voor een discussie dan voor conclusies.[37] Omwille van de ruimte geef ik een voorzet voor deze discussie in een schema. Het schema geeft aan op welke punten ik meen dat de Awb iets zou

---

[36] Hetzelfde wordt bepaald in art. 17 lid 2 GFL.
[37] Reacties zijn welkom op: Bernd.vanderMeulen@food-law.nl.

kunnen leren van de CoVo en andersom en op welke punten wellicht beide beter kunnen. Daarboven hangt mijn meer algemene standpunt dat codificatie van een algemeen deel van bestuursrecht ook voor de EU-aanbeveling verdient. Wanneer de Controleverordening zich door voortdurende uitbreiding van haar toepassingsgebied ontwikkelt tot een algemene codificatie van het bestuurlijk handhavingsrecht in de EU, dan juich ik dat toe. Daarbij moet wel worden aangetekend dat de Controleverordening zich vooral richt op toezicht en handhaving door de lidstaten en maar nauwelijks een algemeen kader biedt voor optreden door de organen van de EU.

Onderwerp	Awb kan leren van CoVo	CoVo kan leren van Awb	Beide kunnen beter
Toezichtbevoegdheden	Betere afstemming nodig tussen Awb-toekenning aan natuurlijke personen en CoVo-toekenning aan autoriteiten.		
Toezichtbeleid	De beleidseis en aspecten daarvan zoals voorrang voor probleemoplossing passen in een algemene regeling.		
Meldingsprocedure	Het portaal van handhaving verdient een goede regeling.		
Klokkenluidersbescherming	Algemene regeling is noodzakelijk.		
Positie klager			Een regeling is nodig onder welke voorwaarden een klager partij kan zijn.
Toezichtbevoegdheden		Open toekenning van dwangbevoegdheid is ongepast.	
Monsters	CoVo bevat relevante waarborgen.	Belanghebbende dient in kennis te worden gesteld.	Moet niet afhankelijk zijn van een verzoek van belanghebbende.

E-commerce	Mystery shopping lijkt een zinvol instrument.		
Proportionaliteit	In aanmerking nemen bestuurslasten.	In aanmerking nemen proportionaliteit.	
Medewerkingsplicht/zwijgrecht		Bescherming is nodig bijvoorbeeld in de vorm van een zwijgrecht.	Bij veiligheidsaangelegenheden is medewerking onontbeerlijk. Dit moet echter wel worden gecompenseerd in het sanctietraject.
Rapportage	Het komt de controleerbaarheid ten goede wanneer verslaglegging wordt voorgeschreven.		
Publicatie			Publicatie van toezichtresultaten is zeer ingrijpend. Belangenafweging en procedure op tegenspraak moeten beter worden gewaarborgd.
Verhouding tussen sancties	Wanneer veiligheid in het geding is, gaat herstel terecht voor bestraffing.		
Beginselplicht tot handhaving	Verdient een betere vastlegging dan alleen in rechtspraak.		
Herstelsancties		Hoe wordt verzekerd dat opgelegde maatregelen worden geïmplementeerd? Bestuursdwang en last onder dwangsom lijken goede instrumenten.	

| **Bestraffende sancties** | Aandacht voor onrechtmatig verkregen voordeel verdient aanbeveling. | De regeling van dit onderwerp in de CoVo heeft nauwelijks toegevoegde waarde. | |

Arnout Klap[*]

36 | Beleidsregels: een terecht verguisde rechtsfiguur?[1]

> @A_Klap – Beleidsregels kunnen aan betekenis winnen als hun kwaliteit wordt verhoogd en de inherente afwijkingsbevoegdheid wordt hersteld. Kwaliteitsverbetering vergt een reële toetsing van beleidsregels. Schrapping van 8:3 Awb kan daaraan bijdragen#inherente-afwijkingsbevoegdheid#exceptieve-toetsing#directe-toetsing

1. Inleiding

Begin 1998 schreef ik samen met Ben Olivier een bijdrage over beleidsregels in de *NJB*-special over de derde tranche van de Awb.[2] Daarin vroegen we ons af of de nieuwe bepalingen[3] tot een verdere ontwikkeling van beleidsregels of juist tot een ongewenste juridisering van de bestuurspraktijk zouden leiden. Onze conclusie luidde dat de nieuwe bepalingen vooral een communicatieve functie hadden, maar dat er op het punt van de binding aan beleidsregels sprake was van 'een zekere modificatie'. Ook waren de consequenties van het besluitkarakter van beleidsregels volgens ons niet goed doordacht. Toch eindigden we positief. De rechter zou eventuele problemen kunnen oplossen. Bovendien lag een ongewenste juridisering volgens ons niet in de lijn der verwachting, omdat de wijzigingen ten opzichte van het tot 1998 bestaande recht daarvoor te marginaal waren.

In deze bijdrage wil ik, met de kennis van nu – ruim twintig jaar later – bekijken in hoeverre onze verwachtingen zijn uitgekomen.

2. Beleidsregels voor 1998

Uit de totstandkomingsgeschiedenis[4] van beleidsregels blijkt dat deze zich in vrij korte tijd hebben ontwikkeld van interne werkinstructies tot de beleidsregels die we vandaag de dag kennen. De werkinstructies waren primair gericht

---

[*] Mr. dr. A.P. Klap is universitair hoofddocent bestuursrecht aan de Universiteit van Amsterdam. Met dank aan Ben Olivier, Nick Steenhagen en Javier Crijnen voor hun waardevolle commentaar op de conceptversie van deze bijdrage.
[1] Zie de aan Jan Schaefer toegeschreven verzuchting: 'is het beleid, of heeft u er echt over nagedacht?', die vaak wordt aangehaald.
[2] A.P. Klap & B.K. Olivier, 'Beleidsregels', *NJB* 1998/17, p. 772-779.
[3] T.w. art. 1:3, vierde lid; art. 4:81 t/m art. 4:84 en (het huidige) art. 8:3 Awb.
[4] Zie H.E. Bröring, 'Beleidsregels, een beknopte biografie', in: J.L. Boxum e.a. (red.), *Aantrekkelijke gedachten*, Deventer: Kluwer 1993, p. 387-402.

op sturing van en controle op de ambtenaren[5] die belast waren met de uitoefening van (discretionaire) bestuursbevoegdheden.

Al vrij snel hebben deze interne instructies echter via de jurisprudentie externe werking gekregen, waardoor ze zich konden ontwikkelen tot de rechtsfiguur die in 1998 gecodificeerd is. Cruciaal daarin is de wijze waarop de binding aan beleidsregels gestalte heeft gekregen. Deze werd op het gelijkheids- en het vertrouwensbeginsel gebaseerd, maar was niet absoluut omdat anders geen recht kon worden gedaan aan de discretionaire bevoegdheid die doorgaans aan een beleidsregel ten grondslag lag. Een sterke binding, zoals van algemeen verbindende voorschriften, zou erop neerkomen dat de bevoegdheden in feite hun discretionaire karakter verloren en in gebonden bevoegdheden veranderden. Daarom werd bij de toepassing altijd een 'inherente afwijkingsbevoegdheid' aangenomen. Deze hield in dat van geval tot geval moest worden bezien of er bijzondere omstandigheden waren die aanleiding konden vormen om van de beleidsregel af te wijken.

3. De Awb-regeling

De codificatie in 1998 was bescheiden qua omvang en opzet: ze betrof slechts een handvol bepalingen die zich op het eerste oog als 'vertaling' van het ongeschreven recht laten aanzien. Weliswaar was de afwijkingsbevoegdheid in artikel 4:84 Awb nogal strikt geformuleerd, maar in de memorie van toelichting werd opgemerkt dat de binding van beleidsregels op grond van deze bepaling niet wezenlijk zou verschillen van de binding op grond van het gelijkheids- en vertrouwensbeginsel. Ook zijn enkele keuzes gemaakt. Een daarvan is de definiëring van beleidsregels als 'bij besluit' vastgestelde regels, waardoor een scheiding tussen beleid (in de zin van een vaste bestuurspraktijk) en beleidsregels optrad. Nieuw was ook de algemene wettelijke bevoegdheid tot het vaststellen van beleidsregels in artikel 4:81 Awb, waardoor het onderscheid met algemeen verbindende voorschriften op dit punt verdween. Ten slotte werd aan artikel 8:2 (nu 8:3) Awb toegevoegd dat tegen beleidsregels geen beroep openstaat, zodat ook op dat punt geen onderscheid met algemeen verbindende voorschriften meer bestaat. Tegelijkertijd bepaalt artikel 1:3, vierde lid, van de Awb echter nog steeds uitdrukkelijk dat een beleidsregel geen algemeen verbindend voorschrift is.

4. Articulatie of modificatie?

Ondanks haar bescheiden omvang en opzet heeft de codificatie van 1998 niet alleen tot articulatie, maar ook tot modificatie geleid. En die lijkt zowel onvoorzien als ongewenst te zijn. Zo heeft het besluitkarakter van beleidsregels ertoe

---

[5] Deze functie is ook vandaag de dag nog van belang; vooral bij boetebeleidsregels die gericht zijn op uniformering van de boeteoplegging.

geleid dat de binding aan beleidsregels sterk geaccentueerd is. Het beoogde rechtsgevolg van een beleidsregel kon immers moeilijk anders dan in de binding van artikel 4:84 Awb zijn gelegen. En die accentuering van de binding heeft weer een relativering van de inherente afwijkingsbevoegdheid tot gevolg gehad.

Vervolgens heeft artikel 4:84 Awb tot een verdere afkalving van de inherente afwijkingsbevoegdheid geleid. Niet alleen door handelen conform de beleidsregel als hoofdregel te presenteren en afwijking als uitzondering, maar vooral door de wijze waarop de afwijkingsbevoegdheid is verwoord. Volgens de letter van artikel 4:84 is afwijking immers alleen mogelijk indien het handelen conform de beleidsregel gevolgen heeft die 'wegens bijzondere omstandigheden onevenredig zijn in verhouding tot de met de beleidsregel te dienen doelen'. De evenredigheid komt dus pas in beeld als ze het gevolg is van bijzondere omstandigheden. Door de evenredigheid zo te verknopen met de eis van bijzondere omstandigheden, is het theoretisch mogelijk dat een beleidsregel bij toepassing onevenredige gevolgen heeft, maar dat afwijking niet mogelijk is omdat de onevenredigheid niet is veroorzaakt door bijzondere omstandigheden.[6]

Daar komt bij dat de vraag of sprake is van bijzondere omstandigheden in de jurisprudentie lange tijd zeer restrictief is opgevat. Deze opvatting kwam er op neer dat omstandigheden die (expliciet) verdisconteerd zijn in de vastgestelde beleidsregel of (impliciet) geacht moeten worden daarin te zijn verdisconteerd, geen bijzondere omstandigheden in de zin van artikel 4:84 Awb zijn. Een blik op de jurisprudentie leert dat vaak snel werd aangenomen dat omstandigheden die worden aangevoerd om van het beleid af te wijken, al bij het ontwikkelen van beleid 'geacht moeten worden' te zijn voorzien. Soms is dat terecht, omdat die omstandigheden min of meer inherent zijn aan de beleidsregel,[7] maar vaak is dat ook dubieus.[8]

Als gevolg van het bovenstaande lijkt het beleid steeds vaker als 'in beton gegoten' te zijn. Vooral omdat de toetsing van beleidsregels zelf vaak weinig

---

[6] Meestal zal de beleidsregel in kwestie dan zelf niet (helemaal) deugen en behoort hij niet worden toegepast, maar de toetsing van beleidsregels wordt niet altijd grondig uitgevoerd, zoals hierna nog aan de orde komt.

[7] Zie bijv. ABRvS 21 mei 2014, ECLI:NL:RVS:2014:1807: 'het niet kunnen vervullen van de vertrouwensfunctie door de betrokkene die niet beschikt over een verklaring van geen bezwaar (is) inherent aan het systeem van de Wet veiligheidsonderzoeken'. Daarom 'moeten de daarmee samenhangende belangen van betrokkene worden geacht in de beleidsregel te zijn verdisconteerd'.

[8] Zie bijv. ABRvS 12 november 2008, ECLI:NL:RVS:2008:BG4070 over een beleidsregel inzake vrijstelling van het bestemmingsplan: 'De gestelde omstandigheden dat met de realisering van het bouwplan een trechter wordt gevormd voor luchtstromen uit de westelijke richtingen, de daglichttoetreding wordt verminderd, het omgevingslawaai wordt versterkt en het dorpse karakter wordt aangetast, wat daarvan zij, moeten geacht worden bij de vaststelling van de beleidsregels te zijn betrokken en kunnen niet als bijzondere omstandigheden in de zin van artikel 4:84 van de Awb worden aangemerkt'.

voorstelt (en een beleidsregel dus zelden buiten toepassing wordt gelaten)[9] en bestuursorganen te pas en te onpas roepen dat de aangevoerde omstandigheden al bij de beleidsvaststelling onder ogen zijn gezien en dus geen reden zijn om af te wijken. Daardoor zijn beleidsregels min of meer verworden tot algemeen verbindende voorschriften, waarvan ze nu juist onderscheiden moeten worden. Het voornaamste bezwaar hiertegen is dat de evenredigheid niet de aandacht krijgt die ze verdient, omdat genegeerd wordt dat niet-onredelijke beleidsregels in concrete gevallen soms toch onredelijk kunnen uitwerken.

5. Corrigerende rechtspraak

Het was dan ook te verwachten dat de bestuursrechter vroeg of laat zou ingrijpen. Op 26 oktober 2016 was het zover. De Afdeling bestuursrechtspraak overwoog in een zaak naar aanleiding van de sluiting van een woning op grond van artikel 13b van de Opiumwet dat ze 'anders dan voorheen' van oordeel was dat omstandigheden die bij het opstellen van een beleidsregel zijn verdisconteerd dan wel geacht moeten worden te zijn verdisconteerd, 'niet reeds daarom' buiten beschouwing kunnen worden gelaten. In plaats daarvan formuleerde de Afdeling de nieuwe regel: 'het bestuursorgaan dient (derhalve) alle omstandigheden van het geval te betrekken in zijn beoordeling en dient te bezien of deze *op zichzelf dan wel tezamen met andere omstandigheden,*[10] moeten worden aangemerkt als bijzondere omstandigheden in de zin van artikel 4:84 van de Awb die maken dat het handelen overeenkomstig de beleidsregel gevolgen heeft die onevenredig zijn in verhouding tot de met de beleidsregels te dienen doelen'.[11]

De winst van de nieuwe standaardoverweging is duidelijk. Bestuursorganen kunnen zich niet langer met een jantje-van-leiden afmaken van het beoordelen van de gevolgen van toepassing van beleidsregels met de enkele stelling dat deze al bij het opstellen van beleidsregels onder ogen zijn gezien. De evenredigheid moet steeds aan de hand van alle omstandigheden van het concrete geval worden beoordeeld. Door deze relativering van het begrip 'bijzondere omstandigheden' krijgt de inherente afwijkingsbevoegdheid weer kans de rol te spelen die ze voor 1998 speelde: voorkomen dat niet-onredelijke beleidsregels onevenredig uitwerken in concrete gevallen. De evenredigheidsnorm krijgt weer ruimte om de beleidspraktijk van zijn scherpste kantjes te ontdoen.

---

[9] Vaak wordt bij de (exceptieve) toetsing van beleidsregels volstaan met de opmerking dat het beleid 'niet onredelijk' is, zonder dat duidelijk wordt waarom. Zie bijv. ABRvS 11 maart 2015, ECLI:NL:RVS:2015:759.
[10] Zie ook Bröring in zijn noot bij de uitspraak in *AB* 2016/447, die erop wijst dat juist een stapeling van gevolgen vaak niet zal zijn voorzien en dat het dus zaak is daarop alert te zijn.
[11] ABRvS 26 oktober 2016, ECLI:NL:RVS:2016:2840.

6. Een kniesoor....?

Ondanks alle waardering voor bovenstaande uitspraak heb ik toch enkele kritische kanttekeningen: de uitspraak focust naar mijn oordeel te veel op wat ik 'toetsing aan de achterdeur' noem. Gekeken wordt of van de beleidsregel moet worden afgeweken op grond van bijzondere omstandigheden. Dat betekent dat al vaststaat dat 1) de beleidsregel van toepassing is, en 2) deze ook rechtmatig is. Maar is dat eigenlijk wel reëel getoetst? Gelet op de casus die aan de uitspraak ten grondslag ligt, waag ik dat te betwijfelen.

Wat betreft het eerste punt denk ik dat de beleidsregel, die gericht is op het voorkomen van drugshandel en het tegengaan van overlast daarvan, niet van toepassing was op de situatie die ter discussie stond. Weliswaar ging het om de vondst van een aanzienlijke hoeveelheid XTC-pillen in een schuur bij een woning, maar het stond vast dat deze pillen daar niet door de bewoonster waren neergelegd, maar door haar ex-partner die er korte tijd had verbleven. Omdat van drugshandel of overlast geen sprake was, lijkt de beleidsregel ten onrechte te zijn toegepast. De burgemeester had de sluiting van de woning daarom moeten motiveren zonder verwijzing naar de beleidsregel, en ik denk dat dit tot een ander besluit zou hebben geleid.[12] Ook de toetsing van de beleidsregels komt niet echt uit de verf. De rechter in eerste aanleg spreekt slechts van 'niet onredelijke' beleidsregels en de Afdeling wijdt er helemaal geen woorden aan. Toch is het m.i. discutabel of de beleidsregels wel met de tekst en strekking van artikel 13b van de Opiumwet in overeenstemming zijn.[13]

Wat ik mis bij de exceptieve toetsing van beleidsregels (en niet alleen in bovenstaande uitspraak), is een reële beoordeling van de vraag of een beleidsregel van toepassing is en of deze rechtmatig[14] is. En dat leidt ertoe dat te vaak gebruik wordt gemaakt van de afwijkingsbevoegdheid, terwijl de beleidsregel zelf ofwel niet van toepassing is ofwel niet deugdelijk is vastgesteld. De vraag of een beleidsregel van toepassing is, is nodig om de reikwijdte ervan in beeld te krijgen. Beleidsregels zijn immers in veel gevallen onaf, in de zin dat ze nog in- of aanvulling en interpretatie behoeven. Het is dus allerminst vanzelfsprekend dat een beleidsregel in alle gevallen kan worden toegepast. En toetsing van de beleidsregel zelf is niet alleen nodig om te voorkomen dat te pas en te onpas

---

[12] Dan had de Afdeling natuurlijk niet tot haar uitspraak kunnen komen, maar ik denk dat er voldoende zaken zijn die zich hadden geleend voor de relativerende overwegingen inzake bijzondere omstandigheden.
[13] Zie hierover uitgebreider mijn noot bij de uitspraak in *Gst.* 2017/37.
[14] Hoe zo'n toetsing 'van' beleidsregels er uit dient te zien, heb ik beschreven in 'Rechterlijke toetsing van en aan beleidsregels', *JBplus* 2002/2, p. 20-23. Deze toetsing is m.i. vergelijkbaar met de exceptieve toetsing van algemeen verbindende voorschriften, zoals die door Widdershoven wordt voorgestaan in ABRvS 22 december 2017, ECLI:NL:RVS:2017:3557.

geprobeerd wordt van beleidsregels af te wijken,[15] maar ook om de kwaliteit van beleidsregels te verhogen. Dat laatste is geen overbodige exercitie. Er zijn beleidsregels waarover goed is nagedacht en die de praktijk structureren en ondersteunen, maar ook beleidsregels die gedateerd zijn of bij nader inzien niet helemaal doordacht.[16] Zulke beleidsregels behoren door het bestuursorgaan te worden herzien. Rechterlijke toetsing kan eraan bijdragen dat fouten of tekortkomingen aan het licht komen, zoals ook blijkt uit enkele uitspraken over boetebeleidsregels.[17] Deze beleidsregels dienen vervolgens te worden aangepast.

7. Schrapping artikel 8:3 Awb

Mede vanwege de vaak gebrekkige exceptieve toetsing van beleidsregels is het denk ik tijd om artikel 8:3 van de Awb te schrappen. Dat is voor wat betreft algemeen verbindende voorschriften al vaak bepleit,[18] maar voor beleidsregels geldt mutatis mutandis hetzelfde. Weliswaar kan de deugdelijkheid van beleidsregels ook via een exceptieve toetsing aan de orde komen, maar in de praktijk blijft die vaak steken in de 'rituele' formule dat het beleid 'niet onredelijk'[19] is.[20]

Het grote voordeel van een direct beroep tegen beleidsregels is wat mij betreft gelegen in de mogelijkheid dat belangenorganisaties, die vaak over de nodige expertise beschikken, zich in het kader van de bezwaar- of beroepsprocedure kunnen uitspreken over de beleidsregel. Dat vergroot de kans op kwalitatief betere beleidsregels.[21] En wellicht is de mogelijkheid van direct beroep aanleiding voor de bevoegde bestuursorganen om de openbare voorbereidingsprocedure

---

[15] Het probleem dat daarmee gepaard gaat, is dat elke afwijking van een beleidsregel een precedent is dat weer tot nieuw beleid leidt. Beleid dat in de meeste gevallen niet kenbaar is (want niet bekendgemaakt) en in strijd met de beleidsregel.
[16] Een indicatie daarvoor zijn de vele uitspraken, waarin de rechter concludeert dat een bestuursorgaan ten onrechte van zijn beleidsregel is afgeweken, omdat er van bijzondere omstandigheden geen sprake is. Vaak blijkt dan dat het beleid gedateerd of onvoldoende uitgewerkt of doordacht is. Zie bijv. ABRvS 19 mei 2004, ECLI:NL:RVS:2004:AO9703; ABRvS 30 november 2011, ECLI:NL:RVS:2011:BU6350 en ABRvS 25 september 2013, ECLI:NL:RVS:2013:1283.
[17] Zie ABRvS 5 november 2014, ECLI:NL:RVS:2014:3950 en ABRvS 6 mei 2015, ECLI:NL:RVS:2015:1421.
[18] Zie o.a. het pleidooi van R.J.B. Schutgens, 'Rechtsbescherming tegen algemene regels: tijd om de Awb te voltooien', in: W.J.M. Voermans e.a., *Algemene regels in het bestuursrecht* (VAR-reeks 158), Den Haag: Boom Juridische uitgevers 2017.
[19] Uit ervaring weet ik dat bestuursorganen door dit oordeel vaak gesterkt worden in hun standpunt dat het beleid prima is en dat het niet aanspoort tot heroverweging ervan.
[20] Zie ook Y.E. Schuurmans & W.J.M. Voermans, 'Artikel 8:2 Awb: weg ermee!', in: T. Barkhuysen e.a. (red.) *Bestuursrecht harmoniseren: 15 jaar Awb*. Den Haag: Boom Juridische uitgevers 2010, p. 820.
[21] Zie ook Y.E. Schuurmans, 'Rechtsbescherming tegen algemeen verbindende voorschriften: een voltooide discussie?', *NTB* 2017/15.

(afdeling 3.4 Awb) van toepassing te verklaren op de beleidsontwikkeling, zodat belangenorganisaties zich ook vooraf over het te voeren beleid kunnen uitspreken. Dat is met name gewenst bij beleidsregels die betrekking hebben op complexe situaties waarbij veel tegengestelde belangen zijn betrokken.[22]

Een directe toetsing van beleidsregels zal er volgens mij niet toe leiden dat de bestuursrechter met een stortvloed aan nieuwe beroepen geconfronteerd wordt. Zo ligt het niet voor de hand dat individuele burgers het beleid als zodanig zullen aanvechten. Zij zullen vooral willen dat conform de beleidsregel wordt beslist of juist dat van de beleidsregel wordt afgeweken. Bovendien hebben zij vaak ook geen persoonlijk belang bij de beleidsregel als zodanig, zodat een eventueel beroep niet-ontvankelijk zal zijn.

Wellicht moet wel worden voorkomen dat de vernietiging van een beleidsregel – gelet op de mogelijk ingrijpende gevolgen ervan – automatisch terugwerkende kracht heeft. Een ander aandachtspunt betreft de bezwaar- en beroepstermijn: moet die beperkt blijven tot zes weken of is een langere termijn gewenst?[23]

8. Conclusie

Beleidsregels worden vaak met de nodige scepsis bezien, en niet ten onrechte. Zo laat de kwaliteit vaak te wensen over en wordt er alleen bij hoge uitzondering van bestaand beleid afgeweken. Dat kan en moet[24] anders, mits bestuur, rechter en wetgever elk hun verantwoordelijkheid nemen.

Bestuursorganen zijn als eerste aan zet en moeten daarom het voortouw nemen. Van hen mag worden verwacht dat ze ervoor zorgen dat het beleid dat wordt vastgesteld de toets der kritiek kan doorstaan. Belangrijk daarvoor is dat de relevante belangen goed in beeld zijn gebracht en zorgvuldig worden afgewogen. In dat kader kan het zinvol zijn om beleidsregels met behulp van de openbare voorbereidingsprocedure vast te stellen; met name als er sprake is van tegengestelde belangen. Essentieel is verder dat bestaand beleid periodiek wordt heroverwogen en zo nodig aangepast. En last but not least: voorkomen moet worden dat een beleidsregel wordt toegepast op situaties waarvoor deze niet is geschreven.

Ook van de wetgever mag enige actie worden verwacht, hoewel bedacht moet worden dat codificatie vaak ongemerkt tot modificatie leidt. Ingrijpende

---

[22] Zie ABRvS 26 augustus 2015, ECLI:NL:RVS:2015:2725: de Beleidsregel ontheffingen ligplaatsen van de provinciale vaarwegen van Zuid-Holland die daar ter discussie stond, is in werking getreden na consultatie van gemeenten en belangenorganisaties, en een zienswijzeprocedure waarin iedereen op het (voor)ontwerp kon reageren.
[23] Schuurmans 2017 merkt op dat een termijn van 6 weken ertoe zal leiden dat vooral belangenorganisaties zullen procederen.
[24] Beleidsregels zijn immers noodzakelijk; niet alleen om de bestuurspraktijk te sturen en te ondersteunen, maar ook om burgers van de nodige informatie over de bevoegdheidsuitoefening te voorzien.

materiële wijzigingen liggen daarom niet direct voor de hand. Wat wel voor de hand ligt, is dat artikel 4:84 Awb in overeenstemming wordt gebracht met de strekking van de Afdelingsuitspraak van 26 oktober 2016. Voorkomen moet worden dat beleidsregels er toch – gelet op de wettekst – nog steeds meer uitzien als algemeen verbindende voorschriften met een hardheidsclausule dan als regels met een inherente afwijkingsbevoegdheid. Dat is niet de bedoeling. Verder zou schrapping van artikel 8:3 Awb overwogen moeten worden, zodat er een reële(re) toetsing 'van' beleidsregels tot ontwikkeling kan komen.

De rechter ten slotte heeft een belangrijke taak als 'achtervanger'. Hij zou bij zijn toetsing meer op de voorfase moeten letten door te kijken of een beleidsregel van toepassing is en of deze deugdelijk is vastgesteld. Toetsing van beleidsregels kan een kwaliteitsboost meebrengen, doordat gesignaleerd wordt in welk opzicht beleidsregels tekortschieten of niet goed doordacht zijn en in hoeverre ze inmiddels gedateerd zijn. Zo'n toetsing kan er ook toe leiden dat verschillende soorten beleidsregels aan verschillende criteria worden onderworpen.[25] Ten slotte kan een reële toetsing van beleidsregels er voor zorgen dat de druk om van beleidsregels af te wijken minder groot wordt. Wellicht komt het dan ooit zover dat gezegd wordt: 'het is beleid, u heeft er dus goed over nagedacht.'

---

[25] Zo vergen boetebeleidsregels een andere aanpak dan beleidsregels in meer-partijensituaties, en die moeten wellicht weer worden onderscheiden van beleidsregels in zaken waarbij slechts twee partijen betrokken zijn.

Adrienne de Moor-van Vugt[*]

37 | Fair play – een vergeten beginsel

@A_deMoorVanVugt – Het fair-playbeginsel is terug van weggeweest. Het vult een lacune bij dubbele boeteprocedures en de verdeling van schaarse rechten. Daarnaast biedt het een basis voor een informeel verschoningsrecht#fair-play-beginsel#schaarse-rechten#ne-bis-vexari#informeel-verschoningsrecht

1. Achtergrond en opzet

Het fair-playbeginsel is ontwikkeld in de jaren '50 van de vorige eeuw. Nicolaï heeft de ontwikkeling ervan in kaart gebracht en vermeldt dat Boasson in 1911 een ongeschreven norm identificeerde, die hij de eis van plichtmatigheid noemde. Deze plichtmatigheid betekende dat het bestuur zich niet mocht laten leiden door 'luimen, antipathie, wrok, zucht tot bevoorrechting en eigenbelang'.[1] De eis van fair play die in 1952 door Wiarda werd geformuleerd, leek daar sterk op.[2]

Het arrest Hilversumse kleuterschool (ook wel bekend als Juffrouw Prak) wordt beschouwd als rechterlijk oordeel waarin de strekking van het beginsel voor het eerst verwoord werd.[3] In deze zaak traineerde het college van B&W van Hilversum de beslissing op een verzoek om woonruimte in gebruik te nemen als bedrijfsruimte door geen advies uit te brengen aan de Kamer van Koophandel. Dit advies was een noodzakelijke stap op de weg naar een vrijstelling van woonruimtevordering. Vervolgens vorderde het college de ruimte snel als woonruimte. De Hoge Raad achtte het beletten dat degene om wiens rechten het gaat ten volle gebruik kon maken van de mogelijkheid om vrijstelling te krijgen onrechtmatig. De Hoge Raad noemde hierbij geen enkel beginsel van behoorlijk bestuur, maar de regel dat een burger een eerlijke kans moet krijgen om voor zijn belangen op te komen heeft sindsdien vaste voet aan de grond gekregen.[4]

Wiarda haalde dit arrest inderdaad aan toen hij in zijn VAR-preadvies onderzocht welke betekenis de algemene beginselen van behoorlijk bestuur als rechterlijke toetsingsnorm hadden.[5] Hij wees erop dat in dit arrest een beginsel naar voren kwam dat in de Engelse en Amerikaanse literatuur werd omschre-

---

[*] Prof. mr. A.J.C. de Moor-van Vugt is staatsraad in de Afdeling bestuursrechtspraak van de Raad van State en hoogleraar staats- en bestuursrecht aan de Universiteit van Amsterdam. Deze bijdrage is op persoonlijke titel geschreven.
[1] P. Nicolaï, *Beginselen van behoorlijk bestuur*, Deventer: Kluwer 1990, p.32.
[2] Nicolaï 1990, p. 81.
[3] Nicolaï 1990, p. 514.
[4] HR 28 juni 1951, ECLI:NL:HR:1951:33, *NJ* 1951, 528.
[5] G.J. Wiarda, *Algemene beginselen van behoorlijk bestuur* (VAR-reeks XXIV), Haarlem: H.D. Tjeenk Willink 1952, p. 55.

ven als *fair play*. 'Het is het bestuursfatsoen, dat vooral bij de voorbereiding van de beschikking en bij de rechtsstrijd, welke daaruit kan ontstaan, een rol speelt', aldus Wiarda.[6] Hij sprak van de eisen van openheid, eerlijkheid en royaliteit.[7] Bezien we de literatuur, dan heeft het beginsel steeds een procedurele invulling gehad, waarbij van het bestuursorgaan wordt verwacht dat het open kaart speelt en geen procedurele trucs uithaalt om de burger van zijn rechten af te houden.[8] In de rechtspraak werd het echter niet vaak uitdrukkelijk toegepast.[9] Na de invoering van de Awb werd het beginsel overschaduwd en min of meer vervangen door het formele zorgvuldigheidsbeginsel van artikel 3:2 en het verbod van vooringenomenheid van artikel 2:4 Awb.

Steeds vaker werd rechtstreeks getoetst aan de zorgvuldigheid en niet aan fair play in situaties waarin 'bestuursfatsoen' ontbrak.[10] Een vergeten beginsel. Maar net als vergeten groenten is dit vergeten beginsel aan een revival bezig. Recent zagen we het bij voorbeeld terug in een uitspraak van de Afdeling over een dubbele boeteprocedure (waarover hierna meer).[11] Naar aanleiding daarvan rees bij mij de vraag welke rol het fair-playbeginsel nog speelt in het bestuursrecht, en wat na 25 jaar Awb de meerwaarde zou kunnen zijn van toepassing van dit beginsel, met name naast het formele zorgvuldigheidsbeginsel van artikel 3:2 Awb. Ter beantwoording van die vraag heb ik een beperkte survey uitgevoerd.[12]

Het beginsel wordt in de eerste plaats nog steeds toegepast in de betekenis dat overheidsinstanties de burgers de mogelijkheid moeten geven hun procedurele kansen te benutten (paragraaf 2). In het verlengde daarvan wordt het toegepast als burgers de dupe zijn geworden van de procedurele aanpak van een overheidsinstantie (paragraaf 3). Op de derde plaats zien we het beginsel terug in zaken waarin een overheidsinstantie een procedurele truc heeft toegepast om een burger van zijn materiële rechten af te houden (paragraaf 4). Een bijzondere

---

[6] Wiarda 1952, p. 69.
[7] Wiarda 1952, p. 78.
[8] Zie o.a. R.J.N. Schlössels, 'Bestaat er nog een dienende overheid? Kritische opmerkingen vanuit het perspectief van de decentrale overheid', *Gst.* 2010, 102. Zie ook de kronieken Beginselen van behoorlijk bestuur in het *NTB*.
[9] Zie A.J.C. de Moor-van Vugt, *Algemene beginselen van behoorlijk bestuur en buitenlandse equivalenten*, Zwolle: W.E.J. Tjeenk Willink 1987, p. 21.
[10] Zie o.a. Van Wijk/Konijnenbelt & Van Male, *Hoofdstukken van bestuursrecht*, Deventer: Kluwer 2014, p. 282 en 307.
[11] ABRvS 18 oktober 2017, ECLI:NL:RVS:2017:2796.
[12] Daarbij werd voor de jaren 2015-2017 bekeken in hoeverre het fair-playbeginsel in de jurisprudentie aan bod kwam. Daarnaast is gekeken naar verwijzingen in de literatuur in die periode, met als gevolg dat soms oudere uitspraken in het onderzoek zijn betrokken. De survey is beperkt tot de Nederlandse bestuursrechtspraak. De uitkomsten zijn vervolgens gerubriceerd en in drie categorieën ingedeeld. Bij die indeling bleek dat op twee terreinen van bestuursrecht een toepassing aan het fair-playbeginsel kon worden gegeven, die niet naadloos paste in de hoofdcategorieën. Deze zijn daarom apart besproken.

toepassing kent het beginsel in het belastingrecht, waar uit het beginsel een informeel verschoningsrecht wordt afgeleid (paragraaf 5). Tot slot zien we trekken van het beginsel bij de verdeling van schaarse rechten, hoewel het daar niet als zodanig wordt gebruikt (paragraaf 6). Deze bijdrage eindigt met een korte conclusie over de rol en betekenis van het beginsel na 25 jaar Awb.

2. Het benutten van procedurele kansen

Het is met name de Nationale ombudsman die het beginsel gebruikt in gevallen waarin hij van oordeel is dat overheidsinstanties burgers de mogelijkheid moeten geven hun procedurele kansen te benutten.[13] Van de vele voorbeelden noem ik er een waarbij het mis ging: de zaak van de toeslagen kinderopvang.[14] De Belastingdienst/Toeslagen beëindigde in 2014 het recht op de kinderopvangtoeslag in dat jaar van ongeveer 232 gezinnen. Zij zaten alle bij hetzelfde gastouderbureau. Volgens de ombudsman was geen sprake van fair play tijdens en na de beëindigingsprocedure, omdat de dienst de toeslag al beëindigde vóórdat hij de bewijsstukken en gegevens van betrokkenen had opgevraagd en had beoordeeld. Daarnaast kregen ouders die wel de opgevraagde stukken hadden verstrekt, maar volgens de dienst niet genoeg, niet alsnog de kans om nadere stukken of informatie te leveren. In veel gevallen gaf de dienst niet aan welke gegevens of bewijsstukken ontbraken of onvoldoende waren. Ook werden de ouders te laat gewezen op de mogelijkheid bezwaar in te dienen. Op deze manier was het voor de ouders onmogelijk om zich te weer te stellen tegen de beslissingen van de dienst.[15]

In de rechtspraak zien we dat vaak een beroep op fair play wordt gedaan, maar dit beroep wordt echter niet vaak gehonoreerd. Het overslaan van het horen voor het nemen van een beslissing op bezwaar om de beslistermijn te halen is niet in strijd met het fair-playbeginsel, aldus de Afdeling, omdat i.c. achteraf nog de gelegenheid was geboden om gehoord te worden en het besluit eventueel nog zou kunnen worden aangepast. Bovendien was niet gebleken dat betrokkene in zijn belangen was geschaad. Het gebrek mocht worden gepasseerd.[16]

De Tipgeverszaak is bekend, omdat de fiscus daarin gebruik maakt van een cd met lijsten van zwartspaarders, verkregen van een anonieme tipgever. Hier

---

[13] Zie bijv. Nationale ombudsman 10 augustus 2016, nr. 2016/073, AB 2016/368, m.nt. P.J. Stolk.
[14] Nationale Ombudsman, *Geen powerplay maar fair play, Onevenredig harde aanpak van 232 gezinnen met kinderopvangtoeslag*, Rapportnr. 2017/095 (zie www.nationaleombudsman.nl).
[15] Ander voorbeelden zijn Nationale ombudsman 1 september 2015, nr. 2015/128, AB 2015, 400, m.nt. P.J. Stolk (procederen in het Zweeds); Nationale ombudsman 12 april 2006, nr. 2006/146 en CRvB 27 juni 2012, ECLI:NL:2012:BX1183, *AAe* 2013, nr. 1, p. 49 e.v. (noot L.J.A. Damen, klachtbrief in het Engels).
[16] ABRvS 15 juli 2015, ECLI:NL:RVS:2015:2244.

speelt het beginsel een rol doordat de inspecteur weigerde de identiteit van de tipgever en de afspraken die waren gemaakt in de procedure bekend te maken. In de literatuur wordt deze houding bekritiseerd, omdat daarmee de rechter in zijn waarheidsvinding wordt belemmerd. Ook wordt de betrokkene mogelijk geschaad in zijn procesbelang, doordat hij niet kan achterhalen of de informatie rechtmatig is verkregen en ook niet in hoeverre deze informatie betrouwbaar is.[17] Hier ligt een verband met het leerstuk van onrechtmatig verkregen bewijs: de justitiabele mag niet benadeeld worden als gevolg van onbetrouwbaar bewijs. Uiteindelijk heeft het Hof Den Bosch geoordeeld dat het bewijs moest worden uitgesloten, omdat de inspecteur niet transparant is geweest over zijn afwegingen over het gebruik van dit door de tipgever onrechtmatig verkregen materiaal. Hier ligt ook de link met het fair-playbeginsel, omdat door gebrek aan transparantie de justitiabele zich ook niet adequaat kon verweren.[18]

Een gemeente verzocht de aanvrager van een omgevingsvergunning het al lopende traject te stoppen en een nieuwe aanvraag te doen voor het gehele te bouwen project. Door dat niet te doen was hij aanzienlijk duurder uit qua leges voor de tweede fase. De rechtbank oordeelde dat de gemeente hem had moeten voorlichten over de leges, zodat hij een geïnformeerde keuze voor het nieuwe traject had kunnen maken. Daarmee handelde de gemeente in strijd met het zorgvuldigheidsbeginsel, in het bijzonder het beginsel van fair play, aldus de rechtbank.[19]

3. Benadeling door de procedurele aanpak van een overheidsinstantie

In deze categorie vallen zaken waarin de aanpak van de overheid onbedoeld nadelige gevolgen heeft voor de burger. Het gaat dan om een ongelukkige aanpak, om slordigheden of een ongelukkige samenloop van omstandigheden. In deze gevallen wordt het fair-playbeginsel wel aangehaald, maar het besluit vaak vernietigd wegens strijd met het zorgvuldigheidsbeginsel. Hierna volgen slechts enkele voorbeelden uit de rechtspraak.[20]

De afwijzing van de aanvraag om een werkleeraanbod (WLA) en een uitkering op grond van de Wet Investeren in Jongeren (WIJ) was in strijd met het fair-playbeginsel. De afwijzing was erop gebaseerd dat de aanvrager niet was komen opdagen op twee afspraken, terwijl de uitkeringsambtenaar uit een hoorzitting wist dat er problemen waren met de postontvangst, en zij ook wist

---

[17] Zie hierover C.M. Dijkstra, 'De betaalde tipgever: een fiscaal Fremdkörper', *WFR* 2016/151.
[18] De uitgangspunten in abstracto voor tipgeverzaken zijn neergelegd in de Resolutie van de Staatssecretaris van Financiën van 24 oktober 1985, nr. 585-24843.
[19] Rb. Haarlem 17 augustus 2011, ECLI:NL:RBHAA:2011:BU6938. Zie ook ABRvS 31 december 2015, ECLI:NL:RVS:2015:4040 over niet clusteren van samenhangende ruimtelijke procedures.
[20] Andere voorbeelden zijn: Rb. Den Haag 12 februari 2015, ECLI:NL:RBDHA:2015: 1434, *TAR* 2015, 53; Rb. Den Haag 8 december 2015, ECLI:NL:RBDHA:2015: 10581.

dat zij hem die dag een uitnodiging voor een gesprek had gestuurd. Door dit niet te melden tijdens die hoorzitting en de aanvrager vervolgens af te rekenen op het missen van de afspraak, werd het beginsel geschonden.[21]

De subsidie voor het instandhouden van kuddes van Kempische heideschapen werd verleend onder de opschortende voorwaarde dat de Commissie de subsidieregeling niet zou aanmerken als staatssteun. Vervolgens werd de subsidie verlaagd, naar zeggen van de minister om niet met de staatssteunregels in botsing te komen. Ter zitting bij het CBb bleek echter dat de minister de regeling nooit had aangemeld bij de Commissie en zich daar gedurende de procedure schimmig over had uitgelaten. Bij navraag door het CBb bij de Commissie kwam deze nalatigheid uit, en ook dat de Commissie twijfel had over de verenigbaarheid van de regeling met het staatssteunregime. Omdat de minister geen open kaart had gespeeld, vernietigde het CBb de verlaagde subsidiebeschikkingen wegens strijd met het fair-playbeginsel.[22]

De minister legde vier afzonderlijke Wav-boetes op vanwege gedurende twee maanden begane overtredingen (werken zonder tewerkstellingsvergunning). Het ging steeds om sloopwerkzaamheden aan de panden van de overtreder, verricht door dezelfde vreemdelingen. De overtreder had echter een sloopbedrijf ingehuurd. Pas na het constateren van alle overtredingen werd de overtreder geïnformeerd, waardoor zij tussentijds de overtredingen niet had kunnen beëindigen en kunnen voorkomen dat meer boetes werden opgelegd. In beroep was aangevoerd dat dit in strijd met het fair-playbeginsel was, maar de rechtbank vernietigt wegens strijd met het zorgvuldigheidsbeginsel.[23]

In de inleiding werd al gerefereerd aan het geval van de Wav-boete. Deze werd opgelegd aan twee natuurlijke personen, die volgens de minister samen een doelvermogen vormden en daarom gelijkgesteld konden worden aan een rechtspersoon (artikel 5:1 lid 3 Awb jo. artikel 51 lid 3 WvSr). Na bezwaar werd de boete ingetrokken en vervangen door twee (in totaal hogere) boetes, per persoon één. In hoger beroep oordeelde de Afdeling het abusievelijk aanmerken van deze twee personen als doelvermogen en het intrekken van het besluit om vervolgens twee afzonderlijke boetes op te leggen als strijdig met het fair-playbeginsel. De minister had dit kunnen voorkomen door al meteen deugdelijk te onderzoeken of daadwerkelijk sprake was van een doelvermogen. Door dat onderzoek pas na het bezwaar te doen werden deze personen met een nieuwe procedure tot boeteoplegging belast. De Afdeling matigde de boete daarom

---

[21] Rb. Roermond 21 maart 2012, ECLI:NL:RBROE:2012:BW0436.
[22] CBb 29 december 2017, ECLI:NL:CBB:2017:412. Zie ook: Rb. Den Haag 24 juli 2009, ECLI:NL:RBSGR:2009:BJ3776 (niet melden start inbreukprocedure wegens te hoge leges). De ABRvS heeft later uitgesproken dat de hoogte van de leges doorzichtig en billijk is. Zie uitspraak van 29 juni 2010, ECLI:NL:RVS:2010:BN0203.
[23] Rb. Amsterdam 25 maart 2009, ECLI:NL:RBAMS:2009:BH8927. Zie voor een vergelijkbare casus ABRvS 17 december 2008, ECLI:NL:RVS:2008:BG7202; ABRvS 10 maart 2010, ECLI:NL:RVS:2010:BL7033.

met 50%. Hier zien we dat het fair-playbeginsel dient als een correctie in een geval waarin het ne-bis-in-idembeginsel geen oplossing biedt. Er is immers niet tweemaal beboet voor hetzelfde feit, omdat de eerste boete is ingetrokken. Er zijn wel twee procedures gevoerd; in het strafrecht brengt het beginsel ne-bis-vexari mee, dat iemand niet tweemaal mag worden vervolgd voor hetzelfde feit (met als gevolg dubbele bestraffing). Dit beginsel kennen we in het boeterecht niet, maar de toepassing van het fair-playbeginsel werkt in ieder geval mitigerend op het gevolg van de dubbele procedure.[24]

4. Procedurele trucs

Burgers beschuldigen overheidsinstanties er wel eens van bewust procedurele complicaties op te werpen om te voorkomen dat zij een bepaald recht kunnen verwerven. Het in de inleiding besproken arrest Hilversumse kleuterschool is daar een sprekend voorbeeld van. Toch zijn er in de rechtspraak, anders dan van de vorige categorie, (gelukkig) niet veel voorbeelden van te vinden.

Een recent voorbeeld deed zich voor bij een aanvraag omgevingsvergunning eerste fase (afwijking bestemmingsplan) voor de uitbreiding van een varkensstal in Lage Mierde. Het college had de beslissing op de aanvraag al op de lange baan geschoven en kreeg dwangsommen wegens niet tijdig beslissen door de rechtbank opgelegd. Uiteindelijk werd de vergunning geweigerd op één enkele grond (strijd met de stalderingsregeling Verordening ruimte Noord-Brabant). Ter zitting gaf het college echter aan dat het zich het recht voorbehield om de beschikking eerste fase ook op andere gronden te weigeren. De rechtbank achtte deze tactiek in strijd met het fair-playbeginsel. Het college had in een keer alle weigeringsgronden moeten opnemen in het besluit.[25]

Het frustreren van de mogelijkheid om met een woonboot een ligplaats in te nemen, achtte de rechtbank ook in strijd met fair play. Hier speelde een rol dat ten tijde van de aanvraag om een ligplaatsvergunning er géén verbod gold, omdat het college nog geen plaatsen had aangewezen waar een verbod gold. Toch wees het college de aanvraag af. Op verzoek van het college werd de bezwaarprocedure stilgelegd, omdat er beleidsontwikkelingen op dit terrein gaande waren. Het resultaat was dat het aanwijzingsbesluit er kwam en de afwijzing van de aanvraag in bezwaar kon worden gehandhaafd. De rechtbank zag op drie punten strijd met fair play: het onbevoegd nemen van het besluit en de onjuiste voorlichting; het niet tijdig nemen van een beslissing op bezwaar; én het in de tussengelegen tijd wijzigen van de toepasselijke regelgeving, in de wetenschap dat de aanvrager een ligplaats wilde én mocht innemen.[26] In lijn

---

[24] ABRvS 18 oktober 2017, ECLI:NL:RVS:2017:2796.
[25] Rb. Oost-Brabant 16 januari 2018, ECLI:NL:RBOBR:2018:297.
[26] Rb. Roermond 23 april 2010, ECLI:NL:RBROE:2010:BM2835, onder verwijzing naar ABRvS 30 maart 1999, ECLI:NL:RVS:1999:AH6812, AB 1999, 310 en ABRvS 2 december 2009, ECLI:NL:RVS:2009: BK5064.

hiermee achtte de rechtbank schending van het fair-playbeginsel mogelijk als het college, in de verwachting dat het bestemmingsplan ten nadele van betrokkenen zal worden gewijzigd, de beslissing om te gaan handhaven doelbewust en opzettelijk uitstelt tot na de inwerkingtreding van het bestemmingsplan. Dat was in de beoordeelde casus echter niet het geval.[27]

Om het aanpassen van bestemmingsplannen binnen een periode van tien jaar te bevorderen, doet artikel 3.1 lid 4 Wro de bevoegdheid tot invordering van leges in verband met het bestemmingsplan vervallen na tien jaar. De gemeente Edam-Volendam had desondanks leges in rekening gebracht en een betaalverzoek gedaan. Dit laatste had volgens de rechtbank niet gemogen zonder expliciet aan te geven dat de leges niet invorderbaar waren. Door informatie hierover achterwege te laten had de gemeente gehandeld in strijd met het beginsel van fair play.[28]

5. Het informele verschoningsrecht

In het fiscale recht is het de Hoge Raad geweest die het fair-playbeginsel nieuw leven heeft ingeblazen. In 2005 oordeelde hij dat de fiscus geen inzage mag vragen in rapporten en andere geschriften van adviseurs die niet onder het verschoningsrecht vallen (zoals due diligence rapporten van accountants), voor zover zij ten doel hebben de fiscale positie van de belastingplichtige te belichten of hem daarover te adviseren. Voor een goed begrip van dit arrest is het van belang te weten, dat wanneer een belastingplichtige geen gehoor geeft aan een informatieverzoek omkering van de bewijslast volgt. De inspecteur legt een aanslag op gebaseerd op een schatting, en de belastingplichtige moet wanneer hij daar bezwaar tegen heeft, bewijzen dat de aanslag niet klopt. Volgens de Hoge Raad staat het fair-playbeginsel er echter aan in de weg dat de fiscus de adviezen die een belastingplichtige zelf heeft ingewonnen gebruikt om de eigen bewijspositie te versterken.[29] Op deze regel, het zogenoemde *informeel verschoningsrecht* voor belastingadviseurs en accountants, is nadien nog vele malen een beroep gedaan.[30] Daarbij wordt soms een verband gelegd tussen het verkrijgen met schending van fair play en de rechtmatigheid van verkrijging van de door de inspecteur gebruikte bewijs. Fair play en het 'zozeer indruist' criterium vormen dan twee kanten van dezelfde medaille, doordat de inspecteur gebruik maakt van stukken die hij niet had mogen opvragen.[31] Deze gedachtelijn stuit

---

[27] Rb. Oost-Brabant 26 juni 2018, ECLI:NL:RBOBR:2018:3111.
[28] Rb. Noord-Holland 24 juli 2017, ECLI:NL:RBNHO:2017:6106.
[29] HR 23 september 2005, ECLI:NL:HR:2005:AR6468.
[30] Voor meer over het verschoningsrecht zie: A.M.E. Nuyens en P.C. Melse, 'Fair play in het fiscale strafrecht', *Tijdschrift voor Bijzonder Strafrecht & Handhaving* 2017/2.
[31] Rb. Gelderland 16 juni 2016, ECLI:NL:RBGEL:2016:3226. Zie ook de hiervoor besproken Tipgeverzaak en HR 27 februari 2015, ECLI:NL:HR:2015:473, *BNB* 2015, 81, m.nt. F.J.P.M. Haas (waarin het beroep op fair play en de onrechtmatige verkrijging van

m.i. af op de omstandigheid dat de inspecteur de rapporten verkrijgt op grond van zijn bevoegdheid om inlichtingen te vragen (artikel 47 Awr) en de belastingplichtige zelf opdracht heeft gegeven voor die rapporten. Het gedrag van de inspecteur, noch het gedrag van de belastingplichtige is dus onrechtmatig. Toch is duidelijk dat er iets wringt in de redenering dat een belastingplichtige het slachtoffer kan worden van adviezen die hijzelf heeft ingewonnen. Wettelijke verschoningsrechten en het legal privilege zijn gebaseerd op het uitgangspunt dat dit niet mag. Bij gebrek aan een rechtsregel terzake speelt het fair-playbeginsel hier een uitstekende rol om deze lacune te dichten.

6. Verdeling schaarse rechten

Bij de verdeling van schaarse rechten zien we in het bestuursrecht geen verwijzingen naar het fair-playbeginsel. Sinds de conclusie van AG Widdershoven bij de zaak Hommerson Vlaardingen wordt aangenomen dat de normering op dit gebied wordt beheerst door het formele gelijkheidsbeginsel en het Unierechtelijke transparantiebeginsel. Voor zover geen Unierecht aan de orde is, vloeit de transparantieverplichting volgens Widdershoven ook voort uit het formele gelijkheidsbeginsel.[32] In de kern gaat het erom dat bij de verdeling van schaarse rechten potentiële gegadigden op basis van gelijke kansen kunnen meedingen. Dit betekent op de eerste plaats dat de verdeelprocedure wordt geopend, dat wordt gezorgd voor een 'passende mate van openbaarheid' over de beschikbaarheid van de schaarse vergunning, de verdelingsprocedure, het aanvraagtijdvak en de toe te passen criteria. Het betekent ook dat lopende de procedure de criteria voor deelname, verdeling of gunning niet mogen worden gewijzigd.[33] Timmermans merkt in zijn noot onder de uitspraak van de Afdeling bestuursrechtspraak in deze zaak op dat het gebod van fair play raakvlakken heeft met de eis van passende openbaarheid. Onder verwijzing naar de literatuur stelt hij dat dit gebod meebrengt dat een bestuursorgaan de burger geen mogelijkheden mag onthouden om voor zijn belang op te komen en dat bestuursorganen open en eerlijk optreden en betrokkenen adequaat informeren.[34]

Dit is interessant omdat op een specifiek terrein van verdeling van schaarse rechten, te weten het aanbestedingsrecht, het fair-playbeginsel mede ten grondslag wordt gelegd aan bepaalde, niet wettelijk geregelde procedurele eisen. Voor onderhandse aanbestedingsprocedures met meer gegadigden (die niet

---

het bewijs niet slaagde, omdat betrokkene zelf het materiaal aan de inspecteur had toegezonden).
[32] Conclusie d.d. 25 mei 2016, ECLI:NL:RVS:2016:1421. Zie ook het overzicht van de literatuur in par. 5 van de conclusie.
[33] Zie voor de laatste stand van zaken C.J. Wolswinkel, 'Concurrerende verdelingsregimes? Schaarse vergunningen onder Unierecht en nationaal recht na Vlaardingen en Appingedam', SEW 2018/110.
[34] ABRvS 2 november 2016, ECLI:NL:RVS:2016:2927, JB 2017/1, m.nt. L.J.M. Timmermans.

vallen binnen de reikwijdte van de Aanbestedingswet) is inmiddels in de jurisprudentie geoordeeld dat aanbestedende diensten aan inschrijvers een effectieve mogelijkheid tot rechtsbescherming moeten bieden c.q. een redelijke *stand still* termijn in acht dienen te nemen voordat de opdracht definitief mag worden gegund. Doet de aanbestedende dienst dit niet, dan handelt zij in strijd met het fair-playbeginsel.[35] Ook het Hof van Justitie knoopt aan bij *fairness* in verschillende aanbestedingszaken.[36]

Er zijn goede argumenten om bij de verdeling van schaarse rechten aan te knopen bij het fair-playbeginsel en niet bij het formele gelijkheidsbeginsel. Dit laatste beginsel dekt niet alle vereisten, bv. niet de kenbaarheid en helderheid van stukken, bepaalde publicatievereisten, het consequent hanteren van heldere selectiecriteria, en het tegengaan van willekeur. Hier moeten resp. het rechtszekerheidsbeginsel en het Unierechtelijke transparantiebeginsel te hulp komen. Het transparantiebeginsel is niet erkend als algemeen beginsel van behoorlijk bestuur in Nederland.[37] Dit vormt de reden dat het formeel gelijkheidsbeginsel als basis wordt gebruikt. Dit beginsel is voor Nederland echter ook een nieuw beginsel in het kader van besluitvorming. Tot nu toe wordt het gelijkheidsbeginsel vooral gezien als een beginsel dat de materiële rechtspositie betreft en veel minder of niet als een beginsel dat de eerlijke procedure garandeert. Wel kennen we het aan het EVRM ontleende beginsel equality of arms, dat invulling geeft aan de eis van een eerlijk proces (fair hearing). Het fair-playbeginsel drukt echter precies uit wat moet gebeuren. Fair play vereist immers zoals we zagen, dat de overheid moet zorgen dat burgers hun procedurele kansen moeten kunnen benutten. Dit betekent dat zij open en eerlijk optreden en betrokkenen adequaat en tijdig informeren. Hiermee zijn de eisen van passende openbaarmaking gedekt. Daarnaast houdt het beginsel in dat burgers niet mogen worden benadeeld door een ongelukkige aanpak of procedurele trucs. Dit past bij het verbod om lopende de verdeelprocedure de procedurele regels voor deelname, verdeling of gunning, dan wel de gunningscriteria te veranderen.[38] Het past ook bij de eis dat na de gunningsbeslissing een *stand still* periode geldt, zodat partijen rechtsbescherming kunnen zoeken. Het voordeel

---

[35] Rb. Zeeland West-Brabant 4 februari 2014, ECLI:NL:RBZWB:2014:1007, *JAAN* 2014/65, m.nt. M.G. Rauws (r.o. 4.5 en 4.9). De Commissie van Aanbestedingsexperts oordeelde zelfs dat het fair-playbeginsel ook van toepassing is bij particuliere aanbesteding. Zie uitspraak 9 oktober 2014, *JAAN* 2015/84, m.nt. M.W. Speksnijder.
[36] Zie bijv. de zaken HvJ EU 10 oktober 2013, ECLI:EU:C:2013:647 (Manova) en HvJ EU 29 maart 2012, ECLI:EU:C:2012:191 (SAG ELV).
[37] R.J.G.M. Widdershoven, 'Een ervaring als staatsraad advocaat-generaal - op zoek naar een rechtsbeginsel', in: M. Bosma e.a. (red.), *De conclusie voorbij*, Nijmegen: Ars Aequi Libri 2017, p. 87-102.
[38] A. Drahmann, *Transparante en eerlijke verdeling van schaarse besluiten: een onderzoek naar de toegevoegde waarde van een transparantieverplichting bij de verdeling van schaarse besluiten in het Nederlandse bestuursrecht*, Deventer: Kluwer 2015, p. 268, die het fair-playbeginsel desondanks afwijst als basis voor de verdeling van schaarse rechten.

van deze aanpak is dat we niet op zoek hoeven naar nieuwe beginselen en niet hoeven te onderbouwen waarom een uitgangspunt dat we willen hanteren geldt als een algemeen beginsel van behoorlijk bestuur.

7. Slot

Ondanks de beperktheid van deze survey kunnen we concluderen dat het fair-playbeginsel bezig is aan een come back. Net zoals de vergeten groenten weer in de supermarkt liggen, ligt het fair-playbeginsel weer in de gereedschapskist van de rechter. Daarbij wordt het toegepast in de betekenis die het volgens Wiarda al had, namelijk het laten zien van bestuursfatsoen, waarbij de overheid moet voldoen aan de eisen van openheid, eerlijkheid en royaliteit. Het beginsel vergt dat de burger wordt ondersteund of althans niet wordt tegengewerkt in zijn mogelijkheden om zijn procedurele kansen te benutten. Het vergt ook dat de overheid grootmoedig is als de burger ten gevolge van ongelukkig optreden van de kant van de overheid procedureel de dupe wordt én dat de overheid geen trucs uithaalt om de burger van zijn rechten af te houden.

Er zijn ook nieuwe toepassingen, en wel in gevallen waarin het geldende recht geen oplossing biedt voor gevallen waarin de burger procedureel in de verdrukking is gekomen. Het informele verschoningsrecht en het boeterecht zijn daarvan voorbeelden.

De Hoge Raad heeft op basis van dit beginsel het *informele verschoningsrecht* heeft geformuleerd. Dat is het recht van de belastingplichtige om geen inzage te hoeven geven in adviezen en rapporten van adviseurs die geen wettelijk verschoningsrecht hebben. Het leerstuk van onrechtmatig verkregen bewijs biedt hier geen oplossing, terwijl duidelijk is dat de fiscus de adviezen die een belastingplichtige zelf heeft ingewonnen niet zal mogen gebruiken om de eigen bewijspositie te versterken. Wettelijke verschoningsrechten en het legal privilege zijn gebaseerd op dit uitgangspunt.[39] Bij gebrek aan een rechtsregel speelt het beginsel van fair play hier een uitstekende rol om deze lacune te dichten.

Deze rol, van het dichten van een lacune, speelt het beginsel ook bij de dubbele boeteprocedure die werd besproken in paragraaf 3. Het werkt als een correctie in een geval waarin het ne-bis in-idembeginsel en het ne-bis-vexaribeginsel geen oplossing bieden. Dit laatste beginsel kennen we in het boeterecht niet, maar de toepassing van het fair-playbeginsel werkt mitigerend op het gevolg van de dubbele procedure.[40]

Tot slot kunnen we constateren dat bij de verdeling van schaarse rechten het beginsel latent aanwezig is. Het Nederlandse recht biedt volgens kenners nog

---

[39] Ook in het mededingingsrecht wordt wel eens een beroep gedaan op dit informele verschoningsrecht, zoals door een ict-bedrijf dat bedrijven helpt documenten binnen hun databases op te sporen, die overtredingen van het mededingingsrecht kunnen aantonen. Zie Hof Den Haag 23 april 2013, ECLI:NL:GHDHA:2013:CA3041.
[40] ABRvS 18 oktober 2017, ECLI:NL:RVS:2017:2796.

te weinig basis om het transparantiebeginsel als algemeen beginsel van verdelingsrecht aan te nemen. Het waarborgen van procedurele kansen is nu vervat in het zogeheten formele gelijkheidsbeginsel. Dat beginsel is ook nieuw en schiet tekort om alle elementen van een eerlijke verdeelprocedure te omvatten. Het fair-playbeginsel kan zowel de eisen van passende openbaarmaking dekken, als de eis dat na de gunningsbeslissing een *stand still* periode geldt, en omvat het verbod om lopende de verdeelprocedure de procedurele regels voor deelname, verdeling of gunning, dan wel de gunningscriteria te veranderen.

Na in 25 jaar Awb onder de paraplu van artikel 3:2 verscholen te hebben gezeten, is het fair-playbeginsel terug als een rechtsnorm, die de basis kan bieden voor oplossingen bij het dichten van lastige lacunes in het procedurele recht.

Hansko Broeksteeg[*]

38 | Awb en Gemeentewet: living apart together?

@H_Broeksteeg – Zowel de Gemeentewet als de Awb zijn structuurwetten: zij zijn richtinggevend voor andere wetten in hun rechtsgebied. Dat levert spanning op, bijvoorbeeld bij delegatie, bestuurlijk toezicht en stemonthouding. De praktijk lijkt met deze spanning te kunnen leven. #Gemeentewet #structuurwet #lex specialis

1. Inleiding

Niet alleen de Awb is een kwart eeuw oud, ook de Gemeentewet is dat.[1] Zij zijn beide in 1992 door de wetgever vastgesteld en op 1 januari 1994 in werking getreden. Ondanks hun gedeelde leeftijd, verloopt hun relatie soms wat stroef. Zij kunnen moeilijk met elkaar, maar zeker niet zonder elkaar. In de eerste jaren na inwerkingtreding traden spanningen op tussen deze wetten. Deze zijn grotendeels geluwd, maar af en toe komen zij nog naar de oppervlakte. In deze bijdrage zet ik uiteen waarom deze wetten een moeizame relatie hebben, welke thema's daarbij een grote rol speelden, en ik probeer daarvoor een verklaring te geven.

2. Totstandkoming: grote ego's

Zowel de Gemeentewet als de Awb hebben een groot ego. Zij zijn wet in formele zin, maar misschien net even belangrijker dan andere wetten in formele zin. Dat blijkt uit de parlementaire geschiedenis van beide wetten. Zo stelt de regering in de Memorie van Toelichting van de Gemeentewet: 'Het feit dat de gemeentewet formeel niet van hogere rangorde is dan andere formele wetten, neemt niet weg dat zij materieel voor de bijzondere wetgever richtinggevend is'. Hoewel, zo meent de regering terecht, door een *lex specialis* in beginsel kan worden afgeweken van de Gemeentewet, zou dat alleen in uiterste noodzaak en gemotiveerd moeten gebeuren. De Gemeentewet is immers een kaderwet, waarin de algemene structuur van het gemeentelijke bestel is neergelegd.[2] In de Gemeentewet wordt dit richtinggevende karakter tot uiting gebracht in artikel 115, waarin is bepaald dat andere wetten niet van de Gemeentewet afwijken, dan wanneer dat bijzonder aangewezen moet worden geacht voor de behartiging van een daarmee te dienen openbaar belang.

---

[*] Mr. J.L.W. Broeksteeg is universitair hoofddocent staatsrecht aan de Radboud Universiteit.
[1] En overigens de Provinciewet. Ik laat deze hier buiten beschouwing. Wat voor de Gemeentewet geldt, geldt *mutatis mutandis* voor de Provinciewet. Overigens was er vóór 1994 natuurlijk ook een gemeentewet (met kleine g), namelijk die van 1851.
[2] *Kamerstukken II* 1985/86, 19403, 3, p. 6.

Ook de Memorie van Toelichting van de Awb gaat in op de verhouding tot andere formele wetten. De Awb bevat diverse soorten algemeen geldende regels. Zo zijn er regels die algemeen moeten gelden en waarop de Awb geen uitzonderingen formuleert. Dan kan de bijzondere wet formeel gezien weliswaar van de Awb afwijken, maar dat is eigenlijk niet de bedoeling. De wetgever zal dat dan uitdrukkelijk moeten motiveren. Er zijn ook regels die beschouwd worden als de voor de normale gevallen beste regelingen; dan maakt de Awb afwijking expliciet mogelijk. En er zijn regels die gelden als een restbepaling, in geval de bijzondere regelgeving geen voorziening heeft getroffen.[3] In ieder geval geldt dat de Awb in beginsel alle delen van het bestuursrecht wil normeren.

Kort gezegd komt het erop neer dat beide wetten zogeheten algemene wetten of structuurwetten zijn.[4] Kortmann stelt en beantwoordt de vraag: 'Waarom zijn deze wetten algemene wetten? Zij zijn het, althans delen ervan zijn het, omdat zij geraamtes, hoofdstructuren inhouden voor grote delen van het recht en (daarmee) vaak dicht liggen tegen algemene rechtsprincipes (…).'[5] Algemene wetten, ook wel structuurwetten, zijn daarmee richtinggevend voor andere wetten in een rechtsgebied. In beginsel houden deze bijzondere wetten zich aan de definities en structuren die de algemene wet geeft.

Kortmann meent overigens ook dat grote delen van de Awb niet algemeen zijn, omdat zij te weinig tekenen van algemene rechtsbeginselen tonen. Hij noemt als voorbeeld de bepalingen over subsidie, die technisch-juridisch en niet algemeen zijn.[6] Hetzelfde zal gelden voor technische bepalingen in de Gemeentewet, zoals over de administratie en de controle en over de details van de gemeentelijke belastingen. Toch nemen Awb en Gemeentewet een bijzondere positie in, nu andere formele wetten zich zouden moeten voegen naar de Gemeentewet en de Awb. Formeel kan dat echter niet verzekerd worden, omdat zij nu eenmaal dezelfde positie als andere wetten in formele zin hebben. Artikel 115 Gemeentewet heeft, zo bezien, juridisch geen betekenis.

3. Schurende relatie

Vooral de totstandkoming van de derde tranche leidde tot spanningen tussen de structuurwetten, omdat deze tranche de meeste gevolgen had voor de Ge-

---

[3] *Kamerstukken II* 1988/89, 21221, 3, p. 17-18.
[4] Bijv. W. Konijnenbelt, 'System in the madness? Over structuurwetten als ruggegraat van de wetgeving', *NTB* 1988 afl. 1, p. 1-5.
[5] C.A.J.M. Kortmann, 'Wie van de drie: de algemene wet, de algemene wet of de bijzondere wet?', in: C.A.J.M. Kortmann e.a., *De Awb en bijzondere wetgeving* (VAR-reeks 124), Den Haag: Boom Juridische uitgevers 2000, p. 13.
[6] Kortmann 2000, p. 14.

meentewet.[7] Het betreft dan vooral de leerstukken van delegatie en bestuurlijk toezicht.[8] Zo'n tien jaar na de inwerkingtreding van Awb en Gemeentewet ontstond spanning over stemonthouding voor raadsleden. Ik licht deze drie thema's nader uit.

3.1 Delegatie

De regeling van delegatie en mandaat in de Awb had vooral een codificatie en verduidelijking willen geven van hetgeen voor deze onderwerpen al zou gelden.[9] Dat was buiten de Gemeentewet gerekend. Deze wet kende – vanzelfsprekend – ook vóór de derde tranche van de Awb bepalingen over delegatie. De Gemeentewet sloot voor wat betreft het begrip delegatie aan bij het spraakgebruik. Zij bezigde daarbij niet alleen de term 'overdragen', maar bijvoorbeeld ook 'uitvoering'. Het kwam namelijk voor dat gemeenteraden de uitvoering van hun verordeningen of van andere besluiten opdroegen aan het college. Dat kon onder meer betreffen vergunningverlening, subsidieverstrekking, benoemingen, gebiedsaanwijzingen, etc. Vaak werd dat als delegatie aangeduid.[10] Van delegatie in de zin van artikel 10:13 Awb was echter geen sprake.

Daarom werd de vraag relevant in hoeverre de bepalingen in de Awb van toepassing konden zijn op delegatie in de Gemeentewet. Het betrof bijvoorbeeld de privatieve werking van delegatie. De Grondwet ging eerder nooit daarvan uit; de Gemeentewet laat in het midden of delegatie een privatief karakter heeft. Daarom werd de vraag opgeworpen of artikel 10:17 Awb van toepassing was (of zou moeten zijn) op artikel 156 Gemeentewet. Ook werd de vraag gesteld of op de besluiten genoemd in artikel 156 Gemeentewet de Awb van toepassing zou moeten zijn. Het ging dan om bevoegdheden van de raad, die vooral volksvertegenwoordiging is en daarmee een wat atypisch bestuursorgaan. En of het wel wenselijk was om de toekenning door de wet van regelgevende bevoegdheid aan het college of de burgemeester (artikel 147, eerste lid, Gemeentewet) delegatie in de zin van de Awb te laten zijn.[11] Een andere moeilijkheid betrof artikel 107 Provinciewet. Op grond van deze bepaling kan het provinciebestuur medebewindsbevoegdheden overdragen aan gemeenten of waterschappen. Daarop lijkt de Awb van toepassing te zijn. Artikel 107,

---

[7] C.P.J. Goorden, 'Komend gemeenterecht: de nieuwe Gemeentewet en de Algemene wet bestuursrecht', NTB 1990, p. 301-310; C.P.J. Goorden, 'De Gemeentewet opnieuw aangepast aan de Awb', Gst. 1997, 7059, 1.
[8] Andere thema's, zoals bestuursdwang, beleidsregels inspraak of de bekendmaking van besluiten, hadden ook invloed op de Gemeentewet, maar in mindere mate.
[9] Goorden 1997.
[10] A.H.M. Dölle, 'Derde tranche Awb of de indrukwekkende opmars van het attributiebegrip in het gemeenterecht', NTB 1998 afl. 1, p. 3-9.
[11] C.A.J.M. Kortmann, 'Waar staatsrecht en bestuursrecht elkaar raken. Delegatie in de Grondwet c.a. en in de Algemene wet bestuursrecht', in: C.A.J.M. Kortmann e.a., De gevolgen van de Awb voor het staatsrecht, Deventer: W.E.J. Tjeenk Willink 1997, p. 5.

zevende lid, bepaalt echter dat het provinciebestuur geen voorschriften geeft over de uitoefening van de overgedragen bevoegdheden. Hoe verhoudt zich dat dan tot artikel 10:16 Awb: mag het provinciebestuur nu wel of geen beleidsregels geven?[12]

De kritieken verstomden na de inwerkingtreding van de derde tranche Awb. Eigenlijk werd vrij snel aanvaard dat voor delegatie twee rechtsregimes gelden: delegatie in de zin van de Awb en andersoortige delegatie. De Awb is immers slechts van toepassing op de delegatie zoals zij die zelf definieert. Er kan dus ook sprake van delegatie zijn, die niet voldoet aan de definitie van de Awb. Toegegeven, dat leverde soms ongelukken op. Zo meende de rechter dat de bepalingen in de Gemeentewet over de overdracht van bevoegdheden van de raad aan een commissie geen grondslag voor delegatie konden vormen, omdat deze bepalingen niet uitdrukkelijk van de Awb afwijken.[13] Dat zal toch niet de bedoeling van de wetgever zijn geweest. In de praktijk leveren de hierboven genoemde vragen echter veel minder problemen op dan bij de invoering van de derde tranche in de literatuur werd voorzien. Het lijkt erop, dat de twee stelsels van delegatie (in de zin van de Awb en niet in die zin) naast elkaar kunnen bestaan.

3.2 *Bestuurlijk toezicht*

Ook bij bestuurlijk toezicht leefde een definitiekwestie. Titel V van de Gemeentewet regelt het toezicht op het gemeentebestuur. Met de totstandkoming van Titel 10.2 Awb is de Titel uit de Gemeentewet aanzienlijk uitgedund. Veel bepalingen zijn geschrapt, omdat de Awb het toezicht op bestuursorganen in het algemeen regelt. Daarbij kwam het probleem tot uiting dat de Gemeentewet een ander besluitbegrip toepaste dan de Awb. Besluiten, zo bepaalde de Gemeentewet, konden aan goedkeuring worden onderworpen en de Kroon kon besluiten vernietigen. Maar dit besluitbegrip sloot aan bij de Grondwet en overigens bij het reguliere taalgebruik, maar niet bij de Awb. Dat vergde aanpassing van de Gemeentewet. Merkwaardigerwijs koos de wetgever voor goedkeuring voor een andere oplossing dan voor vernietiging. Zij wilde voor artikel 259 Gemeentewet (schorsing) bepalen 'besluiten en beslissingen', om daar later van te maken: 'beslissingen'.[14] In artikel 268 (vernietiging) werd 'besluit' echter niet vervangen door 'beslissingen', maar aangevuld met: 'dan wel een niet-schriftelijke beslissing gericht op enig rechtsgevolg'. Deze niet-schriftelijke beslissingen kunnen mondelinge beslissingen zijn (bijvoorbeeld blijkend

---

[12] Kortmann 1997, p. 6.
[13] ABRvS 14 mei 1998, *AAe* 1998, p. 779 e.v., m.nt. Kortmann.
[14] E. Brederveld, 'Awb: wat bouwen we wel en niet aan? De Gemeentewet als structuurwet en de Awb', *Gst.* 1998, 7078, 1.

uit notulen) of fictieve besluiten.[15] Dat zijn geen Awb-besluiten, maar zij behoren wel onder de reikwijdte van artikel 268 Gemeentewet te vallen.

Brederveld meent overigens dat artikel 268 Gemeentewet nu in strijd is met artikel 132 lid 4 Grondwet, omdat de Gemeentewet uitgaat van het bestuursrechtelijk besluitbegrip, terwijl de Grondwet daar niet van uitgaat.[16] Het gevolg is dat beslissingen die niet zijn gericht op rechtsgevolg niet onder de reikwijdte van artikel 268, eerste lid, Gemeentewet vallen, maar wel onder die van de Grondwet. Brederveld noemt als voorbeeld het besluit van een gemeentebestuur om niet te vlaggen op Koninginnedag.[17] Dit besluit kan volgens de Grondwet wel en volgens de Gemeentewet niet worden vernietigd, terwijl de Kroon zijns inziens tot uitdrukking moet kunnen brengen dat hij het besluit onjuist vindt. Ook valt te denken aan beleidsnotities die het college aan de raad overlegt, die geen rechtsgevolg hebben, maar die ingaan tegen rijksbeleid en om die reden voor vernietiging in aanmerking komen. Dölle en Elzinga menen daarentegen, met een beroep op de wetsgeschiedenis, dat de wetgever uitdrukkelijk heeft beoogd om besluiten en beslissingen zonder rechtsgevolg niet vatbaar te laten zijn voor vernietiging. De Awb brengt op dit punt weliswaar een breuk aan met de traditie van het vernietigingsrecht, maar de wetgever wil het zo.[18] En voor zover er sprake zou zijn van een nieuwe interpretatie van artikel 132 lid 4 Grondwet, dan wel van wetgeving die van deze bepaling afwijkt, kan de rechter dit, vanwege het toetsingsverbod, niet corrigeren.

Ten slotte: Titel V van de Gemeentewet heeft een merkwaardige aanduiding: 'Aanvullende bepalingen inzake het toezicht op het gemeentebestuur'. De titel is in deze zin aangepast toen de Awb voorschriften over toezicht kreeg. Kennelijk vond de wetgever dat de Gemeentewet sindsdien nog slechts aanvullende bepalingen bevat. Dat is onjuist, omdat in deze wet de toezichtsbevoegdheden worden geattribueerd. Zonder de bepalingen in de Gemeentewet kan geen toezicht worden uitgeoefend.[19] Bij deze uitoefening heeft de toezichthouder de bepalingen van de Awb in acht te nemen. Zo bezien zijn de bepalingen van de Awb aanvullend ten opzichte van de bevoegdheidstoekenning in de Gemeentewet. Zij zijn procedureel van aard.

---

[15] J.L.W. Broeksteeg, 'Spontane vernietiging', in: R.J.N. Schlössels e.a. (red.), *JB Select*, Den Haag: Sdu 2014, p. 535. Een voorbeeld van een vernietiging van een niet-schriftelijke beslissing is het KB Schiphol: *Stb.* 2006, 615.
[16] E. Brederveld, *Gemeenterecht*, Deventer: Kluwer 2005, p. 252.
[17] KB 16 december 1920, *AB* 1920, p. 417 (Wormerveer).
[18] *Kamerstukken I* 2001/02, 27 547, 44a, p. 1-2.
[19] Brederveld 1998, 7078, 1; Brederveld 2005, p. 246-247; A.H.M. Dölle, D.J. Elzinga, *Handboek van het Nederlandse gemeenterecht*, Deventer: Kluwer 2004, p. 703-704.

3.3 Stemonthouding

Goorden waarschuwde in 1990 al voor een mogelijke spanning tussen artikel 28 Gemeentewet en artikel 2:4 Awb.[20] Hij constateerde toen dat het doel en de strekking van deze bepalingen zo ongeveer gelijk zijn. Toch zou deze spanning lange tijd onder de huid blijven en pas zo'n 10 jaar later in volle omvang duidelijk worden.

Artikel 28 Gemeentewet bepaalt, dat een lid van de raad niet mag deelnemen aan de stemming over aangelegenheden die hem rechtstreeks of middellijk aangaan of waarbij hij als vertegenwoordiger is betrokken. Daarbij is artikel 28 Gemeentewet in eerste instantie strikt uitgelegd: 'vertegenwoordiger' is in civielrechtelijke zin te beschouwen, hetgeen betekent dat het raadslid bevoegd moet zijn om namens een rechtspersoon te handelen.[21] Daarvan is niet snel sprake, omdat in de praktijk een bestuurslid van een vereniging of stichting niet vaak individueel bevoegd is, maar alleen gezamenlijk, met een ander bestuurslid. Er ontstonden problemen toen de Afdeling bestuursrechtspraak van de Raad van State naast artikel 28 Gemeentewet ook artikel 2:4 Awb ging toepassen op casus van stemonthouding.[22] Artikel 2:4 Awb betreft de vooringenomenheid van de raad als bestuursorgaan: hij heeft de zorgplicht om niet vooringenomen te zijn. Het betreft dan het gehele proces van besluitvorming: niet alleen de stemming, maar ook de beraadslagingen. Daarmee lijkt de Afdeling, zo was de algemene kritiek op de uitspraken Winsum en Loenen, de politieke rol van de raad te veronachtzamen en raadsleden wat al te snel te beperken in de mogelijkheid om hun stem uit te brengen. Terwijl deelname aan de beraadslagingen én aan de stemming toch de kern is van het raadslidmaatschap.[23] De raad had het betreffende raadslid moeten weerhouden van stemming – maar beschikt niet, zo luidt de kritiek, over bevoegdheden om dat te bereiken. De Afdeling trekt zich deze kritiek aan en zet een andere lijn uit.[24] Zij stelt vast dat politieke vooringenomenheid (in beginsel) geen belangenverstrengeling impliceert. Toepassing van artikel 2:4 Awb is alleen geboden in geval van 'bijkomende om-

---

[20] Goorden 1990, p. 305.
[21] ABRvS 20 februari 1998, ECLI:NL:RVS:1998:ZF3370, JB 1998, 76, m.nt. Schlössels (Simpelveld).
[22] ABRvS 7 augustus 2002, ECLI:NL:RVS:2002:AE6228, AB 2003, 3, m.nt. Neerhof (Winsum); ABRvS 22 juni 2011, ECLI:NL:RVS:2011:BQ8863, AB 2011, 261, m.nt. Neerhof (Loenen).
[23] C.J.N. Versteden, 'Van Simpelveld naar Winsum', Gst. 2002-7173, 1, p. 540-558; C.J.N. Versteden, 'Belangenverstrengeling bij besluitvorming door de raad', Gst. 2012/11, p. 52-56.
[24] ABRvS 6 februari 2013, ECLI:NL:RVS:2013:BZ0796, JB 2013, 62, m.nt. Timmermans (Zeeman Vastgoed); ABRvS 20 maart 2013, ECLI:NL:RVS:2013:BZ4957, JB 2013, 84, m.nt. Timmermans (Middelburg); ABRvS 10 december 2014, ECLI:NL:RVS:2014:4428, JB 2015, 21 (Noord-Beveland); ABRvS 1 april 2015, ECLI:NL:RVS:2015:1010 (Steenbergen).

standigheden' – waarbij het overigens, buiten zuivere persoonlijke belangen, niet helemaal helder is wanneer daarvan sprake is. In ieder geval is daadwerkelijke belangenverstrengeling vereist en is de enkele schijn niet langer voldoende.[25] De rol van artikel 2:4 Awb lijkt daarmee aanzienlijk teruggedrongen. Deze bepaling moet, in gevallen van stemonthouding, gelezen worden in het licht van artikel 28 Gemeentewet.

4. Naar een *modus operandi*

Het antwoord op de vraag hoe deze spanningen konden ontstaan, is wat mij betreft tweeledig. In de eerste plaats lijkt de Gemeentewet ontstaan uit de gemeentelijke praktijk,[26] waar definities en termen nauw bij aansloten. Begrippen als delegatie of besluit waren niet gedefinieerd en dat leverde geen problemen op. De Awb daarentegen, kwam wel met definities. Deze worden enerzijds als dogmatisch beschouwd, terwijl dat anderzijds nodig is om de werking van de Awb en vooral van de rechtsbeschermingsprocedure te bepalen. De definities weken ook af van hetgeen tot dan toe de (gemeentelijke) praktijk was. In de tweede plaats verschillen de karakters van de wet. De Gemeentewet is een wet die uitgaat van een politiek model: er is een direct gekozen raad als hoofd van de gemeente, het college en de burgemeester leggen aan hem verantwoording af. De Awb daarentegen gaat uit van bestuursorganen die besluiten nemen. Ook de raad, bijvoorbeeld, is een bestuursorgaan. Dat is enerzijds terecht, want hij neemt ook besluiten in de zin van de Awb, maar lijkt anderzijds wat langs de politieke aard van dit ambt heen te gaan en houdt verband met het eerder genoemde dogmatische karakter van de Awb. Dat komt tot uiting in de hiervoor genoemde stemonthoudingen en in de delegatie van bevoegdheden van de gemeenteraad. Met betrekking tot beide onderwerpen lijkt het erop dat de Awb moeite heeft met het politieke karakter van de Gemeentewet. De Awb beoogt het 'gewone' bestuur te regelen en een politiek ambt, een volksvertegenwoordiging, is slechts met moeite inpasbaar.

Met de *incompatibilité d'humeur* valt uiteindelijk wel te leven. De Gemeentewet en de Awb lijken een *modus operandi* te hebben gevonden. Zij hebben elkaar nodig, maar leven voor het overige vooral langs elkaar heen. Dat is bijvoorbeeld het geval bij bestuurlijk toezicht, ten aanzien waarvan de Awb de bevoegdheden van de Gemeentewet reguleert, maar waarbij ook niet-besluiten vatbaar zijn voor goedkeuring of vernietiging. De Gemeentewet heeft het besluitbegrip

---

[25] C.J.N. Versteden, 'Het verbod van vooringenomenheid: waar is de wetgever?', *Gst.* 2013/45, p. 250-259; C.A. Everse, 'Politiek in de gemeenteraad', *TvCR* 2014, p. 27-44; L.J.M. Timmermans, 'Het verbod van vooringenomenheid', in: R.J.N. Schlössels e.a. (red.), *JB Select*, Den Haag: Sdu 2014, p. 57-71; W.J. van der Spek, 'Belangenverstrengeling gordiaanse knoop?', *Gst.* 2016/73, p. 384-393.
[26] Hetzelfde geldt natuurlijk voor de oude gemeentewet, waarop de Gemeentewet van 1994 in vergaande mate is gebaseerd.

weliswaar van de Awb overgenomen, maar past daarnaast een eigen terminologie (beslissingen) toe. Hetzelfde geldt voor delegatie. De definitie van delegatie in de Awb verschilt soms van het gemeentewettelijke begrip, maar kennelijk vormt dat in de praktijk geen groot probleem. Soms is sprake van delegatie in de zin van de Awb en gelden de voorschriften van deze wet, soms is daarvan geen sprake. Bij het vraagstuk van stemonthouding, ten slotte, blijkt, na wat omzwervingen, artikel 28 Gemeentewet te derogeren aan artikel 2:4 Awb. De regeling van de Awb is nu eenmaal minder goed toepasbaar op de situaties die artikel 28 Gemeentewet wil regelen. Zij hebben uiteindelijk toch een verschillende reikwijdte. Sommige bestuursrechtjuristen menen dat de Awb een algemenere wet is dan de Gemeentewet. Ik betwijfel dat, maar kan met het rechtsgevolg prima leven: *lex specialis derogat legi generali*.

Matthijs Vermaat*

39 | Besluitvorming op z'n kop: omgekeerd toetsen
Worden we daar beter van?

> @M_Vermaat – Omgekeerd toetsen is vernieuwend en levert maatwerk. Het vraagt echter veel integriteit van de behandelend ambtenaar. Anders ligt willekeur op de loer#*omgekeerd-toetsen*#*innovatie*

1. Inleiding

Mijn bijdrage aan deze bundel maakt deel uit van het derde thema over gebruikersperspectieven op de Awb. Daar kan ik uit eigen ervaring over vertellen. Anekdotes te over van formalistische, niet meedenkende ambtenaren en consulenten en meer. Ook verhalen over opmerkelijk meedenkende dossierbehandelaars. De algemene stelling dat de ambtelijke wereld nooit iets wil en een leger dorre pennenlikkers vormt, onderschrijf ik niet. Het beeld is veel gemengder. Wat in de ene gemeente niet kan: samen naar een oplossing werken, kan in de buurgemeente wel.

Ik ben sinds 1994 advocaat in het sociaalzekerheidsrecht en heb alleen met de Awb gewerkt. Een handige, en overzichtelijke wet maar niet altijd even praktisch. De bestuurlijke lus bestond lange tijd, als je een te honoreren punt had, uit een kale vernietiging van het besluit, waarna het circus overnieuw begon en het bestuursorgaan het huiswerk over mocht doen. Procedures duurden lang en frustreerden enorm. De invoering van de bestuurlijke lus en de plicht om tot finale geschilbeslechting te komen, konden dan ook op mijn instemming rekenen.

De Awb is geen rustig bezit en er wordt steeds weer wat bijgebouwd. Niet alleen door de wetgever, maar ook door de bestuursorganen. Mediation, pre-mediation, bellen voordat je bezwaar gaat maken.[1] Allemaal initiatieven om tot minder procedures te komen en een betere besluitvorming en een beter contact met de overheid. De ontwikkeling in het sociaal domein tendeert momenteel

---

* Mr. dr. M.F. Vermaat is advocaat bij Van der Woude De Graaf Advocaten.
[1] Waardoor bezwaartermijnen wel eens overschreden worden: ik kreeg de ambtenaar niet te pakken omdat … (vul maar in), en ik kon toch pas na te hebben gebeld bezwaar maken? We zijn niet allemaal even taalvaardig.

naar beschikkingsvrij[2] of -arm indiceren en de omgekeerde toets.[3] Dat alles met het ideaal voor ogen dat de gemeente, die als dichtst bij de burger opererende bestuursorgaan, het beste weet wat de noden en behoeften zijn van de burger als ook de manier hoe daaraan het hoofd moet worden geboden. Daarbij moet het resultaat voorop staan en is de weg ernaar toe ondergeschikt.

Dat klinkt mooi, en is ook mooi. Als de burger er met hulp van de overheid uitkomt en daar tevreden over is, is daar weinig tegenin te brengen. Het zal de burger worst zijn hoe zijn financiële problemen worden opgelost, als ze maar worden opgelost.[4]

Waar ik het in deze bijdrage over wil hebben, is de situatie dat burger en overheid, ondanks het beoogde goede overleg en resultaatsgericht werken, het toch niet eens worden over de oplossingsrichting. Mijn vertrekpunt is de zogenoemde 'omgekeerde toets methode' waarin (heel grof geschetst) gepoogd wordt om eerst het probleem in te kaderen en de oplossingsrichting te bepalen en pas dan te kijken welke besluiten daartoe nodig zijn. Een wat mij betreft gedurfd initiatief. Na een beschrijving van deze methode zal ik aan de hand van een voorbeeld in mijn praktijk, waarin ik expliciet op deze wijze van werken heb gewezen, de praktische implicaties daarvan beschrijven.

2. De omgekeerde toets

De omgekeerde toets is ontwikkeld door Stimulansz en komt voort uit de (inmiddels voormalige) Transitiecommissie Sociaal Domein.[5] De toets wordt op de website beschreven als een nieuwe methodiek waarmee professionals in het sociaal domein maatwerk kunnen leveren zonder willekeur. De toets is een aanpak die integraal werken in de gemeente mogelijk maakt. 'Burgers krijgen

---

[2] https://vng.nl/beschikkingsvrij-werken-binnen-de-jeugdwet-haarlem. De gemeente Haarlem werkt binnen de Jeugdwet (Jw) zonder beschikking. Het Centrum van Jeugd en Gezin (CJG) vult samen met de ouders een afwegingskader in. Uit dit afwegingskader komt naar voren welke type zorg er nodig is. Doordat er geen beschikking wordt afgegeven, kunnen ouders na een gesprek met het CJG direct door naar een zorgaanbieder en hoeven zij niet nog een aantal weken te wachten op een formele beschikking. Hierdoor is de feitelijke regeldruk afgenomen en kan de benodigde zorg sneller worden ingezet. NB: om zorg in natura te ontvangen is het in de Jeugdwet op zich al voldoende als er een verwijsbrief aanwezig is van de huisarts of een medisch specialist.

[3] https://www.stimulansz.nl/de-omgekeerde-toets-methodiek/.

[4] Hoe het met de bevoegdheden achter het gemeenteloket gesteld is, welke gegevens er gedeeld worden en met wie, ook dat zal de burger op het eerste gezicht weinig interesseren. Dat wordt anders als hij na verloop van tijd merkt dat hij geen leningen meer af kan sluiten omdat er 'ergens' een kruisje achter zijn naam staat. Dit privacy-aspect en de gevolgen van het delen van informatie laat ik hier onbesproken maar voor een vlot geschreven inkijkje in de problematiek raad ik u aan het artikel van Ebbers te lezen: http://magazines.socialweb.nl/privacy#!/zorgen-om-de-zorg.

[5] https://www.transitiecommissiesociaaldomein.nl/.

hierdoor een oplossing waarmee ze écht geholpen zijn', aldus de site. Om de doelstelling van de omgekeerde toets zo goed mogelijk over het voetlicht te brengen citeer ik de beschrijving door Stimulansz:[6]

> 'Het principe van de omgekeerde toets is heel eenvoudig. Het begint met kijken wat nodig is en of dat past binnen de grondwaarden van de verschillende wetten. Daarbij wegen we de mogelijke effecten van een besluit in de volle breedte mee. Pas als dat helder is, komt de juridische toets, waarbij we de wetsartikelen zien als instrumenten om de grondwaarden van de wetten te realiseren. Zo is maatwerk mogelijk zonder dat het tot willekeur leidt. En omdat de grondwaarden van de verschillende wetten binnen het sociaal domein gelijk zijn maakt het integraal werken in de gemeente veel eenvoudiger. Bovendien is het toetsbaar in bezwaar en beroep en voor de accountant. En volledig in lijn met de bedoeling van de wetgever.'

Daar waar de omgekeerde toets in de praktijk is of zou kunnen worden gebracht, worden flinke successen geclaimd.[7]

Hoe werkt de omgekeerde toets? Onderstaand stappenplan is van Stimulansz overgenomen.

'Stap 1: het effect
De eerste vraag die u zich stelt is: welk effect wil ik samen met de burger bereiken? Betrek hierbij het netwerk van de burger en andere professionals. Bedenk samen wat hij wil bereiken en leg de afspraken vast die u gezamenlijk maakt, bijvoorbeeld in een plan van aanpak.

Stap 2: de grondwaarde
De tweede vraag die u zich stelt is, of het beoogde effect valt onder de grondwaarden van de verschillende wetten. Met 'grondwaarde' bedoelen we de reden dat de wet is geschreven. De artikelen uit die wet zijn de instrumenten waarmee dat doel bereikt kan worden in plaats van een doel op zichzelf! De grondwaarden zijn:

Wet	Participatiewet	Wmo 2015	Wgs	Jeugdwet	Leerplichtwet en Wet passend onderwijs
Basis	*Bestaansminimum*	*Meedoen aan maatschappelijk leven*	*Ondersteuning bij financieel beheer*	*Gezond en veilig opgroeien*	*Onderwijs voor alle jongeren*

---

[6] Stimulansz beschrijft zichzelf als kennisleider op het sociaal domein en helpt gemeenten hun rol vorm te geven en te versterken. https://www.stimulansz.nl/over-stimulansz/.

[7] Stimulansz heeft als voorbeeld de kosten van een 'medebewoner zonder verblijfsvergunning', die op de 'oude manier' wordt opgelost, vergeleken met de kosten als dezelfde casus met de omgekeerde toets wordt opgelost. Het verschil blijkt meer dan € 100.000.

Complementair	Overheid vult aan op middelen die zelf verworven kunnen worden	Van burgers wordt verwacht dat zij zelf zoveel mogelijk oplossen en organiseren	Burgers moeten in eerste plaats zelf hun financiën regelen	Jongeren en hun ouders zijn zelf in eerste plaats verantwoordelijk voor veilig opgroeien	Jongeren en ouders zijn in eerste plaats verantwoordelijk voor volgen onderwijs en behalen startkwalificatie
Bevorderen zelfredzaamheid	Bij voorkeur door betaald werk, anders door vrijwilligerswerk of tegenprestatie	Zo lang mogelijk in eigen leefomgeving	Regie over eigen financiën	Regie over eigen leven	Voorbereiden op de maatschappij en de arbeidsmarkt

Stap 3: is het besluit ethisch te verantwoorden?
De gemaakte afspraken leiden tot een formeel besluit. Bij deze stap stellen we de vraag wat het effect is van het voorgenomen besluit:
- uitwerking op persoon, gezin en omgeving (wat betekent het gewenste effect voor hen?);
- mogelijkheden en vaardigheden (wat kunnen de betrokkene en zijn netwerk zelf?);
- zuiver in bedoeling (sluit het aan bij de normen en waarden van mijn organisatie?).

Stap 4: randvoorwaarden
Bij de laatste stap nemen we een formeel besluit op basis van de gemaakte afspraken. Daarvoor is een set instrumenten beschikbaar (lees: wetsartikelen) met:
- 'schakelaars' die toegang bieden tot een bepaalde ondersteuning of de toegang juist afsluiten;
- 'draaiknoppen' waarmee de mate van ondersteuning en de afspraken die de professional en burger maken vast te stellen;
- een paar basisprincipes die in beton gegoten zijn. Daar is geen afwijking van mogelijk.'

Inmiddels heeft de 'Omgekeerde Modelverordening sociaal domein' het daglicht gezien.[8] Daarin wordt per probleem waar een burger tegenaan kan lopen een hoofdstuk gewijd. De problemen zijn niet uitputtend uiteraard. Denk aan 'werk en participatie', 'inkomen en schulden' en 'wonen in een veilige en gezonde omgeving'. In het Laatstgenoemde hoofdstuk is het werkterrein van de Wmo 2015 het onderwerp. In het Casusboek Omgekeerde toets worden treffende voorbeelden gegeven van situaties waarin de ene regel het doel van de an-

---

[8] https://www.stimulansz.nl/nieuw-omgekeerde-modelverordening-sociaal-domein/.

dere regel tegenwerkt. Toen ik zelf met zo'n casus werd geconfronteerd besloot ik de te proberen de gemeente te verleiden om omgekeerd te toetsen. Dat bleek geen sinecure.

3. Een praktijkvoorbeeld: Daisy

Wat is het geval? Mijn cliënte, laten we haar Daisy noemen, woont thuis bij haar ouders, maar is inmiddels volwassen en heeft een bijstandsuitkering op grond van de Participatiewet (Pw). Omdat zij niet in staat is om zelfstandig te wonen, is een indicatie voor beschermd wonen ingevolge de Wmo 2015[9] aangevraagd. De verantwoordelijkheid voor beschermd wonen ligt bij alle gemeenten in Nederland. Tussen de rijksoverheid en de VNG is afgesproken om met centrumgemeenten te werken. De regie voor beschermd wonen ligt daardoor bij de centrumgemeente. Overigens zijn gemeenten ook zonder centrumgemeenteconstructie verplicht met elkaar in het kader van de Wmo 2015 samen te werken (artikel 2.6.1 Wmo 2015).[10]

Daisy meldt zich bij de centrumgemeente. Dat is een andere gemeente dan waar Daisy woont. Dat wordt de regiogemeente genoemd.[11] De indicatie voor beschermd wonen wordt zonder al teveel problemen afgegeven. Vervolgens kiest Daisy er niet voor om in een van de door de gemeente gecontracteerde beschermd wonen instellingen haar intrek te nemen, maar een PGB (Persoons-Gebonden Budget) aan te vragen waarmee zij zelf het beschermd wonen inkoopt. Het PGB is ten behoeve van de in te kopen begeleiding, niet voor de huisvesting. Zij vindt een plek en betaalt voor de kamer met kost en inwoning € 600,= per maand. Daisy verhuist en is tevreden. Deze gang van zaken stemt hoopvol, maar toch gaat het fout.

Daisy doet niet alleen een beroep op de Wmo 2015, maar heeft ook een uitkering ingevolge de Participatiewet. Omdat zij in een instelling is gaan wonen, althans in de ogen van de gemeente, als bedoeld in artikel 1 onderdeel f Pw wordt haar bijstandsuitkering aangepast naar de zogeheten 'zak- en kleedgeldnorm'. Dat betekent dat zij de overeengekomen € 600,= niet meer op kan bren-

---

[9] Onder beschermd wonen wordt verstaan (art. 1.1.1 Wmo 2015): wonen in een accommodatie van een instelling met daarbij behorende toezicht en begeleiding, gericht op het bevorderen van zelfredzaamheid en participatie, het psychisch en psychosociaal functioneren, stabilisatie van een psychiatrisch ziektebeeld, het voorkomen van verwaarlozing of maatschappelijke overlast of het afwenden van gevaar voor de cliënt of anderen, bestemd voor personen met psychische of psychosociale problemen, die niet in staat zijn zich op eigen kracht te handhaven in de samenleving.
[10] Zie ook *Kamerstukken II* 2013/14, 33841, 34.
[11] De regiogemeente moet een mandaatbesluit nemen. Zo niet, dan zal het zelf de toegang moeten bepalen, beschikkingen afgeven en daadwerkelijk opvang en beschermd wonen verstrekken (*Kamerstukken II* 2013/14, 33841, 34). Het betreft een algemeen mandaat dat schriftelijk moet worden verleend en conform art. 3:42 Awb bekend moet worden gemaakt (art. 10:5 Awb).

gen. De gemeente is zich van dit gevolg bewust, maar schrijft in de beslissing de wet niet te kunnen veranderen. Tegen het besluit wordt bezwaar aangetekend en naast argumenten ten aanzien van de definitie van wat een inrichting of instelling is, wordt aangedragen dat artikel 18 lid 1 Pw het college in bijzondere omstandigheden de verplichting tot individualisering oplegt.[12] Dat kan ook een afwijking inhouden van de toepasselijke bijstandsnorm. In de bezwaarprocedure werd tevens aangevoerd dat als het doel van de Wmo 2015 is om mensen die niet in staat zijn zich op eigen kracht te handhaven in de samenleving, toch beschermd te kunnen laten wonen, het contraproductief is om Daisy, zij het indirect, weer 'op straat te zetten'. Vanwege de gemeente werd de suggestie gedaan dat Daisy dan maar in een andere beschermd wonen setting moest gaan wonen waar kost en inwoning wel in het Wmo budget zit. Dat dit in feite op rondpompen van geld (en doorschuiven van Daisy) neerkomt zonder dat dit in haar belang is, brak geen potten.[13]

4. Daisy omgekeerd getoetst

In de Omgekeerde Modelverordening is in hoofdstuk 2 de hulpvraag (aanvraag), in hoofdstuk 5 het beschermd wonen en in hoofdstuk 7 inkomen en schulden geregeld. Hoe zou Daisy er zijn afgekomen als de Omgekeerde Modelverordening zou zijn gehanteerd?

Nadat Daisy zich bij de gemeente voor het beschermd wonen heeft gemeld[14] zal de gemeente *alle gegevens*[15] over haar situatie die nodig zijn voor het gesprek verzamelen.[16] In dat gesprek wordt besproken *welk effect* Daisy wil bereiken en wordt nagegaan wat haar behoefte is, wat haar persoonlijke situatie is, wat zij zelf en haar omgeving daaraan kunnen doen.[17] De *medewerker* (ambtenaar) zal Daisy informeren *over de mogelijkheden van de gemeente om de persoonlijke situatie van de inwoner te verbeteren*. Na de melding en het gesprek volgt de aanvraag.[18] Omdat Daisy zich heeft gemeld voor beschermd wonen als bedoeld in de Wmo 2015, verwijst de Modelverordening naar de Wmo verordening van de centrumgemeente. De *medewerker* zal dan genoodzaakt zijn Daisy middels een 'warme overdracht' te verwijzen naar de centrumgemeente. Aldaar wordt dan verder beslist.

---

[12] Art. 18 lid 1 Pw luidt: 'Het college stemt de bijstand en de daaraan verbonden verplichtingen af op de omstandigheden, mogelijkheden en middelen van de belanghebbende.'
[13] Wat ik hierboven beschrijf is geen op zichzelf staand incident en komt met regelmaat voor.
[14] Ik beperk mij tot de hoofdlijnen.
[15] Cursivering dient hier alleen ter verduidelijking Cursief geschreven termen zijn aan de Modelverordening ontleend.
[16] Art. 2.1.3 Modelverordening.
[17] Art. 2.2.3 Modelverordening.
[18] Er is in de Modelverordening rekening mee gehouden dat in sommige wetten melding en aanvraag samenvallen.

5. Kan de omgekeerde toets succesvol zijn?

Op dit punt aangekomen komt de hamvraag:[19] sluit de *medewerker* de melding of blijft zij of hij de volledige situatie van Daisy beschouwen? Zo nee, dan is daarmee de gehele gestelde meerwaarde van de Omgekeerde toets, maar ook van de integrale benadering in het sociaal domein, mislukt. In ieder geval bij Daisy.

De medewerker zal, omdat *alle gegevens*[20] over haar situatie die nodig zijn voor het gesprek zijn verzameld, ook weten wat haar inkomenspositie is en wat daarvan de oorsprong is. Wellicht staat dit op gespannen voet met de privacy-regelgeving, anderzijds biedt de Awb de mogelijkheid om die gegevens omdat deze relevant zijn voor de aanvraag in de brede zin van het woord, te vergaren. De *medewerker* zal geschoold genoeg moeten zijn om in ieder geval in te schatten of het toekennen van de maatwerkvoorziening Beschermd Wonen in de vorm van een PGB gevolgen zal kunnen hebben voor de Participatiewetuitkering van Daisy. In dit geval zal de *medewerker* moeten vragen op welke wijze Daisy de indicatie wil verzilveren en haar er in ieder geval op wijzen dat dit zou kunnen betekenen dat haar uitkering naar beneden toe wordt bijgesteld. Beter zou het nog zijn als hij meteen aan de slag gaat en beziet of artikel 18 lid 1 Pw soelaas zou kunnen bieden omdat het *effect* dat Daisy, maar ook de gemeente, wil bereiken, te weten op weg naar zelfstandig wonen eerst tijdelijk beschermd wonen, gefrustreerd kan gaan worden door wetten en praktische bezwaren.[21] Een praktisch bezwaar kan zijn, dat ook de auteurs van het Casusboek Omgekeerde toets[22] signaleren, dat binnen de gemeente diverse afdelingen onvoldoende samenwerken. Bijvoorbeeld omdat het ondeelbare budget 'sociaal domein' binnen gemeenten wordt opgedeeld en iedere wethouder en ieder afdelingshoofd zich verantwoordelijk voelt voor het toebedeelde budget, aldus de auteurs van de Omgekeerde toets. Daarnaast wordt door hen gewezen op het mensbeeld dat aan de verschillende wetten ten grondslag ligt.[23] Ook kan er een Intergemeentelijke Sociale Dienst zijn met eigen regels en bevoegdheden.

De auteurs van het Casusboek Omgekeerde toets beschrijven dat problemen binnen het ene domein soms in het andere domein opgelost kunnen wor-

---

[19] Zie voor de achtergrond van deze uitdrukking https://onzetaal.nl/taaladvies/hamvraag/.
[20] Cursivering dient hier alleen ter verduidelijking. Cursief geschreven termen zijn aan de Modelverordening ontleend.
[21] Naar Willem Elsschot uit Het Huwelijk: 'Maar doodslaan deed hij niet, want tussen droom en daad, staan wetten in de weg en praktische bezwaren, en ook weemoedigheid, die niemand kan verklaren, en die des avonds komt, wanneer men slapen gaat'.
[22] Een wat opmerkelijke vindplaats, maar hier gratis te downloaden: https://www.stimulansz.nl/product/casusboekje-omgekeerde-toets-b/.
[23] 'Heel gechargeerd gezegd zijn Wmo-klanten hulpeloos, klussen bijstandsgerechtigden zwart bij, zijn schuldenaren door eigen schuld in de problemen gekomen en zijn jeugdzorgklanten dwars en ongemotiveerd.'

den. Andersom is ook mogelijk, zo blijkt uit de casus van Daisy. Wil de omgekeerde toets effectief zijn dan betekent dit dat de *medewerker* een ervaren persoon zal moeten zijn met een brede blik, veel kennis en empathisch vermogen. Uit onderzoek dat in het kader van de Kanteling[24] is uitgevoerd,[25] komt naar voren dat dit inderdaad een van de voorwaarden is om de Wmo 2015 tot een succes te maken. Burgerhout-Van der Zwaan[26] bestudeerde een gemeente die de Kanteling als pilot had ingevoerd. De wettelijke opdracht tot het bieden van maatwerk is een lastige opdracht in een (gemeentelijke) bureaucratie.[27] Zij schrijft dat om succesvol te zijn een professional nodig is die de ruimte heeft om er daadwerkelijk te zijn voor de burger en die niet beperkt wordt door bijvoorbeeld smalle taakopvattingen of normtijden. Een open systeem en vertrouwen zijn voorwaarden. Of dat überhaupt tussen burger en overheid mogelijk is, kan ook nog onderwerp van discussie vormen.[28]

6. Afrondend

Terugkerend naar Daisy en haar probleem zie ik twee hoofdproblemen: het eerste is de mentaliteit in de betreffende organisatie. Als daar de hokjesgeest overheerst, en een probleem alleen een probleem is als het op het eigen bureau ligt, wordt het nooit wat. In mijn preadvies voor de VGR (Vereniging voor Gezondheidsrecht) in 2015[29] schreef ik dat de met de Wmo 2015 beoogde, en voor een goede uitvoering van de Wmo 2015 noodzakelijke, gelijkwaardigheid

---

[24] In 2011 is door onder meer de VNG en het Ministerie van VWS het Programma *Welzijn Nieuwe Stijl* gestart. De aanleiding was dat de burger in de visie van de initiatiefnemers te snel een beroep op de overheid (publieke dienstverlening) zou doen. Dit werd claimgedrag genoemd en diende te kantelen naar een beroep op het eigen netwerk. Ook zou de inschakeling van professionals minder voor de hand liggen aangezien deze zich meer terughoudend dienen op te stellen.

[25] 'De verzorgingsstaat 'Nieuwe Stijl' moet burgers aanspreken op hun zelf organiserend vermogen, op hun eigen kracht in plaats van hun zwakte en op eigen verantwoordelijkheid', J. Steyaert en R. Kwekkeboom, 'De mens als zorger, over informele zorg en beleidsutopieën', in J. Steyaert & R. Kwekkeboom (red.), *Op zoek naar duurzame zorg. Vitale coalities tussen formele en informele zorg*, Utrecht: Movisie 2010, aangehaald in L. Burgerhout-Van der Zwaan, *De kanteling, een onderzoek naar een omslag in benadering van burgers in een middelgrote gemeente*, Utrecht: Universiteit voor Humanistiek 2014, p. 16.

[26] Burgerhout-Van der Zwaan 2014.

[27] Burgerhout-Van der Zwaan 2014, p. 200.

[28] Zie bijv. Bosselaars bijdrage op www.socialevraagstukken.nl/site/2013/09/16/dialoog-aan-de-keukentafel-kan-dat-wel/. Verdere literatuurverwijzingen aldaar en recent: L.J.A Damen, C.N.J. Kortmann & R.F.B. van Zutphen, *Vertrouwen in de overheid* (VAR reeks 160), Den Haag: Boom juridische uitgevers 2018.

[29] M.F. Vermaat, 'Vertrouwen komt te voet', in: E. Steyger, J.J. Rijken, M.F. Vermaat, E. Plomp en T.A.M. van den Ende, *Op weg naar 10 jaar nieuw zorgstelsel. Terug en vooruitblik* (VGR 2015), Den Haag: Sdu 2015.

tussen burger en lokale overheid wel eens lastig te bereiken zou kunnen zijn. Het vergt vertrouwen, en vertrouwen moet gewonnen en behouden worden. Een wijze van werken als met de omgekeerde toets wordt beoogd, kan daaraan bijdragen. Wil het een succes worden dan zal de *medewerker*, die de burger ontvangt (*melding/aanvraag*) en met hem het voorliggende probleem bespreekt (*gesprek/onderzoek*), alvorens het beoogde *effect/besluit* te realiseren, niet alleen over allerlei vaardigheden moeten beschikken, maar ook over een brede blik en (heel) veel kennis. Dat zal niet de goedkoopste *medewerker* zijn. De ultieme vraag is of de (rijks)overheid dit praktische bezwaar het hoofd wil bieden en voor dit prettige contact met de overheid bereid is de portemonnee te trekken.

Het tweede probleem kan minder makkelijk worden opgelost. Dat probleem is dat als de oplossing in een bepaalde wet (of verordening) ligt, en de toepassing daarvan geheel is dichtgetimmerd (denk aan de Participatiewet bijvoorbeeld) dan is de ambtenaar/medewerker aan handen en voeten gebonden. Ook als dat aan de oplossing van het probleem in de weg staat (zoals bij Daisy). Het zou geen gek idee zijn als aan het tweede lid van artikel 3.4 Awb[30] meer gewicht wordt toegekend en het bestuursorgaan in voorkomende gevallen de mogelijkheid krijgt om, teneinde het gedroomde en door iedereen gewenste resultaat te bereiken, gemotiveerd van de betreffende bepaling af te wijken. Dat biedt het initiatief van de omgekeerde toetst een betere kans en het contact met de overheid zou daar wel eens een stuk prettiger van kunnen worden.

---

[30] 'De voor een of meer belanghebbenden nadelige gevolgen van een besluit mogen niet onevenredig zijn in verhouding tot de met het besluit te dienen doelen'.

Internationale invloed op de rol van de Awb

Als je argumentatie in Brussel wilt gebruiken zou het handig zijn te kiezen voor een formulering in termen van Europese beginselen. Europa voert het beginsel van transparantie hoog in het vaandel: dat beginsel zou je in het veld kunnen brengen tegen te vergaande voorstellen.

Michiel Scheltema
Rondetafelgesprek 25 jaar Awb
Utrecht, 30 augustus 2017

IV

Oswald Jansen[*]

40 | Internationaal bestuursrecht weer voor het voetlicht

@O_Jansen – De Awb weerspiegelt het internationale karakter van de rechtsbetrekkingen niet. De territoriale gebondenheid van besluitvorming is er bijvoorbeeld niet in te vinden. Tijd voor meer aandacht voor het internationaal bestuursrecht #territorialiteit#internationaal-bestuursrecht#Global-Administrative-Law#immuniteit#rechtsmacht#wereldtoneel-van-subnationale-bestuursorganen

1. Inleiding

Meer dan 70 jaar geleden schreef Stellinga een bijdrage over internationaal administratiefrecht.[1] Hij signaleert dat er in die tijd al meer belangstelling is ontstaan voor het bestuursrecht, maar dat dit is beperkt tot het Nederlandse bestuursrecht met wat rechtsvergelijking. En hij vervolgt:

> 'Vrijwel volkomen genegeerd wordt echter het internationale administratiefrecht, een verschijnsel dat men in het leven van Grotius met leedwezen constateert! In de eerste plaats toch kan de bestudeering van dit rechtsonderdeel vruchtbaar zijn voor een juiste beschouwing van het nationale administratiefrecht, (…). Daarbij komt, dat deze tak van het internationaal recht door het steeds meer aan intensiviteit winnende rechtsverkeer tusschen de staten in belangrijkheid gaan toenemen.'[2]

Het begon volgens hem allemaal zo goed met het proefschrift uit 1860 van Van Eik 'De Algemeene beginselen van internationaal policieregt',[3] het tweede hoofdstuk van het proefschrift van Van Vollenhoven 'Omtrek en inhoud van het internationale recht' uit 1898[4] en het vierde hoofdstuk uit het boek van Van Eysinga over de ontwikkeling en inhoud der Nederlandsche tractaten uit 1916,[5] maar dan houdt het op.[6] Hoe anders, zo vervolgt hij, is dat in het buitenland. En

---

[*] Prof. mr. O.J.D.M.L. Jansen is advocaat bij Resolución en bijzonder hoogleraar Europees bestuursrecht en openbaar bestuur aan de Maastricht University.
[1] J.R. Stellinga, 'Internationaal administratiefrecht', *NJB* 1946, p. 33-40 en p. 49-58.
[2] Stellinga 1946, p. 33.
[3] Josua van Eik, *De Algemeene beginselen van internationaal policieregt*, Amsterdam: C.A. Spin & Zoon 1860.
[4] C. van Vollenhoven, *Omtrek en inhoud van het internationale recht*, Leiden: S.C. van Doesburgh 1898.
[5] W.J.M. van Eysinga, *Ontwikkeling en inhoud der Nederlandsche tractaten sedert 1813*, 's-Gravenhage: Nijhoff 1916.
[6] Wat hem betreft weten de schrijvers wel af van het bestaan van het internationale administratiefrecht, maar is er niemand die er bijzondere aandacht aan wijdt. Als

dan noemt hij een hele trits auteurs,[7] waaronder uiteraard ook Karl Neumeyer die het bekende handboek: 'Internationales Verwaltungsrecht'[8] schreef.

In het algemeen deel uit 1953 besteedt A.M. Donner een alineaatje aan het fenomeen. Aan de verhouding tussen de nationale bestuursrechtelijke stelsels onderling hoeft wat hem betreft geen aandacht te worden besteed 'aangezien de afgrenzing geen moeilijkheden biedt.' En hij vervolgt:

> 'Enigszins anders is de verhouding van het Nederlandse bestuursrecht tot het internationale bestuursrecht. Dit laatste is een onderdeel van het volkenrecht.

---

voorbeelden daarvan noemt hij J.P.A. François, *Handboek van het volkenrecht, deel I*, Zwolle: W.E.J. Tjeenk Willink 1931, p. 27; G.A. van Poelje, *Inleiding tot het bestuursrecht*, Alphen aan den Rijn: Samsom 1937, p. 120-121; A.C.J. Mulder, *Inleiding tot het Nederlandsch internationaal privaatrecht*, Arnhem: Gouda Quint 1928, p. 1-2.

[7] Michel Dendias, 'Les principaux services internationaux administratifs', *Recueil des Cours de l'Académie de droit international de la Haye*, 1938, p. 243-366, m.n. p. 260; Clyde Eagelton, *International Government*, New York: The Ronald Press Company 1932, p. 43; Louis-Erasme le Fur, 'Le développement historique du droit international de l'anarchie internationale à une communauté internationale organisée', *Recueil des Cours de l'Académie de droit international de la Haye*, 1932, p. 501-602; Karl Strupp, 'Internationale Verwaltungsgemeinschaften', in Karl Strupp (ed.), *Wörterbuch des Völkerrechts und der Diplomatie*, Berlin: De Gruyter 1924, p. 573-577; Ernst Isay, 'Zwischenprivatrecht und Zwischenverwaltungsrecht', in: *Bonner Festgabe für Ernst Zitelmann*, München 1923, p. 289-305, m.n. p. 291 e.v. en zijn bijdrage in F. Stier-Somlo & A. Elster, *Handwörterbuch der Rechtswissenschaft, derde deel*, Berlin: De Gruyter 1928, p. 344-356; P. Negulesco, 'Principes du droit international administratif', *Recueil des Cours de l'Académie de droit international de la Haye* 1935, p. 579-692; M.A. Antonesco, 'Essai de détermination méthodologique du droit administratif international', in: *Mélanges Paul Negulesco*, București : Monitorul oficial i Imprimeriile statului, Imprimeria națională 1935; J. Gascon y Marin, 'Les transformations du droit administratif international', *Recueil des Cours de l'Académie de droit international de la Haye* 1930, p. 1-76. Voorafgaand aan de bijdrage van Stellinga verschenen ook bijdragen zoals: L. von Stein, 'Einige Bemerkungen über das internationale Verwaltungsrecht', *Jahrbuch für Gesetzgebung, Verwaltung und Volkswirtschaft im Deutschen Reich* 1882, p. 395–442; P. Kazansky, 'Théorie de l'administration internationale', *Revue générale de droit international public* 1902, p. 353–366; Paul S. Reinsch, 'International Administrative Unions and their Administration', *American Journal of International Law* 1907, p. 579– 623; Paul S. Reinsch, 'International Administrative Law and National Sovereignty', *American Journal of International Law* 1909, p. 1–45; Karl Neumeyer, 'Le droit administratif international', *RGDIP* 1911, p. 492–498; Karl Neumeyer, 'Internationales Verwaltungsrecht: Völkerrechtliche Grundlagen', in: Strupp (ed.) 1924; Paul S. Reinsch, *Public International Unions, Their Work and Organization: A Study in International Administrative Law*, Boston/ London: Ginn and Company 1911. Zie voor een uitvoerig overzicht van literatuur onder meer uit dezelfde periode Benedict Kingsbury & Megan Donaldson, 'Global Administrative Law', *Max Planck Encyclopedia of Public International Law* 2011 en Dave Gunton e.a., 'A global administrative law bibliography', *Law and contemporary problems*, 2005 vol. 68, p. 357-377.

[8] Karl Neumeyer, *Internationales verwaltungsrecht, Vierter Band. Allgemeiner Teil*, Leipzig: Verlag fur Recht und Gesellschaft 1936.

(...) Zo lang de praktijk slechts staten als subjecten van volkenrecht kent, levert de onderscheiding van nationaal en internationaal bestuursrecht geen moeilijkheden op. Dit wordt anders, wanneer internationale bestuursorganen direct met de onderdanen van een bepaalde staat in een gezagsverhouding komen te staan (...). De andere vraag, in hoeverre de burgers aan internationaal bestuursrecht rechten tegenover het staatsbestuur kunnen ontlenen, behoort (...) tot het staatsrecht.'[9]

In de laatste druk van zijn algemeen deel uit 1987 werd geen aandacht meer besteed aan het internationaal bestuursrecht. De huidige Nederlandse handboeken bestuursrecht zijn wel (en meer dan terecht) meer aandacht gaan besteden aan Europees bestuursrecht. Ze verwijzen echter in niet meer dan een enkele volzin of korte alinea naar het internationaal publiekrecht[10] en besteden geen aandacht aan internationaal bestuursrecht. Het internationaal bestuursrecht wordt nog steeds vrijwel geheel genegeerd, en daarin wijkt Nederland ook nu nog af van buitenlandse literatuur.[11] Ik zie daarbij overigens niet het NTB-

---

[9] A.M. Donner, *Nederlands bestuursrecht I Algemeen deel*, Alphen aan den Rijn: N. Samsom 1953, p, 69-70.
[10] Zie H.E. Bröring en K.J. de Graaf e.a., *Bestuursrecht 1*, Den Haag: Boom Juridische uitgevers 2016, p. 66; R.J.N. Schlössels & S.E. Zijlstra, *Bestuursrecht sociale rechtsstaat, band 1*, Deventer: Wolters Kluwer 2017, p. 44; H.D. van Wijk/Willem Konijnenbelt & Ron van Male, *Hoofdstukken van bestuursrecht*, Deventer: Kluwer 2014, p. 30.
[11] Om mij tot een aantal voorbeelden te beperken: Gerhard Hoffmann, 'Internationales Verwaltungsrecht', in: Ingo von Münch (Hrsg.), *Besonderes Verwaltungsrecht*, Berlin: De Gruyter 1976, p. 851-870; Christian Tietje, *Internationalisiertes Verwaltungshandeln*, Berlin: Duncker & Humblot 2001; Stefano Battini, *Amministrazioni senza Stato. Profili di diritto amministrativo internazionale*, Milano: Giuffrè 2003; Jean-Bernard Auby, *La globalisation, le droit et l'État*, Paris: Montchrestien 2003; Matthias Ruffert, *Die Globalisierung als Herausforderung an das Öffentliche Recht*, Stuttgart: Richard Boorberg Verlag 2004; Benedict Kingsbury, Nico Krisch & Richard B. Stewart, 'The emergence of Global Administrative Law', *Law and Contemporary Problems* 2005, p. 15-61; Christoph Ohler, *Die Kollisionsordnung des Allgemeinen Verwaltungsrechts*, Tübingen: Mohr Siebeck 2005; Christoph Möllers, *Gewaltengliederung*, Tübingen: Mohr Siebeck 2005; Sabino Cassese, *Oltre lo Stato, Verso una costituzione globale?*, Napoli: Editoriale Scientifica 2006; Eberhard Schmidt-Assmann, 'Die Herausforderung der Verwaltungsrechtwissenschaft durch die internationalisierung der Verwaltungsbeziehungen', *Der Staat* 2006, p. 315-338; Christoph Möllers, Andres Vosskuhle, Christian Walter (Hrsg.), *Internationales Verwaltungsrecht*, Tübingen: Mohr Siebeck 2007; Markus Glaser, *Internationale Verwaltungsbeziehungen*, Tübingen: Mohr Siebeck 2010; Gordon Anthony e.a. (eds.), *Values in Global Administrative Law*, Oxford: Hart Publishing 2011; Sabino Cassese e.a. (eds.), *Global Administrative Law: The Casebook (third edition)*, Roma: Irpa 2012; Dries van Eeckhoutte & Maarten Vidal, 'Internationaal en grensoverschrijdend bestuursrecht', *Rechtskundig Weekblad* 2014, p. 1123-1141; Paul Craig, *UK, EU and Global Administrative Law. Foundations and Challenges*, Cambridge: Cambridge University Press 2015; Sabino Cassese, 'Global Administrative Law: The state of the art', *International Journal of Constitutional Law*, 2015, p. 465-468; Christoph Möllers, 'Ten years

redactioneel uit 2013 van Scheltema over het hoofd, waarin hij opriep tot meer aandacht voor Global Administrative Law (GAL).[12]

Ik wil in deze bijdrage teruggrijpen op de poging van Stellinga om aandacht te krijgen voor het internationaal bestuursrecht. Anders dan destijds het geval was, moet het internationaal bestuursrecht daartoe van achter de schijnwerpers van het Europees bestuursrecht vandaan worden gehaald om het weer (een beetje) op de agenda van het algemeen bestuursrecht te krijgen.

Ik zal daartoe in paragraaf 2 schetsen wat onder internationaal bestuursrecht moet worden verstaan. Vervolgens kies ik enkele onderwerpen uit dat internationaal bestuursrecht die naar mijn indruk meer aandacht verdienen. Zo komen in paragraaf 3 rechtsmacht in het bestuursrecht en in paragraaf 4 immuniteit en privileges in het bestuursrecht aan de orde, waarna ik vervolgens in paragraaf 5 de positie van subnationale bestuursorganen in internationale verhoudingen aanstip. Ik sluit mijn bijdrage af met enkele afrondende opmerkingen in paragraaf 6.

2. Wat is internationaal bestuursrecht?

In een klassieke benadering is bestuursrecht intern recht en vormt het staatsrecht de brug naar het internationale recht. Tussen het internationale recht en het bestuursrecht bestaat dan een duidelijke scheiding. Daarbij komt de beschrijving van het internationaal recht als het recht waarbij uitsluitend staten en samenwerkingsverbanden tussen staten rechtssubject zouden zijn.

Echter, Stellinga wees daar meer dan 70 jaar geleden al op, ook ingezetenen kunnen rechtssubject van het internationaal recht zijn. Daar komt nu bij dat subnationale autoriteiten, zoals *global cities* en burgemeesters,[13] en nationale of

---

of global administrative law', *International Journal of Constitutional Law* 2015, p. 469-472; Edoardo Chiti, 'Where does GAL find its legal grounding?', *International Journal of Constitutional Law* 2015, p. 486-491; Matthias Goldmann, *Internationale öffentliche Gewalt. Handlungsformen internationaler Institutionen im Zeitalter der Globalisierung*, Heidelberg: Springer 2015; Sabino Cassese (ed.), *Research Handbook on Global Administrative Law*, Cheltenham: Edward Elgar 2016. Zie ook literatuuroverzichten zoals Dave Gunton e.a., 'A global administrative law bibliography', *Law and contemporary problems* 2005, p. 357-377 en Kingsbury & Donaldson 2011.

[12] M. Scheltema, 'Global administrative law', *NTB* 2013/1. Hij verwees daarbij naar een project van het HiiL over transnationale regelgeving zonder internationaalrechtelijke grondslag dat inmiddels tot een aantal publicaties heeft geleid, waaronder Joost Pauwelyn e.a. (eds.), *Informal International Law Making*, Oxford: Oxford University Press 2012.

[13] Zie bijv. Ch. Möllers, 'Transnationale Behördenkooperation. Verfassungs- und völkerrechtliche Probleme transnationaler administrativer Standardsetzung', *ZaöRV* 2005, p. 351 e.v. recent Helmut Philipp Aust, *Das Recht der globalen Stadt*, Tübingen: Mohr Siebeck 2017; Michèle Finck, *Subnational authorities in EU Law*, Oxford: Oxford University Press 2017. Naar het bekende boek van Benjamin R. Barber, *If Mayors Ruled the World. Dysfunctional Nations, Rising Cities*, New Haven: Yale University Press 2013 werd het Global Parliament of Mayors gevormd, een vereniging naar Nederlands recht

Europese marktautoriteiten[14] steeds actiever worden op het wereldtoneel. Zij vormen inmiddels een dicht netwerk op een veelheid van beleidsterreinen.[15] We zien zo op steeds grotere schaal rechtsbetrekkingen ontstaan, die niet alleen Europees, maar steeds meer ook wereldwijd zijn. Er is sprake van zowel europeanisering als internationalisering van het bestuursrecht. Het gevolg hiervan is dat het belang van het territoir als grondslag van de bestuursrechtelijke bevoegdheid afneemt.[16] Er is volgens Schmidt-Assmann sprake van een 'Verlust an Territorialität' en het is volgens hem de opgave voor de bestuursrechtwetenschap om het recht van deze internationale rechtsbetrekkingen verder uit te denken en te ontwikkelen.[17] Er wordt zelfs al geschreven over 'deterritorialisation' en 'Entterritorialisierung des Öffentlichen Rechts',[18] en van bestuursrecht

---

(zie https://globalparliamentofmayors.org/). Hier is het werk van de sociologe Saskia Sassen zeer bekend, zoals bijv. haar *Cities in a World Economy,* Washington: Sage Publications Inc 2011 en *The Global City*, Princeton: Princeton University Press, 2001.

[14] Zie bijv. Florin Coman-Kund, *European Union Agencies as Global Actors*, Maastricht: Universitaire Press Maastricht 2016.

[15] Een klassieker op dit terrein: Anne-Marie Slaughter, *A New World Order*, Princeton: Princeton University Press 2004.

[16] Zie over de territorialiteit van het bestuursrecht onder meer: Matthias Ruffert: '§ 17 Rechtsquellen und Rechtsschiften des Verwaltungsrechts', in: W. Hoffmann-Riem, E. Schmidt-Assmann & A. Vosskuhle (Hrsg.), *Grundlagen des Verwaltungsrechts, Band I*, München: Verlag C.H. Beck 2006, p. 1141; Miguel Prata Roque, 'Les nouvelles frontières du droit administratif – globalisation de et mutations du principe de la territorialité en droit public', *European Review of Public Law* 2013, p. 655-709; Lydia Lebon, *La territorialité et l'Union européenne. Approches du droit public,* Bruxelles: Bruylant 2015; Cedric Ryngaert & John Vervaele, 'Core Values beyond territories and borders: the internal and external dimension of EU regulation and enforcement', in: Ton van den Brink e.a. (eds.), *Sovereignty in the Shared Legal Order of the EU. Core Values of Regulation and Enforcement*, Antwerp: Intersentia 2015, p. 299-323, m.n. p. 314-322. Drie klassiekers: Ulrik Huber, *De iure civitatis libri tres. Novam iuris publici universalis disciplinam continentis*, Leiden 1674; Otto Mayer, '§ 62 Internationales und bundesstaatliches Verwaltungsrecht', in: *Deutsches Verwaltungsrecht, Band 2*, Leipzig: Duncker und Humblot 1869, p. 453; Klaus Vogel, *Der Räumliche Anwendungsbereich der Verwaltungsrechtsnorm*, Frankfurt: Alfret Metzner Verlag 1965. Het is interessant om kennis te nemen van de inzichten uit andere wetenschappelijke disciplines over het belang van territoir, zoals antropologie, de sociale geografie, economie en legal geography. Zie over de laatste discipline die in Nederland nog niet zo bekend lijkt te zijn: Irus Baverman e.a. (eds.), *The expanding spaces of law*, Stanford: Stanford Law Books 2014.

[17] Schmidt-Assmann 2006, p. 315-338, m.n. p. 316.

[18] Zie bijv. de preadviezen voor de Staatsrechtlehrer: Kirsten Schmalenbach, *Völker- und unionsrechtlicher Anstösse zur Entterritorialisierung des Rechts* (Veröffentlichungen der Vereinigung der Deutschen Staatsrechtlehrer nr. 76), Berlin: De Gruyter 2016, p. 245-272; Jürgen Bast, *Völker- und unionsrechtlicher Anstöße zur Entterritorialisierung des Rechts, Völker- und unionsrechtlicher Anstöße zur Entterritorialisierung des Rechts* (Veröffentlichungen der Vereinigung der Deutschen Staatsrechtlehrer nr. 76), Berlin: De Gruyter 2016, p. 277-309.

zonder staat,[19] of Global Administrative Law. Dit bestuursrecht wordt geproduceerd en toegepast door wereldwijd naar schatting 2000 regulatoire regimes, 60 000 international non-governmental organizations, 100 internationale gerechtshoven, en ongeveer evenveel semi-justitiële entititeiten tegenover 193 staten.[20] Scheltema schreef daarover in 2013:

> 'dat global administrative law een uiterst actueel onderwerp is, dat dringend aandacht behoeft van Nederlandse juristen. Juist het gebrek aan een wereldregering maakt die aandacht noodzakelijk. Deze nieuwe vorm van bestuursrecht richt zich niet op het bestuur zoals dat binnen een staat, zoals Nederland, of binnen een bepaalde internationale organisatie, zoals de EU, vorm krijgt, maar in het algemeen op alle internationale of transnationale organisaties die bestuurlijke activiteiten uitvoeren.'[21]

In de analyse door Stellinga van ruim 70 jaar geleden die betrekking had op literatuur van nog eens enkele decennia voordien constateert hij al dat er grote verschillen zijn in de opvattingen over wat internationaal bestuursrecht is.

Stellinga wijst er op dat in die literatuur het internationaal bestuursrecht vaak in twee delen uiteenvalt: enerzijds het recht over conflicten die ontstaan, 'doordat op administratiefrechtelijk terrein tegenover elkander staan onderdanen van verschillende staten of doordat administratieve handelingen van een staat effect sorteren buiten het territoir van een staat', en anderzijds 'is er internationaal administratiefrecht aanwezig, wanneer een staat bij zijn administratief handelen gebonden is door een internationale overeenkomst, of nog sterker wanneer men te doen heeft met administratie vanwege een internationaal orgaan (...).'[22] Uiteindelijk meent hij in navolging van Van Vollenhoven en Van Eijsinga dat het internationaal bestuursrecht de regels omvat die betrekking hebben op het fungeren van de organen die een internationale taak vervullen. Het bestaat dan ook volgens hem uit vier onderdelen: internationaal regelaarsrecht, internationaal bestuursrecht, internationaal politierecht en internationaal procesrecht.[23] Hij acht de beperking tot het recht met betrekking tot

---

[19] Stefano Battini, *Amministrazioni senza Stato. Profili di diritto amministrativo internazionale*, Milano: Giuffrè 2003; Zijlstra schreef over 'ontstatelijking' (S.E. Zijlstra, 'De toekomst van het bestuursrecht: ontstatelijking?', *NTB* 2018/54), maar had daarbij het oog op een andere ontwikkeling.

[20] Ik ontleen deze aantallen aan: Sabino Cassese en Elisa D'Alterio, 'Introduction: the development of Global Administrative Law', in: Sabino Cassese, *Research Handbook on Global Administrative Law*, Cheltenham: Edward Elgar 2017, p. 1.

[21] M. Scheltema, 'Global administrative law', *NTB* 2013/1.

[22] Stellinga 1946, p. 35.

[23] Stellinga 1946, p. 54 en 55. Daarbij verwijst hij naar C. van Vollenhoven, *Omtrek en inhoud van het internationale recht*, Leiden: S.C. van Doesburgh 1898 en W.J.M. van Eysinga, *Ontwikkeling en inhoud der Nederlandsche tractaten sedert 1813*, 's-Gravenhage: Nijhoff 1916.

internationale publieke diensten te beperkt.[24] Ook meent hij dat het conflictenrecht daartoe behoort, ook al is het van geheel andere aard omdat het de grenzen tussen de werkingssferen van nationaal bestuursrecht bepaalt. Het is wat hem betreft een 'tweedeelig rechtscomplex,' net zoals in het internationaal strafrecht.[25]

Ik sluit mij aan bij deze tweeledige benadering van internationaal bestuursrecht, en dan omvat het bestuursrechtelijk conflictenrecht, waarvan het bestuursrechtelijke rechtsmachtrecht en het immuniteitenrecht deel uitmaken, evenals het in internationale rechtsinstrumenten neergelegde bestuursrecht, zoals het bestuursrecht geproduceerd door de Raad van Europa en de Wereldhandelsorganisatie, en Global Administrative Law. Het internationaal bestuursrecht heeft zo bezien dus een gecombineerd nationaal en internationaal karakter.

Ik vervolg hierna, zoals aangekondigd, met de korte bespreking van drie onderwerpen op het terrein van het internationaal bestuursrecht: rechtsmacht (paragraaf 3), immuniteit en privileges (paragraaf 4) en de positie van subnationale bestuursorganen in internationale verhoudingen (paragraaf 5).

3. Rechtsmacht in het bestuursrecht

Vanouds werd in onze bestuursrechtdoctrine wel enige aandacht besteed aan de omstandigheid dat de bevoegdheid van bestuursorganen territoriaal beperkt was.[26] Publiekrecht, en dus ook het bestuursrecht, is gebonden aan zijn territoir. In de Awb is de relatieve bevoegdheid van bestuursrechters wel geregeld,[27] maar die van bestuursorganen niet. Het rechtsgebied van de bestuursrechter is overigens afgestemd op het rechtsgebied, het territoir, van bestuursorganen. In met de Awb vergelijkbare buitenlandse codificaties is de relatieve bevoegdheid

---

[24] We zien dat 'international administrative law' nog steeds een veel voorkomende aanduiding daarvoor is. Zie bijv. Olufemi Elias (ed.), *The Development and Effectiveness of International Administrative Law*, Leiden/Boston: Martinus Nijhoff Publishers 2012; Nassib G. Ziadé (ed.), *Problems of International Administrative Law*, Leiden/Boston: Martinus Nijhoff Publishers 2008 en C.F. Amerasinghe, 'The Future of International Administrative Law', *International & Comparative Law Quarterly* 1996, p. 773-795.
[25] In zijn afscheidsrede (Schmidt-Assmann 2006, p. 335-336) bepleit Schmidt-Assmann een 'neues Internationales Verwaltungsrecht' en verzet hij zich ertegen dat ook het conflictenrecht daarvan deel uitmaakt. Het gaat hier om 'nationales Rechtsanwendungsrecht für Sachverhalte mit Auslandsbezug.'
[26] W.G. Vegting, *Het algemeen Nederlands administratiefrecht*, Alphen aan den Rijn: N. Samsom 1954, p. 228 e.v. Vegting bespreekt daar tamelijk uitvoering de onbevoegdheid ratione loci van bestuursorganen. Donner bespreekt tamelijk uitvoerig de plaatselijke onbevoegdheid (A.M. Donner, *Algemeen deel*, Alphen aan den Rijn: Samsom H.D. Tjeenk Willink 1987, p. 242).
[27] Zie art. 8:7 Awb.

van bestuursorganen vaak wel geregeld.[28] De bestuursrechtelijke handboeken besteden tegenwoordig niet al teveel aandacht meer aan de relatieve bevoegdheid van bestuursorganen, of hun territoriale begrenzing. Dat wil echter niet zeggen, dat de bevoegdheid van bestuursorganen niet territoriaal is begrensd, en het is dus nog steeds van belang of bestuursorganen relatief bevoegd zijn. Anders gezegd: de bevoegdheidsbegrenzing *ratione loci* geldt ook zonder uitdrukkelijk wettelijke regeling.

Zo overwoog het CBb in een uitspraak van 20 juni 2013:[29]

'dat het feit dat uit de tekst en de toelichting van de bepaling geen beperking tot Nederlandse gebruikers blijkt, niet met zich brengt dat die beperking er niet is. In verband met het territorialiteitsbeginsel behoeft in Nederlandse regelgeving een dergelijke beperking niet expliciet te worden opgenomen.'[30]

Voor gemeentelijke en provinciale bestuursorganen evenals voor waterschapsbestuursorganen geldt dat zij uitsluitend bevoegd zijn op het eigen territoir.[31] Voor de bestuursorganen van de centrale overheid geldt datzelfde. Hun bevoegdheid is in beginsel beperkt tot het territoir van Nederland.

Het voert voor deze bijdrage te ver om de wijze volledig te beschrijven waarop het Nederlands territoir wordt bepaald. Ik wijs er slechts op dat het internationaal recht toestaat dat Nederland niet alleen rechtsmacht uitoefent in de territoriale zee,[32] maar ook op het continentale plat en in de exclusieve economische zone, zij het dat daar de rechtsmacht beperkter is.[33] Nationale wet-

---

[28] Zie bijv. § 3 Verwaltungsverfahrensgesetz (over de Örtliche Zustandigkeit) en art. 47 Ley 39/2015 del Procedimiento Administrativo Común de las Administraciones Públicas (over nietigheden: de nulidad de pleno derecho).
[29] CBb 20 juni 2013, ECLI:NL:CBB:2013:CA3716; *AB* 2013/321 m.nt. W. Sauter.
[30] Deze uitspraak ligt in dezelfde lijn als CBb 16 juli 2009, ECLI:NL:CBB:2009:BJ3150; *AB* 2009/380 m.nt. G.J.M. Cartigny.
[31] Zie bijv. ABRvS 27 januari 2010, ECLI:NL:RVS:2010:BL0748; *Gst.* 2010/44 m.nt. R.J.M.H. de Greef; ABRvS 17 december 2008, ECLI:NL:RVS:2008:BG7182; ABRvS 23 februari 1996, ECLI:NL:RVS:1996:AP8361, *Gst.* 1996/7031; HR 27 maart 1939, ECLI:NL:HR:1939:99, *NJ* 1939/913; HR 16 januari 1951, ECLI:NL:HR:1951:17, *NJ* 1951/484, *AB* 1951/830; KB 11 maart 1857, *Stb.* 1857, 11; A.H.M. Dölle and D.J. Elzinga, *Handboek van het Nederlandse gemeenterecht*, Deventer: Kluwer 2004, p. 184-185.; G.J.C. Schilthuis, *Waterschapsrecht*, Alphen aan den Rijn: N. Samsom 1947, p. 134; H.H. Menalda, *Samenhang tussen Waterschap en territoir*, Amsterdam 1930; S.J.R. de Monchy, *Handboek voor het Nederlandse Provincierecht*, Haarlem: De Erven F. Bohn 1947, p. 48 e.v.
[32] Zie art. 1 Wet grenzen Nederlandse territoriale zee. HR 7 februari 1986, ECLI:NL:HR:1986:AG5189, *NJ* 1986/477 (Attican Unity); ABRvS 10 april 1995, ECLI:NL:RVS:1995:AK3508, *AB* 1995/498 (Long Lin); ABRvS 6 februari 2008, ECLI:NL:RVS:2008:BC3585 (Phuket Airlines); ABRvS 3 september 2008, ECLI:NL:RVS:2008:BE9687, *Gst.* 2009/53 (Onur Air). Zie over rechtsmacht in het internationaal recht: Cedric Ryngaert, *Jurisdiction in International Law*, Oxford: Oxford University Press 2015.
[33] Zie art. 3 van de Rijkswet instelling exclusieve economische zone.

geving regelt dan ook regelmatig dat haar bepalingen daar van toepassing zijn.[34] Verder is van belang dat het Nederlands bestuursrecht van toepassing is op Nederlandse zeeschepen,[35] luchtvaartuigen,[36] ambtenaren – waaronder bijvoorbeeld militairen[37] – en Nederlanders in het algemeen, ook als zij zich (ver) buiten het territoir bevinden.

In de artikelen 2 tot en met 8d Sr is een aantal bepalingen opgenomen die de toepasselijkheid van het Nederlandse strafrecht regelen. Daarnaast is in bijzondere strafwetgeving regelmatig een uitdrukkelijke bepaling opgenomen over strafrechtsmacht.[38] De Awb kent geen regeling van rechtsmacht. In bijzondere regelgeving is zo nu en dan wel een regeling van bestuursrechtelijke rechtsmacht te vinden. In het economisch en financieel bestuursrecht is het regelmatig de vraag of een bepaalde (verboden) activiteit de Nederlandse rechtsorde raakt. De wetgever beoogt regelmatig de Nederlandse belangen ook tegen acti-

---

[34] Zie bijv. art. 1, aanhef en onder d, Algemene kinderbijslagwet; art. 1, aanhef en onder g, Algemene Ouderdomswet, art. 1, aanhef en onder n, Algemene Nabestaandenwet, art. 2, derde lid, aanhef en onder d en 3° Algemene wet inzake rijksbelastingen, art. 2, aanhef en onder a, Arbeidsomstandighedenwet, art. 2:8, aanhef en onder e, Arbeidstijdenwet, art. 3 Dienstenwet, art. 1, vijfde lid, Electriciteitswet 1998, art. 1, derde lid, Gaswet, art. 2 Implementatiewet EG-richtlijn infrastructuur ruimtelijke informatie, art. 2, eerste lid, aanhef en onder a sub 3° Invorderingswet 1990, art. 1a Warenwet, art. 1.4 Waterwet, art. 1, aanhef en onder n, Werkloosheidswet, art. 1,aanhef en onder g en 10a, Wet aansprakelijkheid olietankschepen, art. en 1, aanhef en onder n en 4, Wet bestrijding maritieme ongevallen, art. 41 Wet gewasbeschermingsmiddelen en biociden, art. 1.1, eerste lid, Wet kinderopvang, art. 1.1.1 Wet langdurige zorg, art. 7.2, zevende lid, 7.2a, 8.40, tweede lid, aanhef en onder f, en vierde lid, 9.1.1, Wet milieubeheer, art. 1.2, Wet Natuurbescherming, art. 1.1, tweede lid, aanhef en onder a, Wet ruimtelijke ordening, art. 5 en 12, Wet voorkoming verontreiniging door schepen, art. 2 en 12, Wet windenergie op zee, art. 1, eerste lid, aanhef en onder j, Ziektewet.

[35] Dat zijn zeeschepen die onder Nederlandse vlag varen (art. 1 Scheepvaartverkeerswet). Zie bijv. art. 20 van de Scheepvaartwet waarin is bepaald dat bij AMvB regels kunnen worden gesteld ter uitvoering van verdragen of besluiten van volkenrechtelijke organisaties over het deelnemen aan het scheepvaartverkeer door Nederlandse zeeschepen in volle zee en – voor zover geen afwijkende regels zijn gesteld voor de voor die wateren bevoegde autoriteiten – op alle niet-Nederlandse wateren die met de volle zee in verbinding staan en bevaarbaar zijn voor zeegaande schepen.

[36] Dat is een in Nederland geregistreerd luchtvaartuig (zie art. 1.1 Wet luchtvaart).

[37] Bij de laatsten spelen kennelijk Status of Forces Agreements (SOFA's) een rol waarin de afspraken over de rechtsmachtsverdeling tussen de zendstaat en de verblijfstaat over militairen in het buitenland worden vastgelegd. Zie J.E.D. Voetelink, 'Voordracht. Rechtshandhaving tijdens oefeningen in het buitenland. Een vergeten groente uit het militair operationeel-rechtelijke moestuintje?', *MRT* 2016/2.

[38] Zie bijv. art. 3 Wet op de economische delicten: 'Deelneming aan een binnen het Rijk in Europa gepleegd economisch delict is strafbaar ook indien de deelnemer zich buiten het Rijk aan het feit heeft schuldig gemaakt.'

viteiten vanuit het buitenland te beschermen die zich op de Nederlandse markt richten.[39]

Wet- en regelgeving hebben regelmatig extraterritoriaal effect, ook al omdat het gaat om de uitvoering van unierechtelijke wetgeving.[40] Zo overwoog het CBb in een uitspraak over een bestuurlijke boete wegens overtreding van de Europese mededingingsregels: 'De (...) boetebevoegdheid bevat voor wat betreft de bij de boeteoplegging in aanmerking te nemen omstandigheden geen territoriale inperking, althans niet binnen de grenzen van de interne markt.'[41]

Indien het Nederlandse recht over rechtsmacht beperkter zou zijn dan het Unierecht ter zake, dan moet het Nederlandse recht wijken.[42] Het is dan de vraag of zonder uitdrukkelijke wettelijke regeling ook toezichthandelingen en bestuurlijke sancties zich tot het buitenland kunnen of mogen uitstrekken.[43] De

---

[39] Om me te beperken tot slechts enkele voorbeelden uit de rechtspraak: ABRvS 8 februari 2017, ECLI:NL:RVS:2017:343 over de bezorging van online in Duitsland bestelde sterke drank; ABRvS 26 september 2018, ECLI:NL:RVS:2018:3135 en ECLI:NL:RVS: 2018:3130, evenals ABRvS 22 februari 2017, ECLI:NL:RVS:2017:484 over het online aanbieden van kansspelen; ABRvS 15 april 2015, ECLI:NL:RVS:2015:1185 over de bevoegdheid van het toenmalige College voor de Bescherming Persoonsgegevens om te handhaven op normschending door een in de Verenigde Staten gevestigde onderneming.

[40] Zie voor dit leerstuk Joanne Scott, 'Extraterritoriality and territorial extension in EU Law', *American Journal of Comparative Law* 2014, p. 87-126 en Joanne Scott, 'The new EU 'extraterritoriality'', *Common Market Law Review* 2014, p. 1343-1380.

[41] CBb 24 maart 2016, ECLI:NL:CBB:2016:56 (zilveruien-kartel). Het CBb verwees hier naar HvJEU 9 juli 2015, ECLI:EU:C:2015:451 (InnoLux).

[42] Zie bijv. CBb 6 oktober 2016, ECLI:NL:CBB:2016:272 (plantuienkartel), waarin werd overwogen: 'De vraag of de hoogte van een op te leggen boete mag worden gerelateerd aan de Europese omzet dient derhalve te worden beantwoord aan de hand van het toepasselijke (Nederlandse) recht op dit gebied, met dien verstande dat de wijze van beboeting er niet toe mag leiden dat van een gelijkwaardige, doeltreffende en evenredige sanctie geen sprake meer is.'

[43] Zie mijn 'Over de grens? Over de territorialiteit van handhavingstoezicht in het bestuursrecht', *Tijdschrift voor Toezicht* 2016, p. 66-72, evenals M.B. Weijers e.a., *Grensoverschrijdend bestuursrecht* (Jonge VAR nr. 15), Den Haag: Boom Juridische uitgevers 2017; C. Ryngaert, *Jurisdiction in International Law*, Oxford: Oxford University Press 2015; A.J. Metselaar, P.C. Adriaanse e.a., *Grensoverschrijdende inning van bestuurlijke boetes*, Den Haag: WODC 2014; P. Boswijk, O.J.D.M.L. Jansen & R.J.G.M. Widdershoven, *Transnationale samenwerking tussen toezichthouders in Europa*, Den Haag: WODC 2008, p. 22 en de daar genoemde literatuur. Zie ABRvS 20 november 2013, ECLI:NL:RVS:2013:1988; ABRvS 21 december 2013, ECLI:NL:RVS:2016:3412 en de omstreden rechtspraak van het College van Beroep voor het bedrijfsleven: CBb 10 januari 2018, ECLI:NL:CBB:2018:2; CBb 4 september 2018, ECLI:NL:CBB:2018:444, *JOR* 2018/249 m.nt. S.M.C. Nuijten. In Rb. Rotterdam 1 juni 2017, ECLI:NL:RBROT: 2017:4116 werd onder verwijzing naar HR 5 oktober 2010, ECLI:NL:HR:2010:BL5629 aangenomen dat inbreuken op het territorialiteitsbeginsel door toezichthouders niet strekken tot bescherming van de belangen van (rechts)personen die zich op het terri-

inning van verbeurde dwangsommen of van (onherroepelijke) bestuurlijke boetes in het buitenland wegens het ontbreken van unierechtelijke of verdragsrechtelijke grondslagen is vaak niet mogelijk.

Rechten op het Nederlands territoir kunnen (moeten) openstaan voor buitenlandse (rechts-)personen, zoals bijvoorbeeld de leerstukken van het aanbestedingsrecht en schaarse rechten illustreren. In het buitenland gevestigde (rechts)personen en bestuursorganen kunnen belanghebbende zijn. Indien een ontwerpbesluit over een inrichting op het Nederlands territoir gaat waarvan de gevolgen ook buiten dat grondgebied kunnen worden ondervonden, is een Nederlands bestuursorgaan verplicht om in buitenlandse geschreven media de terinzagelegging van dat ontwerp aan te kondigen (artikel 3:12 Awb), dan wel die van het genomen besluit (artikel 3:44 Awb).[44]

Het gaat hier om leerstukken van internationaal bestuursrecht die nadere bestudering verdienen, en daarvoor is in deze bijdrage onvoldoende ruimte.

4. Immuniteit en privileges in het bestuursrecht

Immuniteit is een leerstuk dat wordt ingevuld door een combinatie van internationaal publiekrecht en nationaal recht.[45] Voor de rol van immuniteit en privileges in het bestuursrecht is de immuniteit van gebouwen waarin ambassades of internationale organisaties zijn gevestigd, en die van de personen die daar werken en hun privileges om een aantal redenen interessant.

Het is een veelgehoord misverstand dat het territoir waar deze gebouwen op staan, door deze immuniteit vreemd territoir zou zijn geworden. Het is echter nog steeds Nederlands en daarop is nog steeds Nederlands recht van toepassing. De immuniteit maakt daar echter een uitzondering op. Voor zover deze uitzondering zich voordoet, geldt het recht van de vreemde staat of het interne recht van de internationale organisatie. Er is dus steeds sprake van het naast elkaar bestaan van twee bestuursrechtsystemen: het Nederlandse bestuursrecht naast het bestuursrecht van de vreemde staat of de internationale organisatie. Het Nederlandse bestuursrecht geldt ook voor onze ambassades in het buitenland. Er is hier sprake van mogelijke conflicten die de moeite van het bestuderen

---

toir bevinden van de staat waarvan zij de staatssoevereiniteit hebben geschonden, en daarom niet tot vernietiging van het bestreden besluit kunnen leiden op grond van het relativiteitsbeginsel (art. 8:69a Awb). Opmerkelijk genoeg zag het CBb in hoger beroep onder verwijzing naar CBb 10 januari 2018, ECLI:NL:CBB:2018:2 geen extraterritorialiteit (CBb 4 september 2018, ECLI:NL:CBB:2018:444).

[44] ABRvS 5 februari 2014, ECLI:NL:RVS:2014:285, *M&R* 2014/77 m.nt. M.M. Kaajan; ABRvS 15 augustus 2012, ECLI:NL:RVS:2012:BX4675, *M&R* 2012/140 m.nt. V.M.Y. van 't Lam. Zie over de MER-plicht reeds: J.H. Jans, De ruimtelijke werkingssfeer van wetgeving betreffende milieueffectrapportage, *M&R* 1984, p. 265-280.

[45] Hazel Fox and Philippa Webb, *The law of state immunity*, Oxford: Oxford University Press 2015, p. 1 en B. Hess, 'The International Law Commission's Draft Convention on the Jurisdictional Immunities of States and their Property', *EJIL* 1993, p. 271.

onder de vlag van het internationaal bestuursrecht waard zijn. Zo valt aan te nemen dat de omgevingsrechtelijke normen[46] evenals de voorschriften over brandveiligheid van toepassing zijn, maar geldt dat ook voor arbeidsomstandigheden en arbeidstijdenregelgeving? Omdat Nederland – met name Den Haag – veel internationale organisaties huisvest, doen zich juist bij ons interessante leerstukken voor. Zo moest de Afdeling bestuursrechtspraak diverse rechtsvragen oplossen die samenhangen met het (vrijheidsbenemende) verblijf of vervoer en overdracht van een vreemdeling aan een andere Staat in verband met procedures die liepen bij het Internationaal Strafhof.[47] Een uitspraak werd gedaan na een conclusie van staatsraad A-G Keus.[48]

De omvang van de immuniteit is vastgelegd in algemene internationale verdragen en als het gaat om internationale organisaties in de verdragen waarin die zijn opgericht en het zetelverdrag van die organisatie met de staat waarin ze gevestigd zijn. Belangrijke algemene verdragen zijn hier het Verdrag van Wenen inzake diplomatiek verkeer (1961) en het Verdrag van de Verenigde Naties inzake de immuniteit van rechtsmacht van staten en hun eigendommen (2004). Deze immuniteit levert bijvoorbeeld een uitzondering op de beginselplicht tot handhaving op, indien buurtbewoners een handhavingsverzoek richten tegen een illegaal bouwwerk op een ambassadeterrein.[49] In verband met deze immuniteit kunnen bestuurlijke boetes (bijvoorbeeld wegens snelheidsovertredingen) niet worden opgelegd aan diplomaten.[50]

In Nederland zijn naast een grote hoeveelheid ambassades, consulaten en woningen van ambassadeurs en daaraan gelijkgestelden, ongeveer 40 internationale organisaties gevestigd.[51] Nederland heeft zelfs een ambassadeur voor internationale organisaties (AMIO). Elk van deze organisaties heeft een eigen oprichtingsverdrag en daarnaast een zetelverdrag met Nederland. In deze verdragen zijn ook de privileges neergelegd die het diplomatieke personeel geniet. Daarbij wordt mede een beleid gehanteerd om een aantrekkelijk vestigingsklimaat voor internationale vertegenwoordigingen en organisaties te creëren.[52]

---

[46] Zie bijv. de aan het International Criminal Court gegeven omgevingsvergunning die centraal stond in ABRvS 24 december 2014, ECLI:NL:RVS:2014:4652.

[47] Zie bijv. ABRvS 22 maart 2012, ECLI:NL:RVS:2012:BW0617; ABRvS 27 juni 2014 ECLI:NL:RVS:2014:2430 en ECLI:NL:RVS:2014:2426; ABRvS 15 oktober 2014, ECLI:NL:RVS:2014:3833; ABRvS 13 maart 2015, ECLI:NL:RVS:2015:876; ABRvS 2 juli 2015, ECLI:NL:RVS:2015:2100.

[48] ABRvS 18 februari 2014, ECLI:NL:RVS:2014:627. De conclusie is van 12 november 2013, ECLI:NL:RVS:2013:1882

[49] ABRvS 4 maart 2009, ECLI:NL:RVS:2009:BH4654, *JB* 2009/100 m.nt. J.A.F. Peters.

[50] Hof Arnhem-Leeuwarden 26 september 2014, ECLI:NL:GHARL:2014:7398, *NJ* 2014/265 en *NJ* 2014/266.

[51] Zie de lijst op https://www.rijksoverheid.nl/onderwerpen/internationale-organisaties-in-nederland/lijst-van-internationale-organisaties-in-nederland.

[52] De mededeling van het bevoegde bestuursorgaan over een dergelijk privilege is geen besluit: ABRvS 5 oktober 2007, ECLI:NL:RVS:2007:BB5223; ABRvS 23 april 2008,

Zo zijn in de zetelverdragen bepalingen opgenomen over de belastingen waarvan de betrokken internationale organisatie zelf is vrijgesteld, en over de vrijstellingen en privileges van hun personeel. Bij dat laatste wordt een soort staffeling gevolgd die de hiërarchie van diplomaten volgt: diplomatic agents, officials (P-5 of hoger, P-4 of lager). De hoogste functionarissen hebben de meeste privileges.

De (rechtsvergelijkende) analyse van het beleid over immuniteiten, privileges en het beleid daarover zijn onderdeel van de beoefening van het internationaal bestuursrecht.

5. De positie van subnationale bestuursorganen in internationale verhoudingen

Het is een logische veronderstelling in het staatsrecht van veel landen, waaronder Nederland, dat buitenlandse betrekkingen een taak en bevoegdheid zijn van de centrale overheid, en dan met name het ministerie van Buitenlandse Zaken.[53] In de overheidspraktijk zien we echter dat het steeds vaker voorkomt dat ook subnationale, decentrale bestuursorganen zich op het internationale toneel begeven, en afspraken maken in de vorm van 'agreements' of memorandums of understanding. Het gaat daarbij om veel meer dan alleen bijvoorbeeld stedenbanden.

Ook veel Nederlandse of Europese zelfstandige bestuursorganen en marktautoriteiten zijn actief op het wereldtoneel, en ook zij maken in hun netwerk afspraken in allerlei vormen. Voor zover het gaat om internationale afspraken dienen zij te worden onderscheiden van verdragen en internationale overeenkomsten als bedoeld in de Wener verdragen over verdragsrecht. Ondanks het veelvuldig en al veel langer bestaande gebruik van deze afspraken, wordt er niet veel aandacht besteed aan het precieze juridische karakter ervan.[54]

Het gaat hier overigens niet alleen om de internationaalrechtelijke leerstukken van informele rechtsvorming in het internationale recht[55] en de positie van subnationale bestuursorganen op het wereldtoneel, maar ook om nationaalbestuursrechtelijke vragen naar de bevoegdheid van deze bestuursorganen om zich te begeven in buitenlandse betrekkingen die in beginsel immers zijn voorbehouden aan de Staat en het ministerie van Buitenlandse Zaken, en naar de mate van binding van de afspraken die in een agreement blijken te zijn neer-

---

ECLI:NL:RVS:2008:BD0343. Zie over de status van een geprivilegieerdendocument: ABRvS 27 maart 2008, ECLI:NL:RVS:2008:BC8570.
[53] Zie art. 90 Grondwet.
[54] Aldus terecht Coman-Kund 2016, p. 145- 148.
[55] Pauwelyn e.a. (eds.) 2012.

gelegd. Hier liggen ook belangrijke constitutioneelrechtelijke vragen.[56] Het is bijvoorbeeld voor een gemeentelijke overheid met veel kantoren van internationale organisaties en ambassades met vele uiteenlopende rechtsordes interessant om te weten hoe een gebiedsgerichte aanpak eenvoudig(er) in bindende afspraken kan worden neergelegd. Anders dan bijvoorbeeld Frankrijk[57] heeft Nederland geen algemene wettelijke regeling van de bevoegdheid en begrenzing van het aangaan van externe betrekkingen door decentrale overheden. Het hangt bij ons af van het beleid bij het interbestuurlijk toezicht.[58]

Vaak worden hier privaatrechtelijke rechtshandelingen verricht, waarbij de vraag zou kunnen worden gesteld of dat publiekrechtelijk, staats- of bestuursrechtelijk wel allemaal klopt. Indien bijvoorbeeld de burgemeester van een Nederlandse gemeente zich aansluit bij een buitenlands initiatief, zou sprake kunnen zijn van deelneming van deze gemeente aan een buitenlandse rechtspersoon, hetgeen strikt genomen anders dan deelneming aan Nederlandse rechtspersonen niet wettelijk is geregeld.[59] Indien wordt deelgenomen aan een Nederlandse rechtspersoon door Nederlandse krachtens publiekrecht ingestelde rechtspersonen samen met buitenlandse vertegenwoordigers, is het de vraag of steeds vaststaat dat het buitenlandse recht over dergelijke deelname van overheden in acht wordt genomen.

Het gaat hier wat mij betreft om kwesties die in een samenhangend leerstuk van internationaal bestuursrecht aan de orde behoren te komen. En ook hier komen internationaal recht en nationaal bestuursrecht samen.

6. Enkele afrondende opmerkingen

In een boek over 25 jaar Awb past focus op een aantal vragen, zoals de vraag of de Awb zou moeten worden aangevuld. Juist ook omdat er meer algemeen bestuursrecht is dan het daarin opgenomen recht, is het antwoord niet automatisch bevestigend. Van de Awb-wetgever kan niet worden verwacht dat onderwerpen worden geregeld die in Nederland al jaren niet of nauwelijks aan-

---

[56] Zie hierover onder meer T. Barkhuysen, 'De verstadstatelijking van Nederland', *NJB* 2017/145, afl. 3, p. 175 en Maurice Adams e.a., 'Constitutionalisme in de eeuw van de stad', *NJB* 2017/1980.
[57] Zie art. L1115-1 Code général des collectivités territoriales.
[58] Zie het Beleidskader spontane vernietiging (*Kamerstukken II* 2005/06, 30300 VII, 75, p. 8 e.v.). Zie over het anti-apartheidsbeleid bijv. KB 22 december 1988, *AB* 1989/490 en de KB's van 28 december 1990, *Stb.* 1991 nrs. 24–37) en over kernwapenvrij verklaren KB 21 juni 1985, *Stb.* 1985, nr. 353 (Hellevoetsluis) en KB 23 december 1987, *Stb.* 1987, nr. 659 (Boarnsterhim). Zie voorts W.J. Wijzenbroek, 'Kunnen gemeenten zelfstandig buitenlands beleid voeren?', *Bestuur* 1988/2, p. 48-52.
[59] In art. 160, tweede lid, Gemeentewet is geregeld dat de raad in de gelegenheid moet worden gesteld om wensen en bedenkingen aan het college ter kennis te brengen voordat het college tot deelneming aan een rechtspersoon besluit. Deze regeling somt uitsluitend rechtspersonen naar Nederlands rechtspersonenrecht op.

dacht krijgen. Internationaal bestuursrecht is zo'n onderwerp waarvan de Awb-wetgever wellicht zou kunnen menen dat het niet zijn taak is om het wiel uit te vinden met de aanvulling van een wet die vooral bedoeld is om te codificeren, harmoniseren en hier en daar te modificeren.

Een aantal onderwerpen die tot het internationaal bestuursrecht zouden kunnen worden gerekend, hebben bovendien het karakter van bijzonder bestuursrecht, zoals bijvoorbeeld het bestuursrecht over diplomatieke en consulaire vertegenwoordiging en het bestuursrecht over ontwikkelingswerk.[60]

Nederland is een klein land, dat veel internationale betrekkingen heeft, en de zich almaar verder internationaliserende economische en sociale betrekkingen raken niet alleen grote delen van de overheid en haar bestuursorganen, maar ook het bestuursrecht dat zij toepassen. De Awb heeft een vrijwel uitsluitend nationaal karakter, en het internationale karakter van Nederland is een beeld dat niet in de Awb terugkeert. Ook lijkt het Awb-besluitvormingsrecht zonder welk territoir dan ook te zijn. Er is een aantal onderwerpen die op korte termijn aan plaats verdienen in de Awb. Eén van die onderwerpen is wat mij betreft de relatieve bevoegdheid en territoriale begrenzing van bestuursorganen. Een regeling over rechtsmacht zou daarbij (later) kunnen aansluiten.

Het bestuursrecht is territoriaal begrensd, maar moet zich wel op allerlei manieren over internationale rechtsverhoudingen moeten kunnen uitstrekken om die te kunnen reguleren. Daarom verdient het internationaal bestuursrecht meer aandacht. Die aandacht zou ertoe kunnen leiden dat de Awb verder zou kunnen worden aangevuld. Dat zou bijvoorbeeld kunnen gelden voor de regeling van internationaal bestuurlijke bijstand, of voor (duidelijker en meer uitgewerkte) regels over de bevoegdheid van andere bestuursorganen dan de Minister van Buitenlandse Zaken om buitenlandse betrekkingen aan te gaan. Het oprichten van of deelnemen in rechtspersonen door bestuursorganen is een onderwerp dat zich voor algemene regeling zou lenen in de organieke wetgeving of wellicht in de Awb, en daarbij zou kunnen worden geregeld of, en onder welke omstandigheden, bestuursorganen of hun bestuurders ook zouden kunnen deelnemen in rechtspersonen naar buitenlands recht.

Laten we niet tot het 100 jarig bestaan van de Awb wachten met aandacht te besteden aan internationaal bestuursrecht…

---

[60] Zie daarover bijv. Philipp Dann, *Entwicklungsverwaltungsrecht*, Tübingen: Mohr Siebeck 2012. Een Engelstalige versie is verschenen als Philipp Dann, *The Law of Development Cooperation. A Comparative Analysis of the World Bank, the EU and Germany*, Cambridge: Cambridge University Press 2013.

Hanna Sevenster*

41 | Europeanisering in drie generaties: you ain't seen nothing yet?

@H_Sevenster – De invloed van het Unierecht op het bestuursrecht laat zich schetsen in drie generaties rechtspraak. Daarbij is de aandacht verschoven van de directe werking van het Unierecht naar de grondslagen en details van het nationale bestuursprocesrecht#*directe-werking*#*nationale-procesautonomie*#*effectieve-rechtsbescherming*

1. Inleiding

Er is veel gebeurd sinds de tijd dat het EU-recht (toen nog EEG-recht) een hobby was van Europaspecialisten en het Nederlandse bestuursrecht een betrekkelijk rustig en ongestoord bestaan leidde. Het bestuursrecht is thans doorspekt met Unierecht. De omvang van de vierde druk van het veel gebruikte boek 'Inleiding (*sic*) tot het Europees bestuursrecht' zegt veel.[1] Ook de achtergrond van de auteurs van het boek zegt ons iets: zij zijn niet allen groot geworden in het EU-recht. Verschillende van hen zijn veeleer in het Unierecht beland vanuit een Nederlands staats- en bestuursrechtelijke invalshoek. Dat vind ik een goede zaak. Tegelijkertijd moet er voor gewaakt worden dat het EU-recht alleen nog fragmentarisch wordt beoefend vanuit een bepaalde discipline. Kenmerkend voor de rechtspraak van het Hof van Justitie is immers de grote invloed van de algemene leerstukken, dwars door alle terreinen van Unierecht heen. Dat maakt het belang van EU-generalisme evident. In het auteursteam van de genoemde Nederlandse 'bijbel' voor het Europees bestuursrecht zitten gelukkig ook EU-generalisten en daarmee is een ideale mix bereikt.[2]

In deze bijdrage geef ik enkele algemene observaties over het onderwerp 'Europeanisering van het bestuursrecht'. Daarvoor wil ik allereerst kort terug kijken op enkele Europese ontwikkelingen in het bestuursprocesrecht. Daarna richt ik de blik op de toekomst. Ik kom in deze bijdrage tot de beeldspraak van drie generaties van Europeanisering.

---

* Mr. dr. H.G. Sevenster is staatsraad in de Afdeling bestuursrechtspraak van de Raad van State. De auteur is dank verschuldigd aan Aniek Derkx voor haar hulp bij het finaliseren van de voetnoten.
[1] S. Prechal & R.J.G.M. Widdershoven (red.), *Inleiding tot het Europees bestuursrecht*, Nijmegen: Ars Aequi Libri 2017, heeft een omvang van 567 bladzijden.
[2] Waarbij ik met de metafoor 'bijbel' overigens niet wil zeggen dat elk woord uit het genoemde boek heilig is.

2. Terugblik op enkele Europese ontwikkelingen in het bestuursprocesrecht

Directe werking (eerste generatie)
Ons toespitsend op het *proces*recht, ter ere van 25 jaar Awb, kunnen we nogmaals vaststellen dat er veel gebeurd is.[3] Het nationale procesrecht als zodanig werd in de vroege jaren niet ter discussie gesteld. EU-zaken bij de bestuursrechter gingen over strijd van besluiten of regelgeving met bepalingen uit richtlijnen of verordeningen of een enkele keer een Verdragsbepaling. Daarbij kwamen de Europeesrechtelijke leerstukken van conforme uitleg en directe werking en de grenzen daaraan om de hoek kijken. De rechtspraak hierover beschouw ik als van de eerste generatie. Het ging hier om rechtspraak over de *Europese* kant van de medaille: de werking van het Unierecht zelf. Met de komst van de VNO- en Kraaijeveld-rechtspraak werden de mogelijkheden voor directe werking ruimer: een beslissingsruimte[4] voor het bestuursorgaan stond niet langer in de weg aan directe werking.[5] Dat maakte het leven van appellanten makkelijker, hoewel de rechter niet snel tot het oordeel zal komen dat het bestuursorgaan zijn beslissingsruimte heeft overschreden. Vooral het leerstuk van directe werking van richtlijnbepalingen in zogenaamde 'driehoeksverhoudingen' bleef echter nog lange tijd hoofdbrekens kosten, die pas na het arrest Wells grotendeels zijn weggenomen.[6] Het leek immers zo onlogisch: als een bestuursorgaan een vergunning verleende in strijd met een richtlijn, dan kon een derde belanghebbende deze vergunning met succes bij de rechter aanvechten (verticale directe werking), maar als het bestuursorgaan dezelfde vergunning zou weigeren wegens (dezelfde) strijd met de richtlijn, dan kon de vergunninghouder zich bij diezelfde rechter hiertegen eveneens met succes verzetten met een beroep op het verbod van omgekeerde verticale werking (directe werking ten nadele van een particulier).[7] De sleutel voor de uitweg uit dit dilemma lijkt te liggen in een onderscheid tussen 'louter nadelige gevolgen' van strijd met een richtlijn voor een particulier (geen verboden omgekeerde verticale werking) en het opleggen van verplichtingen aan een particulier op

---

[3] Zie voor een beknopt overzicht van de geschiedenis van de belangrijkste leerstukken L.R. van Heijningen en H.G. Sevenster, 'Doorwerking van Unierecht in ons bestuursprocesrecht – geen probleem?', in: Nederlandse Vereniging voor Procesrecht, *Doorwerking van Europees recht in het nationaal procesrecht*, Den Haag: Boom Juridische uitgevers 2013, p. 51-76.
[4] Het Hof spreekt in dit verband van beoordelingsmarge.
[5] HvJ EU 1 februari 1997, ECLI:EU:C:1977:12 en HvJ EU 24 oktober 1996, ECLI:EU:C:1996:404 (Kraaijeveld).
[6] HvJ EU 7 januari 2004, ECLI:EU:C:2004:12 (Wells).
[7] Aldus ABRvS 7 december 2005, ECLI:NL:RVS:2005:AU7583 (Habitatrichtlijn 92/43). Zie ook ABRvS 23 oktober 2002, ECLI:NL:RVS:2002:AE9208 en ECLI:NL:RVS:2002:AE9190 (Richtlijn lozing oppervlaktewateren 76/464, verlening van vergunning uitsluitend voor bepaalde tijd).

grond van de richtlijn (wel verboden omgekeerde verticale werking).[8] Als we dit onderscheid toepassen in elke situatie, dus ook als géén derde belanghebbende van de partij is, dan zijn mogelijk de meeste dilemma's opgelost.[9]

Ambtshalve toepassing en formele rechtskracht (tweede generatie)
Na de verruiming van het leerstuk van directe werking, waren de hobbels voor het inroepen van Unierecht aan Europese kant aanzienlijk verminderd. Vervolgens lijkt de focus van procedures te zijn verschoven naar de effecten van het *nationale* bestuursprocesrecht op de mogelijkheden voor appellanten om Unierecht in te roepen. Dit beschouw ik als de tweede generatie rechtspraak. Twee nationaalrechtelijke leerstukken kwamen daarbij als eerste onder de loupe: ambtshalve toepassing en formele rechtskracht. Waar het eerste in het bestuursrecht uiteindelijk glansrijk overeind bleef,[10] werd er in het tweede een klein Europees gaatje geschoten. Uit het arrest Kühne en Heitz bleek namelijk dat een bestuursorgaan onder bepaalde omstandigheden een – na procedures tot in hoogste instantie – definitief geworden besluit moet heroverwegen.[11] Het Hof heeft in latere arresten duidelijk gemaakt dat de voorwaarden strikt gelden en dat de uitzondering niet kunnen worden opgerekt tot andere omstandigheden. Alleen als het nationale recht zelf mogelijkheden kent voor het openbreken van definitieve besluiten, dient daarvan bij strijd met Unierecht op dezelfde wijze gebruik te worden gemaakt.[12] Daarnaast is in het arrest Byankov een andere uitzondering aangenomen waarin een definitief vaststaand besluit moet worden opengebroken zonder dat van 'Kühne en Heitz omstandigheden' sprake is.[13] Het betrof hier een schending van een van de grondvrijheden van het Unierecht, de vrijheid van personenverkeer, die potentieel langdurig in stand zou blijven omdat geen beroep meer open stond. De omstandigheden van de zaak zijn specifiek en uitzonderlijk, zodat onduidelijk is of deze uitzondering in meer algemene zin geldt.[14] Op het arrest wordt in de Nederlandse rechtspraktijk regelmatig een beroep gedaan zonder dat dit tot nog toe succes heeft gehad.[15]

Het Hof heeft ook in het gezag van gewijsde piepkleine gaatjes geschoten.[16] De algemene regel blijft echter helder: het gezag van gewijsde wordt ook bij

---

[8] Arrest Wells, punt 56-57.
[9] Dit lijkt ook te volgen uit HvJ EU 21 maart 2013, ECLI:EU:C:2013:203 (Salzburger Flughafen). Zie ook Prechal & Widdershoven 2017, p. 99.
[10] HvJ EU van 7 juni 2007, ECLI:EU:C:2007:318 (Van der Weerd).
[11] In de context van art. 4:6 Awb, waar een dergelijke plicht naar nationaal recht niet bestond. HvJ EU 13 januari 2004, ECLI:EU:C:2004:17 (Kühne & Heitz).
[12] HvJ EU 19 september 2006, ECLI:EU:C:2006:586 (Germany en Arcor).
[13] HvJ EU 4 oktober 2012, ECLI:EU:C:2012:608 (Byankov).
[14] Zie over dit arrest in deze bundel de bijdrage van R. Ortlep.
[15] Zie bijv. ABRvS 7 juni 2017, ECLI:NL:RVS:2017:1507 (Wav-boete).
[16] HvJ EU 18 juli 2007, ECLI:EU:C:2007:434 (Lucchini) en HvJ EU 3 september 2009, ECLI:EU:C:2009:506 (Fallimento Olimpiclub). Het eerste arrest betreft een aantasting van het gezag van gewijsde van rechterlijke uitspraken die in strijd zijn met een

strijd met Unierecht niet aangetast.[17] Wel kan onrechtmatige rechtspraak van hoogste instanties grond vormen voor aansprakelijkheid van de staat wegens schending van Unierecht.[18] Mijn verwachting is dat op het front van definitieve besluiten of uitspraken in strijd met Unierecht de rechtspraak van het Hof nog verder zal ontwikkelen. In Nederland zullen daarnaast verschillende arresten komen van de Hoge Raad over de Köbler-aansprakelijkheid. Partijen lijken recentelijk het leerstuk te hebben (her)ontdekt en omarmd.[19]

Relativiteit (tweede generatie)
Een onderwerp dat ook meer recent in beeld is gekomen is het relativiteitsvereiste.[20] Door dit vereiste gelden naar nationaal bestuursrecht strengere eisen voor de argumenten die partijen kunnen aandragen: de bestuursrechter mag een besluit niet vernietigen wegens schending van rechtsregels die *kennelijk* niet strekken tot bescherming van het belang van degene die zich erop beroept. Conform het uitgangspunt van de nationale procesautonomie geldt deze eis ook voor argumenten ontleend aan het Unierecht. Dit betekent dat het Unierecht weer iets minder dan voorheen kan worden gehandhaafd door particuliere partijen: wel als zij er zelf rechten aan ontlenen maar niet langer wordt elk beroep op elk Unierecht onderzocht door de rechter. Ik noem hier een voorbeeld uit de praktijk van de Afdeling: op Ameland werd in een van de dorpen een grote parkeerplaats aangelegd bij de plaatselijke supermarkt.[21] Omwonenden komen daartegen in het geweer en beroepen zich er onder andere op dat de parkeerplaats wordt gefinancierd met staatssteun – wat verboden is volgens het EU-recht[22] – en dat de parkeerplaats daarom niet door kan gaan. De Afdeling heeft geoordeeld dat deze personen zich in deze zaak niet kunnen beroepen op het verbod van staatssteun omdat dat verbod niet strekt ter bescherming van hun belang.[23] Een soortgelijke uitspraak deed de Centrale Raad van Beroep in een zaak waarin iemand weigerde mee te werken aan een voorziening voor ar-

---

definitief geworden beschikking over onverenigbare staatssteun van de Europese Commissie. Het tweede gaat over een bepaalde uitleg van het leerstuk van gezag van gewijsde waardoor strijd met het Unierecht inzake BTW ook voor opvolgende jaren – na een definitieve uitspraak over een eerder jaar – niet kon worden opgeheven. Het gezag van gewijsde van de eerdere uitspraak werd hiermee als zodanig niet aangetast.
[17] Zie onder meer HvJ EU 16 maart 2006, ECLI:EU:C:2006:178 (Kapferer).
[18] HvJ EU 30 september 2003, ECLI:EU:C:2003:513 (Köbler).
[19] Zie bijv. Rb Den Haag 3 juni 2015, ECLI:NL:RBDHA:2015:6222 en Hof Den Haag 25 oktober 2016, ECLI:NL:GHDHA:2016:2984 (ontslag piloten) en Rb Den Haag 18 oktober 2017, ECLI:NL:RBDHA:2017:11809 (vreemdeling met 1F-status).
[20] Art. 8:69a Awb, geïntroduceerd in 2013.
[21] ABRvS 2 november 2016, ECLI:NL:RVS:2016:2892.
[22] Art. 107 VWEU.
[23] Andere uitspraken over de toepassing van de relativiteitseis bij gronden ontleend aan het Unierecht zijn ABRvS 9 november 2016, ECLI:NL:RVS:2016:2947 (geneesmiddelen) en ABRvS 18 mei 2016, ECLI:NL:RVS:2016:1295 (Spoorallee).

beidsintegratie en daartoe aanvoerde dat de voorziening onrechtmatige staatssteun vormde.[24] Ook het onderwerp relativiteit en EU-recht zal naar mijn verwachting in de toekomst nog wel verder worden uitgediept.

3. Wat brengt de toekomst?

Rewe of artikel 47 Handvest?
Het veld overziend verwacht ik een verdere ontwikkeling op een aantal fronten. Nu partijen, daarbij ook geholpen door boeken als 'Inleiding tot het Europees bestuursrecht' en alerte annotatoren, steeds beter worden in het aanvoeren van EU-argumenten wordt ook steeds meer betoogd dat de toepassing van ons procesrecht niet door de EU-beugel kan. Probleem bij het beoordelen van dergelijke betogen als rechter is dat het Hof nog altijd niet helder is in het toetsingskader.[25] Soms toetst het procesrecht alleen aan de twee Rewe-beginselen van gelijkwaardigheid en doeltreffendheid,[26] soms tevens aan artikel 47 Handvest inzake het recht op effectieve rechtsbescherming,[27] soms aan gelijkwaardigheid en artikel 47 Handvest,[28] en soms alleen aan artikel 47 Handvest.[29] Er is met enige moeite en goede wil wel (enige) systematiek te ontdekken in deze rechtspraak.[30] Het zou echter goed zijn als het Hof zelf hierin zelf duidelijkheid schept. Ik verwacht die op niet al te lange termijn wel.[31] Mogelijk zal dat betekenen dat alle eisen opgaan in artikel 47 Handvest, waarmee in ieder geval het afzonderlijk vereiste van doeltreffendheid verdwijnt. Het element van gelijkwaardigheid zal dan wel moeten worden ingelijfd in artikel 47 Handvest. Procesrecht dat een onderscheid maakt tussen de beoordeling van nationale en EU-beroepsgronden is en blijft immers ongewenst.

Verdrag van Aarhus
In het milieurecht geldt Europees bestuursprocesrecht in de vorm van het Verdrag van Aarhus, geïmplementeerd in het Unierecht via onder meer de RIE en

---

[24] CRvB 21 februari 2017, ECLI:NL:CRVB:2017:607.
[25] Zie uitgebreider en voor nog andere varianten Van Heijningen & Sevenster 2013.
[26] HvJ EU 16 december 1976, ECLI:EU:C:1976:188 (Rewe). Recente voorbeelden: HvJ EU 7 maart 2018, ECLI:EU:C:2018:166 (Giuseppa Santoro) en HvJ EU 27 juni 2018, ECLI:EU:C:2018:499 (Diallo).
[27] Zoals in het veel geciteerde arrest van het Hof van 18 maart 2010, ECLI:EU:C:2010:146 (Alassini).
[28] Recent voorbeeld: HvJ EU 31 mei 2018, ECLI:EU:C:2018:367 (Sziber).
[29] Zie bijv. arrest HvJ EU 27 september 2017, ECLI:EU:C: 2017:725 (Puškár). Een toets aan alleen art. 47 Handvest vindt als het goed is plaats als procedurele bepalingen in secundaire wetgeving van toepassing zijn. Dit is logisch omdat de Rewe-toets juist alleen geldt bij afwezigheid van Unierechtelijke (proces)regels.
[30] Zie Van Heijningen & Sevenster 2013 en Prechal & Widdershoven 2017, p. 57-59.
[31] Alhoewel nog recent het Hof verschillende varianten gebruikt, zie arresten van HvJ Guiseppa Santoro, Diallo en Sziber.

de Mer-richtlijn.[32] In het bijzonder milieu-NGO's ontlenen aan dit Verdrag vergaande rechten. Zo kan hen niet het relativiteitsvereiste worden tegengeworpen in nationale milieugeschillen, althans voorzover zij een beroep doen op Europees milieurecht in ruime zin.[33] Over dit Verdrag komen vanuit Luxemburg met enige regelmaat uitspraken.[34] Ongetwijfeld zullen die ook in Nederland van invloed blijven op de procesvoering in milieugeschillen.[35]

Toetsingsintensiteit (derde generatie)
Soms geeft het Hof ook meer inhoudelijke eisen aan wat en hoe de rechter moet beoordelen.[36] En een enkele keer zegt het Hof iets over wat een nationale rechter niet mag beoordelen en geeft daarmee grenzen aan de toetsingsintensiteit.[37] Dit laatste past naar mijn mening niet goed in het leerstuk van de nationale procesautonomie. Het Hof moet zich beperken tot het aangeven van de Europese ondergrens. Die ligt in de twee Rewe-beginselen en artikel 47 Handvest (al dan niet 'gefuseerd', zie hierboven). De intensiteit van de toetsing moet daar-

---

[32] Het Verdrag bevat bepalingen over de openbaarheid van milieu-informatie, inspraak en de toegang tot de rechter in milieugeschillen. De laatste zijn verwerkt in de Richtlijn 2010/75/EU van het Europees Parlement en de Raad van 24 november 2010 inzake industriële emissies (geïntegreerde preventie en bestrijding van verontreiniging) (RIE) (*Pb EU* 2010, L 334/17), art. 25; en Richtlijn 2011/92/EU van het Europees Parlement en de Raad van 13 december 2011 betreffende de milieueffectbeoordeling van bepaalde openbare en particuliere projecten (*PbEU* 2012, L 26/1), zoals gewijzigd bij Richtlijn 2014/52/EU van het Europees Parlement en de Raad van 16 april 2014 tot wijziging van Richtlijn 2011/92/EU betreffende de milieueffectbeoordeling van bepaalde openbare en particuliere projecten (*PbEU* 2014, L 124/1), art. 11. Zie voorts Richtlijn 2003/4/EG van het Europees Parlement en de Raad inzake de toegang van het publiek tot milieu-informatie en tot intrekking van Richtlijn 90/313/EEG van de Raad (*PbEU* 2003, L 41/26), art. 6.
[33] HvJ EU 12 mei 2011, ECLI:EU:C:2011:289 (Bund für Umwelt und Naturschutz Deutschland, Landesverband Nordrhein-Westfalen), HvJ EU 15 oktober 2015, ECLI:EU:C:2015:683 (Commissie/Duitsland) en HvJ EU 20 december 2017, ECLI:EU:C:2017:987 (Protect).
[34] HvJ EU 8 maart 2011, ECLI:EU:C:2011:125 (LZ (1) Slowaakse beren) en HvJ EU 8 november 2016, ECLI:EU:C:2016:838 (LZ (2)) en HvJ EU 20 december 2017, ECLI:EU:C:2017:987 (Protect).
[35] Zie reeds enkele uitspraken van de Afdeling over dit Verdrag: ABRvS 2 december 2015, ECLI:NL:RVS:2015:3703 (art. 6:13 Awb) en ABRvS 21 februari 2018, ECLI:NL:RVS:2018:616 (redelijke termijn en reële inspraakmogelijkheid).
[36] Onder meer HvJ EU 28 juli 2011, ECLI:EU:C:2011:524 (Samba Diouf).
[37] Zie bijv. HvJ EU 4 april 2017, ECLI:EU:C:2017:255 (Fahimian) waarin het Hof de rechter verbiedt de weigering van een studievisum wegens gevaar voor de staatsveiligheid meer dan marginaal te toetsen. In HvJ EU 17 april 2018, ECLI:EU:C:2018:257 (Egenberger), punt 61, legt het Hof de nationale rechter ook beperkingen in toetsingsintensiteit op met een beroep op het EVRM. Ook wordt HvJ EU 14 juni 2017, ECLI:EU:C:2017:452 (Online Games), vaak genoemd als voorbeeld in dit verband.

binnen passen.[38] De bovengrens – wat de rechter *niet mag* doen – is naar mijn mening een nationale, en niet een Europese. Die nationale bovengrens wordt doorgaans gevormd door de beslissingsruimte voor het bestuur: daarin mag de rechter niet treden. Maar mochten ergens in de EU in een lidstaat daarover andere gedachten bestaan, dan dient het Hof zich naar mijn mening te onthouden van instructies daarover. Dat daarmee onvermijdelijk verschillen ontstaan tussen lidstaten vind ik acceptabel. Een volledige uniformiteit – in materiële of procedurele normen inclusief de toepassing daarvan in de rechtspraktijk – is hoe dan ook een fictie.[39] Gezien de verschillen tussen de vooralsnog diepgewortelde rechtstradities en rechtsculturen moeten we dat ook niet willen denk ik. De toekomst zal leren hoe dit verder uitkristalliseert. Nu het EU-recht steeds dieper ingrijpt in de nationale rechtsorde onder andere doordat partijen zich er meer op beroepen komt hier wellicht een 'derde generatie' rechtspraak op gang over een laatste bastillon dat in de weg staat aan het succes van EU-betogen: de (enigszins) terughoudende toetsing. Ik betitel dit voor deze bijdrage als derde generatie omdat het naar mijn mening weer van een andere, potentieel meer ingrijpende orde is dan vraagstukken rond nationale beroepstermijnen, ambtshalve toepassing en relativiteit.

Verhouding bestuursrechter-civiele rechter (derde generatie?)
De bevoegdheidsverdeling in het Nederlandse recht tussen de verschillende takken van rechterlijke sport is wellicht eveneens een laatste bolwerk dat onder vuur kan komen te liggen.[40] Daarbij komt mogelijk ook artikel 8:5 Awb en de daarbij behorende lijst in de vuurlinie. Partijen betogen soms dat de gang naar de civiele rechter voor bepaalde besluiten in strijd is met het vereiste van effectieve rechtsbescherming, bijvoorbeeld vanwege de daarmee gemoeide kosten of de samenhang met andere – wel appellabele – besluiten.[41]

4. Tot slot

De Europeanisering van het bestuursprocesrecht zal nog wel even doorgaan. Wij zijn aanbeland in een periode waarin de doorwerking van het EU-recht zich tot in de finesses van de basisleerstukken kan doen voelen. Ik noemde dat de komst van derde generatie rechtspraak en denk daarbij aan leerstukken als de verdeling bestuursrechter-burgerlijke rechter en toetsingsintensiteit. Daarnaast zal naar ik verwacht worden voortgebouwd op bestaande rechtspraak

---

[38] Zie aldus bijv. HvJ EU 6 oktober 2015, ECLI:EU:C:2015:656 (East Sussex County Council).
[39] Dat geldt niet alleen in de EU maar ook binnen één lidstaat.
[40] Zie bijv. de discussie in de zaken rond luchtkwaliteit, Rb Den Haag 27 december 2017, ECLI:NL:RBDHA:2017:15380.
[41] Tot nu toe zonder succes, zie bijv. ABRvS 29 juli 2011, ECLI:NL:RVS:2011:BR4025 (Kerkrade).

over uitzonderingen op formele rechtskracht en gezag van gewijsde. Mocht ons bestuursprocesrecht strikter worden, dan kan dat aanleiding geven voor nieuwe vragen en betogen op grond van EU-recht, zoals gebeurde met het relativiteitsvereiste. Omdat niet altijd voorspelbaar is welke rechtspraak er wanneer uit Luxemburg komt, moet de nationale bestuursrechter intussen werken binnen *moving limits*. Hij moet immers binnen de Unierechtelijke grenzen blijven, maar die grenzen zijn continu aan verandering onderhevig. Ik verwacht tot slot dan ook over 25 jaar genoeg stof voor de volgende bundel.

Dirk Sanderink*

42 | De raakvlakken tussen het EVRM en de Awb

@D_Sanderink – Het EVRM is van groot belang geweest voor het Nederlandse bestuurs(proces)recht. In deze bijdrage een beknopt overzicht van de belangrijkste in de Awb geregelde onderwerpen waarop het EVRM in het verleden invloed heeft gehad en in de toekomst waarschijnlijk nog zal hebben#EVRM#invloed#bestuursrecht

1. Inleiding

Op 1 januari 2019 viert de Algemene wet bestuursrecht (Awb) haar vijfentwintigste verjaardag. De redactie van deze bundel heeft mij gevraagd ter gelegenheid hiervan een bijdrage te schrijven met een toekomstgerichte analyse van de invloed van het Europees Verdrag voor de Rechten van de Mens (EVRM) op de Awb. Toekomstige ontwikkelingen hebben meestal hun wortels in het verleden. Dat is voor de toekomstige invloed van het EVRM op de Awb natuurlijk niet anders. Om uitspraken te kunnen doen over die toekomstige invloed is het dus onontkoombaar ook een blik te werpen op de invloed die het EVRM in het verleden op de Awb heeft gehad. Die invloed is waarschijnlijk het sterkst geweest op het bestuursprocesrecht, aangezien het arrest van het Europees Hof voor de Rechten van de Mens (EHRM) in de zaak-*Benthem/Nederland* in belangrijke mate heeft bijgedragen aan de afschaffing van het Kroonberoep en de totstandkoming van het stelsel van algemene bestuursrechtspraak zoals dat sinds 1994 in met name hoofdstuk 8 van de Awb is neergelegd.[1]

De invloed van het EVRM op het bestuursrecht is verder vooral zichtbaar in delen van het bijzondere bestuursrecht, zoals het omgevingsrecht, het socialezekerheidsrecht, het vreemdelingenrecht en het belastingrecht.[2] In de

---

* Mr. dr. D.G.J. Sanderink is advocaat bij Damsté advocaten – notarissen en research fellow bij de vaksectie Bestuursrecht van de Radboud Universiteit. Deze bijdrage is afgesloten op 1 september 2018.
[1] Zie EHRM 23 oktober 1985, nr. 8848/80, ECLI:CE:ECHR:1985:1023JUD000884880, *AB* 1986/1 m.nt. Hirsch Ballin, *NJ* 1986/102 m.nt. Alkema (Benthem/Nederland) en *Kamerstukken II* 1991/92, 22 495, 3, p. 48 e.v. Zie hierover ook T. Barkhuysen en M.L. van Emmerik, 'Het EVRM als inspiratiebron en correctiemechanisme voor de Awb', in: T. Barkhuysen e.a. (red.), *Bestuursrecht harmoniseren: 15 jaar Awb,* Den Haag: Boom Juridische uitgevers 2010, p. 557-587. Een deel van het bestuursprocesrecht is natuurlijk ook neergelegd in hoofdstuk 6 van de Awb.
[2] Zie over de invloed op het omgevingsrecht uitgebreid D.G.J. Sanderink, *Het EVRM en het materiële omgevingsrecht*, Deventer: Kluwer 2015. Zie over de invloed op het socialezekerheidsrecht bijv. A.E.M. Leijten, 'Eigendomsrechten en proportionaliteit: toetsing aan artikel 1 Eerste Protocol EVRM in het socialezekerheidsrecht', *JBplus* 2016/2, p. 67-83. Op het gebied van het vreemdelingenrecht is Nederland diverse keren veroordeeld

hoofdstukken 1 tot en met 4 van de Awb zijn nu eenmaal niet veel onderwerpen te vinden waarop het EVRM een duidelijke invloed heeft (gehad). Het EVRM bemoeit zich niet of nauwelijks met de definities en andere algemene bepalingen van hoofdstuk 1 van de Awb. Dat geldt ook voor de bepalingen van hoofdstuk 2 van de Awb over het verkeer tussen burgers en bestuursorganen. Tussen de (deels) in hoofdstuk 3 van de Awb en artikel 2:4 Awb gecodificeerde algemene beginselen van behoorlijk bestuur en het EVRM bestaan wel raakvlakken. Hierop zal in paragraaf 2 kort worden ingegaan. De titels 4.1 tot en met 4.4 van de Awb gaan dan weer over onderwerpen (beschikkingen, subsidies, beleidsregels en geldschulden) waarop de invloed van het EVRM nauwelijks waarneembaar is, zodat deze onderwerpen buiten beschouwing blijven in deze bijdrage. Dat is anders voor de nog niet in werking getreden titel 4.5 van de Awb. Deze titel bevat een regeling voor nadeelcompensatie en heeft daardoor een duidelijke relatie met artikel 1 Eerste Protocol (EP) bij het EVRM. Deze komt in paragraaf 3 beknopt aan de orde. Ook de in hoofdstuk 5 van de Awb geregelde bestuurlijke handhaving ondervindt invloed van het EVRM. Deze komt aan bod in paragraaf 4. Paragraaf 5 bevat een korte bespreking van de invloed die het EVRM nog steeds op het bestuursprocesrecht heeft. Paragraaf 6 bevat een slotbeschouwing.[3]

2. Algemene beginselen van behoorlijk bestuur

De algemene beginselen van behoorlijk bestuur die in artikel 2:4 Awb en hoofdstuk 3 van de Awb zijn gecodificeerd, zijn het verbod van vooringenomenheid (artikel 2:4 Awb), het zorgvuldigheidsbeginsel (artikel 3:2 Awb), het verbod van détournement de pouvoir (artikel 3:3 Awb), het evenredigheidsbeginsel (artikel 3:4 Awb) en het motiveringsbeginsel (artikel 3:46 e.v. Awb). Met uitzondering van het evenredigheidsbeginsel komen deze beginselen nauwelijks tot uitdruk-

---

door het EHRM (zie bijv. EHRM 20 juli 2010, ECLI:CE:ECHR:2010:0720JUD00049 0006, AB 2011/132 m.nt. Barkhuysen en Van Emmerik, EHRC 2010/113 m.nt. Woltjer (A./Nederland), EHRM 11 januari 2007, ECLI:CE:ECHR:2007:0111JUD000194804, AB 2007/76 m.nt. Vermeulen, JB 2007/52, EHRC 2007/36 m.nt. Woltjer (Salah Sheekh/Nederland) en EHRM 31 januari 2006, ECLI:CE:ECHR:2006:0131JUD005043599, EHRC 2006/35 m.nt. Woltjer (Rodrigues da Silva en Hoogkamer/Nederland)). Binnen het belastingrecht worden soms schendingen van art. 1 EP en het discriminatieverbod van art. 14 EVRM en art. 1 Twaalfde Protocol bij het EVRM vastgesteld (zie bijv. HR 22 oktober 2010, ECLI:NL:HR:2010:BL1943, AB 2011/32 m.nt. Sanderink, Gst. 2010/117 m.nt. Teunissen, HR 6 april 2018, ECLI:NL:HR:2018:511 en HR 8 juni 2018, ECLI:NL:HR:2018:846).
[3] Aangezien de bijdragen in deze bundel in omvang beperkt moeten blijven, wordt met deze bijdrage geen volledige en diepgaande analyse van de invloed van het EVRM op de Awb beoogd. De bijdrage beoogt slechts een globaal overzicht te geven van de raakvlakken tussen het EVRM en de Awb en waar in de toekomst ontwikkelingen te verwachten zijn.

king in de rechtspraak van het EHRM. De belangrijkste oorzaak hiervan is dat het EHRM alleen oordeelt over vermeende schendingen van de door het EVRM beschermde grondrechten. De vraag of deze grondrechten geschonden zijn, wordt beantwoord aan de hand van een eigen beoordelingskader. Dit beoordelingskader bestaat bij veel door het EVRM beschermde grondrechten (met name de door artikel 8 tot en met 11 EVRM en artikel 1 EP beschermde grondrechten) uit een beoordeling van de vraag of de aantastende overheidsmaatregel (1) berust op en in overeenstemming is met een nationale rechtsregel die toegankelijk en voldoende precies is (wetmatigheidsvereiste), (2) een gerechtvaardigd doel in het algemeen belang dient (doelvereiste) en (3) noodzakelijk is voor het bereiken van dat doel of een redelijk evenwicht ('fair balance') tot stand brengt tussen de door de overheidsmaatregel veroorzaakte aantasting van het grondrechtelijk beschermde belang enerzijds en het met die overheidsmaatregel nagestreefde algemene belang (gerechtvaardigde doel) anderzijds (noodzakelijkheids- of proportionaliteitsvereiste). Het verbod van vooringenomenheid, het zorgvuldigheidsbeginsel, het verbod van détournement de pouvoir en het motiveringsbeginsel zijn derhalve binnen het EVRM geen directe en zelfstandige toetsingsmaatstaven.[4] Dit neemt niet weg dat in het kader van de toetsing aan het doelvereiste, noodzakelijkheidsvereiste of proportionaliteitsvereiste door het EHRM soms wel noties van bijvoorbeeld zorgvuldigheid en détournement de pouvoir een rol spelen.[5] Het valt mijns inziens, gelet op genoemd beoordelingskader voor het vaststellen van schendingen van veel door het EVRM beschermde grondrechten, niet te verwachten dat die algemene beginselen in de toekomst voor het EHRM directe en zelfstandige toetsingsmaatstaven zullen gaan vormen, maar het is niet uitgesloten dat met die beginselen verbonden noties vaker en duidelijker een rol zullen gaan spelen als elementen in de noodzakelijkheids- of proportionaliteitstoetsing door het EHRM. Daardoor kunnen die algemene beginselen in de toekomst mogelijk meer dan nu invloed gaan ondervinden van de rechtspraak van het EHRM. In dit verband valt erop te wijzen dat in de rechtspraak van het EHRM over artikel 1 EP al enige tijd geleden een ontwikkeling is ingezet, waarbij het EHRM in het kader van de proportionaliteitstoetsing een beroep doet op het

---

[4] Zie ten aanzien van de algemene beginselen van Unierecht ook D.G.J. Sanderink, 'De doorwerking van het EVRM en het Unierecht binnen het bestuursrecht: een vergelijking', in: R.J.N. Schlössels e.a. (red.), *In het nu….Over toekomstig bestuursrecht*, Deventer: Wolters Kluwer 2018, p. 415-436 i.h.b. 424-427.

[5] Zie bijv. EHRM 8 april 2008, ECLI:CE:ECHR:2011:0517JUD002115104, *AB* 2008/224 m.nt. Barkhuysen en Van Emmerik, *EHRC* 2008/75 m.nt. Backes (Megadat.com SRL/Moldavië), par. 73 (waarin het niet-horen van een directe belanghebbende voor het nemen van een belastend besluit een rol speelde in de proportionaliteitsbeoordeling) en EHRM 14 februari 2012, ECLI:CE:ECHR:2013:0404JUD003543005, *EHRC* 2012/86 m.nt. Tjepkema (Tkachevy/Rusland), par. 38-50 (waarin de onteigening van een appartement juridisch plaatsvond met een ander doel dan het doel dat uiteindelijk feitelijk was verwezenlijkt).

'principle of good governance'.[6] Dit 'principle' heeft zeker potentie voor verdere ontwikkeling, ook onder andere bepalingen van het EVRM. Het evenredigheidsbeginsel komt, zoals uit het voorgaande al duidelijk is geworden, wel duidelijk en direct tot uitdrukking in de rechtspraak van het EHRM, doordat het (deels) samenvalt met het genoemde noodzakelijkheids- of proportionaliteitsvereiste. Indien een overheidsmaatregel een aantasting van een door het EVRM beschermd grondrecht (waarop beperkingen zijn toegestaan) tot gevolg heeft, zal die overheidsmaatregel derhalve niet alleen aan het nationale evenredigheidsbeginsel getoetst moeten worden maar ook direct aan het noodzakelijkheids- of proportionaliteitsvereiste van het EVRM. Daarbij blijft het ook in de toekomst van belang dat de toetsing aan het nationale evenredigheidsbeginsel niet onder de minimumbescherming van het EVRM komt.

3. Nadeelcompensatie

Indien een bestuursorgaan in de rechtmatige uitoefening van zijn publiekrechtelijke bevoegdheid of taak schade veroorzaakt die uitgaat boven het normale maatschappelijke risico en die een benadeelde in vergelijking met anderen onevenredig zwaar treft, heeft de benadeelde volgens artikel 4:126 Awb in beginsel recht op schadevergoeding (nadeelcompensatie).[7] Deze algemene nadeelcompensatieregeling heeft een relatie met artikel 1 EP, omdat uit het proportionaliteitsvereiste ('fair balance'-vereiste) van artikel 1 EP ook een verplichting voor de overheid kan voortvloeien tot het betalen van schadevergoeding teneinde het algemeen belang en het door een overheidsmaatregel aangetaste eigendomsrecht van de burger met elkaar in evenwicht te brengen.[8] Artikel 4:126 Awb vereist vrijwel zeker in meer gevallen het betalen van schadevergoeding dan artikel 1 EP, zodat aan artikel 1 EP in het algemeen geen aanvullende werking toekomt ten opzichte van artikel 4:126 Awb.[9] Voor de toekomst verwacht ik niet dat dit anders wordt. Het voorgestelde artikel 15.7 lid 1 Omgevingswet, dat voor indirecte schade die bestaat uit een waardevermindering van een onroerende zaak een vast forfait van vijf procent van de waarde van die zaak bevat, acht ik (gelet op de rechtspraak van het EHRM) in dit verband ook niet

---

[6] Zie over het 'principle of good governance' D.G.J. Sanderink, 'Het 'principle of good governance' in het bestuursrecht', *Tijdschrift voor de Rechterlijke Macht* 2014 afl. 1, p. 10-15 en R.J.N. Schlössels, 'Constitutionalisering van behoorlijk bestuur. Europees recht als aanjager', *JBplus* 2016/4, p. 221-239.
[7] Art. 4:126 Awb maakt deel uit van titel 4.5 van de Awb. Deze titel is reeds wet (*Stb.* 2013, 50), maar nog niet in werking getreden. De inwerkingtreding wordt op dit moment binnen enkele jaren verwacht.
[8] Zie Sanderink 2015, p. 421-422, 448-449 en 522-523.
[9] Zie Sanderink 2015, p. 421, 446-448 en 522-524. Een aanvullende werking kan art. 1 EP, zoals daar is opgemerkt, wel hebben bij schade die is veroorzaakt door een wet in formele zin, omdat art. 4:126 Awb geen grondslag biedt voor de vergoeding van zulke schade.

in strijd met artikel 1 EP.[10] Anders kan dit mijns inziens zijn voor de vergoeding van schaduwschade.[11] Zoals ik eerder heb betoogd, laat artikel 4:126 Awb het vergoeden van schaduwschade toe, met name doordat het geen limitatieve opsomming van schadeoorzaken kent.[12] Voor het omgevingsrecht stelt het wetsvoorstel Invoeringswet Omgevingswet in artikel 15.1 lid 1 Omgevingswet echter toch weer een dergelijke limitatieve opsomming van schadeoorzaken voor, waardoor de vergoeding van schaduwschade binnen het omgevingsrecht naar de bedoeling van de regering uitgesloten wordt.[13] Hier kan artikel 1 EP mijns inziens derhalve een aanvullende werking hebben, omdat een categorische uitsluiting van de vergoeding van schaduwschade onder alle omstandigheden zich naar mijn mening niet verdraagt met het 'fair balance'-vereiste van artikel 1 EP.[14]

4. Bestuurlijke handhaving

Sinds de inwerkingtreding van de Awb heeft de bestuursrechtelijke handhaving een hoge vlucht genomen. De bestuursrechtelijke handhaving van regelgeving is steeds verder uitgebreid om het strafrechtelijke handhavingsapparaat te ontlasten en een oplossing te bieden voor het zogenaamde 'handhavingstekort'.[15] In dit verband zijn bij de derde tranche in 1998 de lasten onder bestuursdwang en dwangsom en vervolgens bij de vierde tranche in 2009 ook de bestuurlijke boete in hoofdstuk 5 van de Awb geregeld.[16] Door de toename van de bestuursrechtelijke handhaving en de voortschrijdende ontwikkeling van (technologische) toezichtmethoden speelt steeds vaker de vraag of het op grond van het EVRM niet noodzakelijk is dat diverse toezichtmethoden een specifieke wettelijke basis en regeling krijgen (net als de specifieke regeling van opsporingsbevoegdheden in het Wetboek van Strafvordering). Genoemde voortschrijdende ontwikkeling van toezichtmethoden heeft de rechter inmiddels al een aantal keren doen oordelen dat de huidige wettelijke regeling voor zo'n methode (die op dit moment vaak niet meer dan een algemene taak- of bevoegdheidsomschrijving bevat) geen voldoende wettelijke basis biedt en dat een meer speci-

---

[10] Zie *Kamerstukken II* 2017/18, 34986, 2.
[11] Schaduwschade is, kort gezegd, schade als gevolg van de dreiging van een schadeveroorzakende activiteit of maatregel (zie hierover uitgebreid Sanderink 2015, p. 451 e.v.).
[12] Zie Sanderink 2015, p. 499-500 en D.G.J. Sanderink, 'Een recht op onteigening of schadevergoeding bij schaduwschade? Een voorstel mede in het licht van art. 1 EP', *Tijdschrift voor Bouwrecht* 2013/124, p. 839-847 i.h.b. 846. Zie ook G.M. van den Broek en M.K.G. Tjepkema, *De reikwijdte en rechtsgrondslag van nadeelcompensatie in het omgevingsrecht* (VBR-preadvies), Instituut voor Bouwrecht 2015, p. 42.
[13] Zie *Kamerstukken II* 2017/18, 34986, 2 en *Kamerstukken II* 2017/18, 34986, 3, p. 20-23 en 30-33.
[14] Zie ook Sanderink 2015, p. 525.
[15] Zie hierover *Kamerstukken II* 2003/04, 29702, 3, p. 73-74.
[16] Zie *Kamerstukken II* 2003/04, 29702, 3, p. 73-74.

fieke en precieze wettelijke regeling noodzakelijk is.[17] De reden hiervan is dat de inzet van die toezichtmethoden vaak een aantasting van het door artikel 8 EVRM beschermde recht op respect voor het privéleven tot gevolg heeft. Volgens vaste rechtspraak van het EHRM zijn dergelijke aantastingen slechts toelaatbaar, indien de aantastende overheidsmaatregel (onder meer) berust op en in overeenstemming is met een nationale rechtsregel die toegankelijk en voldoende precies is (wetmatigheidsvereiste). Volgens die rechtspraak betekent dit onder meer dat de rechtsregel een adequate indicatie moet geven van de omstandigheden waarin en de voorwaarden waaronder een overheidsorgaan van de bevoegdheid tot het nemen van een aantastende overheidsmaatregel gebruik mag maken.[18] Het is denkbaar dat in de toekomst een meer specifieke wettelijke regeling van diverse toezichtmethoden in hoofdstuk 5 van de Awb opgenomen wordt teneinde aan deze EVRM-rechtelijke eisen te voldoen, met dien verstande dat de toekenning van bepaalde toezichtbevoegdheden aan bepaalde bestuursorganen in de bijzondere wet zal dienen plaats te vinden.

5. Het bestuursprocesrecht

Zoals in de inleiding is opgemerkt, is de invloed van het EVRM waarschijnlijk het grootst en duidelijkst geweest binnen het bestuursprocesrecht. Het gaat dan met name om artikel 6 EVRM en het arrest-*Benthem/Nederland* uit 1985, omdat zij aan de wieg staan van het huidige stelsel van algemene bestuursrechtspraak.[19] De rol van artikel 6 EVRM is daarmee echter niet uitgespeeld, want zo nu en dan wijst het EHRM arresten die van belang zijn voor het bestuursprocesrecht van hoofdstuk 8 van de Awb.

---

[17] Zie bijv. HR 24 februari 2017, ECLI:NL:HR:2017:286, *AB* 2018/27 m.nt. Barkhuysen en Van Emmerik (kentekenherkenning), CRvB 15 maart 2016, ECLI:NL:CRVB: 2016:947, *AB* 2016/329 m.nt. Barkhuysen en Van Emmerik, *Gst.* 2016/86 m.nt. Stijnen (inzet van peilbaken) en CRvB 13 september 2016, ECLI:NL: CRVB:2016:3479, *AB* 2017/47 m.nt. Barkhuysen en Van Emmerik, *Gst.* 2017/33 m.nt. Feenstra en Tollenaar (inzet van videocamera). Zie ook O.J.D.M.L. Jansen, 'Koudwatervrees in een bananenkoninkrijk? Over de toekomstbestendigheid van titel 5.2 Awb', *JBplus* 2017/0, p. 92-94 en 105.
[18] Zie bijv. EHRM 3 april 2007, ECLI:CE:ECHR:2007:0403JUD006261700, *NJ* 2007/617 m.nt. Dommering (Copland/VK), par. 46, EHRM 6 december 2007, ECLI:CE:ECHR:2007:1206JUD004208605, *EHRC* 2008/33 m.nt. Woltjer (Liu/Rusland), par. 56 en EHRM 18 oktober 2016, ECLI:CE:ECHR:2016:1018JUD 006183810 (Vukota-Bojić/Zwitserland), par. 67.
[19] Zie over het belang van art. 6 EVRM voor het bestuursprocesrecht ook T. Barkhuysen en M.L. van Emmerik, *Europese grondrechten en het Nederlandse bestuursrecht. De betekenis van het EVRM en het EU-Grondrechtenhandvest*, Deventer: Wolters Kluwer 2017, p. 53 e.v.

Zo heeft het arrest-*Korošec/Slovenië* recent veel stof doen opwaaien in bestuursrechtelijk Nederland.[20] Daarin stelde het EHRM een schending van artikel 6 EVRM vast, (kort gezegd) omdat de bestuursrechter in zijn uitspraak een doorslaggevend belang had toegekend aan een medisch deskundigenrapport dat was opgesteld door deskundigen van het verwerende bestuursorgaan en het verzoek van de klager om een onafhankelijke deskundige te benoemen teneinde zijn medische situatie te beoordelen had afgewezen. Dit arrest heeft tot gevolg dat de bestuursrechter vaker dan hij gewend was ingevolge artikel 8:47 Awb een onafhankelijke deskundige zal moeten benoemen. De Afdeling bestuursrechtspraak van de Raad van State (hierna: de Afdeling) en de Centrale Raad van Beroep hebben naar aanleiding hiervan inmiddels criteria geformuleerd aan de hand waarvan bepaald kan worden of het benoemen van een deskundige vereist is.[21] Deze rechtspraak betekent een kentering in de bestuursrechtelijke tendens, waarin de bestuursrechter appellanten vaak en gemakkelijk tegenwierp dat zij het onderzoek of het deskundigenadvies dat het bestuursorgaan aan zijn besluit ten grondslag had gelegd niet hadden weerlegd met een tegenonderzoek of tegenadvies van een deskundige.[22] In dit verband valt ook te wijzen op een recente uitspraak waarin de Afdeling naar aanleiding van een beroep op artikel 6 EVRM in een omgevingsrechtelijke zaak onder meer het volgende overwoog:

'Bovendien hoeven appellanten geen tegenonderzoek naar voren te brengen om de door hen naar voren gebrachte stellingen te bewijzen, maar hoeven zij enkel aanknopingspunten voor twijfel aan de inhoud van de door verweerders gebruikte gegevens aan te dragen.'[23]

Van belang voor het bestuursprocesrecht is ook het arrest-*Gillissen/Nederland*.[24] In dit arrest veroordeelde het EHRM Nederland wegens een schending van artikel 6 EVRM, omdat zowel de rechtbank als de Centrale Raad van Beroep

---

[20] Zie EHRM 8 oktober 2015, ECLI:CE:ECHR:2015:1008JUD007721212, *AB* 2016/167 m.nt. Barkhuysen en Van Emmerik (Korošec/Slovenië). Dit arrest heeft inmiddels vele pennen in beweging gebracht (zie bijv. B.J. van Ettekoven, 'De betekenis van de uitspraak Korošec tegen Slovenië voor het Nederlandse bestuursrecht', *Overheid en Aansprakelijkheid* 2016/29, p. 54-61, T. Barkhuysen, 'Knelpunten bij de inzet van deskundigen in het bestuursrecht', *NJB* 2016/1603, p. 2231 en D. de Groot, 'Deskundigenbewijs in het bestuursrecht na het *Korošec*-arrest', *NJB* 2017/473, p. 581-588).
[21] Zie ABRvS 30 juni 2017, ECLI:NL:RVS:2017:1674, *AB* 2017/365 m.nt. Koenraad en Jansen en CRvB 30 juni 2017, ECLI:NL:CRVB:2017:2226, *AB* 2017/366 m.nt. Koenraad, *AB* 2017/367 m.nt. Jansen, *JB* 2017/163 m.nt. Bots.
[22] Zie voor dergelijke tegenwerpingen bijv. ABRvS 21 december 2009, ECLI:NL:RVS: 2009:BK7956, r.o. 2.4.1, ABRvS 1 oktober 2010, ECLI:NL:RVS:2010:BN9541, r.o. 2.5.1 en ABRvS 10 december 2014, ECLI:NL:RVS:2014:4462, r.o. 3.1.
[23] Zie ABRvS 8 augustus 2018, ECLI:NL:RVS:2018:2672, r.o. 7.5.
[24] Zie EHRM 15 maart 2016, ECLI:CE:ECHR:2016:0315JUD003996609, *AB* 2016/132 m.nt. Barkhuysen en Van Emmerik, *EHRC* 2016/123 m.nt. Driessen, *JB* 2016/86 m.nt. Timmermans (Gillissen/Nederland).

het verzoek van Gillissen om getuigen te horen die zijn stelling over het bestaan van een afspraak konden bevestigen had afgewezen. Dit arrest heeft tot gevolg dat de zeer terughoudende opstelling van de bestuursrechter ten aanzien van het horen van getuigen bijstelling behoeft en dat de afwijzing van verzoeken om getuigen te horen in ieder geval deugdelijk gemotiveerd moet worden. Illustratief hiervoor is een uitspraak van 1 juni 2016 van de Centrale Raad van Beroep. Hierin oordeelde de Centrale Raad van Beroep dat de rechtbank appellante ten onrechte niet in de gelegenheid had gesteld twee getuigen ter zitting te horen, omdat het niet buiten twijfel was dat het horen van hen niet kon bijdragen aan het bewijs van de juistheid van de stelling van appellante. Het feit dat in beroep al een schriftelijke verklaring van één van de twee getuigen was overgelegd vormde volgens de Centrale Raad van Beroep onvoldoende grond om afwijzend op het verzoek tot het horen van de getuigen te beslissen. Die getuige had immers ter zitting bij de rechtbank zijn schriftelijke verklaring kunnen toelichten of aanvullen. Door appellante niet in de gelegenheid te stellen hen als getuigen ter zitting te horen had de rechtbank volgens de Centrale Raad van Beroep gehandeld in strijd met de goede procesorde en artikel 6 EVRM.[25] In dit verband valt ook te wijzen op een uitspraak van 11 april 2018 van de Afdeling. Daarin motiveerde de Afdeling uitvoerig waarom van het horen van getuigen in die zaak kon worden afgezien. Volgens de Afdeling mag de rechter afzien van het oproepen van getuigen ingeval de verklaring van de op te roepen getuige niet noodzakelijk is voor de vaststelling van de relevante en in geschil zijnde feiten.[26] Op basis van deze en andere ontwikkelingen in het verleden valt te verwachten dat de rechtspraak van het EHRM over artikel 6 EVRM in de toekomst verder verfijnd zal worden en zo nu en dan zal nopen tot bijstellingen van de rechtspraak van de nationale bestuursrechter over het bestuursprocesrecht in de Awb. De kans op echte aardverschuivingen, zoals het arrest-*Benthem/Nederland* teweeg heeft gebracht, is mijns inziens evenwel klein.

6. Slotbeschouwing

In deze bijdrage is een beknopt overzicht gegeven van de belangrijkste in de Awb geregelde onderwerpen waarop het EVRM in het verleden invloed heeft gehad en in de toekomst waarschijnlijk nog zal hebben. Onderwerpen waarbij de Awb duidelijk in strijd is met het EVRM zijn er mijns inziens niet. De invloed van het EVRM is subtieler in die zin dat de rechtspraak van het EHRM soms noopt tot bijstellingen van de wijze waarop de Awb wordt uitgelegd en in de

---

[25] Zie CRvB 1 juni 2016, ECLI:NL:CRVB:2016:1992, *JB* 2016/160. Uit deze uitspraak blijkt ook hoe zeer het horen van getuigen een ander licht op de zaak kan werpen en hoe gevaarlijk het kan zijn alleen op basis van de door het bestuursorgaan verzamelde feiten uitspraak te doen.
[26] Zie ABRvS 11 april 2018, ECLI:NL:RVS:2018:1200, *AB* 2018/171 m.nt. Ortlep.

praktijk wordt toegepast.[27] Dit zal in de toekomst niet anders zijn. Verder is niet uitgesloten dat in de toekomst meer toezichtmethoden in hoofdstuk 5 van de Awb een specifieke wettelijke grondslag krijgen om te voldoen aan de vereisten die het EHRM stelt aan overheidsmaatregelen die een aantasting van het door artikel 8 EVRM beschermde recht op respect voor het privéleven tot gevolg hebben. Bij deze beschouwing teken ik tot slot echter aan dat ik verwacht dat de invloed van het Unierecht waaronder het Handvest van de grondrechten van de Europese Unie in de toekomst meer zal toenemen dan die van het EVRM.[28]

---

[27] Vgl. ook Barkhuysen en Van Emmerik 2010, p. 580 en 583.
[28] Zie hierover uitgebreid Sanderink 2018, p. 435-436.

Rob Widdershoven*

43 | De Awb binnen het Unierecht: geen rustig bezit

@R_Widdershoven – Door dwingende Europeanisering en vrijwillige rechterlijke adoptie van EU-concepten europeaniseert het algemeen bestuursrecht steeds verder. Daardoor is de Awb geen rustig bezit meer. Op onderdelen zou de wet moeten worden aangepast of aangevuld *#europeanisering#rechtsbeginselen#bezwaar*

1. Inleiding

In 2019 is de Awb 25 jaar oud en viert de Europese Unie zijn 62ste verjaardag.[1] Hoewel bijna 2,5 keer zo oud had het recht van de EU tot niet zo lang geleden maar beperkte invloed op de (toepassing van) het algemeen bestuurs(proces)recht van de Awb. Weliswaar bevat de wet een titel over de uitvoering van bindende besluiten van organen van de EU (titel 1.2) en wordt in de memorie van toelichting bij sommige artikelen verwezen naar het Unierecht,[2] pas het laatste decennium is sprake van een meer fundamentele Europese invloed op de Awb, een invloed die in de nabije toekomst waarschijnlijk verder zal toenemen. Deze ontwikkeling vindt plaats terwijl de politieke Euroscepsis juist is toegenomen. Kennelijk heeft de toenemende Europeanisering van het algemeen bestuurs(proces)recht een eigen dynamiek.

In deze bijdrage ga ik eerst in op de achtergrond van deze toenemende Europeanisering. Vervolgens bespreek ik drie onderwerpen waarbij die groeiende Europese invloed zichtbaar is en waarbij het denkbaar is dat ook de Awb-wetgever op enig moment in actie moet komen. Ik rond af met een algemene beschouwing.

2. Van procedurele autonomie naar dwingende en vrijwillige Europeanisering

Tot niet zo lang geleden werd de verhouding tussen het Unierecht en het algemeen deel van het bestuursrecht vooral bepaald door het beginsel van nationale procedurele autonomie. Op grond van dat beginsel kunnen de lidstaten in

---

* Prof. mr. R.J.G.M. Widdershoven is hoogleraar Europees bestuursrecht aan de Universiteit Utrecht en staatsraad/raadsheer advocaat-generaal bij de Afdeling bestuursrechtspraak van de Raad van State, de Centrale Raad van Beroep en het College van Beroep voor het bedrijfsleven.
[1] Gerekend vanaf de ondertekening van het Verdrag tot oprichting van de EEG (Verdrag van Rome) op 25 maart 1957.
[2] O.m. in de memorie van toelichting bij art. 3:4 Awb, *PG Awb I*, p. 211, en bij art. 6:9 Awb in verband met de verzendtheorie, *PG Awb II*, p. 360.

nationale zaken waarin de effectuering van het Unierecht aan de orde is, zolang de EU over die effectuering geen bindende regels heeft vastgesteld, hun nationale bestuurs(proces)recht toepassen, mits wordt voldaan aan de in de zaak *Rewe* voor eerst geformuleerde minimumvereisten van gelijkwaardigheid en doeltreffendheid.[3] Zoals al vaker opgemerkt, leidde de toetsing aan het laatstgenoemde beginsel – op grond waarvan het nationale bestuurs(proces)recht de uitoefening van de aan het Unierecht ontleende rechten niet uiterst moeilijk of onmogelijk mag maken – tot een beperking van het voor subsidies in afdeling 4.2.6 Awb gecodificeerde vertrouwensbeginsel,[4] maar was de Awb voor het overige Europa-*proof*.[5] De laatste jaren is de nationale procedurele autonomie duidelijk op haar retour en 'bemoeit' Europa zich steeds indringender met het algemeen deel. Daarvoor zijn diverse redenen.

In de eerste plaats is van belang dat de EU zich, zeker na de inwerkingtreding van het Verdrag van Lissabon, heeft ontwikkeld van een primair economische samenwerking binnen een interne markt tot een gemeenschap waarin ook waarden als rechtsstaat, democratie en mensenrechten centraal staan.[6] Een voor het bestuursrecht belangrijk gevolg van deze ontwikkeling is het bindend worden van het Handvest voor de grondrechten van de EU (hierna: Hv) op 1 december 2009. Dit heeft ertoe geleid dat veel meer zaken dan voorheen door het Hof van Justitie worden beoordeeld binnen het kader van fundamentele rechten – voor het bestuursrecht zijn vooral artikel 41 Hv (recht op behoorlijk bestuur) en artikel 47 Hv (recht op doeltreffende voorziening in rechte) van belang – of de deels in het Handvest gecodificeerde algemene EU-rechtsbeginselen. Deze beoordeling is beduidend indringender dan die aan de *Rewe*-vereisten in het kader van het beginsel van procedurele autonomie. Dit is bijvoorbeeld goed zichtbaar in de rechtspraak van het Hof van Justitie over de intensiteit van de rechterlijke toetsing van nationale besluiten binnen de reikwijdte van het Unierecht. Voorheen beoordeelde het Hof deze kwestie in het kader van procedurele autonomie en liet het in vergelijkbare zaken ruimte voor heel verschillende nationale toetsingsmaatstaven.[7] Thans wordt deze kwestie be-

---

[3] Vgl. HvJ EU 16 december 1976, ECLI:EU:C:1976:188 (Rewe). Zie in algemene zin, S. Prechal, 'Hoofdstuk II. Europeanisering van het nationaal bestuursrecht in hoofdlijnen', in: S. Prechal & R.J.G.M. Widdershoven (red.), *Inleiding tot het Europees bestuursrecht*, Nijmegen: Ars Aequi Libri 2017, p. 42-49.
[4] Vgl. J.E. van den Brink & W. den Ouden, 'Europeanisering door rechtsbeginselen. Op weg naar rechtseenheid en duidelijkheid of de bescherming van de burger in gevaar', in: B.J. Schueler & R.J.G.M. Widdershoven (red.), *Europeanisering van het algemeen bestuursrecht, 75 jaar VAR*, Den Haag: Boom Juridische uitgevers, p. 75-97.
[5] R.J.G.M. Widdershoven, M.J.M. Verhoeven, S. Prechal, *De Europese agenda van de Awb*, Den Haag: Boom Juridische uitgevers 2017. p. 195-198.
[6] Zie uitdrukkelijk art. 2, alsmede wat betreft fundamentele rechten art. 6 VEU.
[7] Vgl. HvJ EU 21 januari 1999, ECLI:EU:C:1999:14 (Upjohn) en HvJ EU 24 april 2008, ECLI:EU:C:2008:244 (Arcor) waaruit kan worden afgeleid dat binnen het kader van procedurele autonomie (en het beginsel van doeltreffendheid) zowel de marginale

oordeeld binnen het kader van artikel 47 Hv, en geeft het Hof van Justitie vaak heel gedetailleerd aan hoe indringend de nationale rechterlijke toetsing moet zijn.[8]

In de tweede plaats is de Uniewetgever sinds 2005 in secundaire EU-wetgeving steeds vaker en op heel omvangrijke terreinen meer of minder gedetailleerde eisen gaan stellen aan de nationale besluitvorming en de rechtsbescherming. De achtergrond hiervan is dat harmonisatie van de materiële normen op die terreinen niet leidde tot een vergelijkbare toepassing ervan in de lidstaten, omdat die toepassing ook wordt bepaald door (uiteenlopende) procedureregels en procesrecht. Harmonisatie van die procedurele regels – en dus van het bestuurs(proces)recht – is dan de oplossing. Voorbeelden van richtlijnen waarin dergelijke regels zijn geharmoniseerd zijn de Aarhus-richtlijn, de Procedurerichtlijn herschikking en natuurlijk de Dienstenrichtlijn.[9] Voor die laatste richtlijn is van belang dat het Hof van Justitie in de zaak *Visser Vastgoed Beleggingen* de reikwijdte ervan aanzienlijk heeft verruimd waardoor zij nu ook van toepassing is op zuiver interne dienstenvergunningen, ook in het geval dat bij een bepaalde activiteit het dienstenaspect ondergeschikt is aan dat van het vrije verkeer van goederen.[10] Als gevolg hiervan vallen vele gemeentelijke autonome vergunningenstelsels met betrekking tot bijvoorbeeld markten, evenementen,

---

toetsing door de Engelse rechter op *Wednesbury unreasonableness* (Upjohn), als de indringende toetsing door de Duitse bestuursrechter (Arcor) waren toegestaan. Vgl. R. Ortlep & R.J.G.M. Widdershoven, 'Hoofdstuk VI. Rechtsbescherming', in: Prechal & Widdershoven 2017, p. 397-398.

[8] Zie HvJ EU 21 december 2016, ECLI:EU:C:2016:970 (Tele2 Sverige) (indringende toetsing van beperkingen van Europese grondrechten), HvJ EU 28 juli 2011, ECLI:EU: C:2011:524 (Samba Diouf), *AB* 2011/304 (grondige toetsing van asielbesluiten), HvJ EU 7 juli 2017, ECLI:EU:C:2017:373 (Berlioz) (terughoudende toetsing van informatieverzoeken in het kader van de administratieve bijstand in belastingzaken). Zie ook HvJ EU 4 april 2017, ECLI:EU:C:2017:255 (Fahimian), *AB* 2018/107, waarin het Hof van Justitie precies voorschrijft hoe de nationale rechter de weigering van een visum voor studiedoeleinden op grond van richtlijn 2004/14 moet toetsen (inhoudelijk terughoudend, maar tamelijk strikt op zorgvuldigheid en motivering), zonder overigens te verwijzen naar art. 47 Hv. In al deze zaken wordt het beginsel van procedurele autonomie niet genoemd.

[9] Resp. Richtlijn 2003/35 (inspraak in milieuzaken, openbaarheid milieu-informatie, rechtsbescherming milieugroepen), Procedurerichtlijn herschikking 2013/32/EU (besluitvorming en rechtsbescherming in asielzaken), Richtlijn 2006/123/EG (vergunningstelsels en besluitvorming in de dienstensector). Zie al R.J.G.M. Widdershoven, 'Europeanisering van het algemeen bestuursrecht: stand van zaken en toekomstperspectief', in: Schueler & Widdershoven 2014, p. 9-32, i.h.b., p. 22-23.

[10] HvJ EU 30 januari 2018, ECLI:EU:C:2018:44 (Visser Vastgoed Beleggingen/Appingedam), *JB* 2018/60, m.nt. Sanderink; *AB* 2018/181, m.nt. Nijmeijer. Zie over de (gevolgen van de) zaak de diverse bijdragen in het themanummer over de zaak in het *Tijdschrift voor Omgevingsrecht* 2018, afl.1.

terrassen en prostitutiebedrijven thans onder de Dienstenrichtlijn en dus onder Europese 'controle' van het Hof van Justitie.

In de derde plaats vindt de Europeanisering van het algemeen bestuurs(proces)recht ook en steeds vaker vrijwillig plaats doordat de Nederlandse bestuursrechters EU-rechtelijke beginselen en regels ook toepassen op terreinen buiten de reikwijdte van het Unierecht. Deze vrijwillige adoptie of spontane harmonisatie vindt plaats om redenen van rechtseenheid en ter voorkoming van omgekeerde discriminatie van zuiver nationale situaties vergeleken met door het Unierecht beheerste situaties. Daardoor neemt het uitstralingseffect van de (dwingende) Europese harmonisatie door fundamentele rechten, EU-rechtsbeginselen en secundaire EU-regelgeving aanzienlijk toe.

Hierna bespreek ik drie thema's van algemeen bestuurs(proces)recht waarbij van een toenemende dwingende Europeanisering (door fundamentele rechten, rechtsbeginselen en/of secundaire EU-regelgeving) al dan niet in samenhang met vrijwillige Europeanisering (door spontane harmonisatie) sprake is en het wenselijk lijkt dat de Awb-wetgever op enig moment in actie komt.

3. Het uitstralingseffect van Europese harmonisatieregels

Een mooie illustratie van het uitstralingseffect dat een secundaire Unieregeling door spontane harmonisatie kan hebben op de Awb, biedt de rechtspraak over het ne-bis-in-idem-kader voor herhaalde aanvragen op grond van artikel 4:6 Awb. Kort gezegd kwam dat kader erop neer dat de rechter zich bij de beoordeling van een besluit op een verzoek tot heroverweging van een eerder definitief geworden besluit beperkte tot de vraag of sprake was van nieuw gebleken feiten en omstandigheden, zelfs in het geval het bestuursorgaan het verzoek inhoudelijk had beoordeeld (en afgewezen). Door twee uitspraken heeft de Afdeling bestuursrechtspraak dit kader grondig gereviseerd, waarbij de beslissingssystematiek over tweede of latere (herhaalde) asielverzoeken van de Procedurerichtlijn herschikking de aanleiding vormde. In een uitspraak van 27 juni 2016 bepaalde de Afdeling dat het oud ne-bis-kader door de implementatie van die Europese systematiek in de Vw 2000, niet langer kon worden toegepast op asielaanvragen binnen de reikwijdte van die richtlijn.[11] Om redenen van rechtseenheid transporteerde de Afdeling deze versoepeling ook (onverplicht) naar andere zaken op grond van de Vw 2000 en de Wet Centraal Orgaan Opvang Asielzoekers. Een half jaar later zette de Afdeling de volgende stap en trok zij, wederom om redenen van rechtseenheid, deze lijn door naar het gehele algemeen bestuursrecht, zodat het ne-bis-kader bij herhaalde aanvragen thans over de hele linie is versoepeld.[12] Aldus heeft een specifieke EU-regeling in een asielrichtlijn ertoe geleid dat de Afdeling het strikte kader dat zij gedurende tiental-

---

[11] ABRvS 22 juni 2016, ECLI:NL:RVS:2016:1759.
[12] ABRvS 23 november 20016, ECLI:NL:RVS:2016:3131. Deze vooraf gecoördineerde lijn is overgenomen door de CRvB en het CBb.

len jaren heeft gehanteerd, binnen een half jaar over de hele linie – en dus ook in zaken die geen enkel verband houden met het Unierecht – opzij heeft gezet.

Een tweede onderwerp dat zijn stormachtige ontwikkeling in hoge mate te danken heeft aan het Unierecht, is de verdeling van schaarse publieke rechten. De regel dat bij die verdeling aan (potentiële) gegadigden op enigerlei wijze mededingingsruimte moet worden geboden en met het oog daarop diverse transparantieverplichtingen ('passende mate van openbaarheid') gelden, is afkomstig uit de rechtspraak van het Hof van Justitie over de vrijheid van vestiging (artikel 49 VWEU) en het vrije verkeer van diensten (artikel 56 VWEU), een rechtspraak die op haar beurt is geïnspireerd door de EU-aanbestedingsrichtlijnen uit begin jaren negentig.[13] In mijn conclusie van 25 mei 2016 in de zaak *Speelautomatenhal Vlaardingen* heb ik geadviseerd om deze norm en de transparantieverplichtingen, om redenen van rechtseenheid en vanwege de intrinsieke waarde ervan, te erkennen als een Nederlandse rechtsnorm, die ook van toepassing is buiten het terrein van de diensten en buiten de reikwijdte van het Unierecht.[14] In haar uitspraak van 2 november 2016 heeft de Afdeling dit advies tot vrijwillige adoptie van de EU-norm op hoofdlijnen gevolgd.[15] Inmiddels is het belang van de nationale norm weer wat afgenomen, doordat het Hof van Justitie in de al genoemde zaak *Vissers Vastgoed* de reikwijde van de Dienstenrichtlijn, en dus ook die van de in die richtlijn voorgeschreven regels over de verdeling van schaarse dienstenvergunningen,[16] aanzienlijk heeft verruimd. De nationale mededingingsnorm blijft echter van betekenis voor schaarse vergunningen buiten de reikwijdte van de richtlijn. Bovendien moeten de in *Speelautomatenhal Vlaardingen* geformuleerde transparantieverplichtingen, zolang deze verplichtingen in het kader van de Dienstenrichtlijn in de rechtspraak van het Hof nog niet nader zijn uitgewerkt, ook op dienstenvergunningen binnen van reikwijdte van de richtlijn worden toegepast. Deze ontwikkelingen maken duidelijk hoe vergaand het (indirecte) uitstralingseffect van de aanbestedingsrichtlijnen uit begin jaren negentig is.

Ten slotte lijkt het mij als gevolg van al deze ontwikkelingen inmiddels wenselijk dat de wetgever een regeling voor schaarse vergunningen in de Awb opneemt. Thans moeten vele, vooral gemeentelijke bestuursorganen zelf het wiel uitvinden bij de verdeling van de vele schaarse vergunningen die op dat

---

[13] Vooral Richtlijn 92/50.EEG, betreffende de coördinatie van de procedures voor het plaatsen van overheidsopdrachten voor dienstverlening. Vgl. voor deze inspiratiebron, onder meer S. Prechal, 'De emancipatie van het 'algemeen transparantiebeginsel'', *SEW* 2008/145, p. 316-322; A. Drahmann, 'Uitdijing van de werking van het transparantiebeginsel: van concessies naar vergunningen', *NTB* 2012/25, afl. 7, p. 184-193.
[14] Conclusie van 25 mei 2016, ECLI:NL:RVS:2016:1421.
[15] ABRvS 2 november 2016, ECLI:NL:RVS:2016:2927.
[16] Zie hiervoor in meer detail, C.J. Wolswinkel, 'Concurrerende verdelingsregimes? Schaarse vergunningen onder Unierecht en nationaal recht na Vlaardingen en Appingedam', *SEW* 2018, afl. 7/8. Zie ook mijn conclusie van 6 juni 2018 in Windpark Zeewolde, ECLI:NL:RVS:2018:1847, punt 3.13.

niveau bestaan. Dat is vragen om ongelukken, die kunnen worden voorkomen door regeling van die verdeling in de Awb. Voor zo'n regeling bevat de rechtspraak inmiddels voldoende aanknopingspunten.

4. Rechtsbeginselen (her)ontdekt

Een tweede algemeen bestuursrechtelijk thema waarop de invloed van het Unierecht steeds zichtbaarder en indringender wordt betreft de algemene rechtsbeginselen. Daarbij gaat het om de ontdekking of erkenning van nieuwe beginselen, en de herontdekking van oudere.[17]

Die 'ontdekking' betreft het transparantiebeginsel. Zoals bekend, heb ik in de hiervoor vermelde conclusie in *Speelautomatenhal Vlaardingen* een pleidooi gehouden voor de contextuele – binnen de context van de verdeling van schaarse vergunningen – erkenning van dit Europese rechtsbeginsel als beginsel van Nederlands recht.[18] De Afdeling heeft dit pleidooi niet gevolgd, maar merkt de op grond ervan geldende eisen aan als 'transparantieverplichting'.[19] Hoewel ik van die keuze niet wakker lig, zijn er diverse redenen waarom ik verwacht dat zij in de nabije toekomst wel eens anders zou kunnen uitvallen. Die redenen liggen deels in het Unierecht, omdat het Hof van Justitie het beginsel in een steeds ruimere context erkent, meer in het bijzonder inmiddels ook in zaken betreffende de toepassing van de Eurowob.[20] Die redenen zijn voor een ander deel nationaalrechtelijk, omdat de Afdeling op steeds meer terreinen het beginsel expliciet of impliciet toepast. Van een expliciete toepassing van het beginsel is sprake in een uitspraak uit 2013 bij de uitlegging van artikel 35 Wet bescherming persoonsgegevens.[21] Een impliciete toepassing ervan is aan de orde in de uitspraak van de Afdeling van 17 mei 2017 in de zaak over de algoritmes gehanteerd worden bij de vergunningverlening op basis van de Programmatische Aanpak Stikstof 2015-2021.[22] In die zaak stelt de Afdeling dat de besluitvorming op basis van die algoritmen vanuit het perspectief van de burger te beschouwen is als een 'black box', omdat zij niet kunnen controleren hoe het bestuur tot een besluit is gekomen. Ter voorkoming van een ongelijkwaardige procespositie rust – aldus de Afdeling – op het bestuur 'de verplichting om de gemaakte keuzes en de gebruikte gegevens en aannames volledig, tijdig en uit eigen beweging

---

[17] Ik ga vanwege ruimtegebrek niet in op de mogelijke Europese invloed op het onpartijdigheidsbeginsel van art. 2:4 Awb. Vgl. hierover , R. Schlössels, 'Constitutionalisering van behoorlijk bestuur. Europees recht als aanjager', *JBplus* 2016, afl. 4, p. 221-239, i.h.b. p. 233.
[18] Conclusie van 25 mei 2016, ECLI:NL:RVS:2016:1421, punten 6.13 en 6.14.
[19] ABRvS 2 november 2016, ECLI:NL:RVS:2016:2927, punt 12.1.
[20] HvJ EU 14 november 2013, ECLI:EU:C:2013:738, en HvJ EU 2 oktober 2014, ECLI:EU:C:2014:2250. Vgl. A.W.G.J. Buijze, 'Het transparantiebeginsel naar Nederlands recht: een visie geïnspireerd op het Unierecht', *JBplus* 2016, afl. 4, p. 240-256.
[21] ABRvS 16 oktober 2013, ECLI:NL:RVS:2013:1522.
[22] ABRvS 17 mei 2017, ECLI:NL:RVS:2017:1259.

openbaar te maken op een passende wijze zodat deze keuzes, gegevens en aannames voor derden toegankelijk zijn' en kunnen worden betwist.[23] Hoewel het woord transparantiebeginsel niet valt, is de door de Afdeling geformuleerde verplichting om de relevante gegevens 'volledig, tijdig en uit eigen beweging op een passende wijze openbaar' en aldus voor derden 'toegankelijk' te maken ongetwijfeld op dat beginsel gebaseerd. Sowieso is dit beginsel bij uitstek geschikt om rechterlijke controle uit te oefenen op het toenemend gebruik van algoritmen in de bestuurlijke besluitvorming. Een andere kandidaat zie ik binnen het palet van de in Nederland al erkende rechtsbeginselen of beginselen van behoorlijk bestuur niet. Kort en goed, nu de Europese en nationale rechter heel vergelijkbare transparantievereisten in steeds meer contexten stelt, lijkt de rechterlijke erkenning van het overkoepelend transparantiebeginsel mij een kwestie van tijd. Bovendien ligt op enig moment codificatie van het beginsel in afdeling 3.2 Awb voor de hand.

De herontdekking betreft het evenredigheidsbeginsel van artikel 3:4 Awb. Zoals bekend heeft de wetgever bij de codificatie ervan al aangegeven dat de rechtspraak bij de invulling ervan inspiratie zou kunnen ontlenen aan het Europese evenredigheidsbeginsel. Thans, zo'n 25 jaar later, verwacht ik dat die stap ook daadwerkelijk gaat worden gezet. Een belangrijke reden hiervoor is dat het aantal Unierechtelijke zaken waarin de rechter het Europese beginsel – en de daarin geïmpliceerde trits van geschiktheid (inclusief coherentie), noodzakelijkheid en evenwichtigheid – moet toepassen, aanzienlijk is toegenomen. Ook in dit verband kan de uitspraak van het Hof van Justitie in de zaak *Vissers Vastgoed* worden genoemd, omdat daaruit voortvloeit dat bestemmingsplannen, voor zover zij een dienstenactiviteit kwantitatief of geografisch beperken, op grond van artikel 15, tweede lid, onder a, Dienstenrichtlijn in het licht van het Europese evenredigheidsbeginsel moeten kunnen worden gerechtvaardigd door een dwingende reden van algemeen belang ('goede ruimtelijke ordening'). Dat geldt, ook buiten het terrein van de ruimtelijke ordening, voor alle regelingen waarin territoriale of kwantitatieve beperkingen worden gesteld aan dienstenvergunningen, bijvoorbeeld ook voor gemeentelijke verordeningen die schaarse rechten creëren. De afdoening van de zaak *Vissers Vastgoed* door de Afdeling maakt duidelijk dat die toetsing indringender is en een grondiger motivering vereist dan op grond van uitsluitend het nationale recht gebruikelijk was.[24] Een verdere doorwerking van het Europese evenredigheidsbeginsel zou kunnen plaatsvinden als de bestuursrechters mijn conclusie zouden volgen om de exceptieve rechterlijke toetsing van algemeen verbindende voorschriften te intensiveren, onder meer door zich daarbij 'vrijwillig' (ook buiten het terrein van het Unierecht) te oriënteren op het Europese evenredigheidsbeginsel.[25]

---

[23] ABRvS 17 mei 2017, ECLI:NL:RVS:2017:1259, punt 14.4.
[24] ABRvS 20 juni 2018, ECLI:NL:RVS:2018:2062.
[25] Conclusie van 22 december 2017, ECLI:NL:RVS:2017:3557 (Wheermolen).

Omdat die zaak bij het schrijven van deze bijdrage nog onder de rechter was, laat ik het bij deze vaststelling.

5. De bezwaarprocedure onder druk

Naar Nederlands bestuursprocesrecht moeten belanghebbenden op grond van artikel 7:1 Awb, voordat zij beroep op de bestuursrechter kunnen instellen, eerst de verplichte bezwaarprocedure doorlopen. In Nederland zijn de nut en noodzaak van die procedure tamelijk onomstreden, naar EU-recht ligt dat genuanceerder. Daarbij is in de eerste plaats van belang dat het Hof van Justitie in de recente zaak *Puškár* het verplicht doorlopen van een dergelijke bestuurlijke voorprocedure beoordeelt als een beperking van het fundamentele recht op een doeltreffende voorziening in rechte van artikel 47 Hv, die moet voldoen aan de beperkingsclausule van artikel 52, eerste lid, Hv.[26] In de zaak oordeelt het Hof overigens dat het verplicht uitputten van een bestuurlijke voorprocedure op zich wordt gerechtvaardigd door een rechtmatige doelstelling van algemeen belang, maar ook dat de procedure teneinde een evenredige beperking te zijn aan diverse eisen moet voldoen. Kort gezegd mag het doorlopen van de procedure het beroep op de rechter niet in aanzienlijke mate vertragen, mag de procedure geen of zeer geringe kosten met zich brengen, mag de elektronische weg niet de enige manier tot toegang tot de procedure zijn en moeten, indien nodig, hangende de procedure voorlopige maatregelen kunnen worden gelast. Hoewel ik voor de Nederlandse bezwaarprocedure op deze punten (nog) geen problemen voorzie,[27] is het toch opmerkelijk dat het Hof van Justitie de toelaatbaarheid van de verplichte bezwaarprocedure zo indringend toetst aan een fundamenteel recht en op grond daarvan allerlei eisen formuleert. In Nederland heeft een dergelijke toets nooit plaatsgevonden.

Hoewel de verplichte bezwaarprocedure in het licht van artikel 47 Hv door de beugel lijkt te kunnen, kan zij toch onder druk komen als gevolg van de rechtspraak van het Hof van Justitie betreffende de het beginsel van eerbiediging van de rechten van verdediging, een beginsel dat voor EU-instellingen is gecodificeerd in artikel 41, tweede lid, Hv.[28] Volgens die rechtspraak moet een adressaat

---

[26] HvJ EU 27 september 2017, (Puškár), ECLI:EU:C:2017:725, *AB* 2018/116, m.nt. Widdershoven; *JB* 2018/1, m.nt. Schlössels.
[27] Zie voor een nadere motivering van dit standpunt mijn annotatie onder Puškár in *AB* 2018/116. Aldus ook Schlössels in zijn annotatie onder de uitspraak in *JB* 2018/1.
[28] Zoals duidelijk gemaakt in HvJ EU 8 mei 2014, ECLI:EU:C:2014:302 (H.N.), *JB* 2014/147, m.nt. Timmermans, is art. 41 Hv, alleen van toepassing op EU-instellingen, maar gelden voor de lidstaten als zij handelen binnen de reikwijdte van het Unierecht dezelfde verplichtingen op grond van het EU-verdedigingsbeginsel dat aan artikel 41 Hv ten grondslag ligt. Zie over het verdedigingsbeginsel als onderdeel van het recht op behoorlijk bestuur, Schlössels 2016, p. 221-239, alsmede J.E. van den Brink e.a., 'Hoofdstuk V. Rechtsbeginselen en fundamentele rechten', in: Prechal & Widdershoven 2017, p. 230-245.

van een nadelig besluit, voordat het bestuur zo'n besluit kan nemen, in primo worden gehoord en moeten in die fase ook diverse verdedigingsrechten, meer in het bijzonder het recht op inzage in de stukken, worden verzekerd.[29] Volgens de Awb hoeven belanghebbenden lang niet altijd in primo te worden gehoord, onder meer niet bij financiële besluiten (artikel 4:12 Awb), en worden die andere verdedigingsrechten evenmin gegarandeerd.[30] Daarbij speelt mede een rol dat het hoorrecht en die andere rechten in de procedure van bezwaar wel worden nageleefd. De rechtspraak van het Hof leidt ertoe dat bij steeds meer besluiten zowel in primo (op grond van het EU-beginsel) als in bezwaar (op grond van artikel 7:1 Awb) verdedigingsrechten moeten gerealiseerd, hetgeen voor sommige besluiten in de confectiesfeer wellicht wat veel van het goede is.[31] Als het Hof deze rechtspraak doorzet,[32] ligt daarom op enig moment de vraag voor of Awb-wetgever niet moet ingrijpen en een procedure in primo moet creëren waarbinnen de verdedigingsrechten worden nageleefd en die in de plaats kan komen van de bezwaarprocedure. Zo'n procedure bestaat op zich al, namelijk de uitgebreide openbare voorbereidingsprocedure van afdeling 3.4 Awb. De uov is echter geschreven voor het nemen van besluiten waarbij vele belanghebbenden zijn betrokken en is zeker niet in alle opzichten geschikt voor het nemen van bezwarende besluiten ten aanzien van een specifieke belanghebbende.

6. Slot

Hiervoor is aan de hand van veelal vrij recente regelgeving en rechtspraak geïllustreerd hoe het EU-recht steeds verder ingrijpt in (de toepassing van) het nationale bestuurs(proces)recht van de Awb. Daarmee is nog lang niet alles gezegd. Zo is geen aandacht besteed aan de mogelijke invloed die de voorstellen voor een Europese Awb – meer in het bijzonder de *Model Rules on EU Administrative Procedures* van het academische netwerk *ReNEUAL* en het voorstel voor

---

[29] Vgl. HvJ EU 18 december 2008, ECLI:EU:C:2008:746 (Sopropé), AB 2009/29, nrsHvJ EU 27 maart 2014, ECLI:EU:C:2014:204 (Kamino & Datema) alsmede – specifiek over het recht op toegang tot de stukken – HvJ EU 9 november 2017, ECLI:EU:C:2017:843 (Ispas), AB 2018/125, m.nt. Widdershoven.
[30] In het fiscale recht heeft het niet-horen op grond van art. 4:12 Awb al geleid tot een groot aantal vernietigingen. Zie o.m. HR 9 oktober 2015, ECLI:NL:HR:2015:2989; HR 14 augustus 2015, ECLI:NL:HR:2015:2165; HR 10 juli 2015, ECLI:NL:HR:2015:1809; HR 15 januari 2016, ECLI:NL:HR:39; HR 16 september 2016, ECLI:NL:HR:2016:2077.
[31] Aldus reeds en wat verder uitgewerkt R.J.G.M. Widdershoven, 'Een ervaring als staatsraad advocaat-generaal: op zoek naar een rechtsbeginsel', in: M. Bosma e.a. (red.), *De conclusie voorbij*, Nijmegen: Ars Aequi Libri 2017, p. 87-101, i.h.b. p. 99-100.
[32] In HvJ EU 20 december 2017, ECLI:EU:C:2017:1010 (Prequ'Italia), lijkt het Hof zijn standpunt iets te nuanceren en acht het het niet-horen in primo bij de oplegging van een douaneheffing, maar pas in administratief beroep, toelaatbaar mits hangende die laatste procedure uitstel van betaling kan worden verkregen.

een *Regulation on the Administrative Procedures of the European Union's institutions bodies, offices and agencies* van het Europees Parlement – op de Awb kunnen hebben, omdat hierover een commissie van de VAR/Vereniging voor Bestuursrecht advies zal uitbrengen.[33] Op grond van alles dat wel besproken is, lijkt het mij duidelijk dat de Awb binnen de EU-rechtsorde geen rustig bezit meer is.

---

[33] Vgl. voor de stand van zaken, Rolf Ortlep & Rob Widdershoven, 'De goede voornemens van een Europese wet bestuursrecht', *AA* 2018, afl. 5, p. 411-417.

Annalies Outhuijse[*]

44 | Top-down en bottom-up bevraging van de Awb in het handhavingsrecht

@A_Outhuijse – Deze bijdrage illustreert hoe de Awb en het gebruik daarvan herhaaldelijk op de proef wordt gesteld voor het handhavingsrecht. De bevraging geschiedt zowel top-down als gevolg van het Europees recht als bottom-up op basis van gebruikerservaringen#*Europeanisering*#*gebruikerservaringen*#*handhavingsrecht*

1. Inleiding

De Algemene wet bestuursrecht (hierna: Awb) wordt op 1 januari 2019 25 jaar. Hoewel vele mede-auteurs kunnen terugblikken op de invoering van de Awb, is dat voor mij niet mogelijk. De Awb en ik zijn namelijk generatiegenoten. Ik weet niet anders dan dat de Awb er was. De Awb en ik hebben dan ook gemeen dat we, vergeleken met vele van onze bestuursrechtelijke familieleden, er pas net zijn. Maar, nu eenmaal de leeftijd van 25+ gaat worden bereikt, kunnen we ons niet langer verschuilen achter het feit dat we er pas 'net' zijn en mag ons aandeel in deze (juridische) wereld worden bevraagd.

Op het gebied van het handhavingsrecht is zichtbaar dat de Awb in recente jaren herhaaldelijk wordt bevraagd en maar liefst van twee zijden. Allereerst is er bevraging van bovenaf van het Europese niveau. In toenemende mate wordt de conformiteit van de Awb met het Europees recht op de proef gesteld en hoewel de Awb de toets in het algemeen kon en kan doorstaan, zijn er ontwikkelingen als gevolg van het Europees recht die nopen tot afwijking van de Awb. Naast deze bevraging van bovenaf, is er tevens bevraging van onderaf op basis van gebruikerservaringen. Zo is herhaaldelijk in de literatuur en in de praktijk ontevredenheid geuit over de toegevoegde waarde van de belangrijkste geschilbeslechtingsprocedure uit de Awb, de bezwaarprocedure. Deze bijdrage zet uiteen hoe de Awb zowel van bovenaf als onderaf wordt bevraagd en beproefd. De bevragingen worden geïllustreerd aan de hand van diverse voorbeelden uit het handhavingsrecht, onder meer het mededingingsrecht en financieel recht.

2. Top-down bevraging

Net als andere wetten is ook de Awb, als algemeen geldend bestuursprocesrecht, niet aan de invloed van het Europees recht ontkomen.[1] Hoewel de invloed

---

[*] Mr. A. Outhuijse is promovenda aan de Rijksuniversiteit Groningen.
[1] Bij de totstandkoming van de Awb was slechts zeer beperkte aandacht voor de conformiteit met de Europese regelgeving, maar dit is in loop van de jaren toegenomen zoals

gering is in vergelijking met sommige materiële wetten, volgden er toevoegingen aan de Awb op basis van het Europees recht en zijn in diverse situaties de artikelen uit de Awb getoetst aan het Europees recht.[2] De relatief beperkte invloed van het Europees recht is te wijten aan de procedurele autonomie die lidstaten genieten. Hoewel bepaalde Europese normen moeten worden gehandhaafd, is het de bevoegdheid van de lidstaten om, voor zover het Europees recht niet anders bepaalt, te bepalen welke soorten procedures van toepassing zijn en hoe deze zijn ingericht.[3] In die situaties biedt het nationale procesrecht, in ons geval de Awb, veelal uitkomst. Met name op het gebied van het handhavingsrecht lijkt het Europees recht in recente jaren een stap verder te doen waardoor een verdere beïnvloeding van de procedures, bijvoorbeeld op het gebied van onderzoeks- en sanctioneringsbevoegdheden, onontkoombaar is. Voor sommige rechtsgebieden wordt het nationale procesrecht zelfs geheel buitenspel gezet.

Een voorbeeld van de verdere beïnvloeding van het nationale procesrecht is zichtbaar op het gebied van het mededingingsrecht, hetgeen bij uitstek een Europees rechtsgebied is. Vóór de oprichting van de Europese Unie beschikten veel Europese landen niet over een solide handhavingssysteem om concurrentieverstorend gedrag zoals kartelafspraken aan te pakken.[4] Als gevolg van het Europees recht is iedere lidstaat verplicht een mededingingsrechtelijk handhavingssysteem op te zetten dat sancties bevat die doeltreffend, evenredig en afschrikwekkend zijn.[5] Dit ter handhaving en voorkoming van inbreuken op de

---

in deze bijdrage zal worden toegelicht. In deze bijdrage wordt geen aandacht besteedt aan de invloed van Europees Verdrag van de Rechten van de Mens.
[2] Zie voor voorbeelden S. Prechal & R.J.G.M. Widdershoven, *Inleiding tot het Europees bestuursrecht*, Nijmegen: Ars Aequi Libri 2017 en K. J. de Graaf, J. H. Jans & A. T. Marseille, 'Verbazingwekkend, maar toch ook weer niet: Over de invloed van het recht van de Europese Unie op het Nederlandse bestuursprocesrecht', in: B.J. Schueler & R.J.G.M. Widdershoven (red.), *Europeanisering van het algemeen bestuursrecht: 75 jaar VAR*, Den Haag: Boom Juridische uitgevers 2014, p. 197-213. Een bekend voorbeeld van de eerste situatie is de invoering van de 'Lex Silencio Positivo' die als gevolg van de Dienstenrichtlijn aan de Awb is toegevoegd. Ander voorbeeld is het instrument van een amicus curiae dat aan hoofdstuk 8 Awb is toegevoegd als gevolg van het Europees mededingingsrecht. Voorbeeld van toetsing van een Awb-artikel aan het Europees recht: HvJ EU 14 december 1995, ECLI:EU:C:1995:437 (Peterbroeck) waarbij de Medembliklijn in strijd werd geacht met het Europees recht en HvJ EU 7 juni 2007, ECLI:EU:C:2007:318 (Van der Weerd) waarbij ambtshalve toetsing van het Europees recht ter discussie stond.
[3] Zie voor voorbeelden van de rechtsgebieden waarbij het Europees recht specifieke procedures heeft voorgeschreven: Prechal & Widdershoven 2017, p. 41.
[4] Het mededingingsrecht is sinds de instelling van de Verdragen van Rome in 1957 een fundamenteel onderdeel van het Europees recht.
[5] Artikel 35 Verordening (EG) nr. 1/2003 van de Raad van 16 december 2002 betreffende de uitvoering van de mededingingsregels van de artikelen 81 en 82 van het Verdrag [2003] PB L 1/1.

Europese mededingingsrechtelijke wetgeving, meer in het bijzonder het kartelverbod en het verbod van misbruik van een machtspositie.[6] De Europese regelgeving stelt momenteel geen expliciete eisen aan de te volgen procedures ter handhaving van deze normen, waardoor de beginselen van procedurele en institutionele autonomie en daarbij behorende begrenzingen leidend zijn.[7] Met andere woorden, de lidstaten zijn vrij om hun eigen handhavingssysteem te ontwerpen en te bepalen hoe zij willen voldoen aan hun Europese verplichtingen. In theorie kunnen de lidstaten beslissen welke overheidsorganen verantwoordelijk worden voor de handhaving van deze regels en welke nationale procedures van toepassing zijn, alsook hoe deze organen en procedures zijn georganiseerd. In de praktijk hebben de lidstaten een variatie aan organen en procedures opgezet.[8] Deze variatie omvat de aard van de autoriteit die overtredingen onderzoekt en sanctioneert (bijvoorbeeld bestuurlijk of rechtelijk), de onderzoeks- en sanctioneringsbevoegdheden die deze autoriteit heeft, het type en aantal gerechtelijke instanties waarbij beroep openstaat na de sanctionering, de tijdslimieten, de bewijslast en de reikwijdte en intensiteit van de rechterlijke toetsing.[9]

In Nederland hebben we sinds 1998, als gevolg van de Europese verplichting, de Nederlandse Mededingingsautoriteit. Deze autoriteit is in 2013 samen met de OPTA en Consumentenautoriteit opgegaan in de Autoriteit Consument en Markt (ACM).[10] Hoewel het materieel recht, zoals de verboden, is neergelegd in de Mededingingswet, zijn de voorgeschreven besluitvormings- en geschilbeslechtingsprocedures uit de Awb grotendeels van toepassing. Zo beschikt de autoriteit over de handhavingsbevoegdheden uit titel 5.2 Awb, moet de autoriteit aan de bepalingen van titel 5.4 Awb voldoen indien zij een boete

---

[6] Artikelen 101 en 102 Verdrag betreffende de werking van de Europese Unie.
[7] HvJ EU 16 december 1976, ECLI:EU:C:1976:188 (REWE). De procedurele autonomie vindt zijn beperkingen in de beginselen van gelijkwaardigheid en doeltreffendheid. Een andere beperking is te vinden in artikel 4, lid 3, VEU, dat de lidstaten ertoe verplicht alle passende maatregelen te nemen om de naleving van de uit het EU-Verdrag voortvloeiende verplichtingen te verwezenlijken.
[8] Zie onder meer K.J. Cseres & A. Outhuijse, 'Parallel Enforcement and Accountability: The Case of EU Competition Law', in: M. Scholten, M. & Luchtman, M. (red.), *Law enforcement by EU authorities*, Cheltenham: Edward Elgar Publishing 2017, p. 82-115; European Commission, *Pilot field study on the functioning of the national judicial systems for the application of competition law rules*, 2014; C. Nagy (red.), *The Procedural Aspects of the Application of Competition Law*, Groningen: Europa Law Publishing 2016; ECN, *Results of the questionnaire on the reform of Member States national competition laws after Commission Regulation No. 1/2003*, 2008; OECD, *Roundtable on changes in institutional design of competition authorities*, 2015.
[9] Ibid.
[10] Wet van 22 mei 1997, houdende nieuwe regels omtrent de economische mededinging (Mededingingswet), Mededingingswet, *Stb.* 1997, 242.

wil opleggen en staan tegen de boetes van de autoriteit bezwaar en beroep open binnen de termijnen uit de Awb.

De vrijheid van de Europese lidstaten om een eigen mededingingsrechtelijk handhavingssysteem te ontwerpen is niet onbegrensd. Zo moet het handhavingssysteem van de lidstaten doeltreffend zijn op basis van standaarden die zijn uitgewerkt in algemene Europese jurisprudentie.[11] De Europese Commissie kan een inbreukprocedure overeenkomstig artikel 258 Verdrag betreffende de werking van de Europese Unie (VWEU) starten wanneer het nationale handhavingssysteem niet aan de gestelde vereisten voldoet.[12] Een voorbeeld van de constatering dat een nationale procedure niet aan dit criterium voldeed, is de Belgische VEBIC-zaak.[13] België kende een nationale regeling die de nationale mededingingsautoriteit niet de bevoegdheid verleende om als verwerende partij deel te nemen aan een procedure in rechte tegen één van haar beslissingen. Volgens het Hof van Justitie kon de autoriteit zich daardoor niet verdedigen en was de nationale rechter aangewezen op de middelen en argumenten van de ondernemingen, hetgeen het nuttig effect van de Europese verboden in gevaar bracht. Deze regel moest dan ook worden afgeschaft wegens strijd met het doeltreffendheidsbeginsel.

Hoewel deze zaak echt een uitzondering vormt,[14] wordt in toenemende mate vastgesteld dat de bepaalde nationale procedures de effectieve handhaving van het mededingingsrecht belemmeren.[15] Hierbij kan worden gedacht aan tijdslimieten, het gebrek aan onderzoeksbevoegdheden of het gebrek aan sanctioneringsbevoegdheden.[16] De afgelopen jaren heeft ook de Europese Commissie meer aandacht besteed aan de effectiviteit van de handhaving door de nationale mededingingsautoriteiten.[17] Volgens de Europese Commissie dient te worden gerealiseerd dat alle 28 nationale mededingingsautoriteiten beschikken over een volledig pakket aan onderzoeks- en sanctioneringsbevoegdheden, zodat het opleggen van afschrikwekkende boetes en daarmee effectieve handhaving van het Europese mededingingsrecht kan worden gegarandeerd.

---

[11] HvJ EU 21 september 1989, ECLI:EU:C:1989:339 (Griekse mais). Zie ook punten 5, 6, 8, 34 en 35 van de considerans van Verordening 1/2003.
[12] HvJ EU 21 september 1989, ECLI:EU:C:1989:339 (Griekse mais).
[13] HvJ EU 7 december 2010, ECLI:EU:C:2010:739 (Vlaamse federatie van verenigingen van Brood- en Banketbakkers, IJsbereiders en chocoladebewerkers (VEBIC)).
[14] Zie hierover Ioannis Lianos, 'The Principle of Effectiveness, Competition Law Remedies and the Limits of Adjudication', beschikbaar via: https://papers.ssrn.com/sol3/papers.cfm?abstract_id=2542940.
[15] Zie voor verscheidene voorbeelden: A Outhuijse, *The shared enforcement of antitrust cases: effectivity difficulties at the national level*, see http://eulawenforcement.com/?p=281.
[16] Ibid.
[17] European Commission, *Commission Staff Working Document – Enhancing competition enforcement by the MS' competition authorities: institutional and procedural issues*, beschikbaar via: http://ec.europa.eu/competition/antitrust/legislation/ swd_2014_231_en.pdf.

Op 22 maart 2017 heeft de Europese Commissie een persbericht gepubliceerd waarin zij verklaarde dat zij bij het Europees Parlement en de Raad een voorstel heeft ingediend voor een richtlijn om verdere convergentie te bereiken in onderzoeks- en sanctioneringsbevoegdheden voor mededingingsrechtelijke inbreuken.[18] De richtlijn zal de nationale mededingingsautoriteiten een minimum aan passende handhavingsinstrumenten bieden, zoals de bevoegdheid om inspecties uit te voeren in bedrijfsruimten en andere ruimten zoals woningen, en de mogelijkheid van bestraffen van ondernemersverenigingen, om op die wijze de rol van de autoriteiten te versterken en de doeltreffendheid van hun handhaving te vergroten.

Voor verschillende lidstaten zal deze richtlijn een grote invloed hebben op de nationale wetgeving waarin de onderzoeks- en sanctioneringsbevoegdheden van hun mededingingsautoriteit zijn geregeld. Zo zal de Duitse mededingingsautoriteit de bevoegdheid krijgen om woningen te doorzoeken, terwijl de Duitse wetgever herhaaldelijk het verzoek om deze bevoegdheid te verkrijgen heeft afgewezen.[19] De richtlijn vormt daarmee een perfect voorbeeld van de Europeanisering van de procedurele normen. De Awb zal echter niet in deze zin worden geëuropeaniseerd en ook is er geen noodzaak om sectorspecifieke wetgeving in te voeren. Titel 5.2 Awb en de toevoegingen uit de Mededingingswet zijn reeds voldoende en het Nederlandse stelsel is daarmee zogenoemd 'Unie-proof'.

Vergelijkbare ontwikkelingen als in het mededingingsrecht zijn ook in andere rechtsgebieden zichtbaar, bijvoorbeeld op het gebied van de financiële markten.[20] De desbetreffende richtlijn, *Markets in Financial Instruments Directive* (MiFID II), verplicht de lidstaten een handhavingssysteem op te zetten met daarin een nationale toezichthouder die als taak heeft om de naleving van de gedragsnormen door beleggingsondernemingen af te dwingen. Ook moet een reeks toezicht-, onderzoeks-, en sanctionerende bevoegdheden aan deze autoriteiten worden geboden. Deze bevoegdheden zijn verstrekkender dan het pakket aan bevoegdheden waarover een reguliere Awb-toezichthouder beschikt.[21] Zo beschikt de Autoriteit Financiële Markten (AFM) op basis van de Awb niet over de bevoegdheid om overzichten van telefoon- en dataverkeer te verlangen of tot het bevriezen of in beslag nemen van activa, maar heeft zij deze bevoegdheden verkregen op basis van de Europese richtlijn. Een ander voorbeeld is zichtbaar op het gebied van de Europese douane-wetgeving waarbij de natio-

---

[18] Voorstel voor een Richtlijn van het Europees Parlement en de Raad tot toekenning van bevoegdheden aan de mededingingsautoriteiten van de lidstaten voor een doeltreffendere handhaving en ter waarborging van de goede werking van de interne markt, COM (2017)0142 final.
[19] Antwoord Bundeskartellamt (Duitse mededingingsautoriteit) publieke consultatie, beschikbaar via http://ec.europa.eu/competition/consultations/ 2015_effective_enforcers/index_en.html.
[20] Deze voorbeelden zijn afkomstig uit Prechal & Widdershoven 2017, p. 305.
[21] Richtlijn 2014/65 / EU (*PBEU* 2014, L 173/349).

nale autoriteiten over een aantal bevoegdheden dienen te beschikken die gedeeltelijk verder gaan dan de bevoegdheden uit titel 5.2 Awb en dus aan de inspecteurs zijn toegekend op basis van de Douanewet.[22] Deze ontwikkelingen leiden ertoe dat gedeeltelijk wordt afgeweken van de Awb voor deze specifieke gebieden.

Er zijn echter ook andere Europese ontwikkelingen zichtbaar die het nationaal procesrecht geheel buitenspel zetten.[23] Hoewel de handhaving van het Europees recht grotendeels als primaire verantwoordelijkheid van de lidstaten werd gezien is dit in de loop van de jaren gewijzigd als gevolg van de internationale financiële crisis en verschillende constateringen van handhavingstekorten op nationaal niveau.[24] Als gevolg hiervan zijn er allerlei Europese handhavingsautoriteiten in het leven geroepen die directe handhavingsbevoegdheden hebben verkregen om overtredingen door individuele burgers en ondernemingen te onderzoeken en te handhaven.[25] Dit is zichtbaar in de volgende gebieden: financiën, banken, luchtvaart, voedsel, visserij, financiële fraude en geneesmiddelen.[26] Deze soort Europese inmenging leidt ertoe dat diverse bevoegdheden van nationale handhavingsautoriteiten zijn en worden verplaatst naar Europees niveau om de effectiviteit van de handhaving te vergroten.[27] In plaats van het versterken van de nationale autoriteiten door toevoegingen aan het nationaal procesrecht, zoals wordt gedaan in het mededingingsrecht, worden de bevoegdheden verplaatst naar Europees niveau en is het nationaal procesrecht niet langer van toepassing. Kortom, zoals beschreven wordt de conformiteit van de Awb met het Europees recht herhaaldelijk op de proef gesteld en zijn er ontwikkelingen als gevolg van het Europees recht die nopen tot afwijking van de Awb.

3. Bottom-up bevraging

In toenemende mate zijn er ontwikkelingen binnen het handhavingsrecht die losstaan van het Europees recht, hoewel het veelal Europese rechtsgebieden betreft, waarbij de gebruikers de Awb op de proef stellen en wordt gevraagd om afwijkingen van de Awb. Voor verschillende handhavingsautoriteiten, zoals de ACM, AFM en de Nederlandsche Bank (DNB), is bijvoorbeeld de vraag gesteld of de belangrijkste geschilbeslechtingsprocedure uit de Awb, de bezwaarprocedure uit hoofdstuk 7 Awb, een toegevoegde waarde biedt of dat deze zou

---

[22] Verordening 952/2013 tot vaststelling van het douanewetboek van de Unie.
[23] Zie uitgebreider hierover M. Scholten, M. & Luchtman, M. (red.), *Law enforcement by EU authorities*, Cheltenham: Edward Elgar Publishing 2017.
[24] Zie hierover ook Prechal & Widdershoven 2017.
[25] Scholten & Luchtman 2017.
[26] Ibid.
[27] Mira Scholten, 'Mind the trend! Direct enforcement of EU law and policies is moving to 'Brussels'', http://eulawenforcement.com/?p=30.

moeten worden afgeschaft bij de rechtsgebieden waarover deze autoriteiten toezichthouden. Deze vraag werd reeds in 2012 opgeworpen voor mededingingsrechtelijke boetes.[28]

Hoewel de algemene ervaringen met deze procedure positief zijn op andere gebieden dan het mededingingsrecht, is dit niet het geval in kartelzaken.[29] Sinds de introductie in 1998 zijn de verschillende betrokken partijen, zoals de mededingingsautoriteit, advocaten en ondernemingen, negatief over de manier waarop de bezwaarprocedure in kartelzaken functioneert.[30] De ontevredenheid van de huidige groep van advocaten die beboete ondernemingen bijstaan komt vooral voort uit het feit dat ze er weinig vertrouwen in hebben dat hun bezwaren effectief zullen zijn wat betreft het inhoudelijk veranderen van het boetebesluit.[31]

Hierbij wordt in feite de vraag opgeworpen wat de toegevoegde waarde is van het besluit op bezwaar ten opzichte van het primaire besluit.[32] De veronderstelling onder de partijen lijkt te zijn dat het besluit op bezwaar slechts in zeer beperkte mate afwijkt van de oorspronkelijke beslissing. Dit laatste lijkt een algemenere aanname te zijn die onder meer blijkt uit het feit dat de wetgever deze veronderstelling ook heeft uitgedrukt in het wetgevingsmemorandum bij de introductie van het rechtstreeks beroep in de Awb.[33] Volgens de wetgever is het mededingingsrecht het perfecte voorbeeld van een rechtsgebied waarin de mogelijkheid van rechtstreeks beroep nuttig zal zijn, aangezien de mededingingsautoriteit zelden fouten maakt in haar oorspronkelijke boetebesluit en daarom niet de gelegenheid hoeft te hebben om haar beslissingen te repa-

---

[28] Zie hierover J.H. Jans & A. Outhuijse, 'De afschaffing van de bezwaarfase bij boetebesluiten van de ACM', *SEW* 2013-1, p. 2-11.

[29] Zie onder andere: M. Herweijer & J.R. Lunsing, *Hoe beleven burgers de bezwaarprocedure? Meta-evaluatie beleving door burgers van bezwaar*, Den Haag: Ministerie van Binnenlandse Zaken en Koninkrijksrelaties 2011; B.J. van Ettekoven & A.T. Marseille, 'Afscheid van de klassieke procedure?', in: Preadvies Nederlandse Juristen-Vereniging, Den Haag: Wolters Kluwer 2017, p. 139-264; M. Wever, 'De bezwaarprocedure: Onderzoek naar verbanden tussen de inrichting van de procedure en de inhoudelijke kwaliteit van bezwaarbehandeling', *Recht der Werkelijkheid*, 2017(2), 120-130; A.T. Marseille, B.W.N. de Waard & M. Wever, *Evaluatie bezwaarschriftprocedure gemeente Tilburg*, Groningen: Rijksuniversiteit Groningen, Vakgroep Bestuursrecht & Bestuurskunde 2017.

[30] Zie bijv. M. Biesheuvel, 'Weg met bezwaarschriftenprocedure', *NJB* 1996/24, p. 930, met naschrift p. 1113-1114 en 1215.

[31] A. Outhuijse, 'The effective public enforcement of the prohibition of anti-competitive agreements: perceptions on the functioning of the objection procedure and the reality', nog niet gepubliceerd.

[32] Ibid.

[33] *Kamerstukken II* 2000/01, 27639, 33, p. 33 e.v.; zie hierover B.M.J. van der Meulen, M.E.G. Litjens & A.A. Freriks, *Prorogatie in de Awb Invoeringsevaluatie rechtstreeks beroep*, Den Haag: WODC 2005, p. 22.

reren.[34] Verschillende auteurs, zoals de auteurs die de Nederlandse Mededingingswet evalueerden, stelden ook dat het besluit op bezwaar zelden afwijkt van de oorspronkelijke beslissing.[35] Een empirische analyse van de zaken laat echter zien dat in de praktijk de directe beroepsmogelijkheid slechts incidenteel wordt gebruikt in kartelzaken en meer dan 70 procent van de beboete ondernemingen de bezwaarprocedure gebruikt om de boete aan te vechten.[36] Verder laat eigen onderzoek zien dat de aannames van praktijkjuristen en academici dat het besluit op bezwaar niet afwijkt van het primaire besluit niet volledig wordt door de zaaksanalyse bevestigd.[37]

De procedure in kartelzaken is ook bekritiseerd vanwege het beperkte vermogen om geschillen te beslechten. Volgens de toelichting bij de Awb is de bezwaarprocedure bedoeld als laagdrempelige procedure voor het oplossen van geschillen tussen de overheid en de burger.[38] Er moet voorkomen worden dat het geschil, na de bezwaarprocedure, resulteert in een langdurige, formele en juridische procedure voor de rechtbank.[39] In de praktijk wordt een grote meerderheid van de administratieve geschillen inderdaad opgelost in de bezwaarprocedure.[40] Dit is echter anders voor kartelzaken. Eerdere eigen onder-

---

[34] Ibid.

[35] SER, *Evaluatie en aanpassing Mededingingswet*, Den Haag: SER 2003, p. 105.

[36] Om dat concreet in cijfers te zetten: de ACM heeft sinds 2010 boetes opgelegd in 22 kartelzaken. Ten minste één of meerdere ondernemingen hebben bezwaar aangetekend in negentien van de 22 zaken, die 86 procent van de zaken vertegenwoordigen, terwijl het begin van een bezwaarprocedure mogelijk blijft in één meer zaak. De ondernemingen hebben met succes verzocht om de bezwaarprocedure te omzeilen in vier van de negentien gevallen. Zie A. Outhuijse, 'The effective public enforcement of the prohibition of anti-competitive agreements: perceptions on the functioning of the objection procedure and the reality', nog niet gepubliceerd.

[37] A. Outhuijse, 'The effective public enforcement of the prohibition of anti-competitive agreements: perceptions on the functioning of the objection procedure and the reality', nog niet gepubliceerd.

[38] Aldus de Memorie van Toelichting bij de Eerste tranche van de Awb, *PG Awb I*, p. 279.

[39] Zie in meer detail Van Ettekoven & Marseille 2017.

[40] Een 'filterwerking' van meer dan 90 procent is geen uitzondering. Zie met name Marseille & Ettekoven 2017, p. 139-264; A.T. Marseille, 'Burgers in bezwaar en beroep; over de toegankelijkheid van het bestuursrecht', *Justitiële Verkenningen* 2014/1; J.G. van Erp & C.M. Klein Haarhuis, *De filterwerking van buitengerechtelijke procedures*, Den Haag: WODC 2006; I.M. Boekema, *De stap naar hoger beroep*, Den Haag: Boom Juridische uitgevers 2015; K.H. Sanders, *De heroverweging getoetst*, Deventer: Kluwer 1998. Bovendien, op het gebied van andere economische boetebesluiten, zoals het bankentoezicht en het toezicht op financiële markten door DNB en de AFM, dient slechts een beperkt aantal ondernemingen hun zaken voor rechterlijke beroep in. Zie: A. Mein, *De boete uit balans. Het gebruik van de bestuurlijke boete in het kader van het financieel toezicht*, Rotterdam: Erasmus University Rotterdam 2015, p. 308-9; Commissie-Ottow, *Externe evaluatie toetsingsproces AFM en DNB*, Utrecht: AFM/DNB 2016.

zoeken hebben aangetoond dat ondernemingen in meer dan zeventig procent van de gevallen beroep instellen bij de exclusief bevoegde Rechtbank Rotterdam.[41] Dit percentage is de afgelopen jaren zelfs gestegen tot 90 procent.[42]

De toegevoegde waarde en noodzaak van de bezwaarprocedure was ook een punt van discussie tijdens het wetgevingsproces waarbij de ACM in 2013 werd opgericht door de NMa samen te voegen met de Onafhankelijke Post en Telecommunicatie Autoriteit Nederland (OPTA) en de Nederlandse Consumentenautoriteit (CA).[43] De eerste versie van het wetsontwerp tot oprichting van de ACM bevatte een voorstel om de bezwaarprocedure voor ACM-sanctiebesluiten af te schaffen. De argumenten voor afschaffing waren dat de doelstellingen van de bezwaarprocedure niet werden bereikt, omdat deze slechts in beperkte mate in staat bleek te zijn geschillen op te lossen en dat afschaffing zowel tijd als geld zou besparen.[44] Na ontvangst van een negatief advies van de Raad van State, inhoudende dat de voor- en nadelen van deze keuze onvoldoende waren afgewogen, heeft de wetgever besloten de bezwaarprocedure te handhaven, maar heeft zij wel een belangrijke wijziging in de procedure aangebracht, namelijk het niet langer verplicht stellen van de externe adviescommissie.

Eigen onderzoek toont aan dat een reorganisatie van de bezwaarprocedure, bijvoorbeeld door het verhogen van de informaliteit of het herintroduceren van de externe adviescommissie, het geschilbeslechtend vermogen van de bezwaarprocedure niet zal verbeteren zolang de bedrijven zo succesvol zijn in het aanvechten van hun boetes voor de rechtbank.[45] Het principiële geschil dat bestaat

---

[41] A. Outhuijse, 'Effective Public Enforcement of the Cartel Prohibition in the Netherlands: a Comparison of ACM Fining Decisions, District Court Judgments, and TIAT Judgments' in: C. Rusu e.a. (red), *Boosting the Enforcement of EU Competition Law at Domestic Level*, Cambridge: Cambridge Scholars 2017; A. Outhuijse and J.H. Jans, 'Judicial Review of Decisions of the Dutch Competition Authority', in: W Devroe e.a. (red.), *Mundi et Europae civis; Liber Amicorum Jacques Steenbergen*, Gent: Larcier 2014; Jans & Outhuijse 2013. Dit percentage is berekend op basis van de zaken voor 2010. Het totaal van zaken van 1999 tot nu waarin de ACM boetes heeft opgelegd voor mededingingsbeperkende afspraken leidt tot een percentage van 81 procent van de zaken: een beroep is ingediend bij de Rechtbank Rotterdam in 42 van de 52 zaken. In de parlementaire stukken voor het opstellen van de ACM in 2013 wordt een percentage van 87 procent genoemd tussen de jaren 2000 en 2011. Het is echter onduidelijk welk type zaken in deze berekening is opgenomen. *Kamerstukken II* 2012/13, 33622, 3, p. 12.
[42] A. Outhuijse, 'The effective public enforcement of the prohibition of anti-competitive agreements: Why do undertakings in the Netherlands appeal?', *Competition Law Review* 2018, beschikbaar via SSRN: https://papers.ssrn.com/sol3/papers.cfm?abstract_id=3183065.
[43] Zie Jans & Outhuijse 2013.
[44] *Kamerstukken II* 2012/13, 33622, 3, p. 14-15.
[45] A. Outhuijse, 'The effective public enforcement of the prohibition of anti-competitive agreements: perceptions on the functioning of the objection procedure and the reality', nog niet gepubliceerd.

tussen beide partijen is niet geschikt om in de bezwaarprocedure te worden opgelost. Zoals sommige beoefenaren beschreven, dragen deze bevindingen bij aan het idee dat de bezwaarprocedure kan en moet worden afgeschaft en dit type zaken kan worden toegevoegd aan bijlage 1 van de Awb: de regeling rechtstreeks beroep.

Het mededingingsrecht is niet het enige rechtsgebied waar dit geluid momenteel klinkt. Hetzelfde geldt voor de handhavingsprocedures bij de DNB en AFM. Naar aanleiding van het rapport van de Commissie Ottow waarin naar voren kwam dat de bezwaren van appellanten maar zelden worden gehonoreerd werd in de daaropvolgende literatuur de vraag opgeworpen naar de toegevoegde waarde van de bezwaarprocedure en tevens gepleit voor het facultatief maken van de procedure bij deze toezichthouders.[46]

4. Slot

De bovenstaande voorbeelden illustreren dat de Awb en het gebruik daarvan herhaaldelijk op de proef wordt gesteld voor het handhavingsrecht. De bevraging geschiedt zowel top-down als gevolg van het Europees recht als bottom-up op basis van gebruikerservaringen. Hoewel de Awb zich in het algemeen goed staande houdt, was er reeds noodzaak tot afwijking van de Awb op basis van het Europees recht en wordt herhaaldelijk gepleit voor afwijking op basis van de nationale ervaringen voor specifieke handhavingsgebieden. Er wordt kortom van twee kanten druk uitgeoefend op de Awb.

In het algemeen is het goed dat het functioneren van de Awb continu wordt bevraagd en geëvalueerd in het licht van snel wisselende nationale en internationale omstandigheden en het feit dat de omstandigheden zo anders zijn dan 25 jaar geleden. De huidige versie van de Awb hoeft ook niet altijd een 'match made in heaven' te vormen voor iedere mogelijke situatie. De uitgeoefende beproeving en bevraging van beide kanten moet voor de Awb, als jongvolwassene en lid van generatie Y, die bekend staan om hun grote behoefte aan feedback en wil om een bijdrage te leveren aan deze samenleving, ook geen probleem zijn. Tot slot is het ook geruststellend voor de academici dat er, ook in de toekomst, wel altijd iets te bevragen valt.

---

[46] Commissie-Ottow 2016, p. 152. G.P. Roth, 'Bezwaar maken bij de AFM en DNB', *Ondernemingsrecht* 2018/23.

Rolf Ortlep*

45 | Het meest bedrieglijke Awb-artikel en de heroverwegingsplicht naar het Unierecht

@R_Ortlep – Het meest bedrieglijke Awb-artikel en de heroverwegingsplicht naar Unierecht#*heroverwegingsverzoek* #*Unierecht*#*4:6-Awb*

1. Inleiding

Sinds de inwerkingtreding van de Awb zijn er weinig Awb-artikelen als artikel 4:6 waar in de literatuur en rechtspraak zoveel misvattingen over bestaan.[1] Indien ik na vijfentwintig jaar de balans ten aanzien van artikel 4:6 Awb opmaak, dan is dat artikel voor mij het meest bedrieglijke artikel uit de Awb. Deze bedrieglijkheid hangt samen met het volgende. De enige bevoegdheid die in artikel 4:6 Awb is neergelegd, is de discretionaire bevoegdheid van het bestuursorgaan om een nieuwe aanvraag, waarin geen nieuw gebleken feiten of veranderde omstandigheden (*nova*) zijn vermeld, zonder toepassing te geven aan artikel 4:5 Awb, af te wijzen. In artikel 4:6 Awb is dus *niet* de bevoegdheid van het bestuursorgaan gecodificeerd om zijn in rechte onaantastbaar besluit te heroverwegen respectievelijk in te trekken. Ondanks dat die bevoegdheid niet in artikel 4:6 Awb is gecodificeerd, wordt in de rechtspraak dat artikel dienaangaande wel naar analogie toegepast.[2] Dit is zelfs het geval als het gaat om een ambtshalve genomen in rechte onaantastbaar besluit, hetgeen niet alleen in strijd is met de tekst van artikel 4:6, eerste lid, Awb (er staat daarin immers 'afwijzende beschikking'), maar ook met de parlementaire geschiedenis van dat artikel.[3] In de rechtspraak wordt dit evenwel al zolang niet meer onderkend, dat ter zake de door Koopmans gemaakte opmerking past dat '*judges, like artists, tend to become prisoners of their own creations*',[4] en het is met de woorden van Vranken moeilijk om uit deze 'vaargeul van het denken' te komen.[5]

---

* Prof. mr. R. Ortlep is hoogleraar bestuursrecht aan de Open Universiteit en universitair hoofddocent staats- en bestuursrecht aan de Universiteit Utrecht.
[1] Vgl. R. Ortlep, *De aantasting van stabiele bestuursrechtelijke rechtsvaststellingen in het licht van het Unierecht*, Deventer: Kluwer 2011, i.h.b. hoofdstuk 7.
[2] Dat art. 4:6 Awb ook van belang kan zijn als het *niet* gaat om een in rechte onaantastbaar besluit, komt bijv. tot uitdrukking in CRvB 9 oktober 2013, ECLI:NL:CRVB:2013:2031.
[3] Vgl. *PG Awb I*, p. 246.
[4] T. Koopmans, zoals geciteerd door Martens (S.K. Martens, 'De grenzen van de rechtsvormende taak van de rechter', *NJB* 2000/14, p. 747-758, voetnoot 5).
[5] J.B.M. Vranken, *Algemeen Deel. Een synthese*, Deventer: Kluwer 2014, nr. 10; J.B.M. Vranken, *Algemeen Deel. Een vervolg*, Deventer: Kluwer 2005, nr. 2.

In algemene zin is het niettemin bekend dat het naar analogie toepassen van een wetsartikel als reden heeft dat de wetgever een onderwerp niet geregeld heeft, ofschoon dit op grond van het systeem van de wet en de praktijk noodzakelijk was geweest.[6] Het gaat hier om het onderwerp van het heroverwegen respectievelijk intrekken van een in rechte onaantastbaar besluit, waarover al jarenlang wordt gezegd dat het één van de fundamentele onderwerpen van het bestuursrecht is.[7] Gelet op de beginselen van legaliteit, rechtszekerheid en vertrouwen is het wenselijk om ten aanzien van dat onderwerp tot een algemene regeling in de Awb te komen, aangezien het gaat om een publiekrechtelijke bevoegdheid die veelal ingrijpende gevolgen heeft voor de verkregen rechten van burgers. De wetgever heeft hierin verzuimd en het ziet er niet naar uit dat daar (snel) verandering in komt.[8]

Aan de bedrieglijkheid van artikel 4:6 Awb is een extra dimensie toegevoegd waar het gaat om de vraag in hoeverre het Unierecht verplicht tot het heroverwegen respectievelijk intrekken van een met dat recht strijdig in rechte onaantastbaar besluit. In de Nederlandse rechtspraak is die vraag mede geplaatst in het kader van artikel 4:6 Awb en het is met dat kader door het College van Beroep

---

[6] Vgl. H.J. van Eikema Hommes, *De elementaire grondbegrippen der rechtswetenschap*, Deventer: Kluwer 1983, p. 142. Zie W. Duk, *Recht en slecht*, Nijmegen: Ars Aequi Libri 1999, p. 111 e.v.

[7] Vgl. B. de Kam, *De intrekking van beschikkingen, mede in Europees en rechtsvergelijkend perspectief*, Deventer: Kluwer 2016; Ortlep 2011. Verder R.J.N. Schlössels & S.E. Zijlstra, *Bestuursrecht in de sociale rechtsstaat. Band 1*, Deventer: Wolters Kluwer 2017, p. 409 e.v.; W. den Ouden, 'De intrekking van begunstigende beschikkingen door bestuursorganen', in: T. Barkhuysen e.a. (red.), *Bestuursrecht harmoniseren: 15 jaar Awb*, Den Haag: Boom Juridische uitgevers 2010, p. 689-715; W. den Ouden & M.K.G. Tjepkema, 'Schadevergoeding bij de intrekking van begunstigende beschikkingen', *O&A* 2010, p. 152-173; K.J. de Graaf & A.T. Marseille, 'Het intrekken en wijzigen van onjuiste besluiten: niet alles in één keer goed', in: M. Herweijer e.a. (red.), *Alles in één keer goed*, Deventer: Kluwer 2005, p. 305-323; M.A.M. Dieperink, 'Omtrekken van een algemene regeling voor intrekken', in: C.H. Bangma e.a., *De vijfde tranche. Jonge VAR-reeks I*, Den Haag: Boom Juridische uitgevers 2003, p. 49-84; N. Verheij, 'Vertrouwen op de overheid', in: J.B.M. Vranken e.a., *Vertrouwensbeginsel en rechtszekerheid in Nederland*, Deventer: Kluwer 1997, p. 43-90. Voorts M. Scheltema, 'Gebondenheid van overheid en burger aan eigen voorafgaand handelen (Rechtsverwerking)', in: M. Scheltema & W. Konijnenbelt, *De rechtsverwerking in het administratieve recht* (VAR-reeks LXXIV), Groningen: Tjeenk Willink 1975, p. 2-56; W. Konijnenbelt, 'Rechtsverwerking door het bestuur: het vertrouwensbeginsel in het administratieve recht', in: M. Scheltema & W. Konijnenbelt, *De rechtsverwerking in het administratieve recht* (VAR-reeks LXXIV), Groningen: Tjeenk Willink 1975, p. 57-117. Zie voorts de achtereenvolgende VAR-rapporten van de commissie inzake algemene bepalingen van administratief recht (Alphen aan den Rijn: Samsom/Tjeenk Willink 1984; Groningen: Tjeenk Willink 1973; Haarlem: Tjeenk Willink 1967; Haarlem: Tjeenk Willink 1953). En nog verder terug in de tijd A.M. Donner, *De rechtskracht van administratieve beschikkingen*, Alphen aan den Rijn: Samsom 1941.

[8] Vgl. de bronnen genoemd in de vorige voetnoot.

voor het bedrijfsleven in de *Kühne en Heitz*-zaak prejudicieel verwezen naar het Hof van Justitie.[9] Bij de beschrijving van het positieve recht is het niet vreemd dat de literatuur hierin is meegegaan.[10] Zo is in het eindrapport van de derde evaluatie van de Awb uit 2007 onder meer geconcludeerd dat de rechtspraak van het Hof van Justitie over de problematiek van een besluit dat in rechte onaantastbaar is, maar vervolgens in strijd met het Unierecht blijkt te zijn, niet dwingt tot aanpassing van artikel 4:6 Awb. In dat rapport is evenwel aangetekend dat de rechtspraak van het Hof van Justitie nog niet is uitgekristalliseerd.[11]

Gelet op het voorgaande, wordt in deze bijdrage de vraag gesteld in hoeverre het Unierecht verplicht tot het heroverwegen van een met dat recht strijdig besluit en of artikel 4:6 Awb daarbij van belang is.[12] Om een praktische reden wordt hier(na) in de regel de term 'heroverwegen' gebruikt, waaronder in de woorden van het Hof van Justitie de 'heronderzoeking' en 'heropening' van een met het Unierecht strijdig besluit valt als de daaruit mogelijke resulterende intrekking.[13] Eenzelfde praktische reden ligt ten grondslag om hier(na) in de regel slechts te spreken van een 'besluit' en niet meer van een 'in rechte onaantastbaar besluit'. Een bijdrage noopt verder altijd – in het licht van de vraagstelling en de toegestane omvang – tot het maken van een afbakening. In dit geval gaat het om de afbakening om het (Europese) asielrecht als zodanig buiten beschouwing te laten. Met de herziene Procedurerichtlijn (2013/32/EU) is daarenboven artikel 4:6 Awb niet langer van toepassing op opvolgende asielaanvragen, maar geldt het toetsingskader van de artikelen 33 en 40 van die richtlijn, zoals geïmplementeerd in artikel 30a, eerste lid, onder sub d, Vreemdelingenwet 2000.[14] In paragraaf 2 wordt besproken in hoeverre het Unierecht verplicht tot het heroverwegen van een met dat recht strijdig besluit. Of artikel 4:6 Awb daarbij van belang is, komt vervolgens specifiek aan bod in paragraaf 3. Paragraaf 4 bevat een afsluitende opmerking.

---

[9] HvJ EU 13 januari 2004, ECLI:EU:C:2004:17 (Kühne & Heitz).
[10] Vgl. recent nog Schlössels & Zijlstra 2017, p. 264-266.
[11] Commissie Evaluatie Awb III, *Toepassing en effecten van de Algemene wet bestuursrecht 2002-2006*, Den Haag: Boom Juridische uitgevers 2007, p. 61-62. Vgl. R.J.G.M. Widdershoven c.s., *Derde evaluatie van de Algemene wet bestuursrecht. De Europese agenda van de Awb*, Den Haag: Boom Juridische uitgevers 2007, p. 191 en p. 197.
[12] Voor de vraag of een uitspraak van het Hof van Justitie een grond voor herziening van een strafrechtelijke veroordeling kan opleveren, zij gewezen op de conclusie van advocaat-generaal Spronken op 13 februari 2018, ECLI:NL:PHR:2018:118.
[13] Vgl. R.J.G.M. Widdershoven, '30. Kühne & Heitz. Heroverweging van definitief geworden besluiten en rechterlijke uitspraken', in: T. Barkhuysen e.a. (red.), *AB Klassiek*, Deventer: Kluwer 2016, p. 469-492, i.h.b. p. 473. Zie over deze terminologie Ortlep 2011, p. 15 e.v. p. 15 e.v. en hoofdstukken 4 en 5.
[14] Vgl. ABRvS 6 oktober 2017, ECLI:NL:RVS:2017:2718. Zie A.M. Reneman, 'Ne bis in idem-beginsel dient te worden ingeperkt, Implementatie en toepassing EU-regels over beoordeling en toetsing opvolgende asielaanvragen', *A&MR* 2015/9/10, p. 368-381.

2. Heroverwegingsplicht naar Unierecht

Zoals in de inleidende paragraaf is opgemerkt, is de vraag in hoeverre het Unierecht verplicht tot het heroverwegen van een met dat recht strijdig besluit in de Nederlandse rechtspraak mede geplaatst in het kader van artikel 4:6 Awb en het is met dat kader door het College van Beroep voor het bedrijfsleven in de *Kühne en Heitz*-zaak prejudicieel verwezen naar het Hof van Justitie.[15] Het uitgangspunt in zowel de rechtspraak van het Hof van Justitie[16] als in de Nederlandse rechtspraak[17] is dat de eerbiediging van de in rechte onaantastbaarheid van een besluit (of rechterlijke uitspraak), gelet op het rechtszekerheidsbeginsel, berust op de noodzaak om de stabiliteit van het recht en de rechtsbetrekkingen te beschermen. Uiteindelijk heeft het Hof niettemin, in het kader van het van toepassing zijnde Nederlandse recht en de omstandigheden van het geval, zoals die naar voren waren gebracht in de prejudiciële verwijzingsuitspraak van het College van Beroep voor het bedrijfsleven, geantwoord dat het bestuursorgaan, krachtens het beginsel van loyale samenwerking, verplicht is om zijn besluit te heroverwegen wanneer:

1. het bestuursorgaan naar nationaal recht bevoegd is om zijn besluit te heroverwegen;
2. dat besluit in rechte onaantastbaar is ten gevolge van een uitspraak van een nationale rechterlijke instantie waarvan de beslissingen niet vatbaar zijn voor een gewoon rechtsmiddel;
3. de voormelde uitspraak berust, gelet op latere rechtspraak van het Hof, op een onjuiste uitleg van het Unierecht, gegeven zonder dat het Hof verzocht is om een prejudiciële beslissing,[18] en
4. de belanghebbende zich tot het bestuursorgaan heeft gewend onmiddellijk[19] na van die rechtspraak kennis te hebben genomen.

---

[15] HvJ EU 13 januari 2004, ECLI:EU:C:2004:17 (Kühne & Heitz).
[16] Vgl. HvJ EU 30 september 2003, ECLI:EU:C:2003:513 (Köbler); HvJ EU 13 januari 2004, ECLI:EU:C:2004:17 (Kühne & Heitz); HvJ EU 16 maart 2016, ECLI:EU:C:2006:178 (Kapferer); HvJ EU 19 september 2006, ECLI:EU:C:2006:586 (i-21 & Arcor).
[17] Vgl. CBb 1 november 2000, ECLI:NL:CBB:2000:AN6567; CBb 22 september 2009, ECLI:NL:CBB:2009:BJ8800; CBb 2 maart 2011, ECLI:NL:CBB:2011:BP6988; CBb 4 mei 2011, ECLI:NL:CBB:2011:BQ4967.
[18] Uit het *Kempter*-arrest (HvJ EU 12 februari 2008, ECLI:EU:C:2008:78) blijkt dat het Unierecht in dit verband niet de eis stelt dat de belanghebbende het omstreden punt van het Unierecht voor de nationale rechter heeft aangevoerd.
[19] In het in de vorige voetnoot genoemde *Kempter*-arrest heeft het Hof overwogen dat de term 'onmiddellijk' niet op een uniforme Europese wijze wordt ingevuld. Of zoals het Hof het stelt, het Unierecht 'voorziet niet in een beperking in de tijd voor de indiening van een verzoek tot heronderzoek van een definitief geworden bestuursbesluit'. In zijn uitspraak van 25 november 2009 (ECLI:NL:CBB:2009:BK5737) heeft het CBb de eis gesteld dat het heroverwegingsverzoek niet 'onredelijk laat', na het arrest van het Hof dat aanleiding was voor het heroverwegingsverzoek, mag worden ingediend.

Gelet op die omstandigheden, aldus het Hof, is het bestuursorgaan verplicht om, krachtens het beginsel van loyale samenwerking, zijn besluit opnieuw te onderzoeken, teneinde rekening te houden met de uitleg die het Hof inmiddels aan een relevante bepaling van het Unierecht heeft gegeven. Aan de hand van de resultaten van dat heronderzoek, aldus nog steeds het Hof, zal het bestuursorgaan moeten bepalen in hoeverre het, zonder de belangen van derden te schaden, op het besluit dient terug te komen. Deze heroverwegingsplicht is het gevolg van de uit de rechtspraak van het Hof voortkomende regel 'nationale bevoegdheid = Europese verplichting'. Deze regel wordt door het Hof gebaseerd op het beginsel van loyale samenwerking en komt erop neer dat nationale rechters en bestuursorganen regels van nationaal recht die hen de bevoegdheid verlenen om nationaalrechtelijke aanspraken al dan niet te effectueren, verplicht moeten toepassen ten gunste van de effectuering van Unierechtelijke aanspraken.[20]

Met name in het verleden is in de Nederlandse rechtspraak het *Kühne en Heitz*-arrest zo opgevat dat de vraag in hoeverre het Unierecht verplicht tot het heroverwegen van een met dat recht strijdig besluit uitsluitend beantwoord moet worden aan de hand van de hierboven weergegeven vier 'cumulatieve voorwaarden'.[21] Het gaat hier echter niet om cumulatieve voorwaarden die het Hof van Justitie in dat arrest heeft geformuleerd, maar om omstandigheden die zich in de *Kühne & Heitz*-zaak toevallig voordeden en die bij het Hof door het College van Beroep voor het bedrijfsleven in zijn prejudiciële verwijzingsuitspraak naar voren zijn gebracht.[22] Deze omstandigheden zijn in de Nederlandse rechtspraak niettemin opgewaardeerd tot door het Hof geformuleerde vier 'cumulatieve voorwaarden' op grond waarvan het bestuursorgaan verplicht is om zijn met het Unierecht strijdig besluit te heroverwegen en in die rechtspraak is bijna altijd niet voldaan aan de tweede 'voorwaarde' uit het *Kühne & Heitz*-arrest, in de zin dat een besluit *niet* in rechte onaantastbaar is ten gevolge van een uitspraak van een nationale rechterlijke instantie waarvan de beslissingen niet vatbaar zijn voor een gewoon rechtsmiddel, maar ten gevolge van het feit dat tegen een besluit niet (tijdig) de beroepsmogelijkheden zijn doorlopen.[23]

---

[20] R. Ortlep en R.J.G.M. Widdershoven, 'Hoofdstuk VI – Rechtsbescherming', in: S. Prechal en R.J.G.M. Widdershoven (red.), *Inleiding tot het Europees bestuursrecht*, vierde geheel herziene druk, Nijmegen: Ars Aequi Libri 2017, p. 327-431, i.h.b. p. 388.
[21] Vgl. de rechtspraak genoemd in voetnoot 23.
[22] Vgl. mijn annotatie onder ABRvS 18 september 2013, ECLI:NL:RVS:2013:1197, *AB* 2014/163 en reeds Ortlep 2011, p. 474 e.v.
[23] Vgl. CRvB 21 oktober 2016, ECLI:NL:CRVB:2016:4148; CRvB 18 oktober 2016, ECLI:NL:CRVB:2016:3985; ABRvS 15 juli 2015, ECLI:NL:RVS:2015:2227; ABRvS 15 april 2015, ECLI:NL:RVS:2015:1165; CBb 26 september 2013, ECLI:NL:CBb:2013:174; ABRvS 18 september 2013, ECLI:NL:RVS:2013:1197; CBb 15 februari 2013, ECLI:NL:CBb:2013:BZ4423; CRvB 28 september 2012, ECLI:NL:CRVB:2012:BX9420; CRvB 4 mei 2011, ECLI:NL:CRVB:2011:BQ3857; CRvB 6 januari 2011, ECLI:NL: CRVB:2011:BP0348; CBb 19 juni 2008, ECLI:NL:CBB:2008:BD5032; CBb 28 november 2007, ECLI:NL:CBB:2007:BB9712; HR 5 oktober 2007, ECLI:NL:HR: 2007:AZ9098; CRvB

De zojuist genoemde Nederlandse rechtspraak is in strijd met de rechtspraak van het Hof van Justitie, in de zin dat in de rechtspraak van het Hof duidelijk tot uitdrukking komt dat de vraag in hoeverre het Unierecht verplicht tot het heroverwegen van een met dat recht strijdig besluit niet, althans niet uitsluitend, beantwoord moet worden aan de hand van de vier 'cumulatieve voorwaarden' uit het *Kühne en Heitz*-arrest. Het voorgaande komt naast in de arresten *i-21 & Arcor*[24] en *Skoma-lux*[25] tot uitdrukking in het *Byankov*-arrest.[26] In deze rechtspraak komt daarenboven naar voren dat de vraag in hoeverre het Unierecht verplicht tot het heroverwegen van een met dat recht strijdig besluit beantwoord moet worden binnen het kader van de beginselen van loyale samenwerking en nationale procedurele autonomie, waarbij de beginselen van gelijkwaardigheid en doeltreffendheid de randvoorwaarden zijn waaraan het nationale recht moet voldoen. Daarbij zijn tevens de bijzondere omstandigheden van het geval bepalend voor het aannemen van de voornoemde plicht. In het *Byankov*-arrest heeft het Hof bijvoorbeeld geoordeeld dat het aan Byankov opgelegde verbod om het grondgebied van Bulgarije te verlaten, onverenigbaar is met Richtlijn 2004/38/EG en met het door artikel 21 Verdrag betreffende de werking van de Europese Unie (hierna: VWEU) verleende recht op vrij verkeer en verblijf van Unieburgers. Mede vanwege deze kennelijke onverenigbaarheid en omdat dit verbod absoluut en voor onbepaalde tijd gold, beslist het Hof dat de nationale onmogelijkheid om het besluit te heroverwegen niet wordt gerechtvaardigd door het rechtszekerheidsbeginsel en in strijd is met het doeltreffendheidsbeginsel en het beginsel van loyale samenwerking.

Pas recent komt in de Nederlandse rechtspraak het besef tot uitdrukking[27] dat de vraag in hoeverre het Unierecht verplicht tot het heroverwegen van een met dat recht strijdig besluit niet, althans niet uitsluitend, beantwoord moet worden aan de hand van de vier 'cumulatieve voorwaarden' uit het *Kühne & Heitz*-arrest.[28] Deze terechte koerswijziging heeft bijvoorbeeld als gevolg dat wanneer een besluit *niet* in rechte onaantastbaar is geworden ten gevolge van een uitspraak van een nationale rechterlijke instantie waarvan de beslissingen niet vatbaar zijn voor een gewoon rechtsmiddel, maar ten gevolge van het feit dat tegen een besluit niet (tijdig) de beroepsmogelijkheden zijn doorlopen, de in het *Kühne & Heitz*-arrest geformuleerde voorwaardelijke heroverwegingsplicht naar het Unierecht weliswaar niet opgaat, doch dat er nog steeds een dergelijke plicht uit dat recht

---

28 april 2006, ECLI:NL:CRVB:2006:AX1265; CRvB 4 januari 2006, ECLI:NL:CRVB: 2006:AU9156; CBb 22 september 2004, ECLI:NL:CBB:2004:AR3073; CRvB 29 april 2004, ECLI:NL:CRVB:2004:AO9462.

[24] HvJ EU 19 september 2006, ECLI:EU:C:2006:586 (i-21 & Arcor).

[25] HvJ EU 11 december 2007, ECLI:EU:C:2007:773 (Skoma-lux).

[26] HvJ EU 4 oktober 2012, ECLI:EU:C:2012:608 (Byankov).

[27] Zij het nog niet eenduidig. Vgl. CRvB 3 april 2018, ECLI:NL:CRVB:2018:989; ABRvS 17 januari 2018, ECLI:NL:RVS:2018:115.

[28] Vgl. ABRvS 1 november 2017, ECLI:NL:RVS:2017:2961; ABRvS 7 juni 2017, ECLI: NL:RVS:2017:1507; CRvB 9 augustus 2013, ECLI:NL:CRVB:2013:1388.

kan volgen.[29] Ter illustratie van het voorgaande wordt gewezen op de uitspraak van de Afdeling bestuursrechtspraak van de Raad van State (hierna: Afdeling bestuursrechtspraak) van 7 juni 2017.[30] Daarin gaat het om een verzoek tot heroverweging van een, na het niet instellen van beroep, onaantastbaar geworden boetebesluit wegens overtreding van artikel 2, eerste lid, Wet arbeid vreemdelingen, dat, gelet op onder meer een arrest van het Hof van Justitie van 11 september 2014, in strijd is met de artikelen 56 en 57 VWEU. De Afdeling bestuursrechtspraak oordeelt allereerst dat aangezien appellante geen beroep heeft ingesteld tegen het boetebesluit, het beroep op het *Kühne & Heitz*-arrest faalt. De rechtbank heeft derhalve terecht vastgesteld dat dat arrest niet noopt tot heroverweging. Wat betreft het beroep op het *Byankov*-arrest, oordeelt de Afdeling bestuursrechtspraak dat de rechtbank terecht heeft overwogen dat dat arrest, gelet op de bijzondere aspecten ervan, geen gelding voor appellante heeft. Anders dan in het arrest *Byankov*, aldus de Afdeling bestuursrechtspraak, levert de opgelegde boete voor appellante geen voortdurende belemmering op, die nooit kan worden opgeheven, van de vrijheden die het Unierecht waarborgt. De belemmering die tot het arrest van 11 september 2014 heeft geleid, is met dat arrest opgeheven. Dat appellante de gevolgen van de boeteoplegging nog steeds voelt en dan met name in financiële zin, staat volgens de Afdeling bestuursrechtspraak niet gelijk aan de rechtsgevolgen van het verbod dat in het *Byankov*-arrest aan de orde was en waarbij, zolang dat niet was opgeheven, deze zich voortdurend vernieuwen en zij onbeperkt blijven voortduren.

3. Rol van artikel 4:6 Awb

Gelijk als in de inleidende paragraaf tot uitdrukking is gekomen, is de discretionaire bevoegdheid van het bestuursorgaan om zijn besluit te heroverwegen niet neergelegd in artikel 4:6 Awb. Op grond van vaste rechtspraak heeft het bestuursorgaan, wanneer de wetgeving dienaangaande zwijgt, met de bevoegdheid om een besluit te nemen de impliciete bevoegdheid om zijn besluit te heroverwegen. Zo heeft het College van Beroep voor het bedrijfsleven in zijn prejudiciële verwijzingsuitspraak van de – in de vorige paragraaf besproken – *Kühne & Heitz*-zaak als volgt overwogen:

> 'Naar Nederlands bestuursrecht staat geen rechtsregel eraan in de weg dat een bestuursorgaan terugkomt op door hem genomen besluiten, die naar nationaal recht definitief zijn geworden, zelfs niet indien er geen nieuw gebleken feiten of veranderde omstandigheden (*nova*) zijn. In lijn hiermee biedt artikel 4:6 Awb een bestuursorgaan de mogelijkheid een nieuwe aanvraag om een beschikking bij gebreke van *nova* op eenvoudige wijze af te doen maar verplicht het hiertoe niet. Naar Nederlands recht heeft een bestuursorgaan derhalve in beginsel steeds de bevoegdheid om terug te komen op een beslissing die definitief is geworden; in

---

[29] Vgl. Ortlep & Widdershoven 2017, p. 389 e.v. en reeds Ortlep 2011, p. 484 e.v.
[30] ABRvS 7 juni 2017, ECLI:NL:RVS:2017:1507.

beginsel, omdat uiteraard aan de belangen van derden niet tekort mag worden gedaan.'[31]

Het ontbreken van *nova* doet dus geen afbreuk aan de impliciete discretionaire bevoegdheid van het bestuursorgaan om zijn besluit te heroverwegen. Wat betreft de normering van de uitoefening van die bevoegdheid zijn met name de algemene beginselen van behoorlijk bestuur van belang. Verder zij opgemerkt dat ook het bestuursorgaan in het kader van een heroverwegingsverzoek een beroep toekomt op de rechtszekerheid – als algemeen rechtsbeginsel – en dat het in de rechtspraak rechtens toelaatbaar wordt geacht dat het heroverwegingsverzoek wordt afgewezen indien een dergelijk verzoek niet binnen een redelijke termijn is ingediend.[32]

Het bovenstaande geeft aanleiding om in te gaan of artikel 4:6 Awb van belang is bij de vraag of het Unierecht verplicht tot het heroverwegen van een met dat recht strijdig besluit. Doen de vier omstandigheden uit het *Kühne & Heitz*-arrest zich voor, dan is het bestuursorgaan gehouden om zijn besluit te heroverwegen en speelt artikel 4:6 Awb geen rol, omdat – zoals meermaals is opgemerkt – daarin niet de bevoegdheid tot heroverweging is neergelegd. Doen de vier omstandigheden uit het *Kühne & Heitz*-arrest zich *niet* voor, dan speelt artikel 4:6 Awb eveneens om dezelfde reden geen rol. In de vorige paragraaf is uiteengezet dat uit de rechtspraak van het Hof van Justitie naar voren komt dat de vraag of het Unierecht verplicht tot het heroverwegen van een met dat recht strijdig besluit beantwoord moet worden binnen het kader van de beginselen van loyale samenwerking en nationale procedurele autonomie, waarbij de beginselen van gelijkwaardigheid en doeltreffendheid de randvoorwaarden zijn waaraan het nationale recht moet voldoen. Daarbij zijn tevens de bijzondere omstandigheden van het geval bepalend voor het aannemen van de voornoemde plicht. Zien die bijzondere omstandigheden, zoals in het *Byankov*-arrest, op een besluit dat voortdurend en zonder een mogelijkheid tot opheffing een belemmering is van een vrijheid die het Unierecht waarborgt, dan bestaat er op grond van de beginselen van doeltreffendheid en loyale samenwerking een Unierechtelijke plicht tot heroverweging.

4. Afsluitende opmerking

Het is enigszins paradoxaal dat bij de vraag in hoeverre het Unierecht verplicht tot het heroverwegen van een met dat recht strijdig besluit, pas echt duidelijk wordt dat artikel 4:6 Awb niet ziet op de bevoegdheid van het bestuursorgaan om zijn besluit te heroverwegen. De Nederlandse rechtspraktijk zit niettemin wat betreft de voornoemde bevoegdheid 'gevangen' in het bedrieglijke kader van artikel 4:6 Awb en dat dient de wetgever zich aan te trekken. Een wet over het

---

[31] CBb 1 november 2000, ECLI:NL:CBB:2000:AN6567.
[32] Vgl. CRvB 31 juli 2013, ECLI:NL:CRVB:2013:1238.

algemene bestuursrecht zonder dat daarin een regeling is getroffen over het onderwerp van het heroverwegen van een besluit, is ondanks de leeftijd van vijfentwintig jaar nog lang niet volwassen.[33]

---

[33] Een aanzet voor een dergelijke regeling is te vinden in de literatuur genoemd in voetnoot 7.

Annemarie Drahmann*

46 | Een klachtplicht in het kielzog van de transparantieverplichting

@A_Drahmann – Bij de verlening van een schaarse vergunning moeten het gelijkheidsbeginsel en de transparantieverplichting in acht worden genomen. Is er in het kielzog van de transparantieverplichting ook een klacht- of informatieplicht ontstaan? Zou bestuursrechtelijke rechtsverwerking een nuttige toevoeging zijn aan de Awb?# *transparantieverplichting#klachtplicht#rechtsverwerking*

1. Inleiding

Een bestuursorgaan dat een schaarse vergunning wil verlenen moet daarbij het gelijkheidsbeginsel en de uit dit beginsel voorvloeiende transparantieverplichting in acht nemen. Dit heeft de Afdeling bestuursrechtspraak van de Raad van State ('de Afdeling') op 2 november 2016 geoordeeld ('de Vlaardingen-uitspraak').[1] In een procedure die heeft geleid tot een uitspraak van de Afdeling van 30 augustus 2017 ('de Emmen-uitspraak') werd door de appellante betoogd dat de transparantieverplichting was geschonden.[2] De Afdeling oordeelde dat de transparantieverplichting niet was geschonden, waarbij de Afdeling mede belang hechtte aan het feit dat niemand vragen had gesteld over de criteria die werden toegepast bij het beoordelen van de aanvragen. Deze overweging in de uitspraak roept de vraag op of er in het kielzog van de transparantieverplichting ook een klacht- of informatieplicht is ontstaan. Ook in het aanbestedingsrecht kan het niet tijdig klagen over de aanbestedingsdocumentatie leiden tot rechtsverwerking. De vraag is echter hoe een dergelijke klachtplicht zich verhoudt tot het stelsel van de Algemene wet bestuursrecht. Daarop zal ik in deze bijdrage ingaan.

2. De transparantieverplichting

In de Vlaardingen-uitspraak heeft de Afdeling geoordeeld dat er in het Nederlandse recht een rechtsnorm geldt die ertoe strekt dat bij de verdeling van schaarse vergunningen door het bestuur op enigerlei wijze aan (potentiële) gegadigden ruimte moet worden geboden om naar de beschikbare vergunning(en) mee te dingen.

---

* Mr. dr. A. Drahmann is universitair (hoofd)docent aan de Afdeling staats- en bestuursrecht van de Universiteit Leiden.
[1] ABRvS 2 november 2016, ECLI:NL:RVS:2016:2927, *AB* 2016/426, m.nt. C.J. Wolswinkel, *JB* 2017/1, m.nt. L.J.M. Timmermans en *Gst.* 2017/55, m.nt. A. Drahmann.
[2] ABRvS 30 augustus 2017, ECLI:NL:RVS:2017:2336, *AB* 2017/390, m.nt. G.J. Stoepker en C.J. Wolswinkel.

Een schaarse vergunning is een vergunning waarvan het aantal vergunningen dat verleend kan worden is beperkt door een vergunningenplafond. In de Vlaardingen-uitspraak was sprake van een schaarse vergunning omdat in een gemeentelijke verordening was bepaald dat de burgemeester bevoegd was voor maximaal één speelautomatenhal een exploitatievergunning te verlenen.

De rechtsnorm om mededingingsruimte te creëren is, aldus de Afdeling, gebaseerd op het gelijkheidsbeginsel dat in deze context strekt tot het bieden van gelijke kansen. Om gelijke kansen te kunnen realiseren moet een bestuursorgaan een passende mate van openbaarheid verzekeren met betrekking tot (I) de beschikbaarheid van de schaarse vergunning, (II) de verdelingsprocedure, (III) het aanvraagtijdvak en (IV) de toe te passen criteria. Het bestuur moet hierover tijdig voorafgaand aan de start van de aanvraagprocedure duidelijkheid scheppen, door informatie over deze aspecten bekend te maken via een zodanig medium dat potentiële gegadigden daarvan kennis kunnen nemen.[3]

Met deze uitspraak is de in de literatuur opgeworpen vraag of 'transparantie' een rechtsnorm zou moeten worden beantwoord.[4] Wel zal de exacte inhoud

---

[3] R.o. 8 van de Vlaardingen-uitspraak.

[4] Zie voor een overzicht van deze literatuur paragraaf 5 van de conclusie van de advocaat-generaal d.d. 25 mei 2016, ECLI:NL:RVS:2016:1421, waarbij gebruik is gemaakt van F.J. van Ommeren, *Schaarse vergunningen. De verdeling van schaarse vergunningen als onderdeel van het algemeen bestuursrecht*, Deventer: Kluwer 2004; R.J.G.M. Widdershoven, S. Prechal, M.J.M. Verhoeven e.a., *De Europese agenda van de Awb*, Den Haag: Boom Juridische uitgevers 2007, p. 85-91; S. Prechal, 'De emancipatie van het 'algemeen transparantiebeginsel'', *SEW* 2008/145, p. 316-322; C.J. Wolswinkel, 'Diensten tussen frequenties en kansspelen. Contouren van een Europees kader voor het verlenen van een beperkt aantal vergunningen', *SEW* 2009/120, afl. 7/8, p. 287-299; A.W.G.J. Buijze & R.J.G.M. Widdershoven, 'De Awb en het EU-recht: het transparantiebeginsel', in T. Barkhuysen e.a. (red.), *Bestuursrecht harmoniseren: 15 jaar Awb*, Den Haag: Boom Juridische uitgevers 2010, p. 589-609; A. Drahmann, 'Tijd voor een Nederlands transparantiebeginsel?', in: M.J.M. Verhoeven e.a., *Europees offensief tegen nationale rechtsbeginselen? Over legaliteit, rechtszekerheid, vertrouwen en transparantie* (Jonge VAR reeks 9), Den Haag: Boom Juridische uitgevers 2010, p. 169-197; H.M. Stergiou, 'Het Hof van Justitie: Engelbewaarder van het transparantiebeginsel', *NtER* 2011-3; A.W.G.J. Buijze, 'Waarom het transparantiebeginsel maar niet transparant wil worden', *NtER* 2011-7, p. 240-248; F.J. van Ommeren e.a. (red.), *Schaarse publieke rechten*, Den Haag: Boom Juridische uitgevers 2011; F.J. van Ommeren, W. den Ouden & C.J. Wolswinkel, 'Schaarse publieke rechten: naar een algemeen leerstuk', in: Van Ommeren e.a. 2011, p. 17-41; J.H. Wolswinkel, 'Verdelingsprocedures: een zoektocht naar een zinvol onderscheid', in: Van Ommeren e.a. 2011; F.J. van Ommeren, 'Schaarse publieke rechten: een verplichting tot het creëren van mededingingsruimte?' in: Van Ommeren e.a. 2011; A. Drahmann, 'Streven naar een transparante (her)verdeling van schaarse publieke rechten', in: Van Ommeren e.a. 2011, p. 267-292; A. Drahmann, 'Uitdijing van de werking van het transparantiebeginsel: van concessies naar vergunningen', *NTB* 2012/25, afl. 7, p. 184-193 (ook gepubliceerd in Drahmann 2015, p. 121-142); A. Drahmann, 'Is transparantie bij de verdeling van schaarse vergunningen voldoende gewaarborgd?', *JBplus* 2013, afl. 3, p. 141-170; A.W.G.J. Buijze, *The Principle of Trans-*

van deze verplichting nog nader moeten worden uitgekristalliseerd. Zo heeft de advocaat-generaal in zijn conclusie een uitwerking van de eis van 'passende mate van openbaarheid' gegeven die in de Vlaardingen-uitspraak van de Afdeling niet terugkomt. Het is vooralsnog de vraag of dit komt omdat dit voor het oordeel in dit geschil niet nodig was of dat de Afdeling op dit punt de conclusie van de advocaat-generaal niet heeft overgenomen.[5] De transparantieverplichting zoals deze door de Afdeling is geformuleerd is primair een verplichting voor het bestuursorgaan en het beginsel van gelijke kansen een daarmee samenhangend recht voor de potentiële aanvragers. De vraag is echter of met dit recht voor de aanvragers ook verplichtingen voor de aanvragers zijn ontstaan.

3. De keerzijde van het recht op transparantie: een plicht om tijdig te klagen

Uit twee uitspraken kan worden afgeleid dat de transparantieverplichting niet alleen rechten voor de potentiële aanvragers met zich brengt, maar ook een daarmee corresponderende verplichting om vragen te stellen.

In de eerdergenoemde Emmen-uitspraak betrof het wederom een schaarse exploitatievergunning voor een speelautomatenhal. De appellant betoogde dat de criteria op grond waarvan de vergunning was verleend onduidelijk waren. De begrippen 'leisurefunctie of -potentie' en 'hoogwaardig meeromvattend leisureconcept' zouden ten onrechte niet zijn gedefinieerd. De Afdeling oordeelt dat de burgemeester een passende mate van openbaarheid heeft verzekerd met betrekking tot de toe te passen criteria. Deze criteria zijn vooraf kenbaar gemaakt in de gemeentelijke verordening en in de uitgiftecondities. *'Dat de criteria niet nader zijn gedefinieerd maakt dat niet anders, hetgeen ook blijkt doordat niemand daarover vragen heeft gesteld.'* De criteria waren voldoende richtinggevend om een aanvraag daarop af te kunnen stemmen. Het hoger beroep wordt daarom ongegrond verklaard.

De tweede uitspraak betreft de verlening van een concessie voor het verrichten van openbaar vervoer in West-Brabant op grond van de Wet personen-

---

parency in EU Law, 's-Hertogenbosch: BOXPress 2013; C.J. Wolswinkel, *De verdeling van schaarse publiekrechtelijke rechten*, Den Haag: Boom Juridische uitgevers 2013; C.J. Wolswinkel, 'De verdeling van schaarse vergunningen. Convergentie in de jurisprudentie?', *JBplus* 2013, afl. 2, p. 62-80; A. Drahmann, 'Hoe kunnen transparantieverplichtingen worden geïntroduceerd in het Nederlands bestuursrecht bij de verdeling van schaarse besluiten', *NTB* 2014/11, afl. 4, p. 86-95; C.J. Wolswinkel, 'Schaarse publiekrechtelijke rechten. Een algemeen leerstuk gerelativeerd', *NTB* 2014/7, afl. 2/3, p. 58-66; A. Drahmann, *Transparante en eerlijke verdeling van schaarse besluiten*, Zwolle: Kluwer 2015; M.R. Botman, *De Dienstenrichtlijn in Nederland. De gevolgen van richtlijn 2006/123/EG voor de nationale rechtsorde vanuit Europees perspectief*, Den Haag: Boom Juridische uitgevers 2015.
[5] Zie hierover ook Wolswinkel in zijn annotatie bij deze uitspraak (*AB* 2016/426).

vervoer 2000 (Wp2000).[6] Het college van gedeputeerde staten van Noord-Brabant (GS) heeft in het primaire besluit de concessie aan Veolia verleend. Arriva heeft tegen dit besluit bezwaar gemaakt. Dit bezwaar is gegrond verklaard waarna de concessie alsnog aan Arriva is verleend. Tegen dit besluit heeft Veolia beroep ingesteld. De aanbestedingsprocedure is gestart met een aankondiging en bekendmaking van de aanbestedingsdocumentatie. Onderdeel van de aanbestedingsdocumentatie was een aanbestedingsleidraad. Hierin stond een verplichting voor inschrijvers opgenomen om eventuele tegenstrijdigheden en/of onvolkomenheden in de aanbestedingsstukken te melden bij GS. Daarnaast was een rechtsverwerkingsclausule opgenomen: als een (potentiële) inschrijver eventuele bezwaren, onduidelijkheden of onvolkomenheden niet zou melden, dan zou de (potentiële) inschrijver daarmee zijn recht 'verwerken' om hiertegen in een later stadium bezwaar te maken. Naar aanleiding van de aanbestedingsdocumenten konden geïnteresseerde ondernemingen vragen stellen. Een van deze vragen betrof de formule om de score op een bepaald gunningscriterium te berekenen. In reactie daarop heeft GS in een nota van inlichtingen de berekeningsformule gewijzigd. In het primaire besluit was echter toch de oorspronkelijke formule door GS gebruikt. Naar aanleiding van het bezwaarschrift van Arriva is alsnog de juiste (gewijzigde) berekeningsformule gehanteerd. Dit heeft ertoe geleid dat GS de concessie alsnog aan Arriva heeft gegund. In beroep voert Veolia gronden aan die zien op de wijziging van de gunningssystematiek. GS doet een beroep op de in de aanbestedingsleidraad opgenomen rechtsverwerkingsclausule. Het CBb volgt het standpunt van GS en oordeelt *'dat Veolia haar bezwaar tegen het wijzigen van de berekeningsformule (...) tardief kenbaar heeft gemaakt.'* Daarbij acht het CBb van belang: (I) hetgeen is bepaald in de aanbestedingsleidraad over rechtsverwerking; (II) dat van Veolia als professionele marktpartij kan en mag worden verwacht dat zij kennis neemt van alle relevante aanbestedingsstukken, inclusief de nota's van inlichtingen; (III) de wijziging van de berekeningsformule is opgenomen naar aanleiding van een door Veolia zelf gestelde vraag en (IV) deze wijziging duidelijk in het antwoord is verwoord en bovendien voor Veolia eenvoudig de gevolgen voor de te behalen score waren te doorzien. Nu Veolia haar vragen of bezwaren tegen de wijziging van de berekeningsformule niet eerder naar voren heeft gebracht, heeft GS zich, volgens het CBb, terecht op het standpunt gesteld dat zij haar recht heeft verwerkt om daartegen na het primaire besluit alsnog bezwaren te uiten. Het beroep wordt daarom ongegrond verklaard.

Deze uitspraken zijn interessant in het licht van artikel 6:13 Awb en de goede procesorde. De uitspraken doen namelijk de vraag rijzen of bij de verdeling van schaarse vergunningen de omvang van het geding al wordt beperkt in de bestuurlijke voorbereidingsprocedure als de aanvrager nalaat vragen te stellen over de verdeelprocedure en -regels.

---

[6] CBb 10 juli 2014, ECLI:NL:CBB:2014:244, *AB* 2014/336, m.nt. A. Drahmann.

4. Rechtsverwerking in het aanbestedingsrecht

Uit het Grossmann-arrest[7] volgt dat van een adequaat handelend inschrijver mag worden verwacht dat hij zich pro-actief opstelt bij het naar voren brengen van bezwaren in het kader van een aanbestedingsprocedure. De eisen van redelijkheid en billijkheid die de inschrijver jegens de aanbestedende dienst in acht heeft te nemen, brengen mee dat hij zijn bezwaren duidelijk naar voren brengt en in een zo vroeg mogelijk stadium aan de orde stelt, zodat eventuele onregelmatigheden desgewenst kunnen worden gecorrigeerd met zo min mogelijk consequenties voor het verdere verloop van de aanbestedingsprocedure. Een inschrijver/gegadigde die bezwaren heeft maar er (te lang) mee wacht om die te melden, handelt in strijd met het hiervoor genoemde arrest en heeft het recht verwerkt om hierover te klagen.[8]

In de aanbestedingsrechtelijke literatuur wordt verschillend gedacht over de reikwijdte van het leerstuk van rechtsverwerking, bijvoorbeeld over de aard van de onrechtmatigheden ten aanzien waarvan een ondernemer zijn rechten kan verwerken en over de mate van pro-activiteit die van ondernemers mag worden verlangd.[9] De Hoge Raad heeft geoordeeld dat het Grossmann-arrest slechts ziet op aanbestedingsprocedures waarop de aanbestedingsrichtlijnen van toepassing zijn en een persoon niet heeft ingeschreven.[10] Door deze beperkte reikwijdte is het in de Nederlandse aanbestedingspraktijk gebruikelijk om een zogenaamde Grossmann-clausule in de aanbestedingsdocumentatie op te nemen.[11] In de hiervoor genoemde uitspraak over de Wp2000 had GS, geheel in lijn met deze Nederlandse aanbestedingspraktijk, een Grossmann-clausule opgenomen in de aanbestedingsdocumentatie.

Ook het algemene verbintenissenrecht kent rechtsverwerking. De grondslag voor rechtsverwerking wordt daar (naast contractuele en wettelijke[12] rechtsverwerking) gevonden in de beperkende werking van de redelijkheid en billijkheid. De basis voor rechtsverwerking is een gedraging van de rechthebbende. Dit kan zowel een doen als een nalaten zijn, hoewel het enkele stilzitten onvoldoende is voor het aannemen van rechtsverwerking.[13] Daarnaast moet ook bij de schuldenaar het gerechtvaardigd vertrouwen zijn gewekt dat de schuldeiser zijn aanspraak niet (meer) geldend zou maken dan wel de positie

---

[7] HvJ EU 12 februari 2004, ECLI:EU:C:2004:93.
[8] Zie in deze zin: Vz. Rb. Midden-Nederland 2 mei 2018, ECLI:NL:RBMNE:2018:1780, en Vz. Rb. Overijssel 22 maart 2018, ECLI:NL:RBOVE:2018:1236.
[9] Zie voor een overzicht A.J. van Heeswijck, *Rechtsbescherming van ondernemers in aanbestedingsprocedures*, Kluwer: Deventer 2013, p. 242-245.
[10] HR 8 juli 2009, ECLI:NL:HR:2009:BI0467, *NJ* 2009/306.
[11] Zie ook C.A.M. Lombert, 'Het Grossmann-verweer in de Nederlandse aanbestedingspraktijk', *TA* 2014/140.
[12] Bijv. art. 6:89 en 7:23 BW.
[13] HR 29 november 1996, ECLI:NL:HR:1996:ZC2212, *NJ* 1997/153.

van de schuldenaar onredelijk worden benadeeld als de aanspraak alsnog geldend zou worden gemaakt.[14]

De verdeling van schaarse publieke rechten vertoont overeenkomsten met een aanbestedingsprocedure. Het is bij beide procedures in het belang van alle betrokkenen dat zo snel mogelijk duidelijkheid ontstaat over de rechtmatigheid van de toekenning van het schaarse (publieke dan wel private) recht. Een klachtplicht kan hieraan bijdragen. Een belangrijk verschil tussen het bestuursrecht en het privaatrecht is echter de positie van de betrokken partijen. In het privaatrecht wordt uitgegaan van in beginsel gelijkwaardige partijen die over contractsvrijheid beschikken. In het bestuursrecht speelt juist de ongelijkheid tussen burger en overheid een belangrijke rol. Het is daarom de vraag of een dergelijke klachtplicht wel passend is in het bestuursrecht. Hier kan echter tegen worden ingebracht dat de Awb nu ook al beperkende procesrechtelijke verplichtingen voor belanghebbenden kent, zoals de (fatale) bezwaar- en beroepstermijnen, juist met het oog op de rechtszekerheid.

5. Indringendere toetsing van algemeen verbindende voorschriften

Voor de vraag naar de wenselijkheid van de introductie van het leerstuk van rechtsverwerking in het bestuursrecht, zijn ook de recente ontwikkelingen rondom de vraag hoe indringend bestuursrechters algemeen verbindende voorschriften moeten toetsen, van belang. Op 22 december 2017 heeft staatsraad advocaat-generaal Widdershoven geconcludeerd dat bestuursrechters een algemeen verbindend voorschrift exceptief moeten toetsen aan zowel materiële[15] als formele[16] algemene rechtsbeginselen en het voorschrift buiten toepassing moeten laten of onverbindend achten als het in strijd is met een algemeen rechtsbeginsel. De intensiteit van de rechterlijke (exceptieve) toetsing van algemeen verbindende voorschriften aan algemene rechtsbeginselen, is volgens hem afhankelijk van de beslissingsruimte die het vaststellend orgaan heeft gelet op de aard en inhoud van de vaststellingsbevoegdheid, waarbij die intensiteit voor de diverse aspecten van (de procedure tot vaststelling van) het algemeen verbindend voorschrift verschillend kan zijn.[17]

De regels voor de verdeling van schaarse vergunningen – zowel over de verdeelprocedure als de verdeelcriteria – worden vastgelegd in algemeen verbin-

---

[14] R.P.J.L. Tjittes, *Rechtsverwerking en klachtplichten*, Deventer: Kluwer 2013, p. 31-41.
[15] De materiële algemene rechtsbeginselen die volgens Widdershoven voor exceptieve toetsing in aanmerking komen zijn het gelijkheidsbeginsel, het verbod van terugwerkende kracht als onderdeel van het rechtszekerheidsbeginsel, het vertrouwensbeginsel en het beginsel van een niet-onevenredige belangenafweging (art. 3:4, tweede lid, Awb).
[16] De formele algemene rechtsbeginselen die volgens Widdershoven voor exceptieve toetsing in aanmerking komen zijn het beginsel van belangenafweging (art. 3:4, eerste lid, Awb), het beginsel van een zorgvuldige voorbereiding of het formele zorgvuldigheidsbeginsel (art. 3:2 Awb) en het beginsel van een kenbare en deugdelijke motivering.
[17] Conclusie A-G 22 december 2017, ECLI:NL:RVS:2017:3557.

dende voorschriften. Ook het vergunningenplafond wordt meestal vastgelegd in een algemeen verbindend voorschrift. Dat betekent dat tegen deze besluiten op grond van artikel 8:3 Awb geen bestuursrechtelijke rechtsbescherming open staat.[18] Als de conclusie van Widdershoven wordt gevolgd door de Afdeling dan kan dit tot gevolg hebben dat bij het beoordelen van de rechtmatigheid van de verlening van een schaarse vergunning, de bestuursrechter voortaan indringender dan thans het geval is, zal beoordelen of de verdeelregels voldoen aan algemene rechtsbeginselen. Een indringendere toetsing van de verdeelregels kan tot gevolg hebben dat vaker een beroep in een procedure over schaarse vergunningverlening slaagt. Gelet op de grote gevolgen van de vernietiging van een schaarse vergunning, kan dit de introductie van een klachtplicht rechtvaardigen.

Ook buiten de verdeling van schaarse vergunningen kan de vraag worden gesteld of het wenselijk is dat een belanghebbende een gebrek in een algemeen verbindend voorschrift vanuit strategisch oogpunt niet ter kennis brengt bij een bestuursorgaan in de verwachting dat een (bestuurs)rechter vervolgens het voorschrift onverbindend zal verklaren. Het leerstuk van rechtsverwerking past dan ook in de tendens dat het bestuursprocesrecht effectief moet zijn.[19]

6. Inpassing in de Algemene wet bestuursrecht

Rechtsverwerking is ook het onderwerp geweest van de preadviezen van de VAR in 1975. Scheltema gaat in zijn preadvies kort in op de gebondenheid van de burger aan eigen voorafgaand handelen, waarbij hij als voorbeeld een uitspraak van de Centrale Raad van Beroep[20] noemt, waarin het indienen van een aanvraag om een toelage in 1970 speelde terwijl het ten onrechte niet betalen van de toelage al in 1966 hadden kunnen worden bemerkt.[21]

Toch heeft rechtsverwerking aan de zijde van de belanghebbende geen plaats gekregen in de Awb. Sterker nog, als gekeken wordt naar met name

---

[18] Het vergunningenplafond kwalificeert als een concretiserend besluit van algemene strekking als het apart wordt bekendgemaakt, maar als algemeen verbindend voorschrift als het onderdeel is van een dergelijk voorschrift (ABRvS 3 januari 2007, ECLI: NL:RVS:2007:AZ5491, JB 2007/31, m.nt. A.J. Bok en AB 2007/224, m.nt. W. den Ouden; ABRvS 21 oktober 2009, ECLI:NL:RVS:2009:BK0774, ABRvS 11 juni 2014, Gst. 2014/116, m.nt. C.J. Wolswinkel; ABRvS 24 september 2014, ECLI:NL:RVS:2014: 3465, AB 2015/5, m.nt. C.J. Wolswinkel, en ABRvS 23 november 2016, ECLI:NL:RVS: 2016:3130, AB 2017/295, m.nt. C.J. Wolswinkel). De toepasselijke verdeelcriteria worden vastgesteld bij algemeen verbindend voorschrift of beleidsregel.
[19] O.a. J.E.M. Polak, 'Effectieve geschillenbeslechting: bestuurlijke lus en andere instrumenten', NTB 2011/2.
[20] CRvB 9 augustus 1974, AB 1974/189.
[21] M. Scheltema, Gebondenheid van overheid en burger aan eigen voorafgaand handelen (VAR Preadvies LXXIV), Alphen aan den Rijn: Samsom H.D. Tjeenk Willink 1975, p. 51-52.

artikel 6:13 Awb, lijkt een klachtplicht op gespannen voet te staan met dit artikel. In artikel 6:13 Awb is immers slechts bepaald dat (kort samengevat) een beroep niet-ontvankelijk is indien geen zienswijze of bezwaarschrift is ingediend. Een grondenfuik kent het bestuursprocesrecht, op een enkele uitzondering na, niet. Artikel 6:13 Awb bevat, volgens Schreuder-Vlasblom, een beperkte berustingsregel. De Afdeling aanvaardt, volgens haar, geen algemene berustingsregel die verder gaat dan het bepaalde in artikel 6:13 Awb, bijvoorbeeld op aan een civiele rechtsverhouding ontleende gronden, omdat daarvoor geen wettelijke grondslag bestaat.[22] Van belang is echter dat het niet stellen van vragen in beide in paragraaf 3 gegeven voorbeelden niet heeft geleid tot een niet-ontvankelijkheidsverklaring, maar tot een ongegrondverklaring. Dit duidt erop dat de Afdeling en het CBb niet artikel 6:13 Awb als grondslag hebben gebruikt.

Het buiten beschouwing laten van een beroepsgrond gebeurt ook met gronden die te laat, bijvoorbeeld ter zitting, worden aangevoerd en daarom in strijd met een goede procesorde zijn.[23] Uit de twee uitspraken zou kunnen worden afgeleid dat het in strijd kan zijn met de goede procesorde om pas in bezwaar of beroep voor het eerst te klagen over aspecten van de verdeelregeling. Een dergelijke uitbreiding van de goede procesorde naar de bestuurlijke voorprocedure draagt bij aan de effectieve geschilbeslechting bij de verdeling van schaarse vergunningen. Van Rijn van Alkemade wijst er terecht op dat als de bestuursrechter achteraf vaststelt dat de verdeelprocedure onrechtmatig is verlopen, de betwiste vergunning al (groten)deels kan zijn geëxpireerd en de (markt)omstandigheden kunnen zijn gewijzigd. Hierdoor kan het gebrek in de verdeelprocedure vaak niet meer eenvoudig worden hersteld.[24] Het vroegtijdig – dat wil zeggen nog voor de primaire besluitvorming en bij voorkeur zelfs voordat de aanvragen kunnen worden ingediend – op tafel krijgen van eventuele gebreken in de verdeelregeling kan een rol spelen bij een doeltreffende verdeelprocedure. In de literatuur is meermaals voorgesteld om de effectieve rechtsbescherming bij de verdeling van schaarse vergunning te vergroten door ook de algemeen verbindende voorschriften (zoals het besluit waarin het vergunningenplafond wordt ingesteld en de procedurereglementen) appellabel te maken.[25] Meer (langdurige) procedures bij de bestuursrechter leidt echter niet

---

[22] M. Schreuder-Vlasblom, *Rechtsbescherming en bestuurlijke voorprocedure*, Deventer: Kluwer 2017, §2.5.3.1, p. 399.
[23] O.a. ABRvS 29 februari 2012, ECLI:NL:RVS:2012:BV7287. Zie over de goede procesorde o.a. A.T. Marseille en H.D. Tolsma (red.), *Bestuursrecht 2. Rechtsbescherming tegen de overheid*, Den Haag: Boom Juridische uitgevers 2016, §6.2.4, p. 230-235.
[24] J.M.J. van Rijn van Alkemade, 'De voorlopige voorziening bij geschillen over schaarse vergunningen. Naar een andere rolverdeling tussen voorzieningenrechter en bodemrechter?', *JBplus* 2014/3, p. 40-53, en B.J. Schueler, 'Bestuursrechtelijke beslechting van geschillen over de verdeling van schaarse publieke rechten', in: Van Ommeren, e.a. 2011, p. 364-370.
[25] J.M.J. van Rijn van Alkemade, *Effectieve rechtsbescherming bij de verdeling van schaarse publieke rechten*, Den Haag: Boom Juridische uitgevers 2016, p. 31-34; A.W.G.J. Buijze

noodzakelijkerwijs tot snellere en betere besluitvorming. Het introduceren van een klachtplicht die ziet op die algemeen verbindende voorschriften zou daarom een interessant alternatief kunnen zijn.

Relevant is verder dat in de uitspraak over de concessieverlening een rechtsverwerkingsbepaling was opgenomen in de aanbestedingsdocumentatie. Het is niet mogelijk om in lagere regelgeving af te wijken van de Awb, tenzij een wet in formele zin hiervoor een wettelijke grondslag biedt.[26] Dat betekent mijns inziens dat in een beleidsregel of gemeentelijke verordening over de verdeling van een schaarse vergunning niet afgeweken kan worden van het rechtsbeschermingsstelsel van de Awb en rechtsverwerking – in de zin van een verval van rechtsbescherming – niet aan de orde kan zijn. Uiteraard kan in een wettelijk voorschrift – bijvoorbeeld een gemeentelijke verordening – wel een meldplicht worden opgenomen. Een dergelijke expliciete meldplicht draagt bij aan de duidelijkheid van de procedure. Als een aanvrager geen melding doet, kan dat een belangrijke rol spelen bij het oordeel van de bestuursrechter dat een klacht te laat naar voren is gebracht en daarom ongegrond is.[27]

Ten slotte is het voor een effectieve toepassing van de klacht- of meldplicht wel vereist dat aan het besluit waarover geklaagd zou moeten worden, een passende mate van openbaarheid wordt gegeven. Deze eis vloeit voort uit de transparantieverplichting, hetgeen maar weer aangeeft hoezeer de klachtplicht en transparantieverplichting met elkaar samenhangen. Widdershoven heeft in zijn conclusie aangegeven dat de eis van een 'passende mate van openbaarheid' specifieke eisen stelt aan onder meer de tijdige verstrekking en adequate bekendmaking van de informatie. Voorafgaand aan het begin van de aanvraagprocedure moet duidelijkheid worden geschapen over onder meer de verdeelprocedure en de toe te passen criteria. Deze termijn moet ook lang genoeg zijn om over de regels vragen te kunnen stellen en een antwoord op de gestelde vraag/klacht te krijgen.

---

en R.J.G.M. Widdershoven, 'Rechtsbescherming bij de competitieve verdeling van schaarse publieke rechten in het licht van het Unierecht', in: Van Ommeren e.a 2011, p. 423-426 en Van Ommeren 2004, p. 24-26.

[26] Vergelijkbare jurisprudentie is er over de verplichting om art. 4:5 Awb toe te passen bij de verdeling van schaarse subsidies (o.a. ABRvS 19 januari 2011, ECLI:NL:CBB: 2010:BN0932, *AB* 2011/113 m.nt. N. Verheij, ABRvS 4 juli 2007, ECLI:NL:RVS:2007: BA8722, *AB* 2008/99, m.nt. N. Verheij). Zie hierover ook M.J. Jacobs & W. den Ouden, 'Verdeling van schaarse subsidiegelden. De rol van adviseurs, in het bijzonder concullega's, bij de verdeling van subsidies in een tenderprocedure' in: Van Ommeren e.a. 2011, p. 203 e.v. en A. Drahmann, 'Kan het subsidierecht transparanter', *Gst* 2011/124.

[27] Overigens kunnen gebreken in de verdeelregeling ook vroegtijdig naar voren komen door de ontwerpregeling eerst als concept ter inzage te leggen en belanghebbenden te vragen hun zienswijze in te dienen (vgl. internetconsultatie.nl).

7. Afronding

In november 2016 heeft de Afdeling geoordeeld dat een bestuursorgaan bij de verlening van een schaarse vergunning het gelijkheidsbeginsel en de uit dit beginsel voorvloeiende transparantieverplichting in acht moet nemen. In deze bijdrage heb ik willen verkennen of in het kielzog van deze transparantieverplichting een klachtplicht voor de (potentiële) inschrijvers geldt dan wel zou moeten gelden. Mijn voorzichtige antwoord hierop luidt bevestigend.

Op grond van de huidige regeling in de Awb kan geen sprake zijn van rechtsverwerking die leidt tot een niet-ontvankelijkheid van een bezwaar- of beroepschrift. Het is wel mogelijk om beroepsgronden die zien op de verdeelregels, maar waarover niet is geklaagd, buiten beschouwing te laten (de concessie-uitspraak) dan wel het niet klagen als relevant aspect bij de beoordeling van de beroepsgrond (de Emmen-uitspraak) te betrekken. Hiermee is dan sprake van een verbreding van de regels van de goede procesorde naar de bestuurlijke voorfase. Zeker bij de verdeling van schaarse vergunningen is het vanuit een oogpunt van effectieve rechtsbescherming van belang dat potentiële aanvragers hun klachten over de verdeelregels in een vroeg stadium (al voor de vergunningverlening) kenbaar maken. Het zou daarbij wel mijn voorkeur hebben als een dergelijke klachtplicht in de vorm van een meldplicht in de verdeelregeling zou worden opgenomen. Hierdoor wordt immers expliciet gemaakt dat ook de potentiële aanvragers een rol hebben bij een snelle en doeltreffende verdeelprocedure. Deze explicitering draagt ook bij aan de transparantie van de procedure.

In deze bijdrage heb ik mij beperkt tot de verdeling van schaarse vergunningen, nu de door de Afdeling geformuleerde transparantieverplichting hierop ziet. Ik sluit echter niet uit dat het leerstuk van rechtsverwerking ook daarbuiten een rol zou kunnen spelen. Scheltema schreef al in 1975 dat het van groot nut zou zijn wanneer deze materie verder zou worden onderzocht.[28] Nu, bijna 45 jaar later, kom ik tot dezelfde conclusie. Wellicht dat in een volgende jubileumbundel over de Awb zal blijken dat deze handschoen is opgepakt?

---

[28] Scheltema 1975, p. 51-52.

Willem Konijnenbelt*

47 | De Franse Awb-II
De Code des relations entre le public et l'administration

@W_Konijnenbelt – Na het wetboek over bestuursprocesrecht uit 2011 kreeg Frankrijk in 2016 een wetboek 'relaties publiek-bestuur' over besluitvorming en inspraak, motivering, silencio positivo, algemene regels over intrekking, openbaarheid van documenten. En de regel recht op een vergissing#codificatie-Frankrijk#code-relations-public-administration#recht-op-vergissing

1. Codificeren in Frankrijk

Gelukkig maar dat de Awb zo'n tien jaren geleden vijftien jaar bestond! Dat gaf me toen de ruimte om de nodige informatie te geven over de Franse codificeertraditie,[1] ruimte die ik nu niet heb. Maar zonder die gegevens is de lezer nogal onthand. Daarom hier een héél korte samenvatting.

De Napoleontische periode levert Frankrijk vijf wetboeken, *codes*, op; het laatste daarvan, Strafvordering, dateert van 1810. Daarna groeit een traditie van chaotische wetgeving, waarin veel onderwerpen wel een 'hoofdwet' kennen maar waarnaast soms grote aantallen voorschriften over dezelfde materie afzonderlijk worden vastgesteld, her en der verspreid staande regels die soms zelfs in een begrotingswet zijn opgenomen. Tussen 1848 en 1948 verschijnt af en toe een wetboek waarin de regels per onderwerp zijn bijeengebracht, sinds 1902 doorgaans *à droit constant*, dus met alleen reeds bestaande rechtsregels.[2] In 1948 wordt een codificatiecommissie ingesteld om het werk wat stelselmatiger aan te pakken, wat een 25-tal nieuwe wetboeken oplevert.[3]

Sinds de Grondwet van 1958 heeft de regering een ruime, algemene wetgevende bevoegdheid; slechts een tamelijk beperkt aantal regels is voorbehouden aan de wetgever in formele zin, het parlement. Dan gaan de wetboeken uit

---

* Prof. mr. Willem Konijnenbelt is zelfstandig wetgevingsadviseur. Hij is emeritus hoogleraar staats- en bestuursrecht aan de Universiteit van Amsterdam en oud-staatsraad.
[1] Willem Konijnenbelt, 'Frankrijk en de codificatie van het algemene bestuursrecht', in: T. Barkhuysen e.a. (red.), *Bestuursrecht harmoniseren: 15 jaar Awb*, Den Haag: Boom Juridische uitgevers 2010, p. 905. Zie ook mijn 'Wetgevingskwaliteit in Frankrijk: codificatie en hercodificatie', *RegelMaat* 2000, p. 237.
[2] Bijv. een *code rural* (wetboek voor het platteland), een *code de justice pour l'armée de terre* (wetboek rechtspleging voor de krijgsmacht te land), alsook één voor de marine, een *code de la nationalité*.
[3] Sommige daarvan bestaan nog steeds, zoals de *code de l'artisanat* (wetboek ambachten) *code des ports maritimes* (wetboek zeehavens), de *code des pensions militaires d'invalidité et des vitimes de guerre* (wetboek invaliditeitspensioenen militairen en oorlogsslachtoffers).

twee typen artikelen bestaan: L-artikelen (*législatif*, wettelijke regels) en R-artikelen (*réglementaire*: de bevoegdheid van bestuursorganen om algemeen verbindende voorschriften vast te stellen heet *pouvoir réglementaire*). Vooral door deze complicatie raakt het werk in het slop, maar in 1989 wordt met een nieuwe commissie nieuw elan aan de zaak gegeven.[4] Dat heeft succes: op dit ogenblik (eind 2018) kent Frankrijk meer dan 70 wetboeken.

Een gemengd L&R-wetboek behoeft twee vaststellers: de wetgever (L) en de eerste minister (R).[5] Bij de vaststelling van het L-deel door de wetgever bestaat echter het risico van amendering, dat in Frankrijk megagroot is en dat kan afdoen aan de consistentie. Om dat te vermijden en ook overigens de procedure te vereenvoudigen, wordt bij het vaststellen van wetboeken vaak teruggegrepen op de mogelijkheid die art. 38 Const. geeft: bij wet wordt de regering gemachtigd om voorschriften die aan de wet zijn voorbehouden, bij ordonnantie vast te stellen. De machtiging geldt slechts voor een beperkte duur en de ordonnantie moet binnen een door de machtigingswet zelf bepaalde termijn aan het parlement ter ratificatie worden voorgelegd. Weigering van ratificatie doet de ordonnantie vervallen, uitblijven daarvan betekent alleen dat de L-artikelen slechts door de wetgever kunnen worden gewijzigd.

2. Codificatie van het algemene bestuursrecht

Het (contentieuze) bestuursprocesrecht, alsmede de organisatie van de Raad van State (*Conseil d'État*, CE)[6] en de administratieve gerechten in eerste en tweede aanleg,[7] zijn sinds 2001 bijeengebracht in de *code de justice administrative*, CJA.[8] Wat het overige algemene bestuursrecht in Nederlandse zin betreft werd al in 1995 het voornemen opgevat ook dat te codificeren. Toen dat aanvankelijk niet lukte, werd de regering in 2004 gemachtigd om per ordonnantie een *code de l' administration* vast te stellen. Maar ook dat lukte niet binnen de gegunde termijn, en twee jaar later werd het project al weer opgegeven.[9]

---

4 Over de geschiedenis tot begin jaren '90 van de vorige eeuw, zie Marc Suel, *Essai sur la codification à droit constant*, Parijs: Direction des journaux officiels 1995, een uitgave met een sterk documentair karakter.
5 Op regeringsniveau berust de *pouvoir réglementaire* bij de eerste minister (niet bij de ministerraad); zie art. 21, eerste lid, Const.
6 Boek 1. Ook de niet-justitiële taken van de CE zijn hier geregeld.
7 Resp. *tribunaux administratifs* en *cours administratives d'appel*.
8 Daarover het in noot 1 genoemde opstel in *Bestuursrecht harmoniseren* en de daar genoemde literatuur.
9 Zie de vorige noot.

Eind 2012 vinden de CE, de secretaris-generaal van de regering[10] en de codificatiecommissie[11] dat het er nu toch maar eens van moet komen. Het eigenlijke werk wordt opgedragen aan een werkgroepje van twee *maîtres des requêtes*[12] van de CE, omringd door een kring van deskundigen die kunnen worden geraadpleegd en door de codificatiecommissie. Wijs geworden door de eerdere mislukkingen begint dit tweetal met een niet al te ambitieuze, werkbare afbakening te schetsen van de onderwerpen die in het nieuwe wetboek regeling moeten vinden, en dan een machtigingswet te ontwerpen die erin voorziet dat deze onderwerpen bij ordonnantie kunnen worden geregeld, met mogelijkheid van beperkte afwijking van het bestaande recht.[13] Die afwijkingen waren trouwens alleen al nodig omdat het bij sommige onderdelen vooral zou gaan om het codificeren van jurisprudentierecht, dat doorgaans veel te genuanceerd is voor codificatie-zonder-meer. Het betrof met name het onderdeel intrekken van besluiten, waarover later meer (zie pt. 4). In juli 2015 is het ontwerp af. Het heet *code des relations entre le public et l'administration* (CRPA), wetboek relaties tussen publiek en bestuur. Al in oktober kan het wetboek worden vastgesteld in twee besluiten: een ordonnantie voor de L-artikelen, en een decreet van de eerste minister voor de overige bepalingen.[14] Op 1 januari 2016 trad het grootste deel van het wetboek in werking; zes maanden later de rest, de titel over het intrekken van besluiten, die teveel nieuw recht bevatte om direct in werking te kunnen treden.

Binnen drie jaar dus van niets naar een compleet wetboek. Dat is een knappe prestatie, die ook iets te maken heeft met een, vergeleken bij de eerdere pogingen, wijze zelfbeperking. Ook kon men voortbouwen op wat pleegt te worden genoemd de drie *grandes lois* met betrekking tot de rechten van de bestuurden,

---

10 Min of meer vergelijkbaar met de Nederlandse S-G van het Ministerie van Algemene Zaken, maar met veel meer macht. Dat komt vooral doordat haar of zijn politieke baas, de eerste minister, niet als in Nederland *primus inter pares* is maar echt de baas van de overige ministers.

11 Dat is de in 1989 gereorganiseerde *commission supérieure de codification*, waarvan de vicevoorzitter (de eerste minister is de formele voorzitter) altijd een afdelingsvoorzitter van de CE is, meestal die van de adviserende afdeling Binnenlandse Zaken (waaronder ook de justitiezaken vallen).

12 Maître des requêtes is de tweede van de drie rangen die men kent voor leden van de CE (afgezien van de diverse voorzittersfuncties).

13 Maud Vialette & Cécile Barrois de Sarigny (de twee leden van het werkgroepje), 'La fabrique d'un code', *Revue française de droit administratif (RFDA)* 2016, p. 4. Voor een specialistisch onderdeel, het nagaan welke bepalingen – soms enigszins aangepast – moeten gelden in de twaalf overzeese gebieden, werd een specialist toegevoegd, ook uit de kringen van de CE. Zie ook Philippe Terneyre & Jean Gourdou, 'L'originalité du processus d'élaboration du code : le point de vue d'universitaires membres du « cercle des experts et de la Commission supérieure de la codification »', *RFDA* 2016, p. 9.

14 Niet helemaal overeenkomstig het ontwerp: de regering nam alle suggesties van de CE over, die overigens in hoofdzaak vol lof was.

namelijk de wet nr. 78-753 van 17 juli 1978,[15] die in hoofdzaak de toegang tot bestuurlijke documenten regelde en die de nu in het derde boek van de CRPA geregelde, in Franktijk zeer bekende *CADA* instelde (zie schema hierna), de wet nr. 79-587 van 11 juli 1979, die de motiveringplicht invoerde voor met name belastende beschikkingen, en de wet nr. 2000-321 van 12 april 2000, die de hoofdregel van *silence vaut acceptation* (silencio positivo) invoerde voor het beschikken op verzoeken – zij het met talloze uitzonderingen, waarover meer op het eind van het volgende punt. Ik merk nog op dat in de tekst van de wetten van 1978 en 1979 al sprake was van *amélioration des relations entre l'administration et le public*. Opvallend is, dat het nieuwe wetboek het publiek nu voorop stelt en het bestuur pas daarna noemt; dat is een bewuste, ideologische keuze.

3. Opzet en inhoud van de CRPA

Zoals elk Frans wetboek, kent de CRPA L-artikelen en R-artikelen. Tot nog toe had je in een wetboek per onderwerp eerst alle L-artikelen, daarna alle R-artikelen. Die konden hetzelfde nummer hebben, met alleen de letter verschillend. Bij de CRPA heeft men het echter anders gedaan: alle artikelen staan in 'logische' volgorde, L en R dooreen. Dus bijvoorbeeld L. 221-10, L. 221-11, R. 221-12, R. 221-13, L. 221-14,[16] enz.

In feite is het nog iets ingewikkelder: er zijn niet minder dan drie categorieën niet-L-artikelen. Die worden steeds vastgesteld bij decreet van de eerste minister, maar bij decreten van verschillende rang: R* (decreet na behandeling in ministerraad én na advies CE), R (decreet na advies CE maar zonder tussenkomst van ministerraad) en D (*décret simple*, zonder bijzondere procedure). Het decreet waarbij de 'reglementaire' artikelen werden vastgesteld, was dan ook een samengesteld decreet, van het type drie-in-de-pan.[17] In fiscale wetboeken kom je ook nog vaak A-artikelen tegen; die zijn vastgesteld bij *arrêté ministériel*, ministeriële regeling.

Dan de inhoud. Hier volsta ik met de boeken en de titels; de daarna veelal volgende afdelingen en onderafdelingen blijven ongenoemd.

---

15 In Frankrijk kennen de wetten geen citeertitels, ze worden aangeduid met nummer en datum.
16 Ontcijfering: art. L. 221-14 is het veertiende artikel van boek 2, hoofdstuk 2, eerste afdeling; een soort hotelnummering dus, maar gelukkig zonder punten tussen de eerste drie cijfers. Art. L. 200-1 is het openingsartikel van het tweede boek, dat aan de eerste titel voorafgaat.
17 En dan kennen ze in Frankrijk ook nog *wetten* van diverse typen, maar dat was hier gelukkig niet aan de orde. Zie over de ingewikkeldheid van het wettenstelsel mijn artikel 'Gidsen voor het wetgeven in de Benelux en Latijns Europa – een poging tot een rechtsculturele benadering', *RegelMaat* 2018, p. 39 (i.h.b. de noten 42-44).

Voorop: enkele artikelen over toepassingsgebied; de beginselen van algemeen belang, rechtmatigheid, neutraliteit en *laïcité*, gelijkheid en onpartijdigheid; enkele definities

Eerste boek. Contacten met het bestuur
Titel I verzoeken van het publiek en de behandeling daarvan
Titel II het recht om zienswijzen te geven voordat bepaalde besluiten worden genomen (vgl. art. 4:7-4:12 Awb)
Titel III betrekken van het publiek bij beslissingen van het bestuur (vgl. onze u.o.v.)

Tweede boek. Eenzijdige besluiten van het bestuur
Titel I motivering en ondertekening van besluiten
Titel II inwerkingtreding van besluiten (met o.m. overgangsrecht en terugwerkende kracht)
Titel III impliciete beslissingen ('silencio positivo')
Titel IV intrekken van besluiten (opzeggen *ex nunc*, terugnemen *ex tunc*)

Derde boek. Toegang tot bestuurlijke documenten en hergebruik van informatie
Titel I recht op toegang tot bestuurlijke documenten
Titel II hergebruik van openbare informatie
Titel III personen verantwoordelijk voor de toegang tot bestuurlijke documenten en kwesties m.b.t. hergebruik
Titel IV de Commissie toegang tot bestuurlijke documenten ('CADA')

Vierde boek. Het beslechten van geschillen met het bestuur
Titel I bezwaren en beroepen bij een bestuursorgaan
Titel II andere buitengerechtelijke manieren van geschilbeslechting (o.m. schikking en bemiddeling, inschakelen *défenseur des droits* = zbo met functies ombudsman, college rechten van de mens en huis klokkenluiders)
Titel III beroep bij de bestuursrechter (hier louter verwijzing: 'zie de CJA')

Vijfde boek. Bepalingen betreffende de overzeese gebieden
(P.M.)

Bijlagen
O.m. uitzonderingen op de mogelijkheid om bestuursorganen elektronisch te benaderen (50 p.) en op toepassing van de lex silencio positivo (350 p.)

Het aantal artikelen is voor Franse begrippen heel bescheiden: voor de boeken I-IV een kleine 300.

Men heeft geprobeerd zoveel mogelijk voor 'de burger', 'het publiek' te schrijven. Vandaar ook titel III van boek IV, dat slechts twee hoofdstukken telt, met elk één artikel (Fransen vinden zoiets heel gewoon), die ik ter illustratie hieronder in vertaling citeer:

Hoofdstuk I. Beroep bij de gewone bestuursrechter ('recours contentieux')
Art. L. 431-1. Als geen andere rechter is aangewezen, kan beroep bij de gewone bestuursrechter tegen een bestuursbeslissing worden ingesteld overeenkomstig de *code de justice administrative.*

Hoofdstuk II. Arbitrage: verboden tenzij

Art. L. 432-1. Behoudens wettelijke uitzondering, met name die genoemd in artikel L. 311-6 van de *code de justice administrative,* is geen arbitrage mogelijk als bedoeld in artikel 2060 BW in geschillen waarbij openbare lichamen en openbare instellingen betrokken zijn, en meer in het algemeen in alle zaken die betrekking hebben op de openbare orde. Zoals genoemd artikel bepaalt, kan aan sommige typen openbare instellingen die een industrieel of commercieel karakter hebben, bij decreet toestemming worden verleend om zich aan arbitrage te onderwerpen.

Artikel L. 311-6 CJA, genoemd in het zojuist geciteerde art. L. 432-1, verwijst op zijn beurt naar zeven andere wettelijke regelingen. Zou ook maar één Franse burger blij worden van artikel L. 432-1? Ik denk dat men in dit hoofdstuk op zinloze wijze is doorgeschoten met goedbedoelde 'voorlichting'.

Maar de opzet van het wetboek als zodanig is duidelijk en eenvoudig, het valt niet moeilijk daarin de weg te vinden. Gekunsteld en zijn doel voorbijschietend is het daarentegen op enkele belangrijker punten dan de overbodige derde titel van het vierde boek.

Kijken we naar de opmerking, gemaakt in het schema bij de bijlagen.

Artikel L.112-9 vinden we in boek I, eerste titel, afdeling II, 'Bijzondere regels voor het benaderen van het bestuur langs elektronische weg'. Het luidt:

Art. L. 112-9. Het bestuur richt een of meer telediensten in, in overeenstemming met wet nr. 78-17 van 6 januari 1978 betreffende de informatica en de diensten, en met inachtneming van de vereisten van veiligheid en interoperabiliteit die voortvloeien uit de hoofdstukken IV en V van ordonnantie nr. 2005-1516 van 8 december 2005 betreffende het elektronisch verkeer tussen gebruikers en bestuursorganen en tussen bestuursorganen onderling.
Wanneer het bestuur een of meer telediensten inricht, stelt het de gebruiksmogelijkheden daarvan open, in het bijzonder voor berichtenverkeer. Het gebruik van deze mogelijkheden is voor het publiek verplicht.

Dus: er moeten telediensten zijn, en als ze er zijn dan moeten ze aan de bestaande veiligheids- en toegankelijkheidseisen voldoen (wat nogal wiedes is) – en het publiek is *verplicht* er gebruik van te maken.[18]

---

[18] Bestaat zo'n elektronische toegang niet, dan kan alle berichtenverkeer op klassieke wijze plaatsvinden: per brief, per fax, wellicht mondeling.

Nu zijn er talloze overheden en overheidsinstellingen die dit soort elektronische voorzieningen wel hebben, maar waarvan het buitengewoon onhandig, voor veel gebruikers zelfs prohibitief zou zijn, de elektronische weg verplicht te stellen. Dat de mogelijkheid er is, betekent voor velen een handige service, maar er gebeuren ongelukken als je verder zou willen gaan. En omdat in Frankrijk alles altijd centraal moet worden geregeld (gelijkheid!), zijn er talloze wettelijke regelingen die bepalen dat de verplichting – die al gold krachtens artikel 3 van ordonnantie 2005-1516 – niet geldt voor de door die wet geregelde diensten. En vanwege het nogal heilige principe *à droit constant* heeft men daaraan vastgehouden; dus zien we in een bijlage de 50 bladzijden met uitzonderingen op chaotische wijze voorgeschoteld. Men heeft het blijkbaar niet aangedurfd, te bepalen dat de elektronische toegang zoveel mogelijk in het leven moet worden geroepen, maar dat ze slechts bij specifiek wettelijk voorschrift *verplicht* kan worden gesteld – dat zijn vooralsnog vrijwel zeker heel wat minder gevallen dan de gevallen waarin zo'n verplichting niet kan gelden.

Dan de silencio-positivoregel, op z'n Frans: *silence vaut acceptation*, SVA, wie zwijgt stemt toe. Die is bij de eerdergenoemde wet van april 2000 als hoofdregel ingevoerd. De titels van de commentaren op de nu gekozen aanpak zijn veelzeggend: Paul Cassia, 'Silence de l'administration: le «choc de complication»' (Het zwijgende bestuur: de schok van de ingewikkeldheid) (*Revue Dalloz* 2015, p. 201); Bertrand Seiller, 'Quand les exceptions infirment (heureusement) la règle : le sens du silence de l'administration' (Als de uitzonderingen (gelukkig) de regel invalideren : de betekenis van het stilzwijgen van het bestuur) (*RFDA* 2014, p. 35).

Het stelsel van 2000, in 2013 nog enigszins aangepast, is vrijwel ongewijzigd overgenomen in de CRPA. Artikel L. 231-1 bepaalt 'Als het bestuur na twee maanden nog niet heeft gereageerd op een verzoek, geldt het verzoek als ingewilligd.' De daarop volgende artikelen bepalen o.m. dat steeds lijsten van dit soort inwilligingen moet worden gepubliceerd (vgl. art. 4:20c Awb). Vervolgens komt er een onderafdeling die de mogelijkheid geeft de regel om te draaien, alsmede één die een opening biedt om voor een andere antwoordtermijn dan twee maanden te kiezen. Je zou hopen dat de codificatie was aangegrepen om voor een eenvoudiger stelsel te kiezen, maar blijkbaar heeft men dat niet aangedurfd. En dus zitten we nu met *driehonderdvijftig* pagina's met bepalingen waarbij van de uitzonderingsmogelijkheden gebruik is gemaakt: de omgekeerde regel (*silence vaut refus*, wie zwijgt stemt niet toe), allerhande andere termijnen …

In beide gevallen heeft *Prinzipienreiterei*, vooropstelling van de beginselen van *droit constant* en van *SVA*, het gewonnen van het gezonde verstand. Jammer voor het Franse publiek.

4. Het intrekken van besluiten

Maar laten we besluiten met hét novum van het wetboek, de vierde titel van boek II: intrekking van besluiten. Dat is alom met lof ontvangen,[19] men vindt het een knap stukje werk van de twee ontwerpsters, die een naar Franse begrippen betrekkelijk eenvoudig systeem hebben ontworpen dat aansluit bij de *grote* lijnen van de jurisprudentie, jurisprudentie die intussen zo verfijnd was geraakt dat ze *illisible* 'onleesbaar' was geworden. Ik geef de hoofdregels weer van de regeling, die in totaal dertien artikelen omvat.

Tweemaal twee categorieën brengen orde in het stelsel. Allereerst wordt intrekking, *sortie de vigueur*,[20] onderscheiden in twee subcategorieën: opzegging voor de toekomst (*abrogation*) en terugneming met terugwerkende kracht (*retrait*); zie art. L. 240-1. In de tweede plaats wordt onderscheiden tussen *décisions créatrices de droits* en andere.

Hier past een terminologische opmerking. In het openingsartikel van boek II, art. L. 200-1, worden de termen *acte administratif* en *décision* gedefinieerd; tot nog toe kenden we alleen omschrijvingen uit de rechtsgeleerde literatuur, de *doctrine*.

In Nederlandse vertaling: 'Onder *actes* [besluiten] worden hier verstaan actes *administratifs unilatéraux* [eenzijdige bestuursbeslissingen], onderverdeeld in *actes décisoires* [dat wil zeggen: op rechtsgevolg gericht, 'besluiten' dus] en *non décisoires* [niet op rechtsgevolg gericht]. Ze kunnen ook worden aangeduid als *décisions* of, afhankelijk van het geval als *décisions individuelles* [beschikkingen], *décisions réglementaires* [algemeen verbindende voorschriften] en beslissingen die noch algemeen noch individueel zijn [overige besluiten van algemene strekking dus].

En de besluiten kunnen al of niet *créatrices de droits*, rechten verlenend, zijn. Daarvan geeft het wetboek geen nadere uitleg, en ook de doctrine is er nog nooit in geslaagd een sluitende omschrijving te geven.[21] Uit de opzet van de onder-

---

19 Twee uit velen: Bertrand Seiller, 'La sortie de vigueur des actes administratifs' (Het buiten werking treden van bestuursbesluiten), *RFDA* 2016, p. 58; Gweltaz Éveillard, 'La codification du retrait et de l'abrogation des actes administratifs' (De codificatie van het opzeggen en het afschaffen van bestuursbesluiten), *Actualité juridique Droit administratif (AJDA)* 2015, p. 2474.
20 Eigenlijk is *sortie de vigueur*, buitenwerkingtreding, ruimer dan 'intrekking', maar in feite blijkt het alleen over vormen van intrekking door een bestuursorgaan te gaan; buitenwerkingtreding door vernietiging door de rechter of door impliciet vervallen (van een regeling) als gevolg van een hogere of een latere regeling, ophouden te gelden doordat de vooraf voorziene geldingsduur is verstreken, e.d. vallen er begripsmatig ook onder maar blijven in het wetboek buiten beschouwing. Vgl. Seiller (vorige noot), p. 58.
21 Alexandre Coque, 'L'acte créateur de droits, notion symptomatique de l'existialisme juridique du juge administratif français' (*Acte créateur de droits*, begrip dat het juridisch existentialisme van de Franse bestuursrechter verraadt), http://www.alexandre-coque-avocat.fr/la%20notion%20d%27actes%20cr%E9ateurs.pdf; Valentin Vince,

havige titel blijkt echter dat de algemeen verbindende voorschriften er in elk geval niet toe behoren, en dat 'overige b.a.s.'en' er soms toe kúnnen behoren. In de praktijk gaat het vrijwel alleen om begunstigende beschikkingen.[22] Ik zal er nu verder de term 'begunstigend besluit' voor gebruiken.

Ambtshalve of op verzoek van een derde kan een begunstigend besluit slechts worden opgezegd of teruggenomen als het in strijd met het recht is, en dan ook nog alleen binnen vier maanden nadat het is genomen, zegt art. L. 242-1. Deze beperkingen gelden natuurlijk niet als niet is voldaan aan een conditie die geldt voor het bestaan of het voortbestaan van het besluit, voegt art. L. 242-2 toe: bijv. iemand heeft bijzondere bescherming toegezegd gekregen 'zolang dat nodig is'; een subsidie is toegezegd voor een prestatie die niet of niet helemaal wordt verricht.[23] Een begunstigend besluit móet worden opgezegd of teruggenomen als de begunstigde daarom verzoekt; maar ook dat alleen binnen de vier-maanden-termijn, aldus art. L. 242-3. Als tegen een begunstigend besluit bezwaar moet worden gemaakt of administratief beroep bij een hiërarchisch meerdere moet worden ingesteld voordat beroep bij de bestuursrechter mogelijk is – naar Frans recht is dat tamelijk uitzonderlijk; zo'n bestuurlijke rechtsgang kán wel altijd, maar de onderhavige regel geldt alleen als de voorprocedure *verplicht* is – geldt de vier-maandentermijn niet (art. L. 242-5).

Algemeen verbindende voorschriften, alsmede niet begunstigende andere besluiten *kunnen* altijd worden gewijzigd of opgezegd, zij het dat bij algemeen verbindende voorschriften dan soms een overgangstermijn moet worden geboden, aldus art. L. 243-1 in verbinding met art. L. 221-6. Een algemeen verbindend voorschrift dat onrechtmatig blijkt, *moet* worden afgeschaft, ook als die onrechtmatigheid voortvloeit uit een verandering van de feitelijke omstandigheden. Voor andere niet begunstigende besluiten geldt hetzelfde (art. L. 243-2).

Een algemeen verbindend voorschrift dat onrechtmatig is, kan slechts binnen een termijn van vier maanden nadat het is genomen worden teruggenomen (ex tunc); hetzelfde geldt voor andere besluiten, als ze niet begunstigend zijn, art. L. 243-3. Een sanctiebesluit (alleen bestraffende besluiten heten in andere rechtsstelsels dan het Nederlandse 'sanctie') kan echter altijd worden teruggenomen, art. L. 243-4.

Voor de Nederlandse lezer zitten daar nogal wat exotische bepalingen bij; vergelijk ze bijvoorbeeld met de concept intrekkingsbepalingen die Brita de Kam

---

'L'introuvable notion d'acte créateur de droits ?' (Het onvindbare begrip *acte créateur de droits?*), AJDA 2017, p. 2181.
22 Chapus waarschuwt dat niet álle begunstigende beschikkingen zonder meer *créatrices de droits* zijn en dat het niet ondenkbaar is dat een belastende beschikking onder omstandigheden ook rechten verleent (René Chapus, *Droit administratif général* I, 16ᵉ dr. 2001, nr. 1135), maar dat neemt niet weg dat veruit de meeste begunstigende beschikkingen *créatrices de droits* zijn en dat andere besluiten die rechten verlenen hoogst uitzonderlijk zijn.
23 Naar Nederlands recht wordt dit laatste geval 'opgelost' door het onderscheid tussen subsidieverlening en subsidievaststelling.

heeft ontworpen in haar proefschrift,[24] of met Willemien den Oudens bijdrage aan de bundel *15 jaar Awb*.[25]

De meeste elementen van de CRPA-regeling gaan terug op de jurisprudentie van de *CE*. Daar heeft men zo dicht mogelijk blij willen blijven, alleen zijn de verschillende categorieën gevallen nu veel strakker getrokken: dáár zit de grote winst. Zodoende ziet het er in Franse ogen aangenaam overzichtelijk en toch bekend uit.

5. Foutje, bedankt?

Ook in Nederland is niet onopgemerkt gebleven[26] het wetsvoorstel *Pour un État au service d'une société de confiance*[27] (Naar een staat ten dienste van een samenleving van vertrouwen), dat eind november 2017 werd ingediend bij het Franse parlement en dat leidde tot de wet nr. 2018-727 van 10 augustus 2018, op 13 augustus in werking getreden. Daarbij is onder (veel) meer aan de tweede titel van boek II van de *CRPA* een derde hoofdstuk toegevoegd, met als opschrift *Droit à régularisation en cas d'erreur* (Recht op herstel van een vergissing). De (ongenummerde) eerste twee leden van het nieuwe artikel L. 123-1 vatten de bedoeling duidelijk samen:

> **Art. L. 123-1.** Wie voor de eerste keer een regel over het hoofd ziet die op zijn situatie van toepassing is of een inhoudelijke vergissing heeft begaan bij het beschrijven van zijn situatie, zal van bestuurswege niet worden bestraft met een geldelijke sanctie of één waarbij hij wordt gekort op een prestatie van overheidswege, als de vergissing op eigen initiatief of, na eerste aanmaning, binnen de gestelde termijn wordt hersteld.
> De sanctie kan echter wel worden opgelegd in geval van kwade trouw of bedrog, zonder dat de betrokkene kans op herstel krijgt.

In de daaropvolgende bepalingen nog enkele uitzonderingen, zoals wanneer het EU-recht deze souplesse niet toelaat of wanneer het gaat om een contractuele sanctie. In diverse andere wetboeken en wetten zijn bij dezelfde wet vergelijkbare regels opgenomen.

---

24 Brita de Kam, *De intrekking van beschikkingen, mede in Europees en rechtsvergelijkend perspectief*, Deventer: Kluwer 2016. Zij heeft overigens het Franse recht niet in haar beschouwingen betrokken.

25 W. den Ouden, 'De intrekking van begunstigende beschikkingen door bestuursorganen. Eens gegeven blijft gegeven?', in: T. Barkhuysen e.a. (red.), *Bestuursrecht harmoniseren*, Den Haag: Boom Juridische uitgevers 2010, p. 689.

26 Zie bijv. Tom Barkhuysen, 'Het recht om fouten te maken', *NJB* 2018/819; Michiel Scheltema, 'Wetgeving in een responsieve rechtsstaat', *RegelMaat* 2018, blz. 120 (hier 128). De Nederlandse Raad van State vraagt in par. 2.3 van zijn jaarverslag over 2017 ook aandacht voor het idee.

27 Vaak afgekort tot *ECOSOC*.

Traditioneel gaan het Franse bestuur en het Franse bestuursrecht uit van groot wantrouwen ten opzichte van anderen: niet alleen ten opzichte van 'het publiek', maar ook van andere overheden. Daar ligt één van de belangrijkste redenen voor de grote mate van centralisatie en voor de grote circulairedichtheid.

Mocht het lukken die houding te veranderen en anderen langzamerhand in beginsel wel te gaan vertrouwen, dan zou dat een ware culturele omwenteling betekenen.

Na de revoluties van 1789, 1830, 1848 en 1968, nu die van 2018?

Elaine Mak*

48 | Rechtsvergelijking en Awb

> @E_Mak – Buitenlands recht biedt inspiratie voor rechtsvorming door de Afdeling bestuursrechtspraak en voor procedurele innovaties, zoals de *amicus curiae*. De mogelijkheden van rechtsvergelijkende citaties kunnen door rechters en procespartijen nog beter worden benut#*Afdeling-bestuursrechtspraak*#*globalisering-en-recht*#*transnationale-rechtsontwikkeling*

1. Inleiding

In de afgelopen 25 jaar heeft zich een tendens ontwikkeld van globalisering van recht en rechtssystemen. Die tendens is ook in onze rechtsorde zichtbaar. Allereerst speelt in veel rechtszaken de toepassing van bindende internationale verdragen en het recht van de Europese Unie (EU) een rol en in verband daarmee de naleving van uitspraken van internationale en Europese hoven.[1] Daarnaast maken rechters soms gebruik van rechtsvergelijking in hun oordeelsvorming en bespreken zij ideeën en ervaringen over de inhoud van het recht en over procedurele *best practices* met rechters uit andere nationale stelsels.[2] Op die praktijk van rechtsvergelijking spitst deze bijdrage zich toe.

De invloed van deze tweede vorm van globalisering van recht is vooral zichtbaar bij nationale hoogste rechterlijke instanties. Deze instanties dragen verantwoordelijkheid voor de uniforme rechtstoepassing in de nationale rechtsorde, zij garanderen in hoogste aanleg de individuele rechtsbescherming en zij geven richting aan de ontwikkeling van het recht. Met betrekking tot elk van deze drie rollen is de taak van de rechter complexer geworden.[3] Immers, een veelheid aan nationale, internationale en Europese bronnen moet worden meegenomen in de oordeelsvorming. Daarnaast is positiebepaling nodig ten opzichte van hoogste rechters in andere nationale stelsels, in het bijzonder in de EU, en ten opzichte van internationale en Europese hoven. Rechtsvergelijking kan inspiratie bieden aan rechters om in 'moeilijke zaken', waarin interpre-

---

* Prof. mr. E. Mak is hoogleraar Encyclopedie van de rechtswetenschappen en Rechtstheorie aan de Universiteit Utrecht.
[1] Over de omgang van Nederlandse bestuursrechters met het EU-recht, zie onder andere J. Krommendijk, 'Luxemburg heeft gesproken; wat nu? De antwoorden van het HvJ door de ogen van de hoogste Nederlandse bestuursrechters', *NTB* 2018, nr. 2, p. 57-65. M.b.t. het Europees Verdrag voor de Rechten van de Mens, zie J.H. Gerards & J. Fleuren (red.), *Implementation of the European Convention on Human Rights and of the Judgments of the ECtHR in National Case Law*, Antwerpen: Intersentia 2014.
[2] E. Mak, *Judicial Decision-Making in a Globalised World: A Comparative Analysis of the Changing Practices of Western Highest Courts*, Oxford: Hart 2013.
[3] Mak 2013, p. 69-83.

tatie nodig is voor de toepassing van rechtsregels,[4] rechtsvorming van hoge kwaliteit te realiseren. Tevens kunnen rechters uit een vergelijking met andere stelsels ideeën opdoen voor de versterking van werkwijzen van de eigen rechterlijke instantie, bijvoorbeeld met betrekking tot de waarborg van rechtseenheid of de realisatie van maatschappelijke inbreng in de rechtsvorming.

In deze bijdrage staat de invloed van rechtsvergelijking op de oordeelsvorming en werkwijzen van de Afdeling bestuursrechtspraak van de Raad van State (hierna: Afdeling bestuursrechtspraak) centraal.[5] De analyse maakt gebruik van onderzoeksgegevens over de uitwisseling van de Afdeling bestuursrechtspraak met rechters in andere nationale rechtsstelsels, verder aangeduid als 'transnationale communicatie'.[6] Deze gegevens zijn verkregen door middel van een bestudering van jurisprudentie en literatuur en door middel van interviews met enkele betrokkenen bij de rechtspraak van de Afdeling bestuursrechtspraak, afgenomen in het kader van een groter onderzoeksproject.[7] Na een bespreking van de activiteiten van de Afdeling bestuursrechtspraak in transnationale communicatie (paragraaf 2) komen inhoudelijke invloeden uit rechtsvergelijking (paragraaf 3) en procedurele invloeden uit rechtsvergelijking (paragraaf 4) aan bod. Het eerste type invloeden heeft betrekking op de uitoefening van rechtsvormende taken door de Afdeling bestuursrechtspraak in het kader van haar bevoegdheid op basis van de Algemene wet bestuursrecht (Awb).[8] Het tweede type invloeden heeft meer direct betrekking op de procedurele arrangementen die de Awb biedt en wordt in de analyse uitgewerkt voor twee specifieke arrangementen: voorzieningen voor rechtseenheid en de *amicus curiae*. De bijdrage sluit af met een conclusie en een vooruitblik op de toekomst (paragraaf 5).

2. Transnationale communicatie tussen rechters

Rechtsvergelijking kan op twee manieren ingang vinden in de reflecties van rechters. Enerzijds kunnen zij door studie van buitenlandse wetgeving, jurisprudentie en rechtsgeleerde literatuur inzicht ontwikkelen in het recht van andere stelsels. Voor het bestuursrecht zijn als hulpmiddel daarbij gedegen rechts-

---

[4] J.B.M. Vranken, *Asser-Vranken, Algemeen Deel***, Zwolle: W.E.J. Tjeenk Willink 1995, nr. 184.
[5] De invloed op de lagere rechtspraak en de invloed van de Nederlandse bestuursrechtspraak op buitenlandse rechtsstelsels blijven vanwege het beknopte bestek van deze bijdrage hier buiten beschouwing.
[6] Waarbij die communicatie in verschillende gradaties het karakter van een 'dialoog' kan hebben. Zie M. Claes & M. de Visser, 'Are You Networked Yet? On Dialogues in European Judicial Networks', *Utrecht Law Review* 2012, nr. 2, p. 100-114, hier p. 102-104; D.S. Law & W.C. Chang, 'The Limits of Judicial Dialogue', *Washington Law Review* 2011, vol. 86, p. 523-577, hier p. 528-534.
[7] Mak 2013, p. 62-67 voor een nadere toelichting op de onderzoeksmethoden.
[8] Art. 8:6, art. 8:105 eerste lid en art. 8:113 eerste lid Awb.

vergelijkende collecties beschikbaar, opgesteld door wetenschappers.[9] Inzichten uit deze bronnen kunnen dan mogelijk een plaats krijgen in de deliberaties in concrete zaken en mogelijk ook in de motivering van rechterlijke uitspraken. Anderzijds kunnen rechters rechtsvergelijkende lessen opdoen in persoonlijke contacten met buitenlandse collega's. Dit soort contacten vindt onder andere plaats in bilaterale uitwisselingen, zoals een bezoek van Nederlandse bestuursrechters aan de Franse Conseil d'Etat, en in deelname aan Europese rechtersnetwerken, zoals de Association of the Councils of State and Supreme Administrative Jurisdictions of the European Union (ACA-Europe)[10] waarvan de Raad van State van mei 2016 tot mei 2018 het voorzitterschap vervulde.[11] Rechtsvergelijking in persoonlijke contacten bestrijkt doorgaans een breder palet aan thema's dan alleen ontwikkelingen in de jurisprudentie. Zo kunnen ook organisatorische aspecten van de rechtspraak onderwerp van gesprek zijn of kunnen rechters ideeën uitwisselen over de interactie met de samenleving en met nationale politieke instituties.[12]

In beide vormen van transnationale communicatie is de persoonlijke affiniteit van rechters met het recht van buitenlandse stelsels een factor van belang. Rechters kunnen openheid tonen voor rechtsvergelijkende inzichten op basis van hun kennis van specifieke rechtsstelsels of rechtsvergelijking, opgedaan in opleiding of werk, en op basis van hun persoonlijke belangstelling voor andere rechtsstelsels.[13] Daarnaast is de opvatting van rechters over de rol van buitenlands recht in rechtsvorming van invloed op het gebruik van rechtsvergelijkende argumenten in hun oordeelsvorming. Een principieel standpunt tegen rechtsvergelijkende invloeden is geformuleerd door wijlen Justice Antonin Scalia, rechter in het Supreme Court van de Verenigde Staten. Hij stelde dat buitenlands recht vanwege het ontbreken van formele bindende kracht geen plaats heeft in de motivering van rechterlijke uitspraken.[14] Voorstanders van het gebruik van rechtsvergelijking ten behoeve van de rechterlijke oordeelsvorming, zoals de Amerikaanse Justice Stephen Breyer, wijzen daarentegen op de inhoudelijke waarde van de studie van buitenlands recht.[15] Argumenten gefor-

---

[9] Bijv. S. Rose-Ackerman, P.L. Lindseth & B. Emerson (red.), *Comparative Administrative Law*, Cheltenham: Edward Elgar 2017 (2ᵉ editie); J.B. Auby (red.), m.m.v. T. Perroud, *Droit comparé de la procédure administrative / Comparative Law of Administrative Procedure*, Brussel: Bruylant 2016.
[10] www.aca-europe.eu, laatst geraadpleegd 13 juli 2018.
[11] Raad van State, *Jaarverslag 2017*, Den Haag, april 2018, jaarverslag.raadvanstate.nl, laatst geraadpleegd 13 juli 2018, p. 40.
[12] Mak 2013, p. 83-98.
[13] Ibid., p. 107-109.
[14] Zie onder andere *Roper v. Simmons*, 543 U.S. 551 (2005), *dissenting opinion* van Justice Scalia, par. 16-23.
[15] S. Breyer, 'The Supreme Court and the New International Law', lezing voor de American Society of International Law, Washington, D.C., 4 april 2003, http://www.

muleerd door een rechter in een ander nationaal stelsel kunnen worden getoetst en, met oog voor de context van toepassing, worden geïntegreerd in de argumentatie bij een eigen uitspraak. De inhoudelijke overtuigingskracht staat dan centraal.[16]

De achterliggende vraag in dit verband is in hoeverre de normatieve grondslagen en conceptuele kaders van rechtsstelsels *common ground* vertonen. Rechters stellen dat bij het gebruik van rechtsvergelijking niet een-op-een een oplossing uit een ander rechtsstelsel zal worden overgenomen.[17] Het vereiste van aansluiting bij het nationale recht en onderliggende nationale beleidskeuzes staat daaraan in de weg. Niettemin kan rechtsvergelijking volgens voorstanders bruikbare inzichten opleveren voor de interpretatie van juridische concepten die in meer rechtsstelsels voorkomen. Deze redenering biedt een verklaring voor de populariteit van rechtsvergelijking met betrekking tot fundamentele rechten, waar een zekere universele betekenis en gedeelde waarde wordt verondersteld.[18] De meest optimistische visies over het potentieel van transnationale communicatie tussen rechters schetsen een beeld van rechters die samenwerken als 'partners in a common judicial enterprise',[19] gericht op de realisatie van rechtvaardige en kwalitatief hoogstaande rechterlijke uitspraken. In de Nederlandse bestuursrechtspraak lijkt men echter terughoudender te zijn in de ambities.

3. Inhoudelijke invloeden uit rechtsvergelijking

Citaties van jurisprudentie uit andere rechtssystemen zijn schaars in rechterlijke uitspraken van de Afdeling bestuursrechtspraak. Hetzelfde geldt voor de Hoge Raad en voor uitspraken van Nederlandse rechters meer in het algemeen. Een verklaring is te vinden in de 'Franse' stijl van rechterlijke argumentatie, waarin het niet gebruikelijk is om te verwijzen naar inspiratiebronnen uit buitenlands recht of naar de rechtsgeleerde literatuur.[20] Tegelijkertijd spelen ook

---

humanrightsfirst.org/wp-content/uploads/pdf/Supreme_Court_New_Interl_Law_Just_Breyer%20.pdf, laatst geraadpleegd 13 juli 2018.

[16] Zie ook J. Bell, 'The Argumentative Status of Foreign Legal Arguments', *Utrecht Law Review* 2012, nr. 2, p. 8-19.

[17] Mak 2013, p. 202.

[18] Zie A. Müller (red.), m.m.v. H.E. Kjos, *Judicial Dialogue and Human Rights*, Cambridge: Cambridge University Press 2017. Voor een vergaande visie gerelateerd aan de universaliteit van rechtsnormen, zie J. Waldron, *"Partly Laws Common to All Mankind": Foreign Law in American Courts*, New Haven: Yale University Press 2012, die de legitimatie van transnationale communicatie tussen rechters zoekt in een *ius gentium* gebaseerd op consensus tussen naties.

[19] A.M. Slaughter, *A New World Order*, Princeton: Princeton University Press 2005, p. 66 en 68.

[20] Voor een vergelijking van de stijl van argumenteren van het Franse Cour de cassation en het Supreme Court van de Verenigde Staten, zie M. Adams & D. Broeren,

andere factoren een rol, zoals de wijze waarop informatie over buitenlands recht ter kennis van de rechters komt.[21] Een voorbeeld waarin wel citaties voorkomen, maakt inzichtelijk hoe de Afdeling bestuursrechtspraak met buitenlands recht omgaat. Achtergrondinformatie uit interviews verduidelijkt hierbij in hoeverre de praktijk zoals deze hier naar voren komt een plaats heeft in de heuristische fase van de rechterlijke oordeelsvorming bij de Afdeling bestuursrechtspraak.

Het voorbeeld betreft de zaak van de actiegroep *Mothers of Srebrenica* tegen de minister van Defensie. In deze zaak draaide het om de openbaarmaking van documenten met betrekking tot de vredesoperatie van de Verenigde Naties (VN) in het voormalige Joegoslavië.[22] Ter beantwoording van een uitlegvraag over artikel II, § 4, van het VN-Immuniteitenverdrag analyseerde de Afdeling bestuursrechtspraak Belgische jurisprudentie. Zij overwoog:

> Dat de voorrechten en immuniteiten van de VN niet zonder meer mogen worden aanvaard, maar nader dienen te worden getoetst, vindt volgens [appellanten] bevestiging in de uitspraak van de rechtbank van eerste aanleg te Brussel ('tribunal de première instance de Bruxelles') van 11 mei 1966 in de zaak van Manderlier tegen de VN en de Belgische Staat (*Journal des tribunaux* 1966, blz. 721 e.v.; hierna: de zaak-*Manderlier*).[23]

De Afdeling bestuursrechtspraak verwees in haar uitspraak ook naar eigen eerdere jurisprudentie, waarin was vastgesteld dat het VN-Immuniteitenverdrag aan de minister van Defensie verbiedt om een aanvraag tot openbaarmaking van VN-documenten te honoreren vanwege de onschendbaarheid ("inviolable") van documenten afkomstig van VN-instanties.[24] Na een bespreking van het standpunt van de VN over de vertrouwelijkheid van de in casu opgevraagde documenten, ging de Afdeling bestuursrechtspraak in op het argument van de *Mothers of Srebrenica* op basis van de Belgische *Manderlier*-uitspraak. Zij overwoog:

> De uitspraak van de rechtbank van eerste aanleg te Brussel in de zaak-*Manderlier* biedt geen grond voor een ander oordeel. Bij die uitspraak heeft de rechtbank van eerste aanleg de eiser niet-ontvankelijk verklaard in zijn civiele vordering tegen de VN, omdat de VN zich hadden beroepen op de immuniteit van rechtsvervolging die zij ingevolge artikel II, § 2, van het VN-Immuniteitenverdrag genieten. Bij het arrest van 15 september 1969 (*Revue critique de jurisprudence belge* 1971, blz. 449 e.v.) heeft het hof van beroep te Brussel (cour d'appel de Bruxelles)

'Rechterlijke argumentatie en transparantie: een rechtsvergelijkende exercitie', in: D. Broeders e.a. (red.), *Speelruimte voor transparantere rechtspraak (WRR-verkenning)*, Amsterdam: Amsterdam University Press 2013, p. 167-206.
[21] Mak 2013, p. 113-137.
[22] ABRvS 3 maart 2010, ECLI:NL:RVS:2010:BL6245.
[23] ABRvS 3 maart 2010, ECLI:NL:RVS:2010:BL6245, r.o. 2.4
[24] R.o. 2.4.2, citatie uit ABRvS 25 maart 2009, ECLI:NL:RVS:2009:BH7691.

de uitspraak bevestigd. Het hof van beroep heeft daarbij overwogen dat de partijen bij het VN-Handvest, door toe te treden tot het VN-Immuniteitenverdrag, de noodzakelijke voorrechten en immuniteiten hebben vastgesteld en dat de gerechten hun bevoegdheid te buiten zouden gaan indien zij zich het recht zouden aanmeten om de noodzakelijkheid te beoordelen van de immuniteiten die bij dat verdrag aan de VN zijn toegekend:

"Attendu qu'en adhérant à la convention du 13 février 1946 les signataires de la charte ont déterminé les privilèges et immunités nécessaires ; que les tribunaux commettraient un excès de pouvoir s'ils s'arrogeaient le droit d'apprécier le caractère de nécessité des immunités accordées à l'Organisation des Nations Unies par ladite convention ;"[25]

De Afdeling bestuursrechtspraak kwam tot het oordeel dat het argument van de appellanten niet houdbaar was en dat het beroep om die reden moest worden verworpen. Zij bevestigde de eerdere uitspraak van de rechtbank Amsterdam, waarin was overwogen dat de minister van Defensie het verzoek tot openbaarmaking van de documenten niet kon inwilligen.[26]

Dit voorbeeld maakt duidelijk dat de aanzet tot het betrekken van rechtsvergelijking in de oordeelsvorming in deze zaak van partijen kwam. Uit interviews met rechters blijkt dat deze actieve rol van partijen in ons stelsel (tot nu toe) slechts sporadisch voorkomt.[27] Een geïnterviewde rechter preciseerde dat de Afdeling bestuursrechtspraak in beginsel niet te rade gaat bij buitenlands recht voor de uitleg van bepalingen uit internationale verdragen, indien er voldoende informatie beschikbaar is in de jurisprudentie van internationale hoven. De hier besproken zaak is ook om deze reden uitzonderlijk.

Bij deze uitspraak kan verder worden opgemerkt dat rechtsvergelijking was aangewezen om niet uit de pas te lopen met de uitleg die in andere verdragsstaten wordt gegeven aan het VN-Immuniteitenverdrag.[28] Niettemin zou voor een betrouwbaar inzicht in het buitenlandse recht niet alleen naar België moeten zijn gekeken maar ook naar beschikbare jurisprudentie uit andere rechtsstelsels. In dit opzicht ligt het verwijt van *cherry picking* door de Nederlandse bestuursrechter op de loer.[29] De geciteerde Belgische uitspraak omvat een redenering tegen opheffing van de onschendbaarheid van VN-documenten, die de bestuursrechter wellicht goed uitkomt om een al bedacht oordeel te ondersteunen. De argumentatie van de Afdeling bestuursrechtspraak geeft echter

---

[25] ABRvS 3 maart 2010, ECLI:NL:RVS:2010:BL6245, r.o. 2.4.5.
[26] Ibid., r.o. 3. Bevestiging van rechtbank Amsterdam 15 april 2009, zaak nr. 07/1477.
[27] Mak 2013, p. 123-124.
[28] Ibid., p. 201.
[29] Zie T. Kadner Graziano, 'Is It Legitimate and Beneficial for Judges to Compare?', in: D. Andenas & D. Fairgrieve (red.), *Courts and Comparative Law*, Oxford: Oxford University Press 2015, pp. 25-53, hier p. 29-30, die stelt dat de angst voor *cherry picking* ongegrond is en dat voorbeelden uit jurisprudentie laten zien dat rechters doorgaans methodologisch zorgvuldig te werk gaan.

niets prijs over het bestaan en de inhoud van andere buitenlandse jurisprudentie, waarin de verdragsbepaling mogelijk anders is uitgelegd. De argumentatie op basis van rechtsvergelijking zou een grotere overtuigingskracht hebben gehad indien de rechter hierover in ieder geval een opmerking had gemaakt. Deze methodologische zwakte is een van de aandachtspunten voor de aanpak waarvan lessen uit rechtsvergelijking ook op procedureel niveau van waarde kunnen zijn.

4. Procedurele invloeden uit rechtsvergelijking

Vanuit de invalshoek van het procesrecht blijkt dat rechtsvergelijking van invloed kan zijn op de heroverweging van specifieke procedurele arrangementen in de Awb. Ter illustratie van die (mogelijke) invloed kunnen wij kijken naar recente debatten over rechtseenheidsvoorzieningen en over het instrument van de *amicus curiae* in procedures bij de bestuursrechter.

De Commissie rechtseenheid bestuursrecht (commissie-Scheltema) heeft in 2016 onderzoek verricht naar rechtseenheidsvoorzieningen in buitenlandse rechtsstelsels. De commissie deed dit in het kader van haar opdracht te adviseren over de rechtseenheid op het niveau van de hoogste bestuursrechtspraak bij de door het kabinet voorgestane, maar gestrande, wetswijziging naar een *twin peaks*-model zonder bijzondere hoogste bestuursrechters.[30] In haar onderzoek heeft de commissie een inventarisatie gemaakt van de voorzieningen voor rechtseenheid in Duitsland en Frankrijk, waarover ook al eerder rechtswetenschappelijke studies zijn verschenen.[31] De focus op die landen past in een veelvoorkomende benadering, waarin rechtsvergelijking ten behoeve van wetshervorming of rechtspraak allereerst de studie betreft van rechtsstelsels waarmee een historische connectie bestaat.[32] De commissie-Scheltema concludeerde dat het Franse stelsel met een Tribunal des conflits geen concrete oplossing biedt, nu de voorziening in dat systeem vooral ziet op de beslechting van bevoegdheidsconflicten die in Nederland niet op dezelfde manier spelen.[33] De Gemeinsame Senat in Duitsland, een kamer samengesteld uit vertegenwoordigers van de vijf hoogste rechterlijke instanties, lijkt meer potentieel te hebben. De ervaringen met deze voorziening in Duitsland laten echter zien dat

---

[30] Commissie rechtseenheid bestuursrecht (commissie-Scheltema), *Rechtseenheid tussen de Hoge Raad en de Afdeling bestuursrechtspraak van de Raad van State*, Den Haag, augustus 2016, https://www.rijksoverheid.nl/documenten/rapporten/2016/09/05/tk-bijlage-rapport-commissie-rechtseenheid-bestuursrecht, laatst geraadpleegd 13 juli 2018. Met het oog op transparantie vermeld ik hier mijn lidmaatschap van deze commissie.
[31] O. van Loon, *Binding van rechters aan elkaars uitspraken in bestuursrechtelijk perspectief*, Leiden: Boom Juridische uitgevers 2014; J. Goossens, *The Future of Administrative Justice: Judicial Review of Administrative Action in Comparative Perspective*, Gent: Universiteit Gent 2016.
[32] Mak 2013, p. 206-213.
[33] Commissie-Scheltema 2016, p. 14.

er nadelen zitten aan de procedure, die de vorm heeft van beantwoording van een prejudiciële vraag. Deze procedure wordt weinig gebruikt, wat veroorzaakt lijkt te worden door de strikte omlijning van het soort rechtsvragen dat kan worden voorgelegd en de vertraging die optreedt voor de lopende procedure.[34] Het eerste probleem is bij een eventuele overname van deze oplossing in Nederland wellicht oplosbaar, maar het tweede probleem blijft bestaan. De commissie-Scheltema sprak daarom, en onder verwijzing naar de Duitse ervaringen, haar bedenkingen uit bij een rechtseenheidsvoorziening in de vorm van een gemeenschappelijke kamer tussen de hoogste gerechten.[35]

Interessant is dat de commissie-Scheltema naast deze juridische studie van stelsels met een historische band met Nederland ook aandacht heeft besteed aan voorzieningen voor rechtseenheid in de minder voor de hand liggende stelsels van Italië en Griekenland. Daarnaast komen andere dan institutionele oplossingen, zoals bijeenkomsten en informatiebrieven van de Franse hoogste gerechten, aan bod.[36] Deze verwijzing naar een bredere selectie van rechtsstelsels en naar praktische ervaringen draagt vanuit methodologisch oogpunt bij aan een steviger argumentatie over rechtseenheidsvoorzieningen voor Nederland. Argumenten uit de rechtsvergelijkende studie kunnen hier worden gezien als 'threads in a rope' in de argumentatie over mogelijke oplossingen voor het Nederlandse stelsel, waarmee die argumentatie meer overtuigend wordt.[37] De selectie van rechtsstelsels zal mede zijn terug te voeren op praktische aspecten met betrekking tot de toegankelijkheid van bronnen en de aanwezige kennis van buitenlandse rechtsstelsels en buitenlandse talen onder de commissieleden.[38]

Een andere discussie over procedurele arrangementen betreft het instrument van de *amicus curiae*, dat wil zeggen de mogelijkheid voor niet-betrokkenen bij de procedure om informatie of een beargumenteerd standpunt in te dienen. Dit instrument is gangbaar in Angelsaksische rechtsstelsels en bijvoorbeeld van invloed op de rechterlijke argumentatie van het Supreme Court van de Verenigde Staten.[39] Ook het Europese Hof voor de Rechten van de Mens kent een dergelijke voorziening.[40] Het toestaan van inbreng door niet-partijen kan bijdragen aan de kwaliteit van de rechterlijke uitspraak en aan de rechts-

---

[34] F.M. Köhne, *Coördinatie van rechtspraak*, Den Haag: Boom Juridische uitgevers 2000, p. 99-102; Van Loon 2014, p. 366-367.
[35] Commissie-Scheltema 2016, p. 24-25.
[36] Ibid., p. 14.
[37] Bell 2012, p. 11.
[38] Mak 2013, p. 232-233.
[39] P.M. Collins, P.C. Corley & J. Hamner, 'The Influence of Amicus Curiae Briefs on U.S. Supreme Court Opinion Content', *Law & Society Review* 2015, vol. 49, p. 917-944.
[40] L. Van den Eynde, *Amicus Curiae Briefs of Human Rights NGOs before the European Court of Human Rights* (dissertatie Stanford Law School) 2011, https://www-cdn.law.stanford.edu/wp-content/uploads/2015/03/LauraVan-denEynde-ta2011.pdf, laatst geraadpleegd 13 juli 2018.

eenheid, doordat de rechter beter geïnformeerd wordt over onder andere de verwachte effecten van zijn uitspraak.[41] Bovendien creëert het instrument van de *amicus curiae* een mogelijkheid voor maatschappelijke betrokkenheid bij de rechtspraak. Dit kan bijdragen aan de aanvaarding van rechterlijke uitspraken in de samenleving.[42]

De positieve ervaringen met de *amicus curiae*, ook in bijvoorbeeld het Franse rechtsstelsel[43] en sinds juli 2012 in civiele zaken bij de Hoge Raad,[44] lijken een inspiratie te hebben gevormd voor het Nederlandse bestuursprocesrecht. De rechter kon al zaakspecifieke inlichtingen vragen aan anderen dan partijen.[45] Bredere inbreng met het oog op de rechtsontwikkeling ten aanzien van EU-verordening 1/2003 staat open voor de Europese Commissie en de Autoriteit Consument en Markt (ACM).[46] De Afdeling bestuursrechtspraak heeft op 22 september 2017, zonder aanduiding van een specifieke wettelijke grondslag, een oproep gedaan aan 'meedenkers' – in het persbericht uitdrukkelijk bestempeld als *amici curiae* – om inbreng te leveren voor de conclusie van staatsraad advocaat-generaal Widdershoven over juridische aspecten van de bestuurlijke waarschuwing.[47] Dit eerste experiment heeft 25 schriftelijke reacties opgeleverd, afkomstig vanuit de wetenschap, de advocatuur, het bedrijfsleven, overheidsinstanties, wetenschappelijke verenigingen en individuen.[48] Widdershoven heeft per onderdeel verantwoord welke betekenis deze reacties hebben gehad voor de conclusie en hij verwijst op sommige plaatsen naar de geanonimiseerde reacties.[49]

Dit experiment van de Afdeling bestuursrechtspraak is niet onopgemerkt gebleven. Op verschillende blogs is door advocaten gereflecteerd op de wettelijke grondslag voor de inbreng van *amici curiae* in het bestuursrecht[50] en op

---

[41] Commissie-Scheltema 2016, p. 30-32.
[42] Zie verder T. Barkhuysen, 'Betere bestuursrechtelijke rechtsvorming met een amicus curiae?', *NJB* 2014/10, p. 633; J.C.A. de Poorter, 'Het belang van de amicus curiae voor de rechtsvormende taak van de hoogste bestuursrechters. Naar een regeling van de amicus curiae in de Algemene wet bestuursrecht', *NTB* 2015, nr. 2, p. 40-49.
[43] C. Coslin & D. Lapilonne, 'France and the concept of *amicus curiae*: What lies ahead?', *Paris International Litigation Bulletin* 2012, nr. 4, p. 14-15.
[44] Art. 393 tweede lid Rv.
[45] Art. 8:45 eerste lid Awb.
[46] Art. 8:45a en art. 8:60a Awb.
[47] Raad van State, 'Afdeling bestuursrechtspraak vraagt conclusie over de bestuurlijke waarschuwing', persbericht 22 september 2017, https://www.raadvanstate.nl/pers/persberichten/tekst-persbericht.html?id=1081&summary_only=&category_id=8&q=meedenkers, laatst geraadpleegd 13 juli 2018.
[48] Conclusie staatsraad A-G Widdershoven, ECLI:NL:RVS:2018:249, par. 2.5.
[49] Ibid.
[50] C. de Rond, 'Afdeling introduceert de amicus curiae in het bestuursrecht', blog Pels Rijcken & Droogleever Fortuijn, 12 november 2017,

mogelijke verbeteringen in de procedure, inclusief een meer gedetailleerde wettelijke regeling.[51] Vragen die nog open staan, betreffen bijvoorbeeld de transparantie in citaties naar *amicus*-reacties (wel of niet geanonimiseerd) en de mogelijkheid voor de meedenkers om te reageren op de conclusie van de staatsraad advocaat-generaal. Ook de wijze waarop de procespartijen kunnen reageren op de inbreng van *amici curiae* is nu nog slechts informeel geregeld.[52] Juist de voorzieningen in buitenlandse rechtsstelsels en de daarmee opgedane ervaringen – overigens niet als optie genoemd in de blogs – kunnen in deze fase van experimenteel gebruik en evaluatie inspiratie bieden voor een toekomstige regeling van dit instrument in de Awb.

5. Conclusie en vooruitblik

Rechtsvergelijking als bron van inspiratie voor de oordeelsvorming en werkwijzen van rechters is in de Nederlandse rechtspraktijk nog een relatief onbekend fenomeen. De wetenschappelijke bestudering van 'het argument uit rechtsvergelijking' heeft sinds de jaren negentig een aanzienlijke hoeveelheid aan theoretische, juridisch-dogmatische en empirische studies opgeleverd. Ook een selecte groep van rechters, vooral bij de hoogste nationale instanties, onderkent de waarde van inzichten uit buitenlands recht. Deze groep houdt zich actief bezig met rechtsvergelijkende studie ten behoeve van rechtsvorming of is actief in netwerken van rechters, waar ideeën en ervaringen worden uitgewisseld. In de dagelijkse praktijk van rechters en in de advocatuur vormt rechtsvergelijkende studie ten behoeve van zaken echter nog een bijna onontgonnen terrein, uitzonderingen – zoals de in deze bijdrage besproken zaak – daargelaten.

Uit de analyse in deze bijdrage blijkt dat rechtsvergelijking van toegevoegde waarde kan zijn voor de argumentatieve kwaliteit en overtuigingskracht van uitspraken van de bestuursrechter en voor aansluiting bij de rechtsontwikkeling in transnationaal verband. Ook kunnen inzichten uit rechtsvergelijking waardevol zijn voor de verbetering of aanvulling van procedurele arrangementen. Een bredere benutting van deze mogelijkheden zou gestimuleerd kunnen worden

---

https://blogbestuursrecht.nl/amicus-curiae-in-het-bestuursrecht/, laatst geraadpleegd 13 juli 2018.

[51] C. Saris & N. Jak, 'Eerste ervaringen met "meedenkers" in het bestuursrecht: op naar een wettelijke regeling voor de amicus curiae', Stibbeblog, 7 februari 2018, http://www.stibbeblog.nl/all-blog-posts/environment-and-planning/eerste-ervaringen-met-meedenkers-in-het-bestuursrecht-op-naar-een-wettelijke-regeling-voor-de-amicus-curiae/, laatst geraadpleegd 13 juli 2018; C. de Rond, 'De Amicus curiae en de procespartijen', blog Pels Rijcken & Droogleever Fortuijn, 21 december 2017, https://blogbestuursrecht.nl/amicus-curiae-procespartijen/, laatst geraadpleegd 13 juli 2018.

[52] B.J. van Ettekoven, 'Grote kamer en de bestuurlijke waarschuwing', LinkedIn, 13 november 2017, https://www.linkedin.com/pulse/grote-kamer-en-de-bestuurlijke-waarschuwing-bart-jan-van-ettekoven/, laatst geraadpleegd 13 juli 2018.

door een intensiever gebruik van citaties van buitenlandse regelgeving en jurisprudentie in de motivering van rechterlijke uitspraken. Op die manier raken rechters meer geoefend in het gebruik van rechtsvergelijking en wordt voor de advocatuur duidelijker inzichtelijk wat het aandragen van inzichten uit buitenlands recht kan opleveren. De bereidheid bij de Afdeling bestuursrechtspraak om experimenten aan te gaan, zoals in 2017 met de *amicus curiae*, biedt daarnaast kansen om bruikbare procedurele arrangementen uit andere rechtsstelsels beschikbaar te maken voor de oordeelsvorming door de Nederlandse bestuursrechter.

Maartje Verhoeven*

49 | Bestuursorganen in spagaat tussen nationaal recht en Unierecht

@M_Verhoeven – Bij strijd tussen nationaal recht en Unierecht moeten bestuursorganen het nationale recht conform interpreteren of desnoods buiten toepassing te laten. In deze bijdrage wordt de Europese en nationale jurisprudentie over deze verplichting besproken#*bestuursorganen#Unierecht#richtlijnen*

1. Inleiding

De Algemene wet bestuursrecht is voor Nederlandse bestuursorganen al 25 jaar het belangrijkste algemene wettelijke kader. In die periode is de invloed van Europees recht op de nationale rechtsorde sterk toegenomen. Op steeds meer specifieke terreinen komt Uniewetgeving tot stand, die geïmplementeerd en omgezet moet worden in nationaal recht. Over de doorwerking van Unierecht in de nationale rechtsorde worden boeken volgeschreven.[1] Gezien de omvang van deze bijdrage kies ik ervoor op een specifiek onderwerp in te gaan, dat mij nauw aan het hart ligt:[2] wat gebeurt als het nationale recht niet helemaal overeen komt met het Europese recht? Bijvoorbeeld omdat richtlijnen soms niet helemaal of te laat worden omgezet in nationale regelgeving, of omdat nationale regelgeving strijdig blijkt met een verordening of een bepaling in één van de verdragen. Dat kan leiden tot situaties waar conflicten ontstaan tussen de niveaus van Europees recht en nationaal recht. Dat kan op allerlei terreinen gebeuren: een tandarts kan opkomen tegen een uitschrijving uit het register omdat dit op grond van nationale regelgeving verplicht is bij het bereiken van de pensioengerechtigde leeftijd, terwijl dit op gespannen voet staat met de gelijke behandelingsrichtlijn.[3] Of een projectontwikkelaar komt op tegen een aanbestedingsprocedure waarbij de opdracht aan een concurrent is gegund, en voert aan dat de toegepaste regels strijdig zijn met een aanbestedingsrichtlijn zodat zijn inschrijving ten onrechte buiten behandeling is gelaten.[4] En dan?

In deze bijdrage ga ik met name in op de positie van nationale bestuursorganen. Zij hebben hun belangrijkste houvast in de Awb, maar wat moeten zij doen wanneer regels van Unierecht en nationaal recht verschillen? Omdat de

---

* Mr. dr. M.J.M. Verhoeven is rechter in de Rechtbank Gelderland.
[1] Zie bijv. S. Prechal & R.J.G.M. Widdershoven (red.), *Inleiding tot het Europees bestuursrecht*, Nijmegen: Ars Aequi Libri 2017.
[2] M.J.M. Verhoeven, *The Costanzo obligation: the obligations of national administrative authorities in the case of incompatibility between national law and European law*, Antwerpen: Intersentia 2011.
[3] HvJ EU 12 januari 2010, ECLI:EU:C:2010:4 (Petersen).
[4] HvJ EU 22 juni 1989, ECLI:EU:C:1989:256 (Costanzo).

Europese en nationale jurisprudentie in dit opzicht niet geheel overeen lijken te komen, is dit een interessante casus om in deze bijdrage centraal te stellen. In paragraaf 2 bespreek ik kort de algemene uitgangspunten van de instrumenten van rechtstreekse werking en conforme uitleg, omdat dit het Unierechtelijke gereedschap is om situaties van botsingen aan te pakken. Daarna bespreek ik in paragraaf 3 de Europese jurisprudentie die zich richt tot bestuursorganen, waarna in paragraaf 4 de Nederlandse jurisprudentie aan bod komt. In paragraaf 5 wordt de balans opgemaakt.

2. Rechtstreekse werking en conforme uitleg

Om te begrijpen hoe het Unierecht doorwerkt in de nationale rechtsorde is een korte schets vereist van de begrippen rechtstreekse werking en conforme uitleg. Dat zijn namelijk de belangrijkste manieren voor nationale rechters en bestuursorganen om toepassing te geven aan Europees recht.

Het begrip 'rechtstreekse werking' draait om de vraag: kan de belanghebbende voor de rechter een beroep doen op de Europeesrechtelijke norm? Het moet dan gaan om een norm die onvoorwaardelijk en voldoende duidelijk is, of om een bepaling waarbij getoetst kan worden of het bestuursorgaan binnen de grenzen geboden door het Europese recht is gebleven.[5]

Het beginsel van conforme interpretatie betreft de verplichting het nationale recht zoveel mogelijk uit te leggen en toe te passen[6] in het licht van het Unierecht. Voor richtlijnen geldt dat vanaf het moment dat de omzettingsperiode is verstreken.[7] Een uitleg die het nationale recht met het Unierecht in strijd brengt, dient waar mogelijk te worden voorkomen. Het gaat hier om een inspanningsverplichting, waarbij de nationale rechter op zoek moet gaan naar de uiterste uitlegmogelijkheden van het nationale recht teneinde de inhoud van de richtlijn zoveel mogelijk tot uitdrukking te laten komen.[8]

Uit de jurisprudentie blijkt, dat conforme uitleg de eerste keus is wat betreft het Hof. In Dominguez introduceert het Hof een driestapsmodel.[9] Wanneer er

---

[5] Over deze criteria kan natuurlijk veel meer gezegd worden, zie uitgebreid Prechal & Widdershoven 2017, par. 3.3 voor verdere verwijzingen.
[6] HvJ EU 25 februari 1999, ECLI:EU:C:1999:98 (Carbonari), punt 48. Zie voor de begrenzingen van het instrument van conforme uitleg uitgebreider Prechal & Widdershoven 2017, par 2.4.
[7] HvJ EU 4 juli 2006, ECLI:EU:C:2006:443 (Adeneler).
[8] Zo is het bijv. de nationale rechter niet toegestaan enkel op basis van vaste rechtspraak de mogelijkheid van een richtlijnconforme interpretatie van een nationale bepaling af te wijzen; HvJ EU 19 april 2016, ECLI:EU:C: 2016:278 (Dansk Industri). Zie uitgebreid over dit arrest en conforme uitleg in het algemeen: S. Haket, 'Dansk Industri: nadere afbakening grenzen aan richtlijnconforme interpretatie en horizontale werking algemeen Unierechtelijk beginsel?', NTER 2016, nr. 7.
[9] HvJ EU 24 januari 2012, ECLI:EU:C:2012:33, (Dominguez), AB 2012/48, m.nt. Widdershoven.

sprake is van een rechtstreeks werkende bepaling, moet de nationale rechter eerst bezien of hij het nationale recht in overeenstemming met het Unierecht kan uitleggen (stap 1). Als dat niet lukt, door de beperkingen die het instrument van conforme interpretatie kent, moet worden bepaald of de Unierechtelijke bepaling rechtstreekse werking heeft en zo ja, of hierop jegens de wederpartij een beroep kan worden gedaan in de procedure (stap 2). Als ook hiermee niet het Unierechtelijke doel wordt bereikt, kan het instrument van staatsaansprakelijkheid voor de schending van Unierecht uitkomst bieden (stap 3, komt in deze bijdrage niet aan de orde).

Ten slotte is van belang dat in de jurisprudentie over rechtstreekse werking drie rechtsverhoudingen kunnen worden onderscheiden. De normale, meest voorkomende rechtsverhouding waar rechtstreekse werking een rol speelt is die waar een Europese norm wordt ingeroepen door de burger tegenover een overheidsorgaan. Dit wordt aangeduid met het begrip 'verticale rechtstreekse werking' en is bijvoorbeeld het geval bij de tandarts, die zich beroept op een richtlijnbepaling om te betogen dat de nationale pensioenleeftijd niet door de Unierechtelijke beugel kan.

Met het begrip horizontale werking wordt de inroepbaarheid van het Unierecht in relaties tussen particulieren onderling aangeduid. Het vraagstuk van horizontale rechtstreekse werking speelt met name, maar niet exclusief, bij de doorwerking van richtlijnen. Hoewel de rechtspraak iets genuanceerder is, is het uitgangspunt dat richtlijnen in beginsel geen horizontale werking hebben.[10]

In gevallen van omgekeerd verticale rechtstreekse werking, doet de overheid *ten laste* van een particulier beroep op het Europees recht. Voor richtlijnen levert dat problemen op. Als uitvloeisel van de rechtspraak van het Hof van Justitie dat richtlijnen bij gebreke aan nationale uitvoeringswetgeving als zodanig geen verplichtingen voor particulieren met zich mee kunnen brengen, is het logisch dat ook de zogenoemde omgekeerde verticale rechtstreekse werking eveneens niet voor mogelijk moet worden gehouden. De rechtspraak van het Hof is hier consequent in het niet aanvaarden van deze vorm van rechtstreekse werking.[11]

3. De verplichtingen van bestuursorganen in de jurisprudentie van het Hof van Justitie

De meeste jurisprudentie over conforme uitleg en rechtstreekse werking gaat over nationale rechters. Desalniettemin kan uit deze jurisprudentie worden afgeleid dat voor nationale bestuursorganen dezelfde verplichtingen gelden. Zo

---

[10] Zie uitgebreid Prechal & Widdershoven 2017, par. 3.4.1.2 en HvJ EU 5 oktober 2004, ECLI:EU:C:2004:584 (Pfeiffer). Vgl. over Pfeiffer ook S. Prechal, *Juridisch cement voor de Europese Unie*, Groningen: Europa Law Publishing 2006.
[11] HvJ EU 8 oktober 1987, ECLI:EU:C:1987:431 (Kolpinghuis); vgl. ook HvJ 3 mei 2005, ECLI:EU: C:2005:270 (Berlusconi).

heeft het Hof de verplichting van conforme interpretatie niet alleen aan de nationale rechter gericht, maar ook aan de autoriteiten van de lidstaten in het algemeen.[12] Wanneer de nationaalrechtelijke bepaling zich hiervoor leent kan dit een aantrekkelijke mogelijkheid zijn, omdat dan nog steeds het nationale recht wordt toegepast, en een scherpe keuze voor de Europeesrechtelijke bepaling wordt voorkomen.

Als conforme uitleg geen mogelijkheid geeft om een botsing tussen een bepaling van EU-recht en een nationaalrechtelijke bepaling op te lossen, is het bestuursorgaan verplicht de nationaalrechtelijke bepaling buien toepassing te laten. Deze verplichting is ondubbelzinnig door het Hof van Justitie vastgesteld in Costanzo.[13] In die zaak ging het om de aanbesteding van de bouw van een stadion voor het WK voetbal, dat in 1990 in Italië werd georganiseerd. Costanzo had een inschrijving gedaan die lager was dan het referentiebedrag en daarop was de inschrijving buiten beschouwing gelaten, waarna de opdracht aan een concurrent was gegund. Costanzo kwam hier tegen op en voerde aan, dat de Italiaanse wet strijdig was met een richtlijnbepaling. Nadat de Italiaanse rechter prejudiciële vragen had verwezen naar Luxemburg, was het Hof heel duidelijk: overheidsorganen zijn, net als nationale rechters, verplicht om rechtstreeks werkende bepalingen Unierecht toe te passen en bepalingen van nationaal recht die daarmee niet verenigbaar zijn, buiten toepassing te laten. In latere jurisprudentie is deze verplichting meermaals bevestigd voor diverse soorten bestuursorganen en verschillende typen regelgeving.[14] Uit die jurisprudentie kan worden afgeleid dat het gaat om een heel algemene verplichting voor alle bestuursorganen, en ten aanzien van alle nationale wet- en regelgeving. Het buiten toepassing laten hoeft echter niet te betekenen dat de betrokken bepaling ongeldig of nietig is: de verplichting geldt enkel ten aanzien van het betreffende normconflict.

Een verdere uitwerking van de Costanzo-verplichting, die voor de praktijk heel relevant is, kan gevonden worden in de zaak Wells. In die zaak kwam net als in Costanzo een driepartijengeschil aan de orde. Wells stelde als derde-belanghebbende beroep in bij de Britse rechter tegen de verlening van een nieuwe vergunning voor mijnexploitatie (van een steengroeve bij haar in de buurt), zonder dat die vergunning aan een milieueffectrapportage was onderworpen. Waar het Hof in Costanzo de verplichting voor bestuursorganen introduceerde om nationaal recht buiten toepassing te laten, is Wells de eerste uitspraak waar het Hof expliciet aanvaardt dat 'loutere negatieve gevolgen voor de rechten van derden [...] geen rechtvaardiging [zijn] om een particulier het recht te ontzeggen zich ten aanzien van de betrokken lidstaat te beroepen op de bepalingen van een richtlijn'. Die negatieve gevolgen zijn immers aldus het Hof 'niet rechtstreeks verbonden'

---

[12] HvJ EU 12 februari 2004, ECLI:EU:C:2004:88 (Henkel).
[13] HvJ EU 22 juni 1989, ECLI:EU:C:1989:256 (Costanzo).
[14] Zie bijv. HvJ EU 9 april 1999, ECLI:EU:C:1999:212 (Ciola); HvJ EU 9 september 2003, ECLI:EU:C:2003:430 (CIF); HvJ EU 14 oktober 2010, ECLI:EU:C:2010:609, (Günter Fuss/Stadt Halle), AB 2011/72, m.nt. Widdershoven.

met de uitvoering van een verplichting die de richtlijn op de eigenaren van deze steengroeve legt. De gevolgen voor de direct-belanghebbende vergunninghouder zijn het resultaat van 'de laattijdige uitvoering van de verplichtingen van de betrokken Staat'. Of anders gezegd: de gevolgen voor de vergunninghouder moeten worden beschouwd als uitvloeisel van de rechten die de derde op grond van de richtlijn ten opzichte van de overheid heeft gekregen. Wanneer een derde-belanghebbende een beroep doet ten opzichte van de overheid op een rechtstreeks werkende richtlijnbepaling, dan wordt in wezen niet meer gevraagd dan dat de overheid zich houdt aan zijn verplichtingen. De consequenties voor de vergunninghouder zijn dan ook te beschouwen als de noodzakelijke gevolgen van het feit dat de overheid zich niet aan zijn verplichtingen heeft gehouden. Uit de richtlijn zelf vloeien immers voor hem geen rechtsgevolgen voort.[15]

Wells biedt verduidelijking, maar met dit arrest zijn niet alle problemen opgelost. Zo is het bijvoorbeeld onduidelijk wanneer de 'negatieve gevolgen' wel 'rechtstreeks verbonden' zijn met eventuele verplichtingen die de richtlijn op particulieren legt. De zaak Salzburger Flughafen laat bijvoorbeeld zien dat er nog steeds een grote behoefte bestaat aan het vaststellen van een duidelijke grens tussen 'louter negatieve gevolgen' en het opleggen van nieuwe verplichtingen aan individuen.[16]

4. Boxtel: de Afdeling over driehoekssituaties

Er zijn voldoende voorbeelden uit de rechtspraak waar derde-belanghebbenden met succes in beroep zijn gekomen tegen besluiten die in strijd bleken te zijn met rechtstreeks werkend Unierecht, ook wanneer dit negatieve consequenties had voor de direct-belanghebbende vergunninghouder. Maar wat nu als er geen derde is die hier een beroep op doet? Bestuursorganen, die zich serieus van hun Europeesrechtelijke verantwoordelijkheden willen kwijten, zullen ook dan willen voorkomen dat hun besluiten door de rechter vernietigd worden.

De Afdeling heeft dat echter niet te eenvoudig gemaakt in de zaak Boxtel.[17] In deze zaak had het college van burgemeesters en wethouders van Boxtel een milieuvergunning geweigerd voor een varkens- en rundveehouderij. De weigering was ingegeven door de toename van de ammoniakdepositie op een 'Habitatrichtlijngebied'. Met andere woorden, om te voorkomen dat door vergun-

---

[15] Vgl. op dit punt ook HvJ EU 26 september 2000, ECLI:EU:C:2000:496 (Unilever Italia) en HvJ EU 6 oktober 2015, ECLI:EU:C:2015:657 (Český telekomunikační úřad), AB 2015/436.
[16] HvJ EU 21 maart 2013, ECLI:EU:C:2013:203 (Salzburger Flughafen), AB 2014/45, m.nt. Widdershoven.
[17] ABRvS 7 december 2005, ECLI:NL:RVS:2005:AU7583, AB 2006/67; M en R 2006/2, nr. 19. Zie ook bijv. ABRvS 1 februari 2006, ECLI:NL:RVS:2006:AV0959, waaruit kan worden afgeleid dat hier sprake is van een bestendige lijn van de Afdeling.

ningverlening in strijd zou worden gehandeld met de Habitatrichtlijn, had het college de vergunning geweigerd. Echter, de Wet ammoniak en veehouderij (Wav) bepaalt dat het bevoegd gezag bij beslissingen inzake de milieuvergunning voor de oprichting of verandering van een veehouderij de gevolgen van ammoniakemissie uit de tot de veehouderij behorende dierverblijven uitsluitend bepaalt op de bij de deze wet voorziene wijze. In deze zaak was duidelijk dat het stelsel van de Wav geen ruimte bood de gevraagde vergunning te weigeren. Met betrekking tot de vraag of de weigering dan kan worden gebaseerd op de Habitatrichtlijn overweegt de Afdeling: 'Gelet op de bewoordingen van de Wav was het ook niet mogelijk de Wav te interpreteren in het licht van de bewoordingen en doel van artikel 6, derde lid, van de Habitatrichtlijn en die interpretatie aan het bestreden besluit ten grondslag te leggen. Verweerder kon artikel 6, derde lid, van de Habitatrichtlijn evenmin rechtstreeks tegenover appellant inroepen als grond om de gevraagde vergunning te weigeren, in aanmerking genomen dat in dit geval geen particulier daarom heeft verzocht. Het is vaste rechtspraak van het Hof van Justitie van de Europese Gemeenschappen dat een richtlijn uit zichzelf aan particulieren geen verplichtingen kan opleggen en dat een bepaling van een richtlijn als zodanig niet tegenover een particulier kan worden ingeroepen [...]. Het rechtszekerheidsbeginsel verzet zich hiertegen.'

Bestuursorganen mogen volgens de Boxtel-uitspraak dus niet uit zichzelf vergunningen weigeren wegens strijd met de Habitatrichtlijn, wanneer er geen derde is die hier een beroep op doet. Ze moeten zich houden aan het toetsingskader zoals dat in de Wav is omschreven. Het hanteren van de Habitatrichtlijn als weigeringsgrond zou volgens de Afdeling neerkomen op het opleggen van verplichtingen uit de richtlijn aan een particulier. Echter, als een derde een beroep op de rechtstreeks werkende bepalingen van de richtlijn doet is dit anders, zo blijkt uit deze rechtsoverweging. Deze uitspraak, die past bij eerdere rechtspraak rond de Wvo,[18] brengt bestuursorganen in een moeilijke positie. In het kort komt het er op neer dat wanneer een bestuursorgaan een vergunning verleent die in strijd komt met een rechtstreeks werkende richtlijnbepaling en een derde daartegen in beroep komt, deze vergunning door de Afdeling wordt vernietigd. Wanneer echter het bestuursorgaan zelf ambtshalve deze rechtstreeks werkende richtlijnbepaling – in strijd met het nationale recht – toepast door een besluit te nemen dat wel in overeenstemming is met het Unierecht en de vergunninghouder komt hiertegen in beroep, dan wordt de vergunning vernietigd omdat, althans volgens de Afdeling, dit neer zou komen op een vorm van ongeoorloofde omgekeerde verticale werking van richtlijnbepalingen. Het bestuursorgaan komt dan in een onmogelijke spagaat te verkeren. Wordt het nationale recht toegepast, dan vernietigt de Afdeling wegens strijd met de richtlijn; wordt het Unierecht toegepast, dan vernietigt de Afdeling omdat een

---

[18] ABRvS 23 oktober 2002, ECLI:NL:RVS:2002:AE9190, *AB* 2002/418; *M en R* 2003/1, nrs. 4 en 5.

richtlijn niet uit zichzelf aan particulieren mag worden tegengeworpen.

Deze benadering van de Afdeling is in de literatuur volop bekritiseerd.[19] Kan het standpunt van de Afdeling wel uit 'keiharde jurisprudentie'[20] van het Hof van Justitie worden afgeleid? In de door de Afdeling aangehaalde zaak Wells en uit Salzburger Flughafen zijn juist eerder aanknopingspunten te vinden die tot een tegengestelde conclusie leiden: negatieve gevolgen voor de vergunninghouder van het buiten toepassing laten van een te beperkt toetsingskader kunnen niet als een verboden vorm van omgekeerd verticale werking worden beschouwd. Uit Wells en Salzburger Flughafen kan worden afgeleid dat het Hof pas problemen heeft met de horizontale effecten van niet correct geïmplementeerde richtlijnbepalingen en eventuele negatieve effecten voor particulieren, als het gaat om richtlijnbepalingen die beogen verplichtingen voor particulieren in het leven te roepen en niet wanneer het gaat om richtlijnbepalingen die juist verplichtingen van de overheid betreffen.[21]

Hoewel in de literatuur wordt gewezen op een uitspraak van 11 juni 2014 waarin de Afdeling de Boxtel-lijn lijkt te hebben verlaten – in die zaak wordt expliciet geaccepteerd dat omgekeerde verticale effecten voortvloeien uit de verplichting die de overheid op grond van een richtlijn heeft – staat dit niet vast, omdat in die zaak door een derde een beroep werd gedaan op de richtlijn.[22] Het wachten is op een zaak waarin de Afdeling expliciet afscheid neemt van de Boxtel-lijn.

5. Het bestuursorgaan: dienaar van twee meesters?

Al met al staan bestuursorganen voor een lastige taak. Op zich is de Unierechtelijke opdracht om (wanneer conforme interpretatie niet mogelijk is) met Europees recht strijdige nationale wettelijke bepalingen buiten toepassing te laten al een uitdaging. Als de tandarts uit de inleiding een Unierechtelijke bepaling inroept, moet het bestuursorgaan aan de slag. Niet alle bestuursorganen zijn dit per sé gewend en hiervoor goed ingericht. Organisaties zoals de ACM of de IND, die werken op terreinen die in hoge mate beïnvloed zijn door Unierecht recht, zullen daar beter voor uitgerust en toe in staat zijn dan bijvoorbeeld kleine gemeenten. Daarbij moet opgemerkt worden dat geen enkel bestuursorgaan een hulplijn naar het Hof van Justitie heeft, zoals de nationale rechter over de prejudiciële procedure beschikt.

---

[19] Zie hierover uitgebreid met uitgebreide literatuurverwijzingen hoofdstuk 5 in Verhoeven 2011.
[20] De term 'keiharde jurisprudentie' is ontleend aan H.G. Sevenster in: J.M. Bazelmans & M.N. Boeve (red.), *Milieueffectrapportage naar huidig en toekomstig recht*, Groningen: Europa Law Publishing 2006.
[21] Zie kortheidshalve enerzijds HvJ EU 26 september 2000, ECLI:EU:C:2000: 496 (Unilever Italia), en anderzijds HvJ EU 5 oktober 2004 (ECLI:EU:C:2004:584 (Pfeiffer), Vgl. over *Pfeiffer* ook Prechal 2005. Ook de uitspraak van het Europese Hof van Justitie in Mangold, ECLI:EU:C:2005:709, *AB* 2006/325, past precies in dit beeld.
[22] ABRvS 11 juni 2014, ECLI:NL:RVS:2014:2120, *AB* 2014/320, m.nt. Handgraaf.

In driehoeksgeschillen staan Nederlandse bestuursorganen voor een extra uitdaging: het Hof van Justitie draagt hen op uit zichzelf de toets aan het Unierecht te verrichten, terwijl de Afdeling hen verbiedt dit ambtshalve te doen. Uitdagingen te over dus, waarbij het bestuursorgaan verder moet kijken dan de Awb om zowel zijn Europese als zijn nationale meester tevreden te houden. Voor de toekomst is het te hopen dat de Afdeling de Boxtel-lijn expliciet verlaat, zodat de hoogste nationale rechter het voldoen aan Unierechtelijke verplichtingen in elk geval niet moeilijker maakt dan nodig is.

Clara van Dam*

50 | Guidance documenten van de Europese Commissie en de Algemene wet bestuursrecht

@C_vanDam – Guidance documenten van de Europese Commissie kunnen bij de implementatie van Unierecht een belangrijke rol spelen, maar ook spanningen oproepen in het licht van rechtsbeginselen. Is regulering van de toepassing van guidance documenten nodig en kan de Algemene wet bestuursrecht daar een rol bij spelen? #guidance #Europeanisering #regulering

1. Introductie

Tijdens de afgelopen vijfentwintig jaar is het Nederlandse bestuursrecht in toenemende mate geëuropeaniseerd.[1] Europaniseringsprocessen verlopen niet alleen door de toepassing van bindende Unierechtelijke regels, zoals verordeningen en richtlijnen, maar ook via de toepassing van niet juridisch verbindende regels. Niet juridisch verbindende regels zijn onder meer te vinden in zogenaamde 'guidance documenten' van de Europese Commissie die beogen de lidstaten bij te staan bij de toepassing en uitvoering van het Unierecht in de nationale rechtsorde.[2] Guidance documenten verschijnen in vele verschillende vormen zoals werkdocumenten, mededelingen, aanbevelingen, richtsnoeren, interpretatienota's en zelfs in de vorm van brieven gericht aan de lidstaten.[3]

Wie de tekst van de Nederlandse Algemene wet bestuursrecht leest, komt geen regels tegen die zien op de toepassing van deze Unierechtelijke schaduw-

---

* Mr. J.C.A. van Dam is promovendus bij de afdeling Staats- en Bestuursrecht aan de Universiteit Leiden. Zij dankt Jacobine van den Brink en Willemien den Ouden voor hun waardevolle opmerkingen bij een eerdere versie van deze bijdrage.

[1] R.J.G.M. Widdershoven, 'Europeanisering van het algemeen bestuursrecht: stand van zaken en toekomstperspectief', in: B. Schueler & R.J.G.M. Widdershoven, *Europeanisering van het algemeen bestuursrecht: 75 jaar VAR,* Den Haag: Boom Juridische uitgevers 2014, p. 9.

[2] In de literatuur wordt aan guidance documenten gerefereerd bijv. als een vorm van 'post-legislative rulemaking' of als een vorm van 'post-legislative guidance', zie resp. L. Senden, 'Soft Post-Legislative Rulemaking: A Time for More Stringent Control', *European Law Journal* 2013, p. 60 en J. Scott, 'In legal limbo: post-legislative guidance as a challenge for European administrative law ', *Common Market Law Review* 2011, p. 329. Ook worden guidance documenten geschaard onder de noemer 'soft law', zie bijv. O. Stefan, *Soft Law in Court: Competition Law, State Aid, and the Court of Justice of the European Union,* Alphen aan den Rijn: Wolters Kluwer 2013, p. 27-28.

[3] Zie voor een overzicht van de vele vormen van 'unilaterale administratieve regelgeving' H.C.H. Hofmann, G.C. Rowe & A. Türk, *Administrative law and policy of the European Union,* Oxford: Oxford University Press 2011, p. 544-566.

regulering.[4] De invloed van guidance documenten op de nationale wetgevings- en bestuurspraktijk alsmede op de nationale rechtspraak kan echter verstrekkend zijn.[5] En, alhoewel guidance documenten beogen bij te dragen aan een meer consistente, transparante en voorzienbare implementatie van het Unierecht, kan de wijze waarop met guidance documenten bij de implementatie van het Unierecht wordt omgegaan, leiden tot juridische vragen en problemen.[6]

Deze bijdrage onderzoekt of zou moeten worden nagedacht over regulering van de toepassing van guidance documenten in de Nederlandse rechtsorde en of mogelijk de Awb daar een rol bij zou kunnen of moeten spelen.

Om op deze vraag een antwoord te kunnen geven, bespreek ik eerst het fenomeen guidance documenten en onderzoek ik of in de Awb reeds aanknopingspunten zijn te vinden voor de wijze waarop met guidance documenten dient te worden omgegaan (paragraaf 2 en 3). Vervolgens belicht ik de eisen die reeds op EU niveau aan de toepassing van guidance documenten worden gesteld (paragraaf vier). Paragraaf vijf bespreekt het gevarieerde beeld dat een onderzoek naar de doorwerking van guidance documenten op drie verschillende rechtsterreinen laat zien en de juridische implicaties en vragen die dit beeld oproept. Paragraaf zes onderzoekt of en in hoeverre de nationale rechter op de drie rechtsterreinen helderheid schept in de wijze waarop met guidance moet worden omgegaan.

Tot slot werp ik een blik op de toekomst: ik concludeer dat de verschillende rollen die guidance documenten in de praktijk kunnen aannemen, uitnodigen tot regulering van de toepassing van guidance documenten door de wetgever, bestuur en rechter. De vraag is echter of de Algemene wet bestuursrecht daar een rol bij zou kunnen spelen.

---

[4] Senden spreekt over de 'schaduwgebieden van Europese regulering', zie L.A.J. Senden, 'Schaduwgebieden van Europese regulering', *RegelMaat* 2015/5.3, p. 338-353.

[5] Zie over de doorwerking van Europese administratieve soft law in de Nederlandse wetgeving en rechtspraak J. Luijendijk & L.A.J. Senden, 'De gelaagde doorwerking van Europese administratieve soft law in de nationale rechtsorde', *Tijdschrift voor Europees en economisch recht* 2011, nr. 7, zie over de doorwerking in de Nederlandse rechtspraak J.E. van den Brink & J.C.A. van Dam, 'Nederlandse bestuursrechter en unierechtelijke 'beleidsregels'', *JBplus* 2014, nr. 1 en voor een rechtsvergelijkende studie op het terrein van het mededingingsrecht Z. Georgieva, 'The judicial reception of competition soft law in the Netherlands and the UK', *European Competition Journal* 2016, p. 54-86.

[6] Zie daarover op het terrein van Europese subsidies bijv. J.E. van den Brink, 'The Significance of European Administrative Soft Law for the Implementation of ESI Funds in the Member States', *European Structural and Investment Funds Journal* 2016, p. 2-11; zie ook J.C.A. van Dam, 'De doorwerking van Europese administratieve soft law: in strijd met Nederlandse legaliteit?', *Netherlands Administrative law Library* 2013. Zie voor een bespreking van de implicaties en richtsnoeren en aanbevelingen van de European Supervisory Authorities in Nederlandse praktijk T. Barkhuysen, L. Westendorp & S. Ramsanjhal, 'De rechtspositie van financiële instellingen ten aanzien van richtsnoeren en aanbevelingen van European Supervisory Authorities: Europese pseudowetgeving?', *Ondernemingsrecht* 2017/144, par. 5.

2. Guidance documenten als implementatiehulpmiddel

Guidance documenten van de Europese Commissie beogen de lidstaten bij te staan bij de implementatie van het Unierecht. Kenmerkend voor guidance documenten is het informele karakter.[7] De Verdragen voorzien niet in een algemene expliciete basis of procedure voor de aanname van guidance documenten,[8] er bestaat geen verplichting om guidance documenten te publiceren[9] en de vorm van guidance documenten is onbepaald.[10] En tot slot, guidance documenten beschikken niet over juridische verbindendheid.[11]

Het informele karakter maakt guidance documenten een aantrekkelijk instrument, zowel voor de Europese Commissie als voor de lidstaten.[12] Door de Europese Commissie worden guidance documenten gezien als een effectief instrument om een (in de ogen van de Commissie) 'correcte' implementatie van het Unierecht te bevorderen.[13] Voor de lidstaten dienen guidance documenten als implementatiehulpmiddel. De documenten kunnen richting geven, bijvoorbeeld als bepalingen in verordeningen en richtlijnen onduidelijk zijn, complex of voor meerdere interpretaties vatbaar.[14]

Met de toenemende aandacht voor de correcte toepassing en uitvoering van het Europese recht, is het groeiend aantal guidance documenten niet verwonderlijk.[15] Senden signaleert de (recente) tendens tot aanname van guidance

---

[7] Die informele kenmerken worden zichtbaar wanneer men guidance documenten vergelijkt met de formele, bindende instrumenten neergelegd in de Verdragen (zie art. 288 VWEU). Zie J. Pauwelyn, 'Informal International Lawmaking: Framing the Concept and Research Questions', in: J. Pauwelyn, R.A. Wessel & J. Wouters, *An Introduction to Informal International Lawmaking*, Oxford: Oxford University Press 2012, p. 15-22.
[8] Hofmann, Rowe & Türk 2011, p. 543, 549. Zie ook Luijendijk & Senden 2011, p. 319.
[9] Zie art. 297 VWEU en Senden 2013, p. 68.
[10] Zie voor een overzicht van de vele vormen van 'unilaterale administratieve regelgeving' Hofmann, Rowe & Türk 2011, p. 544-566.
[11] Art. 288 VWEU kent alleen bindende kracht toekent aan verordeningen, richtlijnen en besluiten. Ten aanzien van de aanbeveling en het advies noemt het artikel expliciet dat ze niet verbindend zijn.
[12] Zie daarover J.C.A. van Dam, 'Commission Guidance as Informal Implementation Tool: Fit for the Future?', in: B. Steunenberg, W. Voermans & S. Van den Bogaert, *Fit for the Future? : reflections from Leiden on the functioning of the EU*, The Hague: Eleven International Publishing 2016, par. 4.3.1.
[13] Zie M. Ballesteros, R. Mehdi e.a., *Tools for Ensuring Implementation and Application of EU Law and Evaluation of their Effectiveness*, Brussels: European Parliament – Directorate General for Internal Policies - Policy Department C: Citizens' Rights and Constitutional Affairs 2013, p. 46.
[14] Zie bijv. R. Baratta, 'Complexity of EU Law in the Domestic Implementing Process', *The Theory and Practice of Legislation*, 2014, p. 301.
[15] De toenemende aandacht voor de implementatie van het Unierecht blijkt bijv. uit het REFIT programma, zie bijv. de Mededeling 'Better Regulation for better results - An EU agenda'. COM(2015)215 final, 19 May 2015, p. 10-13.

documenten die zich richten tot de lidstaten en beogen de nationale autoriteiten te sturen bij het gebruik van hun discretionaire bevoegdheden als een nieuwe subcategorie van zachte bestuurlijke regelgeving.[16] Zij onderscheidde eerder al andere vormen van zachte bestuurlijke regelgeving van de Europese Commissie, namelijk interpretatieve regels en decisoire regels.[17]

Ondanks het informele karakter, kunnen guidance documenten zoals gezegd verstrekkende gevolgen hebben in de nationale rechtsorde. Dit maakt dat (veel) guidance documenten kunnen worden gezien als een vorm van Europese soft law: het gaat om niet bindende gedragsregels die in de praktijk toch praktische en juridische effecten kunnen genereren.[18]

Om de rol en effecten van de toepassing van guidance documenten in de nationale rechtsorde in kaart te kunnen brengen, is het zinvol om de guidance documenten gericht aan de lidstaten (verder) onder te verdelen in verschillen categorieën. Op basis van een inventarisatie en analyse van de guidance documenten op het terrein van Europese landbouwsubsidies maakte ik een onderscheid tussen verschillende 'types' guidance die door de Europese Commissie op dit terrein worden aangenomen.[19] Deze types guidance reflecteren verschillende functies die individuele richtsnoeren in guidance documenten vervullen. Deze onderverdeling heb ik vervolgens getest en toegepast op andere beleidsterreinen.

De eerste categorie wordt gevormd door interpretatieve guidance, waarin de Europese Commissie aangeeft hoe een bindende Unierechtelijke bepaling volgens haar dient te worden uitgelegd.[20] In de tweede plaats kunnen richtsnoeren worden onderscheiden die verdere uitleg geven aan een onderliggende hard

---

[16] Senden 2015, p. 34.
[17] Bij decisoire regels gaat het om regels die invulling geven aan de uitoefening van een discretionaire bevoegdheid van de Europese Commissie.[17] Interpretatieve regels beogen aan te geven op welke wijze het Unierecht volgens de Europese Commissie moet worden begrepen of toegepast.[17] Zie L. Senden, *Soft Law in European Community Law*, Oxford: Hard Legal Publishing 2004, p. 140.
[18] Senden 2004, p. 104. Niet alle guidance documenten vallen echter onder de noemer soft law, aangezien niet alle vormen van guidance gedragsregels bevatten, maar guidance geven in de vorm van informatie of technische instructies. Zie ook Van Dam 2017, p. 81.
[19] Zie voor een uitgebreide bespreking van deze categorieën J.C.A. Van Dam, 'Guidance documents of the European Commission: a typology to trace the effects in the national legal order', *Review of European Administrative Law* 2017, p. 75-91.
[20] Deze regels vallen ook in de categorie van interpretatieve regels zoals onderscheiden door Senden. Zie voor een voorbeeld de uitleg van het begrip 'verstoren' in art. 12 van de Habitatrichtlijn in het 'Species guidance document' behorende bij de Habitatrichtlijn. Dit document is te raadplegen via http://ec.europa.eu/environment/nature/conservation/species/guidance/index_en.htm (bezocht op 13 augustus 2018).

law bepaling, zonder interpretatieve elementen aan die bepaling toe te voegen.[21] De derde categorie bestaat uit guidance waarin aanbevelingen worden gedaan over de geschikte implementatiemethode die – volgens de Commissie – in lijn is met Unierechtelijke vereisten.[22] Voorts kunnen richtsnoeren ook een hoog technisch karakter hebben, bijvoorbeeld wanneer aanwijzingen worden gegeven over passende/geschikte technische methoden en technieken.[23] Tot slot kunnen richtsnoeren ook dienen om good practices (goede praktijken) ontwikkeld in de lidstaten weer te geven en te communiceren.[24]

3. Guidance documenten in de nationale praktijk: wat zegt de Awb?

In bovenstaande paragraaf is besproken dat guidance documenten op het nationale niveau de rol als implementatiehulpmiddel kunnen vervullen. In de Algemene wet bestuursrecht hebben guidance documenten van de Europese Commissie echter geen plaats. Kunnen in de Algemene wet bestuursrecht desalniettemin aanknopingspunten worden gevonden voor de wijze waarop met guidance documenten dient te worden omgegaan?

De meest voor de hand liggende vraag is of guidance documenten kunnen worden beschouwd als een beleidsregel in de zin van artikel 1:3 lid 4 Awb. Tussen guidance documenten en beleidsregels bestaat echter een belangrijk verschil. Beleidsregels worden uitgevaardigd door een bestuursorgaan ten aanzien van de uitoefening van een eigen (discretionaire) bevoegdheid.[25] Guidance documenten, daarentegen, worden aangenomen door de Europese Commissie met het oog op de uitoefening van aan bestuursorganen toekomende bevoegdheden in het kader van de implementatie van het Unierecht.[26]

---

[21] Zie bijv. de toelichting in sectie 3 van het Handboek aanpak schijnhuwelijken dat het toepasselijke juridische kader uiteenzet. Zie p. 15-31 van SWD(2014)284 final, te raadplegen via www.eur-lex.eu (bezocht op 13 augustus 2018).

[22] Zie bijv. de guidance op het terrein van Europese subsidies ten aanzien van het verrichten van 'on-the-spot controles' neergelegd in document DSCG/2014/32, te raadplegen via de Wikicap website van het Joint Research Centre https://marswiki.jrc.ec.europa.eu/wikicap (bezocht op 13 augustus 2018).

[23] Deze vorm van technische guidance is te vinden op het terrein van Europese subsidies, zie daarvoor de bovengenoemde Wikicap website. Technische guidance documenten zijn ook te vinden op andere terreinen, bijv. in relatie tot de Verordening 1907/2006 die ziet op de bescherming van chemische stoffen. Zie https://echa.europa.eu/nl/guidance-documents/guidance-on-reach (bezocht op 13 augustus 2018).

[24] Zie bijv. de 'good practice' voorbeelden ten aanzien van het management van Natura 2000 sites. De good practices zijn te vinden op http://ec.europa.eu/environment/nature/natura2000/management/best_practice_en.htm (bezocht op 13 augustus 2018).

[25] Zie art. 1:4(4) Awb. Zie voor een bespreking van beleidsregels als een vorm van 'bestuursrechtelijke soft law' de bijdrage van Bröring in deze bundel.

[26] Ditzelfde geldt (dus) ook voor de in art. 10:22 van de Awb neergelegde figuur van instructies: daar gaat het om instructies aan een aan het bestuursorgaan ondergeschikt persoon of college.

Meer gelijkenis vertonen guidance documenten met de – niet in de Awb neergelegde – rechtsfiguur van Nederlandse richtlijnen. Daar gaat het namelijk om regels uitgevaardigd door orgaan A die beogen instructies te geven aan de uitoefening van een aan bestuursorgaan B toekomende bevoegdheid.[27] Net als richtlijnen vormen guidance documenten 'vreemde instructies' van een ander orgaan, in dit geval van de Europese Commissie. Voorts is, net als bij guidance documenten, bij richtlijnen het uitgangspunt dat bestuursorganen niet door de richtlijnen worden gebonden: de richtlijnen zijn immers niet door henzelf uitgevaardigd.[28] Hoogstens kan binding ontstaan via formele rechtsbeginselen zoals motivering en zorgvuldigheid.[29]

Toch bestaat tussen Nederlandse richtlijnen en Unierechtelijke guidance documenten ook een belangrijk verschil. Voor guidance documenten wordt namelijk, anders dan het geval is voor richtlijnen, de bindende werking ook bepaald door verwachtingen geformuleerd op het niveau van de Europese Unie.

4. Europese verwachtingen ten aanzien van de toepassing van guidance documenten in de nationale rechtsorde

Guidance documenten zijn, zoals gezegd, niet juridisch verbindend.[30] Dit betekent dat de lidstaten in beginsel vrij zijn om guidance documenten al dan niet toe te passen bij de implementatie van het Unierecht.[31] Toch is deze vrijheid relatief. Op het niveau van de Europese Unie worden verwachtingen geformuleerd ten aanzien van de wijze waarop nationale autoriteiten en/of de nationale rechter met guidance documenten moeten omgaan. Deze verwachtingen kunnen ervoor zorgen dat van guidance documenten de jure of de facto een bindende werking uitgaat.[32]

Een feitelijk en/of juridisch bindende werking voor nationale autoriteiten
Verwachtingen ten aanzien van de wijze waarop nationale autoriteiten met guidance documenten dienen om te gaan kunnen, in de eerste plaats, worden

---

[27] Zie over richtlijnen H.E. Bröring, *Richtlijnen. Over de juridische betekenis van circulaires, leidraden, aanbevelingen, brochures, plannen*, Deventer: Kluwer 1993.
[28] Bröring 1993, p. 353-355. H.E. Bröring, 'Bestuursrechtelijke 'soft law'. Of: lang leve de beleidsregel, maar niet de beleidsregel alleen', in: R.J.N. Schlössels e.a. (red.), *In de regel*, Deventer: Kluwer 2012, p. 180-181.
[29] Dit is het geval voor deskundigenrichtlijnen. Zie Bröring 1993, p. 180.
[30] Zo volgt uit art. 288 VWEU.
[31] De implementatie van het Unierecht is de verantwoordelijkheid van de lidstaten, zoals is bepaald in art. 291(2) VWEU.
[32] Vlg. Stefan 'the effects of soft law sometimes appear binding, from a legal or even an extra-legal point of view'; zie Stefan 2013, p. 17.

geformuleerd in onderliggende Unierechtelijke wetgeving en de rechtspraak van het Hof van Justitie van de Europese Unie.

Zo komt het voor dat in secundaire wetgeving de bepaling wordt opgenomen dat de nationale autoriteiten (zoveel mogelijk) rekening houden met guidance documenten van de Europese Commissie. Een voorbeeld is artikel 19 van de Kaderrichtlijn telecommunicatie (richtlijn 2002/21/EG) dat bepaalt dat lidstaten bij de uitvoering van hun taken zoveel mogelijk rekening houden met aanbevelingen van de Europese Commissie.[33] In dat geval lijkt het Hof van Justitie een 'comply-or-explain' principe te hanteren: de nationale autoriteiten kunnen slechts onder motivering van hun standpunt afwijken van de richtsnoeren van de Europese Commissie.[34]

De verwachtingen kunnen ook nog meer worden 'opgeschroefd', zoals blijkt uit de IJssel-Vliet rechtspraak van het Hof van Justitie. Uit die rechtspraak volgt dat richtsnoeren van de Europese Commissie op het terrein van het staatssteunrecht een bindende werking kunnen verkrijgen voor de lidstaten.[35] De bindende werking vloeit volgens het Hof van Justitie voort uit de samenwerkingsplicht neergelegd in artikel 108(1) VWEU en uit aanvaarding van de in de richtsnoeren neergelegde regels door de lidstaten.[36] De lidstaat is dan volgens het Hof van Justitie 'gehouden de richtsnoeren van de Europese Commissie toe te passen'.[37] Een dergelijke bindende werking van richtsnoeren is tot nog toe alleen aangenomen op het terrein van het staatssteunrecht, en kan mogelijk worden verklaard in het licht van de exclusieve bevoegdheid van de Europese

---

[33] Zie voor een ander voorbeeld art. 16 van Verordening 1095/2010 dat ziet op richtsnoeren en aanbevelingen die zijn aangenomen door de Europese Autoriteit voor effecten en markten.

[34] Zie HvJ EU 15 september 2016, ECLI:EU:C:2016:692 (KPN v ACM), r.o. 37 en 38 waarin het HvJ EU overweegt dat uit art. 19(2) van de Kaderrichtlijn telecommunicatie volgt dat de nationale regelgevende instanties in beginsel de aanwijzingen van een op basis van dat artikel aangenomen aanbeveling van de Commissie dienen op te volgen en slechts onder motivering van hun standpunt van de aanbeveling kunnen afwijken. Het HvJ EU volgt een vergelijkbare redenering ten aanzien van conclusies van het comité waar de nationale douaneautoriteiten zoveel mogelijk rekening mee dienen te houden. Zie HvJ EU 11 mei 2006, ECLI:EU:C:2006:312 (Friesland Coberco Dairy Foods BV v Inspecteur van de Belastingdienst), par. 27, 32. Zie daarover verder J.C.A. van Dam, 'Het Hof van Justitie spreekt zich uit over de bindende werking van een aanbeveling van de Europese Commissie ', *Nederlands tijdschrift voor Europees recht* 2017, p. 84-90. en Luijendijk & Senden 2011, p. 331.

[35] Zie over de bindende werking voor de lidstaten Stefan 2013, p. 188-189.

[36] HvJ EU, 15 oktober 1996, ECLI:EU:C: 1996:383 (IJssel-Vliet v Minister van Economische Zaken), par 44. Zie daarover uitgebreid J.E. Van den Brink, *De uitvoering van Europese subsidieregelingen in Nederland. Juridische knelpunten en uitdagingen*, Deventer: Kluwer 2012, p. 283-286 en Stefan 2013, p. 188-189.

[37] HvJ EU, 15 oktober 1996, ECLI:EU:C: 1996:383 (IJssel-Vliet v Minister van Economische Zaken), par. 49.

Commissie om de verenigbaarheid van staatssteunmaatregelen te beoordelen.[38]

In de derde plaats, en wellicht meer impliciet, kunnen verwachtingen ten aanzien van de wijze waarop nationale autoriteiten dienen om te gaan met guidance documenten worden geformuleerd door de Europese Commissie wanneer zij haar taak vervult als 'hoedster van de Verdragen'.[39] Bij de uitoefening van die taak kan de Commissie gebruik maken van guidance documenten als 'toezichtsinstrument'.[40] De documenten kunnen bijvoorbeeld een rol spelen bij de beslissing tot het starten van een infractieprocedure of bij de beslissing tot het opleggen van een financiële correctie (bijvoorbeeld op het terrein van Europese subsidies).[41] Ook komt het voor dat de Commissie 'guidelines compliance tables' bijhoudt, waarin wordt aangegeven of een lidstaat het Unierecht conform de richtsnoeren heeft geïmplementeerd.[42] Van het gebruik van guidance documenten als toezichtsinstrument gaat, impliciet of expliciet, de verwachting uit dat de lidstaten in overeenstemming met guidance documenten handelen, of op zijn minst de guidance documenten in aanmerking nemen.

Uit het bovenstaande volgt dat ondanks het niet bindende karakter van guidance documenten op het niveau van de Europese Unie verwachtingen worden geformuleerd aan de wijze waarop de nationale autoriteiten omgaan met guidance documenten van de Europese Commissie. Dat zorgt er in de praktijk voor dat van guidance documenten in mindere of meerdere mate een bindende werking kan uitgaan voor de nationale autoriteiten die betrokken zijn bij de implementatie van het Unierecht. Die bindende werking kan een feitelijk of juridisch karakter hebben, en contrasteert met het niet bindende karakter dat

---

[38] Vgl. Stefan 2013, p. 190-191 en Van den Brink & Van Dam 2014, p. 11.
[39] O.g.v. art. 17 VEU ziet de Europese Commissie toe op een juiste toepassing van het Verdrag.
[40] Andersen bespreekt de rol van niet bindende richtsnoeren als een 'enforcement tool': S. Andersen, *The enforcement of EU law. The Role of the European Commission*, Oxford: Oxford University Press 2012, p. 213. Hofmann, Rowe en Türk beschouwen bestuurlijke regels als een vorm van 'administrative supervision', zie Hofmann, Rowe & Türk 2011, p. 756.
[41] Het risico dat bij niet toepassing van guidance een niet-nakomingsprocedure wordt geopend of de mogelijkheid dat een financiële correctie wordt opgelegd is volgens het Hof van Justitie van de EU een 'feitelijk gevolg en geen dwingend rechtsgevolg'. Zie HvJ EU 20 mei 2010, ECLI:EU:T:2010:214 (Duitsland v Commissie),, r.o. 151 en HvJ EU 1 december 2005, ECLI:EU:C:2005:727, (Italië v Commissie) r.o. 30). Zie hierover Andersen 2012, p. 214 en Luijendijk & Senden 2011, p. 321.
[42] Dit is bijv. het geval voor de 'ESMA guidelines', zie daarover M. van Rijsbergen, 'On the Enforceability of EU Agencies' Soft Law at the National Level: The Case of the European Securities and Markets Authority', *Utrecht Law Review* 2014, 10(5), p. 116-131, p. 124.

vaak wordt benadrukt, soms zelfs in dik gedrukte letters, in de tekst van de guidance documenten zelf.[43]

Een verplicht interpretatiehulpmiddel voor de nationale rechter
Niet alleen worden verwachtingen geformuleerd ten aanzien van de wijze waarop de nationale autoriteiten met guidance documenten dienen om te gaan, ook de nationale rechter krijgt 'instructies' hoe met guidance documenten om te gaan bij beoordeling van geschillen waarbij het Unierecht moet worden geïnterpreteerd of toegepast.[44] Die instructies werden reeds geformuleerd in het Grimaldi arrest van het Hof van Justitie van de Europese Unie op 13 december 1989.[45] In dat arrest overweegt het Hof van Justitie dat de nationale rechterlijke instanties gehouden zijn de aanbevelingen van de Europese Commissie 'in aanmerking te nemen bij de oplossing van de bij hen aanhangige geschillen, met name wanneer deze duidelijkheid kunnen verschaffen over de uitlegging van andere nationale of communautaire bepalingen'.[46]

In de literatuur is de Grimaldi verplichting uitgelegd als een verplicht interpretatiehulpmiddel.[47] Die verplichting gaat echter niet zover als een verplichting tot conforme interpretatie: het is een inspanningsverplichting, niet een resultaatsverplichting.[48] De 'Grimaldi formule' is in latere rechtspraak herhaald ten aanzien van andere aanbevelingen van de Europese Commissie.[49] Een indicatie dat de Grimaldi formule ook van toepassing is op andere guidance documenten dan aanbevelingen, kan worden gevonden in het Baltlanta arrest. In die zaak acht het Hof van Justitie de Grimaldi rechtspraak naar analogie van toepassing op richtsnoeren (en dus niet een aanbeveling) op het terrein van structuurfondsen.[50]

---

[43] Een voorbeeld is de dikgedrukte tekst op p. 5 van het Handboek dat ziet op de aanpak van schijnhuwelijken (SWD(2014)284 final): 'The Handbook is neither legally binding nor exhaustive. It is without prejudice to existing EU law and its future development. It is also without prejudice to the authoritative interpretation of EU law which may be given by the Court of Justice.'
[44] Zie over de rol van de nationale rechter als 'guardians of the European legal order' en over het (fictieve) onderscheid tussen interpretatie en toepassing H. Van Harten, '(Re)search and Discover: Shared Judicial Authority in the European Union Legal Order', *Review of European Administrative Law* 2014, p. 14.
[45] HvJEU 13 december 1989, ECLI:EU:C:1989:646 (Grimaldi).
[46] HvJEU 13 december 1989, ECLI:EU:C:1989:646 (Grimaldi), par. 19.
[47] Zie bijv. Luijendijk & Senden 2011, p. 336 en ook Van den Brink & Van Dam 2014, p. 13.
[48] *Ibid.*
[49] HvJEU 18 maart 2010, ECLI:EU:C:2010:146 (Alassini e.a./SpA), r.o. 40; HvJ EG 24 april 2008, ECLI:EU:C:2008:244 (Arcor), r.o. 94; HvJ EG 11 september 2003, ECLI:EU:C:2003:451 (Altair Chimica), r.o. 41.
[50] HvJ EU 3 september 2014, ECLI:EU:C:2014:2134 (Baltlanta), r.o. 64. Barkuysen, Westendorp en Ramsanjhal achten de discussie over de toepassing van de Grimaldi

In de hierboven aangehaalde ACM vs KPN zaak heeft het Hof van Justitie de Grimaldi formule verder aangescherpt.[51] In die zaak overweegt het Hof van Justitie dat de nationale rechter slechts op specifieke gronden kan afwijken van een aanbeveling behorende bij de Kaderrichtlijn telecommunicatie.[52] Deze overweging dient waarschijnlijk te worden gelezen in het licht van de specifieke juridische context.[53] Het gaat namelijk om een aanbeveling die is aangenomen op basis van artikel 19 van de Kaderrichtlijn telecommunicatie en waarmee de nationale regelgevende instanties, volgens datzelfde artikel, zoveel mogelijk rekening dienen te houden.[54] Het is echter niet uit te sluiten dat een vergelijkbare strikte invulling van guidance documenten zal worden aangenomen op andere, vergelijkbare rechtsterreinen.

5. Guidance documenten in de Nederlandse wetgevings- en bestuurspraktijk

Bovenstaande paragraaf laat zien dat van guidance documenten een bindende werking kan uitgaan naar nationale autoriteiten en dat de documenten – op zijn minst – de rol aannemen als verplicht interpretatiehulpmiddel voor de nationale rechter.[55] Het is aldus mogelijk dat de documenten op het nationale niveau – in enige mate – als bindend hulpmiddel worden gehanteerd. Deze paragraaf onderzoekt de rol en implicaties van guidance documenten in de nationale wetgevings- en bestuurspraktijk, de volgende paragraaf onderzoekt welke rol guidance documenten spelen in de bestuursrechtspraak.[56]

Guidance als implementatiehulpmiddel in de praktijk: een gevarieerd beeld
Om een algemeen beeld te krijgen van de wijze waarop guidance documenten doorwerken in de nationale rechtsorde is het zinvol om de doorwerking van

---

rechtspraak op andere guidance documenten dan aanbevelingen beslecht. Zie Barkhuysen, Westendorp en Ramsanjhal 2017, par. 4.3.

[51] Zie HvJ EU 15 september 2016, ECLI:EU:C:2016:692 (KPN v ACM), par. 42, 43. Zie de tweede alinea van paragraaf 3.1.

[52] Het gaat om de Aanbeveling van de Commissie van 7 mei 2009 inzake de regelgeving voor afgiftetarieven van vaste en mobiele telefonie in de EU (*PbEU* 2009 L 337/37). De aanbeveling is aangenomen op grond van art. 19 lid 1 van de Kaderrichtlijn telecommunicatie (richtlijn 2002/21/EG).

[53] Zie over de relevantie van de specifieke context in deze zaak Van Dam 2017, p. 87- 89.

[54] Zie daarover HvJ EU 15 september 2016, ECLI:EU:C:2016:692 (KPN v ACM), par. 37.

[55] Zie over de betekenis van guidance documenten op het terrein van structuurfondsen in de implementatie van het Unierecht Van den Brink 2016.

[56] Vanwege de beperkte omvang van deze bijdrage zal niet ook nader worden ingegaan op de rol van guidance documenten aan de hand van de verschillende types guidance. In het promotieonderzoek wordt nader ingegaan op de doorwerking van de verschillende types guidance zoals onderscheiden in par. 2 van deze bijdrage.

guidance documenten op verschillende terreinen te bestuderen. Deze paragraaf bespreekt, in grote lijnen, de bevindingen van een onderzoek naar de rol van guidance documenten op drie terreinen:[57] de guidance documenten gerelateerd aan de Habitatrichtlijn, guidance documenten behorend bij de Burgerschapsrichtlijn (2004/38) en de guidance documenten de verordeningen die regels bevatten voor de toekenning van landbouwsubsidies. Dit onderzoek laat een gevarieerd beeld zien.

Op het terrein van de landbouwsubsidies worden de vele guidance documenten bij de landbouwverordeningen in de regel strikt gevolgd. Uit interviews blijkt dat de documenten worden ervaren en toegepast 'als ware het wetgeving'.[58] Guidance documenten worden bijvoorbeeld omgezet in de Uitvoeringsregeling rechtstreekse betalingen[59] en in de daarbij behorende beleidsregels,[60] of worden als bindend voorschrift gehanteerd bij het nemen van beschikkingen. Dit blijkt ook uit de rechtspraak van het CBb, waaruit bijvoorbeeld naar voren komt dat de vijftig bomen regel, neergelegd in een guidance document van de Europese Commissie door de RVO[61] wordt gehanteerd als 'dwingend voorschrift'.[62] Een de facto bindende werking van guidance documenten op dit terrein is overigens niet verwonderlijk: afwijking van de guidance documenten brengt immers het risico van een financiële correctie met zich mee.[63]

Het onderzoek naar de twee guidance documenten bij de Burgerschapsrichtlijn 2004/38/EG laat een ander beeld zien.[64] Op dat terrein lijken de guidance documenten bij die richtlijn in de praktijk de vorm aan te nemen van een vrijwillig implementatiehulpmiddel. De toepassing van guidance documenten wordt gekenmerkt door een nationale praktijk van 'cherry picking'.[65] Een voorbeeld biedt de toepassing van richtsnoeren neergelegd in paragraaf 4.2 van de Mededeling COM(2009)313. Deze richtsnoeren zijn door de IND gebruikt voor

---

[57] Dit promotieonderzoek wordt verricht aan de afdeling Staats- en bestuursrecht van de universiteit Leiden. De resultaten van dit onderzoek worden naar verwachting in de loop van het jaar 2019 gepubliceerd.

[58] Dit blijkt uit verschillende interviews met ambtenaren bij de Rijksdienst voor Ondernemend Nederland en ambtenaren bij het Ministerie voor Economische Zaken en Klimaat.

[59] Een voorbeeld is de regel in art. 2.15(3) dat op blijvend grasland dat ecologisch kwetsbaar is een lichte grondbewerking is toegestaan. Dit artikel sluit aan op de richtsnoeren over blijvend grasland neergelegd in DS/EFDP/2015/02 FINAL.

[60] Zo is bijv. art. 5 van de Beleidsregel bij de Uitvoeringsregeling gebaseerd op guidance documenten van de Europese Commissie.

[61] Rijksdienst voor Ondernemend Nederland.

[62] Zie bijv. CBB 27 oktober 2010, ECLI:NL:CBB:2010:BO2425, r.o. 2.6.

[63] Zie paragraaf 3.1.

[64] Mededeling COM(2009)313 betreffende richtsnoeren voor een betere omzetting en toepassing van Richtlijn 2004/38 en het Handbook on addressing the issue of alleged marriages of convenience (SWD(2014)284 final).

[65] Dit volgt uit interviews met ambtenaren bij de het Ministerie van Veiligheid en Justitie en bij de Immigratie en Naturalisatiedienst (IND).

het ontwikkelen van pilots om vermeende schijnhuwelijken te identificeren.[66] Zij worden eveneens aangehaald ter onderbouwing van beschikkingen waarin sprake is van een vermeend schijnhuwelijk. Toch vormt de toepassing van de richtsnoeren volgens de Staatssecretaris niet een vaste beleidslijn en kan hij dus niet volgens die weg aan de richtsnoeren worden gebonden.[67]

Tot slot, de toepassing van guidance documenten bij de implementatie van de Habitatrichtlijn laat een minder eenduidig beeld zien.[68] In Nederland is de Habitatrichtlijn geïmplementeerd in de Wet Natuurbescherming 2017 die, grotendeels, wordt uitgevoerd op het niveau van de provincies. Opvallend is dat de twee belangrijkste guidance documenten bij de Habitatrichtlijn[69] uitvoerig worden geciteerd in de Memorie van Toelichting behorende bij de Natuurbeschermingswet en worden gebruikt om 'guidance' te geven voor de uitleg en uitvoering van de Natuurbeschermingswet op decentraal niveau.[70] Op het niveau van de provincies lijken de guidance documenten echter een marginale rol te spelen en zelden als implementatiehulpmiddel te worden gebruikt.[71]

Het gevolg: spanningen in het licht van rechtsbeginselen
Uit bovenstaande bevindingen blijkt dat de wijze waarop met guidance documenten wordt omgegaan, verschilt per rechtsterrein en, zoals in het geval van de Habitatrichtlijn, ook per actor en/of fase van het implementatieproces. Dit duidt er niet alleen op dat in de praktijk onduidelijkheid bestaat ten aanzien van de betekenis van guidance documenten, maar betekent ook dat de documenten op verschillende wijzen interacteren met juridische beginselen.

Zo levert op het terrein van Europese landbouwsubsidies de toepassing van guidance documenten als 'bindend voorschrift' spanning op met het legaliteitsbeginsel.[72] Dit is met name het geval indien dit ertoe leidt dat guidance de grondslag vormt voor het afwijzen van een subsidieaanvraag, zoals het geval is in de

---

[66] Dit voorbeeld werd genoemd tijdens interviews en blijkt ook uit (bijv.) Rb Den Haag 27 januari 2011, ECLI:NL:RBSGR:2011:BQ2080, r.o. 2.7.
[67] Zo blijkt bijv. uit ABRvS 20 juli 2017, ECLI:NL:RVS:2016:2006, par. 4.1.
[68] Het grote aantal guidance documenten behorende bij de Habitatrichtlijn is te vinden op de website van het Directoraat-generaal milieu van de Europese Commissie. http://ec.europa.eu/environment/nature/index_en.htm (bezocht op 17 augustus 2018).
[69] Het document 'Beheer van Natura 2000 gebieden' dat is aangenomen in het jaar 2000 en het 'Guidance document on the strict protection of animal species' (uit 2007). Beide documenten zijn te vinden op http://ec.europa.eu/environment/nature/index_en.htm (bezocht op 17 augustus 2018).
[70] *Kamerstukken II* 2011/12, 33348, 3, zie bijv. p. 137.
[71] Dit volgt uit een onderzoek naar verwijzingen naar guidance documenten in Provinciale verordeningen en beleidsregels en uit interviews met medewerkers bij de provincies die betrokken zijn bij de uitvoering van de Natuurbeschermingswet.
[72] Zie over spanning tussen de doorwerking guidance documenten op het terrein van Europese subsidies en (verschillende aspecten van) het legaliteitsbeginsel Van Dam 2013.

vijftig bomen zaken. Aan de andere kant kan de strikte toepassing van guidance documenten, vooral wanneer omgezet in de Uitvoeringsregeling, een meer transparante, consistente en voorspelbare besluitvorming dienen.

Op het terrein van vrij verkeer van personen schuilt in de cherry picking benadering het gevaar dat richtsnoeren onvoorspelbaar en/of inconsistent worden toegepast. Dit gevaar van willekeur dreigt met name in de situatie waar de richtsnoeren van de Europese Commissie niet zijn omgezet in de Nederlandse beleidsregels, zoals in het geval van de hierboven genoemde schijnhuwelijken. Ook kan de 'onzichtbare' toepassing van guidance documenten problematisch zijn vanuit het oogpunt van transparantie van de besluitvormingscriteria.[73] Waar de richtsnoeren zijn omgezet in beleidsregels in de Vreemdelingencirculaire, kunnen de richtsnoeren ook juist bijdragen aan een meer transparante en consistente besluitvorming.

Tot slot, op het terrein van de Habitatrichtlijn sorteren guidance documenten de minste concrete effecten, aangezien guidance documenten hier (vooralsnog) een minimale rol lijken te spelen in de provinciale uitvoeringspraktijk. Hierdoor vindt weinig interactie plaats met juridische beginselen, maar wordt ook de rol van guidance documenten als implementatiehulpmiddel slechts marginaal benut.

6. Guidance documenten en de Nederlandse bestuursrechtspraak

Naast de nationale wetgever en het bestuur speelt ook de nationale rechter een belangrijke rol bij de doorwerking van het Unierecht. De nationale rechter ziet er op toe dat het Unierecht door de nationale autoriteiten op de juiste wijze wordt geïnterpreteerd en toegepast, en kan daarbij gebruik maken van guidance documenten van de Europese Commissie. Dat betekent ook dat de nationale rechter een rol kan spelen in het 'verhelderen' en 'reguleren' van de toepassing van guidance documenten als implementatiehulpmiddel. Deze paragraaf beziet welke rol guidance documenten toekomt volgens de Nederlandse bestuursrechter op de drie geselecteerde rechtsterreinen.

Zoals hierboven geschetst dient de nationale rechter volgens de Grimaldi rechtspraak 'aanbevelingen' in aanmerking te nemen bij het beslechten van geschillen. Het onderzoek naar de rechterlijke uitspraken op de drie geselecteerde rechtsterreinen heeft geen uitspraken opgeleverd waarin naar de Grimaldi rechtspraak wordt gewezen. Dit betekent echter niet dat Nederlandse bestuursrechters niet naar guidance documenten verwijzen. Op het terrein van de Habitatrichtlijn verwijzen de Afdeling bestuursrechtspraak van de Raad van State en

---

[73] Zie over de mogelijke toegevoegde waarde van (decisoire) richtsnoeren voor een transparante beslispraktijk van de Europese Commissie S. Prechal & M. de Leeuw, 'Dimensions of Transparency: The Building Blocks for a new Legal Principle?', *Review of European Administrative Law* 2007, p. 56.

lagere rechters regelmatig naar het Species guidance document.[74] In deze uitspraken wordt echter niet expliciet een uitspraak gedaan over de rol of status van dit guidance document.[75]

De Afdeling is meer expliciet over de rol van guidance documenten gerelateerd aan de Burgerschapsrichtlijn. Volgens de Afdeling bieden de richtsnoeren COM(2009)313 een handvat voor de interpretatie van de bepalingen in de richtlijn 2004/38, en kunnen de guidance documenten derhalve niet 'elke werking worden ontzegd'.[76] In dit verband acht de Afdeling het relevant dat ook de Minister zelf regelmatig naar de richtsnoeren verwijst ter onderbouwing van beleidsbeslissingen.[77]

Het College van Beroep voor het bedrijfsleven, rechter in eerste en enige aanleg op het terrein van Europese landbouwsubsidies, is het meest 'ervaren' als het gaat om toepassing van guidance documenten: de eerste uitspraken waarin aan guidance documenten wordt gerefereerd dateren uit het jaar 2001.[78] Uit verschillende uitspraken blijkt dat het CBb de toepassing van guidance documenten 'als een dwingend voorschrift' niet accepteert, maar van de Minister verlangt dat hij een afweging maakt in het licht van de omstandigheden van het geval indien dat wordt vereist door de onderliggende Unierechtelijke bepalingen.[79] Dit betekent echter niet dat het CBb de guidance documenten niet ook zelf als interpretatiehulpmiddel gebruikt.[80] Dit wordt bijvoorbeeld duidelijk in een recente uitspraak over de uitleg van het begrip kennelijke fout waarin het CBb verwijst naar het 'obvious error' guidance document.[81] Het Cbb maakt duidelijk dat het dit document in aanmerking neemt omdat het afkomstig is van een gezaghebbende instantie, alsmede vanwege het feit dat de Minister het document hanteert bij de beoordeling of sprake is van een kennelijke fout.[82]

Uit het bovenstaande volgt dat, op de drie onderzochte terreinen, guidance documenten worden gehanteerd als rechterlijk interpretatiehulpmiddel. Daarnaast aanvaarden de bestuursrechters ook het gebruik van guidance documen-

---

[74] Het 'Guidance document on the strict protection of animal species' (zie ook hierboven noot 20). Zie bijv. ABRvS 7 november 2012, ECLI:NL:RVS:2012:BY2464, par. 7.3 en Rechtbank Leeuwarden 17 december 2012, ECLI:NL:RBLEE:2012:BY6864, par. 5.6.

[75] Zie voor een bespreking van deze rechtspraak Van den Brink & Van Dam 2014, p. 24.

[76] Zie ABRvS 6 september 2011, ECLI:NL:RVS:2011:BS1678, par. 2.4.1. Dit is inmiddels vaste rechtspraak, zie ABRvS 20 juli 2016, ELCI:NL:RVS:2016:2006.

[77] Zie ook ABRvS 13 december 2011, ECLI:NL:RVS:2011:BV3584, par. 2.4.1.

[78] Zie bijv. CBb 6 juni 2001, ECLI:NL:CBB:2001:AB2130, par. 5.

[79] Zie bijv. CBb 6 juni 2001, ECLI:NL:CBB:2001:AB2130, par. 5; CBb 27 oktober 2010, ECLI:NL:CBB:2010:BO2425, par. 2.6; CBb 14 december 2006, ECLI:NL:CBB:2006:AZ5816, par. 5.5; CBb 26 juni 2007, ECLI:NL:CBB:2007:BA8565, par. 5.3.

[80] Zie bijv. CBb 21 juni 2017, ECLI:NL:CBB:2017:241 waarin uitgebreid wordt verwezen naar het 'active farmer guidance document' DSCG/2014/29.

[81] Working document ARG 49533/2002 on the concept of obvious error.

[82] CBb 8 mei 2018, ECLI:NL:CBB:2018:323, r.o. 10.

ten door de Minister als hulpmiddel om (beleids)beslissingen te nemen, mits de documenten – aldus het CBb – niet als bindend voorschrift worden gehanteerd.

Deze rechtspraak laat echter ook vragen open ten aanzien van de rol en status van guidance documenten. Hanteert de rechter de documenten als een verplicht of juist vrijwillig interpretatiehulpmiddel? Acht de rechter het mogelijk dat van guidance documenten wordt afgeweken, en zo ja dient dit te worden gemotiveerd? Of geldt hierbij een soortgelijke zelf bindende werking als bij Nederlandse gedrags- of beleidsregels? Neemt de rechter hierbij de Grimaldi rechtspraak van het Hof van Justitie als uitgangspunt? Deze vragen zorgen ervoor dat in de praktijk onduidelijkheid ten aanzien van de betekenis van guidance documenten blijft bestaan.

7. Een blik op de toekomst: een rol voor de Awb?

Volgens Hofmann, Rowe en Türk '[w]ere the Commission not to provide such guidance, many Member States would, frankly, be stumbling in the dark in their attempts to fulfill the demands of European law'.[83]

In de praktijk vervullen guidance documenten hun rol als implementatiehulpmiddel op uiteenlopende wijze, zo wordt duidelijk uit de analyse in deze bijdrage. Zo worden guidance documenten soms als de facto bindend voorschrift gehanteerd. Soms spelen zij slechts een minimale rol of staat de toepassing van guidance in het teken van een cherry picking benadering. De Nederlandse rechter hanteert de guidance documenten als interpretatiehulpmiddel, maar laat vooral ook vragen open ten aanzien van de bindende werking van guidance documenten voor Nederlandse bestuursorganen en voor de rechter zelf.

De verschillende rollen die guidance documenten spelen in de praktijk, roepen spanningen op in het licht van beginselen die bij de implementatie van het Unierecht in acht dienen te worden genomen. Voor de legitimiteit van het EU bestuur en van het nationale bestuur is echter van belang dat met guidance documenten wordt omgegaan op een wijze die (zoveel mogelijk) in lijn is met rechtsbeginselen. Immers, het feit dat guidance documenten worden gekarakteriseerd door een sterk informeel karakter, betekent niet dat de toepassing van guidance niet door rechtsbeginselen wordt genormeerd.[84]

Dit betekent dat verder moet worden nagedacht over de vraag hoe de rol van guidance documenten in de Nederlandse rechtsorde te reguleren of stroomlijnen. De kunst is dan om guidance documenten zo een rol te geven dat zij rechtsbeginselen dienen én zoveel mogelijk het flexibele, niet-bindende karakter behouden.

De in de inleiding gestelde vraag is of de Awb mogelijk hierbij een rol kan spelen. Zo zou aan guidance documenten een zelfde status kunnen worden

---

[83] Hofmann, Rowe & Türk 2011, p. 570.
[84] Vgl. S. Prechal, R.J.G.M. Widdershoven e.a., *Inleiding tot het Europees Bestuursrecht*, Nijmegen: Ars Aequi Libri 2017, p. 80-81.

gegeven als beleidsregels in de zin van artikel 1:3 lid 4 Awb. Echter, wanneer guidance documenten de status van beleidsregels verkrijgen, betekent dat ook dat de guidance documenten door het bestuursorgaan in beginsel dienen te worden gevolgd, en dat afwijking alleen mogelijk is onder de voorwaarden neergelegd in artikel 4:84 Awb. Met andere woorden, door aan te sluiten bij het regime van de Nederlandse beleidsregel, zou de vrijheid van de lidstaten in de implementatie van het Unierecht en de flexibiliteit van guidance (onnodig) worden beperkt.

Misschien dat de oplossing eerder kan worden gevonden in de vorm van zachte regels, een soort guidance dus, die de wetgever, bestuur en rechter begeleiden bij de toepassing van guidance documenten en uitnodigen – zoveel mogelijk – om te gaan met guidance documenten op een transparante, consistente en voorspelbare wijze. Bij het formuleren van die regels zou mogelijk aansluiting kunnen worden gezocht bij de (deels in de Awb gecodificeerde) algemene beginselen van behoorlijk bestuur, zoals het motiveringsbeginsel en het (formele) zorgvuldigheidsbeginsel. Maar ook kunnen de zachte regels herinneren aan de verantwoordelijkheid van de lidstaten voor de implementatie van het Unierecht, zodat bij de toepassing van guidance documenten de ruimte en flexibiliteit die door het Unierecht wordt geboden, maar ook de grenzen die door het Unierecht worden gesteld, in acht worden genomen.

Gebruikersperspectieven op de Awb

Meer inhoud, minder procedures. Er zou meer tijd mogen zitten in klachten en bezwaarschriften en minder in welke rechter precies zou moeten worden bezocht.

Machteld Claessens
Rondetafelgesprek 25 jaar Awb
Utrecht, 30 augustus 2017

V

Heinrich Winter[*]

51 | Kwaliteitsverbetering door bestuurlijke heroverweging?
Een beschouwing naar aanleiding van ervaringen met 25 jaar voorprocedures in bezwaar

@heinrichwinter – Flexibilisering bezwaarprocedure nodig gelet op de wensen van bezwaarmakers en het vergroten van effectiviteit van de procedure, evenals evaluatieonderzoek afdoeningsmodaliteiten en aandacht voor het leereffect van bezwaar
#heroverweging#flexibilisering#leereffect

1. De gedachte van de algemeen verplichte heroverweging

Een belangrijke verandering die de Awb in 1994 met zich bracht is de algemene verplichting tot bestuurlijke heroverweging voorafgaand aan het beroep op de bestuursrechter. In de meeste gevallen krijgt die heroverweging vorm in een bezwaarschriftprocedure. Die procedure was natuurlijk niet volstrekt nieuw in 1994: we kenden immers al de Arob-bezwaarschriftprocedure.[1] Wat de Awb veranderde was dat in veel gevallen de procedure van administratief beroep werd vervangen door de bezwaarschriftprocedure. Verder werd daar waar voorheen rechtstreeks beroep op de bestuursrechter kon worden ingesteld in veel gevallen de bezwaarprocedure verplicht voorgeschreven. Op het terrein van de sociale zekerheid is de voor beroep vatbare beschikking vervangen door bezwaar en de facultatieve procedure die gold voor bestuursorganen op rijksniveau, werd verplicht gesteld. Deze ontwikkelingen hebben ertoe geleid dat Nederlandse overheden jaarlijks 2,6 miljoen bezwaarschriften ontvangen. Er heeft zich rond de behandeling van die bezwaarschriften een aantal ontwikkelingen voorgedaan in de afgelopen 25 jaar die ik kort op een rijtje zet en van commentaar voorzie (paragraaf 2).

Wat was ook al weer de bedoeling van de wetgever met de algemeen verplichte heroverweging? Kostenbewustzijn en kwaliteitsverbetering gingen daarbij hand in hand. Onbeperkte toegang tot de rechter was kostbaar en moest worden voorkomen. 'Bezwaar voor beroep' zou tot een minder kostbaar stelsel van rechtsbescherming leiden en droeg bovendien de belofte van verbetering van

---

[*] Prof. dr. H.B. Winter is hoogleraar bestuurskunde aan de Rijksuniversiteit Groningen en directeur van onderzoeks- en adviesbureau Pro Facto.
[1] Die Arob-bezwaarschriftprocedure is in de periode 1982-1984 uitgebreid geëvalueerd door een Gronings onderzoeksteam onder leiding van Marten Oosting en John Griffiths, zie C.M. Breeuwsma, E. Helder, E. Niemeijer, H. Rawee, J. Griffiths & M. Oosting, *Arob-praktijken. Over ontstaan en afloop van bezwaarschriftenprocedures ingevolge de Wet Arob in de gemeentelijke bestuurspraktijk*, Deventer: Kluwer 1984.

kwaliteit bij het bestuur in zich. In dat verband spreekt de memorie van toelichting meer gedetailleerd van vier manieren om dat te bereiken. In de eerste plaats gaat het om toegangsbeperking van de rechtspraak door middel van de zeefwerking of filterfunctie van de bezwaarschriftprocedure. Doordat zaken beter voorbereid bij de rechter terecht komen kan een rechterlijke procedure ook nog eens sneller verlopen.[2] Kwaliteitsverbetering van de besluitvorming zou gestalte krijgen door 'compensatie voor mandaat' (zodat signalen over de primaire besluitvorming bij het bestuur terecht komen) en door terugkoppeling naar het primaire proces van informatie uit de bezwaarprocedure over verbeteringen die daar mogelijk zijn. Ik bespreek de kwaliteitsverbetering waartoe de bezwaarprocedure aanleiding heeft gegeven en leg de relatie met juridische kwaliteitszorg (paragrafen 3 en 4).

Kan het beter? Ongetwijfeld. Ik besluit mijn bijdrage met voorstellen om de bezwaarprocedure de komende 25 jaar door te helpen (paragraaf 5).

2. Van 'externalisering' naar 'informalisering'

Wanneer men de afgelopen 25 jaar door de oogharen beziet, valt op dat zich twee belangrijke ontwikkelingen hebben voorgedaan rond de Awb-bezwaarschriftprocedure. Vanaf 1994 is bij de behandeling van bezwaarschriften gedurende tien tot vijftien jaar sterk ingezet op de inschakeling van hoor- en adviescommissies onder onafhankelijk voorzitterschap, de zogenaamde 7:13-commissies. Die ontwikkeling van 'externalisering' speelde zich af bij alle bestuursorganen, van gemeenten, provincies, waterschappen en ministeries. In mindere mate was dat bij uitvoeringsorganisaties het geval, maar ook daar is het fenomeen wijdverbreid.[3] Annelies Schwartz concludeerde in 2010 dat in meer dan 90% van de gemeenten zo'n externe adviescommissie onderdeel van de procedure is.[4] De model-verordening van de VNG gaat ook uit van dit model. De inschakeling van zo'n externe commissie zou meerdere voordelen hebben. In de eerste plaats zou dat leiden tot kwaliteitsverbetering. Door het inschakelen van deskundige buitenstaanders zou de kwaliteit van de besluitvorming verbeteren. Externe inschakeling zou bovendien ten goede komen aan de 'onbevooroordeelde heroverweging'. Door de afstand die zo'n externe commissie heeft ten opzichte van het bestuursorgaan kan ook echt sprake zijn van een heroverweging. Bij gemeenten en provincies is het externe karakter van de 7:13-commissie nog eens benadrukt door de dualisering van de verhoudingen met het bestuur. Daar mogen raads- en statenleden

---

[2] Klaas Sanders, *De heroverweging getoetst. Een onderzoek naar het functioneren van bezwaarschriftprocedures*, Deventer: Kluwer 1999.
[3] Met als een recent voorbeeld de hoor- en adviescommissie van de Tijdelijke Commissie Aardbevingsschade.
[4] Annelies Schwartz, *De adviescommissie in bezwaar. Inrichting van de bezwaarprocedure bij gemeenten*, Groningen: Boom Juridische uitgevers 2010.

sinds februari 2016 geen deel meer uitmaken van zo'n commissie.[5] Een voordeel van de inschakeling van een 7:13-commissie dat ook wel wordt genoemd is dat een voor hem ongunstig besluit op bezwaar door de burger dan eerder zou worden geaccepteerd. Er zijn immers onafhankelijke derden bij betrokken.

Eigenlijk weten we niet of van verbetering van kwaliteit door de inschakeling van derden bij de heroverweging daadwerkelijk sprake is, maar onomstreden is dat niet. Schwartz laat in haar onderzoek zien dat inschakeling van externe commissies soms juist een nadeel heeft omdat die commissies zich vooral concentreren op een rechtmatigheidsbeoordeling. We zijn er inmiddels wel achter dat dit met de grootschalige inschakeling van die commissies in meer algemene zin een kenmerk is geworden van de bezwaarschriftprocedure. Procedureel verloopt die procedure over het algemeen behoorlijk goed. Bezwaarden krijgen een ontvangstbevestiging, worden voor een hoorzitting uitgenodigd waar ze hun zegje kunnen doen, ze krijgen een keurig onderbouwd besluit op bezwaar en een verslag van die zitting, maar aan het eind van de rit is het de vraag of daarmee is gedaan wat de burger had verwacht. Helaas is inmiddels wel duidelijk dat burgers niet erg tevreden zijn over deze gang van zaken.[6] En we kunnen sterk betwijfelen of burgers een besluit eerder accepteren wanneer daarbij onafhankelijke adviseurs zijn betrokken. Veelal is dat onderscheid bij burgers helemaal niet bekend. Van mijn tijd als betrokkene bij dergelijke onafhankelijke adviescommissies staat me nog sterk bij hoeveel moeite wij vaak deden om een gesprek op gang te brengen tussen de bezwaarmaker en de vertegenwoordiger van het bestuursorgaan en ook hoe slecht we daarin vaak slaagden. Ofwel de bezwaarde was al te boos om nog een redelijk gesprek te kunnen voeren, of hij was daar eenvoudigweg niet toe in staat. Maar net zo vaak mislukte zo'n poging vanwege de halsstarrige houding van de vertegenwoordiger van het bestuursorgaan die het beter vond vast te houden aan dat wat in het verweerschrift stond. De burger was overigens regelmatig een onzekere en zoekende inwoner, die eigenlijk niet goed begreep welk 'toneelstuk' werd opgevoerd en die dus ook geen greep kreeg op zijn eigen rol in de procedure.

Op basis van de minder gunstige ervaringen met de bezwaarafhandeling tijdens de eerste vijftien jaar Awb is sinds tien jaar een reactie op gang gekomen. Die kreeg gestalte in een belangrijk programma van het ministerie van BZK, aanvankelijk met de titel 'Prettig contact met de burger', momenteel 'Passend contact met de burger' of ook wel 'de responsieve overheid' geheten. De essentie van de

---

[5] Wet van 4 november 2015, houdende wijziging van de Gemeentewet, de Provinciewet, de Wet openbare lichamen Bonaire, Sint Eustatius en Saba en de Waterschapswet (institutionele bepalingen), ook wel bekend als Verzamelwet Gemeentewet, *Stb.* 2015, nr. 426.
[6] M. Herweijer & J.R. Lunsing, *Hoe beleven burgers de bezwaarprocedure? Meta-evaluatie beleving door burgers van bezwaar*, Den Haag: Boom Juridische uitgevers 2011. A.T. Marseille, B.W.N. de Waard & M. Wever, *Evaluatie bezwaarschriftprocedure gemeente Tilburg*, Groningen: Rijksuniversiteit Groningen 2017.

beweging die daarmee is ingezet, is dat het contact tussen bestuur en burger 'responsief' dient te zijn. Heeft hij het gevoel serieus genomen te worden? Hoe zou hij zelf in gesprek willen komen over zijn bezwaarschrift? In reactie op deze bezinning op de bij de bezwaarschriftprocedure gevolgde aanpak zijn inmiddels veel bestuursorganen afgestapt van het standaard inschakelen van de 7:13-hoor- en adviescommissie en worden meer opties aangeboden, van het keukentafelgesprek en ambtelijk horen tot en met mediation. Ook de model-verordening van de VNG bevat daarvoor inmiddels een grondslag, hoewel daarin nog steeds de 7:13-commissie als het uiteindelijke ideaaltypische model centraal lijkt te staan.

Gesproken wordt wel van de informele behandeling, hoewel die benaming feitelijk niet juist is. Dat suggereert immers dat er iets gebeurt dat zich buiten het formele Awb-kader afspeelt, maar de regeling van de bezwaarprocedure laat alle ruimte voor andere manieren om een bezwaarschrift af te doen dan door inschakeling van een 7:13-hoor- en adviescommissie. Afhandeling op de maat van de burger of professionele behandeling van bezwaarschriften zijn wellicht betere aanduidingen.[7]

Wat opvalt bij deze ontwikkelingen is dat bestuursorganen rond de bezwaarschriftprocedure nog zo weinig evaluaties en reflecties organiseren. Bij de geconstateerde onvrede over de bezwaarprocedure gaat het veelal om landelijk onderzoek. Decentrale overheden beslissen zelf over de manier waarop ze hun bezwaarprocedures inrichten, maar er is nog betrekkelijk weinig onderzoek naar het functioneren van die procedures en de tevredenheid van burgers daarover. Juist wanneer overheden kiezen voor de mogelijkheid het bezwaarschrift op een alternatieve wijze af te handelen ligt het voor de hand na te gaan of de ambities die daarmee worden nagestreefd worden gerealiseerd.[8]

3. Bezwaar en kwaliteitsverbetering

De bezwaarschriftprocedure heeft in hoofdzaak twee functies: rechtsbescherming en verlengde besluitvorming. Het accent ligt – als het goed is – op de laatste functie. Daar liggen voor het bestuur goede kansen om de procedure in te zetten in een streven naar kwaliteitsverbetering. Het cliché zegt dat een klacht een gratis advies is. Kort door de bocht, maar wanneer het bestuursorgaan zijn best doet kunnen bezwaarschriften net als klachten gebruikt worden om de prestaties van de organisatie te verbeteren. Dat kan op verschillende manieren. De inhoud van

---

[7] Bert Marseille en ik schreven in 2014 onder de titel 'Handleiding professioneel behandelen van bezwaarschriften. Handleiding voor het oplossingsgericht behandelen van bezwaren' een suggestie voor de manier waarop dat zou kunnen. De handleiding is te downloaden via prettigcontactmetdeoverheid.nl.

[8] Uiteraard bestaan uitzonderingen. De eerder genoemde evaluatie die de gemeente Tilburg liet uitvoeren en verschillende rekenkameronderzoeken (o.a. Amersfoort, Ede, Veenendaal, Velsen, Soest) kunnen hier worden genoemd. Andere overheidsorganisaties gebruiken daarvoor afstudeerprojecten en stages (Waalwijk, Groningen).

het besluit – en vooral van vergelijkbare beslissingen in andere gevallen – kan worden verbeterd en de wijze waarop bestuur en organisatie met burgers omgaan kan worden aangepast.

Het geldt sterker voor klachten, maar ook veel bezwaarschriften vinden niet eens zozeer hun grondslag in de inhoud van het besluit waarover onvrede bestaat, maar vooral in de manier waarop dat besluit tot stand is gebracht. Er is inmiddels veel feitenmateriaal dat de theorie van procedurele rechtvaardigheid ondersteunt, die zegt dat burgers vooral serieus genomen willen worden en dat wanneer ze het gevoel hebben dat hun vraag op een serieuze manier is bekeken, ze tevreden kunnen zijn, ook als het resultaat niet is wat hen oorspronkelijk voor ogen stond. Nog steeds hebben ook Nederlandse overheden een wereld te winnen als het gaat om wat aangeduid zou kunnen worden als de bejegening van hun inwoners. Maar gelukkig zijn er ook steeds meer goede voorbeelden. Zo lijken de decentralisaties in de zorg ertoe te leiden dat inwoners zich (heel) serieus genomen voelen wanneer ze op het Wmo-terrein een gesprek met een medewerker voeren.[9]

Maar uiteraard gaat het bij bezwaarschriften vaak vooral over de inhoud, het bestreden primaire besluit. Wat weten we eigenlijk van de mate waarin die besluiten worden gecorrigeerd in bezwaar? Wanneer jaarverslagen van bestuursorganen worden bekeken bestaat de indruk dat het gemiddeld gaat om tien tot twintig procent van de gevallen waarin zo'n correctie aan de orde is. Vaak is er in die gevallen iets mis met de motivering van het aangevochten besluit. Het bestuursorgaan voorziet het inhoudelijk ongewijzigde besluit op bezwaar van een betere onderbouwing en 'klaar is Kees'. Bezwaarmakers worden niet zelden op het verkeerde been gezet door dat besluit op bezwaar. Dan luidt de conclusie bijvoorbeeld 'uw bezwaar is gegrond', maar blijkt bij nader inzien dat het gaat om een ontoereikende motivering die in het besluit op bezwaar wordt verbeterd. Eerder heb ik al eens bepleit dat bestuursorganen de conclusie in hun heroverweging beter op een andere manier kunnen formuleren waarbij de term 'herroepen' meer centraal komt te staan.[10]

Wanneer het functioneren van de bezwaarschriftprocedure wordt bezien door de bril van kwaliteitszorg valt op dat overheden op dat vlak vaak zo weinig doen met de uitkomsten van bezwaarprocedures. Natuurlijk worden op regelmatige basis jaarverslagen gemaakt, maar de inhoud daarvan is veelal beperkt. Het gaat vaak vooral om het tellen van het aantal bezwaarschriften in het afgelopen jaar, de daarop gegeven adviezen en genomen besluiten en het afleggen van verantwoording over de (overschrijding van de) termijn van behandeling die daarbij aan de orde was.

---

[9] Onderzoek onder 4.088 Wmo cliënten in de provincie Groningen wijst uit dat 88% (heel) tevreden was over dat contact tegen 81% een jaar eerder. Zie: https://sociaalplanbureaugroningen.nl/weer-meer-groningers-positief-wmo/.
[10] Heinrich Winter, 'Het dictum van het advies en het besluit op bezwaar', in: A.G. Bregman e.a. (red.), *Onbegrensde rechtsbeoefening*, Den Haag: IBR 2014, p. 291-302.

Een perspectief op bezwaarschriften als een instrument voor kwaliteitsverbetering leidt tot aandacht voor het fenomeen van juridische kwaliteitszorg.

4. Juridische kwaliteitszorg bij de overheid

Juristen binnen de overheid zijn van oudsher gericht op concrete casuïstiek, variërend van een aanvraag voor een vergunning of het voornemen tot het aangaan van een overeenkomst, tot het regelen van een bepaalde materie in een verordening, nadere regeling of beleidsregel. De rol die juristen spelen is dan gericht op het geven van een advies aan het management of het bestuur. Daarbij vormt de juridische context de afwegingsruimte van dat advies. Veelal zijn het medewerkers op vakafdelingen die bezig zijn met het voorbereiden van besluiten, overeenkomsten of regelingen. De jurist komt er meestal pas aan te pas als er iets ingewikkelds aan de hand is of wanneer er iets is misgegaan. Meer eigentijdse juridisch adviseurs faciliteren management en bestuur door in hun advies niet alleen maar aan te geven dat iets niet kan, maar door creatief mee te denken over oplossingen in dergelijke gevallen. Een risicoanalyse – wat zijn de risico's als voor alternatieve scenario's wordt gekozen – hoort daar eigenlijk standaard bij. Die juristen zijn bovendien proactief doordat ze niet alleen maar afwachten totdat er een vraag aan ze gesteld wordt over een besluit, een overeenkomst of een regeling, maar ze kijken ook mee achter de schermen, niet om de medewerkers te controleren of het juridisch allemaal wel in de haak is, maar om kwaliteitsverbetering te kunnen realiseren op juridisch vlak. In een vroegtijdig stadium adviseren kan voorkomen dat problemen escaleren en de juridisch adviseur later als in een 'selffulfilling prophesy' terecht komt in de rol van 'no-man'.

Deze wijze van 'meekijken' heet ook wel juridische control of juridische kwaliteitszorg. Dat leidt tot het identificeren van juridische risico's die in de organisatie spelen. En uiteindelijk tot het nemen van maatregelen om die risico's te verkleinen. De juridisch adviseur, juridisch controller of kwaliteitsmedewerker kan op vele manieren aan zijn informatie komen. Dat kan door gesprekken te voeren, door een steekproef van besluiten (bijvoorbeeld de uitgaande post) te nemen of door daar te kijken waar de organisatie signalen en klachten bereiken. Daarvoor lenen bezwaarschriften zich natuurlijk ook bij uitstek. Dat zijn immers naar hun aard signalen van ontevredenheid: over de gevolgde procedure, over de inhoud van het besluit of over de uitleg daarvan. Het ligt dus voor de hand dat bij het verbeteren van de prestaties van de organisatie en het verminderen van juridische risico's de juridisch adviseur goed kijkt naar de uitkomst van de bezwaarprocedure. Maar uiteraard leent ook het functioneren van de procedure zelf zich voor juridische kwaliteitszorg. Begrijpt de burger die procedure? Is die laagdrempelig genoeg? Wordt voldoende rekening gehouden met de voorkeur van de bezwaarmaker bij de inrichting van de procedure? En hoe tevreden is de bezwaarde dan uiteindelijk over de afhandeling van zijn bezwaarschrift?

De doelstelling van de wetgever met de bezwaarschriftprocedure en het fenomeen juridische kwaliteitszorg gaan dus hand in hand. Maar lukt het bestuursorganen in ons land ook daaraan gestalte te geven? Toen de Awb in 1994 van kracht werd, was er bij overheden nog maar mondjesmaat sprake van een systematiek van juridische kwaliteitszorg waarin de juridische kwaliteit van het werk onder de loep werd genomen, dat als doel had de juridische risico's te verkleinen. De afgelopen grofweg twintig jaar is dat wel behoorlijk veranderd. Veel overheidsorganisaties doen aan juridische kwaliteitszorg of juridisch risicomanagement, hebben een juridisch controller of kwaliteitsfunctionaris aangewezen en werken planmatig door middel van een kwaliteitsplan, veelal verbonden met concerncontrol, aan beheersing van risico's en verbetering van de juridische kwaliteit. Is de conclusie ten aanzien van bezwaarschriften ook zo positief? Dat is nog niet bij alle organisaties het geval. Dat komt om te beginnen omdat de behandeling van bezwaarschriften bij de overheid heel vaak organisatorisch is neergelegd bij een ander organisatieonderdeel dan dat waar het primaire besluit is voorbereid. Die afstand zorgt er voor dat van het resultaat van de bezwaarschriftprocedure niet als vanzelf wordt geleerd.

5. Toekomst

In deze slotparagraaf komen de beide onderwerpen uit het voorgaande terug: de inrichting van de bezwaarprocedure en het leereffect dat die procedure binnen de overheidsorganisatie heeft.

De bezwaarprocedure is de eerste vijftien jaar na de inwerkingtreding van de Awb sterk geformaliseerd, waarbij de inschakeling van externe hoor- en adviescommissies als het summum van zorgvuldigheid en onbevooroordeelde heroverweging werd gezien. Veel onderzoek dat de afgelopen jaren is uitgevoerd wijst uit dat die pretentie niet waar wordt gemaakt. Integendeel. De bezwaarprocedure functioneerde niet zoals bezwaarmakers dat idealiter zouden wensen: de nogal statische inrichting ervan zorgde er niet voor dat een gesprek tot stand kwam waarin de bezwaarmaker en een vertegenwoordiger van het bestuursorgaan over de inhoud van het genomen besluit van gedachten konden wisselen. Bezwaarmakers gaven die bezwaarschriftprocedures dan ook een onvoldoende. De ervaringen met de praktijk waarin beter wordt geluisterd naar de voorkeuren van de bezwaarmakers laten zien dat dan aanmerkelijk positiever wordt geoordeeld. Kennelijk komt het organiseren van die procedure op de maat van de burger tegemoet aan zijn wensen. De theorie van procedurele rechtvaardigheid gaat dan op: ook als de bezwaarde zijn zin niet krijgt, maar hij zich serieus genomen voelt, kan hij toch tevreden zijn over de afhandeling van zijn bezwaarschrift. Daaruit volgt een duidelijk advies aan bestuursorganen: stap af van het dominante art.7:13-voorbereidingsmodel, geef de burger de ruimte en varieer met de afhandelingsmodaliteiten die binnen het kader van de Awb mogelijk zijn. En vooral ook: laat de keuze voor de te volgen afhandelingsmodaliteit aan de bezwaarmaker. Waar bestuursorganen wel steeds vaker deze weg verkennen valt op dat evaluatieonderzoek naar de effecten daarvan nog niet standaard wordt uitgevoerd. Een aan het voorgaande verbonden advies is dus: evalueer en leer van de gekozen wijze van afdoening van bezwaarschriften.

Evalueren en leren van de bewandelde procedure geldt ook voor de inhoud van de besluitvorming in bezwaar. Waar in het voorgaande is beweerd dat het leereffect van de bezwaarschriftprocedure groter kan worden door een koppeling met juridische kwaliteitszorg luidt het advies de uitkomsten van de bezwaarschriftprocedure actiever te benutten voor kwaliteitsverbetering. Dat kan op verschillende manieren. In de eerste plaats moet dat in de individuele casus waarin bezwaar is gemaakt. Zorg er voor dat de afstand tussen de primaire vakafdeling en de gespecialiseerde bezwaarbehandelaars verdwijnt en dat de individuele medewerker door de collega van 'bezwaar' wordt geïnformeerd over de heroverweging en wat daarvan kan worden geleerd, ook voor andere gevallen. In de tweede plaats moeten de contacten tussen de verschillende onderdelen van de organisatie ook op managementniveau worden versterkt. De juridisch controller heeft hier een taak.

De algemeen verplichte bezwaarschriftprocedure is een in potentie prachtig instrument om burgers en overheden nader tot elkaar te brengen. Daar horen geen statische en sterk geformaliseerde inrichtingskeuzes bij. De bezwaarmakers die voor de procedure kiezen hebben behoefte aan flexibiliteit. Het bestuur moet daarop responsief reageren en ook volop inzetten op inhoudelijke meerwaarde. Dan kan de procedure nog wel 25 jaar mee.

Bert Marseille & Marc Wever[*]

52 | De strijd over speelruimte, garanties en *incentives* in de bezwaarprocedure

@B_Marseille/M_Wever – Oplossingsgericht bezwaren behandelen onder de Awb? De wet biedt de ruimte, maar geeft onvoldoende richting#*bezwaarprocedure*#*geschilbeslechting*#*oplossingsgericht*

1. Inleiding

Een van de grote veranderingen die de invoering van de Awb in 1994 teweeg bracht, was de introductie van de verplichte bezwaarprocedure. Wie bij de rechter tegen een overheidsbesluit wil opkomen, moet eerst bezwaar maken bij het bestuursorgaan dat het besluit heeft genomen. De bezwaarprocedure is bedoeld als laagdrempelige procedure ter oplossing van geschillen tussen overheid en burger. Het volgen ervan moet voorkomen dat een geschil met de overheid uitmondt in een langdurige, formele en juridische procedure bij bestuursrechter.

Bij de totstandkoming van de Awb is er naar gestreefd bestuursorganen speelruimte te bieden bij de inrichting van de procedure, maar ook om bezwaarmakers voldoende garanties te bieden dat hun bezwaar serieus en onbevangen wordt beoordeeld en snel wordt afgehandeld. 'Serieus' betekent onder meer dat als regel in iedere bezwaarzaak een hoorzitting plaatsvindt, 'onbevangen' dat het horen niet wordt gedomineerd door ambtenaren die bij de totstandkoming van het bestreden besluit zijn betrokken, 'snel' dat binnen zes weken op het bezwaar wordt beslist.

De speelruimte voor het bestuur betreft allereerst de vraag of bij de voorbereiding van het besluit op het bezwaar een onafhankelijke externe adviescommissie wordt betrokken. Daarnaast heeft het bestuursorgaan speelruimte om te proberen voorafgaand aan – en daardoor mogelijk in plaats van – de formele procedure door informeel overleg een oplossing te vinden voor het probleem dat aanleiding was voor het bezwaar. Ten slotte heeft het bestuur ook speelruimte om een evenwicht te vinden tussen een zo gedegen en een zo (kosten)efficiënt mogelijke afhandeling van het bezwaar.

De afgelopen 25 jaar is voortdurend gediscussieerd over de vraag of de vijftien Awb-bepalingen over de bezwaarprocedure voldoende garanties bieden voor een serieuze, onbevangen en tijdige afdoening, of ze bestuursorganen voldoende speelruimte bieden, maar ook of ze voldoende *incentives* bieden om het

---

[*] Prof. mr. dr. A.T. Marseille en mr. M. Wever zijn respectievelijk hoogleraar bestuurskunde, in het bijzonder de empirische bestudering van het bestuursrecht, en promovendus bij de vakgroep Staatsrecht, Bestuursrecht en Bestuurskunde van de Rijksuniversiteit Groningen.

doel van de bezwaarprocedure, geschiloplossing in een informele setting, te realiseren. Die discussies hebben geleid tot een levendig debat in de literatuur, tot een stroom van jurisprudentie en tot een aantal wetswijzigingen.

In deze bijdrage geven wij op basis van deze bronnen voor de drie hiervoor genoemde punten – de garanties voor de bezwaarmaker, de speelruimte voor het bestuursorgaan en de *incentives* ter realisatie van het ideaal van de wetgever – een beeld van de stand van zaken van de bezwaarprocedure. We concentreren ons op vijf artikelen van hoofdstuk 7 Awb: twee die in de afgelopen 25 jaar zijn gewijzigd (7:3 en 7:10), twee waarmee hoofdstuk 7 is verrijkt (7:1a en 7:15 lid 2 tot en met 4) en één die in de komende 25 jaar wellicht een plaats zal krijgen in de regeling van de bezwaarprocedure (7:3a). In de komende vijf paragrafen komen deze vijf bepalingen aan de orde, waarna we in de laatste paragraaf de balans opmaken.

2. Artikel 7:3 Awb: afzien van horen

Kern van de bezwaarprocedure is dat bezwaarmakers worden gehoord voordat op hun bezwaar wordt beslist. De hoorplicht kent een aantal uitzonderingen, alle neergelegd in artikel 7:3 Awb. De meeste uitzonderingen hebben als doel te voorkomen dat moet worden gehoord wanneer zeker is dat het horen geen zinvolle bijdrage kan leveren aan de afhandeling van het bezwaar.[1] De per 2010 in artikel 7:3 onder d Awb opgenomen 'antwoordkaartmethode' is dan ook een vreemde eend in de bijt. Bestuursorganen kunnen de indiener van een bezwaarschrift verzoeken om op een antwoordkaart of telefonisch binnen een bepaalde termijn aan te geven of hij gebruik wil maken van het recht te worden gehoord. Antwoordt deze ontkennend, dan mag het bestuursorgaan afzien van horen. Maar ook wanneer er niet op het verzoek wordt gereageerd of de antwoordkaart blanco wordt teruggestuurd, hoeft het bestuursorgaan geen hoorzitting te organiseren.[2]

Met name voor grote *beschikkingsfabrieken* (zoals het UWV), waar vele duizenden bezwaren per jaar worden behandeld, levert het organiseren van honderden hoorzittingen waar niemand voor komt opdagen veel onnodige kosten en een verspilling van capaciteit op. De mogelijkheid om alleen bij een positieve

---

[1] Dat is het geval indien een bezwaar kennelijk niet-ontvankelijk of kennelijk ongegrond is, wanneer volledig aan de bezwaren tegemoet wordt gekomen of als de bezwaarmaker aangeeft daar geen behoefte aan te hebben. Zie resp. art. 7:3 onder a, b, c en d Awb.

[2] Dat is alleen anders wanneer een belanghebbende al eerder — bijv. in zijn bezwaarschrift — had aangegeven gehoord te willen worden. Het niet reageren op een antwoordkaart kan het bestuursorgaan dan niet ontslaan van de verplichting om te horen. Zie ABRvS 25 mei 2016, ECLI:NL:RVS:2016:1426.

reactie van een bezwaarmaker een hoorzitting te plannen, draagt bij aan de efficiëntere inzet van beperkte middelen en capaciteit.[3]

Gezien de belangrijke plek van het horen binnen de bezwaarprocedure ligt het echter niet voor de hand dat het horen in de bezwaarfase geheel en al afhankelijk wordt gemaakt van een handeling van een bezwaarmaker. Artikel 7:3 onder d Awb is dan ook allerminst een *incentive* voor het bestuursorgaan om het belang van het horen in de bezwaarprocedure serieus te nemen. Dat geldt des te meer als standaard aan iedere bezwaarmaker een antwoordkaart wordt verzonden, zonder dat het bestuursorgaan voorafgaand daaraan beziet of een mondelinge behandeling van het bezwaar in een concrete zaak nuttig zou kunnen zijn. De hoorzitting is er immers niet alleen voor de bezwaarmaker, maar ook voor het bestuursorgaan dat op het bezwaar moet beslissen.

Bestuursorganen zouden zich dus niet blind moeten staren op de antwoordkaart, maar zelf moeten nagaan of in een concreet geval behoefte bestaat aan een hoorzitting. Een aantal bestuursorganen heeft inmiddels beleid dat iedere bezwaarmaker wordt gebeld.[4] Wordt zo'n gesprek gebruikt om met de bezwaarmaker te overleggen of een hoorzitting van meerwaarde is, dan wordt voorkomen dat hoorzittingen achterwege blijven in bezwaarzaken waar ze een nuttige functie zouden kunnen vervullen.

3. Artikel 7:10 Awb: de beslistermijn

De beslistermijn voor het bestuursorgaan is voor de bezwaarmaker een garantie dat zijn bezwaar binnen afzienbare termijn is afgehandeld. Bij een informele, op de oplossing van het geschil gerichte procedure horen korte termijnen. De standaardtermijn van artikel 7:10 Awb bedraagt zes weken. Bij invoering van de Awb gold dat als gebruik werd gemaakt van een externe adviescommissie, het bestuursorgaan tien weken de tijd had. Het bestuursorgaan had de mogelijkheid de beslissing in het bezwaar met vier weken te verdagen. Verder uitstel was mogelijk, maar alleen met toestemming van de bezwaarmaker.[5]

In de praktijk bleken bestuursorganen veelal niet in staat de termijnen te halen. Onderzoek wees uit dat afdoening van een bezwaar gemiddeld ruim dubbel zo lang duurde als waar de wetgever vanuit was gegaan.[6] De bestuursrechter toonde zich in geschillen over de uitleg van artikel 7:10 Awb behoorlijk bestuursvriendelijk. Zo nam hij aan dat toestemming voor verder uitstel van de

---

[3] Zie in dat verband de noot van Verheij bij ABRvS 3 maart 2004, ECLI:NL:RVS:2004: AO4777, *AB* 2004/252.
[4] M. Wever, 'Bezwaarbehandeling door de overheid anno 2016: vooral vernieuwing op papier?', *NJB* 2016/2289.
[5] Zie lid 1, 2 en 4 van art. 7:10 Awb.
[6] K.H. Sanders, *De heroverweging getoetst: een onderzoek naar het functioneren van bezwaarschriftprocedures*, Deventer: Kluwer 1999, p. 116 en p. 119; A.T. Marseille, *Effectiviteit van bestuursrechtspraak*, Den Haag: Boom Juridische uitgevers 2004, p. 107.

beslistermijn geacht mocht worden te zijn verleend, als de bezwaarmaker niet had gereageerd op een verzoek daartoe van het bestuursorgaan.[7] Ook oordeelde hij dat dat de overschrijding van de termijn om op een bezwaarschrift te beslissen niet per definitie betekent dat het bestuursorgaan onrechtmatig handelt. Daarvoor zijn 'bijkomende omstandigheden' nodig.[8]

De wetgever heeft zich bij de realiteit van de te laat op bezwaar beslissende bestuursorganen neergelegd en artikel 7:10 Awb in 2009 ten gunste van het bestuursorgaan gewijzigd. De standaard beslistermijn bedraagt nog steeds zes weken, maar begint pas te lopen na het verstrijken van de termijn voor het indienen van bezwaar. Hoe eerder bezwaar wordt gemaakt, des te meer tijd het bestuursorgaan heeft om op het bezwaar te beslissen. De extra termijn voor als een externe adviescommissie is ingeschakeld, is met twee weken verlengd (zes in plaats van vier weken extra), net als de termijn waarmee beslissing op het bezwaar kan worden verdaagd.[9]

Tegenover de versoepeling van de beslistermijn voor het bestuur staan twee doekjes voor het bloeden voor bezwaarmakers. De eerste: als een rechtzoekende wil opkomen tegen het uitblijven van een beslissing op bezwaar, kan hij direct naar de rechter die mogelijkheden heeft om het bestuur te dwingen alsnog een besluit te nemen (artikel 6:2 (b) Awb). De tweede: een rechtzoekende kan een bestuursorgaan voor elke dag dat het te laat beslist dwangsommen laten verbeuren (artikel 4:17 Awb).

Al met al is de *speelruimte* voor het bestuursorgaan om de tijd te nemen op een bezwaar te beslissen aanzienlijk vergroot (het heeft nu maximaal 24 weken de tijd, waar het eerder maximaal 14 weken de tijd had) terwijl de opties die een bezwaarmaker ter beschikking staan om een bestuursorgaan tot tijdig beslissen te dwingen, de nodige assertiviteit vergen.

4. Artikel 7:1a Awb: het overslaan van de bezwaarprocedure

Het algemene verplichte karakter van de bezwaarprocedure staat al sinds de invoering in 1994 ter discussie. De kritiek is, kort samengevat, dat bezwaar in bepaalde zaken niet meer dan een rituele dans is: een onnodige herhaling van zetten en daarmee een zinloze procedurele horde op weg naar de bestuursrechter. In de eerste evaluatie van de Awb werd bijvoorbeeld geconcludeerd dat de bezwaarprocedure weinig toegevoegde waarde had in het ruimtelijk bestuursrecht, omdat daar vaak voorafgaand aan het primaire besluit al een openbare voorbereidingsprocedure of een informeel vooroverleg met belanghebbenden

---

[7] ABRvS 26 mei 2004, ECLI:NL:RVS:2004:AP0019, *JB* 2004/259.
[8] HR 22 oktober 2010, ECLI:NL:HR:2010:BM7040, *JB* 2010/249, m.nt. Schlössels.
[9] Breed onderzoek naar de vraag in hoeverre bestuursorganen door die wijzigingen vaker op tijd beslissen is ons niet bekend.

plaatsvindt.[10] Een van de aanbevelingen was dan ook om de bezwaarprocedure niet langer verplicht te stellen indien een openbare voorbereidingsprocedure wordt gevolgd. Ook in het in 1996 verschenen rapport 'Bestuur in geding' werd gepleit voor het tegengaan van onnodige juridisering van het openbaar bestuur, zoals het verplicht moeten doorlopen van feitelijk overbodige juridische procedures. Een en ander had tot gevolg dat de Awb-wetgever besliste dat (1) na een uov geen bezwaarprocedure meer hoefde te volgen en dat (2) in de Awb de mogelijkheid van prorogatie (het overslaan van de bezwaarprocedure) zou worden opgenomen.

De Raad van State uitte forse en fundamentele kritiek op dat laatste voornemen. De noodzaak zou niet uit onderzoek blijken, de tijdwinst zou beperkt zijn en het risico van vertraging van de procedure (als de bestuursrechter niet instemt met een verzoek) reëel.[11] Ook meende de Raad dat door de invoering van de *Uniforme openbare voorbereidingsprocedure* de bezwaarprocedure voor veel categorieën besluiten waar de mogelijkheid van prorogatie zinvol zou zijn, sowieso al zou komen te vervallen.[12]

De wetgever hield voet bij stuk. Sinds 1 september 2004 kent de Awb in artikel 7:1a de mogelijkheid de bezwaarfase op verzoek van de indiener(s) van het bezwaar over te slaan.[13] Voorwaarde is dat zowel de indiener(s), het bestuursorgaan in kwestie én de bevoegde bestuursrechter van oordeel zijn dat de bezwaarprocedure achterwege kan blijven.[14] Artikel 7:1a is 'in het bijzonder bedoeld voor gevallen waarin partijen voorafgaand aan het besluit zo uitvoerig met elkaar van gedachten hebben gewisseld, dat een heroverweging van dat besluit daaraan weinig of niets kan toevoegen, terwijl het besluit nog steeds in geschil is'.[15] Uit onderzoek in het eerste jaar na invoering van artikel 7:1a Awb bleek dat slechts in enkele tientallen zaken van de prorogatiemogelijkheid gebruik werd gemaakt.[16] Recente cijfers ontbreken, maar er zijn geen aanwijzingen dat de frequentie van het gebruik significant is toegenomen.

---

[10] J.M. Polak e.a., *Toepassing en effecten van de Awb 1994-1996*, Den Haag: Ministeries van Justitie en Binnenlandse Zaken 1996.
[11] Zie het advies van de Raad van State bij art. 7:1a, te raadplegen via: https://pgawb.nl/pg-awb-digitaal/hoofdstuk-7/7-1-bezwaar-voorafgaand-aan-beroep-bij-de-administratieve-rechter/artikel-71a/.
[12] De bezwaarprocedure duurt tamelijk kort en bovendien neemt het beoordelen van een verzoek om prorogatie ook tijd in beslag, hetgeen de potentiële winst verder drukt, aldus de Raad van State.
[13] *Stb.* 2004, 220 (wetsvoorstel 27563 'Wijziging van de Algemene wet bestuursrecht en enige andere wetten in verband met de mogelijkheid om de bezwaarschriftenprocedure met wederzijds goedvinden buiten toepassing te laten (rechtstreeks beroep)').
[14] Zie voor wanneer dat het geval is C.H. Bangma, 'Wet rechtstreeks beroep: Een regeling voor het overslaan van de bezwaarschriftprocedure', *Gst.* 2004/157.
[15] *Kamerstukken II* 2000/01, 27563, A, p. 1.
[16] B.J.M. van der Meulen e.a., *Prorogatie in de Awb: Invoeringsevaluatie rechtstreeks beroep*, Den Haag: WODC 2006.

Dient de toevoeging van artikel 7:1a Awb nu vooral als *incentive* voor het bereiken van de doelstelling van bezwaarprocedure of ter vergroting van de speelruimte voor het bestuursorgaan? Geen van beide echt, zo lijkt het. Prorogatie is afhankelijk van het initiatief van de bezwaarmaker, maar ook van instemming door het bestuursorgaan en de bestuursrechter. Bovendien moet een verzoek in het bezwaarschrift worden gedaan, dus voordat het geschil inhoudelijk wordt behandeld. Een bezwaarmaker moet de keuze voor rechtstreeks beroep derhalve – althans in theorie – ook echt op eigen initiatief maken.[17] Aan de andere kant kan het bestuursorgaan instemmen met een verzoek, maar hoeft het dat nooit. Tegen de afwijzing van het verzoek kan geen rechtsmiddel worden aangewend. Ook mag een bestuursorgaan niet aandringen op het overslaan van de bezwaarfase.[18] Tot slot fungeert de rechter als stok achter de deur tegen oneigenlijk gebruik van artikel 7:1a Awb. Bestuursrechters gaan niet zonder meer akkoord met een rechtstreeks beroep.[19] Al met al is artikel 7:1a een bepaling waar felle discussies over zijn en worden gevoerd, maar een die slechts weinig impact – in positieve of negatieve zin – lijkt te hebben op het functioneren van de bezwaarprocedure in de praktijk.

5. Artikel 7:15 Awb: de proceskostenvergoeding

Bezwaar maken kan kosten met zich meebrengen. De Awb bevatte oorspronkelijk geen regeling voor vergoeding van kosten, omdat dit zou indruisen tegen het karakter van de procedure als verlengde besluitvorming.[20] Dat is veranderd. Artikel 7:15 Awb bepaalt sinds 12 maart 2002 dat de in het kader van de bezwaarprocedure gemaakte proceskosten die een belanghebbende redelijkerwijs heeft moeten maken, worden vergoed indien het bestreden besluit wordt herroepen wegens aan het bestuursorgaan te wijten onrechtmatigheid.[21] Veelal betreft het kosten van een professionele gemachtigde. Gevreesd werd dat de mogelijkheid proceskostenvergoeding te vragen afbreuk zou doen aan het functioneren van de bezwaarprocedure. Bestuursorganen zouden de rechtmatigheid van besluiten koste wat kost willen verdedigen om te voorkomen dat een kostenvergoeding zou moeten worden betaald. De praktijk van bezwaarbehandeling zou zo nog verder verwijderd raken van het informele en oplossingsgerichte ideaal van de wetgever. Is die angst bewaarheid?

---

[17] De wetgever heeft er bewust voor gekozen het verwijzen naar art. 7:1a Awb in de rechtsmiddelenclausule niet wettelijk te verplichten (MvT II, p. 6; NV II, p. 16). Wij vermoeden dat maar weinig bezwaarmakers, in het bijzonder niet-professionals, überhaupt weten van de mogelijkheid een dergelijk verzoek te doen.
[18] ABRvS 10 februari 2016, ECLI:NL:RVS:2016:302, *AB* 2016/159, m.nt. West.
[19] Zie onder meer de bijdrage van Outhuijse in deze bundel.
[20] *PG Awb II*, MvT, p. 487 e.v.
[21] En het verzoek om kostenvergoeding wordt gedaan voordat het bestuursorgaan op het bezwaar beslist.

Van belang voor het bestuursorgaan is dat de voorwaarden om voor een proceskostenvergoeding in aanmerking te komen streng zijn, zeker vergeleken met de procedure van beroep. Wanneer het bestuursorgaan een besluit bijvoorbeeld herroept vanwege gewijzigde feiten of omstandigheden, is de herroeping niet het gevolg van onrechtmatigheid en bestaat geen aanspraak op een kostenvergoeding.[22] Bovendien is van herroepen slechts sprake als het rechtsgevolg van het primaire besluit wordt gewijzigd.[23] Anders gezegd: het 'dictum' van het besluit moet zijn gewijzigd. Kortom, voor een vergoeding is alleen plaats als het bestuursorgaan anders dan *ex-nunc* op grond van gewijzigde omstandigheden, inhoudelijk geheel of gedeeltelijk terugkomt van de rechtsgevolgen waarop het primaire besluit juist wel of niet was gericht.[24] De drempel voor de bezwaarmaker ligt dus hoog.

Bestuursorganen hebben desondanks wel geprobeerd onder het betalen van een kostenvergoeding uit te komen door hangende de bezwaarprocedure het onrechtmatige primaire besluit in te trekken of te wijzigen en vervolgens het bezwaar ongegrond te verklaren.[25] Daar heeft de bestuursrechter een stokje voor gestoken: het naar aanleiding van een bezwaar geheel of gedeeltelijk *intrekken* van een primair besluit met toepassing van artikel 6:19 Awb wordt op één lijn gesteld met het geheel of gedeeltelijk herroepen van een primair besluit.[26]

In hoeverre is de restrictieve regeling van de proceskosten een sta-in-de-weg voor een informele oplossing van een bezwaarzaak? Als informeel overleg naar aanleiding van een bezwaar als uitkomst heeft dat het bestuursorgaan een gewijzigd primair besluit neemt omdat het oorspronkelijke besluit onrechtmatig is waarna het bezwaar kan worden ingetrokken, bestaat er volgens de letter van de wet geen verplichting tot het betalen een proceskostenvergoeding. Het ligt voor de hand in dat geval met analoge toepassing van artikel 7:15 lid 2 Awb af te spreken dat het bestuursorgaan de door de bezwaarmaker gemaakte proceskosten vergoedt.[27] Van belang voor de informele aanpak van bezwaren is tevens dat de hoogte van de kostenvergoeding mede wordt bepaald door de proces-

---

[22] CRvB 10 oktober 2017, ECLI:NL:CRVB:2017:3453.
[23] CRvB 23 augustus 2006, ECLI:NL:CRVB:2006:AY8044.
[24] M. Schreuder-Vlasblom, *Rechtsbescherming en bestuurlijke voorprocedure*, Deventer: Kluwer 2016, p. 520 en 521.
[25] Ook de kosten die de belanghebbende in verband met de behandeling van het bezwaar tegen het niet tijdig nemen van een besluit redelijkerwijs heeft moeten maken, moeten desgevraagd door het betrokken bestuursorgaan worden vergoed, tenzij het niet tijdig nemen van een besluit het bestuursorgaan niet kan worden verweten (CRvB 13 juni 2005, ECLI:NL:CRVB:2005:AT7364, *AB* 2006/233, m.nt. A.M.L. Jansen; ABRvS 18 april 2006, ECLI:NL:RVS:2006:AW5535, *AB* 2006/232, m.nt. Broekhuizen).
[26] CRvB 13 juni 2005, ECLI:NL:CRVB:2005:AT7365, *AB* 2006/234, m.nt. A.M.L. Jansen.
[27] A.T. Marseille, H.D. Tolsma & K.J. de Graaf, *Prettig contact met de overheid 3. Handreiking informele aanpak*, Den Haag: Ministerie van BZK 2011, p. 65.

handelingen die de rechtsbijstandverlener heeft verricht. Twee van de drie vergoedbare proceshandelingen in bezwaar zien op het verschijnen op een hoorzitting.[28] Dat zou voor rechtshulpverleners reden kunnen zijn niet mee te willen werken aan de informele behandeling van een bezwaar, zoals aan een (al dan niet telefonisch) informeel overleg. De jurisprudentie waarbij telefonisch horen al snel op een lijn wordt gesteld met het verschijnen op een 'echte' hoorzitting,[29] zou aarzelende gemachtigden op dit punt over de streep kunnen trekken.

Al met al dwingt de regeling van proceskostenvergoeding van artikel 7:15 Awb bestuursorganen niet om in bezwaar aangevochten besluiten te vuur en te zwaard te verdedigen en leent de bepaling zich prima voor analoge toepassing bij de informele behandeling van bezwaarschriften. Ze vormt daarmee een aanwinst voor de bezwaarprocedure.

6. Een bepaling ter bevordering van het zoeken naar overeenstemming met de bezwaarmaker?

Het is uiteraard onbekend welke bepalingen over de bezwaarprocedure de komende 25 jaar in de Awb zullen worden geïntroduceerd, gewijzigd of geschrapt. Desondanks achten wij de kans groot dat te zijner tijd een bepaling over het zoeken naar een minnelijke oplossing van het geschil in de bezwaarprocedure in de Awb zal worden opgenomen. Tekstvoorstellen zijn de afgelopen jaren al gedaan. Wij noemen er drie. Brenninkmeijer & Marseille deden in 2011 een suggestie,[30] het in 2013 door het toenmalige kamerlid Van der Steur ingediende initiatiefwetsvoorstel bevat een voorstel (bestaande uit twee bepalingen)[31] en ook

---

[28] Dat zou een oneigenlijke stimulans kunnen vormen voor bestuursorganen om af te zien van het houden van een hoorzitting, telefonisch te gaan horen of in plaats van een hoorzitting een informeel gesprek te organiseren indien het vermoedt dat het primaire besluit onrechtmatig is en daarom moet worden herroepen.

[29] CRvB 29 november 2011, ECLI:NL:CRVB:2011:BU6407, *AB* 2012/62, m.nt. Marseille.

[30] A.F.M. Brenninkmeijer & A.T. Marseille, 'Meer succes met de informele aanpak van bezwaarschriften', *NJB* 2011/1586.

[31] *Kamerstukken II* 2013/14, 33727. Zie over het initiatiefwetsvoorstel onder meer: D. Allewijn, 'Prettig contact bij de mediator. Beschouwingen over het conflicthanteringspalet en de plaats van mediation daarin', in: A.T. Marseille & L. van der Velden, *Vertrouwen verdient. Verdiend vertrouwen*, Den Haag, Den Haag: Ministerie van BZK 2014, p. 16-28, Rens Koenraad, 'Ruimte voor mediation', *NJB* 2014/523, p. 651-652; A.T. Marseille, 'Het voorstel voor de Wet bevordering mediation in het bestuursrecht kan nog wel wat denkwerk gebruiken', *JBplus* 2014/4, p. 194-200, R.J.N. Schlössels, 'Juridisering van informaliteit', *Gst.* 2104/18.

een door de regering in 2016 in consultatie gebracht wetsvoorstel bevat een bepaling over het zoeken naar een minnelijke oplossing voor het bezwaar.[32]

Het tekstvoorstel van Brenninkmeijer & Marseille luidt: 'Voordat het bestuursorgaan een bezwaarschrift in behandeling neemt, neemt het bestuursorgaan contact op met de indiener ervan teneinde de mogelijkheid van een minnelijke regeling van het bezwaar te onderzoeken.' De twee door Van der Steur voorgestelde bepalingen luiden: 'Het bestuursorgaan bevordert een goede communicatie met de indiener' en: 'Het bestuursorgaan kan belanghebbenden in de gelegenheid stellen deel te nemen aan mediation op basis van een mediationovereenkomst ex artikel 7:424a BW.' Het tekstvoorstel van het in consultatie gebrachte wetsvoorstel luidt: 'Het bestuursorgaan onderzoekt met partijen of een rechtmatige minnelijke oplossing mogelijk is.'

Het tekstvoorstel van Van der Steur spreekt ons niet aan (te vaag en vrijblijvend), de andere twee wel. De vraag die bij dit soort bepalingen steevast opkomt, is in welke mate ze daadwerkelijk bijdragen aan het doel dat er mee wordt beoogd: het zo veel als mogelijk benutten van de bezwaarprocedure voor het vinden van een oplossing voor het geschil tussen overheid en burger. Het is duidelijk dat een bestuursorgaan dat geen zin heeft om te zoeken naar een vergelijk met de bezwaarmaker, zich weinig zorgen hoeft te maken als de wetgever hem een dergelijke verplichting oplegt, al was het maar omdat in het midden blijft hoe intensief die zoektocht moet zijn. Dat neemt niet weg dat het nut van een dergelijke bepaling kan zijn dat die bestuursorganen nog eens expliciet wijst op een van de kernfuncties van het behandelen van bezwaren. Zo'n bepaling kan daardoor tegelijkertijd fungeren als *incentive* voor het bestuur het doel van die procedure serieus te nemen.

7. Conclusie

De bezwaarprocedure is bedoeld als snelle, informele en oplossingsgerichte procedure. Die belofte is de afgelopen 25 jaar lang niet altijd waargemaakt. In hoeverre heeft de wetgever de gebreken in het functioneren van de bezwaarprocedure aangegrepen om die regeling van *incentives* te voorzien ten einde de praktijk van bezwaarbehandeling dichter in de buurt van het ideaal van de wetgever te brengen?

De wijzigingen van de artikelen 7:3 en 7:10 Awb vormen eerder een negatieve dan een positieve *incentive* voor een effectieve bezwaarbehandeling. Ze bieden volop ruimte aan bestuursorganen die de aandacht voor het behandelen van bezwaren liever extensiveren dan intensiveren De antwoordkaartmethode (artikel 7:3a Awb) dient enkel de efficiencybelangen van bestuursorganen, te meer omdat toepassing van die methode niet is geclausuleerd: noch de inhoud van een bezwaarschrift, noch de potentiële toegevoegde waarde van een hoor-

---

[32] Zie daarover: K.J. de Graaf, A.T. Marseille & H.D. Tolsma, 'De wet bevordering mediation in het bestuursrecht', *NJB* 2016/1945.

zitting vormen een beperking voor het gebruik van de antwoordkaartmethode. De verlenging van de beslistermijn (artikel 7:10 Awb) heeft de behandeling van bezwaren niet dichterbij het ideaal van de wetgever gebracht, integendeel. Met de wijziging heeft de wetgever zich neergelegd bij de praktijk dat voor de behandeling van bezwaren veel meer tijd wordt genomen dan de zes weken die er oorspronkelijk voor waren voorzien.

Dan de regeling van de proceskostenvergoeding (artikel 7:15 Awb) en prorogatie (artikel 7:1a Awb). Weliswaar zijn die niet te beschouwen als *incentive* om bezwaarbehandeling sneller, informeler en oplossingsgerichter te laten verlopen, maar ze doen evenmin afbreuk aan dat ideaal. De sobere regeling over de vergoeding van proceskosten en het beperkte gebruik van de mogelijkheid van prorogatie betekenen dat de invloed van deze wetswijzigingen op het functioneren van de procedure in de praktijk – in positieve of negatieve zin – beperkt is gebleven.

De enige door ons besproken wijziging aan hoofdstuk 7 Awb die duidelijk wel een *incentive* voor een snelle, informele en oplossingsgerichte bezwaarprocedure zou kunnen vormen, betreft de inspanningsverplichting voor het bestuursorgaan om bij de behandeling van bezwaren zo veel mogelijk te streven naar een minnelijke oplossing. Het is tevens de enige van de vijf bepalingen die nog niet in de Awb is opgenomen.

De balans is al met al negatief. Dat doet er niet aan af dat (met name de afgelopen tien jaar) bestuursorganen op allerlei manieren gebruik hebben gemaakt van de onverminderd grote speelruimte die de regeling van de bezwaarprocedure biedt om de praktijk van bezwaarbehandeling meer in de buurt bij de idealen van de wetgever te brengen. Gedacht kan worden aan de initiatieven die zijn ontplooid onder de noemer van *Prettig Contact met de Overheid*.[33] Echter, implementatie van de door dat programma bepleite oplossingsgerichte werkwijze is afhankelijk van een vrije keuze van bestuursorganen. Wij kunnen ons niet aan de indruk onttrekken dat de informele aanpak bij bezwaarbehandeling weliswaar door veel bestuursorganen met de mond wordt beleden, maar in veel mindere mate stelselmatig in de praktijk wordt gebracht.[34] Als steun in de rug voor bestuursorganen die op de drempel staan om woorden in daden om te zetten (en als aanmoediging voor bestuursorganen die daar nog niet zijn aanbeland) is een bepaling die bestuursorganen aanspoort de bezwaarprocedure te benutten voor het zoeken naar een vergelijk met de bezwaarmaker meer dan welkom. Het zou moeten kunnen voordat we aan het zesde lustrum van de Awb toe zijn.

---

[33] Bijv. L. van der Velden, C.C.J.M. Koetsenruijter & M.C. Euwema, *Prettig contact met de overheid 2*, Den Haag: Ministerie van BZK 2010, http:// prettig contactmetdeoverheid. net/ bibliotheek/ 376.
[34] Zie bijv. Wever 2016.

Nienke Doornbos*

53 | Naar een meer responsief bestuursrecht?
Verder bouwen aan het huis van de rechtsstaat

@N_Doornbos – Responsiviteit in de relatie overheid – burger kan zich ontwikkelen tot nieuw rechtsstatelijk beginsel. Wel moet nog beter doordacht worden wat we daaronder verstaan en hoe dit beginsel zich verhoudt tot andere rechtsstatelijke beginselen #responsiviteit #rechtsstaat #rechtssociologie

1. Inleiding

Opvallend vaak valt de laatste tijd de term 'responsief' waar het gaat om de relatie overheid-burger. Al vele artikelen en studiemiddagen zijn aan dit thema gewijd.[1] Volgens Scheltema is een responsieve rechtsstaat 'een rechtsstaat waarin de burger ervaart dat het om hem te doen is'.[2] De overheid heeft een dienende functie. Dat betekent niet dat de burger in alles maar gelijk krijgt, maar wel dat de overheid daadwerkelijk geïnteresseerd is in zijn belangen en zijn standpunten en die standpunten ook serieus neemt. Op dit punt valt er volgens Scheltema nog een hoop te verbeteren, maar initiatieven als Prettig contact en de Nieuwe Zaaksbehandeling wijzen in een meer responsieve richting. Ook Allewijn ziet in deze initiatieven de ontwikkeling naar een meer responsieve rechtsstaat terug, en noemt daarnaast nog de decentralisatiebeweging en specifiek de keukentafelgesprekken in het kader van de Wet maatschappelijke ondersteuning.[3] Beide auteurs plaatsen het concept responsief recht in de sleutel van bejegening en communicatie van de overheid met de burger. De voorbeelden impliceren dat ook het streven naar maatwerk en snelle, effectieve geschilbeslechting hier deel van uitmaken.

Hun ideeën sluiten mooi aan bij het werk van twee Amerikaanse rechtssociologen, Nonet & Selznick, die eind jaren zeventig het begrip 'responsive law'

---

* Dr. N. Doornbos is universitair docent rechtssociologie aan de Universiteit van Amsterdam.
[1] Zie voor een overzicht D.M. Kromhout & B. Marseille, 'Responsief bestuursrecht in de veranderende publieke ruimte, Verslag van een op 15 juni 2018 gehouden VAR-studiemiddag', *NTB* 2018/8, p. 57-61.
[2] M. Scheltema, 'Bureaucratische rechtsstaat of responsieve rechtsstaat?', *NTB* 2015/9, p. 37-41.
[3] D. Allewijn, 'Het rapport 'De praktijk van de nieuwe zaaksbehandeling in het bestuursrecht', Een stap in de richting van responsieve bestuursrechtspraak?', *NTB* 2016/7, p. 27-32. Zie ook D. Allewijn, 'De transitie van autonoom naar responsief bestuursrecht' (Lezing PCMO Conferentie Amsterdam 26 april 2016 – Verslag Lynn van der Velden), www.pcmo.nl.

introduceerden.[4] Zij doelden daarmee op een rechtsorde die tegemoetkomt aan maatschappelijke behoeften en waarin wordt gestreefd naar oplossingen die vanuit een maatschappelijk perspectief als rechtvaardig kunnen worden getypeerd. Dat gaat in hun ogen verder dan (ervaren) procedurele rechtvaardigheid, een begrip waarbinnen het bestuursrecht ook veel belangstelling voor bestaat: 'Good law should offer something more than procedural justice. It should be competent as well as fair; it should help the public interest and be committed to the achievement of substantial justice.'[5] De responsieve rechtsorde komt volgens deze auteurs tot stand als een reactie op de 'autonome rechtsorde', die gekenmerkt wordt door een nadruk op rechtmatigheid, voorspelbaarheid en rechtszekerheid. Deze rechtsorde, waarin de Rule of Law zich ontwikkelde, kwam op zijn beurt tot stand als reactie op een 'repressieve rechtsorde', waarin het recht naar willekeur werd aangewend als politiek machtsinstrument van heersers. Nonet & Selznick plaatsen de overgang van repressief, naar autonoom en responsief recht in een historisch-evolutionair perspectief. Daaruit spreekt een zeker vooruitgangsgeloof. Hoewel zij benadrukken dat het erg contextafhankelijk is hoe het recht zich ontwikkelt en welke maatschappelijke doeleinden worden nagestreefd, beschouwen zij de responsieve rechtsorde als een hoger en meer ontwikkeld systeem.[6]

In deze bijdrage wil ik nagaan of er daadwerkelijk een tendens is naar meer responsiviteit in de verhouding overheid-burger en hoe dat begrip nadere invulling kan krijgen. Daarvoor zal ik eerst een beknopt overzicht geven van empirisch onderzoek naar de werking van de Awb in de praktijk en vervolgens stilstaan bij twee contrasterende praktijken binnen het publiekrecht: de boetepraktijk in het kader van de Wet administratiefrechtelijke handhaving verkeersvoorschriften (Wahv) en het keukentafelgesprek in het kader van de Wet maatschappelijke ondersteuning (Wmo). De boetepraktijk wordt wel beschouwd als een te rigide uitvoeringspraktijk waarbij de belangen van burgers uit het zicht zijn verdwenen en waarbij volgens de Nationale ombudsman zelfs mensenrechten zijn geschonden.[7] De keukentafelgesprekken worden daarentegen veelal aangehaald als voorbeeld van responsief recht. Door deze casus te contrasteren krijgen we meer zicht op wat responsief recht zou kunnen inhouden. Het blijft immers een abstract begrip: wat is rechtvaardig in het licht van maatschappelijke doeleinden? Er is mijns inziens nog veel doordenking nodig om het concept responsiviteit meer te laten zijn dan louter een 'hoerabegrip'; deze

---

[4] P. Nonet & P. Selznick, *Law and Society in Transition: Toward Responsive Law*, New York: Harper & Row 1978.
[5] Nonet & Selzick 1978, p. 73-74.
[6] Nonet & Selznick 1978, p. 116. Overigens benadrukken de auteurs dat het hier om ideaaltypen gaat en dat geen enkele rechtsorde coherent is: 'any given legal order or legal institution is likely to have a 'mixed' character, incorporating aspects of all three types of law' (p. 17).
[7] Nationale ombudsman, *Gegijzeld door het systeem* (rapportnummer 2015/160, 12 november 2015), Den Haag: Nationale ombudsman 2015.

bijdrage biedt daarvoor een eerste aanzet. Aan het slot van dit hoofdstuk zal ik betogen dat responsief recht niet zozeer als een eindstadium in een evolutionair proces moet worden gezien, maar als een meer materiële invulling van ons rechtsstaatbegrip.

2. Empirisch onderzoek naar de werking van de Awb in de praktijk

Als relatieve buitenstaander (geen bestuursrechtjurist, maar rechtssocioloog), wil ik het feestje van 25 jaar Awb natuurlijk niet verpesten, maar dat is welhaast onvermijdelijk als je vanuit een oogpunt van responsiviteit in de relatie overheid-burger kijkt naar de toepassing van de Awb in de praktijk. Het is immers al vaak gezegd[8] en ook ik ben daar elders al eens uitgebreider op ingegaan[9]: de Awb werd in de periode na inwerkingtreding allengs formalistischer toegepast en de procedures in bezwaar, beroep en hoger beroep konden op weinig waardering van rechtzoekenden rekenen. De laatste jaren zijn er echter meer positieve signalen, waarover straks meer.

Omstreeks het verschijnen van de Derde Evaluatie kwamen diverse problemen in volle omvang naar voren: de bezwaarprocedure, die bij invoering van de Awb was bedoeld als een informele, toegankelijke procedure voor de burger om op te komen tegen overheidsbesluiten, had zich ontwikkeld tot een logge en onnodig gejuridiseerde rechtsgang.[10] Volgens de Evaluatiecommissie is er sprake van een informatiekloof tussen burger en overheid en schort het vooral aan communicatie en voorlichting.[11] De afdoening van bezwaarzaken gebeurde bovendien te traag en overheidsinstanties overschreden dan ook veelvuldig de beslistermijnen.[12] Uit een empirisch onderzoek (2011) onder 376 gebruikers van de bezwaarprocedure kwam naar voren dat 68 % van de respondenten (heel) negatief oordeelde over de bezwaarprocedure, vooral omdat deze naar hun mening te lang duurde. Twintig procent oordeelde (heel) positief.[13] De respondenten hadden zich vooral over de opstelling van het bestuursorgaan boos gemaakt. Zij troffen bij de hoorzitting van de bezwaarcommissie soms ambtenaren die 'als terriërs' hun besluit gingen verdedigen.[14] 60 % van de respondenten

---

[8] Zie m.n. Commissie Evaluatie AWB III, *Derde Evaluatie van de Algemene wet bestuursrecht 2006*, Den Haag: Boom Juridische uitgevers 2007, te raadplegen via www.wodc.nl.
[9] N. Doornbos, 'Voorbij procedurele rechtvaardigheid; De betrekkelijkheid van de beleving van respondenten', *Recht der Werkelijkheid* 2017/2, p. 99-119.
[10] Commissie Evaluatie AWB III 2007, zie ook A. Brenninkmeijer, 'Dejuridisering', *NJB* 2011/1, p. 6.
[11] Commissie Evaluatie AWB III 2007, p. v en 64.
[12] Zie onder meer de rapporten van de Algemene Rekenkamer, *Beslistermijnen. Waar blijft de tijd, 2004* (Kamerstukken II, 2003/04, 29495, 2) en *Beslistermijnen. Waar blijft de tijd, 2009* (Kamerstukken II, 2008/09, 29495, 4).
[13] B.W.N de Waard e.a. (red.), *Ervaringen met bezwaar*. Tilburg: Tilburg University 2011, p. 85.
[14] De Waard e.a. 2011, p. 174.

gaf aan liever voorafgaand aan de bezwaarprocedure een informeel gesprek te hebben gehad met een ambtenaar.[15]

In de fase van de beroepsprocedures kwamen uit empirisch onderzoek weer andere problemen naar voren: de bestuursrechter maakte omstreeks 2005 niet of nauwelijks gebruik van de bevoegdheid om zelf in de zaak te voorzien, waardoor procespartijen onnodig lang aan het procederen waren (het beruchte 'pingpongen');[16] en stelde zich ook op andere vlakken lijdelijk op, bijvoorbeeld door procespartijen in het ongewisse te laten over welk bewijsmateriaal nodig was om hun zaak kans van slagen te geven.[17] Marseille wees op de lage slagingskansen van burgers: in beroepszaken kan de burger in slechts circa 10 % van de gevallen als 'winnaar' worden aangewezen.[18] Ook in hoger beroepszaken trekt de burger meestal aan het kortste eind.[19]

In reactie op de derde evaluatie zijn vanuit de rechtspraktijk belangrijke initiatieven gestart om de problemen ter hand te nemen, zoals het streven naar finale geschilbeslechting, Prettig contact met de overheid en de Nieuwe Zaaksbehandeling. Met deze initiatieven wordt gepoogd beter te kunnen aansluiten bij de behoeftes van rechtzoekenden aan adequate en snelle conflictoplossing.[20] Er wordt meer gekeken naar het 'achterliggende geschil' en wat er nodig is om het geschil te beslechten. Daarbij kunnen ook (tot op zekere hoogte) niet-juridische aspecten aan de orde komen.[21] De initiatiefnemers hebben zich daarbij laten inspireren door theorieën van procedurele rechtvaardigheid, die in de kern neerkomen op de gedachte dat als mensen zich rechtvaardig en met respect behandeld voelen, zij een beslissing beter zullen accepteren, de beslissende autoriteit eerder als legitiem zullen ervaren en meer vertrouwen zullen hebben in instituties, zelfs als de beslissing negatief voor hen uitpakt.[22]

---

[15] De Waard e.a. 2011, p. 67.
[16] B.J. Schueler e.a., *Definitieve geschilbeslechting door de bestuursrechter*, Den Haag: Boom Juridische uitgevers 2007.
[17] A.T. Marseille, *Effectiviteit van bestuursrechtspraak, een onderzoek naar het verloop en de uitkomst van bestuursrechtelijke beroepsprocedures*, Den Haag: Boom Juridische uitgevers 2004; T. Barkhuysen e.a., *Feitenvaststelling in beroep*, Den Haag: Boom Juridische uitgevers 2007.
[18] Marseille 2004, A.T. Marseille, B.W.N. de Waard, A. Tollenaar, P. Laskewitz & C. Boxum, *De praktijk van de Nieuwe zaaksbehandeling in het bestuursrecht*, Den Haag: Ministerie van BZK 2015, p. 129.
[19] A.T. Marseille & M. Wever, 'Snelheid, finaliteit en winstkans in het bestuursrechtelijke hoger beroep', *NJB* 2016/13, p. 847.
[20] Y.E. Schuurmans & D.A. Verburg, 'Bestuursrechtelijk bewijsrecht in de jaren '10: opklaringen in het hele land', *JBplus* 2012/5, p. 117-138.
[21] Zie o.m. André Verburg, 'De nieuwe zaaksbehandeling van de bestuursrechter', *Tijdschrift Conflicthantering* 2013/3, p. 19-23; K.A.W.M. de Jong, 'Geen sfinx te zien, een onderzoek naar de zaaksbehandeling bij de Amsterdamse bestuursrechter', *NTB* 2018/16, p. 14-17.
[22] Grondleggers van deze theorieën zijn J.W. Thibaut & L. Walker, *Procedural justice: a psychological analysis*. New York: John Wiley 1975 en E.A. Lind & T.R. Tyler, *The social*

Uit empirisch onderzoek blijkt dat in de eerste contacten tussen burger en overheid na indiening van een klacht of een bezwaar, ervaren procedurele rechtvaardigheid leidt tot meer tevredenheid over de uitkomst (ook als de uitkomst negatief uitpakt voor de burger) en vertrouwen in de overheid.[23] Marseille, De Waard e.a. zagen dit effect in de fase van beroep niet optreden, al gaven procesdeelnemers aan *overall* procedurele rechtvaardigheid te hebben ervaren.[24] Grootelaar stelt daarentegen juist een sterke positieve relatie tussen ervaren procedurele rechtvaardigheid en vertrouwen in de rechter vast, vooral wanneer er voor rechtzoekenden meer op het spel staat en wanneer zij eerder met de rechter in aanraking zijn geweest.[25]

Uit dit beknopte overzicht blijkt dat er tal van pogingen worden ondernomen om te komen tot dejuridisering en meer effectieve geschilbeslechting om zo beter tegemoet te komen aan (veronderstelde) maatschappelijke behoeften. Aspecten als communicatie, bejegening en (ervaren) procedurele rechtvaardigheid bij geschilbeslechting krijgen daarbij veel aandacht, maar er is weinig inzicht in welke meer algemene behoeften en materiële rechtvaardigheidsopvattingen mensen hebben.[26] Het zou bijvoorbeeld interessant zijn om op verschillende terreinen na te gaan of, en zo ja in hoeverre, mensen behoefte hebben aan standaardoplossingen of juist aan maatwerk en of zij van mening zijn dat maatwerk ten koste mag gaan van gelijke behandeling. Die vraag is zeker van belang bij de beoordeling van de twee contrasterende casus die ons, zoals gezegd, meer inzicht kunnen verschaffen in wat wel en niet onder responsiviteit kan worden verstaan. We maken daarbij een klein uitstapje naar het strafrecht.

3. De boetepraktijk bij onverzekerd rijden

Wie onverzekerd in een auto of ander motorrijtuig rondrijdt, riskeert een boete. Het Openbaar Ministerie schat dat zo'n 90.000 Nederlanders zonder verzeke-

---

psychology of procedural justice. New York/London: Plenum Press 1988. In Nederland heeft onder anderen Grootelaar het concept verder ontwikkeld en toegepast op de Nederlandse rechtspraak. H.A.M. Grootelaar, *Interacting with procedural justice in courts*, Utrecht: Universiteit Utrecht 2018.

[23] K. van den Bos & L. van der Velden, *Legitimiteit van de overheid, aanvaarding van overheidsbesluiten & ervaren procedurele rechtvaardigheid* (Prettig contact met de overheid deel 4), Den Haag: Ministerie van Justitie 2013.

[24] A.T. Marseille, B. de Waard & P. Laskewitz, 'De nieuwe zaaksbehandeling in het bestuursrecht in de praktijk', *NJB* 2015/29, p. 2007-2014. Deze onderzoekers hebben 150 zittingen bij vijf rechtbanken geobserveerd en 300 interviews met rechters en procespartijen afgenomen. Op een schaal van 1 tot 5 voor ervaren procedurele rechtvaardigheid geven eisers de score 4.0, de gemachtigden van eisers 4.2 en die van bestuursorganen eveneens 4.2.

[25] Grootelaar 2018, chapter 2.

[26] Doornbos 2017.

ring rondrijden.[27] De verzekering is verplicht en heeft ten doel eventuele schade die met het voertuig wordt berokkend te kunnen vergoeden. Terecht dus dat overtredingen worden opgespoord en beboet.

Dat de boetepraktijk veel kritiek heeft gekregen en onderwerp is geworden van een vernietigend rapport van de Nationale ombudsman[28], heeft alles te maken met de stringente manier waarop de overtredingen werden aangepakt. Niet alleen zijn de boetebedragen erg hoog en lopen ze bij aanmaningen in een zeer hoog tempo op[29], ook heeft het Openbaar Ministerie naar het oordeel van de Nationale ombudsman onevenredig vaak het middel van gijzeling ingezet om betaling af te dwingen van boetes van verkeersovertredingen. Bij de inwerkingtreding van de Wet Mulder (Wet administratiefrechtelijke handhaving verkeersvoorschriften) in de jaren '80 ging men ervan uit dat gijzelen alleen in uiterste noodzaak zou worden ingezet. In 2013 vroeg het OM evenwel in ruim 180.000 zaken de rechter om toestemming en in 2014 in 140.000 zaken (in 22.000 respectievelijk 41.000 zaken is daadwerkelijk tot gijzeling overgegaan).[30] Er werden ook mensen gevangen gezet die wel wilden betalen, maar niet konden betalen en bij wie de gijzeling dus geen enkel doel diende. De Nationale ombudsman oordeelde dat deze praktijk een schending oplevert van het grondrecht op persoonlijke vrijheid.[31] Nadat de Nationale ombudsman aan de bel had getrokken is in 2016 het aantal vorderingen teruggelopen tot 784 (van juli 2015-december 2016). Ik schrijf deze paragraaf gemakshalve in de verleden tijd, maar de problemen zijn nog lang niet allemaal de wereld uit[32] en de boetes zijn zelfs na het verschijnen van het kritische rapport verhoogd van 400 naar 600 euro.[33]

In het rechtssociologisch onderwijs aan de UvA gebruiken we deze casus om te demonstreren hoe een uitvoeringspraktijk kan doorschieten en – in een democratische rechtsstaat als de hedendaagse Nederlandse rechtsstaat – zelfs kan leiden tot schending van mensenrechten. Ook besteden we aandacht aan de oorzaken daarvan, die de Nationale ombudsman als volgt verwoordt: 'Het ge-

---

[27] https://www.om.nl/onderwerpen/verkeer/handhaving-verkeer/apk-verzekering/verzekering/.

[28] Nationale ombudsman 2015.

[29] Ten tijde van het onderzoek van de Nationale ombudsman was het boetebedrag voor onverzekerd rondrijden in een auto 400 euro, een bedrag dat bij eerste aanmaning met een factor 1,5 en bij de tweede aanmaning met de factor 3 wordt vermenigvuldigd.

[30] Nationale ombudsman 2015, p. 11-13.

[31] Nationale ombudsman 2015, p. 47-48.

[32] Nationale ombudsman 'Minder burgers ten onrechte gegijzeld na verbetermaatregelen' (23 februari 2017), nieuwsbericht op www.nationaleombudsman.nl. Zie ook J. Frederik, 'In Nederland kan een verkeersboete je leven ruïneren', De Correspondent 14 april 2017, https://decorrespondent.nl/6546/in-nederland-kan-een-verkeersboete-je-leven-ruineren/1590732213972-810eeb99.

[33] In 2018 bedroeg de boete blijkens de websites van het OM en het CJIB 600 euro, een bedrag dat bij eerste aanmaning met een factor 1,5 en bij de tweede aanmaning met de factor 3 wordt vermenigvuldigd.

hele invorderingstraject overziend, is de Nationale ombudsman van mening dat het systeemdenken bij de RDW en het CJIB overheersend is geweest, mede gevoed door de focus van het OM en het ministerie van V&J op efficiëntie, met volledige invordering als gewenst resultaat. Veelal werd met een juridische bril naar de verzoeken van burgers gekeken, zonder te kijken naar de persoon en zijn persoonlijke omstandigheden. De belangen van de burger zijn hierdoor uit het zicht geraakt waardoor veel burgers verder in de problemen zijn gekomen.'[34]

In deze uitvoeringspraktijk is sprake van systeem-level bureaucratie in optima forma:[35] via registervergelijking controleert de RDW alle kentekens met de gegevens van de autoverzekeraars. Op deze wijze controleert de RDW meerdere keren per jaar of auto's een geldige verzekering of APK hebben. Daardoor kan het voorkomen dat vervolgens bij het CJIB volautomatisch een boete uit de computer komt rollen, ook al stond op het moment van de overtreding de auto al enige maanden ongebruikt in de schuur of was de auto na een ongeval in het buitenland op de schoothoop beland. Er komt vrijwel geen ambtenaar van vlees en bloed meer aan te pas.

Als je dit handhavingssysteem op een positieve manier zou willen benaderen, zou je kunnen zeggen dat er optimale rechtszekerheid heerst: het is immers mogelijk om in 100% van de overtredingen te handhaven. Die handhaving geschiedt op een uitzonderlijk neutrale, immers onpersoonlijke manier. Er is geen ruimte voor arbitraire machtsuitoefening door ambtenaar. Zo is er bijvoorbeeld geen sprake van etnische profilering; de computer is kleurenblind. Alle gevallen worden gelijk behandeld. Maar precies daarin schuilt het probleem: niet alle gevallen zijn gelijk en om ongelijke gevallen ongelijk te behandelen heb je systemen (beter nog: mensen) nodig die kunnen afwijken van de hoofdregel. Dit ontbrak in het systeem. In dit systeem werden burgers louter vanuit een wantrouwend perspectief benaderd: een overtreder werd meteen tegemoet getreden als een rationele, eigenbelang nastrevende actor, een profiteur.

4. Het keukentafelgesprek

De term keukentafelgesprek roept wellicht warme associaties van gezelligheid en appeltaart op, maar in wezen gaat het hier om een zakelijk gesprek tussen een consulent van de gemeente en een 'zorgvrager' met als doel te bezien welke minimale huishoudelijke zorg en ondersteuning vereist is om de aanvrager zelfredzaam te laten zijn. De aanvrager mag bij het gesprek ondersteuning krijgen van een mantelzorger, familielid of een onafhankelijke cliëntenondersteuner.

---

[34] Nationale ombudsman 2015, p. 51.
[35] M. Bovens & S. Zouridis, 'Van street-level bureaucratie naar systeem-level bureaucratie. Over ICT, ambtelijke discretie en de democratische rechtsstaat', *NJB* 2002/2, p. 65-74.

De doelstelling van de Wmo is het bevorderen van zelfredzaamheid en participatie in de samenleving, hetgeen past binnen de ambitie van de kabinetten Balkenende en Rutte om de verzorgingsstaat naar een participatiesamenleving om te vormen en daarbij de eigen verantwoordelijkheid van burgers aan te spreken.[36] In plaats van repressief te werk te gaan, kiest de overheid er hier voor om de dialoog aan te gaan met burgers en maatwerk te bieden. Zo op het oog vertoont deze wet trekken van *bottom up* responsief recht, zowel in het licht van de doelstellingen als in het licht van de bejegening en communicatie.

Laten we eens wat kritischer gaan kijken. Een risico van deze horizontalisering van de relatie is dat machtsverhoudingen een rol spelen en dat de burger daarbij aan het kortste eind trekt. Er zijn empirische bevindingen die in deze richting wijzen. Zo blijkt bijvoorbeeld uit onderzoek van I & O research de aanwezigheid van een onafhankelijke cliëntondersteuner bij het gesprek een positieve invloed te hebben op de onderhandelingspositie en de uitkomsten van het gesprek.[37] De onderzoekster zegt hierover: 'Mensen willen zich graag groothouden en geven, als ze dat gesprek alleen voeren, minder snel aan dat ze hulp nodig hebben.'[38] Schaamte speelt hierbij een rol, en ook: anderen niet tot last willen zijn. Uit onderzoek van Vreugdenhil bleek dat veel respondenten benadrukken 'nog niet hulpbehoevend' te zijn. Maar diverse ondervraagden gaven bijvoorbeeld ook aan nog liever te verhuizen naar een seniorenwoning zonder tuin in plaats van een buurman te vragen in de tuin te helpen.[39]

Bij de keukentafelgesprekken is sprake van street-level bureaucratie *pur sang*: een ambtenaar van vlees en bloed heeft direct contact met burgers over toegang tot publieke voorzieningen. Hij of zij beschikt daarbij over enige discretionaire ruimte over hoe dat gesprek plaatsvindt en wat de uitkomst daarvan is.[40] Uit empirisch onderzoek blijkt dat ambtenaren die ruimte ook benutten en dat geen keukentafelgesprek exact hetzelfde is.[41]

De gemeenten passen de Wmo verschillend toe, waardoor het keukentafelgesprek in de ene gemeente in persoon bij de zorgaanvragers thuis plaatsvindt

---

[36] M. Vreugdenhil, *Nederland participatieland? De ambitie van de Wet maatschappelijke ondersteuning (Wmo) en de praktijk in buurten, mantelzorgrelaties en kerken*, Amsterdam: Vossiuspers 2012.
[37] Nieuwsbericht I & O research 4 december 2017, 'Cliëntondersteuning: de sleutel tot succes?' www.ioresearch.nl.
[38] Y. de Korter, 'Derde bij keukentafelgesprek werkt beter', *Binnenlands bestuur* 3 mei 2018.
[39] Vreugdenhil 2012, p. 122.
[40] Allemaal kenmerken van street-level bureaucratie volgens M. Lipsky, *Street-level bureaucracy, Dilemmas of the individual in public services*, New York: Russell Sage Foundation 1980.
[41] Zie de uitstekende masterscriptie van L.M. Zuidervaart, *Het keukentafelgesprek: recept voor tevreden burgers? Een onderzoek over de vraag wat er gebeurt in een keukentafelgesprek en wat het gesprek betekent voor de manier waarop burgers het gemeentelijk besluit, dat daar in het kader van de Wmo 2015 uit volgt, ervaren*, Utrecht: Universiteit Utrecht 2015.

en in de andere gemeente per telefoon wordt afgehandeld.[42] Meestal wordt volstaan met één gesprek, maar soms vinden meerdere gesprekken plaats, zelfs vijf tot tien keer toe.[43] Soms vindt helemaal geen gesprek plaats.[44] Wat aan hulpvragen wordt opgepikt, blijkt in sommige gevallen afhankelijk te zijn van de expertise van de zorgconsulent.[45] Binnen de kaders van de Wmo moet 'passende ondersteuning' worden verleend. Expliciet doel van de decentralisatie van uitvoering naar gemeentelijk niveau was dat op lokaal niveau meer maatwerk kan worden geboden. Aan het gelijkheidsbeginsel lijken gemeenten niet zo te tillen. Uit een SCP-enquête onder Nederlandse gemeenten blijkt dat slechts 6% van de gemeenten maatwerk afwijst als die ongelijke behandeling van inwoners met zich meebrengt.[46]

Met de decentralisatie van overheidstaken is het voor burgers erg onoverzichtelijk geworden wie uiteindelijk voor de diensten verantwoordelijk is en bij welke instantie zij bezwaar dienen te maken of een klacht kunnen indienen.[47] Burgers worden van loket naar loket gestuurd.[48] Vermaat signaleert zelfs een tendens in het kader van de Wmo waarin gemeenten trachten de burger van het voeren van bezwaarprocedures af te houden.[49] De toegang tot de rechter staat daarmee op het spel.[50] De Awb is onvoldoende toegerust op de nieuwe ontwikkeling van de uitbesteding van overheidstaken. Scheltema heeft daarom geadvi-

---

[42] Zuidervaart 2015, p. 42.
[43] L. van der Ham & M. den Draak, 'Inrichting van de toegang tot Wmo-ondersteuning', in: L. van der Ham e.a., *De Wmo 2015 in de praktijk*, Den Haag: SCP 2018, p. 76.
[44] https://www.binnenlandsbestuur.nl/sociaal/nieuws/keukentafelgesprek-niet-altijd-nodig.9559621.lynkx.
[45] Van der Ham & Den Draak 2018, p. 76; Zuidervaart 2015, p. 47.
[46] 23% is neutraal (n = 243). W. Mensink & L. van der Ham, 'Passende ondersteuning', in: L. van der Ham e.a., *De Wmo 2015 in de praktijk*, Den Haag: SCP 2018, p. 108.
[47] Zie hierover het rapport *Terug aan tafel, samen de klacht oplossen* van de Nationale ombudsman 2017/035; H.M.D. Wildeboer & A.T. Marseille, 'Behandeling Wmo-klachten volgens de Wkkgz: wenselijk of niet?', *Tijdschrift voor Klachtrecht* 2017/1, p. 3-6 4 p.
[48] M. Ramlal & J. Prins, 'Het geschil (weer) centraal', *Tijdschrift voor Klachtrecht* 2017/2, p. 10.
[49] M.F. Vermaat, 'Klagen in de Wmo', *Tijdschrift voor Klachtrecht* 2016/4, p. 7-9.
[50] Een ander terrein waarop de toegankelijkheid van het bestuursrecht voor burgers problematisch is, betreft het terrein van de bestuurlijke boetes. Dit onderwerp gaat het bestek van dit artikel te buiten, maar wie zich er verder in wil verdiepen verwijs ik naar het rapport van de Nationale ombudsman met de veelzeggende titel 'Gegijzeld door het systeem' (Nationale ombudsman 2015). Uit dit rapport blijkt dat het Openbaar Ministerie onevenredig vaak het middel van gijzeling heeft ingezet om betaling af te dwingen van boetes van verkeersovertredingen en dat het voor burgers heel moeilijk – bijkans onmogelijk – was om hiertegen op te komen.

seerd om de Awb aan te passen om een meer integrale en finale geschilbeslechting in het sociaal domein te bereiken.[51]

Al met al heeft de praktijk van de keukentafelgesprekken, alle goede bedoelingen ten spijt, bepaalde trekken die helemaal niet zo responsief zijn. We kunnen zelfs constateren dat deels sprake is van rechtsonzekerheid, rechtsongelijkheid en dat kwetsbare hulpbehoevende ouderen voor hun hulpvraag deels afhankelijk zijn van een welwillende aanpak van consulenten. Van den Berge stelt het nog scherper: 'Juist door een rookgordijn van consensualiteit en samenwerking op te werpen is de overheid in staat diep in de leefwereld van burgers door te dringen en hen in feite op eenzijdige en uiterst dwingende wijze haar wil op te leggen. Daarbij blijft het bestuur tot nog toe vrij gemakkelijk onder de radar van publiekrechtelijke regels en beginselen die de kern van onze rechtsstaat uitmaken.'[52]

5. Conclusies

Door de problemen binnen het publiekrecht zo kort te schetsen en de twee casus zo scherp neer te zetten, doe ik geen recht aan de rijke uitvoeringspraktijk en al het empirisch onderzoek dat daarnaar is verricht. Maar deze uitvergroting biedt wel gelegenheid om meer grip te krijgen op het abstract begrip responsief recht.

Ten eerste moeten we niet te snel aannemen dat er een eenduidige ontwikkeling is naar meer responsief bestuursrecht. Dat valt nog te bezien. Eerder is sprake van twee tegenovergestelde ontwikkelingen: enerzijds naar een uiterst restrictieve handhavingspraktijk waarin burgers vooral als calculerende, potentieel frauderende subjecten worden aangesproken.[53] En anderzijds een weinig transparante, op informalisering en dejuridisering gerichte praktijk die de ambitie heeft responsief te zijn, maar deze ambitie hooguit op het vlak van bejegening en communicatie (enigszins) kan waarmaken, maar niet wat betreft de doelgerichtheid en substantiële rechtvaardigheid waar Nonet & Selznick op doelden.

De vraag dringt zich op of het onvermijdelijk is dat het streven naar een meer responsieve verhouding tussen overheid en burger ten koste gaat van rechtsstatelijke beginselen. Het evolutionaire model van Nonet & Selznick, specifiek de door hen beschreven 'overgang' van een autonome naar responsieve rechtsorde wijst in die richting, maar wij hoeven uiteraard niet aan te sluiten bij wat twee Amerikaanse rechtssociologen in de jaren '70 over respon-

---

[51] Zie M. Scheltema, 'Advies integrale geschilbeslechting in het sociaal domein', internetconsultatie 3 oktober 2017.

[52] L. van den Berge, 'Gouvernementaliteit en rechtsbescherming; Groninger gas, sociaal domein en de ongrijpbare overheid', *NJB* 2018/17.

[53] Vonk spreekt op het terrein van het sociale zekerheidsrecht van 'repressieve verzorgingsstaat'. G. Vonk, 'Repressieve verzorgingsstaat', *NJB* 2014/2, p. 78-135.

sief recht zeiden. Het denken in grote monocausale verbanden is mijns inziens inmiddels achterhaald. Het is zinvoller om verder te denken in de lijn van de rechtsstaatgedachte, zoals door Bovens[54], Schuyt[55] en de WRR[56] verwoord, waarin de rechtsstaat nooit 'af' is, maar permanent onderhoud nodig heeft. Bovens maakt gebruik van de metafoor van het huis van de rechtsstaat, waar altijd nog wel wat aan vertimmerd kan worden. De rechtsstaat heeft zich historisch ontwikkeld van een primair liberale rechtsstaat in de 18e eeuw (met de ontwikkeling van vrijheidsrechten, trias politica, rechtsbescherming en legaliteit), naar een democratische rechtsstaat in de loop van de 19e eeuw (met ontwikkeling van politieke rechten, een parlementair stelsel en ideeën over scheiding van politiek en bestuur), tot een verzorgingssstaat waarin grofweg in de twintigste eeuw ook sociale rechten worden erkend en beginselen van behoorlijk bestuur zijn ontwikkeld. Op deze wijze heeft de rechtsstaat zich ontwikkeld van een meer formele rechtsstaat (de begane grond van het huis) naar een meer en meer substantiële rechtsstaat (de eerste en tweede verdieping).[57] De rechtsstaat is dynamisch en past zich zo aan maatschappelijke ontwikkelingen aan. We leven, aldus Bovens, niet meer in een agrarische of industriële samenleving, maar veeleer in een informatiemaatschappij (tegenwoordig spreken we van platformsamenleving), die zowel nieuwe rechten voor burgers als beginselen van behoorlijk bestuur op het gebied van informatisering voor de overheid meebrengen.

Kenmerkend voor onze huidige samenleving zijn de veranderende gezagsverhoudingen,[58] het belang dat wordt gehecht aan goede communicatie en respectvolle bejegening, en inzichten in (de beperkingen van) het menselijk 'denk- en doenvermogen'.[59] Om aan deze ontwikkelingen tegemoet te komen kan responsiviteit onderdeel gaan uitmaken van onze rechtsstaatconceptie en zich wellicht zelfs ontwikkelen tot rechtsstatelijk beginsel, maar het kan mijns inziens nooit een eindstadium zijn in een historische ontwikkeling. Veeleer gaat het om een meer materiële invulling van klassiek rechtsstatelijke beginselen als toegang tot recht, hoor en wederhoor en het gelijkheidsbeginsel.

---

[54] M.A.P. Bovens, *Beschouwingen over informatiemaatschappij en rechtsstaat*, Utrecht: Universiteit Utrecht 1998.
[55] Kees Schuyt, 'De waarden van de rechtsstaat', in K. Schuyt, *Steunberen van de samenleving. Sociologische essays*, Amsterdam: Amsterdam University Press 2006, te raadplegen via: http://www.thijmgenootschap.nl/sites/thijmgenootschap.nl/files/artikelen/t92-1-9-kees-schuyt-de-waarden-van-de-rechtsstaat.pdf.
[56] WRR, *De toekomst van de nationale rechtsstaat* (rapport van 29 oktober 2002, nr. 63), Den Haag: Sdu uitgevers 2002.
[57] Bovens 1998, p. 2.
[58] Gabriël van den Brink, 'Hoe het gezag uit Nederland verdween… en weer terugkwam', in: T. Jansen e.a. (red.), *Gezagsdragers*, Amsterdam: Boom 2012, p. 19-36.
[59] Wetenschappelijke Raad voor het Regeringsbeleid, *Weten is nog geen doen. Een realistisch perspectief op zelfredzaamheid*, Den Haag: WRR 2017.

Er moet nog goed worden nagedacht over wat die rechten en verplichtingen inzake responsiviteit precies moeten inhouden. Maatwerk kan geen absoluut recht zijn, maar moet passen binnen de bandbreedte van de beide kanten van het gelijkheidsbeginsel – dus gelijke behandeling van gelijke gevallen én ongelijke behandeling van ongelijke gevallen. Respectvolle bejegening kan mijns inziens zonder enig probleem als beginsel van behoorlijk bestuur worden geformuleerd. Verder laat de casus van de boetepraktijk zien dat het van belang is om ook in de meest geautomatiseerde uitvoeringspraktijken altijd de mogelijkheid van een menselijke toets in te bouwen, terwijl de casus van de keukentafelgesprekken laat zien dat het wenselijk is om over de meest basale uitvoeringsaspecten een gemeenschappelijke lijn te ontwikkelen.

Waar Bovens de nieuwe rechten en verplichtingen voor burgers en overheid inzake de informatiemaatschappij op de zolderverdieping van het huis van de rechtsstaat plaatste, zou ik ervoor willen pleiten de rechten en verplichtingen van burgers en overheid inzake responsiviteit in een serre op de begane grond bij te bouwen, lekker licht en transparant, en dicht bij de klassieke rechtsstaatbeginselen.

Hilke Grootelaar & Kees van den Bos*

54 | De Awb vanuit een procedurele rechtvaardigheidsperspectief: hulpmiddel, hinderpaal of handvat?

@H_Grootelaar/K_vandenBos – In hun bijdrage kijken Hilke Grootelaar en Kees van den Bos met een sociaalpsychologische bril naar de Awb en onderzoeken zij of deze in termen van ervaren procedurele rechtvaardigheid nu een hulmiddel of hinderpaal is#*procedurele-rechtvaardigheid*#*hulpmiddel*#*hinderpaal*

1. Inleiding

In deze bijdrage kijken wij met een sociaalpsychologische bril naar de Algemene wet bestuursrecht (Awb). Nadat we kort ingaan op de vraag wat sociaalpsychologen verstaan onder het begrip 'ervaren procedurele rechtvaardigheid' en waarom het zo belangrijk is dat burgers Awb-procedures als eerlijk en rechtvaardig ervaren, bekijken wij of de Awb in termen van ervaren procedurele rechtvaardigheid nu een hulpmiddel of hinderpaal is. Dit doen we enerzijds door na te gaan in hoeverre hetgeen in de Awb staat kan bijdragen aan een gevoel van ervaren procedurele rechtvaardigheid en anderzijds door te kijken naar hetgeen er in de Awb ontbreekt maar wat wel belangrijk is voor een als eerlijker en rechtvaardiger ervaren procedure in het bestuursrecht. Wij merken op dat wij niet alle aspecten van het geschreven en ongeschreven bestuursrecht kunnen behandelen, maar ons in deze relatief korte bijdrage richten op elementen uit de Awb en het bestuursrecht die wij voor dit onderwerp het belangrijkst achten.

2. Het belang van ervaren procedurele rechtvaardigheid in het bestuursrecht

Als sociaalpsychologen spreken over 'ervaren procedurele rechtvaardigheid' dan bedoelen zij de subjectieve indruk die mensen zich vormen van de eerlijkheid en rechtvaardigheid van de besluitvormingsprocedure en van hoe ze behandeld worden tijdens die procedure. De rechtvaardigheids*perceptie* of -beleving staat centraal. Het gaat om rechtvaardigheid *in the eye of the beholder*.[1]

---

* Mr. dr. H.A.M. Grootelaar is universitair docent aan de Utrechtse School voor Bestuurs- en Organisatiewetenschap (USBO). Prof. dr. K. van den Bos is hoogleraar Sociale Psychologie en Empirische Rechtswetenschap. Beiden zijn verbonden aan het Montaigne Centrum voor Rechtsstaat en Rechtspleging en de vakgroep Staatsrecht, Bestuursrecht & Rechtstheorie van de Universiteit Utrecht.
[1] E.A. Lind, R. Kanfer, R., & Earley, P. C., 'Voice, control, and procedural justice: Instrumental and noninstrumental concerns in fairness judgments', *Journal of Personality and Social Psychology*, 59, 1990, p. 952-959.

De vraag wat mensen precies rechtvaardig vinden, heeft onderzoekers naar procedurele rechtvaardigheid lange tijd bezig gehouden.[2] Uit verschillende onderzoeken is gebleken dat onder meer je mening kunnen geven (*voice*),[3] dat autoriteiten ook echt naar die mening luisteren (*due consideration*),[4] dat procedures door de tijd heen constant en voor alle deelnemers hetzelfde zijn (*consistency*), dat procedures vrij zijn van vooroordelen en persoonlijke denkbeelden van diegene die de beslissing neemt (*neutrality*),[5] een open en gepaste communicatie (*respect*) en het geven van voldoende motivering voor beslissingen (*explanation*)[6] criteria zijn die individuen gebruiken om te beoordelen of zij de doorlopen procedure en de behandeling door de besluitvormer eerlijk vinden. Welke criteria rechtzoekenden het belangrijkst vinden, verschilt per context en rechtsgebied.[7] Zo blijkt uit het onderzoek van De Waard e.a. onder bezwaarmakers bij verschillende bestuursorganen dat het van groter belang is dat mensen niet twijfelen aan de (on)partijdigheid van de hoorcommissie en dat zij zich respectvol bejegend voelen, dan dat er in de ogen van de bezwaarmaker voldoende tijd was en dat er goed geluisterd werd op de hoorzitting.[8]

Eén van de meest gerepliceerde en belangwekkende bevindingen in de sociale psychologie is het *fair process effect*, dat laat zien dat een als rechtvaardig ervaren behandeling sterke effecten heeft op de reacties van mensen.[9] Zo heeft ervaren procedurele rechtvaardigheid bijvoorbeeld een positieve invloed op

---

[2] Zie bijv. G.S. Leventhal, 'What should be done with equity theory? New approaches to the study of fairness in social relationships' in: K. Gergen, M. Greenberg & R. Willis (red.), *Social exchange: Advances in theory and research*, New York: Plenum Press 1980, p. 27-55; E.A. Lind, & T.R. Tyler, *The social psychology of procedural justice*, New York: Plenum Press 1988, p. 61; J. Thibaut & L. Walker, *Procedural justice. A psychological analysis*, Hillsdale, NJ: Lawrence Erlbaum Associates 1975.
[3] R. Folger, D. Rosenfield, J. Grove & L. Corkran, 'Effects of "voice" and peer opinions on responses to inequity', *Journal of Personality and Social Psychology*, 37, 1979, p. 2253-2261.
[4] T.R. Tyler, 'Conditions leading to value-expressive effects in judgments of procedural justice. A test of four modes', *Journal of Personality and Social Psychology*, 52, 1986, p. 333-344.
[5] Leventhal 1980.
[6] R.J. Bies & J.S. Moag, 'Interactional justice: Communication criteria of fairness' in: R. Lewicki, B. H. Sheppard & M. H. Bazerman (Red.), *Research on negotiation in organizations*. Greenwich, CT: JAI Press 1986, p. 43-55.
[7] H.A.M. Grootelaar, *Interacting with Procedural Justice in Courts*, Utrecht: Universiteit Utrecht 2018.
[8] B.W.N. de Waard, (red.). *Ervaringen met bezwaar: Onderzoek naar de ervaringen van burgers met de bezwaarschriftprocedure uit de Algemene wet bestuursrecht*, Den Haag: Boom Juridische uitgevers 2011, p. 144.
[9] Voor overzichten, zie Lind & Tyler 1988 en K. van den Bos, E.A. Lind, R. Vermunt & H.A.M. Wilke, 'How do I judge my outcome when I do not know the outcome of others? The psychology of the fair process effect', *Journal of Personality and Social Psychology*, 72, 1997, p. 1034-1046.

iemands bereidheid om beslissingen te accepteren,[10] gehoorzaamheid aan de wet[11] en het vertrouwen in de rechter en rechtspraak.[12] Meer specifiek in de context van de Awb hebben onderzoeken naar de bezwaarschriftprocedure en het beroep bij de bestuursrechter aangetoond dat naarmate burgers meer procedurele rechtvaardigheid ervoeren, zij meer tevreden waren met hun uitkomst (ook als dit een ongegrond bezwaar of beroep betrof),[13] zij meer vertrouwen hadden in het naleven van die uitkomst,[14] meer vertrouwen hadden in het contact met de ambtenaren of overheid,[15] en meer vertrouwen hadden in de bestuursrechter die de zaak behandelde.[16]

Hoewel ervaren procedurele rechtvaardigheid onzes inziens zeker geen panacee voor alle problemen in het bestuursrecht is,[17] denken wij dat het waardevol is om eens met de sociaalpsychologische rechtvaardigheidsbril naar de Awb te kijken. Dat wij ons in deze bijdrage hoofdzakelijk beperken tot de rechtzoekende burger, wil niet zeggen dat wij het belang van ervaren procedurele rechtvaardigheid voor (gemachtigden van) bestuursorganen niet onderkennen. Ook voor hen is het van groot belang dat de bestuursrechtelijke procedure als eerlijk en rechtvaardig wordt ervaren, en dat zij vertrouwen houden in de bestuursrechter en het bestuursprocesrecht.

3. De Awb als hulpmiddel... of hinderpaal?

In deze paragraaf gaan wij in op de vraag welke aspecten van de Awb respectievelijk bijdragen en afdoen aan een gevoel van ervaren procedurele rechtvaardigheid. Dit doen wij door te kijken naar zowel de wetsartikelen zoals opgenomen in de Awb, de rechtsbeginselen die in het bestuursrecht een belangrijke rol spelen en door te kijken naar de verhouding tussen burger en overheid als zodanig.

---

[10] E.A. Lind, C.T. Kulik, M. Ambrose & M.V. de Vera Park, 'Individual and corporate dispute resolution. Using procedural fairness as a decision heuristic', *Administrative Science Quarterly*, 38, 1993, p. 224-251.
[11] T.R. Tyler, *Why people obey the law*, New Haven, CT: Yale 1990.
[12] H.A.M. Grootelaar & K. van den Bos. 'How Litigants in Dutch Courtrooms Come to Trust Judges: The Role of Perceived Procedural Justice, Outcome Favorability, and Other Sociolegal Moderators', *Law & Society Review*, 52, 2018, p. 234-268
[13] K. van den Bos & L. van der Velden, *Legitimiteit van de overheid, aanvaarding van overheidsbesluiten & ervaren procedurele rechtvaardigheid*, Den Haag: Ministerie van BZK, p. 74-75.
[14] Van den Bos & Van der Velden 2013, p. 75.
[15] Van den Bos & Van der Velden 2013, p. 75.
[16] Grootelaar 2018.
[17] Zie voor een meer kritische reflectie hierop N. Doornbos, 'Voorbij procedurele rechtvaardigheid. De betrekkelijkheid van de beleving van respondenten', *Recht der Werkelijkheid*, 38, 2017, p. 99-119.

De regels
De invoering van de Awb had indertijd niet alleen als doel om bestuursrechtspraak te codificeren, maar beoogde ook het reeds geldende recht eenvoudiger en beter toegankelijk te maken.[18] Door het aantal regels te verminderen en een uniform begrippenkader en uniforme procedures te hanteren, werd bijvoorbeeld beoogd dat bestuursorganen minder fouten zouden maken bij het toepassen van de regels en dat er door beter inzicht in het geldende recht minder vaak bezwaar en beroep zou worden ingesteld.[19] Ook was de hoop dat door het deregulerend en codificerend karakter van de Awb relaties tussen burgers en het bestuur aanmerkelijk doorzichtiger zouden worden, waardoor bovendien de onderlinge communicatie zou vergemakkelijken. Misverstanden en conflicten als gevolg van onduidelijkheid over de regels zouden verminderd kunnen worden, terwijl de uitleg die de rechter aan de regels zou geven een breder effect zou kunnen sorteren.[20] En als het dan toch tot conflicten tussen burger en overheid zou komen, werd het van belang geacht dat de burger ook zonder advocaat zou moeten kunnen procederen.

Dat de Awb uniforme regels hanteert voor besluitvorming (hoofdstuk 3 en 4) en het procesrecht (hoofdstuk 6, 7 en 8) helpt burgers het verloop van procedures beter te voorspellen dan wanneer er voor ieder bestuursrechtelijk deelterrein verschillende procedures zouden worden ontworpen.[21] Consistentie in het bestuursrecht dient niet alleen waarden als rechtsgelijkheid en rechtszekerheid,[22] maar is ook van groot belang voor de door de burger beleefde rechtvaardigheid. Zoals hierboven genoemd, is consistentie in tijd (deze procedure is dezelfde als die ik een jaar geleden bij dit bestuursorgaan heb doorlopen) en tussen personen (mijn buurman krijgt te maken met precies dezelfde procedures als ik) een belangrijk criterium op basis waarvan burgers de rechtvaardigheid van procedures beoordelen.[23]

De bestuursrechtelijke wetgeving wordt echter naar de ervaring van velen steeds complexer en minder begrijpelijk.[24] Alleen al de hoeveelheid complexe materiële regels die bepalen of iemand recht heeft op een uitkering, toeslag, subsidie of vergunning maken dat burgers – in het bijzonder die zonder rechtsbijstand – verward raken in een kluwen van regels.[25] Dit alles hoeft niet zonder

---

[18] *PG Awb I*, p. 11.
[19] *PG Awb I*, p. 26.
[20] *PG Awb I*, p. 25.
[21] B.J. Schueler, 'De verschuivende functies van de Awb', *RegelMaat*, 6, 2015, p. 430.
[22] M. Scheltema, 'Rechtseenheid of rechtsstaat als doelstelling van de Awb?', *NJB* 2015/814, p. 1151.
[23] Leventhal 1980.
[24] Schueler 2015, p. 428; M.T.A.B. Laemers, L.E. de Groot-Van Leeuwen & R.Freriks, *Awb-procedures vanuit het gezichtspunt van de burger* (Derde Evaluatie van de Algemene Wet Bestuursrecht), Den Haag: Boom Juridische uitgevers 2007, p. XIII.
[25] D.A. Verburg, 'Zelf je boontjes doppen bij de bestuursrechter – hoe reëel is dat?', *Tijdschrift voor klachtrecht* 2016/12, p. 5.

meer te leiden tot gevoelens van ervaren onrechtvaardigheid. Uit procedurele rechtvaardigheidsonderzoeken blijkt immers dat de wijze waarop complexe beslissingen en regels worden uitgelegd, een belangrijke rol speelt voor de ervaren rechtvaardigheid. Veel onderzoek is gedaan in arbeidsorganisaties, waar ontslagbeslissingen of ingewikkelde loonheffingsregelingen op een adequate manier door managers aan het personeel werden uitgelegd.[26] Uit deze onderzoeken blijkt dat het van belang is wat voor soort uitleg er gegeven wordt. Mondeling gegeven uitleg zorgt er bijvoorbeeld voor dat diegene die uitleg geeft als gevoeliger en specifieker en de uitleg als adequater wordt ervaren dan wanneer de uitleg schriftelijk wordt gedaan.[27] Bovendien lukt het rechtzoekenden beter om een inschatting van de ervaren oprechtheid van diegene die uitleg over de regels geeft als zij mondeling en *face-to-face* uitleg krijgen.[28] Wij betogen hier dan ook dat deze onderzoeksresultaten belangrijke implicaties kunnen hebben voor de manier waarop met burgers in het bestuursrecht wordt omgegaan. Juist de complexe materiële regels van de Awb, die op burgers soms volstrekt willekeurig en onlogisch overkomen, zijn gebaat bij een eenduidige en simpele uitleg door bestuursorganen en bestuursrechters.

De beginselen
Belangrijk voor het huidige bestuursrecht is verder de grote betekenis die aan de algemene beginselen van behoorlijk bestuur wordt toegekend. Deze beginselen weerspiegelen een andere benadering van de verhouding tussen bestuur en burger dan in de opvatting van het bestuursrecht aanvankelijk gebruikelijk was. Niet langer presenteert het bestuur zich in een verticale verhouding 'boven' de burger met weinig tot geen inbreng van zijn zienswijzen. Hoewel het bestuur nog steeds gebonden is aan de regels van de wetgever en aan de resultaten van politieke besluitvorming, houdt het tegenwoordig meer rekening met de belangen van de besluitvorming betrokken burger zoals die burger deze zelf ziet. Daarvoor is een andere benadering van de burger met betere communicatie noodzakelijk.[29]

Een grondbeginsel voor het overheidsoptreden is dat besluiten worden genomen zonder aanzien des persoons.[30] Steeds meer onderzoeken in het veld van procedurele rechtvaardigheid laten zien dat de ervaren neutraliteit van autoriteiten zoals bezwaarschriftcommissies of bestuursrechters, van groot belang is voor rechtzoekenden. Dat de zaak behandeld is door een onpartijdige

---

[26] Zie bijv. R. Magner, M. Rahman & R.B. Welker, 'The interactive effect of outcome favorability and procedural justice in work resource allocation on work performance', *Journal of Applied Social Psychology*, 26, 1996, p. 825-842.
[27] D.L. Shapiro, E.H. Buttner & B. Barry, 'Explanations: What factors enhance their perceived adequacy?', *Organizational behavior and human decision processes*, 58, 1994, p. 346-368.
[28] Shapiro, Buttner & Barry 1994, p. 359.
[29] *PG Awb I*, p. 11-12.
[30] *PG Awb I*, 53.

geschilbeslechter, lijkt vooral in het bestuursrecht van groot belang zijn.[31] Immers, juist in zaken waar de overheid zowel de geschilbeslechter als wederpartij is, is het voor rechtzoekenden van groot belang dat deze onpartijdigheid en neutraliteit gewaarborgd wordt. Over de neutraliteit van geschilbeslechters wordt in de Awb relatief weinig gerept. Hoewel uit de parlementaire geschiedenis blijkt dat het een grondbeginsel voor het overheidsoptreden is dat besluiten worden genomen zonder aanzien des persoons,[32] heeft dat alleen gestalte gekregen in artikel 2:4 lid 1 Awb (Het bestuursorgaan vervult zijn taak zonder vooringenomenheid). Inderdaad, het beginsel van onpartijdigheid speelt in andere rechtssystemen een belangrijker rol dan in ons bestuursrecht.[33]

Zoals al eerder door Wever en Marseille geconstateerd,[34] stelt artikel 7:5 van de Awb eisen aan diegenen die belanghebbenden horen, maar blijkt uit de parlementaire geschiedenis hoe belangrijk de wetgever het acht dat belanghebbenden door een onpartijdige en onafhankelijke commissie worden gehoord. Het is gewenst dat diegene die bij het bestreden besluit betrokken is geweest, niet ook de gang van zaken bij het horen bepaalt. Echter dient men zich er vanuit procedurele rechtvaardigheidsperspectief bewust van te zijn hoe de neutraliteit van de commissie die de hoorzitting doet wordt gepercipieerd op het moment dat de betrokken ambtenaar wél aanwezig is.

Natuurlijk kan dit de gedachtewisseling ook ten goede komen. De wetgever neemt echter met dit artikel wel aan dat neutraliteit niet met zich meebrengt dat het horen altijd geschiedt door een externe commissie. Verschillende empirische studies op dit vlak laten een paradoxaal beeld zien: hoewel blijkt dat bezwaarmakers neutraliteit en onpartijdigheid erg belangrijk achten, zijn zij zelden bewust van de precieze status van een bezwaarschriftprocedure[35] en worden er geen significante verschillen in ervaren rechtvaardigheid gevonden tussen het gehoord worden door een externe of interne bezwaarschriftcommissie.[36] Daarnaast kunnen hoorzittingen in bezwaar soms extra juridiserend werken door de 'rechtbank-opstelling' die met name met een externe commissie wordt gehanteerd, met aan de ene kant van de tafel de bezwaarmaker en aan de andere kant het bestuursorgaan.

Verder neemt het zorgvuldigheidsbeginsel een belangrijke plaats in het bestuursrecht in, wat zowel betrekking heeft op de voorbereiding van besluiten als op de besluitvorming zelf.[37] Zo gaat artikel 3:2 lid 1 Awb over de vergaring van kennis omtrent relevante feiten en omstandigheden en omtrent de af te

---

[31] Grootelaar 2018, p. 128.
[32] PG Awb I, 53.
[33] PG Awb I, 54.
[34] M. Wever & A.T. Marseille, 'Neutrality and the Dutch Objection Procedure', International Public Administration Review, 15, 107-128.
[35] De Waard e.a. 2011, p. 76.
[36] De Waard e.a. 2011, p. 123; A.T.M. Marseille, 'Hoe de bezwaarprocedure bij de overheid kan profiteren van inzichten uit empirisch onderzoek', Justitiële Verkenningen 2016, p. 91.
[37] PG Awb I, p. 62.

wegen belangen. Een goede voorbereiding van de zaak door een deskundige rechter speelt ook in procedurele rechtvaardigheidsonderzoeken een belangrijke rol.[38] Ook in ons eigen onderzoek vroegen wij aan zowel eisers welke van de elf door ons gebruikte procedurele rechtvaardigheidscomponenten zij het belangrijkste achtten. Dertien procent van de ondervraagde eisers gaf aan dat het belangrijkste was dat de rechter hun zaak zorgvuldig had voorbereid.[39] Dat dit door de ondervraagde bestuursrechters zelf niet als belangrijkste element werd geduid, was opvallend. Zij dachten dat het voor rechtzoekenden vooral van belang zou zijn dat zij hun verhaal konden doen en dat de rechter hier goed naar luisterde.[40]

De rechtsbetrekking
De veranderende rechtsbetrekking tussen burger en bestuur valt vanuit een ervaren procedurele rechtvaardigheidsperspectief in beginsel toe te juichen. Immers, dat overheid en burger in een meer wederkerige relatie tot elkaar staan, betekent voor de burger dat hij meer ruimte krijgt zijn eigen inzichten en belangen naar voren te brengen.[41] Het gevoel dat rechtzoekenden hun mening kunnen geven, waarmee zij in zekere mate controle kunnen uitoefenen over de procedure, en daarmee indirect de uitkomst, is één van de belangrijkste inzichten uit procedurele rechtvaardigheidsonderzoek.[42]

Deze wederkerige relatie wordt echter ook bekritiseerd.[43] Een veelgehoord kritiekpunt is dat het gelijkwaardigheid impliceert, terwijl het nog steeds het door het bestuur eenzijdig opgelegde besluit is dat het uitgangspunt van een bestuursrechtelijke procedure vormt. In die zin is de invloed die partijen hiermee op de uitkomst kunnen uitoefenen een schijnwerkelijkheid. Gewaarschuwd wordt ook wel voor wat wij noemen het 'dooie mus-effect': partijen op zitting het gevoel geven dat hun mening ertoe doet en mee wordt genomen in de beslissing, maar vervolgens een beroep volledig ongegrond verklaren op louter juridische gronden kan juist een negatief effect sorteren voor de door partijen beleefde rechtvaardigheid en hun vertrouwen in het recht.[44] Uit onderzoek van Boekema blijkt bovendien dat burgers die verrast worden door de uitspraak vaker hoger beroep instellen.[45] Procedurele rechtvaardigheid heeft juist een

---

[38] Zie bijv. A.T.M. Marseille, B.W.N. de Waard, A. Tollenaar, P. Laskewitz & C. Boxum, *De praktijk van de Nieuwe zaaksbehandeling in het bestuursrecht*, Den Haag: Ministerie van BZK 2015, p. 107 en 176.
[39] Grootelaar 2018, p. 109.
[40] Grootelaar 2018, p. 111.
[41] Laemers e.a. 2007, p. 8.
[42] Thibaut & Walker 1975.
[43] Bijv. bij de vraag of een burger misbruik maakt van het bestuursrecht. Zie ABRvS 19 november 2014, ECLI:NL:RVS:2014:4135.
[44] Grootelaar 2018, p. 141.
[45] M.I. Boekema, *De stap naar hoger beroep: Een onderzoek naar appelgedrag van burgers in bestuursrechtelijke zaken*, Den Haag: Boom Juridische uitgevers 2015, p. 147.

negatieve relatie met het instellen van appel: naarmate de procedure bij de rechtbank als rechtvaardig wordt ervaren, wordt minder vaak geappelleerd.[46] Zo stelt een respondent uit dit onderzoek: *Ik was verrast door de uitspraak. […] De gemeente kwam ter zitting niet opdagen, en de rechter had ter zitting begrip voor mijn situatie. Maar in de uitspraak werd de onderbouwing van de gemeente voor juist aangezien, terwijl deze op vele punten niet juist was.*[47]

De Awb biedt de bestuursrechter inderdaad weinig aanknopingspunten om verwachtingsmanagement ter zitting te plegen: de wet het kent geen bewijsrecht, geen bewijsopdrachten, geen voorlopig oordeel en geen stimulans voor schikken zoals het civiele recht dit wel kent. Sinds 2016 zijn er in het bestuursrecht echter professionele standaarden ingevoerd, waarin dit verwachtingsmanagement wordt gepromoot. Zo zet de bestuursrechter zich ervoor in dat partijen niet met onjuiste verwachtingen de zitting verlaten.[48] Uit het onderzoek dat Marseille en collega's onder bestuursrechters uitvoerden, blijkt echter dat bestuursrechters het lastig vinden op zitting de juiste verwachtingen wekken.[49]

4. Procedurele rechtvaardigheid als handvat

In de vorige paragraaf bestudeerden we de bestuursrechtelijke regels, beginselen en rechtsbetrekking vanuit onze procedurele rechtvaardigheidsbril om de vraag te beantwoorden of de Awb moet worden gezien als een hulpmiddel of hinderpaal. Hoe moet het antwoord op deze vraag nu luiden?

In onze beantwoording van deze vraag, wijzen wij graag op het mooie artikel van Michiel Scheltema gepubliceerd in het *NJB* in 2015.[50] Volgens hem is het verwezenlijken van de rechtsstaat voor de burger de kerntaak van het bestuursrecht. Het gaat er dan niet om of het systeem op papier klopt, maar of de rechtsstaat werkelijkheid wordt voor de burger. Het is daarom belangrijk dat de Awb niet alleen wordt beoordeeld in termen van wetgeving, maar ook breder als grondslag voor het vormgeven van de verhouding tussen bestuur en burger overeenkomstig de uitgangspunten van de rechtsstaat, aldus Scheltema.[51] Zoals recent in het nummer van het *Nederlands Tijdschrift voor Bestuursrecht* met als thema 'responsief bestuursrecht' werd geconstateerd, stellen individuen zich ten aanzien van de overheid niet langer alleen op als onderdaan of burger, maar in toenemende mate ook als klant of coproducent van beleid. Deze horizontali

---

[46] Boekema 2015, p. 169.
[47] Boekema 2015, p. 180.
[48] Professionele standaard 2.1 onder 6, te vinden via https://www.rechtspraak.nl/SiteCollectionDocuments/Professionele-standaarden-van-de-bestuursrechter-bij-de-rechtbanken.pdf.
[49] Marseille e.a. 2015, p. 58.
[50] Scheltema 2015.
[51] Scheltema 2015, p. 1153.

serende ontwikkelingen nopen ertoe om het Nederlandse bestuursrecht vanuit een andere dan zijn klassieke logica te herzien.[52] De sociaalpsychologische analyse van ervaren procedurele rechtvaardigheid kan hier een belangrijk handvat bieden.

Het afgelopen decennium is daarnaast het besef gegroeid dat de kwaliteit van het overheidshandelen voor een aanzienlijk deel wordt bepaald door de manier waarop met de burger wordt gecommuniceerd. Maar zoals in de parlementaire geschiedenis van de Awb reeds werd opgemerkt, zijn de doctrine en de jurisprudentie voor wat betreft de voorschriften over de wijze waarop bestuur en burger zich ten opzichte van elkaar dienen te gedragen beduidend minder uitgekristalliseerd dan voor andere onderwerpen die een plek hebben gevonden in de Awb.[53]

Dit alles brengt ons tot de conclusie dat we ons niet zozeer de vraag moeten stellen of de Awb in procedurele rechtvaardigheidstermen als hulpmiddel of hinderpaal kan worden zien. Liever draaien wij het om: procedurele rechtvaardigheid kan als nuttig handvat dienen voor diegenen die uitvoering geven aan het bestuursrecht en dagelijks werken met de Awb, dus voor bestuursorganen en bestuursrechters die uitleg moeten geven aan de complexe wet- en regelgeving, die hun professionele standaarden in de praktijk brengen en die beginselen als onpartijdigheid en zorgvuldigheid zo goed mogelijk in acht trachten te nemen. Dit alles dient op een voor de burger zo begrijpelijk mogelijke wijze te gebeuren, waarbij niet alleen de regels en procedures op zichzelf, maar vooral de manier waarop de regels worden uitgelegd en de procedures worden uitgevoerd door de actoren binnen het bestuursrecht als eerlijk en rechtvaardig worden ervaren.

5. Conclusie

De Awb bestaat 25 jaar en is daarmee een product van het verleden.[54] Wij willen onze bijdrage afsluiten met de stelling dat het procedurele rechtvaardigheidsperspectief en de inzichten die we tot dusver in dit wetenschapsveld hebben opgedaan, kunnen helpen om de Awb bij de tijd te houden en aansluiting te laten vinden bij de huidige ontwikkelingen in onze samenleving.

---

[52] J. Goossens & L. van den Berge, 'Responsief bestuursrecht in de veranderende publieke ruimte', *NTB* 2018/28, p. 179.
[53] *PG Awb I*, p. 45.
[54] Scheltema 2015, p. 1154.

André Verburg[*][1]

55 | I've got an Awb in my pocket and I'm not afraid to use it!
Gebruikersperspectief van een bestuursrechter

@A_Verburg – Bestuursrechter zonder Awb; wat doe je hetzelfde, wat doe je anders? Een verkenning om duidelijk te krijgen wat de Awb de rechter oplevert en waar de rechter zich beperkt voelt. Bottomline: we komen er wel uit met de Awb, maar er zijn nog wel een paar wensen!#*rechterlijk-perspectief*#*toegang-tot-de-bestuursrechter*#*reële-rechtsbescherming*

> *Jeder meint, der Gegenstand, den er sich erwählet,*
> *Sei voll von Vollkommenheit, so, daß ihm nichts fehlet,*
> *Und sein Vorzug sei es nur, der das Herze rühret,*
> *Da doch blinde Leidenschaft, die Vernunft verführet.*
>
> *Wann die Lieb' im Herzen brennt, wird das Aug' verblendet,*
> *Man sieht nichts als Reizendes, wo man sich hinwendet;*
> *Nie steht es in unsrer Macht, alsdann frei zu sehen,*
> *Und die ganze Urteilskraft muß zurücke gehen.*[2]

1. Inleiding

Tegenwoordig kies je bij de koffieautomaten van de verschillende gerechten gewoon 'koffie', 'cappuccino' of 'espresso', maar tot een jaar of tien geleden werkten die apparaten nog met cijfercombinaties. En de bestuursrechtneuroot zou geen goede neuroot zijn als hij daar geen Awb-artikelen aan wist te koppelen. Dus iemand vroeg aan zijn collega of hij koffie wilde en het antwoord luidde 'herhaalde aanvraag', combinatie 4-6 dus, en dan kreeg hij een dubbele espresso. Logisch ook wel: herhaalde aanvraag = twee keer espresso.[3]

---

[*] Mr. drs. D.A. Verburg is staatsraad in de Afdeling bestuursrechtspraak van de Raad van State. Daarnaast is hij verbonden aan de Universiteit Utrecht/het Montaigne Centrum voor Rechtspleging en Conflictoplossing.
[1] Ik dank Ymre Schuurmans en Bart Jan van Ettekoven hartelijk voor hun commentaar op een eerdere versie.
[2] Gedicht waarschijnlijk van Ph.G. Bader, maar alleen nog bekend uit het lied van Joseph Haydn, Hob XXVIa:13.
[3] Dit is natuurlijk een knipoog naar het verhaal van Lex Michiels over tijden op zijn wekker, tijdens het symposium over 15 jaar Awb.

Dit koffieritueel maakt al duidelijk: als je lang met een bepaalde wet werkt, ga je natuurlijk ook denken in termen van die wet.[4] Ik begon te werken in de bestuursrechtspraak zo'n negen maanden voor de komst van de Awb – een gebruikelijke tijd voor een zwangerschap natuurlijk – en werk sindsdien zo'n 25 jaar met die wet. Ik heb het Awb-kind zien opgroeien, heb zijn pubertijd meegemaakt, heb zijn omvang zien toenemen en maak hem nu in zijn volwassenheid mee. Veel elementen van de Awb zijn in mijn systeem gaan zitten. Ik moet zeggen dat ik de uitspraak van de Afdeling bestuursrechtspraak van 26 oktober 2016[5] over het mogelijkerwijs toch aanmerken als bijzondere omstandigheid om af te wijken van het beleid van juist die elementen die verdisconteerd zijn in dat beleid, thuis, starend naar mijn beeldscherm, verbijsterd begroette met de woorden 'die zag ik niet aankomen!' De gedachte dat verdisconteerde elementen in het beleid nooit bijzondere omstandigheden konden vormen om af te wijken van dat beleid, was zo in mijn systeem gaan zitten, dat ik niet op deze gedachte was gekomen.

Ik wil in deze bijdrage twee pogingen wagen om mijn denken enerzijds en de Awb anderzijds van elkaar te scheiden. Eerst onderzoek ik wat ik conform de Awb zou doen als die hele wet er niet zou zijn (maar ik wel bestuursrechter was); dit is de vraag naar wat ik zo logisch vind dat ik er geen wettelijke bron voor nodig heb. Dan onderzoek ik wat ik anders zou doen als de Awb er niet zou zijn (maar ik wel bestuursrechter was); dit is de vraag naar de grenzen waar ik in de Awb tegen oploop. Aan het einde van deze bijdrage probeer ik een synthese te vinden: hoe leven de Awb en de bestuursrechter als gebruiker van die wet samen?

2. Zonder Awb, maar toch gewoon hetzelfde doen

Welke dingen zou ik als bestuursrechter overmorgen nog doen als morgen de Awb wordt afgeschaft?

Ik denk eerst aan artikel 8:69, tweede lid, van de Awb, een lievelingsartikel van mij: de bestuursrechter vult ambtshalve de rechtsgronden aan. In feite komt dat neer op de twee aloude adagia 'ius curia novit' en 'da mihi facti, dabo tibi ius', respectievelijk 'de rechter kent het recht' en 'geef mij de feiten en ik geef u het recht'. Dat is gewoon het typische rechterswerk: partijen leggen hun problemen voor aan de rechter en die past er het recht op toe. Ook als het niet in de Awb zou staan, zou iedere rechter dat moeten doen.

Dan denk ik aan artikel 1:2 van de Awb, het belanghebbendenbegrip. Om een beetje orde te houden, moet je wel als bestuursrechter de kring van mogelijke eisende partijen beperken. Als iemand uit Hendrik Ido Ambacht de rechter vraagt om een oordeel uit te spreken over een omgevingsvergunning voor een bouwplaats in Den Haag, heb je als rechter niet het idee dat je wordt gevraagd om te

---

[4] En liefde maakt blind; zie het citaat bovenaan deze bijdrage dat dat nog eens genuanceerd uitdrukt.
[5] ABRvS 26 oktober 2016, ECLI:NL:RVS:2016:2840, *AB* 2016/447 m.nt. Bröring, *JB* 2016/235 m.nt. Timmermans.

oordelen in een 'geschil' waarvoor de bestuursrechtelijke rechtsbescherming op aarde is.

Maar hier beginnen de eerste scheurtjes zich te tonen. Het element 'rechtstreeks' uit de OPERA-criteria[6] zou vanaf overmorgen vast minder prominent worden als morgen de Awb wordt afgeschaft. Is het nu zo problematisch als de echtgenote van de man wiens uitkering is geweigerd daartegen opkomt? Een reëel geschil is het natuurlijk wel, ook voor haar, maar binnen de termen van artikel 1:2 van de Awb is ook het huwelijk een contractuele relatie die doorgaans op een afgeleid belang duidt. Zo ook de bierbrouwer die met lede ogen aanziet dat een door hem gefinancierd café geen horecavergunning krijgt. Dus als de Awb wordt afgeschaft zou de bestuursrechter meer door de zaak heen kunnen kijken en het antwoord op de vraag of iemand toegang tot de bestuursrechtelijke rechtsbescherming krijgt, laten afhangen van het reële belang bij het geschil.[7] Enerzijds winst voor het maatwerk, anderzijds een terugval in een soort natuurrecht waarbij de intuïtie en het inlevingsvermogen van de rechter bepalend worden voor de toegang tot het recht, wat de rechtszekerheid niet ten goede komt.

Aan artikel 1:2 wordt ook opgehangen dat je een persoonlijk belang moet hebben; ook al is dat niet op de bewoording van het artikel terug te voeren, het is wel een logische consequentie van het werken met een belanghebbendenbegrip als poort naar de rechtsbescherming. Iemand moet zich dus, zoals dat heet, onderscheiden van de 'amorfe massa'. Dat is natuurlijk een containerbegrip waar je bijna alles in kunt gooien wat je wilt; het antwoord op de vraag of iemand zich onderscheidt van de amorfe massa is vooral afhankelijk van de groep waarmee je betrokkene vergelijkt. Als het gaat om een besluit over de herinrichting van een stadpark, waarom is de man die naast dat park woont dan wel belanghebbende en de vrouw die elke dag haar hondje in dat park uitlaat geen belanghebbende (en om het voor het hondje dramatisch te maken: terwijl het besluit strekt tot het kappen van álle bomen in het park)? In het criterium of iemand zich wel of niet onderscheidt van de amorfe massa zit dus ook nu al een zekere ambiguïteit. Als de Awb wordt afgeschaft en de rechter daarna dit criterium losser zou benaderen, zou er dus niet zo zeer verlies aan rechtszekerheid optreden op dit punt, want ook na 25 jaar Awb kan de rechter nog steeds regelmatig verrassend uit de hoek komen met nieuwe wendingen in het belanghebbendenbegrip; de bestuursrechter heeft op dit vlak helaas weinig rechtszekerheid geboden. Quasi-objectivering zou worden vervangen door een zichtbare subjectivering: kan de rechter

---

[6] Voor de oudere lezer: in het huidige onderwijs leren wij studenten het belanghebbendenbegrip aan de hand van OPERA: objectief, persoonlijk, eigen, rechtstreeks en actueel.

[7] Trouwens is ook mét de Awb zo'n ontwikkeling mogelijk, zoals blijkt uit de erkenning van een zakelijk of fundamenteel recht als reden om geen afgeleid, maar een rechtstreeks belang aan te nemen, een ontwikkeling die zo'n tien jaar geleden is ingezet. Zie J.C.A. de Poorter en M.N. Visser, 'Het belanghebbendebegrip in beweging', *Gst.* 2008, 7288, nr. 7, p. 29-37.

op basis van de aangevoerde argumenten invoelen dat hier een reëel geschil aan de orde is?

Vervolgens denk ik aan artikel 4:84 van de Awb: het bestuursorgaan is gebonden aan het eigen beleid, tenzij bijzondere omstandigheden dwingen tot afwijking daarvan. Dit artikel kwam impliciet al te voorschijn in de inleiding van deze bijdrage. Gedane beloften moet je nakomen en beleid is een belofte over de manier waarop je een bepaalde bevoegdheid gaat uitoefenen. Alleen als het nakomen daarvan tegen de klippen op is of verkeerd uitpakt, ben je niet gebonden aan die belofte en moet je nadenken over dit concrete geval alsof er geen beleid was. Gezond verstand dus.[8]

Zonder verdere toelichting: als morgen de Awb wordt afgeschaft, blijf ik ook de volgende artikelen gewoon uitvoeren: artikel 6:22 (geen vernietiging als het gebrek geen pijn doet), artikel 8:72, vierde lid (na vernietiging pas een opdracht om een nieuw besluit te nemen als je als rechter niet zelf finaal kunt beslissen), artikel 2:4 (verbod van vooringenomenheid bij het bestuursorgaan), artikel 3:2 (vergaarplicht van belangen en feiten), artikel 3:4 (als het bestuur belangen mág afwegen móet het alle belangen afwegen, tenzij bepaalde belangen niet mee mogen doen en de rechter doet die belangenafweging niet over, maar kijkt er wel kritisch naar), artikel 8:2 (gelijkstellingen met een besluit)[9] en de artikelen 3:46 en 7:12, eerste lid (het verhaal waarom dit besluit is genomen moet te volgen zijn, in eerste linie voor partijen en andere belanghebbenden en in tweede linie voor de rechter). Dit is vanzelfsprekend geen uitputtende opsomming.

3. Zonder Awb en dan wat anders doen

Welke dingen zou ik overmorgen anders doen als morgen de Awb wordt afgeschaft?

Dan denk ik allereerst aan artikel 1:3 en 8:1 van de Awb (het besluitbegrip en het besluit als toegangskaartje voor de bestuursrechter). Ik zou - bien étonné - wat meer verfransen: als iets op het briefpapier van een bestuursorgaan staat en ook door dat bestuursorgaan is ondertekend of door een andere instantie is gedaan in naam of opdracht van het bestuursorgaan, zou ik als bestuursrechter geneigd zijn de poort open te zetten, welkom bij de rechtsbescherming van de bestuursrechter. Natuurlijk komen er dan andere begrenzingen naar voren. Informerende brieven over mogelijke toekomstige besluiten ('wij zijn van plan in uw straat betaald parkeren in te voeren') zijn wellicht geen inperking van enig recht van degene die daartegen opkomt. De koop of verkoop van een stuk grond of een gebouw door een overheidsorgaan is zo weinig onderscheidend ten opzichte van

---

[8] Vergelijk op dit punt uit de periode voor de Awb: R.J. Jue, *Notabeleid en recht*, Deventer: Kluwer 1982 en J.H. van Kreveld, *Beleidsregels in het recht*, Deventer: Kluwer 1983.
[9] Zie echter ook de volgende paragraaf waarin ik betoog dat ik mij bij afschaffing van de Awb niet meer zou laten leiden door het besluitbegrip als enige toegangspoort voor de rechtsbescherming van de bestuursrechter.

een gelijke handeling door een andere (machtige) partij dat er maar weinig specifiek bestuursrechtelijks aan te vinden is. Maar toch zijn er vele handelingen van bestuursorganen en aanverwante organisaties die geen 'besluiten' in de zin van artikel 1:3 van de Awb zijn, maar wel om het essentiële presteren of optreden van de overheid gaan. De laatste jaren is op dit vlak vooral de Wmo in beeld en al daarvoor kwam de discussie over de verklaring van recht door de bestuursrechter op (is een milieueffectrapport vereist, is een bouwwerk in overeenstemming met het bestemmingsplan?).[10]

Vervolgens denk ik aan artikel 8:69a van de Awb (het relativiteitsvereiste). Toenmalig minister Opstelten verhaspelde dit vereiste in de Eerste Kamer tot 'de relativiteitstheorie'[11] en achteraf bezien was dat visionair: de toepassing van het relativiteitsvereiste blijkt inmiddels zo moeilijk dat bijna niemand het begrijpt. Bij toegepaste rechtsregels die een redelijk helder beschermingsdomein van personen hebben, is het nog goed te overzien wie zich op die rechtsregels mag beroepen, maar bij veel rechtsregels is dat helemaal niet duidelijk. Bovendien hebben sommige rechtsregels helemaal geen beschermingsdomein van personen, maar van dieren, ecologische waarden, monumenten en zo nog wat meer. Daar zijn we gaan werken met parallelle belangen: weliswaar hebben deze mensen geen belang dat wordt beschermd door dit domein, maar hun belangen lopen daar wel parallel mee. Duizenden woorden in uitspraken van bestuursrechters om uit te leggen dat iemands beroepsgrond afketst op het relativiteitsvereiste en duizenden woorden om uit te leggen dat iemands beroepsgrond daar niet op afketst als het bestuursorgaan of de derde-partij heeft ingeroepen dat het daar wel op af zou ketsen. Kunnen we stoppen met deze geschillen over geschillen? Zullen we even een inschatting maken wat beter werkt voor het vertrouwen in de rechtspraak en in het openbaar bestuur: het rechterlijke oordeel dat iemand ongelijk heeft of het rechterlijke oordeel dat op een onderwerp niet wordt ingegaan vanwege het relativiteitsvereiste? Veel te veel tijd, energie en hersengekraak wordt gestoken in voorvragen (leidt iemands beroepsgrond tot het oordeel dat er wel of niet strijd is met een rechtsregel die strekt tot bescherming van diens belang?) in plaats van reële vragen (zit het bestuursorgaan fout met zijn besluit?). Bovendien valt het relativiteitsvereiste altijd te omzeilen (stichtinkje oprichten,

---

[10] Wat ik hier schrijf gaat voorbij aan vele nuances, maar dit is een kort stukje. Zie verder F.J. van Ommeren, P.J. Huisman, G.A. van der Veen en K.J. de Graaf, *Het besluit voorbij* (VAR-reeks 150), Den Haag: Boom Juridische uitgevers 2013. Voor de Wmo en aanverwante wetten, zie het voorstel Geschilbeslechting sociaal domein dat 4 augustus 2017 in internetconsultatie ging en het advies van Scheltema over dit onderwerp, gevoegd bij de brief van de minister van BZK van 3 oktober 2017 aan de Voorzitter van de Tweede Kamer.

[11] Zie de beraadslagingen in de Eerste Kamer op 11 december 2012, *Handelingen I* 2012/13, nr. 11 - p. 74: 'Minister Opstelten: Ik ga ervan uit dat er volgende week dinsdag over dit wetsvoorstel wordt gestemd. Voor die stemming zal ik een brief aan de Kamer sturen over een aantal verschillende punten, zoals artikel 6:22 en de relativiteitstheorie.' De brief die hij toen toezegde werd op het ministerie al snel 'de Einsteinbrief' genoemd.

doel goed formuleren en prego), dus het relativiteitsvereiste doet niet eens wat het zou moeten doen (irreële claims buiten de deur houden). Natuurlijk heeft het relativiteitsvereiste ook echt voordelen. In de eerste plaats, als een beroepsgrond geen reële claim is vanwege het ontbreken van relativiteit en die beroepsgrond zou slagen als hij inhoudelijk wordt beoordeeld, is het winst zo'n irreële claim buiten de deur te houden. In de tweede plaats zien we dat de professionele spelers inspelen op het relativiteitsvereiste en in hun beroepsgronden geen claims meer leggen waarvan ze weten dat ze irreëel zijn vanwege het relativiteitsvereiste. Verzuchting van een ervaren advocaat: 'Er is geen lol meer aan [om met gronden te komen die toch afketsen op het relativiteitsvereiste].'

Daarnaast is er nog het probleem dat het relativiteitsvereiste wel geldt in beroep, maar niet in de voorfase, zodat we daar mogelijkerwijs de perverse werking zien dat het bestuursorgaan in de voorfase weet dat het in de rechterlijke fase toch succesvol een beroep kan doen op het relativiteitsvereiste en in die voorfase zich er dus met een Jantje van Leiden afmaakt.[12] Ik moet erkennen dat ik daar, anders dan ik vreesde, de afgelopen jaren geen schrikwekkende voorbeelden van heb gezien. Maar dat kan ook komen omdat ik in de beroepsfase gebonden ben aan dat relativiteitsvereiste en ik dan niet meer zo precies zie wat er in de voorfase is gebeurd, omdat ik er toch weinig mee kan.

Al bij al zou ik als bestuursrechter na afschaffing van de Awb aan de nadelen van het relativiteitsvereiste (veel woorden voor geschillen over geschillen) een groter gewicht toekennen dan aan de voordelen ervan (buiten de deur houden van irreële geschillen).

Het volgende artikel dat zou sneuvelen als de Awb niet meer geldt, is artikel 8:3, eerste lid, van de Awb (de uitzondering van beroepsgerechtigheid van algemeen verbindende voorschriften en beleidsregels). In lijn met wat ik hierboven in deze paragraaf zei over de artikelen 1:3 en 8:1 van de Awb: typisch bestuursrecht, dus natuurlijk onderworpen aan de rechtsbescherming van de bestuursrechter. Zeker moeten we dan allerlei andere problemen oplossen, met name over de formele rechtskracht van dergelijke besluiten van algemene strekking in latere gedingen over de concrete toepassing ervan (valt het iemand of een organisatie te verwijten als zij pas bij de concrete toepassing bij de bestuursrechter in het geweer komt en bij de eerdere mogelijkheid om tegen het besluit van algemene strekking heeft afgezien van de rechtsgang?), maar daar komen we wel uit (denk hier weer aan de uitspraak die ik in de inleiding noemde over bijzondere gevallen om af te wijken van beleid: in de concrete casus kan je alsnog de oplossing zoeken die in de abstracte casus is blijven liggen of nooit een zaak is geworden).[13]

---

[12] Dit Jantje-van-Leidencriterium gebruikte ik eerder in 'Relativiteit in de Crisis- en herstelwet en in het voorstel Wet aanpassing bestuursprocesrecht. Of: Hoe moet het nou met het zeggekorfslakje?' *NTB* 2011/3, p. 10-17.

[13] Ook dit is voor dit korte stukje weer zonder te veel nuances. Zie verder W.J.M. Voermans, R.J.B. Schutgens en A.C.M. Meuwese, *Algemene regels in het bestuursrecht* (VAR-

Zonder verdere toelichting en nuance hier nog een buitencategorie: de goede procesorde. Tja, die staat al niet in de Awb; de tiendagentermijn van artikel 8:58 is maar een flauw aftreksel van die goede procesorde.[14] Toch hier de opmerking: als de Awb morgen wordt afgeschaft, zou ik overmorgen helemaal nooit meer late stukken weigeren. Laat het geschil maar het geschil zijn en als dat nodig is mag de wederpartij nog binnen een week na de zitting reageren (maar omdat in dit scenario de Awb is afgeschaft, houd ik dan geen tweede zitting).

4. Afsluiting en synthese: met de Awb valt goed te leven, maar er blijven wel een paar wensen

Met de volwassen Awb kan ik als bestuursrechter goed samenleven. Ik ben vooral onder de indruk van de flexibiliteit van de verschillende wetsbepalingen. Dat is een compliment aan de wetgever die een wet wist te maken die ruimte laat voor veranderende perspectieven en dat is een compliment aan alle bestuursrechters tezamen die op verschillende momenten de wettekst herduidden, zodat deze meer paste bij het perspectief van dat moment.

Mijn bespreking van het belanghebbendenbegrip in paragraaf 2 maakt al duidelijk dat de bestuursrechtspraak een ontwikkeling heeft doorgemaakt waarmee de bestuursrechter telkens probeerde aan te sluiten bij de realiteit van dat moment. Nu is de huurder van een woning vaak belanghebbende, waar hij dat vroeger niet was[15] en is de eigenaar van een voetbalcomplex wel belanghebbende bij een besluit over een exploitatiesubsidie van 'zijn' voetbalcomplex, terwijl niet hij maar de voetbalclub als huurder van het complex de aanvrager is van het besluit.[16] Verdisconteerde elementen in het beleid die toch bijzondere omstandigheden kunnen zijn om juist af te wijken van dat beleid, laten eenzelfde ontwikkeling zien. Meer aandacht voor de concrete situatie en het reële geschil. De Awb laat vele interpretaties toe en de bestuursrechter biedt ruimte voor reële rechtsbescherming.

De keerzijde van die flexibiliteit is (gebrek aan) rechtszekerheid. Het is toch wat beschamend dat de bestuursrechter er in 25 jaar nog niet uit is een coherente en langjarige rechtspraak neer te zetten over de 'hoekstenen' van het bestuurs-(proces)recht: bestuursorgaan, belanghebbende, besluit, beleid en afwijken daar-

---

reeks 158), Den Haag: Boom juridisch 2017 en de conclusie van staatsraad advocaat-generaal Widdershoven van 22 december 2017, ECLI:NL:RVS:2017:3557 over exceptieve toetsing.

[14] Stukken die meer dan tien dagen tevoren zijn ingediend kunnen toch in strijd met de goede procesorde komen en stukken die minder dan tien dagen tevoren zijn ingediend kunnen toch niet in strijd met de goede procesorde zijn. Zie uitgebreider D.A. Verburg, 'Uw procesorde is de mijne niet! Het gezag van de rechter en de wijze van omgaan met de goede procesorde', in: A.T. Marseille e.a. (red.), *Behoorlijk bestuursprocesrecht*, Den Haag: Boom Juridische uitgevers 2015, p. 267-291.

[15] ABRvS 25 juli 2007, ECLI:NL:RVS:2007:BB0348.

[16] ABRvS 17 mei 2006, ECLI:NL:RVS:2006:AX2089.

van, de herhaalde aanvraag, exceptieve toetsing, het lijkt wel alsof de rechtspraak steeds in beweging blijft. Hierboven schetste ik het positieve daarvan (blijven aansluiten bij de opvatting van dit moment over wat reële rechtsbescherming is), maar ik hoop toch dat de bestuursrechtspraak bij het vijftigjarig bestaan van de Awb wat robuustere lijnen laat zien. Ik hoor van griffiers dat rechters over hun concepten soms bij een verwijzing naar een uitspraak van een jaar of vijf geleden al zeggen 'Die is wel erg oud. Kon je geen nieuwere vinden?' Tja…

In deze bijdrage kwamen ook enige delen van de Awb ter sprake die schuren. Zij schuren als je als rechter denkt vanuit wenselijke bestuursrechtelijke rechtsbescherming. Het besluitbegrip als enige toegangspoort tot bestuursrechtelijke rechtsbescherming moet worden losgelaten. Eerst in het sociaal domein en daarna kijken we verder. Vervolgens moet ook tegen algemeen verbindende voorschriften en beleidsregels beroep op de bestuursrechter mogelijk worden gemaakt. De bestuursrechtspecialisten zijn het hier grotendeels erg met elkaar eens, maar overtuiging van de wetgever is nog ver weg. Maar als je bedenkt dat een dergelijk beroep al mogelijk is bij verkeersbesluiten en bestemmingsplannen, is er toch weinig reden voor vrees en onrust; het lijkt er niet erg op dat die beroepsmogelijkheden tot rampen leiden, dus een meer algemene rechtsgang op dat vlak gaat vast ook goed. Ten slotte moet in mijn ogen worden erkend dat de invoering van het relativiteitsvereiste niet geslaagd is; invoering van het relativiteitsvereiste heeft aan de ene kant tijd opgeleverd voor de bestuursrechter, maar kost aan de andere kant zelf ook weer tijd; ik besteed mijn tijd liever aan geschillen, zelfs als die soms irreëel zijn, dan aan geschillen over geschillen.

Dit alles neemt niet weg dat mijn overkoepelende gedachte is: we komen er wel uit. We kunnen als bestuursrechters goed uit de voeten met de Awb. De toekomst van de bestuursrechter en van de Awb is zonnig, met hier en daar wat mist.[17]

---

[17] En dat is natuurlijk weer een knipoog naar mijn eigen artikel met Ymre Schuurmans, 'Bestuursrechtelijk bewijsrecht in de jaren '10: opklaringen in het hele land', *JBplus* 2012/5, p. 117-138.

Jan Reinier van Angeren*

56 | Het belanghebbendebegrip vanuit de advocaat
Bevordert dit begrip een slagvaardige en efficiënte procedure om te bepalen wie toegang heeft tot de bestuursrechter?

@JR_vanAngeren – Het begrip belanghebbende is in 25 jaar Awb enorm gejuridificeerd. Daarom functioneert het niet goed meer als toegangspoort tot de bestuursrechter. Dat moet na 25 jaar Awb beter kunnen!#belanghebbende#toegang#bestuursrechter

1. Inleiding

De Awb kent drie kernbegrippen: (i) bestuursorgaan, (ii) belanghebbende en (iii) besluit. Voor de advocaat is het belanghebbendebegrip het belangrijkste kernbegrip om vijf redenen. Ten eerste omdat rechtsbescherming bij de bestuursrechter alleen open staat voor belanghebbenden. Is de cliënt geen belanghebbende, dan volgt niet-ontvankelijkheid. Ten tweede omdat alleen een verzoek van een belanghebbende als een aanvraag om een besluit wordt aangemerkt. Ten derde omdat in de rechtspraak geen eenduidigheid bestaat over het begrip en er per sectorale wet altijd discussie ontstaat tot waar de grens van het belanghebbendebegrip moet worden getrokken. De andere twee kernbegrippen, besluit en bestuursorgaan, vormen ook voorwerp van jurisprudentie maar deze is vastomlijnder. Bij het begrip bestuursorgaan vormde de categorie b-organen lang een discussiepunt, maar sinds de uitspraak van de ABRvS van 17 september 2014 is er op dit punt meer rechtszekerheid gekomen.[1] Bij het besluitgrip is het springende punt vaak het begrip 'rechtsgevolg', maar bij het belanghebbendebegrip zijn er meer 'onzekerheden' en kan er over de uitleg van dat begrip verschillend worden gedacht.[2] Ten vierde omdat het belanghebbendebegrip ook voorwerp kan zijn van rechtspolitiek. Sinds bijvoorbeeld de 1 oktober 2008 uitspraken (waarin de Afdeling een uitspraak deed in welke gevallen 'processtichtingen' als belanghebbenden kunnen worden aangemerkt), worden aan rechtspersonen zwaardere

---

* Mr. J.R. van Angeren is advocaat bij Stibbe.
[1] ABRvS 17 september 2014, ECLI:NL:RVS:2014:3394, *AB* 2015/130 m.nt. Hans Peters (Stichting Platform 31).
[2] Het is niet voor niets dat de Voorzitter van de Afdeling bestuursrechtspraak van de Raad van State in zijn internetconsultatie van 1 augustus 2018 bij het concept wetsvoorstel Wet instituut mijnbouwschade Groningen speciaal aandacht vraagt voor het belanghebbendebegrip, zie Wetsvoorstel Instituut Mijnbouwschade Groningen. Reactie van voorzitter van de ABRvS mr. B.J. van Ettekoven van 1 augustus 2018, www.internetconsultatie.nl.

eisen gesteld.³ Ook de afschaffing van de actio popularis in het omgevingsrecht had naast harmoniseren deels een rechtspolitiek doel: minder beroepen bij de bestuursrechter. Andersom gebeurt ook: de Afdeling heeft in de bekende Zwarte Piet zaak juist de rechtspolitieke keuze gemaakt om degenen die volgens de strikte criteria van de Afdeling niet belanghebbend waren, toch als belanghebbende aan te merken omdat met de uitspraak een zaaksoverstijgend maatschappelijk en juridisch belang was gemoeid.⁴ Ten vijfde omdat het belanghebbendebegrip een grote rol speelt bij de jurisprudentie over de taakverdeling tussen de burgerlijke rechter en de bestuursrechter. Zo kunnen niet-belanghebbenden bij de burgerlijke rechter wel procederen tegen besluiten waartegen bestuursrechtelijke rechtsbescherming openstaat,⁵ maar kunnen belanghebbenden die een uitvoeringsbesluit hadden kunnen uitlokken bij de burgerlijke rechter niet procederen tegen besluiten waarbij geen bestuursrechtelijke rechtsbescherming openstaat (zoals algemeen verbindende voorschriften).⁶ Ook bij verzoeken om schadevergoeding is dat relevant. Zo geldt de formele rechtskracht van besluiten alleen ten opzichte van degene die als belanghebbende kan worden beschouwd bij het onrechtmatige besluit dat aanleiding is tot een verzoek om schadevergoeding.⁷

Voor de advocaat is het belanghebbendebegrip in het bijzonder van belang omdat het belanghebbendebegrip de toegang biedt tot de bestuursrechter. Bovendien heeft hij maar zes weken om namens zijn cliënt bestuursrechtelijke rechtsmiddelen aan te wenden. Maakt hij in het begin de verkeerde keuze of vergeet hij iemand die later mogelijk toch belanghebbende blijkt te zijn, dan is dat voor zijn cliënt fataal. Bij de introductie van het belanghebbendebegrip is het beperken van de toegang tot de bestuursrechter expliciet het doel van de wetgever geweest. Een zekere beperking ten opzichte van de ruimst mogelijke opvatting van belanghebbende is noodzakelijk om de uitvoering van de administratieve wetgeving en de in dat kader plaatsvindende procedures efficiënt en slagvaardig te kunnen doen verlopen, omdat met dat laatste dikwijls aanwijsbare belangen van individuen of bedrijven zijn gemoeid.⁸ In de bundel 25 jaar Awb is het dus goed om vanuit de advocatuur stil te staan bij de vraag of het belanghebbendebegrip bijdraagt aan efficiënte en slagvaardige procedures. Ik doe dat vanuit de elementen van de wettekst van artikel 1:2, eerste lid, Awb: (i) degene, (ii) wiens be-

---

³ ABRvS 1 oktober 2008, ECLI:NL:RVS:2008:BF3911, *AB* 2008/348, m.nt. F.C.M.A. Michiels (*Stichting Openbare Ruimte*).
⁴ ABRvS 12 november 2014, ECLI:NL:RVS:2014:4117, *AB* 2015/55, m.nt. J.G. Brouwer en A.E. Schilder (*Zwarte Piet*).
⁵ HR 20 november 1987, ECLI:NL:PHR:1987:AD6026, *NJ* 1988/843, m.nt. M. Scheltema (*Montenegro*).
⁶ HR 22 mei 2015, ECLI:NL:HR:2015:1296, *NJ* 2016/262, m.nt. H.J. Snijders (*Privacy First c.s./Staat*); HR 3 juni 2016, ECLI:NLHR:2016:1049, *NJ* 2017/46, m.nt. T. Barkhuysen en M. Claessens (*SCAU/Universiteiten*).
⁷ B.J. van Ettekoven e.a., 'Overheidsaansprakelijkheid anno 2018: de stand van de rechtsontwikkeling', *O&A* 2018, afl. 2, p. 45 en de daar aangehaalde jurisprudentie.
⁸ *Kamerstukken II* 1989/90, 21221, 3, p. 32.

lang, (iii) rechtstreeks is betrokken (iv) bij een besluit. Ik kom daarbij tot de conclusie dat een slagvaardige en efficiënte procedure niet altijd gebaat is met de casuïstische jurisprudentie omtrent het belanghebbendebegrip. Met de introductie van het relativiteitsvereiste is er daarnaast ook minder behoefte om met het belanghebbendebegrip de toegang tot de bestuursrechter te beperken. Bovendien betekent het beperken van de toegang tot de bestuursrechter dat de burgerlijke rechter toegang zal bieden.

2. Degene

Het eerste wat een advocaat moet doen als een cliënt zich tot hem wendt om bestuursrechtelijke rechtsmiddelen aan te wenden is om te bezien namens wie hij die rechtsmiddelen moet aanwenden. Is het een natuurlijk persoon, dan is het van belang om de volledige voornaam en achternaam te vermelden. Is het een rechtspersoon, dan zal de Kamer van Koophandel uitsluitsel moeten bieden en is het verstandig om meteen een uittreksel uit de Kamer van Koophandel aan te hechten aan het bestuursrechtelijke rechtsmiddel. De jurisprudentie op dit punt is weliswaar dat kennelijke schrijffouten door de vingers worden gezien, mits er maar geen misverstanden kunnen ontstaan. Zo werd een beroepschrift ingediend door Arriva Personenvervoer Nederland *N.V.* toch ontvankelijk geacht, terwijl bedoeld was beroep in te stellen namens Arriva Personenvervoer Nederland *B.V.*, omdat de N.V. niet bestond en dus niet gebleken was dat een der partijen in de procedure hierdoor werd geschaad.[9] Als een cliënt geen natuurlijk persoon of rechtspersoon is, kan deze toch onder 'degene' vallen. Het gaat erom dat sprake is van een entiteit, die herkenbaar is in het rechtsverkeer.[10] Vennootschappen, niet rechtspersonen zijnde, zoals vennootschappen onder firma[11] of commanditaire vennootschappen, vallen daar in de regel onder. Bij andere entiteiten kan daar discussie over ontstaan. Cliëntenraden, zorgeenheidsraden en medezeggenschapsraden worden niet snel als in het rechtsverkeer herkenbare entiteiten aangemerkt. Als zij wel als entiteit kenbaar zijn, worden zij uitsluitend ontvankelijk geacht bij besluiten ten aanzien waarvan zij instemmingsrechten hebben.[12] Samenwerkingsverbanden van personen die eenzelfde doel nastreven, zoals Occupy,[13] zijn entiteiten die herkenbaar zijn in het rechtsverkeer. De criteria die de Afdeling toepast om te beoordelen of een entiteit herkenbaar is in het rechtsverkeer vertoont verwantschap met de criteria die de Afdeling hanteert om te beoordelen of

---

[9] CBb 27 september 2005, ECLI:NL:CBB:2005:AU4030.
[10] ABRvS 28 februari 2018, ECLI:NL:RVS:2018:680.
[11] ABRvS 13 mei 1996, ECLI:NL:RVS:1996:ZF2152, *AB* 1996/312, m.nt. F.C.M.A. Michiels.
[12] ABRvS 7 januari 2004, ECLI:NL:RVS:2004:AO1277, *AB* 2005/20, m.nt. C.M. Bitter; ABRvS 29 april 2015, ECLI:NL:RVS:2015:1390, *AB* 2017/89, m.nt. J.R. van Angeren.
[13] ABRvS 23 april 2014, ECLI:NL:RVS:2014:1439, *AB* 2014/232, m.nt. H.D. Tolsma (*Occupy Rotterdam*).

een vereniging rechtspersoonlijkheid heeft. Toch zijn het twee verschillende vragen. Of een vereniging ingevolge artikel 2:26, eerste lid, BW *rechtspersoonlijkheid* heeft, ook al heeft zij geen notarieel vastgelegde statuten, beantwoordt de Afdeling aan de hand van drie criteria (i) er moet een ledenbestand zijn, (ii) het moet gaan om een organisatorisch verband, opgericht voor een bepaald doel met ledenvergaderingen en (iii) de organisatie moet als eenheid deelnemen aan het rechtsverkeer.[14] De criteria die de Afdeling heeft geformuleerd bij de vraag of een entiteit *herkenbaar* is, zijn (i) het organiseren van activiteiten onder dezelfde naam, (ii) het zich naar buiten presenteren als een eenheid onder meer via een website en (iii) (h)erkenning van de entiteit door het bestuursorgaan, omdat besluiten aan de entiteit zijn gericht. Als advocaat van een dergelijke entiteit is het dus zaak om aan de hand van deze criteria, die niet cumulatief zijn, te beoordelen of is voldaan aan deze criteria. Het is daarbij een balans zoeken tussen betogen dat sprake is van een vereniging zonder statuten die bij notariële akte zijn vastgelegd, of een entiteit. Het argument dat ook een bundeling van belangen tot stand wordt gebracht, kan op grond van de jurisprudentie wel een rol spelen om te betogen dat geen feitelijke werkzaamheden behoeven te worden verricht,[15] maar speelt bij de vraag of sprake is van een entiteit geen duidelijke rol. Toch zou ik menen dat ook bij de vraag of een samenwerkingsverband naar buiten toe herkenbaar optreedt van belang is of er een bundeling van belangen plaatsvindt waarmee effectieve rechtsbescherming gediend kan zijn.

Soms komt een cliënt bij een advocaat als het kwaad al is geschied en bijvoorbeeld al een bezwaar- of beroepschrift is ingediend zonder dat de interne bevoegdheidsregels in acht zijn genomen of dat een natuurlijk persoon zonder handtekening een bezwaar- of beroepschrift heeft ingediend. Wat kan een advocaat dan nog herstellen? Het ontbreken van handtekeningen is geen probleem. Er is geen rechtsregel die eist dat degene namens wie een zienswijze naar voren wordt gebracht, deze ondertekent.[16] Eventueel kan dit worden hersteld. Als interne bevoegdheidsregels niet in acht zijn genomen bij het indienen van een bezwaar- of beroepschrift kan dat ook nog worden hersteld.[17] Niet herstelbaar is het niet kenbaar maken van de identiteit van degene die beroep instelt of namens wie beroep wordt ingesteld. Deze moet kenbaar zijn vóór het verstrijken van de beroepstermijn.[18] Dit kan een probleem opleveren als een cliënt wel een bestuursrechtelijk rechtsmiddel wil aanwenden, maar zijn identiteit niet kenbaar wil ma-

---

[14] ABRvS 12 maart 2008, ECLI:NL:RVS:2008:BC6406, *AB* 2009/201, m.nt. R. Ortlep (*Comité Behoud Havezathe Heeckeren*).
[15] ABRvS 23 juni 2010, ECLI:NL:RVS:2010:BM8803, *AB* 2010/247; ABRvS 27 juli 2011, ECLI:NL:RVS:2011:BR3192, *AB* 2011/287.
[16] ABRvS 4 november 2009, ECLI:NL:RVS:2009:BK1967.
[17] ABRvS 10 mei 2017, ECLI:NL:RVS:2017:1251; ABRvS 20 januari 2010, ECLI:NL:RVS:2010:BK9941.
[18] ABRvS 20 juli 2005, ECLI:NL:RVS:2005:AT9632, *AB* 2005/341, m.nt. A.A.J. de Gier; CRvB 7 december 2006, ECLI:NL:CRVB:2006:AZ5218, *TAR* 2007/45; ABRvS 20 juli 2016, ECLI:NL:RVS:2016:2031.

ken ten opzichte van overige belanghebbenden. De Afdeling heeft dat nog niet aanvaard,[19] maar mogelijk zou de advocaat – in gevallen waarbij er geen bezwaarschriftprocedure is – het beroepschrift mét vermelding van de naam met toepassing van artikel 8:29 Awb naar de bestuursrechter kunnen zenden met een uiteenzetting waarom de naam van de cliënt geheim moet worden gehouden en een versie van het beroepschrift zonder de naam naar het bestuursorgaan of andere partijen. Honoreert de bestuursrechter het verzoek niet, dan kan alsnog de afweging worden gemaakt of het beroep wordt doorgezet. Bevredigend is het niet helemaal, maar bij gebreke van een wettelijke regeling is dat het proberen waard.

3. Wiens belang

Bij dit gedeelte van de definitie zijn volgens de jurisprudentie vier aspecten van belang: (i) is het belang voldoende objectief, (ii) is het actueel, (iii) is het een eigen belang en (iv) is het een persoonlijk belang.[20]

3.1 Objectief belang

Een gevoel van persoonlijke betrokkenheid levert geen objectief bepaalbaar belang op. Bijvoorbeeld een persoon die zich betrokken voelt omdat hij eigenaar is geweest van een pand en daarin vele jaren heeft gewoond en gewerkt, is onvoldoende objectief om belanghebbende te zijn bij een besluit tot het verlenen van een omgevingsvergunning voor het betrokken pand.[21] Het is overigens wel de taak van de advocaat om te trachten dergelijke belangen te objectiveren.

Uit de jurisprudentie op het gebied van het omgevingsrecht was tot voor kort het begrip 'objectief belang' van belang om te oordelen of een belanghebbende die ver van de activiteit af woonde waarvoor vergunning was verleend toch nog een objectief belang kan hebben.[22] Met de invoering van het begrip 'gevolgen van enige betekenis' heeft die jurisprudentie aan betekenis ingeboet. Voor het omgevingsrecht is het criterium 'objectief belang' nog wel van betekenis in bestemmingsplanzaken. De Afdeling neemt aan dat alleen eigenaren, dan wel anderszins gerechtigden van een perceel, een objectief belang hebben. Dit is voor advocaten van projectontwikkelaars een bekend probleem: de ontwikkelaar die eventueel uitvoering wenst te geven aan een ontwikkeling, maar die op het moment dat een bestemmingsplan wordt vastgesteld dat de uit te voeren ontwikkeling frustreert nog geen eigenaar of anderszins zakelijk gerechtigde is, heeft volgens de Afdeling

---

[19] ABRvS 2 mei 2001, JM 2001/105 m.nt. K. de Graaf. De Graaf doet ook de suggestie om art. 8:29 Awb analoog toe te passen.
[20] ABRvS 26 januari 2011, ECLI:NL:RVS:2011:BP2017.
[21] ABRvS 11 april 2018, ECLI:NL:RVS:2018:1187.
[22] ABRvS 8 juli 2008, ECLI:NL:RVS:2008:BD6697, JOM 2008/601.

geen objectief bepaalbaar belang.[23] Een duidelijke motivering hiervoor geeft de Afdeling niet. Een motivering kan gelegen zijn in het standpunt dat de ontwikkelaar met de grondeigenaar (of zakelijk gerechtigde) tot overeenstemming moet komen en deze dan maar rechtsmiddelen moet aanwenden. Wel aanvaardde de Afdeling dat een ontwikkelaar die een intentieovereenkomst heeft gesloten met het gemeentebestuur en een overeenkomst met de grondeigenaar om gronden in het plangebied te verwerven, een objectief bepaalbaar belang heeft.[24] Voor de advocaat die wordt geconfronteerd met een ontwikkelaar die een bepaalde ontwikkeling op het perceel wenst en die het gemeentebestuur planologisch niet mogelijk maakt, doet zich een lastige situatie voor indien het gemeentebestuur geen intentieovereenkomst wenst aan te gaan omdat zij zelf ook grondeigenaar is. In het bijzonder in gevallen waarin de ontwikkelaar al vele gesprekken heeft gevoerd met het gemeentebestuur, op het verzoek van het gemeentebestuur onderzoeken zijn verricht over de planologische aanvaardbaarheid van een ontwikkeling en het gemeentebestuur alsnog besluit om de door de ontwikkelaar gewenste mogelijkheid planologisch niet mogelijk te maken, heeft deze toch geen objectief bepaalbaar belang. Deze situatie is onbevredigend. Er is ook eigenlijk geen goede verklaring voor.

3.2 *Actueel belang*

Bij de vraag of een belang voldoende actueel is, is van belang dat een voornemen of vrees meestal niet leidt tot het aannemen van een actueel belang.[25] Het is de taak van de advocaat om, indien hij optreedt voor een belanghebbende die toegang wil tot de bestuursrechter, te trachten die wens of dat voornemen concreter te maken, bijvoorbeeld door bestaande plannen die mogelijk zouden kunnen worden gekwalificeerd als onzekere toekomstige gebeurtenissen te concretiseren.

3.3 *Eigen belang*

Een persoon moet opkomen voor zijn eigen belangen. De advocaat is de persoon die als gemachtigde optreedt namens de betrokken persoon. De eigen belangen van die persoon, zijn cliënt, dient hij te verwoorden. Dat dit wel eens fout kan gaan volgt uit de uitspraak van de Afdeling waarbij een advocaat zélf een verzoek indiende op grond van de Wet openbaarheid van bestuur en vervolgens mede namens zijn cliënten tegen de gedeeltelijke afwijzing daarvan rechtsmiddelen aanwendde. Zijn cliënten waren evenwel geen belanghebbende omdat hij als

---

[23] ABRvS 15 juli 2015, ECLI:NL:RVS:2015:2223 (*MGM Projectontwikkeling*); ABRvS 20 mei 2015, ECLI:NL:RVS:2015:1581.
[24] ABRvS 4 februari 2015, ECLI:NL:RVS:2015:235, *AB* 2015/132, m.nt. T.E.P.A Lam.
[25] ABRvS 25 april 2018, ECLI:NL:RVS:2018:1370.

advocaat zelf een Wob-verzoek had ingediend en zijn cliënten niet.[26] Verder komt het weleens voor dat degene die beroep heeft ingesteld stelt dat zijn gezinsleden hinder ondervinden. Daarvoor kan degene die beroep heeft ingesteld evenwel niet optreden.[27]

De aanduiding 'een eigen belang' wordt ook gebruikt bij het leerstuk van het 'afgeleid belang' en kan ook gelegen zijn in het feit dat het besluit de belanghebbende in een fundamenteel recht schaadt. Het belang dat de belanghebbende aan dat fundamentele recht ontleent is een *eigen* belang (dat wil zeggen: geen *afgeleid* belang). De belangrijke uitspraak is in dit verband de T-Mobile uitspraak van de Afdeling van 21 november 2007, waarin de Afdeling oordeelde dat T-Mobile toch belanghebbende was bij de bouwvergunning voor de zendmast waarvan zij niet de aanvrager was, omdat zij mogelijk in haar fundamentele recht dat is neergelegd in artikel 10 EVRM werd geschaad.[28] Het leerstuk van het afgeleid belang, dat de advocaat de nodige hoofdbrekens oplevert, zal hierna nog uitgebreid aan de orde komen.

3.4 *Persoonlijk belang*

De eis dat het belang 'persoonlijk' moet zijn, levert voor de advocatuur veel onduidelijkheid op en is onderhevig aan heel wat verfijningen in de jurisprudentie.

In het omgevingsrecht was het lang zoeken naar de juiste invulling van dit criterium en mogelijk is de invulling ervan nog steeds niet uitgekristalliseerd. Dat heeft te maken met het feit dat het belanghebbendebegrip pas met ingang van 1 juli 2005 voor het gehele omgevingsrecht ging gelden.[29] Daarvoor gold voor bestemmingsplannen en milieuvergunningen het systeem van de getrapte 'actio popularis'. Dat wil zeggen: een ieder kon een zienswijze indienen en vervolgens konden degenen die een zienswijze hadden ingediend verder in beroep. Doel van de afschaffing was om ook het omgevingsrecht en het milieurecht verder te harmoniseren en aan te laten sluiten bij de Algemene wet bestuursrecht.[30] Wel moest van de afschaffing en harmonisatie met de Awb het belangrijke signaal uitgaan dat het de regering ernst is met het terugdringen van onnodig beroep op de rechter.[31]

---

[26] ABRvS 20 oktober 2010, ECLI:NL:RVS:2010:BO1189.
[27] ABRvS 10 december 2014, ECLI:NL:RVS:2014:4434, r.o. 2.1.
[28] ABRvS 21 november 2007, ECLI:NL:RVS:2007:BB8396, *AB* 2008/9, m.nt. B.W.N. de Waard.
[29] Wet van 24 januari 2002 tot wijziging van de Algemene wet bestuursrecht, de Provinciewet en de Gemeentewet in verband met de samenvoeging van de afdelingen 3.4 en 3.5 van de Algemene wet bestuursrecht tot één uniforme openbare voorbereidingsprocedure (Wet uniforme openbare voorbereidingsprocedure Awb), *Stb.* 2002, 54 in werking getreden met ingang van 1 juli 2005 (*Stb.* 2005, 282).
[30] *Kamerstukken II* 1997/98, 26024, 10, p. 77; *Kamerstukken II* 2003/04, 29200 XI, p. 13; *Kamerstukken II* 2003/04, 29421, 3, p. 3.
[31] *Kamerstukken II* 2003/04, 29421, 3, p. 3.

In eerste instantie toonde de Afdeling zich soepel bij het belanghebbendebegrip in zaken waar het milieugevolgen betrof.[32] Vaste afstandseisen werden niet gehanteerd, maar de vraag was of het aannemelijk is dat milieugevolgen als gevolg van de inrichting ter plaatse kunnen worden ondervonden. Het feit dat de milieugevolgen niet noemenswaardig merkbaar zijn, is niet een criterium voor de vraag of iemand belanghebbende is bij een besluit over een milieuvergunning of de handhaving ervan. Het criterium 'objectief bepaalbaar' uit het belanghebbendebegrip werd dus niet zodanig ingevuld dat de milieugevolgen zelf 'objectief bepaalbaar' moesten zijn, dat wil zeggen: of naar objectieve maatstaven bezien er milieugevolgen zouden zijn. Voor zaken waarin het niet ging om een milieuvergunning, maar om besluiten waarbij wel hinder werd veroorzaakt, bijvoorbeeld evenementenvergunningen, had de Afdeling wel aangesloten bij het criterium objectief bepaalbaar. Iemand die op 3,2 km afstand woonde van een festivalterrein ondervond weliswaar geluidshinder, maar het geluid was 'niet erg luid' zodat die persoon niet geraakt werd in een objectief bepaalbaar belang.[33] Hetzelfde gold voor bestemmingsplannen waarbij activiteiten werden toegestaan die hinder veroorzaakten. Iemand die op meer dan 1 km van een inrichting woont ondervond volgens de Afdeling naar objectieve maatstaven gemeten geen hinder van enige betekenis, zodat deze geen persoonlijk belang had bij het besluit.[34] Als iemand van mening was dat hij wel hinder ondervond, moest hij feiten en omstandigheden stellen waaruit dat volgde.

In tweede instantie wilde de Afdeling deze jurisprudentielijnen harmoniseren. Zij oordeelde dan ook dat bij besluiten tot verlening van een omgevingsvergunning voor milieu, waar dus milieugevolgen aan de orde waren, ook ging gelden dat degene die rechtsmiddelen aanwendt tegen een omgevingsvergunning voor milieu aannemelijk moet maken dat hij of zij als gevolg van de verleende vergunning 'gevolgen van enige betekenis' ondervindt. Het horen van lage bastonen op 5 km afstand is onvoldoende, zodat diegene geen belanghebbende is omdat deze niet wordt geraakt in een objectief bepaalbaar belang.[35] Kennelijk bedoelt de Afdeling dat als er sprake is van 'gevolgen van enige betekenis' er ook een objectief bepaalbaar belang is.

Het nadeel van dit criterium 'gevolgen van enige betekenis' is dat dit geen eenduidig begrip is en dat het niet goed voorspelbaar is wanneer de bestuursrechter nu wel of niet aanneemt dat sprake is van 'hinder van enige betekenis'. Voor de advocaat in het omgevingsrecht lastig, en gelet op de gevolgen van het niet tijdig beroep instellen door een belanghebbende, ligt het voor de hand om zekerheidshalve bestuursrechtelijke rechtsmiddelen aan te wenden. Daarvoor geldt maar een termijn van zes weken, terwijl, mocht de hoogste bestuursrechter oordelen dat cliënt toch geen belanghebbende is, nog de mogelijkheid van een civiele pro-

---

[32] ABRvS 12 september 2012, ECLI:NL:RVS:2012:BX7107.
[33] ABRvS 22 oktober 2014, ECLI:NL:RVS:2014:3812.
[34] ABRvS 10 december 2014, ECLI:NL:RVS:2014:4434.
[35] ABRvS 16 maart 2016, ECLI:NL:RVS:2016:737.

cedure openstaat met verjaringstermijnen van vijf jaar of twintig jaar. Andersom kan niet.

In derde instantie heeft de Afdeling, gelet op de in de praktijk gerezen vragen over het criterium 'gevolgen van enige betekenis', dit criterium verduidelijkt.[36] Voor de advocatuur is van belang dat de Afdeling heeft geoordeeld dat degene die rechtstreeks feitelijke gevolgen ondervindt van een activiteit die een besluit toestaat in beginsel belanghebbende is. Stelt de advocaat dus terecht dat een cliënt rechtstreeks feitelijke gevolgen ondervindt (uitzicht wordt ontnomen en een boom waarop hij uitkijkt wordt gekapt) dan behoeft hij geen nadere actie te ondernemen. Het criterium 'gevolgen van enige betekenis' dient als correctie. Dit is dus anders dan voorheen en heeft belangrijke gevolgen voor de procespositie van belanghebbenden. Zij behoeven niet aan te tonen dat zij belanghebbenden zijn. Slechts als tijdens de procedure de vraag aan de orde is of 'gevolgen van enige betekenis' ontbreken en er dus aanleiding kan zijn om de correctie toe te passen, kan en mag van betrokkene worden gevraagd uit te leggen welke feitelijke gevolgen hij van de activiteit ondervindt of vreest te ondervinden. Dit is voor de advocatuur een belangrijk punt. In gevallen waarin de advocaat vermoedt dat de belanghebbendheid van zijn cliënt ter discussie kan worden gesteld, is het aan te bevelen om, voordat die discussie komt, materiaal te verzamelen om die uitleg te geven. Daarbij zal de advocaat bij gevolgen als geur, trilling, emissies, lichthinder, verkeershinder en dergelijke er niet aan ontkomen om de hulp van deskundigen in te roepen. Daarmee kan het dus voorkomen dat het bijna noodzakelijk wordt om de Stichting Advisering bestuursrechtspraak in te schakelen om te beoordelen of een bepaald milieugevolg wel of niet tot gevolgen van enige betekenis leidt. Een dergelijke situatie is onwenselijk. Als toepassing van het criterium 'gevolgen van enige betekenis' ertoe moet leiden dat er uitgebreide deskundigenonderzoeken nodig zijn bij de vraag of iemand toegang krijgt tot de bestuursrechter, dan moet worden afgevraagd of de eis niet te streng is. Mogelijk is dat de Afdeling de lijn zal inzetten dat als uit een deskundigenonderzoek inderdaad van feitelijke gevolgen blijkt, daarmee ook sprake is van gevolgen van enige betekenis. Het blijft immers een correctie.

Gevolgen van enige betekenis ontbreken, aldus de Afdeling, indien de gevolgen wel zijn vast te stellen (door de bouw van een woontoren wordt inderdaad het uitzicht ontnomen, maar op 5 km afstand), maar de gevolgen van de activiteit voor de woon-, leef- of bedrijfssituatie van de betrokkene dermate gering zijn dat een persoonlijk belang bij het besluit ontbreekt. Daarbij wordt acht geslagen op de factoren afstand tot, zicht tot, planologische uitstraling van en milieugevolgen (onder andere geur, geluid, licht, trilling, emissie, risico) van de activiteit die het besluit toestaat, waarbij die factoren in onderlinge samenhang worden bezien. Enerzijds geven deze criteria houvast voor de praktijk, anderzijds geven deze criteria ook veel ruimte tot interpretatie en zijn zij voor de advocaat van belang. Hij heeft een grote gereedschapskist waarbij hij, al naar gelang het belang dat hij

---

[36] ABRvS 23 augustus 2017, ECLI:NL:RVS:2017:2271.

vertegenwoordigt, uitgebreid kan betogen waarom iemand wel of geen belanghebbende is. Dat betekent ook dat de jurisprudentie omtrent het begrip 'gevolgen van enige betekenis' van belang blijft en casuïstisch blijft, waarbij afstandseisen toch weer een belangrijke rol blijven spelen: inwoners die zich op meer dan 1800 meter van de dichtstbijzijnde windturbines bevinden ondervinden geen hinder van enige betekenis,[37] een persoon die op 750 meter van een bedrijventerrein woont, waar ingevolge het bestemmingsplan maximaal milieucategorie 3.2 is toegestaan en waartussen zich de A15, de Betuweroute en stedelijke bebouwing bevindt ondervindt geen gevolgen van enige betekenis voor haar woon- en leefsituatie[38] en een persoon die op 3 kilometer van de geprojecteerde nieuwbouw woont, ondervindt geen gevolgen van enige betekenis.[39] Uit de uitspraken tot nu toe blijkt dat zicht hebben op het plangebied een belangrijk criterium blijft. Ook kan de Afdeling de verleiding niet weerstaan om met rekenformules te werken. Zo geldt bij windmolens dat voor personen op een afstand van tien keer de tiphoogte (gemeten vanaf de voet van de voor de desbetreffende persoon dichtstbijzijnde windturbine) er geen gevolgen van enige betekenis meer zijn te verwachten.[40] De Afdeling motiveert niet waarom zij voor die afstand heeft gekozen. Hoewel dit is toe te juichen vanuit het oogpunt van rechtszekerheid, kan het aanleiding zijn tot allerlei casuïstiek. Moet de afstand worden gemeten vanaf het huis, of vanaf de perceelgrens waarop de persoon een zakelijk recht heeft? Advocaten van tegenstanders die verder wonen zullen mogelijk met rapporten komen waaruit blijkt dat hun cliënten toch gevolgen van enige betekenis ondervinden. In de desbetreffende uitspraak kwam de Afdeling tot het oordeel dat appellanten die op 2.105 meter en korter wel belanghebbenden zijn en degenen die op 2.105 en verder niet meer. Waarom moet iemand die op 2.106 meter van de windparken woont naar de civiele rechter en iemand op kortere afstand naar de bestuursrechter?

Een voor de advocatuur belangrijke andere categorie van 'persoonlijke belangen' betreft concurrenten. Vaste jurisprudentie is dat onder persoonlijke belangen ook concurrentiebelangen worden geschaard.[41] Een concurrent is belanghebbende wanneer hij zich in hetzelfde marktsegment begeeft binnen hetzelfde verzorgingsgebied. Wieland heeft onderzocht of de marktafbakening die de bestuursrechter hanteert overeenkomt met de markafbakening in het materiële mededingingsrecht. Hij concludeert dat als gevolg van de weinig gedetailleerde afbakening van de markt in het kader van de beoordeling van de belanghebbendheid de toegang tot de rechter ruimer is dan wanneer volgens de strengere

---

[37] ABRvS 2 mei 2018, ECLI:NL:RVS:2018:1436.
[38] ABRvS 25 april 2018, ECLI:NL:RVS:2018:1398.
[39] ABRvS 25 april 2018, ECLI:NL:RVS:2018:1370.
[40] ABRvS 21 februari 2018, ECLI:NL:RVS:2018:616, *AB* 2018/364, m.nt. D. Sietses en H.D. Tolsma.
[41] Zie hierover uitgebreid J. Wieland, *De bescherming van concurrentiebelangen in het bestuursrecht*, Den Haag: Boom Juridische uitgevers 2017, p. 53-54.

regels van het materiële mededingingsrecht de markt zou worden afgebakend.[42] Omdat de beoordeling in het mededingingsrecht een materiële is en de vraag naar het belanghebbendebegrip een formele is, leent de vraag of iemand belanghebbende is, en dus toegang heeft tot de bestuursrechter, zich niet voor een zeer gedetailleerde analyse en afbakening van de markt.[43] Ik ben dat met Wieland eens en ben van mening dat dit ook zou moeten gelden voor onderzoeken naar het criterium 'gevolgen van enige betekenis'. Het gaat hier om toegang tot de bestuursrechter, hetgeen een overzichtelijke en laagdrempelige rechtsgang op basis van de Algemene wet bestuursrecht moet zijn.[44] Daar blijft niet veel van over als uitvoerige deskundigenrapporten nodig zijn om te beoordelen of iemand toegang krijgt tot die overzichtelijke en laagdrempelige procedure. Een uitvoerig debat tussen deskundigen past ook niet bij een slagvaardige en efficiënte procedure, wat volgens de Awb-wetgever wel het doel van het hanteren van het belanghebbendebegrip is.

Het ontbreken van een gedetailleerde analyse betekent voor de advocatuur wel dat er rekening mee moet worden gehouden dat de bestuursrechter soms aanneemt dat er niet sprake is van hetzelfde marktsegment, terwijl dat wel voor de hand ligt. Zo oordeelde de Afdeling dat de Media Markt niet in hetzelfde marktsegment actief was als waarin een fietsexperience center actief was. Voor de Afdeling was bepalend dat de activiteiten van Media Markt zich qua doelgroep en aanbod in zodanig betekenende mate van die van het fietsexperience center onderscheidde, dat niet kan worden geoordeeld dat beide bedrijven in hetzelfde marktsegment actief zijn en daarmee concurrent van elkaar zijn. Het feit dat Media Markt elektrische fietsen en daaraan gerelateerde elektronische accessoires verkoopt maakt dit niet anders, nu is komen vast te staan dat dat een ondergeschikt onderdeel van het assortiment van Media Markt betreft.[45] Hoe de Afdeling weet dat het aanbod van de Mediamarkt qua doelgroep en aanbod afwijkt van het fietsexperience center volgt niet uit de uitspraak. Wat in dit verband 'in zodanig betekende mate' betekent en welk gedeelte ondergeschikt is, blijkt evenmin. Mogelijk dat de Afdeling meent dat het criterium 'gevolgen van enige betekenis' uit het omgevingsrecht ook hier moet gelden. Een concurrent zou dan alleen belanghebbende zijn als de concurrentie die hij stelt te ondervinden 'gevolgen van enige betekenis' met zich brengt. Een aanknopingspunt daarvoor is mogelijk te vinden in een recente uitspraak waarin de Afdeling oordeelt dat een concurrent die werkzaam is in hetzelfde marktsegment en hetzelfde verzorgingsgebied, toch uitsluitend een rechtstreeks belang heeft bij een besluit afhankelijk van de aard van het besluit en de gevolgen die de concurrent daarvan onder-

---

[42] Wieland 2017, p. 90-92.
[43] Wieland 2017.
[44] Aldus ook Wetsvoorstel Instituut Mijnbouwschade Groningen. Reactie van voorzitter van de ABRvS mr. B.J. van Ettekoven van 1 augustus 2018, www.internetconsultatie.nl.
[45] ABRvS 17 juni 2016, ECLI:NL:RVS:2015:1870.

vindt.[46] Vanuit de advocatuur bezien zou er dan dus een subjectief element bij komen waarin de advocaat, al naar gelang zijn positie, dus kan betogen dat de onderneming in kwestie wel of geen belanghebbende is. Dit kan leiden tot uitgebreide onderzoeken, alleen maar over de vraag welke gevolgen van het besluit te verwachten zijn en de gevolgen voor de betrokken onderneming, waarbij het alleen maar gaat om de formele vraag of iemand toegang heeft tot de bestuursrechter. Dat vind ik geen goede ontwikkeling, leidt tot onnodige juridificering en leidt al helemaal niet tot een efficiënte en slagvaardige procedure. Hier kan ook een vicieuze cirkel ontstaan. Als er verschillende deskundigenrapporten op tafel komen, kan de bestuursrechter tot het oordeel komen dat het te ingewikkeld is om op voorhand te oordelen of er wel of geen gevolgen van enige betekenis zijn, en dus de betrokken onderneming wel belanghebbend is omdat een procedure die toegang moet geven tot de rechter niet te ingewikkeld moet worden gemaakt.

4. Rechtstreeks betrokken

Dit criterium levert voor de advocatuur vaak problemen op en leidt ook tot verschil van inzichten tussen de eerstelijns rechters en de hoger beroepsrechters.[47] In het bijzonder omdat de bestuursrechter aanneemt dat het criterium van rechtstreekse betrokkenheid met zich meebrengt dat er geen afgeleid belang mag zijn. Een afgeleid belang is dan bijvoorbeeld een contractuele relatie tussen degene tot wie het besluit is gericht en degene die door het besluit mede wordt geraakt in zijn belangen.[48] De bestuursrechter acht een strikte toepassing van dat criterium in sommige gevallen ook te streng, in het bijzonder als de belangen van degene tot wie het besluit is gericht, tegengesteld of niet soortgelijk zijn aan die van degene die met de geadresseerde van het besluit een contractuele relatie heeft.[49] Het is onduidelijk wanneer sprake is van een niet parallel of niet soortgelijk belang. Het feit dat de geadresseerde van het besluit geen rechtsmiddelen aanwendt en degene die een contractuele verhouding heeft met de geadresseerde wel, betekent nog niet dat er daarmee sprake is van niet parallelle belangen.[50]

4.1 Afgeleid belang

De bestuursrechter acht het criterium ook te streng als degene die een contractuele verhouding heeft met de geadresseerde in een eigen belang wordt getroffen.

---

[46] ABRvS 20 juni 2018, ECLI:NL:RVS:2018:2001.
[47] Zie recent ABRvS 27 juni 2018, ECLI:NL:RVS:2018:2101, AB 2018/304, m.nt. A.G.A. Nijmeijer.
[48] ABRvS 13 januari 2010, ECLI:NL:RVS:2010:BK9028, AB 2010/84, m.nt. B.W.N. de Waard en D.W.M. Wenders.
[49] ABRvS 30 juli 2008, ECLI:NL:RVS:2008:BD8895.
[50] ABRvS 24 maart 2010, ECLI:NL:RVS:2010:BL8675, JB 2010/118, m.nt. C.L.G.F.H. Albers.

Dat is bijvoorbeeld bij subsidiezaken het geval als degene tot wie het subsidiebesluit is gericht, die subsidie doorgeleid naar een derde.[51] Die derde wordt dan in een eigen belang getroffen. Hetzelfde geldt voor hypotheekhouders die worden geraakt in een zakelijk recht en er een reële mogelijkheid bestaat dat zij door het voorliggende besluit in hun aan dat recht ontleende belangen geschaad zullen worden en aldus belanghebbenden zijn.[52] Mogelijk geldt hetzelfde voor degenen die een garantieovereenkomst hebben met degene tot wie het besluit is gericht, of een overeenkomst van borgtocht. Zij worden ook geraakt in hun rechten als een besluit, gericht tot hun contractspartner, voor die garantie of borgtocht nadelig is. Een partij die uitsluitend een overeenkomst heeft met degene die wel belanghebbende is, waardoor die partij wel in een financieel belang wordt getroffen, maakt die partij nog geen belanghebbende.[53] Het onderscheid dat degene die een zakelijk recht vestigt wel belanghebbende is, maar degene die door middel van een overeenkomst in een financieel belang wordt getroffen, niet, is eigenlijk niet goed verklaarbaar. Een rechtvaardiging ervoor is ook niet makkelijk te vinden. Eigenaren hebben in elk geval altijd toegang tot de bestuursrechter als voor hun eigendom een vergunning wordt aangevraagd.[54]

Als laatste categorie waarbij het aannemen van een afgeleid belang te streng wordt geacht, is indien degene tot wie het besluit niet is gericht, wel als gevolg van het besluit wordt geraakt in een fundamenteel recht, bijvoorbeeld de vrijheid van meningsuiting,[55] het fundamentele recht op arbeid[56] of het fundamentele recht op leven, werk of woning.[57] Niet als fundamenteel recht voor kinderen is aangemerkt het recht om een onderwijsrichting te kiezen, als bedoeld in artikel 2 van het Eerste Protocol bij het EVRM.[58]

Ook bij dit criterium blijkt dus dat het voor de advocaat lang niet altijd duidelijk is wanneer wel en wanneer geen afgeleid belang wordt aangenomen.

4.2 *Te ver verwijderd verband*

Het begrip 'afgeleid' belang moet niet verward worden met de gevallen waarin het verband tussen het besluit en de gestelde belangenschending te ver verwijderd is. Dat ondervond een onderneming die een hengelsportzaak exploiteerde. De onderneming had bestuursrechtelijke rechtsmiddelen aangewend tegen een besluit om een vergunning te verlenen aan beroepsvissers voor het vissen met maxi-

---

[51] ABRvS 17 mei 2006, ECLI:NL:RVS:2006:AX2089, *JB* 2006/211 (Stichting B.E.K.A.).
[52] ABRvS 5 oktober 2016, ECLI:NL:RVS:2016:2643, *JB* 2016/209.
[53] ABRvS 15 november 2017, ECLI:RVS:2017:3151, *JB* 2018/5.
[54] ABRvS 25 oktober 2017, ECLI:RVS:2017:2863.
[55] ABRvS 21 november 2007, ECLI:NL:RVS:2007:BB8396, *AB* 2008/9, m.nt. B.W.N. de Waard.
[56] ABRvS 21 augustus 2013, ECLI:NL:RVS:2013:847, *AB* 2013/315.
[57] ABRvS 19 september 2012, ECLI:NL:RVS:2012:BX7724, *AB* 2013/265, m.nt. T. de Jong en Y.E. Schuurmans.
[58] ABRvS 15 augustus 2012, ECLI:NL:RVS:2012:BX4695.

maal 2.500m staand want. Door het vissen met staand want binnen het gebied door beroepsvissers is het voor sportvissers de laatste jaren niet langer aantrekkelijk om in het gebied op zeebaars te vissen. Hierdoor komen er minder sportvissers in de winkel en daalt de omzet. De rechtbank oordeelde dat er sprake was van een afgeleid belang, maar de Afdeling oordeelde dat dit niet relevant is. Het gaat erom, aldus de Afdeling, dat het belang van de hengelsportonderneming als in een te ver verwijderd verband staand belang wordt aangemerkt niet wegens de relatie met de beroepsvissers, maar wegens een te ver verwijderd verband tussen het gestelde geschade belang en het bestreden besluit.[59] Ook bijvoorbeeld FNV ondervond dit. FNV had bestuursrechtelijke rechtsmiddelen aangewend tegen het marktanalyse besluit van de ACM inzake de 24-uurs zakelijke post. FNV stelde dat dit besluit grote financiële gevolgen heeft voor de postmarkt en dus slechtere arbeidsvoorwaarden zijn te verwachten voor postbezorgers. Het CBb oordeelde dat het marktanalysebesluit de voorwaarden en tarieven regelt in de verhouding tussen PostNL en de postvervoerders en geen directe gevolgen heeft voor de arbeidsvoorwaarden, arbeidsomstandigheden en de rechtspositie van werknemers bij PostNL. De effecten voor de werknemers zullen voortvloeien uit door PostNL te maken keuzes en niet rechtstreeks uit de verplichtingen die bij het marktanalysebesluit aan PostNL zijn opgelegd.[60] In diezelfde zaak werden leveranciers van frankeermachines evenmin als belanghebbenden aangemerkt, omdat de gevolgen van het marktbesluit eerst tot stand zullen komen via de contractuele relaties met hun klanten; daar was dus wel sprake van een 'afgeleid' belang.

Een te ver verwijderd verband tussen het gestelde geschade belang en het bestreden besluit wordt ook wel aangeduid als 'onvoldoende oorzakelijk verband'. Dat ondervond een persoon die bestuursrechtelijke rechtsmiddelen aanwendde tegen het besluit tot toekenning van de graad van doctor aan een promovendus. De betrokken persoon stelde dat in het proefschrift onvoldoende aandacht is besteed aan zijn wetenschappelijke werk met betrekking tot rekenprogramma's, waardoor hij belangrijke opdrachten voor wetenschappelijke onderzoek misloopt. De Afdeling oordeelt dat deze persoon geen belanghebbende is gelet op het oorzakelijke verband tussen de toekenning van de graad van doctor als zodanig en het door hem gestelde belang bij vrijwaring van het op onvoldoende en onjuiste wijze presenteren van zijn wetenschappelijke werk.[61]

Uit deze recente uitspraken blijkt dat niet duidelijk is welke criteria de bestuursrechter toepast om te oordelen wanneer sprake is van een 'te ver verwijderd verband' dan wel dat het oorzakelijke verband ontbreekt. Voor de advocaat is ook dit dus enerzijds een gereedschap dat hij kan inzetten om te betogen, afhankelijk van de belangen die hij vertegenwoordigt, dat iemand wel of geen belanghebbende is. Anderzijds kan hij het risico niet nemen dat, indien hij geen bestuursrechte-

---

[59] ABRvS 21 maart 2018, ECLI:NL:RVS:2018:952.
[60] CBb 22 december 2017, ECLI:NL:CBB:2017:508.
[61] ABRvS 23 mei 2018, ECLI:NL:RVS:2018:1685.

lijke rechtsmiddelen aanwendt en meteen een procedure start bij de civiele rechter, de civiele rechter oordeelt dat zijn cliënt wel belanghebbende zou zijn geweest en zijn cliënt niet-ontvankelijk wordt verklaard. Gelet op de krappe zeswekentermijn wordt hij dus gedwongen om eerst de bestuursrechtelijke procedure te volgen, om duidelijkheid te krijgen welke rechter hij moet adiëren. Het zou dus goed zijn als de hoogste bestuursrechters eens op een rijtje zetten welke factoren in aanmerking moeten worden genomen om te beoordelen of een verband tussen het gestelde geschade belang en het bestreden besluit te ver verwijderd is. Die kans wordt geboden omdat Raadsheer A-G Widderhoven inmiddels een conclusie heeft uitgebracht over dit onderwerp.[62]

5. Conclusie

Het belanghebbendebegrip is 25 jaar geleden in de Awb gekomen om een slagvaardige en efficiënte procedure bij de bestuursrechter te bevorderen. Omdat er in het belanghebbendebegrip veel elementen zijn waarover verschillend kan worden gedacht en die een mate van beoordeling vergen, rijst de vraag of het belanghebbendebegrip dit doel heeft bereikt. Criteria als 'gevolgen van enige betekenis' of 'te verwijderd verband' of 'afgeleid belang' zijn voorwerp van casuïstische jurisprudentie. Bij eerste beschouwing kan worden afgevraagd of zoveel casuïstische jurisprudentie nodig is om burgers en bedrijven toegang te geven tot een overzichtelijke en laagdrempelige procedure die als slagvaardig en efficiënt kan worden beschouwd. Dit betekent dat zonder bijstand door een advocaat, die weet welke punten moeten worden aangevoerd om wel toegang te verkrijgen, de toegang tot de bestuursrechter voor een bepaalde categorie rechtzoekenden niet meer vanzelfsprekend is. Zeker als wordt bedacht dat in het civiele recht er niet zoveel discussie is over de vraag of iemand toegang moet hebben tot de civiele rechter.[63] Uitsluitend als iemand geen belang heeft, komt hem geen rechtsvordering toe, maar verder is de vraag of degene die dagvaardt wel toegang heeft tot de rechter geen onderwerp van casuïstische jurisprudentie. De bestuursrechter zou dan ook bij de vraag of iemand belanghebbende is altijd in ogenschouw moeten nemen dat het alleen maar gaat om de toegang tot de rechter en dat het belanghebbendebegrip dienstbaar is aan een slagvaardige en efficiënte procedure. Zou de bestuursrechter te streng zijn, dan loopt hij het risico dat partijen zich tot de civiele rechter moeten gaan wenden, die dan restrechter is voor geschillen waarvoor eigenlijk de bestuursrechter is geëquipeerd. De eerste 15 jaar na het verschijnen van de Awb speelde de zorg dat er te frequent een beroep werd

---

[62] ECLI:NL:CRVB:2018:3474.
[63] Wel is er discussie over de vraag of de civiele procedure niet te kostbaar is en de drempel voor een burger te hoog is om naar de civiele rechter te gaan en of de procedure bij de burgerlijke rechter niet laagdrempelig(er) zou moeten zijn. Zie hierover A. Mein en F. de Meere, 'Motieven van burgers om (niet) naar de rechter te gaan', Raad voor de rechtspraak, *Research Memoranda*, nr. 3/2018.

gedaan op de bestuursrechter. Na 25 jaar kunnen we stellen dat de aandacht voor effectieve rechtsbescherming en vooral de introductie van het relativiteitsvereiste de zorg van het nodeloos beroep op de bestuursrechter en de daarmee samenhangende gepercipieerde vertraging in de besluitvorming wel heeft weggenomen. Mijn oproep aan de bestuursrechter voor de komende 25 jaar zou dus zijn om terug te gaan naar de basis en voor ogen te houden dat bij een slagvaardige en efficiënte bestuursrechtelijke procedure een zekere soepelheid hoort bij het aannemen van gevolgen van enige betekenis en verder te bezien of het criterium van het afgeleid belang kan worden verlaten. Als een contractspartij nadelige gevolgen ondervindt van een besluit van een bestuursorgaan moet hij dat gewoon aan de bestuursrechter kunnen voorleggen en niet gedwongen worden om – nadat hij een procedure bij de bestuursrechter heeft moeten voeren – het probleem aan de civiele rechter voor te leggen.

Kees-Willem Bruggeman & Timo Poppema*

57 | Buitenbehandelingstelling en bijstand: bezint eer ge begint

@KW_Bruggeman/T_Poppema – Bij toepassing van art. 4:5 Awb bij bijstandsaanvragen gaat het voor het bestuursorgaan geregeld mis. Is deze bepaling wel toegesneden op uitvoering van de Participatiewet? Zo nee: is actie van de wetgever gewenst of zelfs noodzakelijk?#*buitenbehandelingstelling#bijstandsaanvraag#* Participatiewet

1. Inleiding

Deze bundel is samengesteld ter gelegenheid van het 25-jarig bestaan van de Algemene wet bestuursrecht (Awb). Vanzelfsprekend ziet de Awb dus op het gehele bestuursrecht, waarvan deze bundel ook blijk geeft. Niettemin zijn er Awb-gerelateerde thema's die vooral in één bepaald materieel domein tot uiting komen. Als dat specifieke domein dan ook nog eens veel burgers raakt en voorts – in het verlengde daarvan – voor de juridische praktijk van groot belang is, dan is er alle reden om dat thema te behandelen, ondanks de mate van specificiteit. Zo'n thema is naar onze mening de buitenbehandelingstelling van een bijstandsaanvraag op grond van de Participatiewet.

Bestuursorganen zijn voor een zorgvuldige voorbereiding van veel beslissingen op aanvragen in meer of minder sterke mate afhankelijk van de door de aanvrager aan te leveren informatie. Die gegevensverkrijging wordt uitgewerkt in hoofdstuk 4 van de Awb. Als pogingen tot verkrijging van de noodzakelijke informatie onvoldoende resultaat opleveren, biedt artikel 4:5 van de Awb een ontsnappingsroute. Het bestuursorgaan dat vindt dat er onvoldoende informatie is verstrekt om een goede beslissing te kunnen nemen, kan besluiten de aanvraag niet in behandeling te nemen. Anders gezegd, het bestuursorgaan kan besluiten om geen inhoudelijke beslissing te nemen op de aanvraag. Een dergelijk besluit wijkt af van een afwijzing, omdat er bij de afwijzing van een aanvraag een inhoudelijke beoordeling heeft plaatsgevonden en bij de buitenbehandelingstelling niet. In beide gevallen staat de aanvrager met lege handen, maar de consequenties voor de aanvrager verschillen. Een afwijzing kan in bezwaar en

---

* Mr. C.W.C.A. Bruggeman is zelfstandig juridisch en beleidsadviseur van gemeentebesturen (Brug Consult) en medewerker van *AB*, *RSV*, *De Gemeentestem* en *USZ*. Daarnaast is hij voorzitter van een bezwaarschriftencommissie en rechter-plaatsvervanger in de Rechtbank Gelderland. Mr. T.J. Poppema is gerechtsauditeur bij de Centrale Raad van Beroep. Tevens is hij lid van twee bezwaarschriftencommissies en medewerker van *USZ*, *NDSZ*, de *Module bijstand* en de *Module uitvoering sociale zekerheid en bestuursrecht*.

beroep materieel nog worden gecorrigeerd, een buitenbehandelingstelling niet. Daarover later meer.

Bij aanvragen om bijstand ter voorziening in de kosten van levensonderhoud[1] wordt vaak een grote verscheidenheid aan stukken opgevraagd door het bestuursorgaan.[2] Als een klein deel van daarvan niet wordt ingeleverd, dan is het schering en inslag dat dit leidt tot buitenbehandelingstelling van de aanvraag[3] met toepassing van artikel 4:5, eerste lid, aanhef en onder c, van de Awb.[4] Met een licht gevoel voor dramatiek zou dan ook gesteld kunnen worden dat deze bepaling bij gemeentelijke sociale diensten het populairste artikel uit de hele Awb is. Om te kunnen vaststellen of iemand recht heeft op bijstand, is het veelal inderdaad noodzakelijk dat de aanvrager de gemeente voorziet van informatie over (met name) zijn financiële situatie. De hoofdvraag in het wettelijke stelsel – kan iemand nog zelf in het onderhoud voorzien?[5] – mag op basis van een steeds verder uitdijend jurisprudentieel stelsel worden geoperationaliseerd via allerlei deelvragen omtrent de financiële positie (vragen over geldstromen, bankrekeningen, giften/schenkingen, bijdragen in natura, enz.) Dat is begrijpelijk, maar is de hoofdvraag daardoor in de loop van de tijd niet verdrongen? En, misschien nog belangrijker: wordt hier met enige redelijkheid mee omgegaan? Volgens ons wringt juist daar nogal eens de schoen. Bij gebrek aan overlegging van één of enkele opgevraagde stukken volgt namelijk nogal snel een buitenbehandelingstelling. Dat is een vergaande reactie, nu het gaat om de verkrijging van een inkomen om mee in het levensonderhoud te kunnen voorzien. De bijstand is immers het sluitstuk van de sociale zekerheid.

Dat leidt ons tot de vraag of artikel 4:5, eerste lid, aanhef en onder c, van de Awb wellicht te lichtzinnig wordt ingezet in het bijstandsdomein? En zo ja: wat kan daaraan worden gedaan? Concreet gaat het om de volgende deelvragen:
- Zetten bestuursorganen de bevoegdheid van artikel 4:5, eerste lid, aanhef onder c, van de Awb te gemakkelijk in?
- Zo ja, is de jurisprudentie van de Centrale Raad van Beroep (hierna: Raad) misschien te soepel voor bestuursorganen?
- Zo ja, kan een wetswijziging daarin een nuttige stap zijn ter verbetering zijn?

---

[1] Thans op grond van de Participatiewet, vóór 1 januari 2015 op grond van de Wet werk en bijstand.
[2] Denk bij 'bestuursorgaan' aan een college van burgemeester en wethouders, een dagelijks bestuur van een publiekrechtelijke samenwerkingsverband (op grond van de Wet gemeenschappelijke regelingen) of de Sociale verzekeringsbank (hierna: het bijstandverlenend orgaan).
[3] Ook wel enigszins eufemistisch geduid als de 'vereenvoudigde afdoening' van een aanvraag.
[4] Zie in algemene zin over de toepassing van artikel 4:5 van de Awb: R. Stijnen, 'Artikel 4:5 van de Algemene wet bestuursrecht – Het buiten behandeling stellen van de aanvraag', *JBplus* 2002/4, p. 90-103.
[5] Neergelegd in art. 11 Participatiewet.

2. Toepassing van artikel 4:5 van de Awb in bijstandszaken

Artikel 4:5, eerste lid, aanhef en onder c, van de Awb bepaalt dat het bestuursorgaan kan besluiten de aanvraag niet te behandelen, indien de verstrekte gegevens en bescheiden onvoldoende zijn voor de beoordeling van de aanvraag of voor de voorbereiding van de beschikking, mits de aanvrager de gelegenheid heeft gehad de aanvraag binnen een door het bijstandverlenend orgaan gestelde termijn aan te vullen. Volgens vaste rechtspraak van de Raad moet een hersteltermijn als hier aan de orde zijn afgestemd op de aard en de omvang van de gevraagde gegevens en bescheiden.[6] De lengte van die termijn dient zodanig te zijn dat een aanvrager in beginsel in staat kan worden geacht alle gevraagde gegevens en bescheiden voor de afloop van de hersteltermijn aan het bijstandverlenend orgaan aan te leveren. Volgens eveneens vaste rechtspraak van de Raad brengt de door het bijstandverlenend orgaan op grond van artikel 3:2 van de Awb in acht te nemen zorgvuldigheid mee dat hij de indiener van een aanvraag een als fataal bedoelde termijn stelt om een geconstateerd verzuim te herstellen en dat hij daarbij dient aan te geven dat bij het overschrijden van die termijn de kans bestaat dat de aanvraag buiten behandeling zal worden gesteld.[7] Uit de zogenaamde herstelverzuimbrief en de eventueel daarbij gevoegde stukken moet voor de aanvrager voldoende duidelijk blijken welke gegevens en/of bescheiden hij alsnog moet verstrekken en binnen welke termijn. Van een onvolledige of ongenoegzame aanvraag is onder andere sprake, indien onvoldoende gegevens of bescheiden worden verstrekt om een goede beoordeling van de aanvraag mogelijk te maken. Gelet op artikel 4:2, tweede lid, van de Awb, gaat het daarbij om gegevens die voor de beslissing op de aanvraag nodig zijn en waarover de aanvrager redelijkerwijs de beschikking kan krijgen. Een besluit om de aanvraag niet te behandelen, moet worden bekendgemaakt binnen vier weken nadat de aanvraag is aangevuld of nadat de daarvoor gestelde termijn ongebruikt is verstreken, aldus artikel 4:5, vierde lid, van de Awb. Wordt dit voorschrift niet in acht genomen, dan vervalt daarmee de bevoegdheid de aanvraag buiten behandeling te laten en moet een inhoudelijke beslissing worden genomen.[8]

Artikel 4:5 van de Awb geeft het bijstandverlenend orgaan een discretionaire bevoegdheid. Dit houdt in dat hij niet verplicht is om een onvolledige aanvraag buiten behandeling te laten. Het kan er ook voor kiezen de aanvraag wel in behandeling te nemen en een inhoudelijke beslissing te nemen. De praktijk is echter dat heel vaak gekozen wordt voor toepassing van deze bepaling.

---

[6] Bijv. CRvB 21 oktober 2008, ECLI:NL:CRVB:2008:BG1395, AB 2009/80, m.nt. H.E. Bröring, en JB 2009/21, m.nt. A.M.M.M. Bots.
[7] Bijv. CRvB 23 juni 2009, ECLI:NL:CRVB:2009:BJ0929, AB 2009/255, m.nt. Red, en JB 2009/204, m.nt. A.M.M.M. Bots.
[8] Bijv. CRvB 29 juni 2004, ECLI:NL:CRVB:2004:AP8628.

Het is vaste rechtspraak van de Raad dat aard en inhoud van het besluit dat strekt tot het buiten behandeling laten van de bijstandsaanvraag meebrengen dat in beginsel geen betekenis toekomt aan gegevens of bescheiden die na het nemen van dat besluit alsnog zijn verstrekt.[9] Van dat uitgangspunt kan vervolgens slechts worden afgeweken, indien de betrokkene aannemelijk maakt dat hij redelijkerwijs niet in staat is geweest om de gevraagde gegevens of bescheiden binnen de gegeven hersteltermijn te verstrekken. Op dit punt wordt vrijwel altijd geoordeeld dat een betrokkene beschikte of redelijkerwijs kon beschikken over de gevraagde gegevens en deze dus tijdig kon overleggen.

3. Ligt de toepassing van artikel 4:5 van de Awb onder (rechterlijk) vuur?

Op diverse momenten heeft de Raad de laatste jaren in meer of mindere mate kritisch geoordeeld over besluiten tot toepassing van de in artikel 4:5 van de Awb gegeven bevoegdheid. De rechtspraak tendeert naar meer gestrengheid in de richting van bestuursorganen. De toepassing van artikel 4:5 van de Awb ligt enigszins onder de loep zogezegd. Wij noemen hieronder een aantal belangrijke uitspraken, vanaf 2009, die in deze richting wijzen.

In een uitspraak van 14 juli 2009 oordeelde de Raad dat een besluit tot buitenbehandelingstelling niet kan worden genomen vóór afloop van de hersteltermijn.[10]

Uit een uitspraak van 13 oktober 2012 werd duidelijk dat de Raad niet instemt met het bij de hersteltermijn slechts herhalen van de opsomming van de stukken waar *in primo* om is gevraagd. Een dergelijke gang van zaken maakt onvoldoende inzichtelijk welke gegevens, die noodzakelijk worden geacht voor de beoordeling van de aanvraag, nog ontbraken.[11]

In een uitspraak van 27 november 2012 ging het over een situatie waarin de gevraagde stukken nog niet bestonden op het moment dat daarom werd gevraagd. Alsdan is buitenbehandelingstelling evenmin aan de orde.[12]

Op 13 januari 2015 sprak de Raad zich uit over een casus waarin het nadere verzoek van het college geen betrekking had op concrete gegevens, waarover de belanghebbende, dan wel een derde, beschikte. Het verzoek had namelijk betrekking op een schriftelijke en ondertekende toelichting op reeds verstrekte gegevens. Volgens de Raad is er dan geen sprake meer van een incomplete aanvraag.[13]

---

[9] Bijv. CRvB 28 september 2010, ECLI:NL:CRVB:2010:BN9403.
[10] CRvB 14 juli 2009, ECLI:NL:CRVB:2009:BJ3871, *JB* 2009/238, m.nt. A.M.M.M. Bots.
[11] CRvB 13 oktober 2012, ECLI:NL:CRVB:2012:BX6143, *RSV* 2013/6, m.nt. C.W.C.A. Bruggeman.
[12] CRvB 27 november 2012, ECLI:NL:CRVB:2012:BY4814, *USZ* 2013/30.
[13] CRvB 13 januari 2015, ECLI:NL:CRVB:2015:20, *AB* 2015/141, m.nt. C.W.C.A. Bruggeman.

In een uitspraak van 24 maart 2015 gaf de Raad aan dat voor een deugdelijke motivering van een buitenbehandelingstelling minimaal vermeld moet worden welke gegevens niet of onvolledig zijn overgelegd.[14]

Kort daarna, op 14 april 2015, oordeelde de Raad dat het college een buitenbehandelingstelling niet kan baseren op het enkele niet verschijnen van een belanghebbende op een afspraak en het daar niet inleveren van gegevens, als het college niet duidelijk kan maken welke gegevens ontbraken.[15]

Op 8 september 2015 oordeelde de Raad dat de belanghebbende niet op de door het college gevraagde wijze over de gegevens kon beschikken. Hij hoefde niet te begrijpen dat hij had kunnen proberen om de gegevens op een andere wijze te verkrijgen.[16]

In een uitspraak van 6 oktober 2015 gaf de Raad aan dat als een analyse van een lijst met verblijfadressen wordt gemaakt, er sprake is van een inhoudelijke beoordeling; dan is de fase van een incomplete aanvraag voorbij.[17]

Diezelfde maand, te weten in een uitspraak van 20 oktober 2015, oordeelde de Raad dat wanneer de financiële gegevens zijn overgelegd en deze alleen nog moeten worden toegelicht, de fase van een incomplete aanvraag voorbij is. Dan is de inhoudelijke beoordeling begonnen en is een buitenbehandelingstelling niet meer aan de orde.[18]

Zelfs het ontbreken van één bankafschrift kan volgens de Raad leiden tot de conclusie dat buitenbehandelingstelling gerechtvaardigd is, blijkens een uitspraak van 23 februari 2016. Dat is echter niet *per se* het geval. De begeleidende omstandigheden kunnen ertoe leiden dat er geen enkele twijfel is over de bijstandbehoevende omstandigheden van de belanghebbende. Bovendien kan de handelwijze van het bijstandverlenende orgaan maken dat van de bevoegdheid tot buitenbehandelingstelling redelijkerwijs geen gebruik mag worden gemaakt.[19]

De Raad is van mening dat, als gegevens zijn verstrekt maar deze volgens het college onvoldoende verifieerbaar zijn, daar dan expliciet naar gevraagd had moeten worden. Dat blijkt uit een uitspraak van 3 oktober 2017.[20]

Tot slot wijzen wij in dit overzicht op een uitspraak van 6 maart 2018, waarin de Raad oordeelde dat de inlevering van stukken aan de balie met de bijbehorende verstrekking van een afgifte- of ontvangstbewijs het vermoeden rechtvaardigt dat alle gevraagde stukken zijn ingeleverd. Het ligt op de weg van het

---

[14] CRvB 24 maart 2015, ECLI:NL:CRVB:2015:951.
[15] CRvB 14 april 2015, ECLI:NL:CRVB:2015:1250.
[16] CRvB 8 september 2015, ECLI:NL:CRVB:2015:3033, *RSV* 2015/244, m.nt. C.W.C.A. Bruggeman.
[17] CRvB 6 oktober 2015, ECLI:NL:CRVB:2015:3467.
[18] CRvB 20 oktober 2015, ECLI:NL:CRVB:2015:3664.
[19] CRvB 23 februar 2016, ECLI:NL:CRVB:2016:689, *RSV* 2016/61, m.nt. C.W.C.A. Bruggeman.
[20] CRvB 3 oktober 2017, ECLI:NL:CRVB:2017:3385.

college om het tegendeel voldoende aannemelijk te maken.[21] Met deze uitspraak wordt expliciet teruggekomen op de tot dan vaste bewijsrechtelijke lijn.[22]

Uit het voorgaande overzicht van uitspraken blijkt dat de Raad met regelmaat een nieuw thema aansnijdt waarvan hij blijk geeft de '4:5-uitvoeringspraktijk' kritisch te volgen. De toepassing van artikel 4:5, eerste lid, aanhef en onder c, van de Awb is weliswaar een bevoegdheid van het bijstandverlenend orgaan, duidelijk is wel dat het ongebreideld hanteren van die bevoegdheid niet is toegestaan en dat uitvoerders zich bewust moeten zijn van de strekking en reikwijdte van het instrument.

De hiervoor aangehaalde rechtspraak biedt slechts een indicatie van de voorbeelden waarin het voor het bijstandverlenend orgaan is misgegaan. Uit een steekproef – uitgevoerd via rechtspraak.nl – blijkt dat vanaf 2009 zo'n 314 bijstandsgerelateerde '4:5-zaken' in hoger beroep zijn behandeld, waarin het zeker in 35 zaken tot een vernietiging van het bestreden besluit is gekomen doordat het bijstandverlenend orgaan ten onrechte toepassing heeft gegeven aan artikel 4:5 van de Awb. Het gaat dan om zo'n elf procent van de gevallen. Dat lijkt op het eerste gezicht misschien niet schokkend, maar wij denken – nu de cijfers enkel zien op hoger beroep[23] – dat het slechts om het topje van de ijsberg gaat.[24] Los daarvan is dit percentage hoe dan ook nog altijd als substantieel te beschouwen, zeker tegen het licht van het relatief beperkte toetsingskader dat bij een '4:5-besluit' hoort. Een ander interessant gegeven is overigens dat wij in totaal niet meer dan 346 ter beoordeling aan de Raad voorgelegde '4:5-uitspraken' troffen vanaf 2009, wat aangeeft dat het overgrote deel van het totale aantal zaken bijstandszaken betreft. Onze in de inleiding verantwoorde keuze om ons te beperken tot de bijstandsthematiek wordt hiermee naar onze mening onderschreven. Wij realiseren ons dat om echt verantwoorde kwantitatieve conclusies te kunnen trekken meer cijfers nodig zijn, namelijk: 1) het totale aantal besluiten op bijstandsaanvragen in Nederland; 2) het aantal buitenbehan-

---

[21] CRvB 6 maart 2018, ECLI:NL:CRVB:2018:639, AB 2018/309, m.nt. C.W.C.A. Bruggeman.
[22] Zie bijv. CRvB 31 maart 2015, ECLI:NL:CRVB:2015:984.
[23] Hiervoor is gekozen omdat de Raad in de regel al zijn uitspraken publiceert, zodat daarmee beter een natuurgetrouw beeld kan worden gevormd.
[24] Ter verantwoording van de steekproef wordt het volgende opgemerkt. Er is gezocht op de trefwoorden 'artikel 4:5', 'bijstand', 'aanvraag' en 'gegevens en bescheiden' – waarbij is geselecteerd op 'Alle velden' – en op het trefwoord 'behandeling' – waarbij is geselecteerd op 'Inhoudsindicatie'. Met deze zoekwijze hebben wij gemeend een zo precies mogelijk overzicht te krijgen. Vervolgens is gefilterd op uitspraken van de Raad (met zaaksaanduiding WWB of PW) en de periode vanaf 2009 tot heden. De uitspraken waarin geen sprake is van een inhoudelijke beoordeling van de toepassing van art. 4:5 van de Awb zijn buiten beschouwing gelaten. Hoewel bij de uitvoering de noodzakelijke zorgvuldigheid is betracht, is de kans niet uitgesloten dat de daadwerkelijke cijfers enigszins zouden kunnen afwijken van de cijfers die met de steekproef zijn gegenereerd.

delingstellingen als percentage hiervan; en 3) het percentage bezwaren ter zake, gevolgd door het percentage beroepen en het percentage hoger beroepen. Pas dan zeggen de bovengenoemde aantallen in kwantitatieve zin echt iets. Wij achten dat echter niet doorslaggevend voor de beantwoording van de door ons gestelde onderzoeksvraag. Die is immers hoofdzakelijk kwalitatief van karakter en niet kwantitatief.

Daarmee komen we terug op de beantwoording van de deelvragen, meer specifiek de eerste twee deelvragen. De eerste deelvraag (zetten bestuursorganen de bevoegdheid van artikel 4:5, eerste lid, aanhef onder c, van de Awb te gemakkelijk in?) kan naar aanleiding van deze en de voorgaande paragraaf volgens ons zonder al teveel moeite met 'ja' beantwoord worden. Voor de tweede deelvraag (is de jurisprudentie van de Raad misschien te soepel voor bestuursorganen?) is een bevestigend antwoord iets minder evident. De Raad is weliswaar kritischer dan vroeger, zoveel is duidelijk. Tegelijkertijd blijft nog steeds een zeer groot percentage '4:5-besluiten' overeind. En dan hebben we het alleen nog maar over de zaken die tot de Utrechtse burelen geraken, wat natuurlijk lang niet altijd het geval is. Belangrijker nog dan dat is echter het feit dat zelfs met een wat 'strengere' rechtspraak nog allesbehalve gegarandeerd is dat de uitvoerders de bevoegdheid zuiverder – laat staan minder vaak – gaan inzetten. En juist daar is volgens ons alle aanleiding toe.

4. Actie door de wetgever?

En daarmee dringt de derde deelvraag zich op: is het stilaan misschien tijd voor een specifiek standpunt van de wetgever ter zake. Wij denken van wel.

Hoewel niet uit het oog mag worden verloren dat – in algemene zin – de bevoegdheid van de buitenbehandelingstelling aan bestuursorganen de mogelijkheid biedt om met beperkte inzet van manuren een onvolledige aanvraag op een voortvarende manier van het bureau te krijgen, menen wij dat deze bevoegdheid eigenlijk niet past bij het gegeven dat de bijstand het sluitstuk vormt van het socialezekerheidsstelsel in Nederland. We hebben, zoals aangegeven, waargenomen dat de Raad binnen het bijstandsdomein diverse malen heeft moeten ingrijpen en gevoeglijk kan worden aangenomen dat deze gevallen slechts het topje van de ijsberg vormen. Eigen, jarenlange, ervaringen in eerdere fasen van de rechtsbescherming (de fasen van bezwaar en beroep) bevestigen dit beeld. Tegen ons voorstel zou kunnen worden ingebracht dat bijstandverlenende organen, met name organen met een klantenbestand van significante omvang, onnodig meer tijd kwijt zijn aan het inhoudelijk behandelen van onvolledige aanvragen, maar onzes inziens is dat relatief. Bij een onvolledige aanvraag kan het bijstandverlenend orgaan in plaats van voor een buitenbehandelingstelling namelijk ook kiezen voor een afwijzing op de grond dat niet kan worden vastgesteld of de betrokkene in bijstandbehoevende omstandigheden verkeert. Deze afdoeningswijze doet meer recht aan het feit dat de eigenlijke vraag die bij een bijstandsaanvraag moet worden beantwoord op grond van artikel 11 Participatiewet is: is iemand al dan niet bijstandbehoevend? Daarop moet met een redelijke mate van zekerheid een antwoord kunnen worden geformuleerd en voor dat antwoord is in de meeste gevallen niet *per se* de overlegging nodig van een enorme hoeveelheid stukken. Als een redelijke inschatting van de bijstandbehoevendheid niet kan worden gemaakt – bijvoorbeeld omdat sommige stukken van de periode voorafgaand aan de datum van de melding (!) niet worden geproduceerd[25] – dan hoeft een alsdan te geven afwijzing volgens ons per saldo niet meer tijd en/of moeite kosten dan een buitenbehandelingstelling van de aanvraag.[26] Het processuele (en ook maatschappelijke) voordeel van een afwijzing in vergelijking met een buitenbehandelingstelling is evident: in bezwaar, beroep en/of hoger beroep kan de betrokkene nog gewoon met stukken komen om zijn bijstandbehoevendheid alsnog te onderbouwen. Mocht de betrokkene hierin slagen, dan kan als aanvangsdatum voor bijstandverlening gewoon de meldingsdatum worden gehanteerd. Er is dan, anders dan bij een buitenbehandelingstelling, waarbij in beginsel geen rekening wordt gehouden met de door de betrokkene in bezwaar, beroep en/of hoger beroep overgelegde stukken, geen nieuwe aanvraag vereist.[27] Deze handelwijze past wat ons betreft bij de trend om te komen tot dejuridisering in het sociaal domein.[28] En zij doet ook veel meer recht aan de vangnetfunctie van de bijstand: als iemand uiteindelijk overlegt wat nodig is ter verkrijging van het inzicht in diens bijstandbehoevendheid, dan krijgt hij met terugwerkende kracht waar hij materieel recht op bleek te hebben. Hij mist met de verloren tijd uiteindelijk niet ook nog eens een (wellicht lange) periode van bijstandsverlening, omdat de stukken pas op een (veel) latere datum volledig waren. Dat laatste is bij een buitenbehandelingstelling wel het geval.

---

[25] Het uitroepteken staat er, omdat een dergelijke voor de meldingsdatum gelegen periode in geval van een toekenning van bijstand niet voor bijstandsverlening in aanmerking komt. De bijstandsverlening start in beginsel op de datum van melding. Niettemin moet over die voorafgaande periode wel duidelijkheid worden gegeven.
[26] Bovendien weegt het risico van een (proces)kostenveroordeling, indien wordt geprocedeerd tegen een '4:5-besluit', onzes inziens evenmin op tegen het dubieuze tijd- en dus kostenvoordeel voor het bijstandverlenend orgaan waarvan bij gebruikmaking van de bevoegdheid tot buitenbehandelingstelling van een aanvraag lijkt te worden uitgegaan.
[27] Nu kan, in het geval wel tot buitenbehandelingstelling van de aanvraag wordt overgegaan, niet gezegd worden dat de eerdere meldingsdatum voorgoed een gepasseerd station is. Het is, bij een nieuwe aanvraag met een nieuwe meldingsdatum, mogelijk om aan te geven dat je vanaf een eerder moment bijstand wilt ontvangen. Voor de periode vóór de nieuwe meldingsdatum geldt echter dat alleen tot bijstandsverlening kan worden overgegaan indien sprake is van zeer bijzondere omstandigheden. De rechtspraak laat zien dat hiervan niet snel sprake is.
[28] Vgl. in dit verband het pleidooi in E. Veldman, 'De vereenvoudigde afdoening afschaffen', Gst. 2017/109.

In verband met het voorgaande wijzen wij op het volgende wetshistorische argument:

'Denkbaar is dat de aanvullende gegevens pas binnenkomen na het verstrijken van de daarvoor gestelde termijn. Wat moet er gebeuren wanneer het bestuur nog niet een besluit tot niet verder behandelen van de aanvraag heeft genomen? Wegens het verstrijken van de door het bestuur gestelde termijn kan rechtmatig besloten worden tot niet verdere behandeling. Het zal de belanghebbende dan meestal vrij staan daarna een nieuwe aanvraag in te dienen, die wel volledig is. Juist daarom zal het bestuur kleine termijnoverschrijdingen vaak zonder problemen pardonneren. Zowel belanghebbenden als het bestuur zelf zullen daarbij immers vaak gebaat zijn.'[29]

De in paragraaf 3 geanalyseerde rechtspraak laat, in tegenstelling tot de hier gegeven suggestie van de wetgever, nu juist níet zien dat bijstandverlenende organen gemakkelijk pardonneren. Hierbij moet wel direct de kanttekening worden geplaatst dat de gevallen van pardonnering via het zoeken op rechtspraak.nl eigenlijk niet goed kunnen worden opgespoord. We zien daarin immers slechts de gevallen waarin het bijstandverlenend orgaan nu juist wél direct tot buitenbehandelingstelling van een aanvraag beslist in geval van een overschrijding van de hersteltermijn. We hebben echter het vermoeden, weliswaar niet kwantitatief gestaafd maar gebaseerd op onze jarenlange ervaring in diverse hoedanigheden met (de behandeling van) bijstandskwesties, dat er weinig tot geen organen zijn die een kleine overschrijding van de hersteltermijn gemakkelijk door de vingers zien. In zoverre durven wij de stelling wel aan dat de verwachting van de wetgever, in ieder geval bij aanvragen van bijstand op grond van de Participatiewet, niet breed wordt gepraktiseerd.

Ook formeel is er wel wat te zeggen voor het niet meer inzetten van artikel 4:5, eerste lid, aanhef en onder c, van de Awb bij aanvragen op grond van de Participatiewet. Immers, deze bepaling is bedoeld voor situaties waarin het bijstandverlenend orgaan niet in staat is een beslissing te nemen. De tekst van artikel 4:5, eerste lid, aanhef en onder c, van de Awb geeft immers aan dat de 'verstrekte gegevens en bescheiden onvoldoende zijn voor de beoordeling van de aanvraag of voor de voorbereiding van de beschikking'. Er zou prima verdedigd kunnen worden dat daarvan bij onvoldoende inzicht helemaal geen sprake is, aangezien van bijstandbehoevendheid in de zin van artikel 11 van de Participatiewet alsdan niet is gebleken. En zonder gebleken bijstandbehoevendheid is een inhoudelijke beslissing wel degelijk mogelijk, namelijk een afwijzing. Sterker nog, in het voorgaande hebben we gezien dat bij het laten verstrijken van de vierwekenperiode van artikel 4:5, vierde lid, van de Awb aan het bijstandverlenend orgaan de bevoegdheid tot buitenbehandelingstelling niet eens meer toekomt. Dan volgt dus sowieso een inhoudelijke afwijzing. Niet valt in te zien waarom (alleen) in die situatie een inhoudelijk besluit wél als enige

---

[29] *Kamerstukken II* 1988/89, 21221, 3, p. 93.

mogelijkheid resteert. Hieruit zou dan weer geconcludeerd kunnen worden dat een wetswijziging klaarblijkelijk niet nodig is. Dat is op zichzelf juist. Niettemin pleiten wij wel voor een wetswijziging, omdat er een diep ingesleten gewoonte is in de uitvoering van de bijstandsregels en een eenduidige wettelijke norm dan enorm behulpzaam kan zijn bij het veranderen van dat patroon.

Voor deze gedachte pleit, tot slot, nog één wetshistorisch argument dat kan worden gevonden in het volgende citaat uit de parlementaire geschiedenis:

> 'Indien een verzuim van de aanvrager niet is hersteld ondanks een daartoe strekkend verzoek, kan het bestuur besluiten de aanvraag verder niet te behandelen. Aan deze mogelijkheid bestaat in het bijzonder behoefte, nu er vaak procedurele eisen worden gesteld voor de afhandeling van aanvragen, zoals het horen van belanghebbenden of het inwinnen van adviezen'[30]

Deze procedurele eisen zijn bij een beoordeling op grond van de Participatiewet volstrekt niet aan de orde. Ook dat wijst erop dat deze bepaling onvoldoende is toegesneden op de uitvoering van de Participatiewet, althans zeker gelet op de richting waarin de uitvoeringspraktijk zich ontwikkeld heeft.

5. Conclusie

Het toepassingsbereik van artikel 4:5, eerste lid, aanhef en onder c, van de Awb heeft een grote vlucht genomen in de uitvoering van de Participatiewet. Een te grote vlucht naar onze mening. De Raad heeft hiertegen de afgelopen jaren enkele dammen opgeworpen, maar volgens ons is een verdergaande oplossing gewenst, omdat deze beter past bij de aard van bijstandsverlening als laatste reddingsboei binnen de sociale zekerheid. Deze oplossing kan gevonden worden in het aanbrengen van een uitzonderingsclausule in artikel 4:5 van de Awb, gekoppeld aan de materialisatie daarvan in de Participatiewet.

---

[30] *Kamerstukken II* 1988/89, 21221, 3, p. 92.

Jaap van Rijn van Alkemade*

58 | Rechtsbescherming tegen de private uitvoering van publieke taken: bestuursrechter of geschilleninstantie?

J_vanRijnvanAlkemade – Het openbaar bestuur besteedt uitvoering van publieke taken soms uit aan private partijen. Wat zou er op tegen zijn om de rechtsbescherming tegen deze partijen over te hevelen van de burgerlijke rechter naar erkende geschilleninstanties? #alternatieve-geschilbeslechting #rechtsbescherming #privatisering

1. Inleidende beschouwing

1.1 Introductie

Op 1 januari 2015 zijn de Jeugdwet en Wet maatschappelijke ondersteuning 2015 (Wmo 2015) in werking getreden. Tezamen met de op diezelfde dag in werking getreden Wet langdurige zorg (Wlz) en het gewijzigde Besluit zorgverzekering[1] maken deze twee nieuwe wetten deel uit van de door het kabinet Rutte II ingezette grootscheepse hervorming van de langdurige zorg. Aanspraken uit de oude AWBZ die overwegend zijn gericht op ondersteuning en participatie zijn in de Wmo 2015 gedecentraliseerd naar de gemeenten. Andere aanspraken zijn overgeheveld naar de Zorgverzekeringswet (Zvw). De hervorming van de langdurige zorg vormt het sluitstuk van een grote stelselwijziging in de zorg, waarbij het oude systeem van centrale aanbod- en prijsregulering is vervangen door een decentraal georganiseerd stelsel van gereguleerde marktwerking.[2]

De hervorming van de langdurige zorg staat momenteel sterk in de belangstelling van Awb-juristen. Dit komt door het recente advies van regeringscommissaris Scheltema over de geschilbeslechting in het sociaal domein.[3] Hierin stelt de regeringscommissaris voor de bevoegdheid van de bestuursrechter te verruimen, zodat deze in een bestuursrechtelijk geschil over een op grond van de Wmo 2015 verstrekte 'maatwerkvoorziening' (bijvoorbeeld huishoudelijke ondersteuning) ook opdrachten kan geven aan de private aanbieder die door de gemeente is belast met de feitelijke uitvoering van de voorziening. Achtergrond van dit voorstel is de praktijk van het 'resultaatsgericht indiceren' die veel ge-

---

* Mr. dr. J.M.J. van Rijn van Alkemade is senior wetgevingsjurist bij het ministerie van Justitie en Veiligheid. Deze bijdrage is op persoonlijke titel geschreven.
[1] *Stb.* 2014, 417.
[2] J.G. Sijmons, 'De functie van de kwaliteitsborging in het zorgstelsel', *Regelmaat* 2016/3.5, p. 220-221.
[3] Te raadplegen via www.internetconsultatie.nl/sociaaldomein.

meenten ten tijde van het advies nog hanteerden. Deze methode houdt in dat het college van burgemeester en wethouders zich beperkt tot het bepalen van het resultaat dat met de maatwerkvoorziening moet worden bereikt (bijvoorbeeld 'een schoon huis') en het vervolgens aan het professionele inzicht van de aanbieder wordt overgelaten om de aard en omvang van de daarvoor benodigde hulp te bepalen. Hierdoor dreigt de rechtsbescherming van de burger te verwateren; tegen een besluit waarin de prestatie 'een schoon huis' wordt toegekend kan niemand bezwaar hebben, terwijl tegen het 'ondersteuningsplan' waarmee de aanbieder vervolgens concreet invulling geeft aan deze prestatie geen bezwaar en beroep open staat.[4]

Hoewel de CRvB in een serie uitspraken inmiddels de scherpste randjes van de praktijk van het resultaatgericht indiceren heeft afgeslepen,[5] vindt over het advies van de regeringscommissaris nog altijd veel discussie plaats. Dit komt denk ik omdat de praktijk van het 'resultaatgericht' indiceren raakt aan een breder debat in de bestuursrechtelijke literatuur over de privatisering van overheidstaken. Het moderne openbaar bestuur lijkt, geïnspireerd door bestuurskundige theorieën over 'besturen in de netwerksamenleving', een hernieuwde belangstelling te ontwikkelen voor het uitbesteden van overheidstaken aan private partijen.[6] Sommige auteurs bezien deze ontwikkeling met argwaan: het uitbesteden van publieke taken brengt namelijk al snel met zich mee dat de weg naar de bestuursrechter wordt afgesloten.[7] Ook wordt erop gewezen dat private partijen op grond van de jurisprudentie van de HR bij de uitvoering van publieke taken en de besteding van publiek geld niet zijn gebonden aan de algemene beginselen van behoorlijk bestuur.[8] Anderen stellen daar tegenover dat de overheid niet voor niets op tal van terreinen tot privatisering is overgegaan en dat het (weer) in de publieke sector trekken van private partijen waaraan publieke taken zijn uitbesteed tegen de met privatisering beoogde doelstellingen indruist.[9]

---

[4] Vgl. M. Scheltema, 'Uitbesteding van overheidstaken: wegbestemming van rechtsbescherming?', *NTB* 2016/49, p. 369-372.

[5] CRvB 18 mei 2016, ECLI:2016:1491; CRvB 11 januari 2017, ECLI:NL:CRVB:2017:17 en CRvB 18 oktober 2017, ECLI:NL:CRVB:2017:3633.

[6] L. van den Berge, 'Bestuursrecht in de netwerksamenleving', *RMThemis* 2018/4, p. 124-136.

[7] W. den Ouden, 'Het coöperatieve bestuursorgaan', *NTB* 2016/52, p. 387-392; L. van den Berge, 'Van government naar governance: besturen onder de radar van het bestuursrecht', *NTB* 2018/40, p. 220-222.

[8] HR 4 april 2003, ECLI:NL:HR:2003:AF2830 (*RZG/Conformed*), *JB* 2003/121, m.nt. van J.A.F. Peters, *AB* 2003/365, m.nt. F.J. van Ommeren, *NJ* 2004/35, m.nt. M.A.M.C. van den Berg.

[9] M. Schreuder-Vlasblom, 'De identiteit van het bestuursrecht', *NTB* 2016/53, p. 396.

1.2 De trend richting het gebruik van erkende geschilleninstanties

In het zorgstelsel is de uitvoering van publieke taken door private partijen zoals zorgverzekeraars, zorgkantoren en zorgaanbieders al geruime tijd een niet meer weg te denken fenomeen. De overgang naar het huidige stelsel van gereguleerde marktwerking heeft ook tot een vermindering van de bestuursrechtelijke rechtsbescherming geleid. Zo stond onder de vigeur van de Ziekenfondswet bezwaar en beroep open tegen besluiten van het ziekenfonds. Sinds de inwerkingtreding van de Zvw in 2006 is het ziekenfonds echter verleden tijd. Geschillen tussen een verzekerde en een particuliere zorgverzekeraar worden nu beslecht door de burgerlijke rechter. Verzekerden kunnen er daarnaast voor kiezen hun geschil voor te leggen aan de Geschillencommissie Zorgverzekeringen,[10] een particuliere geschilleninstantie waarbij zorgverzekeraars verplicht zijn aangesloten.[11]

Sinds 1 januari 2017 geldt ook voor zorgaanbieders een wettelijke verplichting om aangesloten te zijn bij een erkende geschilleninstantie. Deze verplichting volgt uit artikel 18 van de Wet kwaliteit, klachten en geschillen zorg (Wkkgz). De Wkkgz is alleen van toepassing op zorg in de zin van de Zorgverzekeringswet en de Wet langdurige zorg. Momenteel denkt de regering naar aanleiding van de motie-Don na over de vraag of ook de Wmo 2015 onder de reikwijdte van de Wkkgz zou moeten worden gebracht.[12] Indien de regering hier inderdaad toe overgaat, zal de beslechting van geschillen over aan de Wmo 2015 ontleende zorgaanspraken – bijvoorbeeld over de vraag of de door een zorgaanbieder geleverde ondersteuning toereikend is – deels worden overgeheveld naar erkende geschilleninstanties. In de meeste gemeenten worden deze aanspraken immers uitgevoerd door zorgaanbieders. Uitbesteding van de gemeentelijke taak om zorg te dragen voor maatschappelijke ondersteuning gaat in dit scenario dus gepaard met gedeeltelijke uitbesteding van een andere overheidstaak: onafhankelijke en onpartijdige rechtspraak.

De Wkkgz past in een bredere trend: uit onderzoek van de Radboud Universiteit blijkt dat in de afgelopen tien jaar 49 wetsvoorstellen zijn ingediend waarin rechterlijke taken worden overgeheveld naar geschillencommissies of andere instanties.[13] Buitengerechtelijke geschiloplossing wordt door de politiek omarmd als een laagdrempelig, goedkoop, eenvoudig en effectief alternatief voor een gang naar de rechter. De trend lijkt voorlopig ook nog niet ten einde. In een recente kamerbrief schrijft de minister voor Rechtsbescherming dat het in zijn visie wenselijk is steviger in te zetten op het versterken van het vermogen van

---

[10] Zie www.skgz.nl.
[11] Art. 114 Zvw.
[12] *Kamerstukken I* 2015/16, 32402, P.
[13] A. Böcker, L. de Groot-van Leeuwen & M. Laemers, *Verschuiving van rechterlijke taken. Een verkennend onderzoek op civiel- en bestuursrechtelijk terrein*, Nijmegen: Radboud Universiteit 2016. Het onderzoek is uitgevoerd in opdracht van het WODC.

mensen om zelf geschillen op te lossen en het gebruik van buitengerechtelijke geschiloplossing te stimuleren. Hoewel de brief weinig concrete actiepunten bevat, rechtvaardigt het schrijven in ieder geval de verwachting dat het belang van geschilleninstanties de komende jaren eerder zal toe- dan afnemen. Zo kondigt de minister aan de subsidie voor de Stichting Geschillencommissies voor Consumentenzaken (SGC) voor het jaar 2018 met circa € 470.000 te verhogen. Onder de SGC ressorteren 70 geschillencommissies, waaronder 14 commissies die klachten over de zorg behandelen.

In de discussie over de vraag hoe het bestuursrecht tegemoet kan komen aan de privatisering en decentralisering van overheidstaken is tot nu toe relatief weinig aandacht besteed aan de Wkkgz. De discussie gaat nu vooral over het advies van regeringscommissaris Scheltema en de vraag of private aanbieders die maatschappelijke ondersteuning leveren op basis van de Wmo 2015 aan (enige vorm van) bestuursrechtelijke rechtsbescherming zouden moeten worden onderworpen.[14] In het verlengde daarvan wordt aandacht besteed aan de vraag wat voor soort bestuursrechtelijke normen op deze aanbieders van toepassing zouden moeten zijn.[15] Zeker nu de regering nadenkt over de mogelijkheid om de Wmo 2015 onder de reikwijdte van de Wkkgz te brengen, zal, meen ik, vanuit het bestuursrecht ook aandacht moeten worden besteed aan de vraag wat er op tegen zou zijn om de rechtsbescherming tegen private aanbieders van maatschappelijke ondersteuning over te hevelen van de burgerlijke rechter naar erkende geschilleninstanties. Wat zijn de voor- en nadelen van deze oplossing in vergelijking met de in het advies van de regeringscommissaris voorgestelde oplossingsrichting?

In deze bijdrage wil ik proberen een begin van een antwoord op deze vraag te formuleren. Daartoe sta ik eerst stil bij de achtergrond, inhoud en huidige praktijk van de Wkkgz (paragraaf 2). In haar recente Amsterdamse oratie heeft De Bock een kritische beschouwing gewijd aan de trend om rechterlijke taken over te hevelen van de burgerlijke rechter naar buitengerechtelijke geschilleninstanties.[16] In de slotbeschouwing ga ik aan de hand van deze oratie in op de mogelijke voor- en nadelen van het klachten- en geschillenregime van de Wkkgz (paragraaf 3).

---

[14] Zie in het bijzonder het themanummer van het NTB 2018, afl. 1. Zie ook S.E. Zijlstra, 'De toekomst van het bestuursrecht: ontstatelijking?', *NTB* 2018/54, p. 312-318.
[15] Zie bijv. W. den Ouden, 'Toetsingsmaatstaven voor geschillen bij integrale besluitvorming: het perspectief van de private zorgaanbieder', *NTB* 2018/10, p. 28-31.
[16] R.H. de Bock, *De toekomst van de civiele rechtspraak. Een pleidooi om de rechter niet te ontlasten*, Zutphen: Paris 2017.

2. De Wkkgz: achtergrond, inhoud en huidige praktijk

2.1 Achtergrond van de wet

Op 1 januari 2016 is na een langdurige parlementaire behandeling de Wkkgz in werking getreden. Het wetsvoorstel dat uiteindelijk tot de Wkkgz heeft geleid werd in juni 2010 ingediend en heette toen nog de Wet cliëntenrechten zorg (Wcz).[17] Doel van dit ambitieuze, maar van meet af aan omstreden wetsvoorstel was het versterken van de rechtspositie van de patiënt.[18] De kern van het wetsvoorstel werd gevormd door de daarin vastgelegde zeven 'basisrechten' van de patiënt.[19] Toen in de loop van de parlementaire behandeling duidelijk werd dat de Wcz waarschijnlijk niet op een meerderheid kon rekenen, besloot de regering in 2013 het voorstel in afgeslankte vorm door te zetten.[20] In het tot Wkkgz omgedoopte wetsvoorstel bleven van de zeven basisrechten twee rechten over: het recht op goede zorg en een effectieve en laagdrempelige klachten- en geschillenbehandeling.[21]

2.2 Inhoud van de wet

Het recht op goede zorg is uitgewerkt in hoofdstuk 2 van de Wkkgz. Onder goede zorg wordt verstaan zorg van goede kwaliteit en van een goed niveau, die in ieder geval veilig, doeltreffend, doelmatig en cliëntgericht is, tijdig wordt verleend, en is afgestemd op de reële behoefte van de cliënt, waarbij zorgverleners handelen volgens de professionele standaard en waarbij de rechten van de cliënt zorgvuldig in acht worden genomen en de cliënt ook overigens met respect wordt behandeld.[22] Hoofdstuk 2 van de Wkkgz geldt naast de bepalingen uit titel 7.7, afdeling 5, BW over de geneeskundige behandelingsovereenkomst. Dit kan de vraag oproepen wat de toegevoegde waarde van de Wkkgz is. Hulpverleners zijn op grond van artikel 7:453 jo. 7:464 BW bijvoorbeeld al verplicht tot het leveren van verantwoorde zorg. Deze en andere verplichtingen uit de afdeling over de behandelingsovereenkomst gelden echter alleen in het kader

---

[17] *Kamerstukken II* 2009/10, 32402, 1-3.
[18] Zie voor deze discussie: A.C. Hendriks, H.C.B. van der Meer & D.Y.A. van Meersbergen, 'Nieuwe kwaliteits- en klachtenwet voor gezondheidszorg. Oplossing of problemen erbij?', *NJB* 2016/71, p. 108-114, met verdere verwijzingen.
[19] Zie voor deze zeven rechten de kabinetsbrief 'Patiënten- en cliëntenrechten', *Kamerstukken II* 2007/08, 31476, 1. Deze zeven rechten betroffen het recht op 1) beschikbare en bereikbare zorg 2) keuze en keuze-informatie 3) kwaliteit en veiligheid 4) informatie, toestemming, dossiervorming en privacy 5) afstemming tussen zorgverleners 6) een effectieve en laagdrempelige klacht- en geschillenbehandeling en 7) medezeggenschap en goed bestuur.
[20] *Kamerstukken II* 2012/13, 32402, 11.
[21] *Kamerstukken II* 2012/13, 32402, 12.
[22] Art. 2 Wkkgz.

van een geneeskundige behandeling ('cure'). Het in de Wkkgz uitgewerkte recht op goede zorg daarentegen geldt in alle zorgrelaties, dus ook bij verpleging en verzorging ('care').[23] In het systeem van de Wkkgz is het bestaan van dit recht bovendien niet afhankelijk van een behandelingsovereenkomst, maar kan het te allen tijde worden ingeroepen jegens de zorgaanbieder.[24]

Het recht op een laagdrempelige en effectieve klachten- en geschillenafhandeling is uitgewerkt in hoofdstuk 3 van de Wkkgz. Uitgangspunt van de Wkkgz is dat klachten zoveel mogelijk daar moeten worden opgelost waar zij ontstaan, te weten bij de zorgaanbieder.[25] Zorgaanbieders zijn daarom verplicht schriftelijk een regeling te treffen voor een effectieve en laagdrempelige opvang en afhandeling van hem betreffende klachten.[26] Ook moeten zij beschikken over een onafhankelijke klachtenfunctionaris.[27] Het doel van het Wkkgz-klachtrecht is dat de klager een snelle, eenvoudige en informele mogelijkheid wordt geboden om zijn recht te halen.[28] De term 'klacht' heeft daarbij een nog ruimere betekenis dan in de Awb: een klacht kan betrekking hebben op alle aspecten van de naleving van de Wkkgz door de zorgaanbieder, met inbegrip van de kwaliteit van de zorg en de bejegening. De klachtprocedure bij de zorgaanbieder kan zelfs worden gebruikt voor de behandeling van schadeclaims.[29] In potentie wordt hiermee de buitengerechtelijke afwikkeling van alle medische schadeclaims overgeheveld van het aansprakelijkheidsrecht naar het klachtrecht. In een interessant artikel hebben Laarman & Akkermans betoogd dat deze ontwikkeling in theorie veel goeds zou kunnen betekenen voor patiënten: het adversaire aansprakelijkheidsrecht leidt gemakkelijk tot 'verharding' van het conflict, terwijl het proactieve, oplossingsgerichte klachtrecht met zijn nadruk op procedurele rechtvaardigheid eerder tot een daadwerkelijke oplossing van het geschil zou kunnen leiden.[30]

Als de klachtprocedure bij de zorgaanbieder het geschil niet uit de wereld helpt, staat voor de cliënt uiteraard nog altijd de weg naar burgerlijke rechter open. Voor veel cliënten vormt de gang naar de burgerlijke rechter echter een aanzienlijke barrière. Er zijn volgens de wetgever bovendien veel geschillen die zich naar hun aard minder goed lenen voor deze weg, zoals geschillen over bejegeningen en schendingen van het recht op informatie zonder direct aantoonbare schade. Zowel cliënten als zorgaanbieders hechten volgens de wetgever aan een snelle, eenvoudige, laagdrempelige en goedkope wijze van geschillen-

---

[23] Zie art. 1 jo. art. 2 Wkkg.
[24] *Kamerstukken II* 2009/10, 32402, 3, p. 24-25.
[25] *Kamerstukken II* 2009/10, 32402, 3, p. 53.
[26] Art. 13 Wkkgz.
[27] Art. 15 Wkkgz.
[28] *Kamerstukken II* 2009/10, 32402, 3, p. 53.
[29] *Kamerstukken II* 2009/10, 32402, 3, p. 54; *Kamerstukken I* 2014/15, 32402, O, p. 3.
[30] B.S. Laarman, & A.J. Akkermans, 'De afwikkeling van medische schade onder de Wkkgz', *TvVP* 2017/3.1, p. 57-79.

beslechting.[31] De Wkkgz verplicht zorgaanbieders daarom aangesloten te zijn bij een door de minister van VWS erkende geschilleninstantie.[32] De taak van deze geschilleninstantie is het beslechten van geschillen over gedragingen van een zorgaanbieder jegens een cliënt in het kader van de zorgverlening.[33] De geschilleninstantie is bevoegd over een geschil een uitspraak te doen bij wege van bindend advies, alsmede een schadevergoeding toe te kennen tot in ieder geval € 25.000,-.[34] Een geschil met een zorgaanbieder kan schriftelijk ter beslechting aan de geschilleninstantie worden voorgelegd door een cliënt, een nabestaande van een overleden cliënt dan wel een vertegenwoordiger van de cliënt.[35] Ook belangenorganisaties kunnen een geschil voorleggen.[36]

Als de cliënt een geschil voorlegt aan de geschilleninstantie, ontstaat tussen hem en de zorgaanbieder een vaststellingsovereenkomst.[37] Dit is een overeenkomst waarbij partijen zich ter voorkoming of beëindiging van onzekerheid of geschil binden aan een tot een vaststelling leidende beslissing over wat tussen hen rechtens is.[38] Deze beslissing kan door de partijen ook worden opgedragen aan een onafhankelijke derde zoals de geschilleninstantie.[39] Deze beslissing van deze derde – het bindend advies – concretiseert de vooralsnog onbepaalde verbintenissen die partijen bij het sluiten van de vaststellingsovereenkomst op zich hebben genomen.[40]

Een partij die het oneens is met de beslissing van de geschilleninstantie, kan daarvan vernietiging vorderen op de voet van artikel 7:904 lid 1 BW. De burgerlijke rechter toetst de beslissing marginaal. De beslissing is slechts vernietigbaar, indien gebondenheid aan de beslissing in verband met inhoud of wijze van totstandkoming daarvan in de gegeven omstandigheden naar maatstaven van redelijkheid en billijkheid onaanvaardbaar zou zijn. Opvallend is dat een vaststelling ter beëindiging van onzekerheid of geschil op vermogensrechtelijk gebied ook geldig is als zij in strijd mocht blijken met dwingend recht, tenzij zij tevens naar inhoud of strekking in strijd komt met de goede zeden of de openbare orde.[41] Bindend advies ligt zeer dicht tegen arbitrage aan en wordt in de doctrine als een vorm van particuliere rechtspraak beschouwd.[42] Anders dan bij een arbitraal vonnis, kan aan een bindend advies echter niet eenvoudig een executoriale titel worden verbonden. Om de naleving van de vaststellingsover-

---

[31] *Kamerstukken II* 2009/10, 32402, 3, p. 55.
[32] Art. 18 Wkkgz.
[33] Art. 19 Wkkgz.
[34] Art. 20 Wkkgz.
[35] Art. 21 lid 1 Wkkgz.
[36] Art. 21 lid 3 Wkkgz.
[37] *Kamerstukken II* 2009/10, 32402, 3, p. 57; *Kamerstukken I* 2013/14, 32402, I, p. 56-57.
[38] Art. 7:900 lid 1 BW. Zie *Asser/Van Schaick 7-VIII* 2018, nr. 133.
[39] Art. 7:900 lid 2 BW.
[40] *Asser/Van Schaick 7-VIII*, nr. 170.
[41] Art. 7:902 BW.
[42] *Asser/Van Schaick 7-VIII*, nr. 171.

eenkomst zo nodig af te dwingen moet dus een vordering tot nakoming worden ingesteld.

2.3 Huidige praktijk

De klachten- en geschillenregeling uit de Wkkgz is nog maar sinds 1 januari 2017 van kracht. Inmiddels zijn er echter al 35 erkende geschilleninstanties actief.[43] Deze geschilleninstanties zijn naar beroepsgroep georganiseerd. Zo zijn er onder meer geschilleninstanties voor de apothekers, de fysiotherapeuten, de gehandicaptenzorg, de verpleging, verzorging & geboortezorg en de thuiszorg, verpleging & eerstelijnszorg. De geschilleninstanties hebben al enkele tientallen gepubliceerde uitspraken gedaan. Voor dit artikel heb ik de uitspraken van de geschillencommissie Verpleging, verzorging & geboortezorg bekeken.[44] Deze commissie heeft tot nu toe 50 gepubliceerde uitspraken gedaan. Wat opvalt is het grote aantal gegrond verklaarde klachten: 29. In vijf van deze zaken werd ook een schadevergoeding toegekend. De hoogste schadevergoeding bedroeg € 5.000,-. In de desbetreffende zaak had een thuiszorgmedewerkster zich als erfgenaam in het testament van de cliënte laten opnemen en de nabestaanden niet de gelegenheid gegeven tijdens het stervensproces en de crematie afscheid te nemen van cliënte. In dertien zaken werd de klacht ongegrond verklaard. In vijf zaken werd de klacht niet-ontvankelijk verklaard. Dit gebeurde bijvoorbeeld in een zaak waarin de klager de klacht niet eerst aan de zorgaanbieder had voorgelegd. In drie zaken verklaarde de commissie zich onbevoegd. Dit gebeurde bijvoorbeeld in een zaak waarin de klager niet klaagde over de verzorging, maar over de schoonmaak in het gebouw waar hij woonde.

3. Slotbeschouwing

In haar Amsterdamse oratie heeft de Bock uitgebreid aandacht besteed aan de vraag wat er op tegen is om rechterlijke taken over te hevelen van de burgerlijke rechter naar geschillencommissies en arbiters.[45] Zij beschrijft hoe de politiek, in een tijd waarin de gang naar de civiele rechter voor uiteenlopende typen geschillen als een te kostbare en tijdrovende procedure wordt gezien, steeds vaker zijn toevlucht zoekt in het opzetten van laagdrempelige en kortdurende buitengerechtelijke geschillenprocedures.

Aan dit beleid liggen diverse veronderstellingen ten grondslag. Om te beginnen wordt verondersteld dat mensen heel goed in staat zijn hun geschillen zonder tussenkomst van de rechter op te lossen. In het verlengde daarvan wordt aangenomen dat het stimuleren van de 'zelfredzaamheid' van mensen bij het oplossen van hun geschillen tot dejuridisering van de samenleving leidt. Een

---

[43] Zie www.geschilleninstantieszorg.nl/erkende-instanties.
[44] Zie www.degeschillencommissiezorg.nl.
[45] De Bock 2017.

derde aanname is dat de kwaliteit van private geschilbeslechting niet onder doet voor geschilbeslechting door de rechter. De Bock plaatst verschillende vraagtekens bij deze veronderstellingen. Daarnaast wijst zij er op dat de uitspraken van geschillencommissies en arbiters vaak niet openbaar zijn. De werking van deze uitspraken is beperkt tot het individuele geval, waardoor er ook geen publieke normstelling plaatsvindt. Ook acht zij het een fundamenteel gemis van geprivatiseerde geschilbeslechting dat deze vorm van geschilbeslechting onttrokken is aan het publieke domein. Openbare rechtspraak biedt een onmisbaar platform voor een publieke conversatie waarin alle verschillende stemmen kunnen worden gehoord. Deze publieke conversatie is van wezenlijk belang om de samenleving bij elkaar te houden, om te voorkomen dat zij fragmenteert in miljoenen privébelangen.

De hiervoor genoemde bezwaren gaan deels ook op voor het klachten- en geschillenregime van de Wkkgz. De Bock wijst er onder andere op dat burgers juist in conflictsituaties verminderd zelfredzaam zijn. In een conflictsituatie ervaren mensen per definitie stress. Het zelf oplossen van een geschil, met alles wat daarbij komt kijken, vergt dan al snel te veel van de burger.[46] Het klachtregime van de Wkkgz lijkt echter rekening te houden met deze complicatie. Een van de eisen met betrekking tot de klachtenregeling van de zorgaanbieder is de aanwezigheid van goede en kosteloze ondersteuning, advisering en voorlichting door een vertrouwenspersoon of klachtenfunctionaris aan cliënten die niet tevreden zijn over de zorgverlening.[47] Het klachtrecht van de Wkkgz gaat daarbij uit van een actieve waarheidsvinding door de beklaagde instelling, waarbij de klager niet hoeft te voldoen aan enige stelplicht, maar zorgvuldig wordt gehoord, waarna de instelling zelf actief de klacht op haar merites gaat onderzoeken.[48] Een centrale doelstelling van het klachtrecht van de Wkkgz is om geschillen zo veel mogelijk te voorkomen. De regeling moet zo dus ook een steentje bijdragen aan het dejuridiseren van de samenleving. De grote vraag is natuurlijk of de Wkkgz inderdaad slaagt in het voorkomen van geschillen. Op deze vraag is op dit moment nog geen goed antwoord mogelijk. In 2017 was er althans nog geen empirische data beschikbaar over de wijze van klachtbehandeling onder de Wkkgz.[49] Het wachten is nu op de evaluatie van de Wkkgz, die in 2021 is voorzien.[50]

Een aspect van de Wkkgz waar op voorhand al wel de nodige kritische kanttekeningen bij kunnen worden geplaatst zijn de erkende geschilleninstanties waar zorgaanbieders verplicht bij zijn aangesloten. Een procedure bij een geschillencommissie is weliswaar laagdrempelig en goedkoop, maar betekent wel dat de klager zijn toegang tot de burgerlijke rechter min of meer verliest. De

---

[46] De Bock 2017, p. 12.
[47] *Kamerstukken II* 2009/10, 32402, 3, p. 54.
[48] Laarman & Akkermans 2017, p. 67.
[49] *Ibidem*.
[50] *Kamerstukken I* 2016/17, 32402, U.

burgerlijke rechter kan het bindend advies van de geschilleninstantie zoals gezegd slechts marginaal toetsen (artikel 7:904 lid 1 BW). Daar komt bij dat een bindend advies ook geldig is als zij in strijd mocht blijken met dwingend recht, tenzij zij tevens naar inhoud of strekking in strijd komt met de goede zeden of de openbare orde (artikel 7:902 BW). Dat de uitspraak van de geschilleninstantie in strijd komt met dwingend recht zal in de regel dus geen grond voor vernietiging van het bindend advies opleveren. Over de juridische kwaliteit van de uitspraken de geschillencommissies in de zorg is op dit moment nog weinig bekend.[51] Dat deze geschilleninstanties uitspraken kunnen doen in strijd met dwingend recht zonder dat daarop een correctie van de burgerlijke rechter mogelijk is, geeft echter te denken.

Een cliënt die een geschil heeft met zijn zorgaanbieder, kan nog kiezen tussen een gang naar de geschilleninstantie en een gang naar de burgerlijke rechter. De zorgaanbieder, die verplicht is aangesloten bij de erkende geschilleninstantie, heeft deze keuze niet. Indien een cliënt ervoor kiest zijn geschil met de zorgaanbieder voor te leggen aan de geschilleninstantie, is de zorgaanbieder feitelijk gedwongen om mee te werken aan beslechting van dit geschil door een andere instantie dan de op grond van artikel 112 Gw bevoegde burgerlijke rechter. Volgens Loos doet dit de vraag rijzen of een wettelijke verplichting voor ondernemers om zich aan te sluiten bij een erkende geschilleninstantie niet op grondwettelijke bezwaren stuit.[52]

Al met al kleven er dus duidelijke nadelen aan een stelsel waarin de rechtsbescherming tegen de private uitvoering van publieke taken bij erkende geschilleninstanties is belegd. Dit pleit er naar mijn mening voor om vanuit het bestuursrecht na te denken over manieren om de rechtsbescherming tegen de private uitvoering van publieke taken bestuursrechtelijk te verankeren. Gelet op de veelheid van publieke taken die privaat worden uitgevoerd zou dit in de toekomst wel eens een belangrijke opgave van het bestuursrecht kunnen worden.

---

[51] Vgl. A Wilken, 'De geschilleninstanties in de zorg; een groot en bont gezelschap', TvGR 2017/7.1, p. 477-478.
[52] M.B.M. Loos, 'Individuele handhaving van het consumentenrecht', in: M.B.M. Loos & W.H. van Boom, *Handhaving van het consumentenrecht*, Deventer: Kluwer 2010, p. 100-103.

Jurgen de Poorter[*]

59 | De rechtsvormende taak van de hoogste bestuursrechter en hoe het 'bovenindividuele perspectief' een plaats te geven in de procedure

@J_dePoorter – Bestuursrechters hebben een rechtsvormende functie, maar hoe het bovenindividuele perspectief van rechterlijke rechtsvorming in de procedure te plaatsen? Over clustering van zaken, voeging ad informandum, de amicus curiae en een prejudiciële procedure #rechtsvorming #amicus-curiae #voeging-ad-informandum #prejudiciële-procedure

1. Rechtsvorming als zelfstandige doelstelling van het Awb-procesrecht

Met de inwerkingtreding van de Algemene wet bestuursrecht in 1994 koos de wetgever uitdrukkelijk voor de rechtsbeschermingsfunctie als primaire doelstelling van de bestuursrechtelijke procedure.[1] Het bestuursprocesrecht, zo was de gedachte, dient een adequaat kader te bieden voor het bindend beslechten van een rechtsgeschil dat de rechtzoekende met het bestuur heeft over de uitoefening van een publiekrechtelijke bevoegdheid. Op het punt van de finale geschillenbeslechting in het bestuursrecht is er het laatste decennium veel vooruitgang geboekt. Steeds meer aandacht is er de laatste jaren echter voor een tweede opvatting waarbij als uitgangspunt wordt genomen dat in geval van een geschil tussen burger en bestuur het onderliggende conflict moet worden opgelost. Het bestuursprocesrecht voorziet daar maar in beperkte mate in, omdat het niet op conflictoplossing maar op geschilbeslechting is gericht. Het bestuursprocesrecht vormt soms zelfs juist een sta-in-de-weg om tot een oplossing van het conflict te komen. Dat neemt niet weg dat men in veel gevallen toch is aangewezen op een bestuursrechtelijke procedure en dat er juist daarom de laatste jaren veel aandacht bestaat voor technieken en mechanismen waarmee toegewerkt kan worden naar een oplossing van het achterliggende conflict. Deels heeft dat te maken met het wegnemen van drempels die juist het achterliggende conflict fragmenteren. Denk aan de gedachtevorming over alternatieven voor het besluitbegrip als toegangsticket tot en als object van de bestuursrechtelijke procedure.[2] Deels heeft dat ook te maken met de inrichting

---

[*] Prof. mr. J.C.A. de Poorter is hoogleraar bestuursrecht aan de Universiteit van Tilburg.
[1] *Kamerstukken II* 1991/92, 22495, 3, p. 35.
[2] Zie bijv. de mooie VAR-preadviezen van F. van Ommeren en P. Huisman; G.A. van der Veen en K.J. de Graaf, *Het besluit voorbij* (VAR-reeks 150), Den Haag: Boom Juridische uitgevers 2013. En zie recent(er) het advies van regeringscommissaris

van de procedure. Denk aan de inmiddels niet meer zo nieuwe 'nieuwe zaaksbehandeling'.

Naast het bieden van rechtsbescherming door geschil- of conflictoplossing, zien we de laatste jaren dat daar, althans bij de hoogste bestuursrechters nog een andere doelstelling bijgekomen is: een wezenlijk doel van de bestuursrechtelijke procedure is de bijdrage die zij levert aan de verdere ontwikkeling van het recht. Dat is niet nieuw, omdat rechters altijd al aan rechtsvorming hebben gedaan. Wat wel nieuw is, is dat die rechtsvormende taak niet langer lijkt te worden gezien als een bijproduct van de primaire doelstelling om geschillen of conflicten op te lossen, maar door de hoogste rechters wordt geëxpliciteerd als een zelfstandige functie van het bestuursrechtelijk proces.[3] De conclusies van de bestuursrechtelijke advocaten-generaal geven daaraan bij uitstek uitdrukking.[4] Recente publicaties geven overigens aan dat over de verdere ontwikkeling van dat instrument nog wel verschil van inzicht bestaat.[5] Ik voorzie dat op termijn tot een zekere verzelfstandiging van de positie van de 'bestuursrechtelijke advocaat-generaal' ten opzichte van het rechterlijk college zal worden overgegaan, bijvoorbeeld door een zelfstandig parket bij de ABRvS, de CRvB en het CBb.[6] Maar met Polak meen ik dat dit niet het grootste probleem is. De meeste aandacht vergt de selectie van (voldoende interessante) zaken. Dit zou inderdaad, zo ben ik met de critici eens, niet uitsluitend aan de voorzitter van het rechterlijk college moeten worden overgelaten. Tegelijkertijd betekent het nogal wat in termen van tijd en menskracht als de ondersteuning van bijvoorbeeld de staatsraden advocaat-generaal jaarlijks de meer dan 10.000 bij de ABRvS binnenkomende zaken moet doorploegen op zoek naar conclusiewaardige zaken. Het meest voor de hand ligt dat het rechterlijk college en de staatsraden advocaat-generaal hier de handen ineen slaan. Bijvoorbeeld doordat laatstgenoemden in een periodieke beschouwing onderwerpen identificeren die zij conclusiewaardig achten,[7] of door de ondersteuning van de advocaten-generaal te laten meekijken met de instructies van zaken binnen de ABRvS.

Scheltema over integrale geschilbeslechting in het sociaal domein, zie https://www.rijksoverheid.nl/documenten/kamerstukken/2017/10/03/kamerbrief-over-advies-scheltema-over-integrale-geschilbeslechting-sociaal-domein.

[3] Zie bijv. de jaarverslagen van de Raad van State in de laatste jaren.

[4] Zie bijv. recent hierover: J.E.M. Polak, 'De conclusie voorbij; hoe nu verder?', *NTB* 2018/26.

[5] Zie kritisch over de huidige regeling van de conclusie: R.J.N. Schlössels, 'Rechtseenheid in het bestuursrecht: en nu doorploegen in de polder! Het rapport van de Commissie rechtseenheid bestuursrecht als pleister op de wonde?', *NTB* 2017/3 en K.J. de Graaf en A.T. Marseille, 'Maak meer werk van rechtseenheid in het bestuursrecht', *NJB* 2017/3. Zie voorts over het instrument van de conclusie: M. Bosman e.a. (red.), *De conclusie voorbij*, Nijmegen: Ars Aequi Libri 2017.

[6] J.C.A. de Poorter, 'Kroniek Bestuursprocesrecht', *NTB* 2008/32.

[7] Aldus ook de suggestie van Jaap Polak, zie Polak 2018.

Wat er ook zij van de vormgeving van de conclusie in het bestuursrecht, duidelijk is dat in het bijzonder de hoogste bestuursrechters een expliciete rol hebben in de rechtsvorming op het terrein van het bestuursrecht. Naarmate echter de rechtsvormende taak minder als een bijproduct en meer als een zelfstandige functie van de procedure wordt gezien, wordt daarmee ook de inherente spanning tussen beide perspectieven op het doel van de bestuursrechtelijke procedure meer zichtbaar. De processuele vormgeving van de rechterlijke procedure is in sterke mate betrokken op het individuele geval waarin partijen vanuit hun concrete geschil inbreng leveren. Dit individuele perspectief van de geschillenbeslechting lijkt in zekere zin te wringen met het bovenindividuele karakter van de rechtsvormende taak van de bestuursrechter. De procedure voor de bestuursrechter is het exclusieve domein van partijen. Als partij kunnen slechts belanghebbenden worden aangemerkt, dat wil zeggen degenen wier belang rechtstreeks *bij het besluit* is betrokken. Kenmerkend voor de gevallen waarin de rechter aan rechtsvorming doet, is echter dat er naast belanghebbenden ook 'derden' zijn wier belang weliswaar niet bij het bestreden besluit is betrokken, maar voor wie de beslissing in deze zaak vanwege de precedentwerking wel degelijk gevolgen heeft. Nu wil ik zeker niet betogen dat deze 'derden' altijd en zonder meer een rol in de procedure moeten spelen, maar de vraag is wel hoe dat bovenindividuele perspectief in de procedure een plaats kan worden gegeven.

2. Het 'bovenindividuele perspectief' in de rechterlijke rechtsvorming: kennis van de omvang en diversiteit van de problematiek

Door de inrichting van de rechterlijke procedure als een partijenproces dat is gericht op het beslechten van een concreet tussen partijen bestaand geschil is de rechter in zekere zin beperkt in de uitoefening van zijn rechtsvormende taak. De rechter moet het nu vooral doen met hetgeen partijen hem aanreiken en dat betreft over het algemeen informatie die betrokken is op de feitelijke situatie in het individuele geval. Bij het formuleren van nieuw recht is echter ook andersoortige informatie nodig; informatie die betrekking heeft op de macrogevolgen van de rechterlijke beslissing. Vragen naar wat de beslissing in dit geval gaat betekenen voor andere, enigszins vergelijkbare gevallen en wat voor effecten, waaronder mogelijke neveneffecten de rechterlijke beslissing heeft voor de rechtspraktijk. Het gaat dan dus om de gevolgen die de individuele partijen overstijgen.

Een mooi voorbeeld van een geval waarin eerst een richtinggevende uitspraak werd gedaan nadat de ABRvS voldoende zicht had op de grote diversiteit in de casuïstiek, vormt de zogenaamde Alcoholslotzaak. De ABRvS oordeelde in die zaak over de verbindendheid van de regeling waarop het alcoholslotprogramma was gebaseerd.[8] Met de beslissing van de ABRvS in de zaak die

---

[8] ABRvS 4 maart 2015, ECLI:NL:RVS:2015:622.

leidde tot haar uitspraak van 4 maart 2015 besliste ze in wezen ook al die zaken die op dat moment bij de rechtbanken werden aangehouden. Ze kon dat echter pas doen, nadat ze al vele zaken eerder had beoordeeld die tezamen een zodanig beeld opleverden dat de maatregel in bepaalde categorieën van gevallen wel heel onevenredig uitwerkte. Dat rechterlijke rechtsvorming zich karakteriseert door het zetten van 'one step at the time' is zo, maar is vaak ook ingegeven doordat de rechter eerst een beeld moet hebben van de omvang van het probleem en van de diversiteit aan casusposities. Dat kost echter tijd en het betekende in dit geval ook dat de uitspraak van de ABRvS voor velen 'te laat' kwam. De samenleving vraag sturing en waar die van de rechter moet komen is tijd kostbaar. De rechter heeft het echter te doen met de zaak die aan hem wordt voorgelegd en niet altijd ligt de rechtsvraag in haar meest zuivere vorm en in al haar veelzijdigheid ter tafel. Bovendien hebben rechters het probleem dat zij maar moeilijk kunnen overzien wat het voor de vele op deze zaak gelijkende gevallen betekent als ze in dit geval linksaf of rechtsaf buigen. Meer zicht op de omvang en de veelkleurigheid van het achterliggende probleem kan bijdragen aan de kwaliteit van de rechterlijke rechtsvorming.

Eén van de opgaven waar wij ons in het bestuursrecht voor gesteld zien in de komende jaren is na te denken over hoe we de rechtsvormende taak van de hoogste bestuursrechters zo goed mogelijk kunnen faciliteren. Een belangrijke vraag daarbij is: hoe kunnen we dat bovenindividuele aspect dat eigen is aan de uitoefening van die rechtsvormende taak een plaats geven in procedures voor de hoogste bestuursrechters?

3. Clustering van op elkaar lijkende geschillen

3.1 Clusteren gebeurt al

Eén manier om dat te doen bestaat uit het sneller identificeren, structureren en clusteren van op elkaar lijkende zaken. Dat kan op verschillende manieren. Voor zover op elkaar lijkende zaken bij één rechterlijke instantie liggen gebeurt dat ook al wel. Zaken waarin dezelfde rechtsvraag speelt kunnen worden gevoegd en bijvoorbeeld op één zitting worden behandeld. Soms gebeurt het ook dat zaken niet op één zitting worden behandeld, maar dat wel gecoördineerd uitspraak wordt gedaan op een en dezelfde dag. Zoals Schuurmans schrijft biedt het digitaal dossier op termijn nog meer mogelijkheden om zaken sneller te identificeren en waar mogelijk te clusteren.[9]

Zelfs wanneer het gaat om op elkaar lijkende zaken die bij verschillende rechtbanken aanhangig zijn, zijn er voorbeelden van gevallen waarin op een succesvolle wijze zaken zijn geclusterd. Eén zaak is heel bijzonder en berucht.

---

[9] Y.M. Schuurmans, *Van bestuursrechtelijke detailhandel naar maakindustrie*, Leiden: Universiteit Leiden 2015. Raadpleegbaar via https://openaccess.leidenuniv.nl/bitstream/handle/1887/36990/Oratie%20Schuurmans.pdf?sequence=1.

Het gaat om de 145 beroepen van woningcorporaties tegen de zogenaamde Vogelaarheffing die bij verschillende rechtbanken waren binnengekomen en die op verzoek en met toepassing van artikel 8:13 Awb waren verwezen naar de rechtbank Utrecht en daar gevoegd werden behandeld. In die zaak waren alle belanghebbende woningcorporaties vertegenwoordigd en hadden aldus inspraak in het proces waarin de verbindendheid van de betrokken regelgeving ter discussie stond.[10] Er zijn ook andere voorbeelden van gevallen waarin door verwijzing en voeging zaken geclusterd werden behandeld.[11]

3.2 Een nieuw instrument: 'voeging ad informandum'

De mogelijkheid om te verwijzen bestaat niet wanneer er op hetzelfde moment vergelijkbare rechtsvragen bij verschillende hoogste rechters voorliggen of wanneer een rechtsvraag is voorgelegd aan een hoogste rechter en er tegelijkertijd veel soortgelijke zaken bij rechtbanken (of bestuursorganen) liggen. Wat we wél zien is dat in die gevallen zaken worden aangehouden in afwachting van een richtinggevende uitspraak van de (andere) hoogste bestuursrechter en/of dat hoogste rechters proberen kort na elkaar gecoördineerd en onder verwijzing naar elkaars rechtspraak uitspraak te doen. Denk bij dat laatste aan de zaken waarin door met name de ABRvS en de CRvB de nieuwe jurisprudentie omtrent de herhaalde aanvraag als bedoeld in artikel 4:6 Awb is ontwikkeld en waarin de CRvB kort na de ABRvS uitspraak heeft gedaan.[12] Datzelfde geldt voor de jurisprudentie van de ABRvS en de HR over het alcoholslot.[13] Toch is de omstandigheid dat rechterlijke colleges hun uitspraken coördineren en eventueel een bij hen aanhangige zaak aanhouden in afwachting van de uitspraak van het andere college nog iets anders dan het clusteren van zaken.

Het probleem is immers vaak, zoals hiervoor reeds opgemerkt, dat de hoogste rechter die weet dat zijn uitspraak een zekere precedentwerking zal gaan hebben, door het procesgedrag van partijen of de aard van de voorliggende zaak de rechtsvraag mogelijk niet in volle omvang en zuiverheid voor zich heeft en bovendien niet onmiddellijk de diversiteit van de casuïstiek kan overzien. In zo'n geval zou het aantrekkelijk kunnen zijn om gelijktijdig bij andere rechters aanhangige, vergelijkbare zaken ad informandum te voegen. In die zaken wordt dan niet beslist, maar (ten minste delen van) de dossiers in die zaken worden gevoegd in de lopende procedure voor de rechter die op het punt staat een richtinggevende uitspraak ten doen. Deze dossiers zouden de rechter meer inzicht in de context van de problematiek kunnen geven bij het beslissen van de

---

[10] Rb. Utrecht 26 november 2010, ECLI:NL:RBUTR:2010:BO5098.
[11] Zie daarover meer uitgebreid Schuurmans 2015.
[12] ABRvS 23 november 2016, ECLI:NL:RVS:2016:3131 en CRvB 20 december 2016, ECLI:NL:CRVB:2016:4872.
[13] HR 3 maart 2015, ECLI:NL:HR:2015:434 en ABRvS 4 maart 2015, ECLI:NL:RVS:2015:622.

aan hem voorgelegde zaak. Om een voorbeeld te noemen: zo was op het moment dat bij de ABRvS de naar de grote kamer verwezen zaak aanhangig was, waarin om een conclusie was gevraagd over de exceptieve toetsing van algemeen verbindende voorschriften,[14] ook bij de CRvB een zaak aanhangig waarin de vraag naar de indringendheid van de exceptieve toetsing voorlag. De CRvB had de zaak aangehouden totdat de grote kamer van de ABRvS uitspraak had gedaan. De behoefte van de betrokken partijen in de procedure voor de CRvB om te mogen 'meedenken' in de zaak voor de ABRvS valt goed te begrijpen nu hun zaak natuurlijk voor een belangrijk deel wordt beslist met de rechtsvormende beslissing van de ABRvS. Nu biedt artikel 8:26 Awb aan deze partijen in de procedure voor de CRvB niet de mogelijkheid om als partij aan het geding bij de ABRvS deel te nemen. En ik zou ook niet willen betogen dat zij in dit soort situaties als amicus curiae in de procedure moeten worden betrokken. De inzet van het instrument van de amicus curiae – ik kom hierop nog terug in paragraaf 5 – is immers niet primair gericht op het bieden van rechtsbescherming aan hen die mogelijk gevolgen ondervinden van de rechterlijke beslissing in een zaak van een ander. Wat wel denkbaar en mijns inziens ook wenselijk was geweest, is dat de ABRvS kennis had kunnen nemen van relevante delen van het dossier in de zaak bij de CRvB temeer nu de CRvB expliciet besliste de zaak aan te houden in afwachting van de principiële uitspraak van de grote kamer van de ABRvS.

De vraag is vervolgens wel hoe dat procedureel vorm moet worden gegeven. Het doorsturen van delen van het dossier kan uiteraard alleen gebeuren met instemming van partijen in de zaak waarvan de dossierstukken worden opgestuurd. In deze zaak was dat vermoedelijk geen probleem geweest, maar als partijen geen toestemming verlenen houdt het op. Voorts zou dit alleen moeten gebeuren als de hoogste rechter die een richtinggevende uitspraak voorbereidt aangeeft daaraan ook daadwerkelijk behoefte te hebben. Voorkomen moet uiteraard worden dat hij te pas, maar vooral te onpas wordt overladen met dossierstukken uit vergelijkbare zaken. Wat mij betreft zou dit niet beperkt moeten blijven tot de verhouding tussen de hoogste bestuursrechters onderling, maar zouden ook de rechtbanken daarbij moeten worden betrokken. Een en ander vergt een goede communicatie. Niet alleen tussen de hoogste bestuursrechters onderling, maar ook tussen de hoogste bestuursrechters en de rechtbanken. En niet onbelangrijk: ook tussen rechtbanken onderling. Idealiter vindt er dan ook regulier overleg plaats in een *landelijke commissie rechtsvorming bestuursrecht* waarin vertegenwoordigers van de hoogste bestuursrechter en van de rechtbanken met elkaar brainstormen over een rechtsvormingsagenda en via welk overleg ook bij de behoefte aan het voegen van zaken ad informandum afstemming kan plaatsvinden.

---

[14] Op het moment van afronding van deze bijdrage had de ABRvS nog geen uitspraak gedaan. De conclusie van staatsraad advocaat-generaal Widdershoven dateert van 22 december 2017, ECLI:NL:RVS:2017:3557.

4. Toekomstperspectief: behoefte aan een prejudiciële procedure in het bestuursrecht

Een andere wijze om rechtsvragen meer gecoördineerd bij de hoogste bestuursrechters te brengen zou kunnen bestaan uit de mogelijkheid voor de rechtbanken om prejudiciële vragen te stellen aan de hoogste bestuursrechters.[15] Een dergelijke mogelijkheid bestaat reeds in het civiele procesrecht en in het belastingrecht.[16] Nu is de situatie op die terreinen niet helemaal te vergelijken met die in het algemene bestuursprocesrecht. Het meest in het oog springende verschil is natuurlijk dat op het terrein van het belastingrecht en het burgerlijk recht rechtspraak in drie instanties bestaat en de prejudiciële procedure juist werd ingevoerd als een instrument om eerder op het hoogste niveau – door de Hoge Raad – te kunnen beslissen over maatschappelijke relevante, veel voorkomende juridische problemen. In het bestuursrecht is dat probleem – hoe snel komen zaken die er voor de rechtsontwikkeling toe doen bij de hoogste rechter – misschien minder groot, maar nog steeds wel aanwezig. Dat is waarschijnlijk ook de reden dat inmiddels ook een prejudiciële procedure op de ABRvS is voorgesteld in artikel 17, eerste lid, van het voorstel voor een Wet Instituut mijnbouwschade Groningen.[17] Bovendien biedt een prejudiciële procedure het grote voordeel dat de rechtsvormende taak van de hoogste bestuursrechters beter wordt bediend doordat de uitoefening ervan beter kan worden gecoördineerd en minder afhankelijk is van de toevallige omstandigheid dat belanghebbende tot in hoogste instantie doorprocedeert.

Rechtbanken hebben vaak beter en in elk geval sneller zicht op wat er speelt in de rechtspraktijk. Zij zien het eerder wanneer er zich veel geschillen over hetzelfde probleem voordoen. Juist wanneer zich dit fenomeen van veel gelijksoortige procedures door problemen met het onderliggende beleid of de onderliggende regelgeving voordoet, kan een prejudiciële procedure grote voordelen hebben. De rechtbanken kunnen daarbij enkele zaken clusteren en op basis daarvan een prejudiciële vraag aan de hoogste bestuursrechter stellen, waarin de rijkdom van de casuïstiek ten volle tot uiting komt. Daar komt nog bij dat we uit de evaluatie van de civiele prejudiciële procedure weten dat juist de invoering van de prejudiciële procedure in het civiele procesrecht heeft geleid tot

---

[15] Zie eerder reeds J.C.A. de Poorter en E.M.H. Hirsch Ballin, 'Enkele beschouwingen over de toekomst van de rechtspleging, met name in het bestuursrecht', in: E.R. Muller en C.P. Cleiren (red.), *Rechterlijke Macht, Studies over rechtspraak en rechtshandhaving in Nederland*, Deventer: Kluwer 2006, p. 660-661. Zie ook J.C.A. de Poorter en K.J. de Graaf, *Doel en Functie van de bestuursrechtspraak: een blik op de toekomst*, Den Haag: Raad van State 2011, p. 238 en I. Giesen en R. Ortlep, 'Een mogelijk succesverhaal? De prejudiciële vraagprocedure in het bestuursrecht', *Trema* 2017/4, p. 135-145.
[16] Zie art. 392 van het Wetboek van Burgerlijke Rechtvordering (Rv) en afdeling 2A van hoofdstuk 5 van de Algemene wet inzake rijksbelastingen.
[17] Per 3 juli 2018 ligt dit wetsvoorstel ter consultatie voor. Zie https://www.internetconsultatie.nl/instituutmijnbouwschadegroningen.

vooroverleg tussen rechtbanken.[18] In die zin mag worden verwacht dat een prejudiciële procedure een horizontale dialoog tussen de rechtbanken stimuleert en dat aldus wordt bevorderd dat er meer beleid wordt ontwikkeld op het gebied van de rechterlijke rechtsvorming.

5. De inzet van de amicus curiae

Het vroegtijdig identificeren, structureren, coördineren en clusteren van op elkaar lijkende zaken is één manier om het bovenindividuele perspectief in procedures voor de hoogste bestuursrechters te betrekken. Een andere manier om dat te doen is om 'derden' onder omstandigheden de gelegenheid te bieden om 'in te spreken'. Zoals de wetgever bij het tot stand brengen van nieuwe wetgeving gebruik maakt van (internet)consultaties, zo zijn op dit moment ook rechters mondjesmaat ervaring aan het opdoen met de consultatie van derden. In de Awb kennen we al langere tijd artikel 8:45a dat de Europese Commissie en de Autoriteit Consument en Markt de mogelijkheid biedt schriftelijke en mondelinge opmerkingen te maken in procedures over de toepassing van het communautaire mededingingsrecht. En in het kader van de prejudiciële procedure voor de Hoge Raad hebben nu ook de civiele en de belastingkamer van de Hoge Raad de bevoegdheid om anderen dan partijen de gelegenheid te bieden schriftelijke inlichtingen te verstrekken.[19] Inmiddels is in artikel 18 van het voorstel voor een Wet Instituut mijnbouwschade Groningen ook een mogelijkheid voor de ABRvS opgenomen om de amicus curiae in te schakelen in het kader van de in artikel 17 van dat voorstel voorziene prejudiciële procedure.[20] De ABRvS heeft overigens recent in een drietal zaken reeds zogenaamde 'meedenkers' ingeschakeld.[21] Zij deed dat op grondslag van artikel 8:45 Awb dat de rechter de bevoegdheid geeft om anderen dan partijen te verzoeken schriftelijk inlichtingen te geven.

De consultatie van deze derden door de rechter dient een tweeledig doel. Het gaat er enerzijds om de transparantie en daarmee de legitimiteit van het proces van rechtsvorming te vergroten en anderzijds bij te dragen aan de kwaliteit van de rechtsontwikkeling. Als betrokkenen vroegtijdig de gelegenheid krijgen om mee te denken, leidt dat mogelijk tot de vorming van recht dat nog beter is toegesneden op de praktijk waarin het uiteindelijk zijn effect moet

---

[18] I. Giesen e.a., *De wet prejudiciële vragen aan de Hoge Raad: een tussentijdse evaluatie in het licht van de mogelijke invoering in het strafrecht*, Utrecht: Utrecht Centre for Accountability and Liability Law (Ucall) 2016, p. 167.

[19] Zie art. 393, tweede lid, Rv resp. 27gc, tweede lid, AWR.

[20] Per 3 juli 2018 ligt dit wetsvoorstel ter consultatie voor. Zie https://www.internetconsultatie.nl/instituutmijnbouwschadegroningen.

[21] ABRvS 2 mei 2018, ECLI:NL:RVS:2018:1449 en ABRvS 16 maart 2018, ECLI:NL:RVS:2018:903. In de derde zaak was op het moment van afronding van deze bijdrage nog geen uitspraak gedaan. Wel is in die zaak reeds een conclusie genomen door staatsraad advocaat-generaal Widdershoven op 22 december 2017, ECLI:NL:RVS:2017:3557.

hebben. De tweeledige doelstelling – bevordering van kwaliteit en legitimiteit – bepaalt ook de hoedanigheid van de amicus. De amicus is geen procespartij met bijbehorende procedurele rechten, maar hij is evenmin een onafhankelijk deskundige. De omstandigheid dat de amicus niet uitsluitend wordt ingeschakeld om voor te lichten over de macro-gevolgen van de uitspraak, maar ook tot doel heeft om de legitimiteit van de rechterlijke uitspraak te versterken, maakt dat de inlichtingen niet noodzakelijkerwijs vanuit een onafhankelijke en onpartijdige positie dienen te worden verstrekt. Vaak zal het gaan om individuen of organisaties die juist op enigerlei wijze belang hebben bij de gevolgen die de beslissing in de voorliggende zaak heeft voor volgende, toekomstige zaken.

De eerste ervaringen met de amicus curiae lijken tot tevredenheid te stemmen. Over een aantal, met name processuele aspecten zijn we echter nog niet uitgedacht. Dat betreft bijvoorbeeld de wijze van uitnodigen: moet dat gebeuren door middel van een openbare consultatie of door het gericht aanzoeken van één of enkele amici. Ik meen dat het belang van het versterken van de legitimiteit van de rechterlijke rechtsvorming ertoe zou moeten leiden dat openbare consultatie het uitgangspunt is en dat je daarnaast altijd bepaalde personen in het bijzonder kunt uitnodigen van wie je zeker een reactie wilt. Een ander aspect betreft de openbaarheid van de amici brieven. Ik zou er voor zijn om de door amici verstrekte inlichtingen integraal te publiceren op de site. Dit draagt bij aan de transparantie van het proces van rechtsvorming – de samenleving heeft het recht te weten op wat voor soort informatie de rechter zich baseert – en het werpt mogelijk ook een drempel op tegen al te eenzijdige of zo men wil: partijdige voorlichting door de amici.[22]

Deze processuele aspecten kunnen heel wel in de praktijk van de ABRvS worden opgelost. Om een beter zicht te krijgen op de werking van het instrument lijkt het mij aangewezen dat het experiment met de amicus curiae een vervolg verdient.

6. Behoeft onze jarige Awb aanpassing?

Wanneer we erkennen dat de hoogste bestuursrechters een rechtsvormende taak hebben, moeten we ook nadenken over de vraag hoe het daarmee samenhangende bovenindividuele perspectief dat eigen is aan deze rechtsvormende taak, in de rechterlijke procedure kan worden geïncorporeerd. Schuurmans

---

[22] Het evaluatieonderzoek uitgevoerd door een onderzoeksgroep van Tilburg Law School onder leiding van ondergetekende naar de inzet van de amicus curiae door de Raad van State is op het moment van afronding van deze bijdrage nog niet gepubliceerd: J.C.A. de Poorter, L.A. van Heusden en C.J. de Lange, *De amicus curiae geëvalueerd. Over de eerste indrukken van de inzet van de amicus curiae in procedures voor de Afdeling bestuursrechtspraak*, Den Haag: Raad van State 2018. Zie tevens J.C.A. de Poorter en L.A. van Heusden, *De amicus curiae in procedures voor de ABRvS* (preadvies voor Nederlandse Vereniging voor Procesrecht), Den Haag: Boom Juridische uitgevers 2018 (evenmin verschenen bij afronding van deze bijdrage).

heeft er in haar oratie op gewezen dat belangenorganisaties als bedoeld in artikel 1:2, derde lid, Awb hier een belangrijke rol hebben te vervullen. Dat is zeker waar, maar lang niet alle zaken waarin de hoogste bestuursrechters aan rechtsvorming doen worden aangebracht door een belangenorganisatie. Bovendien zijn de belangen die door de rechterlijke beslissing op enigerlei wijze worden beïnvloed soms zo diffuus dat ze zich niet goed lenen voor bundeling door een rechtspersoon. Dat betekent dat we ook moeten nadenken over andere manieren om het bovenindividuele perspectief van de rechterlijke beslissing in te bedden in de rechterlijke procedure.

In dat verband is het van belang om op elkaar lijkende zaken sneller te identificeren, te structureren en te clusteren. Voor een deel gebeurt dat al. Ik denk echter dat daarnaast ook behoefte bestaat om zaken ad informandum te voegen bij de hoogste bestuursrechter. Daarvoor is wel een goede coördinatie nodig, zowel horizontaal als verticaal in wat ik hiervoor noemde een landelijke commissie rechtsvorming bestuursrecht.

Voorts is de tijd rijp naar mijn mening om in de Awb een mogelijkheid te introduceren vergelijkbaar met die in het civiele procesrecht en het belastingprocesrecht, waarbij de rechtbanken de bevoegdheid krijgen een prejudiciële vraag te stellen aan de hoogste bestuursrechter. Daarmee kunnen zaken beter gecoördineerd en in een beter besef van de omvang en diversiteit van de casuïstiek aan de hoogste bestuursrechters worden voorgelegd. In die prejudiciële procedure, maar niet uitsluitend daarin zou dan ook een expliciete bevoegdheid moeten worden gecreëerd voor de hoogste rechter om de amicus curiae in te schakelen.

Thomas Sanders*

60 | Reparatoir met een licht punitieve geur: de last onder dwangsom en invordering

@T_Sanders – Een last onder dwangsom is volgens art. 5:2 Awb reparatoir, maar de burgerbeleving is toch vaak dat het een boete is – zeker bij de invordering. Is het misschien tijd voor een nuancering van het rechtskarakter? *#handhaving#dwangsom #invordering*

1. Inleiding

De invoering van de derde tranche van de Awb op 1 januari 1998 bracht met zich afdeling 5.3.2 Awb. Daarmee werd voorzien in een algemene regeling voor de dwangsombevoegdheid in de Awb. Op het moment van invoering werd de dwangsombevoegdheid in de praktijk slechts spaarzaam gebruikt (de regering merkt in de toelichting zelfs op dat '*nog maar betrekkelijk weinig ervaring met de dwangsombevoegdheid is opgedaan*').[1] De afgelopen twintig jaar heeft het bestuur in toenemende mate de dwangsombevoegdheid ontdekt, en hoe! Waar in 1998 nog slechts sprake was van het incidenteel inzetten van de last onder dwangsom door bestuursorganen, is anno 2019 de inzet van een last onder dwangsom aan de orde van de dag. Alleen al in 2017 waren er 507 gepubliceerde uitspraken waarin de last onder dwangsom een rol speelde. Dat aantal lijkt ook alleen maar verder te zullen groeien. Enerzijds omdat de dwangsom een eenvoudig en effectief instrument is om te handhaven en anderzijds omdat de nadruk steeds meer zal komen te liggen op repressief toezicht in plaats van preventief toezicht (zie bijvoorbeeld de Omgevingswet). Kortom: het gaat goed met de last onder dwangsom.

Toch wringt er iets vanuit het gebruikersperspectief. De last onder dwangsom wordt in de praktijk door de burger vaak als een boete ervaren. Ten aanzien van de dwangsombevoegdheid zijn echter niet de waarborgen (zoals de cautie) en rechten (zoals het zwijgrecht) van toepassing waar de burger wel op rekent bij beboeting. In de belevingswereld van de burger heeft de last onder dwangsom dus een lichte, maar duidelijke, punitieve geur – terwijl de waarborgen en rechten niet aansluiten op die beleving. Het ontbreken van de waarborgen en rechten die de burger wel verwacht hangt samen met het rechtskarakter van de dwangsombevoegdheid en de invordering. Omdat het als reparatoir wordt gekenschetst ontbreken de waarborgen en rechten die de burger eigenlijk wel verwacht.

De vraag is of dat nog wel terecht is. In deze bijdrage sta ik daarom stil bij de rechtskarakters van de last onder dwangsom en de invordering. Is het eigenlijk

---

* Mr. dr. T.N. Sanders is advocaat bij AKD te Breda.
[1] *Kamerstukken II* 1994/95, 23 700, 5, p. 103.

wel terecht dat wij de (invordering van een) dwangsom altijd als herstellend (reparatoir) aanmerken of is het tijd om daar wat meer nuancering in te brengen?

2. De stand van zaken: de last onder dwangsom en invordering is herstellend[2]

De last onder dwangsom is in artikel 5:31d Awb gedefinieerd als een herstelsanctie. Volgens de definitie strekt de last onder dwangsom ertoe om een overtreding geheel of gedeeltelijk te doen herstellen of de (herhaling van de) overtreding te voorkomen. Herstelt of voorkomt de overtreder de overtreding niet, dan verbeurt hij de dwangsom. De consensus over de last onder dwangsom in de literatuur lijkt te zijn dat de last onder dwangsom een reparatoir karakter heeft.[3] Ook in de (bestuurs)rechtspraak is de consensus dat een last onder dwangsom geen leedtoevoeging beoogt, maar slechts het herstellen van de rechtmatige toestand en het voorkomen van de (verdere) overtreding tot doel heeft.[4] In zoverre is de stand van het recht duidelijk en is de last onder dwangsom te karakteriseren als een reparatoire sanctie. Datzelfde geldt ook voor de invordering van de dwangsom. Zo overweegt de ABRvS:

'4.2. Over het betoog van [appellant] dat de last onder dwangsom – en daarmee ook het besluit tot invordering van de dwangsom – een punitief karakter heeft waarop artikel 6 van het Verdrag tot bescherming van de rechten van de mens en de fundamentele vrijheden (hierna: het EVRM) betrekking heeft, overweegt de Afdeling het volgende. Het algemeen bestuur heeft bij het opleggen van bestuursrechtelijke handhavingsmaatregelen een eigen, niet van de met de strafvervolging en strafoplegging belaste organen afhankelijke verantwoordelijkheid. De last onder dwangsom is een reparatoire sanctie en de verbeurte van de dwangsom had door [appellant] kunnen worden voorkomen door zich te houden aan het bij of krachtens de wet bepaalde, terwijl een strafrechtelijke procedure kan leiden tot een punitieve sanctie die is bedoeld om leed toe te brengen na het plegen van een strafbaar feit. De dwangsom is – na het niet voldoen aan de last – van rechtswege verbeurd en de invordering van de dwangsom is niet bedoeld om leed toe te brengen na het overtreden van de last. Er bestaat onvoldoende aanleiding voor het oordeel dat de invordering van de dwangsom louter op basis van de hoogte van de

---

[2] Deze bijdrage is gebaseerd op hoofdstuk 2 van mijn Leidse dissertatie: T.N. Sanders, *Invordering door de overheid: de invordering van geldschulden uit herstelsancties onder de Awb*, Deventer: Wolters Kluwer 2018.
[3] Zie de literatuur genoemd in: F.C.M.A. Michiels, A.B. Blomberg en G.T.J.M. Jurgens, *Handhavingsrecht*, Deventer: Wolters Kluwer 2016, p.290.
[4] CBb 4 september 2003, ECLI:NL:CBB:2003:AL1183, *AB* 2004/14, m.nt. I.C. Vlies; ABRvS 19 september 1996, ECLI:NL:RVS:1996:ZF2322, *AB* 1997/91 m.nt. P.J.J. van Buuren, *Gst.* 1997-7046/2 m.nt. E. Brederveld; ABRvS 24 december 2003, ECLI:NL: RVS:2003:AO0934, *AB* 2004/117, m.nt. F.C.M.A. Michiels, *JB* 2004/84, m.nt. C.L.G.F.H. Albers en HR 20 maart 2007, ECLI:NL:HR:2007:AZ7078, *AB* 2007/249, m.nt. A.B. Blomberg.

dwangsom is aan te merken als een punitieve sanctie waarop artikel 6 van het EVRM betrekking heeft.'[5]

3. Last onder dwangsom altijd herstellend?

Uit de strafrechtspraak blijkt echter dat er ook anders over gedacht kan worden. Zo oordeelde het Gerechtshof 's-Hertogenbosch bijvoorbeeld dat een dwangsom wel degelijk een punitief karakter heeft en in de weg staat aan verdere strafvervolging vanwege dezelfde overtreding.[6] Men kan dus vraagtekens zetten bij de karakterisering van een last onder dwangsom en de invordering daarvan als reparatoire sanctie. Bovendien, een dwangsom lijkt naar zijn uiterlijke verschijningsvorm toch wel erg veel op een boete.[7] Beiden sanctioneren de overtreding van een norm met een geldbedrag. Het enige verschil is dat de last onder dwangsom een overtreder eerst de kans geeft om de overtreding te beëindigen of voorkomen voordat hij een dwangsom is verschuldigd, terwijl bij een bestuurlijke boete die kans niet wordt gegeven. In zoverre zou men bij een last onder dwangsom ook kunnen spreken van een voorwaardelijke boete.

Onder meer Heinen,[8] Addink, Van Dijk en Sluijs[9] alsook Alders[10] hebben in het verleden ook betoogd dat de last onder dwangsom punitief is en onder het bereik van artikel 6 EVRM zou kunnen vallen. Van Buuren, Jurgens en Michiels,[11] Van Angeren,[12] Verweij,[13] zijn daarentegen van oordeel dat het herstellend oogmerk van de sanctie doorslaggevend is en dat de last onder dwangsom als reparatoir gekarakteriseerd dient te worden. Het EHRM heeft zich nog niet over dit vraagstuk uitgelaten. Ik sluit mij aan bij de auteurs die betogen dat de last onder dwangsom in beginsel een reparatoir karakter heeft. Doorslaggevend acht ik daarbij het gegeven dat de overheid de overtreder niet voor een reeds begane

---

[5] ABRvS 31 mei 2017, ECLI:NL:RVS:2017:1444, *Gst.* 2017/148 m.nt.C.M.M. van Mil.
[6] Hof 's-Hertogenbosch 2 februari 2017, ECLI:NL:GHSHE:2017:349, welke oordeel overigens in tegenspraak is met de rechtspraak van de Hoge Raad: HR 20 maart 2009, ECLI:NL:HR:2007:AZ7078.
[7] P.J.J. van Buuren, 'Samenloop van bestuursrechtelijke en strafrechtelijke sancties en van bestuursrechtelijke sancties onderling', *NJB* 1992/41, p. 1347 en L.J.J. Rogier, *Strafsancties, administratieve sancties en het una via-beginsel*, Arnhem: Gouda Quint 1992, p. 128.
[8] P.C.M. Heinen, 'Bestuursrechtelijke handhaving van het milieurecht en bewijs', *Gst.* 1991/6919.
[9] G.H. Addink, G.R.M. van Dijk en M.J. Sluijs, 'Besturen met dwangsommen, een bestuurlijke dwangsom in de Wabm', *Bestuur* 1990/1, p. 18 en G.H. Addink en M.J. Sluijs, 'De algemene wet bestuursrecht op scherp', *NTB* 1992, p. 41.
[10] E. Alders, 'Aanzet voor een ander milieuhandhavingsrecht', *NJB* 1992/3, p. 94-95.
[11] P.J.J. van Buuren, G.T.J.M. Jurgens en F.C.M.A. Michiels, *Bestuursdwang en dwangsom*, Deventer: Wolters Kluwer 2014, p. 19.
[12] J.R. van Angeren, 'De last onder dwangsom', in: Daan Doorenbos e.a. (red.), *Onderneming en sanctierecht*, Deventer: Wolters Kluwer 2013, p. 192-193.
[13] J.H. Verweij, *De bestuurlijke dwangsom*, Deventer: Kluwer 1997, p. 86-89.

overtreding bestraft, doch enkel de overtreder wenst te bewegen de overtreding te beëindigen (of niet nogmaals te plegen). Daarbij is van groot belang dat het bij een last onder dwangsom altijd mogelijk is om het betalen van de dwangsom te voorkomen – anders dan bij de bestuurlijke boete. Het leedtoevoegend oogmerk van het opleggen van een last onder dwangsom ontbreekt mijns inziens dan ook.

4. Invordering altijd herstellend?

De vraag is echter of ook de invordering van een dwangsom (altijd) een reparatoir karakter heeft. Immers, op het moment dat de dwangsom wordt verbeurd is de overtreding van de last al begaan en onherstelbaar. Denk bijvoorbeeld aan een last onder dwangsom die inhoudt dat een discotheek de geluidsnormen niet mag overschrijden. De overtreding van de last kan niet worden hersteld. Wel kan in dat geval worden betoogd dat de invordering strekt tot herstel in zoverre dat het doel is om de overtreder te bewegen de *volgende* overtreding niet te begaan.[14] Maar wat als de overtreding definitief is beëindigd? Bijvoorbeeld dat de discotheek is gesloten en het gebouw verkocht aan een ander? Verdere overtreding van de geluidsnormen zal dan niet meer gebeuren, dus de invordering van de dwangsom kan niet tot enig (verder) herstel leiden – zo zou men kunnen betogen.[15] De vergelijking met een bestuurlijke boete is in de invorderingsfase in dit soort gevallen al snel gemaakt.[16]

4.1 De literatuur: invordering nooit punitief

Verweij stelt in haar proefschrift voorop dat het financiële nadeel dat de invordering voor de overtreder heeft, op zichzelf niet kan leiden tot de conclusie dat de dwangsom punitief is. Anders zou immers elke geldschuld die wordt opgeëist als punitief kunnen worden gekwalificeerd.[17] Verweij concludeert dat de invordering van een dwangsom niet punitief van aard kan zijn. De redenen daarvoor zijn ten eerste dat de invordering geen zelfstandig karakter zou hebben ('*[d]e invordering kan geen ander doel hebben dan de oplegging van de dwangsom en is reeds daarom niet bestraffend*')[18] en ten tweede dat '*het ontbreken van een reparatoire of dwingende functie bij het innen van een verbeurde dwangsom niet kan leiden tot de gevolgtrekking dat de invordering dus punitief of vergeldend is*'.[19] Ook Michiels verdedigt de opvatting dat de invordering van een dwangsom vanwege zijn afhankelijke karakter in feite niet meer is dan de uitvoering van de eerdere dwang-

---

[14] Michiels, Blomberg en Jurgens 2016, p. 290.
[15] Zie ook Van Buuren, Jurgens en Michiels 2014, p. 222, die een (reeds verwijderd) illegaal bouwwerk tot uitgangspunt nemen voor dit voorbeeld.
[16] Verweij 1997, p. 92.
[17] *Ibidem*.
[18] *Ibid*, p. 98.
[19] *Ibid*, p. 92.

sombeschikking en reeds daarom zijn karakter deelt.[20] Blomberg en Michiels betogen eveneens dat '*de invordering niet los kan worden gezien van de oplegging en dat de dwangsom om die reden een reparatoire sanctie (ook in die fase) is*'.[21]

Van Buuren, Jurgens en Michiels wijzen er echter op dat omdat de dwangsom van rechtswege verbeurt, het bestuursorgaan geen invloed heeft op het verschuldigd zijn van de dwangsom. Als het bestuursorgaan de dwangsom daarna opeist, zou het om die reden ook geen sanctie betreffen ('[a]*ls het bestuursorgaan de verbeurde dwangsommen gaat opeisen, treft het geen sanctie*').[22] In deze visie eist het bestuur simpelweg op wat rechtens aan hem toekomt. Enigszins verwarrend daarbij is wel dat Van Buuren, Jurgens en Michiels vervolgens betogen dat dit opeisen geen punitief karakter heeft.[23] Als het opeisen echter in het geheel geen sanctie is, dan lijkt het mij niet nodig om de vraag te beantwoorden of de invordering een punitief karakter heeft. Ik lees het betoog van Van Buuren, Jurgens en Michiels dan ook zo dat met de zinsnede '*treft het geen sanctie*' is bedoeld: 'treft het geen nieuwe/aparte sanctie'. Met andere woorden: de invordering is integraal onderdeel van de sanctie zijnde de last onder dwangsom.

Rogier betoogt daarentegen dat de invordering van een dwangsom een '*mede retributief karakter*' heeft.[24] Ook Addink, Van Dijk en Sluijs menen dat het invorderen van een dwangsom een strafkarakter heeft. Zij betogen dat de dwangsom een straf is die wordt opgelegd op het moment dat de last niet wordt uitgevoerd.[25] Hazewindus betoogt ook dat het vaststellen dat een dwangsom is verbeurd en zal worden ingevorderd een punitief karakter heeft omdat de invordering niets verandert aan de illegale situatie.[26]

De wetgever spreekt zich hierover niet uit in de Awb, noch de parlementaire geschiedenis, maar lijkt ervanuit te gaan dat invordering van een dwangsom ook reparatoir van aard is. Daarbij merkt de wetgever op dat: '*de inning weliswaar niet rechtstreeks strekt tot het voorkomen of ongedaan maken van overtredingen, maar dat zij daarin niet verschilt van de oplegging. Beide zijn indirecte dwangmiddelen, die hun betekenis vooral ontlenen aan hun preventieve werking.*'[27]

Kortom: in de literatuur is er de nodige discussie over de vraag of de invordering van een dwangsom een ander karakter heeft dan het dwangsombesluit. De

---

[20] F.C.M.A. Michiels, *De boete in opmars*, Zwolle: W.E.J. Tjeenk Willink 1994.
[21] A.B. Blomberg en F.C.M.A. Michiels, *Handhaven met effect*, Den Haag: Vuga 1997, p. 77.
[22] Van Buuren, Jurgens en Michiels 2014, p. 20.
[23] *Ibidem*.
[24] Rogier 1992, p. 128.
[25] G.H. Addink, G.R.M. van Dijk en M.J. Sluijs, 'Besturen met dwangsommen, een bestuurlijke dwangsom in de Wabm', *Bestuur* 1990/1, p. 18 en G.H. Addink en M.J. Sluijs, 'De algemene wet bestuursrecht op scherp', *NTB* 1992, p. 41.
[26] W.G.A. Hazewindus, 'De administratieve dwangsom', *NJB* 1992/33, p. 1068-1072 en W.G.A. Hazewindus, *Administratieve sancties en vreemdelingenrecht*, Arnhem: Gouda Quint 1994, p. 85.
[27] *Kamerstukken II* 1993/94, 23700, 3, p. 132.

wetgever merkt daarover op dat het reparatoire karakter van een dwangsombesluit weliswaar '*onomstreden*' is en dat de tendens lijkt te zijn dat ook de invordering reparatoir is, maar dat er wel twijfels zijn over of de invordering van een dwangsom toch niet een punitief karakter heeft.[28]

4.2 Invordering onder omstandigheden toch punitief?

Vooropgesteld, met Van Buuren, Jurgens en Michiels meen ik dat de invordering in ieder geval als (een deel van) een sanctie moet worden gezien. Met Verweij, Van Buuren, Jurgens, Michiels en Blomberg meen ik verder dat gelet op het reparatoire karakter van het dwangsombesluit en de afhankelijkheid van de invordering van het dwangsombesluit, het invorderingsbesluit in beginsel eveneens een reparatoir karakter heeft. Zoals ik eerder betoogde vormen het dwangsombesluit en het invorderingsbesluit tezamen 'de sanctie' zodat zij daarom ook in beginsel hetzelfde reparatoire karakter hebben. Ik meen echter dat het onder omstandigheden wel mogelijk is dat het invorderingsbesluit een punitief karakter krijgt.

Naar mijn mening is bepalend voor de vraag of invordering in een bepaald geval toch als punitief moet worden gekenmerkt, de vraag of nog in redelijkheid kan worden betoogd dat in het specifieke geval nog een herstellende werking van de invordering uitgaat. Met Verweij meen ik verder dat (de hoogte van) het financiële nadeel voor de overtreder op zich niet relevant is voor de vraag of de invordering een punitief karakter kan hebben in bepaalde omstandigheden. Het gaat enkel om de vraag of van de invordering een herstellende werking uit kan gaan. Daarbij merk ik op dat ik ook het voorkomen van een nieuwe overtreding herstellend acht. In verreweg de meeste gevallen heeft de invordering van een dwangsom mijns inziens dus een herstellende werking. Toch zijn er in mijn visie gevallen denkbaar waar de invordering van de dwangsom redelijkerwijs geen herstellende werking meer heeft of kan hebben. Het alsnog kwalificeren van het invorderingsbesluit als herstellend is dan een drogreden die voornamelijk ten doel lijkt te hebben de zaken voor het bestuursorgaan en de bestuursrechter niet al te ingewikkeld te maken en de overtreder 'er niet mee weg te laten komen'.

Het zal niet snel voorkomen dat er geen enkele herstellende werking meer van een invorderingsbesluit uit kan gaan. Dat komt omdat het herstel er ook in kan zijn gelegen dat een *volgende* overtreding wordt voorkomen. Denk bijvoorbeeld aan een discotheek die de muziek te hard aan heeft. De invordering van een dwangsom voor wat betreft de overtreding op de afgelopen vrijdagavond kan voorkomen dat de horecaonderneming de volgende vrijdagavond de muziek weer te hard zet.

De grens van wat redelijkerwijs nog herstellend moet worden geacht stel ik echter bij de situatie dat het objectief gezien ondenkbaar is dat dezelfde overtreding ooit nog zal kunnen worden begaan door de overtreder. Het enige argument dat dan nog pleit voor invordering, is dat het niet-invorderen afdoet aan de

---

[28] *Idem*, p. 133.

kracht van het dwangsombesluit ten opzichte van *andere* overtreders en gevallen. Het argument dat de dwangsom ook dan moet worden ingevorderd is dan – kort gezegd – dat invordering noodzakelijk is omdat anders '*het instrument van de dwangsom zijn betekenis, althans zijn scherpte, zou verliezen*'.[29] Dat argument vind ik echter niet voldoende overtuigend. *Generale preventie* ('een voorbeeld stellen') is immers nu juist een kenmerk van *punitieve* sancties. Reparatoire sancties zijn daarvoor niet bedoeld – die zijn enkel bedoeld om het herstel van de rechtmatige toestand te bewerkstelligen.

Een voorbeeld kan mijn betoog verduidelijken. Een eigenaar van een rijksmonument verbouwt zonder omgevingsvergunning het monument waarbij de monumentale waarden worden aangetast. Het bevoegd gezag treedt handhavend op en legt een last onder dwangsom op. De eigenaar voldoet niet (tijdig) aan de lastgeving en verbeurt de dwangsom van rechtswege. Voor de invordering slaat er bliksem in waardoor het rijksmonument afbrandt en onherstelbaar wordt beschadigd. Het rijksmonument zal moeten worden gesloopt. De eigenaar verkoopt het afgebrande pand aan een ontwikkelaar die zal gaan slopen en nieuwbouwen. De verbeurde dwangsom wordt hierna ingevorderd bij de (voormalig) eigenaar.

Het rechtsgevoel van de gemiddelde jurist dicteert in deze situatie dat 'wie zijn billen brand, op de blaren moet zitten'. De eigenaar had gewoon tijdig aan de last moeten voldoen. Dat hij dat niet heeft gedaan is zijn eigen schuld. De dwangsom zal dus gewoon moeten worden betaald. Bovendien, als die eigenaar niet wordt gedwongen om de dwangsom te betalen, dan zal de buurman misschien de volgende keer denken 'zo'n vaart zal het niet lopen' en geen gevolg geven aan de last. Dat kunnen we natuurlijk niet hebben!

Hoewel dit valide argumenten zijn vanuit de gedachte dat het bestuur consequent moet zijn en opgelegde sancties moet effectueren omdat de sanctie anders een papieren tijger wordt, zijn dat volgens mij geen valide argumenten voor het betoog dat er nog een herstellend karakter aan de invordering kan worden toegedicht. Ik zie niet in dat de invordering in zo'n geval strekt '*tot het geheel of gedeeltelijk ongedaan maken of beëindigen van een overtreding, tot het voorkomen van herhaling van een overtreding, dan wel tot het wegnemen of beperken van de gevolgen van een overtreding*' (artikel 5:2, lid 1, onder b, Awb). Het rijksmonument is er niet meer, wat kan er dan nog hersteld worden? Het is niet alsof er ten aanzien van dit rijksmonument nogmaals zonder vergunning kan worden gebouwd. Er zijn volgens mij dus situaties denkbaar waarin er gewoon niets te herstellen valt en dat enkel het belang van de bestraffing om anderen af te schrikken overblijft. Mijn conclusie is daarom dat invordering onder bepaalde omstandigheden toch punitief kan zijn.

Ik zal de eerste zijn die toegeeft dat slechts in uitzonderlijke situaties de invordering geen herstellend karakter meer zal kunnen hebben en dus punitief moet worden geacht. In het voornoemde voorbeeld is het herstellende karakter van de

---

[29] Van Buuren, Jurgens en Michiels 2014, p. 20.

invordering er in mijn ogen wel weer als wordt vastgesteld dat het rijksmonument gewoon in ere kan worden hersteld. Dan kan men nog betogen dat de invordering ertoe strekt de eigenaar te bewegen om bij het herstellen het rijksmonument volledig in de oude staat te herstellen en niet opnieuw zonder vergunning te verbouwen. Ook bij de eerder genoemde discotheekeigenaar, die zijn discotheek heeft gesloten kan de herstellende werking ondanks sluiting van de discotheek er nog zijn als het dwangsombesluit zaaksgebonden werking heeft (artikel 5.18 Wabo).

De keerzijde van het aannemen van een punitief karakter bij invordering is dat als er geen herstellende werking meer kan worden aangenomen het mogelijk wordt dat een overtreder 'weg komt' met een overtreding van de last en zo het gezag van de last feitelijk ondermijnt. De overtreder kan dan bijvoorbeeld de overtreding begaan en – voordat ingevorderd wordt – de situatie beëindigen op een manier dat objectief uitgesloten is dat de overtreding wordt herhaald. Ik zou echter menen dat dit een aanvaardbaar gevolg is. Het doel van de sanctie: het beëindigen van de overtreding, is dan immers gewoon bereikt. Tegen een opvolgend eigenaar of uitbater kan dan zo nodig opnieuw worden opgetreden.

Anders dan Verweij, Van Buuren, Jurgens, Michiels en Blomberg – die allen betogen dat de invordering altijd reparatoir is – meen ik daarom dat de invordering van een dwangsom weliswaar doorgaans reparatoir zal zijn, maar afhankelijk van de omstandigheden toch punitief kan zijn. De vraag of invordering reparatoir of punitief is, zal naar mijn mening moeten worden beoordeeld aan de hand van de concrete omstandigheden van het geval, waarbij leidend is de vraag of het oogmerk van de invordering nog redelijkerwijs kan worden geacht een herstellend karakter te hebben.

De voorgaande discussie heeft – naar de huidige stand van het recht – overigens een enigszins theoretisch karakter. De stand van de jurisprudentie is op dit moment duidelijk in zoverre dat invordering van een dwangsom (door de hoogste rechters) nog nooit een punitief karakter is toegedicht. Zelfs in de situatie dat objectief vast te stellen is dat er buiten de generale preventieve werking van het beginsel dat verbeurde dwangsommen ingevorderd moeten worden, geen belang meer is bij invordering, wordt er geen punitief karakter aan de invordering toegedicht.[30] Ik betoog echter dat het wel mogelijk moet zijn dat bij de invordering van dwangsommen de sanctie van 'kleur verschiet' in de invorderingsfase en dus een ander karakter heeft dan het sanctiebesluit. Het gevolg daarvan is dan in beginsel dat het invorderingsbesluit moet worden vernietigd: het bestuursorgaan is immers enkel bevoegd om (bij een last onder dwangsom) een reparatoire sanctie op te leggen en te effectueren, niet een punitieve sanctie.

---

[30] Zie bijv. ABRvS 1 juni 2015, ECLI:NL:RVS:2015:2080, *AB* 2015/362, m.nt. T.N. Sanders waarin een dwangsom die was verbeurd nadat een overtreder zijn woning had verkocht, toch kon worden ingevorderd.

5. Conclusie

De invoering van de derde tranche van de Awb bracht afdeling 5.3.2 Awb en daarmee een algemene dwangsombevoegdheid. De wetgever was bij de invoering vrij zeker van het reparatoire karakter daarvan en naar de huidige stand van het recht heeft hij daarin ook gelijk gekregen. Die opvatting kan ik ook anno 2019 onderschrijven. Een last onder dwangsom zal naar mijn mening altijd een herstellend karakter hebben. De vraag is echter of de invordering van een reeds verbeurde dwangsom niet soms toch een punitief karakter kan krijgen. Naar mijn mening is dat wel het geval. Als de invordering van een dwangsom in absolute zin niet langer een overtreding kan herstellen of een nieuwe overtreding kan voorkomen, dan dient de invordering volgens mij alleen nog maar het oogmerk van generale preventie: het bestraffen van de overtreder om een voorbeeld te stellen aan anderen. Ik denk dat dan niet meer gesproken kan worden van een reparatoire sanctie. In dat soort gevallen zal dan alsnog afgezien dienen te worden van invordering.

Jan van der Grinten & Jutta Wijmans*

61 | Toezicht onder de Awb

@J_vanderGrinten/J_Wijmans – Bevoegdheden van toezichthouders. Aan bod komen recente ontwikkelingen op het gebied van de medewerkingsplicht, het moderne toezichtsinstrumentarium en de rechtsbescherming, met telkens een doorkijkje naar de toekomst#*toezichtsbevoegdheden*#*medewerkingsplicht*#*rechtsbescherming*

1. Inleiding

Titel 5.2 van de Algemene wet bestuursrecht regelt het 'Toezicht op de naleving' van voorschriften.[1] Met het opnemen van deze titel heeft de wetgever beoogd eenheid aan te brengen in het toezicht en tegelijkertijd de mogelijkheid van verscheidenheid opengelaten. Waar voorheen per beleidsterrein toezichtsbevoegdheden werden toegekend en genormeerd, heeft de huidige systematiek een omgekeerd stelsel. Alle toezichthouders beschikken over de in titel 5.2 neergelegde bevoegdheden, tenzij bij wettelijk voorschrift of bij besluit van een bestuursorgaan anders is bepaald. Het gebruik van die bevoegdheden wordt genormeerd door de Awb.

De uitoefening van toezichtsbevoegdheden kan op gespannen voet staan met de vrije rechtssfeer van burgers.[2] In deze bijdrage bezien wij de Awb-bepalingen van titel 5.2 vanuit het spanningsveld tussen de adequate uitoefening van toezicht enerzijds en de rechten van justitiabelen anderzijds. Daartoe schetsen wij eerst kort het toepassingsbereik van titel 5.2 en de bevoegdheden die daarin zijn neergelegd. Vervolgens komen recente ontwikkelingen op het gebied van de medewerkingsplicht aan de orde (paragraaf 3), besteden wij aandacht aan het moderne toezichtsinstrumentarium en de vraag naar de begrenzing daarvan (paragraaf 4) en gaan we in op de rechtsbescherming tegen de uitoefening van toezichtsbevoegdheden (paragraaf 5). Daarbij zal ook de vraag aan de orde komen of de besproken ontwikkelingen, gelet op het bestaande spanningsveld, vragen om aanpassing van titel 5.2 Awb.

---

* Mr. J.H.A. van der Grinten is advocaat bij Kennedy Van der Laan en gastdocent aan de Universiteit Leiden. Mr. J. Wijmans is advocaat bij Kennedy Van der Laan.
[1] Art. 5:11 t/m 5:20 Awb, *Kamerstukken II* 1994/95, 23700 (Derde Tranche Awb) en *Stb.* 1996, 333.
[2] Die spanning kwam ook tijdens de parlementaire geschiedenis aan de orde, zie *Kamerstukken II* 1994/95, 23700, 3, p. 137-138.

2. Het toepassingsbereik en de bevoegdheden van titel 5.2 Awb

2.1 Toezicht

Het begrip 'toezicht (op de naleving)' is in de Awb en wetsgeschiedenis niet gedefinieerd. De Raad van State benadrukte in zijn advies het belang van toezicht in relatie tot handhaving door te overwegen dat 'de handhaving haar begin en haar grootste feitelijke omvang gewoonlijk vindt in de uitoefening van toezichthoudende bevoegdheden'.[3] De Raad adviseerde de regering om in de memorie van toelichting een inleidende paragraaf op te nemen over toezicht. Daaraan gaf de regering gevolg door vooral het preventieve effect van toezicht te benadrukken (voorkomen is beter dan genezen).[4] In de Aanwijzingen voor de regelgeving (5.35) is wel een definitie gegeven voor het 'toezicht op de naleving van voorschriften': 'de werkzaamheden die door of namens een bestuursorgaan worden verricht om na te gaan of voorschriften worden nageleefd'.

2.2 Toezichthouder

Artikel 5:11 Awb omschrijft de toezichthouder als een persoon, bij of krachtens wettelijk voorschrift belast met het houden van toezicht op de naleving van het bepaalde bij of krachtens enig wettelijk voorschrift. Met 'persoon' doelt de wetgever op natuurlijke personen.[5] Organen die als toezichthouder zijn aangewezen zoals de Autoriteit Consument en Markt (ACM) en de Nederlandse Zorgautoriteit (NZa) zijn dus als zodanig geen toezichthouder in de zin van artikel 5:11 Awb.[6] Wel maken zij gebruik van Awb-toezichthouders, namelijk (bij hen werkzame) natuurlijke personen die als zodanig zijn aangewezen.[7] Personen kunnen zowel individueel (bij naam of functie) als categoraal worden aangewezen.[8]

Artikel 5:11 Awb spreekt van 'persoon' zonder nadere clausulering en maakt daarmee mogelijk dat bestuursorganen niet-ambtenaren aanwijzen als toezichthouder. In de laatste decennia zijn overheden bij de uitvoering van toezichtstaken meer gebruik gaan maken van private ondernemingen. Te denken valt bijvoorbeeld aan toezicht op recreatieve bewoning van recreatiewoningen

---

[3] *Kamerstukken II* 1994/95, 23700, A, par. 8.1.
[4] *Kamerstukken II* 1994/95, 23700, 3, p. 128.
[5] Dit kan met zoveel woorden worden afgeleid uit de wetsgeschiedenis.
[6] In deze bijdrage richten wij ons (primair) op de Awb-toezichthouder, zijnde een natuurlijke persoon (al dan niet werkzaam voor een 'toezichthouder').
[7] Zie bijv. het Besluit van de Autoriteit Consument en Markt van 2 april 2013, ACM/DJZ/2013/200834, tot aanwijzing van toezichthouders van de Autoriteit Consument en Markt (*Stcrt* 2013, 9716).
[8] *Kamerstukken II* 1994/95, 23700, 3, p. 139. Aanwijzing 5.36 van de Aanwijzingen voor de regelgeving bevat een model voor de regeling van de aanwijzing van toezichthouders.

of het gebruik van studiebeurzen en sociale voorzieningen. De mogelijkheden van dergelijke toezichthouders gebruik te maken zijn echter niet onbegrensd. In de Awb-wetsgeschiedenis is uitdrukkelijk als uitgangspunt verwoord dat het toezicht wordt opgedragen aan ambtenaren.[9] Als algemene regel zou volgens de wetgever kunnen gelden dat naarmate de wettelijke voorschriften waarop moet worden toegezien van groter maatschappelijk gewicht en belang zijn, privaat toezicht minder in aanmerking komt.[10]

De Centrale Raad heeft meermalen beoordeeld of de inschakeling van private toezichthouders in een concreet geval toelaatbaar was. Bij de beantwoording van die vraag besteedde hij aandacht aan de tekst van de bijzondere wetgeving, de wetsgeschiedenis en het maatschappelijk gewicht en belang van het wettelijk voorschrift waarop toezicht wordt gehouden. Daarnaast beschouwde de Centrale Raad als relevante omstandigheden of de private toezichthouders een commercieel belang hadden bij constatering van overtredingen en of zij werden aangestuurd door het bestuursorgaan dat hen had aangewezen.[11]

2.3 Bevoegdheden

Titel 5.2 Awb geeft een bevoegdhedenpakket waarover alle toezichthouders in beginsel beschikken.[12] De toezichthouder kan elke plaats met uitzondering van een woning zonder toestemming van de bewoner betreden (5:15 Awb),[13] inlichtingen vorderen (5:16 Awb), inzage vorderen van een identiteitsbewijs en zakelijke gegevens en bescheiden (artikel 5:16a en 5:17 Awb), zaken onderzoeken, opnemen en bemonsteren (5:18 Awb)[14] en (de lading van) vervoermiddelen onderzoeken en inzage van vervoersbescheiden vorderen (5:19 Awb). Het toekennen van extra bevoegdheden door de formele wetgever is alleen mogelijk indien daarvoor zwaarwegende redenen bestaan.[15]

---

[9] *Kamerstukken II* 1994/95, 23700, 3, p. 139.
[10] *Kamerstukken II* 1994/95, 23700, 5, p. 77.
[11] Zie bijv. CRvB 2 december 2015, ECLI:NL:CRVB:2015:4192, *AB* 2016/77 m.nt. Bröring en CRvB 16 september 2014, ECLI:NL:CRVB:2014:2947, *AB* 2014/422 m.nt. Bröring.
[12] Op grond van art. 5:14 Awb kunnen bevoegdheden worden uitgesloten.
[13] Onder de te betreden 'plaatsen' vallen bijvoorbeeld bedrijfspanden, maar ook vervoermiddelen, zoals bussen, zie CBb 8 juli 2015, ECLI:NL:CBB:2015:191.
[14] Van belang is dat 'onderzoeken' niet moet worden opgevat als 'doorzoeken'. Onderzoek ziet in dit verband op de controle van een zaak waarvan bekend is waar die zich bevindt. Zie *Kamerstukken I* 1995/96, 23700, 188b, p. 5.
[15] *Kamerstukken II* 1993/94, 23700, 3, p. 137. In diverse wetten zijn zulke 'aanvullende' bevoegdheden opgenomen, zie bijv. art. 5.13 Wabo, art. 24 Arbeidsomstandighedenwet, art. 42 Drank- en Horecawet en art. 7.19 Mediawet 2008.

2.4 Het subject van toezicht

Een toezichthouder wordt aangewezen om de naleving van bepaalde wettelijke voorschriften te controleren. Degene die activiteiten ontplooit die door die wettelijke voorschriften zijn gereguleerd, is daarmee als subject van het toezicht te beschouwen. Dat neemt niet weg dat de toezichtbevoegdheden uit de Awb geen beperking bevatten ten aanzien van de personen jegens wie de toezichthouder zijn bevoegdheden kan uitoefenen. Een ieder is op grond van artikel 5:20 Awb verplicht aan een toezichthouder alle medewerking te verlenen die deze redelijkerwijs kan vorderen bij de uitoefening van zijn bevoegdheden.[16] De toezichtsbevoegdheden kunnen dus in beginsel ook worden uitgeoefend jegens derden die niet zelf subject van het desbetreffende toezicht zijn. In de jurisprudentie zijn tal van voorbeelden te vinden waarin de toezichtsbevoegdheden worden uitgeoefend ten aanzien van derden en de rechter dat toelaatbaar acht.[17]

3. De medewerkingsplicht: ontwikkelingen en nadere beschouwing

3.1 De medewerkingsplicht

Een ieder is verplicht aan een toezichthouder binnen de door hem gestelde redelijke termijn alle medewerking te verlenen die deze redelijkerwijs kan vorderen bij de uitoefening van zijn bevoegdheden (5:20 Awb). Deze formulering is ruim: zoals gezegd is de kring van personen die verplicht zijn om medewerking te verlenen in beginsel onbeperkt. Bovendien gaat het daarbij om alle mogelijke vormen van medewerking: het verplaatsen van een kist, het openen van een deur, het verstrekken van wachtwoorden, het geven van inlichtingen of het verlenen van inzage.[18]

Het artikel kent echter ook begrenzingen. Zo moet ingevolge een destijds aangenomen amendement[19] de termijn die de betrokkene krijgt om zijn medewerking te verlenen, redelijk zijn.[20] De verplichting om medewerking te verlenen geldt slechts voor zover sprake is van toezicht op de naleving van wettelijke

---

[16] Anders: Rb. Den Haag 13 april 2004, ECLI:NL:RBSGR:2004:AO7419, in hoger beroep gecorrigeerd door Hof Den Haag 30 december 2004, ECLI:NL:GHSGR: 2004:AS1915.
[17] CBb 7 januari 2011, ECLI:NL:CBB:2011:BP0669; CBb 23 januari 2012, ECLI:NL:CBB:2012:BV8376; Gerechtshof Den Haag 23 april 2013, ECLI:NL:GHDHA:2013:CA3041; CBb 27 februari 2014, ECLI:NL:CBB:2014:97; CRvB 12 december 2017, ECLI:NL:CRVB:2017:4301; CRvB 5 februari 2018, ECLI:NL:CRVB:2018:269.
[18] *Kamerstukken II* 1993/94, 23700, 3, p. 146 en 147.
[19] *Kamerstukken II* 1993/94, 23700, 24.
[20] Op dit punt bestaat overigens niet veel jurisprudentie . Zie bijv. ABRvS 25 januari 2017, ECLI:NL:RVS:2017:189 waar een termijn van een week voor het verlenen van medewerking bij het vaststellen van de identiteit van een persoon in het kader van toezicht op de naleving van de Wet arbeid vreemdelingen redelijk werd geacht.

voorschriften die tot burgers en bedrijven zijn gericht.[21] De verplichting medewerking te verlenen bestaat bovendien slechts voor zover de toezichthouder die medewerking *redelijkerwijs* mag vorderen (5:13 Awb). Ook internationale verdragen begrenzen het toepassingsbereik van 5:20 Awb. Verlening van medewerking bestaat bij een inlichtingenvordering (5:16 Awb) uit het naar waarheid antwoorden.[22] Het in de artikelen 6 en 14 EVRM tot uitdrukking gebrachte nemo-teneturbeginsel beperkt de bevoegdheid om inlichtingen te vorderen en de verplichting die te geven in die zin dat de toezichthouder de verplichting heeft om de cautie te geven en de ondervraagde het recht heeft om te zwijgen (5:10a Awb), zodra sprake is van een *criminal charge*. Een toezichthouder mag verder door gebruikmaking van zijn vorderingsbevoegdheid slechts onder bepaalde voorwaarden inbreuk maken op het recht op eerbiediging van privéleven, zoals neergelegd in artikel 8 EVRM.[23] Tot slot worden vanuit het oogpunt van rechtszekerheid hoge eisen gesteld aan de kenbaarheid van een vordering tot het verlenen van medewerking.[24]

3.2 Geen medewerking: en dan?

Artikel 5:20 Awb introduceert een zelfstandige verplichting. De vraag doet zich voor welke instrumenten de toezichthouder of het bestuursorgaan ter beschikking staan als iemand niet voldoet aan die medewerkingsplicht. Het antwoord luidt op dit moment: geen, althans niet rechtstreeks op grond van de Awb. De wetgever vond het destijds niet nodig om, in aanvulling op de strafrechtelijke sanctionering van niet-naleving van artikel 5:20 Awb,[25] een algemene bevoegdheid te creëren voor het bestuursorgaan om door middel van een bestuurlijke sanctie op te treden tegen overtreding.[26] Het was aan de bijzondere wetgever om desgewenst te voorzien in sanctionering.

Die handschoen heeft de bijzondere wetgever opgepakt. Dat heeft geleid tot tal van bepalingen die de bevoegdheid geven om naleving van artikel 5:20 Awb bestuursrechtelijk af te dwingen met een last onder dwangsom of bestuursdwang dan wel overtreding van artikel 5:20 Awb met een boete te bestraffen.[27]

---

[21] En dus niet indien de medewerking wordt gevorderd in verband met de uitvoering van een op het bestuursorgaan, waarvoor de toezichthouder werkzaam is, rustende verplichting, zie ABRvS 31 januari 2007, ECLI:NL:RVS:2007:AZ7426.
[22] *Kamerstukken II* 1993/94, 23700, 3, p. 144.
[23] Zo kon het opvragen van reisgegevens van een student bij TransLinkSystems zowel de subsidiariteits- als de proportionaliteitseis doorstaan, zie CRvB 5 februari 2018, ECLI:NL:CRVB:2018:269.
[24] Zie o.a. ABRvS 17 februari 2016, ECLI:NL:RVS:2016:378.
[25] Overtreding van een ambtelijk bevel is strafbaar op grond van artikel 184 Wetboek van Strafrecht.
[26] *Kamerstukken II* 1993/94, 23700, 3, p. 147.
[27] Zie bijv. art. 44 Drank- en Horecawet, art. 7.12 Mediawet 2008, art. 5.14 Wabo, art. 1:79 en 1:80 Wft, art. 61 en 76 Wmt en art. 18.7 Tw. Overigens verschillen de regimes

Uit jurisprudentie over de handhaving van artikel 5:20 Awb – veelal in combinatie met specifieke bepalingen over medewerking in bijzondere wetgeving – blijkt dat die bepaling een inspanningsverplichting omvat.[28] Beantwoording van de vraag of is voldaan aan de vordering van de toezichthouder moet worden gebaseerd op de feiten en omstandigheden die zich hebben voorgedaan na de vordering.[29] In geval van twijfel aan de overtreding van artikel 5:20 Awb moet aan de betrokkene het voordeel van de twijfel worden gegund.[30]

Het EVRM beperkt de mogelijkheid tot oplegging van sancties ter zake overtreding van artikel 5:20 Awb. Sancties die strekken tot naleving van artikel 5:20 Awb in verband met een inlichtingenvordering dienen, voor zover het wilsafhankelijk materiaal betreft, gelet op artikel 6 EVRM te worden beperkt in die zin dat de verplichting om de inlichtingen te verstrekken geldt met de restrictie dat het verstrekte materiaal uitsluitend wordt gebruikt ten behoeve van de uitoefening van het toezicht op de naleving.[31]

3.3 Toekomst: een doorkijkje

Hiervoor constateerden wij dat tegen de niet-naleving van de medewerkingsplicht niet op grond van de Awb door middel van een bestuurlijke sanctie kan worden opgetreden. Inmiddels is een wetsvoorstel (hierna: 'Wijzigingsvoorstel') op handen dat daarin verandering brengt.[32] Het Wijzigingsvoorstel voegt een derde lid toe aan 5:20 Awb waarmee de niet-naleving van de medewerkingsplicht bestuursrechtelijk handhaafbaar wordt: 'Het bestuursorgaan onder verantwoordelijkheid waarvan de toezichthouder werkzaam is, is bevoegd tot oplegging van een last onder bestuursdwang ter handhaving van het eerste lid.'[33] Hiermee wordt automatisch ook de bevoegdheid tot het opleggen van een last onder dwangsom ter naleving van de medewerkingsplicht geïntroduceerd (5:32 Awb).

Uit jurisprudentie over de al wel bestaande bestuursrechtelijke handhaving van de medewerkingsplicht (op grond van bijzondere wetten) blijkt dat op het

---

enigszins. Bijv. art. 1:79 Wft geldt voor 'de toezichthouder' (DNB, AFM), niet zijnde een natuurlijke persoon/Awb-toezichthouder; art. 5:13 en 5:20 zijn van overeenkomstige toepassing verklaard.

[28] Zie o.a. ABRvS 8 december 2010, ECLI:NL:RVS:2010:BO6638.
[29] Ibidem.
[30] Hoge Raad 15 april 2011, ECLI:NL:HR:2011:BN6324.
[31] CBb 10 januari 2018, ECLI:NL:CBB:2018:3.
[32] Voorstel tot Wijziging van de Algemene wet bestuursrecht en enkele andere wetten in verband met het nieuwe omgevingsrecht en het nieuwe nadeelcompensatierecht. Op het moment van afronding van deze bijdrage is sprake van een nog niet bij de Tweede Kamer aanhangig gemaakt wetsvoorstel dat op internet ter consultatie is voorgelegd (zie https://www.internetconsultatie.nl/awbomgevingswet).
[33] Zie art. 5:32, eerste lid Awb: het bestuursorgaan dat bevoegd is een last onder bestuursdwang op te leggen is ook bevoegd tot oplegging van een last onder dwangsom.

bestuursorgaan de verplichting rust om uitdrukkelijk belangen af te wegen. Als eenmaal is vastgesteld dat gegevens in redelijkheid kunnen worden opgevraagd en een bevoegdheid bestaat om tegen niet-verstrekking van die gegevens handhavend op te treden, is het bestuursorgaan er dus nog niet. Een rechtmatige uitoefening van de bevoegdheid vereist dat alle in geding zijnde belangen worden afgewogen voordat van die bevoegdheid gebruik wordt gemaakt.[34]

4. Inzet van moderne toezichtinstrumenten en de begrenzing daarvan

4.1 Toezicht in het licht van artikel 8 EVRM

De uitoefening van toezicht kan onder bepaalde omstandigheden leiden tot een inbreuk op het recht op eerbiediging van een privéleven in de zin van artikel 8 EVRM. De vraag is of de bevoegdheden van titel 5.2 Awb, dan wel de onderzoeksbevoegdheden die in bijzondere wetten zijn toegekend, hiervoor een voldoende gespecificeerde wettelijke grondslag bieden zoals artikel 8 EVRM vereist. Vooral bij toezicht in het sociale domein komt die vraag met enige regelmaat aan de orde, bijvoorbeeld wanneer gebruik wordt gemaakt van fysieke observaties. De wijze waarop en intensiteit waarmee het toezicht plaatsvindt en de vraag of daarmee een min of meer volledig beeld van bepaalde aspecten van het leven van betrokkenen kan worden verkregen, is daarbij van doorslaggevend belang. Zo oordeelde de CRvB dat de WWB (thans: Participatiewet) noch titel 5.2 Awb een voldoende nauwkeurige wettelijke grondslag bood voor het gedurende vijf maanden op ruim 60 dagen in totaal 97 waarnemingen verrichten bij een uitkeringsadres.[35] Het uitvoeren van fysieke observaties op enkele, niet gedurende een langere periode aangesloten dagen, kon naar het oordeel van de CRvB wel weer gebaseerd worden op de WWB.[36] De grens tussen het toelaatbare en het ontoelaatbare is dun en de overwegingen die gewijd worden aan het vraagstuk zijn vaak summier.[37]

4.2 Moderne toezichtinstrumenten

De vraag naar een voldoende wettelijke bevoegdheidsgrondslag voor een inbreuk op artikel 8 EVRM is in de laatste jaren steeds relevanter geworden. Door allerlei technische ontwikkelingen zijn de onderzoeksmogelijkheden aanzienlijk verruimd en is de gebruiksintensiteit van bepaalde instrumenten toegenomen. Zo is het bij het uitoefenen van toezicht mogelijk geworden om gebruik te maken van camera's, peilbakens, drones, chips of warmtezoekers en grote hoeveelheden data op te vangen en te analyseren. Met de inzet van dergelijke mo-

---

[34] Zie bijv. CBb 27 februari 2014, ECLI:NL:CBB:2014:97.
[35] CRvB 15 augustus 2017, ECLI:NL:CRVB:2017:2807.
[36] CRvB 24 januari 2017, ECLI:NL:CRVB:2017:297.
[37] Gewezen kan bijv. worden op CRvB 2 januari 2018, ECLI:NL:CRVB:2018:12.

derne methoden wordt al snel een zware inbreuk gemaakt op het privéleven van individuen.

Tot vrij recent nog achtte de CRvB de inzet van moderne toezichttechnieken, zoals camera's, in de regel toelaatbaar.[38] In 2016 heeft de CRvB zijn koers echter gewijzigd. Dat gebeurde in twee uitspraken over het gebruik van een peilbaken (GPS) onder een auto[39] en dagenlange cameraobservatie[40] om de gangen van de betrokkene na te gaan. De CRvB overwoog dat de toenemende technische verfijning en intensivering van opsporingsmethoden en -technieken een meer concreet omschreven legitimatie voor inbreuken op het fundamentele recht op bescherming van het privéleven verlangen. Noch titel 5.2 van de Awb, noch de algemene onderzoeksbevoegdheid van de WWB bieden volgens de CRvB die duidelijke, voorzienbare en met waarborgen omklede wettelijke grondslag voor het gebruik van de aan de orde zijnde ingrijpende onderzoeksmethoden, waarmee een min of meer compleet beeld van bepaalde aspecten van het persoonlijke leven van de betrokkenen kan worden verkregen. Het bewijsmateriaal werd door de CRvB dan ook (reeds) vanwege het ontbreken van een wettelijke grondslag als onrechtmatig verkregen aangemerkt en moest worden uitgesloten. Het probleem van de ontoereikende bevoegdheidsgrondslag speelt zeker niet alleen op het gebied van de sociale zekerheid. Zo oordeelde de Hoge Raad in 2017 bijvoorbeeld dat de wettelijke bevoegdheden van de belastinginspecteur geen voldoende basis bieden voor het gebruik van automatische kentekenplaatherkenning.[41]

4.3 Wetgever aan zet?

Ondertussen is duidelijk dat als de wetgever de inzet van ingrijpende onderzoeksmethoden, waaronder cameratoezicht, peilbakens en andere geavanceerde onderzoeksmethoden, wenselijk acht, hij daarvoor een voldoende duidelijke en met waarborgen omklede wettelijke grondslag zal moeten creëren.[42] Zoals eerder al werd geopperd door onder anderen Barkhuysen en Van Emmerik zouden daarbij door de strafrechtelijke opsporing geïnspireerde controlemechanismen kunnen worden ingebouwd (zoals voorafgaande toestemming van de officier van justitie of de rechter-commissaris).[43]

---

[38] Bijv. CRvB 14 april 2015, ECLI:NL:CRVB:2015:1258; CRvB 22 december 2015, ECLI:NL:CRVB:2015:4881.
[39] CRvB 15 maart 2016, ECLI:NL:CRVB:2016:947, *AB* 2016/329, m.nt. Barkhuysen en Van Emmerik.
[40] CRvB 13 september 2016, ECLI:NL:CRVB:2016:3479, *AB* 2017/47, m.nt. Barkhuysen en Van Emmerik.
[41] Hoge Raad 24 februari 2017, ECLI:NL:HR:2017:286.
[42] Hetzelfde geldt overigens – zoals hiervoor bleek – voor aloude (ingrijpende) methoden wanneer die op intensieve wijze worden ingezet, zoals de fysieke observatie.
[43] Barkhuysen en Van Emmerik in hun annotatie bij CRvB 13 september 2016, ECLI:NL:CRVB:2016:3479, *AB* 2017/47.

Het scheppen van dergelijke grondslagen kan in de bijzondere wet, maar het is ook mogelijk om hiervoor (een of meer) met waarborgen omklede grondslagen in titel 5.2 van de Awb op te nemen.[44] De daarin neergelegde bevoegdheden komen dan in beginsel aan alle toezichthouders toe, tenzij uitdrukkelijk uitgezonderd (5:14 Awb). Wij achten het – zeker gezien de snelle technologische ontwikkelingen – aannemelijk dat ook buiten het gebied van de sociale zekerheid een (toenemende) behoefte zal bestaan aan een modern toezichtinstrumentarium.

5. Rechtsbescherming

5.1 Rechtskarakter van toezichtshandelingen

Bij de parlementaire behandeling van titel 5.2 Awb is gesteld dat bij toezichthandelingen sprake is van feitelijk handelen.[45] Uit de jurisprudentie van het CBb en de ABRvS blijkt ook dat toezichtshandelingen niet als besluit gekwalificeerd worden. Zo werd de (schriftelijke) aankondiging van een kantoorbezoek waarbij tevens om inzage van dossier werd verzocht, als feitelijk handelen aangemerkt.[46] Hetzelfde gold voor de aankondiging van een uit te voeren controle in een bedrijfsgebouw waarbij de mededeling werd gedaan dat de toezichthouder, wanneer geen toegang tot het gebouw zou worden verschaft, zich zo nodig met behulp van de sterke arm toegang zou verschaffen.[47] Ook de schriftelijke inlichtingenvordering wordt – in tegenstelling tot hetgeen bij de mondelinge behandeling in de Tweede Kamer werd geopperd[48] – niet als besluit aangemerkt.[49] Het gevolg hiervan is dat de burgerlijke rechter bevoegd is om de rechtmatigheid van het toezichtshandelen te beoordelen. Daarnaast kan de rechtmatigheid van feitelijk toezichtshandelen aan de orde worden gesteld in beroep tegen een besluit waarmee de medewerkingsplicht wordt afgedwongen (vooralsnog slechts op grond van een bijzondere wet, zie hiervoor) of een handhavingsbesluit dat volgt op een bij het toezicht geconstateerde overtreding.

---

[44] Zie hierover ook Schuurmans en Uzman in de noot bij EHRM 18 oktober 2016, ECLI:CE:ECHR:2016:1018JUD006183810, *AB* 2017/418 en Venderbos in de annotatie bij CRvB 15 augustus 2017, ECLI:NL:CRVB:2017:2807, *AB* 2018/103.
[45] *Kamerstukken II* 1993–1994, 23700, 3, p. 142, zie ook *Kamerstukken II* 1994/95, 23700, 5, p. 51-55.
[46] ABRvS 7 oktober 2015, ECLI:NL:RVS:2015:3208.
[47] ABRvS 10 juli 2013, ECLI:NL:RVS:2013:199, *JB* 2013/168.
[48] *Handelingen II* d.d. 31 januari 1996, 49-3636 en 49-3664.
[49] CBb 21 juli 1998, ECLI:NL:CBB:1998:ZF3595, *AB* 1998/437 m.nt. Van der Veen; CBb 2 maart 1999, ECLI:NL:CBB:1999:AA3409, *AB* 1999/168 m.nt. Van der Veen; Rb. Rotterdam 10 januari 2008, ECLI:NL:RBROT:2008:BC2987, *AB* 2008/122, m.nt. Jansen.

5.2 Onrechtmatig verkregen bewijs

Als toezichthandelingen onrechtmatig hebben plaatsgevonden betekent dat niet direct dat het daaruit voortgekomen bewijs moet worden uitgesloten. Bij de vraag of onrechtmatig verkregen bewijs moet worden uitgesloten, wordt het zogenoemde 'zozeer indruist'-criterium gehanteerd. Volgens dat criterium moet het onrechtmatig verkregen bewijs worden uitgesloten wanneer dat bewijs is verkregen op een wijze die zozeer indruist tegen wat van een behoorlijk handelende overheid mag worden verwacht, dat het gebruik onder alle omstandigheden ontoelaatbaar is.[50]

In gevallen waarin een fundamenteel recht is geschonden, kwalificeert de bestuursrechter het verkregen materiaal doorgaans als bewijs dat 'is verkregen op een wijze die zozeer indruist tegen wat van een behoorlijk handelende overheid mag worden verwacht' dat dit onder alle omstandigheden moet worden uitgesloten.' Dat is bijvoorbeeld het geval bij schending van het huisrecht (8 EVRM) of in verband met het zwijgrecht (6 EVRM), wanneer de cautie ten onrechte achterwege is gelaten. In een recente uitspraak bevestigde de Afdeling nog eens dat wanneer ten onrechte geen cautie is gegeven, de verklaring van de betrokkene (in de regel) niet mag worden gebruikt als bewijs voor feiten die aan een bestraffende sanctie ten grondslag zijn gelegd. Hetzelfde geldt voor verklaringen die onder dwang zijn afgelegd, bijvoorbeeld omdat de betrokkene op grond van artikel 5:20 Awb gehouden was een verklaring af te leggen.[51] Het uitsluiten van bewijs door de bestuursrechter zien we voorts terug bij de eerder aan de orde gekomen moderne toezichtsinstrumenten als de camera en het peilbaken, nu daarvoor vooralsnog geen toereikende wettelijke grondslag bestaat.[52] Tot slot wijzen we hier nog op bewijs dat voorkomt uit onderzoek door een onbevoegde controleur of een niet aangewezen toezichthouder. Ook in dergelijke gevallen wordt het bewijs uitgesloten.[53]

---

[50] Zie bijv. ABRvS 17 april 2013, ECLI:NL:RVS:2013:BZ7701; ABRvS 3 oktober 1997, ECLI:NL:RVS:1997:ZF3015; ABRvS 29 juli 2009, ECLI:NL:RVS:2009:BJ4078, m.nt. Jansen; ABRvS 20 april 2016, ECLI:NL:RVS:2016:1163, m.nt. Jansen; CRvB 22 januari 2004, ECLI:NL:CRVB:2004:AO3220; CRvB 13 maart 2008, ECLI:NL:CRVB:2008:BC7462 en CRvB 24 januari 2013, ECLI:NL:CRVB:2013:BY9361, AB 2014/12, m.nt. Schneider.
[51] ABRvS 27 juni 2018, ECLI:NL:RVS:2018:2115.
[52] Zie bijv. CRvB 15 maart 2016, ECLI:NL:CRVB:2016:947, AB 2016/329, m.nt. Barkhuysen en Van Emmerik en CRvB 13 september 2016, ECLI:NL:CRVB:2016:3479, AB 2017/47, m.nt. Barkhuysen en Van Emmerik.
[53] CRvB 5 februari 2018, ECLI:NL:CRVB:2018:269, CRvB 15 januari 2016, ECLI:NL:CBB:2016:1.

5.3 Toekomst van de rechtsbescherming

De bestuursrechtelijke rechtsbescherming tegen toezichtshandelingen is beperkt. Zoals gezegd gaat het in de regel om een indirecte rechtsbescherming: het oordeel van de bestuursrechter over de rechtmatigheid van de toezichtshandeling kan slechts worden verkregen in een procedure tegen een besluit tot handhaving van de medewerkingsplicht of een handhavingsbesluit tegen een geconstateerde overtreding. Degene die met een toezichtshandeling wordt geconfronteerd die volgens hem niet door de beugel kan, heeft er echter vaak belang bij de rechtmatigheid daarvan aan de orde te stellen zonder het op een handhavingsactie aan te laten komen. De bestuursrechter lijkt dan de meest geëigende rechter om over die rechtmatigheidsvraag te oordelen. Dat pleit er naar onze mening voor een bestuursrechtelijke rechtsingang te creëren tegen handelingen van de toezichthouder waarvan de rechtmatigheid wordt betwist. Om te voorkomen dat die mogelijkheid ten koste gaat van de effectiviteit van het toezicht, zou een snelle behandeling van dit soort zaken voor de hand liggen.[54]

6. Tot slot

De uitoefening van toezichtsbevoegdheden staat op gespannen voet met de vrije rechtssfeer van burgers. Die spanning tekent zich onder meer af bij de in deze bijdrage besproken medewerkingsplicht van artikel 5:20 Awb. De wetgever heeft enerzijds gekozen voor een ruim geformuleerde bevoegdheid door geen beperkingen aan te brengen in de soort medewerking die gevorderd kan worden of de kring van personen die verplicht is om medewerking te verlenen. Anderzijds kent de medewerkingsplicht allerhande begrenzingen, die overigens niet alleen voortvloeien uit de Awb, maar ook uit het EVRM. Ook bij het bieden van rechtsbescherming door de rechter zien we de spanning terug. Hoewel het feit dat de uitoefening van toezicht onrechtmatig is gebleken nog niet betekent dat het daaruit voortgekomen bewijsmateriaal per definitie moet worden uitgesloten, is de rechter streng gebleken als fundamentele rechten van burgers in het gedrang komen. Tot slot manifesteert de spanning tussen adequaat toezicht en de rechten van burgers zich bij uitstek op het gebied van de ontwikkeling en het gebruik van moderne toezichtinstrumenten. Met name op dat gebied bestaat naar onze mening behoefte aan bezinning over de vraag of de Awb-regeling nog voldoende houvast biedt. Een eventuele aanvulling van de toezichtstitel in de Awb zal in ieder geval opnieuw een balansoefening betekenen tussen het belang van adequaat toezicht en het beschermen van de belangen van burgers.

---

[54] Bijv. naar analogie van art. 154a Gemeentewet.

Peter Stolk*

62 | De Awb voor decentrale bestuursorganen en de verhouding tussen bestuursorganen
Het spontane vernietigingsrecht: instrument voor de toekomst?

@P_Stolk – Het bestaande bescheiden gebruik van de figuur van de spontane vernietiging dient in de toekomst te worden voortgezet, waar overleg en samenwerking tussen overheden de norm vormen#*spontane-vernietiging*#*gedecentraliseerde-eenheidsstaat*#*motiveringsbeginsel*

1. Afbakening

In deze bijdrage zal nader worden ingegaan op het thema de Awb voor decentrale bestuursorganen en de verhouding tussen bestuursorganen. De decentrale bestuursorganen als gebruikers van de Awb. Daarbij wordt vooral gekeken naar gemeenten, provincies en waterschappen. De opzet van deze bijdrage is om een toekomst gerichte analyse te geven. Dat kan uiteraard niet zonder de nodige aandacht aan de ontwikkelingen tot nu toe. Voor de decentrale bestuursorganen is de Awb van belang omdat zij een regeling kent voor interbestuurlijke geschillen. In de eerste plaats de 'gewone' bestuursrechtelijke rechtsgang indien het gaat om geschillen in het kader van bijvoorbeeld de Financiële verhoudingswet zoals over een uitkering uit het Gemeentefonds.[1] Daarnaast in de vorm van de bijzondere figuren van het bestuurlijk toezicht, te onderscheiden in het preventief toezicht, geregeld in de goedkeuringsfiguur (Afdeling 10.2.1 Awb) en het repressief toezicht, geregeld in de figuur van de spontane vernietiging (Afdeling 10.2.2 Awb), alsmede het daaraan accessoire instrument van de schorsing (Afdeling 10.2.3 Awb). Om redenen van efficiency beperk ik mij tot de spontane vernietiging. Centraal staat de vraag: wat draagt de Awb in dat kader bij aan de verhouding tussen bestuursorganen?

2. Grondslag

Het bijzondere van de regeling van de spontane vernietiging in Afdeling 10.2.2 Awb is dat deze haar basis vindt in artikel 132, vierde lid, en 133, derde lid, van de Grondwet.

---

* Mr. P.J. Stolk is werkzaam geweest bij het Ministerie van Binnenlandse Zaken en Koninkrijksrelaties bij de directie Constitutionele Zaken en Wetgeving en bij de Afdeling Kennis, Internationaal, Europa en Macro-economie.
[1] Bijv. ABRvS 8 maart 2006, ECLI:NL:RVS:2006:AV3851, *Gst.* 2006/119 m.nt. J.W.M. Engels of Rechtbank Rotterdam 24 december 2014 ECLI:NL:RBROT:2014:10546.

Het vierde lid van artikel 132 Grondwet wijst expliciet aan wie bevoegd is om tot vernietiging over te gaan en geeft tevens de gronden voor vernietiging.[2] De vernietiging vindt plaats bij koninklijk besluit[3] en behoort daarmee tot de bevoegdheid van de regering. De vernietigingsgronden zijn 'strijd met het recht' of 'strijd met het algemeen belang'. In hoofdstuk XVIII Provinciewet, hoofdstuk XVII Gemeentewet, hoofdstuk XXI Waterschapswet en in afdeling 10.2.2 van de Awb wordt dit recht verder uitgewerkt. Deze hoofdstukken uit de Provincie- en Gemeentewet geven samen met afdeling 10.2.3 Awb een regeling voor schorsing. Schorsing is accessoir aan vernietiging, omdat het een tijdelijke voorziening beoogt te bieden in die gevallen waarin nader onderzoek nodig is om te beslissen of vernietiging noodzakelijk is (artikel 10:43 Awb). Een belangrijk aspect van het vernietigingsrecht (en daarmee ook van het schorsingsrecht) is dat het vierde lid van artikel 132 een ander besluitbegrip hanteert dan de Awb. Dit lid stamt van voor de invoering van de Awb en is bovendien van hogere rang, zodat aansluiting bij het Awb besluitbegrip niet voor de hand ligt. De artikelen 261 Provinciewet respectievelijk 268 Gemeentewet verstaan hieronder niet alleen besluiten in de zin van de Awb, maar ook niet-schriftelijke beslissingen die gericht zijn op enig rechtsgevolg. Vernietiging van een algemeen verbindend voorschrift is ook mogelijk.[4] De Kroon kan bij de vernietiging van een algemeen verbindend voorschrift, zoals een provinciale of gemeentelijke verordening, bepalen dat met de vernietiging van die verordening ook de krachtens die verordening genomen besluiten worden vernietigd.

Belangrijk is de beperking die artikel 10:34 Awb oplegt door te bepalen dat de bevoegdheid tot vernietiging slechts bij de wet kan worden verleend. Hoewel artikel 132 tweede lid Grondwet de mogelijkheid tot delegatie biedt is door de regering tot deze stringentere regeling besloten omdat dit instrument een grote reikwijdte heeft ook in vergelijking tot het andere toezichtsinstrument van de goedkeuring en een nauwkeurige omschrijving van de toetsingsgronden niet mogelijk is. Een bestuursorgaan kan een besluit van een ander bestuursorgaan vernietigen indien dat bij wet is toegestaan en het besluit in strijd met het recht of het algemeen belang is. Gedeeltelijke vernietiging is alleen mogelijk indien dat strookt met aard en inhoud van het besluit.

De spontane vernietiging komt in de praktijk niet veel voor.[5] Dit ondanks de invoering van de Wet revitalisering generiek toezicht. Ten tijde van de totstand-

---

[2] https://www.nederlandrechtsstaat.nl/grondwet/artikel.html?artikel=132##artikel132.
[3] Op onderscheidenlijke voordracht van de burgemeester, g.s, commissaris van de Koning of de voorzitter van het waterschap (art. 273/273a Gemeentewet, 266 Provinciewet en 158 Waterschapswet).
[4] Artikelen 271a van de Provinciewet en 278a van de Gemeentewet.
[5] Sinds 2000 is slechts elf maal een besluit van een provincie of gemeente vernietigd. Zie W. van der Woude, https://www.nederlandrechtsstaat.nl/grondwet/artikel.html?artikel=132##artikel132. Zie voor de drie vernietigingen tussen 2000 en 2004 R.J.M.H. de Greef, 'Inventarisatie spontane vernietigingsbesluiten van de Kroon 1993 - 2004', Gst. 2006/55. Daarna acht vernietigingen. Kb 10 mei 2005, Stb. 2005/270 (gemeente

koming van deze wet per 1 oktober 2012 was de regering in de veronderstelling dat het vernietigingsrecht aanzienlijk vaker zou worden gebruikt, nadat veel vormen van specifiek toezicht zouden zijn geschrapt en vervangen door het generiek instrumentarium in de Provinciewet en de Gemeentewet.[6] Dat blijkt evenwel niet het geval.[7]

3. Vraagstelling

De eerste vraag is of bestuurlijk toezicht ook voor de toekomst wel de geëigende manier is om de decentrale overheden in het bestuurlijke spoor van de centrale overheid te houden. De hoofdregel in de Awb is dat op grond van artikel 8:4, lid 1, onderdeel d, in beginsel geen beroep openstaat tegen vernietigingsbesluiten. Deze hoofdregel is echter in grote mate uitgehold door de uitzonderingen daarop in de artikelen 274a Provinciewet, 281a Gemeentewet en 162 Waterschapswet. De (uiteindelijke) mogelijkheid van een rechterlijke toets is daarmee grotendeels realiteit. De vraag bij een aantal auteurs is echter of de spontane vernietiging niet vervangen moet worden door het stelsel dat de centrale overheid bezwaar en beroep kan instellen tegen het door het decentrale bestuursorgaan genomen besluit.[8] Deze gedachte staat op gespannen voet met de idee van de gedecentraliseerde eenheidsstaat.[9] De idee van de eenheidsstaat impliceert een zekere eenheid van besluitvorming; toezicht op de decentrale overheden is in een eenheidsstaat logisch en noodzakelijk. De idee van decentralisatie impliceert daarentegen een bepaalde mate van lokale autonomie. In geval van bestuurlijk toezicht kan de centrale overheid invloed uitoefenen op besluiten van decentrale overheden. Het doel van bestuurlijk toezicht is dan ook het bewaren van het evenwicht tussen eenheid enerzijds en lokale autonomie anderzijds. Vernietiging is dus geen doel op zichzelf. Gemeenten bezitten een grondwettelijk gewaarborgde zelfstandigheid, maar een bepaalde mate van eenheid van recht en beleid moet in een eenheidsstaat verzekerd zijn. Zolang nog geen afstand is gedaan van de gedecentraliseerde eenheidsstaat zal deze noodzaak blijven bestaan.

Lelystad); Kb 1 november 2006, Stb. 2006/572 (gemeente Oirschot); Kb 1 november 2006, Stb. 2006/573 (Gorinchem); Kb 2 december 2006, Stb. 2006/692 (gemeente Limburg); Kb 20 november 2006, Stb. 2006/615 (gemeente Amsterdam); Kb 31 oktober 2008, Stb. 2008/443 (Landsbanki); Kb 22 maart 2010, Stb. 2010/138 (winkeltijden Westland); Kb 25 maart 2011, Stb. 2011/154 (winkeltijden Westland).
[6] Kamerstukken II, 2009/10, 32389 3, p. 20.
[7] H.B. Winter e.a., Eindrapport Evaluatie Wet revitalisering generiek toezicht, Groningen: Rijksuniversiteit Groningen 2017, p. 125.
[8] J.L.W. Broeksteeg, 'Spontane vernietiging', in: R.J.N. Schlössels e.a. (red.), JB Select, Den Haag: Sdu 2014, p. 545 en de aldaar aangehaalde auteurs Visser, Hennekens en Damen.
[9] Broeksteeg 2014, p. 545 e.v.

Kan de verzekering van de eenheidsstaat dan niet aan de rechter worden opgedragen? Het antwoord daarop luidt ontkennend. Vernietiging wegens strijd met het algemeen belang betekent onder meer de doorkruising van rijksbeleid door decentrale overheden. Wat rijksbeleid is en de doorkruising daarvan vormen een politieke en geen juridische vraag. De rechter is echter niet het meest geschikt om als enige over politieke vraagstukken te oordelen. De opvatting, dat toetsing aan het recht enkel en alleen een rechterlijke taak is of dat zou moeten zijn, is onjuist. Indien de Kroon van oordeel is dat het recht is geschonden en zij een instrument bezit om de onrechtmatigheid op te heffen, dan behoort zij dat te doen. Rechterlijke toetsing vindt eerst daarna plaats, aldus Broeksteeg ook verwijzend naar andere auteurs. Het vernietigingsrecht kent bovendien zijn specifieke grondslag in de Grondwet en heeft daarmee een bijzonder karakter. In die zin vormt het huidige systeem een compromis waarbij het vernietigingsrecht berust bij het hogere bestuursorgaan, maar met de mogelijkheid na toepassing daarvan van beroep bij de bestuursrechter.

Daartegen over staat dat de mogelijkheid van vernietiging van autonome besluiten wegens strijd met het algemeen belang in strijd is met artikel 8, tweede lid, van het Europees Handvest inzake Lokale Autonomie (EHLA).[10] Deze bepaling bedoelt de autonomie van lokale overheden te beschermen. Door bij de autonome taakvervulling uitsluitend toezichtsbevoegdheden toe te kennen voor zover het toezicht de naleving van de wet en de grondwettelijke beginselen betreft, wordt voorkomen dat nationale overheden om beleidsinhoudelijke redenen ingrijpen in de autonomie van de lokale overheden. Nederland heeft bij deze bepaling dan ook een voorbehoud gemaakt om vernietiging wegens strijd met het algemeen belang mogelijk te houden.[11]

De vraag die zich vervolgens voordoet is: moeten overheden voor de beslechting van hun geschillen dezelfde rechtsbeschermingsmogelijkheden hebben als burgers? Een dergelijke beroepsmogelijkheid is wel beschouwd als een vervuiling van de rechtsbescherming. Dat een 'hogere' overheid beschikt over de optie om in een procedure tegen een 'lagere' overheid op te kunnen komen voor een publiek (toezichts)belang, past niet binnen het stelsel dat gericht is op rechtsbescherming en de bescherming van subjectieve belangen. Evenmin past het binnen de staatsrechtelijke verhoudingen.[12] Het kabinet nam een ander

---

[10] Elk administratief toezicht op de activiteiten van de lokale autoriteiten dient in de regel slechts gericht te zijn op het verzekeren van de naleving van de wet en de grondwettelijke beginselen. Administratief toezicht mag echter met betrekking tot doelmatigheid door hogere autoriteiten uitgeoefend worden inzake taken waarvan de uitoefening aan de lokale autoriteiten is gedelegeerd.

[11] Ingevolge art. 2 van de Goedkeuringswet Europees Handvest inzake lokale autonomie acht het Koninkrijk zich niet gebonden aan art. 8, tweede lid, van het Europees Handvest.

[12] J.M.H.F. Teunissen en C.B.M. van Haaren-Dresens, 'Van specifiek naar generiek. Het rapport van de Commissie Oosting en de kabinetsreactie over het interbestuurlijk toezicht', *Gst.* 2008/76.

standpunt in.[13] Als voor bestuursorganen een van de burgers afwijkend regime wordt gecreëerd, kan dat tot onwenselijke processuele complicaties leiden. Bovendien achtte het kabinet de mogelijkheid wenselijk voor een bestuursorgaan om een handhavingsbesluit uit te lokken voor de situatie dat handhaving nodig is en belanghebbenden (burgers) niet om handhaving verzoeken. Problemen met het stelsel zag het kabinet niet: het belang van procederende partijen is het leidende criterium voor het al dan niet verkrijgen van toegang tot de bestuursrechter en niet de aard van de procederende partij (burger of bestuursorgaan). Hieraan kan worden toegevoegd dat er ook de zgn. onzuivere bestuursgeschillen bestaan waarbij niet alleen bestuursorganen maar ook burgers betrokken zijn.

4. Rechtsbescherming

Provincies, gemeenten en waterschappen kunnen tegen een besluit tot vernietiging beroep instellen.[14] Tegen schorsing kan dit niet (art. 8:4, eerste lid, onder d Awb). Wel staat daartegen de weg naar de burgerlijke rechter open. Deze toetst echter uiterst terughoudend.[15]

Vernietiging wegens strijd met het algemeen belang
Deze toetsingsgrond is zeer algemeen en is in de wet opgenomen omdat het niet mogelijk is de gronden voor de vernietiging nauwkeurig te specificeren. Dat betekent wel een beperking bij de hantering daarvan. Het oordeel van het toezichthoudend orgaan dat het een besluit van het orgaan waarop toezicht wordt gehouden, niet geheel op die wijze zou hebben genomen, rechtvaardigt op zich niet een vernietiging. Dat kan pas wanneer de bezwaren evident overwegend zijn.[16] Sinds de inwerking treding van de Wet revitalisering generiek toezicht per 1 oktober 2012 is het instrument van spontane vernietiging veranderd van karakter. Het is geen ultimum remedium instrument meer. De criteria van vernietiging zijn niet veranderd, maar omdat de vernietiging in de Gemeentewet en in de Provinciewet als algemeen instrument wordt omschreven, komt spontane vernietiging wel eerder in beeld. Het stelsel van bestuurlijk toezicht heeft hierdoor in theorie een ingrijpende wijziging ondergaan. Om die reden is voor de hantering van de spontane vernietiging door de regering van besluiten van gemeenten en provincies het Beleidskader schorsing en vernietiging tot

---

[13] *Kamerstukken I*, 2007/08, 30844, G, p. 11-12.
[14] Artikelen 274a Provinciewet, 281a Gemeentewet en 162 Waterschapswet.
[15] Zie Rb. Den Haag 23 december 2005, ECLI:NL:RBSGR:2005:AU8652, (Haarlemmermeer/Schipholbrand), *Ars Aequi* AA20060300, m.nt. L.J.A. Damen; *Gst.* 2006, 57 m.nt. J.M.H.F. Teunissen. De rechtbank oordeelde dat het niet de taak is van de burgerlijke rechter om politieke afwegingen te maken.
[16] *Kamerstukken II*, 1993/94, 23700, 3, p. 187 (naar analogie van de onthouding van goedkeuring).

stand gekomen.[17] In dat Beleidskader wordt onder verwijzing naar de notitie inzake het instrument spontane schorsing en vernietiging uit 1992 opgemerkt dat aan schorsing en vernietiging wegens strijd met het algemeen belang overwegende bezwaren kleven. 'Het verdraagt zich slecht met het gegeven dat ook bij lagere overheden beslissingen via democratische besluitvorming tot stand komen en dat deze overheden in voldoende mate vrije beleidsruimte moet worden geboden.' Gesteld wordt dan ook dat de Kroon uiterst terughoudend moet zijn en niet op grond van het algemeen belang moet ingrijpen als er niet tevens sprake is van strijd met het recht. In het beleidskader spontane vernietiging uit 2006 werd opgemerkt dat toepassing van de vernietigingsgrond 'strijd met het algemeen belang' nagenoeg altijd gecombineerd wordt met toepassing van de vernietigingsgrond 'strijd met het recht'. Benadrukt werd dat de Kroon terughoudender optreedt wanneer er alleen sprake is van strijd met het algemeen belang. In het nieuwe Beleidskader schorsing en vernietiging blijft dit uitgangspunt overeind. Er wordt niet lichtvaardig ingegrepen op de constitutioneel verankerde vrijheid van gemeenten en provincies om de belangen te dienen die aan hen zijn toevertrouwd.

Van de acht vernietigingen die tussen 2005 en 2016 zijn voorgevallen, hebben slechts twee uitsluitend wegens strijd met het recht plaatsgevonden.[18] In vier gevallen betrof het een vernietiging wegens strijd met het recht en het algemeen belang[19] en in twee gevallen was de strijd met het algemeen belang de enige vernietigingsgrond.[20]

In het beroep in de Landsbankizaak tegen de vernietiging oordeelde de Afdeling dat het past de beleidsinhoudelijke afweging van de regering zoveel mogelijk marginaal te toetsen. Niettemin vond wel een 'volle' toetsing plaats aan de algemene beginselen van behoorlijk bestuur en dan met name aan het motiveringsbeginsel. Omdat de Afdeling de motivering van het vernietigingsbesluit niet afdoende vond, werd de vernietiging ongedaan gemaakt.[21]

De ABRvS hanteert in de Landsbanki zaak uit 2009 – zij het onder het oude beleidskader spontane vernietiging[22] – een zwaar motiveringsbeginsel. In het nieuwe Beleidskader schorsing en vernietiging geldend per 1 oktober 2012 wordt dit onder verwijzing naar de memorie van toelichting bij de Grondwets-

---

[17] *Kamerstukken II*, 2009/10, 32389, 5.
[18] KB 22 maart 2010, *Stb.* 2010/138 (winkeltijden Westland) en KB 25 maart 2011, *Stb.* 2011/154 (winkeltijden Westland).
[19] KB 10 mei 2005, *Stb.* 2005/270 (Lelystad); KB 1 november 2006, *Stb.* 2006/572 (Oirschot); KB 1 november 2006, *Stb.* 2006/573 (Gorinchem) en KB van 12 december 2006, *Stb.* 2006/692 (Limburg).
[20] KB 20 november 2006, *Stb.* 2006/615 (Amsterdam) en KB 31 oktober 2008, *Stb.* 2008/443 (Landsbanki).
[21] ABRvS 22 april 2009, ECLI:NL:RVS:2009:BI1842 (Landsbanki), *Ars Aequi* AA20090660, m.nt. L.J.A. Damen, *JB* 2009/144, m.nt. J.L.W. Broeksteeg.
[22] *Kamerstukken II*, 2005/06, 30300, VII, 75.

wijziging eveneens bevestigd.[23] Uit die passage blijkt dat het aan de Kroon is om aan de hand van de concrete omstandigheden van het geval een belangenafweging te maken. Of een besluit in strijd is met het algemeen belang is sterk casuïstisch. Dit brengt met zich dat als een besluit wegens strijd met het algemeen belang wordt vernietigd, er ook een zware motiveringsplicht op de Kroon rust.

Vernietiging wegens strijd met het recht
Onder 'strijd met het recht' wordt blijkens het Beleidskader schorsing en vernietiging strijd met de wet en de algemene rechtsbeginselen verstaan.[24]

Bij strijd met de wet moet niet alleen worden gedacht aan strijd met de Grondwet, strijd met wetten in formele zin en lagere regelgeving, maar ook aan strijd met regels die krachtens de Grondwet een hogere status hebben, zoals het recht van de Europese Unie[25] en een ieder verbindende verdragsbepalingen. Niet elke strijd met het recht zal tot vernietiging aanleiding geven. De inbreuk op de eigen verantwoordelijkheid van gemeenten en provincies moet proportioneel zijn ten opzichte van het belang dat met vernietiging wordt gediend. Het blijft een bestuurlijk middel. Van geval tot geval zal moeten worden beoordeeld of toepassing van het instrument vernietiging proportioneel is. Is de vernietiging wel evenredig tot het doel dat daarmee wordt bereikt?

5. Welke Awb-beginselen?

Zoals hiervoor aangegeven wordt bij de hantering van het instrument van de spontane vernietiging uitgegaan van een zwaar motiveringsbeginsel bij vernietiging wegens strijd met het algemeen belang en van het proportionaliteitsbeginsel bij vernietiging wegens strijd met het recht. Het 'zware' motiveringsbeginsel en het proportionaliteitsbeginsel kennen geen aparte regeling in de afdeling 10.2.2 naast de artikelen 3:46 Awb en 3:4, tweede lid Awb. Alleen voor de motivering geldt aanvullend artikel 10:41, tweede lid, Awb dat de motivering van het vernietigingsbesluit verwijst naar het overleg dat voor het nemen van het besluit ingevolge artikel 10:41, eerste lid Awb mogelijk heeft plaatsgevonden. Waaruit bestaat het zware motiveringsbeginsel? In de Landsbanski uitspraak speelde dit beginsel.[26] Daarin was aan de orde dat de Nederlandse regering een Memorandum of Understanding (MoU) had gesloten met de IJslandse regering. Daarbij was overeen gekomen dat Nederlandse spaarders (waaronder de overheden) in aanmerking zouden komen voor een uitkering op grond van het IJslandse depositogarantiestelsel. Besprekingen over een nader MoU, ter

---

[23] *Kamerstukken II*, 1975/76, 13990, 3, p. 20.
[24] *Kamerstukken II*, 2009/10, 32389, 5, p. 5-6.
[25] Hier zal vooral de aanwijzingsbevoegdheid van de regering ogv de Wet Naleving Europese regelgeving publieke entiteiten (Wet Nerpe) een rol spelen.
[26] Zie KB 20 november 2006, *Stb.* 2006/615 (Amsterdam) en KB 31 oktober 2008, *Stb.* 2008/443 (Landsbanki).

uitwerking van het eerdere, waren nog gaande. De beslissing van de overheden om zelf een gerechtelijke procedure te starten tegen de Landsbanski bank , zou een inbreuk vormen op de onderhandelingen met de IJslandse regering en zou de gelijkheid van schuldeisers schaden. De Afdeling concludeerde dat de motivering van het KB uiterst summier is. Bepaalde zaken, zoals financiële risico's en stabiliteit, en het gevaar dat de IJslandse regering de MoU-afspraken niet zou nakomen als gevolg van de gerechtelijke procedure door de overheden, zouden onvoldoende zijn uitgewerkt. Het zware motiveringsbeginsel bestaat hieruit dat een aantal specifiek door de Afdeling benoemde feiten onvoldoende zijn toegelicht, maar daarmee wordt m.i. niet afgeweken van het 'gewone' motiveringsbeginsel. Dit motiveringsbeginsel vereist immers een juiste vaststelling van de feiten en dat deze vaststelling leidt tot tot het genomen besluit. Bovendien is de 'zware motiveringslijn' bij andere vernietigings-KB'en niet zichtbaar.

In artikel 10:41 wordt voorgeschreven dat voorafgaande aan een besluit tot vernietiging de mogelijkheid tot overleg wordt geboden tussen de betrokken bestuursorganen. Daadwerkelijk overleg is niet voorgeschreven; alleen de mogelijkheid tot overleg moet zijn geboden. Het Beleidskader schorsing en vernietiging beschrijft een uitgebreide interventieladder alvorens daadwerkelijk tot schorsing of vernietiging wordt overgegaan. Deze stappen geven invulling aan het vereiste van zorgvuldige voorbereiding van een besluit als het vergaren van de nodige kennis omtrent de relevante feiten en af te wegen belangen conform artikel 3:2 Awb.

Omdat de bezwaarprocedure niet van toepassing is in de procedure van het besluiten tot vernietiging zou het overleg als een volwaardige vervanging van de bezwaarprocedure altijd moeten plaatsvinden, tenzij het bestuursorgaan waarvan het besluit wordt vernietigd daaraan geen behoefte heeft. Dus ook wanneer andere – informele – vormen van overleg tussen de betrokken bestuursorganen hebben plaatsgevonden. Dit geldt temeer omdat de motivering van het vernietigingsbesluit dient te verwijzen naar hetgeen in het overleg aan de orde is gekomen. Dit voorschrift van het tweede lid van artikel 10:41 vormt het enige wettelijk voorschrift waarin een bijzondere motiveringsplicht met betrekking tot een vernietigingsbesluit tot uitdrukking komt. Als dat niet wordt toegepast dan blijft er weinig over van de 'zware' motiveringplicht naast de motiveringsplicht op grond van 3:46 Awb.

6. De toekomst en de rol van de overheid

Sinds de jaren tachtig van de vorige eeuw zijn in toenemende mate bevoegdheden en taken die op nationaal niveau belegd waren overgedragen naar het niveau van de Europese Unie. Deze taken werden en worden overgedragen als gevolg van de toenemende integratie.[27] Daarnaast werd in het kader van de

---

[27] Paul Craig/Grainne de Burca , *EU Law, Text, cases and materials*, Oxford: Oxford University Press 2015, p. 27, V.

toenemende bezuinigingen geleidelijk een omvangrijk pakket aan taken en verantwoordelijkheden overgedragen aan de gemeenten.[28] Het gevolg van deze overdracht is dat de nationale overheid nog maar in beperkte mate gaat over beleidsterreinen die direct effect hebben op het dagelijkse leven van de burger, terwijl bij de burger wel de verwachting bestaat dat de nationale overheid aan zet is om de publieke belangen op deze terreinen te behartigen. De nationale overheid is daarnaast steeds meer afhankelijk van de samenwerking met andere bestuurslagen om tot het oplossen van maatschappelijke vraagstukken te komen.[29] Daarbij gaat het om onderwerpen als wonen en zorg, maar ook als het gaat om de regulering van de gevolgen van migratie.

Dergelijke onderwerpen hebben in potentie het gevaar in zich te leiden tot een conflict tussen de nationale overheid en de decentrale bestuursorganen. Het basismodel dat in de Nederlandse bestuurscultuur gehanteerd wordt ter voorkoming of oplossing van dergelijke conflicten is het overleg. De reflectie van dat overleg is o.m. terug te vinden in artikel 10:41 Awb. Ik bepleit dan ook om dit voor de toekomst consequent toe te passen bij ieder voornemen tot vernietiging, mede in het licht van de 'zware' motiveringsplicht.

Gezien de grondwettelijke verankering van het spontane vernietigingsrecht zal dit recht – al was het maar vanwege de speciale procedure voor wijziging van de Grondwet – niet snel verdwijnen. Voor de toekomst geldt de voortzetting van het bestaande bescheiden gebruik van de figuur van de spontane vernietiging, waar overleg en samenwerking tussen overheden de norm vormen.[30]

---

[28] B. Steur en L. Parie-Joosten, *Openbaar bestuur en economische ontwikkeling: achtergronddocument*, Den Haag: Studiegroep Openbaar Bestuur 2016, p. 8.
[29] Zie het rapport van de Wetenschappelijke Raad voor het Regeringsbeleid: Huub Dijstelbloem e.a. (red.), *Het gezicht van de publieke zaak*, Amsterdam: Amsterdam University Press 2010, p. 19-20.
[30] Met als belangrijke voorbeelden het belang van samenwerking waar het gaat om de grote opgaven voor de overheid als het bouwen van een 1 miljoen woningen, het verbeteren van de duurzaamheid, het voeren van een klimaatbeleid , de energie transitie, het sociaal domein en het wegwerken van de wachttijden in de jeugdzorg.

Reinier van Zutphen*

63 | Leidt de Awb tot behoorlijk bestuur?

@R_vanZutphen – Titel 9.2 van de Algemene wet bestuursrecht bevat hopeloos verouderde formele klachtvereisten. De ombudsman heeft genoeg aan artikel 9:26 Awb. Onderzoeken uit eigen beweging is core business#*onderzoek-uit-eigen-beweging*#*maatwerk*#*formele-klachtvereisten*

1. Inleiding

Het zou kunnen dat de Algemene wet bestuursrecht (Awb) tot behoorlijk bestuur leidt maar zeker ben ik niet. Eigenlijk ben ik dat nog minder als het gaat om de twintig artikelen van hoofdstuk 9, titel 2, Awb die het externe klachtrecht regelen. Dat zijn toch bepalingen waar ik wat meer zicht op zou moeten hebben. Ik heb ze alle twintig nog eens een paar maal doorgelezen. Voor de beantwoording van de vraag of de Awb leidt tot behoorlijk bestuur leverde dat niet veel op.

2. Het belang van de Awb

Het is mooi dat we dankzij de Awb weten dat onder ombudsman de Nationale ombudsman wordt verstaan of een door een lagere (tegenwoordig als mede-) overheid ingestelde ombudsman of ombudscommissie. Treffend ook dat de Awb net als daarvoor de Wet op de Nationale ombudsman (WNo) nog steeds uitgaat van het recht van een ieder om schriftelijk aan de ombudsman te verzoeken een onderzoek in te stellen, terwijl dit nu meestal per telefoon, e-mail of sociale media gaat. Aan dat verzoekschrift worden dan ook nog eens allerlei eisen gesteld zoals dagtekening, omschrijving van de gedraging, gronden en allemaal details over de klachtprocedure in eerste aanleg.

Helemaal achterhaald door de tijd zijn de twintig artikelen nog niet. Zo nu en dan zijn ze zelfs van groot belang. Met name als van de zijde van het bestuursorgaan geen medewerking wordt verleend aan het onderzoek is het prettig dat de wet daartoe verplicht. Een vorm dus van door de wet afgedwongen goed of behoorlijk bestuur. Ik denk aan de zaak van een Thailand gedetineerde Nederlander die zich door tussenkomst van zijn advocaat met een verzoek tot de Nationale ombudsman heeft gewend en waarin door de Nationale ombudsman aanvankelijk tegenwerking werd ondervonden.[1] Deskundige juristen aan de zijde van de ombudsman en aan de zijde van de minister van justitie konden klare wijn schenken over de bevoegdheid van de Nationale ombudsman om het

---

* Mr. R.F.B. van Zutphen is de Nationale ombudsman.
[1] https://www.nationaleombudsman.nl/nieuws/2018/update-onderzoek-ombudsman-rechtshulpverzoek-aan-thailand.

verzoek in behandeling te nemen en de verplichtingen aan de zijde van de overheid om medewerking te verlenen. De inlichtingen- en mededelingsplicht zijn vanzelfsprekend de belangrijkste. Dat dit vastligt in wettelijke bepalingen heeft werkelijk geholpen.

Naast het belang van het wettelijk vastleggen van het recht te klagen, de bevoegdheid onderzoek in te stellen en de verplichtingen van het bestuursorgaan zodra een onderzoek is ingesteld, is er een bepaling die het belang van alle andere artikelen overtreft. Dat is artikel 9:26 Awb waarin de bevoegdheid van de ombudsman tot het uit eigen beweging in stellen van een onderzoek is vastgelegd. Een bevoegdheid die voor de Nationale ombudsman correspondeert met artikel 78a, lid 1, Grondwet. De bevoegdheid onderzoek te doen uit eigen beweging maakt niet alleen grote onderzoeken mogelijk naar bijvoorbeeld schuldhulpverlening, zorg en het sociale domein, gijzelingen, behoorlijk invorderen door de overheid en inburgering maar ook kan de ombudsman individuele zaken onderzoeken zonder dat aan alle (inmiddels ouderwetse) vereisten zoals hiervoor al genoemd – schriftelijk, dagtekening enzovoort – is voldaan.

3. Een eerste tussenstand

Even een tussenstand: die goeie oude WNo zoals inmiddels – grotendeels – vernummerd naar titel 2 van hoofdstuk 9 Awb is weliswaar verouderd maar bewijst zo nu en dan nog steeds belangrijke diensten. Onderzoek uit eigen beweging (ooit artikel 15 WNo) is (in ieder geval) voor de Nationale ombudsman niet aan veroudering onderhevig. Die bepaling is meer dan ooit nodig voor het op een moderne leest schoeien van het ombudswerk. De ombudsman kan dus nog steeds, wettelijk, goed uit de voeten maar of dat nu leidt tot beter bestuur is de vraag. En, schande dat het woord burger nu pas valt, merkt de burger – u weet wel: dat is een ieder die het recht heeft een verzoek in te dienen ingevolge artikel 9:18 Awb – dat er beter wordt bestuurd omdat er wordt geleerd van klachten?

Leren van klachten door de overheid is essentieel. Ook burgers laten dat vaak weten wanneer zij hun verzoek (in termen van het externe klachtrecht) – liever spreken we van signalen en klachten – voorleggen aan de (Nationale) ombudsman. Klagen doe je vaak voor jezelf omdat je hoopt dat je probleem dan wordt opgelost maar regelmatig laten klagers weten dat zij hun mondelinge of schriftelijke klacht nu juist hebben voorgelegd aan het bestuursorgaan omdat zij hopen dat anderen daardoor niet hetzelfde mee zullen hoeven maken als wat henzelf is overkomen. Kortom in de verwachting dat klagen uiteindelijk bijdraagt aan behoorlijk bestuur.

Maar die verwachting komt lang niet altijd uit. Eerst maar een voorbeeld uit de praktijk waar klagen niet heeft geholpen en waar ook de formele behandeling van het verzoek door de Nationale ombudsman, als tweedelijns klachtinstantie, niet heeft geleid tot oplossing van het individuele probleem. Sterker: er kwam evenmin een aanpassing van praktijk en regels die door de ombudsman werden aanbevolen. Uit dat onderzoek bleek dat de problemen waarin klaagster en haar gezinsleden – overigens zeker niet als enigen – waren komen te verkeren door verandering van regels wel mogelijk zou zijn.

De zaak is beschreven in het rapport 'Vestzak, Broekzak?' en betreft een onderzoek naar een klacht over de gevolgen van de verhoging van een uitkering wegens hulpbehoevendheid.[2] In het kort gaat het om het volgende. Het UWV verhoogt op basis van een nieuwe wetsbepaling, in 2014 de uitkering van mevrouw G met € 371 per maand omdat zij veel extra kosten maakt vanwege haar hulpbehoevendheid. Door deze verhoging van haar inkomen vallen andere inkomstenbronnen, zoals onder meer toeslagen, weg of worden verlaagd. Zij moet voortdurend met bezwaarschriften en klachten opkomen tegen beslissingen van diverse bestuursorganen om aan te tonen dat haar inkomen (heel grof samengevat) deels bedoeld is voor zorg. Uit het onderzoek van de Nationale ombudsman blijkt dat uitvoering van wetten en regels leidt tot onacceptabele uitkomsten voor mevrouw en tot grote problemen van haar gezin. De ombudsman oordeelt in het rapport dat de uitvoering van de wet (die leidde tot de inkomensverhoging) in de situatie van mevrouw tot onacceptabele problemen leidt. UWV, CAK, de Belastingdienst/Toeslagen en de gemeente zijn het erover eens dat de problemen van mevrouw moeten worden opgelost, zo staat in het rapport. Echter, structurele maatwerkoplossingen zijn volgens alle betrokken overheden niet mogelijk. In ieder geval is dat wat UWV, Belastingdienst/Toeslagen, de gemeente waar mevrouw woont en ook het CAK aan de Nationale ombudsman lieten weten.

Op aanbevelingen van de ombudsman wordt door Financiën gereageerd met het argument dat de Awir geen mogelijkheid biedt om ten gunste van mevrouw van de regels die haar dwarszitten af te wijken. De gemeente op haar beurt laat weten dat de sleutel van de oplossing bij Financiën en Sociale zaken ligt. Sociale zaken laat weten dat de situatie waarin mevrouw is komen te verkeren als zodanig beoogd (!) is. Aanpassen van regels of beleid is dan ook niet aan de orde. Als mevrouw tenslotte na alle bezwaar- en klachtprocedures de zaak aan de (belasting)rechter voorlegt, haalt zij ook daar bakzeil. Het rapport van de ombudsman komt in de uitspraak uitgebreid aan de orde.[3] Ook passeren daar alle argumenten opnieuw de revue net als de voor mevrouw negatieve gevolgen van de inkomensverhogende wettelijke bepalingen. Maar het sluitstuk is toch de ongegrondheid van het beroep en de in overweging 20 gedane verzuchting/oproep van de rechter om in de uitspraak samen met het rapport van de Nationale ombudsman aanknopingspunten te zien om de regeling met betrekking tot de aanvullingen wegens hulpbehoevendheid en de gevolgen daarvan eens nader te beschouwen. Tot de dag van vandaag verkeert mevrouw

---

[2] Nationale ombudsman, rapport 2016/16.
[3] Rb. Gelderland 11 april 2018, ECLI:RBGEL:2018:1614.

in problemen zo blijkt uit recent contact tussen mevrouw en de Nationale ombudsman.

Is dit de enige ellendige casus in 25 jaar Awb (of in iets meer dan 35 jaar WNo)? Zeker niet. Er zijn vele klachten, verzoeken en rapporten die op vergelijkbare wijze laten zien dat bezwaar, beroep en klacht niet leiden tot hetgeen juist is (daarover bestond in het vestzak/broekzak-rapport bij geen enkele overheidsinstantie enige twijfel) en ook in de concrete situatie niet zal worden gerealiseerd om redenen die niets te maken hebben met een behoorlijk handelende en goed besturende overheid of een verantwoordelijke (mede-) wetgever.

Op basis van het door de jurist die zich ook wetenschappelijk wil laten gelden zo graag gehanteerde onderzoeksuitgangspunt dat (ook) bij N=1 al voorzichtige maar wel geldige conclusies kunnen worden getrokken lijkt mij een verdedigbare conclusie dat titel 9.2 Awb niet zonder meer leidt tot goed bestuur. Dat kan dus beter.

Wat is er voor nodig om het Awb-klachtrecht de motor te laten worden van goed bestuur? Moeten de wettelijke bepalingen worden aangepast? Dat is zeker aan te bevelen maar is niet het eerste wat moet gebeuren. Bestuursorganen moeten allereerst meer lef hebben om te doen waarvan zij weten dat dat het goede is. Als de overheid vindt dat klagers eigenlijk gelijk hebben moeten ze dat gelijk ook geven en realiseren. Dus: als de gemeente vindt dat een maatwerkoplossing geboden is dan levert de gemeente die ook. Als een lokale mede-overheid weet dat het uitsterfbeleid van woonwagenstandplaatsen in strijd is met in Verdragen vastgelegde fundamentele rechten (of wist dat niet maar wordt er door de Nationale ombudsman, het College van de rechten van de Mens en de minister van BZK op gewezen) dan zorgt die overheid, omdat die goed wil besturen, dat het uitsterfbeleid overboord wordt gezet. Het is dus niet zozeer een kwestie van regels maar veeleer een kwestie van houding en gedrag. Iets waarvan overigens de overheid vindt dat dat ook bij sommige burgers wel een tandje beter kan. Ik zou zeggen dat bij het geven van het goede voorbeeld overheid en burger niet op elkaar hoeven te wachten.

4. De laatste tussenstand

Wat is nu de laatste tussenstand? Wat mij betreft deze. Mooi geformuleerde bepalingen van de Awb zijn nog immer dienstig aan het door de ombudsman te verrichten onderzoek. Zonder die bepalingen zouden ook bestuursorganen/ overheden niet meewerken aan een onderzoek. Zodra een onderzoek echter aanbevelingen oplevert die moeilijk zijn te verwezenlijken omdat regelgeving in de weg staat, blijkt dat overheden veelal niet thuis geven. Bijdragen om in die overheidshouding verandering te brengen is een mooi streven. Het past ook bij de taakopvatting van een moderne ombudsman die overheden wil inspireren om aan de hand van best practices en het werk van de ombudsman en andere belangrijke adviseurs het perspectief van de burger beter te borgen. Maar als het erop aan komt is het de opdracht die bestuurders zichzelf hebben gegeven (en trouwens ook van de wetgever hebben gekregen) om het bestuur beter en dus goed te laten functioneren. Ombudsmannen kunnen druk zetten vanuit het belang van de burger die mee moet kunnen doen in de samenleving, zij kunnen de richting wijzen aan de eerstelijns klachtbehandeling met inzet en expertise. Het goede bestuur en het in wetten en regelgeving stelselmatig verwerken van het perspectief van de burger blijft essentieel. Het zou geen kwaad kunnen als de overheid ook zelf eens meer dan nu en voorheen, zou willen weten in hoeveel gevallen er sprake is van onbehoorlijk optreden naar eigen maatstaven. Een goed begin zou zijn systematisch te kijken hoe overheden met de aanbevelingen van de ombudsman omgaan. Het genoemde voorbeeld (Vestzak/Broekzak-rapport) zou een goede eerste test-case kunnen zijn.

En toch, voor dat we de eindstand opmaken, nog maar weer (frappez toujours) een terugblik op de recente onderzoeken uit eigen beweging van de Nationale ombudsman, geschreven om overheden te confronteren met de gevolgen van het ontbreken van goed bestuur. Van onvoldoende goed bestuur (laat ik het eens mild formuleren) is sprake wanneer te lang wordt getreuzeld met het uitvoeren van aanbevelingen en bevindingen die eerder werden omarmd.

Een willekeurige opsomming. Al jaren geleden was er na rapporten over gemeentelijke schuldhulpverlening consensus over de noodzaak van de vereenvoudiging van de beslagvrije voet.[4] De aanbevelingen uit het rapport over vrouwen in de opvang zijn veel te lang op het bureau blijven liggen bij de minister en zijn ambtenaren.[5] De oplossingsrichtingen die in het rapport 'Zorgen voor burgers' worden geduid,[6] hadden direct aandacht moeten krijgen van beleidsmakers, uitvoerders en verantwoordelijk bewindspersonen. Er was een tweede Q-koortsrapport nodig om bestuurders sorry te horen zeggen tegen de chronisch zieke patiënten.[7] Klachten over de toepassing van de inburgeringswet en de door de ombudsman in individuele zaken geformuleerde aanbevelingen leidden bij overheden niet tot inzicht in het burgerperspectief van de inburgeraar en er was een onderzoek uit eigen beweging nodig om die en andere aanbevelingen kracht bij te zetten.[8] En of die uiteindelijk zullen worden terug gevonden in de nieuwe inburgeringswet is nog maar de vraag. De lijst kan met vele andere voorbeelden worden aangevuld.

Waar brengen al deze verhalen ons? Wat mij betreft tot hier en kennelijk niet verder. Een aantoonbaar verband tussen titel 9.2 van de Algemene wet bestuursrecht en goed bestuur lijkt er niet te zijn (of gewoon gezegd: is er niet).

---

[4] Bijv. Nationale ombudsman, rapporten 2015/165, 2016/046 en 2017/004.

[5] https://www.nationaleombudsman.nl/nieuws/2017/vrouwen-vrouwenopvang-verstrikt-financiele-regelingen.

[6] Nationale ombudsman, rapport 2018/030.

[7] Nationale ombudsman, rapport 2017/030 en eerder Nationale ombudsman, rapport 2012/100.

[8] Nationale ombudsman, rapport 2018/065.

Als toepassing en gebruik van de bepalingen van de Awb worden ingezet door de ombudsman dan is dat geen garantie dat de op basis van diezelfde Awb door hem geformuleerde en tot een bestuursorgaan gerichte aanbevelingen die altijd ook worden gedaan om het bestuur te verbeteren, ter harte worden genomen en zonder talmen worden uitgevoerd. Dit geldt voor de onderzoeken in individuele zaken net zo als in de systematische onderzoeken uit eigen beweging.

Om de bestuursorganen alvast een stapje voor te zijn: jazeker, er gaat ook veel goed. Maar daar gaat dit verhaal niet over. Daar waar het goed gaat komt dat niet door de Awb en daar waar het fout gaat trouwens evenmin. Voorafgaand het inwerking treden van de Awb was dat niet anders. Voor Awb kan dus gerust WNo worden gelezen.

5. Eindstand en hartenwens

Dan nu de eindstand. Het komt er dus op neer dat titel 9.2 Awb belangrijke artikelen bevat die duidelijk maken waar de ombudsman zich mee mag bemoeien (oftewel zijn bevoegdheid), die voor het bestuur duidelijk maken dat aan onderzoeken door de ombudsman moet worden meegewerkt en dat aanbevelingen niet zomaar ter zijde mogen worden gelegd. Diezelfde titel 9.2 is niet meer van deze tijd waar het allerlei vormvereisten stelt aan het indienen van een klacht. De huidige praktijk leert dat klachten, signalen en meldingen voor het overgrote deel telefonisch worden gedaan of via de mail en nog maar zelden handgeschreven en ondertekend per post worden ontvangen. Daar zou de wetgever wat aan moeten doen. Zonder bij de tijd gebrachte Awb kan de ombudsman overigens prima uit de voeten met de bepaling dat hij onderzoek uit eigen beweging mag uitvoeren. Door die bepaling komt het er eigenlijk op neer dat de ombudsman aan iedere burger kan laten weten dat als er iets mis is gegaan in een contact met een overheid zulks vormvrij aan de ombudsman kan worden verteld. De ombudsman kiest vervolgens welke wijze van probleemoplossing het meest effectief is (interventie, even bellen met de gemeente, informatie aan de burger geven zodat deze zelf weer verder kan, ombudsbemiddeling inzetten) of kan besluiten tot een verdergaand onderzoek met als uitkomst een resultaat dat verschillende vormen kan worden gegoten waaronder een rapport met aanbevelingen.

Het gaat er niet om de ombudsman de maximale ruimte te geven zodat hij lekker kan doen waar hij zin in heeft. Het gaat erom dat de ombudsman de ruimte heeft om voor de burger het maximale te bereiken en daarvoor heeft hij een heel instrumentarium ter beschikking. En over het gebruik van dat instrumentarium legt hij vanzelfsprekend verantwoording af en is hij transparant.

De ombudsman bekijkt van zaak tot zaak welk instrument hij inzet. Daarbij komt ook steeds aan de orde hoe bestuursorganen kunnen worden aangezet tot het verbeteren van hun bestuur. Daar heeft hij de Awb niet per se voor nodig.

Tenslotte een hartenwens: als titel 9.2 in de komende 25 jaar toch wordt aangepakt dan is er hopelijk ook nog ruimte voor een uitbreiding. Dat artikel kan ongeveer zo luiden: Het bestuursorgaan legt verantwoording af over de wijze waarop uitvoering van de aanbevelingen van de ombudsman hebben bijgedragen aan goed bestuur.

Dat zou wat wezen!

Tijn Kortmann*

64 | Codificatie van het vertrouwensbeginsel

> @CNJ_Kortmann – Het vertrouwensbeginsel is een fundament van onze samenleving maar heeft nooit een plek in de Awb gekregen. Codificatie is mogelijk en nuttig, mits de wetgever verder gaat dan alleen overname van de standaardformule uit de rechtspraak #*vertrouwensbeginsel*#*codificatie*#*rechtszekerheid*

1. Un cadeau empoisonné?

Stel, je gaat in 2019 naar de viering van het 130 jarig bestaan van de Koninklijke Nederlandse Voetbalbond. De organisatoren vragen je de bijeenkomst te verblijden met een korte beschouwing over verdiensten van het Nederlands elftal. Om te voorkomen dat alle feestgangers dezelfde verdiensten belichten, krijg je een thema mee: de verovering van het wereldkampioenschap. Dat is toch een beetje pijnlijk, om het nu net hierover te gaan hebben, terwijl de KNVB best wat te vieren heeft. Zo voelde ik mij ongeveer, toen mij de eer te beurt viel om te schrijven over vertrouwen in de overheid. Want tja, daar doet de Awb niet zoveel mee. Het beschermen, laat staan bevorderen van het vertrouwen in de overheid vindt men niet terug in de doelstellingen van de Awb en de codificatie van het vertrouwensbeginsel komt al 25 jaar niet van de grond. Gelukkig is de Awb als een goede roman. Als je hem herleest blijkt er meer in te zitten dan je dacht. Ook het antwoord op de vraag of het van die codificatie niet toch eens moet komen. Althans, inspiratie voor dat antwoord. Maar eerst kort iets over vertrouwensbescherming, rechtsbeginselen en de rechtspraktijk.

2. De stamboom van vertrouwensbescherming

In zijn meest basale vorm houdt vertrouwensbescherming in dat gewekte verwachtingen zoveel mogelijk ingelost moeten worden. Zo geformuleerd stelt deze bescherming niet veel voor. Zelfs van een rechtsbeginsel is geen sprake; veeleer van een desideratum. Om als rechtsbeginsel te kunnen functioneren heeft de formule verfijning en context nodig. Die geef ik de vorm van een stamboom.

In het bestuursrecht heeft de wens om vertrouwen te beschermen twee beginselen voortgebracht die wel het predicaat rechtsbeginsel verdienen: het vertrouwensbeginsel en het materiële rechtszekerheidsbeginsel. Zij kunnen als

---

* Mr. dr. C.N.J. Kortmann is advocaat bij Stibbe en tevens verbonden aan de Universiteit Utrecht. Hij dankt Joëla Schaeffer voor het verzamelen van kamerstukken en literatuur.

zusters worden beschouwd.[1] Samen geven zij de samenleving stabiliteit. Zij zorgen ervoor dat wetten niet zomaar kunnen worden veranderd, dat afspraken nagekomen en zo nodig afgedwongen kunnen worden en dat een vandaag verkregen vergunning niet morgen weer wordt ingetrokken. De rechtsbeginselen beschermen onze rechtspositie. Zij schenken vertrouwen in de toekomst.

Het onderscheid tussen beide zusters zit hem volgens Schlössels en Zijlstra in het prospectieve karakter van het vertrouwensbeginsel.[2] Dit beginsel werkt, als een verklaring of gedraging het vertrouwen wekt dat een bepaalde rechtspositie zal worden gewijzigd of juist intact zal worden gelaten. Om die reden zal een stilzitten of nalaten zelden tot activering van het vertrouwensbeginsel leiden. Bij het materiële rechtszekerheidsbeginsel is dit precies andersom. Daar gaat het om het kunnen vertrouwen op het (voort)bestaan van de opgebouwde rechtspositie. Daarom speelt dit beginsel een belangrijke rol bij de wijziging en intrekking van regels en beschikkingen en bij verjaring en verval.

> Konijnenbelt en Van Male beschouwen de beginselen als twee kanten van dezelfde medaille.[3] Daar is best wat voor te zeggen, maar het nadeel van deze interpretatie is, dat het vertrouwensbeginsel zo aan scherpte verliest.[4] In het vervolg van deze bijdrage opteer ik voor de interpretatie van Schlössels en Zijlstra.

Het vertrouwensbeginsel is niet alleen zuster, maar ook moeder van een groot gezin. Kinderen zijn de rechtsfiguren die uit het vertrouwensbeginsel voortvloeien. De verschillende verschijningsvormen van de meerzijdige afspraak (zoals de gemeenschappelijke regeling, de overeenkomst en het convenant) kunnen als zonen worden getypeerd, die van de eenzijdige verklaring (zoals de beschikking, de toezegging en de inlichting) als dochters.

Kenmerkend voor deze stamboom is, dat als je hem afdaalt het algemene en abstracte karakter afneemt, waarvoor in de plaats een veelheid aan concrete rechtsfiguren verschijnt die de rechtspraktijk houvast bieden. De uitwerking van rechtsbeginselen in rechtsfiguren bevordert de kenbaarheid en toegankelijkheid van het recht, en daarmee de werking van een ander rechtsbeginsel, de formele rechtszekerheid.[5]

---

[1] Hoewel beginselen in het Nederlands onzijdig zijn, associeer ik ze eerder met moeders en dochters dan met vaders en zonen. Vast omdat de onderwerpen van deze beginselen vaak vrouwelijk zijn: rechtszekerheid, evenredigheid, gelijkheid.
[2] R.J.N. Schlössels & S.E. Zijlstra, *Bestuursrecht in de sociale rechtsstaat. Band 1*, Deventer: Wolters Kluwer 2017, nr. 319.
[3] H.D. van Wijk, W. Konijnenbelt & R. van Male, *Hoofdstukken van bestuursrecht*, Deventer: Kluwer 2014, par. 40.
[4] Zo beschouwt de regering de regeling van intrekking en wijziging van besluiten (ook) als een uitwerking van het vertrouwensbeginsel. *Kamerstukken II*, 1993/94, 23700, 3, p 124.
[5] Zie hierna par. 4.

3. Een korte geschiedenis van non-codificatie[6]

De zojuist beschreven stamboom is ook behulpzaam bij het ontdekken van een samenhang in onderdelen van de Algemene wet bestuursrecht die in de codificatiegeschiedenis niet direct zichtbaar is. Ter illustratie een korte beschrijving.

In 1989 vindt de regering het nog geen tijd voor codificatie van het rechtszekerheids- en het vertrouwensbeginsel. Er is sprake van aanbouwwetgeving, en de codificatie van zorgvuldigheid en evenredigheid krijgen voorrang. Wel worden titels van de wet gereserveerd voor onderwerpen die gerelateerd zijn aan het vertrouwensbeginsel, zoals titel 4.2 voor bestuursovereenkomsten. Ook voor een uitwerking van het rechtzekerheidsbeginsel is plaats gereserveerd: afdeling 4.1.5 voor de wijziging en intrekking van beschikkingen.[7] Het onderwerp beleidsregels, waaraan titel 4.4 plaats moet bieden, is in potentie een uitwerking van beide beginselen.

Zo worden in 1994 een eerste en tweede tranche van kracht, waarin het vertrouwensbeginsel en het materiële rechtszekerheidsbeginsel geen rol van betekenis spelen. Inmiddels is de wetgever dan druk aan de slag met de derde tranche.[8] Deze is om diverse redenen interessant voor ons onderwerp. De algemene regeling voor subsidies verdrijft de bestuursovereenkomsten uit titel 4.2, maar introduceert tegelijkertijd het artikel waarin ook nu, anno 2018, het vertrouwensbeginsel het meest concreet is uitgewerkt. Artikel 4:50 bepaalt, kort samengevat, dat zolang de subsidie niet is vastgesteld het bestuursorgaan de subsidieverlening ten nadele van de ontvanger kan wijzigen of intrekken, mits het de schade vergoedt die de ontvanger lijdt doordat hij in het vertrouwen op de subsidie anders heeft gehandeld dan hij zonder subsidie zou hebben gedaan. Ofwel: het door de subsidieverlening opgewekte vertrouwen mag worden geschonden, maar niet zonder vergoeding van dispositieschade.[9] Wat dit wetsartikel bovendien bijzonder maakt, is dat het gezien kan worden als een uitwerking van het materiële rechtszekerheidsbeginsel én van het vertrouwensbeginsel. Van het eerste, omdat er sprake is van aantasting van een door de subsidieverlening gevestigde rechtspositie; van het laatste, omdat de in het vooruitzicht gestelde subsidievaststelling geen doorgang vindt.

---

[6] Voor uitvoeriger beschouwingen verwijs ik, naast de handboeken en de *PG Awb*, naar G.H. Addink, *Algemene beginselen van behoorlijk bestuur*, Deventer: Wolters Kluwer 1999, R.J.N. Schlössels, 'Dimensies van rechtsbeginselen. Enige observaties vanuit het bestuursrecht', in: R.J.N. Schlössels e.a. (red.), *In beginsel*, Deventer: Kluwer 2004, en R.J.N. Schlössels, 'Rechtsbeginselen en de Algemene wet bestuursrecht: tevreden met een codificatie 'light'?', *JBplus* 2012/3, p. 87-100.
[7] *Kamerstukken II* 1988/89, 21221, 3, p. 9, 14 en 85.
[8] Kamerstukkendossier 23700; het voorstel van wet wordt op 29 april 1994 ingediend.
[9] In de Nota naar aanleiding van het Verslag spreken de bewindslieden van justitie en binnenlandse zaken van een inbreuk op gerechtvaardigd vertrouwen op de subsidie.

De subsidietitel bevat trouwens meer bepalingen ter uitwerking van het materiële rechtszekerheidsbeginsel. Gedacht kan worden aan de andere bepalingen van afdeling 4.2.6 (Intrekking en wijziging), de verwijzing daarnaar in artikel 4:34 en de beperking in artikel 4:57 van de bevoegdheid tot terugvordering van onverschuldigd betaalde subsidiebedragen of voorschotten.

De derde tranche kent nog twee andere regelingen die interessant zijn voor ons onderwerp. Titel 4.4 (Beleidsregels) bevat een uitwerking van het vertrouwensbeginsel, waar artikel 4:84 het bestuursorgaan verplicht om in beginsel overeenkomstig de beleidsregel te handelen. Deze bepaling is voor veel auteurs inspiratie geweest voor de regeling van de binding van bevoegdhedenovereenkomsten.[10] Titel 10.1 (Mandaat en delegatie)[11] levert een interessant stukje wetsgeschiedenis op. De bepalingen over mandaat brengen de Raad van State tot de vraag waarom in het wetsvoorstel geen regeling is opgenomen voor de toerekening van een buiten de grenzen van het mandaat genomen besluit aan het bestuursorgaan. De regering vindt dit niet nodig, omdat bestuursorganen zich zelden op het ontbreken van geldig mandaat zouden beroepen. En passant wijdt de regering een passage aan het vertrouwensbeginsel: het beschermt degene die op de aanwezigheid van een geldig mandaat vertrouwt en daarop ook mocht vertrouwen.[12]

Het lot van de titel over bestuursovereenkomsten is bekend. Deze codificatie komt al voor de inwerkingtreding van de Awb onder druk te staan als de Commissie voor de Toetsing van Wetgevingskwaliteit in 1992 in de rechtsontwikkeling geen aanleiding ziet om tot een wettelijke regeling van convenanten te komen.[13] Het kabinet neemt dat standpunt over en ziet in 1994 in een advies

---

[10] J.B.J.M. ten Berge, 'Onderhandelend bestuur en bestuursrecht', in: H.D. Stout & A.J. Hoekema (red.), *Onderhandelend Bestuur*, Zwolle: W.E.J. Tjeenk Willink 1994; P. de Haan, *Het moderne bestuursrecht en de verhouding publiek-/privaatrecht* (preadvies CJV), Den Haag: Sdu 1998; C.N.J. Kortmann, 'Overeenkomsten in de vijfde tranche van de Awb?', in: C.H. Bangma, M.A.M. Dieperink & C.N.J. Kortmann, *De vijfde tranche* (Jonge VAR-reeks 1), Den Haag: Boom juridische uitgevers 2003; R.A.J. van Gestel, 'In de schaduw van het bestuursrecht', in: S.E. Zijlstra, R.A.J. van Gestel & A.A. Freriks, *Privaat bestuur?* (VAR-reeks 140), Den Haag: Boom Juridische uitgevers 2008; F.J. van Ommeren, 'De bevoegdhedenovereenkomst in de Awb en de verhouding met het BW', in: T. Barkhuysen e.a. (red.), *Bestuursrecht harmoniseren: 15 jaar Awb*, Den Haag: Boom Juridische uitgevers 2010 en P.J. Huisman, *De bevoegdhedenovereenkomst*, Den Haag: Boom Juridische uitgevers 2012. Voordien werd een sterkere binding bepleit, bijv. door J. Spier, *Overeenkomsten met de overheid*, Deventer: Kluwer 1981 en D.A. Lubach, 'Rechtsvorming ten aanzien van overeenkomsten in de Algemene wet bestuursrecht', in: Th.G. Drupsteen e.a. (red.), *Rechtsvorming in de sociale rechtsstaat*, Deventer: Kluwer 1989.

[11] Het onderwerp attributie werd pas met de vierde tranche aan deze titel toegevoegd.

[12] *Kamerstukken II* 1993/94, 23700, 3, p. 169. De regering werkt dit uit langs de lijnen van art. 3:61 lid 2 BW (toedoen en goede trouw).

[13] *Kamerstukken II* 1990/91, 22800 VI, 4.

van de Raad voor het binnenlands bestuur over bestuurlijke overeenkomsten geen aanleiding om daarop terug te komen.[14] De Raad van State weet het kabinet evenmin op andere gedachten te brengen als zij in 1999 adviseert om in elk geval voor bevoegdhedenovereenkomsten tussen bestuursorganen onderling het kader van de Wgr verplicht voor te schrijven.[15] Het kabinet verwijst naar de vijfde tranche, waarover de Kamer even tevoren bij brief is geïnformeerd.[16] Deze tranche zal bepalingen bevatten over nadeelcompensatie, intrekking en wijziging van beschikkingen[17] en overeenkomsten. Inmiddels lopen er naast de voorbereiding van de vierde tranche allerlei afzonderlijke Awb-projecten. De bewindslieden waarschuwen dat voor de vijfde tranche maar zeer beperkt wetgevingscapaciteit beschikbaar zal zijn. Dat betekent volgens hen overigens 'geenszins, dat wij van een vijfde tranche van de Awb zouden willen afzien, maar slechts dat de voorbereiding daarvan pas in de tweede helft van deze kabinetsperiode ter hand kan worden genomen'.

Daarmee eindigt deze korte geschiedenis van de non-codificatie van het vertrouwensbeginsel. De vierde tranche bevat op dit vlak geen nieuws[18] en van het uitstel van de vijfde tranche kwam het voorspelbare afstel.[19] De Raad van State doet in 2005 nog wel een poging de regering te verleiden tot codificatie van de fiscale rechtspraak met betrekking tot het vertrouwensbeginsel, maar de regering houdt de boot af. Volgens de regering is de codificatie van het vertrouwensbeginsel mede afhankelijk van de gedachtevorming over de verdere ontwikkeling van het bestuursrecht.[20] Deze gedachtevorming heeft in den brede nog onvoldoende vorm gekregen, aldus de regering.[21]

Overziet men deze historie, dan valt op dat de wetgever codificatie van het vertrouwensbeginsel op zichzelf wel nuttig lijkt te vinden, maar zij van meet af aan bepaald geen prioriteit heeft gekregen. Codificatie op deelterreinen wordt steevast uitgesteld met het argument dat het onderwerp een integrale visie verlangt, en de gedachtevorming daarover nog onvoldoende is uitgekristalli-

---

[14] *Kamerstukken II* 1993/94, 23400 VII, 35.
[15] *Kamerstukken II* 1999/00, 27008 A, p. 1-2.
[16] Brief van de ministers van Justitie en van BZK aan de voorzitter van de tweede kamer d.d. 26 oktober 1999, *Kamerstukken II*, 1999/00, 26800, 7.
[17] De wijziging en intrekking van beleidsregels zou volgens de memorie van toelichting op de derde tranche dan ook zijn beslag krijgen. Zie *Kamerstukken II* 1993/94, 23700, 3, p. 106 en 124.
[18] De regeling in de vierde tranche van verjaring en verval bij de invordering van geldschulden in de art. 4:104, 5:35 en 5:45 Awb, is een uitwerking van het materiële rechtszekerheidsbeginsel die al bekend was uit het burgerlijke recht, het strafrecht, en het bijzondere bestuursrecht, zoals het belastingrecht en het subsidierecht.
[19] In de memorie van antwoord bij de vierde tranche houden de bewindslieden daaromtrent nauwelijks nog een slag om de arm, als zij schrijven dat er geen concrete voornemens zijn voor een nieuwe tranche. *Kamerstukken II*, 2007/08, 29702, C, punt 5.
[20] *Kamerstukken II*, 2005/06, 30322, 5, p. 6-7.
[21] *Kamerstukken II*, 2005/06, 30322, 7, par. 11.

seerd.²² De vraag rijst of en waarom de wetgever hier nog energie in zou moeten steken.

4. Codificatie van beginselen

Rond het derde lustrum van de Awb heeft Janneke Gerards in een tweetal publicaties uiteengezet dat de codificatie van rechtsbeginselen om allerlei redenen nuttig en vaak nodig is.²³ Zij stelt dat deze noodzaak kan worden vastgesteld aan de hand van vijf gezichtspunten.

> Deze gezichtspunten zijn (i) kenbaarheid, toegankelijkheid en rechtszekerheid, (ii) democratische legitimatie en symboolfunctie, (iii) actualiteit en dynamiek, (iv) effect op de rechtswerking, functie en karakter van het beginsel en (v) consistentie en coherentie; het gezichtspunt van het Europese en internationale recht. Het zijn gezichtspunten, omdat zij afhankelijk van het beginsel vóór of tegen codificatie pleiten. Zo kan codificatie de kenbaarheid van een beginsel bevorderen, maar als een beginsel al breed aanvaard is en op een consistente manier wordt toegepast, dan pleit dit gezichtspunt tegen, of op zijn minst niet vóór codificatie. Gerards noemt het voorbeeld van het verbod van détournement de pouvoir. Verder kunnen de gezichtspunten in uiteenlopende richtingen wijzen, zoals hierna zal blijken. In de parlementaire geschiedenis van de Awb wordt met name de nadruk gelegd op het eerste en vijfde gezichtspunt.

Voor het vertrouwensbeginsel zijn drie van deze gezichtspunten met name relevant: het bevorderen van de kenbaarheid van het beginsel, van de werking van het beginsel en het actueel houden van de wet. De eerste twee gezichtspunten houden verband met het formele rechtszekerheidsbeginsel. Naarmate de betekenis, het karakter en de functie van het beginsel eenvoudiger zijn te achterhalen, hoeft er minder twijfel te bestaan over het effect van dat beginsel op rechtsposities en rechtsverhoudingen. Het woord toegankelijkheid vind ik in dit verband wel goed gekozen. Deze functie van codificatie is op veel plaatsen in de parlementaire geschiedenis van de Awb terug te vinden en wordt, niet alleen door de regering maar ook door Kamerleden, als een belangrijke meerwaarde van deze wet gezien.²⁴

---

²² *Kamerstukken II*, 2010/11, 32621, 3, par. 4.1.
²³ J.H. Gerards, 'Meer rechtsbeginselen in de Awb? Gezichtspunten voor toekomstige codificatie', in: T. Barkhuysen e.a. (red.), *Bestuursrecht harmoniseren: 15 jaar Awb*, Den Haag: Boom Juridische uitgevers 2010 en J.H. Gerards, 'Beginselrecht 'in de regel'. De juridische meerwaarde van het vastleggen van algemene rechtsbeginselen', in: R.J.N. Schlössels e.a. (red.), *In de regel*, Deventer: Kluwer 2012. Zie ook R.J.N. Schlössels, 'ELEFANTIASIS en de Awb. Een alsmaar uitdijende wet en alomtegenwoordige beleidsrakkers…' in: P.P.T. Bovend'Eert e.a. (red.), *De staat van wetgeving*, Deventer: Kluwer 2009 en Schlössels 2012.
²⁴ Het woord rechtszekerheid duidt in de parlementaire stukken dan ook veel vaker op formele dan op materiële rechtszekerheid. De regeling van de subsidieovereenkomst is

Volgens Gerards wordt het streven naar kenbaarheid door codificatie als gezichtspunt belangrijker naarmate het moeilijker is om te weten wat de betekenis van een beginsel precies is. Het kan bijvoorbeeld zijn dat een beginsel nog onvoldoende is uitgekristalliseerd. Dit voorbeeld is interessant, omdat Gerards het gebruikt als een argument pro codificatie, terwijl de regering er juist een argument in zag om codificatie van het vertrouwensbeginsel nog maar even uit te stellen.[25] Naar ik meen geldt hetzelfde voor de rechtswerking van een beginsel. Codificatie kan deze versterken door uit een zacht beginsel een harde rechtsregel te distilleren als deze regel nog niet duidelijk is uit de doctrine of de rechtspraak.

Codificatie kan ook nodig zijn om de actualiteit en daarmee het primaat van de wet als rechtsbron te waarborgen. Als nieuwe rechtsontwikkelingen alleen nog in de rechtspraak plaatsvinden, verliest niet alleen het recht aan toegankelijkheid, maar dreigt bovendien de wet aan betekenis en relevantie in te boeten. Daar staat tegenover dat een ongelukkige of premature codificatie een remmende werking op de rechtsontwikkeling kan hebben.[26] Dit gezichtspunt, met name het laatstgenoemde aspect, is gemakkelijker in overeenstemming te brengen met het uitstelgedrag van de regering. De onvoldragen gedachtevorming over de verdere ontwikkeling van het bestuursrecht zou een argument tegen codificatie van het vertrouwensbeginsel, als zijnde prematuur, kunnen zijn.

Zoals zo vaak het geval is met gezichtspunten, bevorderen zij wel een ordelijk denkproces maar geven zij geen antwoord op de hamvraag, of het vertrouwensbeginsel gecodificeerd moet worden. Gelukkig biedt Gerards een uitweg. Soms kan worden volstaan – of verdient het zelfs de voorkeur – de ambitie wat te matigen en niet het gehele beginsel te codificeren maar slechts aspecten ervan.[27] Zo heeft de wetgever enkele aspecten van het zorgvuldigheidsbeginsel getransformeerd tot concrete wetsbepalingen, zoals de plicht om bij de voorbereiding van een besluit feitenonderzoek te doen en de plicht om in bepaalde gevallen belanghebbenden te horen. Het beginsel wordt zo gespecificeerd en wint aan toegankelijkheid in welomschreven gevallen. Dat lijkt mij een goede inspiratie voor het antwoord op de vraag of het vertrouwensbeginsel toch codificatie verdient.

---

hiervan een illustratie. De Awb schept duidelijkheid over welk type subsidieovereenkomst toelaatbaar is (art. 4:23 en 4:36) en laat het daar vervolgens bij. Het materiële subsidieovereenkomstenrecht moet de rechter zelf maar zien te vinden.
[25] De Raad van State zag in het uitgekristalliseerd zijn van de fiscale rechtspraak over het vertrouwensbeginsel juist een reden om wél tot codificatie over te gaan.
[26] Gerards noemt als voorbeelden art. 3:4 Awb (evenredigheid) en art. 8.11 Wm (alara).
[27] Daarvoor komen in het bijzonder in aanmerking de aspecten van het beginsel die qua karakter al neigen naar een rechtsregel.

5. Codificatie van rechtspraak?

De preadviezen voor de VAR van het afgelopen jaar schetsen een somber beeld van de staat van het vertrouwensbeginsel in ons recht. Burgers vertrouwen al te gemakkelijk op verklaringen van overheidswege, bestuursorganen beroepen zich op de wet, het algemeen belang en belangen van derden om schending van opgewekt vertrouwen te rechtvaardigen en rechters hebben zichtbaar moeite om over de gehele breedte van het bestuursrecht een consistente en aansprekende toepassing van het vertrouwensbeginsel te realiseren.[28] Om ongelukken te voorkomen heeft Damen vuistregels voor burgers, bestuursorganen en rechters ontwikkeld,[29] maar gelet op zijn annotaties moet worden gevreesd dat de bekendheid van die vuistregels nog beperkt is.[30] Voor een andere set vuistregels, de aanwijzingen voor convenanten, geldt hetzelfde, zo blijkt uit evaluatieonderzoek.[31] Op het gezichtspunt ontoegankelijkheid scoort het vertrouwensbeginsel consequent hoog.

De bestuursrechtspraak over het vertrouwensbeginsel gaat in twee stappen.[32] De eerste stap is of sprake is van gerechtvaardigd vertrouwen. Dat is slechts zo als sprake is van een concrete, ondubbelzinnige en onvoorwaardelijke uiting over een specifiek feitencomplex van een individueel geval, gedaan door het bevoegde bestuursorgaan of aan dat bestuursorgaan toe te rekenen, die een bepaalde handelwijze van het bestuursorgaan in het vooruitzicht stelt, tenzij de burger begreep of had moeten begrijpen dat deze toezegging[33] niet nagekomen zou, kon of behoefde te worden. De tweede stap is of dit gerechtvaardigde vertrouwen gehonoreerd moet worden. Dat is in beginsel het geval. Het kan echter zijn dat een zwaarder wegend belang (de wet, beleid of

---

[28] L.J.A. Damen, 'Is de burger triple A: alert, argwanend, assertief, of raakt hij *lost in translation*', in: L.J.A. Damen, C.N.J. Kortmann & R.F.B. van Zutphen, *Vertrouwen in de overheid* (VAR-reeks 160), Den Haag: Boom Juridische uitgevers 2018, gehele preadvies, i.h.b. par. 7, en C.N.J. Kortmann, 'Het vertrouwensdilemma', in: L.J.A. Damen, C.N.J. Kortmann & R.F.B. van Zutphen, *Vertrouwen in de overheid* (VAR-reeks 160), Den Haag: Boom Juridische uitgevers 2018, par. 4.5 en 5.1.
[29] Damen 2018, par. 8.
[30] Hoewel zij zijn geschreven voor de niet-ideale burger, ambtenaar en rechter, berusten de vuistregels zelf ook weer op een ideaalbeeld, namelijk dat zij consequent worden toegepast. Damen onderkent dat natuurlijk (ibidem, par. 7, slot).
[31] Toelichting op de Regeling van de Minister-President, Minister van Algemene Zaken, van 21 januari 2003, nr. 03M448108 tot (hernieuwde, CK) vaststelling van de Aanwijzingen voor convenanten, *Stcrt.* 2003, nr. 18.
[32] Vgl. Damen 2018, par. 4.3 en Kortmann 2018, par. 3.5.
[33] In de rechtspraak wordt de concrete, ondubbelzinnige en onvoorwaardelijke uiting over een specifiek feitencomplex van een individueel geval die een bepaalde handelwijze van het bestuursorgaan in het vooruitzicht stelt, vaak afgekort tot toezegging.

een ander individueel of algemeen belang) zich tegen honorering van het vertrouwen verzet.[34]

Het lijkt een kleine stap om deze rechtspraak te codificeren,[35] maar helpt het? Ik vrees van niet. Het probleem met het vertrouwensbeginsel is niet dat het tweestappenschema onvoldoende bekendheid geniet bij bestuursrechtjuristen, maar dat de praktijk, de niet-bestuursrechtelijk geschoolde ambtenaar en burger, er niet mee uit de voeten kan.[36] De belangrijkste problemen zijn bekend. (i) Wordt vertrouwen opgewekt in de mondelinge sfeer dan ontstaan bij geschillen doorgaans onoplosbare bewijsproblemen. (ii) Vertrouwen wordt vaak opgewekt door onbevoegden, althans door ambtenaren of bestuurders van wie de bevoegdheid onduidelijk is.[37] De bescherming van onbevoegd opgewekt vertrouwen is laag. (iii) Het is moeilijk te voorspellen of het vertrouwensbeginsel in de belangenafweging het onderspit delft.[38] (iv) Er is geen lijn te ontdekken in de rechtspraak over compensatie na schending van gerechtvaardigd vertrouwen.[39]

Een zuivere codificatie[40] van de rechtspraak biedt voor deze problemen geen oplossing. De eerste drie problemen vloeien voort uit de toepassing van rechtspraak en niet uit de toegankelijkheid ervan. Het vierde probleem is het ontbreken van coherente rechtspraak zelf. Codificatie zal dus gepaard moeten gaan met specificatie en modificatie, om in Gerards' termen te blijven. Verrassend vond ik, dat de in paragraaf 4 beschreven geschiedenis van non-codificatie interessante aanknopingspunten voor codificatie biedt.

---

[34] De discussie over de vraag of dispositie een voorwaarde is voor binding, laat ik hier even voor wat zij is. Zie bevestigend T.A. Cramwinckel & N. van Triet, 'Het dispositievereiste en het vertrouwensbeginsel bij toezeggingen en inlichtingen', NTB 2016/16, p. 130-142.

[35] Vgl. N. de Vos, *Europeanisering van het vertrouwensbeginsel*, Den Haag: Boom Juridische uitgevers 2011, p. 246, die meent dat het risico van ongewenste verstarring van het leerstuk kan worden vermeden door te aanvaarden dat een bepaling van de Awb voor interpretatie vatbaar is.

[36] Het adagium dat de burger wordt geacht de wet te kennen is al weinig realistisch. Dat geldt a fortiori voor kennis van (de hoofdlijnen van) de rechtspraak.

[37] Ik verwijs graag naar het treffende en hilarische voorbeeld van N. Verheij in zijn 'Vertrouwen op de overheid', in: J.B.M. Vranken, N. Verheij & J. de Hullu, *Vertrouwensbeginsel en rechtszekerheid in Nederland* (Preadviezen voor de Vereniging voor de vergelijkende studie van het recht van België en Nederland), Deventer: W.E.J. Tjeenk Willink 1997, par. 5.4. De kern ervan is geciteerd op p. 125 van Kortmann 2018.

[38] Bovendien verschilt dit per rechtsgebied. Gerechtvaardigd vertrouwen bindt relatief sterk in het civiele en het fiscale recht, relatief zwak in het omgevingsrecht. Zie Kortmann 2018, par. 3.7.

[39] Een goede uitzondering vormen de uitspraken inzake Cleaning Service Veghel, ABRvS 2 december 2015, ECLI:NL:RVS:2015:3683, *AB* 2016/415 m.nt. M.K.G. Tjepkema en ABRvS 22 juni 2016, ECLI:NL:RVS:2016:1753, maar deze maken nog geen jurisprudentiële lijn.

[40] I.e. codificatie zonder modificatie en/of transformatie.

6. De Awb als inspiratiebron voor de Awb

De aangehaalde passage over onbevoegd mandaat zette mij op het spoor van een vertrouwensbron in de Awb die zo goed functioneert, dat hij gemakkelijk over het hoofd wordt gezien. Ik doel op de beschikking, in het bijzonder de financiële beschikking.[41] Net als een toezegging[42] stelt deze een bepaalde handelwijze van het bestuursorgaan in het vooruitzicht, in casu een betaling van of aan het bestuursorgaan. Zij lijdt echter niet aan de vier euvels van de toezegging.[43] (i) Dankzij de schriftelijkheid zijn bewijsproblemen over het bestaan en de inhoud van de beschikking uitgesloten. (ii) Een beroep op het ontbreken van een geldig mandaat komt zelden voor.[44] (iii) De beschikking verschaft een juridische aanspraak, een recht, zodat er bij de uitvoering van een belangenafweging geen sprake is. (iv) Blijkt de beschikking juridisch of feitelijk onuitvoerbaar, dan zal zij gewijzigd of ingetrokken moeten worden, eventueel onder compensatie van veroorzaakt nadeel.

Dit succes van de financiële beschikking als vertrouwensbron is mijns inziens terug te voeren op twee eigenschappen: de schriftelijkheid en het 'harde rechtsgevolg'.[45] De schriftelijkheid concretiseert het vertrouwensbeginsel tot een bewijsbare en bindende 'toezegging', en het 'harde rechtsgevolg' zorgt ervoor dat het vertrouwen in die 'toezegging' niet wordt beschaamd. De transformatie van het vertrouwensbeginsel in de rechtsfiguur financiële beschikking heeft dus een enorm positief effect op de kenbaarheid en de rechtswerking van het vertrouwensbeginsel in financiële relaties tussen bestuur en burger. De schriftelijkheid draagt daar op twee niveaus aan bij. De eerste bijdrage vloeit voort uit de schriftelijkheid zelf: zij voorkomt bewijs- en bevoegdheidsproblemen. De tweede bijdrage vloeit voort uit de eenvoud van het criterium 'schriftelijk'. Het is burgers eenvoudig uit te leggen dat een besluit alleen rechtsgeldig is als het schriftelijk is vastgelegd en de meeste burgers beseffen dat naar mijn in-

---

[41] Vgl. Kortmann 2018, par. 5.4 en 5.5. Interessant is dat de grondlegger van de Awb, Scheltema, in 1975 al de beschikking in verband bracht met het vertrouwensbeginsel. Zie M. Scheltema, *Gebondenheid van overheid en burger aan eigen voorafgaand handelen (Rechtsverwerking)* (VAR-reeks LXXIV), Groningen: Tjeenk Willink 1975, nrs. 20-29.
[42] Zie voetnoot 33.
[43] De nu volgende nummering loopt parallel met die van de vorige paragraaf.
[44] Aldus het (in par. 3 aangehaalde) nadere rapport bij het wetsvoorstel voor de derde tranche Awb. Dit strookt met mijn ervaring in de rechtspraktijk. Ik denk dat dit psychologisch ook goed te verklaren is. Het is nu eenmaal onaangenaam te erkennen dat een ambtenaar aantoonbaar buiten zijn boekje is gegaan.
[45] De beleidsregel scoort op dat laatste punt minder goed, reden waarom ik art. 4:84 Awb een minder goede inspiratiebron vind voor codificatie van het vertrouwensbeginsel. Zie Kortmann 2003, par. 5.4 en 2018, par. 5.7. Inspirerende gedachten over compensatie bij het schenden van opgewekt vertrouwen door beleidsregels zijn te vinden in W. Konijnenbelt, 'Beleidswijziging en vertrouwen', *NTB* 2012-5/6, p. 123-125.

druk ook, zeker als het gaat om betalingsbeschikkingen. De belastingdienst is een goed voorbeeld: weinigen zullen in de waan verkeren dat een aanslag of teruggave inkomstenbelasting ook mondeling kan worden opgelegd. Daarmee is de financiële beschikking als rechtsfiguur herkenbaar en bewijst zij een grote dienst aan het bevorderen van formele rechtszekerheid.

Daarom denk ik dat als de wetgever over zou gaan tot een deelcodificatie van het vertrouwensbeginsel, hij er goed aan doet een juridisch onderscheid te maken tussen mondeling en schriftelijk opgewekt vertrouwen. Eerder heb ik voorgesteld om het recht op honorering van opgewekt vertrouwen (het recht op 'nakoming') te beperken tot op schrift gestelde toezeggingen.[46] In het licht van het vorenstaande geloof ik nog steeds dat dat een goed idee is. Deze verfijning van de heersende rechtspraak vergroot de toegankelijkheid en de werking van het vertrouwensbeginsel. Dit betekent overigens niet dat mondelinge toezeggingen van al dan niet bevoegde ambtenaren of bestuurders aan de werking van het vertrouwensbeginsel worden onttrokken. Wat mij betreft krijgt dit type uitlatingen dezelfde juridische status als informatieverstrekking. Zij geven – zolang zij niet schriftelijk worden bekrachtigd – geen recht op nakoming van de toezegging, maar kunnen bij niet-nakoming wel verplichten tot het vergoeden van dispositieschade.[47] En daarvoor biedt artikel 4:50 Awb dan weer inspiratie.[48]

---

[46] Kortmann 2018, hoofdstuk 5. Ik ben daar, geïnspireerd door het succes van de Wet kopersbescherming nog iets verder gegaan, door de eis te stellen van een door beide partijen getekende akte.
[47] De nuances zijn uitgewerkt in Kortmann 2018, par. 5.8 en 6.4. Daar is uiteengezet waarom deze gelijkschakeling de in paragraaf 5 beschreven problematiek van de toezegging ondervangt, op de bewijsproblematiek na, die inherent is aan mondeling rechtsverkeer. Ook is daar uitgewerkt hoe nakoming van de toezegging soms een effectieve manier kan zijn om het geleden nadeel in natura te compenseren.
[48] In de in voetnoot 39 genoemde zaak Cleaning Service Veghel koos de Afdeling al een benadering die goed past bij de regeling van art. 4:50 Awb.

Invloed van innovatie en digitalisering op de Awb

Als ik mijn nieuwe ideale procedure zou mogen inrichten, zou iedereen via een digitaal loket een procedure bij een rechter mogen beginnen, waarbij nog helemaal niet zo veel hoeft te worden opgeschreven. Het zou dan mogelijk worden dat je helemaal niet een rechter te zien krijgt, maar dat je aan een facetimemeeting met een mediator mag meedoen.

André Verburg
Rondetafelgesprek 25 jaar Awb
Utrecht, 30 augustus 2017

VI

Eric Daalder*

65 | Misbruik van recht in de relatie tussen burgers onderling

> @E_Daalder – 25 jaar Awb laat een ontwikkeling naar recours subjectif zien. De rechter neemt sneller misbruik van recht door burgers aan jegens de overheid of de rechter. Auteur betoogt dat bij bijzondere omstandigheden ook procesgedrag jegens een andere burger misbruik op kan leveren #recours-subjectif #misbruik-van-recht #misbruik-tussen-burgers-onderling

1. Inleiding

Toen ik eind zeventiger jaren mijn studie staats- en administratiefrecht in Leiden afrondde, was het bestuursrecht relatief eenvoudig. Er was een (nieuwe) Wet Arob, er waren verschillende andere wetten met procesrechtelijke regelingen per rechterlijk college en het onderwijs stond volledig in het teken van 'rechtsbescherming tegen de overheid', ook de sprekende titel van een handzaam en betaalbaar boekje van Van den Burg en Cartigny. Als medewerker bij de rechtswinkel voerde ik juridische procedures bij de administratieve rechter die relatief eenvoudig waren: als je er in slaagde om een ontvankelijk beroep in te stellen, nam de rechter – het recht ambtshalve toepassend – je wel mee naar een, soms, bevredigend resultaat. Procedures bij de administratieve rechter stonden daarmee overwegend in het teken van *recours objectif* en leidende gedachte bij zowel de rechter als in de wetenschap was dat procedures de handhaving van het objectieve recht ten doel hadden.[1] Het bestuursprocesrecht heeft zich, vooral na de inwerkingtreding van de Awb, steeds meer ontwikkeld in de richting van een *recours subjectif*. Daarin zijn de hoedanigheid van de aanlegger van het geschil, de belanghebbende, zijn belangen en het procesgedrag, steeds meer centraal komen te staan. Zonder volledig te zijn noem ik het stellen van beperkingen aan het beroepsrecht van belangenorganisaties,[2] de invoering over de hele breedte van het relativiteitsbeginsel in artikel 8:69a Awb, het gaan hanteren van fuiken, het beoordelen van procesgedrag aan de hand van het beginsel

---

* Mr. E.J. Daalder is staatsraad in de Afdeling bestuursrechtspraak van de Raad van State. Deze bijdrage is op persoonlijke titel geschreven.
[1] Zie voor een overzicht het rapport van de VAR-Commissie Rechtsbescherming, *De toekomst van de rechtsbescherming tegen de overheid. Van toetsing naar geschilbeslechting*, Den Haag: Boom Juridische uitgevers 2004, p. 38-44.
[2] Ingezet met ABRvS 1 oktober 2008, ECLI:NL:RVS:2008:BF3911, *AB* 2008/348 m.nt. F.C.A.M. Michiels. Zie daarover J.C.A. de Poorter en L.A. van Heusden, 'Bovenindividuele belangenbehartiging. Naar een aanscherping van het beroepsrecht voor belangenorganisaties door een vereiste van representativiteit', *JBplus* 2017/0, p. 63-82.

van de goede procesorde[3], de uitbreiding van de mogelijkheid om gebreken die een belanghebbende niet benadelen met toepassing van artikel 6:22 Awb te passeren en de introductie en het regelmatig toepassen van nieuwe uitspraakbevoegdheden door de rechter, zoals de bestuurlijke lus, de vernietiging met de instandhouding van rechtsgevolgen en het zelf voorzien. Met de opdracht van de rechter om een geschil zo veel mogelijk definitief te beslechten in artikel 8:41a Awb als sluitstuk. Rechtsbescherming tegen de overheid is daarmee primair een proces dat (zo mogelijk definitieve) geschilbeslechting tot doel heeft geworden.

In het licht van de subjectivering van het bestuursprocesrecht is het – in ieder geval achteraf bezien – niet zo vreemd dat het bestuursprocesrecht betrekkelijk recent een nieuwe mogelijke drempel voor een belanghebbende kent: degene die door aanwending van een rechtsmiddel *misbruik van procesrecht* maakt, ziet zich in zijn bezwaar of beroep niet-ontvankelijk verklaard. Dat is in zoverre opmerkelijk dat in de literatuur wel de mogelijkheid van het tegenwerpen van een belanghebbende van misbruik werd genoemd,[4] maar van een daarin ontwikkeld leerstuk, laat staan van een wettelijke regeling, nog niet kon worden gesproken. Verder bestond er in de rechtspraak aarzeling over de vraag of de Awb voldoende grondslag bood om bijvoorbeeld een bezwaarmaker niet-ontvankelijk te verklaren.[5]

In de afgelopen vier jaar is daar een drastische verandering ingekomen. De aanleiding daarvoor is de opstelling van enkele burgers en vooral hun gemachtigden, die door handig gebruik te maken van de mogelijkheid een dwangsom te krijgen bij het niet tijdig beslissen op een aanvraag (artikelen 4:17 tot en met 4:20 Awb) een aardig verdienmodel wisten te creëren door het indienen van allerhande Wob-verzoeken. Tegelijkertijd nam het aantal burgers dat uit boosheid of frustratie bestuursorganen het leven zuur trachtte te maken door middel van het doen van veel verzoeken en het aanspannen van veel procedures toe. Uiteindelijk leidde dat tot de uitspraak van de Afdeling bestuursrechtspraak van 19 november 2014, waarin voor het eerst duidelijk is geformuleerd dat en wanneer sprake kan zijn van misbruik van recht door de degene die gebruik maakt van een rechtsmiddel.[6]

---

[3] Zie voor een bondige samenvatting M. Schreuder-Vlasblom. *Rechtsbescherming en bestuurlijke voorprocedure*, Deventer: Wolters Kluwer 2017, par. 1.10.2.

[4] Zie bijv. K.J. de Graaf, 'Misbruik van bestuursprocesrecht', *NTB* 2006/6 en T.A. Willems-Dijkstra & D.T. van der Leek, 'Misbruik van (proces)recht in het bestuursrecht. Onevenredige werkbelasting door veelklagers', *NTB* 2013/7

[5] Zie bijv. CRvB 2 maart 2010, ECLI:NL:CRVB:2010:BL4270. Daarin werd een uitspraak van de rechtbank, waarbij het handelen van een bijstandsgerechtigde die talloze aanvragen indiende als misbruik van recht werd gekwalificeerd vernietigd omdat voor een dergelijk oordeel in de Awb geen grondslag kon worden gevonden.

[6] ABRvS 19 november 2014, ECLI:NL:RVS:2014:4129, *AB* 2015/93 m.nt. E.C. Pietermaat.

Deze, in de volgende paragraaf te bespreken, uitspraak heeft geleid tot een groot aantal uitspraken van de Afdeling bestuursrechtspraak en rechtbanken over misbruik van recht. Kenmerk van de uitspraken waarin misbruik is aangenomen, is dat dit misbruik zich richtte tegen de overheid: de procespartij of zijn gemachtigde procedeert om financieel voordeel te halen, om het bestuursorgaan dwars te zitten of om het op kosten te jagen. Maar het komt ook wel voor dat een procespartij niet, althans niet primair, opkomt tegen een besluit omdat hij het de overheid moeilijk wil maken, maar het middel van bezwaar of beroep gebruikt om iemand met wie hij een conflict heeft of om een andere redenen te treffen. In dat geval rijst de vraag of wanneer het aanwenden van een rechtsmiddel uitsluitend is ingegeven door de wens een andere burger dwars te zitten, aan de degene die het rechtsmiddel instelt misbruik van recht zou kunnen worden tegengeworpen. Dat misbruik bestaat dan in de verhouding tussen degene die bezwaar maakt/beroep instelt en de begunstigde van een besluit.

In deze bijdrage zal ik eerst een beschrijving geven van de stand van zaken in de bestuursrechtspraak met betrekking tot misbruik van recht. Vervolgens zal ik een aantal casusposities schetsen waarin sprake zou kunnen zijn van misbruik van recht in een bestuursrechtelijke context in de verhouding tussen burgers onderling. Ik sluit af met een conclusie, die er op neerkomt dat er geen reden is onderscheid te maken tussen vastgesteld misbruik van recht in de verhouding burger – overheid en tussen burgers onderling.

2. Misbruik van recht – de rechtspraak

In de eerdergenoemde uitspraak van de Afdeling bestuursrechtspraak van 19 november 2014 is de volgende, veel geciteerde, overweging opgenomen:

> 'De in artikel 13, eerste lid, van Boek 3 van het BW neergelegde regel dat een bevoegdheid niet kan worden ingeroepen voor zover deze wordt misbruikt, vindt ingevolge artikel 15 van Boek 3 van het BW ook toepassing buiten het vermogensrecht, tenzij de aard van de rechtsbetrekking zich daartegen verzet. De bestuursrechtelijke aard van een rechtsbetrekking verzet zich niet tegen toepassing van deze regel, zoals wordt bevestigd door artikel 3:3 en artikel 3:4, tweede lid, van de Awb, waarin voor bestuursorganen soortgelijke normen zijn neergelegd. Bovendien liggen soortgelijke normen – ook voor particulieren – besloten in artikel 6:15, derde lid, artikel 8:18, vierde lid, en artikel 8:75, eerste lid, van de Awb, welke bepalingen voorzien in sancties in geval van misbruik van bestuursprocesrechtelijke bevoegdheden. Die bepalingen bevestigen tevens dat processuele bevoegdheden vatbaar zijn voor misbruik, zodat het derde lid van artikel 13 van Boek 3 van het BW niet van toepassing is.
> Gelet op het voorgaande, kan ingevolge artikel 13, gelezen in verbinding met artikel 15, van Boek 3 van het BW de bevoegdheid om bij de bestuursrechter beroep in te stellen, niet worden ingeroepen voor zover deze bevoegdheid wordt misbruikt. Deze artikelen verzetten zich derhalve tegen inhoudelijke

behandeling van een bij de bestuursrechter ingesteld beroep dat misbruik van recht behelst en bieden dan ook een wettelijke grondslag voor niet-ontvankelijkverklaring van een zodanig beroep
(...)
Voor het niet-ontvankelijk verklaren van een bij een rechter ingesteld rechtsmiddel wegens misbruik van recht zijn zwaarwichtige gronden vereist, aangezien met de niet-ontvankelijkverklaring de betrokkene in feite het recht op toegang tot de rechter wordt ontzegd. Dit geldt temeer wanneer het gaat om een door een burger tegen de overheid ingesteld rechtsmiddel, gelet op de – soms zeer verstrekkende – bevoegdheden waarover de overheid beschikt en welke een burger in de regel niet pleegt te hebben. In het licht daarvan en gelet op artikel 13, tweede lid, van Boek 3 van het BW (...) zijn in geval van een dergelijk rechtsmiddel zwaarwichtige gronden onder meer aanwezig indien rechten of bevoegdheden zodanig evident zijn aangewend zonder redelijk doel of voor een ander doel dan waartoe zij gegeven zijn, dat het aanwenden van die rechten of bevoegdheden blijk geeft van kwade trouw.'

Daarmee wordt de lat hoog gelegd: er moet heel wat aan de hand zijn voordat misbruik wordt aangenomen. Onlangs heeft de Afdeling bestuursrechtspraak beslist dat de rechter ambtshalve mag onderzoeken of de aanwending van een rechtsmiddel misbruik van recht oplevert.[7] In de rechtspraak – die vooral betrekking heeft op verzoeken om informatie op grond van de Wob – zijn er inmiddels vier categorieën van gevallen ontwikkeld.

In de eerste plaats kan sprake zijn van misbruik wanneer verzoeken of de aanwending van rechtsmiddelen uitsluitend tot doel hebben het behalen van financieel gewin, zoals het krijgen van proceskosten of dwangsommen.[8] In de meeste gevallen gaat het daarbij om het handelen van gemachtigden. In de gevallen waarin iemand vraagt om stukken met betrekking tot een hem opgelegde verkeersboete wordt, nu hij die stukken ook in een administratieve beroepsprocedure op kan vragen, in beginsel steeds misbruik aangenomen.[9] Recent heeft de Afdeling bestuursrechtspraak beslist dat een gemachtigde die misbruik van recht maakt omdat hij uitsluitend persoonlijk financieel gewin nastreeft op grond van artikel 2:3 Awb door een bestuursorgaan als gemachtigde mag worden geweigerd.[10]

Daarnaast is er een categorie van zaken waarin is vastgesteld dat er verzoeken waren gedaan met een ander doel dan waarvoor zij zijn bedoeld. Het meest bekende voorbeeld betreft (soms omvangrijke) verzoeken om informatie op grond van de Wob, waarbij de verzoeker om informatie niet aannemelijk kan

---

[7] ABRvS 16 mei 2018, ECLI:NL:RVS:2018:1636.
[8] Zie bijv. ABRvS 16 mei 2018, ECLI:NL:RVS:2018:1636 en 9 mei 2018, ECLI:NL:RVS:2018:1499.
[9] ABRvS 20 december 2017, ECLI:NL:RVS:2017:3482, *AB* 2018/149 m.nt. E.C. Pietermaat.
[10] ABRvS 9 mei 2018, ECLI:NL:RVS:2017:2190.

maken dat hij met het doen van een dergelijk verzoek een redelijk doel voor ogen heeft.[11] In die zaken kan het procesgedrag van de appellant en/of zijn gemachtigde ook een rol spelen, bijvoorbeeld in het geval de betrokkene weigert ter zitting te verschijnen om informatie aan de rechter te verstrekken.[12] In een dergelijk geval wordt het oordeel dat sprake is van misbruik daarmee mede bepaald door het handelen van betrokkene(n) in de rechterlijke procedure.

In de derde plaats kan sprake zijn van misbruik van recht omdat het de appellant er niet om gaat om materieel gelijk te krijgen maar om het bestuursorgaan dwars te zitten of te frustreren.[13] Bekend voorbeeld zijn de gevallen waarin iemand veelvuldig, vaak omvangrijke, Wob-verzoeken doet en daarbij aangeeft dat hij daarmee het bestuursorgaan het lastig wil maken.[14] Vaak vloeit een dergelijke handelwijze voort uit een breder conflict met het bestuursorgaan.[15]

De laatste vorm van misbruik is het geval waarin iemand oneigenlijk gebruik maakt van hem toekomende rechten. Dat laatste is beslist bij een bekende Wob-verzoeker, toen hij delen van archieven van de inlichtingendiensten met een beroep op de Wob opvroeg. Met de afhandeling van deze verzoeken was, evenals met de afhandeling van verschillende eerder ingediende verzoeken van deze appellant, zeer veel menskracht gemoeid. De Afdeling was van oordeel dat de bevoegdheid tot het indienen van informatieverzoeken werd gebruikt voor een ander doel dan waartoe deze was verleend en dat sprake was van onevenredigheid tussen het met die verzoeken gediende belang en de belasting die het beslissen hierop oplevert voor de betrokken ministers. Daarom was sprake van misbruik van de bevoegdheid de verzoeken in te dienen.[16]

3. Misbruik van recht – de toekomst

De hiervoor besproken rechtspraak van de bestuursrechter heeft veelal betrekking op burgers die gebruik maken van hun recht om op grond van de Wob of vergelijkbare regelingen informatie te vragen. Ook andere bestuursrechters hebben in bijzondere gevallen misbruik aangenomen.[17] Parallel aan deze rechtspraak zijn er uitspraken van de civiele rechter, waarbij burgers op straffe van

---

[11] Zie bijv. ABRvS 27 juli 2016, ECLI:NL:RVS:2016:1840, *Gst.* 2016/141 m.nt. C.N. van der Sluis en ABRvS 7 oktober 2015, ECLI:NL:RVS:2015:3118, *AB* 2016/34 met noot P.J. Stolk.
[12] Zie bijv. ABRvS 17 februari 2016, ECLI:NL:RVS:2016:396, *Gst.* 2016/68 m.nt. C.N. van der Sluis.
[13] ABRvS 24 mei 2017, ECLI:NL:RVS:2017:1354. Zie voor een combinatie van de tweede en derde vorm van misbruik ABRvS 13 juli 2016, ECLI:NL:RVS:2016:1987.
[14] ABRvS 21 maart 2018, ECLI:NL:RVS:2018:974, *AB* 2018/186 m.nt. P.J. Stolk.
[15] Zie ABRvS 6 december 2017, ECLI:NL:RVS:2017:3310.
[16] ABRvS 13 september 2017, ECLI:NL:RVS:2017:2478, *AB* 2018/14 m.nt. M.A.J. West.
[17] Bijv. CBb 30 maart 2017, ECLI:NL:CBB:2017:114, *AB* 2017/176 m.nt. T. Barkhuysen en L.M. Koenraad.

een dwangsom of zelfs lijfsdwang wordt verboden zich tot een bepaald bestuursorgaan te wenden of beperkingen aan het aantal aanvragen, verzoeken of contacten tussen de burger en het bestuursorgaan worden gesteld.[18] In alle uitspraken over misbruik van recht biedt artikel 3:13 BW[19] de wettelijke grondslag voor het oordeel dat misbruik wordt gemaakt. Recent heeft het Hof van Justitie het verbod van misbruik van recht erkend als een (ongeschreven) algemeen beginsel van Unierecht.[20] Dat is in zoverre bijzonder omdat – zoals Widdershoven in zijn noot onder dit arrest constateert – het niet gaat om een rechtsbeginsel waar de burger een beroep op kan doen, maar om een beginsel dat de bevoegdheid schept voor de overheid om de rechten die burgers aan het geschreven recht kunnen ontlenen te beperken.[21]

Daarmee kunnen we vaststellen dat een bevoegdheid niet kan worden uitgeoefend wanneer dit misbruik van recht oplevert. Het is daarbij van belang vast te stellen dat het verbod op misbruik van recht in Nederland is neergelegd in het Burgerlijk Wetboek, maar ook kan worden toegepast buiten het vermogensrecht en daarmee binnen het bestuurs(proces)recht.[22] Tot dusverre is in de rechtspraak in geschillen tussen een burger en de overheid misbruik aangenomen in de uitoefening van een bevoegdheid jegens de overheid of de rechter. De algemene gelding van de regel in artikel 3:13, eerste lid, BW brengt echter mee dat deze ook kan worden ingeroepen door een burger jegens wie een ander burger misbruik maakt. Sterker nog: juist omdat het een in het burgerlijk recht neergelegd beginsel is, leent het zich ook of misschien wel juist voor toepassing in de verhouding tussen burgers onderling. In de bestuursrechtelijke context kan het dan bijvoorbeeld gaan om het handelen van een appellant jegens een derde-belanghebbende. Het traditionele voorbeeld is de omwonende die opkomt tegen een aan een buurman verleende bouwvergunning. Aan welke gevallen zou kunnen worden gedacht? Ik beperk mij tot drie voorbeelden uit het omgevingsrecht.[23]

In het bestuursrecht is in artikel 1:2 Awb voorzien in de mogelijkheid van het optreden van rechtspersonen die algemene en collectieve belangen behartigen,

---

[18] Hof Den Haag 26 mei 2014, ECLI:NL:GHDA:2015:1182, *AB* 2015/334 m.nt. T. Barkhuysen en L.M.Koenraad.
[19] 3:13 lid 2 BW bepaalt 'Een bevoegdheid kan onder meer worden misbruikt door haar uit te oefenen met geen ander doel dan een ander te schaden of met een ander doel dan waarvoor zij is verleend of in geval men, in aanmerking nemende de onevenredigheid tussen het belang bij de uitoefening en het belang dat daardoor wordt geschaad, naar redelijkheid niet tot die uitoefening had kunnen komen'.
[20] HvJ EU 6 februari 2018, ECLI:EU:C:2018:63, *AB* 2018/156 m.nt. R.J.G.M. Widdershoven.
[21] *Idem*, par. 4 en 5 met verwijzing naar unierechtelijke literatuur.
[22] Zie art. 3:15 BW.
[23] In de Wob-sfeer zou kunnen worden gedacht aan het geval waarbij iemand, die persoonlijk ruzie heeft met een ambtenaar, probeert via de Wob aan gegevens over die ambtenaar te krijgen van het bestuursorgaan waar die werkzaam is.

mits dit in overeenstemming met hun doelstelling is en deze doelstelling blijkt uit feitelijke werkzaamheden. In een bestuursprocesrecht dat alleen voorziet in een recours subjectif lijken algemeen belangacties minder op hun plaats. De Poorter en Van Heusden hebben hierop gewezen en hebben daarnaast de vraag gesteld hoe kan worden vastgesteld of de belangenorganisaties die onder het huidige recht toegang tot de bestuursrechter hebben, voldoende representativiteit en massa hebben.[24] Daar komt bij dat het de vraag is wat het algemeen belang in een concreet geval met zich brengt. Lange tijd werd door milieuorganisaties bijvoorbeeld geageerd tegen kern- en kolencentrales, met het argument dat deze zouden kunnen worden vervangen door windenergie. Nu op grote schaal windparken uit de grond rijzen, zijn er ook weer milieuorganisaties die met op zichzelf valide milieuargumenten daar weer tegen op komen. Op lokaal niveau is soms sprake van kleine stichtingen en verenigingen, vaak slechts door een enkeling bestuurd. Voor zover dergelijke belangenorganisaties opkomen voor het lokale woon- en leefklimaat en milieu lopen zij niet op tegen het relativiteitsbeginsel, omdat de meeste regels in het omgevingsrecht en milieurecht strekken tot bescherming van de belangen waarvoor lokale stichtingen of verenigingen staan. Ik heb mij weleens afgevraagd waarom een dergelijke lokale belangenvereniging wel tegen bouwplan A en niet tegen bouwplan B in de nabije omgeving opkomt. Wat als daaraan nu eens een minder fraai motief ten grondslag ligt? Denk aan de belangengroep die opkomt tegen een beperkte uitbreiding van een woning, waarbij het beroep niet is ingegeven door werkelijke milieubelangen, maar slechts door het feit dat de woning wordt bewoond door de ex-partner van de voorzitter van de belangenorganisatie en dát het motief is voor het instellen van beroep.

Een ander voorbeeld betreft een burenruzie. Een agrariër staakt zijn bedrijf en wil zijn grond verkopen om daar twee woningen te laten neerzetten. Zijn buurman heeft een bedrijf met fruitbomen, die gebruik maakt van bestrijdingsmiddelen die worden gespoten. Volgens de regels dienen woningen vanwege de volksgezondheid minimaal 50 meter van een perceel waar bestrijdingsmiddelen worden gespoten te liggen. Dat is het geval, maar na terinzagelegging van een ontwerp-bestemmingsplan waarbij de bouw van de woningen mogelijk wordt gemaakt, koopt de buurman snel een aangrenzend stuk grond en zet daar fruitbomen neer. Het gevolg is dat hij met succes het bestemmingsplan tegen kan houden.

Een laatste voorbeeld is het geval waarin een varkenshouder in een gebied met veel intensieve veeteelt vraagt om een milieuvergunning voor een nieuwe stal, waarin hij luchtwassers aanbrengt om de uitstoot van stikstof ten opzichte van de oude situatie te beperken. Daardoor kan hij zijn bedrijf uitbreiden. Kort voordien heeft hij nieuwe buren gekregen uit de stad die twee zwaar astmatische kinderen hebben. Zij maken bezwaar tegen de vergunning vanwege de gezondheid van de kinderen met het argument dat hoewel de uitstoot van stik-

---

[24] Zie daarover De Poorter en Van Heusden 2017, par. 5

stof afneemt, zij als gevolg van de cumulatie van de aangevraagde uitstoot met die van andere bronnen geen goed woon- en leefklimaat hebben. Dat zij er zelf voor hebben gekozen daar te gaan wonen, is vanuit het perspectief van het omgevingsrecht geen reden het bezwaar ongegrond te verklaren.

Bij deze drie voorbeelden zijn elementen van misbruik – in het derde geval oneigenlijk – gebruik aanwezig. Zou dat onder omstandigheden er niet toe moeten leiden dat op zichzelf valide juridische bezwaren niet aan het bestuursorgaan (en daarmee de begunstigde van de bestuurlijke besluitvorming) kunnen worden tegengeworpen? Of in ieder geval bij de beoordeling van de rechtmatigheid van een besluit moeten worden betrokken? Ik zie in het geval waarin misbruik aannemelijk kan worden gemaakt, drie benaderingswijzen, al naar gelang de aard van de in het geding zijnde bevoegdheid. Wanneer sprake is van een bevoegdheid bij de uitoefening waarvan een bestuursorgaan beslissingsruimte heeft (bijvoorbeeld het geval een college van B&W moet beslissen of vergunningverlening in strijd met 'een goede ruimtelijke ordening' is) kan het feit dat een bezwaarmaker misbruik maakt een mee te wegen belang vormen. Is er sprake van strijd met een beleidsregel of met beleid, dan kan misbruik een reden zijn voor afwijking van de beleidsregel op grond van artikel 4:84 Awb of van het beleid. Wanneer een appellant stelt dat een besluit in strijd met een wettelijk voorschrift is kan, net zoals een correctie ten voordele van een belanghebbende bij het relativiteitsbeginsel, ook een correctie, maar dan een negatieve plaatsvinden: de belanghebbende komt vanwege misbruik geen beroep op de schending van de betreffende bepaling toe.

4. Slotopmerking

Het is een groot goed dat de Algemene wet bestuursrecht relatief weinig beperkingen stelt aan de toegang van belanghebbenden tot de rechter. Burgers komen om allerlei redenen tegen overheidsbesluiten op, nagenoeg altijd omdat zij menen dat hun belangen daardoor op niet aanvaardbare wijze worden geraakt. Er zijn echter uitzonderingen. Doet zich het zeldzame geval voor dat een bezwaar of beroep is ingegeven door andere belangen dan die een wettelijke regeling beoogt te beschermen en is misbruik aannemelijk, dan zou er ruimte moeten zijn voor een bestuursorgaan en de rechter om daar tegen op te treden. Als gedrag dat misbruik oplevert jegens het bestuursorgaan of de rechter kan worden gesanctioneerd, is het feit dat het misbruik zich richt tegen een andere burger dan geen reden om dat niet te doen.

Sander Jansen*

66 | Versnelling van procedures: van nepversnelling naar geschiloplossing

@S_Jansen – Versnelling in de bestuursrechtspraak moet erop gericht zijn te voorkomen dat procedures en conflicten dooretteren. Anders is het nepversnelling. Dat betekent afscheid van de tirannie van het besluit voor het geding bij de rechter
#versnelling#geschiloplossing#rechter

1. Inleiding

Een auteur die voor een bundel die over bestuursrecht gaat als thema 'Versnelling van procedures' toebedeeld krijgt, is in de eerste plaats heel blij. Het gaat immers om een belangrijk thema, actueel en waaraan tal van facetten kleven. De euforie wordt vervolgens enigszins getemperd door het feit dat hij met zijn bijdrage niet het hele boek voor zijn rekening mag nemen. Sterker, de opdracht is dat de bijdrage maximaal 3.000 woorden mag bevatten. Verder afbakenen dus. Het begeleidend schrijven van de initiators van de bundel helpt al een eind. Er wordt met deze bundel 'ingezet op toekomstgerichte analyses' en de redactie verlangt een 'opiniërende invalshoek'. Voor de overige beperking zal ik zelf iets moeten bedenken. De mij toebedachte bijdrage kent behalve het woord versnelling het woord procedures. Hoewel er natuurlijk ook volop wordt gesproken van procedures in de fasen van besluitvorming, associeer ik 'procedures' in eerste instantie met *rechterlijke* procedures. Dat is een eerste inhoudelijke afbakening die ik aanbreng in mijn stuk. Die focus laat onverlet dat er meer dan eens een samenhang bestaat tussen versnellingsmaatregelen die liggen in de sfeer van rechterlijke bevoegdheden en de bestuurlijke besluitvorming. Dat heeft onder meer te maken met het systeem van de bestuursrechtspraak, waaraan inherent is dat er twee overheidsmachten betrokken zijn: het bestuur en de rechter. Vernietigen en opnieuw voorzien en de daaraan weer gekoppelde beroepsprocedure hangen onlosmakelijk samen.[1] Wat de bestuursrechter mag, kan en doet, raakt het bestuurlijke optreden en dikwijls ook de nadere actie die wordt gevergd van het bestuur. Er is dan ook veel te zeggen voor het niet eng opvatten

---

* Mr. dr. A.M.L. Jansen is universitair hoofddocent staats- en bestuursrecht aan Maastricht University.
[1] Ik doel hier vanzelfsprekend op de situatie dat het beroep erin resulteert dat de bestuursrechter constateert dat er iets niet deugt aan het bestreden besluit; ik doel niet op de situatie waarin het dictum niet-ontvankelijkheid, onbevoegdheid of ongegrondheid luidt. Die laatste drie dicta vergen immers niet dat het bestuursorgaan een nieuw besluit neemt (maar ze kunnen natuurlijk wel tot het instellen van hoger beroep leiden).

van het thema 'versnelling van rechterlijke procedures'. Verlengde besluitvorming noch hoger beroep kan worden ontkoppeld van beroep. Een razendsnelle uitspraak in beroep die er binnen heel korte tijd ligt maar die het bestuursorgaan in het ongewisse laat over hoe tot een deugdelijk besluit te komen of uitlokt tot het instellen van hoger beroep, brengt ons nog verder van huis.[2] To put it bluntly: heel snelle maar onbevredigende of ronduit slechte procedures en uitspraken, helpen van de regen in de drup; loutere versnelling van de rechtsgang is een riskant streven als context en aanpalende procedures worden genegeerd.[3] Het optimale versnellingsinstrument – ingeval er iets mis is met de besluitvorming – bewerkstelligt dan ook dat de rechterlijke uitspraak het conflict beslecht en het daadwerkelijke slotakkoord vormt van de gehele procedure. Daarom stel ik voorop dat het debat over versnellingsmaatregelen moet worden gevoerd zonder oogkleppen die maken dat louter de doorlooptijd tot datum uitspraak centraal wordt gesteld. Ligt de focus eenzijdig op de doorlooptijd van die ene procedure over dat ene geschil, dan betreft het slechts 'snelheid in enge zin', en kan in menig geval zelfs worden gesproken van 'nepversnelling'.[4] De versnelling waarover ik wil spreken noem ik *overkoepelende versnelling* en is erop gericht te voorkomen dat procedure en conflict dooretteren. Voorts stel ik mij op als een bescheiden jurist – dat ben ik tenslotte ook – en concentreer ik mij op de koppeling tussen versnelling en *juridische* ontwikkelingen en middelen.[5]

---

[2] Zo moet bijv. de figuur van de bestuurlijke lus – waarover hieronder meer – onder de op versnelling gerichte instrumenten worden gebracht. Ook het EHRM gaat in zijn jurisprudentie over de redelijke termijn niet uit van het scheiden van een rechterlijke procedure en de daaraan verwante tenuitvoerlegging door het bestuur door middel van een besluit (en een eventueel daarop weer gevolgde rechterlijke procedure). Zie o.a. EHRM 19 maart 1997, ECLI:CE:ECHR:1997:0319JUD001835791 (Hornsby/Griekenland), *JB* 1997/98 m.nt. AWH; *SEW* 1997, p. 339-342 m.nt. R.A. Lawson. Zie ook ABRvS 28 mei 2008, ECLI:NL:RVS: 2008:BD2637 en ABRvS 9 februari 2011, ECLI:NL:RVS:2011:BP3701.

[3] Vgl. ook de rechtsvergelijkende studie van Chris Backes, Mariolina Eliantonio and Sander Jansen (eds.), *Quality and Speed in Administrative Decision-Making: Tension or Balance?*, Cambridge: Intersentia 2016. In de studie wordt een aantal versnellingsmaatregelen besproken die in andere landen zijn getroffen, inclusief een analyse van hoe die uitpakken in de praktijk. De wetgever zou hieruit wellicht inspiratie kunnen putten.

[4] En net zomin als 'fakenews' gaat nepversnelling, of in Nederengels, fakeversnelling ons vooruit helpen.

[5] Aanpassingen in de sfeer van organisatie, automatisering en digitalisering, of zoals eenvoudigweg meer bestuursrechters en ondersteuning aanstellen, en (dus) budgettaire maatregelen, vallen buiten het bestek van deze bijdrage. Voor de liefhebbers verwijs ik voor recente analyses inzake digitalisering naar de bijdragen daarover in de bundel van R.J.N. Schlössels e.a. (red.), *In het nu… Over toekomstig bestuursrecht*, Deventer: Wolters Kluwer 2018, p. 209-378 en Jaarverslag Raad van State 2017, p. 59 en 60 (zo kan het digitaal dossier mogelijk een bijdrage leveren aan de versnelling van procedures).

Er is, tamelijk recent, al veel onderzoek verricht naar een aantal specifiek op versnelling gerichte juridische maatregelen.[6] Ik loop die kort langs om vervolgens in te gaan op snelheid in relatie tot enkele karakteristieken van onze bestuursrechtspraak. Ik denk dan aan de procedurele tirannie van het bestreden besluit, de daarmee samenhangende omvang van het geding en hetgeen de bestuursrechter vermag.

2. Snelheid in enge zin; een paar oude bekenden

Laat mij eerst enkele woorden wijden aan snelheid in enge, minder pejoratief wellicht, klassieke zin. Niet nieuw maar wel gericht op de snelheid van procedures is de mogelijkheid voor de rechter om te kiezen voor de versnelde behandeling.[7] De kern van het regime van de versnelde behandeling is dat een aantal termijnen wordt verkort (zoals die voor het indienen van het verweerschrift, voor re- en dupliek en ten aanzien van de standpunten van partijen over een deskundigenonderzoek). Een voorwaarde is dat zaak spoedeisend is. Daarmee vallen voor deze afdoeningswijze al een hoop reguliere zaken af. In de praktijk wordt weinig gebruikgemaakt van de versnelde behandeling.[8] Ook de vereenvoudigde behandeling zou kunnen bijdragen aan kortere doorlooptijden.[9] De Awb onderscheidt een viertal ('kennelijke') gevallen waarin de rechter kan besluiten het geschil vereenvoudigd af te doen. De rechter kan totdat partijen zijn uitgenodigd voor de zitting, het onderzoek sluiten indien hij voortzetting van het onderzoek niet nodig acht, omdat hij zonder dat onderzoek wel kan beslissen. In plaats van hoger beroep staat slechts verzet open. Aangezien bij vereenvoudigde behandeling partijen processuele mogelijkheden worden onthouden, wordt de 'kennelijkheid' strikt uitgelegd. Vaker mondeling uitspraak doen kan net als meer enkelvoudig afdoen eveneens bijdragen aan kortere doorlooptijden.[10]

---

[6] Over versnellingsmaatregelen die betrekking hebben op de fase van besluitvorming o.a. B.J. Schueler e.a., *Evaluatie van een drietal versnellingsinstrumenten uit de Awb*, Oisterwijk: WLP 2013 en de weergave daarvan van R. Ortlep, B.J. Schueler, H.H.M. Scholtes, M. Blekemolen, A.P.W. Duijkersloot & C.B. Modderman, 'De praktijk en werking van drie versnellingsinstrumenten uit de Awb', *JBplus* 2014/2, p. 168-181.
[7] Art. 8:52 Awb.
[8] In spoedeisende geschillen ziet men vaker de voorlopige voorziening.
[9] Art. 8:54 Awb.
[10] Aldus ook, in het bijzonder gericht aan de CRvB, A.T. Marseille & M. Wever, 'Winstkans, finaliteit en snelheid in het bestuursrechtelijke hoger beroep revisited', *NJB* 2018/1191, p. 1712-1720. Zie ook de reactie daarop van de president van de CRvB, Takvor Avedissian, 'Centrale Raad van Beroep en doorlooptijden', *NJB* 2018/1512, p. 2165 met naschrift van Marseille & Wever.

3. 'Nieuwe' wettelijke maatregelen en finaliteit

3.1 Bestuurlijke lus

Een rechtsfiguur die de wetgever heeft geïntroduceerd in de hoop bestuursrechtelijke procedures minder lang te laten voortslepen, is de bestuurlijke lus.[11] Het traditionele mechanisme van vernietigen en opnieuw voorzien door het bestuursorgaan, kan stroperigheid en voortslepende procedures in de hand werken. Immers, na een rechterlijke vernietiging duurt het meer dan eens een tijd alvorens het bestuursorgaan een nieuw besluit neemt welk besluit soms rammelt en ook weer kan worden aangevochten, hetgeen soms opnieuw tot vernietiging leidt et cetera. Uit evaluatieonderzoek van een paar jaren geleden blijkt dat de rechter de lus zeker toepast maar niet ontzettend vaak. In die gevallen dat de rechter de lus van stal haalt, doet dit instrument wat het moet doen: versnellen 'in overkoepelende zin'.[12] Bij die versnellende werking zijn wel enkele kanttekeningen op zijn plaats. Zo is de bestuurlijke lus niet primair gericht op het sneller verkrijgen van een rechterlijke einduitspraak in de initiële procedure. Sterker, de einduitspraak wordt in beginsel uitgesteld door toepassing van de bestuurlijke lus.[13] De versnelling schuilt in wat na de rechterlijke uitspraak gebeurt. In plaats van de zaak weer volledig in handen te leggen van het bestuursorgaan met ongewisse uitkomst resulteert de uitvoering van de lus in finale geschilbeslechting.

3.2 Artikel 6:22 Awb

In 2013 introduceerde de wetgever een gemuteerde variant van het voormalige artikel 6:22 Awb, met een verruimd bereik.[14] Anders dan voorheen kan de rechter ook andere dan vormgebreken passeren in plaats van het besluit te vernietigen vanwege dat gebrek. Cruciaal is wel dat het aannemelijk is dat het passeren belanghebbenden niet benadeelt. De toepassing van artikel 6:22 Awb beëindigt de procedure en voorkomt aldus dat het bestuursorgaan opnieuw aan zet is,[15] en vermijdt daarmee de onzekerheid of de procedure daarna al dan niet wordt voortgezet. Uit onderzoek naar de proeftuin van artikel 6:22 Awb, te weten artikel 1.5 Crisis- en herstelwet (Chw), kwam allerminst naar voren dat die pas-

---

[11] Art. 8:51a tot en met art. 8:51d Awb en art. 8:80a en art 8:80b Awb.
[12] Nader Ch.W. Backes e.a., *Evaluatie Bestuurlijke lus Awb en internationale rechtsvergelijking* (onderzoeksrapport WODC), Den Haag: Ministerie van Veiligheid en Justitie 2014.
[13] Backes e.a. 2014 en Marseille & Wever 2018, p. 1712-1720.
[14] De bestuurlijke lus werd separaat ingevoerd in de Awb in 2010. Met de op 1 januari 2013 in werking getreden Wet aanpassing bestuurprocesrecht heeft de wetgever enkele bepalingen in de Awb aangepast dan wel opgenomen die kunnen resulteren in verkorting van de doorlooptijden bij de rechter.
[15] Vgl. *Kamerstukken II* 2009/10, 32450, 3, p. 15.

seermogelijkheid veelvuldig werd ingezet, althans niet voor andere dan kleinere gebreken.[16] Later onderzoek, naar artikel 6:22 Awb, laat zien dat de rechter ook materiële gebreken wel passeert.[17] Uit dat onderzoek komt ook naar voren dat als de inhoud van het besluit anders zou kunnen luiden zonder het geconstateerde gebrek, rechters niet neigen het gebrek te passeren.[18]

Of artikel 6:22 Awb de procedure versnelt waarin het voorschrift toepassing vindt, is onzeker. Er is opgemerkt dat de procedures er niet korter op worden als de bestuursrechter moet onderzoeken of aannemelijk is dat belanghebbenden door het geconstateerde gebrek niet zijn benadeeld.[19] Daarnaast komt het voor dat in die procedure het gebrek alsnog wordt gerepareerd, hetgeen extra tijd kan vergen, net als (het benutten van) de gelegenheid voor partijen op de reparatie te reageren extra tijd zal vergen. Dat is vergelijkbaar met wat er gebeurt wanneer de rechter de bestuurlijke lus toepast: nauw verwante vervolgprocedures blijven uit maar de betreffende procedure duurt wat langer. Andersom en rooskleuriger geformuleerd: het is niet ondenkbaar dat toepassing van artikel 6:22 Awb de onderwerpelijke procedure iets verlengt maar het is dan wel echt klaar (overkoepelende versnelling).

3.3 *De relativiteitseis*

Tegelijk met het aangepaste artikel 6:22 Awb maakte een relativiteitseis zijn entree in de Awb. Deze relativiteitseis was wat explicieter (mede) gericht op versnelling dan artikel 6:22 Awb. Als rechters bepaalde beroepsgronden terzijde kunnen schuiven althans een besluit niet vernietigen omdat het geschonden voorschrift niet de bescherming van eisers belangen beoogt, zou dat kunnen bijdragen aan vlottere rechtspraak. Met artikel 8:69a Awb en de voorloper

---

[16] A.T. Marseille e.a., *Crisis- en herstelwet. Evaluatie procesrechtelijke bepalingen*, Den Haag: WODC 2012, p. 61-65 en 91. B. Marseille, B. de Waard, K. de Graaf, P. van Ling, H. Tolsma & E. Verheul, 'De Crisis- en herstelwet. Veel ambitie nauwelijks effect', *NJB* 2015/1, nr. 2, p. 6 e.v.

[17] Zie A.G.A. Nijmeijer e.a., *Evaluatie artikel 8:69a Awb en artikel 6:22 Awb*, Den Haag: WODC 2015, m.n. p. 97. Het betreft m.n. bevoegdheidsgebreken maar de rechter gebruikt art. 6:22 Awb bijv. ook ingeval het bestuursorgaan de verkeerde rechtsregels heeft toegepast of rekenfouten heeft gemaakt.

[18] De toepassing is aan verandering onderhevig. Zo konden de onderzoekers Nijmeijer e.a. in 2015 nog noteren dat het niet horen in bezwaar in de regel niet wordt gepasseerd, terwijl althans de Centrale Raad van Beroep daar inmiddels anders over lijkt te denken. Zie o.a. A.M.L. Jansen, 'Passeren schending hoorplicht?', *TAR* 2018/52, p. 177-180 en de daar genoemde rechtspraak. Wellicht is deze verruimde toepassing te relateren aan de mogelijke bedoeling van het aangepaste art. 6:22 Awb om een besluit op bezwaar overeind te houden, ook als art. 7:2 Awb niet in acht is genomen. Zie ook A.T. Marseille en H.D. Tolsma (red.), *Bestuursrecht 2. Rechtsbescherming tegen de overheid*, Den Haag: Boom Juridische uitgevers 2016, p. 186.

[19] *Handelingen I* 2012/13, 11, item 7, p. 37.

ervan, artikel 1.9 Chw, hoopte de wetgever op snellere procedures.[20] Dat lijkt nogal tegen te vallen. 'Uit de jurisprudentie en uit de interviews kan niet worden afgeleid dat de relativiteitseis het bestuursprocesrecht efficiënter heeft gemaakt waardoor procedures sneller verlopen', aldus het evaluatieonderzoek uit november 2015.[21] Daar komt bij dat de relativiteitseis lang niet in alle categorieën bestuursrechtelijke geschillen in beeld komt. Toepassing wordt (niet louter maar toch) vooral aangetroffen in omgevingsrechtelijke zaken.

3.4 Versnelling door finaliteit ingeval van vernietiging

De 'finaliseringsinstrumenten' kennen als bekend een ranglijst. Die lijst geeft de volgorde van rechterlijke instrumenten c.q. uitspraakbevoegdheden die de bestuursrechter moet nalopen teneinde bij (dreigende) vernietiging tot finale geschilbeslechting te komen.[22] Bovenaan de lijst treffen we artikel 6:22 Awb aan. Zijn echter gegrondverklaring en vernietiging aangewezen, dan valt toepassing van artikel 6:22 Awb af en dient de rechter in de eerste plaats te onderzoeken of de rechtsgevolgen in stand kunnen worden gelaten. Acht hij dat niet mogelijk, dan kan hij nagaan of hij zelf in de zaak kan voorzien.[23] Lukt ook dat niet, dan komt de bestuurlijke lus voor toepassing in aanmerking.[24] Lager in de hiërarchie van rechterlijke sturingsmiddelen vinden we het huidige vierde lid van artikel 8:72 Awb: de bestuursrechter kan het bestuursorgaan de opdracht

---

[20] Aangetekend zij wel dat de introductie van de relativiteitseis in de Chw prominenter ten doel had om de snelheid van procedures te vergroten dan de entree van art. 8:69a in de Awb. Bij sommigen leefde de verwachting dat procedures sneller zouden verlopen als gevolg van de relativiteitseis. Bij de totstandkoming van de Wab speelde deze verwachting een beperktere rol. Zie Nijmeijer e.a. 2015, p. 11, 14 en *Kamerstukken II* 2011/12, 32450, 15.

[21] Nijmeijer e.a. 2015, p. 70. Dat hangt mogelijk samen met het gegeven dat het voor de rechter lang niet altijd eenvoudig is om te weten of de relativiteitseis zich voor toepassing leent. Het daarmee gemoeide proces van nadenken en overleggen kost tijd. Wel is inmiddels steeds meer duidelijkheid ontstaan over de vraag wanneer art. 8:69a Awb kan worden toegepast, waardoor toepassingsperikelen minder tijd vragen.

[22] Wetsvoorstel Aanpassing bestuursprocesrecht, Nota van Wijziging (toelichting), *Kamerstukken II* 2010/11, 32450, 8H, p. 59.

[23] Er is inmiddels in de rechtspraak een behoorlijk aantal voor de toepassing relevante criteria van beide in het derde lid van art. 8:72 Awb neergelegde bevoegdheden ontwikkeld. Ik verwijs kortheidshalve naar ABRvS 21 maart 2012, ECLI:NL:RVS:2012: BV9463, *AB* 2012/233 en ABRvS 16 november 2016, ECLI:NL:RVS:2016:3054, *AB* 2017/149 en de annotaties van Ortlep daarbij. In de uitspraken wordt de laatste jaren nogal eens volstaan met een resumé en overweegt de rechter dat hij alleen kan overgaan tot het zelf in de zaak voorzien indien hij de overtuiging heeft dat de uitkomst van het geschil geen andere zou zijn als het bestuursorgaan opnieuw in de zaak zou voorzien en de toets aan het recht kan doorstaan.

[24] Dat kan de in de Awb neergelegde bestuurlijke lus zijn, maar ook de al langer bestaande informele lus.

geven tot het nemen van een nieuw besluit (of het verrichten van een andere handeling) met inachtneming van de door de rechter gegeven aanwijzingen. Finaliteit staat sinds een aantal jaren hoog op de agenda en kale vernietigingen zouden, zeker als het aan de wetgever ligt, minder dan vroeger moeten worden uitgesproken.[25] Door deze tendens van finale geschilbeslechting is de rechterlijke uitspraak vaker het werkelijke sluitstuk van de procedure. Dat draagt bij aan de versnelling waarover ik het in deze bijdrage heb: overkoepelende versnelling.

4. NZB

De zogeheten Nieuwe Zaaksbehandeling (NZB) behelst een herinrichting van de beroepsprocedure die mede beoogt de rechtsgang sneller te laten verlopen.[26] De toepassing van NZB verschilt maar komt er kortweg op neer dat na binnenkomst van het beroepschrift binnen korte tijd (bij voorkeur binnen 13 weken) een zitting wordt belegd, met als doel al in een vroeg stadium communicatie tussen rechter en partijen op gang te brengen. De zitting is bedoeld om duidelijk te krijgen wat partijen nu werkelijk verdeeld houdt. De rechter richt zich op dat wat nodig is om het geschil te beslechten. Meer dan eens zal het bij deze zitting blijven. Vroeg contact tussen partijen en rechter en een actieve opstelling van de rechter, vergroten de kans op een snelle en definitieve oplossing.

De NZB werkt. De procedure gaat in beginsel sneller.[27] Van Soest-Bosch, onder verwijzing naar het proefschrift van Allewijn,[28] stelt in dit verband dat het vroege contactmoment meebrengt dat het geschil dan nog 'warm' is en er flexibiliteit in procedure en bij partijen is. Het onderliggende conflict zou dan nog niet geëscaleerd of verhard zijn.[29] Omdat zij dat onder het kopje 'Snelheid'

---

[25] *Kamerstukken II* 2010/11, 32450, 8, p. 59 waar de regering opmerkt dat de bestuursrechter zo finaal mogelijk moet beslissen, niet meer moet ingrijpen in de bestuursbevoegdheid dan nodig is en snellere geschilbeslechting voorrang moet geven boven tragere. Vgl. ook art. 8:41a Awb en o.a. *Kamerstukken II* 2009/10, 29279, 3, p. 13.
[26] De NZB is gericht op snelheid, finaliteit en maatwerk. Zie hierover onder meer A. Verburg, 'De nieuwe zaakbehandeling van de bestuursrechter', *Tijdschrift Conflicthantering* 2013/3, p. 19-23; P. Nihot, 'De nieuwe zaaksbehandeling', in: N. Frenk e.a., *Proces op maat*, Den Haag: Boom Juridische uitgevers 2012, p. 27-34; A.T. Marseille, B.W.N. de Waard & P. Laskewitz, 'De nieuwe zaaksbehandeling in het bestuursrecht in de praktijk', *NJB* 2015, afl. 29; A.T. Marseille e.a., *De praktijk van de nieuwe zaaksbehandeling in het bestuursrecht*, Den Haag: Ministerie van BZK 2015; H.B. van Soest-Bosch, 'De Nieuwe Zaaksbehandeling, waar staan we nu?', *JBplus* 2016/2, p. 96-108.
[27] Marseille, De Waard & Laskewitz 2015; Van Soest-Bosch 2016. Soms, blijkt uit het onderzoek van Marseille e.a., lijdt het effect van NZB op die versnelling uitzondering, nl. als de behandeling van de zaak na de zitting wordt voortgezet.
[28] D. Allewijn, *Tussen partijen is in geschil… De bestuursrechter als geschilbeslechter*, Den Haag: Sdu 2011, p. 123-124.
[29] Van Soest-Bosch 2016.

behandelt, neem ik aan dat zij daarmee bedoelt dat partijen zich meer constructief en coöperatief opstellen hetgeen weer kan bijdragen aan een snelle en definitieve oplossing van het conflict. Rechters lijken alleszins bereid 'aan de NZB te gaan' maar de benodigde vaardigheden en de beschikbare tijd kunnen praktische belemmeringen vormen.[30]

5. Procedurele versobering

Voor ik toekom aan mijn op de toekomst van het bestuursprocesrecht gerichte opmerkingen, maak ik een paar aantekeningen over maatregelen die als effect een versnelling van procedures zouden kunnen sorteren. Een versobering van de procedure door een strenger regime in te voeren voor eisers en partijen kan doorlooptijden verkorten. Te denken valt aan beperkingen van de mogelijkheden tot het indienen van beroepsgronden. Ik keer nog een keer terug naar de Chw. Artikel 1.6, tweede lid, Chw stelt paal en perk aan pro-formaberoepen. Deze beperking, wat daar ook van zij, voor het kunnen aanvullen van beroepsgronden kan helpen de procedure te verkorten. Dat geldt ook het verbod om na afloop van de beroepstermijn nog gronden aan te voeren (artikel 1.6a Chw). Uit evaluatieonderzoek bleek dat beide beperkingen weinig werden toegepast. Beide beperkingen kregen bij burgers noch bestuursorganen de handen op elkaar.[31] Voorts volgt uit artikel 1.6 Chw dat de bestuursrechter Chw-zaken versneld behandelt (zie boven, paragraaf 2). Vooral voor het bestuursorgaan gelden kortere termijnen, onder meer voor het indienen van verweerschriften.

Snelheid en kwaliteit, een spanningsveld?
Bij bovengenoemde – maar bij wel meer, zoals die onder paragraaf 2 genoemde – maatregelen geldt dat zij kunnen meebrengen dat er een minder goede uitspraak uitrolt. Beroep- en verweerschriften bijvoorbeeld die minder omvattend zijn en van minder kwaliteit zijn, kunnen uiteindelijk in kwalitatief mindere uitspraken resulteren. Het komt mij bepaald twijfelachtig voor of dat de bedoeling is.

6. Een uitspraaktermijn voor de rechter

Vraag een juridische leek naar een maatregel die de doorlooptijd van een rechterlijke procedure kan verkorten en de kans is reëel dat hij de oplossing zoekt in het stellen van een termijn waarbinnen de rechter uitspraak moet doen. Niet alleen leken zoeken heil in een deadline voor de rechter om uitspraak te doen; de wetgever heel soms ook, zoals in de Chw, die voorschrijft dat de rechter

---

[30] Marseille, De Waard & Laskewitz 2015.
[31] B. Marseille, B. de Waard, K. de Graaf, P. van Ling, H. Tolsma & E. Verheul, 'De Crisis- en herstelwet. Veel ambitie nauwelijks effect', *NJB* 2015/1.

binnen zes maanden na afloop van de beroepstermijn uitspraak doet.[32] De uitspraaktermijn blijkt te werken. De rechter doet Chw-zaken sneller af dan niet Chw-zaken.[33] Een van de kanttekeningen die de onderzoekers evenwel maken, raakt aan de sleutel waarin ik 'versnelling' plaats. Op de totale duur van besluitvorming en rechtsbescherming is de tijdwinst – drie tot vier maanden – die wordt geboekt met de wettelijke uitspraaktermijn bescheiden.[34]

Verdringingseffecten
Een andere kanttekening is dat met het leggen van het accent op korte doorlooptijden in bepaalde categorieën geschillen, een verdringingseffect op de loer ligt. Uit onderzoek blijkt dat ervaringsdeskundigen inderdaad het bestaan van een dergelijk effect aannemen. Uit cijfers uit hetzelfde onderzoek lijkt het echter met die verdringing in relatie tot de voorgeschreven uitspraaktermijn in de Chw nogal mee te vallen.[35] Die termijn lijkt niet ten koste te zijn gegaan van de afhandelingsduur van zaken waarop het Chw-bewind niet van toepassing is. Niettemin bestaat het gevaar van een verdringingseffect bij maatregelen zoals wettelijk voorgeschreven maximale termijnen voor het doen van uitspraak. De vraag rijst natuurlijk ook in hoeverre een dergelijke verplichting zich leent voor expansie. Is het praktisch haalbaar om in veel meer (categorieën) geschillen de rechter op te dragen binnen (bijvoorbeeld) zes maanden uitspraak te doen? Het risico van verdringing kan zich tevens bij andere maatregelen als een ongewenst neveneffect manifesteren.

7. Het bestuursrechtelijk geding

Veel winst is naar mijn overtuiging te boeken door de klassieke opvatting over de omvang van het geding en de rechterlijke toetsing bij te stellen. Ik zie ook ontegenzeggelijk een samenhang met de NZB, waaraan een actieve opstelling van de rechter inherent is.

Een mooie illustratie van de botsing tussen de exclusiviteit van het bestreden besluit als grenswacht van het geding en de poging geschillen finaal te beslechten en conflicten te beëindigen, biedt een tweetal uitspraken van de rechtbank Oost-Brabant.[36] In die uitspraken voorziet de Bossche bestuursrechter zelf

---

[32] De beperkingen van art. 1.6 en art. 1.6a Chw zijn dan ook ingevoerd teneinde de rechter te faciliteren zijn uitspraaktermijn te halen.
[33] Marseille, De Waard, De Graaf, Van Ling, Tolsma & Verheul 2015 waarin zij hun bevindingen van evaluatieonderzoek weergeven.
[34] Zie de vorige noot.
[35] Zie noot 31.
[36] Rb. Oost-Brabant 13 november 2017, ECLI:NL:RBOBR:2017:5972, *AB* 2018/253 en Rb. Oost-Brabant 5 oktober 2017, ECLI:NL:RBOBR:2017:5260, *AB* 2018/254, beide m.nt. dzz.

door respectievelijk een omgevingsvergunning te verlenen en een last onder dwangsom op te leggen.[37]

Dat de rechtbank in de ene zaak zelf een vergunning gaat verlenen, is op de zitting besproken. Ook in de andere zaak is op zitting uitgebreid besproken hoe een oplossing te vinden voor alle partijen, derde-belanghebbenden met contraire belangen inbegrepen. Zo overweegt de rechtbank dat zij 'beseft dat de gevolgen voor [de derde-belanghebbende] groot zijn. Zij dreigt de dupe te worden van het nalaten van verweerder. Maar dat hoeft niet. De rechtbank heeft daarom op de zitting met partijen gesproken over een andere oplossing.' Vervolgens past de rechtbank een soort dubbele burgerlijke lus toe.[38] De rechtbank gaat niet alleen over tot zelf voorzien. Zij verlangt daarnaast actie van partijen, van nota bene de derde-partij en niet van eiser. De rechtbank suggereert wat deze derde-partij bij het bestuursorgaan moet aanvragen en geeft meteen een beslistermijn waarbinnen het bestuursorgaan op die aanvraag moet besluiten, vergezeld van wenken hoe daarop te beslissen. Dezelfde derde moet van de rechtbank ook nog een feitelijke handeling (geluidsonderzoek) verrichten. Daarmee drijft de rechtbank af van een oordeel over het bestreden besluit.

In de geest van de NZB onderzoekt de rechtbank waar het echte conflict in schuilt. 'Ter zitting heeft hun gemachtigde verteld dat eisers vooral wensen dat er een einde komt aan de geluidsoverlast.' Met de hier gekozen rekkelijke benadering laat de rechter zich niet dirigeren door de traditionele (buiten)grenzen van het geding, van oudsher toch vooral ingegeven door het bestreden besluit.

8. Conclusies en blik op de toekomst

Er zijn de laatste jaren behoorlijk wat maatregelen genomen om meer snelheid en finaliteit te bereiken.[39] De toepassing van een op finaliteit gerichte bevoegdheid heeft vaak een iets verlengend effect op de betreffende rechterlijke procedure, waarin de rechter uitspraak doet over dat ene bestreden besluit. We schieten er echter weinig mee op als we ons concentreren op versnelling in enge zin. De focus moet daarentegen liggen op snelheid in ruime zin: overkoepelende

---

[37] De opgelegde last onder dwangsom is inmiddels gesneuveld in hoger beroep, ABRvS 8 augustus 2018, ECLI:NL:RVS:2018:2658, *AB* 2018/333 m.nt. A.M.L. Jansen. Ik kan mij goed voorstellen dat bij de Bossche bestuursrechters de volgende gedachte postvat: 'Nu finaliseren we optima forma teneinde het geschil op te lossen door uitdrukkelijk diverse belanghebbenden en het bestuursorgaan daarbij te betrekken, is het nog niet goed; die appelrechter moet wel een beetje meewerken.' Zoiets.

[38] De burgerlijke lus of burgerlus is een rechtsfiguur die officieel nog niet in de Awb is te vinden maar in de praktijk wel voorkomt. Zie daarover ook de bijdrage van Barkhuysen & Van Emmerik elders in deze bundel.

[39] Daarbij blijkt dat snelheid niet los kan worden gezien van de kwaliteit van rechterlijke uitspraken en andere kernwaarden van behoorlijke rechtspraak. Ik schreef hierboven van een spanningsveld tussen kwaliteit en snelheid, maar ik kan mij voorstellen dat wetgever en rechter eerder een mijnenveld gewaar worden.

versnelling. Dat wil zeggen met inbegrip van verwante vervolgtrajecten en met oog voor oplossing van het daadwerkelijke conflict.

De toekomst
De NZB heeft naar mijn smaak goede perspectieven om structureel een versnelling – ook in de door mij voorgestane 'overkoepelende' zin – van procedures te bewerkstelligen. Het gaat dan om een benadering van de procedure waarin de blik wordt gericht op een werkelijke oplossing van het (achterliggende) conflict. Binnen de NZB spreekt men vaak van de noodzaak om aan zaaksdifferentiatie te doen. Ik denk dat zaaksdifferentiatie ook buiten de context van de NZB een impuls kan geven aan efficiëntere, finaliserende en kortere procedures, waarbij geschillen echt de wereld uit worden geholpen.[40] Van de rechter naar de wetgever. Ik denk dat de wetgever er het beste aan doet een keuze te maken. Blijven de huidige uitgangspunten van de bestuursrechtspraak (zoals artikel 8:1 en artikel 8:69 Awb) onveranderd? Of durft de wetgever de door sommige bestuursrechters toegeworpen handschoen[41] op te pakken en – voor een deel in het verlengde van de NZB – afscheid te nemen van de traditionele piketpalen van het bestuursprocesrecht? Dat laatste impliceert wat mij betreft vooral dat het proces en de mogelijkheden van de rechter niet langer exclusief worden gedwongen in de mal van het bestreden besluit.

---

[40] Zaaksdifferentiatie kan onder meer assisteren om de mogelijkheden na te gaan om vaker mondeling en enkelvoudig af te doen. Zie par. 2 en de daar genoemde literatuur.
[41] Zoals bijv. door Rb. Oost-Brabant 13 november 2017, ECLI:NL:RBOBR:2017:5972, *AB* 2018/253 en Rb. Oost-Brabant 5 oktober 2017, ECLI:NL:RBOBR:2017:5260, *AB* 2018/254, beide m.nt. dzz.

Albertjan Tollenaar*

67 | 'Do it yourself' bestuursrecht en de Awb

@A_Tollenaar – De Awb-wetgever had niet kunnen voorzien dat de burger in toenemende mate zelf aan de knoppen zit en 'realtime' de rechtsbetrekking met het bestuur kan wijzigen. Dit 'do it yourself' bestuursrecht vergt herijking van de Awb, maar vooral: strikt toezicht op de wijze waarop bestuursorganen 'do it yourself' bestuursrecht gebruiken#*digitalisering*#*self-service-technology*#*rechtsbetrekking*

1. Inleiding

Sinds 2014 kan degene die aangifte moet doen voor de inkomstenbelasting, gebruik maken van de voorafingevulde aangifte, waarin de Belastingdienst alle informatie heeft ingevuld die reeds van banken en werkgevers is verkregen. Dit verschijnsel staat niet op zichzelf en illustreert een steeds verdergaande robotisering van de rechtsbetrekking tussen overheid en burger. De AOW-uitkering moet via de website worden aangevraagd en wordt vrijwel automatisch toegekend. De werkloze moet via werk.nl zijn werkdossier bijhouden, wetende dat wat hij daarin invult kan worden gecontroleerd. Van agrariërs wordt verwacht dat zij via mijn.rvo.nl aangeven welke gewassen ze op hun percelen telen, waar ze mest willen uitrijden en hoeveel kalfjes er op het bedrijf zijn geboren.[1] Het lijkt een uitdijend fenomeen: de overheid verschuilt zich achter een website of digitale interface en brengt de burger in de positie dat hij 'aan de knoppen' zit, dat hij zelf de rechtsbetrekking met de overheid kan vormgeven en bepalen. Dit verschijnsel, dat in deze bijdrage wordt aangeduid als 'do it yourself' bestuursrecht, lijkt de aard van de Awb-rechtsbetrekking te veranderen. In deze bijdrage staat de vraag centraal in hoeverre de Awb een herijking behoeft om 'do it yourself' bestuursrecht te accommoderen.

2. Context: robotisering en self-service technology

'Do it yourself' bestuursrecht past bij een algemene trend in de samenleving. De burger lijkt te verwachten dat hij zelf aan de knoppen zit. Het lenen van een boek in de bibliotheek geschiedt bij een 'leencomputer' waar het boek en de lenerspas wordt gescand en de eventuele boete wordt voldaan. Bij de supermarkt kan de klant zijn boodschappen scannen en afrekenen. Alleen bij een steekproefcontrole – die door de computer wordt bepaald – vindt nog een men-

---

* Mr. dr. A. Tollenaar is universitair hoofddocent bij de vakgroep Bestuursrecht & Bestuurskunde van de Rijksuniversiteit Groningen.
[1] Over de registratie van kalfjes: *Kamerstukken II* 2017/18, 33037, 274.

selijke interactie plaats.[2] En op het vliegveld kan de reiziger met de digitale boardingpas op de smartphone in de hand de koffer achterlaten in een bagagemachine en vervolgens de douane passeren langs de automatische paspoortscanner.

Robotisering en de bijbehorende 'self-service technology' lijken onomkeerbaar.[3] Het gemeenschappelijke kenmerk is dat de menselijke interactie is vervangen door een digitale en dat de informatie die de burger aanlevert wordt gecontroleerd aan de hand van onzichtbare algoritmes. Deze algoritmes bepalen ook of de door de burger aangeboden informatie deugdelijk lijkt. Wordt er een fout herkend, dan volgt een interventie: de klant krijgt een controle bij de kassa, de hekjes bij de douane blijven gesloten of het boek kan niet worden meegenomen. Van deze self-service technology worden grote voordelen verwacht, uiteenlopend van efficiency (besparing op menskracht), vergrote snelheid, transparantie en (dus) klantgerichtheid.[4] Bij elk van deze veronderstelde voordelen kunnen vraagtekens worden geplaatst, zeker wanneer het de overheid is die gebruik maakt van self-service technology. Niet zelden blijkt de investering in computertechnologie toch groter dan gedacht, of blijkt deze te weinig op te leveren.[5] En je kunt je afvragen in hoeverre het antwoord 'computer says no' echt een klantgerichte service inhoudt.[6] Deze vragen hebben echter geen betrekking op de Awb. De gevolgen van 'self-service technology' voor de Awb spelen zich op een ander niveau af, namelijk dat van de Awb-rechtsbetrekking waarin rechten en plichten tussen burger en overheid worden vastgesteld. De vraag is welke gevolgen 'do it yourself' heeft voor die rechtsbetrekking.

3. Evolutie Awb-rechtsbetrekking

Wanneer men de 'self service technology' vergelijkt met de Awb lijkt de Awb wel een relict uit een ver verleden. De Awb gaat uit van een schriftelijke aanvraag, waarna een beoordeling plaatsvindt, eventueel nog zienswijzen worden verzameld en het resultaat in de vorm van een besluit de rechtsbetrekking be-

---

[2] NRC Handelsblad 6 april 2018, 'Hoe bepaalt de zelfscankassa welke klanten gecontroleerd worden?'.
[3] Roel Schouteten, 'Robitisering: het kan, maar moet het ook?', *Tijdschrift voor Arbeidsvraagstukken* 2015 (31), 2, p. 124-127.
[4] Matthew L. Meuter, Amy L. Ostrom, Robert I. Roundtree & Mary Jo Bitner, 'Self-Service Technologies: Understanding Customer Satisfaction with Technology-Based Service Encounters', *Journal of Marketing* 2000, Vol. 64, No. 3, pp. 50-64.
[5] *Kamerstukken II* 2014/15, 33326, 5 (Eindrapport Parlementair onderzoek naar ICT-projecten bij de overheid).
[6] Nationale ombudsman, '*Hoezo* mijn *overheid?*', rapportnummer 2107/098, Den Haag 2017.

stendigt. Dit suggereert een aantal schriftelijke handelingen, die overigens niet noodzakelijkerwijs op papier plaatsvinden.[7]

Hoewel de terminologie in de Awb anders doet vermoeden, waren er ten tijde van de codificatie van de Awb wel degelijk digitale besluitvormingsprocessen. In zijn preadvies uit 1993 beschrijft Snellen verschillende systemen die in min of meerdere mate geautomatiseerd de beslissingen nemen, uiteenlopend van de uitvoering van de studiefinanciering tot de verstrekking van overwerkvergunningen en van belastingen tot kentekenregistratie.[8] Deze automatisering vond echter plaats binnen een schriftelijke schil: de aanvraag werd dan handmatig ingevoerd door het bestuursorgaan, waarna het systeem een beslissing voorschreef. De burger merkt daar verder weinig van en met het raamwerk van de Awb valt deze automatisering in beginsel prima te beoordelen.[9]

4. Voorbeelden van 'do it yourself' bestuursrecht

De geautomatiseerde besluitvorming bij het begin van de codificatie van de Awb heeft plaatsgemaakt voor een geautomatiseerde rechtsbetrekking. Het bestuur heeft zich ontwikkeld van een 'screen level bureaucracy', waarin de beslissingen die door het systeem worden voorgeschreven, worden overgenomen in een besluit, naar een 'system level bureaucarcy', waarin de organisatie zich beperkt tot het ontwikkelen en onderhouden van het systeem, zonder zich te bekommeren om de individuele beslissingen die daaruit voortvloeien.[10] Dit is het 'do it yourself' bestuursrecht, of de 'digitale robotbestuurder'.[11] Om in kaart te brengen hoe die robotbestuurder eruit ziet, worden twee voorbeelden uitgewerkt: het declaratiesysteem van het persoonsgebonden budget (pgb) en de systematiek van toeslagen. Deze voorbeelden bieden de mogelijkheid om alge-

---

[7] G. Overkleeft-Verburg, 'Het Wetsvoorstel elektronisch bestuurlijk verkeer: een valse start?', *NTB* 2002 afl. 10, p. 297-314.
[8] I.Th.M. Snellen, 'Het automatiseren van beschikkingen bestuurskundig beschouwd', in: H. Franken e.a., *Beschikken en automatiseren* (VAR-reeks 110), Deventer: Samsom H.D. Tjeenk Willink 1992, p. 51-117. Zie ook P. Houweling, *Beschikkingverlening in de beschikkingenfabriek*, Groningen: Vakgroep Bestuursrecht en Bestuurskunde 1996.
[9] Hoewel dit op grenzen stuit indien een rechter om toelichting over de toegepaste, in digitale systemen verwerkte, beleidsregels vraagt. Zie H.E. Bröring, *Beleidsregels*, Deventer: Kluwer 1998, p. 13. De rechter kan in zo'n geval niet veel anders dan het besluit dat resultaat is van de toepassing van een ondoorzichtig systeem wegens motiveringsgebreken vernietigen. Zie bijv. CRvB 2 oktober 2009, ECLI:NL:CRVB:2009: BJ9342, *AB* 2009, 378, m.nt. A. Tollenaar.
[10] M.A.P. Bovens & S. Zouridis, 'From Street-Level to System-Level Bureaucracies: How Information and Communication Technology is Transforming Administrative Discretion and Constitutional Control', *Public Administration Review* 2002 (2), p. 174-184.
[11] Zie Folkert Jensma, 'Pas op voor de digitale robotbestuurder', *NRC Handelsblad* 14 april 2018.

mene kenmerken aan te wijzen en mogelijke problemen ten aanzien van de Awb-rechtsbetrekking te identificeren.

Pgb portal
Het pgb is in zichzelf al een exponent van 'do it yourself': in plaats van gebruik te maken van de 'natura' voorzieningen die door de overheid worden georganiseerd, kiest de burger ervoor om met een budget zelf zorg in te kopen.[12] Omdat het verleden uitwees dat besteding van dit bedrag fraude uitlokte, krijgt de burger geen geld op zijn rekening, maar kan hij voor het vastgestelde budget declaraties indienen bij de Sociale Verzekeringsbank (Svb). De bestuursrechtelijke rechtsbetrekking komt traditioneel tot stand: de burger vraagt pgb aan, het gemeentebestuur beoordeelt en kent een pgb toe. Daarop wordt het vastgestelde bedrag beschikbaar gesteld bij de Svb en kunnen declaraties worden ingediend waarmee de zorgverlener wordt betaald.

Het declareren is het echte 'do it yourself'. De pgb-houder wordt geacht op de site van de Svb in te loggen en daar declaraties in te dienen of urenoverzichten op te maken. Op YouTube staan illustratieve instructiefilmpjes die de 'interface' weergeven waar de burger zich doorheen moet worstelen.[13] Wat opvalt, is dat er nogal wat (digitale) handelingen zijn die de burger moet verrichten voordat een uitbetaling door de Svb aan de zorgverlener wordt gedaan. Het systeem verplicht om alle vakjes af te lopen: wordt een vakje overgeslagen, dan kan de declaratie niet worden ingediend. Opmerkelijk is overigens dat betalingen worden gedaan zonder dat daarover de in de Awb voorgeschreven beschikking wordt afgegeven.[14] Een beschikking wordt slechts afgegeven indien daar expliciet om wordt gevraagd. Het systeem biedt echter niet de mogelijkheid om zo'n verzoek te doen. De burger die een besluit wil, zal zijn wens dus op een andere manier kenbaar moeten maken.

Onder invloed van PerSaldo, de belangengroepering die pgb-houders vertegenwoordigt, heeft DSW zorgverzekeraar een nieuwe 'portal' ontwikkeld.[15] Dat een zorgverzekeraar het voortouw neemt hoeft geen verbazing te wekken. Zeer veel zorgverzekeraars bieden de mogelijkheid om online te declareren, waarbij razendsnelle controle van de declaratie en vrijwel onmiddellijk uitbetaling plaatsvindt. Voor een private zorgverzekeraar is deze digitale afhandeling een kwestie van klantvriendelijkheid en efficiëntie. Dit blijkt echter moeilijk te

---

[12] Een PGB kan worden verkregen op grond van de Wet maatschappelijke ondersteuning 2015, de Jeugdwet, de Wet langdurige zorg en de Zorgverzekeringswet.
[13] Youtube.nl zoekterm 'mijnpgb'.
[14] Terwijl nergens in de wetten (Wmo 2015, Jeugdwet, Wlz of Zvw), dan wel de daarop gebaseerde amvb's of ministeriële regelingen een uitzondering is gemaakt op grond van art. 4:88 Awb.
[15] Zie bericht 'Budgethoudersportaal (pgb 2.0) – we zijn van start' van 18 juni 2018 op de site van PerSaldo.

rijmen met de accuratesse die in de relevante wet- en regelgeving wordt geëist.[16] Het duurde daardoor drie jaar voordat een nieuw systeem werd ontwikkeld, dat enkele controles automatisch verricht en in ieder geval voor de grootste 'stroom' pgb's een adequate oplossing zou vormen. De belangrijkste verandering betreft de invoering van standaardcontracten voor de pgb-houder en diens zorgverlener, die via het systeem worden opgesteld. Dat beperkt weliswaar de contractsvrijheid maar voorkomt ook dat er onrechtmatige afspraken worden gemaakt (bijvoorbeeld overtredingen van de Wet minimumloon) of contracten die anderszins niet passen binnen het pgb (met zorgverleners die niet zijn geïdentificeerd door het gemeentebestuur). Deze dwang om een standaardcontract te sluiten is niet op de wet gebaseerd. Afgaand op de instructiefilmpjes blijkt het nieuwe systeem iets meer 'realtime' beslissingen te nemen. Declaraties worden onmiddellijk in mindering gebracht op het beschikbare budget, waarbij het blijkbaar niet relevant is dat de declaratie nog officieel moet worden goedgekeurd.[17]

Toeslagen.nl
Een tweede casus van 'do it yourself' betreft de kinderopvangtoeslag. Kinderopvangtoeslag is een inkomensafhankelijke regeling, voor ouders die gebruik maken van kinderopvang of gastouderopvang. De toeslag wordt berekend aan de hand van de kostprijs van de kinderopvang en de huidige draagkracht van de ouders.[18] De draagkracht wordt bepaald aan de hand van het inkomen van de ouders in het jaar waarover de toeslag wordt berekend.[19] Dat betekent dat de toeslag wordt berekend aan de hand van een schatting van het inkomen. Bij toename van inkomen leidt dat in beginsel tot een lager vastgestelde toeslag, met een terugbetalingsverplichting.

De burger die kinderopvangtoeslag wil aanvragen, moet zich wenden tot de website 'toeslagen.nl'. Na identificatie van het kinderopvangcentrum of de gastouder (die over een registratienummer moeten beschikken), opgave van het aantal uren opvang en het bijbehorende tarief en een schatting van het inkomen wordt automatisch de toeslag berekend. Onmiddellijk vindt een voorlopige be-

---

[16] Zie 'Gezeur en getreuzel, niemand denkt aan de pgb-er' *NRC Handelsblad* 29 september 2017 en 'Betere pgb-site vertraagd door chaos' *NRC Handelsblad* 23 augustus 2017.
[17] https://www.youtube.com/watch?v=89DNA36c3OM. Overigens past het negeren van de officiële goedkeuring bij de private (zorg)verzekeraars. Als het risico op onrechtmatigheid klein is (bijv. kleine declaratie, of betrouwbare klant), vindt sneller een uitkering op de verzekering plaats zonder nadere controle. Controle is immers minder efficiënt en draagt niet bij aan een goede klantrelatie. Dan liever een coulance-uitkering. Zie voor dit mechanisme R.A.A. Vonk, *Recht of Schade*, Amsterdam: AUP 2013, p. 74.
[18] Art. 1.7 Wet Kinderopvang.
[19] Art. 7 Algemene wet inkomensafhankelijke regelingen.

rekening plaats, die binnen vijf weken wordt omgezet in een voorschotbeschikking aan de hand waarvan uitbetaling plaatsvindt.[20]

Het interessante van de kinderopvangtoeslag is dat de controle veelal achteraf plaatsvindt, waarna de burger opnieuw of alsnog moet bewijzen recht te hebben op de toeslag. In zijn rapport 'Geen powerplay maar fair play' beschrijft de Nationale ombudsman hoe de Belastingdienst/Toeslagen in 2014 bij 232 gezinnen het recht en het lopende voorschot van de kinderopvangtoeslag introk, omdat de administratie van een gastouderbureau niet op orde was.[21] Het vermoeden was dat de toeslag onrechtmatig was verstrekt. Daarop kregen de ouders de gelegenheid om alsnog bewijs te overleggen, hoewel niet duidelijk werd gemaakt waaruit dat bewijs zou moeten bestaan.[22] Ook werd de ouders de mogelijkheid onthouden om alsnog of opnieuw een toeslag aan te vragen voor het lopende jaar.[23]

5. Patroon van 'do it yourself' bestuursrecht

De twee voorbeelden laten zien hoe 'do it yourself' bestuursrecht doorwerkt in de Awb-rechtsbetrekking. De drijvende kracht is versimpelen van besluitvormingsprocessen, voor de burger maar vooral ook voor het bestuur. Op een aantal aspecten wijkt 'do it yourself' af van het Awb-systeem. Zo valt op dat de burger min of meer gedwongen wordt via een digitale interface te communiceren.[24] De Awb biedt daartoe de ruimte maar interessant is dat de digitale interface tot extra verplichtingen leidt die op zichzelf niet op wetgeving zijn gebaseerd. Denk aan het voorgeschreven 'format' van het zorgcontract: nergens in de wet staat dat dit model moet worden gebruikt door de pgb-houder, maar voor het functioneren van het beslissysteem is dat model wel handig. Je zou dit 'nudging' kunnen noemen: de keuzearchitectuur voor de aanvrager wordt gradueel ingeperkt.[25]

Komt het eenmaal tot een aanvraag, dan is de tweede inbreuk op het Awb-systeem dat de aanvrager nauwelijks invloed kan uitoefenen op de aard van de gegevens die worden aangeleverd en dus op de uitkomst van de besluitvor-

---

[20] Zie https://www.belastingdienst.nl/wps/wcm/connect/bldcontentnl/belastingdienst/prive/toeslagen/aanvragen/ik_wil_een_toeslag_aanvragen/wat_gebeurt_er_na_mijn_aanvraag/wat-gebeurt-er-na-mijn-aanvraag.
[21] Nationale ombudsman, *Geen powerplay maar fair play. Onevenredig harde aanpak van 232 gezinnen met kinderopvangtoeslag*, Den Haag 2017.
[22] Zie ABRvS 8 maart 2017, ECLI:NL:RVS:2017:589 waarin deze casus aan de orde was.
[23] Nationale ombudsman, *Geen powerplay maar fair play. Onevenredig harde aanpak van 232 gezinnen met kinderopvangtoeslag*, Den Haag 2017.
[24] Vgl. CRvB 27 juli 2016, ECLI:NL:CRVB:2016:1384, *USZ* 2016/164 over de onmogelijkheid de OV-chipkaart telefonisch stop te zetten.
[25] Over nudging: Richard Thaler & Cass Sunstein, *Nudge*, New Haven & London: Yale University Press 2008 en over de normatieve kracht ervan: WRR, *Met kennis van gedrag beleid maken*, Amsterdam: AUP 2014, p. 63 e.v.

mingsprocedure. Het systeem combineert immers de aanvraag met bekende gegevens, waarna een beslissing wordt voorbereid. Ontbreken de gegevens, of zijn deze niet correct, dan loopt de aanvraag vast. Beide voorbeelden illustreren dit. De zorgverlener moet bekend staan als zorgverlener anders kan er niet gedeclareerd worden. En de kinderopvang moet over een registratienummer beschikken, anders is er geen recht op kinderopvangtoeslag. In de schaduw van de vaststelling van het recht van de individuele aanvrager vindt dus registratie van gegevens plaats die van invloed zijn op dat recht van de aanvrager. De juridische vragen daarover, van privacy en betrouwbaarheid, zijn eerder aan de orde gesteld.[26] Voor de Awb-rechtsbetrekking is van belang dat de mogelijkheid tot het doen van zorgvuldig onderzoek wordt uitgesloten met een 'computer says no' reactie. Er is immers vaak geen ruimte om relevante andere feiten vast te stellen of gebruikte feiten te corrigeren.

Een derde afwijking van het Awb-systeem houdt daarmee verband: het moment van rechtsbescherming sluit niet goed aan op het moment waarop de burger de consequenties van de rechtsbetrekking ervaart en correctie zou willen aanbrengen. Dat wordt veroorzaakt doordat de consequenties van het besluit niet te overzien zijn, omdat de situatie waarin de burger verkeert, veranderlijk is of omdat het eertijds genomen besluit later fout blijkt te zijn. Concreter: het toegekende pgb op basis van het destijds overgelegde pgb-plan kan ontoereikend blijken omdat de zorgbehoefte toeneemt, omdat de zorgkosten zijn gestegen of omdat de zorgbehoefte bij nader inzien verkeerd is geïndiceerd. Bezwaar is dan vaak niet meer mogelijk en er rest niets anders dan een nieuwe aanvraag te doen. Besluiten buitelen dan over elkaar heen, met onduidelijkheid en overgangsperikelen als resultaat (wat geldt tussen de aanvraag en de nieuwe beschikking?).

Wat ook opvalt is dat de rol van de overheid verandert. Besluitvorming is dienstverlening geworden, gericht op het ondersteunen van de burger bij het realiseren van zijn rechten. De overheid is vraagbaak en informatieknooppunt en is niet verantwoordelijk voor de juiste vaststelling van de feiten voorafgaand aan het besluit. Dat leidt tot het probleem welke waarde moet worden toegekend aan de informatie die de overheid verstrekt.[27] Deze veranderende rol heeft ook tot gevolg dat de overheid zich vooral concentreert op interventies achteraf, nadat de rechtsverhouding is vastgesteld en nadat de informatie is gekoppeld met andere informatie. De datakoppeling leidt tot een bewijsvermoeden dat sprake is van een fout, waarna vrijwel automatisch interventie (boete of terug-

---

[26] Zie bijv. J.E.J. Prins, 'De eOverheid voorbij. Recht doen aan de digitale werkelijkheid', in: M.M. Groothuis e.a., *De digitale overheid* (VAR-reeks 146), Den Haag: Boom Juridische uitgevers 2011, p. 71-115. Zie ook Marlies van Eck, *Geautomatiseerde ketenbesluiten & rechtsbescherming*, Tilburg 2018, p. 394 e.v.

[27] L.J.A. Damen, 'Is de burger triple A: alert, argwanend assertief of raakt hij *lost in translation*?', in: L.J.A. Damen e.a., *Vertrouwen in de overheid* (VAR-reeks 160), Den Haag: Boom Juridische uitgevers 2018, p. 7-103.

vordering) plaatsvindt. Dit is wat Bröring de veranderde aanpak van handhaving noemt als gevolg van de verschuiving van verantwoordelijkheidsverdeling tussen burger en overheid.[28] Juist bij 'do it yourself' is deze verschuiving van verantwoordelijkheid goed waar te nemen: de wetgever geeft de ditigale robotbestuurder stevige boetebevoegdheden om de burger te disciplineren.

6. Normeringsvraag 'do it yourself'

Het voorgaande leidt tot de tussenconclusie dat er op zichzelf reden is om de Awb te herijken om de veranderde Awb-rechtsbetrekking adequaat te normeren. Wat mij betreft zijn er tenminste vier punten die aandacht behoeven. Allereerst de aanvraag. Over de voorgeschreven wijze van communicatie ('digitaal tenzij...') heeft de Nationale ombudsman opgemerkt dat de burger meer centraal moet staan. De Raad van State heeft het over een recht op 'zinvol contact'.[29] Dat zinvolle contact kan er volgens de Raad van State aan in de weg staan dat er uitsluitend digitaal wordt gecommuniceerd.[30] De overheid moet verifiëren of boodschappen aankomen en zou dus ook moeten verifiëren of aanvragen digitaal kunnen worden aangeleverd. Dat heeft ook gevolgen voor de wijze waarop verzending en vooral: ontvangst van berichten van de overheid aannemelijk wordt gemaakt. Het argument dat een bericht afdoende bekend is gemaakt omdat deze in 'de berichtenbox' is geplaatst overtuigt immers niet, nu het bestuur ook over de informatie (loggegevens) beschikt waaruit kan worden afgeleid of dat bericht wel is gezien.

Het tweede probleem betreft de afweging die door het systeem wordt verricht. Digitalisering staat op gespannen voet met de menselijke maat.[31] Op zichzelf kan een digitaal systeem meer data verwerken dan een ambtenaar en in zoverre meer verfijnde beslissingen nemen.[32] Desondanks vindt altijd uniformering plaats aan de hand van algemene criteria, waarbij de bijzondere kenmerken van een geval verdwijnen. De Raad van State stelt een recht op de maatwerk en menselijke heroverweging voor en acht de bezwaarprocedure daarvoor het meest geschikt.[33] Het is echter maar helemaal de vraag of bezwaar wel past bij 'do it yourself'. De burger zou vaker dan alleen bij bezwaar moeten kunnen verzoeken tot toepassen van menselijke maat. Dat vergt investeren in de

---

[28] H.E. Bröring & B.F. Keulen, *Bestraffende sancties in het strafrecht en het bestuursrecht*, Zutphen: Paris 2017, p. 46.
[29] Nationale ombudsman, *Hoezo mijn overheid?*, Den Haag 2017, p. 15 e.v.
[30] *Kamerstukken II* 2017/18, 26643, 557 (Ongevraagd advies Raad van State over de effecten van de digitalisering voor de rechtsstatelijke verhoudingen).
[31] Snellen 1992, p. 51-117.
[32] Vgl. C.N.J. de Vey Mestdagh, 'Een kennistechnologisch perspectief op de juridische kwaliteit van de bestuurlijke besluitvorming', in: M. Herweijer e.a. *Alles in één keer goed*, Deventer: Kluwer 2005, p. 133-153.
[33] *Kamerstukken II* 2017/18, 26643, 557 (Ongevraagd advies Raad van State over de effecten van de digitalisering voor de rechtsstatelijke verhoudingen).

kwaliteit van communicatie en heldere voorlichting over de procedure. Wanneer dat met een callcenter lastig is (vergelijk de Belastingtelefoon), dan biedt wellicht de relatieve rust van een chatfunctie mogelijkheden (Whatsapp). Vliegtuigmaatschappijen, zorgverzekeraars en banken kunnen dat ook, dus niet valt in te zien dat het bestuursorgaan dat niet ook zou kunnen regelen.

Daarmee komt het derde probleem aan het licht waarop de Awb herijking behoeft: het besluitbegrip verliest zijn relevantie, omdat de beslissingen die voortvloeien uit robot-achtig bestuur gepaard gaan met veel meer interacties tussen het burger en bestuur. Soms wordt überhaupt geen besluit genomen (vergelijk de casus van het pgb-portal). Rechtsbescherming laten afhangen van een besluit verwatert de effectiviteit van deze correctiemogelijkheid en biedt in ieder geval de burger te weinig houvast. Een ruimere toegang tot de bestuursrechter, ook tegen uitvoeringshandelingen wanneer het onderliggende besluit al onherroepelijk is geworden, ligt daarom voor de hand.

Het vierde probleem betreft de constatering dat de nadruk steeds meer komt te liggen op handhaving achteraf. 'Do it yourself' gaat gepaard met automatische interventie. Een verdenking die volgt uit datakoppeling is voldoende. De interventie kan onterecht zijn, bijvoorbeeld omdat geen sprake is van een overtreding of omdat relevante feiten ten onrechte zijn genegeerd.[34] Maar zelfs als wel sprake is van een overtreding, dan komt meer dan ooit de vraag op of deze overtreding kwaadwillend is begaan of niet. Wat nu als de informatie op de website op zijn minst dubbelzinnig is? Of wat nu wanneer sprake is van een kennelijke verschrijving die niet door het systeem is voorkomen? Wanneer de handhaving bestaat uit een punitieve sanctie is de vraag naar de verwijtbaarheid van de overtreder onvermijdelijk. Maar op zichzelf is er voldoende reden om ook bij reparatoire interventies (zoals de terugvordering van toeslagen) de vraag aan de orde te stellen in hoeverre de burger wel een verwijt kan worden gemaakt.[35] Op dit punt kan het belastingrecht wellicht als inspiratie dienen.[36]

7. Tot slot

Het lijkt een veilige verwachting dat de overheid in verschillende hoedanigheden in toenemende mate gebruik zal maken van 'do it yourself' technologie.[37] Dat betekent ook dat de Awb een update behoeft waar het de afbakening en normering van de rechtsbetrekking betreft. De vraag van een andere orde is of

---

[34] '337 melkveebedrijven onterecht geblokkeerd, 75 nu echt verdacht van kalverfraude', NOS website 3 oktober 2018.
[35] Nationale ombudsman, *Geen powerplay maar fair play. Onevenredig harde aanpak van 232 gezinnen met kinderopvangtoeslag*, Den Haag 2017. Zie ook T.N. Sanders, 'De bijzondere omstandigheid bij invordering en kostenverhaal', *Gemeentestem* 2018/35.
[36] Vgl. HR 7 december 2007, ECLI:NL:HR:2007:BA9393, *FED* 2008/15, m.nt. Lokerse.
[37] Vgl. B.J. van Ettekoven, 'Behoorlijke bestuursrechtspraak in het Big data tijdperk', in: R.J.N. Schlössels e.a. (red.), *In het nu... Over toekomstig bestuursrecht*, Deventer: Kluwer 2018, p. 209-233.

de individuele Awb-rechtsbetrekking nog wel volstaat als aangrijpingspunt is om deze normering af te dwingen. Ik ben daar nog niet zo zeker van. Individuele dossiers zijn prima illustraties van verkeerd functionerende systemen, maar het is niet eenvoudig voor een rechter om in een individuele fout een systeemfout te herkennen en daar dan vervolgens ook consequenties aan te verbinden in zijn uitspraak. Rapporten van de Nationale ombudsman hebben wat dat betreft iets meer algemene zeggingskracht, maar ontberen weer een rechtsgevolg.

Vaak vertrouwt men op het lerend vermogen van het bestuursorgaan zelf. Dat is meestal onterecht, omdat het bestuursorgaan – gedreven door efficiency-overwegingen – geneigd zal zijn systeemfouten te marginaliseren.[38] De dreigende lacune in de controle van het bestuur vergt daarom nieuwe correctiemechanismen. Men zou kunnen denken aan de verplichting tot het overleggen van een certificaat van administratieve kwaliteit voorafgaand aan het toepassen van een digitaal systeem waaruit blijkt dat de toegepaste beslisregels controleerbaar zijn en dat (en hoe) ruimte is voor menselijke maat. Periodieke auditing, eventueel met klanttevredenheidsonderzoek is dan het logische vervolg om de toepassing van het systeem te monitoren. Het correctiemechanisme is dan geen rechterlijke controle, maar publieke verontwaardiging, mogelijk resulterend in politieke interventie. Dat is in de tijd waarin 'google reviews' een belangrijke maatstaf voor kwaliteit vormen misschien wel veel effectiever.

---

[38] Vgl. de casus omtrent de beboeting van campers met fietsenrekken. De automatische beboeting van deze voertuigen, omdat het systeem ten onrechte een personenwagen met aanhanger herkende, leidde niet tot het herzien van het systeem, omdat de omvang van de fout in kwantitatieve zin zeer gering was. Zie *Kamerstukken II* 2013/14, 29398, 390, bijlage.

Bart Jan van Ettekoven[*]

68 | Digitaal procederen bij de bestuursrechter

@BJ_vanEttekoven – We hadden verder moeten zijn met digitaal procederen, maar het begin is er. Bij 40 jaar Awb is digitaal procederen de standaard, zijn digitale systemen behulpzaam bij voorlichting over procedures en proceskansen en ondersteunt AI juristen. We gaan een enerverende tijd tegemoet. #*digitalisering* #*bestuursrechtspraak*#*KEI*#*procederen-is-communiceren*#*digitale-kinderziekten*# *AI*

1. Inleiding

Digitaal procederen bij de bestuursrechter is iets van de laatste jaren.[1] Bij de introductie van de Awb in 1994 is voorzien in elektronisch verkeer tussen burger en overheid, denk daarbij aan gebruik van fax en mail, maar niet in digitaal procederen – het indienen en uitwisselen van stukken via een webportaal – bij de bestuursrechter. De ontwikkelingen met digitalisering in de samenleving gaan vooral de laatste tien jaar erg snel. Het rechtsbedrijf blijft daarbij achter. Toch zijn wel enkele stappen gezet. Bij het 15-jarig bestaan van de Awb in 2009 kon worden gemeld dat zou worden begonnen met digitaal procederen, met als wettelijke grondslag artikel 8:40a Awb.[2] Daarna zijn de ambities verhoogd. Vanaf 2015 is op vrijwillige basis ervaring opgedaan met digitaal procederen via een webportaal in asiel en bewaringszaken. In 2018, met 25 jaar Awb in zicht, hebben we de eerste ervaringen met verplicht digitaal procederen bij de bestuursrechter. Die ervaringen zijn niet onverdeeld positief. Het programma Kwaliteit en Innovatie Rechtspraak (KEI) is gestrand en het digitaal procederen blijft vooralsnog beperkt tot asiel- en bewaringszaken. In deze bijdrage wordt teruggekeken naar de afgelopen tien jaar en vooruitgeblikt. Waar staan we met digitaal procederen na 40 jaar Awb?

---

[*] Prof. mr. B.J. van Ettekoven is voorzitter van de Afdeling bestuursrechtspraak van de Raad van State en onbezoldigd hoogleraar staats- en bestuursrecht aan de Universiteit van Amsterdam. De tekst van dit artikel is afgesloten op 30 september 2018.
[1] Over digitaal procederen is veel gepubliceerd. Zie bijv. H. Donner en B.J. van Ettekoven, 'Digitaal procederen bij de bestuursrechter', *NTB* 2015/2, p. 413 en C.L.G.F.H. Albers, 'Digitaal procederen vanuit het perspectief van de burger. Over toegankelijke rechtspraak en een eenvoudige snelle rechtsgang', in: R.J.N. Schlössels e.a. (red.), *In het nu ... Over toekomstig bestuursrecht*, Deventer: Wolters Kluwer 2018, p. 321-347.
[2] Art. 8:40a Awb is in werking getreden op 1 juli 2010 en is jaren de basis geweest voor vrijwillig digitaal procederen bij de bestuursrechter. Dit stelde in de praktijk niet veel voor. Het (hoger) beroepschrift kon weliswaar digitaal worden ingezonden, maar daarna werd door de bestuursrechter doorgaans op papier verder gewerkt.

2. Procederen is communiceren

Procederen gaat over het (tijdig) indienen van rechtsmiddelen, het daarop reageren en dus het uitwisselen van informatie. Het gaat daarbij meestal om tekstuele informatie, maar steeds vaker ook om visuele en audio informatie (kaarten, foto's, videobeelden, geluidsfragmenten). Dat er problemen zijn bij de uitwisseling van informatie is van alle tijden. Dat is bij papieren informatie niet anders dan bij informatie in elektronische vorm. Er is een ontzagwekkende hoeveelheid jurisprudentie over het – al dan niet tijdig – uitwisselen van papieren informatie. Denk aan de vraag of er wel of geen goede reden was voor het te laat indienen van het papieren rechtsmiddel van bezwaar, beroep en hoger beroep. Met de introductie van de fax en e-mail zijn de ontvankelijkheidsproblemen niet verdwenen. En het zal niet anders zijn bij digitaal procederen, het indienen en uitwisselen van informatie via een digitaal platform (webportaal) waarop moet worden ingelogd. Bij het digitaal procederen komen we vooral bestaande ontvankelijkheidsperikelen tegen in een nieuw 'digitaal jasje', maar ook enkele nieuwe perikelen. Terwijl het bestuursprocesrecht met de introductie van het digitaal procederen in essentie gelijk is gebleven, is dé grote overgang de omslag van een papieren wereld naar digitaal werken. Dat is behoorlijk ingrijpend. Het beeldschermwerken met digitale dossiers vergt voor veel mensen een stevige omschakeling. Maar inhoudelijk is de omslag beperkt. Het gaat nog steeds om de inhoud van de stukken, die nu op moderne wijze worden uitgewisseld.

3. Digitaal procederen; de periode 2010-2015

Terwijl het langs elektronische weg informatie uitwisselen tussen burger en bestuursorgaan in de Awb in 2004[3] van een grondslag is voorzien, duurde het tot 2010 voordat met de bestuursrechter elektronisch kon worden gecommuniceerd. De grondslag daarvoor was artikel 8:40a Awb, dat inmiddels is vervallen.[4] Het eerste lid van dat artikel bepaalde dat Afdeling 2.3 van de Awb van overeenkomstige toepassing is op het verkeer met de bestuursrechter.

Het ging om digitaal verkeer met de handrem er op. Het bestuursorgaan kon kiezen om de elektronische poort te openen (artikel 2:15 Awb). In dat geval konden berichten langs elektronische weg worden verzonden, maar alleen aan burgers die daarvoor toestemming hadden gegeven (artikel 2:14 Awb). De

---

[3] Wet van 29 april 2004 (Stb. 2004, 214), houdende aanvulling van de Algemene wet bestuursrecht met regels over verkeer langs elektronische weg tussen burgers en bestuursorganen en daarmee verband houdende aanpassing van enige andere wetgeving (Wet elektronisch bestuurlijk verkeer).
[4] Art. 8:40a Awb is per 12 juni 2017 vervallen in verband met de inwerkingtreding van Afd. 8.1.6.a Awb.

AMvB op grond van artikel 8:40a Awb is het Besluit elektronisch verkeer met de bestuursrechter (*Stb.* 2010, 278)[5] en de nadere regels over videoconferentie zijn gesteld in het Besluit Videoconferentie.[6] Daarnaast gold de Regeling aanwijzing betrouwbaarheidsniveau authenticatie bij elektronisch verkeer met de bestuursrechters[7] en overige spelregels in de procesregelingen van de bestuursrechtelijke colleges, die inhoudelijk nogal verschillen. Zo gold bij de rechtbanken dat een beroepschrift alleen in behandeling werd genomen indien ingediend via de webapplicatie van de rechtspraak (dit gold *NIET* voor faxverkeer),[8] terwijl bij de belastingkamers van de gerechtshoven een hoger beroepschrift alleen per fax kon worden ingediend en niet op andere elektronische wijze.[9]

De bestuursrechtspraak heeft zich al snel moeten uitlaten over ontvankelijkheidsperikelen rondom het elektronisch verkeer. Een greep uit de grote hoeveelheid rechtspraak. Uit de rechtspraak van de (hoogste) bestuursrechters volgt dat (ook) het gebruik van mail tot de nodige problemen leidt, vooral als die wijze van elektronisch verkeer niet is toegestaan. Als het (hoger) beroepschrift per mail is ingediend, mag dit pas niet-ontvankelijk worden verklaard nadat de gelegenheid is geboden dit verzuim te herstellen.[10] Het gebruik van mail heeft voordelen, maar ook nadelen. De 'escape' van de zevende week van artikel 6:9, lid 2 Awb geldt alleen als het beroepschrift aantoonbaar tijdig ter post is bezorgd, en dus niet als het beroepschrift per mail is ingediend.[11] De eis dat een (hoger) beroepschrift moet worden ondertekend, ook als digitaal wordt geprocedeerd, geldt ook voor bestuursorganen; voor een enkel bestuursorgaan blijkt dit teveel gevraagd.[12] De vraag of een e-mail een Awb-besluit kan zijn, is positief beantwoord.[13] Ook de verantwoordelijkheid van de gerechten voor een fatsoenlijk werkend systeem kwam al vroeg in de rechtspraak aan de orde:[14]

> 'Volgens de memorie van toelichting op de Wet elektronisch verkeer met de bestuursrechter (*Kamerstukken II*, 2008/09, 31 867, nr. 3, blz. 14) is een gerecht

---

[5] Dit besluit is ingetrokken voor procedures en gerechten waarvoor digitaal procederen geldt.
[6] Besluit van 8 mei 2006 ex artikel 97 Vw 2000, houdende algemene eisen ten aanzien van het horen van personen per videoconferentie, *Stb.* 2006, 275.
[7] Regeling van 22 september 2010, *Stcrt.* 2010, nr. 15.000.
[8] Procesregeling bestuursrecht 2010 (art. 2a; *Stcrt.* 2010, nr.12.031) en Procesregeling bestuursrechtelijke colleges 2006 (art. 5a).
[9] Procesregeling belastingkamers gerechtshoven 2010 (artikel 2; *Stcrt.* 2010, nr 7070)
[10] ABRvS 29 augustus 2012, ECLI:NL:RVS:2012:BX5972 en CRvB 7 mei 2013, ECLI:NL:CRvB:2013:BZ9982, *AB* 2014/11.
[11] CRVB 22 mei 2013, ECLI:NL:CRvB:2013:CA0743.
[12] ABRvS 11 december 2013, ECLI:NL:RVS:2013:2374, *AB* 2014/293 en *JB* 2014/16.
[13] ABRvS 22 januari 2014, ECLI:NL:RVS:2014:99, *JB* 2014/62.
[14] ABRvS 16 april 2014, ECLI:NL:RVS:2014:1384, *AB* 2014/219.

juridisch verantwoordelijk voor het naar behoren functioneren van de netwerkcomputer, de eindserver daaronder begrepen, waarvan het gebruik maakt. Het ophouden van berichten of stukken bij de netwerkcomputer van het gerecht komt niet voor risico van partijen. Dit geldt ook indien de bestuursrechter een tijdig verzonden beroepschrift eerst na afloop van de beroepstermijn ontvangt, omdat het betreffende stuk door een storing bij de eindservers is opgehouden.'

Dat DiGiD niet onder alle omstandigheden betrouwbaar is, bleek in een zaak over kinderopvangtoeslag, waarbij niet kon worden uitgesloten dat een derde aanvragen had gedaan met gebruikmaking van de DiGiD van de rechtzoekende.[15] Verder blijkt uit de rechtspraak dat soms nader onderzoek moet worden gedaan om te achterhalen aan wie een technisch gebrek valt toe te rekenen. Ook al is een fax succesvol verzonden bij de rechtbank, dat sluit niet uit dat door een technische storing bij de mailserver van de advocaat van belanghebbende die fax niet bij hem is binnengekomen. De bewijsvoeringslast ligt in zo'n geval bij de belanghebbende.[16]

4. Digitaal procederen; de periode vanaf 2015

In 2012 is de rechtspraak gestart met het programma KEI om te komen tot een landelijk werkend platform voor digitaal procederen bij de burgerlijke en de bestuursrechter. Helaas moet medio 2018 worden vastgesteld dat de rechtspraak de ambities niet heeft kunnen waarmaken. De Raad voor de Rechtspraak spreekt over een 'reset';[17] 'uithuilen en opnieuw beginnen'. Want één ding is zeker; digitaal procederen is de toekomst. Ook de minister heeft aangegeven dat stoppen met de digitalisering geen optie is.[18]

In de tussentijd is er op het gebied van digitalisering binnen de rechtspraak wel het een en ander gebeurd, zowel binnen het strafrecht, toezicht en binnen civiel/handel. Ik beperk me hier tot de ontwikkelingen in het bestuurs(proces)recht. In april 2015 zijn de eerste pilots gestart voor digitaal procederen in asiel- en bewaringszaken. Sinds 12 juni 2017 is het voor advocaten en andere professionele rechtshulpverleners in asiel- en bewaringszaken verplicht om digitaal te procederen bij de rechtbanken via de portal 'Mijn Rechtspraak'.[19]

---

[15] ABRvS 24 maart 2013, ECLI:NL:RVS:2013:BZ8406.
[16] ABRvS 13 mei 2015, ECLI:NL:RVS:2015:1598, JB 2015/117.
[17] Zie de brief van de Raad voor de Rechtspraak van 27 juni 2018 ('Waarborgen digitalisering Rechtspraak') aan de minister voor rechtsbescherming, te vinden op www.rechtspraak.nl , als bijlage opgenomen bij de brief van de minister van 13 juli 2018, *Kamerstukken II* 2017/18, 29279, 453.
[18] Aldus de minister tijdens een algemeen overleg op 25 april 2018 met de vaste Kamercommissie voor Justitie en Veiligheid.
[19] *Stb.* 2017, 174, m.n. art. IV, zoals gewijzigd bij besluit van 31 mei 2017, *Stb.* 2017, 230.

Vanaf diezelfde dag kon door advocaten bij de Afdeling bestuursrechtspraak van de Raad van State op vrijwillige basis en op kleine schaal digitaal worden geprocedeerd in asiel- en bewaringszaken via het digitaal portaal van de Afdeling bestuursrechtspraak 'Mijn Zaak'. Die mogelijkheid is medio 2018 uitgebreid tot alle advocaten.

Het is ongelukkig dat de Rechtspraak medio 2018 heeft besloten het digitaal procederen in vreemdelingenzaken niet te willen uitbreiden met reguliere vreemdelingenzaken. Het digitaal procederen in het bestuursrecht blijft dus vooralsnog beperkt tot asiel- en bewaringszaken. Naar verwachting zal in 2019 digitaal procederen in asiel- en bewaringszaken ook in hoger beroep verplicht worden gesteld. Verder valt te verwachten dat de Afdeling bestuursrechtspraak digitaal procederen in reguliere vreemdelingenzaken in 2019 zal gaan faciliteren, bijvoorbeeld door de rechtbankdossiers te scannen en de stukken langs die weg te digitaliseren. Ondertussen is de Hoge Raad per 1 maart 2017 gestart met het verplicht digitaal procederen in civiele vorderingsprocedures (*Stb.* 2017, 16). De Hoge Raad onderzoekt of een soortgelijke service kan worden aangeboden in straf- en belastingzaken.

De 'reset' van KEI betekent een serieuze vertraging – vermoedelijk van enkele jaren – in de digitalisering van de bestuursrechtspraak. Dat is met name frustrerend, omdat – anders dan bij civiele zaken – veel landelijk werkende bestuursorganen, zoals de belastingdienst, de IND, het UWV, de SVB en het DUO digitaal werken en in staat zijn de benodigde stukken en gegevens digitaal aan te leveren. Ook de rechtsbijstandsverzekeraars en de grote advocatenkantoren zijn teleurgesteld over de kink in de digitale kabel. In het omgevingsrecht wordt gemikt op invoering van de nieuwe Omgevingswet medio 2021. Dit kan alleen als op dat moment ook het digitaal stelsel omgevingswet (DSO) operationeel is. De rechtspraak zal ervoor moeten zorgen dat tegen die tijd de digitale stukken van bestuursorganen kunnen worden toegevoegd aan het (interne) digitale rechtspraakdossier. Beter nog zou het zijn als tegen die tijd in het omgevingsrecht, maar ook in het belastingrecht,[20] ambtenarenrecht, sociaal zekerheidsrecht, studiefinancieringsrecht etc. digitaal kan worden gecommuniceerd tussen bestuursorganen en de bestuursrechter en dat rechtzoekenden in die zaken digitaal kunnen procederen.

---

[20] Zie de Wet van 14 oktober 2015 tot wijziging van de Algemene wet inzake rijksbelastingen en enige andere wetten in verband met een regeling voor het elektronische berichtenverkeer (Wet elektronisch berichtenverkeer belastingdienst; *Stb.* 2015, 378). In art. 3a is de verplichting tot elektronisch verkeer geregeld tussen burger/bedrijf en de belastingdienst. In de Regeling elektronisch berichtenverkeer Belastingdienst zijn op die verplichting enkele uitzonderingen opgenomen.

5. Rechtspraak over digitaal procederen

Het hiervoor genoemde artikel 8:40a Awb is ingetrokken per 12 juni 2017 toen de nieuwe regeling voor digitaal procederen bij de bestuursrechter in werking trad.[21] Aan de Awb is Afdeling 8.1.6a toegevoegd, bestaande uit de artikelen 8:36a - 8:36g Awb. Op grond van artikel 8:36f Awb is een AMvB tot stand gekomen.[22] De gerechten hebben daarnaast ook spelregels voor het digitaal procederen opgesteld.[23]

Als we kijken naar de nog schaarse rechtspraak van de hoogste bestuursrechter over digitaal procederen dan zijn enkele lijnen zichtbaar. Voorzichtigheid is op zijn plaats omdat het aantal uitspraken nog beperkt is. De uitspraken, die veelal gaan over ontvankelijkheidskwesties, zijn afkomstig van de vreemdelingenkamer van de Afdeling bestuursrechtspraak, die daarmee de toon zet. Niet alleen voor de andere bestuursrechters, maar ook voor de burgerlijke rechter.[24] Ik laat enkele tendensen de revue passeren.

Kinderziekten. Een van de tendensen is dat er nog heel wat kinderziekten kleven aan het digitale systeem van gegevensverwerking van de rechtspraak. De Afdeling bestuursrechtspraak heeft in 2017 geoordeeld dat 'niet is gebleken dat het digitale systeem van de rechtbank voorzag in een deugdelijke en betrouwbare wijze van ontvangstregistratie en bevestiging van ontvangst'. Daar is aan toegevoegd dat van de vreemdeling niet kon worden verlangd een schermafdruk te maken van de melding op het scherm om te kunnen bewijzen dat hij de gronden tijdig heeft ingediend.[25] Ook in 2018 kwamen er onvolkomenheden in het digitale systeem aan het licht. Deze keer ging het om het niet goed functioneren van het veld 'taken'. Uit de Werkinstructie voor vreemdelingenadvocaten volgt dat advocaten in het digitale systeem moeten kunnen zien dat een actie open

---

[21] Wet van 13 juli 2016 tot wijziging van het Wetboek van Burgerlijke Rechtsvordering en de Algemene wet bestuursrecht in verband met vereenvoudiging en digitalisering van het procesrecht (*Stb.* 2016, 288).
[22] Besluit digitalisering burgerlijk procesrecht en bestuursprocesrecht (*Stb.* 2016, 292 en tevens – nog niet in werking getreden – *Stb.* 2018, 289-291 en 293-294).
[23] Zie het Procesreglement bestuursrecht 2017 van de bestuursrechtelijke colleges en het Reglement inzake toegang tot en het gebruik van het digitale systeem voor de gegevensverwerking van de gerechten (civiel recht en bestuursrecht), vastgesteld door de besturen van de rechtbanken, gerechtshoven en de Centrale Raad van Beroep (*Stcrt.* 2017, nr. 15688). Zie ook de Werkinstructie digitaal procederen voor vreemdelingenadvocaten van 11 juli 2018, te vinden op www.rechtspraak.nl.
[24] Dit omdat de artikelen over digitaal procederen in beide procesrechten gelijkluidend zijn; vgl. art. 8:36a - 8:36g Awb met o.a. 1:30c-30f Rv.
[25] ABRvS 31 maart 2017, ECLI:NL:RVS:2017:888; *AB* 2017/191 m.nt. Jacobs en *JG* 2017/27, m.nt. Van der Heijden.

staat, zoals het alsnog moeten indienen van de beroepsgronden voor een bepaalde datum. Bij nader onderzoek bleek dat die taak bij de eerste advocaat wel zichtbaar was, maar niet bij een opvolgend advocaat. De Afdeling bestuursrechtspraak oordeelt daarover dat het digitaal systeem niet voldoet aan de door haar geformuleerde eis dat het 'duidelijk en eenduidig' moet werken. Omdat de taak niet is getoond aan de tweede gemachtigde, is de termijnoverschrijding bij het indienen van de beroepsgronden reeds daarom verschoonbaar, aldus de Afdeling bestuursrechtspraak.[26]

Onderzoeksplicht. Als partijen of hun gemachtigden in (hoger) beroep stellen dat het webportaal en het systeem voor digitale gegevensverwerking niet goed hebben gefunctioneerd, met een mogelijk gevolg voor de ontvankelijkheid van het (hoger) beroep, dan zal die klacht veelal leiden tot een onderzoek naar de relevante feiten. Voor partijen is het echter niet of nauwelijks mogelijk bewijs te leveren van de relevante feiten en omstandigheden als het gaat om de werking van het systeem van gegevensverwerking van de rechtspraak. Maar ook de bestuursrechter zelf is maar beperkt in staat die informatie boven tafel te krijgen. Als systeeminformatie nodig is om te kunnen beoordelen of een procespartij een steek heeft laten vallen, dan zal de beheerder van dat systeem er aan te pas moeten komen. Dat is inherent aan het werken met een landelijk digitaal systeem dat centraal wordt beheerd. De organisatie die de computersystemen voor de Rechtspraak ontwikkelt, beheert en onderhoudt was Spir-it, thans de Informatie Voorzienings Organisatie (IVO). Het Rechtspraak Servicecentrum (RSC), onderdeel van de IT-organisatie van de Rechtspraak, is het aanspreekpunt. Maar het RSC doet geen onderzoek op verzoek van partijen. Het RSC verschaft alleen informatie als een gerecht daarom vraagt. De Afdeling bestuursrechtspraak is niet een bij het RSC aangesloten gerecht. Dit verklaart waarom de Afdeling bestuursrechtspraak in enkele uitspraken heeft geoordeeld dat de rechtbank onderzoek had moeten laten uitvoeren. Zo komt de Afdeling bestuursrechtspraak in één van de zaken tot de conclusie dat de rechtbank ten onrechte geen onderzoek heeft laten instellen naar de vraag of de vreemdeling op een bepaalde dag wel of niet beroepsgronden heeft ingediend. Het bericht dat zich die dag in zijn algemeenheid geen storing in het systeem had voorgedaan, vindt de Afdeling bestuursrechtspraak niet toereikend. Aangezien de rechtbank de feitelijke gang van zaken onvoldoende heeft gecontroleerd, heeft zij ten onrechte geconcludeerd dat er geen reden was het te laat indienen van de beroepsgronden verschoonbaar te achten, zodat het beroep ten on-

---

[26] ABRvS 21 maart 2018, ECLI:NL:RVS:2018:999, *JB* 2018/79 m.nt. Albers.

rechte niet-ontvankelijk is verklaard.[27] Maar het komt ook voor dat de Afdeling bestuursrechtspraak vertegenwoordigers van de IT-dienst van de Rechtspraak uitnodigt om op zitting informatie te verstrekken over de werking van het systeem.[28] Zulk onderzoek levert regelmatig essentiële informatie op. Zo komt de Afdeling bestuursrechtspraak in een andere zaak tot de conclusie dat de storing in de mailserver (fax to mail) van de gemachtigde niet aan de vreemdeling kan worden toegerekend.[29] Als de rechtbank technisch onderzoek laat doen, dan vergen de regels van een 'fair trial' dat partijen de gelegenheid moet worden geboden daarop te reageren.[30]

Soepelheid en correctie. Uit een tiental uitspraken van de hogerberoepsrechter kan je niet afleiden hoe de rechtbanken omgaan met het digitale procesrecht. Het is mogelijk dat de rechtbanken de betreffende bepalingen doorgaans soepel toepassen, zodat er geen aanleiding is daarover in hoger beroep te klagen. Maar in een aantal zaken wordt over de toepassing van het digitale procesrecht door de rechtbanken in hoger beroep wel geklaagd. Het valt op dat de Afdeling bestuursrechtspraak in die zaken met regelmaat de rechtbank moet corrigeren, omdat de rechtbank het beroep naar het oordeel van de Afdeling bestuursrechtspraak ten onrechte niet-ontvankelijk heeft verklaard.[31] Daarbij lijkt de Afdeling bestuursrechtspraak, mede vanwege het feit dat er nog weinig ervaring is met digitaal procederen en vanwege de onvolkomenheden in het systeem van gegevensverwerking van de Rechtspraak, enige soepelheid te betrachten.

Varia. Rechtbank en Afdeling bestuursrechtspraak oordeelden unisono over de wettelijke verplichting om digitaal te procederen voor (vreemdelingen)advocaten. De stelling dat die verplichting niet gold omdat de vreemdeling zelf met pen het beroepschrift had ondertekend ging niet op. Daarbij betrokken de bestuursrechters dat alle overige proceshandelingen door de advocaat van de vreemdeling waren verricht, dat het beroepschrift was opgesteld op briefpapier van het

---

[27] ABRvS 21 maart 2018, ECLI:NL:RVS:2018:1000, *JB* 2018/78 m.nt. Albers. Zie voor het doen van nader onderzoek en het raadplegen van Spir-it ook ABRvS 29 januari 2018, ECLI:NL:RVS:2018:276, *JB* 2018/52 m.nt. Albers en Rb Den Haag 9 november 2017, ECLI:NL:RBDHA:2017:13519.
[28] Zie ABRvS 6 augustus 2018, ECLI:NL:RVS:2018:2614.
[29] ABRvS 30 maart 2018, ECLI:NL:RVS:2018:1088.
[30] ABRvS 5 juni 2018, ECLI:NL:RVS:2018:1896.
[31] Zie o.a. ABRvS 31 maart 2017, ECLI:NL:RVS:2017:888, *AB* 2017/191 m.nt. Jacobs en *JG* 2017/27, m.nt. Van der Heijden, ABRvS 21 maart 2018, ECLI:NL:RVS:2018:1000, *JB* 2018/78 m.nt. Albers, ABRvS 21 maart 2018, ECLI:NL:RVS:2018:999, *JB* 2018/79 m.nt. Albers, ABRvS 30 maart 2018, ECLI:NL:RVS:2018:1088, ABRvS 5 juni 2018, ECLI:NL:RVS:2018:1896.

advocatenkantoor en was verzonden met het faxapparaat van dat kantoor.[32] Bij digitaal procederen in 'Mijn Rechtspraak' moet de gemachtigde een processtuk niet alleen 'uploaden' maar daarna ook nog 'indienen'.[33] Sommige advocaten klagen in een digitale procedure over het niet krijgen van een uitspraak per gewone post; zij worden dan gewezen op de verplichting voor de griffier om de uitspraak langs elektronische weg te verzenden.[34]

6. Digitaal procederen: wat valt nog te verwachten?

De Afdeling bestuursrechtspraak zal naar verwachting in 2018 nog moeten oordelen op grieven over de digitale ondertekening van uitspraken. Een gebrek in de digitale handtekening kan fataal zijn voor een besluit, zo oordeelde de Afdeling bestuursrechtspraak recent in een bewaringszaak.[35] Uit die zaak leren we dat bij besluiten over bewaring van vreemdelingen niet alleen moet worden voldaan aan artikel 2:16 Awb, maar ook aan de eisen van de eIDAS-verordening.[36] Hoe zit dat bij de digitale ondertekening van uitspraken door de rechter(s) en de griffier? In de artikelen 8:36d Awb en 5 van het Besluit digitalisering worden daaraan eisen gesteld. In artikel 3 van dat Besluit worden eisen gesteld aan de authenticatie om toegang te krijgen tot het digitale systeem. In hoger beroep is de stelling betrokken dat de authenticatie en de wijze waarop uitspraken van de rechtbanken thans worden ondertekend niet aan de eisen voldoet. Om die grieven te kunnen beoordelen heeft de Afdeling bestuursrechtspraak de Rechtspraak daarover (nadere) informatie gevraagd. Onderdeel van de vraagstelling is hoe de tweefactorauthenticatie is vormgegeven en welke garanties er zijn dat een digitaal ondertekende uitspraak na ondertekening niet meer kan worden gewijzigd. Wordt vervolgd. De Afdeling bestuursrechtspraak zal ook moeten oordelen over de vraag of de handelwijze van de Rechtspraak bij het openbaar maken van uitspraken in de digitale procedure, inclusief de verwijzing naar het

---

[32] ABRvS 20 april 2018, ECLI:NL:RVS:2018:1319. Zie voor de uitspraak van de Rb. Den Haag 3 oktober 2017, ECLI:NL:RBDHA:2017:12722.
[33] Rb. Den Haag 5 september 2017, ECLI:NL:RBDHA:2017:11440 en ABRvS 31 maart 2017, ECLI:NL:RVS:2017:888, *AB* 2017/191 m.nt. Jacobs en *JG* 2017/27, m.nt. Van der Heijden.
[34] ABRvS 26 januari 2018, ECLI:NL:RVS:2018:270, *JB* 2018/34, m.nt. Albers.
[35] ABRvS 12 juli 2018, ECLI:NL:RVS:2018:2278 en ECLI:NL:RVS:2018:2376.
[36] Verordening (EU) nr. 910/2014 betreffende elektronische identificatie en vertrouwensdiensten voor elektronische transacties in de interne markt en tot intrekking van Richtlijn 1999/93/EG (*PbEU* 2014, L 257, hierna de eIDAS-verordening). Ingevolge art. 25, tweede lid, van die verordening heeft een gekwalificeerde elektronische handtekening hetzelfde rechtsgevolg als een handgeschreven handtekening.

zaakverloopregister[37] en het systeem van valideren van uitspraken,[38] voldoet aan de eisen van het EVRM en EU-Handvest, de Grondwet, de Awb en het Besluit digitalisering. Interessant is dat de bestuursrechter hierbij geen rechtsvragen beantwoordt over de (on)rechtmatigheid van bestuursbesluiten of bestuurshandelen, maar wordt geroepen toezicht te houden op het functioneren van het eigen computersysteem voor digitaal procederen en de wijze waarop daarmee wordt omgegaan. Die rol heeft iets ongemakkelijks, omdat de bestuursrechter daarbij in zekere zin optreedt als de 'slager die zijn eigen vlees keurt'. Tegelijk is die rol ook onvermijdelijk, net zoals de bestuursrechtelijke colleges nu ook zelf oordelen over een wrakingsverzoek of het verwijt dat de procedure bij de rechter niet voldoet aan de eisen voor een 'fair trial'.

Hiervoor stipte ik al aan dat digitale stukken tekstinformatie kunnen bevatten maar ook beeld en geluidsinformatie of combinaties daarvan. Nu via het systeem van de Rechtspraak alleen stukken in de bekende 'formats' kunnen worden uitgewisseld, zal dat naar verwachting tot vragen gaan leiden. De Hoge Raad heeft in 2018 een interessant arrest gewezen over de vraag wat onder de 'op de zaak betrekking hebbende stukken' moet worden begrepen, indien het bestreden (belasting)besluit geautomatiseerd wordt aangemaakt en daarbij gegevens worden betrokken van verschillende servers. Naar mate de techniek voortschrijdt zal de bestuursrechter zich vaker moeten uitlaten over de vraag welke digitale informatie behoort tot de processtukken die het bestuursorgaan moet overleggen en in welke vorm. Het aanvechten van besluiten die zijn voorbereid met behulp van geavanceerde programmatuur, blockchain of (andere) vormen van kunstmatige intelligentie (AI) leidt tot boeiende procesrechtelijke vragen over 'fair trial' en de rechten van partijen om alle relevante informatie inhoudelijk te kunnen bestrijden. Dat dit geen toekomstmuziek is blijkt uit de uitspraken van de Afdeling bestuursrechtspraak over de PAS (2017)[39] en de Blankenburgverbinding (2018).[40] In die laatste zaak ging het onder meer om de vraag welke gegevens (standaard en/of maatwerk) uit Aerius calculator het bestuursorgaan uit eigen beweging moet overleggen en welke gegevens pas als daarom wordt gevraagd. Bedenk daarbij dat het kan gaan om tientallen datasets van enorme omvang, die veelal alleen digitaal voorhanden zijn en in een voor bestuursrechtjuristen weinig toegankelijk vorm.

Op dit moment is nog lastig te voorspellen of bestuursrechters zelf technische kennis nodig hebben om de vragen van de toekomst over digitaal procede-

---

[37] Zie https://www.rechtspraak.nl/Registers/Zaakverloopregister.
[38] Via www.rechtspraak.nl kan de validatieservice van Justid worden bereikt, waarmee kan worden nagegaan of een digitaal afschrift van de uitspraak (pdf) authentiek is.
[39] ABRvS 17 mei 2017, ECLI:NL:RVS:2017:1259, *AB* 2017/313 en ECLI:NL:RVS:2017:1260.
[40] ABRvS 18 juli 2018, ECLI:NL:RVS:2018:2454.

ren te kunnen beantwoorden. Rechters zijn gewend te oordelen over technisch complexe vraagstukken en bedienen zich daarbij van de mogelijkheid partijen te bevragen of deskundigen in te schakelen. Maar is dat nog wel genoeg? Moeten bestuursrechters – of althans een aantal van hen – niet ook zelf beschikken over tenminste basale kennis van de toepassing van moderne technieken op overheidsbesluitvorming? Moet de bestuursrechter verplicht naar de cursus 'Coding for lawyers'? Zijn er voldoende deskundigen om alle technische vragen ('What's under the Hood'?) over het belastingrecht, omgevingsrecht, maar ook op het gebied van de Algemene Verordening Gegevensbescherming te kunnen beantwoorden? Moet de Stichting Advisering Bestuursrechtspraak worden uitgebreid met experts op IT-gebied? Deze vragen zullen eerdaags om beantwoording vragen.

7. Tot slot

We hadden verder moeten zijn met het digitaal procederen bij de bestuursrechter, maar... het begin is er. In het vreemdelingenrecht is het digitaal procederen van start gegaan en werkt het heel behoorlijk. Het is mede daarom bijzonder spijtig dat de Rechtspraak heeft besloten de reguliere vreemdelingenzaken niet ook te digitaliseren. Een gemiste kans. De inspanning moet er de komende jaren op zijn gericht op te schalen en digitaal procederen ook in te voeren op andere deelterreinen van het bestuursrecht. Het ligt voor de hand te beginnen bij deelterreinen met landelijk werkende bestuursorganen, die hun zaakjes digitaal al op orde hebben. Met de vervanging van de huidige computersystemen (van 'on premises' naar 'in the cloud') zal naar verwachting de 'koppelings'-problematiek worden opgelost, waardoor tussen bestuursorganen, tussen bestuursorganen en gerechten en tussen burgers, bedrijven en hun juridisch gemachtigden en de bestuursorganen en gerechten op eenvoudige wijze digitale informatie kan worden uitgewisseld. Als het (nieuwe) systeem stabiel is dan kunnen functionaliteiten worden toegevoegd, zoals online griffierecht betalen, de mogelijkheid voor partijen om zelf een zittingsdag en tijd te boeken, een 'track & trace'-optie waarmee 24/7 de laatste stand van zaken in een dossier kan worden geraadpleegd, digitale regievoering, modern verwachtingsmanagement met 'on time'-informatie, etc.[41] Naar mate het aantal digitale dossiers en uitspraken groeit, komt ook het gebruik van 'artificial intelligence' (AI) door de gerechten op de rechtspraakdata in zicht. Ik ben er van overtuigd dat in 2034, bij

---

[41] Zie hierover ook A.T. Marseille & B.J. van Ettekoven, *Afscheid van de klassieke procedure in het bestuursrecht?*, Handelingen NJV 2017-1, Deventer: Wolters Kluwer 2017 en B.J. van Ettekoven, 'Behoorlijke bestuursrechtspraak in het Big Data tijdperk', in: R.J.N. Schlössels e.a. (red.) 2018, p. 209-233.

de viering van 40 jaar Awb, digitaal procederen de standaard is, dat digitale systemen behulpzaam zijn bij voorlichting over procedures en proceskansen, dat de toegang tot het recht spectaculair is verbeterd en dat juristen en rechters het de normaalste zaak van de wereld vinden dat zij in hun werk worden ondersteund door systemen die gebruik maken van AI. Ook zijn we dan verder met het herijken van de algemene beginselen van behoorlijk bestuur op digitaal verkeer met de overheid en de rechter. Eén ding is zeker: we gaan een enerverende tijd tegemoet!

Gerrit van der Veen*

69 | Digitalisering in het omgevingsrecht en mogelijke invloed op de Awb

@G_vanderVeen – Digitalisering van rechterlijke procedures heeft het tot dusverre vooral gebracht tot een 'reset'. De regeling van het Digitaal Stelsel Omgevingswet kan de Awb inspireren voor digitalisering van contactmomenten, bekendmaking, inhoudelijke besluitvorming en beoordeling#digitalisering#omgevingsrecht#Omgevingswet

1. Inleiding

De gewone wereld digitaliseert. De bestuursrechtelijke rechtswereld volgt op zo'n afstand, dat digitalisering nog uitzondering lijkt. Wie in contacten met bestuurlijke of gerechtelijke instanties de minste risico's op misverstanden, termijnoverschrijdingen en/of zoekgeraakte berichten wil lopen, moet vooral schriftelijk blijven communiceren.[1] Voornemens tot digitalisering van rechterlijke procedures hebben het, ondanks grote investeringen en fors tijdsbeslag, tot dusverre vooral gebracht tot een 'reset'.[2] Zo is wel een digitale term ingevoerd, maar de digitalisering zelf moet nog komen.

Niet alleen communicatie met overheden en gerechtelijke instanties, maar ook de bekendmaking van besluiten en gerechtelijke oordelen is in essentie gerelateerd aan klassieke schriftelijke handelingen, zijnde de fysieke toezending van dergelijke beslissingen. De mogelijkheid van digitale raadpleging daarvan is een afgeleide. Zo dienen Afdelingsuitspraken waarmee (onderdelen van) ruimtelijke plannen vernietigd zijn, binnen korte tijd verwerkt te worden in het elektronisch vastgestelde plan dat te raadplegen is op de landelijke voorziening, www.ruimtelijkeplannen.nl.[3]

Tussen contactmoment(en) enerzijds en bekendmaking van besluiten en gerechtelijke uitspraken anderzijds liggen beslismomenten. Digitale beoordelingssystemen kunnen daarvan deel uitmaken. Het blijkt moeilijk om de werking van digitale beoordelingssystemen en de juistheid van invoergegevens vast te stellen. Het kan dan afhangen van de ijver van (bijvoorbeeld) activisten, of fouten onderkend worden. Zo bleken vragen van een actiecomité over de aannames voor de geluidberekeningen voor een MER voor een vliegveld te leiden tot constatering van fouten in de invoergegevens voor die berekeningen en vervolgens tot een

---

* Prof. mr. G.A. van der Veen is advocaat bij AKD te Rotterdam en bijzonder hoogleraar milieurecht aan de Rijksuniversiteit Groningen.
[1] G.A. van der Veen, 'Duiken voor communicatie', *Gst.* 2017/185.
[2] https://www.rechtspraak.nl/SiteCollectionDocuments/2018-brief-reset-digitalisering.pdf.
[3] Zie bijv. ABRvS 30 mei 2018, ECLI:NL:RVS:2018:1779.

correctie van invoergegevens, met een aanpassing van het MER tot gevolg.[4] Elders in deze bundel komt de rechterlijke toetsing van digitaal genomen besluiten verder aan de orde,[5] in het bijzonder naar aanleiding van een rekenmodel (AERIUS) voor de berekening van stikstofdepositie bij (in meer of mindere mate) samenhangende besluiten.[6]

De voorbeelden maken duidelijk dat digitalisering (ook) in het omgevingsrecht aan de orde is. Dat is niet opmerkelijk. Het omgevingsrecht kent diverse samenhangende besluiten en besluiten die vele betrokkenen raken en die daarom goed kenbaar moeten zijn.

Het omgevingsrecht staat voor een grote omwenteling. Als het goed is, treedt op 1 januari 2021 de Omgevingswet in werking. Deze zal in hoofdstuk 20 een regeling kennen voor het Digitaal Stelsel Omgevingswet (DSO). Het tekstvoorstel voor de Invoeringswet Omgevingswet van medio 2018 maakt duidelijk, wat de regeling zoal moet bevatten.[7] Dat is helaas aanzienlijk minder ambitieus dan een versie voor de regeling van het DSO van een jaar tevoren.[8]

Deze bijdrage bespreekt de medio 2017 en medio 2018 beoogde regelingen van het DSO. De bijdrage geeft aan, welke inspiratie het DSO voor de Awb kan bieden op de gesignaleerde punten: contactmomenten, bekendmaking van besluiten en inhoudelijke besluitvorming en beoordeling. Enige slotopmerkingen ronden deze bijdrage af.

2. Het Digitaal Stelsel Omgevingswet

Aan de Omgevingswet liggen verbeterdoelen ten grondslag. Het in hoofdstuk 20 van de wet op te nemen DSO wordt noodzakelijk geacht om het gebruiksgemak, het inzicht in het omgevingsrecht en betere en snellere besluitvorming te bevorderen. Centraal in het digitaal stelsel staat een landelijke voorziening. Deze voorziening heeft in ieder geval twee functies. Dat is allereerst het ontsluiten van informatie over de fysieke leefomgeving. Daarbij gaat het om te beginnen om regels voor de fysieke leefomgeving, zoals informatie uit besluiten of andere rechtsfiguren op grond van de Omgevingswet (zoals een omgevingsplan of omgevingsvisie). Daarnaast kan het gaan het om andere informatie over de fysieke leefomgeving, zoals informatie over de staat van die omgeving. Ten tweede kent het een loketfunctie waarmee een initiatiefnemer een vergunningaanvraag kan indienen, een melding kan doen of op een andere manier gegevens

---

[4] Brief van de Staatssecretaris van Infrastructuur en Milieu d.d. 16 oktober 2017, *Kamerstukken II*, 2017/18, 31936, 422.
[5] Zie de bijdrage van Rosa Uylenburg aan deze bundel.
[6] Zie onder meer ABRvS 17 mei 2017, ECLI:NL:RVS:2017:1259.
[7] *Kamerstukken II*, 2017/18, 34986, nr. 2 (Invoeringswet Omgevingswet).
[8] https://www.omgevingswetportaal.nl/documenten/besluiten/2017/06/29/concept-van-wetsvoorstel-invoeringswet-inclusief-memorie-van-toelichting-juni-2017. Zie daarover J. Struiksma, 'Digitaal Stelsel Omgevingswet', *WPNR* 2018/7179.

aan het bevoegd gezag kan verstrekken.[9] Via dit ene landelijke digitale loket kan een initiatiefnemer aanvragen doen voor omgevingsvergunningen, maatwerkvoorschriften of toestemmingen om een gelijkwaardige maatregel te treffen. Via dit loket kan de initiatiefnemer ook een melding doen en alle gegevens en bescheiden verstrekken ter voldoening aan een andere informatieplicht dan een melding. Het gebruik van dit loket is verplicht als een initiatiefnemer een vergunning digitaal wil aanvragen of digitaal een melding wil doen of gegevens en bescheiden wil verstrekken.[10]

Op termijn dient de informatievoorziening zo ingericht te worden dat de informatie zoveel mogelijk objectgericht, met een «klik op de kaart» kan worden opgeroepen. Daarbij kunnen bijvoorbeeld regels worden vertaald in zogeheten vragenbomen, die voor een initiatiefnemer een hulpmiddel zijn om te bepalen of voor een bepaalde activiteit op een bepaalde locatie een vergunning nodig is. Voor zover ook informatie over de (staat van de) fysieke leefomgeving beschikbaar is, kan de combinatie van regels en die feitelijke informatie, bovendien inzicht geven in beschikbare gebruiksruimte (bijvoorbeeld voor wat betreft geluidsbelasting) op een specifieke locatie.[11]

Voor de informatievoorziening was medio 2017 nog een 'register omgevingsdocumenten' beoogd.[12] Dat voornemen is in het voorstel van medio 2018 afgezwakt. Dat geldt ook voor een aantal andere voornemens die tussen medio 2017 en 2018 het veld hebben geruimd.

Er dient volgens artikel 20.21 een 'landelijke voorziening' te komen. Deze voorziet in ieder geval in het elektronisch ontsluiten van de informatie, bedoeld in artikel 20.26, eerste lid en het elektronisch kunnen indienen van een aanvraag om een besluit, doen van een melding, verstrekken van gegevens en bescheiden ter voldoening aan een andere informatieverplichting dan een melding en verzenden van een ander bericht, als bedoeld in artikel 16.1.

Artikel 20.26 leert in lid 1 dat bij algemene maatregel van bestuur informatie kan worden aangewezen die beschikbaar wordt gesteld voor ontsluiting via de landelijke voorziening, bedoeld in artikel 20.21. Aldus kan de voorziening stapsgewijs worden doorontwikkeld en uitgebreid. Zo zullen steeds meer besluiten en rechtsfiguren via de landelijke voorziening ontsloten kunnen worden. Op het moment van inwerkingtreding van de Omgevingswet zullen in ieder geval (informatie uit) de omgevingsvisie, de omgevingsverordening, het omgevingsplan en de Omgevingsregeling via de landelijke voorziening kunnen worden ontsloten. Het voornemen is om op termijn ook informatie uit omgevingsvergunningen via de landelijke voorziening te ontsluiten.[13]

---

[9] *Kamerstukken II*, 2017/18, 34986, 3, p. 44.
[10] *Kamerstukken II*, 2017/18, 34986, 3, p. 50.
[11] *Kamerstukken II*, 2017/18, 34986, 3, p. 44.
[12] https://www.omgevingswetportaal.nl/documenten/besluiten/2017/06/29/concept-van-wetsvoorstel-invoeringswet-inclusief-memorie-van-toelichting-juni-2017.
[13] *Kamerstukken II*, 2017/18, 34986, 3, p. 47.

Het was medio 2017 ook nog de bedoeling dat taken voor de aanlevering van brongegevens en omgevingsdocumenten werden belegd. Deze brongegevens moeten vaak worden bewerkt of verrijkt voordat ze kunnen worden gebruikt in de gebruikerstoepassingen van de landelijke voorziening. Bovendien moet de kwaliteit van elk gegeven worden gevalideerd.

Voor de goede werking van het DSO moesten volgens het concept van medio 2017 de volgende vijf taken worden geregeld:
1. het ontsluiten van informatie met gebruikerstoepassingen in de landelijke voorziening;
2. het beschikbaar stellen van omgevingsdocumenten aan de landelijke voorziening;
3. het beschikbaar stellen van omgevingsdocumenten aan het register omgevingsdocumenten;
4. het valideren en zo nodig bewerken of verrijken van brongegevens;
5. het beschikbaar stellen van brongegevens.

De eerste drie taken zijn vooral relevant voor (potentiële) aanvragers van vergunningen en/of andere besluiten. Interessanter is wellicht de (inmiddels gesneuvelde) vierde taak. De verdergaande digitalisering en het toekomstbestendig maken en houden van nieuwe wetgeving vergt voortdurend aandacht voor het verzamelen, bewerken en openbaar maken van gegevens. De kwaliteit van brongegevens moet worden gevalideerd. Bepaalde brongegevens moeten ook worden bewerkt of verrijkt voordat ze kunnen worden gebruikt in gebruikerstoepassingen van de landelijke voorziening. Deze bewerkte of verrijkte gegevens werden 'informatieproducten' genoemd. Een informatieproduct is een digitaal product dat voldoet aan de gestelde kwaliteitseisen en standaarden en een informatieve meerwaarde heeft ten opzichte van de brongegevens. Een voorbeeld van een informatieproduct zijn de generieke invoergegevens voor de berekeningen van de luchtkwaliteit. Het RIVM stelt deze invoergegevens nu al jaarlijks ter beschikking in opdracht van de Minister van Infrastructuur en Milieu. De kengetallen voor de emissies van bedrijven in een bepaalde bedrijfstak worden berekend met de brongegevens uit de milieujaarverslagen van bedrijven. Dat luchtkwaliteitberekeningen altijd met dezelfde invoergegevens worden uitgevoerd heeft een einde gemaakt aan veel discussie en onzekerheid, aldus de concept-toelichting van medio 2017.

Onder informatieproducten moesten volgens diezelfde concept-toelichting behalve gegevens in dit kader ook toepassingen worden verstaan voor het geautomatiseerd uitvoeren van een meet- of rekenmethode waarmee de gevolgen van bijvoorbeeld een omgevingsvergunning kunnen worden doorgerekend. Een voorbeeld van een toepassing die kan worden aangewezen als informatieproduct is het in de inleiding van deze bijdrage al genoemde AERIUS. Dit is het rekeninstrument van de programmatische aanpak stikstof voor vergunningverlening en planvorming rond Natura 2000-gebieden.

De in 2017 nog beoogde regeling biedt de grondslag om de kwaliteit van brongegevens te valideren en informatieproducten voor onderdelen van de fysieke leefomgeving te maken. Die taken dienen te worden uitgevoerd door uitvoeringsorganisaties die beschikken over bewezen deskundigheid op de informatiegebieden waarvoor zij zijn aangewezen en die voldoende onafhankelijk zijn van de gebruikers en de organisaties of andere organisatieonderdelen van het bestuursorgaan of de rechtspersoon die brongegevens aanleveren. Overheden die over gegevens beschikken, kunnen worden verplicht deze aan de uitvoeringsorganisaties aan te leveren.

Het voorstel van medio 2017 biedt een grondslag voor het vaststellen van standaarden voor de brongegevens en informatieproducten die via de landelijke voorziening worden uitgewisseld, aldus het toenmalige artikel 20.32. Ook zou de grondslag voor het vaststellen van standaarden voor omgevingsdocumenten verruimd worden, zodat (combinaties van) semantische, reken- en meet-, verbeeldings- en uitwisselstandaarden konden worden vastgesteld. De standaarden maken het mogelijk gegevens en documenten te vergelijken, te aggregeren, uniform weer te geven en zonder vervormingen of fouten uit te wisselen. Het gebruik van standaarden vergemakkelijkt het geautomatiseerd uitvoeren van bestandsvergelijkingen en beschermen van gegevens. Bestandsvergelijkingen zijn belangrijke hulpmiddelen voor het verhogen van de gegevenskwaliteit, aldus de concept-toelichting uit 2017.[14]

Het voorstel van medio 2018 biedt nog wel enige ruimte voor standaarden, al lijkt de ambitie behoorlijk te zijn teruggeschroefd. Bij ministeriële regeling kunnen zo nodig nadere eisen aan de bij algemene maatregel van bestuur aangewezen informatie worden gesteld. Zo kunnen standaarden worden vastgesteld, met nadere informatie-kundige definiëring van de informatie, waarmee elektronische verwerking en aansluiting op andere informatie kunnen worden geborgd. Met die regeling zullen bovendien (andere) kwaliteitseisen kunnen worden gesteld, zoals eisen aan actualiteit en herleidbaarheid. Standaarden zijn gedetailleerd, veelal technisch van aard en toegespitst op het type informatie. Gelet hierop is het vastleggen daarvan in een ministeriële regeling passend, aldus de Memorie van Toelichting.[15]

De concept-toelichting uit 2017 gaat verder nog in op de gegevenskwaliteit. Er kunnen eisen worden gesteld aan de kwaliteit van de brongegevens en informatieproducten die via het DSO worden ontsloten. Gedacht kan worden aan eisen aan de inhoud (zoals de nauwkeurigheid of de herleidbaarheid) en eisen aan de 'verpakking' waarin het gegeven wordt aangeleverd (bijvoorbeeld het bestandsformaat). De kwaliteitseisen worden ook vastgelegd in de standaarden.

Volgens het in 2017 voorgestelde artikel 20.33 hebben de uitvoeringsorganisaties de taak de brongegevens te valideren. Valideren is geautomatiseerd toetsen of een gegeven voldoet aan kwaliteitseisen die bij regeling zijn bepaald en aan de standaarden (zoals vormvereisten). Bij ministeriële regeling zal per gegevensset worden bepaald op welke kwaliteitseisen leveringen van brongegevens gevali-

---

[14] Concept 2017, p. 47.
[15] *Kamerstukken II*, 2017/18, 34986, 3, p. 47.

deerd zullen worden. Bij bepaalde brongegevens zoals erfgoedgegevens kan, anders dan bij luchtkwaliteitgegevens, een gegeven van (vele) jaren terug nog voldoende actueel zijn. Leveringen die niet voldoen worden niet ontsloten via de landelijke voorziening, maar met een aanduiding van de reden teruggestuurd. Overheden die de wettelijke taak hebben brongegevens beschikbaar te stellen blijven verantwoordelijk voor de kwaliteit van de gegevens.

Ook hier lijken de ambities in een jaar naar beneden bijgesteld te zijn. Blijkens het thans voorgestelde artikel 20.27 kunnen bij algemene maatregel van bestuur regels worden gesteld in het belang van de borging en beoordeling van de kwaliteit van de informatie, bedoeld in artikel 20.26, eerste lid. De bepaling biedt volgens de Memorie van Toelichting onder meer een grondslag voor regeling van validatie van informatie in de keten van informatievoorziening, als de informatie op grond van artikel 20.26 specifiek is aangewezen met regeling van eisen waaraan die informatie moet voldoen. Verder geeft de bepaling een grondslag voor een regeling van andere vormen van kwaliteitszorg dan validatie voor de op grond van artikel 20.26 aangewezen informatie.[16]

De thans beoogde regeling wijzigt nog artikel 16.1 Omgevingswet. Blijkens het eerste lid kan een aanvraag om een besluit of een melding op grond van deze wet in bij algemene maatregel van bestuur aangewezen gevallen worden ingediend of gedaan via de landelijke voorziening, bedoeld in artikel 20.21. Belangrijk is verder het derde lid, dat de elektronische weg exclusief voorschrijft: bij de maatregel kunnen gevallen worden aangewezen waarin het verkeer, bedoeld in het eerste en tweede lid, alleen elektronisch kan plaatsvinden, op de in die leden bedoelde wijze. De gedachte is kortom, dat de elektronische weg langzaam aan exclusief wordt voorgeschreven voor aanvragen en later ook voor andere berichten. Deze uitbreiding tot andere berichten is opgenomen met het oog op mogelijke doorontwikkeling van het digitaal stelsel. Met de uitbreiding is het mogelijk om in de toekomst bijvoorbeeld tevens mogelijkheden te bieden voor het indienen van zienswijzen via het digitaal stelsel, zonder dat daarvoor een aanpassing van de wet nodig is.[17]

De Memorie van Toelichting besteedt ook nog aandacht aan de relatie met de Awb.[18] Er loopt een traject ter modernisering van de bepalingen over elektronisch bestuurlijk verkeer. Daarmee dienen de regels over elektronisch bestuurlijk verkeer in de Awb aangepast te worden aan technologische en maatschappelijke ontwikkelingen, krijgen burgers en bedrijven het recht om elektronisch berichten aan de overheid te sturen en worden nadere regels gesteld ten aanzien van de verzending en verwerking van berichten.[19] Artikel 16.1 is of wordt daarop afgestemd.

---

[16] *Kamerstukken II*, 2017/18, 34986, 3, p. 320.
[17] Vgl. *Kamerstukken II*, 2017/18, 34986, 3, p. 283.
[18] *Kamerstukken II*, 2017/18, 34986, 3, p. 54.
[19] https://wetgevingskalender.overheid.nl/Regeling/WGK006161. De tekst is nog niet openbaar.

3. Van het DSO onder de Omgevingswet naar de Awb

In het onderstaande komt aan bod, welke inspiratie het DSO onder de Omgevingswet voor de Awb kan bieden op de punten contactmomenten, bekendmaking van besluiten en inhoudelijke besluitvorming en beoordeling.

3.1 Contactmomenten

Het uiteindelijk voorgenomen artikel 16.1 lid 3 Omgevingswet biedt een grond voor de exclusiviteit van digitale verstrekking van gegevens en bescheiden, het indienen van aanvragen en het doen van meldingen. Immers, bepaald kan worden dat die communicatie alleen elektronisch kan plaatsvinden.

Artikel 16.1 lid 3 gaat aldus verder dan de thans bestaande Afdeling 2.3 Awb en de op handen zijnde modernisering van de betreffende bepalingen over elektronisch bestuurlijk verkeer. Kennelijk bepaalt dat wetsvoorstel dat bestuursorganen langs elektronische weg bereikbaar moeten zijn, maar regelt het niet dat burgers verplicht worden om langs elektronische weg met de overheid te communiceren.[20]

In het huidige omgevingsrecht zijn burgers en bedrijven nog niet verplicht om elektronisch te communiceren. Desondanks acht de bestuursrechter relevant of zij van elektronische middelen gebruik maken, waar dat mogelijk is. Passeren zij die weg om niet goed verklaarbare redenen, dan maakt hen dat blijkbaar 'verdacht'. De verdenking lijkt dan dat gepoogd is om op sluwe wijze een vergunning van rechtswege te krijgen. De Afdeling reageert door een (mogelijk) versluierde aanvraag toch niet als aanvraag te betitelen: 'De rechtbank heeft ook terecht van belang geacht dat RetailPlan deskundig is op het gebied van de ruimtelijke ordening en geacht mag worden bekend te zijn met de gebruikelijke weg om een aanvraag om omgevingsvergunning in te dienen, via het Omgevingsloket online of met gebruikmaking van het formulier als bedoeld in artikel 4.2, eerste lid, van het Bor. Dat RetailPlan deze weg niet heeft gevolgd, betekent op zichzelf niet dat de brief van 17 december 2015 geen aanvraag is als bedoeld in artikel 1:3, derde lid, van de Awb. De rechtbank heeft deze omstandigheid echter wel, in samenhang bezien met hetgeen zij overigens heeft overwogen, bij haar oordeel dat geen sprake is van een aanvraag, kunnen betrekken.'[21] Het is de vraag of deze lijn past bij eerdere jurisprudentie.[22] Duidelijk is wel, dat burgers en bedrijven onder om-

---

[20] M.J. Jacobs, 'Aantekening 1 bij Afd. 2.3', in: T. Borman e.a. (red.), *T&C Algemene wet bestuursrecht*, Deventer: Wolters Kluwer 2017.
[21] ABRvS 24 januari 2018, ECLI:NL:RVS:2018:214.
[22] Zie ABRvS 16 januari 2004, ECLI:NL:RVS:2004:AO1836, waarin pas van een aanvraag sprake is indien wordt verzocht om een bepaald, naar strekking concreet aangeduid besluit, versus een soepeler lijn in ABRvS 19 november 2004, ECLI:NL:RVS:2004:AR6256.

standigheden de schijn tegen kunnen krijgen, wanneer zij geen digitale weg volgen.[23]

Het zou op zijn minst wenselijk zijn, wanneer bij de voorgenomen modernisering van de bepalingen over elektronisch bestuurlijk verkeer in de Awb, wordt bezien of burgers en bedrijven ten volle de vrijheid houden om niet-digitaal te communiceren, of dat zij via mogelijke verwijten omtrent passeren van die digitale weg, achteraf te horen krijgen dat zij toch eigenlijk wel digitaal hadden moeten communiceren. De Afdelingsjurisprudentie ter voorkomen van vergunningverlening op basis van 'verdachte aanvragen' kan nog wel begrijpelijk zijn, maar is ook nogal casuïstisch.

3.2 Bekendmaking van besluiten

Artikel 20.26 van het voorstel van medio 2018 biedt een grondslag voor aanwijzing bij algemene maatregel van bestuur van de informatie die via de landelijke voorziening beschikbaar wordt gesteld. De te ontsluiten informatie betreft allereerst de regelgeving en het beleid voor de fysieke leefomgeving, opgenomen in besluiten en andere rechtsfiguren, zoals het omgevingsplan, de omgevingsverordening en de omgevingsvisie. Aldus moet het register burgers en bedrijven zo duidelijk mogelijk maken, welke regels in een bepaald gebied gelden. Zie ik het echter goed, dan gaat de Memorie van Toelichting er niet van uit dat de omgevingsvergunningen via de voorziening beschikbaar gesteld zouden moeten worden. Voor burgers en bedrijven kan aldus nog onduidelijk blijven, welke effecten uit verleende vergunningen kunnen voortvloeien. Artikel 20.28 uit het voornemen van medio 2017 leek er verder toe te verplichten, om gerechtelijke uitspraken op te nemen wanneer daaruit een gehele of gedeeltelijke vernietiging of wijziging van een omgevingsdocument voortvloeit. Dat zijn immers ook wijzigingen van omgevingsdocumenten. In zoverre spoorden de voornemens met de huidige praktijk dat relevante uitspraken worden verwerkt op www.ruimtelijkeplannen.nl. Ook volgens de Memorie van Toelichting van medio 2018 lijkt dat de bedoeling te blijven, onder verwijzing naar de landelijke voorziening die onderdeel is van het digitaal stelsel.[24]

De Awb kent geen algemene verplichting tot digitale bekendmaking van besluiten. Ook ontbreekt een algemene publicatieplicht van rechterlijke uitspraken. Wat bijvoorbeeld aan besluiten gepubliceerd wordt, lijkt mede samen te hangen met toevallige wensen van naming and shaming of incidentele bestuurlijke transparantie. Een vaste lijn lijkt niet te ontwaren. Dat hoeft niet te leiden tot aanpassing van de Awb, maar zou wel op enig moment moeten leiden tot keuzes in al

---

[23] Dat geldt zeker wanneer die aanvrager RetailPlan heet (zie o.m. ABRvS 31 januari 2018, ECLI:NL:RVS:2018:189 en ABRvS 20 december 2017, ECLI:NL:RVS: 2017:3460), maar soms ook bij anderen (ABRvS 31 oktober 2018, ECLI:NL:RVS:2018:3541).
[24] *Kamerstukken II*, 2017/18, 34986, 3, p. 254.

lang lopende discussies over de reikwijdte van openbaarheid van overheidsinformatie.[25]

3.3 Inhoudelijke besluitvorming en beoordeling

De in het voorstel van 2017 opgenomen en nadien stevig afgezwakte artikelen 20.32 en 20.33 bieden grondslagen voor het vaststellen van standaarden, zoals semantische, reken- en meet-, verbeeldings- en uitwisselstandaarden.

Thans is niet zo goed geregeld, welke standaarden bij de inhoudelijke besluitvorming en beoordeling leidend zijn.

Dat blijkt bijvoorbeeld uit een Afdelingsuitspraak over geurmetingen in het kader van handhaving. De Afdeling stond voor de vraag welk verspreidingsmodel moest worden gehanteerd. Meer concreet was aan de orde welke software-implementatie en versie van dat verspreidingsmodel in het kader van handhaving moet worden gehanteerd. De vergunningvoorschriften verwezen naar het NNM, zijnde het 'Nieuw Nationaal Model'. Dat werd ook bij de handhaving benut. Volgens paragraaf 3.4.4.4 van het NNM kan bij controle van een bestaande vergunning een verspreidingsmodel worden gebruikt dat in dat geval hetzelfde moet zijn als in de vergunningaanvraag. De Afdeling begreep de paragraaf aldus, dat naast het verspreidingsmodel ook de implementatie en versie van het model hetzelfde moest zijn als het model dat bij de vergunningaanvraag was gebruikt. Er was evenwel gerekend met een andere implementatie en versie van het NNM. Mede daarom was volgens de Afdeling niet komen vast te staan dat geurimmissiegrenswaarden waren overtreden.[26]

De uitspraak maakt niet duidelijk of de oudere software nog beschikbaar was ten tijde van de overtreding. Wanneer dat niet zo is, zou uit de uitspraak de conclusie getrokken kunnen worden dat niet meer gehandhaafd kan worden. Het mag duidelijk zijn dat dat niet wenselijk is. In wezen, zouden oude versies dus beschikbaar moeten blijven om handhaving mogelijk te houden.

Het is de vraag of ook in de Awb aandacht moet worden geschonken aan dergelijke effecten van digitalisering op de besluitvorming en beoordeling. Vooralsnog lijken de bestaande eisen van ordelijke vergaring van kennis (artikel 3:2 Awb) en valide motivering (artikel 3:46 Awb) en het rechtszekerheidsbeginsel voldoende handvatten te bieden. Wel is denkbaar dat de beoordeling lastiger wordt, naar mate het bestuur zwaarder leunt op modellen en invoergegevens. De bestuursrechter zal zich dan ook op die modellen en gegevens moeten inwerken en uitleg moeten vragen, maar lijkt dat (terecht) ook te doen.[27]

---

[25] Zie bijv. *Kamerstukken II*, 2017/18, 33328, 40, Brief van de Minister van Binnenlandse Zaken en Koninkrijksrelaties d.d. 14 november 2017.
[26] ABRvS 26 april 2017, ECLI:NL:RVS:2017:1128.
[27] Zie in vergelijkbare zin uit het belastingrecht HR 17 augustus 2018, ECLI:NL:HR:2018:1316.

4. Enige slotopmerkingen

Deze bijdrage besprak het Digitaal Stelsel Omgevingsrecht DSO onder de Omgevingswet op drie punten en de mogelijke inspiratie voor de Awb. Omdat de planning van informaticaprojecten bij de overheid geen zekerheid is, kan het DSO nog geruime tijd op zich laten wachten, zelfs in de tussen medio 2017 en medio 2018 sterk afgezwakte bedoeling. Voor de Awb lijkt dat niet ernstig. Ook los van het DSO bestaat al aandacht voor digitale communicatie via een aanpassing van Afdeling 2.3 Awb en loopt (al lang) een traject tot vergroting van de kenbaarheid van overheidsdocumenten via de Wet open overheid. Met bestaande beginselen van de artikelen 3:2 en 3:46 Awb en het rechtszekerheidsbeginsel kan de bestuursrechter uitleg vragen over modellen en invoergegevens en de juistheid en inzichtelijkheid daarvan beoordelen.

Tonny Nijmeijer[*]

70 | Elektronisch besluiten in het ruimtelijke domein

> @T_Nijmeijer – De Awb kent het elektronische besluit niet. Een ruimere uitleg van 'schriftelijk' in art. 1:3 Awb is met het toenemende belang van elektronische besluitvorming in het toekomstige omgevingsrecht het overwegen waard. #elektronisch-besluit#schriftelijk#zelf-in-de-zaak-voorzien

1. Inleiding

De huidige Awb is niet gelijk aan de Awb die 25 jaar geleden in werking is getreden. Vele wijzigingen en aanvullingen worden in deze bundel beschreven. De definitie van het begrip *besluit* is al die jaren niet veranderd. Vanaf de inwerkingtreding van de Awb, bepaalt artikel 1:3 lid 1 dat een besluit schriftelijk is. De interpretatie van het schriftelijkheidsvereiste is wél met de tijd meegegaan. In het kader van de totstandkoming van de Wet elektronisch bestuurlijk verkeer, is door de regering gesteld dat aan het schriftelijkheidsvereiste is voldaan, als een beslissing door middel van schrifttekens kenbaar is. Die schrifttekens kunnen op papier staan, maar het kan ook een andere informatiedrager zijn. De regering spreekt in dit verband over een 'ruime, dynamische uitleg van het begrip "schriftelijk"'.[1]

Met ingang van 1 juli 2008 is de Wet ruimtelijke ordening (Wro) van kracht. Deze wet introduceerde voor bestuursorganen de verplichting om besluiten elektronisch vast te stellen. Om die verplichting te operationaliseren, worden in paragraaf 1.2 van het Besluit ruimtelijke ordening (Bro) specifieke eisen aan de besluitvorming gesteld. In het bijzonder op het punt van de beschikbaarstelling en de borging van de authenticiteit van het elektronische besluit. In deze bijdrage wordt bezien of (1) elektronische besluiten voldoen aan de eis van schriftelijkheid, en (2) de eisen die krachtens de Wro gelden voor elektronische besluiten, te herleiden zijn tot de regels die hoofdstuk 2 van de Awb voor het elektronisch verkeer bevat.

Wat een elektronisch besluit is, komt aan de orde in paragraaf 2. Paragraaf 3 gaat over de beschikbaarstelling en de borging van de authenticiteit. Paragraaf 4 maakt een uitstapje naar een complicatie die elektronische besluitvorming heeft in relatie tot het zelf in de zaak voorzien door de bestuursrechter. Afgesloten wordt met een conclusie (paragraaf 5).

---

[*] Prof. mr. A.G.A. Nijmeijer is hoogleraar bestuursrecht, in het bijzonder omgevingsrecht, aan de Radboud Universiteit. Hij is tevens rechter-plaatsvervanger in de Rechtbank Gelderland en verbonden aan Hekkelman advocaten in Nijmegen.
[1] *Kamerstukken II* 2001/02, 28483, 3, p. 6-7.

2. Elektronisch én op papier

2.1 Elektronische besluiten

Het elektronisch vaststellen van ruimtelijke plannen en besluiten ziet de Wro-wetgever als een belangrijk hulpmiddel om de efficiency en effectiviteit in de communicatie tussen overheden onderling, tussen overheden en burgers, de transparantie van overheidshandelen en de toegankelijkheid van deze plannen en besluiten en de processen voor burgers, te optimaliseren.[2] De verplichting om besluiten elektronisch vast te stellen, is neergelegd in artikel 1.2.3 van het Bro. Het artikel bepaalt: 'Een visie, plan, besluit en verordening als bedoeld in artikel 1.2.1, eerste lid, in voorkomend geval met de daarbij behorende toelichting of onderbouwing, worden elektronisch vastgesteld. Van een zodanig elektronisch document wordt tevens een papieren versie gemaakt.'

Elektronische besluitvorming is dus de standaard voor de meeste besluiten die op grondslag van de Wro worden genomen. Niet alleen het voor de ruimtelijke ordening wezenlijke bestemmingsplan wordt elektronisch vastgesteld, maar bijvoorbeeld ook provinciale ruimtelijke verordeningen en ruimtelijke beleidsstukken, die in hoofdstuk 2 van de Wro 'structuurvisies' worden genoemd.[3]

Uylenburg geeft een omschrijving van hetgeen zij onder *digitale besluiten* verstaat. Zij schrijft:[4]

> 'Digitale besluiten kunnen worden omschreven als besluiten (in de zin van artikel 1:3 Awb) waarbij de uitkomst van een digitaal systeem (het softwareprogramma of 'de computer') bepalend is voor de inhoud van het besluit. Vaak wordt bij digitale besluiten gedacht aan de situatie 'computer says no'. Dan wordt ook wel gesproken van geautomatiseerde besluiten. Dat betreft digitale besluiten waarbij er geen sprake meer is van enige menselijke tussenkomst nadat de, gelet op het toetsingskader voor het besluit relevante, gegevens in het systeem zijn ingevoerd.'

Een elektronisch besluit als bedoeld in artikel 1.2.3 Bro, past naar mijn idee niet in de omschrijving van digitale besluiten zoals door Uylenburg geformuleerd. Het is ook geen geautomatiseerd besluit, zoals door Van Eck gedefinieerd.[5] Zo-

---

[2] Uitgebreider daarover W.R. van der Velde & J. van der Velde, 'Digitalisering binnen de ruimtelijke ordening', *TBR* 2008/29 en hun 'Digitalisering binnen de ruimtelijke ordening (vervolg)', *TBR* 2008/186.
[3] Bijv. ABRvS 19 september 2018, ECLI:NL:RVS:2018:3067 m.n. r.o. 18.2.
[4] Zie de bijdrage van Rosa Uylenburg aan deze bundel.
[5] Van Eck gebruikt als definitie voor geautomatiseerde besluiten: besluiten in de zin van art. 1:3 Awb die tot stand komen door een systeem dat automatisch handelt – dat wil zeggen zonder dat menselijke tussenkomst vereist is, zie M.B.A. van Eck, *Geautomatiseerde ketenbesluiten & rechtsbescherming*, Tilburg: Tilburg University 2018, p. 43. In de memorie van toelichting bij het in de inleiding genoemde wetsvoorstel Wet elektro-

wel bij digitale besluiten als bij geautomatiseerde besluiten, genereert de computer een resultaat dat de mens kan begrijpen. Een elektronisch besluit als bedoeld in het Bro, is een verzameling geometrisch bepaalde objecten die is opgeslagen in een digitaal ruimtelijk informatiesysteem. De informatie is een voor de mens onleesbaar technisch formaat (GML).[6] Anders dan bij een digitaal besluit, is bij een elektronisch besluit niet alleen het genereren van de uitkomst afhankelijk van een digitaal systeem, maar bestaat de beslissing van het bestuursorgaan als zodanig enkel in de vorm van een elektronisch bestand. Ik spreek daarom in deze bijdrage bewust van elektronische besluiten en niet van digitale of geautomatiseerde besluiten.

2.2 Papieren versie

Omdat het elektronische besluit door de mens niet kan worden gelezen, bevat het Bro een tweetal verplichtingen om dit besluit voor de mens toegankelijk te maken.

In de eerste plaats moet het elektronische besluit worden omgezet in een elektronisch kaartbeeld. Dit wordt ook wel het elektronische 'document' genoemd. Dit document is op een beeldscherm te zien in een viewomgeving met functionaliteiten die het mogelijk maken om inzage te krijgen in alle relevante juridische informatie die in het elektronische besluit besloten ligt.[7] Ik bespreek dat in paragraaf 3.1 nader.

In de tweede plaats moet ingevolge artikel 1.2.3 Bro van het elektronische document een papieren versie beschikbaar zijn. Deze verplichting moet los worden gezien van het schriftelijkheidsvereiste van artikel 1:3 Awb. De papieren versie van het elektronische document, is louter bedoeld om de toegankelijkheid van de informatie die in het elektronische document kan worden geraadpleegd, te vergroten. De papieren versie moet worden gezien in het historische perspectief dat anno 2008 het aantal mensen dat (continue) toegang had tot het internet, aanmerkelijk kleiner was dan vandaag de dag. Vanuit de huidige situatie bezien, kan de verplichting om een papieren versie vast te stellen wellicht als 'ouderwets' worden bestempeld. Hoe het ook zij, de papieren versie is nimmer een constitutief vereiste geweest voor de rechtmatigheid of de rechtskracht van een elektronisch besluit.

Het bestaan van een papieren versie naast een elektronisch document, vooronderstelt dat beide versies identiek zijn. Een papieren versie kan echter om verschillende redenen afwijken van het elektronische document. Bijvoorbeeld doordat het definitief vastgestelde elektronische document afwijkt van het elektronische document dat in ontwerp ter inzage heeft gelegen en de papieren

---

nisch bestuurlijk verkeer, worden geautomatiseerde besluiten overigens elektronische besluiten genoemd.... Zie *Kamerstukken* II 2001/02, 28 483, 3, p. 7.
[6] *Stb.* 2008, 145, p. 50.
[7] *Stb.* 2008, 145, p. 51.

versie abusievelijk is gebaseerd op de ontwerpversie van het elektronische document.[8] In zo'n geval kan het voorkomen dat uit de papieren versie andere gebruiksmogelijkheden voor gronden of bouwwerken volgen dan uit het elektronische document valt op te maken. Het behoeft geen uitleg dat een dergelijke discrepantie de rechtszekerheid niet ten goede komt.[9] Om die reden voorziet het tweede lid van artikel 1.2.3 van het Bro in een voorrangsregeling: 'Indien de inhoud van een elektronisch document als bedoeld in het eerste lid tot een andere uitleg aanleiding geeft dan de papieren versie, is het eerstgenoemde document beslissend'.[10]

Het nut van deze regeling heeft zich in de (rechts)praktijk bewezen. Bijvoorbeeld in een Afdelingsuitspraak van 17 mei 2017 (met name r.o. 7.7):[11]

> 'Ten aanzien van de door [appellant] geuite vrees dat hij hinder zal ondervinden van bezoekers van het plangebied vanwege een voorzien educatief centrum, overweegt de Afdeling dat ingevolge artikel 3, lid 3.1, van de elektronische versie van het vastgestelde plan een educatief centrum niet binnen de doeleindenomschrijving van de bestemming 'Gemengd-Agrarisch en Zonneveld' valt. De papieren en elektronische versie van het plan komen in zoverre evenwel niet overeen. In de papieren versie van het plan zijn de voor 'Gemengd-Agrarisch en Zonneveld' aangewezen gronden tevens bestemd voor kleinschalige educatieve doeleinden die direct samenhangen met de overige binnen deze bestemming beoogde functies. Daargelaten de vraag of op grond van dit doel een educatief centrum is toegestaan, bepaalt artikel 1.2.3, tweede lid, van het Besluit ruimtelijke ordening dat indien de inhoud van een elektronisch vastgesteld plan tot een andere uitleg aanleiding geeft dan de papieren versie, het eerstgenoemde document beslissend is. Gelet hierop is de elektronische versie van het plan bepalend en maakt het plan derhalve geen educatief centrum mogelijk.'[12]

Een casus als deze onderstreept tegelijkertijd het risico dat vanuit het oogpunt van zorgvuldigheid en rechtszekerheid kleeft aan het wettelijk verplicht stellen van een papieren versie naast een elektronisch document. Gelet op de huidige beschikbaarheid en toegang tot internet, kan de vraag worden gesteld of een dergelijke verplichting nog 'van deze tijd' is.[13]

---

[8] Op de vaststelling van een bestemmingsplan is afd. 3.4 Awb van toepassing, zie art. 3.8 lid 1 Wro.
[9] Art. 2.1 lid 1 onder c Wabo verbiedt het gebruik van gronden of bouwwerken als dat gebruik in strijd is met het ter plaatse geldende bestemmingsplan.
[10] In art. 8.1.1 Bro werd voorzien in een overgangsperiode tot 1 juli 2009; zie ABRvS 8 november 2017, ECLI:NL:RVS:2017:2998 m.n. r.o. 2.5.
[11] ABRvS 17 mei 2017, ECLI:NL:RVS:2017:1307.
[12] In gelijkluidende zin onder meer: ABRvS 20 december 2017, ECLI:NL:RVS:2017:3499 m.n. r.o. 4.3 en ABRvS 3 oktober 2018, ECLI:NL:RVS:2018:3222 m.n. r.o. 8.
[13] Uiteraard moet worden onderkend dat niet iedereen bij machte is om zelf informatie van internet te halen, maar daarin kan op andere manieren worden voorzien. Bijv. door

3. Beschikbaarstelling en authenticiteit

3.1 www.ruimtelijkeplannen.nl

Artikel 1.2.1 lid 1 Bro verplicht bestuursorganen om hun elektronische besluiten – lees: de op die besluiten gebaseerde elektronische documenten – beschikbaar te stellen voor een ieder. Artikel 1.2.2 Bro voorziet met dat doel in een landelijke voorziening, waar alle ruimtelijke data met betrekking tot besluiten die worden genoemd in artikel 1.2.1 lid 1 Bro, voor een ieder beschikbaar zijn. Die landelijke voorziening is www.ruimtelijkeplannen.nl. Vanaf de landelijke voorziening kan alle beschikbaar gestelde informatie ook gratis worden gedownload.

Ieder bestuursorgaan dat elektronische besluiten neemt, heeft 'bronhouders'. Dit zijn medewerkers van Rijk, provincie of gemeenten die via de zogenoemde Index informatie kunnen aanbieden op www.ruimtelijkeplannen.nl. Voor het aanbieden van informatie is een speciale account vereist die toegang geeft tot de Index.[14] Op www.ruimtelijkeplannen.nl zijn handleidingen te vinden waaruit blijkt welke stappen een bronhouder moet doorlopen alvorens elektronische besluiten kunnen worden aangeboden.[15] Het gaat het doel en de omvang van deze bijdrage te buiten om die stappen nader te bespreken. Op deze plaats volstaat de constatering dat alleen de bronhouders informatie op de landelijke voorziening kunnen aanvullen of wijzigen.[16] Daarmee worden de betrouwbaarheid en de authenticiteit van de informatie die op www.ruimtelijkeplannen.nl staat, geborgd.

3.2 Standaarden voor elektronische besluiten

Naast het werken met bronhouders, wordt ook op andere manieren de betrouwbaarheid en de authenticiteit van de op www.ruimtelijkeplannen.nl te vinden informatie geborgd. In de eerste plaats door bij ministeriële regeling – de Regeling standaarden ruimtelijke ordening (Rsro) – het gebruik van de standaarden voor elektronische besluiten voor te schrijven. Het betreft het Informatiemodel Ruimtelijke Ordening (IMRO2012), de Standaard Vergelijk-

---

te borgen dat diegenen de desbetreffende informatie op het gemeentehuis krijgen uitgereikt.

[14] Zie www.ruimtelijkeplannen.nl, klikken op 'professionals' en dan het Aanvraagformulier accountgegevens.

[15] Zie www.ruimtelijkeplannen.nl, klikken op 'professionals, onder Stappenplan bronhouders en de Werkinstructie Valide Digitale Plannen.

[16] www.ruimtelijkeplannen.nl> professionals> Gebruiksvoorwaarden. Het aanbieden van ruimtelijke plannen en besluiten is voor iedere gemeente, provincie en het Rijk toegankelijk. De volledige gebruiksvoorwaarden en het dienstverleningsniveau wordt in de Diensten Niveau Overeenkomst beschreven; zie www.ruimtelijkeplannen.nl, klikken op 'professionals', onder Diensten Niveau Overeenkomst.

bare Bestemmingsplannen (SVBP, versie 2012) en de Standaard Toegankelijkheid Ruimtelijk Instrumentarium (STRI2012).[17]

Voor bestemmingsplannen zijn in de SVBP2012 standaarden opgenomen met betrekking tot de structuur van het bestemmingsplan. De standaard voorziet in een vaste opbouw, indeling en benaming van bestemmingen en ook in de daarbij behorende regels. Een vaste structuurstandaard levert een bijdrage aan het zo optimaal mogelijk informeren van de burger en het beter toegankelijk maken van het bestemmingsplan. De gebruiker van een bestemmingsplan ziet steeds dezelfde opbouw en weet derhalve waar iets geregeld of beschreven wordt. Daarnaast zijn standaardregels opgenomen die technische, niet beleidsmatige, onderdelen van het bestemmingsplan betreffen en die, waar nodig, op eenzelfde wijze in alle bestemmingsplannen moeten worden opgenomen, zoals begripsomschrijvingen, wijzen van meten, de citeertitel en de nummering. Wordt de standaard niet gevolgd, dan leidt dat tot vernietiging van het besluit. Zoals onder meer blijkt uit een Afdelingsuitspraak van 19 september 2018 (met name r.o. 3):[18]

> 'De Afdeling stelt vast dat met de eerste zin van artikel 1.16 van de planregels ('een woning die een functionele binding heeft met een op hetzelfde perceel gelegen bedrijf, instelling of inrichting, ten behoeve van beheer van en/of toezicht op het bedrijf, de instelling of de inrichting') een omschrijving is gegeven van het begrip "bedrijfswoning". De laatste zin van deze bepaling ('Naast een bedrijfswoning is een bestaand bedrijf toegelaten tot maximaal milieucategorie 3.1., of hiermee vergelijkbaar, als aangegeven in de bij dit plan behorende Staat van bedrijfsactiviteiten') betreft echter een gebruiksregel, die op grond van de SVBP 2012 in de bestemmingsregels had moeten worden opgenomen. Derhalve heeft de raad in strijd met artikel 2, eerste lid, aanhef en onder a, van de Regeling, in samenhang gelezen met artikel 1.2.6 van het Bro, zoals uitgewerkt in de SVBP 2012, een gebruiksregel opgenomen in de bedoelde begripsomschrijving.'

Ieder elektronisch besluit dat via www.ruimtelijkeplannen.nl beschikbaar is gesteld, heeft een IMRO-code. In het licht van betrouwbaarheid en authenticiteit, is het zaak dat het desbetreffende document dat op www.ruimtelijkeplannen.nl is te raadplegen, identiek is met hetgeen het bestuursorgaan heeft beoogd vast te stellen. Het gaat hier niet om de vraag of een papieren versie identiek is aan het elektronische document, maar om de vraag of door de bronhouder het juiste elektronische document op www.ruimtelijkeplannen.nl is aangeboden. Bij de beantwoording van die vraag speelt de IMRO-code een belangrijke rol. Het leidt soms tot een ingewikkelde puzzel. Een illustratie biedt een Afdelingsuitspraak van 11 november 2015 (met name r.o. 6):[19]

---

[17] De standaarden worden beheerd door GEONOVUM: zie www.geonovum.nl.
[18] ABRvS 19 september 2018, ECLI:NL:RVS:2018:3071.
[19] ABRvS 11 november 2015, ECLI:NL:RVS:2015:3448.

'[appellant] en anderen betogen dat na de vaststelling van het plan een rechtsonzekere situatie is ontstaan, omdat het digitale bestemmingsplan dat de raad beschikbaar heeft gesteld op de landelijke voorziening (www.ruimtelijkeplannen.nl) als bedoeld in artikel 1.2.3, eerste lid, van het Besluit ruimtelijke ordening niet overeenstemt met het raadsbesluit van 8 juli 2014.

De raad stelt dat het plan gewijzigd is vastgesteld ten opzichte van het ontwerp. In eerste instantie is abusievelijk een digitale versie van het bestemmingsplan beschikbaar gesteld op de landelijke voorziening, die op een aantal onderdelen niet in overeenstemming was met het raadsbesluit van 8 juli 2014. Deze omissie is nadien hersteld, doordat het ondeugdelijke bestand alsnog is vervangen door een versie die overeenstemt met het raadsbesluit. De raad heeft hiervan kennis gegeven in de Staatscourant van 29 april 2015. Het plan is opnieuw voor een periode van zes weken ter inzage gelegd. De initiële rechtsonzekerheid is daarmee weggenomen, aldus de raad.

Niet in geschil is dat de raad na de vaststelling van het plan een bestand beschikbaar heeft gesteld op de landelijke voorziening, met IMRO-code eindigend op 'VG01' (hierna: VG01-bestand), dat niet in overeenstemming was met het raadsbesluit van 8 juli 2014. In zoverre is na de vaststelling van het plan een rechtsonzekere situatie ontstaan. De raad heeft nadien het beschikbaar gestelde bestand vervangen door het bestand met IMRO-code eindigend op 'VG02'. Hiervan is mededeling gedaan in de Staatscourant van 14 januari 2015, waarbij is vermeld dat de mogelijkheid bestaat beroep tegen het plan in te stellen. Nadien is de raad tot de conclusie gekomen dat ook dit bestand niet in overstemming was met het raadsbesluit van 8 juli 2014. De raad heeft voor een tweede maal het bestand vervangen. Het beschikbaar gestelde bestand heeft een IMRO-code eindigend op 'VG03' (hierna: VG03-bestand). De raad heeft hiervan mededeling gedaan in de Staatscourant van 29 april 2015, met vermelding van de mogelijkheid dat beroep kan worden ingesteld tegen het plan. Ook zijn [appellant] en anderen, in het kader van de beroepsprocedure, door de Afdeling op de hoogte gebracht van de omstandigheid dat de raad het VG03-bestand beschikbaar heeft gesteld op de landelijke voorziening, zodat zij hun beroep konden aanvullen. Zij hebben dit gedaan bij brief van 26 augustus 2015.

De raad heeft zich op het standpunt gesteld dat het VG01-bestand op een aantal punten niet in overeenstemming was met de wijzigingen ten opzichte van het ontwerpplan, waartoe de raad blijkens het vaststellingsbesluit heeft besloten. Het VG03-bestand betreft evenwel het plan zoals de raad dat heeft vastgesteld.'[20]

---

[20] In vergelijkbare zin o.a. ook ABRvS 20 juni 2018, ECLI:NL:RVS:2018:2068 m.n. r.o. 6.

3.3 Regels elektronisch verkeer afdeling 2.3 Awb

De eisen die krachtens Wro en Bro aan elektronische besluiten worden gesteld, zijn niet herleidbaar tot de regels die afdeling 2.3 Awb bevat voor het elektronische bestuurlijk verkeer. Weliswaar bevat de Awb in artikel 2:16 een bepaling over het gebruik van een bepaald type elektronische handtekening voor de borging van de betrouwbaarheid en de authenticiteit, maar die regeling heeft enkel betrekking op het sturen van berichten langs elektronische weg. Ten aanzien van het nemen van elektronische besluiten, bevat afdeling 2.3 van de Awb geen regels.[21]

4. Intermezzo: elektronisch besluit en zelf in de zaak voorzien

Het elektronisch vaststellen van besluiten in het ruimtelijke domein en de beschikbaarstelling daarvan op www.ruimtelijkeplannen.nl, heeft niet alleen gevolgen voor het bestuursorgaan maar ook voor de bestuursrechter. Afgezien van de in de vorige paragrafen besproken aspecten, verdient met name het zelf in de zaak voorzien als bedoeld in artikel 8:72 lid 3 aanhef en onder b Awb de aandacht. Twee problemen doen zich bij het toepassen van deze uitspraakbevoegdheid voor:
a) geen enkele bestuursrechter beschikt over de technische instrumenten om een vernietigd ruimtelijk besluit te vervangen door een eigen besluit dat aan de door het Bro vereiste standaarden voldoet;
b) geen enkele bestuursrechter is bronhouder voor www.ruimtelijkeplannen.nl.
Met andere woorden: het kenmerk van zelf in de zaak voorzien, namelijk dat het rechterlijke oordeel in de plaats treedt van het bestreden besluit, is bij een elektronisch besluit niet mogelijk. Dit gegeven weerhoudt de Afdeling bestuursrechtspraak er echter niet van om in bestemmingsplanzaken zelf in de zaak te voorzien. De bedachte oplossing voor het onder a) en b) gesignaleerde blijkt onder meer uit een Afdelingsuitspraak van 26 september 2018. De Afdeling constateert eerst een omissie in de planregels:[22]

> 'De Afdeling ziet aanleiding om met toepassing van artikel 8:72, derde lid, aanhef en onder b, van de Awb op de hierna te melden wijze zelf in de zaak te voorzien door artikel 3, lid 3.4, van de planregels aan te vullen met de voorwaarden dat het laden en lossen inpandig en achter gesloten deuren en tussen 07:00 en 19:00 uur dient te geschieden. Voorts zal de Afdeling bepalen dat deze uitspraak in zoverre in de plaats treedt van het herstelbesluit.'

---

[21] Daarom wordt steeds over elektronisch verkeer gesproken en niet over elektronische besluiten; *Kamerstukken II* 2001/02, 28483, 3, p. 7.
[22] ABRvS 26 september 2018, ECLI:NL:RVS:2018:3103.

Gelet op de zojuist gesignaleerde problemen, roept de laatste volzin van het citaat de vraag op hoe de Afdeling bewerkstelligt dat de bepaling over laden en lossen elektronisch wordt vastgesteld conform de vereisten in het Bro en beschikbaar komt op www.ruimtelijkeplannen.nl. Door het fenomeen van de bronhouder, staat vast dat alleen het bestuursorgaan dat in de macht heeft. Het bestuursorgaan krijgt daarom een opdracht van de rechter (onder IX van het dictum van voornoemde uitspraak):

> 'Uit oogpunt van rechtszekerheid en gelet op artikel 1.2.3 van het Besluit ruimtelijke ordening, ziet de Afdeling aanleiding de raad op te dragen het hierna in de beslissing nader aangeduide onderdeel van deze uitspraak binnen vier weken na verzending van de uitspraak te verwerken in het elektronisch vastgestelde plan dat te raadplegen is op de landelijke voorziening, www.ruimtelijkeplannen.nl.'

Een even simpele als doeltreffende oplossing.[23] Met enige creativiteit valt die oplossing te scharen onder de uitspraakbevoegdheden, namelijk het geven van een opdracht aan het bestuursorgaan tot het verrichten van een andere handeling als bedoeld in artikel 8:72 lid 4 Awb. Dit vierde lid gaat er blijkens de wettekst echter vanuit dat het geven van een opdracht niet samengaat met het zelf in de zaak voorzien. Bovendien wordt op deze manier onder de vlag van het zelf in de zaak voorzien, juist een verplichting op het bestuursorgaan gelegd om een nieuw besluit te nemen. Dat is nu juist wat het zelf in de zaak voorzien niet beoogt. Zo bezien schuurt de oplossing met de Awb. Wellicht is het een idee om ook het zelf in zaak voorzien bij elektronische besluiten voortaan dynamisch uit te leggen. Net als de eis van schriftelijkheid.

5. Conclusie

Dat brengt mij terug bij de inleiding van deze bijdrage. Zijn elektronische besluiten schriftelijk als bedoeld in art: 1:3 van de Awb? Als schriftelijk inhoudt dat een besluit moet bestaan uit voor de mens toegankelijke leestekens, dan luidt het antwoord ontkennend. Gelet op het toenemende belang van elektronische besluitvorming in het digitale tijdperk – en zeker in het toekomstige omgevingsrecht[24] – is een ruimere uitleg van hetgeen onder schriftelijk wordt verstaan, het overwegen waard. Die uitleg betekent dat een besluit ook kan bestaan uit een door het bestuursorgaan gewaarmerkt bestand. Zo'n 'extra dyna-

---

[23] Een interessante vraag is overigens wat rechtens is als niet, niet tijdig, of niet volledig door het bestuursorgaan aan de opdracht wordt voldaan. In die gevallen blijft op www.ruimtelijkeplannen.nl een elektronisch document zichtbaar dat volgens de bestuursrechter niet rechtmatig is.

[24] Ik doel op de komst van de Omgevingswet; zie daarover de bijdrage van Gerrit van der Veen aan deze bundel en bijv. J. Struiksma, 'Digitaal Stelsel Omgevingswet. Uithuilen en opnieuw beginnen', *WPNR* 2018, 7179, p. 58.

mische uitleg' heeft als voordeel dat algemene regels ten aanzien van het elektronisch besluiten – bijvoorbeeld een regel die bepaalt dat bij wettelijk voorschrift regels kunnen worden gesteld ten aanzien van de authenticiteit van een besluit – onder de reikwijdte van (hoofdstuk 3) van de Awb kunnen worden gebracht. Dat kan nu niet, omdat de Awb het elektronische besluit niet kent.

Rosa Uylenburg*

71 | Rechterlijke toetsing van digitale besluiten in het omgevingsrecht

@R_Uylenburg – Is de Awb toegerust voor de rechtsbescherming tegen digitale besluiten? De kenbaarheid van in digitale systemen ingevoerde gegevens is daarvoor noodzakelijk. Het Awb-begrip 'op de zaak betrekking hebbende stukken' krijgt nieuwe inhoud #digitalisering #kenbaarheid #omgevingsrecht

1. Inleiding

Is de toetsing door de rechter van digitale besluiten anders dan de toetsing van gewone besluiten en zo ja, moeten daarvoor dan in de Awb specifieke voorzieningen worden getroffen? Dat is – denk ik – de vraag die de redactie voor ogen had bij het onderwerp waarover ik een stuk in deze jubileumbundel mag schrijven. Het is een belangrijke vraag. Steeds meer besluiten worden met toepassing van big data, met behulp van digitale systemen, (deels) geautomatiseerd genomen.[1] De bestuursrechter zal digitale besluiten, net als elk ander besluit, moeten toetsen aan rechtsregels (het EVRM, het Handvest van de EU-rechten, de wet) en rechtsbeginselen. In zoverre niets nieuws onder de zon. De vraag is wel of die rechtsregels en rechtsbeginselen zijn toegerust voor de rechtsbescherming tegen digitale besluiten. Kunnen we vooruit met de bestaande beginselen zoals neergelegd in de Awb?[2]

Niet op voorhand is duidelijk wat onder digitale besluiten moet worden verstaan. Daarmee doel ik in ieder geval niet alleen op de vorm waarin een besluit wordt vastgesteld of bekendgemaakt. Deze bijdrage betreft dus niet de kwestie die samenhangt met afdeling 2.3 van de Awb (het digitale verkeer). Wat ik wel onder digitale besluiten zal begrijpen voor deze bijdrage bespreek ik hierna in paragraaf 2. Omdat juist daar zich interessante ontwikkelingen voordoen, spits ik deze bijdrage toe op het omgevingsrecht. Vervolgens ga ik dieper in op een wezenlijk en lastig aspect van digitale besluiten: de kenbaarheid van (de

---

* Prof. mr. R. Uylenburg is staatsraad in de Afdeling bestuursrechtspraak van de Raad van State en onbezoldigd hoogleraar milieurecht, in het bijzonder natuurbeschermingsrecht aan de Universiteit van Amsterdam.
[1] Voor voorbeelden van de grote aantallen verwijs ik naar de introductie van het proefschrift van Marlies van Eck, *Geautomatiseerde ketenbesluiten & rechtsbescherming, Een onderzoek naar de praktijk van geautomatiseerde ketenbesluiten over een financieel belang in relatie tot rechtsbescherming*, Tilburg: Tilburg University 2018, p. 31.
[2] Zie het Advies van de Raad van State betreffende digitalisering, nader rapport, *Stcrt.* 6 september 2018, 50999. Geadviseerd wordt de beginselen van behoorlijk bestuur, in het bijzonder het motiveringsbeginsel en zorgvuldigheidsbeginsel verscherpt te interpreteren in de context van digitalisering.

onderbouwing van) die besluiten in relatie tot de rechtsbescherming. Eerst bespreek ik voor welke soorten gegevens bij de onderscheiden digitale besluiten in het omgevingsrecht, de kenbaarheid van belang is (paragraaf 3). Daarna geef ik aan op welke wijze de rechter over voorgelegde beroepsgronden inzake de kenbaarheid van deze gegevens heeft geoordeeld (paragraaf 4). Tenslotte ga ik (paragraaf 5) in op de vraag of ten aanzien van de kenbaarheid van digitale besluiten de Awb 'nog mee kan'.

2. Wat zijn digitale besluiten?

2.1 Digitale besluiten

Digitale besluiten kunnen worden omschreven als besluiten (in de zin van artikel 1:3 Awb) waarbij de uitkomst van een digitaal systeem (het softwareprogramma of 'de computer') bepalend is voor de inhoud van het besluit. Vaak wordt bij digitale besluiten gedacht aan de situatie 'computers says no'. Dan wordt ook wel gesproken van geautomatiseerde besluiten.[3] Dat betreft digitale besluiten waarbij er geen sprake meer is van enige menselijke tussenkomst nadat de, gelet op het toetsingskader voor het besluit relevante, gegevens in het systeem zijn ingevoerd. Deze vorm van digitale besluitvorming doet zich vooral voor bij besluiten die in zeer grote aantallen genomen moeten worden en kennen we op dit moment vooral bij besluiten over financiële belangen. Denk daarbij aan de besluiten van uitkeringsinstanties en de belastingdienst. Ik beperk me in deze bijdrage niet tot de geautomatiseerde besluiten. Naast deze geautomatiseerde besluiten kunnen onder digitale besluiten ook besluiten begrepen worden waarbij voor de onderbouwing van een besluit voor één of meer voor de uitkomst van het besluit bepalende aspecten op basis van een digitaal systeem een waarde wordt bepaald. Als voorbeeld kan gewezen worden op de situatie waarin voor de vraag of toestemming verleend kan worden voor een infrastructureel project – bijvoorbeeld de verbreding van een weg – op basis van een digitaal systeem wordt bepaald wat de gevolgen zijn voor geluidbelasting en luchtkwaliteit, maar waarbij de uiteindelijke afweging over het project, gelet op onder andere de gevolgen voor het milieu zoals die uit de toepassing van de digitale systemen volgt, door mensen wordt gemaakt en niet automatisch uit de computer rolt. Het besluit is niet volledig geautomatiseerd; de beoordeling van een mee te wegen aspect wordt wel gemaakt met behulp van de toepassing van een digitaal systeem.[4]

---

[3] Van Eck gebruikt als definitie voor geautomatiseerde besluiten: besluiten in de zin van art. 1:3 Awb die tot stand komen door een systeem dat automatisch handelt – dat wil zeggen zonder dat menselijke tussenkomst vereist is, zie Van Eck 2018, p. 43.
[4] Benhadi gebruikt overigens het begrip 'geautomatiseerde besluitvorming' voor zowel de besluiten die met toepassing van een digitaal systeem zonder menselijke tussenkomst worden genomen als voor de besluiten waarbij een digitaal systeem wordt ge-

2.2 Digitale besluiten in het omgevingsrecht

In het omgevingsrecht is in 2015 een geautomatiseerd besluit geïntroduceerd in de Natuurbeschermingswet 1998 (thans de Wet natuurbescherming). Dit is het besluit genomen met toepassing van het beoordelingskader van het Programma Aanpak Stikstof (PAS). Dat beoordelingskader is door middel van een digitaal systeem vormgegeven: Aerius. Aerius is een softwaresysteem met verschillende functies. Belangrijkste functie is dat op grond van Aerius Calculator bepaald wordt of er een vergunning nodig is voor activiteiten die stikstof veroorzaken en zo ja, of er ruimte is om die vergunningen te verlenen. Op grond van het PAS worden voor bepaalde activiteiten (veehouderijen), afhankelijk van de hoeveelheid stikstof die daardoor wordt veroorzaakt in relatie tot de daarvoor gereserveerde ruimte in het systeem, geautomatiseerde vergunningen verleend of meldingen gedaan.

Van geautomatiseerde besluiten in het omgevingsrecht kan ook sprake zijn bij de toepassing van verdelingssystemen die hun grondslag vinden in bestemmingsplannen. Daarbij kan gedacht worden aan de verdeling van geluidruimte op bedrijventerreinen (geluidverkaveling). In bestemmingsplannen voor bedrijventerreinen kan gekozen worden voor een regeling van een verdelingssysteem van de ruimte om geluid te produceren.[5] In bestemmingsplannen met geluidverkaveling wordt verwezen naar specifieke (reken- en modellerings)software. Met deze software kan vervolgens beoordeeld worden of de op basis van de milieuregelgeving (bij vergunning of algemene regels) toegestane geluidbelasting past binnen de op grond van de planregels van het bestemmingsplan maximale geluidruimte. Met de software kan bijvoorbeeld ook worden berekend of er nog geluidruimte 'over' is.[6]

Van een andere orde zijn de besluiten in het omgevingsrecht waarbij voor een onderdeel van de besluitvorming digitale systemen worden toegepast om te berekenen wat de gevolgen van een voorgenomen besluit voor een bepaald aspect (bijvoorbeeld de geluidbelasting voor omwonenden of de stikstofdepositie voor Natura 2000-gebieden) zullen zijn. Dit zijn over het algemeen digitale systemen met rekenmodellen waarin grote hoeveelheden gegevens worden ingevoerd. Bij omgevingsbesluiten moet immers vaak een afweging worden ge-

---

bruikt voor de beoordeling van een bepaald onderdeel van de besluitvorming: R. Benhadi, 'Geautomatiseerde besluitvorming in het omgevingsrecht', *StAB* 2017/3, p. 8.
[5] Deze geluidverkaveling in bestemmingsplannen is ruimtelijk relevant geacht en toegestaan door de Afdeling bestuursrechtspraak, zie ABRvS 4 februari 2015, ECLI:NL: RVS:2015:237.
[6] Ook kan gedacht worden aan een digitaal verdelingssysteem van functies (wonen, kantoren, groen enz.) op grond van een bestemmingsplan op grond van art. 7c Uitvoeringsbesluit Crisis- en herstelwet. Een voorbeeld daarvan is het bestemmingsplan Oosterwold van de gemeente Almere. Zie daarvoor ABRvS 31 mei 2017, ECLI:NL: RVS:2017:1447, r.o. 9.1.

maakt waarbij een inschatting gemaakt moet worden van de negatieve gevolgen van een voorgenomen economische ontwikkeling voor milieu, natuurwaarden en/of het woon- en leefklimaat van omwonenden.

3. De kenbaarheid van 'digitale besluiten': soorten gegevens

De beoordeling door de rechter van de hiervoor beschreven digitale besluiten vergt – vanuit het oogpunt van rechtsbescherming – in de eerste plaats aandacht voor het onderwerp kenbaarheid en controleerbaarheid.[7] Uit het empirisch onderzoek van Van Eck naar geautomatiseerde besluiten over financiële belangen volgt dat niet te onderzoeken – want niet kenbaar – is of de beslisregels (of de computercode) overeenkomen met de wet- en regelgeving waarop het besluit is gebaseerd. Zij concludeert dat de burger hierdoor het besluit niet gemotiveerd kan betwisten en de rechter het besluit niet kan toetsen.[8]

De beoordeling door de bestuursrechter van de beroepsgrond dat het besluit niet zorgvuldig is voorbereid of niet of onvoldoende draagkrachtig is onderbouwd omdat van verkeerde uitgangspunten is uitgegaan, vergt bij een digitaal besluit inzicht door de rechter in de in een digitaal systeem ingevoerde gegevens. Een belanghebbende zal bovendien voordat een dergelijke beroepsgrond aangevoerd kan worden, zelf inzicht in de in een digitaal systeem ingevoerde gegevens moeten hebben. Dat betekent dat de vraag naar de kenbaarheid van de gegevens aan de orde is bij de vraag welke gegevens beschikbaar moeten worden gesteld aan zowel de rechter als, in eerdere fasen van de besluitvorming, aan de belanghebbenden. Indien de rechtszoekende en later de rechter geen inzicht kan krijgen in gegevens die ten grondslag liggen aan een besluit omdat die gegevens onderdeel uitmaken van een digitaal systeem, kan geen sprake zijn van een fair trial. Juist wanneer sprake is van een digitaal systeem dat gebaseerd is op heel veel gegevens (big data) is als snel sprake van een achterstand van de belanghebbende ten opzichte van het bestuursorgaan.

Het is goed om bij de vraag hoe en op welke wijze gegevens die onderdeel uitmaken van een digitaal systeem kenbaar zouden moeten zijn, onderscheid te maken naar de soort gegevens die aan de orde kunnen zijn.

In de eerste plaats is daar het bouwwerk van het digitale systeem zelf. De bouwstenen van het systeem moeten conform het toetsingskader worden uitgevoerd. Met het digitale systeem moet het toetsingskader exact 'vertaald'

---

[7] Een ander belangrijk aspect van digitale besluiten is de vraag of bij digitale besluiten wel wordt voldaan aan het beginsel van rechtszekerheid. Is, in het bijzonder als het gaat om een verdelingssysteem op basis van een bestemmingsplan, voldoende rechtszeker welke verplichtingen en mogelijkheden bestaan? Ik volsta hier met een verwijzing naar Benhadi, 2017, i.h.b. p. 15 en naar de uitspraken ABRvS 4 februari 2015, ECLI:NL:RVS:2015:237 (over geluidverkaveling) en de uitspraak inzake het bestemmingsplan Oosterwold: ABRvS 31 mei 2017, ECLI:NL:RVS:2017:1447, r.o. 9.1.
[8] Van Eck 2018, p. 402 en p. 26.

zijn, zonder daar iets aan toe te voegen of weg te laten. In de tweede plaats betreft het de gegevens die betrekking hebben op het te nemen besluit zelf. Is bij de invoer van de juiste gegevens uitgegaan? Deze gegevens zullen deels uit andere digitale systemen worden overgeheveld en kunnen van grote omvang zijn. Zo zal voor de berekening van de geluidgevolgen van een nieuwe rondweg rond een stad voor vele locaties waar geluidgevoelige objecten aanwezig zijn, de coördinaten ingevoerd moeten worden. Als onderzocht moet worden wat de gevolgen door de toename van stikstofneerslag van die zelfde weg zijn voor een natura 2000-gebied, zal voor vele wegvlakken ingevoerd moeten worden welk verkeer daar verwacht kan worden in verschillende jaren. Soms is het eenvoudiger. In een digitaal systeem ten behoeve van een verdeling van functies binnen een bestemmingsplan, zullen de juiste vierkante meters gekoppeld aan de juiste functie ingevoerd moeten worden.

Wanneer sprake is van een digitaal systeem waarbij een bepaalde (gebruiks)ruimte wordt verdeeld, zoals in het omgevingsrecht aan de orde kan zijn, is bovendien niet alleen van belang dat kenbaar is op welke wijze en op basis van welke gegevens de beschikbare ruimte wordt verdeeld, maar ook hoe – op basis van welke aannames en keuzes – is bepaald welke ruimte te verdelen is. Hoe is de omvang van de beschikbare ruimte bepaald? Dit laatste was in het bijzonder aan de orde in de verwijzingsuitspraak van de Afdeling bestuursrechtspraak van 17 mei 2017 over het PAS.[9] De omvang van de ruimte voor stikstofveroorzakende projecten was gebaseerd op aannames over ontwikkelingen die op de stikstofbelasting van invloed zijn (bijvoorbeeld inzake de autonome ontwikkelingen in het verkeer, de verbetering van technieken in stalsystemen voor vee, afname van te houden hoeveelheden melkvee enzovoort). Door appellanten waren over verschillende van deze aannames en keuzes beroepsgronden aangevoerd. Naar aanleiding daarvan heeft de Afdeling overwogen dat het risico bestaat dat de deels geautomatiseerde besluitvorming niet inzichtelijk en controleerbaar is vanwege een gebrek aan inzicht in de gemaakte keuzes en de gebruikte gegevens en aannames. Indien belanghebbenden rechtsmiddelen willen aanwenden tegen op het PAS gebaseerde besluiten kan daardoor een ongelijkwaardige procespositie van partijen ontstaan. Zij kunnen in geval van besluitvorming op basis van een programma dat vanuit hun perspectief is te beschouwen als een zogenoemde 'black box' immers niet controleren op basis waarvan tot een bepaald besluit wordt gekomen.[10]

Tenslotte kan, in gevallen waarin een digitaal systeem wordt ingezet voor de berekening van de beschikbare gebruiksruimte voor een nieuwe ontwikkeling, voor de beoordeling van een besluit ook van belang zijn welke gegevens zijn ingevoerd in het systeem op grond waarvan ten behoeve van andere besluiten al eerder ruimte is toegedeeld. De belanghebbende die een bedrijf op een bedrijventerrein wil beginnen, maar te horen krijgt dat op het terrein geen geluids-

---

[9] ABRvS 17 mei 2017, ECLI:NL:RVS: 2017:1259, r.o. 14.3 tot en met 14.5.
[10] ABRvS 17 mei 2017, ECLI:NL:RVS:2017:1259, r.o. 14.3.

ruimte bestaat voor zijn bedrijf, zal niet alleen willen weten of voor zijn bedrijf wel de juiste gegevens zijn ingevoerd, maar ook of een bedrijf dat eerder wél toestemming kreeg, niet meer ruimte toebedeeld heeft gekregen dan de verdelingsregels toestaan.

4. Digitale omgevingsbesluiten in de jurisprudentie

De Afdeling bestuursrechtspraak heeft inmiddels verschillende malen geoordeeld over beroepsgronden over de kenbaarheid van gegevens die in een digitaal systeem waren ingevoerd.

In een zaak over een tracébesluit 'Zuidelijke Ringweg Groningen fase 2' was aangevoerd dat uit het geluidrapport niet was af te leiden dat de gekozen uitgangspunten voor dat onderzoek daadwerkelijk waren ingevoerd in het gehanteerde model; in dit geval het softwareprogramma Silence 3. Zonder de x ,y, z-coördinaten van de gehanteerde modellering was het voor de door appellanten ingeschakelde deskundige op grond van de verstrekte kaarten en gegevens niet mogelijk het akoestisch onderzoek te controleren en te reproduceren. In de uitspraak[11] wordt eerst overwogen dat geen wettelijke verplichting bestaat om de coördinaten ter beschikking te stellen. Daarna volgt echter:

> 'De minister heeft ter zitting echter erkend dat de kaarten en gegevens niet voldoende informatie bevatten om het mogelijk te maken dat een deskundige het onderzoek en de in dat verband gehanteerde geometrische gegevens kan controleren en eventueel kan reproduceren. Daarvoor zijn in het bijzonder de x, y, z-coördinaten van het betrokken model vereist. De minister stelt dat het verstrekken van deze data als bijlage bij het akoestisch rapport niet gebruikelijk is en vanwege de omvang ervan ook niet wenselijk. De minister betoogt dat appellanten althans een door hen in te schakelen deskundige, een afspraak hadden kunnen maken met Rijkswaterstaat om de in het model ingevoerde gegevens te komen bekijken of deze data bij Rijkswaterstaat hadden kunnen opvragen. Deze mogelijkheid is echter niet kenbaar gemaakt in het akoestisch rapport, in de stukken bij de bekendmaking of op enige andere wijze.

> De Afdeling acht het ontoereikend dat appellanten, zonder dat deze mogelijkheid aan hen bekend was gemaakt, voor het kennis nemen van de gegevens, die nodig zijn om het akoestisch onderzoek te controleren, contact hadden moeten opnemen met Rijkswaterstaat. Daarbij neemt de Afdeling in aanmerking dat de minister eerst tijdens de zitting op deze mogelijkheid heeft gewezen. Nu op grond van de verstrekte kaarten en gegevens het akoestisch onderzoek niet kan worden gecontroleerd en gereproduceerd, en deze gegevens niet in het akoestisch rapport zijn opgenomen en evenmin is gewezen op de mogelijkheid deze gegevens op te vragen of in te zien, moet worden geoordeeld dat het bestreden besluit niet met de vereiste zorgvuldigheid is voorbereid. […] De Afdeling ziet

---

[11] ABRvS 16 september 2015, ECLI:NL:RVS:2015:2938, r.o. 9.2. Zie ook ABRvS 7 september 2016, ECLI:NL:RVS:2016:2415.

in de omvang van de geometrische gegevens geen reden voor een ander oordeel. Indien de omvang van de gegevens in de weg staat aan het verstrekken van deze gegevens als bijlage bij het rapport, dan had de minister deze gegevens ook op een andere wijze, bijvoorbeeld digitaal, beschikbaar kunnen stellen en in het rapport kunnen verwijzen naar de digitale beschikbaarheid van deze gegevens, dan wel, indien zulks op overwegende bezwaren zou stuiten, kenbaar kunnen maken dat deze gegevens zijn in te zien. Gelet op het voorgaande slaagt het betoog [...]'.

In de hiervoor al genoemde verwijzingsuitspraak van 17 mei 2017[12] over de PAS is door de Afdeling bestuursrechtspraak in algemene zin aangegeven dat ter voorkoming van een ongelijkwaardige procespositie op verweerders de verplichting rust om de gemaakte keuzes en de gebruikte gegevens en aannames in Aerius volledig, tijdig en uit eigen beweging openbaar te maken op een passende wijze zodat deze keuzes, gegevens en aannames voor derden toegankelijk zijn. Deze volledige, tijdige en adequate beschikbaarstelling moet het mogelijk maken de gemaakte keuzes en de gebruikte gegevens en aannames te beoordelen of te laten beoordelen en zo nodig gemotiveerd te betwisten, zodat reële rechtsbescherming tegen besluiten die op deze keuzes, gegevens en aannames zijn gebaseerd mogelijk is, waarbij de rechter aan de hand hiervan in staat is de rechtmatigheid van deze besluiten te toetsen.

In de uitspraak over het tracébesluit voor de Blankenburgverbinding van 18 juli 2018[13] is de algemene verplichting ten aanzien van het kenbaar maken van gegevens zoals neergelegd in de uitspraak van 17 mei 2017, nader ingevuld. Appellanten betoogden in deze zaak dat de verkeers- en weggegevens die zijn gebruikt voor de 'Passende beoordeling stikstofdepositie' onvoldoende kenbaar zijn. Zij voerden aan dat de minister de gegevens die zijn gebruikt als invoer in AERIUS Calculator ter beschikking had moeten stellen door deze digitaal op te nemen op een website of anderszins openbaar te maken. Zij moeten in staat zijn om aan te geven op welke punten de invoergegevens eventueel niet kloppen. In de uitspraak wordt het uitgangspunt voor het oordeel over de vereiste kenbaarheid van gegevens in het digitale systeem zoals dat al in de uitspraak van 17 mei is neergelegd herhaald:

'Een belanghebbende die zoals in dit geval opkomt tegen een tracébesluit ter onderbouwing waarvan met toepassing van het programma AERIUS Calculator een onderzoek naar de effecten van stikstof is gedaan, moet inzage kunnen hebben in de gemaakte keuzen bij de invoer in het programma AERIUS Calculator. De minister moet in zijn (ontwerp)besluit derhalve niet alleen inzichtelijk maken wat de uitkomsten zijn van het onderzoek, maar ook op welke keuzen, dat wil zeggen welke maatwerk invoergegevens, zijn besluit is gebaseerd.'

---

[12] ABRvS 17 mei 2017, ECLI:NL:RVS:2017:1259, r.o. 14.2.
[13] ABRvS 18 juli 2018, ECLI:NL:RVS:2018:2454, r.o. 23.

In de uitspraak over de Blankenburgtunnel wordt ook ingegaan op de verschillende soorten gegevens die aan de orde zijn en wordt aangegeven welke verplichtingen inzake de kenbaarheid gelden voor de onderscheiden gegevens. Ik bespreek dit aspect van de uitspraak in de volgende paragraaf.

5. Gevolgen voor de Awb?

Het vereiste van kenbaarheid van gegevens raakt de verplichting van het bestuursorgaan van artikel 8:42 Awb: 'Binnen vier weken na de dag van verzending van het beroepschrift aan het bestuursorgaan zendt dit de op de zaak betrekking hebbende stukken aan de rechtbank [...]'. Vergelijkbare verplichtingen tot actief openbaar maken gelden in de bezwaar- en inspraakprocedure. In artikel 7:4 lid 2 Awb staat dat het bestuursorgaan het bezwaarschrift en alle verder op de zaak betrekking hebbende stukken voorafgaand aan het horen gedurende tenminste een week voor belanghebbenden ter inzage legt. Artikel 3:11 lid 1 Awb bepaalt dat het bestuursorgaan het ontwerp van het te nemen besluit, met de daarop betrekking hebbende stukken die redelijkerwijs nodig zijn voor een beoordeling van het ontwerp, ter inzage legt. Het begrip 'op de zaak betrekking hebbende stukken' is niet afgebakend in de Awb. Dat geeft ruimte voor de rechter om dit begrip nader uit te leggen voor digitale besluiten.

In ieder geval is duidelijk dat op de zaak betrekking hebbende stukken niet beperkt zijn tot papieren stukken. De verplichtingen zien ook op in digitale vorm neergelegde gegevens. De Hoge Raad heeft in een uitspraak van 4 mei 2018[14] als uitgangspunt genomen dat de verplichting van artikel 8:42 lid 1 van de Awb ook ziet op de in elektronische vorm vastgelegde, op de zaak betrekking hebbende gegevens, waaronder begrepen grafische weergaven en afbeeldingen, die – op papier of in een andere vorm – leesbaar of anderszins waarneembaar kunnen worden gemaakt.

In dit arrest was de vraag aan de orde of volstaan kon worden met de overlegging van schermafbeeldingen en gegevens uit een computerbestand waaruit de gegevens bleken met betrekking tot alleen de belanghebbende óf dat het gehele computerbestand (een database met de gegevens van tienduizenden personen) overgelegd had moeten worden. De Hoge Raad overweegt dat tot op de zaak betrekking hebbende stukken in beginsel niet softwareprogramma's en andere elektronische systemen voor gegevensopslag, -bewerking, -verwerking of -beheer behoren. De Hoge Raad stelt verder dat voor de invulling van het begrip 'op de zaak betrekking hebbend stuk' het begrip 'bestand' geen afbakening biedt, omdat relevante gegevens verspreid kunnen zijn over vele bestanden, die bovendien een dynamisch karakter kunnen hebben. De Hoge Raad oordeelt vervolgens dat alleen de gegevens in het computerbestand waarin informatie is opgenomen met betrekking tot de belanghebbende zelf, op de

---

[14] HR 4 mei 2018, ECLI:NL:HR:2018:672.

zaak betrekking hebbende stukken zijn, nu er geen samenhang is met de gegevens van andere personen die in het databestand zijn opgenomen.

Met dit arrest is duidelijk dat gegevens die geen relatie hebben met het besluit waartegen wordt opgekomen, maar die (toevallig) wel in hetzelfde databestand zitten, geen op de zaak betrekking hebbende stukken zijn. Nog niet beantwoord is de vraag of het oordeel anders is indien een databestand gegevens van meerdere personen of gevallen bevat omdat sprake is van de toepassing van een verdelingssysteem. Dan is er immers steeds een samenhang tussen de gegevens van alle besluiten. Een andere vraag is of de uitgangspunten van een digitaal systeem (de bouwstenen van het systeem of programma) tot op de zaak betrekking hebbende stukken moeten worden gerekend. Ook deze gegevens kunnen immers van belang zijn om te kunnen controleren of het digitale besluit in overeenstemming met het recht is genomen. Dan gaat het niet alleen om een programma voor beheer of opslag van gegevens zoals aan de orde in het arrest van de Hoge Raad, maar om gegevens die mede de uitkomst van de beoordeling of besluitvorming bepalen.

In de hiervoor al genoemde uitspraak over de Blankenburgtunnel van 18 juli 2018 is door de Afdeling onderscheid gemaakt tussen standaardgegevens en maatwerkgegevens bij de beantwoording van de vraag welke gegevens 'op de zaak betrekking hebbende stukken zijn':

'23.4. Bovenstaand oordeel heeft ook betekenis voor de vraag welke stukken de minister ter inzage moet leggen en aan de bestuursrechter moet overleggen. Gelet op de strekking van artikel 8:42 Awb is de in die bepaling neergelegde verplichting om de voor de beoordeling van de zaak van belang zijnde gegevens over te leggen niet beperkt tot de op papier vastgelegde gegevens. Die verplichting ziet ook op de in elektronische vorm vastgelegde, op de zaak betrekking hebbende gegevens, waaronder begrepen invoerdata, grafische weergaven en afbeeldingen, die op papier of in andere vorm leesbaar of anderszins waarneembaar kunnen worden gemaakt (vgl. de aan het gebruik van het programma AERIUS Calculator ten grondslag liggende gegevens van de gebruiker, dat wil zeggen diens maatwerk invoergegevens, moeten derhalve uit eigen beweging op papier of anderszins waarneembaar worden overgelegd als op de zaak betrekking hebbende gegevens. Dit is noodzakelijk zodat belanghebbenden kunnen bepalen of zij gebruik willen maken van de mogelijkheid om zienswijzen naar voren te brengen tegen het ontwerp-besluit of van het recht in beroep te gaan tegen het definitieve besluit, maar ook om de juistheid van de gebruikte gegevens, de gemaakte berekeningen en de daarop gebaseerde aannames, keuzes en beslissingen inhoudelijk te kunnen betwisten.

23.5. De plicht om gegevens uit eigen beweging over te leggen geldt niet, althans niet zonder meer, voor de bij de berekening van stikstofdepositie in een concreet geval gebruikte standaardgegevens, zoals de standaardinvoergegevens, de bron-onafhankelijke gegevens, de basiskaarten (GCN/GDN) en de rekenmodellen OPM en SRM2.

De plicht om gegevens uit eigen beweging over te leggen ten aanzien van de maatwerkgegevens betekent voorts niet dat alle kaarten en tabellen met gegevens per wegvak in of met het besluit moeten worden overgelegd of ter beschikking worden gesteld. Voldoende is dat in of met het besluit duidelijk is gemaakt welke keuzen bij de invoer zijn gemaakt ten aanzien van de maatwerk invoergegevens.

Indien belanghebbenden aangeven voor de onderbouwing van hun beroep tevens behoefte te hebben aan (informatie over) standaardgegevens indien die niet in of met het besluit inzichtelijk zijn gemaakt, dan wel aan de maatwerkgegevens in de vorm zoals ingevoerd, dan moet de minister deze op verzoek van appellanten ter beschikking stellen op papier of in andere leesbare of waarneembare vorm of de mogelijkheid bieden deze in te zien. Van belanghebbenden kan worden gevergd hun verzoek om informatie en inzage in de maatwerk en standaard invoergegevens en de op basis daarvan met AERIUS Calculator verrichte berekeningen tijdig in de procedure te doen. Daarbij dient – zo mogelijk – te worden aangegeven welke specifieke gegevens het betreft, opdat het bestuursorgaan daarin zo gericht en duidelijk mogelijk inzage kan geven. [...]'

In een arrest van 17 augustus 2018[15] heeft de Hoge Raad vervolgens geoordeeld over het begrip op de zaak betrekking hebbend stuk in de zin van artikel 7:4 lid 2 Awb. Daarbij is nadrukkelijk aangesloten bij de uitspraak van de Afdeling bestuursrechtspraak van 17 mei 2017 over de PAS. De Hoge Raad oordeelde in dat geval dat in het algemeen de verplichting van artikel 7:4 lid 2 Awb zich niet uitstrekt over informatie waarover het bestuursorgaan niet zelf beschikt. Dit is echter anders indien sprake is van een besluit dat geheel of ten dele het resultaat is van een geautomatiseerd proces. Om de belanghebbende de gelegenheid te bieden de juistheid van de bij dat geautomatiseerde proces gemaakte keuzes en de daarbij gebruikte gegevens en aannames te controleren en zo nodig gemotiveerd te betwisten, moet het bestuursorgaan zorgdragen voor de inzichtelijkheid en controleerbaarheid.

Zowel de Hoge Raad als de Afdeling bestuursrechtspraak houdt bij de vraag welke stukken op de zaak betrekking hebben vast aan het uitgangspunt dat een digitaal besluit door belanghebbenden gemotiveerd betwist moet kunnen worden en de rechter een digitaal besluit moet kunnen beoordelen. Daarbij is echter ook geprobeerd een uitvoerbare werkwijze mogelijk te maken. Met deze uitspraken is niet het laatste woord gezegd over het vereiste van kenbaarheid van digitale besluiten. Voor de hand liggende vervolgvragen zijn: Kan het uitgangspunt dat de standaardgegevens niet actief openbaar gemaakt moeten worden wel gelden in het geval het digitale systeem niet voor belanghebbenden toegankelijk is? Is het wel aanvaardbaar dat besluiten op grond van niet openbare, niet

---

[15] HR 17 augustus 2018, ECLI:NL:HR:2018:1316, r.o. 2.3.3.

voor belanghebbenden controleerbare, software worden vastgesteld?[16] Op welke andere wijze dan door middel van schriftelijke stukken kunnen digitale gegevens ter inzage worden gelegd of aan de rechter ter beschikking worden gesteld?

En wat betekent dat voor de jarige Awb? De voorbereiding van digitale besluiten moet, net als van besluiten die zonder digitale middelen tot stand komen, voldoen aan het beginsel van zorgvuldige voorbereiding en het motiveringsbeginsel zoals neergelegd in de Awb.[17] Indien een bestuursorgaan gebruik maakt van een digitaal systeem bij besluiten, moet dat bestuursorgaan ervoor zorgdragen dat de juiste toets wordt uitgevoerd op grond van de juiste gegevens. Teneinde belanghebbende de gelegenheid te bieden in rechte gemotiveerd gronden aan te voeren tegen digitale besluiten en de rechter de mogelijkheid te bieden de rechtmatigheid van die besluiten te toetsen, is het van belang dat de systemen niet een black box, maar transparant zijn. Ik denk dat de bestaande beginselen van behoorlijk bestuur een voldoende grondslag vormen om ook de vraagstukken waarvoor digitale besluiten ons stellen, te beantwoorden. Wel zullen bepalingen in de Awb die geschreven zijn in een tijd van vóór big data en digitale besluiten, nieuwe inhoud moeten krijgen. Zo blijft de Awb jong.

---

[16] Benhadi wees erop dat software voor geluidverkaveling waarnaar in bestemmingsplannen verwezen wordt soms alleen door licentiehouders kan worden toegepast. Zie Benhadi 2017, p. 13.

[17] Van Ettekoven en Marseille stellen dat met de eisen van zorgvuldigheid (art. 3:2 Awb), de vergewisplicht (art. 3:9 Awb) en de motiveringseis (art. 3:46 Awb) in de hand, de bestuursrechter een eind kan komen. Zo nodig kan de bestuursrechter een deskundige inschakelen. B.J. van Ettekoven & A.T. Marseille, 'Afscheid van de klassieke procedure in het bestuursrecht?', in: L.M. Koenraad e.a., *Afscheid van de klassieke procedure?*, Deventer: Wolters Kluwer 2017, p. 260.

Martijn Scheltema*

72 | Artificial Intelligence en transnationale private regulering: een nuttige combinatie?

@M_Scheltema – Artificial Intelligence heeft voor- en nadelen. Regulering lijkt wenselijk voordat controle verloren gaat. Dat is lastig met traditionele wetgeving. Transnationale private regulering kan in een gebalanceerd reguleringslandschap een nuttige rol vervullen#*artificial-intelligence*#*transnationale-private-regulering* #*maatschappelijke risico's*

1. Inleiding

Artificial Intelligence (AI) of ook wel kunstmatige intelligentie[1] krijgt steeds meer aandacht en gaat onze maatschappij mogelijk drastisch beïnvloeden. Of, wanneer, in welke mate en op welke terreinen dat zal gaan gebeuren is op dit moment echter nog onduidelijk. De ontwikkeling van AI gaat snel, maar vooralsnog zijn vooral beperktere (maar op de specifieke functie heel vernuftige) systemen operationeel. Zo winnen AI systemen al lang van de beste schakers ter wereld en is niet heel lang geleden ook de wereldkampioen Go (dat wordt gezien als het intellectueel meest complexe spel) verslagen. AI systemen spelen ook op vele andere terreinen een rol zoals op het gebied van gezondheid, fraudepreventie, het aanbieden van producten en diensten, vervoer, energie, financiële wereld, accountancy, juristerij en nog veel meer. Kortom, de (mogelijke) maatschappelijke impact van AI is niet te onderschatten.

Hoewel AI naar verwachting veel mooie dingen kan brengen, maatschappelijke vooruitgang kan bewerkstelligen en tot kostenbesparing kan gaan leiden, kleven er ook potentiële nadelen aan. Dat geldt bijvoorbeeld op het gebied van mensenrechten, vergroting van ongelijkheid, verlies van banen, misbruik (bijvoorbeeld door criminelen), inbreuken op intellectuele eigendomsrechten en eerlijke concurrentie. Naarmate AI 'intelligenter' wordt en zelfs intelligenter dan de mens als zodanig in alle functies die een mens vervult ('singularity'),[2] rijst zelfs de vraag of AI het gaat 'overnemen' van de mensheid zoals in vele science fiction literatuur of films het geval is of dat het juist de menselijke functies zal versterken en het leven plezieriger zal maken.[3]

---

* Prof. mr. M.W. Scheltema is advocaat bij Pels Rijcken & Drooglever Fortuijn en hoogleraar Civil Law aan de Erasmus Universiteit Rotterdam.
[1] Ik gebruik de term AI omdat KI onjuiste associaties op zou kunnen roepen.
[2] Dat moment wordt echter thans als niet zeer nabij ingeschat. Zie Alan L. Schuller, 'At the Crossroads of Control: The Intersection of Artificial Intelligence in Autonomous Weapon Systems with International Humanitarian Law', *Harvard National Security Journal* 2017 (vol. 8), p. 424.
[3] Vgl. Schuller 2017, p. 424.

De vraag die rijst is daarom of AI niet nu al (in enigerlei mate) moet worden gereguleerd om dergelijke mogelijke negatieve consequenties tegen te gaan. In dat verband kan de vraag worden gesteld of het daarvoor niet nog (veel) te vroeg is omdat we nog niet weten of, hoe en waar AI een dergelijke negatieve impact gaat hebben. Daarnaast is de vraag hoe eventuele regulering er uit zou moeten zien en in hoeverre transnationale private regulering (TPR) daarin een rol kan spelen. Daarbij wordt in het kader van het thema van deze bundel ook ingegaan op de vraag of ook de Awb in dit verband na 25 jaar aanpassing behoeft.

Alvorens op deze vragen in te gaan, zal kort worden ingegaan op AI en de mogelijke nadelige consequenties daarvan.

2. Wat is AI?

Er bestaat nog geen duidelijke definitie van AI.[4] Sommigen zien de huidige (beperktere) toepassingen al als AI, terwijl anderen daarvan pas willen spreken indien AI autonoom functioneert en enige mate van zelfbewustzijn, een eigen wil (of zelfs zelfbescherming) heeft dan wel zich aanpast aan verandering en eigen doelen zowel stelt als nastreeft.[5] AI is bovendien een containerbegrip: hieronder vallen vele soorten toepassingen zoals machine learning, spraakherkenning, vertaling en het zelf spreken, gezichtsherkenning, robots, zelfrijdende voertuigen, planning en optimalisering en nog veel meer. Voorbeelden zijn machine learning systemen die medici helpen bij kankeronderzoek (en die betere indicatoren hebben gevonden dan de menselijke artsen),[6] systemen die mensen in een gesprek kunnen adviseren (bijvoorbeeld over astma) en die ook in zekere mate kunnen reageren op emoties. Ook heeft bijvoorbeeld Google door middel van AI een energiebesparing van 40% gerealiseerd in zijn datacenters.[7] In algemene zin leert AI door gebruik te maken van datasets om een bepaald rationeel doel te bereiken. De huidige opkomst van AI (die als zodanig al langer bestaat) zou mede kunnen worden verklaard door de steeds grotere hoeveelheden data die

---

[4] Zie voor enige kenmerken Michael Guihot, Anne F. Matthew en Nicolas P. Suzor, 'Nudging Robots: Innovative Solutions to Regulate Artificial Intelligence', *VandeBilt Journal on Entertainment & Technology* 2017 (vol. 20), p. 393-395.
[5] Vgl. Alzbeta Krausova, 'Legal Regulation of Artificial Beings', *Masaryk University Journal on Law & Technology* 2007 (vol. 1), p. 195; Guihot, Matthew en Suzor 2017, p. 395. Zij onderscheiden voorts (nog niet bestaande) 'Artificial General Intelligence' die ook zichzelf beschermt, bronnen kan aanboren, zich kan vermenigvuldigen en doelen veilig kan stellen. Zie Guihot, Matthew en Suzor 2017, p. 396.
[6] Matthew U. Scherer, 'Regulating Artificial Intelligence Systems: Risks, Challenges, Competencies and Strategies', *Harvard Journal on Law & Technology* 2016 (vol. 29), p. 363 en 364. Zie ook M.J. Vetzo, J.H. Gerards en R. Nehmelman, *Algoritmes en grondrechten*, Den Haag: Boom Juridische uitgevers 2018, p. 41 e.v.
[7] Zie Guihot, Matthew en Suzor 2017, p. 388.

beschikbaar komen, ook door de uitbreiding van het Internet of Things.[8] AI maakt gebruik van een leermodule en een uitvoeringsdeel. Het uitvoeringsdeel voert de taken uit waartoe de AI is gecreëerd en de leermodule geeft feedback op de uitvoering van de taken teneinde in de toekomst beter te functioneren om de gedefinieerde doelen te bereiken. Soms kan AI ook vaststellen hoe verschillende variabelen elkaar beïnvloeden. AI ontwikkelt zich ook op manieren die we niet kunnen voorspellen. Om de functionaliteiten van AI goed te gebruiken kan dat ook niet anders. Zo kunnen mensen geen traditionele algoritmes voor gezichtsherkenning programmeren. Dat valt alleen te realiseren via zelflerende algoritmen.[9] Bij dit leerproces (machine learning) valt bovendien onderscheid te maken tussen supervised learning (waarbij mensen nog meekijken bij het leerproces), unsupervised learning (waarbij alleen de uitkomsten worden gecontroleerd) en reinforced learning (waarbij AI systemen in een vorm van competitie tot de beste uitkomst proberen te komen). Naast machine learning, waarbij de mens nog aangeeft wat de parameters zijn aan de hand waarvan een resultaat moet worden bereikt (bijvoorbeeld bij de analyse van een tekst hebben lidwoorden geen relevante betekenis), kennen wij deep learning waarbij de mens geen parameters meer ingeeft. Duidelijk zal zijn dat wanneer de mens minder invloed heeft op AI (in de vorm van toezicht op het leerproces), deze meer autonoom is, een meer omvattende functie vervult (bijvoorbeeld het vinden van oplossingen voor het klimaatprobleem) en met meer onzekerheden wordt geconfronteerd, de voorspelbaarheid van het functioneren van AI afneemt en de risico's op de hiervoor genoemde nadelen groter worden.[10] Niet alle soorten AI roepen derhalve in gelijke mate risico's in het leven. Zo zal een robotstofzuiger in beperkte mate de hiervoor bedoelde risico's oproepen.

3. Mogelijke risico's

AI biedt vele mogelijke voordelen, kan leiden tot maatschappelijke vooruitgang en biedt mogelijkheden voor kostenreductie. Wanneer we spreken over regulering, richt die zich echter in het algemeen op door bepaalde activiteiten of producten veroorzaakte risico's. Daarom wordt in deze paragraaf ingegaan op de risico's van AI. De risico's die AI in het leven roept, hangen samen met de wijze waarop AI tot stand komt en met de gevolgen die de toepassing van AI met zich brengt. Deze paragraaf beoogt overigens slechts een eerste inventarisatie van deze risico's te geven en heeft geenszins de pretentie dat deze risico's uitputtend in kaart zijn gebracht. Dat is ook lastig omdat nog weinig zicht bestaat op alle functies die AI zal gaan vervullen.

---

[8] Daarmee wordt gedoeld op de verbinding van allerhande apparaten, van verwarmingen, auto's, domotica en dergelijke meer met internet.
[9] Zie bijv. Schuller 2017.
[10] Vgl. Schuller 2017, p. 403 en 411.

De ontwikkeling van AI roept, in tegenstelling tot grote (industriële of technische) veranderingen in het verleden, specifieke risico's in het leven. Zo kunnen sommige AI systemen zichzelf (leren) aanpassen. Dat kan tot negatieve ontwikkelingen leiden, waarbij de controle mogelijk lokaal (bij degenen die verantwoordelijk zijn voor het ontwerp van de AI) maar ook in algemene zin verloren kan gaan als niemand er meer controle over heeft.[11] Bovendien is voor de ontwikkeling van AI maar een beperkt of niet zichtbare infrastructuur nodig, mede doordat verschillende componenten op verschillende plaatsen kunnen worden ontwikkeld zonder relevante coördinatie. Daarnaast is de (interne) werking van AI vaak ondoorzichtig en is deze evenmin vatbaar voor reverse enginering.[12] Onder meer defecten in AI zijn daarom lastiger te ontdekken.[13] Dat wordt nog eens versterkt doordat de AI afhankelijk is van de onderliggende data. Zijn die van slechte kwaliteit, dan wordt dat niet anders voor de AI. Vaak weten ontwikkelaars van open source AI ook niet wat anderen er mee gaan doen, terwijl in AI regelmatig gebruik wordt gemaakt van dergelijke open source software.[14] Ook het koppelen van AI systemen (grotere neurale netwerken waarin vele systemen verbinding hebben met vele andere systemen) vergroot de ondoorzichtigheid en risico's.[15] Verder kunnen AI systemen ook met andere technologieën worden geïntegreerd zoals nanotechnologie en biotechnologie.[16] Daarom is (bijvoorbeeld voor een (publieke) toezichthouder) lastig(er) vast te stellen wie waarvoor verantwoordelijk is, zeker als AI systemen uit eigen beweging bepaalde resultaten/handelingen opleveren.

Daarnaast kan ook het gebruik van AI tot risico's leiden, bijvoorbeeld op het terrein van mensenrechten.[17] Het meest bekende voorbeeld daarvan is de bescherming van privacy. Zo verbiedt artikel 22 GDPR profileren op een zodanige wijze dat die rechtens relevante effecten hebben voor deze persoon of hem of haar anderszins op significante wijze treffen.[18] Een voorbeeld is een AI marketing tool die aan een tiener zwangerschapsproducten aanbood, van welke reclame haar vader op de hoogte kwam (de tiener bleek later inderdaad zwanger).[19] Dit zal in versterkte mate een risico vormen naarmate AI beter wordt in het profileren van mensen en daarmee hun gedrag kan voorspellen (en daarop actie (laten)

---

[11] Scherer 2016, p. 366 en 367. Vgl. Guihot, Matthew en Suzor 2017, p. 389, die wijzen op veiligheidsproblemen.
[12] Scherer 2016, p. 369.
[13] Scherer 2016, p. 372.
[14] Scherer 2016, p. 370 en 371.
[15] Guihot, Matthew en Suzor 2017, p. 416.
[16] G.A. Verbeet e.a., *Human rights in the robot age*, Den Haag: Rathenau Instituut 2017, p. 10 en 16.
[17] Bijv. Verbeet 2017, p. 17 e.v.
[18] Guihot, Matthew en Suzor 2017, p. 389 en 409. Zie ook Vetzo, Gerards en Nehmelman 2018, p. 123-137.
[19] Andrea Scripa Els, 'Artificial Intelligence as a digital privacy protector', *Harvard Journal of Law & Technology* 2017 (vol. 31), p. 218.

ondernemen) of als AI mensen bij een te grote mate van volgens de AI ongewenst gedrag uitsluit van maatschappelijke voorzieningen, zoals in China gebeurt.[20] Ook rijst de vraag hoe moet worden omgegaan met het recht om te worden vergeten als AI is gebaseerd op een dataset waarin de gegevens, waarvan verwijdering wordt gevraagd, voorkomen.[21] Daarnaast kan AI discrimineren. Zo kan AI die moet beoordelen of iemand in aanmerking komt voor een hypotheek of vatbaar is voor criminele activiteiten gebruik maken van grote datasets waarin grote maatschappelijke ongelijkheid is ingebakken. Dit kan leiden tot vergroting van deze ongelijkheid.[22] Naar verluidt, zijn sommige AI gezichtsherkenningssystemen ook al in staat om de seksuele geaardheid van een persoon te onderkennen. Ook dat kan tot discriminatie leiden. Ook andere inbreuken op mensenrechten, en zelfs het recht op leven, zijn denkbaar. Zo is door een zelfrijdende auto inmiddels een dodelijke ongeluk veroorzaakt,[23] om nog maar te zwijgen over autonome wapensystemen. Verder kan het zelfbeschikkingsrecht in het gedrang komen door AI, zeker als AI systemen zonder tussen tussenkomst van externe apparatuur gedachten van mensen kunnen opvangen of op die wijze of anderszins mensen beïnvloeden (bijvoorbeeld door middel van websites of apps).[24] Daardoor kan ook de vrijheid van meningsuiting en het recht om informatie te ontvangen door AI worden beïnvloed, terwijl de huidige bescherming van deze vrijheid vooral georiënteerd is op het gedrag van staten.[25] Dit kan tevens leiden tot oneerlijke handelspraktijken, bijvoorbeeld door psychologische manipulatie van consumenten.[26] Maar ook anderszins kan AI het zelfbeschikkingsrecht beïnvloeden. Zo bestaan er al de nodige AI systemen die met mensen kunnen communiceren (en zelfs kunnen omgaan met emoties). Het ligt dan voor de hand dat een mens ook op de hoogte moet kunnen zijn of met een computer wordt gecommuniceerd. Indien dat niet het geval is, komt ook in zoverre het zelfbeschikkingsrecht in het gedrang. Daarnaast zou het recht op zinvol menselijk contact hierdoor onder druk kunnen komen te staan.[27] In het verlengde daarvan wordt ook genoemd het risico van dehumanisering van de zorg voor zwakkeren (door

---

[20] Vgl. Verbeet 2017, p. 43 en 44.
[21] Eduard Fosch Villaronga, Peter Kieseberg, Tiffany Li, 'Humans forget, machines remember: Artificial Intelligence and the Right to Be Forgotten', *Computer law and security review* 2018 (vol. 34), p. 304-312.
[22] Els 2017, p. 219. Vgl. Guihot, Matthew en Suzor 2017, p. 389; Verbeet 2017, p. 40 en 41. Zie ook Vetzo, Gerards en Nehmelman 2018, p. 138-148.
[23] Zie ook Guihot, Matthew en Suzor 2017, p. 406 en 407 en Verbeet 2017, p. 33-37.
[24] Zie bijvoorbeeld Verbeet 2017, p. 23. Vgl. ook Vetzo, Gerards en Nehmelman 2018, p. 151-159. Zie over dergelijke systemen die zonder tussenkomst van een apparaat met mensen communiceren Bohumir Stedron, 'Law or Artificial Intelligence new trends in data protection', *Masaryk University Journal of Law & Technology* 2007, p. 213.
[25] Hin-Yan Liu and Karolina Zawieska, 'A new human rights regime to address robotics and Artificial Intelligence' 2017, p. 3 en 4; Verbeet 2017, p. 39.
[26] Els 2017, p. 232; Verbeet 2017, p. 23.
[27] Verbeet 2017, p. 44 en 45.

robots) en risico op het hacken daarvan.[28] Zo is de vraag hoe ver een zorgrobot mag gaan om een oudere medicatie te laten nemen.[29]

Er bestaat bovendien een markt van door gebruikers van mobiele telefoons, Facebook, Google en dergelijke applicaties gegeneerde data en de vraag is of die nu goed is georganiseerd en gereguleerd.[30] Ook intellectuele eigendomsbescherming kan in het gedrang komen door AI. Zo lijkt het argument dat de AI intellectueel eigendomsrechtelijk beschermde informatie (data) gebruikt voor technologische vooruitgang en maatschappelijke voordelen heeft, niet genoeg om dit zonder meer toelaatbaar te achten.[31] In dat verband kan ook de bescherming van databanken een probleem vormen.[32]

Voorts kan AI belangrijke effecten hebben op de werkgelegenheid, sommigen menen zelfs dat die impact zo groot zal zijn dat een basisinkomen of een belasting op AI die mensenwerk overneemt of omscholing aangewezen lijkt.[33] Daarnaast draait AI op data en de toegang tot data kan daarmee, ook vanuit mededingingsrechtelijk perspectief, een probleem worden als degenen die beschikken over grote datasets die niet willen delen of gebruikers bepaalde toepassingen niet meer gebruiken omdat ze weten dat data wordt gedeeld.[34] Ten slotte is de vraag of het gebrek aan ethisch besef van AI een probleem kan vormen. Enerzijds lijkt ethisch besef voor sommige handelingen gewenst,[35] anderzijds is de vraag of mensen (vaak lastige) ethische beslissingen zouden moeten overlaten aan AI.

Zelfs bij een eerste inventarisatie blijkt derhalve dat AI de nodige risico's in het leven roept die reeds nu kunnen worden geïdentificeerd. Dit roept de vraag op of niet al zou moeten worden nagedacht over regulering van AI.

4. Is regulering wenselijk?

Een eerste vraag die in verband met regulering van AI rijst is of het daarvoor niet nog (veel) te vroeg is. We weten immers nog niet precies hoe de techniek zich gaat ontwikkelen en of alle hiervoor genoemde risico's zich ook gaan voordoen. Daarnaast wordt vaak geklaagd dat regulering (nuttige) innovaties remt of zelfs onmogelijk maakt, althans leidt tot desinvesteringen.[36] Bovendien bestaat op dit moment bij de publieke regelgevers onvoldoende kennis over de

---

[28] Guihot, Matthew en Suzor 2017, p. 407 en 409.
[29] Verbeet 2017, p. 25.
[30] Benjamin L.W. Sobel, 'Artificial Intelligence's fair use crisis', *Columbia Journal of Law & the Arts* 2017 (vol. 41), p. 77.
[31] Sobel 2017, p. 73 en 74; Verbeet 2017, p. 31.
[32] Vgl. Sobel 2017, p. 76.
[33] Guihot, Matthew en Suzor 2017, p. 389 en 411-413; Sobel 2017, p. 81.
[34] Vgl. Sobel 2017, p. 96.
[35] Vgl. Guihot, Matthew en Suzor 2017, p. 423.
[36] Vgl. Guihot, Matthew en Suzor 2017, p. 419 en 423.

werking van AI,[37] wordt die op dit moment voornamelijk in de VS en in andere landen op de wereld ontworpen en gaan de ontwikkelingen zeer snel.[38] Ook is op wereldniveau sprake van grote tegenstellingen, zodat het reguleren van een techniek met een wereldwijde toepassing lastig is.[39] Toch lijken de risico's gelet op hetgeen in de vorige paragraaf is uiteengezet zelfs bij beperkte toepassingen van AI al zodanig dat enige regulering geïndiceerd lijkt.[40] Bovendien kan hier het probleem spelen dat het eerst te vroeg lijkt om te reguleren en een techniek na verloop van tijd zo is ingeburgerd dat weerstand bestaat tegen regulering op dat latere moment.[41] Het internet is een mooi voorbeeld van een dergelijke ontwikkeling. Bij AI zou dat in versterkte mate kunnen gelden als controle daarover na verloop van tijd (deels) verloren gaat en ook om die reden regulering niet goed meer mogelijk is.

5. Welke normen?

Gelet op de nieuwheid van AI zou men kunnen menen dat er daarvoor nog niet veel (ethische) normen of standaarden zijn ontwikkeld. Niets is echter minder waar. Zowel de grote technologiebedrijven, internationale ingenieursorganisaties en bijvoorbeeld door de Raad van Europa en de Europese Commissie geraadpleegde deskundigen zijn inmiddels met beginselen en normen gekomen. Uit de private hoek zijn afkomstig de beginselen van het Partnership on AI[42] en de Asilomar-principles, die bestaan uit 24 beginselen om ethisch met AI ontwikkeling om te gaan.[43] Het Institute of Electrical and Electronics Engineers (IEEE) heeft een discussiestuk gepubliceerd teneinde met de relevante belanghebbenden problemen te identificeren en daarover tijdig consensus te vinden.[44] Verder heeft de Europese Commissie een AI strategie bekend gemaakt, waarvan het opstellen van ethische richtlijnen onderdeel uitmaakt.[45] Deze richtlijnen worden eind 2018 verwacht en deze zullen worden gebaseerd op de statement van de European Group on Ethics in Science and New Technologies van 9 maart 2018.[46] Ook het Rathenau-instituut heeft op verzoek van de Raad van

---

[37] Guihot, Matthew en Suzor 2017, p. 421 en 422.
[38] Vgl. Guihot, Matthew en Suzor 2017, p. 420 en 421; Scherer 2016, p. 357.
[39] Vgl. Guihot, Matthew en Suzor 2017, p. 427.
[40] Vgl. ook Guihot, Matthew en Suzor 2017, p. 419 en 420.
[41] Guihot, Matthew en Suzor 2017, p. 422.
[42] Te raadplegen via https://www.partnershiponai.org/thematic-pillars/ en https://www.partnershiponai.org/tenets/.
[43] Te raadplegen via https://futureoflife.org/ai-principles/.
[44] Zie daarvoor http://standards.ieee.org/develop/indconn/ec/ead_v1.pdf.
[45] Zie daarvoor https://ec.europa.eu/growth/tools-databases/dem/monitor/sites/default/files/6%20Overview%20of%20current%20action%20Connect.pdf.
[46] Zie voor de aankondiging http://europa.eu/rapid/press-release_IP-18-3362_en.htm en voor de statement van 9 maart 2018 http://ec.europa.eu/research/ege/pdf/ege_ai_statement_2018.pdf.

Europa (PACE) dergelijke beginselen opgesteld.[47] Daarnaast heeft de ITU in Geneve dergelijke beginselen ontwikkeld.[48]

In essentie adresseren deze beginselen en normen vergelijkbare onderwerpen en problemen, al is de reikwijdte deels verschillend en worden niet alle onderwerpen in alle beginselen genoemd. De door de hiervoor genoemde European Group opgestelde beginselen geven een goede weergave van de onderwerpen die in de hiervoor genoemde beginselen worden genoemd en kunnen daarom als een goede illustratie dienen van beginselen/normen die bij de ontwikkeling en het gebruik van AI in acht moeten worden genomen, zeker nu de Europese Commissie daarop haar ethische normen wil baseren. Deze beginselen houden het volgende in:[49]

(I) de menselijke waardigheid moet worden geborgd en daarom moeten grenzen worden gesteld aan de determinatie en classificering van personen, met name wanneer zij daarover niet worden geïnformeerd en aan interactie met AI/robots worden blootgesteld terwijl zij dit niet weten;

(II) autonomie moet behouden blijven en mensen moeten derhalve zelf kunnen beslissen of en wanneer zij beslissingen en handelingen overlaten aan AI;

(III) AI moet transparant en voorspelbaar zijn en moet zo zijn ontworpen dat de effecten ervan in overeenstemming zijn met menselijke waarden en mensenrechten. AI mag, mede gelet op het voorzorgsbeginsel, geen onacceptabele risico's voor mensen veroorzaken en ook niet heimelijk mensen sturen, maar moet juist bijdragen aan toegang tot kennis en kunde van mensen. Verder moet discriminatie vanwege vooroordelen in datasets worden voorkomen en mag AI geen inbreuk maken op de vrijheid van meningsuiting en het recht om ongekleurde informatie te ontvangen, maar moet het integendeel bijdragen aan de collectieve intelligentie en bijdragen aan democratische processen waarop samenlevingen rusten. Het vorenstaande zou ook kunnen leiden tot nieuwe (mensen)rechten zoals het recht op betekenisvol contact met een mens en het recht om niet geprofileerd, gemeten, geanalyseerd, gecoacht of beïnvloed te worden;[50]

(IV) AI moet bijdragen aan (wereldwijde) rechtvaardigheid en gelijke toegang tot de voordelen van AI bieden. AI moet ook leiden tot nieuwe modellen van winstdeling en gelijkheid in de samenleving. Bedacht moet echter worden dat een veel betere toegang en analyse van data van individuen ook druk kan zetten op sociale cohesie, bijvoorbeeld in verband met ziektekostenverzekeringen en het sociale stelsel;

(V) regulering van AI moet het gevolg zijn van een democratisch proces en interactie met het publiek. Essentieel voor deze democratie zijn een pluraliteit van

---

[47] Verbeet 2017, p. 47 en 48.
[48] Te raadplegen via https://www.itu.int/en/ITU-T/AI/Pages/201706-default.aspx.
[49] Zie de statement van 9 maart 2018, p. 16-19.
[50] Vgl. art. 22 GDPR.

normen, diversiteit en het accommoderen van verschillende concepten van een goed leven;

(VI) AI moet bijdragen aan rechtsstatelijke principes en mag geen (ontoelaatbare) inbreuk maken op privacy of op veiligheid. Er moet een rechtvaardige en duidelijke verdeling van verantwoordelijkheden plaatsvinden en er moeten efficiënte bindende regels bestaan, in verband waarmee overheden en internationale organisaties bijvoorbeeld duidelijk moeten maken waar de aansprakelijkheid voor schade veroorzaakt door AI ligt. Voorts moeten effectieve instrumenten ter voorkoming van nadeel door AI worden geïmplementeerd;

(VII) AI mag geen inbreuk maken op veiligheid en lichamelijke en geestelijke integriteit. Dit beginsel valt uiteen in drie onderdelen: externe veiligheid voor mensen en omgeving, betrouwbaarheid en interne beveiliging, bijvoorbeeld tegen hacken, en emotionele veiligheid in interacties met mensen. In verband met al deze onderdelen moet specifiek aandacht worden besteed aan kwetsbare groepen en de mogelijkheid van gebruik van AI voor onwenselijke doeleinden. Te denken valt aan het gebruik van AI als wapen;

(VIII) AI mag geen inbreuk maken op de bescherming van data en privacy. Dit brengt onder meer mee dat mensen het recht hebben verschoond te blijven van AI die de vrije meningsvorming en ontwikkeling kan beïnvloeden, het recht om relaties met andere mensen aan te gaan en het recht om niet (onnodig) in de gaten te worden gehouden; en

(IX) AI moet duurzaam zijn, zowel voor de omgeving (het milieu) als toekomstige generaties.

Uit het vorenstaande blijkt dat de beginselen voor de ontwikkeling en het gebruik van AI nog niet heel concreet zijn uitgewerkt. Zij zijn daarmee nog niet geschikt om als zodanig in wetgeving op te nemen. Hoe zou regulering van AI dan moeten plaatsvinden? Daarop wordt hierna ingegaan en in dat verband zal vooral worden bezien welke rol TPR (met name in relatie tot het bestuursrecht) daarin zou kunnen spelen.

6. De rol van TPR

Gelet op het vorenstaande lijkt traditionele overheidsregulering op het terrein van AI in ieder geval op dit moment lastig. Er bestaat immers nog weinig inzicht in het functioneren ervan en de specifieke risico's die bepaalde AI toepassingen oproepen. Daarnaast bestaat het risico dat de voordelen van deze vorm van innovatie door wetgeving onnodig worden geremd of een open norm zo algemeen wordt dat deze weinig effectief is.[51] Een open norm die vooralsnog wel effectief zou kunnen zijn is het vereiste dat AI altijd (al dan niet op verzoek van een overheid of toezichthouder) door een mens stop moet kunnen worden gezet en dus zichzelf daartegen niet mag beschermen. Ook specifieke onder-

---

[51] Vgl. Scherer 2016, p. 380.

werpen zoals aansprakelijkheid voor zelfrijdende auto's,[52] rechtspersoonlijkheid van AI en intellectueelrechtelijke aspecten van AI zouden zich kunnen lenen voor een wettelijke regeling.[53] Overigens is in dat verband ook goed denkbaar dat de rechtspraak binnen bestaande (open) wettelijke normen oplossingen vindt voor aan AI gerelateerde problemen, bijvoorbeeld op het gebied van aansprakelijkheid. Daarnaast gelden sommige meer algemene reeds bestaande wettelijke open normen, zoals artikel 22 GDPR, ook voor AI. Er is echter geen sprake van een ontwikkeling die specifiek in Nederland plaatsvindt, maar die bij uitstek een internationale dynamiek heeft. De vraag is daarmee hoeveel grip de Nederlandse wetgever daarop heeft en of overheidsregulering in verschillende landen niet teveel uiteen gaat lopen. Waarschijnlijk is de invloed van de Nederlandse wetgever op dit terrein nog kleiner dan bij eerdere technische ontwikkelingen het geval was.[54] Transnationale private regulering (TPR) heeft in dit verband een aantal voordelen.[55] Het kan (beter) op internationaal niveau opereren, beter gebruik maken van de technische inzichten in de private sector, daar beter op reageren en is flexibeler.[56]

Het zal echter duidelijk zijn dat de hiervoor bedoelde beginselen nog onvoldoende concreet zijn om als TPR te kunnen worden gebruikt. Er valt immers onvoldoende uit af te leiden wat van een ontwikkelaar of gebruiker van AI in een concreet geval wordt verwacht. Overheden, zoals de Nederlandse overheid, zullen private partijen daarom moeten stimuleren om dergelijke TPR (al dan niet voor bepaald soort toepassingen) te ontwikkelen en te implementeren. Internationale samenwerking, bijvoorbeeld binnen de EU maar ook binnen de OESO, lijkt daarvoor essentieel. Op nationaal niveau kan dit echter ook worden gestimuleerd door bijvoorbeeld in aanbestedingen de implementatie van dergelijke TPR te (gaan) eisen,[57] dit onder omstandigheden als toelatingseis tot de Nederlandse markt te stellen of anderszins te stimuleren (bijvoorbeeld door middel van subsidies (voor (academisch) onderzoek), in verband met aansprakelijkheid voor schade veroorzaakt door AI of door het organiseren van ronde

---

[52] Waarbij bijv. de vraag of certificering van de AI heeft plaatsgevonden een rol zou kunnen spelen. Zie Guihot, Matthew en Suzor 2017, p. 420 en 421.
[53] Zie omtrent rechtspersoonlijkheid Alzbeta Krausova, 'Legal Regulation of Artificial Beings', *Masaryk University Journal on Law & Technology* 2007 (vol. 187), p. 194; A.C. van Schaick, 'Robot als rechtssubject', *NTBR* 2018, p. 47-49 en voor de intellectueel eigendomsrechtelijke aspecten Sobel 2017, p. 90 e.v.
[54] Vgl. Guihot, Matthew en Suzor 2017, p. 442.
[55] Vgl. Guihot, Matthew en Suzor 2017, p. 430, 431 en 444.
[56] Zie bijv. met verdere verwijzingen M.W. Scheltema, 'Transnationale private normen in het bestuursrecht', In: *Hybride bestuursrecht* (VAR-reeks 156), Den Haag: Boom Juridische uitgevers 2016, p. 97 en 106.
[57] Het vorenstaande roept de additionele vraag op of de overheid indien zij gebruik maakt van AI niet nog in verstrekte mate gehouden is om bijv. mensenrechten te borgen. M.i. rust op de overheid een verzwaarde plicht om te onderzoeken of het gebruik van AI niet leidt tot strijd met publiekrechtelijke normen.

tafels met belanghebbenden). Ook toezichthouders zouden in het kader van toezicht het opstellen en implementeren van dergelijke TPR kunnen stimuleren.[58]

Anders dan bij meer traditionele vormen van TPR roept AI de additionele uitdaging op dat ook de ontwikkelaars ervan niet (steeds) inzicht hebben in de processen die zich binnen de AI afspelen. TPR zal daarom deels moeten worden ingebouwd in AI ('regtech'), er wordt ook wel gesproken van 'safety by design',[59] naast bijvoorbeeld het bestaan van een review board binnen een bedrijf die aan de hand van deze TPR onderzoekt of de ontwikkeling of het gebruik van AI binnen de door de TPR gestelde kaders blijft. Wellicht dat er zelfs AI tools zouden kunnen worden ontwikkeld die de functie hebben om te onderzoeken of de TPR (voor zover mogelijk) in andere AI is 'ingebouwd' en of deze AI zich ook aan de 'ingebouwde' standaarden houdt. AI wordt nu al gebruikt om verdachte activiteiten op internet door middel van cyberattacks op te sporen en is daartoe inmiddels met 85% nauwkeurigheid binnen een termijn van uren in staat.[60] Op een vergelijkbare wijze zou AI onrechtmatige of discriminerende activiteiten van AI kunnen identificeren dan wel bezien of een dataset alleen voor het beoogde doel wordt gebruikt en in kunnen grijpen indien dat niet het geval is.[61] AI zou ook kunnen worden gebruikt om privacy te definiëren en het risico op schendingen van privacy aan te geven.[62]

Betekent het vorenstaande nu dat de Nederlandse overheid voor alle vormen van AI TPR moet stimuleren en op dat front in verband met toezicht eisen zou moeten stellen? Dat lijkt op dit moment een brug te ver. Het ligt veel meer voor de hand een risico georiënteerde benadering te kiezen.[63] In dat verband kunnen de risico's worden vastgesteld die de overheid of toezichthouder (in verband met bepaalde toepassingen) wenst te accepteren, daarna kan worden geanalyseerd of en in hoeverre de kans bestaat dat de bedoelde risico's zich zullen voordoen en vervolgens kunnen de risico's waarvan aannemelijk is dat die zich zullen voordoen in categorieën worden ingedeeld van hoog naar laag. Grote risico's kunnen bijvoorbeeld bestaan als AI toevallige ontdekkingen kan doen en naarmate sprake is van een meer complex (groter) en niet lineair netwerk (dat verbinding heeft met vele andere netwerken).[64] Daarnaast speelt een rol of AI mensen adviseert of ook zelf beslissingen neemt, de functies van AI en op welk terrein het actief is. TPR zou dan met name kunnen worden gestimuleerd op de terrein waar grote risico's worden voorzien.

---

[58] Wellicht dat voor AI of specifieke toepassingen daarvan zelfs een bijzondere toezichthouder in het leven zou moeten worden geroepen.
[59] Zie de beginselen van het Institute of Electrical and Electronics Engineers (IEEE), te raadplegen via http://standards.ieee.org/develop/indconn/ec/ead_v1.pdf, p. 49.
[60] Els 2017, p. 224.
[61] Els 2017, p. 224; Guihot, Matthew en Suzor 2017, p. 417.
[62] Els 2017, p. 227.
[63] Zie ook Guihot, Matthew en Suzor 2017, p. 445 en 450.
[64] Guihot, Matthew en Suzor 2017, p. 416 en 453.

Vervolgens zal de overheid of een toezichthouder ook de effectiviteit van de TPR moeten stimuleren en monitoren.[65] Allereerst zal daarvoor binnen de overheid of toezichthouders de nodige (technische) kennis moeten worden binnengehaald om de effectiviteit van TPR te kunnen beoordelen.[66] Daarbij moet er voor worden gewaakt dat er geen 'draaideur' effect optreedt waarbij technici die AI ontwerpen en gebruiken bij de overheid of een toezichthouder gaan werken en vervolgens weer het bedrijfsleven ingaan, hetgeen in het verleden bij toezicht waarvoor specialistische kennis nodig was wel gebeurde.[67] Daarnaast zal, bijvoorbeeld indien een toezichthouder zijn toezicht op deze TPR zou willen afstemmen,[68] moeten worden bezien of de TPR voldoende effectief is, bijvoorbeeld met betrekking tot een duidelijke doelstelling, handhaafbaarheid, geschillenbeslechting, de economische gevolgen ervan (onder andere voor de mededinging), alsmede het betrekken van belanghebbenden in de voorbereiding en evaluatie ervan.[69] Het beoordelen en evalueren van deze effectiviteit zou ook in een iteratief proces kunnen plaatsvinden, waarin een (doorlopende) verkenning van mogelijke ontwikkelingen en een mogelijke reactie daarop plaatsvindt.[70] Ook is denkbaar dat in een wettelijke regeling voor risicovolle AI toelatingsbesluiten (voor de Nederlandse markt) door een toezichthouder worden genomen waarin de effectiviteit van ('ingebouwde') TPR wordt getoetst. Ook zouden reguleringsovereenkomsten met AI ontwikkelaars kunnen worden gesloten (al dan niet na een aanbesteding) waarin het naleven van TPR wordt overeengekomen.[71]

Leidt het vorenstaande nu ook tot de noodzaak van aanpassingen in de Awb? Tot nu toe heeft de Centrale Raad beperkingen gesteld aan door de overheid gebruikte hulpmiddelen in het kader van toezicht in het sociale domein. Die beperkingen lijken ook voor AI relevant. De Centrale Raad achtte het heimelijk gebruik van een camera in strijd met artikel 8 EVRM nu dit geen toereikende grondslag vindt in afdeling 5.2 Awb (en overigens ook niet in specifieke wetgeving) omdat niet is bepaald onder welke voorwaarden een technisch hulpmiddel bij de opsporing mag worden ingezet en niet is geregeld in welke gevallen en gedurende welke periode een technisch hulpmiddel mag

---

[65] Dat geldt voor rechtstreeks toezicht op ontwikkelaars of gebruikers, maar wellicht ook voor toezicht op degenen die daarbij indirect zijn betrokken zoals financierende instellingen.

[66] Ik spreek hier van TPR omdat de technische kennis over de AI zelf vaak lastig is te verkrijgen. Zie ook Guihot, Matthew en Suzor 2017, p. 422. Het gaat er dus vooral om te kunnen vaststellen dat bepaalde waarborgen zijn ingebouwd.

[67] Zie ook Guihot, Matthew en Suzor 2017, p. 425.

[68] Daarvoor zal overigens ook expertise moeten worden opgebouwd. Zie Scheltema 2016, p. 142 e.v.

[69] Zie daaromtrent Scheltema 2016, p. 123 e.v.

[70] Vgl. Guihot, Matthew en Suzor 2017, p. 444.

[71] Zie daarover (niet specifiek voor AI) M.W. Scheltema, 'Regulering door middel van het privaatrecht', *Regelmaat* 2016 (31) 6, p. 410-424.

worden gebruikt. Daarmee was dit volgens de Centrale Raad onvoldoende voorzienbaar.[72] Ook aan stelselmatige observaties kleeft volgens de Centrale Raad een vergelijkbaar probleem.[73] Dit lijkt ook relevant voor AI; het gebruik van AI bij controles in dit domein zal daarom niet zonder meer geoorloofd zijn. Nu het gebruik van AI bij toezicht door de overheid wellicht in meer algemene zin gebruikt zal gaan worden, ligt het gelet op de rechtspraak van de Centrale Raad voor de hand hiervoor in afdeling 5.2 Awb een voorziening te treffen. Daarin zou onder meer duidelijk moeten worden gemaakt welke voorwaarden voor het gebruik van AI gelden. Overigens is het waarschijnlijk verstandig om die gelet op de snelheid van de ontwikkelingen niet specifiek op een bepaalde (AI) techniek toe te spitsen maar meer techniek-neutraal te formuleren. Voorts ligt het voor de hand dat de overheid zich in het kader van de motivering(splicht in het kader) van met behulp van AI genomen besluiten niet kan verschuilen achter de door de AI genomen beslissing zonder de daarin gemaakte afwegingen expliciet aan haar motivering ten grondslag te leggen en waar nodig uit te leggen. Daarvoor lijkt echter geen aanpassing van de Awb nodig. Dit vereiste kan immers (in de rechtspraak) ook op grond van de huidige regeling al worden gesteld. In dat verband heeft de Afdeling overwogen dat geautomatiseerde besluitvorming onder omstandigheden niet voldoende inzichtelijk en controleerbaar is vanwege een gebrek aan inzicht in de gemaakte keuzes en de gebruikte gegevens en aannames. Daarom dient een bestuursorgaan volgens de Afdeling de gemaakte keuzes en de gebruikte gegevens en aannames volledig, tijdig en uit eigen beweging openbaar te maken op passende wijze zodat deze keuzes, gegevens en aannames voor derden toegankelijk zijn. Dit moet het ook mogelijk maken om de gemaakte keuzes en de gebruikte gegevens en aannames te beoordelen of te laten beoordelen.[74]

Daarnaast is de vraag of aanpassing van de Awb noodzakelijk is teneinde toezichthouders op zinvolle wijze toezicht te kunnen laten houden op (het implementeren van TPR in verband met) AI die door niet-overheden wordt gebruikt. In dat verband rijst allereerst de vraag of meer toezichthouders of (andere) toezichtsbevoegdheden bij bestaande toezichthouders in het leven zouden moeten worden geroepen om de risico's van AI te beperken. Niet ondenkbaar is dat de hiervoor bedoelde risicogerichte analyse meebrengt dat dit inderdaad het geval is voor sommige soorten (toekomstige) AI. Dat is echter niet zozeer een vraag naar aanpassing van de Awb, maar veeleer van het aanpassen of in het leven roepen van wetgeving op de bijzondere terreinen van het bestuursrecht. Ten aanzien van de Awb is relevant om te bezien of de huidige toezichtsmogelijkheden toereikend zijn. Met name valt te denken aan artikel 5:16 (het recht inlichtingen te vorderen) en artikel 5:17 Awb (inzage in zakelijke bescheiden) voor zover tot bescheiden ook AI wordt gerekend. Er zouden

---

[72] CRvB 30 mei 2017, ECLI:NL:CRVB:2017:1963, *AB* 2018/102 m.nt. Venderbos.
[73] CRvB 15 augustus 2017, ECLI:NL:CRVB:2017:2807, *AB* 2018/103 m.nt. Venderbos.
[74] ABRvS 17 mei 2017, ECLI:NL:RVS:2017:1259 (PAS), ro. 14.2 e.v.

daarvan uitgaande aan een programmeur van AI inlichtingen kunnen worden gevraagd over de werking van AI (die op de Nederlandse markt wordt gebracht of hier wordt gebruikt). Zeker bij deep learning kan echter het probleem zijn dat de programmeur ook niet weet wat AI precies heeft gedaan. De inlichtingen zouden echter kunnen zien op de vraag welke algoritmes zijn gebruikt, of 'safety by design' is ingebouwd, of TPR is gevolgd en of aan de daarin gestelde eisen is voldaan en de vraag of en welke de systemen aan elkaar zijn gekoppeld. Daarnaast zouden inlichtingen of inzage (op de voet van artikel 5:17 Awb) kunnen worden gevraagd omtrent de afwegingen die de AI heeft gemaakt. Op zichzelf lijken de huidige bevoegdheden derhalve, mits enigszins extensief geïnterpreteerd, toereikend te zijn. Probleem is echter dat (zeker deep learning) AI de transparantie om dergelijke bevoegdheden uit te kunnen oefenen thans nog niet of alleen zeer beperkt biedt.[75] Probleem is daarmee niet zozeer dat de bestaande toezichtsbevoegdheden moeten worden uitgebreid als wel dat AI voldoende transparantie moet gaan bieden om die bevoegdheden uit te kunnen oefenen. Er worden in dat verband al mondjesmaat toepassingen ontwikkeld die kunnen uitleggen hoe en waarom AI een bepaalde beslissing heeft genomen.[76] Dergelijke toepassingen zouden in AI kunnen worden ingebouwd. De vraag is echter of de eis van transparantie in het kader van toezicht in afdeling 5.2 Awb zou moeten worden opgenomen. Dat ligt niet voor de hand omdat de (technische) wijze waarop dit inzicht kan/moet worden geboden aan snelle veranderingen onderhevig zal zijn en per toepassing kan verschillen. Het ligt dus meer voor de hand dat de toezichthouders (en andere overheden) het gebruik van effectieve TPR die dergelijke transparantie voorschrijft stimuleren en wellicht in het kader van een (bijzondere wettelijke) regeling of toelatingsbesluiten voor specifieke (zeer) risicovolle AI dergelijke eisen stellen.

Het inrichten van een effectief reguleringslandschap dat voldoende is toegerust op (de risico's van) AI zal derhalve vooral voor het gebruik van AI door de overheid enige aanpassing van de Awb vergen (in mindere mate voor het gebruik van AI door private partijen), het sturen op het gebruik van effectieve TPR en het voldoende opbouwen van kennis en voorzien van middelen van publieke toezichthouders.

7. Conclusie

Hiervoor is uiteengezet wat onder AI moet worden verstaan is en welke mogelijke risico's deze met zich kan brengen. Vervolgens is gesignaleerd dat op het terrein van de ontwikkeling en het gebruik van AI al de nodige (ethische) begin-

---

[75] In dat verband is interessant dat Uber in zijn app softwarecode heeft ingebouwd die toezichtsactiviteiten herkent en de toegang tot informatie in dat geval blokkeert. Zie Guihot, Matthew en Suzor 2017, p. 426.
[76] Information Commissioner's Office, *Big data, Artificial Intelligence, machine learning and data protection*, Londen 2017 (version 2.2), p. 87.

selen zijn opgesteld. Deze zijn zowel afkomstig van private partijen, internationale multi-stakeholder organisaties als van door overheden daarvoor uitgenodigde denktanks. Deze beginselen zijn grotendeels vergelijkbaar, maar zijn dermate algemeen dat deze niet als concrete normen voor het ontwikkelen en gebruik van AI kunnen dienen. Verder brengen de snel voortschrijdende technische ontwikkelingen mee dat wetgeving op dit terrein, op een aantal uitzonderingen na, lastig is, zeker ook gelet op het internationale speelveld. Het ligt daarom voor de hand effectieve TPR op dit terrein te stimuleren. Dat betekent echter niet dat de overheid het daarbij kan laten. Er moet worden nagedacht of nieuwe toezichthouders nodig zijn en/of de huidige toezichthouders op bepaalde terreinen nieuwe bevoegdheden zouden moeten worden toegekend om effectief (meta)toezicht op (TPR die geldt voor) AI, te kunnen uitoefenen. In dat verband is belangrijk dat AI voldoende transparant wordt om daarop toezicht te kunnen uitoefenen. Ook zal aanpassing van de Awb nodig zijn om gebruik van AI door de overheid in het kader van toezicht (met name in het kader van het EVRM) te accommoderen. Daarnaast zal kennisopbouw bij de overheid en toezichthouders noodzakelijk zijn. De regulering van AI zal ons daarom naar verwachting de komende tijd het nodige (denk)werk verschaffen.

Richard Neerhof*

73 | Schaduwwerking van het legaliteitsbeginsel en beginselen van behoorlijk bestuur op normalisatie

@R_Neerhof – Normalisatie heeft ingrijpende gevolgen voor burgers en bedrijven. Tot voor kort was er maar weinig aandacht voor. Inmiddels lijkt het tij in de Europese Unie te keren. Of de rechter een rol kan vervullen bij het uitwerken van beginselen van behoorlijke normalisatie, is echter de vraag #normalisatie #beginselen-van-behoorlijke-normalisatie #legaliteit

1. Inleiding en vraagstelling

1.1 Achtergrond

Niet alleen overheden, ook private organisaties, waaronder certificerings- en normalisatie-instellingen, behartigen van oudsher maatschappelijke en publieke belangen. Regels waaraan burgers en bedrijven zich moeten houden worden niet alleen door overheidsregulering bepaald, maar ook door private regulering. Private regulering kent vele verschijningsvormen, maar een kenmerk ervan is dat de regels geen basis hebben in een publiekrechtelijke bevoegdheid. Zij worden vaak opgesteld door degenen die erdoor worden gebonden of door een vertegenwoordiging daarvan. Er is dan sprake van een vorm van zelfbinding. In veel gevallen ondervinden ook derden er consequenties van.[1] Normalisatie is een belangrijke vorm van dergelijke regulering. Normalisatie is een proces dat leidt tot afspraken over de vaststelling van kenmerken van producten, personen, productie- en managementprocessen. Internationale, Europese en Nederlandse normalisatie-instellingen maken geen deel uit van een overheid. Normalisatie dient niet zelden maatschappelijke of publieke belangen, zoals veiligheid, gezondheid of duurzaamheid van producten.[2]

Naar normen die door normalisatie-instellingen worden vastgesteld, wordt regelmatig in wetgeving verwezen. Ook gebruiken bestuursorganen normen als hulpmiddel bij wetsuitleg. Het recht wordt in een rechtsstaat dan voor uitdagingen gesteld.

---

* Prof. dr. A.R. Neerhof is hoogleraar bestuursrecht, in het bijzonder normalisatie, certificering en accreditatie, aan de Vrije Universiteit Amsterdam. Met dank aan Jan Struiksma voor kritisch en opbouwend commentaar.
[1] Zie M.W. Scheltema, 'De invloed van bestuursrechtelijke normen op het privaatrecht', *MvV* 2013/7-8, p. 188-189.
[2] Zie over maatschappelijke belangen en publieke belangen: Wetenschappelijke Raad voor het Regeringsbeleid, *Het borgen van publiek belang*, Den Haag: Sdu Uitgevers 2000, p. 20-21.

Normalisatie is iets anders dan overheidsregelgeving. De normen zijn niet afkomstig van de overheid en toepassing is vaak vrijwillig. Normalisatie vertoont wel verwantschap met overheidsregelgeving. Normen dienen vaak maatschappelijke of publieke belangen, kunnen het handelen van burgers en bedrijven in het maatschappelijk en handelsverkeer in sterke mate bepalen en zijn herhaaldelijk toepasselijk. Als overheidsorganen in wetgeving naar normen verwijzen of deze toepassen in hun besluitvorming is er weinig verschil tussen normalisatie en handelen van overheidsorganen. Zeker dan dienen zich vergelijkbare vragen aan als die welke bij overheidshandelen zelf steeds aan de orde zijn. Wie mag beslissen over de inhoud van de norm? Hoe behoren de normen tot stand te stand komen? Welke eisen worden aan de inhoud van de normen gesteld? Door wie en op welke manier moet de naleving ervan worden gewaarborgd?[3]

Normalisatie is een activiteit waarop in beginsel het privaatrecht van toepassing is. Als een overheidsorgaan gebruik maakt van normen door verwijzing in wetgeving of door toepassing bij uitvoering of handhaving van wettelijke regels, is er een directe relatie met overheidshandelen. Dat roept ten eerste de vraag op of en zo ja onder welke voorwaarden gebondenheid van burgers aan normen die niet door de overheid zelf zijn gesteld in overeenstemming is met het wetmatigheidsbeginsel. Het roept ten tweede de vraag op of en in hoeverre dan in de regels die op het proces van totstandkoming van normen van toepassing zijn al expliciet aansluiting zou moeten worden gezocht bij beginselen van bestuursrecht.[4] In hoeverre werpen algemene beginselen van behoorlijk bestuur dan hun schaduw vooruit?

1.2 Vraagstelling en leeswijzer

In deze bijdrage ga ik in op de vraag welke betekenis bestuursrechtelijke beginselen, in het bijzonder het wetmatigheidsbeginsel en beginselen van behoorlijk bestuur, voor het normalisatieproces en de inhoud van normen hebben als in wetgeving naar normen wordt verwezen of als bestuursorganen normen in de besluitvorming toepassen.

Ik ga eerst dieper in op het verschijnsel normalisatie en de manier waarop de overheidsorganen er bij vaststelling, uitvoering of handhaving van wettelijke regels gebruik van maken (paragraaf 2). Daarna bespreek ik de betekenis van bestuursrechtelijke beginselen voor het normalisatieproces en de inhoud van

---

[3] Vgl. Scheltema 2013, p. 191.
[4] Vgl. Lucas van den Berge, 'Gouvernementaliteit en rechtsbescherming', *NJB* 2018/17, p. 1186-1188, 1190; Scheltema 2013, p. 186, 189; M. Scheltema & M.W. Scheltema, 'Wat kan het privaatrecht leren van het bestuursrecht? Vervagende grenzen tussen bestuurs- en privaatrecht', *JBplus* 2012/6, p. 143-148; M.W. Scheltema & M. Scheltema, *Gemeenschappelijk recht. Wisselwerking tussen publiek- en privaatrecht*, Deventer: Kluwer 2013, p. 8-13, 36-38, 78-84.

normen in geval de overheid op genoemde wijzen van normen gebruik maakt. Ik beperk mij tot de betekenis van:
- de eis van wetmatig bestuur ofwel de legaliteitseis (paragraaf 3);
- beginselen van behoorlijk bestuur, in het bijzonder die van zorgvuldigheid en evenredigheid (paragraaf 4).

Tot slot bespreek in hoeverre de wetgever, wetenschap en rechtspraak een rol vervullen bij het verder uitwerken van beginselen van 'behoorlijke normalisatie' zoals die van toepassing zijn als een overheidsorgaan naar normen verwijst of deze toepast (paragraaf 5).

2. Iets meer over normalisatie en gebruik ervan door de overheid

Met normalisatie kunnen bedrijven kennis, technologie en bedrijfspraktijken gemakkelijker uitwisselen. De afspraken worden tenslotte gemaakt met het oog op afstemming van producten, productie- en managementprocessen op de aanwezige marktvraag of op bepaalde maatschappelijke belangen. Zo zijn er bijvoorbeeld voor de bouw Europese (EN) en nationale (NEN) normen voor constructieve veiligheid ontwikkeld waaraan nieuwe woningen moeten voldoen.

Een normalisatie-instituut is een onafhankelijke private organisatie. Onder zijn begeleiding stellen normcommissies normen vast.[5] Zowel bij internationale, Europese als nationale normalisatie wordt het principe gehanteerd dat in de normcommissie alle belanghebbende groeperingen zijn vertegenwoordigd.

Internationale normen worden vastgesteld door de International Standards Organisation (ISO).[6] Europese normen worden vastgesteld door het Comité Européen de Normalisation (CEN) en het Comité Européen de Normalisation Électrotechnique (CENELEC), samenwerkend als CEN/CENELEC, en het European Telecommunications Standards Institute (ETSI).[7] Op nationaal niveau hebben wij het Nederlands Normalisatie-instituut (NNI) en het Nederlands Elektronisch Comité (NEC), die samenwerken als 'NEN'.[8]

---

[5] F.J. van Ommeren, 'Wetgevingsbeleid: remedies en instrumenten', in: S.E. Zijlstra (red.), *Wetgeven. Handboek voor de centrale en decentrale overheid*, Deventer: Kluwer 2012, p. 217; vgl. C. Stuurman, *Technische normen en het recht: beschouwingen over de interactie tussen het recht en technische normalisatie op het terrein van informatietechnologie en telecommunicatie*, Deventer: Kluwer 1995, p. 14-17. Zie voor definities ook reeds: *Kamerstukken II* 1999/00, 21670, 10, p. 4.

[6] ISO 9001.

[7] De internationale en Europese normalisatie-instellingen zijn samenwerkingsverbanden van nationale normalisatie-instellingen.

[8] Beide zijn private instellingen zonder winstoogmerk. Zij hebben een eigen bestuur, maar werken nauw samen. Zij hebben één gecombineerd onderkomen en de ondersteuning geschiedt door een gemeenschappelijk bureau, het bureau NEN. Normen worden uitgebracht onder de benaming 'NEN-normen'. Zie A.R. Neerhof, 'Alternatief bestuursrecht: normalisatie en conformiteitsbeoordeling in het publieke belang', in:

De nationale en de Europese wetgever maken gebruik van normalisatie, door er naar te verwijzen onderscheidenlijk door normalisatie-instellingen op te dragen wettelijke voorschriften nader uit te werken.[9] Naar NEN-normen wordt bijvoorbeeld verwezen in het Bouwbesluit 2012, een algemene maatregel van bestuur op grond van de Woningwet. Aan bepaalde eisen van het Bouwbesluit 2012 kan worden voldaan door NEN-normen toe te passen waarnaar dit besluit verwijst. De oorspronkelijk private normen worden door verwijzing onderdeel van bestuursrechtelijke regelgeving en kunnen met bestuursrechtelijke sancties worden gehandhaafd.

In Europese productregelgeving worden sinds medio jaren tachtig alleen de 'essentiële eisen' waaraan producten moeten voldoen, zoals die met betrekking tot veiligheid, gezondheid en milieu, vastgelegd. Deze eisen zijn in algemene bewoordingen geformuleerd.[10] Gedetailleerde, technische uitwerkingen van de essentiële eisen zijn neergelegd in 'geharmoniseerde normen'. Deze normen worden krachtens een verzoek van de Europese Commissie op grond van een verordening of richtlijn vastgesteld door een erkende Europese normalisatie-instelling, dat wil zeggen door CEN/Cenelec of ETSI.[11] De opgestelde geharmoniseerde normen hebben eerst rechtsgevolgen voor marktdeelnemers als de Commissie het referentienummer van de norm heeft gepubliceerd in een lijst in het *Publicatieblad van de Europese Unie*. Publicatie door de Commissie vindt plaats als een geharmoniseerde norm voldoet aan de eisen die hij beoogt te dekken. Deze zijn vastgesteld in de overeenkomstige harmonisatiewetgeving van de Unie (artikel 10, vijfde en zesde lid, Normalisatieverordening).[12] Na deze

---

Hybride bestuursrecht (VAR-reeks 156), Den Haag: Boom Juridische uitgevers 2016, p. 196.

[9] Verwijzingen naar normen kunnen dwingend of niet-dwingend zijn. Ik kan hier verder hier niet op in gaan. Zie: Neerhof 2016, p. 203-205, *Kamerstukken II* 2010/11, 27406, 193, p. 4-5.

[10] Dit geschiedde conform de zogenoemde Nieuwe Aanpak (Europese Commissie, De voltooiing van de interne markt, COM (1985) 310 def). Zijn opvolger is het Nieuwe wetgevingskader (zie hierover Mededeling van de Commissie, Richtlijnen voor de uitvoering van de productvoorschriften van de EU (de „Blauwe Gids') 2016, *PbEU* 2016 C 272/9-12). Dit kader kent twee belangrijke aanvullende instrumenten: Verordening 765/2008 tot vaststelling van de eisen inzake accreditatie en markttoezicht betreffende het verhandelen van producten, *PbEU* 2008, L 218/30, en Besluit 768/2008 betreffende een gemeenschappelijk kader voor het verhandelen van producten, *PbEU* 2008, L 218/82. De Europese wetgever heeft voor 27 productgroepen richtlijnen of verordeningen vastgesteld. Zie hierover: Algemene Rekenkamer, *Producten op de Europese markt: CE-markering ontrafeld*, 2016, p. 5, 16, 20-23.

[11] Dat zij erkende Europese normalisatie-instellingen zijn volgt uit bijlage I bij Verordening (EU) nr. 1025/2012 van 25 oktober 2012 betreffende Europese normalisatie, *PbEU* 2012, L 316/12.

[12] Verordening 1025/2012 (Normalisatieverordening). Ook de productregelgeving zelf kan ter zake nog iets bepalen. Zie bijv. art. 17, vijfde lid, tweede volzin, Verordening (EU) nr. 305/2011 van 9 maart 2011 tot vaststelling van geharmoniseerde voorwaarden

publicatie is aan toepassing van de norm het vermoeden verbonden van conformiteit van een product met essentiële eisen in de desbetreffende harmonisatiewetgeving (productregelgeving).[13]

3. Het wetmatigheidsbeginsel

Het NNI en NEC, samenwerkend als NEN, zijn rechtspersonen krachtens Nederlands privaatrecht. Europese normalisatie-instellingen zijn rechtspersonen krachtens Belgisch privaatrecht. Zij behoren niet tot een overheid. De normen worden in een normcommissie op grond van privaatrechtelijke afspraken vastgesteld door vertegenwoordigers van organisaties die belang hebben bij een door een ieder te gebruiken norm, maar samen geen publiekrechtelijke regelgevende bevoegdheid uitoefenen.

In een rechtsstaat geldt het wetmatigheids- ofwel het legaliteitsbeginsel. Dit betekent in de eerste plaats dat de burgers bindende beslissingen worden genomen door overheidsorganen die de bevoegdheid daartoe bij of krachtens wet hebben gekregen. Normalisatie is een private activiteit en daarbij wordt geen overheidsgezag uitgeoefend. Het vereiste van een wettelijke grondslag is daarop dus niet van toepassing. Het vereiste doet zich wel gevoelen als een bestuursorgaan zich in een besluit baseert op een bepaalde norm. Er is geen strijd met het wetmatigheidsbeginsel als een wetgever burgers door een verwijzing aan een norm bindt die niet door hemzelf is vastgesteld en een bestuursorgaan zijn besluiten vervolgens (mede) op deze norm baseert. De Afdeling bestuursrechtspraak heeft wél duidelijk uitgesproken dat een norm door een bestuursorgaan niet in een besluit ter handhaving van een wettelijk voorschrift aan een burger kan worden tegengeworpen als in dat wettelijk voorschrift niet naar deze norm is verwezen.[14]

Hoewel dit naar huidige opvattingen niet vereist is, zouden verwijzingen in lagere wetgeving naar normen bij voorkeur een grondslag moeten hebben in wetgeving in formele zin. Dit blijkt echter lang niet altijd het geval te zijn.[15] Overigens wordt in de jurisprudentie evenmin uitdrukkelijk als eis gesteld dat

---

voor het verhandelen van bouwproducten en tot intrekking van Richtlijn 89/106/EEG (Verordening bouwproducten). Zie verder ook Mededeling van de Commissie, de 'Blauwe Gids') 2016, *PbEU* 2016 C 272/45.

[13] Art. 3, lid 2, Besluit 768/2008.
[14] ABRvS 28 oktober 2015, ECLI:NL:RVS:2015:3295.
[15] Zo hebben verwijzingen naar normen in het Bouwbesluit 2012 een basis in art. 3 Woningwet. Verwijzingen naar normen in het Besluit algemene regels inrichtingen milieubeheer en de Regeling algemene regels inrichtingen milieubeheer hebben echter niet een dergelijke expliciete basis in de Wet milieubeheer.

normen waarnaar in vergunningen wordt verwezen alleen bindend zijn als voor de verwijzing een grondslag in een wettelijk voorschrift aanwezig is.[16]

Het wetmatigheidsbeginsel betekent in de tweede plaats dat overheidshandelen in overeenstemming met rechtsregels plaatsvindt. Dit heeft consequenties als in wetgeving of besluiten naar normen wordt verwezen. De normen moeten in overeenstemming zijn met doel en strekking van het toepasselijke complex van regelgeving. Een expliciet wettelijk toetsingskader kan behulpzaam zijn bij het vaststellen of normen passen bij wat de wetgever voor ogen heeft gehad. Zoals hierboven is beschreven, worden normdocumenten die zijn opgesteld op verzoek van de Europese Commissie vooraf getoetst op overeenstemming met essentiële eisen die zijn neergelegd harmonisatiewetgeving. In Nederlandse wetgeving (in formele zin) ontbreekt vaak een toetsingskader waaraan de normen waarnaar wordt verwezen moeten voldoen. Dat is vanuit een oogpunt van het wetmatigheidsbeginsel niet wenselijk.[17]

In de EU wordt meer dan in Nederland aandacht besteed aan adequate begrenzing in wetgeving van uitbesteden van regelgeving aan private instellingen (en agentschappen). Volgens het Hof moet in de onderliggende EU-regelgeving nauwkeurig zijn omschreven wat de betreffende instantie mag doen en moeten haar activiteiten aan controle door de Commissie zijn onderworpen. De bevoegdheden die aan de instantie worden gegeven, moeten 'technisch-uitvoerend' zijn. De instanties mogen niet aan belangenafweging doen en niet zelf beleidsmatige keuzes maken.[18]

---

[16] Dit blijkt bijv. impliciet uit: ABRvS 12 januari 2005, ECLI:NL:RVS:2005:AS2185, r.o. 2.4.1. Vgl. ABRvS 13 augustus 2008, ECLI:NL:RVS:2008:BD9957, *JM* 2008/106, m.nt. Zigenhorn, *JOM* 2008/70, r.o. 2.5.1.

[17] Een dergelijk toetsingskader ontbreekt vaak. Vgl. Interdepartementale commissie conformiteitsbeoordeling en normalisatie (ICN), 'Het gebruik van conformiteitsbeoordeling en accreditatie in het overheidsbeleid', bijlage bij *Kamerstukken II* 2015/16, 29304, 6 (brief Certificatie en accreditatie in het kader van het overheidsbeleid), p. 26-27. Het rapport strekt tot vervanging van *Kamerstukken II* 2003/04, 29304, 1 (Kabinetsstandpunt over het gebruik van certificatie en accreditatie in het kader van overheidsbeleid).

[18] Het evenwicht van bevoegdheden in de Unie moet worden geëerbiedigd, aldus het Hof. HvJ EG 13 juni 1958, ECLI:EU:C:1958:7, p. 11, 45 (Meroni); HvJ EU 22 januari 2014, ECLI:EU:C:2014:18 (ESMA), par. 41-56, 63-69, 77-81, 101-105; HvJ EG 14 mei 1981 ECLI:EU:C:1981:104, (Romano/Institut national d'assurance maladie-invalidité), i.h.b. par. 20-21. Zie: M. Chamon, 'Grenzen voor de EU-wetgever bij het machtigen van Europese agentschappen', *RegelMaat* 2014/3, p. 125; M.P.M. van Rijsbergen & M. Scholten, 'Zaak C-270/12 (ESMA-short selling) als opvolger van de Meroni- en Romano-non-delegatiedoctrine', *Nederlands Tijdschrift voor Europees Recht* 2014/2-3, p. 82-88; R.A.J. van Gestel, 'Europese regelgevende bevoegdheden op drift?', *RegelMaat* 2014/1, p. 53; R. van Gestel, R. van & H. Micklitz, 'European integration through standardization: how judicial review is breaking down the club house of private standardization bodies', *Common Market Law Review* 2013, p. 151, 177-178 en daarin opgenomen verwijzingen; W.J.M. Voermans, 'Delegeren is een kwestie van

Overigens kan reeds tijdens het proces van normalisatie overeenstemming van normen met het wettelijk kader waarin zij zullen worden opgenomen worden bewaakt. Een overheidsorgaan kan zich laten vertegenwoordigen in commissies die normen opstellen.[19] Zo nemen consultants, daartoe gemachtigd door de Europese Commissie, deel aan de beraadslagingen bij de totstandkoming van geharmoniseerde normen, juist om te bewaken dat de normen voldoen aan de eisen die de toepasselijke harmonisatiewetgeving en de Commissie daaraan stellen.[20]

Het huidige kabinetsbeleid houdt overigens in dat deelname van de *Nederlandse* overheid met stemrecht aan normalisatie niet nodig is, ook niet als de overheid ernaar in de regelgeving verwijst.[21] Het is de vraag of dat verstandig is.

Tot de eisen van het wetmatigheidsbeginsel behoort in de derde plaats dat overheidsoptreden plaatsvindt op basis van regels die adequaat bekend zijn gemaakt.[22] In het *Knooble*-arrest heeft de Hoge Raad echter uitgemaakt dat normen, als er in wetgeving naar wordt verwezen, naar buiten werkende, de burgers bindende regels worden, maar geen algemeen verbindende voorschriften zijn. Zij behoeven dus niet met inachtneming van de Bekendmakingswet te worden gepubliceerd.[23] De Afdeling bestuursrechtspraak heeft echter wel uitdrukkelijk overwogen dat kenbaarheid van de normen waarnaar de wet verwijst voldoende moet zijn verzekerd.[24]

---

vertrouwen. De nieuwe EU-delegatiesystematiek onder het Verdrag van Lissabon', *RegelMaat* 2010/4, p. 177-178. Vgl. HvJ EU 27 oktober 2016, ECLI:EU:C:2016:821 (James Elliott Construction/Irish Asphalt), par. 43.

[19] Zie over deelname aan normalisatie verder: Neerhof 2016, p. 201. Over deelname van overheden aan nationale normalisatieactiviteiten die de ontwikkeling of herziening beogen van Europese normen gaan art. 7 jo. art. 10 Normalisatieverordening.

[20] Met dank aan Paul Peereboom, senior consultant normalisatie en CE-markering.

[21] ICN, Het gebruik van conformiteitsbeoordeling en accreditatie in het overheidsbeleid, bijlage bij *Kamerstukken II* 2015/2016, 29 304, nr. 6, p. 27-28.

[22] Zie bijv. R.J.N. Schlössels & S.E. Zijlstra, *Bestuursrecht in de sociale rechtsstaat*, Deventer: Kluwer 2010, p. 21.

[23] Art. 89 Grondwet en de Bekendmakingswet zijn niet van toepassing op de bekendmaking daarvan. Er blijven auteursrechten op rusten en normalisatie-instellingen kunnen een vergoeding bedingen voor inzage. HR 22 juni 2012, ECLI:NL:HR:2012: BW0393, *AB* 2012, 228, m.nt. F.J. van Ommeren, *TBR* 2012/150, m.nt. A.R. Neerhof, *Gst.* 2012/87, m.nt. P.M.J. de Haan, *JB* 2012/178, m.nt. J.J.J. Sillen, *BB* 2012/433, m.nt. P. de Bruin, *JOM* 2012/776, *JIN* 2012/169, m.nt. J.J.J. Sillen, *AA* 2013, 762, m.nt. R.J.B. Schutgens, *BR* 2012/170, m.nt. C.N.J. Kortmann en I.O. den Hollander, r.o. 3.8-3.10.; zie ook ABRvS 2 februari 2011, ECLI:NL:RVS:2011:BP2750 (City Crash), *AB* 2011, 85, m.nt. P.M.J. de Haan, r.o. 2.4.3-2.4.4. Zie ook bijv. CBb 3 april 2012, ECLI:NL:CBB: 2012:BW2472, *AB* 2012, 252, m.nt. H. Peters, r.o. 5.2.1; Van Ommeren 2008, p. 85.

[24] ABRvS 2 februari 2011, ECLI:NL:RVS:2011:BP2750, *AB* 2011, 85, m.nt. P.M.J. de Haan (City Crash), r.o. 2.4.5-2.4.6; zie ook ABRvS 12 april 2017, ECLI:NL:RVS:2017:1004, r.o. 7. Vgl. Gerechtshof 's-Gravenhage 16 november 2010, ECLI:NL:GHSGR:2010: BO4175, *TBR* 2011/31, m.nt. A.R. Neerhof (Knooble), r.o. 12, waarnaar de Afdeling in

4. Beginselen van behoorlijk bestuur en normalisatie

In deze paragraaf ga ik na welke betekenis algemene beginselen van behoorlijk bestuur krijgen voor normalisatie, als er in wetgeving naar wordt verwezen of als bestuursorganen er gebruik van maken bij het uitvoeren of handhaven van wettelijke regels.

4.1 Toepasselijkheid Awb en overig geschreven en ongeschreven bestuursrecht

Normalisatie-instellingen behoren niet tot de overheid en oefenen geen regelgevende bevoegdheid uit.[25] De Awb, noch overig geschreven en ongeschreven bestuursrecht zijn daarop van toepassing.[26] Als in regelgeving of andere besluiten van bestuursorganen naar private normen wordt verwezen, is bestuursrecht echter van toepassing op de verwijzing en op de norm waarnaar wordt verwezen. De normen zijn dan onderdeel geworden van de overheidsregelgeving of het besluit.[27] De rechterlijke toetsing zal bij verwijzing naar normen in regelgeving, gelet op jurisprudentie waarin regelgeving wordt getoetst aan hoger recht, terughoudend zijn.[28]

---

haar uitspraak ook verwijst. Zie ook bijv. CBb 3 april 2012, ECLI:NL:CBB:2012: BW2472, *AB* 2012, 252, m.nt. H. Peters, r.o. 5.2.2. Vgl. verder: ABRvS 12 april 2017, ECLI:NL:RVS:2017: 1004, r.o. 7; ABRvS 13 augustus 2008, ECLI:NL:RVS:2008: BD9957, *JM* 2008/106, m.nt. Zigenhorn, *JOM* 2008/700, r.o. 2.5.1; ABRvS 12 januari 2005, ECLI:NL:RVS: 2005:AS2185, r.o. 2.4.1.
[25] HR 22 juni 2012, ECLI:NL:HR:2012:BW0393, *AB* 2012, 228, m.nt. F.J. van Ommeren (Knooble), r.o. 3.8-3.10.
Vgl. S.E. Zijlstra, 'Algemene vormgevingsaspecten', in: S.E. Zijlstra (red.), *Wetgeven. Handboek voor de centrale en decentrale overheid*, Deventer: Kluwer 2012, p. 531.
[26] Algemene beginselen van behoorlijk bestuur zijn volgens de jurisprudentie niet van toepassing op private instellingen die geen bestuursorgaan zijn, ook als zij maatschappelijke of publieke belangen behartigen. Vgl.: HR 3 mei 2013, ECLI:NL:HR:2013: BZ2900, *NJ* 2013, 572, m.nt. C.E.C. Jansen (KLM/CCC); HR 4 april 2003, ECLI:NL: HR:2003:AF2830, *NJ* 2004, 35, m.nt. M.A.M.C. van den Berg, *AB* 2003, 365, m.nt. F.J. van Ommeren, *JB* 2003/121, m.nt. H. Peters (RZG Conformed).
[27] Stuurman 1995, p. 223-224. Op verwijzingen in lagere regelgeving (algemeen verbindende voorschriften niet afkomstig van de formele wetgever) zijn hoofdstuk 2, afdeling 3.2 voor zover de aard van het besluiten zich daartegen niet verzet en afdeling 3.3 tot en met 3.5 Awb van toepassing (art. 3:1, eerste lid, Awb).
[28] Zie onder meer: CRvB 14 februari 2018, ECLI:NL:CRVB:2018:455; ABRvS 4 maart 2015, ECLI:NL:RVS:2015:622, *JB* 2015/57, m.nt. A.M.M.M. Bots; CBb september 2016, ECLI:NL:CBB:2016:292; CBb 18 september 2008, ECLI:NL:CBB:2008:BF3258, *JB* 2008, 246 (Besluit bijzondere tegemoetkoming varkenshouders in verband met klassieke varkenspest 1987); CBb 3 juni 2009, ECLI:NL:CBB:2009:BI6466, *JB* 2009, 188 (Swiss Leisure Group Holland); CRvB 19 mei 2008, ECLI:NL:CRVB:2008: BD2441; ABRvS 22 juni 2005, ECLI:NL:RVS:2005:AT8010, *AB* 2005, 441, m.nt. W. den Ouden, M.G.K. Tjepkema; ARRvS 4 december 1990, ECLI:NL:RVS:1990:AN2115, *AB* 1991,

Er zijn tot nu toe, voor zover mij bekend, weinig geschillen aan de bestuursrechter voorgelegd die deze rechter de kans hebben gegeven om zich over toepasselijkheid van beginselen van bestuur op normen waarnaar in lagere regelgeving of een besluit van een bestuursorgaan wordt verwezen, uit te spreken. In een enkel geval heeft de bestuursrechter een vergunningvoorschrift waarin naar een NEN-norm werd verwezen getoetst aan het evenredigheidsbeginsel, omdat het beroepschrift daartoe aanleiding gaf.[29]

4.2 Doorwerking van beginselen van behoorlijk bestuur in het normalisatieproces

Op het handelen van een normalisatie-instelling *zelf* zijn de Awb en overige regels van geschreven en ongeschreven bestuursrecht niet van toepassing. Naar normen in regelgeving of besluiten kan echter worden verwezen en daarop zijn dan Awb en overige regels van bestuursrecht wél van toepassing. Zou dan tijdens een normalisatieproces al niet moeten zijn gewaarborgd dat de normen zullen voldoen aan beginselen en regels zoals die op het handelen van bestuursorganen van toepassing zijn? Worden anders niet teveel risico's genomen dat de normen waarnaar wordt verwezen (toch) niet rechtmatig zijn?

Doorwerking van formele beginselen: in het bijzonder het beginsel van zorgvuldige besluitvorming
Dat beginselen van bestuur van betekenis kunnen zijn in normalisatieproces, blijkt niet zo'n vreemde gedachte als wij kijken naar wettelijke regels voor normalisatie en naar interne regels van NEN. Daarin zien wij bepaalde uitwerkingen van het zorgvuldigheidsbeginsel, zoals wij die (ook) kennen uit de Awb en de rechtspraak, overigens zonder onderscheid tussen situaties met en zonder relatie met overheidshandelen. Zo vraagt dat beginsel om een evenwichtige inbreng van de noodzakelijke deskundigheid bij besluitvorming (vergelijk artikel 3:2 Awb). Zorgvuldige besluitvorming is er bovendien bij gebaat dat alle belanghebbenden bij de besluitvorming worden betrokken (vergelijk afdeling 3.4 Awb). Dit geldt zeker als beslissingen een algemene strekking hebben.

597, m.nt. H.J. Simon; HR 25 september 1986, ECLI:NL:HR:1985:AM8627, *AB* 1986, 64 (onroerend-goedbelasting Naaldwijk); HR 16 mei 1986, ECLI:NL:HR:1986: AC9354, *AB* 1986, 574, m.nt. PvB, *NJ* 1987, 251, m.nt. MS, *Gst.* 6823.3, m.nt. R.M. van Male (Landbouwvliegers); HR 9 mei 1986, ECLI:NL:HR:1986:AC0867, *NJ* 1987, 252, m.nt. MS (Van Gelder Papier); HR 3 oktober 1986, ECLI:NL:HR:1986:AD3295, *AB* 1987, 90, m.nt. FHvdB; HR 1 juli 1983, ECLI:NL:HR:1983:AD5666, *AB* 1984, 103, m.nt. FHvdB, *NJ* 1984, 360, m.nt. MS (LSV). Deze benadering lijkt echter wel steeds meer ter discussie te staan. Zie conclusie staatsraad advocaat-generaal Widdershoven 22 december 2017, ECLI:NL:RVS:2017:3557, in het bijzonder punt 7.12, 7.13 en 8.
[29] Zie: ABRvS 28 april 2010, ECLI:NL:RVS:2010:BM2613, *JB* 2010/155, *JOM* 2010/547, r.o. 2.8 en 2.8.1. Vgl. ABRvS 8 september 2004, ECLI:NL:RVS:2004:AQ9916, *AB* 2004, 392, m.nt. A. van Hall, *JB* 2004/365, *JOM* 2006/1156.

Artikel 5, eerste lid, Normalisatieverordening (van de Europese Unie) bepaalt dat de *Europese* normalisatieorganisaties een passende vertegenwoordiging en effectieve deelname van *alle* belanghebbenden, inclusief het mkb, consumentenorganisaties en belanghebbenden op sociaal en milieugebied, aan hun normalisatieactiviteiten bevorderen en vergemakkelijken.[30] Hoe is het gesteld met de handhaafbaarheid en de feitelijke handhaving van deze bepaling?[31] Daarover kunnen we alleen maar vragen hebben.

Normcommissies van NEN, dé Nederlandse normalisatie-instelling, zijn belast met het opstellen van Nederlandse normen (artikel 4.2.2 Huishoudelijk Reglement). Artikel 4.4.1 van het Huishoudelijk reglement van NEN[32] bepaalt dat normcommissies zijn samengesteld uit 'terzake kundige leden, die geacht kunnen worden gezamenlijk de bij de desbetreffende normalisatie belanghebbende groeperingen te vertegenwoordigen.' Bij het instellen van een normcommissie wordt een uitnodiging aan alle belanghebbende groeperingen gericht tot het doen van een voordracht voor de benoeming van een lid (artikel 4.4.2, eerste volzin, Huishoudelijk reglement).[33] Artikel 4.4.3 van het reglement

---

[30] Deze vertegenwoordiging en deelname dienen in het bijzonder te worden vergemakkelijkt via de 'Europese organisaties van belanghebbenden die in overeenstemming met de verordening financiering van de Unie ontvangen voor participatie in beleidsontwikkeling van de normalisatie-instelling en in totstandkoming van Europese normen en Europese normalisatieproducten'. Voor nationale normalisatie bepaalt art. 6, eerste lid, aanhef, van de verordening overigens dat de nationale normalisatie-instellingen de toegang van het mkb tot normen en ontwikkelingsprocessen van normen bevorderen en vergemakkelijken, 'om te zorgen voor een hoger niveau van deelname aan het normalisatiesysteem.' Art. 6, eerste lid, onder a tot en met f, Normalisatieverordening geeft vervolgens voorbeelden van de wijzen waarop aan de verplichting wordt voldaan.

[31] Zie hierover: A. R. Neerhof, 'Gebruik van normalisatie door de Europese en de Nederlandse overheid: een rechtsstatelijke en democratische blik', *JBplus* 2017/3, p. 209, 212. Van de Europese wetgever hoeft vooralsnog weinig te worden verwacht voor wat betreft initiatieven tot meer wetgeving over normalisatie. Het Europese Parlement nam in 2013 een resolutie aan met aanbevelingen aan de Commissie voor een Verordening voor bestuurlijke procedures voor de EU. 'Regulation on the Administrative Procedures of the European Union's institutions bodies, and agencies', 2012/2024 (INL), 2015/C 440/04, http://www.europarl.europa.eu/cmsdata/95453/regulation.PDF. Zie voor het Explanatory memorandum: http://www.europarl.europa.eu/cmsdata/95454/explanatory%20memorandum.PDF. Zie over de resolutie onder meer: Rolf Ortlep e.a., 'Nut en noodzaak van een algemene codificatie van bestuursrecht', *Netherlands Administrative Law Library 2014*, par. 4.3. Alleen 'administrative activities in strictu sensu' vallen binnen het bereik van de regeling. Van bepalingen die van toepassing zijn op normalisatie is geen sprake.

[32] Nederlandse Normalisatie-Instituut, *Statuten en Huishoudelijk Reglement*, Delft 2005.

[33] Dit geschiedt namens de desbetreffende beleidscommissie. Een beleidscommissie is belast met de voorbereiding en de uitvoering van het normalisatiebeleid en het normalisatieprogramma voor een bepaald beleidsterrein (art. 12.1 en 12.2 Statuten). Normcommissies worden door een beleidscommissie ingesteld ter uitvoering van het norma-

bepaalt echter dat deelname aan het normalisatieproces in principe slechts open staat 'voor vertegenwoordigers van erkend belanghebbende partijen, die ook bereid zijn aan de financiering bij te dragen.' Dat is een niet onbelangrijke beperking. Volgens artikel 4.5 Huishoudelijk reglement wordt bij de besluitvorming door de normcommissie gestreefd naar overeenstemming.[34] Als een norm door de normcommissie is opgesteld, wordt besloten tot vrijgave ervan voor publicatie nadat is geverifieerd 'of de voorgeschreven procedures zijn gevolgd' (artikel 3.2.4 en artikel 4.2.2 Huishoudelijk reglement van het NNI).[35]

Het 'Platform open normalisatie', een adviesgremium van NEN, heeft in samenspraak met NEN gezorgd voo de ontwikkeling van een systeem voor het inzien van normontwerpen en het indienen van commentaar daarop via een website. Zo kunnen belanghebbenden directer en goedkoper (via ICT) bij het normalisatieproces worden betrokken. Van de website www.normontwerpen.nen.nl wordt in de praktijk gebruik gemaakt door personen en organisaties die *niet* bij de totstandkoming van een norm (in een normcommissie) betrokken zijn geweest.[36]

Doorwerking van materiële beginselen, in het bijzonder het evenredigheidsbeginsel
Het evenredigheidsbeginsel is neergelegd in artikel 3:4, tweede lid, Awb. Daarin is bepaald dat de voor een of meer belanghebbenden nadelige gevolgen van een besluit niet onevenredig mogen zijn in verhouding tot de met het besluit te dienen doelen. De bestuursrechter lijkt bijna helemaal te zwijgen over eisen waaraan de normen, waarnaar de wetgever of een bestuursorgaan verwijst, zouden moet voldoen. Het Hof van Justitie zich laat evenmin uit over materiële eisen waaraan geharmoniseerde normen zouden moeten voldoen.

---

lisatieprogramma en heffen bestaande normcommissies op (art. 13.1 Statuten). Ingevolge art. 4.4.3 van het Huishoudelijk reglement beslist de desbetreffende beleidscommissie welke organisaties representatief zijn te achten en worden uitgenodigd tot het doen van een voordracht tot benoeming van een lid. Deelnemende (branche-)organisaties wordt door het NNI gevraagd de activiteiten gezamenlijk te financieren. G.J.M Evers, *Blind vertrouwen? Een onderzoek naar de toepassing van certificatie ten dienste van handhaving van wettelijke voorschriften*, Den Haag: Boom Juridische uitgevers 2002, p. 19; Stuurman 1995, p. 36-37.

[34] Indien geen overeenstemming wordt bereikt, wordt ter zake een beslissing gevraagd van de beleidscommissie.

[35] Ook dit geschiedt door de beleidscommissie. Zij houdt ingevolge art. 3.2.4 van het Huishoudelijk reglement in voorkomend geval rekening met een door een kritiekgever ingesteld beroep terzake van een bepaald belangenaspect dat deze kritiekgever wezenlijk geschaad acht. In de 'Checklist lastenarm maken normen' van NEN zijn regels over de start van een normalisatietraject, instelling en samenstelling van een normcommissie neergelegd die kunnen worden gezien als verdere uitwerking van participatieve democratie. NEN doc. nr. 2012-14, onder nrs. 1-3. Zie hierover: Neerhof 2016, p. 230-240.

[36] Zie *Kamerstukken II* 2010/11, 27406, 193, p. 6-7; Neerhof 2016, p. 201.

Afgaande op andere bronnen dan jurisprudentie, is het evenredigheidsbeginsel wel degelijk van betekenis voor normalisatie. Dit geldt overigens of de overheid er nu naar verwijst of niet. In de 'checklist lastenarm maken normen'[37], een beleidsdocument van NEN, zijn anders dan in Statuten en Huishoudelijk Reglement van NEN, meer inhoudelijke criteria opgenomen waaraan normen behoren te voldoen voordat ze worden gepubliceerd. Daarin zijn opvallend genoeg de drie elementen van het evenredigheidsbeginsel te onderkennen, zoals die worden toegepast bij de gespecificeerde toetsing door het Hof van Justitie van rechtshandelingen van de EU aan dit beginsel: geschiktheid (inclusief coherentie), noodzakelijkheid (en subsidiariteit) en evenredigheid in strikte zin.[38]

Het geschiktheidsvereiste betekent dat een maatregel passend moet zijn om het te beschermen belang of het te bereiken doel daadwerkelijk te beschermen of te realiseren. Normen zijn nuttig voor realisatie van een bepaald belang als zij technisch-inhoudelijk geschikt zijn om het ermee beoogde doel te bereiken. Voordat een norm wordt gepubliceerd, dient volgens de checklist dan ook te zijn getoetst of de norm het juiste instrument is voor het behalen van het doel dat betrokkenen ermee willen bereiken.[39]

Het noodzakelijkheids- en subsidiariteitsvereiste houdt in dat niet met minder ingrijpende middelen kan worden volstaan. In de checklist is bepaald dat de te maken keuzen in de norm dienen te zijn afgesteld op het te bereiken doel.[40] Een verhoging voor de lasten voor de gebruiker moet gerechtvaardigd zijn.[41] Waar mogelijk zal de norm geen keuze maken in de in te zetten middelen om het doel te bereiken, aldus de checklist.[42]

Ten slotte is er het evenredigheids- of proportionaliteitsvereiste 'in strikte zin'. Dat vereiste houdt voor normen in dat er evenwicht moet zijn tussen de met een norm te dienen doelen en de nadelige gevolgen ervan. De checklist bepaalt dat bij de vaststelling van een norm 'een weloverwogen keus' wordt gemaakt voor de te maken afspraken. Een norm mag niet leiden tot niet gerechtvaardigde verhoging van de (administratieve en nalevings)lasten voor de

---

[37] NEN doc. nr. 2012-14.
[38] Zie hierover bijv.: Rob Widdershoven, 'Exceptieve toetsing in een responsief bestuursrecht', *NTB* 2018/5, p. 188-189; conclusie van staatsraad advocaat-generaal Widdershoven 22 december 2017, ECLI:NL:RVS:2017:3557, onder punt 7.8; J. Gerards, 'Het evenredigheidsbeginsel van art. 3:4 lid 2 Awb en het Europese recht', in: T. Barkhuysen e.a. (red.), *Europees recht effectueren*, Alphen aan den Rijn: Kluwer 2007, p. 73-113, inclusief verwijzingen naar jurisprudentie van het Hof van Justitie. Zie over de Nederlandse bestuursrechtspraak: Gerards 2007, p. 98-106.
[39] Dit moet geschieden door de beleidscommissie. NEN doc. nr. 2012-14, onder nr. 1. Vgl. W. Witteveen, *De wet als kunstwerk. Een andere filosofie van het recht*, Amsterdam: Boom 2015, p. 308-329.
[40] NEN doc. nr. 2012-14, nr. 2.
[41] NEN doc. nr. 2012-14, nr. 7. Zie voorts de nrs. 4, 5, 6 en 8.
[42] NEN doc. nr. 2012-14, nr. 10.

gebruiker.[43] De lasten dienen in een gezonde verhouding te staan tot het te bereiken doel.[44]

5. Beginselen van behoorlijke normalisatie: een wenkend perspectief?

Normalisatie heeft verwantschap met overheidsregelgeving.[45] Normalisatie kan – zoals in paragraaf 2 is beschreven – bovendien een directe relatie hebben met overheidsregelgeving of met besluiten van bestuursorganen. De verkenning in de vorige paragraaf van overheids- en interne regelgeving en jurisprudentie over beginselen en regels waaraan normalisatie en de inhoud van normen dan zou dienen te voldoen, heeft een beperkte oogst opgeleverd.

Ontwikkelingen in wetgeving en wetenschap op het gebied van beginselen van behoorlijke *regelgeving* zouden ons misschien verder kunnen brengen, althans als het gaat om gedachtevorming over beginselen voor het normalisatieproces als een relatie met overheidsoptreden is beoogd. In Nederlandse bestuursrechtelijke wetgeving is echter weinig geregeld dat specifiek betrekking heeft op beginselen van regelgeving.[46] Zowel de burgerlijke als de bestuursrechter toetsen algemeen verbindende voorschriften in voorkomende gevallen niet rechtstreeks aan algemene beginselen van behoorlijk bestuur en algemene rechtsbeginselen.[47] Dat maakt misschien des te begrijpelijker waarom er weinig aandacht is voor de doorwerking van deze beginselen op normalisatie als naar normen in regelgeving wordt verwezen of als normen door bestuursorganen in hun besluitvorming worden toegepast. Het helpt ons echter niet verder. In de rechtswetenschap in Nederland is er inmiddels meer aandacht voor beginselen van regelgeving.[48] Mogelijk gaat dat nieuwe perspectieven voor het denken over normalisatie opleveren.

Op het niveau van de EU lijkt de gedachtevorming over regelgeving verder te zijn. Dat kan ook voor het denken over normalisatie die een relatie heeft met overheidshandelen interessant zijn. Het Research Network on EU Administrative Law (ReNEUAL), een netwerk van bestuursrechtwetenschappers, heeft in 2014 voorstellen gepubliceerd voor algemene regels van bestuursrecht voor

---

[43] NEN doc. nr. 2012-14, nr. 2.
[44] NEN doc. nr. 2012-14, nr. 7. Zie voorts nr. 6. Zie voor de aanleiding tot de checklist en het daarin opgenomene over lasten: *Kamerstukken II* 2010/11, 27 406, nr. 193, p. 6.
[45] Vgl. M. Scheltema, 'Internationale regelgeving buiten de staten om: de behoefte aan bestuursrechtelijke beginselen voor regelgeving', *NTB* 2014/8, p. 238-239, 241.
[46] In Nederland hebben we vooral 'beschikkingenbestuursrecht'.
[47] Zie noot 28.
[48] Zie: Y.E. Schuurmans, *Van bestuursrechtelijke detailhandel naar maakindustrie*, Leiden: Universiteit Leiden 2015. Vooralsnog lijkt die aandacht in niet geringe mate naar rechtsbescherming uit te gaan. Zie: W.J.M. Voermans e.a., *Algemene regels in het bestuursrecht* (VAR-reeks 158), Den Haag: Boom Juridische uitgevers 2018. Zie echter over inspraak en bestuursregelgeving reeds: R.L. Vucsán, *Bestuursregelgeving en inspraak*, Deventer: Kluwer 1995.

handelingen van instellingen, organen, instanties, bureaus en agentschappen van de EU. Dit geschiedde in de vorm van 'Model Rules on EU Administrative procedure'.[49] Eén van de boeken (boek II) van deze Model rules bevat regels die van toepassing zijn op bestuurlijke regelgeving van de EU ('administrative rulemaking').[50] Het boek kent bepalingen over:
- bekendmaking van een voornemen tot vaststelling van bindende regels,[51]
- zorgvuldig en onpartijdig onderzoek, in het bijzonder naar de gevolgen van regelgeving, bij de voorbereiding van een besluit,[52]
- consultatie en participatie van een ieder, maar in het bijzonder van personen die waarschijnlijk door het besluit zullen worden geraakt,[53] en
- transparantie over hoe met de inbreng van deskundigen en belangengroepen rekening is gehouden, en indien van toepassing, tot welke aanpassingen zij hebben geleid.[54]

---

[49] Vastgesteld op basis van regels, praktijk en jurisprudentie op EU-niveau en op bestuursrechtelijke tradities in de lidstaten. http://www.reneual.eu. Zie art. I.1 en I.4, onder (1) en (5), ReNEUAL Model Rules on EU Administrative Procedure voor het toepassingsbereik.

[50] ReNEUAL Model Rules on EU Administrative Procedure Book II – Administrative Rulemaking (Drafting Team Book II: Deirdre Curtin, Herwig C. H. Hofmann, Joana Mendes), 2014, http://www.reneual.eu, onder Projects and Publications, onder Book II – Administrative Rule-Making. De regels zijn van toepassing op bestuurlijke regelgeving, mits zij geen wetgevingshandelingen van de Unie zijn (verordeningen en richtlijnen). Zij zijn wel van toepassing op a. Handelingen van de Commissie als bedoeld in art. 290 of 291 VwEU en b. juridisch bindende niet-wetgevingshandelingen van EU instellingen, organen, bureaus en agentschappen die zijn vastgesteld op basis van verdragsbepalingen of wetgevingshandelingen (art. II.1, eerste lid). Zij zijn niet van toepassing op handelingen van het Hof van Justitie van de Europese Unie die het in de hoedanigheid van rechter verricht (art. II-1, tweede lid).

[51] Art. II-2. Het feitelijke onderzoek waarop de regel berust wordt beschikbaar gesteld bij publicatie van het ontwerp, aldus art. II-4, tweede lid, onder c.

[52] Art. II-3. Regelgeving dient te zijn gebaseerd op een volledig en onpartijdig onderzoek naar de relevante feiten en betrokken belangen. Een regel dient in beginsel 'evidence-based' te zijn. Er dient een impact assessment van de regel op de (inbreuk op) fundamentele rechten, de samenleving, de economie en het milieu plaats te vinden. Als deskundigen en/of belangengroeperingen zijn geraadpleegd, moeten zij worden genoemd.

[53] Art. II-4, eerste tot en met derde en vijfde lid. Ten behoeve van die consultatie dient een open uitnodiging op een centrale EU-website aan iedere persoon om elektronisch commentaar in te zenden, plaats te vinden. Zij dienen te worden uitgenodigd om commentaar te leveren. De gedachte is dat de procedure zo moet zijn ingericht dat geen enkele maatschappelijke groepering eenzijdig het proces van regelgeving kan beïnvloeden. ReNEUAL Model Rules on EU Administrative Procedure Book II – Administrative Rulemaking, C. Explanations, p. 59-60

[54] Art. II-4 en art. II-5, eerste en tweede lid. In het rapport dat de regelgever na consultatie opstelt, dient te worden gemotiveerd of en hoe met opmerkingen die zijn gemaakt tijdens de consultatie, rekening is gehouden of waarom deze buiten beschouwing zijn gelaten. Ingevolge art. II-5, vijfde lid, moet het voorstel opnieuw in consultatie worden

Model rules als deze zijn procedureel van karakter. Opmerkelijk is dat het team dat boek II redigeerde uitdrukkelijk aandacht heeft besteed aan de vraag of de rules ook toepasselijk zouden moeten zijn op private regulering. Het team betoogt: 'Private regulatory acts, are an important category of rulemaking and should, in principle, be included in the scope of application of Book II, especially when as a private entity's acts they will be given the authority of public law e.g. by reference in legislation to a standard set by the industry, science or a standardisation organisation.'[55] De stap naar toepasselijkheid van de regels op normen waarnaar in wetgeving wordt verwezen wordt echter bewust (nog) niet gezet. Zij zou vragen oproepen die nader moeten worden besproken. Zij zou aanpassingen vereisen die niet volledig in overweging konden worden genomen.[56] Is er een vrees dat aan de kracht van normalisatie, die is gelegen in gebruikmaken van expertise van private partijen en het nemen van verantwoordelijkheden door henzelf, afbreuk zou kunnen worden gedaan? Te grote voorzichtigheid lijkt in ieder geval niet op haar plaats waar het gaat om geharmoniseerde normen die worden opgesteld ter uitwerking van EU-productregelgeving. Het Hof van Justitie heeft in het arrest-James Elliott, dat in 2016 is gewezen, uitdrukkelijk overwogen dat dergelijke normen deel uitmaken van de rechtsorde van de Unie.[57] Met de reeds genoemde Normalisatieverordening is bovendien een stap gezet naar het stellen van juridische voorwaarden waaraan Europese normen, waaronder geharmoniseerde normen die ter uitwerking van EU-harmonisatiewetgeving worden vastgesteld, zouden moeten voldoen.

Wat van het voorgaande ook van zij, de genoemde Model rules kunnen samen met interne regels en het beleid van normalisatie-instellingen (zoals die van NEN) handvatten bieden voor verdere uitwerking van beginselen die op normalisatie van toepassing zijn als een overheidsorgaan er in regelgeving naar verwijst of deze in besluitvorming toepast.[58]

De vraag die resteert is in hoeverre de rechter een prominentere rol kan vervullen bij beoordeling of normen waarnaar de wetgever verwijst of die een bestuursorgaan in zijn besluitvorming toepast, in overeenstemming zijn met doel en strekking van toepasselijke regelgeving en of zij voldoen aan maatstaven van

---

gebracht, als de commentaren tot een wezenlijke wijziging hebben geleid. Zie over boek II, mede in vergelijking met de Awb: Schuurmans 2015, p. 19-20 inclusief verwijzingen; F.J. van Ommeren & C.J. Wolswinkel, 'Naar een Algemene wet bestuursrecht voor de EU', *NTB* 2014/7, p. 191-192.
55 ReNEUAL Model Rules on EU Administrative Procedure Book II – Administrative Rulemaking, C. Explanations, p. 50.
56 ReNEUAL Model Rules on EU Administrative Procedure Book II – Administrative Rulemaking, C. Explanations, p. 50.
57 HvJEU 27 oktober 2016, ECLI:EU:C:2016:821, par. 34.
58 Nu worden criteria waarnaar wordt verwezen soms in bijzondere wetgeving genoemd, maar meestal niet. Ook interne regelgeving van andere normalisatie-instellingen zou aan het ontwikkelen van de genoemde beginselen overigens kunnen bijdragen, maar daar heb ik geen onderzoek naar gedaan.

zorgvuldigheid, participatie en evenredigheid. In het eerdere genoemde arrest-James Elliott heeft het Hof uitgemaakt dat het ingevolge artikel 267 VWEU bevoegd is om een gepubliceerde geharmoniseerde norm die op verzoek van de Commissie ter uitwerking van EU-productregelgeving is vastgesteld uit te leggen in een prejudiciële beslissing.[59] Het is aannemelijk dat het Hof zich ook bevoegd zal achten te oordelen over *geldigheid* van de geharmoniseerde normen ofwel hun verenigbaarheid met hoger EU-recht.[60] Maar indringende toetsing van totstandkoming van geharmoniseerde normen aan eisen die artikel 5 Normalisatieverordening stelt met betrekking tot vertegenwoordiging en deelname van belanghebbenden, valt niet te verwachten. De bewoordingen van deze bepaling zijn vaag. Verdere concretisering van eisen aan participatie lijkt noodzakelijk.

De nationale rechter zou normen waarnaar een overheidsorgaan in regelgeving verwijst of die door een bestuursorgaan in besluiten worden toegepast meer kunnen toetsen aan overeenstemming met doel en strekking van de toepasselijke regelgeving en met beginselen van zorgvuldigheid en evenredigheid als burgers geschillen over de rechtmatigheid van deze normen vaker aan hem voorleggen. Dat gebeurt nu nauwelijks. Zijn er belemmeringen om geschillen hierover aan de rechter voor te leggen? Missen burgers en bedrijven of hun rechtshulpverleners daarvoor kennis en vaardigheden?[61]

Ik rond af. In wetgeving wordt regelmatig naar normen verwezen en zij worden regelmatig toegepast in besluitvorming van bestuursorganen. Dat vraagt om waarborgen voor overeenstemming van de normen met doel en strekking van de toepasselijke regelgeving en voor het proces van normalisatie. Algemene beginselen van behoorlijk bestuur werpen dan hun schaduw vooruit op het normalisatieproces. Voor deze zaken is tot voor kort maar mondjesmaat aandacht geweest, maar inmiddels lijkt het tij in ieder geval op het niveau van de Europese Unie te keren. Of de rechter een belangrijke rol kan vervullen bij het beoordelen van rechtmatigheid van normen op overeenstemming met toepasselijke regelgeving en het uitwerken van beginselen waaraan normalisatie die is opgenomen

---

[59] HvJ EU 27 oktober 2016, ECLI:EU:C:2016:821 (James Elliott Constr./Irish Asphalt. Zie ook HvJ EU 14 december 2017, ECLI:EU:C:2017:971 (Anstar).

[60] Art. 267 VWEU maakt geen onderscheid tussen beide bevoegdheden. Zie over het arrest: A.C.M. Meuwese, 'Particuliere geharmoniseerde normen: het HvJ EU gunt zichzelf rechtmacht', *AA* 2017/4, p. 327-331; Annalisa Volpato, 'A. Court of Justice The harmonized standards before the ECJ: James *Elliott* Construction', *Common Law Review* 2017, p. 591–603; P.W.J. Verbruggen, 'Het PIP-schandaal voor het HvJ EU en de constitutionalisering van private regulering', *NJB* 2017/18, p. 1248; A.R. Neerhof, 'Weinig ruimte voor private keurmerken onder de Verordening bouwproducten (Deel II). Hoe marktdeelnemers beperkingen worden opgelegd', *Tijdschrift voor Bouwrecht* 2017/3, p. 205-206.

[61] Zie A.R. Neerhof, *Zichtbare handen bij zelfregulering op markten*, Amsterdam: Vrije Universiteit Amsterdam 2018, p. 10-11.

in regelgeving of die door bestuursorganen wordt toegepast dient te voldoen, is echter de vraag.

Johan Wolswinkel[*]

74 | Verdelingsrecht en algemeen bestuursrecht. Naar een Algemeen Deel Verdelingsrecht?

@J_Wolswinkel – Bestuursrechtelijke interesse in wetenschap en praktijk voor de verdeling van individuele schaarse rechten betekent nog geen interesse voor de verdelende functie van het bestuursrecht als zodanig. Nu is daarom eerst de verdelende functie van algemene regels aan de beurt #verdelingsrecht #schaarse-rechten #algemeen-bestuursrecht

1. Inleiding

In 2011 stemde een meerderheid van de aanwezigen op de VAR-jaarvergadering voor de stelling van preadviseur Schuyt dat de verdelende functie van het bestuursrecht, juist in het digitale tijdperk, afzonderlijke aandacht van de bestuursrechtswetenschap verdient.[1] Op iets minder enthousiasme (of begrip) kon zijn hiermee samenhangende stelling rekenen dat de individualiserende tendens van digitalisering een hernieuwde bezinning vereist op de ordenend-normerende functie van het bestuursrecht, tot uitdrukking komend in een Algemeen Deel Bestuursrecht.[2] Aanleiding voor beide stellingen was het vermoeden dat maatschappelijke processen van individualisering en digitalisering een verschuiving veroorzaken in het gewicht dat toekomt aan de verschillende functies van het bestuursrecht, in het bijzonder tussen de ordenende functie (het stellen van algemene regels) en de verdelende functie.[3]

---

[*] Prof. mr. C.J. Wolswinkel is hoogleraar Bestuursrecht, markt & data aan Tilburg University.
[1] De VAR-annalen vermelden als geschatte stemmingsuitslag: 40 à 45 stemmen voor, 1 stem tegen en 25 onthoudingen (VAR Vereniging voor Bestuursrecht, *De digitale overheid. Verslag van de algemene vergadering gehouden op 20 mei 2011* (VAR-reeks 147), Den Haag: Boom Juridische uitgevers 2012, p. 73).
[2] Naar schatting was sprake van 40 stemmen voor, 10 à 15 stemmen tegen en 40 à 45 onthoudingen (VAR Vereniging voor Bestuursrecht 2012, p. 73).
[3] C.J.M. Schuyt, 'Overheid en burger in het digitale tijdperk: een vergelijking met vele onbekenden', in: M.M. Groothuis, J.E.J. Prins en C.J.M. Schuyt, *De digitale overheid* (VAR-reeks 146), Den Haag: Boom Juridische uitgevers 2011, p. 126-131. Schuyt spreekt in zijn preadvies afwisselend van 'ordenend-normerende functie', 'normerend-ordenende functie' en 'normerende, ordenende functie' om het stellen van algemene regels aan te duiden. In deze bijdrage wordt consequent gesproken van 'ordenende functie', omdat 'normerende functie' te weinig onderscheidend vermogen heeft om de verschillende functies van het bestuursrecht aan te duiden (vgl. P. de Haan, Th.G. Drupsteen en R. Fernhout, *Bestuursrecht in de sociale rechtsstaat. Deel 1*, Deventer: Kluwer 2001, p. 46).

Inmiddels zijn we zeven jaar verder en is het door Schuyt bepleite Algemeen Deel Bestuursrecht nog steeds niet verschenen. Wel bestaat al enige tijd, zelfs voor 2011, uitgebreide belangstelling voor de verdelende functie van het bestuursrecht. Deze aandacht, niet alleen in de bestuursrechtswetenschap maar juist ook in de bestuursrechtspraktijk, richt zich in het bijzonder op de verdeling van schaarse rechten: welke normen zijn van toepassing op de verlening van individuele publiekrechtelijke rechten, zoals vergunningen en subsidies, als het aantal aanvragers groter is dan het aantal beschikbare rechten? Deze bijdrage schetst hoe dit bestuursrechtelijke 'verdelingsrecht' zich in de afgelopen 25 jaar heeft ontwikkeld onder invloed van de Algemene wet bestuursrecht (Awb), om vervolgens na te gaan hoe de verdelende functie van het bestuursrecht verder gestalte kan krijgen en wat de betekenis van de Awb daarbij kan zijn.

2. 25 jaar verdelingsrecht in vogelvlucht

2.1 Wisselwerking tussen theorie en rechtspraak

In de bestuursrechtswetenschap kan de aandacht voor de verdelende functie van het bestuursrecht in de afgelopen 25 jaar grofweg worden onderscheiden in drie fasen. Het eerste decennium na inwerkingtreding van de Awb (1994-2004) wordt gekenmerkt door stilte voor de storm, vervolgens brengt een VU-oratie over schaarse vergunningen het water langzaam in beweging (2004-2009),[4] waarna een stortvloed aan publicaties over de verdeling van schaarse rechten bestuursrechtelijk Nederland overspoelt in het laatste decennium (2009-2019).[5]

De bestuursrechtspraak laat een vergelijkbare ontwikkeling zien. Hoewel schaarse rechten zeker geen nieuw verschijnsel vormen,[6] is de jurisprudentie over schaarse rechten in het eerste decennium na 1994 gefragmenteerd per bijzonder rechtsgebied, zoals het telecommunicatierecht. Vervolgens worden de eerste stappen gezet naar op de verdeling toegespitste eisen die de bestuurs-

---

[4] F.J. van Ommeren, *Schaarse vergunningen. De verdeling van schaarse vergunningen als onderdeel van het algemene bestuursrecht*, Deventer: Kluwer 2004.
[5] De literatuur over schaarse rechten is inmiddels niet meer schaars te noemen. Voor een overzicht van de belangrijkste literatuur tot en met 2016, zie voetnoot 4 van de conclusie van staatsraad advocaat-generaal Widdershoven van 25 mei 2016, ECLI:NL: RVS:2016:1421 *(speelautomatenhal Vlaardingen)*
[6] Zie reeds A.M. Donner, *Nederlands bestuursrecht. Algemeen deel*, Alphen aan den Rijn: N. Samson 1953, p. 221: 'Soms echter doet zich de merkwaardigheid voor, dat niet ieder een vergunning kan krijgen. Er is bijv. maar een bepaald contingent te verdelen en wie komt, nadat dit contingent is uitgeput, vist — hoe onberispelijk zijn geval ook wezen moge — achter het net. [...] Het merkwaardige is daar, dat op zichzelf geheel gelijkliggende gevallen niet gelijk worden behandeld en met recht, omdat men nu eenmaal — waar niet is — zijn recht verliest.'

rechter afleidt uit (nieuwe) algemene rechtsbeginselen, zoals transparantie,[7] waarna deze ontwikkeling vanaf 2009 meer gestructureerd gestalte krijgt. Aanvankelijk vervult het College van Beroep voor het bedrijfsleven een belangrijke rol met zijn standaardoverweging dat aan de besluitvorming met betrekking tot een schaarse ontheffing, mede uit een oogpunt van rechtszekerheid, zware eisen moeten worden gesteld.[8] Deze katalyserende rol wordt vanaf 2016 overgenomen door de Afdeling, met name door een uitspraak van de grote kamer in *speelautomatenhal Vlaardingen* die wordt voorafgegaan door een conclusie van advocaat-generaal Widdershoven en daarmee blijk geeft van bestaande interactie tussen rechtspraak en literatuur.[9] Grote winst van deze uitspraak is dat algemene regels van verdelingsrecht[10] die stap voor stap in de jurisprudentie zijn uitgekristalliseerd, worden gesystematiseerd onder de noemer van het gelijkheidsbeginsel.

2.2 De verdelende Awb-wetgever?

Welke rol heeft de Algemene wet bestuursrecht in deze 25 jaar gespeeld bij de verdeling van schaarse rechten? In 2007 wordt bij de derde evaluatie van de Awb opgemerkt dat de Awb impliciet uitgaat van een systeem van 'first come, first served' en dat andere verdelingsprocedures deels andere regels vergen dan thans in de Awb staan.[11] Voor deze stelling kan inderdaad geen expliciet bewijs worden gevonden, want in de totstandkomingsgeschiedenis van de Algemene wet bestuursrecht in 1994 ontbreekt juist afzonderlijke aandacht voor verdelingsvraagstukken. Eerder lijkt het erop dat de Awb-wetgever niet heeft stilgestaan bij de 'eigenaardigheden' van schaarse rechten in het bestuursrecht.

Bij de totstandkoming van de derde tranche van de Awb in 1998 komen verdelingsvraagstukken wel nadrukkelijk aan de orde in het kader van de subsidietitel. Titel 4.2 van de Awb voorziet namelijk in een facultatieve regeling van het subsidieplafond (afdeling 4.2.2 Awb), die voortkomt uit de behoefte om rechtszekerheid voor burgers te combineren met de noodzaak van begrotingsdiscipline.[12] Niet alleen bevat deze regeling een aantal voor de hand liggende

---

[7] Zie bijv. CBb 19 december 2007, ECLI:NL:CBB:2007:BC2460, *JB* 2008/67 (*speelautomatenhal Culemborg*), met verwijzing naar de 'beginselen' van objectiviteit, transparantie en rechtszekerheid.
[8] CBb 10 januari 2010, ECLI:NL:CBB:2010:BL3125, *AB* 2010/73, m.nt. I. Sewandono; *JB* 2010/75, m.nt. C.J. Wolswinkel (*zondagavondwinkel Heemstede*).
[9] ABRvS 2 november 2016, ECLI:NL:RVS:2016:2927, *AB* 2016/426, m.nt. C.J. Wolswinkel (*speelautomatenhal Vlaardingen*).
[10] Zie voor de ontwikkeling hiervan: C.J. Wolswinkel, *De verdeling van schaarse publiekrechtelijke rechten. Op zoek naar algemene regels van verdelingsrecht*, Den Haag: Boom Juridische uitgevers 2013.
[11] R.J.G.M. Widdershoven e.a., *De Europese agenda van de Awb*, Den Haag: Boom Juridische uitgevers 2007, p. 205.
[12] *PG Awb III*, p. 206.

besluitvormingsregels die specifiek zijn toegesneden op de verdeling van schaarse subsidies, zoals de verplichting om het subsidieplafond en de wijze van verdeling voorafgaand aan het aanvraagtijdvak bekend te maken. Ook wordt het subsidiebegrip in artikel 4:21 Awb bewust beperkt tot aanspraken op *financiële middelen*. Reden om 'subsidies in natura' uit te sluiten van de subsidietitel is dat sommige bepalingen inzake de verstrekking van financiële middelen, in het bijzonder de regels inzake het *subsidieplafond*, niet zonder meer kunnen worden toegepast op verstrekkingen in natura: indien bij die regels telkens rekening zou moeten worden gehouden met verstrekkingen in natura, zou dat de subsidieregeling in verhouding tot het belang van dergelijke verstrekkingen onevenredig compliceren.[13]

Sindsdien rijst met enige regelmaat de vraag of de besluitvormingsregels uit de Awb voldoende zijn toegesneden op de verdeling van schaarse rechten. Zo zou de bevoegdheid van artikel 4:5 Awb om een onvolledige aanvraag buiten behandeling te laten nadat de mogelijkheid tot aanvulling niet is benut, een gelijke behandeling van aanvragers in gevaar kunnen brengen.[14] De soep wordt in de praktijk echter niet zo heet gegeten als die door de wetenschap wordt opgediend. Reeds bij de totstandkoming van de subsidietitel heeft de regeringscommissaris voor de algemene regels van bestuursrecht de wijze raad meegegeven om bij de regeling van de wijze van verdeling, die immers nadrukkelijk aan de bijzondere wetgever is opgedragen, tevens een voorziening te treffen voor onvolledige aanvragen in de zin dat aanvragen worden gerangschikt op volgorde van ontvangst van de *volledige* aanvragen.[15] Een conflict hoeft dus niet te ontstaan zolang de bijzondere wetgever proactief optreedt. Toch is ook dit proactieve optreden van de bijzondere wetgever aan grenzen gebonden, met name indien zij niet samenvalt met de wetgever in formele zin.[16] Evenzo ontmoet de hardheidsclausule van artikel 4:84 Awb, die de mogelijkheid geeft om af te wijken van vooraf vastgestelde beleidsregels, kritiek in de literatuur.[17] De Afdeling neemt deze angel echter weg door te oordelen dat van bijzondere, bij het vaststellen van de beleidsregel niet verdisconteerde omstandigheden niet langer sprake kan zijn wanneer bij het opstellen van de beleidsregel bewust

---

[13] PG Awb III, p. 187.
[14] Zie bijv. A. Drahmann, *Eerlijke en transparante verdeling van schaarse besluiten. Een onderzoek naar de toegevoegde waarde van een transparantieverplichting bij de verdeling van schaarse besluiten in het Nederlandse bestuursrecht*, Deventer: Kluwer 2015, p. 350.
[15] PG Awb III, p. 179-182.
[16] Zo wordt in Rb. Rotterdam 6 januari 2011, ECLI:NL:RBROT:2011:BP0013, r.o. 2.5.5, de bepaling in een ministeriële verdelingsregeling dat een aanvraag buiten behandeling *moet* worden gelaten indien het gebrek niet binnen de hersteltermijn is hersteld, in strijd geacht met art. 4:5 Awb, terwijl in CBb 6 juni 2012, ECLI:NL:CBB:2012:BW7909, AB 2012/349, m.nt. W. den Ouden, r.o. 4.3 *(kavels A7 en A8)*, nadrukkelijk in het midden wordt gelaten of de discretionaire bevoegdheid van art. 4:5 Awb nader kan worden ingeperkt in lagere regelgeving.
[17] Zie bijv. Drahmann 2015, p. 350.

ervoor is gekozen om een bepaald element te beoordelen aan de hand van vooraf vastgestelde objectieve criteria.[18] Anders dan via deze objectieve criteria kan dus niet langer aan dit element worden voldaan. Meest opvallend is wellicht de uitleg die de Afdeling in de *Holland Opera*-uitspraak geeft aan de eis van een deugdelijke motivering (artikel 3:46 Awb): indien de rangorde van aanvragen mede wordt bepaald door de beoordeling van andere aanvragen, moet de motivering van de afwijzing van de eigen aanvraag ook inzicht verschaffen in de beoordelingen van aanvragen die hoger in de rangorde zijn geëindigd.[19] De Afdeling geeft hier dus aan het in de Awb gecodificeerde motiveringsbeginsel een interpretatie die specifiek is toegesneden op de verdeling van schaarse rechten, in het bijzonder schaarse subsidies.[20]

Al met al voegen de besluitvormingsbepalingen van de hoofdstukken 3 en 4 van de Awb zich dus vrij eenvoudig en flexibel naar het schaarse karakter van het recht.[21] Ten aanzien van het bestuursprocesrecht lijkt eenzelfde conclusie te kunnen worden getrokken.[22] Omdat diverse relevante bepalingen uit de Awb bovendien voldoende ruimte laten voor afwijkend of aanvullend optreden door de bijzondere wetgever, staat de Awb niet in de weg aan besluitvorming die specifiek is toegespitst op de verdeling van schaarse rechten. Tegelijk moet worden geconstateerd dat de Algemene wet bestuursrecht geen leidende rol vervult, maar hooguit faciliterend is als het gaat om de invulling van het verdelingstraject.

3. Grenzen aan het verdelingsrecht?

3.1 Niet alles is verdelingsrecht ... of toch wel?

Het vertrekpunt bij de theorievorming over de verdelende functie van het bestuursrecht vormt doorgaans de verdeling van schaarse rechten over individuele aanvragers. Hiervan is sprake indien het aantal te verlenen rechten vooraf is beperkt tot een kwantitatief maximum. Aanvankelijk vormen de Unierechtelijke verkeersvrijheden een belangrijke impuls voor de ontwikkeling van een algemeen verdelingsregime. Dit Unierechtelijke verdelingsregime, dat deels zijn wortels heeft in het Unierechtelijke aanbestedingsrecht en inmiddels is verfijnd in de Dienstenrichtlijn, heeft echter een beperkte reikwijdte, omdat het alleen

---

[18] ABRvS 24 april 2013, ECLI:NL:RVS:2013:BZ8429, *AB* 2013/327, m.nt. C.J. Wolswinkel *(VSO)*.
[19] ABRvS 15 juli 2015, ECLI:NL:RVS:2015:2258, *AB* 2016/453, m.nt. W. den Ouden *(Holland Opera)*.
[20] De Afdeling verwijst voor haar opvatting namelijk ook naar art. 4:25 lid 3 Awb, dat uitsluitend betrekking heeft op schaarse subsidies.
[21] Zie reeds C.J. Wolswinkel, 'Schaarse publiekrechtelijke rechten. Een algemeen leerstuk gerelativeerd', *NTB* 2014/7, afl. 1/2, p. 64.
[22] Zie J.M.J. van Rijn van Alkemade, *Effectieve rechtsbescherming bij de verdeling van schaarse publieke rechten*, Den Haag: Boom Juridische uitgevers 2016, p. 172.

van toepassing is op schaarse vergunningen voor economische activiteiten.[23] Het nationaalrechtelijke verdelingsregime dat de Afdeling vervolgens eind 2016 in *speelautomatenhal Vlaardingen* heeft ontwikkeld, gaat een stap verder en is ook van toepassing op schaarse vergunningen voor niet-economische activiteiten en zelfs op andere schaarse rechten dan schaarse vergunningen.[24] Sterker nog: ook schaarse 'subsidies in natura' zouden kunnen worden onderworpen aan dit verdelingsregime van de Afdeling.

De grenzen van het bestuursrechtelijke verdelingsrecht zijn hiermee echter nog niet bereikt. Naast de ideaaltypische verdeling van schaarse rechten kan immers ook sprake zijn van de verlening van 'rechten met schaarse effecten'. Hiervan is sprake indien het aantal rechten weliswaar niet op voorhand is beperkt tot een maximum, maar inherent aan het betreffende publiekrechtelijke recht is dat het niet oneindig kan worden verleend. Zo kan het cumulatie-effect van bepaalde activiteiten meebrengen dat toch een impliciete bovengrens geldt voor het aantal vergunningen dat voor die activiteit kan worden verleend.[25] Tot dezelfde categorie kunnen begrotingssubsidies en incidentele subsidies worden gerekend. De verlening van deze subsidies hoeft volgens de Awb niet te berusten op een wettelijke grondslag[26] en kan in dat geval niet aan een subsidieplafond worden onderworpen.[27] Weliswaar is in die gevallen het aantal beschikbare rechten op voorhand niet expliciet beperkt tot een maximum, maar toch geldt een inherente beperking voor het aantal rechten dat kan worden verleend. Het schaarse karakter van deze rechten zou explicieter kunnen worden gemaakt door de impliciete bovengrens te kwantificeren. Indien dit niet gebeurt (en de eisen inzake de verdeling van schaarse rechten niet worden toegepast), leidt dit tot een gebrek in de besluitvorming.

Bovenstaande uitbreiding van het verdelingsrecht is nog bescheiden, omdat een impliciete verdeling van schaarse rechten slechts expliciet wordt gemaakt. Van Ommeren heeft echter meermalen de stelling verdedigd dat bestuursrecht in de kern verdelingsrecht is. Die verdelende rol van het bestuur hoeft niet alleen tot uitdrukking te komen in de toekenning van individuele schaarse rechten, maar kan ook spelen bij meer algemene keuzes en prioriteringen.[28] In zijn

---

[23] Zie hierover recent HvJ EU 30 januari 2018, C-360/15 en C-31/16, ECLI:NL:EU:C: 2018:44 (*Appingedam*).

[24] C.J. Wolswinkel, 'Concurrerende verdelingsregimes? Schaarse vergunningen onder Unierecht en nationaal recht na *Vlaardingen* en *Appingedam*', SEW 2018/7, afl. 7/8, p. 293.

[25] Vgl. M.M. van Es & C.J. Wolswinkel, 'Tussen schaarste en open einde. Eisen aan de verlening van vergunningen met schaarse effecten', Gst. 2015/51, afl. 7422, p. 60-68.

[26] Art. 4:23 lid 3 sub c en d Awb.

[27] Een subsidieplafond kan alleen worden vastgesteld indien subsidieverstrekking berust op een wettelijke grondslag (art. 4:22 Awb).

[28] Van Ommeren 2004, p. 71; F.J. van Ommeren, 'Bestuursrecht is verdelingsrecht. Iets over het onderscheid tussen publiek- en privaatrecht', in: A.A.J. de Gier e.a. (red.), *Goed*

recente conclusie over schaarse rechten in het omgevingsrecht stelt advocaat-generaal Widdershoven echter dat een bestemmingsplan geen besluit inhoudt waarin schaarse rechten worden toegekend, terwijl een omgevingsvergunning voor afwijkend gebruik in de regel evenmin een schaars recht toekent. Eisen die aan de verdeling van schaarse vergunningen worden gesteld gelden dus niet voor deze besluitvorming in het omgevingsrecht. Centraal in de argumentatie van Widdershoven staat de veronderstelling dat een recht niet schaars is als slechts één partij aan de criteria voor verlening van dat recht kan voldoen.[29] Dat is op zich waar, maar de relevante voorvraag is juist waarom slechts één partij aan die criteria kan voldoen.

Nuttig is in dit verband het onderscheid dat in het telecommunicatierecht wordt gemaakt tussen bestemmingsschaarste en verdelingsschaarste: terwijl bij verdelingsschaarste een keuze moet worden gemaakt tussen individuele aanvragers, moeten bij bestemmingsschaarste op een meer algemeen niveau keuzes worden gemaakt tussen verschillende toepassingen binnen het radiospectrum.[30] Ook bij de toekenning van bestemmingen aan andere hulpbronnen, zoals grond, water en kapitaal, kan sprake zijn van elkaar uitsluitende alternatieven, ongeacht of deze alternatieven de toekenning van schaarse rechten inhouden.[31] Vanuit die optiek zou de verdelende functie van het bestuursrecht niet beperkt moeten blijven tot de verdeling van schaarse rechten over individuele aanvragers. Wanneer bestemmingsschaarste ertoe leidt dat slechts door één partij een bepaalde activiteit kan worden verricht, is inderdaad geen sprake meer van verdelingsschaarste, maar vervult het bestuursrecht wel een verdelende rol.

Meer aandacht voor de verdelende functie van het bestuursrecht impliceert dus allereerst dat de fixatie op de ideaaltypische verdeling van schaarse rechten wordt losgelaten en dat het capaciteitseffect van elke criterium wordt onderkend, ongeacht de aanwezigheid van een plafond. Voor elk criterium geldt immers dat een grens wordt getrokken tussen partijen die wel en die niet voldoen aan dit criterium en dat zodoende de kring van potentiële houders van het recht verder wordt beperkt. In het bijzonder is meer aandacht nodig voor verdelings-

---

verdedigbaar. Vernieuwing van bestuursrecht en omgevingsrecht, Deventer: Kluwer 2011, p. 98-99.

[29] Conclusie AG Widdershoven 6 juni 2018, ECLI:NL:RVS:2018:1847, punt 4.5 (*windpark Zeewolde*).

[30] Zie voor deze terminologie de Nota frequentiebeleid 2005 en de Nota frequentiebeleid 2016. Zie uitgebreider hierover: C.J. Wolswinkel, 'Schaarse rechten in het omgevingsrecht? Een tegenconclusie voor de rechtsontwikkeling', *Tijdschrift voor Omgevingsrecht* 2018/3, p. 109-121.

[31] Zie ook het rapport *Eenvoudig vergunnen*, waarin wordt erkend dat juist de toedeling van schaarste een reden kan zijn voor een publiekrechtelijke regeling, ongeacht het instrument van algemene regel of vergunning (Taskforce Vereenvoudiging Vergunningen, *Eenvoudig vergunnen. Advies van de Taskforce Vereenvoudiging Vergunningen*, Den Haag 2005, p. 58).

regels die gelden op het niveau van bestemmingsschaarste, bijvoorbeeld bij de vaststelling van plannen, juist omdat keuzes op dat niveau kunnen doorwerken in het aantal partijen dat uiteindelijk in aanmerking kan komen voor verlening van een (schaars) recht.[32]

3.2 Rechtszekerheid, rechtsgelijkheid en innovatie: onverenigbare grootheden?

In zijn bijdrage in *RegelMaat* over de functies van de Awb (en daarmee van algemene regels van bestuursrecht) constateert Schueler dat het belang van de functies van efficiëntie van wetgeving en borging van rechtsstatelijkheid is toegenomen ten opzichte van de klassieke functies van rechtseenheid, kenbaarheid en voorspelbaarheid.[33] Wellicht moet ten aanzien van de in de rechtspraak ontwikkelde algemene regels van verdelingsrecht een vergelijkbare conclusie worden getrokken als ten aanzien van de algemene regels van bestuursrecht die in de Awb zijn gecodificeerd. Onmiskenbaar heeft de ontwikkeling van deze algemene regels van verdelingsrecht bijgedragen aan meer rechtseenheid, kenbaarheid en voorspelbaarheid van het toepasselijke verdelingsrecht – en daarmee aan meer rechtszekerheid en rechtsgelijkheid – maar de vraag is in hoeverre deze algemene regels van verdelingsrecht ook hebben bijgedragen aan een optimale verdeling, hetzij in termen van efficiëntie (kostenefficiënte verdeling) hetzij in termen van de rechtsstaat (verdelende rechtvaardigheid)?

Van groot belang is in dit verband de overweging van de Afdeling in *speelautomatenhal Vlaardingen* dat het belang van het bieden van mededingingsruimte moet worden meegenomen in de besluitvorming, maar moet worden afgewogen tegen andere belangen.[34] Hier dringt zich met name de vraag op hoe de noodzaak van transparantie vooraf, die voortvloeit uit de beginselen van gelijke behandeling en rechtszekerheid, zich verhoudt tot de wenselijkheid van flexibiliteit tijdens en na de verdeling. Wederom kan het Unierechtelijke aanbestedingsrecht hier als inspiratiebron fungeren. Waar het begrip 'innovatie' in de Dienstenrichtlijn niet voorkomt, wordt het in de Aanbestedingsrichtlijn[35] en de Concessierichtlijn[36] zelfs expliciet gedefinieerd als de toepassing van een nieuw of aanmerkelijk verbeterd product, dienst of proces, onder meer om maatschappelijke problemen te helpen op te lossen dan wel de Europa 2020-strategie te ondersteunen.[37] De Concessierichtlijn stelt niet alleen buiten twijfel dat de gunningscriteria, die verband moeten houden met het voorwerp van de con-

---

[32] Veelzeggend is in dit verband dat het eerste ontwerp van de Awb een titel reserveerde voor 'plannen', maar dat deze regeling er nog niet is gekomen.
[33] B.J. Schueler, 'De verschuivende functies van de Algemene wet bestuursrecht', *RegelMaat* 2015-6, p. 435.
[34] *Speelautomatenhal Vlaardingen*, r.o. 8.
[35] Richtlijn 2014/24/EU.
[36] Richtlijn 2014/23/EU.
[37] Artikel 4(13) Concessierichtlijn. Zie in vergelijkbare zin art. 2(22) Aanbestedingsrichtlijn.

cessie en de aanbestedende dienst geen onbeperkte keuzevrijheid mogen verschaffen, ook innovatiegerelateerde criteria kunnen omvatten.[38] Daarnaast kan de aanbestedende dienst die een offerte ontvangt waarin een innovatieve oplossing met een uitzonderlijk hoog functioneel prestatieniveau wordt voorgesteld dat door een zorgvuldig handelende aanbestedende dienst niet kon worden voorzien, *bij wijze van uitzondering* de volgorde van de gunningscriteria wijzigen om rekening te houden met de nieuwe mogelijkheden die door de innovatieve oplossing worden geboden.[39] Doorbreking van rechtsgelijkheid en rechtszekerheid is in het aanbestedingsrecht dus mogelijk ten behoeve van het hogere doel van innovatie (en daarmee een betere verdeling)! In vergelijkbare zin biedt de Aanbestedingsrichtlijn juist als het gaat om de gunning van overheidsopdrachten voor innovatieve diensten de mogelijkheid aan aanbestedende diensten om te kiezen voor andere procedures dan de standaardprocedures (openbare en niet-openbare procedure). Deze andere procedures, de mededingingsprocedure met onderhandeling, de concurrentiegerichte dialoog en het zogeheten 'innovatiepartnerschap',[40] bieden de mogelijkheid om vooraf slechts beperkte duidelijkheid te creëren over de toepasselijke criteria, juist omdat die duidelijkheid vooraf bij innovatieve toepassingen niet altijd kan worden gegeven.

Het belang van innovatie stelt dus grenzen aan de mate waarin rechtsgelijkheid en rechtszekerheid vooraf kunnen worden verwezenlijkt. In de bestuursrechtspraak wordt dit tot op zekere hoogte al erkend. Zo heeft het College aanvaard dat het in geval van innovatieve subsidieaanvragen soms onmogelijk is om vooraf een precieze aanduiding te geven van de verdelingscriteria: of een aanvraag innovatief is, zal mede afhangen van de inhoud van andere aanvragen. Daartegenover stelt het College dat minder transparantie vooraf zal moeten worden gecompenseerd door meer transparantie achteraf in de vorm van een deugdelijke motivering.[41] Ook de Afdeling stuurt hierop aan in haar *Holland Opera*-uitspraak. Juist hier kan de Algemene wet bestuursrecht dus van toegevoegde waarde zijn voor de verdeling van schaarse rechten: wanneer onvoldoende recht kan worden gedaan aan algemene regels van verdelingsrecht die uitsluitend gelden voor de verdeling van schaarse rechten, zal een invulling van algemene regels van bestuursrecht die is toegesneden op verdelingsvraagstukken, zoals de eis van een deugdelijke motivering, alsnog recht kunnen doen aan de eigen aard van schaarse rechten.

---

[38] Art. 41(2) Concessierichtlijn.
[39] Art. 41(3) Concessierichtlijn.
[40] Art. 26(3) en (4) Aanbestedingsrichtlijn.
[41] CBb 21 december 2011, ECLI:NL:CBB:2011:BU9729, *AB* 2012/63, m.nt. A. Drahmann en J.M.J. van Rijn van Alkemade.

4. Slot: naar een Algemeen Deel Verdelingsrecht of een Algemene wet verdelingsrecht?

De bovengemiddelde aandacht in de bestuursrechtswetenschap voor de verdeling van schaarse rechten is mogelijk een hype die vanzelf weer overwaait. Tegelijk is de vraag of met die hype voldoende recht is gedaan aan de afzonderlijke aandacht die volgens Schuyt (en vele VAR-leden met hem) aan de verdelende functie van het bestuursrecht zou moeten worden besteed, aangezien de verdelende functie van het bestuursrecht (veel) meer inhoudt dan de verdeling van individuele schaarse rechten.

Een andere hype in de bestuursrechtswetenschap is dat regelmatig wordt gepleit voor een regeling van een bepaald onderwerp in de Algemene wet bestuursrecht. Die hype is ook aan de verdeling van schaarse rechten niet voorbijgegaan.[42] Om echter recht te doen aan de Algemene wet bestuursrecht als bron van algemene regels van bestuursrecht, verdient het de voorkeur om eerst de bezinning op de verdelende functie van het bestuursrecht breder aan te pakken. De conclusie van advocaat-generaal Widdershoven dat het bestemmingsplan en de omgevingsvergunning (in de regel) geen schaarse rechten toekennen, heeft de deur op dit punt niet dichtgedaan. Integendeel, zijn conclusie eindigt met de terloopse opmerking dat die geen betrekking heeft op de vraag of is voldaan aan algemene, niet op de verdeling van schaarse rechten toegespitste eisen die uit het transparantiebeginsel voortvloeien.[43] Die uitgebreidere bezinning maakt dus eerst de komst van een Algemeen Deel Verdelingsrecht noodzakelijk, waarin de verdelende functie wordt gecontrasteerd met de ordenende functie van het bestuursrecht. Op basis daarvan zal moeten blijken of de Awb zich leent voor opname van algemene regels van verdelingsrecht of dat zelfs een Algemene wet verdelingsrecht is aangewezen, hetzij wegens het eigen karakter van verdelingsrecht ten opzichte van het overige bestuursrecht, hetzij omdat bestuursrecht eigenlijk verdelingsrecht is. Tot die tijd kan de bijzondere wetgever nog wel vooruit met de aansporing van de regeringscommissaris om de regeling van de wijze van verdeling proactief ter hand te nemen.

---

[42] Voorzichtig is Van Ommeren 2004, p. 77, die een regeling voor schaarse vergunningen voorspelt in de tiende tranche van de Awb. Meer concrete voorstellen bevatten A. Drahmann, 'Tijd voor een Nederlands transparantiebeginsel', in: M.J.M. Verhoeven, J.E. van den Brink en A. Drahmann, *Europees offensief tegen nationale rechtsbeginselen? Over legaliteit, rechtszekerheid, vertrouwen en transparantie* (Jonge VAR-reeks 8), Den Haag: Boom Juridische uitgevers 2010, p. 143-197; Drahmann 2015, p. 357, en specifiek voor schaarse subsidies M.J. Jacobs en W. den Ouden, 'Eerlijk zullen wij alles delen… Ontwikkelingen in de jurisprudentie over de verdeling van de subsidiepot', *JBplus* 2011-1, p. 35-58.

[43] Zie punt 5.5 (slot) van zijn conclusie van 6 juni 2018, ECLI:NL:RVS:2018:1847.

Sofia Ranchordás[*]

75 | De Awb, de deeleconomie en de platformsamenleving

@S_Ranchordás – Deze bijdrage biedt een overzicht van de juridische problemen van de deeleconomie en reflecteert op de implicaties van de platformsamenleving voor de toekomst van het bestuursrecht#*deeleconomie*#*digitalisering*#*onttrekkingsvergunning*

1. Inleiding

De deeleconomie wordt vaak beschouwd als een kind van de digitale revolutie dat ons in de laatste tien jaren de mogelijkheid heeft gegeven om onderbenutte goederen te delen, nieuwe en unieke vormen van vervoer en toerisme te ervaren en gebruik te maken van betaalbare diensten.[1] Niets is minder waar. De deeleconomie heeft altijd bestaan: we delen met onze gemeenschap om te kunnen overleven.[2] We hebben sinds het begin der tijden onze goederen, tijd en talent met anderen gedeeld en het (publiek)recht was nauwelijks betrokken bij de beslechting van conflicten in de deeleconomie.[3] Het is duidelijk dat de Algemene wet bestuursrecht niet in het leven was geroepen om informele deelinitiatieven tussen vrienden, buren en kennissen te reguleren. Derhalve zijn in deze wet geen bepalingen te vinden over de deeleconomie in haar traditionele of moderne vormen.[4] Desalniettemin is het mogelijk om een duidelijke link te leggen tussen de deeleconomie en het bestuursrecht. In de deeleconomie worden diensten aangeboden die in de traditionele economie aan een aantal eisen moeten voldoen: vergunningen voor de exploitatie van 'restaurants' moeten worden aangevraagd, bestemmingsplannen moeten worden geraadpleegd voordat een hotel ergens wordt gevestigd en verscheidene veiligheidsinspecties

---

[*] Prof. mr. dr. S.H. Ranchordás is adjunct-hoogleraar Europees en vergelijkend publiekrecht en Rosalind Franklin Fellow aan de Rijksuniversiteit Groningen.
[1] ShareNL, *Innoveren in de deeleconomie. Een inventarisatie van kansen en belemmeringen die innovatieve investeringen in de deeleconomie, op het gebied van groene groei, (on)mogelijk maken*, bijlage bij *Kamerstukken II* 2015/16, 33009; A. Stemler, 'The myth of the sharing economy and its implications for regulating innovation', *Emory Law Journal* 2017/67, p. 197-241.
[2] R. Belk, 'You are what you can access: sharing and collaborative consumption online', *Journal of Business Research* 2014/67, p. 1595-1600.
[3] Zie J. Jefferson-Jones, 'Airbnb and the housing segment of the modern 'sharing economy: are short-term rental restrictions an unconstitutional taking', *Hastings Constitutional Law Quarterly* 2015/42, p. 557-574.
[4] Zie ook S. R. Miller, 'First principles for regulating the sharing economy', *Harvard Journal on Legislation* 2016/53, p. 147-200.

moeten worden verricht om de veiligheid van een ruimte te garanderen. In de deeleconomie worden deze en andere regels omzeild en opzij gezet met het argument dat deelinitiatieven in een 'grijs gebied' plaatsvinden.

Terwijl de circulaire economie en traditionele deelinitiatieven duurzaam en vaak onproblematisch zijn, zet de digitale deeleconomie publieke waarden onder druk, vanwege de explosieve toename van de macht van digitale platformen, het omzeilen van belangrijke wet- en regelgeving (bijvoorbeeld de Huisvestingswet of de Drank- en Horecawet) en de gebrekkige bescherming van de veiligheid en de leefbaarheid van wijken in onze steden.[5] De inwoners van gemeenten met een groeiend aantal toeristen geven Airbnb de schuld van de onbetaalbare prijzen van de woningmarkt en van de door toeristen veroorzaakte overlast. Bovendien groeit met de dag het aantal uitspraken over bestuursrechtelijke vraagstukken in de platformsamenleving en de toepassingen van algemene bepalingen van de Awb op de deeleconomie, met name in het kader van de opgelegde bestuurlijke boetes.[6]

De juridische literatuur in Nederland en daarbuiten heeft tot nu toe weinig aandacht besteed aan de rol van het bestuursrecht in de deeleconomie. Toch worstelen gemeenten zoals Amsterdam of Rotterdam met onder andere overlastklachten van inwoners en de moeilijke handhaving van nationale en lokale regels op het gebied van de deeleconomie.[7] In dit hoofdstuk wordt gereflecteerd op de bestuursrechtelijke dimensie van de deeleconomie en de platformsamenleving. De nadruk wordt gelegd op een tijdeloze missie van het bestuursrecht: de bescherming van publieke waarden en de behartiging van het algemeen belang.

Deze bijdrage begint met de definitie van de deeleconomie en een overzicht van de verscheidene deelinitiatieven met bestuursrechtelijke implicaties. Daarna komt een analyse van de juridische uitdagingen van de deeleconomie aan bod. Dit hoofdstuk licht toe hoe publieke waarden onder druk worden gezet door de gebrekkige regulering van de deeleconomie. Deze bijdrage sluit af met

---

[5] J. Van Dijck, Th. Poell & M. De Waal, *De platformsamenleving: strijd om publieke waarden in een online wereld*. Amsterdam: Amsterdam University Press 2016, p. 11, 25-30. J. H. Gerards, *Grondrechten onder spanning. Bescherming van fundamentele rechten in een complexe samenleving*, Utrecht: Universiteit Utrecht 2017. Rathenau Instituut, *Eerlijk Delen. Waarborgen van publieke belangen in de deeleconomie en de* kluseconomie. Den Haag: Rathenau Instituut 2017. Zie C. W. Backes e.a. (red.), *Met recht naar een circulaire economie*, Den Haag: Boom Juridische uitgevers 2017 (p. 167-185).

[6] Op 27 september 2018 leverde een eenvoudige opdracht op www.rechtspraak.nl met de zoekterm 'Airbnb' een totaal van 33 uitspraken over Airbnb op het gebied van bestuursrecht.

[7] Zie bijv. het onderzoeksrapport Rekenkamer Amsterdam, Drukte en leefbaarheid in de stad, Amsterdam: Rekenkamer, beschikbaar op https://www.rekenkamer.amsterdam.nl/wp-content/uploads/2016/12/ Onderzoeksrapport-Drukte-en-Leefbaarheid-in-de-stad_met-kaft_DEF.pdf.

een reflectie over de toekomst van de platformsamenleving en de rol van het bestuursrecht daarin.

2. De deeleconomie: definitie en modus operandi

De deeleconomie wordt vaak geassocieerd met Airbnb, Uber, AirDnD en andere vergelijkbare platformen die de zogenaamde '*peer-to-peer*-diensten' bemiddelen. Op Airbnb worden overnachtingen in huizen, gastkamers, boten en zelfs boomhutten van particulieren geadverteerd. Hobbykoks kunnen via de platformen AirDnD of Eatwith hun maaltijden aanbieden in hun 'huiskamer-restaurants'. Op andere wellicht minder bekende platformen kunnen consumenten gereedschappen, auto's en kleding ruilen en delen. Deze platformen bemiddelen de reservering en betaling van diensten en beheren de online beoordeling van transacties en gebruikers. De meeste platformen verrichten geen inspecties van de faciliteiten die op hun websites worden geadverteerd. Individuen die gebruik willen maken van deze diensten kunnen enkel vertrouwen op de beschrijving van de goederen of diensten, de geadverteerde foto's en de recensies en ratings die door voormalige 'klanten' worden geschreven.

Koen Frenken definieert de deeleconomie als 'het fenomeen dat consumenten elkaar gebruik laten maken van hun onbenutte goederen (*idle capacity*) tegen betaling'.[8] Een veelvoorkomend voorbeeld is een gastkamer in een eengezinswoning die nauwelijks wordt gebruikt. Door het tijdelijk verhuren van de gastkamer op een digitaal platform zoals Airbnb of Wimdu kan de eigenaar van de woning haar hypotheek makkelijker terugbetalen en betaalbare accommodatie bieden aan een jonge toerist. Het is begrijpelijk waarom meerdere Nederlandse gemeenten beleid hebben ingevoerd dat de mogelijkheid biedt om een deel van een huis te verhuren aan toeristen voor een beperkt aantal dagen per jaar zolang er geen overlast wordt veroorzaakt en de verhuurders hun hoofdverblijf hebben op het adres van de verhuurde woning.

De Europese Commissie heeft in de Mededeling 'Een Europese agenda voor de deeleconomie' van juni 2016 een bredere definitie gegeven van de deeleconomie, waarin de nadruk wordt gelegd op de bedrijfsmodellen van de platformsamenleving: de deeleconomie verwijst naar 'bedrijfsmodellen waarin activiteiten worden gefaciliteerd door deelplatforms die een open marktplaats tot stand brengen voor het tijdelijke gebruik van (vaak door particulieren aangeboden) goederen of diensten'.[9] In deze mededeling benadrukte de Europese

---

[8] K. Frenken, T. Meelen, M. Arets, P. van de Glind, 'Wat is nu eigenlijk deeleconomie?', *Me Judice* 27 maart 2015, www.mejudice.nl. Zie ook K. Frenken, *Deeleconomie onder één noemer*, www.uu.nl/sites/default/files/20160211-uu_oratie-frenken.pdf.
[9] Mededeling van de Commissie aan het Europees Parlement, de Raad, het Europees Economisch en Sociaal Comité en het Comité van de Regio's, 'Een Europese Agenda voor de deeleconomie', *COM* (2016) 356.

Commissie de economische voordelen van de deeleconomie en haar innovatieve karakter.

In deze bijdrage worden transacties gekwalificeerd als onderdeel van de digitale deeleconomie indien zij worden gekenmerkt door de volgende elementen: het deelinitiatief vindt plaats (i) tussen particulieren (P2P); (ii) met het oog op het tijdelijke gebruik van een onderbenut goed of het sporadische verlenen van een dienst; (iii) tegen betaling; (iv) en met de bemiddeling van een digitaal platform. Deze definitie van de deeleconomie sluit een aantal platformen met een commercieel karakter uit. Op Ebay worden goederen niet gedeeld maar verkocht. Op Booking.com vinden transacties plaats tussen professionals (hotels) en consumenten ('business-to-consumer') en niet tussen particulieren en 'prosumenten', met andere woorden, individuen die op een sporadische en informele basis diensten verlenen aan andere particulieren. Het bekendste voorbeeld dat ook door de bovengenoemde definitie buiten beschouwing wordt gelaten, is het controversiële platform Uber.[10] Dit bedrijf doet meer dan enkel de bemiddeling van vraag en aanbod van diensten. Uber speelt een actieve en bepalende rol in de bemiddeling van transacties. Zoals het Hof van Justitie van de Europese Unie heeft uitgelegd in december 2017, oefent Uber controle uit op verschillende relevante aspecten van een stedelijke vervoersdienst en is dit bedrijf daarom niet enkel een bemiddelaar maar een vervoersonderneming met een vergunningsplicht.

Hoewel Uber, Ebay, Booking.com en sociale media-platformen zoals Facebook geen onderdeel zijn van de deeleconomie, is het belangrijk om toe te lichten dat deze bedrijven (net als Airbnb) voorbeelden zijn van het fenomeen 'platformeconomie' en de platformsamenleving. In de huidige economie constateren we dat diensten grotendeels door digitale platformen met grote hoeveelheden informatie (lees: persoonsgegevens) worden verleend, niet alleen aan consumenten maar ook aan bestuursorganen. *Smart cities*, oftewel steden die slimme publieke diensten verlenen (bijvoorbeeld, Amsterdam en Eindhoven) zijn een goede illustratie van de breedte van de platformsamenleving. Slimme steden maken vaak gebruik van verschillende digitale platformen om betere en snelle diensten te leveren aan hun inwoners en bezoekers.

De deeleconomie is enkel een klein deel van de platformsamenleving waar een aantal grote en kleine spelers geld verdient met het adverteren van P2P-diensten. Het succes van deze bedrijven is vaak uitgelegd aan de hand van het gemak waarmee individuen hun diensten kunnen adverteren en verkrijgen. Toch betekent dit vaak dat een groot aantal regels en belangen van derden niet gerespecteerd worden.

---

[10] In Nederland wordt de vergunningsplicht van Uber-chauffeurs benadrukt en gehandhaafd sinds 2014, zie de uitspraak van het CBb 8 december 2014, ECLI:NL:CBB:2014:450.

3. De deeleconomie en het bestuursrecht

In de deeleconomie worden in theorie een aantal regels geschonden elke keer dat iemand de deuren van zijn huis opent aan toeristen en hen een verblijf, een glas wijn of een diner tegen betaling aanbiedt. In de praktijk gaan de meeste uitspraken met betrekking tot de deeleconomie over één probleem: de exploitatie van illegale hotels zonder de vereiste vergunningen en in strijd met het beleid van gemeenten over toeristische verhuur.

De onttrekking van woningen aan de woningmarkt zonder onttrekkingsvergunning is op de huidige huizenmarkt een aanmerkelijk probleem geworden. De onttrekking van woningen aan het reeds schaarse aanbod van betaalbare huisvesting is in strijd met de Huisvestingswet en regionale of gemeentelijke huisvestingsverordeningen. Een vergunning wordt vereist wanneer iemand de bestemming van een woning wil wijzigen van permanente bewoning naar toeristische verhuur.[11] De onttrekking van woningen wordt vastgesteld door de toezichthouders aan de hand van objectieve criteria zoals het aanbieden van de woning voor verhuur op internet, het aantreffen van toeristen in de woning of informatie voor toeristen en het ontbreken van persoonlijke bezittingen die kenmerkend zijn voor een huishouden, zoals foto's en boeken.[12]

Naast de onttrekking van de woning aan de woonruimtevoorraad, worden andere juridische vraagstukken ook besproken in de 'Airbnb-jurisprudentie', met name de hoogte van bestuurlijke boetes als de duur van de verhuur van een woning in het geding is, het begrip medepleger in de zin van artikel 5:1, tweede lid, van de Awb en de door de bestuursorganen gekozen onderzoeksmethoden om bewijs te vergaren. Volgens recente jurisprudentie van de Afdeling bestuursrechtspraak van de Raad van State worden sleutelbedrijven als 'medeplegers' gekwalificeerd 'als de intellectuele en/of materiële bijdrage van de betrokkene aan het feit van voldoende gewicht is'.[13] De Afdeling vereist een 'nauwe en bewuste samenwerking' tussen overtreder en medepleger. Sleutelbedrijven voldoen aan deze eisen aangezien zij de sleutels overhandigen, het huis schoonmaken, de toeristen verwelkomen en hun contactpunt zijn voor noodgevallen.

De meerderheid van de juridische problemen betreffende de groei van de deeleconomie betreft momenteel de handhaving van bestaande regels en niet het gebrek aan een duidelijk juridisch kader. Toezichthouders kunnen vaak niet voldoende bewijs vergaren voor de overtreding omdat zij niet altijd weten waar de 'illegale hotels' zich bevinden. Ze kunnen enkel reageren op meldingen van overlast. In de afgelopen jaren zijn nieuwe onderzoeksmethoden, zoals 'scraping', geïmplementeerd om het onderzoek van bestuursorganen te onder-

---

[11] ABRvS 27 juli 2016, ECLI:NL:RVS:2016:2080 en ABRvS 10 juli 2013, ECLI:NL:RVS:2013:196.
[12] ABRvS 12 oktober 2016, ECLI:NL:RVS:2016:2693.
[13] ABRvS 29 augustus 2018, ECLI:NL:RVS:2018:2845.

steunen. 'Scraping' is een ingrijpende digitale onderzoeksmethode, waarbij software wordt gebruikt om publiek toegankelijke informatie te verzamelen op websites van aanbieders van accommodaties voor toeristische verhuur. Deze informatie wordt daarna geanalyseerd om inzicht te verkrijgen in en een koppeling te maken tussen het aantal en het type woningen dat op het internet wordt aangeboden en de adressen en namen van potentiële overtreders van regels voor vakantieverhuur. De verkregen informatie wordt vervolgens ingezet voor controle- en handhavingsdoeleinden.[14] In een recente uitspraak werd beargumenteerd dat de algemene onderzoeksbevoegdheid van de inspecteurs onvoldoende grondslag biedt voor de inzet en normering van deze ingrijpende onderzoeksmethode.[15] Bovendien worden de resultaten van 'scraping' soms beschouwd als onbetrouwbaar omdat deze niet eenvoudig kunnen worden gecontroleerd door andere partijen. Dit betoog faalde in een recente zaak waar de Afdeling benadrukte dat deze methode een beperkte inbreuk maakte op de persoonlijk levenssfeer van de verhuurder. Bovendien vond de Afdeling niet problematisch dat scraping wordt gebaseerd op openbare informatie die wordt gepubliceerd op de website van Airbnb (bijvoorbeeld recensies en ratings). Een aantal vragen blijft echter onbeantwoord in deze context, bijvoorbeeld: hoe ver kunnen bestuursorganen gaan met deze digitale onderzoeksmethoden? Wat is de rol van digitale platformen in de handhaving van lokale regels? Zijn bestuursrechters altijd in staat de betrouwbaarheid van het aangeleverde bewijs en deze onderzoeksmethoden te verifiëren?

4. Publieke waarden onder druk

De huidige generatie van burgers die net als de Awb in de jaren negentig is opgegroeid, is niet bekend met het kleinschalige 'lenen van een kopje suiker van de buren'. Voor de "millennials" heeft de deeleconomie een andere betekenis, met name het delen van goederen en het verlenen van diensten door middel van digitale platformen zoals Airbnb, Wimdu, AirDnD of SnappCar.[16] In de moderne versie van de deeleconomie worden woon- en gastkamers omgetoverd tot 'huiskamerrestaurants' of hotelkamers voor toeristen. Hoewel nationaal recht van toepassing is op een groot deel van de deeleconomie, worden deze transacties in de praktijk gereguleerd door de termen en voorwaarden van internationale digitale platformen en hun onlinegemeenschappen. Deze gemeenschappen lijken meer belang te hechten aan de door de platformen aangeboden beoordelingssystemen dan aan traditionele regelgeving.[17] De gebruikers van de deeleconomie zijn vaak op de hoogte van de gebrekkige regulering

---

[14] Rb Amsterdam 27 juni 2018, ECLI:NL:RBAMS:2018:4442.
[15] Ibidem.
[16] Rathenau 2017.
[17] Zie bijv. Airbnb, *Trust & Safety: Community Standards*, available at https://www.airbnb.com/trust/standards.

van deze transacties, maar ze hebben de neiging om hun vertrouwen in de kwaliteit en veiligheid van deze diensten te baseren op de talloze ratings en recensies van andere gebruikers.[18]

Net als de traditionele deeleconomie, is het regelgevende effect van reputatie ouder dan het bestuursrecht.[19] Toch is het effect van online reputatie als reguleringsinstrument tot op zekere hoogte beperkt: ten eerste wordt online reputatie gebaseerd op kwaliteitssignalen en niet noodzakelijkerwijs op door experts of bestuursorganen vastgestelde feiten; ten tweede beoogt reputatie voornamelijk commerciële en andere private belangen te beschermen in plaats van het algemeen belang; ten derde is het alom bekend dat 'reputatie te voet komt maar te paard gaat'.[20] Met andere woorden, online reputatie- en beoordelingssystemen publiceren nuttige informatie over de commerciële waarde van diensten in de deeleconomie en kunnen een positieve invloed hebben op het gedrag van dienstverleners (een goede reputatie garandeert toekomstige 'klanten'). De toepassing van het bestuursrecht in de deeleconomie is niettemin verre van overbodig.

In de deeleconomie worden meerdere wetsbepalingen omzeild die het algemeen belang beoogden te behartigen: ten eerste, het voorzien van voldoende en betaalbare woonruimtevoorraad. Hoewel empirisch onderzoek een wisselend beeld geeft van de correlatie tussen de toename van toeristische verhuur en de prijzen van woningen, is de ongecontroleerde groei van toeristische verhuur in de deeleconomie niet gunstig voor de bescherming van de betaalbaarheid en leefbaarheid van wijken in grote steden. De bescherming van voedsel- en brandveiligheid is een tweede punt dat weinig aandacht van het algemene publiek heeft gekregen. In het Bouwbesluit 2012 worden niettemin strenge brandveiligheidseisen opgelegd aan woningen die een logiesfunctie in plaats van een functie van permanente bewoning hebben.

---

[18] A. Stemler, 'Betwixt and Between: Regulating the Shared Economy', *Fordham Urban Law Journal* 2016/43, p. 31-70.

[19] Zie bijvoorbeeld B. Richman, 'How community institutions create economic advantage: Jewish diamond merchants in New York', *Law & Social Inquiry* 2006/31, p. 383-420; A. Greif, 'Cultural beliefs and the organization of society: a historical and theoretical reflection on collectivist and individualist societies', *Journal of Political Economics* 1994/102, p. 912-950; G. Akerlof, 'The market for "lemons": Quality uncertainty and the market mechanism', *The Quarterly Journal of Economics* 1970/84, p. 488-500.

[20] De literatuur heeft de nadelen van online beoordelingssystemen uitvoerig besproken, zie bijv. C. Lutz & G. Newlands, 'Consumer segmentation within the sharing economy: the case of Airbnb', *Journal of Business Research* 2018/88, p. 187-196; S. Choi, A.S. Mattila & H.B. van Hoof, 'The role of power and incentives in inducing fake reviews in the tourism industry', *Journal of Travel Research* 2017/56, p. 975-987; C. Nosko & S. Tadelis, 'The limits of reputation in platform markets: an empirical analysis and field experiment, NBER Working Paper No. w20830, beschikbaar op https://ssrn.com/abstract=2548349.

Gemeenten kunnen zich momenteel niet te richten tot digitale platformen om meer te vragen dan samenwerking en het verstrekken van inlichtingen aan burgers. Platformen die geen directe rol spelen bij het bepalen van de inhoud van diensten, worden niet gereguleerd als verstrekkers van accommodatie- of horecadiensten maar als bemiddelaars. Dat wil zeggen dat zij worden gekwalificeerd als diensten van de informatiemaatschappij zoals opgenomen in de Richtlijn inzake elektronische handel en in principe niet verantwoordelijk zijn voor de legaliteit van de daarop geadverteerde diensten.[21] Kortom, gezien de uitdagingen van gemeenten bij de handhaving van bestaande regels, wordt de bescherming van publieke belangen in de deeleconomie (leefbaarheid van wijken, betaalbaarheid van woningen, brandveiligheid, volksgezondheid) in sommige gevallen overgelaten aan de gebruikers van de digitale platformen. Toch doen online recensies weinig voor de bescherming van de veiligheid en nachtrust van de inwoners van grote steden.

5. Conclusie

De link tussen de deeleconomie en de Awb is op het eerste gezicht moeilijk te leggen. Deze link is niettemin goed zichtbaar in de jurisprudentie waar bestuursrechters wordt gevraagd om te oordelen over de onttrekkingen van woningen aan de woonruimtevoorraad of de hoogte van bestuurlijke boetes. Desalniettemin hebben de digitale deeleconomie en de platformsamenleving veelomvattende implicaties voor de interpretatie van de Awb en de ontwikkeling van het bestuursrecht.

Met de deeleconomie en de platformsamenleving worden traditionele begrippen van de Awb toegepast in een nieuwe context. Omdat platformen zich presenteren als bemiddelaars die op dit moment niet direct aansprakelijk kunnen worden gesteld voor het adverteren van illegale hotels en die weinig informatie verstrekken over diegenen die het wel doen, moeten bestuursorganen steeds ingrijpender onderzoeksmethoden zoals 'scraping' gebruiken om bewijs te vergaren. Bestuursrechters worden geconfronteerd met vragen over de juridische grenzen van digitale onderzoeksmethoden, als ze bijvoorbeeld worden gevraagd of toezichthouders 'scraping' mogen toepassen op grond van hun algemene onderzoeksbevoegdheid op basis van artikel 3:2 en titel 2 van hoofdstuk 5 van de Awb.[22] De bestuursrechter wijst ook bestuursorganen op het feit dat online informatie en met name online recensies ook kunnen worden

---

[21] C. Busch, 'The Sharing Economy at the CJEU: Does Airbnb pass the 'Uber test'?, *EuCML* 2018/4, p. 172-175. Uber werd echter gekwalificeerd als een taxi-bedrijf, aangezien het feit dat diensten enkel via dit platform kunnen worden gereserveerd, zie de uitspraak van het Hof van Justitie van de Europese Unie van 20 december 2017 in de zaak C-434/15 Asociacion Profesional Elite Taxi v. Uber Spain, ECLI: EU: C:2017:981.
[22] Rb. Amsterdam 27 juni 2018, ECLI:NL:RBAMS:2018:4442.

gebruikt als aanvulling van traditionele bewijsmiddelen om bijvoorbeeld aan te tonen dat de verhuur van een woning op Airbnb niet incidenteel was.[23]

In de brede platformsamenleving wordt het Nederlandse bestuursrecht geconfronteerd met drie extra uitdagingen: ten eerste, de toenemende *deprofessionalisering van diensten* en de ontwikkeling van een economie waar allerlei diensten worden aangeboden aan het publiek zonder respect voor traditionele regels die het algemeen belang beogen te behartigen; ten tweede, de *globalisering en de digitalisering van diensten* in een informatiemaatschappij waar platformen toenemende macht (en afnemende verantwoordelijkheid) krijgen; en ter derde, het ontstaan van *parallelle reguleringssystemen* die zich niet houden aan het algemene of bijzondere bestuursrecht maar aan regels die door online gemeenschappen en *peer-to-peer* ('P2P') reputatiesystemen worden geïmplementeerd.

Het bestuursrecht wordt van verschillende kanten onder druk gezet om de regulering van bepaalde diensten los te laten in de naam van digitalisering, efficiëntie en innovatie. De problemen met de groei van Airbnb in grote steden laten zien dat dit geen goed idee is. De alternatieve regels en beoordelingssystemen van de platformsamenleving bieden op zichzelf een magere bescherming van het algemeen belang. De toekomst van het bestuursrecht blijft daarom spannend: in de komende 25 jaar moet de Awb open staan voor veranderingen en de uitdagingen van digitalisering. Als ik een *educated guess* mag maken, dan zou ik voorspellen dat de meerderheid van de juridische problemen van de deeleconomie binnenkort door de nationale (en wellicht de Europese) wetgever worden opgelost. De worsteling met het waarborgen van lokale publieke belangen in een snel veranderende informatiemaatschappij onder de invloed van digitale platformen, blijft wel bestaan.

---

[23] ABRvS 15 maart 2017, ECLI:NL:RVS:2017:649.

Bijlage

25 jaar Awb. Verschillende generaties over een jarige wet
Symposium bij het verschijnen van de jubileumbundel '25 jaar Awb. In eenheid en verscheidenheid'

Vrijdag 8 februari 2019
Turfmarkt 99, Den Haag

13.00 uur	Opening dagvoorzitter Willemien den Ouden
13.05 uur	*Introductie Panel:* Michiel Scheltema, Hanneke Schipper & Nico Verheij
13.10 uur	*Ambities, doelstellingen en basiskeuzes van de Awb* Inleider: Lukas van den Berge Referent: Anne Meuwese
13.40 uur	*Coherentie en concurrentie met de Awb* Inleider: Daan Korsse Referent: Hans Besselink
14.10 uur	*Internationale invloed op de Awb* Inleider: Jasper Krommendijk Referent: Hanna Sevenster
14.40 uur	Pauze
15.15 uur	*Gebruikersperspectieven op de Awb* Inleider: Annalies Outhuijse Referent: Alex Brenninkmeijer
15.45 uur	*Innovatie en digitalisering* Inleider: Fatma Çapkurt Referent: Bart Jan van Ettekoven
16.15 uur	Afsluitende lezing Minister voor Rechtsbescherming Sander Dekker
16.30 uur	Aanbieden bundel '25 jaar Awb. In eenheid en verscheidenheid' door Bert Marseille